2011

EL GUIÓN 2011

Equipo que ha realizado la selección y comentarios de los establecimientos:
Javier Alarcón, Sonia Antón Ríos, Juan Pablo Avisón Martínez, Álvaro Blázquez, Óscar Cortés Medina, Víctor Díez García, Rubén Duro, Susana Guzner, Ignacio Francia, Iñaki Gómez, Mario Hernández Bueno, Alberto Hernández Colorado, Arancha Hernández Colorado, María Hernández Reina, Javier Legarra, Javier López Rejas, Cristina Molina Petit, Sergio Pereiro, Antón Pombo, María Ramos, Segundo Saavedra, Xosé Manoel Santos Díaz, Antonio Vela Lozano, Adela Yagüe Ruiz.

Ilustraciones: Ximena Maier.

Diseño de la cubierta: *marivíes*

Editoras de proyecto: Mercedes de Castro y Mercedes San Ildefonso. **Editores:** Javier Muñoz y Sonia Antón. **Equipo editorial:** Nuria Barbé, Isabel Jiménez, Daniel Cuesta y José Luis García Álvarez. **Equipo técnico:** J. Braulio Señas, Michi Cabrerizo, Jesús García, Karmelo Pardo y Antonio Sereno.

Impresión: Varoprinter, S.A.

14ª edición: enero, 2011

Depósito legal: M. 38.225-2010
ISBN: 978-84-9776-918-1
Impreso en España-Printed in Spain

anayatouring_nacional@anaya.es La información contenida en este mapa-guía ha sido cuidadosamente comprobada antes de su publicación. No obstante, dada la naturaleza variable de algunos datos, como el estado de las obras, construcción de carreteras, localización de radares y puntos negros, horarios, precios, etc., recomendamos su verificación antes de salir de viaje. Los editores agradecen de antemano cualquier sugerencia u observación al respecto y declinan cualquier responsabilidad por los daños o molestias que pudieran ocasionar a los usuarios de la guía.

www.anayatouring.com La página web de Anaya Touring Club ofrece un completo catálogo de publicaciones de la editorial de interés para viajeros.

ÍNDICE GENERAL

MAPA DE CARRETERAS DE ESPAÑA Y PORTUGAL

INFORMACIONES PRÁCTICAS

57 PLANOS DE CIUDADES DE ESPAÑA

CÓMO USAR ESTA GUÍA

Al fin, una guía de carreteras para viajar mejor, pagando menos

UN MAPA RIGUROSO: VIAJAR AL DETALLE

En el **mapa de carreteras** (escala 1:340.000) encontraréis la red viaria de España y Portugal, actualizada a octubre de 2010. Se incluyen todos los espacios naturales de la Península y las islas, los recorridos por parajes de gran interés e información turística complementaria: monasterios, balnearios, castillos... con los que nos toparemos en ruta.

El **índice** que se ofrece a continuación será muy útil para una rápida localización de las poblaciones y lugares de interés en el mapa de carreteras.

UNA GUÍA INSÓLITA: LO MEJOR PAGANDO MENOS

Comunidad a Comunidad se han seleccionado los mejores lugares donde **comer, dormir, tomar unas tapas** o **pinchos** o **un café,** con amplios comentarios y recomendaciones.

Los **planos de las ciudades** son magníficas **guías a golpe de vista** de todos los ambientes que podéis encontrar en cada localidad: las calles comerciales, las zonas de tapeo, el ambiente nocturno... además de los monumentos más interesantes para visitar.

El precio de los **alojamientos** corresponde, en general, al de la habitación doble con baño en temporada alta. Si no fuese así, se añade la información oportuna (temporada baja, sin baño, con desayuno, media pensión...)

Los **establecimientos donde comer** se han ordenado conforme a dos categorías: las **casas con menú** (que no suelen superan los 15 €) y los **restaurantes,** seleccionados de entre los que ofertan calidad por un precio razonable (entre los 24 y 40 €). El precio medio corresponde a una entrada, un plato principal, postre y vino de la casa.

No olvidéis que los **precios** de todos los alojamientos son de carácter **orientativo.** Siempre será necesario confirmarlos al efectuar la reserva o en el propio establecimiento e informarse sobre todas las dudas acerca de los servicios generales o complementarios que ofrecen. En el caso de los restaurantes, es importante estar avisado de que los precios están sometidos a fluctuaciones por cambios en la carta, productos de temporada, etc. Conviene corroborar el nivel de precios consultando las cartas.

Todos los establecimientos han sido seleccionados por su buena relación calidad-precio. Ninguno de los hoteles, restaurantes, bares, etc. han desembolsado cantidad alguna por aparecer en esta guía, por lo que la independencia de criterio está absolutamente garantizada.

El trabajo de campo se concluyó en el otoño de 2010. Los datos cartográficos están actualizados a octubre de 2010. Los cambios efectuados con posterioridad a esta fecha serán incluidos en próximas ediciones.

ESPAÑA

DISTANCIAS KILOMÉTRICAS POR CARRETERA ENTRE CAPITALES DE PROVINCIA

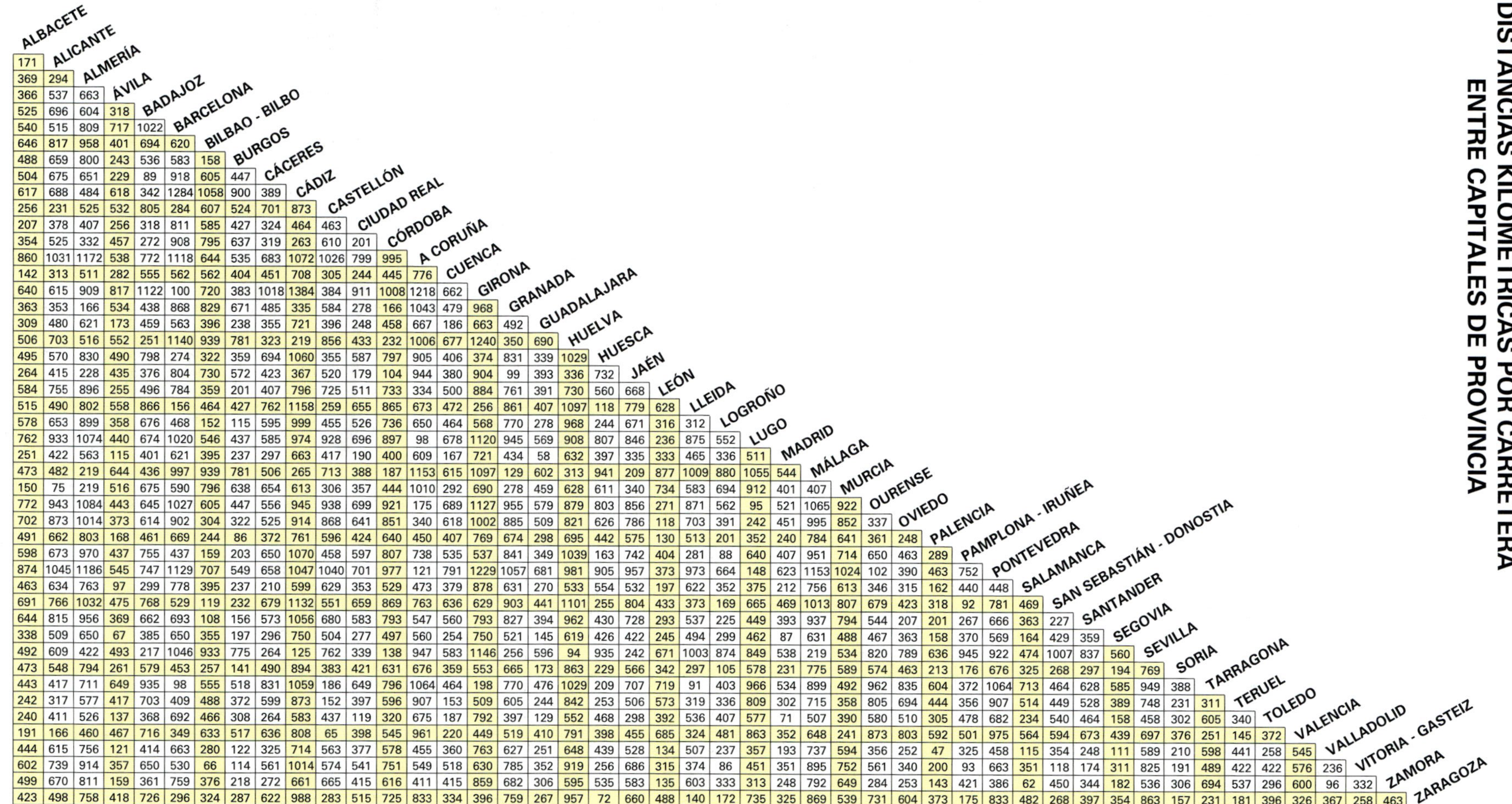

	ALBACETE	ALICANTE	ALMERÍA	ÁVILA	BADAJOZ	BARCELONA	BILBAO - BILBO	BURGOS	CÁCERES	CÁDIZ	CASTELLÓN	CIUDAD REAL	CÓRDOBA	A CORUÑA	CUENCA	GIRONA	GRANADA	GUADALAJARA	HUELVA	HUESCA	JAÉN	LEÓN	LLEIDA	LOGROÑO	LUGO	MADRID	MÁLAGA	MURCIA	OURENSE	OVIEDO	PALENCIA	PAMPLONA - IRUÑEA	PONTEVEDRA	SALAMANCA	SAN SEBASTIÁN - DONOSTIA	SANTANDER	SEGOVIA	SEVILLA	SORIA	TARRAGONA	TERUEL	TOLEDO	VALENCIA	VALLADOLID	VITORIA - GASTEIZ	ZAMORA
ALICANTE	171
ALMERÍA	369	294
ÁVILA	366	537	663
BADAJOZ	525	696	604	318
BARCELONA	540	515	809	717	1022
BILBAO - BILBO	646	817	958	401	694	620
BURGOS	488	659	800	243	536	583	158
CÁCERES	504	675	651	229	89	918	605	447
CÁDIZ	617	688	484	618	342	1284	1058	900	389
CASTELLÓN	256	231	525	532	805	284	607	524	701	873
CIUDAD REAL	207	378	407	256	318	811	585	427	324	464	463
CÓRDOBA	354	525	332	457	272	908	795	637	319	263	610	201
A CORUÑA	860	1031	1172	538	772	1118	644	535	683	1072	1026	799	995
CUENCA	142	313	511	282	555	562	562	404	451	708	305	244	445	776
GIRONA	640	615	909	817	1122	100	720	383	1018	1384	384	911	1008	1218	662
GRANADA	363	353	166	534	438	868	829	671	485	335	584	278	166	1043	479	968
GUADALAJARA	309	480	621	173	459	563	396	238	355	721	396	248	458	667	186	663	492
HUELVA	506	703	516	552	251	1140	939	781	323	219	856	433	232	1006	677	1240	350	690
HUESCA	495	570	830	490	798	274	322	359	694	1060	355	587	797	905	406	374	831	339	1029
JAÉN	264	415	228	435	376	804	730	572	423	367	520	179	104	944	380	904	99	393	336	732
LEÓN	584	755	896	255	496	784	359	201	407	796	725	511	733	334	500	884	761	391	730	560	668
LLEIDA	515	490	802	558	866	156	464	427	762	1158	259	655	865	673	472	256	861	407	1097	118	779	628
LOGROÑO	578	653	899	358	676	468	152	115	595	999	455	526	736	650	464	568	770	278	968	244	671	316	312
LUGO	762	933	1074	440	674	1020	546	437	585	974	928	696	897	98	678	1120	945	569	908	807	846	236	875	552
MADRID	251	422	563	115	401	621	395	237	297	663	417	190	400	609	167	721	434	58	632	397	335	333	465	336	511
MÁLAGA	473	482	219	644	436	997	939	781	506	265	713	388	187	1153	615	1097	129	602	313	941	209	877	1009	880	1055	544
MURCIA	150	75	219	516	675	590	796	638	654	613	306	357	444	1010	292	690	278	459	628	611	340	734	583	694	912	401	407
OURENSE	772	943	1084	443	645	1027	605	447	556	945	938	699	921	175	689	1127	955	579	879	803	856	271	871	562	95	521	1065	922
OVIEDO	702	873	1014	373	614	902	304	322	525	914	868	641	851	340	618	1002	885	509	821	626	786	118	703	391	242	451	995	852	337
PALENCIA	491	662	803	168	461	669	244	86	372	761	596	424	640	450	407	769	674	298	695	442	575	130	513	201	352	240	784	641	361	248
PAMPLONA - IRUÑEA	598	673	970	437	755	437	159	203	650	1070	458	597	807	738	535	537	841	349	1039	163	742	404	281	88	640	407	951	714	650	463	289
PONTEVEDRA	874	1045	1186	545	747	1129	707	549	658	1047	1040	701	977	121	791	1229	1057	681	981	905	957	373	973	664	148	623	1153	1024	102	390	463	752
SALAMANCA	463	634	763	97	299	778	395	237	210	599	629	353	529	473	379	878	631	270	533	554	532	197	622	352	375	212	756	613	346	315	162	440	448
SAN SEBASTIÁN - DONOSTIA	691	766	1032	475	768	529	119	232	679	1132	551	659	869	763	636	629	903	441	1101	255	804	433	373	169	665	469	1013	807	679	423	318	92	781	469
SANTANDER	644	815	956	369	662	693	108	156	573	1056	680	583	793	547	560	793	827	394	962	430	728	293	537	225	449	393	937	794	544	207	201	267	666	363	227
SEGOVIA	338	509	650	67	385	650	355	197	296	750	504	277	497	560	254	750	521	145	619	426	422	245	494	299	462	87	631	488	467	363	158	370	569	164	429	359
SEVILLA	492	609	422	493	217	1046	933	775	264	125	762	339	138	947	583	1146	256	596	94	935	242	671	1003	874	849	538	219	534	820	789	636	945	922	474	1007	837	560
SORIA	473	548	794	261	579	453	257	141	490	894	383	421	631	676	359	553	665	173	863	229	566	342	297	105	578	231	775	589	574	463	213	176	676	325	268	297	194	769
TARRAGONA	443	417	711	649	935	98	555	518	831	1059	186	649	796	1064	464	198	770	476	1029	209	707	719	91	403	966	534	899	492	962	835	604	372	1064	713	464	628	585	949	388
TERUEL	242	317	577	417	703	409	488	372	599	873	152	397	596	907	153	509	605	244	842	253	506	573	319	336	809	302	715	358	805	694	444	356	907	514	449	528	389	748	231	311
TOLEDO	240	411	526	137	368	692	466	308	264	583	437	119	320	675	187	792	397	129	552	468	298	392	536	407	577	71	507	390	580	510	305	478	682	234	540	464	158	458	302	605	340
VALENCIA	191	166	460	467	716	349	633	517	636	808	65	398	545	961	220	449	519	410	791	398	455	685	324	481	863	352	648	241	873	803	592	501	975	564	594	673	439	697	376	251	145	372
VALLADOLID	444	615	756	121	414	663	280	122	325	714	563	377	578	455	360	763	627	251	648	439	528	134	507	237	357	193	737	594	356	252	47	325	458	115	354	248	111	589	210	598	441	258	545
VITORIA - GASTEIZ	602	739	914	357	650	530	66	114	561	1014	574	541	751	549	518	630	785	352	919	256	686	315	374	86	451	351	895	752	561	340	200	93	663	351	118	174	311	825	191	489	422	422	576	236
ZAMORA	499	670	811	159	361	759	376	218	272	661	665	415	616	411	415	859	682	306	595	535	583	135	603	333	313	248	792	649	284	253	143	421	386	62	450	344	182	536	306	694	537	296	600	96	332
ZARAGOZA	423	498	758	418	726	296	324	287	622	988	283	515	725	833	334	396	759	267	957	72	660	488	140	172	735	325	869	539	731	604	373	175	833	482	268	397	354	863	157	231	181	396	326	367	258	463

PORTUGAL

DISTANCIAS KILOMÉTRICAS POR CARRETERA ENTRE LAS PRINCIPALES CIUDADES

	ALCOBAÇA	AVEIRO	BATALHA	BEJA	BRAGA	BRAGANÇA	CASCAIS	CASTELO BRANCO	CHAVES	COIMBRA	ELVAS	ESTORIL	ESTREMOZ	ÉVORA	FÁTIMA	FARO	FIGUEIRA DA FOZ	GUARDA	GUIMARÃES	LAGOS	LAMEGO	LEIRIA	LISBOA	MAFRA	ÓBIDOS	OPORTO	PORTALEGRE	SAGRES	SANTARÉM	SETÚBAL	SINTRA	TOMAR	VIANA DO CASTELO	VILA VIÇOSA	VISEU
ABRANTES	124	208	104	266	302	525	185	101	429	131	181	182	142	188	80	409	147	200	324	402	289	93	153	196	156	248	83	456	75	199	183	48	321	159	95
ALCOBAÇA		146	20	176	271	494	155	196	398	100	333	152	266	192	62	419	85	295	393	404	262	31	123	105	32	217	207	458	77	201	153	76	290	267	192
AVEIRO			126	388	121	320	276	216	339	84	472	273	369	306	146	500	61	180	143	494	125	115	244	251	178	67	291	550	185	294	274	148	140	386	86
BATALHA				310	280	474	175	176	378	80	328	147	246	187	42	414	65	275	273	415	242	11	118	125	52	197	187	469	72	212	148	56	270	263	172
BEJA					483	539	224	265	433	336	398	221	125	78	296	143	381	364	505	174	461	321	192	235	288	429	183	207	199	142	192	314	502	142	450
BRAGA						223	397	315	127	171	496	394	457	423	271	650	216	271	22	618	120	240	365	251	522	54	398	708	308	415	395	240	53	474	190
BRAGANÇA							620	274	96	356	433	617	415	461	456	682	401	203	245	713	174	463	588	565	550	277	356	746	493	617	601	425	276	432	268
CASCAIS								286	485	230	261	3	222	184	189	342	240	385	419	282	388	186	32	38	128	347	268	336	110	79	16	133	420	239	318
CASTELO BRANCO									292	157	180	283	142	188	132	326	202	99	293	439	195	165	254	297	233	274	83	472	176	261	284	149	347	159	190
CHAVES										298	527	482	489	355	367	777	343	248	149	607	102	367	453	464	449	181	430	640	435	559	58	367	180	506	167
COIMBRA											337	227	299	252	90	455	45	169	193	449	158	69	198	241	132	117	239	503	137	246	228	69	190	316	88
ELVAS												258	39	85	353	541	382	279	474	572	376	274	229	377	313	454	98	605	256	187	259	229	527	34	306
ESTORIL													219	181	186	342	237	382	416	279	385	158	29	35	125	343	265	333	107	76	13	230	416	236	315
ESTREMOZ														46	250	268	289	241	435	299	337	235	190	233	210	416	59	332	153	140	220	190	489	17	267
ÉVORA															212	221	252	287	445	252	383	198	152	195	172	476	105	285	115	102	182	236	476	63	313
FÁTIMA																439	145	258	293	262	238	31	91	167	94	197	163	478	97	221	121	32	270	267	168
FARO																	479	508	672	80	521	450	313	356	409	596	326	113	342	263	343	457	669	285	451
FIGUEIRA DA FOZ																		251	238	464	205	54	215	190	117	162	285	518	137	261	245	99	235	306	135
GUARDA																			271	538	141	236	367	447	338	220	182	571	280	372	397	248	324	258	81
GUIMARÃES																				679	98	262	391	434	325	76	376	712	306	430	421	262	75	452	168
LAGOS																					607	426	253	296	349	637	406	33	327	203	283	381	710	316	537
LAMEGO																						227	356	367	290	136	278	640	295	419	386	227	173	354	70
LEIRIA																							129	136	63	182	176	459	83	207	159	45	255	252	157
LISBOA																								43	96	311	236	307	78	50	30	132	384	207	286
MAFRA																									73	322	279	347	121	90	22	181	395	250	297
ÓBIDOS																										249	215	403	57	146	119	108	322	227	282
OPORTO																											356	439	158	178	266	131	451	76	133
PORTALEGRE																												440	230	145	280	186	136	433	270
SAGRES																													381	257	308	435	691	349	593
SANTARÉM																														124	108	54	303	170	225
SETÚBAL																															51	178	434	157	349
SINTRA																																162	414	237	316
TOMAR																																	259	207	157
VIANA DO CASTELO																																		506	243
VILA VIÇOSA																																			284

MAPA DE CARRETERAS DE ESPAÑA Y PORTUGAL 1:340.000

ACCESOS A LAS CIUDADES

SIGNOS CONVENCIONALES

Signo	Significado
	Autopista de peaje
	Autovía
	Carretera nacional en España Itinerario principal en Portugal
	Autovías, autopistas y carreteras en construcción
	Vías rápidas o preferentes
	Carretera autonómica de 1er orden en España Red complementaria en Portugal
	Carretera autonómica de 2° orden
	Carretera local
	Otras carreteras (caminos, pistas forestales...)
37	Distancias en km totales por autopista
45	Distancias en km totales
7	Distancias en km parciales
	Ferrocarril
60	Salida de las autovías y autopistas
M 216	Números de las carreteras
	Puerto de montaña
	Túnel
	Límite nacional
	Límite autonómico
	Límite provincial
	Itinerario recomendado
534	Radares oficiales
	Puntos negros (excepto en Cataluña)

Signo	Significado
SANTANDER	Capitales de provincia
SABADELL	Poblaciones con más de 100.000
Torrelavega	Poblaciones con más de 25.000 habitantes
Laredo	Poblaciones de 5.000 a 25.000 habitantes
Limpias	Poblaciones de 1.000 a 5.000 habitantes
Rubalcaba	Poblaciones con menos de 1.000 habitantes

Signo	Significado
BARCELONA	Localidades de gran interés
SANTANDER	Localidades de interés
Santoña	Lugares de interés turístico o natural
Cabo de Trafalgar	Paraje natural
	Parque Nacional / Parque Natural
	Reserva Natural
	Curiosidad Natural
	Vista panorámica

- Edificio religioso de interés
- Iglesia / Ermita
- Castillo / Fortificación
- Edificio civil de interés
- Cueva / Gruta
- Ruinas históricas / Arqueología
- Parador
- Balneario
- Deporte de invierno
- Faro
- Aeropuerto

ÍNDICE DE LUGARES DE ESPAÑA

A

ÍNDICE DE LUGARES (ESPAÑA)

ÍNDICE DE LUGARES (ESPAÑA)

ÍNDICE DE LUGARES (ESPAÑA)

ÍNDICE DE LUGARES (ESPAÑA)

ÍNDICE DE LUGARES (ESPAÑA)

ÍNDICE DE LUGARES (ESPAÑA)

ÍNDICE DE LUGARES (ESPAÑA)

ÍNDICE DE LUGARES (ESPAÑA)

D

ÍNDICE DE LUGARES (ESPAÑA)

ÍNDICE DE LUGARES (ESPAÑA)

F

ÍNDICE DE LUGARES (ESPAÑA)

I

ÍNDICE DE LUGARES (ESPAÑA)

J

K

L

ÍNDICE DE LUGARES (ESPAÑA)

M

ÍNDICE DE LUGARES (ESPAÑA)

ÍNDICE DE LUGARES (ESPAÑA)

N

ÍNDICE DE LUGARES (ESPAÑA)

ÍNDICE DE LUGARES (ESPAÑA)

S

ÍNDICE DE LUGARES (ESPAÑA)

ÍNDICE DE LUGARES (ESPAÑA)

ÍNDICE DE LUGARES (ESPAÑA)

T

ÍNDICE DE LUGARES (ESPAÑA)

U

ÍNDICE DE LUGARES (ESPAÑA)

V

ÍNDICE DE LUGARES (ESPAÑA)

ÍNDICE DE LUGARES (ESPAÑA)

W

X

Y

Z

ÍNDICE DE LUGARES DE PORTUGAL

A

B

ÍNDICE DE LUGARES (PORTUGAL)

D

E

F

ÍNDICE DE LUGARES (PORTUGAL)

Q

ÍNDICE DE LUGARES (PORTUGAL)

T

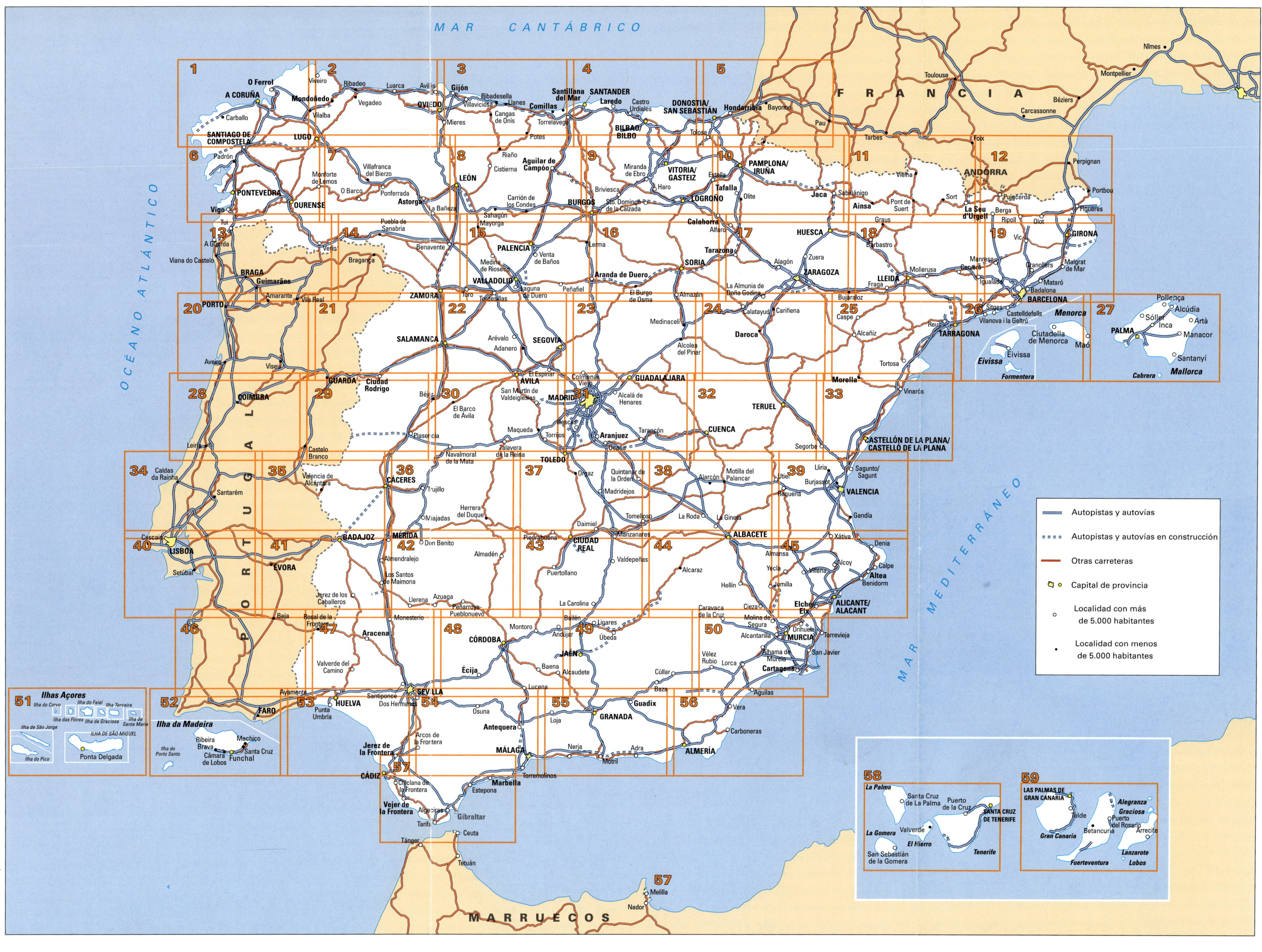
MAR CANTÁBRICO
OCÉANO ATLÁNTICO
MAR MEDITERRÁNEO
FRANCIA
PORTUGAL
MARRUECOS
Autopistas y autovías
Autopistas y autovías en construcción
Otras carreteras
Capital de provincia
Localidad con más de 5.000 habitantes
Localidad con menos de 5.000 habitantes
A CORUÑA
O Ferrol
Carballo
SANTIAGO DE COMPOSTELA
LUGO
Mondoñedo
Viveiro
Ribadeo
Vegadeo
Vilalba
Luarca
Avilés
Gijón
OVIEDO
Mieres
Ribadesella
Llanes
Villaviciosa
Cangas de Onís
Santillana del Mar
SANTANDER
Comillas
Torrelavega
Potes
Laredo
Castro Urdiales
BILBAO/ BILBO
DONOSTIA/ SAN SEBASTIÁN
Hondarribia
Bayonne
Tolosa
Pau
Tarbes
Toulouse
Montpellier
Nîmes
Béziers
Carcassonne
Foix
Perpignan
Portbou
ANDORRA
Puigcerdà
La Seu d'Urgell
Sort
Vielha
Pontevedra
PONTEVEDRA
Padrón
Vigo
Tui
OURENSE
Monforte de Lemos
O Barco
Ponferrada
Villafranca del Bierzo
Astorga
LEÓN
La Bañeza
Riaño
Cistierna
Aguilar de Campóo
Carrión de los Condes
Sahagún
Mayorga
BURGOS
Miranda de Ebro
Briviesca
Haro
Sto. Domingo de la Calzada
VITORIA/ GASTEIZ
LOGROÑO
PAMPLONA/ IRUÑA
Estella
Tafalla
Olite
Calahorra
Alfaro
Jaca
Sabiñánigo
Ainsa
Pont de Suert
Graus
Berga
Ripoll
Olot
Figueres
GIRONA
Vic
Manresa
Cervera
Igualada
Granollers
Malgrat de Mar
Mataró
Badalona
BARCELONA
Sitges
Castelldefells
Vilanova i la Geltrú
Reus
TARRAGONA
Tortosa
HUESCA
Barbastro
Zuera
ZARAGOZA
LLEIDA
Mollerusa
Fraga
Bujaraloz
Caspe
Alcañiz
A Guarda
Viana do Castelo
BRAGA
Guimarães
Amarante
Vila Real
Bragança
PORTO
Aveiro
Viseu
GUARDA
Ciudad Rodrigo
COIMBRA
Leiria
Castelo Branco
Caldas da Rainha
Santarém
Cascais
LISBOA
Setúbal
EVORA
Beja
FARO
Puebla de Sanabria
Benavente
ZAMORA
Toro
Tordesillas
PALENCIA
Venta de Baños
Medina de Rioseco
VALLADOLID
Laguna de Duero
Peñafiel
Lerma
Aranda de Duero
El Burgo de Osma
SORIA
Tarazona
Almazán
La Almunia de Doña Godina
Calatayud
Cariñena
Daroca
Medinaceli
Alcolea del Pinar
SALAMANCA
Arévalo
Adanero
SEGOVIA
El Espinar
ÁVILA
Colmenar Viejo
GUADALAJARA
Alcalá de Henares
MADRID
San Martín de Valdeiglesias
El Barco de Ávila
Béjar
Plasencia
Maqueda
Illescas
Torrijos
Aranjuez
Ocaña
Tarancón
CUENCA
TERUEL
Segorbe
Morella
Vinaròs
CASTELLÓN DE LA PLANA/ CASTELLÓ DE LA PLANA
Talavera de la Reina
Navalmoral de la Mata
TOLEDO
Orgaz
Quintanar de la Orden
Madridejos
Tomelloso
Daimiel
CIUDAD REAL
Manzanares
Valdepeñas
Puertollano
Almadén
Piedrabuena
Valencia de Alcántara
CÁCERES
Trujillo
Miajadas
Herrera del Duque
BADAJOZ
MÉRIDA
Don Benito
Almendralejo
Los Santos de Maimona
Jerez de los Caballeros
Llerena
Azuaga
Peñarroya-Pueblonuevo
Alarcón
Motilla del Palancar
Utiel
Requena
Liria
Burjassot
Sagunto/ Sagunt
VALENCIA
Gandía
Xàtiva
Denia
Calpe
Altea
Benidorm
Alcoy
Villena
Almansa
Yecla
Jumilla
Hellín
La Roda
La Gineta
ALBACETE
Alcaraz
La Carolina
Bailén
Linares
Úbeda
Andújar
Montoro
CÓRDOBA
JAÉN
Baena
Alcaudete
Écija
Lucena
Caravaca de la Cruz
Cieza
Molina de Segura
Alcantarilla
MURCIA
Orihuela
Torrevieja
San Javier
Alhama de Murcia
Cartagena
Lorca
Vélez Rubio
Cúllar
Baza
Águilas
Elche/ Elx
ALICANTE/ ALACANT
Rosal de la Frontera
Aracena
Monesterio
Valverde del Camino
Ayamonte
HUELVA
Punta Umbría
Santiponce
Dos Hermanas
SEVILLA
Osuna
Antequera
Loja
GRANADA
Guadix
ALMERÍA
Vera
Carboneras
Jerez de la Frontera
Arcos de la Frontera
CÁDIZ
Chiclana de la Frontera
Vejer de la Frontera
Algeciras
Tarifa
Gibraltar
Ceuta
Tánger
Tetuán
MÁLAGA
Torremolinos
Marbella
Estepona
Nerja
Motril
Adra
Melilla
Nador
Menorca
Ciutadella de Menorca
Maó
Eivissa
Formentera
Pollença
Alcúdia
Sóller
Inca
Artà
PALMA
Manacor
Santanyí
Cabrera
Mallorca
Ilhas Açores
Ilha do Corvo
Ilha do Faial
Ilha Terceira
Ilha das Flores
Ilha de Graciosa
Ilha de Santa Maria
Ilha de São Jorge
ILHA DE SÃO MIGUEL
Ilha do Pico
Ponta Delgada
Ilha da Madeira
Ribeira Brava
Machico
Santa Cruz
Câmara de Lobos
Funchal
Ilha do Porto Santo
La Palma
Santa Cruz de La Palma
Puerto de la Cruz
SANTA CRUZ DE TENERIFE
La Gomera
Valverde
El Hierro
San Sebastián de la Gomera
Tenerife
LAS PALMAS DE GRAN CANARIA
Telde
Gran Canaria
Alegranza
Graciosa
Puerto del Rosario
Betancuria
Arrecife
Lanzarote
Lobos
Fuerteventura
1
2
3
4
5
6
7
8
9
10
11
12
13
14
15
16
17
18
19
20
21
22
23
24
25
26
27
28
29
30
31
32
33
34
35
36
37
38
39
40
41
42
43
44
45
46
47
48
49
50
51
52
53
54
55
56
57
58
59

1
1
2
3
4
5
6
A
B
C
D
O C É A N O A T L Á N T I C O
Rías Altas
A Costa da Morte
Ría de Camariñas
Ría de Lires
Ría de Ferrol
Ría de Ares e Betanzos
Ría da Coruña
Ría de Cedeira
Ría de Ortigueira
Cabo Ortegal
Cabo de Estaca de Bares
Illas Sisargas
Faro Torre de Hércules
A CORUÑA
Ferrol
Betanzos
Carballo
Arteixo
Sada
Pontedeume
Cedeira
Ortigueira
As Pontes de García Rodríguez
Vilalba
Ordes
Curtis
Guitiriz
Santa Comba
Negreira
Fisterra
Corcubión
Cee
Muxía
Camariñas
Malpica de Bergantiños
Laxe
Ponteceso
Cerceda
Sigüeiro
Arzúa
Melide
Sobrado
Valdoviño
Neda
Fene
Mugardos
Ares
Miño
Abegondo
Oleiros
Culleredo
Cambre
Carral
Mesía
Frades
Tordoia
Val do Dubra
Zas
Vimianzo
Dumbria
Mazaricos
Comarca de Xallas
Alto Tambre
Parque Natural das Fragas do Eume
Serra da Capelada
Serra do Xistral
Serra da Faladoira
Serra de Montemaior
Montes do Castelo
Serra da Cova da Serpe
Serra da Loba
Serra de Queixeiro
Montes de Buxantes
Montes do Pindo
LU

M A R C A N T Á B R I C O
Costa Verde
Cabo de Estaca de Bares
O Porto de Bares
Ría de Barqueiro
Celeiro
Viveiro
Ría de Viveiro
San Cibrao
Faro S. Cibrao
Burela
Cabo Burela
Os Farallóns
P. Mansa
P. Roncadoira
Foz
Ribadeo
Tapia de Casariego
Campos Salave
Cabo Cebes
La Caridad
Navia
Puerto de Vega
Cabo Busto
Busto
Luarca
Cabo Vidio
Cudillero
Concha de Artedo
Muros de Nalón
Piedras Blancas
Avilés
Salinas
Cabo de Peñas
Podes
Verdicio
Las Vegas
Pravia
Grado
OVIEDO
Lugones
Corredoria
Mieres
Pola de Lena
Mondoñedo
Lourenzá
Villanueva de Oscos
Taramundi
Vegadeo
Castropol
Boal
Tineo
Cangas del Narcea
Belmonte
Salas
Somiedo
Parque Natural de Somiedo
Reserva Natural de Somiedo
Coto Nacional de Muniellos
Bosque de Muniellos
Fonsagrada
Lugo
LUGO
Meira
Castro de Rei
Rábade
Villalba
Serra do Xistral
Serra da Carba
Serra Toxiza
Serra de Lourenzá
Serra de Meira
Serra da Pousadoira
Serra de Lastra
Serra de Foncubierta
Serra de Louxas
Sierra de la Bobia
Sierra de Carondio
Sierra de Muniellos
Sierra de los Lagos
Sierra de Ibeyo
Sierra de Santa Ana
Sierra de Pando
Sierra de Cazarnosa
Sierra del Bonzón
Sierra de la Curiscada
Sierra de los Vientos
Sierra Manteca
Sierra de Begega
Cordal de la Mesa
Sierra Bustariega
Sierra de Sobia
Sierra del Aramo
Sierra de Dagüeño
Sierra de Tineo
Pto. de Somiedo
Pto. de la Mesa
Pto. de Ventana
Pto. del Palo
Pto. de Connio
Pto. de Leitariegos
Pto. de Acevo
Pto. de Marco de Alvare
Alto de Cerredo
Alto de Fontaneira
Alto de la Espina
Alto de Ponouta
Alto de Balmonte
Lagos de Saliencia
Emb. de Salime
Emb. de Doiras
Emb. de Arbón
Emb. de Salime
Peña Ubiña
Peña Chana
Peña Rueda
Peña Micho
Montes de Caballeiros
Montes do Buio
Fraga Vella
N 642
N 634
N 640
N 632
N 630
E 70
A 8
A 6
AS 15
AS 14
AS 12
AS 11
AS 21
AS 25
AS 26
AS 28
AS 29
AS 211
AS 213
AS 217
AS 218
AS 219
AS 225
AS 227
AS 228
AS 230
AS 237
AS 238
LU 862
LU 540
LU 120
LU 113
LU 122
LU 530
LU 700
LU 750
LU 710
LU 701
LU 702
LU 741
LU 115
LU 161
LU 152
LU 153
LU 160
LU 131
LU 132
LU 133
LU 124
LU 111
LU 611

3
1
2
3
4
5
6
A
B
C
D
M A R C A N T Á B R I C O
GIJÓN
OVIEDO
Villaviciosa
Candás
Luanco
Lugones
Pola de Siero
Langreo
Mieres
El Entrego
Pola de Laviana
Pola de Lena
Colunga
Ribadesella
Cangas de Onís
Arriondas
Llanes
Comillas
Cabezón de la Sal
Los Corrales de Buelna
Torrelavega
Suances
Santillana
Parque Nacional de los Picos de Europa
Parque Natural de Redes
Parque Natural Saja-Besaya
Reserva Nacional Saja
Sierra de Cuera
Sierra del Escudo de Cabuérniga
Peña Santa 2.596
Torrecerredo 2.650
Cabo de Peñas
Cabo Lastres
Cabo Torres
San Vicente de la Barquera
Potes
Infiesto
Nava
Noreña
Corredoria
Sotres
Poncebos
Peña Vieja 2613
Peña Sagra 2024
Tresviso
Camaleño
Cosgaya
Fuente Dé
Unquera
Colombres
Bustio
Nueva
Posada
Carreña
Arenas de Cabrales
Soto de Sajambre
Oseja de Sajambre
Riaño
Polvoredo
Liébana
Barcena Mayor
Reinosa
Vega de Liébana
Pto. de San Isidro
Pto. de Tarna
Pto. de Pajares
Pto. de Piedrasluengas
Pto. de Palombera
Pto. del Pontón
Pto. de Panderruedas
Pto. de San Glorio

1
2
3
4
5
6
A
B
C
D
3
5
MAR CANTÁBRICO
SANTANDER
Parque Natural de las Dunas de Liencres
Parque Natural de las Marismas de Santoña
Santoña
Laredo
Colindres
Castro-Urdiales
Torrelavega
Campuzano
Muriedas
Maliaño
El Astillero
Valdecilla
P. N. del Macizo de Peña Cabarga
Parque Natural de los Collados del Asón
Balmaseda
Zalla
Muskiz
Santurtzi
Portugalete
Sestao
Barakaldo
Getxo
Algorta
Sopelana
Erandio
Leioa
BILBAO
Derio
Mungia
Bakio
Bermeo
Gernika-Lumo
Lekeitio
Ondarroa
Zumaia
Basauri
Galdakao
Etxebarri
Arrigorriaga
Amorebieta-Etxano
Durango
Elorrio
Ermua
Eibar
Elgoibar
Azkoitia
Azpeitia
Bergara
Arrasate/Mondragón
Aretxabaleta
Oñati
Zumarraga
Urretxu
Legazpi
Laudio/Llodio
Amurrio
Artziniega
Valle de Trápaga
Ortuella
Cabo de Ajo
Cabo Villano
Cabo de Matxitxako
R. Biosfera Urdaibai
Montes de Ordunte
Sierra del Hornijo
Sierra de Gorbea
Montes de Samo
Valle de Pas
Sierra de la Matanza
Emb. de Ordunte
Emb. del Juncal

MAR CANTÁBRICO
Castets
Taller
Léon
Moliets-et-Maa
Laluque
Tartas
Meilhan
Campagne
MONT-DE-MARSAN
St. Perdon
Maurrin
Le Leuy
Messanges
Herm
Clouquetardit
Azur
Etang de Soustons
Vieux-Boucau-les-Bains
Magescq
GRANDES LANDES
Buglose
Pontonx-s-l'Adour
Audon
Souprosse
Cauna
Grenade-sur-l'Adour
Soustons
Cassen
Adour
St. Sever
Mugron
St-Paul-lès-Dax
Dax
Candresse
Hinx
Montfort-en-Chalosse
St. Aubin
St-Geours-de-Maremne
Seignosse
Tosse
Tercis-les-Bains
St-Pandelon
Hossegor
St-Vincent-de-Tyrosse
Saubusse
Hagetmau
Samadet
Capbreton
Bénesse-Maremne
Pomarez
St-Lon-les-Mines
Estibeaux
Castaignos-Souslens
Amou
St-Martin-de-Hinx
Port-de-Lanne
Tith
Sault-de-Navailles
Labenne
Biarrote
Labatut
Peyrehorade
Puyoô
Abbaye d'Arthous
Sorde-l'Abbaye
Arzacq-Arraziguet
Tarnos
St-Martin-de-Seinaux
Quartier Neuf
Boucau
Bayonne
Anglet
Biarritz
St.-Pierre d'Irube
Bidache
Carresse
Bérenx
Orthez
Morlanne
Urt
Briscous
St. Dos
Salies-de-Béarn
Escos
Laá
Maslacq
Bidart
Labastide-Clairence
Guethary
Arraute
Lacq
Artix
St-Jean-de-Luz
Ciboure
Ustarritz
Hasparren
Sauveterre-de-Béarn
Cambo les Bains
Bonloc
Narp
Mourenx-Ville
Pl. de Hondarribia
Cabo Higer
Bahía de Txingudi
Punta Amuitz
Punta Blosnar
Hendaye
Hondarribia
Punta Termuia
Fuerte de Guadalupe
Urrugne
St-Pée-sur-Nivelle
Souraïde
Espelette
Garris
Nouvelle
Monein
Arbus
Lescar
PAU
Artiguelove
Pl. Gros (La Zurriola)
Pl. de La Concha
Pl. de Ondarreta
Pl. Antilla (S. Juan)
Pl. Oribazar
Pl. Malkorbe
Pl. Zarautz
DONOSTIA-SAN SEBASTIÁN
Faro Igeldo
Monte Igeldo
Igeldo
Pasai S. Pedro
Pasaia
Donibane
Lezo
Errenteria
Oiartzun
Irun
Behobia
Ascain
St. Esteben
St. Palais
Nabas
Navarrenx
Sare
La Rhune
Aínhoa
Itxassou
Louhossoa
Charritte-de-Bas
Sus
Gurs
Getaria
Zarautz
Orio
Askizu
Artadi
Aginaga
Usurbil
Lasarte-Oria
Hernani
Astigarraga
Ergobia
Pikoketa
Erlaitz
Endarlatsa
Zia
Dornaku
Bera/ Vera de Bidasoa
Alkaiaga
Zugarramurdi
Leorlaz
Landibar
Telleria
Urdazubi/ Urdax
Pto. de Otsondo
Urrusquieta
Bidarray
Ostabat-Asme
Larceveau
Mocayolle
Cardesse
Ledeuix
Lasseube
Andoain
Villabona
Tolosa
Ibarra
Alegia
Amasa
Irura
Anoeta
Urnieta
Oria
Goizueta
Arano
Aitasemegi
Leitza
Areso
Saldias
Ezkurra
Eratsun
Zubieta
Ituren
Oitz
Donamaria
Mugairi
Oharriz
Lekaroz
Elizondo
Erratzu
Arizkun
Bozate
Irurita
Gartzain
Zigaurre
Berroeta
Almandoz
Legasa
Narbarte
Doneztebe/ Santesteban
Sunbilla
Elgorriaga
Lesaka
Igantzi
Arantza
Etxalar
Urritzokieta
Orizki
Azkua
Amaiur/ Maya
Urrasun
Azpilkueta
Apaioa
Valle de Baztán
Beartzun
Vallée des Aldudes
Aldudes
Banca
Argaray
Pekotxeta
Azoleta
Luzaide/Valcarlos
Gaindola
Estérençuby
Source de la Nive
Chapelle St-Sauveur
St-Jean-Pied-de-Port
St-Jean-le-Vieux
Lacarre
Ahaxe
Aneguy
St-Etienne-de-Bagorry
Irissarry
Chapelle St-Antoine
Mauléon-Licharre
Ordiap
Sauguis
Tardets-Sorholus
Lanne
Arette
Licq-Athérey
Aramits
Asasp-Arros
Issor
Féas
Oloron-Ste-Marie
Gurmençon
Belair
Buzy
Arudy
Izeste
Louvie-Juzon
Bielle
Sarrance
Bedous
Larrau
Orbaitzeta
Orreaga/ Roncesvalles
Pto. de Ibañeta
Coto Nacional de Kintoa
Olaberri
Ocoro
Sayoa
Pto. de Belate
Txaruta
Valle de Ulzama
Beintza-Labaien
Berueta
Ordizia
Beasain
Lazkao
Zaldibia
Itsasondo
Legorreta
Ikaztegieta
Altzo
Berastegi
Elduain
Gaztelu
Orexa
Uitzi
Azpirotz
Etxarri
Eraso
Azpeitia
Azkoitia
Errezil
Bidania
Albiztur
Beizama
Zestoa
Aizarnazabal
Erdoitza
Elosiaga
Urrestilla
Goiatz
Bidegoyan
Hernialde
Zizurkil
Asteasu
Larraul
Elizmendi
Aduna
Sorabilla
Aia
Olaskoegia
Andatza
Iruretaegia
Laurgain
Altzibar
Karrika
Emb. de San Antón
Las Cinco Villas de la Montaña
Zala
Emb. de Domico
Artikutza
Parque Natural Señorío de Bertiz
Gorramakil
Pto. de Izpegui
Iparla
Urepel
Mandoegi
Baztarla
Adarra
Mendaur
Ekaitza
Peña de Alba
Amaizu
Pto. de Uitzi
Irukulu

6
LUGO
SANTIAGO DE COMPOSTELA
PONTEVEDRA
OURENSE
VIGO
Monforte de Lemos
Lalín
Carballiño
Ribadavia
Redondela
Cangas
Moaña
Marín
Noia
Padrón
A Estrada
Vilagarcía de Arousa
Cambados
O Grove
Sanxenxo
Boiro
Rianxo
A Pobra do Caramiñal
Sta. Uxía de Ribeira
Muros
Corcubión
Fisterra
Melide
Chantada
Ponteareas
Baiona
Silleda
Caldas de Reis
OCÉANO ATLÁNTICO
Rías Baixas
Ría de Corcubión
Ría de Muros e Noia
Ría de Arousa
Ría de Pontevedra
Ría de Vigo
Illas Cíes
Parque Natural Dunas de Corrubedo
Parque Nacional Marítimo-Terrestre de las Islas Atlánticas
Serra da Barbanza
Monte Xesteiras
Monte do Seixo
Serra do Candán
Serra do Faro
Serra de San Mamede
13
1
2
3
4
5
6
A
B
C
D

7
Sarria
Becerrea
Villafranca del Bierzo
Ponferrada
Bembibre
Astorga
La Bañeza
Villablino
O Barco de Valdeorras
A Rúa de Valdeorras
Quiroga
Monforte de Lemos
A Pobra de Trives
Viana do Bolo
Toreno
Cacabelos
Camponaraya
Columbrianos
Fuentes Nuevas
Flores del Sil
Compostilla
Serra dos Ancares
Reserva Nacional dos Ancares
Reserva Nacional de los Ancares Leoneses
Coto Nacional de Muniellos
Parque Natural de Somiedo
Reserva Natural de Somiedo
Reserva Nacional de Degaña
Parque Natural del Valle de San Emiliano
Sierra de Gistreo
Montes Aquilianos
Sierra del Teleno
Sierra de la Cabrera
Montes de León
Serra do Courel
Serra do Oribio
Serra dos Cabalos
Serra da Encina da Lastra
P. N. Serra de Enciña da Lastra
Serra do Eixe
Serra da Chaira
Serra de Queixa
Montes do Invernadeiro
Serra da Foncebadón
Embalse de Barrios de Luna
Embalse de Bárcena
Maragatería
El Bierzo

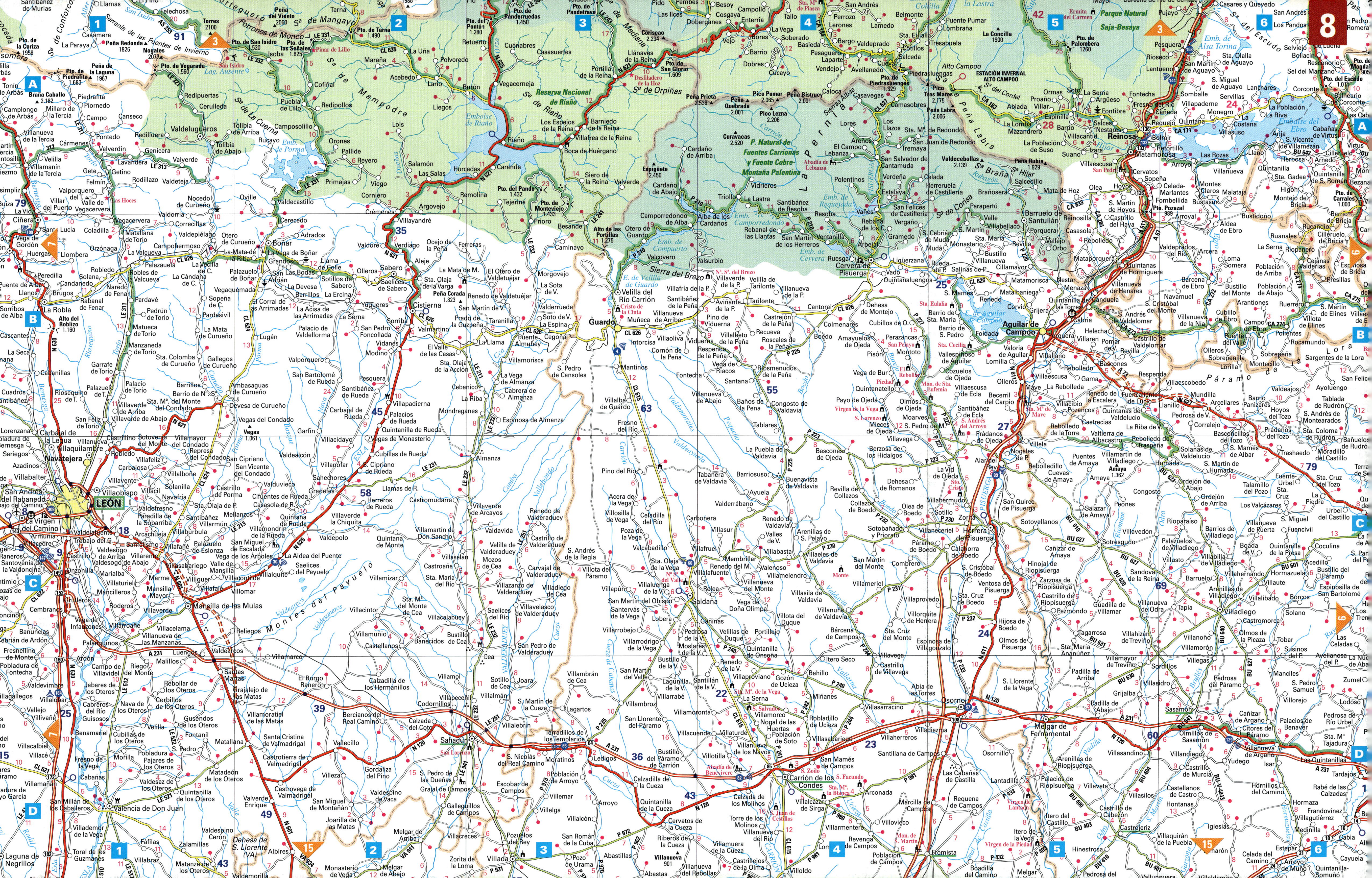

8
LEÓN
Navatejera
Villaquilambre
San Andrés del Rabanedo
Virgen del Camino
Valencia de Don Juan
Mansilla de las Mulas
Montes del Payuelo
Sahagún
Guardo
Velilla del Río Carrión
Saldaña
Carrión de los Condes
Osorno
Herrera de Pisuerga
Aguilar de Campoo
Reinosa
Cervera de Pisuerga
Riaño
Embalse de Riaño
Reserva Nacional de Riaño
Parque Natural Saja-Besaya
P. Natural de Fuentes Carrionas y Fuente Cobre-Montaña Palentina
Sierra del Brezo
Sa de Mampodre
Sa de Orpiñas
Emb. de Porma
Emb. del Ebro
Emb. de Aguilar de Campoo
Emb. de Compuerto
Emb. de Camporredondo
Emb. de Requejada
Emb. de Cervera
Emb. de Alsa Torina
Emb. de Velilla de Guardo
Páramo de Lora
Melgar de Fernamental
Villadiego
Sasamón
Valderas
Cistierna
Boñar
La Robla
La Pola de Gordón
Prádanos de Ojeda
Alar del Rey
Mataporquera
Matamorosa
Olmillos de Sasamón
Fromista
Villada
Grajal de Campos
Cea
Almanza
Pto. de Piedrasluengas
Pto. de San Glorio
Pto. de Tarna
Pto. de Pandetrave
Pto. de Panderruedas
Pto. del Pontón
Pto. de San Isidro
Pto. de Vegarada
Pto. de Pajares
Pto. de Palombera
Pto. del Escudo
Pto. Pozazal
Peña Prieta 2.536
Espigüete 2.450
Curavacas 2.520
Peña Redonda
Peña Corada 1.823

9
BURGOS
Briviesca
Miranda de Ebro
VITORIA-GASTEIZ
Haro
LOGROÑO
Santo Domingo de la Calzada
Nájera
Medina de Pomar
Amurrio
Laudio/Llodio
Arrasate/Mondragón
Bergara
Zumarraga
Altsasu/Alsasua
Legazpi
Oñati
Aretxabaleta
Beasain
Ordizia
Lardero
Navarrete
Fuenmayor
Cenicero
Belorado
Pradoluengo
Ezcaray
Frías
Oña
Sierra de Urbasa
Sierra de Cantabria
Montes Obarenes
Sierra de Pancorbo
Sierra de la Demanda
P. Natural de Urbasa y Andia
Reserva Nacional de la Sierra
EBRO

10
F R A N C I A
PAMPLONA/IRUÑA
Parc National des Pyrénées
Coto Nacional de Kintoa
Reserva Nacional de los Valles Visaurín
Coto Nacional del Anayet
Coto Nacional de la Garcipollera
Sierra de Leire
Sierra de Abodi
Valle de Salazar
Valle del Roncal
Valle de Hecho
Valle de Ansó
Valle de Aezkoa
Sierra de Andía
Sierra de Aralar
Sierra de Alaitz
Sierra del Perdón
Sierra de Izco
Sierra de Luesia
Sierra de Santo Domingo
Sierra de San Juan de la Peña
Sierra de Loarre
Sierra de Javierre
Sierra de Gratal
Sierra Caballera
Sierra de Belarre
Sierra de la Gabardiella
Sierra Tendeñera
Bardenas
Valle de Onsella
Valle de Aspe
Embalse de Yesa
Embalse de Eugi
Embalse del Ferial
Laguna de Pitillas
Jaca
Sabiñánigo
Tafalla
Olite
Sangüesa/Zangoza
Lumbier
Aoiz
Burguete
Roncesvalles
Ochagavía
Isaba
Ansó
Hecho
Canfranc
Biescas
Ayerbe
Sádaba
Caparroso
Marcilla
Peralta
San Adrián
Calahorra
Lerín
Puente la Reina/Gares
Sos del Rey Católico
Uncastillo
Luesia
Biel
Castiliscar
Carcastillo
Murillo el Fruto
Santacara
Larrasoaña
Huarte
Burlada
Villava
Ansoáin
Berriozar
Barañain
Zizur Mayor
Noáin
Bedous
Accous
Urdos
Laruns
Gabas
Pto. de Somport
Pto. de Ibañeta
Pto. de Larrau
Pto. de Lizarraga
Pto. de Loiti
Pto. de Monrepós
Pto. de Oroel
Balaitus 3.146
Picos del Infierno 3.076
Santo Domingo 1.571
Bisaurín 2.668
Oroel 1.770
Guara 2.078
Ori 2017
AP 15
N 121
N 240
N 135
N 134
N 330
A 21
A 23
A 132

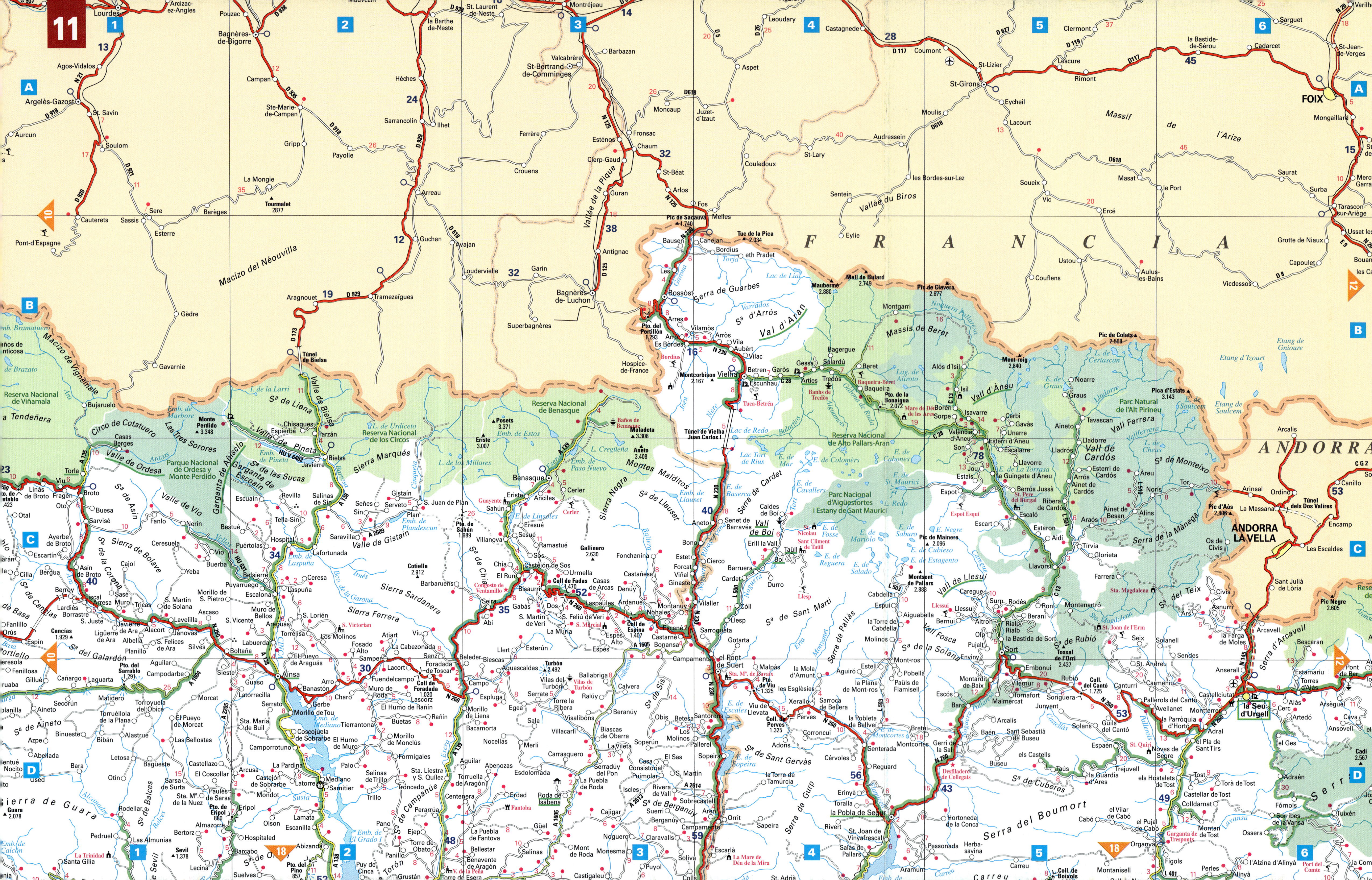

11
F R A N C I A
A N D O R R A
ANDORRA LA VELLA
FOIX
Lourdes
Argelès-Gazost
Bagnères-de-Bigorre
Cauterets
Pont-d'Espagne
Macizo del Néouvillа
Tourmalet 2877
Aragnouet
St-Bertrand-de-Comminges
Montréjeau
Bagnères-de-Luchon
Superbagnères
Vallée de la Pique
Pic de Sacauva
St-Girons
St-Lizier
Massif de l'Arize
Tarascon-sur-Ariège
Vallée du Biros
Val d'Aran
Serra de Guarbes
Vielha
Bossòst
Pto. del Portillón
Túnel de Vielha Juan Carlos I
Túnel de Bielsa
Bielsa
Parque Nacional de Ordesa y Monte Perdido
Monte Perdido 3.348
Valle de Ordesa
Sierra Marqués
Reserva Nacional de Benasque
Maladeta 3.308
Aneto 3.408
Montes Malditos
Benasque
Sierra Negra
Parc Nacional d'Aigüestortes i Estany de Sant Maurici
Reserva Nacional de Alto Pallars-Aran
Vall de Boí
Vall d'Àneu
Parc Natural de l'Alt Pirineu
Vall Ferrera
Vall de Cardós
Massís de Beret
Serra de la Mànega
Sort
Vall Fosca
La Pobla de Segur
Serra del Boumort
la Seu d'Urgell
Sant Julià de Lòria
Les Escaldes
Serra d'Arcavell
Ainsa
Boltaña
Sierra de Guara
Sierra Ferrera
Sierra Sardanera
Valle de Gistain
Campo
Graus
Roda de Isabena
Pont de Suert
Sierra de Bolave
Valle de Vio
Macizo de Vignemale
Reserva Nacional de Viñamala

12
FRANCIA
ANDORRA
Corbieres
GOLFE DU LION
MAR MEDITERRÁNEO
Montagne de Tabe
PLAINE DU ROUSSILLON
Perpignan
Lavelanet
Puivert
Quillan
Couiza
Alet-les-Bains
Montazels
Serres
Albières
Mouthoumet
Laroque-de-Fa
Maisons
Tuchan
Padern
Paziols
Vingrau
Cucugnan
Maury
St-Paul-de-Fenouillet
Caudiès-de-Fenouillèdes
Axat
Puilaurens
Latour-de-France
Estagel
Cases-de-Pène
Rivesaltes
Salses
Leucate
Fitou
Lapalme
Port-Leucate
Port-Barcarès
le Barcarès
St-Laurent-de-la-Salanque
Bompas
Pia
Ste-Marie
Canet-en-Roussillon
St-Cyprien-Plage
St-Cyprien
Cabestany
Alenya
Elne
Bages
Argelès-sur-Mer
Argelès-Plage
Collioure
Port-Vendres
Cap Béar
Banyuls-sur-Mer
Cerbère
Cap Cerbère
Portbou
Millas
Ille-sur-Têt
Vinça
Prades
Villefranche-de-Conflent
Olette
Thuès-entre-Valls
Mont-Louis
Font-Romeu
Saillagouse-Llo
Llívia
Puigcerdà
Bourg-Madame
Enveitg
Ax-les-Thermes
Mérens-les-Vals
l'Hospitalet-Près-l'Andorre
Porté-Puymorens
Pas de la Casa
Port d'Envalira 2.408
Soldeu
Túnel d'Envalira
Céret
Amélie-les-Bains-Palalda
Arles-sur-Tech
Prats-de-Mollo
le Boulou
le Perthus
St-Martin-de-Fenollar
St. Génis-des-Fontaines
Thuir
Etang de Leucate
Etang de Lapalme
Etang de Canet
Lac des Bouillouses
Lac de Matemale
Etang de Lanous
Reserva Nacional de Cerdanya
Reserva Nacional de Freser i Setcases
Parc Natural del Cadí-Moixeró
Parque Natural de Cadí-Moixeró
Parc Natural de la Garrotxa
Parc Natural dels Aiguamolls de l'Empordà
Parc Natural del Cap de Creus
Serra del Cadí
Serra de Montgrony
Serra de Cavallera
Serra de la Boixeda
Serra de la Cirera
Serra de l'Albera
Serra de Milany
Serra d'Ensija
Rasos de Peguera
Serra de Catllarás
Serra de Sant Marc
Serra de Matamala
Serra de Gorrablanc
Serra de Costabona
Serra de Bestracà
Serra de Malforat
Serra de Rodes
Bellver de Cerdanya
Martinet
Alp
La Molina
Toses
Ribes de Freser
Ripoll
Campdevànol
Camprodon
Sant Joan de les Abadesses
Olot
Sant Joan les Fonts
Castellfollit de la Roca
Besalú
Figueres
Roses
Cadaqués
Cap de Creus
Llançà
el Port de la Selva
Empuriabrava
Castelló d'Empúries
l'Escala
Sant Pere Pescador
La Jonquera
Agullana
Maçanet de Cabrenys
Darnius
Boadella d'Empordà
Terrades
Vilafant
Avinyonet de Puigventós
Bagà
Guardiola de Berguedà
La Pobla de Lillet
Castellar de n'Hug
Gósol
Saldes
Tossa 2.536
Cadí 2.567
Puigmal 2.913
Costabona 2.465
Pic de la Dona 2.704
Coll d'Ares 1.513
Puig Pedrós 2.911
Golf de Roses
Punta de Trencabraços
Punta Falconera
Cap Norfeu

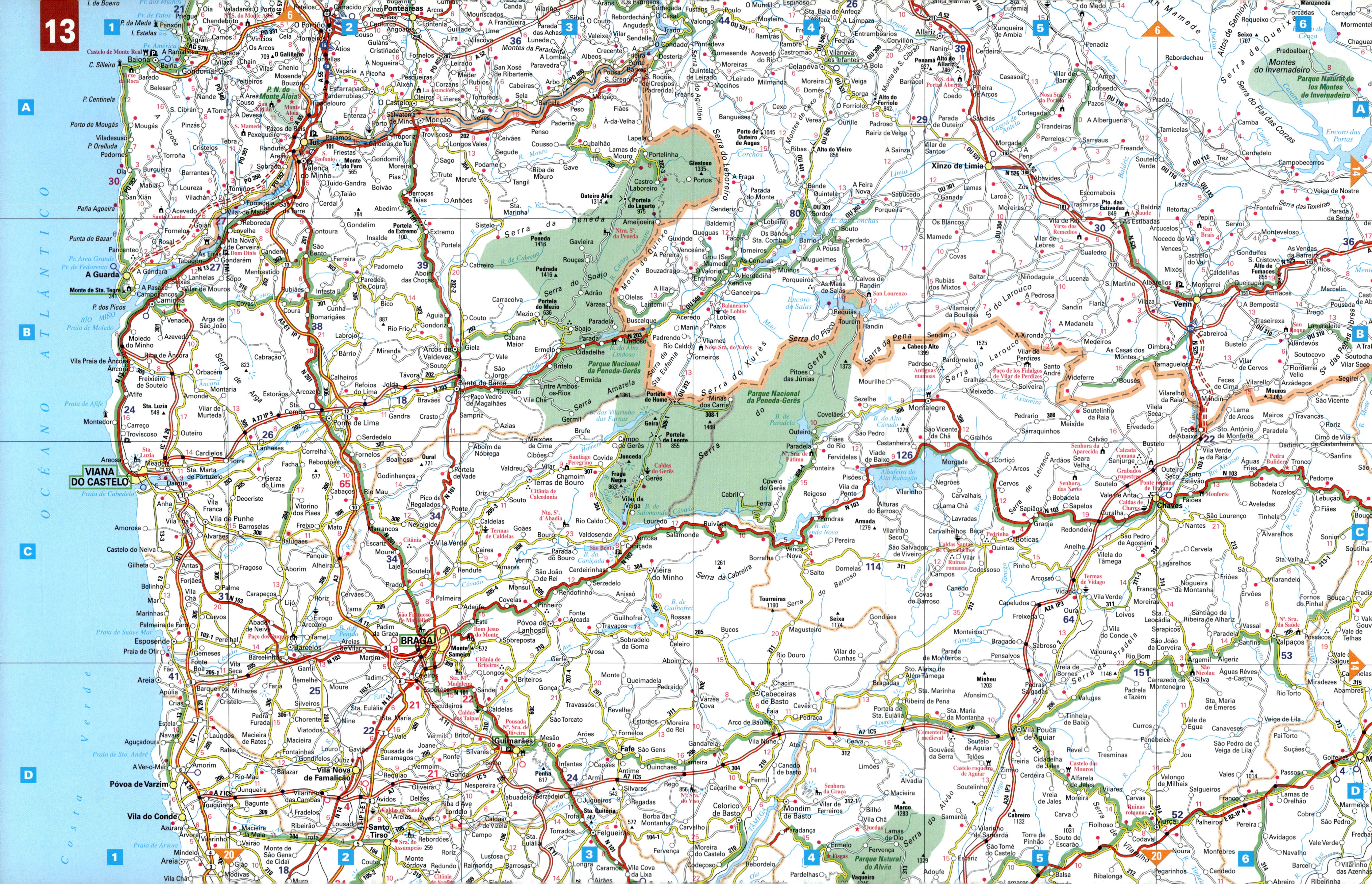

13
1
2
3
4
5
6
A
B
C
D
OCÉANO ATLÁNTICO
Costa Verde
VIANA DO CASTELO
BRAGA
Guimarães
Chaves
Verín
Xinzo de Limia
Celanova
Ponteareas
O Porriño
Baiona
Tui
Valença do Minho
A Guarda
Caminha
Ponte de Lima
Ponte da Barca
Arcos de Valdevez
Monção
Melgaço
Barcelos
Vila Nova de Famalicão
Póvoa de Varzim
Vila do Conde
Santo Tirso
Fafe
Felgueiras
Cabeceiras de Basto
Celorico de Basto
Mondim de Basto
Vila Pouca de Aguiar
Murça
Boticas
Montalegre
Vieira do Minho
Póvoa de Lanhoso
Terras de Bouro
Vila Verde
Esposende
Parque Nacional da Peneda-Gerês
Parque Natural do Alvão
Parque Natural de los Montes de Invernadeiro
P.N. do Monte Aloia
Serra da Peneda
Serra do Soajo
Serra do Gerês
Serra do Larouco
Serra da Cabreira
Serra do Barroso
Serra do Xurés
Serra de Arga
Serra do Alvão
Serra da Padrela
Serra do Laboreiro
Serra de Queixa
Montes do Invernadeiro
Sierra do Fial das Corzas

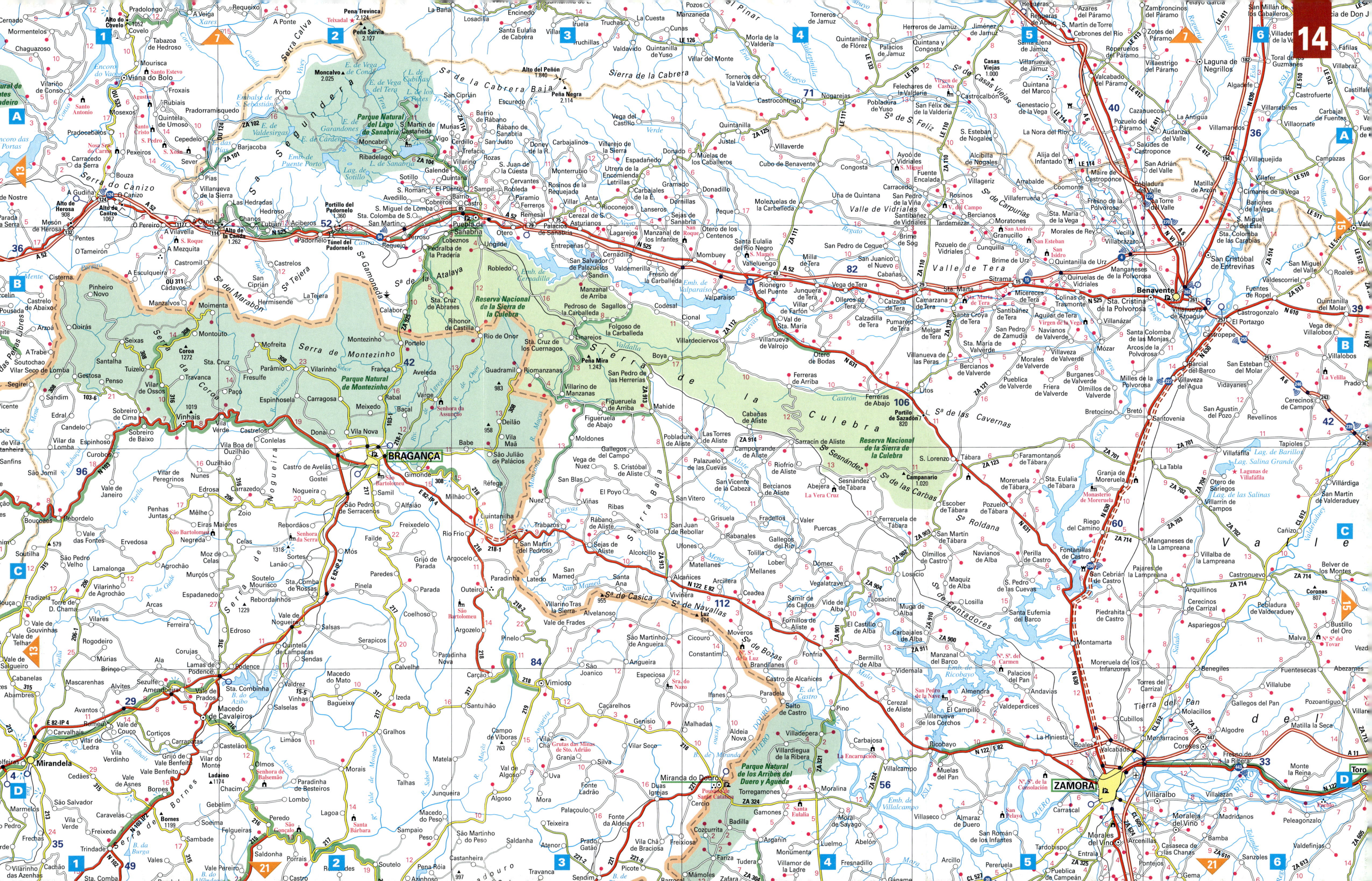
14
BRAGANÇA
ZAMORA
Benavente
Mirandela
Macedo de Cavaleiros
Vinhais
Vimioso
Miranda do Douro
Puebla de Sanabria
Parque Natural del Lago de Sanabria
Parque Natural de Montezinho
Reserva Nacional de la Sierra de la Culebra
Reserva Natural de la Sierra de la Culebra
Parque Natural de los Arribes del Duero y Águeda
Sierra de la Culebra
Serra de Montezinho
Sierra de la Cabrera
Sª de la Cabrera Baja
Serra Segundera
Valle de Vidriales
Valle de Tera
Tierra del Pan
Sª de Carpurias
Sª de Casas Viejas
Sª de la Atalaya
Sª de las Cavernas
Sª de Cantadores
Sª de Casica
Sª de Navallas
Sª de Bozas
Sª Roldana
Sª de las Carbas
Sª Sesnández
Serra do Canizo
Serra da Coroa
Serra de Bornes
Serra de Nogueira
Serra Calva
Serra de Sta. Comba
Sª del Marabón
Alcañices
Tábara
Camarzana de Tera
Santibáñez de Vidriales
Villardeciervos
Mombuey
Rionegro del Puente
Otero de Bodas
Ferreras de Abajo
Manganeses de la Polvorosa
Sta. Cristina de la Polvorosa
Riego del Camino
Montamarta
Fontanillas de Castro
Villalpando
Muelas del Pan
Almeida
Fermoselle
Bermillo de Sayago
Puebla de Sanabria
Vila Nova
Rabal
Quintanilha
Outeiro
Argozelo
Carção
Izeda
Mogadouro
Sendim
Lubián
Padornelo
Requejo
Cernadilla
Manzanal de Arriba
Villalba de la Lampreana
Coreses
Monte la Reina
Toro
Vale de Salgueiro
Castro de Avelãs
Gimonde
Parada
Salsas
Sortes
Lamalonga
Vilarinho de Agrochão
Mirandela
N 122 E 82
A 52
A 6
N 525
N 631
N 630
E 82-IP 4
IP 4

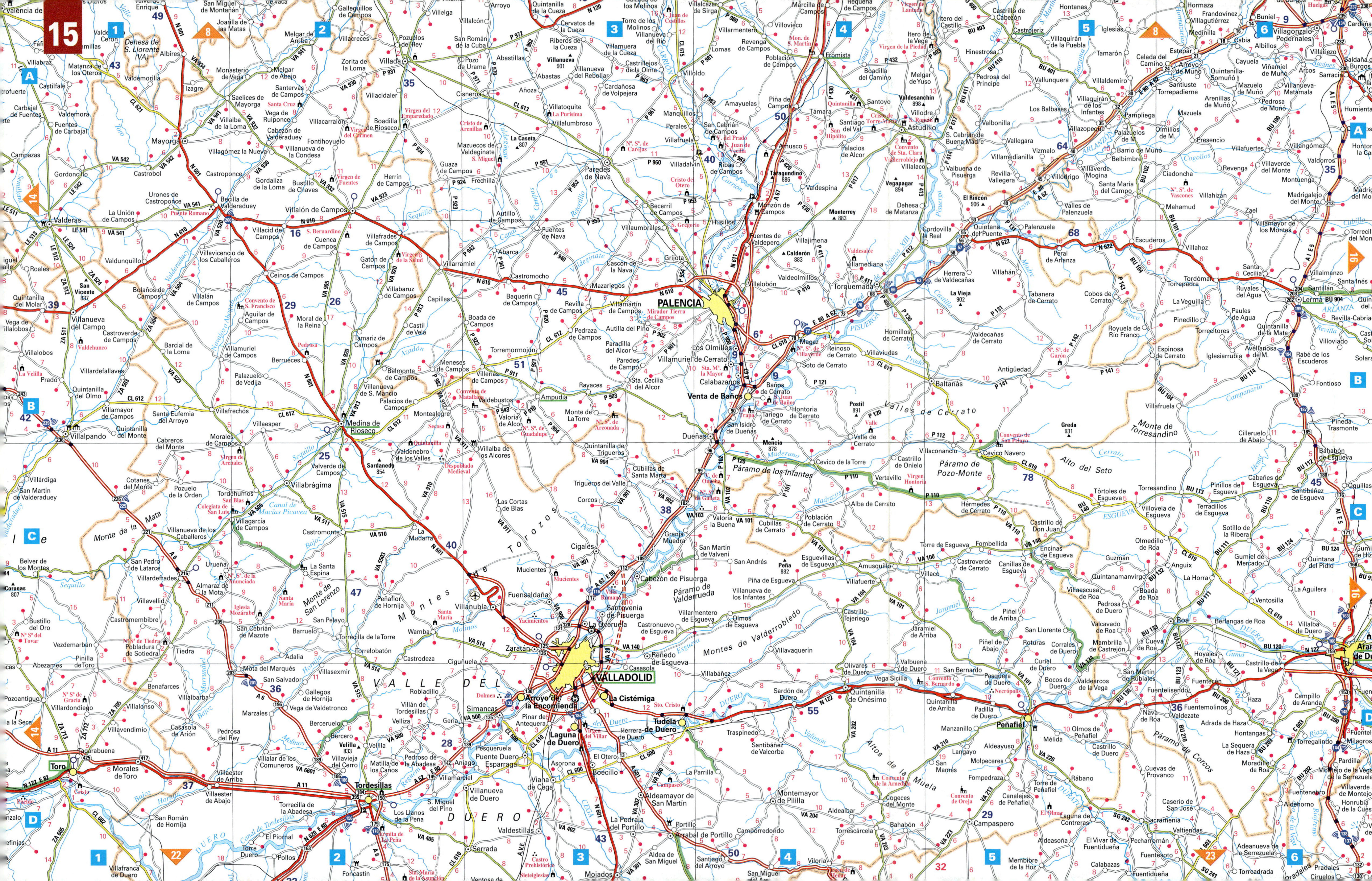

15
PALENCIA
VALLADOLID
Medina de Rioseco
Tordesillas
Toro
Peñafiel
Villalpando
Mayorga
Valderas
Astudillo
Frómista
Lerma
Aranda de Duero
Dueñas
Venta de Baños
Baltanás
Tudela de Duero
Laguna de Duero
Arroyo de la Encomienda
La Cistérniga
Simancas
Villanubla
Cabezón de Pisuerga
Paredes de Nava
Villada
Sahagún
Torquemada
Quintana del Puente
Portillo
Mojados
Íscar
Olmedo
Campaspero
Cuéllar
Cevico Navero
Villanueva del Campo
Villafrechós
Castromonte
Valles de Cerrato
Páramo de los Infantes
Páramo de Pozo-Monte
Monte de Torresandino
Alto del Seto
Montes de Valderrobledo
Páramo de Valderrueda
Montes de Torozos
Monte de San Lorenzo
Monte de la Mata
VALLE DEL DUERO
Páramo de Corcos
Altos de la Muela
Canal de Castilla
Canal de Macías Picavea
DUERO
PISUERGA
ESGUEVA
ARLANZA
CARRIÓN
SEQUILLO

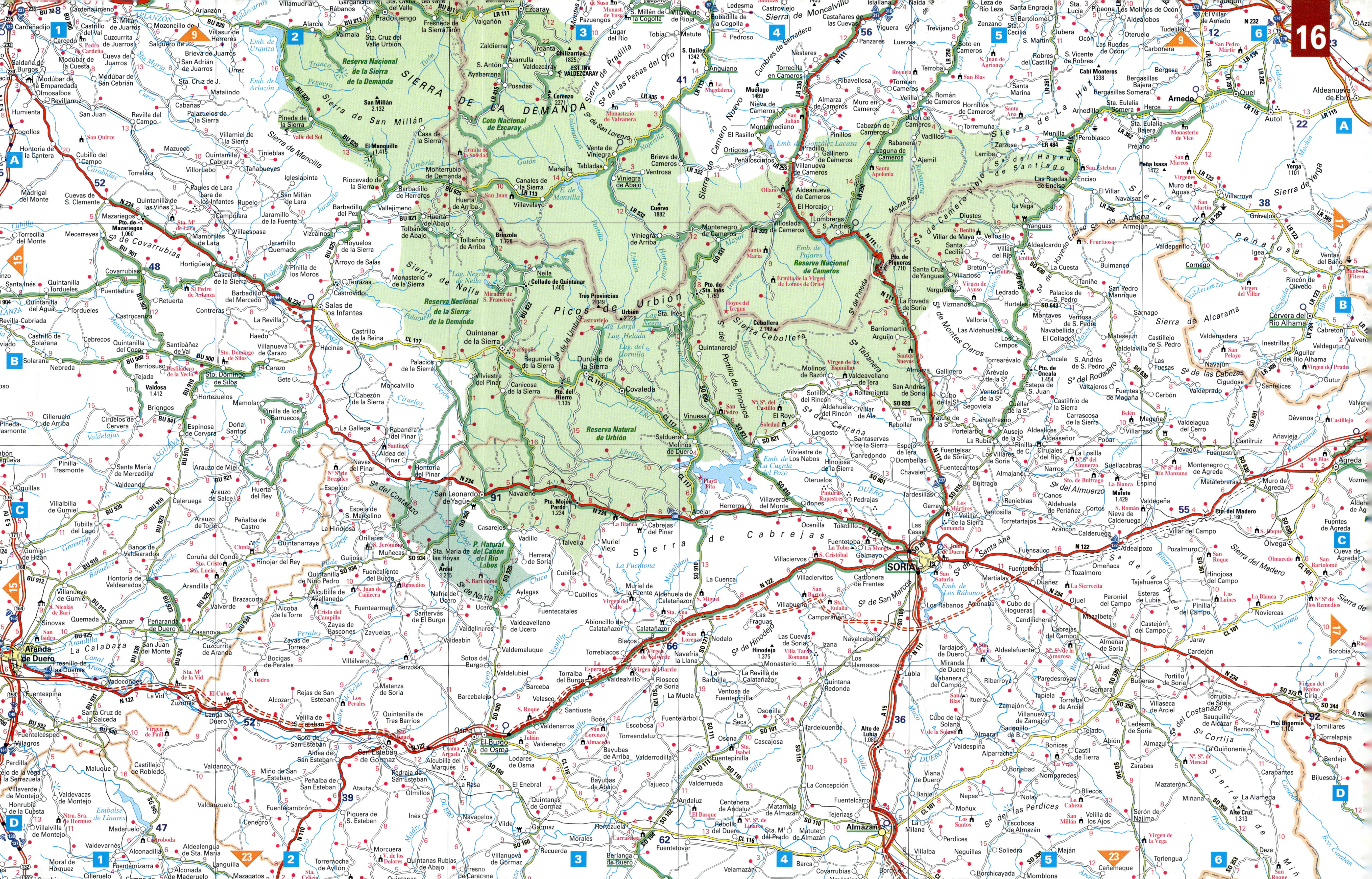

16
SIERRA DE LA DEMANDA
Reserva Nacional de la Sierra de la Demanda
Coto Nacional de Ezcaray
Picos de Urbión
Reserva Natural de Urbión
Reserva Nacional de Cameros
Sierra Cebollera
Sierra de Cabrejas
Sierra de Alcarama
Sierra de Yerga
Sierra de Neila
Sierra del Costalazo
Sierra de la Hez
Sierra de Mencilla
Sierra de San Millán
P. Natural del Cañón del Río Lobos
Emb. de la Cuerda del Pozo
Emb. de Pajares
Emb. de Los Rábanos
SORIA
Aranda de Duero
El Burgo de Osma
Almazán
Arnedo
San Leonardo de Yagüe
Salas de los Infantes
Covaleda
Duruelo de la Sierra
Ágreda
Ezcaray
Pradoluengo
Quintanar de la Sierra
Langa de Duero
San Esteban de Gormaz
Cervera del Río Alhama
Vinuesa
Navaleno
Ólvega

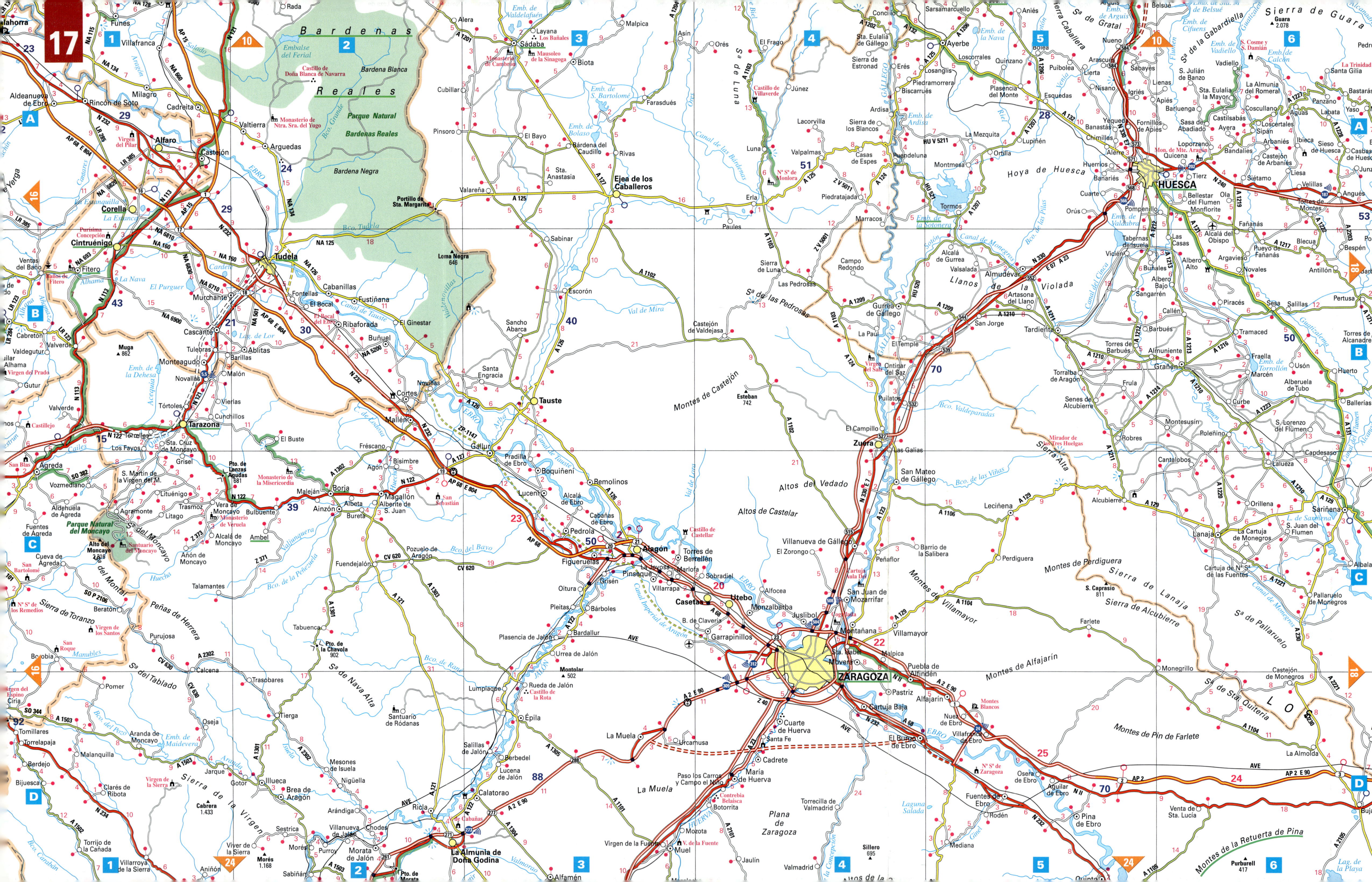
17
Calahorra
Funes
Villafranca
Aldeanueva de Ebro
Rincón de Soto
Milagro
Cadreita
Alfaro
Castejón
Valtierra
Arguedas
Corella
Cintruénigo
Fitero
Tudela
Murchante
Cascante
Tulebras
Ablitas
Monteagudo
Novallas
Malón
Tarazona
Ágreda
Vozmediano
Cabanillas
Fustiñana
Ribaforada
Buñuel
Cortes
Mallén
Novillas
Borja
Magallón
Ainzón
Bulbuente
Gallur
Pradilla de Ebro
Boquiñeni
Luceni
Alcalá de Ebro
Cabañas de Ebro
Pedrola
Figueruelas
Remolinos
Tauste
Sádaba
Biota
Ejea de los Caballeros
Rivas
Bárdena del Caudillo
Sta. Anastasia
Valareña
Sabinar
Escorón
Sancho Abarca
Santa Engracia
Castejón de Valdejasa
Alagón
Torres de Berrellén
Sobradiel
Pinseque
Casetas
Utebo
Monzalbarba
Grisén
Bárboles
Oitura
Pleitas
Bardallur
Plasencia de Jalón
Urrea de Jalón
Rueda de Jalón
Lumpiaque
Épila
Salillas de Jalón
Lucena de Jalón
Calatorao
Ricla
La Almunia de Doña Godina
Morata de Jalón
Chodes
Arándiga
Brea de Aragón
Illueca
Gotor
Jarque
Sestrica
Morés
Purroy
Tierga
Mesones de Isuela
Nigüella
Trasobares
Calcena
Purujosa
Pomer
Aranda de Moncayo
Malanquilla
Torrelapaja
Berdejo
Bijuesca
Torrijo de la Cañada
Villarroya de la Sierra
Aniñón
Talamantes
Añón de Moncayo
Alcalá de Moncayo
Vera de Moncayo
Litago
Trasmoz
Lituénigo
Grisel
Agramonte
Parque Natural del Moncayo
Bardenas Reales
Parque Natural Bardenas Reales
Bardena Blanca
Bardena Negra
Embalse del Ferial
Loma Negra 646
Sierra de Toranzo
Peñas de Herrera
Sª del Tablado
Sª de Nava Alta
Sierra de la Virgen
La Muela
Plana de Zaragoza
Montes de Castejón
Altos del Vedado
Altos de Castelar
ZARAGOZA
Villanueva de Gállego
San Juan de Mozarrifar
Juslibol
Montañana
Villamayor
Movera
Puebla de Alfindén
Alfajarín
Pastriz
La Cartuja Baja
Nuez de Ebro
Villafranca de Ebro
El Burgo de Ebro
Cuarte de Huerva
Cadrete
María de Huerva
Botorrita
Mozota
Muel
Jaulín
Valmadrid
Fuentes de Ebro
Rodén
Mediana
Osera de Ebro
Aguilar de Ebro
Pina de Ebro
Zuera
San Mateo de Gállego
Leciñena
Perdiguera
Farlete
Monegrillo
Montes de Alfajarín
Montes de Perdiguera
Sierra de Alcubierre
Sierra de Lanaja
Montes de Pin de Farlete
Montes de la Retuerta de Pina
Sª de Sta. Quiteria
Castejón de Monegros
La Almolda
Lanaja
Alcubierre
Sariñena
Tardienta
Almudévar
Gurrea de Gállego
Ayerbe
Sierra de Luna
Luna
Erla
Piedratajada
Marracos
Puendeluna
Valpalmas
Lacorvilla
Las Pedrosas
Sª de las Pedrosas
HUESCA
Monflorite
Grañén
Robres
Lalueza
Capdesaso
Poleñino
Huerto
Sesa
Novales
Siétamo
Quicena
Tierz
Nueno
Igriés
Sierra de Guara
Sª de Gratal
Hoya de Huesca
Llanos de la Violada
Montes de Villamayor
Sierra Alta
Torres de Alcanadre
Pertusa
Antillón
Angüés
Castejón de Arbaniés
Loporzano
Chimillas
Alerre
Banastás
Esquedas
Plasencia del Monte
Bolea
Puibolea
Loscorrales
Quinzano
Lupiñén
Ortilla
Montmesa
Tormos
Almuniente
Barbués
Torralba de Aragón
Senés de Alcubierre
Frula
Curbe
Montesusín
Torres de Barbués
Tramaced
Marcén
Alberuela de Tubo
Usón
Fraella
Piracés
Callén
Sangarrén
Vicién
Albero Alto
Albero Bajo
Buñales
Las Casas
Tabernas de Isuela
Pompenillo
Cuarte
Banariés
Huerrios
Fañanás
Blecua
Argavieso
Pueyo de Fañanás
Alcalá del Obispo
Bespén

18
LLEIDA
Barbastro
Monzón
Binéfar
Almacelles
Alpicat
Balaguer
Agramunt
Guissona
Solsona
Cervera
Tàrrega
Igualada
Mollerussa
Alcarràs
Fraga
les Borges Blanques
Sta. Margarida de Montbui
Graus
Tremp
Artesa de Segre
Ponts
Cardona
Bellpuig
Montblanc
l'Espluga de Francolí
Serra del Montsec
Serra Llarga
Serra del Boumort
Sª de Carrodilla
Sª de Montclús
Sª de Sant Miquel
Sª de Coscollà
Sª de Mongay
Sª de Sabinós
Sª de Pubill
Sª de Oliana
Sª de Busa
Sª de Pinós
Sª de Queralt
Sª de Ancosa
Sª del Tallat
Sª de Sant Mamet
Sª de Carreu
Sª del Port de Comte
Sª d'Aubenç
MONEGROS
Llanos de las Menorcas
Llanos de Cardiel
Sª de Olsón
Sª de Salinas
Sª de Sevil
Sª de Torón
Sª del Castillo de Laguarres
Emb. de Barasona
Emb. de Canelles
Emb. de Santa Anna
Emb. de Camarasa
Emb. de Talarn-Tremp
Emb. d'Oliana
Emb. de Sant Llorenç
Emb. d'Utxesa
Canal d'Urgell
Canal de Aragón y Cataluña
Canal del Cinca
N 240
N 230
N 123
N II
A 2
AP 2 E 90
C 12
C 13
C 14
C 25
C 26
C 53
L 911

19
GIRONA
BARCELONA
TERRASSA
SABADELL
MATARÓ
BADALONA
STA. COLOMA DE GRAMENET
L'HOSPITALET DE LLOBREGAT
Manresa
Vic
Olot
Ripoll
Berga
Figueres
Banyoles
l'Escala
Torroella de Montgri
La Bisbal d'Empordà
Palafrugell
Palamós
Platja d'Aro
Sant Feliu de Guíxols
Tossa de Mar
Lloret de Mar
Blanes
Malgrat de Mar
Pineda de Mar
Calella
Canet de Mar
Arenys de Mar
Granollers
Mollet del Vallès
Cerdanyola del Vallès
Rubí
Martorell
Igualada
Vilafranca
Gavà
Sant Adrià de Besòs
Molins de Rei
Sant Celoni
Hostalric
Arbúcies
Sta. Coloma de Farners
Cassà de la Selva
Llagostera
Tordera
Manlleu
Torelló
Tona
Centelles
Moià
Súria
Sallent
Navarcles
Artés
Santpedor
Cardona
Solsona
Navàs
St. Hilari Sacalm
Anglès
Salt
Parc Natural del Montseny
Parc Natural de Sant Llorenç del Munt
Parc Natural de la Garrotxa
Parc Natural de Montserrat
Parc Natural del Montnegre-Corredor
Parc de Collserola
Sa de Montseny
Massís de les Gavarres
Massís de Guilleries
Costa Maresme
MAR MEDITERRÁNEO
Illes Medes
Cap de Begur
Cap de Tossa
Punta de Trencabraços
A
B
C
D
1
2
3
4
5
6
12
18
26

20
OCÉANO ATLÁNTICO
PORTO
Vila Nova de Gaia
Matosinhos
Maia
Vila do Conde
Santo Tirso
Amarante
Penafiel
VILA REAL
Peso da Régua
Lamego
Espinho
Sta. Maria da Feira
São João da Madeira
Oliveira de Azeméis
Ovar
AVEIRO
Ílhavo
Águeda
VISEU
Mangualde
Tondela
Castro Daire
São Pedro do Sul
Vale de Cambra
Arouca
Castelo de Paiva
Cinfães
Parque Natural do Alvão
Serra de Montemuro
Serra da Arada
Serra da Gralheira
Reserva Natural de Cambarinho
Reserva Natural das Dunas de S. Jacinto
Ria de Aveiro
DOURO

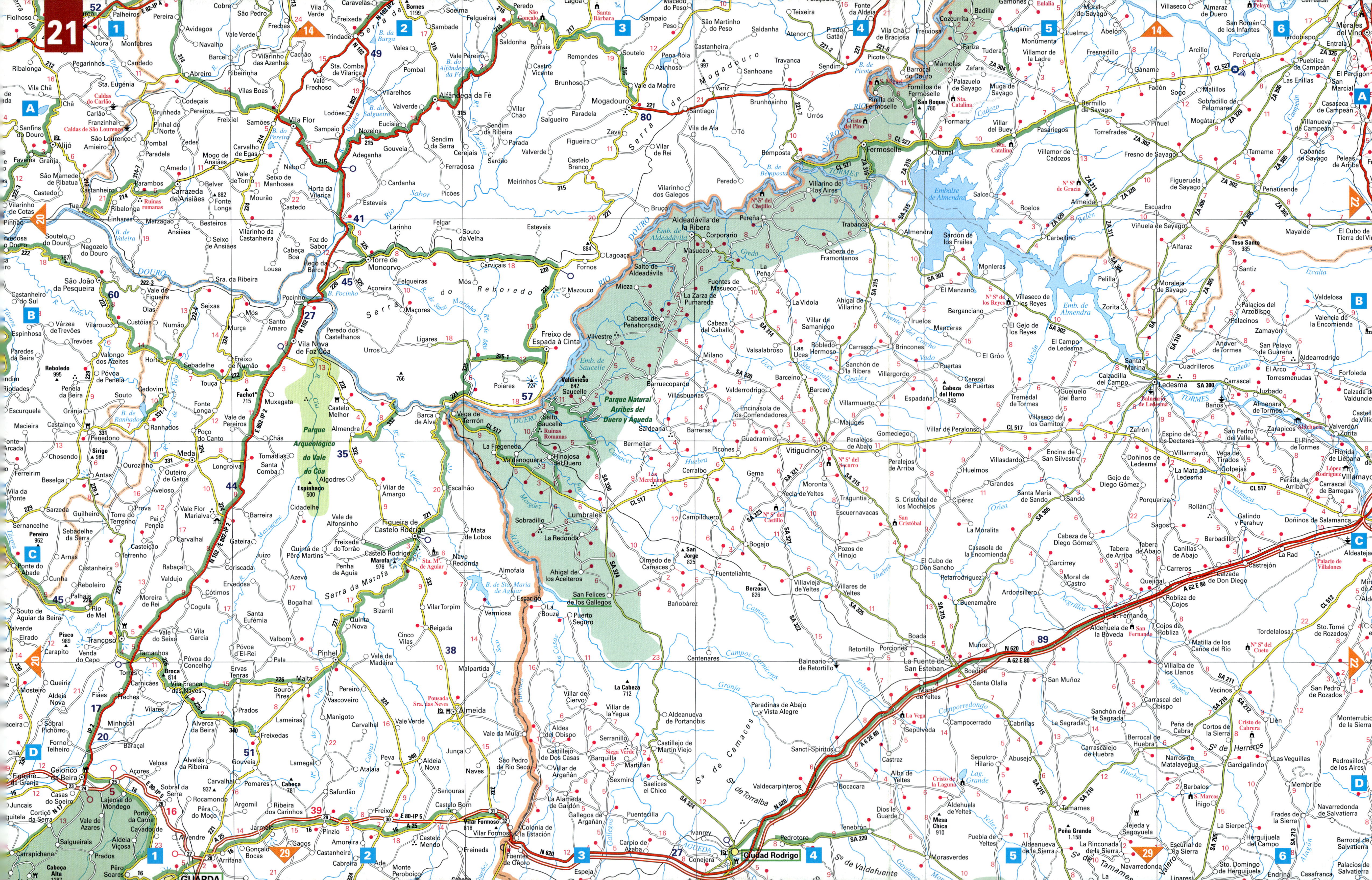
52
Palheiros
Cobre
São Pedro
Vila Verde
Caravelas
Bornes 1199
Soeima
Felgueiras
Peredo
São Gonçalo
Lagoa
Santa Bárbara
Sampaio
Peso
São Martinho do Peso
Saldanha
Teixeira
Fonte de Aldeia
Prado Gatão
Atenor
Vila Chã de Braciosa
Freixiosa
Cozcurrita
Badilla
Argañín
Luelmo
Moral de Sayago
Abelón
Villaseco
Almaraz de Duero
San Román de los Infantes
Pelayo
Morales del Vino
Fiolhoso
Pereira
Avidagos
Navalho
Noura
Monfebres
Frechas
Trindade
Sambade
Saldonha
Porrais
Soutelo
Pena Róia
Azinhoso
Castanheira
Sendim
Picote
Travanca
Sanhoane
Mámoles
Fariza
Tudera
Monumenta
Villamor de la Ladre
Fresnadillo
Ganame
Arcillo
Pereruela
Puebla de Campeán
Entrala
El Perdigón
Ribalonga
Pegarinhos
Candedo
Barcel
Vilarinho das Azenhas
Cachão
Sta. Comba de Vilariça
Vale Frechoso
Vales
Pombal
Vale Pereiro
Castro Vicente
Remondes
Brunhoso
Mogadouro
Vale da Madre
Variz
Brunhosinho
Urrós
Barrocal del Douro
Fornillos de Fermoselle
San Roque
Zafara
Palazuelo de Sayago
Muga de Sayago
Fadón
Sogo
Malillos
Las Enillas
San Marcial
Sta. Eugénia
Vila Chã
Caldas do Carlão
Codeçais
Pereiros
Vilas Boas
Ribeirinha
Vilarelhos
Alfândega da Fé
Valverde
Vilar Chão
Paradela
Santiago
Pinilla de Fermoselle
Sta. Catalina
Formariz
Villar del Buey
Pasariegos
Bermillo de Sayago
Torrefrades
Piñuel
Mogátar
Sobradillo de Palomares
Casaseca de Campeán
Villanueva de Campeán
Chã
Carlão
Franzinhal
Caldas de São Lourenço
São Lourenço
Amieiro
Sanfins do Douro
Alijó
Granja
Favaios
Brunheda
Pinhal do Norte
Pombal
Freixiel
Samões
Vila Flor
B. do Pereiro
Sampaio
Lodões
Nozelos
Eucísia
Sendim da Ribeira
Sendim da Serra
Gouveia
Adeganha
Cerejais
Ferradosa
Sardão
Parada
Salgueiro
Valverde
Figueira
Zava
Castelo Branco
Vila de Ala
Tó
Vilar de Rei
Serra de Mogadouro
Bemposta
Cristo del Pino
Fermoselle
Cibanal
Villamor de Cadozos
Villar del Buey
Fresno de Sayago
Tamame
Cabañas de Sayago
Peleas de Arriba
Zedes
Carvalho de Egas
Mogo de Ansiães
Amedo
Paradela
Vale de Torno
Seixo de Manhoses
Nabo
Cardanha
Meirinhos
Perêdo
B. de Bemposta
Villarino de los Aires
Embalse de Almendra
Salce
Figueruela de Sayago
Peñausende
São Mamede de Ribatua
Castedo
Castanheiro
Parambos
Carrazeda de Ansiães
Ruínas romanas
Belver
Fonte Longa
Mourão
Horta da Vilariça
Estevais
Picões
Sabor
Vilarinho dos Galegos
N.ª S.ª de Gracia
Almeida
Roelos
Escuadro
Vilarinho de Cotas
Tua
Pinhão
Ribalonga
Linhares
Marzagão
Besteiros
Castedo
Larinho
Felgar
Souto da Velha
Estevais
Bruçó
Aldeadávila de la Ribera
Emb. de Aldeadávila
Corporario
Pereña
N.ª S.ª del Castillo
Trabanca
Almendra
Sardón de los Frailes
Carbellino
Viñuela de Sayago
Alfaraz
Mayalde
El Cubo de Tierra del Vino
Soutelo do Douro
Nagozelo do Douro
B. de Valeira
Ansiães
Seixo de Ansiães
Vilarinho da Castanheira
Foz do Sabor
Cabeça Boa
Lousa
Torre de Moncorvo
Carviçais
Lagoaça
Fornos
Masueco
Salto de Aldeadávila
Cabeza de Framontanos
Monleras
Moraleja de Sayago
Teso Santo 985
Santiz
Izcalá
São João da Pesqueira
Vale de Figueira
Sra. da Ribeira
Rego da Barca
Açoreira
Felgueiras
Mós
Serra do Reboredo
Mazouco
Mieza
La Peña
Fuentes de Masueco
La Zarza de Pumareda
La Vídola
Ahigal de Villarino
El Manzano
Villaseco de los Reyes
Emb. de Almendra
Pelilla
Zorita
Valdelosa
Valencia de la Encomienda
Castanheiro do Sul
Olas
Custóias
Seixas
Mós
Pocinho
B. Pocinho
Maçores
Ligares
Freixo de Espada à Cinta
Cabezal de Peñahorcada
Cabeza del Caballo
Villar de Samaniego
Irueños
Berganciano
El Gejo de los Reyes
El Campo de Ledesma
Palacios del Arzobispo
Palacinos
Zamayón
Várzea de Trevões
Trevões
Vilarouco
Numão
Murça
Santo Amaro
Vila Nova de Foz Côa
Peredo dos Castelhanos
Urros
Vilvestre
Robledo Hermoso
Carrasco
Brincones
Manceras
Añover de Tormes
San Pelayo de Guareña
Aldearrodrigo
Paredes da Beira
Reboledo 995
Valongo dos Azeites
Horta
Sebadelhe
Freixo de Numão
Touça
Emb. de Saucelle
Valsalabroso
Las Uces
Milano
Sanchón de la Ribera
Villargordo
Puertas
El Gróo
Santa Marina
Cuadrilleros
Ledesma
Carrascal
El Arco
Torresmenudas
Forfoleda
Penela da Beira
Póvoa de Penela
Cedovim
Facho 715
Muxagata
Castelo Melhor
Poiares
Valdivieso 642
Saucelle
Barruecopardo
Villasbuenas
Valderrodrigo
Barceo
Barcelo
Cerezal de Puertas
Cabeza del Horno 843
Espadaña
Tremedal de Tormes
Guejuelo del Barro
Calzadilla del Campo
Balneario de Ledesma
Tormes
Juzbado
Calzada de Valdunciel
Escurquela
Granja
Souto
B. de Ranhados
Fonte Longa
Vale de Pereiros
Almendra
Barca de Alva
Vega de Terrón
Parque Natural Arribes del Duero y Águeda
Encinasola de los Comendadores
Villarmuerto
Villaseco de los Gamitos
Almenara de Tormes
Baños
Macieira
Castainço
Pendones
Rauhados
Poço do Canto
Chãs
Parque Arqueológico do Vale do Côa
Saucelle
Salto Saucelle
Ruinas Romanas
Saldeana
Barreras
Majuges
Guadramiro
Gomeciego
Villar de Peralonso
Zafrón
Espino de los Doctores
San Pedro del Valle
El Pino de Tormes
Zarapicos
Valverdón
Fonte Arcada
Chosendo
Sirigo 989
Ourozinho
Meda
Longroiva
Tomadias
Santa Comba
La Fregeneda
Valdenoguera
Hinojosa del Duero
Bermellar
Picones
Vitigudino
Peralejos de Abajo
Peralejos de Arriba
Encina de San Silvestre
Villardardo
Villarmayor
Doñinos de Ledesma
Vega de Tirados
Golpejas
Florida de Liébana
Villamayor
Ferreirim
Beselga
Antas
Outeiro de Gatos
Espinhaço 500
Cidadelhe
Algodres
Vilar de Amargo
Escalhão
Las Merchanas
Cerralbo
Gema
Moronta
N.ª S.ª del Socorro
Yecla de Yeltes
Huelmos
Grandes
Santa María de Sando
Sando
Gejo de Diego Gómez
Porqueriza
La Mata de Ledesma
Parada de Arriba
López Rodríguez
Carrascal de Barregas
Vila da Ponte
Sarzeda
Aveloso
Vale Flor
Marialva
Prova
Torre do Terrenho
Pai Penela
Barreira
Vale de Alfonsinho
Figueira de Castelo Rodrigo
Mata de Lobos
Sobradillo
Lumbrales
Campilduero
Traguntia
Escuernavacas
S. Cristóbal de los Mochelos
San Cristóbal
Cipérez
La Moralita
Rollán
Galindo y Perahuy
Doñinos de Salamanca
Sernancelhe
Sebadelhe da Serra
Guilheiro
Carvalhal
Gateira
Quinta de Pêro Martins
Freixeda do Torrão
Castelo Rodrigo
Marofa 976
Sta. M.ª de Aguiar
Nave Redonda
La Redonda
Bogajo
Pozos de Hinojo
Cabeza de Diego Gómez
Tabera de Arriba
Tabera de Abajo
Canillas de Abajo
Barbadillo
Pereiro 962
Arnas
Castanheira
Rabaçal
Valdujo
Juizo
Coriscada
Azevo
Penha de Aguia
Serra da Marofa
Almofala
San Jorge 825
Olmedo de Camaces
Ahigal de los Aceiteros
Fuenteliante
Berzosa 826
Villavieja de Yeltes
Villares de Yeltes
El Cubo de Don Sancho
Casasola de la Encomienda
Garcirrey
Moral de Castro
Carreros
Calzada de Don Diego
Castrejón
La Rad
Aldeatejada
Palacio de Villalones
Ponte do Abade
Cunha
Reboleiro
Palhais
Moreira de Rei
Cótimos
Ervedosa
Bogalhal
Vilar Torpim
B. de Sta. María de Aguiar
Escarigo
San Felices de los Gallegos
Bañobárez
Pelarrodríguez
Buenamadre
Ardonsillero
Negrillos
Quejigal
Robliza de Cojos
Souto de Aguiar da Beira
Rio de Mel
Cogula
Santa Eufémia
Bizarril
Quinta Nova
Reigada
Vermiosa
La Bouza
Puerto Seguro
Camaces
Huebra
Valverde
Eirado
Pisco 989
Trancoso
Vale do Seixo
Vila Garcia
Valbom
Cinco Vilas
Centenares
Campos Carniceros
Boada
Muñoz
S. Fernando
Aldehuela de la Bóveda
Cojos de Robliza
Matilla de los Caños del Río
N.ª S.ª del Cueto
Tordelalosa
Sto. Tomé de Rozados
Carapito
Venda do Cepo
Tamanhos
Póvoa do Concelho
Póvoa d'El-Rei
Pala
Pinhel
Vale de Madeira
Malpartida
Balneario de Retortillo
Retortillo
Porciones
La Fuente de San Esteban
Boadilla
Villalba de los Llanos
Queiriz
Mosteiro
Aldeia Nova
Fiães
Torres
Carnicães
Freches
Broca 814
Vila Franca das Naves
Ervas Tenras
Malta
Souro Pires
Pereiro
Vascoveiro
Manigoto
Pousada Sra. das Neves
Almeida
La Cabeza 712
Villar de Ciervo
Villar de la Yegua
Aldeanueva de Portanobis
Paradinas de Abajo y Vista Alegre
Granja
Martín de Yeltes
Santa Olalla
San Muñoz
Carrascal del Obispo
Vecinos
San Pedro de Rozados
Vilares
Prados
Lameiras
Carvalhal
Vale da Mula
Aldea del Obispo
Serranillo
Castillejo de Martín Viejo
La Vega
Sepulveda
Campocerrado
Cabrillas
La Sagrada
Sanchón de la Sagrada
Peña de Cabra
Cortos de la Sierra
Cristo de Cabrera
Monterrubio de la Sierra
Sobral Pichorro
Minhocal
Alverca da Beira
Freixedas
Alvelãs da Ribeira
Gouveia
Lamegal
Atalaia
Peva
Aldeia Nova
Junça
São Pedro de Rio Seco
Castillejo de Dos Casas
Villar de Argañán
Barquilla
Siega Verde
Martillán
Sexmiro
Saelices el Chico
Sancti-Spiritus
Castraz
Sepulcro-Hilario
Abusejo
Carrascalejo de Huebra
Berrocal de Huebra
Narros de Matalayegua
Sierra de Herreros
Garcigalindo
Las Veguillas
Pedrosillo de los Aires
Forno Telheiro
Baraçal
Velosa
Carvalhal 937
Sobral da Serra
Pomares
Cabeça 781
Safurdão
Naves
Senouras
Alba de Yeltes
Cristo de la Laguna
Lag. Grande
Valdecarpinteros
Bocacara
Membribe
Celorico da Beira
Figueiró da Granja
Açores
Lajeosa do Mondego
Rocamondo
Argomil
Ribeira dos Carinhos
Freixo
Castelo Bom
Vilar Formoso 818
Colonia de la Estación
La Alameda de Gardón
Gallegos de Argañán
Puentecilla
Ivanrey
Dios le Guarde
Aldehuela de Yeltes
Mesa Chica 910
Tamames
Peña Grande 1.158
Tejeda y Segoyuela
Barbalos
S. Marcos
Iñigo
La Sierpe
Frades de la Sierra
Navarredonda de Salvatierra
Juncais
Casas do Soeiro
Cortiço da Serra
Vale de Azares
Salgueirais
Carrapichana
Porto da Carne
Cavadoude
Aldeia Viçosa
Prados
Alvendre
Pêra do Moço
Jarmelo
Pinzio
Amoreira
Castanheira
Castelo Mendo
Freineda
Vilar Formoso
Fuentes de Oñoro
Carpio de Azaba
Serra de Camaces
Sierra de Torralba
Ciudad Rodrigo
Pedrotoro
Tenebrón
Puebla de Yeltes
Aldeanueva de la Sierra
La Rinconada de la Sierra
Escurial de la Sierra
Herguijuela del Campo
Berrocal de Salvatierra
Palacios de Salvatierra
Cabeça Alta
Pêro Soares
Guarda
Gonçalo Bocas
Arrifana
Cabreira
Ade
Monte Perobolço
Espeja
Conejera
Sierra de Valdefuente
Sierra de Tamames
Navarredonda
Sto. Domingo de Herguijuela
Endrinal
Casafranca
Linares
Douro
Duero
Tormes
Águeda
Côa
Yeltes

DUERO
Duero
Tierra del Vino
SALAMANCA
Santa Marta de Tormes
Alba de Tormes
Peñaranda de Bracamonte
Medina del Campo
Olmedo
Arévalo
Íscar
Cuéllar
Coca
Turégano
SEGOVIA
La Granja
Guadarrama
Collado Villalba
Collado Mediano
Cercedilla
Navacerrada
El Espinar
San Rafael
Villacastín
ÁVILA
Madrigal de las Altas Torres
Cantalapiedra
Alaejos
Nava del Rey
Rueda
La Seca
Mojados
Portillo
Fuentesaúco
Villoria
Macotera
Castronuño
Navas de Oro
Nava de la Asunción
Carbonero el Mayor
Fuentepelayo
Sierra de Malagón
Sierra Quintanar
La Mujer Muerta
Páramo de Corcos
Sierra de Ávila

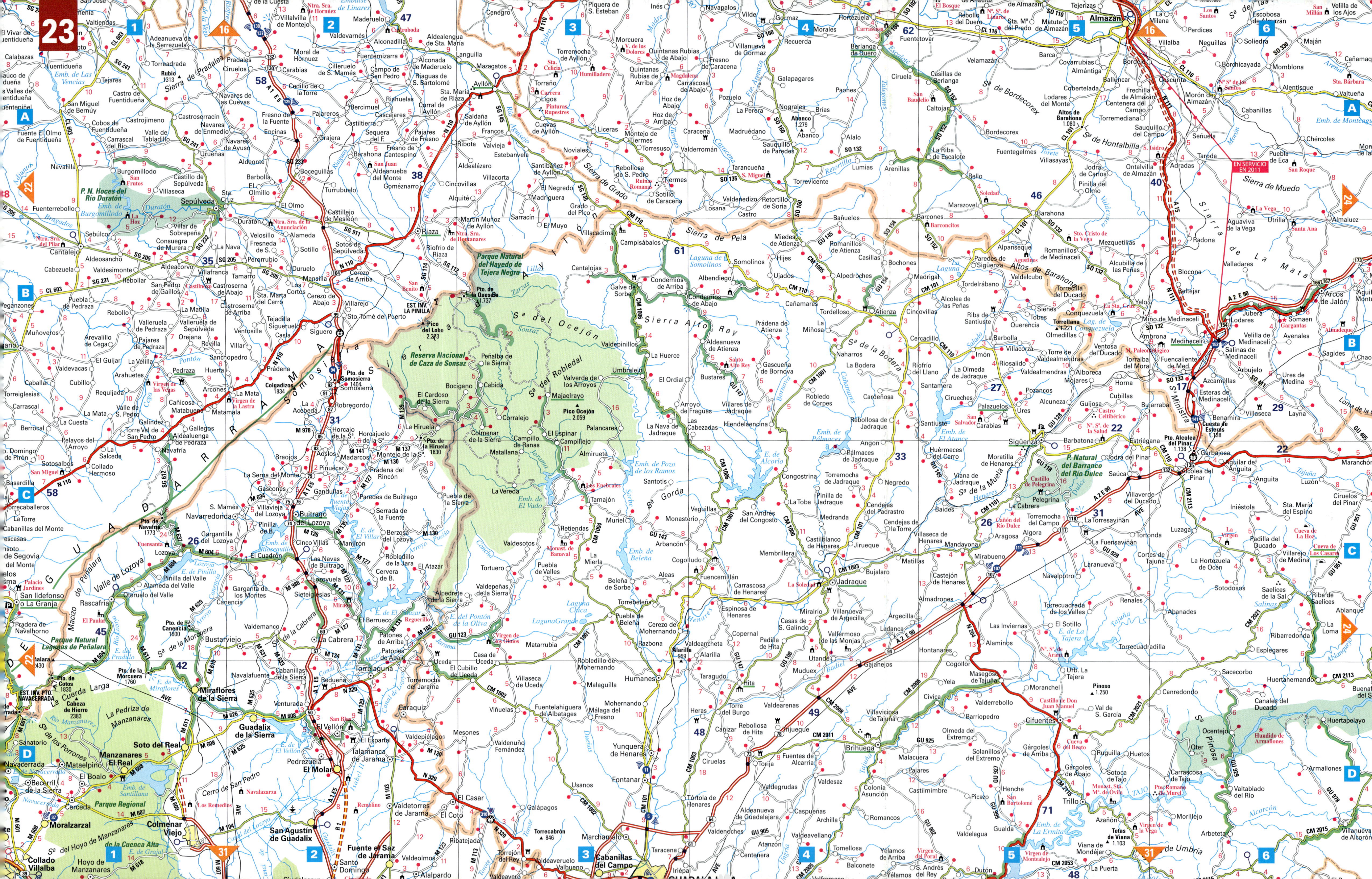

23
Sepúlveda
P. N. Hoces del Río Duratón
Riaza
Ayllón
Parque Natural del Hayedo de Tejera Negra
Reserva Nacional de Caza de Sonsaz
Sierra de Ayllón
Sª del Ocejón
Sª del Robledal
Pico Ocejón 2.059
Sierra Alto Rey
Sierra de Pela
Sierra de Grado
Sierra de Pradales
Somosierra
Pto. de Somosierra 1404
Sierra de Guadarrama
Buitrago del Lozoya
Lozoya
Rascafría
San Ildefonso o La Granja
Parque Natural Lagunas de Peñalara
Miraflores de la Sierra
Guadalix de la Sierra
Soto del Real
Manzanares El Real
Colmenar Viejo
Parque Regional de la Cuenca Alta del Manzanares
Moralzarzal
Collado Villalba
San Agustín de Guadalix
El Molar
Fuente el Saz de Jarama
Torrelaguna
Uceda
Cabanillas del Campo
Humanes
Jadraque
Atienza
Sigüenza
P. Natural del Barranco del Río Dulce
Medinaceli
Almazán
Berlanga de Duero
Brihuega
Cifuentes
Trillo
Sierra Pinosa
Sierra de Muedo
Sª de la Mata
Sª de Bordecorex
Sª de Hontalbilla
EN SERVICIO EN 2011
Emb. de El Vado
Emb. de Beleña
Emb. de Alcorlo
Emb. de Pálmaces
Emb. de El Atance
Emb. de Santillana
Emb. de Pinilla
Emb. de Riosequillo
Emb. de El Villar
Emb. de Puentes Viejas
Emb. de El Atazar
Emb. de Valmayor
N 110
N 320
N 211
N 204
A 1 E 5
A 2 E 90
M 607
M 608
M 604
CM 101
CM 1001
CL 116
Yunquera de Henares
Fontanar
Marchamalo
Valdetorres de Jarama
Talamanca de Jarama
Pedrezuela
Navacerrada
Cercedilla

24
Calatayud
La Almunia de Doña Godina
Cariñena
Daroca
Calamocha
Molina de Aragón
Montalbán
Belchite
Albalate del Arzobispo
Ateca
Ariza
Alhama de Aragón
Muel
Longares
Alfamén
Aguarón
Paniza
Villanueva de Huerva
Fuendetodos
Azuara
Lécera
Letux
Quinto
Azaila
Almochuel
Vinaceite
Urrea de Gaén
Codo
Mediana
Valmadrid
Jaulín
Mozota
Mezalocha
Ayles
Puebla de Albortón
Almonacid de la Cuba
Samper de Salz
Lagata
Moneva
Moyuela
Plenas
Blesa
Muniesa
Alacón
Oliete
Alloza
Andorra
Ariño
Josa
Alcaine
Obón
Cortes de Aragón
Plou
Maicas
Huesa del Común
Anadón
Rudilla
Fonfría
Allueva
Bádenas
Loscos
Monforte de Moyuela
Nogueras
Lanzuela
Cucalón
Lagueruela
Bea
Piedrahita
Collados
Olalla
Valverde
Cuencabuena
Burbáguena
Báguena
Luco de Jiloca
Lechago
Navarrete del Río
Cutanda
Nueros
Godos
Barrachina
Torrecilla del Rebollar
Villanueva del Rebollar de la Sierra
Fuenferrada
Vivel del Río Martín
Martín del Río
Armillas
Utrillas
Escucha
Lavaderos
Palomar de Arroyos
Castel de Cabra
La Zoma
Ejulve
Gargallo
Estercuel
Crivillén
Cañizar del Olivar
Torre de las Arcas
La Mata de los Olmos
Aliaga
Cobatillas
Jarque de la Val
Hinojosa de Jarque
Cuevas de Almudén
Mezquita de Jarque
Montoro de Mezquita
Villarluengo
Pitarque
Camarillas
Galve
Perales del Alfambra
Villalba Alta
Son del Puerto
Pancrudo
Cervera del Rincón
Las Parras de Martín
Cuevas de Portalrubio
Portalrubio
Alpeñés
Corbatón
Rillo
Fuentes Calientes
Cañada Vellida
Las Minas
Lidón
Visiedo
Argente
Camañas
Aguatón
Bueña
Rubielos de la Cérida
Villafranca del Campo
Singra
Alba
Monreal del Campo
Torrijo del Campo
Caminreal
Fuentes Claras
Poyo del Cid
Bañón
Cosa
El Villarejo
Blancas
Villar del Salz
Peracense
Ródenas
Pozuel del Campo
Ojos Negros
Barrio del Hospital
Barrio de Sierra Menera
Villalba de los Molares
Torralba de los Sisones
Odón
Bello
Tornos
Berrueco
Gallocanta
Las Cuerlas
Santed
Used
Castejón de Tornos
Val de S. Martín
Valdehorna
Villanueva de Jiloca
Nombrevilla
Anento
Lechón
Romanos
Villahermosa del Campo
Badules
Villadoz
Mainar
Villarreal de Huerva
Torralbilla
Cerveruela
Vistabella
Aladrén
Luesma
Herrera de los Navarros
Villar de los Navarros
Fombuena
Villarroya del Campo
Retascón
Manchones
Murero
Villafeliche
Montón
Fuentes de Jiloca
Morata de Jiloca
Velilla de Jiloca
Maluenda
Paracuellos de Jiloca
Olvés
Alarba
Castejón de Alarba
Acered
Atea
Orcajo
Balconchán
Langa del Castillo
Codos
Tobed
Encinacorba
Aguilón
Tosos
Sta. Bárbara
Almonacid de la Sierra
Cosuenda
Alpartir
Inogés
Sta. Cruz del Río
El Frasno
Pietas
Aluenda
Sediles
Villalba de Perejil
Belmonte de Calatayud
Mara
Orera
Ruesca
Miedes de Aragón
Torres
Terrer
Huérmeda
Embid de la Ribera
Paracuellos de la Ribera
Sabiñán
Morés
Purroy
Morata de Jalón
Chodes
Villanueva de Jalón
Sestrica
Viver de la Sierra
Aniñón
Cervera de la Cañada
Torralba de Ribota
Villarroya de la Sierra
Torrijo de la Cañada
Villalengua
Moros
Bubierca
Castejón de las Armas
Valtorres
La Vilueña
Munébrega
Carenas
Godojos
Ibdes
Nuévalos
Monterde
Abanto
Llumes
Cimballa
Cubel
Aldehuela de Liestos
Torralba de los Frailes
Embid
Tortuera
Cillas
Rueda de la Sierra
Cubillejo del Sitio
Cubillejo de la Sierra
Campillo de Dueñas
La Yunta
Milmarcos
Fuentelsaz
Campillo de Aragón
Calmarza
Jaraba
Sisamón
Alconchel de Ariza
Cabolafuente
Torrehermosa
Monreal de Ariza
Cetina
Contamina
Embid de Ariza
Casa de la Vega
Cihuela
Deza
Bordalba
Torlengua
Cañamaque
Fuentelmonge
Valtueña
Monteagudo de las Vicarias
Pozuel de Ariza
Almaluez
Santa María de Huerta
Montuenga de Soria
Aguilar de Montuenga
Arcos de Jalón
Sagides
Chaorna
Judes
Iruecha
Algar de Mesa
Villel de Mesa
Mochales
Amayas
Labros
Hinojosa
Anchuela del Campo
Codes
Balbacil
Maranchón
Claves
Turmiel
Estables
Concha
Tartanedo
Torrubia
Pardos
Ciruelos del Pinar
Mazarete
Tobillos
Anquela del Ducado
Selas
Arangocillo
Canales de Molina
Torremocha del Pinar
Herrería
Rillo de Gallo
Cobeta
Olmeda de Cobeta
Torrecilla del Pinar
Corduente
Cañizares
Ventosa
Villar de Cobeta
Buenafuente del Sistal
Torete
Cuevas Labradas
Cuevas Minadas
Teroleja
Valsalobre
Castilnuevo
Pradilla
Aldehuela
Chera
Prados Redondos
Morenilla
Anchuela del Pedregal
Castellar de la Muela
Hombrados
Tordelpalo
El Pedregal
El Pobo de Dueñas
Setiles
Tordellego
Torremochuela
Torrecuadrada de Molina
Otilla
Anquela del Pedregal
Lebrancón
Escalera
Fuembellida
Valhermoso
Tierzo
Almallá
Baños de Tajo
Tergaza
Taravilla
Pinilla de Molina
Traid
Piqueras
Adobes
Tordesilos
Alcoroches
Megina
Poveda de la Sierra
Peñalén
Villanueva de Alcorón
Zaorejas
Huertapelayo
Parque Natural del Alto Tajo
Lag. de Gallocanta
Lag. de La Zaida
Emb. de La Tranquera
Monasterio de Piedra
Sierra de Vicort
Sierra de Algairén
Sierra de Arcos
Sierra Menera
Sierra Lindón
Campo de Cariñena
Plana de Zaragoza
Altos de la Cruz del Zapatero
Balcón de Pilatos
Sierra Gorda
Sª de Armantes
Sª de Santa Cruz
Sª de Pardos
Sª de Solorio
Sª de Selas
Sª de Calderetos
Sª de Cucalón
Sª del Peco
Sª de Oriche
Sª de los Moros
Sª del Señor
Sª de la Costera
Muela de Anadón
Montes de Picaza
Peñas del Diablo
Paramera de Molina
Pto. de Paniza
Pto. de Santed
Pto. de Villafeliche
Pto. de Maranchón
Pto. de Rudilla
Pto. de Fonfría
Pto. de Segura
Pto. de Singra
Pto. de Argente
Pto. del Esquinazo
Pto. de Majalinos
Pto. de Villarluengo
A 23
A 2
E 90
N 234
N 211
N 330
N 232
N 420
A 220
A 223
A 222
A 1506
A 1507
A 1508
A 1509
A 1510
A 1401
A 1702
CM 2015

25
Montes de la Retuerta de Pina
Purburell 417
Gelsa
Velilla de Ebro
Virgen de Moiler
Cinco Olivas
Alborge
La Zaida
La Alforque
Sástago
Monasterio de Rueda
Azaila
Escatrón
Chiprana
El Dique
Caspe
Emb. de Caspe
Emb. de Mequinenza
Sª de los Rincones
Serreta Negra
Mas de Menen
El Sable 393
Montnegre 404
Mequinenza
Sª de Mequinenza
Alto de los Autos 434
San Jorge
Almatret
Seròs
Massalcoreig
la Granja d'Escarp
St. Jaume
Torrente de Cinca
Sarroca de Lleida
Llardecans
Maials
Penjat 438
la Granadella
Bovera
La Mare de Deu del Remei
Riba-roja d'Ebre
Flix
Fayón
Nª Sª del Pilar
Sª de Caspe
Nonaspe
Mausoleo Romano
Fabara
Maella
Miraflores
Percuñar
Zaragozeta
Alto del Portalé 332
Nª Sª del Pilar
Sª de Vizcuerno
Emb. de Caspe II
Castelnou
Jatiel
La Puebla de Híjar
Samper de Calanda
Híjar
Desierto de Calanda
Puig Moreno 485
Valmuel
Puig Moreno
San Joaquín
Emb. de la Estanca de Alcañiz
Laguna Salada Grande
Alcañiz
Charco del Agua Amarga
Las Escondidas Altas y Bajas
Mazaleón
Acrópolis Ibérica
Calaceite
Caseres
Batea
Gandesa
Corbera d'Ebre
Móra d'Ebre
Móra la Nova
Ascó
Vinebre
la Fatarella
la Pobla de Massaluca
Vilalba dels Arcs
les Camposines
Sant Jeroni
Benissanet
Miravet
el Pinell de Brai
Puig Caballer 709
Sª de Pàndols
Bot
Prat de Comte
Sª dels Pesells
Arens de Lledó
Lledó
Horta de St. Joan
Sª de Paüls
Sª de l'Espina
Xerta
Tivenys
Aldover
Bitem
Roquetes
Jesús
Tortosa
Santa Magdalena
el Toscar
Caro 1.447
Reserva Nacional de Caza Ports de Beseit
Ports de Beseit
Beceite
Valderrobres
Cretas
Los Santos
Arnes
El Calvari
Andorra
Alloza
Calanda
Foz-Calanda
Torre Castiel
Virgen de las Nieves Tara Maza
Emb. de Calanda
Castelserás
Torrecilla de Alcañiz
Valdealgorfa
Valdeltormo
Valjunquera
La Codoñera
La Fresneda
Torre del Compte
Torrevelilla
Fórnoles
La Portellada
Rafales
La Ginebrosa
La Cañada de Verich
Belmonte de S. José
La Cerollera
Alcorisa
Los Olmos
La Mata de los Olmos
Berge
Molinos
Sª de los Caballos
Mas de las Matas
Aguaviva
Seno
Abenfigo
Castellote
La Magdalena
Las Graderas
Dos Torres de Mercader
Las Cuevas de Cañart
Santolea
Ladruñán
Las Parras de Castellote
Jaganta
Mare de Déu de la Balma
Zorita del Maestrazgo
Palomques
Luco de Bordón
Bordón
Sª de la Garrucha
Sª de Bordón
Pto. de Villarluengo 1.130
Villarluengo
Olocau del Rey
Todolella
Forcall
Villores
Hortells
Xiva de Morella
Morella la Vella
Morella
Pto. Torre Miró 1.250
Carrascal 1.265
Torre Miró
La Pobla d'Alcolea
Herbés
Monroyo
Torre de Arcas
Peñarroya de Tastavins
Fuentespalda
Virgen de la Vega
Sª de Encanade
El Parrizal Nacimiento del Matarraña
Tossal dels Tres Reis 1.356
Fredes
Coratxà
el Boixar
Castell de Cabres
Herbeset
Sª de Sant Cristòfol
la Pobla de Benifassà
Ballestar
Emb. d'Ulldecona
Polvorí
Muntanyes de Benifassà
Bel
Rossell
la Sénia
Vallibona
Tronchón
la Mata
Ulldecona
Sª de Montsià
el Castell
els Valentins
Sª de Godall
la Miliana
les Ventalles
Godall
la Galera
Freginals
Mas de Barberans
el Carrascal
Sta. Bàrbara
Masdenverge
Amposta
L'Oriola
Raval de Cristo
Vinallop
Campredó
L'Aldea
l'Ampolla
Camarles
Deltebre
Jesús i Maria
la Cava
Balada
Riumar
Sant Jaume d'Enveja
Illa de Buda
Cap de Tortosa
Parque Natural del Delta de l'Ebre
Delta del Ebro
els Muntells
el Poblenou del Delta
Pta. de S. Juan
Sant Carles de la Ràpita
Alcanar Platja
Pta. del Galacho
Mar Mediterráneo
Golfo de Sant Jordi
Costa Daurada
Cap Roig
L'Ametlla de Mar
Calafat
les Tres Cales
l'Almadrava
Cap de Terme
Pta. Calafat
Sª del Castellet de St. Esteve
Sª de Cardó
Benifallet
Rasquera
St. Onofre
Sª de Boix
Sª de les Comes
el Perelló
L'Enclusa 642
La Mare de Déu del Coll d'Alba
Sª del Rovelló
Sª de Gorraptes
Sª del Tormo
Sª de la Creu
Ginestar
Tivissa
Vandellòs
Masboquera
l'Hospitalet de l'Infant
Miami Platja
Pta. del Riu de Llestres
Mont-roig del Camp
Montbrió del Camp
Riudecanyes
Cambrils
Salou
Vila-seca
Reus
Tarragona
Torreforta
La Canonja
Constantí
Valls
Alcover
Montblanc
l'Espluga de Francolí
Sarral
Vimbodí
Poblet
Prades
Serra del Montsant
Cornudella de Montsant
Ulldemolins
Falset
Móra la Nova
Cabassers
la Bisbal de Falset
Margalef
la Morera de Montsant
Poboleda
Porrera
les Borges del Camp
Alforja
Riudoms
Cap de Salou
la Pineda
Bonavista
Muntanyes de Prades
Sª de la Llena
Vilanova de Prades
Siurana
El Molar
Garcia
Darmós
la Serra d'Almos
Llaberia
Pradell de la Teixeta
Duesaigües
l'Argentera
Colldejou
Capçanes
Marçà
Els Guiamets
Coll de Falset
Puig de Cabrafiga 607
Pratdip
Sª d'en Jover
Vilafortuny
Pta. dels Penyals
Delta del Ebro

26
MAR MEDITERRÁNEO
EIVISSA / IBIZA
MENORCA
FORMENTERA
Costa Daurada
Costa de Garraf
TARRAGONA
L'HOSPITALET DE LLOBREGAT
BARCELONA
el Prat de Llobregat
Esplugues de Llobregat
Cornellà de Llobregat
St. Just Desvern
St. Feliu de Llobregat
Molins de Rei
St. Joan Despí
St. Boi de Llobregat
Viladecans
Gavà
Castelldefels
Sitges
St. Pere de Ribes
Vilanova i la Geltrú
Cubelles
Calafell
Segur de Calafell
Cunit
el Vendrell
Torredembarra
Altafulla
Vilafranca del Penedès
Sta. Margarida i els Monjos
Parc Natural de Garraf
Massís del Garraf
Faro de Montjuïc
Sant Antoni de Portmany
Santa Eulària des Riu
Eivissa/Ibiza
Sant Josep de sa Talaia
Sant Joan de Labritja
Sant Miquel de Balansat
Sant Llorenç de Balàfia
Santa Gertrudis
Sant Carles
Sant Rafel
Sant Jordi de ses Salines
Platja d'en Bossa
Portinatx
Illa Conillera
Illes Bledes
Illa de S'Espart
Illa Vedrà
Cap Llentrisca
Reserva Natural de ses Salines
Illa des Porc
Illa Espardell
Illa Espalmador
Sant Francesc de Formentera
Sant Ferran de ses Roques
es Pujols
la Savina
Cap de Barbaria
Punta Prima
es Caló de S. Agustí
Mola
Faro de la Mola
Ciutadella de Menorca
Ferreries
es Mercadal
Alaior
Maó
es Castell
Sant Lluís
Fornells
Cap de Cavalleria
Parque Natural de S'Albufera des Grau
Sant Climent
es Migjorn Gran
Cala en Porter
Illa de l'Aire
a Denia
a Barcelona, Palma Valencia, Alicante
a València Palma de Mallorca Barcelona
1
2
3
4
5
6
A
B
C
D

MALLORCA
MAR MEDITERRÁNEO
Serra de Tramuntana
PALMA DE MALLORCA
Badia de Palma
Badia de Pollença
Badia d'Alcúdia
Cap de Formentor
Cala Figuera
Cap de Catalunya
Cases Novas
Casas Vellas de Formentor
Port de Pollença
Pollença
Alcúdia
Port d'Alcúdia
Cap des Pinar
Cap de Menorca
Punta de Coves Blanques
Cala S. Vicenç
Punta Beca
Morro de sa Vaca
Cala sa Calobra
sa Calobra
Cala Tuent
Morro de Cala Rotja
Puig Major 1445
Puig Roig 1002
Tomir 1102
Escorca
Lluc
Monestir de Lluc
Coll. de Sabataia
Port de Sóller
Cap Gros
Cala de Deyà
Punta de Deyà
Deià
Fornalutx
Biniaraix
Sóller
Llucalcari
Punta de Sa Foradada
Son Marroig
Miramar
Cala de Valldemossa
Port de Valldemossa
Valldemossa
Platja de Son Bunyola
es Cavall
Port des Canonge
Banyalbufar
Mirador de ses Ànimes
Estellencs
Mola de Planicia 932
Galatzó 1.026
Puigpunyent
Esporles
Establiments
Galilea
Mirador Ricardo Roca
Punta d'Es Fabioler
Cala Bassel
Cap de Tramuntana
Illa sa Dragonera
Parque Natural de Sa Dragonera
Cap Llebeig
Sant Elm
s'Arracó
Andratx
Port d'Andratx
Cap de sa Mola
Camp de Mar
Cap Andritxol
Cala en Tió
Cala Fornells
Cala Peguera
Peguera
Costa de la Calma
Sta. Ponça
es Malgrat
el Toro
Illa de Sec
Portals Vells
Cala Figuera
Cala Penyes Roges
Illa del Toro
Cap de Cala Figuera
Palmanova
Magaluf
Portals Nous
Costa d'en Blanes
Cas Català
Sant Agustí
Gènova
Calvià
Capdellà
Bellver
sa Vileta
Palmanyola
Bunyola
Alaró
Orient
Santa Maria del Camí
Consell
Binissalem
Lloseta
Inca
Selva
Caimari
Mancor de la Vall
Biniamar
Campanet
Búger
sa Pobla
Muro
Can Picafort
P. Natural de S'Albufera
Illot dels Porros
son Serra de Marina
Colònia de Sant Pere
Betlem
Cap Ferrutx
P. Natural Península del Llevant
Faralló d'Albarca
Cala Torta
Cala Mesquida
Cap des Freu
Punta de na Foguera
Cala Agulla
Cala Moltó
Punta de Capdepera
Capdepera
Cala Ratjada
son Moll
Artà
Costa de Canyamel
Canyamel
Costa des Pins
Cap des Pinar
Port Verd
Cala Bona
Cala Millor
son Moro
Sant Llorenç des Cardassar
Son Servera
Punta de n'Amer
sa Coma
Cala Moreia
s'Illot
Cala Morlanda
Punta Rasa
Cala Petita
Portocristo
Coves del Drac
Coves dels Hams
Portocristo Novo
s'Estany d'en Mas
Cala Falcó
Cala Magraner
Cales de Mallorca
es Domingos
Cala Domingos
Cala Murada
sa Punta
Portocolom
Punta de Ses Crestes
S'Algar
Cala Marçal
Cala Sa Nau
Cala Mitjana
Cala Ferrera
Cala d'Or
Es Corb Marí
Porto Petro
P. Natural de Mondragó
Cala Mondragó
Cala Santanyí
Cala Figuera
Punta dels Bous
Santanyí
es Llombards
ses Salines
Colònia de Sant Jordi
Cala Figuereta
Cala d'En Tugores
Cap de ses Salines
Freu de Cabrera
Manacor
Petra
Ariany
Maria de la Salut
Sta. Margalida
Llubí
Sineu
Sencelles
Costitx
Lloret de Vistalegre
Sant Joan
Vilafranca de Bonany
Montuïri
Porreres
Felanitx
Santuari de Sant Salvador
Campos
Algaida
Randa
Llucmajor
Pina
Sta. Eugènia
Pòrtol
Marratxí
sa Cabaneta
Pont d'Inca
Son Ferriol
es Coll d'en Rabassa
Can Pastilla
Platja de Palma
ses Meravelles
s'Arenal
Cala Blava
Cap Enderrocat
Las Palmeras
Badia Gran
Cap de Regana
Capocorb Vell
Cap Blanc
Cala Pi
Punta de Cala Beltran
Vallgornera
Estanyol de Migjorn
Sa Ràpita
Ensenada de Sa Ràpita
Platja des Trenc
Sant Jordi
Sant Francisco
Maciço de Randa
Calicant 472
Jordi 315
a Gènova, Málaga, Cádiz Islas Canarias, Barcelona València, Ibiza, Menorca
CABRERA
Parque Nacional del Archipiélago de Cabrera
Illot Pla
Na Foradada
Na Pobra
Illa dels Conills o Conillera
Na Rodona
Cap Ventós
Cala en Ganduf
Cap de Llebeig
Cabrera 172
Punta de n'Ensiola
Cap des Falcó
ISLAS BALEARES
MENORCA
MALLORCA
EIVISSA
Cabrera
FORMENTERA
MAR MEDITERRÁNEO
1
2
3
4
5
6
A
B
C
D

28
OCÉANO ATLÁNTICO
COIMBRA
LEIRIA
Figueira da Foz
Cantanhede
Mealhada
Anadia
Mira
Tondela
Nelas
Seia
Gouveia
Manteigas
Covilhã
ESTRELA
Oliveira do Hospital
Tábua
Arganil
Lousã
Penacova
Condeixa-a-Nova
Soure
Pombal
Ansião
Penela
Miranda do Corvo
Castanheira de Pêra
Figueiró dos Vinhos
Pedrógão Grande
Sertã
Proença-a-Nova
Alvaiázere
Marinha Grande
Montemor-o-Velho
Sta. Comba Dão
Mortágua
Carregal do Sal
Pampilhosa da Serra
Góis
Vila Nova de Poiares
Serra da Lousã
Serra do Açor
Paisaje Protegido da Serra do Açor
Cabo Mondego
Praia de Mira
Praia da Vieira
Pinhal do Urso
Dunas de Quiaios
Dunas de Cantanhede
Rio Mondego
Rio Zêzere
Serra da Gardunha
Serra de Alvelos
Fundão
Oleiros
Vila de Rei
Caldas da Felgueira
Termas de Monte Real
Termas do Luso
Buçaco
Curia
Lorvão
Ourém

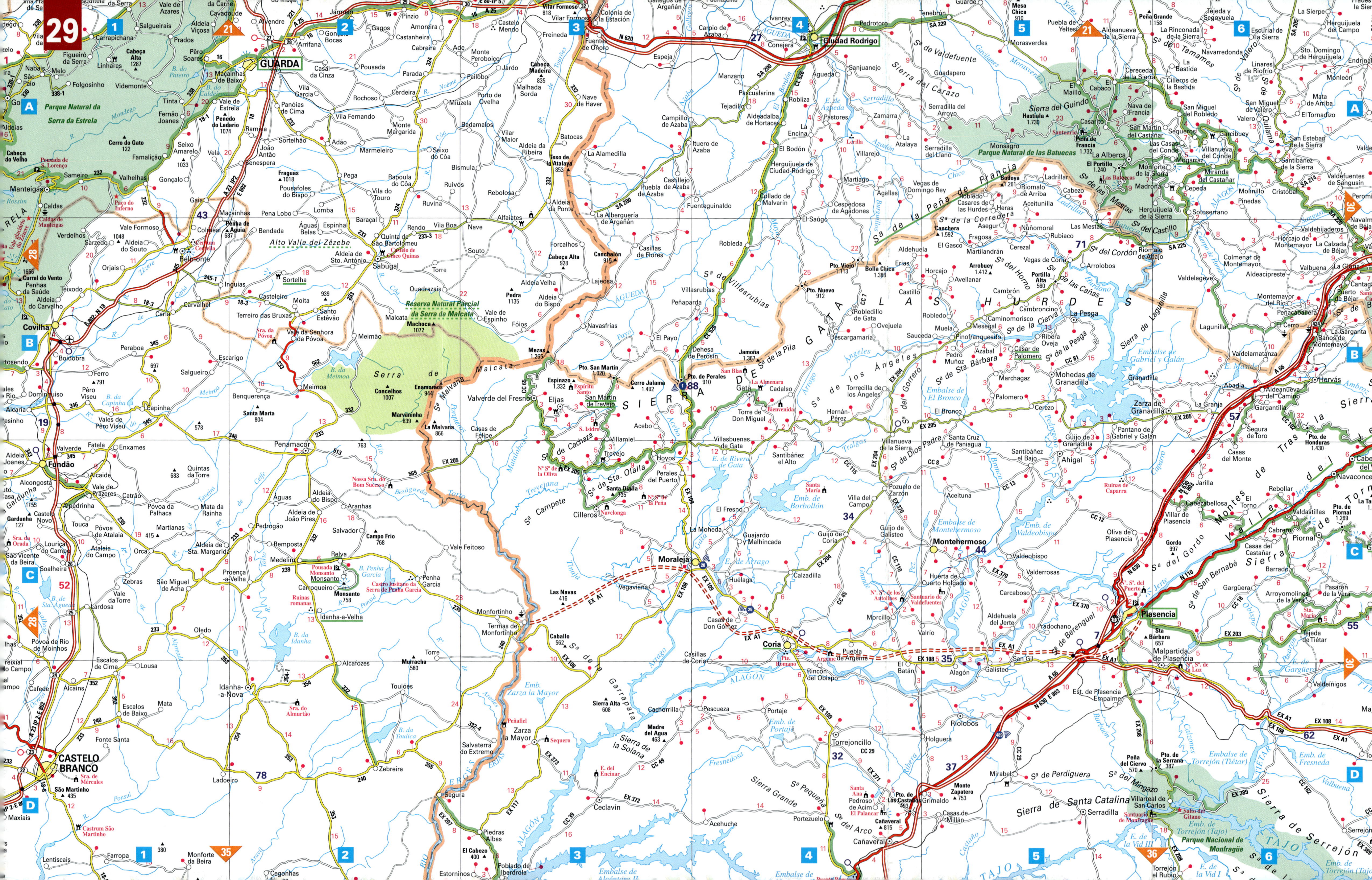

29
GUARDA
Ciudad Rodrigo
Covilhã
Fundão
CASTELO BRANCO
Moraleja
Coria
Plasencia
Montehermoso
Parque Natural da Serra da Estrela
Parque Natural de las Batuecas
Sierra del Guindo
Reserva Natural Parcial da Serra da Malcata
Serra de Malcata
Alto Valle del Zêzere
SIERRA DE GATA
LAS HURDES
Sª de la Peña de Francia
Sª de Villasrubias
Sª de la Pila
Sª de los Ángeles
Sª de Dios Padre
Sª de Sta. Olalla
Sª de Cachaza
Sª Campete
Sª de Malvana
Sª de la Garrapata
Sierra de la Solana
Sierra Grande
Sª Pequeña
Sª del Arco
Sierra de Santa Catalina
Sª de Perdiguera
Sª del Mingazo
Sierra de Serrejón
Sª del Gordo
Sª de San Bernabé
Sierra de Tras la Sierra
Montes del Valle del Jerte
Sª de Valdefuente
Sierra del Carazo
Sª de Tamames
Parque Nacional de Monfragüe
Emb. de Borbollón
Embalse de Gabriel y Galán
Embalse de Montehermoso
Emb. de Valdeobispo
Embalse de Torrejón (Tiétar)
Emb. de Torrejón (Tajo)
Emb. Zarza la Mayor
Emb. de Portaje
Emb. de Rivera de Gata
Embalse de Alcántara II
ALAGÓN
ÁGUEDA
TAJO
TIÉTAR
Sabugal
Penamacor
Monsanto
Idanha-a-Nova
Idanha-a-Velha
Belmonte
Manteigas
Valverde del Fresno
Eljas
San Martín de Trevejo
Hoyos
Perales del Puerto
Cilleros
Zarza la Mayor
Ceclavín
Torrejoncillo
Cañaveral
Galisteo
Malpartida de Plasencia
Hervás
Granadilla
Casar de Palomero
Pinofranqueado
Caminomorisco
Nuñomoral
Robledillo de Gata
Descargamaria
Gata
Torre de Don Miguel
Villasbuenas de Gata
Santibáñez el Alto
Guijo de Coria
Calzadilla
Huélaga
Portaje
Pescueza
Cachorrilla
Holguera
Riolobos
Serradilla
Mirabel
Villarreal de San Carlos
Torrejón el Rubio
Alcántara
Segura
Piedras Albas
Salvatierra de Extremo
Monfortinho
Termas de Monfortinho
Penha Garcia
Medelim
Proença-a-Velha
Alcafozes
Toulões
Ladoeiro
Zebreira
Monforte da Beira
Fatela
Alpedrinha
Castelo Novo
Soalheira
Póvoa de Rio de Moinhos
Escalos de Cima
Escalos de Baixo
Alcains
Lousa
Fonte Santa
Cafede
Tinalhas
Pêro Viseu
Capinha
Meimoa
Meimão
Benquerença
Quadrazais
Vale de Espinho
Fóios
Aldeia do Bispo
Aldeia Velha
Lajeosa
Navasfrías
El Payo
Peñaparda
Villasrubias
Robleda
Fuenteguinaldo
El Sahúgo
Agallas
Martiago
Serradilla del Llano
Serradilla del Arroyo
Monsagro
El Maíllo
Nava de Francia
La Alberca
Mogarraz
Miranda del Castañar
Sotoserrano
Cepeda
Herguijuela de la Sierra
Sequeros
Linares de Riofrío
Tamames
Peña de Francia
Villar Formoso
Fuentes de Oñoro
Almeida
Vilar Maior
Alfaiates
Soito
Fóios
A 23
A 25
N 620
A 66
EX A1
EX 108
EX 109
EX 205
EX 204
EX 370
N 630
E 803
E 802
IP 2

30
1
2
3
4
5
6
A
B
C
D
Ávila
San Lorenzo de El Escorial
El Escorial
Sierra de Malagón
Sierra de Villanueva
Sierra de Ávila
Paramera de Ávila
Sierra de la Paramera
Sierra del Valle
Sierra del Cabezo
Sierra de Gredos
Parque Regional de la Sierra de Gredos
Parque Natural de Candelario
Sierra de Candelario
Béjar
Candelario
El Barco de Ávila
Piedrahita
Navalperal de Tormes
Arenas de San Pedro
Mombeltrán
Candeleda
Navaluenga
El Tiemblo
San Martín de Valdeiglesias
Cebreros
Las Navas del Marqués
Villa del Prado
Almorox
Escalona
Méntrida
Fuensalida
Torrijos
TOLEDO
Talavera de la Reina
Navalmoral de la Mata
Oropesa
Jaraíz de la Vera
Villanueva de la Vera
Jarandilla de la Vera
Talayuela
La Puebla de Montalbán
Santa Olalla
Pico Almanzor 2592
Circo de Gredos
Plataforma de Gredos
Sierra de San Vicente
Sierra de la Higuera
La Vera
Campo Arañuelo
Tajo
Tiétar
Alberche
Tormes
Emb. de Rosarito
Emb. de Navalcán
Emb. de Azután
AV 941
N 110
N 403
N 502
M 501
CL 501
A 5 E 90
N 403
CM 4000
TO 9011 V

31
MADRID
GUADALAJARA
ALCALÁ DE HENARES
TOLEDO
Aranjuez
El Escorial
San Lorenzo de El Escorial
Collado Villalba
Moralzarzal
Colmenar Viejo
San Agustín de Guadalix
Tres Cantos
Alcobendas
San Sebastián de los Reyes
Algete
Fuente el Saz de Jarama
Daganzo de Arriba
Camarma de Esteruelas
Meco
Azuqueca de Henares
Alovera
Cabanillas del Campo
Torrejón de Ardoz
S. Fernando de Henares
Coslada
Mejorada del Campo
Loeches
Torres de la Alameda
Velilla de San Antonio
Rivas Vaciamadrid
Arganda del Rey
Morata de Tajuña
Perales de Tajuña
Villarejo de Salvanés
Chinchón
Colmenar de Oreja
Belmonte de Tajo
Ciempozuelos
San Martín de la Vega
Valdemoro
Pinto
Parla
Getafe
Leganés
Fuenlabrada
Móstoles
Alcorcón
Villaviciosa de Odón
Boadilla del Monte
Pozuelo de Alarcón
Majadahonda
Las Rozas de Madrid
Villanueva del Pardillo
Villanueva de la Cañada
Brunete
Sevilla la Nueva
Navalcarnero
Arroyomolinos
Humanes de Madrid
Griñón
Torrejón de la Calzada
Illescas
Yuncos
Seseña
Esquivias
Añover de Tajo
Ocaña
Noblejas
Villarrubia de Santiago
Tarancón
Villatobas
Yepes
Bargas
Mocejón
Sacedón
Pastrana
Mondéjar
Estremera
Fuentidueña de Tajo
Huete
Galapagar
Colmenarejo
Torrelodones
Las Matas
Monte de El Pardo
Embalse de Entrepeñas
Embalse de Buendía
Parque Regional del Sureste
Páramo de Chinchón
Sierra de Altomira
Altos de Cabrejas
TAJO
TAJUÑA
HENARES
A
B
C
D
1
2
3
4
5
6
23
30
32
37
38

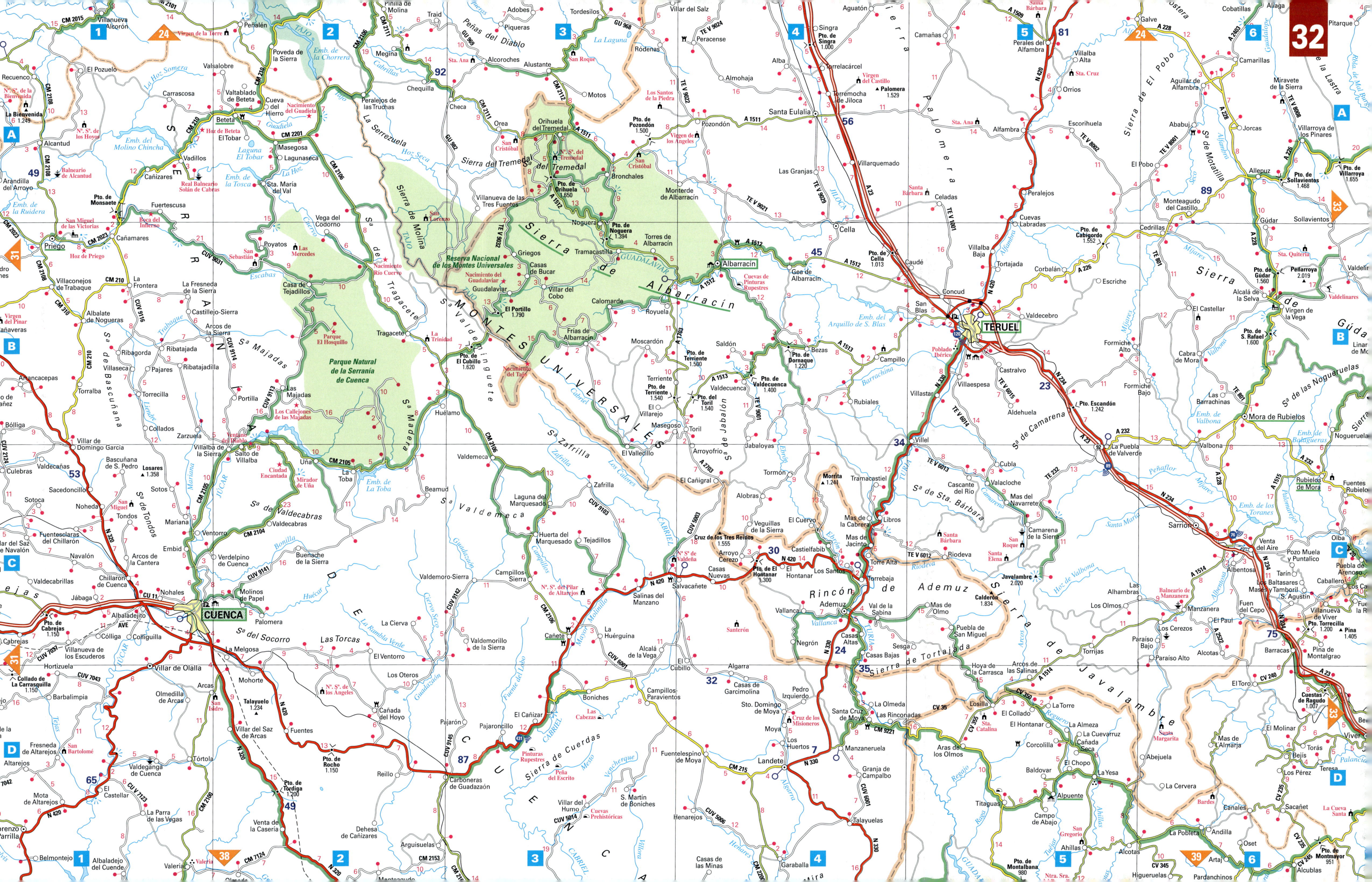
Villanueva de Alcorón
Peñalén
Poveda de la Sierra
Emb. de La Chorrera
Megina
Peralejos de las Truchas
Checa
Chequilla
Piqueras
Adobes
Alcoroches
Alustante
Tordesilos
Rodenas
Peracense
Villar del Salz
Singra
Pto. de Singra 1.000
Torrelacárcel
Torremocha de Jiloca
Aguatón
Camañas
Perales del Alfambra
Galve
Cobatillas
Aliaga
Pitarque
Villalba Alta
Orrios
Aguilar de Alfambra
Camarillas
Miravete de la Sierra
El Pozuelo
Valsalobre
Recuenco
Carrascosa
Valtablado de Beteta
Cueva del Hierro
Beteta
El Tobar
Masegosa
Lagunaseca
Vadillos
Cañizares
Sta. María del Val
Orea
Orihuela del Tremedal
Sa del Tremedal
Sierra del Tremedal
Pto. de Orihuela 1.650
Bronchales
Pozondón
Pto. de Pozondón 1.500
Santa Eulalia
Monterde de Albarracín
Villarquemado
Las Granjas
Alfambra
Escorihuela
Jorcas
Ababuj
Villarroya de los Pinares
El Pobo
Allepuz
Pto. de Sollavientos 1.468
Pto. de Villarroya 1.655
Sierra de El Pobo
Palomera
Celadas
Peralejos
Monteagudo del Castillo
Gúdar
Sollavientos
Arandilla del Arroyo
Pto. de Monsaete
Fuertescusa
Villanueva de las Tres Fuentes
Vega del Codorno
Noguera
Pto. de Noguera 1.394
Torres de Albarracín
Cella
Cuevas Labradas
Pto. de Cabigordo 1.552
Cedrillas
Priego
Cañamares
Poyatos
Las Mercedes
Sierra de Molina
Reserva Nacional de los Montes Universales
Sierra de Albarracín
Griegos
Tramacastilla
Casas de Bucar
Guadalaviar
Villar del Cobo
Albarracín
Gea de Albarracín
Pto. de Cella 1.013
Caudé
Villalba Baja
Tortajada
Corbalán
Escriche
Sierra de Gúdar
Pto. de Gúdar 1.560
Peñarroya 2.019
Alcalá de la Selva
Valdelinares
Virgen de la Vega
Villaconejos de Trabaque
La Frontera
La Fresneda de la Sierra
Casa de Tejadillos
El Portillo 1.790
Calomarde
Royuela
Concud
Teruel
Valdecebro
San Blas
El Castellar
Albalate de Nogueras
Castillejo-Sierra
Arcos de la Sierra
Tragacete
Frías de Albarracín
Moscardón
Saldón
Bezas
Campillo
Emb. del Arquillo de S. Blas
Formiche Alto
Cabra de Mora
Pto. de S. Rafael 1.600
Linares de Mora
Parque Natural de la Serranía de Cuenca
Ribagorda
Ribatajada
Villaseca
Pajares
Ribatajadilla
Pto. de El Cubillo 1.620
Montes Universales
Pto. de Terriente 1.500
Terriente
Pto. de Dornaque 1.220
Pto. de Valdecuenca 1.400
Valdecuenca
Rubiales
Villastar
Villaespesa
Castralvo
Aldehuela
Formiche Bajo
Las Barrachinas
Mora de Rubielos
Sa de las Nogueruelas
Arcancecepas
Torralba
Torrecilla
Portilla
Las Majadas
Los Callejones de las Majadas
Huélamo
El Villarejo
Pto. de Terriente 1.540
Pto. del Toril 1.540
Toril
Masegoso
Villel
Pto. Escandón 1.242
Sa de Camarena
La Puebla de Valverde
Valbona
Nogueruela
Bólliga
Villar de Domingo García
Collados
Zarzuela
Villalba de la Sierra
Salto de Villalba
Uña
Valdemeca
Sa Zafrilla
El Vallecillo
Jabaloyas
Arroyofrío
El Cañigral
Cubla
Tormón
Valacloche
Mas del Navarrete
Rubielos de Mora
Fuentes Rubielos
Culebras
Valdecañas
Bascuñana de S. Pedro
Losares 1.358
Sotos
La Toba
Emb. de La Toba
Beamud
Zafrilla
Laguna del Marquesado
Alobras
Morrita 1.241
Tramacastiel
Cascante del Río
Sa de Sta. Bárbara
Camarena de la Sierra
Sarrión
Sacedoncillo
Noheda
Sotoca
Tondos
Mariana
Valdecabras
Sa de Valdecabras
Veguillas de la Sierra
El Cuervo
Mas de la Cabrera
Libros
Mas de Jacinto
Venta del Aire
Fuentesclaras del Chillarón
Navalón
Arcos de la Cantera
Embid
Ventorro
Verdelpino de Cuenca
Buenache de la Sierra
Huerta del Marquesado
Tejadillos
Cruz de los Tres Reinos 1.555
Castielfabib
Torre Alta
Riodeva
Javalambre 2.020
Olba
Pozo Muela y Puntalico
Tarín
Albentosa
Chillarón de Cuenca
Valdecabrillas
Jábaga
Nohales
Cuenca
Molinos de Papel
Palomera
Valdemoro-Sierra
Campillos-Sierra
Salinas del Manzano
Salvacañete
Casas Nuevas
Arroyo Cerezo
Pto. de El Hontanar 1.300
El Hontanar
Los Santos
Torrebaja
Rincón de Ademuz
Ademuz
Vallanca
Val de la Sabina
Mas de Olmo
Calderón 1.834
Puebla de San Miguel
Sierra de Javalambre
Las Alhambras
Los Olmos
Manzanera
Fuen del Cepo
Los Baltasares
Mases y Tamboril
S. Agustín
Caballero
Puebla de Arenoso
Pto. de Cabrejas 1.150
Albaladejito
Cólliga
Colliguilla
Villanueva de los Escuderos
Sa del Socorro
Las Torcas
La Cierva
El Ventorro
Valdemorillo de la Sierra
Cañete
La Huérguina
Alcalá de la Vega
Negrón
Casas Altas
Casas Bajas
Sesga
Sierra de Tortajada
Hoya de la Carrasca
Arcos de las Salinas
Paraíso Bajo
Paraíso Alto
Torrijas
Los Cerezos
El Paul
Alcotas
Barracas
Pina de Montalgrao
Villanueva de Viver
Pto. Torrecilla 1.200
Pina 1.405
La Melgosa
Hortizuela
Villar de Olalla
Collado de La Carrasquilla 1.150
Barbalimpia
Olmedilla de Arcas
Arcas
Mohorte
Talayuelo 1.234
Cañada del Hoyo
Los Oteros
El Cubillo
Algarra
Casas de Garcimolina
Pedro Izquierdo
Sto. Domingo de Moya
Santa Cruz de Moya
La Olmeda
Las Rinconadas
Losilla
El Collado
La Torre
El Hontanar
La Almeza
La Cuevarruz
Cañada Seca
Sta. Catalina
El Toro
Cuestas de Ragudo 1.007
El Molinar
Viver
Fresneda de Altarejos
Altarejos
Villar del Saz de Arcas
Fuentes
Pto. de Rocho 1.150
Reillo
Pajarón
Pajaroncillo
El Cañizar
Boniches
Campillos-Paravientos
Moya
Los Huertos
Manzaneruela
Aras de los Olmos
Corcolilla
Mas de El Almarja
Bejís
Torás
Teresa
Valdeganga de Cuenca
Tórtola
Pto. de Tórdiga 1.200
Carboneras de Guadazaón
Sierra de Cuerdas
Fuentelespino de Moya
Landete
Granja de Campalbo
Baldovar
El Chopo
La Yesa
Alpuente
La Cervera
Abejuela
Los Pérez
Mota de Altarejos
El Castellar
La Parra de las Vegas
Venta de la Casería
Dehesa de Cañizares
Villar del Humo
S. Martín de Boniches
Henarejos
Talayuelas
Titaguas
Campo de Abajo
Canales
Sacañet
La Cueva Santa
Belmontejo
Albaladejo del Cuende
Arguisuelas
Valeria
Casas de las Minas
Garaballa
Pto. de Montalbana 980
Ahillas
Alcotas
La Pobleta
Andilla
Oset
Artaj
Pardanchinos
Higueruelas
Pto. de Montmayor 951
Alcublas

33
EL MAESTRAZGO
EL MAESTRAT
MAR MEDITERRÁNEO
Costa del Azahar
CASTELLÓ DE LA PLANA/
CASTELLÓN DE LA PLANA
el Grau de Castelló
Almassora/Almazora
Vila-real
Burriana
Nules
la Vall d'Uixó
Segorbe
Onda
l'Alcora
Benicàssim/Benicasim
Oropesa/Oropesa del Mar
Torreblanca
Alcalà de Xivert
Peñíscola
Benicarló
Vinaròs
Alcanar
Sant Carles de la Ràpita
Ulldecona
la Sénia
Morella
Cantavieja
Vilafranca/Villafranca del Cid
Sant Mateu
Traiguera
Albocàsser
les Coves de Vinromà
Vilafamés
Vall d'Alba
Lucena del Cid
Cabanes
Serra d'Irta
Serra d'Espadàn
Desert de les Palmes
Reserva Natural Islas Columbretes
Salinas de la Trinitat
Jérica
Viver
Montanejos
Fuentes de Rubielos
Mora de Rubielos
Mosqueruela
Sierra Mayabona
Sa de las Dehesas
Sa Palomita
Serra del Turmell
Sa de Valdantxa
Muntanyes de Benifassà
Sª de Godall
Talaies d'Alcalà
Sierra Férriz
Sª de Espina
Sª de Montordi

34
OCEANO ATLÂNTICO
Reserva Natural da Berlenga
Berlenga
Estelas
Farilhões
Forcadas
Peniche
Cabo Carvoeiro
Nazaré
Alcobaça
Batalha
Leiria
Pousos
Vila Nova de Ourém
Fátima
Tomar
Ferreira do Zêzere
Porto de Mós
Parque Natural das Serras de Aire e Candeeiros
Serra de Aire
Serra dos Candeeiros
Caldas da Rainha
Óbidos
Bombarral
Cadaval
Lourinhã
Torres Vedras
Rio Maior
Alcanena
Torres Novas
Entroncamento
Vila Nova da Barquinha
Constância
Abrantes
Golegã
Chamusca
Reserva Natural Parcial do Paul do Boquilobo
SANTARÉM
Almeirim
Alpiarça
Cartaxo
Azambuja
Alenquer
Sobral de Monte Agraço
Arruda dos Vinhos
Vila Franca de Xira
Alverca do Ribatejo
Mafra
Ericeira
Loures
Salvaterra de Magos
Benavente
Coruche
Samora Correia
Porto Alto
Montijo
Mora
Ponte de Sor
TEJO
Paisaje Protegido de Sintra-Cascais
A
B
C
D
1
2
3
4
5
6
28
35
40

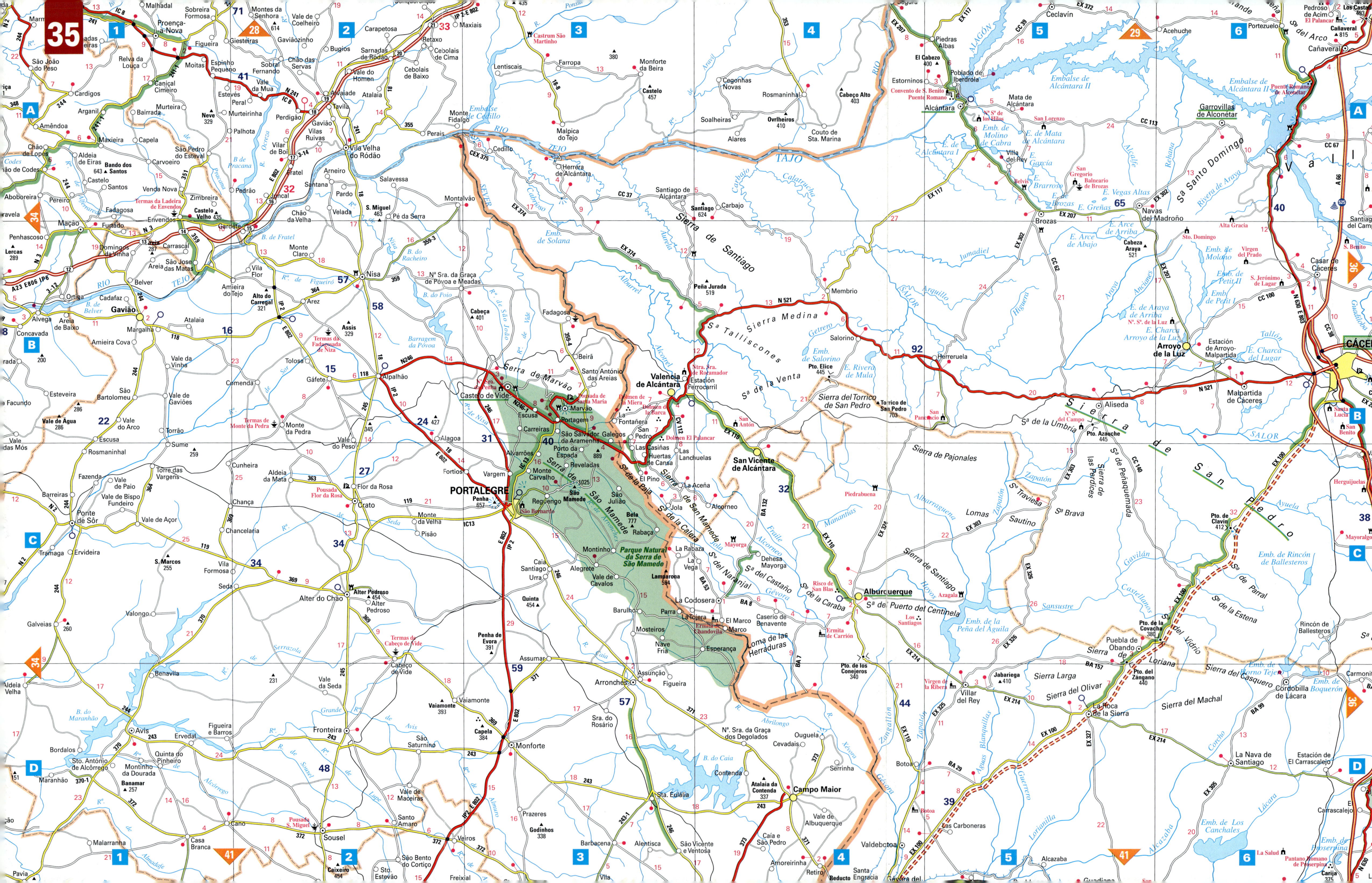
35
PORTALEGRE
Nisa
Gavião
Castelo de Vide
Marvão
Alter do Chão
Crato
Ponte de Sôr
Avis
Fronteira
Monforte
Sousel
Arronches
Campo Maior
Vila Velha de Ródão
Valencia de Alcántara
San Vicente de Alcántara
Alburquerque
Alcántara
Brozas
Arroyo de la Luz
Navas del Madroño
Garrovillas de Alconétar
La Roca de la Sierra
Villar del Rey
Aliseda
Malpartida de Cáceres
Herrera de Alcántara
Cedillo
Membrio
Salorino
Herreruela
Parque Natural da Serra de São Mamede
Serra de São Mamede
Serra de Marvão
Sierra de Santiago
Sierra Medina
Sª Talliscones
Sierra de San Pedro
Sierra del Torrico de San Pedro
Sierra de Pajonales
Sª del Puerto del Centinela
Sierra Larga
Sierra del Olivar
Sierra del Machal
Sierra del Casquero
Sª de la Estena
Sª de Parral
Sª del Vidrio
RIO TEJO
TAJO
Embalse de Alcántara II
Embalse de Cedillo
Emb. de Peña del Águila
Emb. de Rincón de Ballesteros
Emb. de Los Canchales
Emb. de Proserpina
B. do Caia
B. do Maranhão
Barragem da Póvoa
Proença-a-Nova
Sobreira Formosa
Malpica do Tejo
Monforte da Beira
Fratel
Montalvão
Alpalhão
Atalaia
Margalha
Comenda
Flor da Rosa
Monte da Pedra
Alagoa
Fortios
Vargem
Reguengo
Alegrete
Caia
Urra
Esperança
Ouguela
Degolados
Santa Eulália
Vale de Maceiras
Veiros
Cano
Benavila
Galveias
Maranhão
Montargil
Cáceres
Puebla de Obando
Cordobilla de Lácara
La Nava de Santiago
Carrascalejo
Ceclavín
Acehuche
Cañaveral
Piedras Albas
Estorninos
Mata de Alcántara
Villa del Rey
Santiago de Alcántara
Carbajo
Cedillo
Las Carboneras
Valdebotoa
Alcazaba
Botoa
Santa Engracia
Retiro
Vila Boim
Barbacena
Alentisca
São Vicente e Ventosa
Amoreirinha
Malarranha
Casa Branca
Pavia
Figueira e Barros
Vaiamonte
Cabeço de Vide
Assumar
Vila Formosa
Seda
Tramaga
Ervideira
Foros de Vale de Figueira
1
2
3
4
5
6
A
B
C
D
28
29
33
34
36
41

36
Sierra de Santa Catalina
Serradilla
Villarreal de San Carlos
Parque Nacional de Monfragüe
Sierra de Serrejón
Sa de la Peña
Sa de Piatones
TAJO
Emb. de Torrejón (Tajo)
Emb. de Alcántara
Emb. de la Vid III
Torrejón el Rubio
Sierra de Miravete
Casas de Miravete
Pto. de Miravete
Túnel de Miravete
Romangordo
Higuera
Almaraz
Belvís de Monroy
Millanes
Saucedilla
Casas de Belvis
Valdecañas de Tajo
Sa de la Fuente
Sa Gallega
Mesas de Ibor
Bohonal de Ibor
Valdehúncar
Peraleda de la Mata
Ruinas Romanas
Emb. de Valdecañas
Berrocalejo
El Gordo
Torrico
El Puente del Arzobispo
Valverdeja
Alcolea de Tajo
El Bercial
Azután
Navalmoralejo
Las Herencias
Emb. de Azután
El Membrillo
S. Bartolomé de las Abiertas
Carrasco
Alcaudete de la Jara
Belvís de la Jara
Aldeanueva de Barbarroya
Rampas de Paniagua
Retamoso
Sta. Ana de Pusa
La Fresneda
Torrecilla de la Jara
Hinojal
Talaván
Monroy
Santiago del Campo
Jaraicejo
Sierra de Deleitosa
Sa de la Madera
Deleitosa
Campillo de Deleitosa
Fresnedoso de Ibor
Castañar de Ibor
Montes de San Bartolomé
Sa de Valdelacasa
Peraleda de San Román
Garvín
Valdelacasa de Tajo
Burguilla
Villar del Pedroso
La Estrella
Fuentes
La Nava de Ricomalillo
Carrascalejo
Coll. de Arrebatacapas
Aldeanueva de S. Bartolomé
Espinoso del Rey
MONTES
Robledillo
Robledo del Mazo
Las Hunfrias
Navaltoril
Robledo del Buey
Piedraescrita
Cortijo Suertes de Abajo
ALMONTE
Palacio de Doña Catalina
Aldea de Trujillo
Torrecillas de la Tiesa
Retamosa
Cabañas del Castillo
Roturas
Robledollano
Navalvillar de Ibor
Coll. del Hospital
Cervales
Sierra de Altamira
Navatrasierra
Mohedas de la Jara
El Campillo de la Jara
Gargantilla
Buenasbodas
Sevilleja de la Jara
Sa de Sevilleja
CÁCERES
Santa Marta de Magasca
Emb. de Guadiloba
Aldeacentenera
Navezuelas
LAS VILLUERCAS
Sa de la Enebra
Sa del Hospital del Obispo
La Calera
Puerto de S. Vicente
La Enjambre
Huertas de la Magdalena
Trujillo
Belén
El Toledillo
Emb. de Torre-Herrera
Sierra de Fuentes
El Risco
Madroñera
Cuerda de la Loba
Solana
Las Villuercas
Risco Gordo
Guadalupe
Alía
Sa de la Membrillera
Puerto Rey
Minas de Sta. Quiteria
Rincón de Anchuras
Anchuras
Los Alares
Valdeazores
Las Huertas del Sauceral
Avellanar
La Cumbre
Torreorgaz
Torrequemada
Plasenzuela
Cuerda de Valdelamadera
Garcíaz
Berzocana
Sa del Águila
Valdefuentes
Cañamero
Sierra de Guadalupe
Pto. Llano
El Grajero
Pantano de Cijara
Gamonoso
Torremocha
Botija
Herguijuela
Conquista de la Sierra
Sa de los Pollales
Sa del Pimpollar
Sierra del Algibe
Ruanes
Santa Cruz de la Sierra
Puerto de Santa Cruz
Ibahernando
Santa Ana
Logrosán
Sa de San Cristóbal
Sierra de S. Simón
Central Nuclear de Valdecaballeros (desmantelada)
Bohonal
Helechosa
Horcajo de los Montes
Aldea del Cano
Benquerencia
Salvatierra de Santiago
Robledillo de Trujillo
Sa del Robledillo
Zorita
Castilblanco
Reserva Nacional de Cijara
Sierra de la Lobera
Sierra de la Rinconada
Valdefuentes
Albalá
Casas de Don Antonio
Torre de Santa María
Zarza de Montánchez
Sa de S. Cristóbal
Sierra de Montánchez
Abertura
Alcollarín
Villamesías
Valdecaballeros
Emb. de Valdecaballeros
La Ropera
Sa de la Zarza
Sa de los Pastillos
Umbría Piornal
Montánchez
Valdemorales
Arroyomolinos
Alcuéscar
Emb. de Ayuela
Sa de la Lombriz
Sa del Centinela
Carmonita
Almoharín
Campo Lugar
Emb. de Sierra Brava
Emb. de García de Sola
Villarta de los Montes
Cantos Negros
Sa de la Umbría
Escurial
Miajadas
Pizarro
Madrigalejo
Vegas Altas
Canal de Orellana
Sierra de Chimenea
Peloche
Herrera del Duque
Sierra de los Golondrinos
Puerto Peña
Fuenlabrada de los Montes
Sa de Bueyes
Sa del Saltillo
Parque Natural de Cornalvo
Sierra Bermeja
Aljucén
Mirandilla
Alonso de Ojeda
Casar de Miajadas
Conquista del Guadiana
Palazuelo
Puebla de Alcollarín
Vivares
Sa del Villar
Villar de Rena
Valdehornillos
La Rena
Hernán Cortés
Rueca
El Torviscal
Zurbarán
Los Guadalperales
Obando
Acedera
Navalvillar de Pela
Sa de Enmedio
Sa de Pela
Sa de Maribáñez
Casas de Don Pedro
Sierra de la Jara
Pto. de los Carneros
Sa de los Villares
Sa de Castillejo
Puebla de Don Rodrigo
Santa Amalia
Torrefresneda
Valdivia
Gargáligas
Encomienda
Villanueva de la Serena
Entrerríos
Orellana la Vieja
Orellana de la Sierra
Emb. de Orellana
Repica
Sa del Integral
Talarrubias
Sa de la Zarzuela
Puebla de Alcocer
Garbayuela
Campomanes
Emb. de Cornalvo

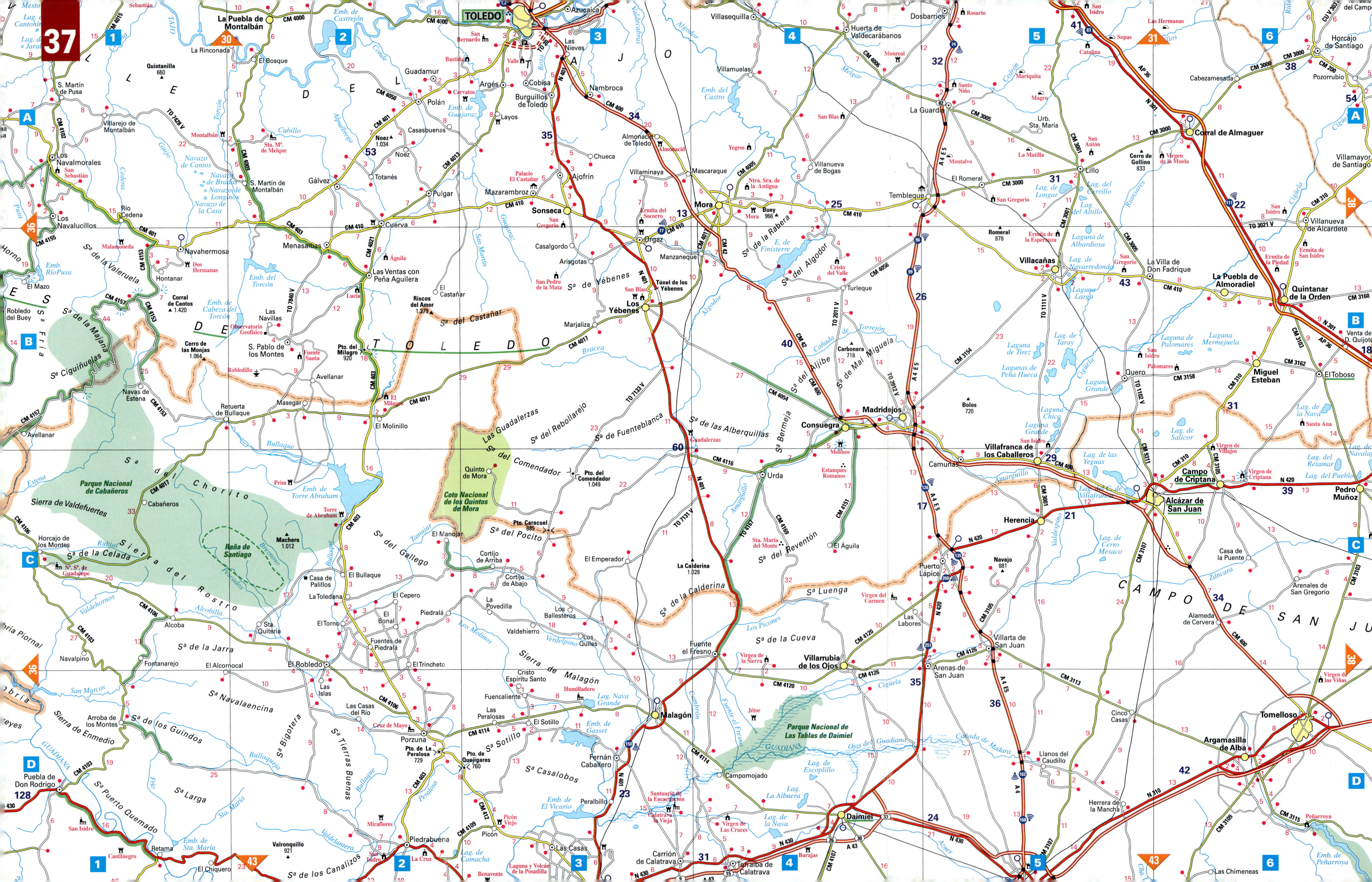
37
TOLEDO
La Puebla de Montalbán
Azucaica
Villasequilla
Dosbarrios
Huerta de Valdecarábanos
Horcajo de Santiago
La Rinconada
El Bosque
Guadamur
Argés
Cobisa
Burguillos de Toledo
Nambroca
Polán
Layos
S. Martín de Pusa
Villarejo de Montalbán
Casasbuenas
Almonacid de Toledo
La Guardia
Cabezamesada
Pozorrubio
Corral de Almaguer
Los Navalmorales
S. Martín de Montalbán
Gálvez
Totanés
Noez
Pulgar
Chueca
Ajofrín
Mascaraque
Villaminaya
Villanueva de Bogas
Tembleque
El Romeral
Lillo
Villamayor de Santiago
Los Navalucillos
Río Cedena
Cuerva
Mazarambroz
Sonseca
Mora
Villanueva de Alcardete
Navahermosa
Menasalbas
Orgaz
Manzaneque
Casalgordo
Arisgotas
Villacañas
La Villa de Don Fadrique
La Puebla de Almoradiel
Quintanar de la Orden
Hontanar
Las Ventas con Peña Aguilera
El Castañar
Los Yébenes
Turleque
Marjaliza
El Mazo
Robledo del Buey
S. Pablo de los Montes
Avellanar
Quero
Miguel Esteban
El Toboso
Navas de Estena
Retuerta del Bullaque
Masegar
El Molinillo
Consuegra
Madridejos
Bolos
Avellanar
Villafranca de los Caballeros
Camuñas
Campo de Criptana
Alcázar de San Juan
Pedro Muñoz
Parque Nacional de Cabañeros
Cabañeros
Quinto de Mora
Coto Nacional de los Quintos de Mora
Urda
Herencia
Sierra de Valdefuertes
Horcajo de los Montes
Raña de Santiago
El Manojar
Cortijo de Arriba
El Emperador
El Águila
Puerto Lápice
Casa de la Puente
Arenales de San Gregorio
Casa de Palillos
El Bullaque
La Toledana
El Cepero
Cortijo de Abajo
La Povedilla
Los Ballesteros
La Calderina
Las Labores
CAMPO DE SAN JUAN
Alcoba
Sta. Quiteria
El Torno
El Bonal
Piedralá
Valdehierro
Los Quiles
Fuente el Fresno
Villarrubia de los Ojos
Villarta de San Juan
Arenas de San Juan
Alameda de Cervera
Navalpino
Fontanarejo
El Alcornocal
El Robledo
Fuentes de Piedralá
El Trincheto
Las Islas
Las Casas del Río
Cristo Espíritu Santo
Fuencaliente
Las Peralosas
El Sotillo
Malagón
Parque Nacional de Las Tablas de Daimiel
Tomelloso
Cinco Casas
Argamasilla de Alba
Arroba de los Montes
Porzuna
Fernán Caballero
Campomojado
Llanos del Caudillo
Puebla de Don Rodrigo
Piedrabuena
Picón
Peralbillo
Daimiel
Herrera de la Mancha
Retama
El Chiquero
Valronquillo
Las Casas
Carrión de Calatrava
Torralba de Calatrava
Las Chimeneas
Sierra de Enmedio
GUADIANA

38
Mota del Cuervo
Belmonte
Las Pedroñeras
San Clemente
El Provencio
Socuéllamos
Villarrobledo
La Roda
Minaya
Sisante
Honrubia
Motilla del Palancar
Villanueva de la Jara
Quintanar del Rey
Tarazona de la Mancha
Madrigueras
Mahora
La Gineta
Barrax
Munera
Iniesta
Minglanilla
Villamalea
Casas-Ibáñez
Fuentealbilla
Alcalá del Júcar
Jorquera
Valdeganga
Casas de Juan Núñez
Campillo de Altobuey
Gabaldón
Almodóvar del Pinar
Valverde de Júcar
Olivares de Júcar
Castillo de Garcimuñoz
La Almarcha
Villagarcía del Llano
Ledaña
Villalpardo
Villarta
El Herrumbrar
Casasimarro
Casas de Haro
Vara del Rey
Pedro Muñoz
Las Mesas
El Pedernoso
Los Hinojosos
Osa de la Vega
Tresjuncos
Hontanaya
Villamayor de Santiago
La Alberca de Záncara
Sta. María del Campo Rus
Atalaya del Cañavate
Tébar
Alarcón
Emb. de Alarcón
Emb. de Contreras
Sierra del Rubial
Sierra de Mira
Sierra de Aliaguilla
Cerro Cerrajón
Cerro Pedernal
Sª de Almenara
Sª del Monje
Cerro Hornillo
Cerro Puntal
Los Morrones
Matarrasa
Cañavate
La Huesa del Judío
Cuerda de la Doblona
Monte Aragón
Sª de la Caballa
JUAN
N III
N 301
N 310
N 320
N 322
N 420
N 430
A 3 E 901
A 31
A 43
AP 36
AVE

39
VALENCIA
Sagunt/Sagunto
el Port de Sagunt
la Vall d'Uixó
Segorbe
Nules
Moncofa
Almenara
Puçol
Puig
Massamagrell
Burjassot
Paterna
Mislata
Manises
Quart de Poblet
Aldaia
Alaquàs
Xirivella
Torrent
Picanya
Paiporta
Benetússer
Massanassa
Alfafar
Sedaví
Catarroja
Albal
Silla
Picassent
Alcàsser
Almussafes
Benifaió
Sollana
Alginet
Carlet
Algemesí
Guadassuar
l'Alcúdia
Alzira
Carcaixent
Alberic
Castelló de la Ribera
Xàtiva
Sueca
Cullera
Tavernes de la Valldigna
Grau i Platja de Gandia
Gandia
Llíria
Benaguasil
la Pobla de Vallbona
Vilamarxant
l'Eliana
Riba-roja de Túria
la Canyada
Bétera
Moncada
Foios
Meliana
Almàssera
Tavernes Blanques
Alboraya
Cheste
Chiva
Buñol
Turís
Godelleta
Requena
Utiel
Chelva
Tuéjar
Cofrentes
Jalance
Ayora
Cortes de Pallás
L'Albufera
Parque Natural de la Albufera de Valencia
Reserva Nacional de caza de la Muela de Cortes
Muela de Cortes
Serra Martés
Sierra del Ave
Sierra del Cavalló
Serra de los Bosques
Sierra del Negrete
Serra de las Cabrillas
Sª del Boquerón
Sª de la Murta
Costa del Azahar
MAR MEDITERRÁNEO
Platja de Nules
Platja de Moncofar
Platja de Xilxes
Platja La Llosa
Platja Almenara
Platja de Corint (Malva-rosa)
Platja de Almardà
Platja del Port de Sagunt
Platja de Puçol
Platja del Puig
Platja de la Pobla de Farnals
Platja de Massamagrell
Platja de Massalfassar
Platja de Albuixec
Platja de Meliana
Platja d'Alboraya
Platja de Port-Saplaya
Platja de la Patacona
Platja de la Malva-rosa y Levante
Platja de Nazaret
Platja de Pinedo
Platja del Saler
Platja de la Devesa
Gola del Perellonet
Platja del Recatí
Platja del Perelló
Platja Les Palmeretes
Platja Rey
Platja Vega de Mar
Platja de Mareny Blau
Platja de Sant Llorenç
Platja El Dosser (Dosel)
Platja El Faro
Platja de L'Illa
Platja Cap Blanc (Palomes)
Platja El Racó
Platja St. Antoni
Platja del Marenyet
Platja de L'Estany
Platja El Dorado
Platja de Tavernes
Platja de Xeracó
Platja de L'Ahuir
Platja de Gandia
Platja de Venecia
Platja Los Pedregales
Platja de Daimús
Platja de Guardamar
A
B
C
D
1
2
3
4
5
6
32
38
45

Paisaje Protegido de Sintra-Cascais
Sintra
Cabo da Roca
Cascais
Estoril
Oeiras
Amadora
Loures
LISBOA
RIO TEJO
Reserva Natural do Estuário do Tejo
Alcochete
Montijo
Barreiro
Moita
Seixal
Almada
Palmela
SETÚBAL
Sesimbra
Cabo Espichel
Parque Natural da Arrábida
Reserva Natural do Estuário do Sado
RIO SADO
BAIA DE SETÚBAL
Península de Tróia
OCÉANO ATLÁNTICO
Lagoa de Albufeira
Vendas Novas
Montemor-o-Novo
Alcácer do Sal
Grândola
Comporta
Carvalhal
Melides
Santo André
Viana do Alentejo
Alvito
Torrão
Arraiolos
Brotas
Pavia
Mora
Coruche
Santa Susana
São Martinho
Monte Novo
Vale de Guizo
Casa Branca
Alcáçovas
Santiago do Escoural
Cabrela
Lavre
Ciborro
Cortiçadas do Lavre
Santo Estêvão
Canha
Pegões
Landeira
Marateca
Pinheiro
Torre da Gadanha
Serra de Monfurado
Foros de Vale de Figueira
Santana do Mato
Acude do Monte da Barca
B. de Vale do Gaio
Figueira dos Cavaleiros
Odivelas
Ruivo
Faro do Alentejo
Sesmarias
São Mamede do Sádão
Azinheira dos Barros
Santa Margarida do Sádão
Cruz de João Mendes
Santa Cruz
Vila Nova de Santo André
Costa de Sto. André
Lagoa de Santo André
Lagoa de Melides
Fontainhas
Boiças
Sta. Margarida da Serra
Mina da Caveira
Casa Nova
Brunheira
Tanganhal
Pego do Altar
Santa Catarina
Monte das Obras
Barrosinha
Vale dos Reis
Alberge
Monte de Palma
Casebres
Fangeirão
Galinheiro
São Cristóvão
São Brissos
Casa Branca
Nossa Sra. da Torega
São Brás do Regedouro
Aguiar
Estação de Viana
Vila Nova da Baronia
Quinta de Sta. Maria
A

Malarranha
Casa Branca
Cano
Pousada S. Miguel
Sousel
Santo Amaro
Veiros
Prazeres
Godinhos
Barbacena
Alentisca
São Vicente e Ventosa
Caia e São Pedro
Vale de Albuquerque
Valdebotoa
Las Carboneras
Pavia
São Bento do Cortiço
Sto. Estevão
Sta. Vitória do Ameixial
Freixial
Sto. Aleixo
Vila Fernando
Malhada
Amoreirinha
Retiro
Santa Engracia
Gévora del Caudillo
Novelda del Guadiana
Pueblonuevo del Guadiana
Alcazaba
Guadiana del Caudillo
Montijo
Puebla de la Calzada
Esparragalejo
La Garrovilla
Torremayor
Cubillana
Calamonte
Silveirona
São Lourenço de Mamporcão
São Domingos de Ana Loura
Serra de Ares
Calçadinha
Elvas
Forte de Graça
Aqueducto da Amoreira
Pousada de Sta. Luzia
Forte de Sta. Luzia
Posto Fiscal do Caia
Corazón de Jesús
BADAJOZ
Sagrajas
Balboa
Villafranco del Guadiana
Valdelacalzada
Talavera la Real
Guadajira
Lobón
Barbaño
Arroyo de San Serván
São Bento do Ameixial
Estremoz
Pousada da Rainha Sta. Isabel
Orada
São Lourenço
Vila Boim
São Brás e São Lourenço
Bardeiras
Vimieiro
Aldeia da Serra
São Gregório
Folgado
Mártires
Arcos
Alcaravica
Terrugem
Estevel da Madreana
Rego
Casas Novas
Sto. Ildefonso
Torre de Bolsa
Las Vaguadas
Borba
Nora
Ciladas
Glória
Vila Viçosa
Pousada D. João IV
Duques de Bragança
Barro Branco
São Romão
Reliquias
Rio de Moinhos
Serra de Ossa
Sra. da Ajuda
Albalá
Alvarado
La Risca
Virgen de Perales
Torremegía
Évoramonte
Santa Justa
Carrasqueira
Vale do Pereiro
Pousada Sta. Assunção
Arraiolos
Ossa
Aldeia da Serra
Bencatel
Pardais
Juromenha
Villarreal
San Francisco de Olivenza
San Rafael de Olivenza
Igrejinha
Azaruja
Foros do Freixo
Malhada Alta
Alandroal
São Brás dos Matos
Mina do Bugalho
Retamal
Cortegana
Corte de Peleas
Cortijo del Cura
Solana de los Barros
La Albuera
Entrín Bajo
Entrín Alto
Laguna Grande
Sta. Mª Magdalena
Olivenza
Valverde de Leganés
Emb. de Piedra Aguda
Nossa Sra. Graça do Divor
Foros do Queimado
São Miguel de Machede
Picarrel
Zambujeiro
Redondo
Monte do Outeiro
Rosário
Almendralejo
Aceuchal
San Marcos
São Matias
São Bento de Castris
Pousada da Loios
Templo romano de Évora
ÉVORA
Canaviais
Foros das Pombas
Foros da Fonte Seca
Hortinhas
Terena
Nossa Senhora da Boa Nova
San Benito de la Contienda
Santo Domingo
San Jorge de Alor
Alor
San Amaro
Los Fresnos
Los Arcos
Almendral
Torre de Miguel Sesmero
Santa Marta
Monte Virgen
Villalba de los Barros
Nossa Sra. de Machede
Sta. Susana
Orvalhos
Capelins
Machede
Santiago Maior
Monte Juntos
Nogales
Emb. de Nogales
Sierra de la Calera
Lomas de la Mesa
TIERRA
Almeirim
Monte das Flores
São Domingos da Ordem
Pias
Venda
Cabeça de Carneiro
Balancho
Montoito
Aldeias de Montoito
Ramo Alto
Sto. António de Baldio
Vale de Moura
Nossa Sra. a Torega
Táliga
Ntra. Sra. de los Santos
Convento Rocamador
Barcarrota
Salvaleón
La Morera
La Parra
Feria
Fuente del Maestre
Villafranca de los Barros
San Isidro
Cheles
Alconchel
Sª de la Cazuela
Sª Santa María
Salvatierra de los Barros
Sierra Vieja
Peña Utrera
Sierra Cabrera
Vendinha
São Manços
São Vicente do Pigeiro
Caridade
Carrapatelo
Corval
Motrinos
Barrada
Outeiro
Telheiro
Monsaraz
Convento da Orada
São Marcos da Abóbada
Espinheira
Reguengos de Monsaraz
Barrocal
Ferrarias
Santa Catalina
Friegamuñoz
Higuera de Vargas
Sierra Brava
Sierra Corchera
Emb. de Aguijón
La Lapa
Emb. de Zafra
Ntra. Sra. de la Estrella
Los Santos de Maimona
Torre de Coelheiros
Monte do Trigo
Cerros
Xeres de Baixo
Alqueva
Moncarche
Sierra Pendón
Sierra Payo
Sª de Jarda
Emb. de Guadajira
Ntra. Sª de la Candelaria
Sta. Clara
Zafra
Belén
Aguiar
São Bartolomeu do Outeiro
Nossa Senhora de Ares
Outeirão
Atalaia
Cumiada
Mourão
Piñão
São Leonardo
Villanueva del Fresno
Sierra de la Francisca
Sierra del Brinquete
E. de Albuera de Castellar
Alconera
São Pedro
Oriola
Serra de Portel
São Marcos do Campo
Campinho
Luz
Sª de Encinantes
Godolín
Valle de Matamoros
San José
Valle de Santa Ana
Sierra de Santa María
Burguillos del Cerro
Emb. de Burguillos
Emb. de Brovales
Brovales
Puebla de Sancho Pérez
Balneario del Raposo
Pto. de Sto. Domingo
Cristo del Humilladero
Medina de las Torres
Água de Peixes
Albergaria dos Fusos
Portel
Courelas
Ameada
Zahinos
Jerez de los Caballeros
Sierra de los Jacintos
Emb. de Valuengo
Valverde de Burguillos
Atalaya
Alvito
Pousada Castelo de Alvito
Vila Alva
Cabeça Gorda
Santana
Serra de Mendro
Amieira
Granja
Vale Formoso
Oliva de la Frontera
Sierra Oratorio
Valuengo
La Bazana
Pto. Beltrama
Sierra del Guijo
Vila Ruiva
Ruinas Romanas de São Cucufate
Vila de Frades
Mendro
Vera Cruz
Estrela
Monte de Aldeia
Santa Bárbara
Emb. de Zaos
Sª de la Gama
Pto. de Tablada
Valencia del Ventoso
Ruivo
Vidigueira
Alcaria
Alqueva
Musgos
Póvoa de São Miguel
Cid Almeida
Valencia del Mombuey
Mentiras
Ardila
Los Remedios
Sierra de los Muñecos
Emb. de Ardila
Ntra. Sra. del Valle
Cuba
Gião
Eirinhas
D. Maria
Amareleja
Sierra El Vescal
Sª de los Limones
Sierra S. Salvador
San Cristóbal
Faro do Alentejo
Matos
Selmes
Ordem
Marmelar
Cortes de Baixo
Peso
Insua
Moura
Sto. António de Outeiro
Talabita
Fornilhos
Pisões-Moura
Fregenal de la Sierra
Sierra de Enero
San Isidro
Trigaches
São Matias
Aldeias
Pedrógão
Nª. Sra. dos Prazeres
Orada
Alvarrão
Atalaia Gorda
Sto. Amador
Safara
Travessa
B. de Murtigão
B. das Mercês
Colorada
Barrancos
Emb. de Encinasola
Encinasola
Higuera la Real
Bodonal de la Sierra
Ruinas Romanas
GUADIANA

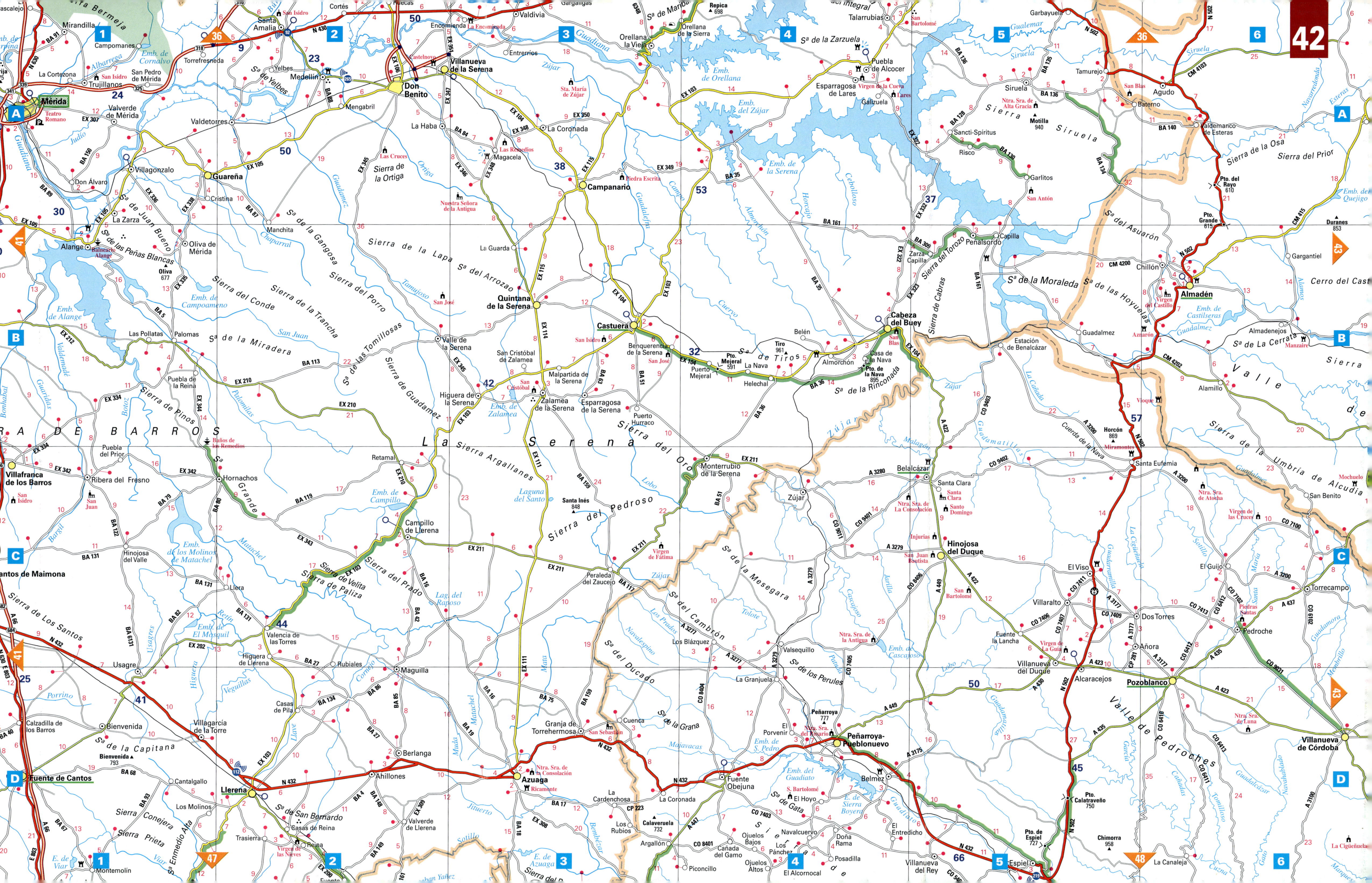
42
Mérida
Teatro Romano
Mirandilla
Campomanes
La Cortezona
San Isidro
Trujillanos
San Pedro de Mérida
Valverde de Mérida
Emb. de Cornalvo
Torrefresneda
Santa Amalia
Yelbes
Medellín
Don Benito
Villanueva de la Serena
Mengabril
Valdetorres
Villagonzalo
Don Álvaro
Guareña
Cristina
La Zarza
Alange
Balneario Alange
Oliva de Mérida
Manchita
Emb. de Alange
Emb. de Campoameno
Las Pollatas
Palomas
Puebla de la Reina
Villafranca de los Barros
Ribera del Fresno
Puebla del Prior
Hornachos
Baños de los Remedios
Hinojosa del Valle
Llera
Valencia de las Torres
Higuera de Llerena
Usagre
Bienvenida
Calzadilla de los Barros
Fuente de Cantos
Villagarcía de la Torre
Llerena
Cantalgallo
Los Molinos
Trasierra
Reina
Casas de Reina
Montemolín
Berlanga
Ahillones
Azuaga
Valverde de Llerena
Maguilla
Rubiales
Casas de Pila
Campillo de Llerena
Retamal
Emb. de Campillo
Peraleda del Zaucejo
Granja de Torrehermosa
Cuenca
La Coronada
Fuente Obejuna
La Cardenchosa
Los Rubios
Argallón
Calaveruela
Piconcillo
Ojuelos Bajos
Ojuelos Altos
Cañada del Gamo
Los Pánchez
Navalcuervo
El Alcornocal
Doña Rama
Posadilla
Peñarroya-Pueblonuevo
Belmez
El Entredicho
Villanueva del Rey
Espiel
Higuera de la Serena
Zalamea de la Serena
Malpartida de la Serena
Esparragosa de la Serena
Puerto Hurraco
Quintana de la Serena
Valle de la Serena
San Cristóbal de Zalamea
Castuera
Benquerencia de la Serena
Puerto Mejoral
Helechal
Almorchón
Cabeza del Buey
Monterrubio de la Serena
Zújar
Los Blázquez
Valsequillo
La Granjuela
El Porvenir
Campanario
La Coronada
La Haba
Magacela
Orellana la Vieja
Orellana de la Sierra
Emb. de Orellana
Emb. del Zújar
Emb. de la Serena
Esparragosa de Lares
Galizuela
Puebla de Alcocer
Talarrubias
Garbayuela
Tamurejo
Siruela
Sancti-Spíritus
Risco
Garlitos
Baterno
Agudo
Valdemanco de Esteras
Capilla
Peñalsordo
Zarza-Capilla
Chillón
Almadén
Gargantiel
Guadalmez
Estación de Benalcázar
Almadenejos
Alamillo
Santa Eufemia
Belalcázar
Santa Clara
Hinojosa del Duque
El Viso
Villaralto
Dos Torres
Añora
Fuente la Lancha
Villanueva del Duque
Alcaracejos
Pozoblanco
Pedroche
Torrecampo
El Guijo
San Benito
Villanueva de Córdoba
La Canaleja
La Serena
Sierra del Pedroso
Sierra Grande
Sierra de Pinos
Sierra de la Gangosa
Sierra del Porro
Sierra de la Lapa
Sierra de Tiros
Sierra del Prior
Sierra de la Osa
Cerro del Castillo
Valle de los Pedroches
Sierra de la Umbría de Alcudia
Sª de la Moraleda
Sª de las Hoyuelas
Sª del Asuarón
Sierra de los Santos
Sª de la Capitana
Sierra Conejera
Sierra Prieta
Sª de San Bernardo
Sierra de Velita
Sierra de Paliza
Sierra del Prado
Sª de la Mesegara
Sª del Cambrón
Sª del Ducado
Sª de la Grana
Sª de Gata
Sª de los Perules
Sierra de Guadámez
Sierra de la Ortiga
Sierra del Conde
Sierra de la Trancha
Sª de la Miradera
Sª de Juan Bueno
Sª de las Peñas Blancas
Sª de Yelbes
Sª de la Zarzuela
Sª de la Rinconada
Sierra de Cabras
Sierra del Torozo
Pto. de Espiel
Pto. Calatraveño
Pto. del Rayo
Pto. Grande
Chimorra

CIUDAD REAL
Miguelturra
Daimiel
Manzanares
Membrilla
La Solana
Valdepeñas
Almagro
Bolaños de Calatrava
Puertollano
Argamasilla de Calatrava
Almodóvar del Campo
Villanueva de Los Infantes
La Carolina
Santa Elena
Navas de San Juan
Villanueva de Córdoba
Cardeña
Fuencaliente
Piedrabuena
Retama
El Chiquero
Luciana
Saceruela
Abenójar
Navalmedio de Morales
Cabezarados
Poblete
Valverde
Poblachuela
Las Casas
Carrión de Calatrava
Torralba de Calatrava
Pozuelo de Calatrava
Torrecilla
La Puebla
Corral de Calatrava
Caracuel de Calatrava
Cañada de Calatrava
Villar del Pozo
Ballesteros de Calatrava
Valenzuela
Granátula de Calatrava
Moral de Calatrava
Aldea del Rey
Calzada de Calatrava
Villamayor de Calatrava
Tirteafuera
Navacerrada
Fontanosas
Valdeazogues
Viñuela
Veredas
Brazatortas
Retamar
Poblado Calvo Sotelo
Hinojosas de Calatrava
Cabezarrubias del Puerto
Mestanza
Minas Diógenes
Solana del Pino
El Tamaral
El Hoyo
San Lorenzo de Calatrava
Huertezuelas
San Bruno
Villanueva de San Carlos
La Alameda
Belvis
El Villar
Villalba de Calatrava
Encomienda de Mudela
Los Mirones
Umbría de Fresneda
Las Norias
Bazán
Viso del Marqués
Almuradiel
Sta. Cruz de Mudela
Peñalajos
Virtudes
Torrenueva
Castellar de Santiago
Torre de Juan Abad
Villamanrique
Cózar
Almedina
Los Morrones
Navalavaca
Las Tajoneras
Villanueva de Franco
San Carlos del Valle
Carrizosa
Alhambra
Casas Blancas
Las Chimeneas
El Lobillo
La Calera
Pozo de la Serna
Alcubillas
Las Fuentes
Aldeaquemada
Venta de Cárdenas
Las Correderas
Miranda del Rey
La Aliseda
El Centenillo
Navas de Tolosa
Isabela
Carboneros
El Altico
La Mesa
Fernandina
Vilches
El Acebuchal
El Porrosillo
Venta de los Santos
Montizón
Aldeahermosa
Chiclana de Segura
El Campillo
Camporredondo
Castellar
Santisteban del Puerto
Sorihuela del Guadalimar
Llano de la Mata
Gutar
Torrecampo
Conquista
Torrubia
Azuel
La Garganta
Minas de Horcajo
Ventillas
San Benito
Casas de Montealegre
La Lancha
Venta del Charco
CAMPO DE CALATRAVA
Sierra Madrona
Sierra de la Solana de Alcudia
Sierra de Calatrava
Sierra de Puertollano
Sierra de Alcudia
Sª de los Canalizos
Sª de Valjerez
Sierra de los Canalizos
Sª de los Santiagos
Sª Gorda
Sª del Torozo
Sª del Rey
Sª Valdoro
Sª de Navalmanzano
Sª Herruzo
Sª de San Andrés
Sª del Sotillo
Sª del Cambrón
Sª Acebuche
Sierra Águila
Sª Peñuela
Sª Prieta
Sª Pelada
Sª del Moral
Sª de Alhambra
Sª de Aljibe
Loma de las Turcas
Loma de D. Juan
Loma Negra
Cerro del Castellar
Cerro del Tamaral
Cerro del Viento
Cerro Porquezuela
Cerro Lobo
Cerros de Valparaiso
Morrón de Almansa
Parque Natural Sierras de Cardeña y Montoro
Parque Natural Sierra de Andújar
Parque Natural Despeñaperros
Coto Nacional de Peñas Negrillas
Coto Nacional de Contadero
Parque Natural Lagunas de Ruidera
Emb. de Montoro II
Emb. de Montoro I
Emb. de Tablillas
Emb. de la Vega del Jabalón
Emb. de Jándula
Emb. de Dañador
Emb. del Quejigo Gordo
Emb. de Valhondo
Emb. de Entredicho
Emb. de Saucedilla
Emb. de Buenas Hierbas
Emb. de Sta. María
Emb. de Peñarroya
Emb. La Cabezuela
Emb. de Fernandina
Emb. de Rumblar
Emb. del Guadalén
Emb. Puerto Vallehermoso
Lag. del Acebuche
Lag. de la Carbonera
Lag. de los Lomillos
Lag. de la Perdiguera
Lag. de Carrizosa
Lag. de Caracuel
Lag. de los Almeros
Lag. de Cucharas
Lag. del Retamar
Lag. de la Alberquilla
Lag. de Juagarzal
Lag. de Alcolea
Lag. de Fuentillejo
Lag. de Michos
Lag. de Pozuelo
Lag. de Argamasilla
Lag. de Camacha
Lag. de la Nava
Laguna y Volcán de la Posadilla
Pto. de Niefla 902
Pto. de Valderrepisa 860
Pto. Pulido 850
Pto. de Mestanza 870
Pto. de los Rehoyos 980
Pto. de Reventón 765
Pto. de Calatrava 706
Pto. de Torrenueva 875
Rebollera 1.157
Estrella 1298
Mojina 1.067
Cabeza de Buey 1158
Juego de Bolos 1.087
Chiclana 981
El Collado 850
Plaza del Judío 1.106
Duranes 853
Prieto 927
Desfiladero de Despeñaperros
Calatrava la Nueva
Calatrava la Vieja
Hervideros de Fuensanta
Baños El Peral
Baños de Chiriví
Balneario La Aliseda
Archivo de la Marina
Ermita de la Magdalena
Ermita Virgen de la Encina
Virgen del Monte
Virgen de la Cabeza
Virgen de la Vega
Virgen de los Santos
Virgen de Las Cruces
Iglesia del Cristo
Ntra. Sra. de Fátima
Ntra. Sra. de la Consolación
Nª Sª de la Antigua
Torreón de la Higuera
Castillo de S. Esteban
Cuevas del Bicho
Torre Alver
Montizón
Santuario Virgen
Santa Brígida
La Antigua
Salvatierra
La Sacristanía
Cervantes
Consolación
Santiago
Barajas
La Merced
Pajarón
San Andrés
San Isidro
San Juan
San Gregorio
Mochuelo
La Cigüeñuela
Fuencaliente
Ciruela
Herrera
Calabazas
Ojalora
Los Muñecos
Castilnegro
Miraflores
La Cruz
Benavente
Castillo de Alarcos
Picón
El Tesoro
Peñarroya
Alhambra
N 430
N 420
A 41
A 43
A 4
E 5
A 312
A 423
A 3200
A 6200
A 6203
A 421
A 6176
A 301
CM 412
CM 413
CM 415
CM 4110
CM 4111
CM 4112
CM 4113
CM 4115
CM 4117
CM 4122
CM 4124
CM 4202
CM 4201
CM 3109
CM 3127
CM 3129
CM 3200
CM 3202
CM 3107
CM 3115
CM 4107
CM 4109
CO 3102
CO 6102
A 3100
37
42
44
48
49

ALBACETE
Parque Natural Lagunas de Ruidera
Ruidera
La Magdalena
Ossa de Montiel
Lagunas de Ruidera
Cueva de Montesinos
Rochafrida
El Ossero
El Sabinar
El Guijoso
Casas Blancas
Loma de Hundimiento
Pozo Hondo
Casas del Rincón
Gimeno
Sotuélamos
Los Puercos
Casa de las Cauques
Casa de Ortigosa
Munera
Atalaya
El Bonillo
Gallardo
Barreros 1.101
Lag. de Navalcudia
Nava Redonda
Navajo de Peribáñez
Nava Conchel
Lezuza
Barrax
La Yunquera
Tiriez
Pradorredondo
Cabeza de Villaverde 1.038
Balazote
Vandelaras de Abajo
Vandelaras de Arriba
La Herrera
Los Partidores
Nuestra Sra. del Llano
Casa Capitán
Laguna del Acequión
Blancares Viejos
Santa Ana
Aguas Nuevas
Melegriz
Los Llanos
La Humosa
El Salobral
Argamasón
Los Anguijes
Orán
La Losilla
Chinchilla de Monte Aragón
Pozo de la Peña
Circuito de la Torrecilla
La Felipa
Cordillera Monte Aragón
Cerro de Morrablancar
Hoya-Gonzalo
Oncebreros
Higueruela
Casillas de Marín de Abajo
Casillas de Marín de Arriba
Cuerda de la Doblona
Casas de D. Pedro
Molatón 1.244
Villar de Chinchilla
Pto. El Blanco 898
Pto. Los Altos 957
Bonete
Lag. de Pétrola
Pétrola
Horna
Corral Rubio
Montealegre del Castillo
La Higuera
Salinas de Pinilla
Pinilla
El Ballestero
El Jardín
Lag. Ojos de Villaverde
Villaverde
El Cubillo
Los Chospes
Viveros
Robledo
Pto. de los Pocicos 1.058
El Horcajo
San Pedro
Pozuelo
Casa Cañete
La Zarza
Casas de Abajo
Cañada Juncosa
Casas de Lázaro
Cucharal
El Batán
El Madroño
La Rambla
La Solana
Los Pocicos
Campillo de las Doblas
Campillo de la Virgen
Abuzaderas
Cerrolobo
Ontalafía
Lag. de Ontalafía
Pozo Cañada
Pozohondo
Peñas de S. Pedro
Roble 1.257
El Sahuco
La Fuensanta
El Royo
Sta. Ana
Casasola
Alcadozo
Nava de Arriba
Nava de Abajo
Mullidar
Sª de San Juan
Sª de Ontalafía
Sª de los Búhos
Sª de los Navajuelos
Sª de Huerta
Sª de Conejeros
Sª Parda
Sª de Pinilla
Las Anorias
Pinilla
Fuente-Álamo
Monte Arabí
El Arabí
Abenuj 987
Madroño 1.059
Ontur
Casa de los Cerrillares
Villahermosa
Fuenllana
Montiel
Villanueva de la Fuente
Cañamares
Sta. María
Povedilla
Canaleja
Solanilla
Alcaraz
La Hoz
Peñascosa
Pesebre
Masegoso
Cilleruelo
Montemayor
Navalengua
Berro
El Puerto
Burruеco
Fuenlabrada
Arteaga de Arriba
Arteaga de Abajo
El Vidrio
Sant. Ntra. Sra. Cortés
Virgen de Desamparados
Sta. Cruz de los Cáñamos
Castellanos 1.040
Albaladejo
Terrinches
Cerro Conejero
Puebla del Príncipe
Relumbrar
Casas del Relumbrar
Sª Relumbrar
Reolid
Balneario Benito
Balneario La Esperanza
Salobre
Villapalacios
Vianos
La Mesta
San Sebastián
Muleto 1.560
El Corral de Navarro
Casas de Haches
Las Mohedas
Paterna del Madera
Pto. El Barrancazo 1.030
Tortas
Bogarra
Casa Forestal
La Dehesa
Padrastro 1.503
Potiche
Villarejo
La Sarguilla
Moriscote
La Herrería
Rincón del Moro
Tobarra
Hoya de Sta. Ana
Aljube
Santiago de Mora
Cordovilla
Mora de Sta. Quiteria
Albatana
Sierra
Sª de la Umbría del Rincón
Sª de la Peña Losa
Losa 1.038
Sª del Romeral
Zapateros
Almenara 1.790
Pto. de las Crucetas 1.300
Pto. de las Crucetillas 1.140
Sierra de Alcaraz
Sª del Agua
Vegarella
Los Alejos
La Alfera
Fuente Higuera
El Pozuelo
Royo Odrea
Molar 1.156
Ayna
Hijar
Liétor
El Ginete
Sª Seca
Buenavista
Cerro Cruces
Higuera 790
Hellín
Isso
Torreuchea
Mingogil
Agra
Minateda
Cuevas de Minateda
La Horca
Sª de Enmedio
Sierra Escabezado
Sierra de la Cingla
Fuente del Pino
La Alquería
Peliciego
La Campana
Sierra de Cabras
Jumilla
Santa Bárbara
La Celia
Sierra del Molar
Sta. Ana
Monasterio de Sta. Ana del Monte
Bienservida
La Dehesa
La Sierra
Riópar
Riópar Viejo
Espíritu Santo
Padroncillo 1.587
El Laminador
Pto. de Peralejo 1.140
El Pardal
Pinilla
Fuente de Taif
Derramadero
Cuerda de Sta. María
Emb. de Talave
Porrón 979
Villarrodrigo
Onsares
Villaverde de Guadalimar
Pto. del Arenal 1.180
Cueva de los Chorros
Nacimiento del Río Mundo
Calar del Mundo
Sª del Cujón
Los Collados
Torrepedro
Molinicos
Puerto del Pino
Elche de la Sierra
Vicorto
Villares
El Entredicho
Peñarrubia
Llano de la Torre
Las Rambla
Sª del Baladre
Sª de los Donceles
Sª de Cabeza Llana
Agramón
Azaraque
Camarillas
Emb. de Camarillas
Cancarix
Sª del Candil
Cotillas
Raspilla
Parque Natural de Los Calares del Mundo y de la Sima
Arroyofrío
Génave
Virgen del Campo
Torre de Albánchez
Sierra Calderón
Tasca
Siles
Bonache
Rala
Túz
Moropeche
Balneario de Tus
Baños de Tus
Boche
E. de la Fuensanta
Yeste
Iglesia de la Asunción
Sª de la Solana
Iglesia de Sta. María
Abejuela
Letur
Férez
Socovos
Emb. del Cenajo
Cenajo
Salmerón
Las Minas
Loma de la Cañada del Toril
Cabeza del Asno 763
Los Encantados
Sierra del Picacho
Fuente del Judio
Sierra Larga
Casa de las Monjas
Berjada
Nra. Sra. de la Cabeza
Emb. del Guadalmena
Agracea
Los Pascuales
Puente de Génave
La Puerta de Segura
Benatae
Los Llanos
Haza Alta
Casablanca
Los Mochuelos
Arroyo del Ojanco
Fuente Buena
Peñolite
Valdemarín
La Espinareda
Orcera
Sierra del Agua
El Batán
Segura de la Sierra
Cañada Catena
Chozas
Cortijos Nuevos
El Ojuelo
Hornos
La Garganta
Cañada Morales
Cuevas de Ambrosio
Beas de Segura
Gutar
Mojón Alto
La Platera
Loma de Segura
Calar de la Sima
El Arguellite
Fuente Higuera
Casas del Pino
La Dehesa
Empalme Paúles
Grayа
Sege
La Donar
Parolis
Gontar
Peguera del Madroño
Las Gorgollitas
El Palarrejo
Emb. de Anchuricas
Miller
Casicas del Río Segura
Marchena
La Muela
Sª de los Molares
Sª del Tobar
Sª de Angula
Sª de los Espartales
Sª de Lagos
Sª Umbría de La Mata
Sª del Zacatín
Mazura y Las Nogueras
Benizar
Tazona
Sª de Algaidón
Las Murtas
Almirez
El Chopillo
Cañada Berosa
Estación de Calasparra
Nra. Sra. de la Esperanza
Calasparra
Sierra de la Muela
Sierra del Cerezo
Alhárabe
Moratalla
Casa de Cristo
San Juan
El Sabinar
Loma de Sabinar
Presa
Turilla
E. de Taibilla
Sierra del Puerto
Venta del Olivo
E. del Judío
Sierra de Ascoy
Ascoy
Emb. del Moro
Sierra de la Pila
Cieza
Hoya del Campo
Central Almadenes
E. de Almadenes
Emb. de Alfonso XIII
Emb. Cárcabo
Abarán
Sierra del Oro
Blanca
Serrano
Cueva de la Vieja Pinturas Rupestres

Xàtiva
Canals
Enguera
Montesa
l'Olleria
Benigánim
Albaida
Ontinyent
Almansa
Alpera
Caudete
Villena
Yecla
Sax
Elda
Petrer
Monòver/Monóvar
Novelda
Aspe
Monforte del Cid
el Pinós/Pinoso
Abanilla
Fortuna
Albatera
Crevillent
ELX/ELCHE
Torrellano
Santa Pola
Gran Alacant
ALACANT/ALICANTE
Sant Vicent del Raspeig
Mutxamel
Sant Joan d'Alacant
el Campello
Platja Mutxavista
Xixona/Jijona
Ibi
Castalla
Onil
Biar
Alcoi/Alcoy
Cocentaina
Muro de Alcoy
Banyeres de Mariola
Agullent
Gandia
Grau i Platja de Gandia
Oliva
Pego
Dénia
Ondara
Xàbia/Jávea
Gata de Gorgos
Benissa
Calp/Calpe
Altea
l'Alfàs del Pi
Benidorm
la Vila Joiosa/Villajoyosa
Callosa d'en Sarrià
Polop
la Nucia
Finestrat
Costa Blanca
MAR MEDITERRÁNEO
Parque Natural del Montgó
Cap de S. Antoni
Cap de la Nau
Peñón de Ifach
Cabo Azul
Cap de l'Horta o Alcodre
Cap de Santa Pola
Illa Plana o Nueva Tabarca
Sierra del Carrascal de Alcoy
Serra Grossa
Sierra de Oliva
Sª de Aitana
Sª de la Grana

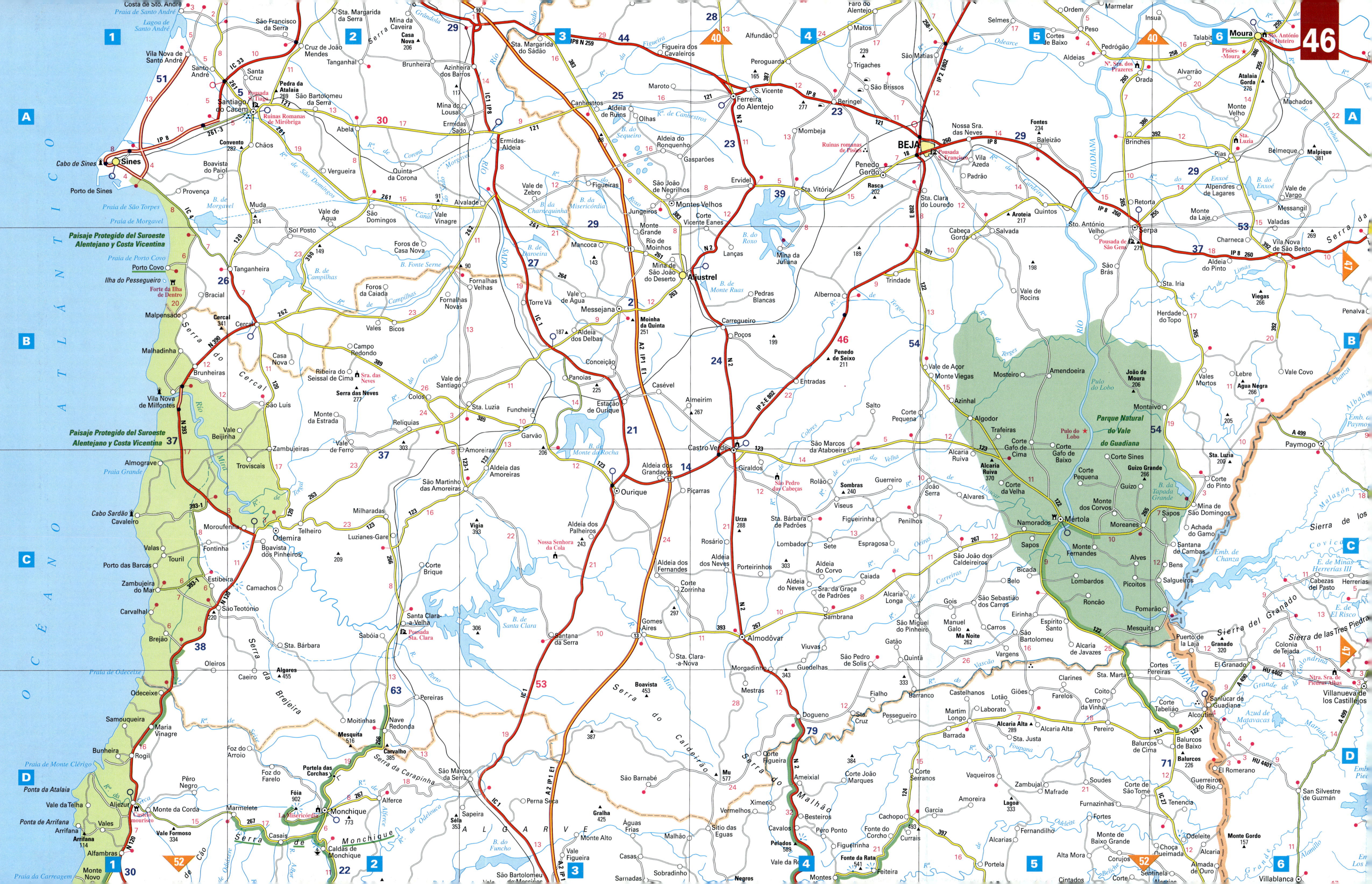
Costa de Sto. André
Praia de Santo André
Lagoa de Santo André
Vila Nova de Santo André
Santo André
Santa Cruz
Santiago do Cacém
Pousada de S. Tiago
Ruínas Romanas de Miróbriga
Pedra da Atalaia 269
São Bartolomeu da Serra
São Francisco da Serra
Cruz de João Mendes
Tanganhal
Sta. Margarida da Serra
Mina da Caveira
Casa Nova 206
Azinheira dos Barros
Brunheira
Mina do Lousal
Ermidas-Sado
Ermidas-Aldeia
Abela
Convento 282
Chãos
Cabo de Sines
Sines
Porto de Sines
Boavista do Paiol
Vergueira
Quinta da Corona
Provença
Praia de São Torpes
Praia de Morgavel
B. de Morgavel
Muda 214
Vale de Água
São Domingos
Vale Vinagre
Alvalade
Sol Posto
Paisaje Protegido del Suroeste Alentejano y Costa Vicentina
Praia de Porto Covo
Porto Covo
Ilha do Pessegueiro
Forte da Ilha de Dentro
Tanganheira
B. de Campilhas
Foros de Casa Nova
B. Fonte Serne
Fornalhas Velhas
Fornalhas Novas
Foros da Caiada
Vales
Bicos
Bracial
Malpensado
Cercal 341
Cercal
Serra do Cercal
Malhadinha
Brunheiras
Vila Nova de Milfontes
São Luís
Casa Nova
Campo Redondo
Ribeira do Seissal de Cima
Sra. das Neves
Serra das Neves 277
Vale de Santiago
Colos
Monte da Estrada
Reliquias
Sta. Luzia
Funcheira
Garvão
Vale Beijinha
Zambujeiras
Vale de Ferro
Amoreiras
Aldeia das Amoreiras
São Martinho das Amoreiras
Almograve
Praia Grande
Troviscais
Cabo Sardão
Cavaleiro
Moroufenha
Odemira
Telheiro
Milharadas
Luzianes-Gare
Vigia 393
Boavista dos Pinheiros
Fontinha
Valas
Touril
Porto das Barcas
Zambujeira do Mar
Estibeira
Camachos
Carvalhal
São Teotónio
Corte Brique
Santa Clara-a-Velha
Pousada Sta. Clara
B. de Santa Clara
Sabóia
Brejão
Sta. Bárbara
Serra da Brejeira
Oleiros
Praia de Odeceixe
Caeiro
Algares 455
Odeceixe
Pereiras
Samouqueira
Maria Vinagre
Moitinhas
Nave Redonda
Mesquita 516
Carvalho 385
Bunheira
Rogil
Foz do Arroio
Praia de Monte Clérigo
Ponta da Atalaia
Vale da Telha
Aljezur
Castelo mourisco
Pêro Negro
Foz do Farelo
Portela das Corchas
Serra da Carapinha
Fóia 902
Monchique 773
Alferce
La Misericórdia
Monte da Corda
Marmelete
Ponta de Arrifana
Arrifana
Vales
Vale Formoso 334
Serra de Monchique
Casais
Caldas de Monchique
Alfambras
Monte Novo
Praia da Carreagem
Sta. Margarida do Sadão
Figueira dos Cavaleiros
Alfundão
Peroguarda
Maroto
Canhestros
Aldeia de Ruins
Olhas
Ferreira do Alentejo
S. Vicente
B. do Sequeiro
Aldeia do Ronquenho
Gasparões
Figueiras
São João de Negrilhos
Montes Velhos
Jungeiros
Vale de Zebro
B. da Misericórdia
B. da Chaminé
Monte Grande
Rio de Moinhos
Corte Vicente Eanes
Mancoca 143
Mina de São João do Deserto
Aljustrel
B. de Monte Ruas
Pedras Blancas
Lanças
B. de Roxo
Mina da Juliana
B. de Daroeira
Torre Vã
Vale de Água
Messejana
Moinha da Quinta 251
Aldeia dos Delbas
Conceição
Panoias
Casével
Estação de Ourique
Almeirim 267
B. do Monte da Rocha
Castro Verde
Aldeia dos Grandaços
Ourique
Piçarras
Giraldos
Carregueiro
Poços
Entradas
Penedo de Seixo 211
Aldeia dos Palheiros
Nossa Senhora da Cola
Rosário
Aldeia dos Fernandes
Aldeia dos Neves
Porteirinhos
Corte Zorrinha
Gomes Aires
Santana da Serra
Almodôvar
Sta. Clara-a-Nova
Boavista 453
Serra do Caldeirão
Morgadinho
Mestras
Dogueno
Serra do Malhão
Corte Figueira
Ameixial
Mu 577
São Barnabé
São Marcos da Serra
Perna Seca
Sapeira
Sêla 353
Gralha 425
Águas Frias
Malhão
Sítio das Eguas
Vermelhos
Ximeno
Besteiros
Cavalos
Pelados 589
Vale da Rosa
Monte Alto
Vale Figueira
B. do Funcho
Casas
Sarnadas
Sobradinho
Negros
São Bartolomeu de Messines
ALGARVE
Faro do Alentejo
Matos
Trigaches
São Matias
São Brissos
Beringel
Mombeja
Ruínas romanas de Pisões
Beja
Pousada S. Francisco
Penedo Gordo
Rasca 202
Sta. Vitória
Ervidel
Sta. Clara do Louredo
Vila Azeda
Padrão
Nossa Sra. das Neves
Fontes 234
Baleizão
Aroteia 217
Quintos
Cabeça Gorda
Salvada
Trindade
Albernoa
Vale de Rocins
Vale de Açor
Monte Viegas
Mosteiro
Amendoeira
João de Moura 206
Azinhal
Algodor
Trafeiras
Corte Gafo de Cima
Corte Gafo de Baixo
Parque Natural do Vale do Guadiana
Pulo do Lobo
Alcaria Ruiva 370
Corte da Velha
Corte Pequena
Guizo Grande 266
Corte Sines
Monte dos Corvos
Mértola
Namorados
Moreanes
Sapos
Monte Fernandes
Alves
Bens
Lombardos
Picoitos
Salgueiros
Roncão
Pomarão
Mesquita
São Marcos da Ataboeira
Salto
Corte Pequena
Sombras 240
Guerreiro
Rolão
Viseus
Sta. Bárbara de Padrões
Figueirinha
Penilhos
Lombador
Sete
Espragosa
São João dos Caldeireiros
Aldeia do Corvo
Caiada
Aldeia do Neves
Sra. da Graça de Padrões
Alcaria Longa
Sambrana
São Sebastião dos Carros
Gois
Manuel Galo
Ma Noite 262
Carros
Eirinha
Espírito Santo
São Bartolomeu
Alcaria de Javazes
São Miguel do Pinheiro
Viuvas
Gatão
São Pedro de Solis
Quintã
Vargens
Guedelhas
Castelhanos
Lotão
Giões
Clarines
Farelos
Sta. Marta
Coito
Cerro da Vinha
Fialho
Barranco
Pessegueiro
Martim Longo
Laboratório
Alcaria Alta 289
Sta. Justa
Pereiro
Barrada
Corte Serranos
Corte João Marques
Vaqueiros
Zambujal
Mafrade
Soudes
Furnazinhas
Corte de São Tomé
Tenencia
Amoreira
Lagoa 333
Garcia
Cachopo
Currais
Fonte do Corcho
Fernandilho
Fortes
Alcarias
Monte de Baixo Grande
Alta Mora
Corujos
Fonte da Rata 541
Feiteira
Portela
Cintados
Corte
Sentinela
Odeleite
Choça Queimada
Alcaria
Almada de Ouro
Monte Gordo 157
Villablanca
Ordem
Peso
Marmelar
Insua
Pedrógão
Aldeias
Selmes
Cortes de Baixo
Moura
Sto. António do Outeiro
Pisões-Moura
Talabit
Nª. Sra. dos Prazeres
Orada
Alvarrão
Atalaia Gorda 276
Machados
Monte Velho
Brinches
Sta. Luzia
Pias
Belmeque
Malpique 381
Enxoé
B. do Enxoé
Alpendres de Lagares
Vale de Vargo
Messangil
Monte da Laje
Retorta
Sto. António Velho
Serpa
Pousada de São Gens
Valadas
Charneca
Vila Nova de São Bento
Serra da
Aldeia do Pinto
São Brás
Sta. Iria
Viegas 266
Herdade do Topo
Penalva
Vales Mortos
Lebre
Agua Negra 266
Vale Covo
Montalvo
Paymogo
Sta. Luzia 200
Corte do Pinto
Mina de São Domingos
Achada do Gamo
Santana de Cambas
Emb. de Chanza
Cabezas del Pasto
Herrerías
Sierra del Granado
Sierra de las Tres Piedras
Puerto de la Laja
Granado 320
Colonia de Tejada
El Granado
Villanueva de los Castillejos
Sanlúcar de Guadiana
Alcoutim
Corte Tabelião
Balurcos de Baixo
Balurcos de Cima
Balurcos 226
Guerreiros do Rio
El Romerano
San Silvestre de Guzmán
Azud de Matavacas
Sierra de los
OCÉANO ATLÁNTICO
GUADIANA

47
Fregenal de la Sierra
Higuera la Real
Bodonal de la Sierra
Segura de León
Fuentes de León
Calera de León
Cabeza la Vaca
Monesterio
Montemolín
Pallares
Puebla del Maestre
Fuente del Arco
Reina
Casas de Reina
Trasierra
Valverde de Llerena
Malcocinado
Guadalcanal
Alanís
Safara
Barrancos
Encinasola
Sto. Aleixo da Restauração
Sobral da Adiça
Vila Verde de Ficalho
Rosal de la Frontera
Aroche
Cortegana
Almonaster la Real
Jabugo
Galaroza
Aracena
Fuenteheridos
Cumbres Mayores
Cumbres de Enmedio
Cumbres de San Bartolomé
Hinojales
Cañaveral de León
Arroyomolinos de León
Cala
Santa Olalla del Cala
Zufre
Higuera de la Sierra
Almadén de la Plata
El Real de la Jara
Cazalla de la Sierra
Constantina
El Pedroso
Parque Natural Sierra de Aracena y Picos de Aroche
Sierra Morena
Sierra de Aracena
Santa Bárbara de Casa
Cabezas Rubias
El Cerro de Andévalo
Valdelamusa
Campofrío
Nerva
Minas de Riotinto
Zalamea la Real
El Campillo
Calañas
Puebla de Guzmán
Tharsis
Alosno
Villanueva de las Cruces
Valverde del Camino
El Ronquillo
Castilblanco de los Arroyos
Villaverde del Río
Cantillana
Tocina
Alcolea del Río
Brenes
Guillena
Gerena
Aznalcóllar
Alcalá del Río
La Rinconada
La Algaba
Carmona
Villanueva de los Castillejos
San Bartolomé de la Torre
Gibraleón
Trigueros
Beas
Niebla
La Palma del Condado
Bollullos Par del Condado
Manzanilla
Olivares
Sanlúcar la Mayor
Umbrete
Espartinas
Bormujos
Camas
Castilleja de la Cuesta
Tomares
Mairena del Aljarafe
San Juan de Aznalfarache
SEVILLA
Valdezorras
El Viso del Alcor
Mairena del Alcor
Coto Nacional de la Pata del Caballo
Sierra Pelada
Sierra de Alcántara
Cumbres de Bolos
Sierra Bajosa
Sierra Padrona

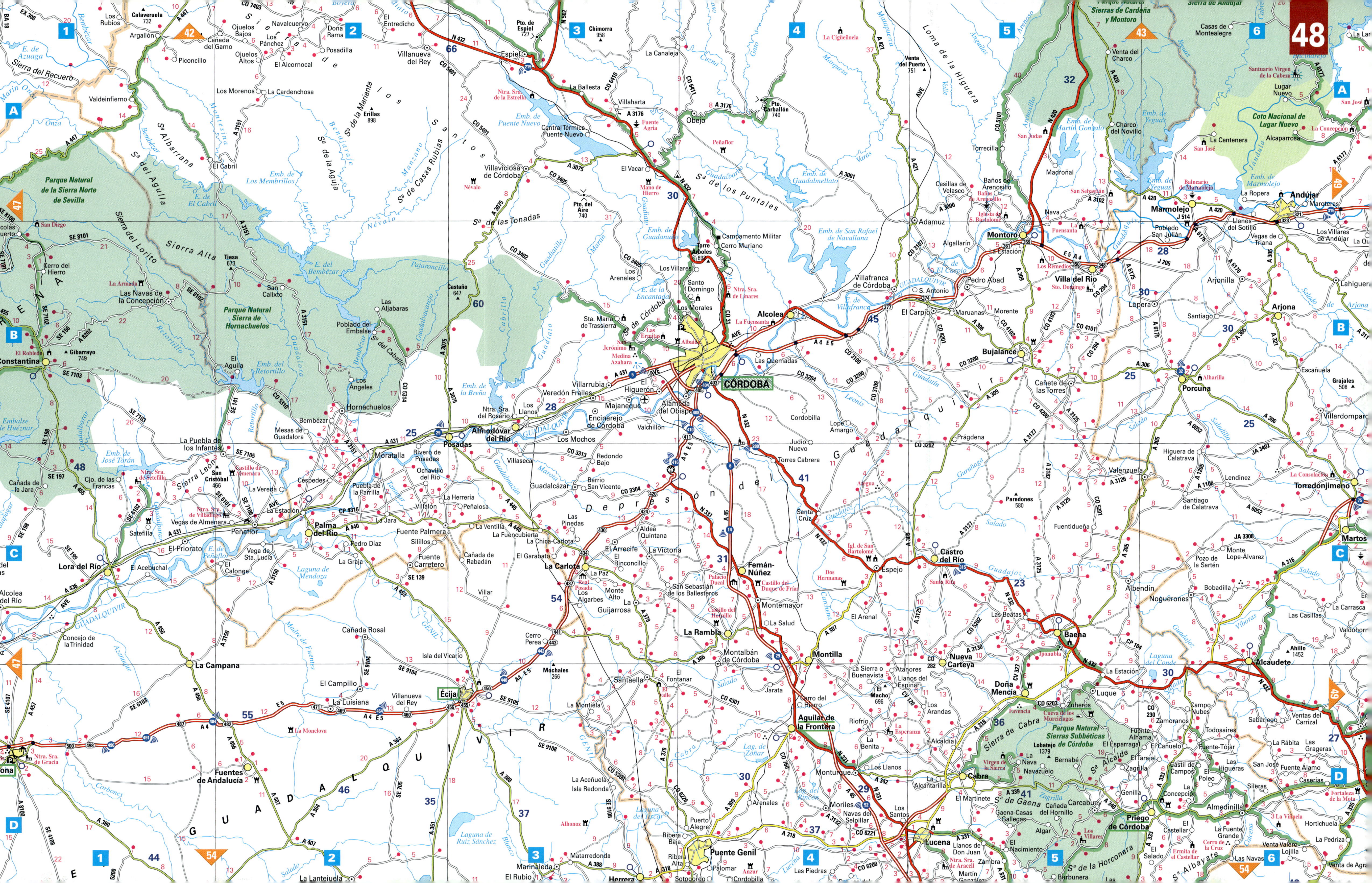
48
1
2
3
4
5
6
A
B
C
D
42
43
47
49
54
Parque Natural de la Sierra Norte de Sevilla
Parque Natural Sierra de Hornachuelos
Parque Natural Sierras de Cardeña y Montoro
Coto Nacional de Lugar Nuevo
Parque Natural Sierras Subbéticas de Córdoba
Sierra del Recuero
Sª Albarrana
Sª del Aguila
Sierra del Lorito
Sierra Alta
Sierra de los Santos
Sª de la Mariánta
Sª de la Aguja
Sª de Casas Rubias
Sª de las Tonadas
Sª de los Puntales
Sª de Córdoba
Loma de la Higuera
Sierra León
Depresión del Guadalquivir
GUADALQUIVIR
GUADALQUIVIR
Sierra de Cabra
Sª de Gaena
Sª Alcaide
Sª de la Horconera
Sª Albayate
CÓRDOBA
Alcolea
Villaviciosa de Córdoba
Obejo
Espiel
Villaharta
Cerro Muriano
Santo Domingo
Villafranca de Córdoba
El Carpio
Pedro Abad
Montoro
Villa del Río
Marmolejo
Andújar
Arjona
Lopera
Porcuna
Bujalance
Cañete de las Torres
Torredonjimeno
Martos
Constantina
Las Navas de la Concepción
San Calixto
Hornachuelos
Posadas
Almodóvar del Río
Palma del Río
Peñaflor
Lora del Río
La Campana
Fuentes de Andalucía
Écija
La Carlota
Fuente Palmera
Guadalcázar
Fernán-Núñez
Montemayor
La Rambla
Montalbán de Córdoba
Santaella
Montilla
Espejo
Castro del Río
Baena
Nueva Carteya
Doña Mencía
Luque
Alcaudete
Aguilar de la Frontera
Cabra
Lucena
Puente Genil
Priego de Córdoba
Herrera
Marinaleda
Carcabuey
Zuheros
Almedinilla
Fuente Tójar
La Victoria
San Sebastián de los Ballesteros
Valenzuela
Santiago de Calatrava
Higuera de Calatrava
Fuensanta de Martos
Adamuz
Algallarín
Villanueva del Rey
Cañada Rosal
La Luisiana
El Campillo
Emb. de Puente Nuevo
Emb. de Guadalmellato
Emb. de San Rafael de Navallana
Emb. del Retortillo
Emb. de la Breña
Emb. de José Torán
Emb. de Huéznar
Laguna de Zóñar
Laguna del Rincón
A 4
E 5
N 432
N 331
A 45
A 431
A 3075
A 3151
AVE

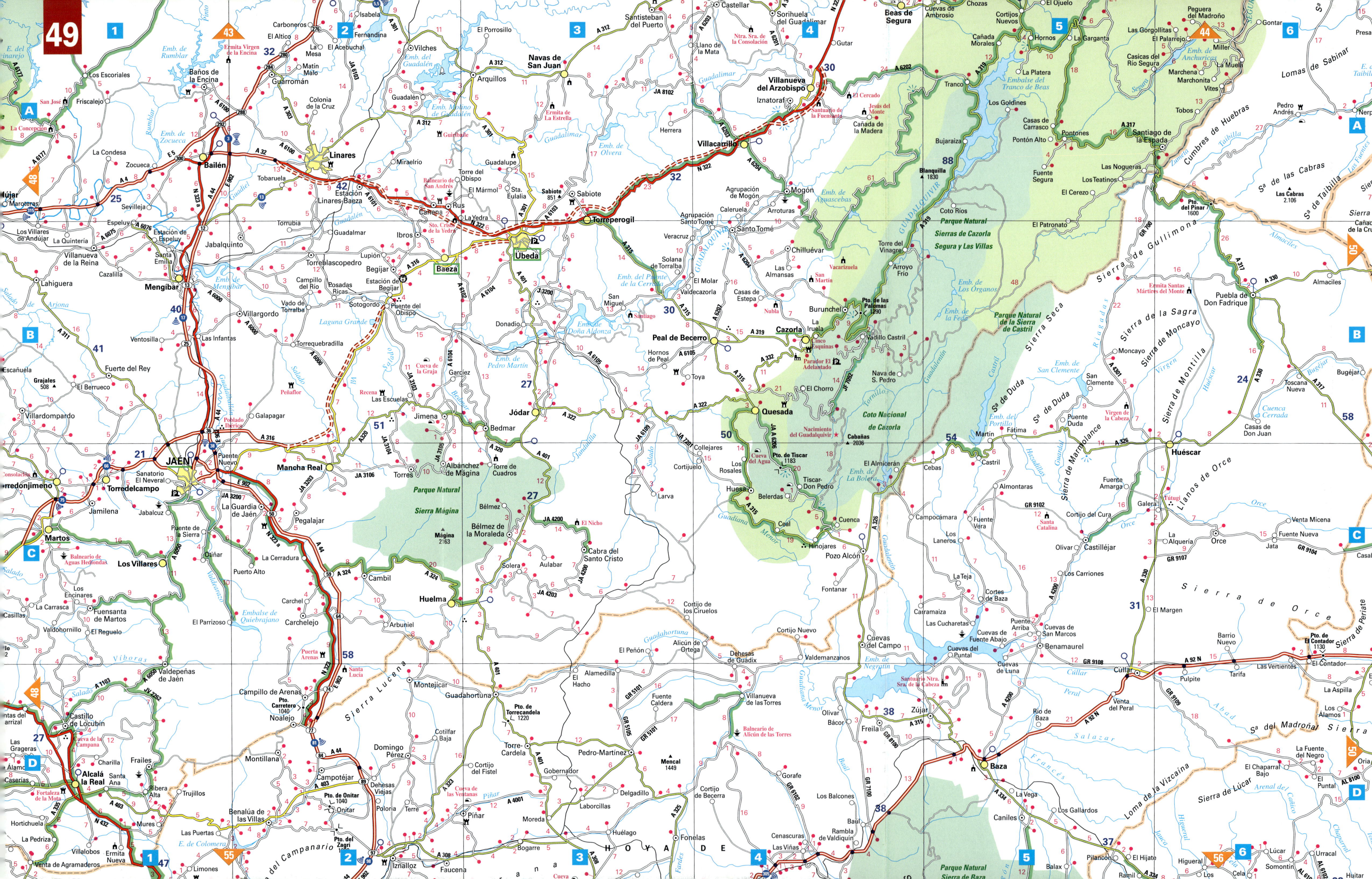

49
Carboneros
El Altico
Isabela
Fernandina
Vilches
El Acebuchal
La Mesa
Matín Malo
Guarromán
Los Escoriales
Baños de la Encina
Ermita Virgen de la Encina
Emb. de Rumblar
Friscalejo
San José
La Concepción
Colonia de la Cruz
Emb. del Guadalén
Emb. Montoro de Guadalén
Guadalén
El Porrosillo
Arquillos
Navas de San Juan
Santisteban del Puerto
Castellar
Sorihuela del Guadalimar
Llano de la Mata
Nta. Sra. de la Consolación
Gutar
Beas de Segura
Cuevas de Ambrosio
Chozas
Cortijos Nuevos
El Ojuelo
Peguera del Madroño
Cañada Morales
Hornos
La Garganta
Las Gorgollitas
El Palarrejo
Miller
Gontar
Casicas del Río Segura
La Platera
Embalse del Tranco de Beas
Emb. de Anchuricas
La Muela
Marchena
Marchonita
Vites
Lomas de Sabinar
Villanueva del Arzobispo
Iznatoraf
El Cercado
Jesús del Monte
Santuario de la Fuensanta
Cañada de la Madera
Tranco
Los Goldines
Casas de Carrasco
Pontón Alto
Pontones
Santiago de la Espada
Tobos
Pedro Andrés
Cumbres de Huebras
Herrera
Villacarrillo
Ermita de la Estrella
Emb. de Olvera
Guadalimar
La Condesa
Zocueca
Bailén
Emb. de Zocueca
Linares
Miraelrío
Guiribaile
Guadalupe
Torre del Obispo
El Mármol
Sta. Eulalia
Sabiote
Tobaruela
Linares-Baeza
Estación
Balneario de San Andrés
Rus
Canena
La Yedra
Sto. Cristo de la Yedra
Torreperogil
Agrupación de Mogón
Mogón
Emb. de Aguascebas
Arroturas
Bujaraiza
Blanquilla 1830
Fuente Segura
Las Nogueras
Los Teatinos
El Cerezo
Sª de las Cabras
Las Cabras 2.106
Sª de Taibilla
Marotetas
Sevilleja
Espeluy
Estación de Espeluy
Los Villares de Andújar
La Quinteria
Villanueva de la Reina
Jabalquinto
Torrubia
Guadalmar
Ibros
Úbeda
Baeza
Lupión
Begíjar
Estación de Begíjar
Torreblascopedro
Santa Emilia
Cazalilla
Lahiguera
Mengíbar
Emb. de Mengíbar
Campillo del Río
Posadas Ricas
Vado de Torralba
Sotogordo
Puente del Obispo
Arjona
Villargordo
Laguna Grande
Ventosilla
Las Infantas
Torrequebradilla
Agrupación Santo Tomé
Caleruela
Santo Tomé
Veracruz
Solana de Torralba
Chilluévar
Las Almansas
San Martín
Vacarizuela
Coto Ríos
Parque Natural Sierras de Cazorla Segura y Las Villas
Torre del Vinagre
Arroyo Frío
Guadalquivir
El Patronato
Pto. del Pinar 1600
Sierra de Gullimona
Emb. del Puente de la Cerrada
El Molar
Valdecazorla
Casas de Estepa
Nubla
Burunchel
Pto. de las Palomas 1290
Emb. de Los Órganos
Emb. de la Fea
Parque Natural de la Sierra de Castril
Sierra Seca
Ermita Santas Mártires del Monte
Almaciles
Puebla de Don Fadrique
San Miguel
Santiago
Donadío
Emb. de Doña Aldonza
Peal de Becerro
Cazorla
La Iruela
Vadillo Castril
Cinco Esquinas
Parador El Adelantado
Hornos de Peal
Toya
Nava de S. Pedro
Sierra de la Sagra
Sierra de Moncayo
Moncayo
Emb. de San Clemente
San Clemente
Sierra de Montilla
Bugéjar
Toscana Nueva
Escañuela
Fuerte del Rey
Grajales 508
El Berrueco
Villardompardo
Peñaflor
Cueva de la Graja
Garcíez
Emb. de Pedro Martín
Recena
Las Escuelas
Jimena
Bedmar
Jódar
El Chorro
Quesada
Coto Nacional de Cazorla
Nacimiento del Guadalquivir
Cabañas 2036
Sª de Duda
Emb. del Portillo
Fátima
Martín
Puente Duda
Virgen de la Cabeza
Cuenca Cerrada
Casas de Don Juan
Galapagar
Poblado Ibérico
Jaén
Puente Nuevo
Mancha Real
Torres
Albánchez de Mágina
Torre de Cuadros
Cueva del Agua
Pto. de Tíscar 1183
Tíscar-Don Pedro
Collejares
Cortijuelo
Los Rosales
Huesa
Belerdas
El Almicerán
Emb. de La Bolera
Cebas
Castril
Huéscar
Llanos de Orce
Torredonjimeno
Torredelcampo
Sanatorio El Neveral
Jamilena
Jabalcuz
La Guardia de Jaén
Pegalajar
Parque Natural Sierra Mágina
Mágina 2163
Bélmez
Bélmez de la Moraleda
El Nicho
Larva
Ceal
Hinojares
Cuenca
Pozo Alcón
Almontaras
Fuente Vera
Campocámara
Los Laneros
Santa Catalina
Cortijo del Cura
Castilléjar
Fuente Amarga
Galera
Tútugi
Orce
La Alquería
Venta Micena
Fuente Nueva
Jata
Martos
Balneario de Aguas Hediondas
Los Villares
Puente de la Sierra
Otíñar
La Cerradura
Puerto Alto
Cambil
Huelma
Solera
Aulabar
Cabra del Santo Cristo
Fontanar
Olivar
Los Carriones
Sierra de Orce
El Margen
La Teja
Cortes de Baza
Los Encinares
La Carrasca
Fuensanta de Martos
Casillas
Valdohornillo
El Reguelo
El Parrizoso
Embalse de Quiebrajano
Carchel
Carchelejo
Arbuniel
Cortijo de los Ciruelos
Carramaiza
Las Cucharetas
Puente Arriba
Cuevas de San Marcos
Cuevas de Fuente Abajo
Benamaurel
Cuevas del Campo
Cuevas del Puntal
Cuevas de Luna
Sierra de Periate
Pto. El Contador 1130
El Contador
Barrio Nuevo
Las Vertientes
Tarifa
Cúllar
Pulpite
Valdepeñas de Jaén
Puerta Arenas
Santa Lucía
Campillo de Arenas
Pto. Carretero 1040
Noalejo
Montejícar
Sierra Lucena
Guadahortuna
El Peñón
Alicún de Ortega
Dehesas de Guadix
Valdemanzanos
Cortijo Nuevo
Alamedilla
El Hacho
Fuente Caldera
Villanueva de las Torres
Balneario de Alicún de las Torres
Emb. de Negratín
Santuario Ntra. Sra. de la Cabeza
Zújar
Freila
Bácor
Olivar
Venta del Peral
Rio de Baza
La Aspilla
Los Álamos
Sª del Madroñal
Castillo de Locubín
Cueva de la Campana
Las Grageras
Charilla
Frailes
Alcalá la Real
Fortaleza de la Mota
Santa Ana
Ribera Alta
Montillana
Domingo Pérez
Cotilfar Baja
Pto. de Torrecandela 1220
Torre-Cardela
Cortijo del Fistel
Pedro-Martínez
Mencal 1449
Campotéjar
Dehesas Viejas
Pto. de Onitar 1040
Onitar
Cueva de las Ventanas
Piñar
Gobernador
Delgadillo
Cortijo de Becerra
Gorafe
Baza
La Vega
Los Gallardos
Caniles
Loma de la Vizcaína
Sierra de Lúcar
El Chaparral Bajo
La Fuente del Negro
El Puntal
Trujillos
Hortichuela
La Pedriza
Villalobos
Ermita Nueva
Venta de Agramaderos
Mures
Benalúa de las Villas
Las Puertas
E. de Colomera
Limones
del Campanario
Pto. del Zagri 1180
Izhalloz
Faucena
Poloria
Moreda
Laborcillas
Huélago
Fonelas
Hoya de Guadix
Bogarre
Los Balcones
Baúl
Rambla de Valdiquín
Cenascuras
Las Viñas
Parque Natural Sierra de Baza
Balax
Pilancón
El Hijate
Ramil
Higueral
Lúcar
Somontín
Urracal
Cela
Huitar

50
MAR MEDITERRÁNEO
MAR MENOR
MURCIA
Cieza
Calasparra
Moratalla
Caravaca de la Cruz
Cehegín
Bullas
Mula
Abarán
Blanca
Ricote
Ojós
Ulea
Archena
Lorquí
Ceutí
Alguazas
Molina de Segura
Fortuna
Abanilla
Santomera
Beniel
Orihuela
Bigastro
Redován
Callosa de Segura
Cox
Albatera
Catral
Dolores
Almoradí
Benejúzar
Rojales
Guardamar del Segura
Ciudad Quesada
Torrevieja
Los Balcones
Torrelamata
Punta Prima
Playa Flamenca
Dehesa de Campoamor
Pilar de la Horadada
San Pedro del Pinatar
San Javier
Santiago de la Ribera
Los Alcázares
Torre Pacheco
Fuente-Álamo de Murcia
Cartagena
La Unión
Cabo de Palos
La Manga del Mar Menor
Mazarrón
Puerto de Mazarrón
Águilas
Lorca
Puerto Lumbreras
Totana
Alhama de Murcia
Librilla
Alcantarilla
Las Torres de Cotillas
Alquerías
Beniaján
Torreagüera
Los Garres
La Alberca
El Palmar
Sangonera la Verde
Vélez-Rubio
Vélez Blanco
María
Chirivel
Huércal-Overa
Albox
Pulpí
Sierra de Espuña
Parque Natural Sierra Espuña
Parque Natural de Sierra María
Parque Natural de Carrascoy y El Valle
Parque Natural de Calblanque
Parque Natural de Cabo Cope
Sierra del Gavilán
Sierra de Burete
Sierra de la Almenara
Sierra de Carrascoy
Cabo Tiñoso
Cabo Cope
Isla Grosa
Isla Perdiguera
Isla Mayor
Islas Hormigas
A 7
AP 7
N 340
N 301
A 30
RM 15

ILHAS AÇORES
ILHA DE SÃO JORGE
OCÉANO ATLÁNTICO
Ponta dos Rosais
Monte Trigo
Rosais
Velas
Urzelina
Manadas
Norte Grande
Pico da Esperança
Norte Pequeno
Fajã do Ouvidor
Fajã dos Cubres
Calheta
Ribeira Seca
Canal de São Jorge
Praia de Fajãs
Serra do Topo
Ponta do Topo
Santo Antão
Topo
ILHA DO PICO
Cachorro
Santa Luzia
Santo António
Bandeiras
Madalena
São Roque do Pico
Ponta do Mistério
Candelária
Pico
2351
Prainha
São Mateus
São João
Ribeiras
Piedade
Ponta da Ilha
Lajes do Pico
Calheta de Nesquim
Ponta da Queimada
ILHA DO CORVO
P. Torrais
Caldeirão
718
Vila Nova de Corvo
ILHA DAS FLORES
Ponta do Albarnaz
Ponta Delgada
Fajã Grande
Fajãzinha
Lajedo
Sta. Cruz das Flores
Fazenda das Lajes
Lajes das Flores
ILHA DO FAIAL
Praia de Capelinhos
Cedros
Ribeirinha
Praia do Norte
Caldeira
1043
Capelo
Varadouro
Flamengos
Horta
Castelo Branco
Monte da Guia
Canal do Faial
ILHA DE GRACIOSA
P. da Barca
Sta. Cruz da Graciosa
Guadalupe
Praia
Luz
ILHA TERCEIRA
Raminho
Biscoitos
Serreta
Agualva
Lajes
Praia da Vitoria
Sta. Bárbara
Caldeira
1021
São Mateus
Angra do Heroísmo
São Sebastião
Ribeirinha
P. das Contendas
ILHA DE SANTA MARIA
Anjos
Pico Alto
587
Baía de São Lourenço
Almagreira
Sta. Bárbara
Sto. Espírito
Maia
Vila do Porto
P. do Castelo
ILHA DE SÃO MIGUEL
Ponta da Bretanha
Bretanha
Ponta da Agulha
Mosteiros
Remédios
Sete Cidades
L. Azul
Caldeira das Sete Cidades
856
Santo António
Ponta da Ferraria
Ginetes
Candelária
Feteiras
Carvão
813
Capelas
Fenais da Luz
Calhetas
São Vicente de Ferreira
Serra Gorda
483
Pico da Pedra
Rabo de Peixe
Ponta do Cintrão
Ribeira Grande
Ribeirinha
Ribeira Seca
Porto Formoso
Maia
Ponta da Ajuda
Fenais da Ajuda
Lomba da Maia
Achadinha
Achada
Nordestinho
Ponta da Ribeira
Lomba da Fazenda
Nordeste
P. do Arnel
Algarvia
Planalto dos Graminhais
Pico da Vara
1103
Pedreira
Santa Bárbara
Monte Escuro
889
Covoada
Arrifes
Fajã de Cima
Relva
Livramento
Cabouço
Ponta Delgada
São Roque
Lagoa
L. do Fogo
Barrosa
947
Serra de Água de Pau
Água de Pau
Água do Alto
Caloura
Ribeira Chã
Vila Franca do Campo
Ponta da Galera
Ponta Garça
L. das Furnas
Furnas
Salto de Cavalo
805
Ribeira Quente
Provoação
Faial da Terra
Ponta do Faial
Água Retorta
Ponta da Madrugada
SITUACIÓN GEOGRÁFICA DE MADEIRA Y AÇORES
Corvo
Flores
Graciosa
Faial
São Jorge
Terceira
Pico
Ilhas Açores (Portugal)
São Miguel
Ponta Delgada
Santa Maria
1425 km
950 km
960 km
OCÉANO ATLÁNTICO
PORTUGAL
Lisboa
ESPAÑA
Madeira (Portugal)
Porto Santo
Funchal
Ilhas Desertas
MARRUECOS

ILHA DA MADEIRA
ILHA DO PORTO SANTO
OCÉANO ATLÁNTICO
Paisaje Protegido del Suroeste Alentejano y Costa Vicentina
Parque Natural da Madeira
Parque Natural da Ria Formosa
Ria Formosa
Serra de Monchique
Serra de Espinhaço de Cão
Cabo de S. Vicente
Ponta de Sagres
Sagres
Vila do Bispo
Aljezur
Lagos
Portimão
Monchique
Silves
Lagoa
Albufeira
Loulé
São Brás de Alportel
FARO
Olhão
Tavira
Cabanas
Vilamoura
Quarteira
Armação de Pêra
Carvoeiro
Ferragudo
Alvor
Baía de Lagos
Ponta da Piedade
Ilha da Culatra
Ilha da Barreta
Ilha de Armona
Ilha de Tavira
Cabo Sta. Maria
Porto Moniz
São Vicente
Santana
Machico
Santa Cruz
Funchal
Câmara de Lobos
Ribeira Brava
Calheta
Ponta do Pargo
Ponta de São Lourenço
Pico Ruivo 1862
Pico Grande 1657
Pico do Arieiro 1818
Encumeada
Curral das Freiras
Vila Baleira (Porto Santo)
Pico do Castelo 437
Ilhéu de Ferro
Ilhéu de Cima
Ilhéu de Baixo o da Cal
Porto Santo
A
B
C
D
1
2
3
4
5
6

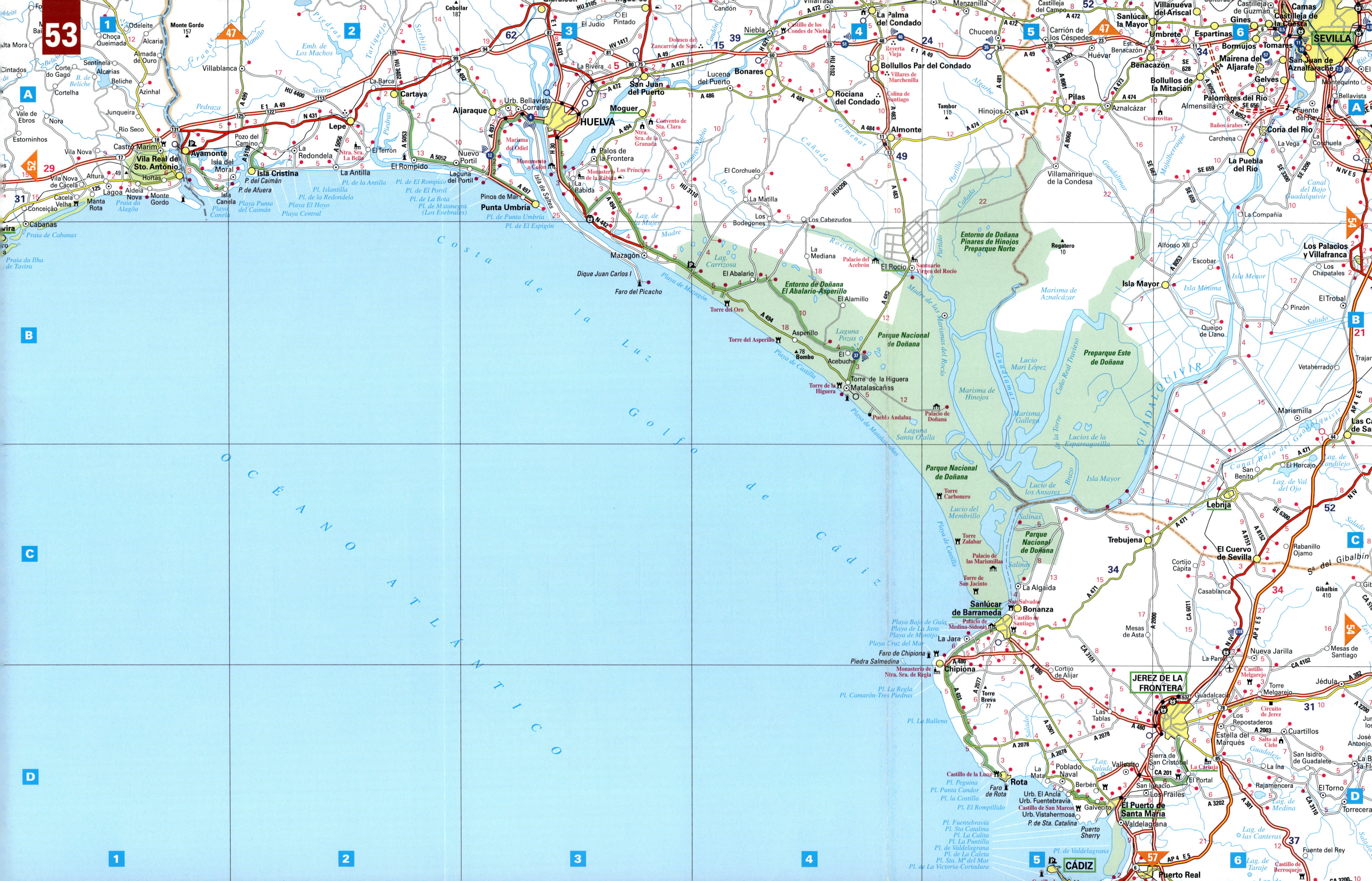
53
Ayamonte
Vila Real de Sto. António
Isla Cristina
Lepe
Cartaya
Aljaraque
HUELVA
Punta Umbría
Moguer
San Juan del Puerto
Palos de la Frontera
La Rábida
Mazagón
Niebla
La Palma del Condado
Bollullos Par del Condado
Bonares
Rociana del Condado
Almonte
El Rocío
Matalascañas
Villamanrique de la Condesa
Pilas
Hinojos
Aznalcázar
Isla Mayor
Coria del Río
La Puebla del Río
Gelves
SEVILLA
Camas
Castilleja de la Cuesta
Gines
Espartinas
Umbrete
Bormujos
Tomares
San Juan de Aznalfarache
Mairena del Aljarafe
Bollullos de la Mitación
Palomares del Río
Sanlúcar la Mayor
Benacazón
Los Palacios y Villafranca
Lebrija
Trebujena
El Cuervo de Sevilla
Sanlúcar de Barrameda
Bonanza
Chipiona
Rota
El Puerto de Santa María
JEREZ DE LA FRONTERA
CÁDIZ
Puerto Real
Parque Nacional de Doñana
Entorno de Doñana Pinares de Hinojos Preparque Norte
Entorno de Doñana El Abalario-Asperillo
Preparque Este de Doñana
Marisma de Hinojos
GUADALQUIVIR
Costa de la Luz
Golfo de Cádiz
OCÉANO ATLÁNTICO
A
B
C
D
1
2
3
4
5
6

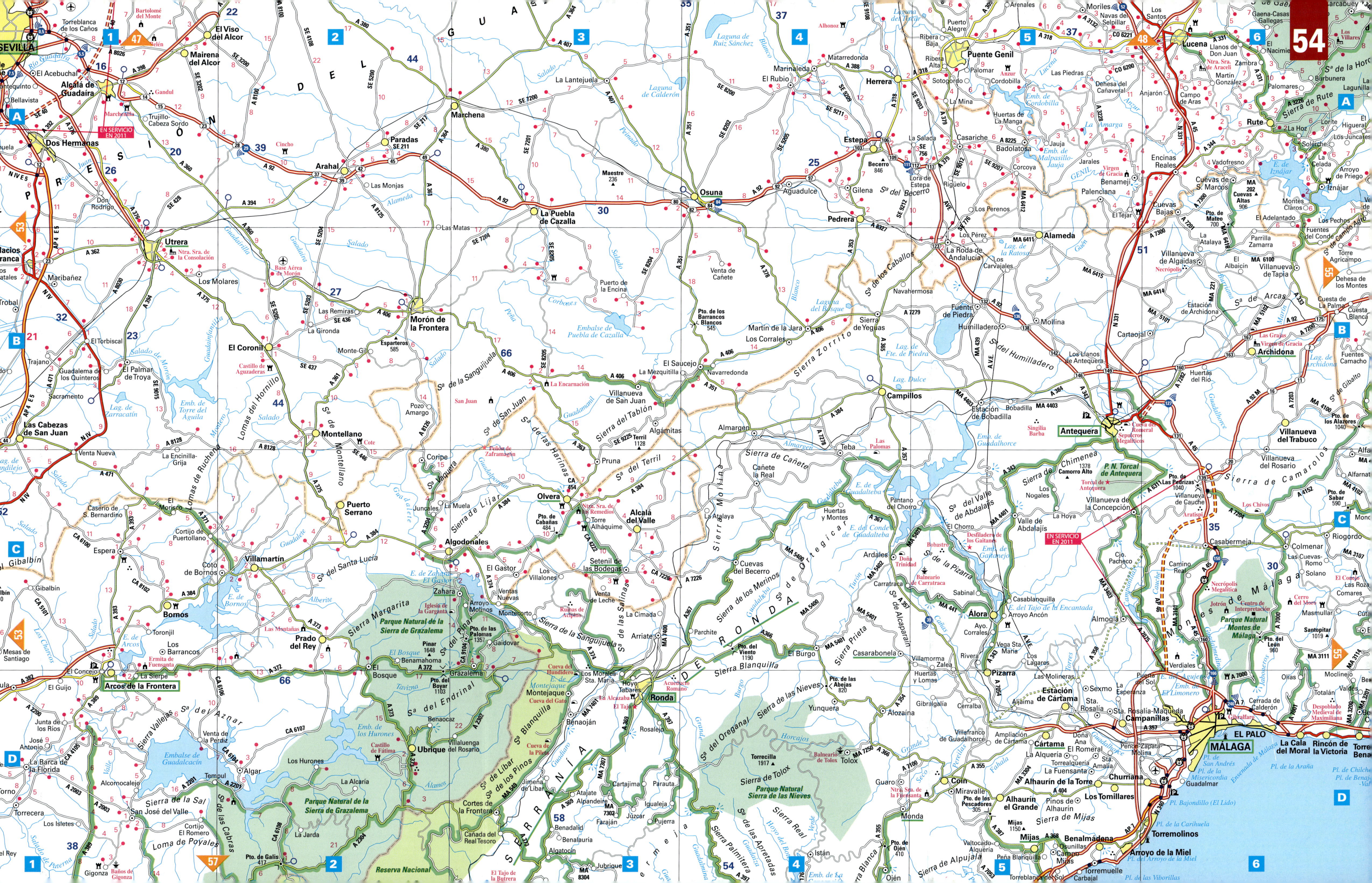

54
SEVILLA
Alcalá de Guadaíra
Dos Hermanas
El Viso del Alcor
Mairena del Alcor
Utrera
Los Molares
El Coronil
Las Cabezas de San Juan
Marchena
Paradas
Arahal
La Lantejuela
Osuna
La Puebla de Cazalla
Morón de la Frontera
Montellano
Puerto Serrano
Villamartín
Bornos
Arcos de la Frontera
Prado del Rey
Algodonales
Olvera
Alcalá del Valle
Setenil de las Bodegas
Ubrique
Grazalema
Ronda
Pruna
El Saucejo
Estepa
Herrera
Puente Genil
Lucena
Rute
Pedrera
Alameda
La Roda de Andalucía
Fuente de Piedra
Humilladero
Mollina
Campillos
Antequera
Archidona
Villanueva del Trabuco
Teba
Almargen
Cañete la Real
Ardales
Álora
Pizarra
Coín
Alhaurín el Grande
Alhaurín de la Torre
Cártama
Estación de Cártama
Campanillas
MÁLAGA
EL PALO
Torremolinos
Benalmádena
Arroyo de la Miel
Mijas
Casabermeja
Colmenar
Casarabonela
Yunquera
El Burgo
Tolox
Monda
Sierra de las Nieves
Serranía de Ronda
Parque Natural de la Sierra de Grazalema
Parque Natural Sierra de las Nieves
Parque Natural Montes de Málaga
P. N. Torcal de Antequera
Embalse de Puebla de Cazalla
Laguna del Gosque
Montes de Málaga
Sierra de Camarolos
Sierra Blanquilla
Sierra de Tolox
Sierra de Mijas
Sierra de Alpujata
Sierra de Cañete
Sierra Margarita
Sierra del Tablón
Sierra de Yeguas
EN SERVICIO EN 2011

55
GRANADA
Loja
Huétor Tájar
Santa Fe
Pinos Puente
Atarfe
Maracena
Albolote
Peligros
Armilla
Ogíjares
La Zubia
Cenes de la Vega
Huétor-Vega
Monachil
Churriana de la Vega
Gabia Grande
Alhendín
Otura
Padul
Dúrcal
Alhama de Granada
Vélez-Málaga
Torre del Mar
Torrox
Torrox-Costa
Nerja
Almuñécar
Salobreña
Motril
Castell de Ferro
Albuñol
Adra
Berja
El Ejido
Guadix
Iznalloz
Illora
Montefrío
Moraleda de Zafayona
Lanjarón
Órgiva
Cádiar
Ugíjar
Láujar de Andarax
La Mojonera
Roquetas de Mar
Aguadulce
Puebla de Vícar
La Gangosa
Sta. María del Águila
Almerimar
Balanegra
Rincón de la Victoria
Torre de Benagalbón
Sierra Nevada
Reserva Nacional de Sierra Nevada
Parque Nacional de Sierra Nevada
Parque Natural de Huétor
Parque Natural Sierra de Baza
Parque Natural de Tejeda, Alhama y Almijara
Mulhacén 3479
Pico Veleta 3392
Sierra de Almijara
Sierra de Tejeda
Sierra de Loja
Sierra de Lújar
Sierra de Contraviesa
Sierra de Gádor
Sierra de Baza
Sierra de Gor
Sierra de Arana
Sierra de Parapanda
Sierra del Chaparral
Sierra de Cogollos
Lomas de Padul
Loma de las Víboras
Las Alpujarras
Hoya de Guadix
Costa del Sol
Costa Tropical
Genil
Embalse de Canales
Embalse de Quéntar
Embalse de los Bermejales
Embalse de Béznar
Embalse de Rules
Embalse de Benínar
A 92
A 44
A 7
N 340
N 323
E 15
49
54
56

Águilas
Cabo Cope
Punta del Poniente
Isla del Fraile
San Juan de los Terreros
Pilar de Jaravia
El Cocón
Pulpí
La Estación
La Fuente
Huércal-Overa
Sierra de Almagro
Embalse de Cuevas de Almanzora
Cuevas de Almanzora
Sierra Almagrera
Vera
Villaricos
Palomares
Garrucha
Mojácar
Los Gallardos
Turre
Bédar
Sierra Lisbona
Sierra Cabrera
Punta del Cantal
Macenas
Agua del Medio
Carboneras
Isla de San Andrés
Mesa Roldán
Agua Amarga
Faro de Mesa Roldán
Pta. de los Muertos
Pta. de la Media Naranja
Parque Natural Cabo de Gata-Níjar
Punta Javana
Las Negras
Rodalquilar
Pta. Piedra Negra
Cabeza del Negro
La Isleta
Los Escullos
San Felipe
Punta de Loma Pelada
Los Frailes
Punta de los Frailes
San José
Morrón de los Genoveses
El Monsul
Cabo de Gata
Torre de la Vela Blanca
La Fabriquilla
Almadraba de Monteleva
Pujaire
Ruescas
Rambla de Morales
Sierra del Cabo de Gata
Campohermoso
Níjar
Fernán Pérez
Albaricoques
Los Nietos
Atochares
Pueblo Blanco
S. Isidro de Níjar
El Barranquete
Retamar
Costacabana
El Alquián
Loma Cabrera
ALMERÍA
La Cañada de S. Urbano
Huércal de Almería
Viator
Pechina
Benahadux
Rioja
Gádor
Sierra Alhamilla
Paraje Natural Sierra Alhamilla
Tabernas
Paraje Natural Desierto de Tabernas
Sorbas
Paraje Natural Karst en Yesos de Sorbas
Lucainena de las Torres
Turrillas
Sierra de los Filabres
Olula del Río
Macael
Fines
Albox
Cantoria
Purchena
Serón
Tíjola
Sufli
Laroya
Chercos
Alcudia de Monteagud
Benizalón
Tahal
Senés
Velefique
Castro de Filabres
Gérgal
Aulago
Abla
Alhama de Almería
Alicún
Huécija
Terque
Bentarique
Santa Fe de Mondújar
Aguadulce
El Parador de las Hortichuelas
El Campillo del Moro
Roquetas de Mar
Golfo de Almería
Costa de Almería
MAR MEDITERRÁNEO
Observatorio Astronómico Calar Alto
Tetica de Bacares 2088
Embalse de Isabel II
Venta del Pobre
Polopos
El Argamasón
Los Llanos del Mayor
Antas
Lubrín
Uleila del Campo
La Fuente de la Higuera
Mini Hollywood

CÁDIZ
El Puerto de Santa María
Puerto Real
San Fernando
Chiclana de la Frontera
Conil de la Frontera
Vejer de la Frontera
Barbate
Zahara de los Atunes
Tarifa
Punta de Tarifa o Marroquí
ALGECIRAS
Bahía de Algeciras
San Roque
La Línea de la Concepción
GIBRALTAR
PEÑÓN DE GIBRALTAR
Punta de Europa
Medina Sidonia
Paterna de Rivera
Alcalá de los Gazules
Benalup-Casas Viejas
Jimena de la Frontera
Castellar de la Frontera
Los Barrios
Estepona
Marbella
S. Pedro de Alcántara
Nueva Andalucía
Fuengirola
Mijas
Alhaurín el Grande
Coín
Ojén
Ubrique
Gaucín
Cortes de la Frontera
Sotogrande
San Enrique de Guadiaro
Pueblo Nuevo de Guadiaro
S. Luis de Sabinillas
Manilva
La Duquesa
Casares
Sierra Bermeja
Sierra de Grazalema
Parque Natural de la Sierra de Grazalema
Parque Natural de los Alcornocales-Sierra del Aljibe
Parque Natural de la Bahía de Cádiz
Parque Natural de la Breña y Marismas de Barbate
Parque Natural Sierra de las Nieves
Reserva Nacional de Cortes de la Frontera
Sierra de la Plata
Sierra del Retín
Sierra de Ojén
Sierra de Luna
Sierra del Niño
Sierra Momia
Sierra Blanquilla
Sierra Sequilla
Sierra de Montecoche
Sierra del Aljibe
Sierra de Tolox
Sierra Blanca
Sierra de Alpujata
Sierra Crestellina
Cabo Trafalgar
Faro de Cabo de Trafalgar
Cabo Roche
Faro de Cabo Roche
Faro de Sancti Petri
Punta Camarinal
Punta Paloma
Punta Carnero
Punta del Fraile
Punta Acebuche
Ensenada de Bolonia
Ensenada de Valdevaqueros
ESTRECHO DE GIBRALTAR
OCÉANO ATLÁNTICO
MAR MEDITERRÁNEO
MARRUECOS
CEUTA
Monte Hacho
Punta de Benzú
Punta de Sta. Catalina
Tanger
MELILLA
Farkhana
Cabo Tres Forcas
1
2
3
4
5
6
A
B
C
D

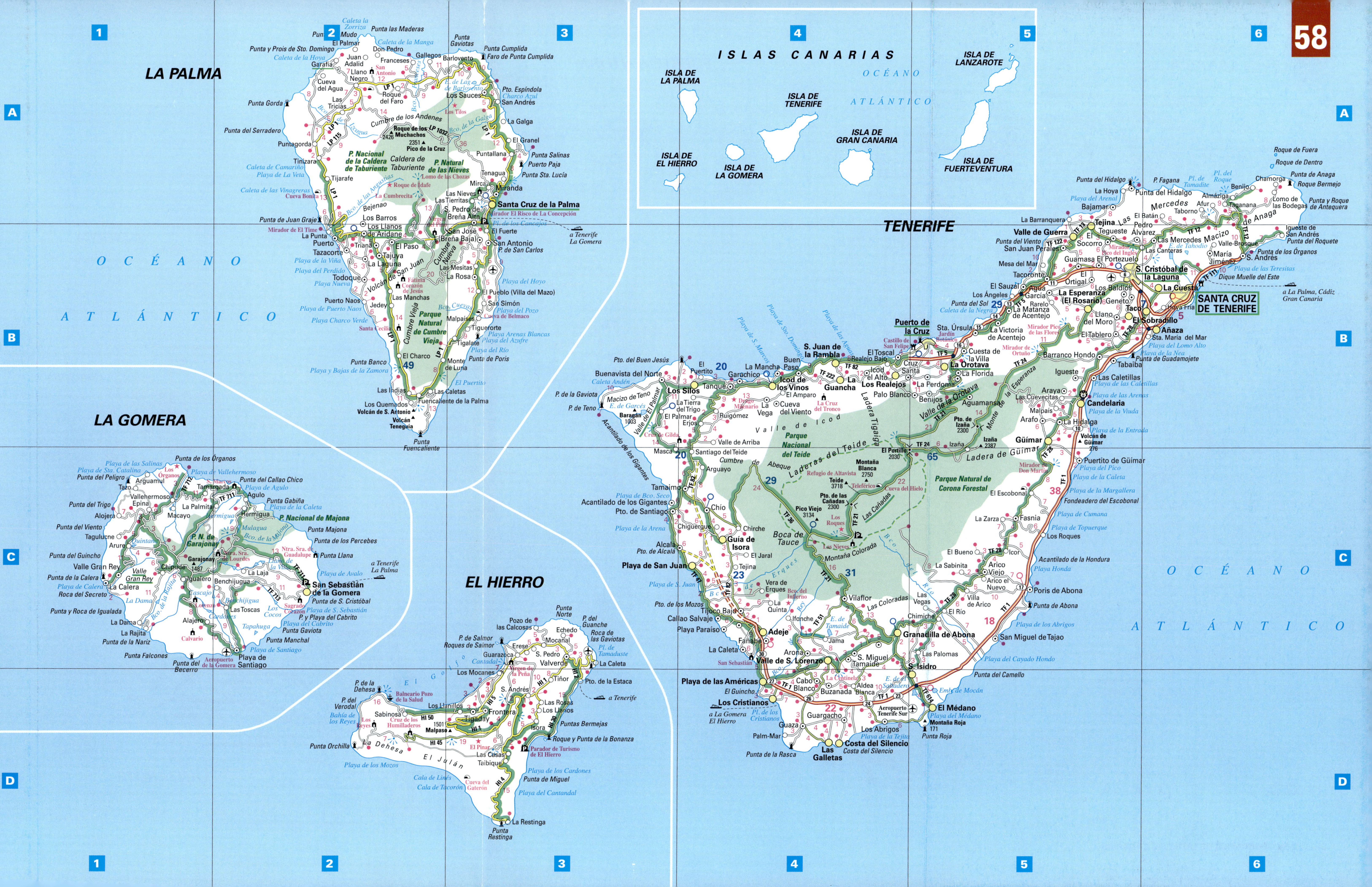

ISLAS CANARIAS
ISLA DE LA PALMA
ISLA DE TENERIFE
ISLA DE LANZAROTE
ISLA DE EL HIERRO
ISLA DE LA GOMERA
ISLA DE GRAN CANARIA
ISLA DE FUERTEVENTURA
OCÉANO ATLÁNTICO
LA PALMA
LA GOMERA
EL HIERRO
TENERIFE
OCÉANO
ATLÁNTICO
Santa Cruz de la Palma
Los Llanos de Aridane
Tazacorte
El Paso
Puntagorda
Tijarafe
Garafía
Barlovento
Los Sauces
San Andrés
Breña Alta
Breña Baja
Mazo
Fuencaliente de la Palma
P. Nacional de la Caldera de Taburiente
Roque de los Muchachos
Parque Natural de Cumbre Vieja
San Sebastián de la Gomera
Valle Gran Rey
Vallehermoso
Hermigua
Agulo
Alajeró
Playa de Santiago
P. N. de Garajonay
P. Nacional de Majona
Valverde
Frontera
Sabinosa
La Restinga
El Julan
El Golfo
Santa Cruz de Tenerife
S. Cristóbal de la Laguna
Puerto de la Cruz
La Orotava
Los Realejos
Icod de los Vinos
Garachico
Los Silos
Buenavista del Norte
Tacoronte
Candelaria
Güímar
Arafo
Fasnia
Arico
Granadilla de Abona
El Médano
San Miguel
Arona
Adeje
Los Cristianos
Playa de las Américas
Valle de S. Lorenzo
Costa del Silencio
Guía de Isora
Playa de San Juan
Santiago del Teide
Vilaflor
Parque Nacional del Teide
Teide 3718
Pico Viejo 3134
Parque Natural de Corona Forestal
Macizo de Anaga
Macizo de Teno
Valle de la Orotava
Aeropuerto Tenerife Sur

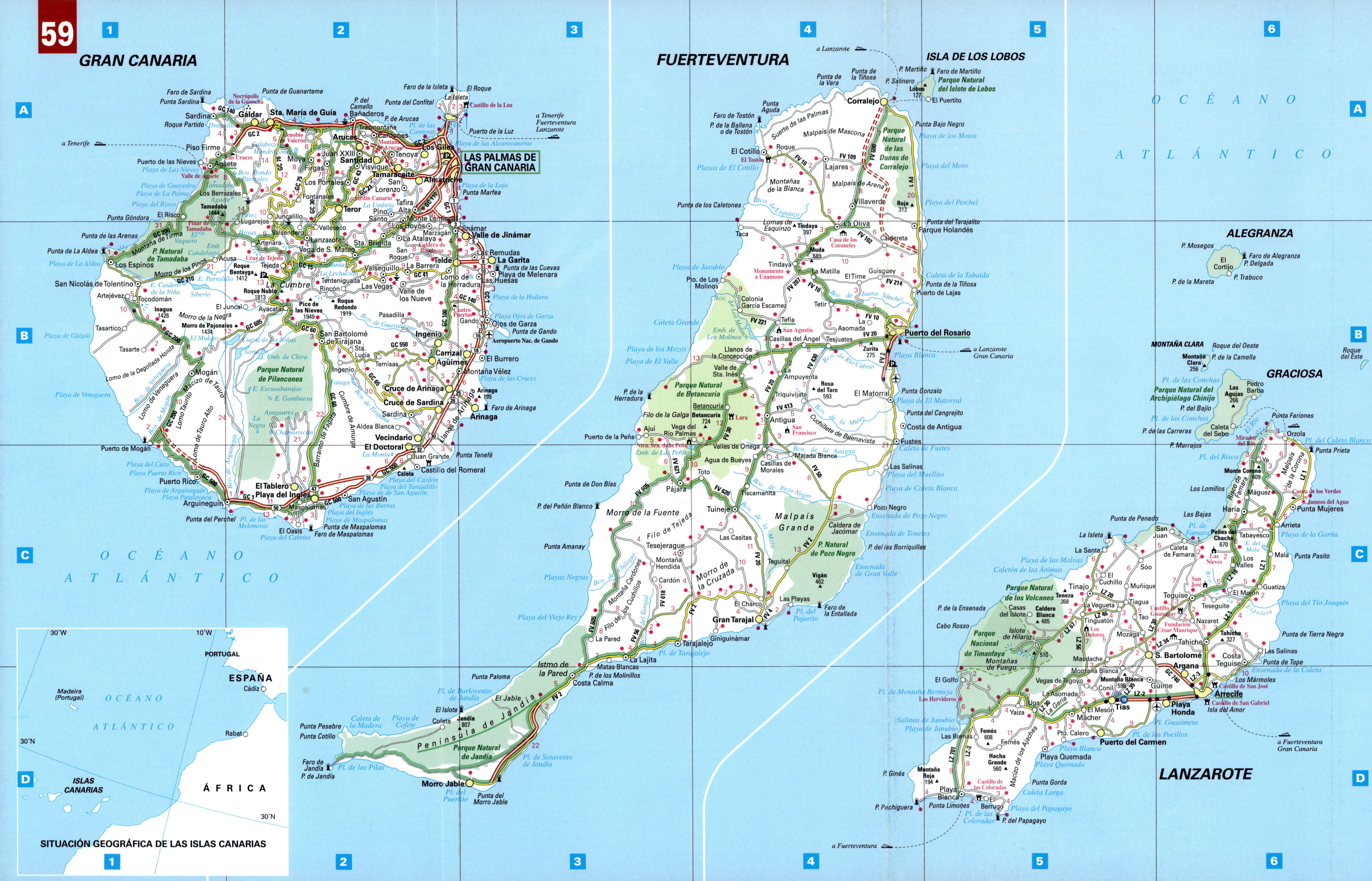
GRAN CANARIA
FUERTEVENTURA
ISLA DE LOS LOBOS
ALEGRANZA
MONTAÑA CLARA
GRACIOSA
LANZAROTE
OCÉANO ATLÁNTICO
LAS PALMAS DE GRAN CANARIA
Gáldar
Sta. María de Guía
Arucas
Teror
Telde
Ingenio
Agüimes
Vecindario
El Doctoral
Playa del Inglés
Maspalomas
Arguineguín
Puerto Rico
Puerto de Mogán
San Nicolás de Tolentino
Agaete
Parque Natural de Tamadaba
Parque Natural de Pilancones
Aeropuerto Nac. de Gando
Corralejo
Parque Natural de las Dunas de Corralejo
Parque Natural del Islote de Lobos
La Oliva
Puerto del Rosario
Antigua
Betancuria
Parque Natural de Betancuria
Pájara
Tuineje
Gran Tarajal
Malpaís Grande
P. Natural de Pozo Negro
Península de Jandía
Parque Natural de Jandía
Morro Jable
Costa Calma
Parque Natural del Archipiélago Chinijo
Arrecife
Puerto del Carmen
Playa Blanca
Parque Nacional de Timanfaya
Parque Natural de los Volcanes
Teguise
S. Bartolomé
Tías
Haría
Órzola
a Tenerife
a Lanzarote
a Fuerteventura
PORTUGAL
ESPAÑA
Madeira (Portugal)
ISLAS CANARIAS
ÁFRICA
Cádiz
Rabat
30°W
10°W
30°N
SITUACIÓN GEOGRÁFICA DE LAS ISLAS CANARIAS
1
2
3
4
5
6
A
B
C
D

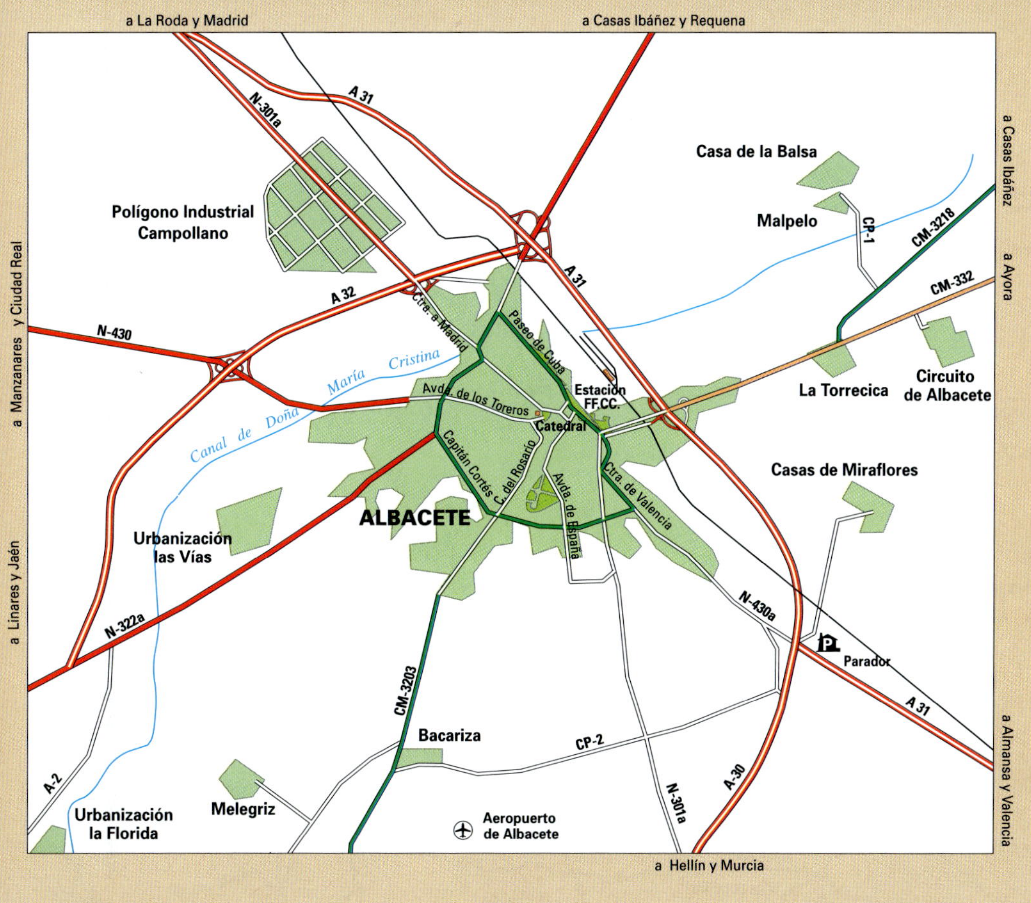
ALBACETE
a La Roda y Madrid
a Casas Ibáñez y Requena
a Casas Ibáñez
a Ayora
a Almansa y Valencia
a Hellín y Murcia
a Linares y Jaén
a Manzanares y Ciudad Real
Polígono Industrial Campollano
Casa de la Balsa
Malpelo
La Torrecica
Circuito de Albacete
Casas de Miraflores
Estación FF.CC.
Catedral
Urbanización las Vías
Parador
Bacariza
Melegriz
Urbanización la Florida
Aeropuerto de Albacete
Canal de Doña María Cristina
Paseo de Cuba
Avda. de los Toreros
Capitán Cortés
Avda. de España
Ctra. de Valencia
Ctra. a Madrid

ALACANT/ ALICANTE
a Valencia
a Elda y Madrid
a Elche y Murcia
al aeropuerto
0 1 2 km
Raspeig
Tangel
San Vicente del Raspeig
Colonia Carasol
St. Joan d´Alacant
Torregroses
Villafranqueza
Santa Faz
Platja Muchavista
Universidad de Alicante
Urbanización Vistahermosa
Albufereta
Platja de San Juan-Condomina
Ciudad Jardín
Polígono de San Blas
Plaza de Toros
Castillo de Santa Bárbara
Concatedral de S. Nicolás
Estación FF.CC.
Avda. de Aguilera
Puerto
San Gabriel
MAR MEDITERRÁNEO
Playa de la Albufereta
Playa de Almadraba
Playa Serramona
Cala Judíos
Cala Cantalars
Cala Palmera
Playa del Postiguet
Playa de Babel
Playa Muchavista
Playa de San Juan

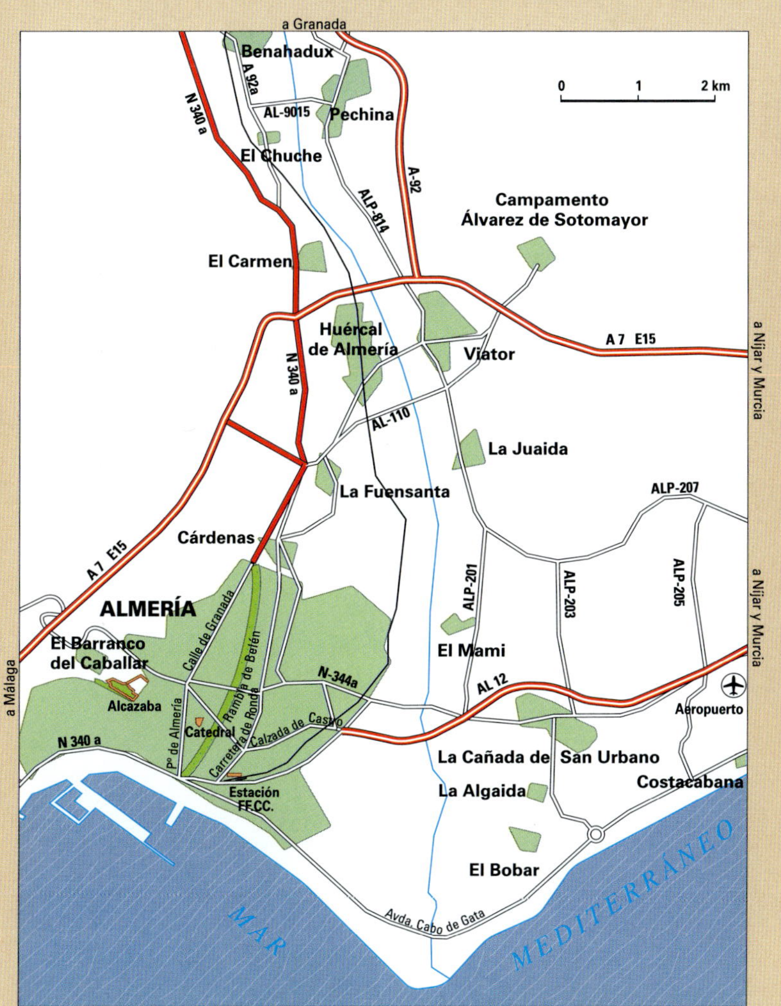
ALMERÍA
a Granada
a Níjar y Murcia
a Málaga
0 1 2 km
Benahadux
Pechina
El Chuche
Campamento Álvarez de Sotomayor
El Carmen
Huércal de Almería
Viator
La Juaida
La Fuensanta
Cárdenas
El Barranco del Caballar
Alcazaba
Catedral
Estación FF.CC.
El Mami
Aeropuerto
La Cañada de San Urbano
Costacabana
La Algaida
El Bobar
Avda. Cabo de Gata
MAR MEDITERRÁNEO
Calle de Granada
Rambla de Belén
Carretera de Ronda
Calzada de Castro
P.º de Almería

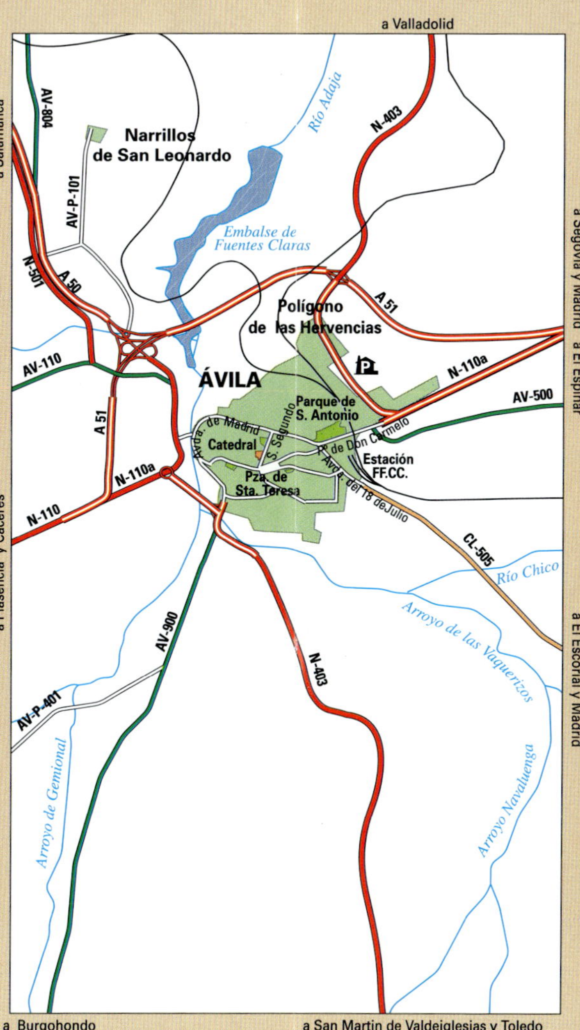
ÁVILA
a Valladolid
a Salamanca
a Segovia y Madrid
a El Espinar
a Plasencia y Cáceres
a El Escorial y Madrid
a Burgohondo
a San Martín de Valdeiglesias y Toledo
Narrillos de San Leonardo
Río Adaja
Embalse de Fuentes Claras
Polígono de las Hervencias
Parque de S. Antonio
Catedral
Pza. de Sta. Teresa
Estación FF.CC.
Río Chico
Arroyo de las Vaquerizas
Arroyo Navaluenga
Arroyo de Gemional

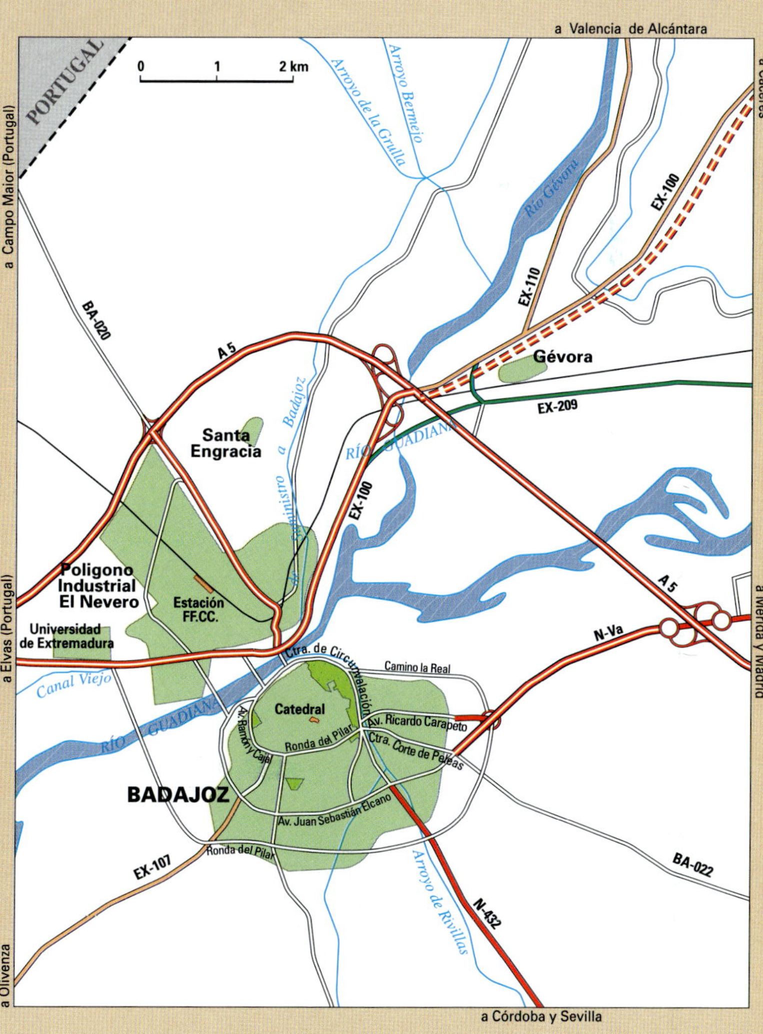
BADAJOZ
a Valencia de Alcántara
a Cáceres
a Campo Maior (Portugal)
a Elvas (Portugal)
a Olivenza
a Mérida y Madrid
a Córdoba y Sevilla
PORTUGAL
0 1 2 km
Arroyo de la Gralla
Arroyo Bermeja
Río Gévora
Gévora
Santa Engracia
Polígono Industrial El Nevero
Estación FF.CC.
Universidad de Extremadura
Canal Viejo
Río Guadiana
Catedral
Ctra. de Circunvalación
Camino la Real
Av. Ricardo Carapeto
Ctra. Corte de Peleas
Ronda del Pilar
Av. Juan Sebastián Elcano
Arroyo de Rivillas

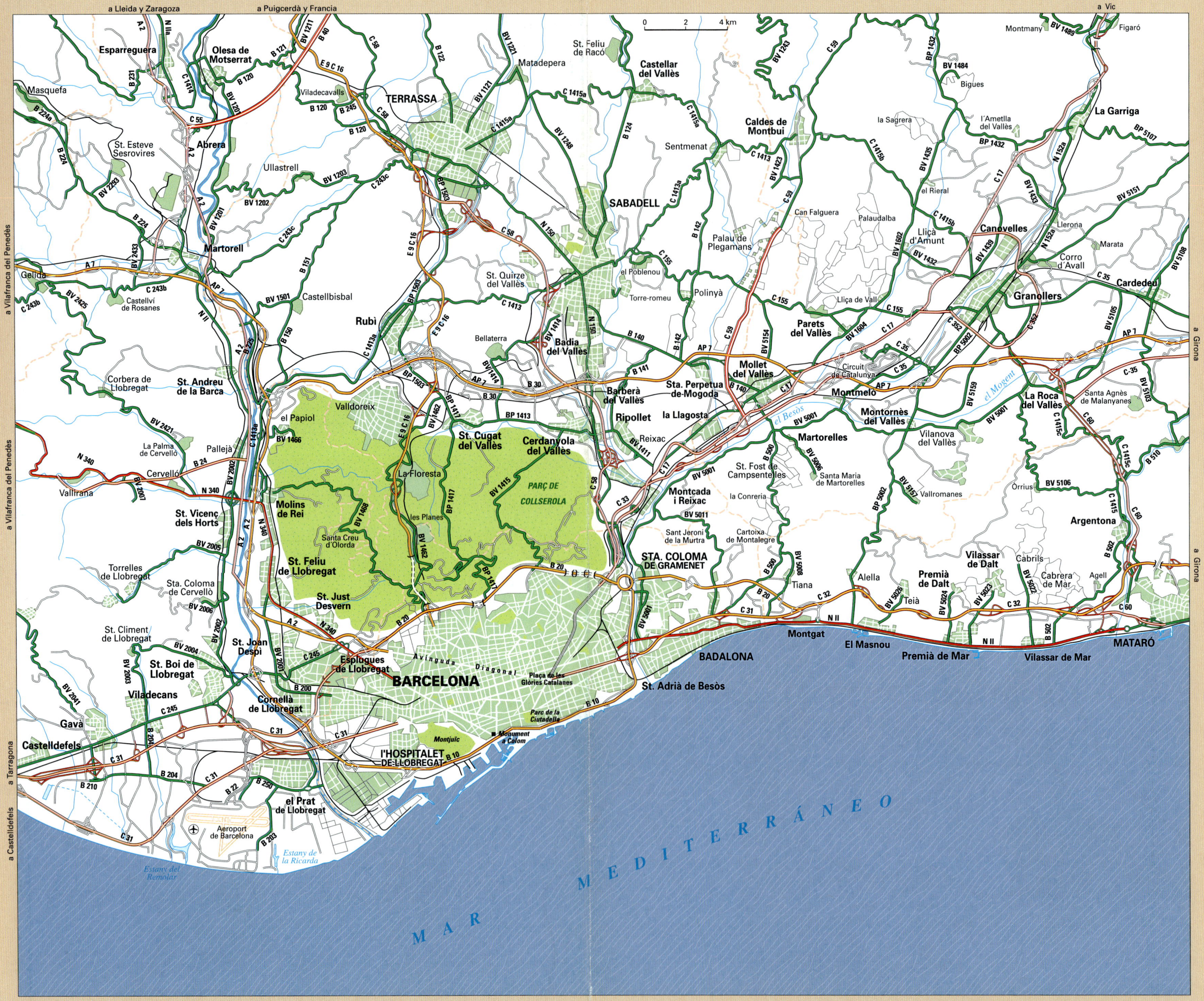

a Lleida y Zaragoza
a Puigcerdà y Francia
a Vic
a Vilafranca del Penedès
a Vilafranca del Penedès
a Tarragona
a Castelldefels
a Girona
a Girona
0 2 4 km
Esparreguera
Olesa de Montserrat
Masquefa
St. Esteve Sesrovires
Abrera
Ullastrell
Viladecavalls
TERRASSA
Matadepera
St. Feliu de Racó
Castellar del Vallès
Caldes de Montbui
Sentmenat
SABADELL
Montmany
Figaró
Bigues
la Sagrera
l'Ametlla del Vallès
La Garriga
Can Falguera
Palaudalba
el Rieral
Lliçà d'Amunt
Canovelles
Llerona
Marata
Corro d'Avall
Cardedeu
Granollers
Lliça de Vall
Palau de Plegamans
Polinyà
el Poblenou
Torre-romeu
St. Quirze del Vallès
Martorell
Gelida
Castellví de Rosanes
Castellbisbal
Rubí
Bellaterra
Badia del Vallès
Parets del Vallès
Mollet del Vallès
Circuit de Catalunya
Montmeló
el Mogent
La Roca del Vallès
Santa Agnès de Malanyanes
Corbera de Llobregat
St. Andreu de la Barca
el Papiol
Valldoreix
Barberà del Vallès
Sta. Perpetua de Mogoda
la Llagosta
Ripollet
el Besòs
Montornès del Vallès
Martorelles
Vilanova del Vallès
La Palma de Cervelló
Pallejà
Cervelló
Vallirana
St. Cugat del Vallès
Cerdanyola del Vallès
Reixac
La Floresta
PARÇ DE COLLSEROLA
St. Fost de Campsentelles
Santa Maria de Martorelles
Vallromanes
Órrius
Argentona
Molins de Rei
les Planes
Santa Creu d'Olorda
St. Vicenç dels Horts
Montcada i Reixac
la Conreria
Sant Jeroni de la Murtra
Cartoixa de Montalegre
Torrelles de Llobregat
St. Feliu de Llobregat
STA. COLOMA DE GRAMENET
Vilassar de Dalt
Cabrils
Cabrera de Mar
Agell
Sta. Coloma de Cervelló
St. Just Desvern
Tiana
Alella
Premià de Dalt
Teià
St. Climent de Llobregat
St. Joan Despí
Esplugues de Llobregat
Montgat
El Masnou
Premià de Mar
Vilassar de Mar
MATARÓ
St. Boi de Llobregat
Viladecans
Avinguda Diagonal
BARCELONA
Plaça de les Glòries Catalanes
BADALONA
St. Adrià de Besòs
Cornellà de Llobregat
Gavà
Castelldefels
Parc de la Ciutadella
Montjuïc
Monument a Colom
l'HOSPITALET DE LLOBREGAT
el Prat de Llobregat
Aeroport de Barcelona
Estany de la Ricarda
Estany del Remolar
MAR MEDITERRÁNEO
A 2
A 7
AP 7
N II
N 340
N 150
C 58
C 59
C 17
C 33
C 31
C 32
C 60
C 55
C 245
B 20
B 30
B 10
E 9 C 16

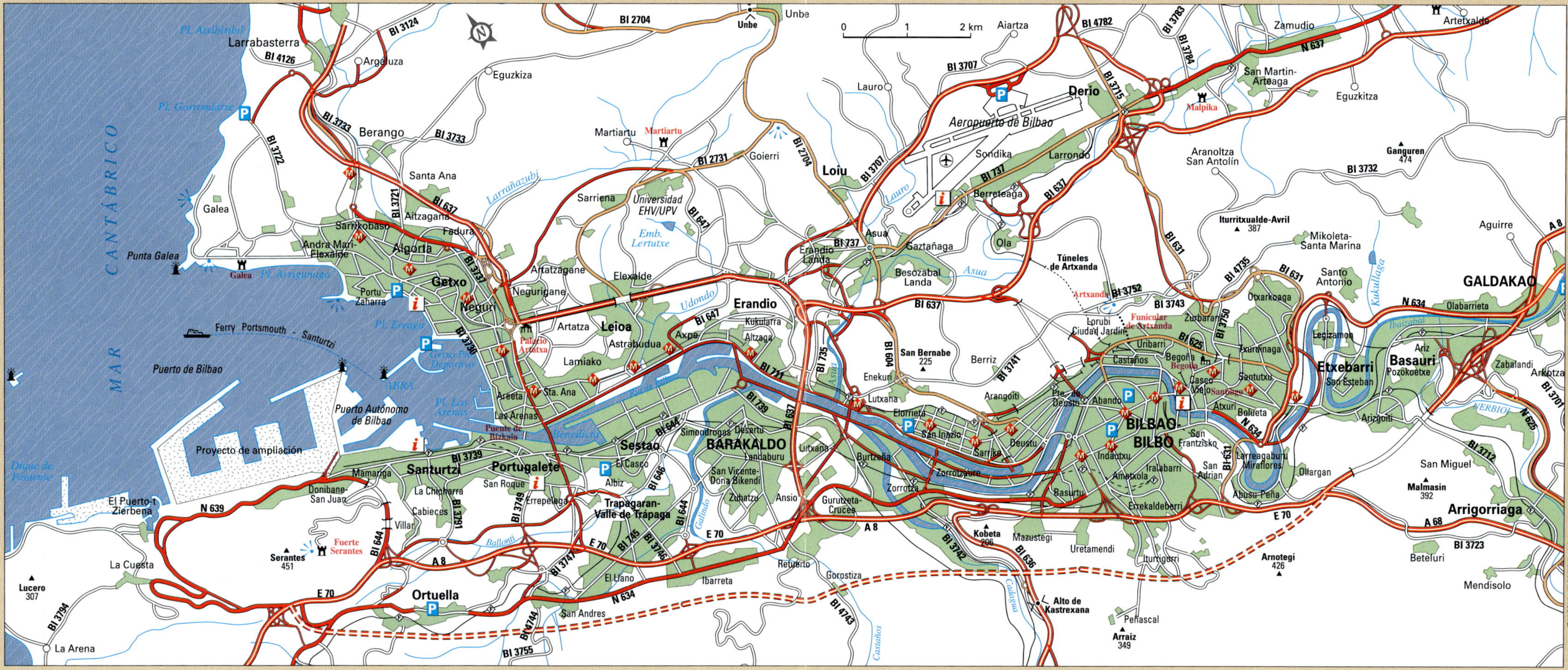

BI-2704 Urduliz
BI 631 Mungia
BI-636 Alonsotegi
A-8 Donostia
A-68 Gasteiz-Vitoria
MAR CANTÁBRICO
Puerto de Bilbao
Proyecto de ampliación
Puerto Autónomo de Bilbao
Aeropuerto de Bilbao
Getxo
Algorta
Leioa
Erandio
Santurtzi
Portugalete
Sestao
BARAKALDO
Trapagaran-Valle de Trápaga
Ortuella
Derio
Loiu
Sondika
BILBAO
BILBO
Etxebarri
Basauri
GALDAKAO
Arrigorriaga
Zamudio
Larrabasterra
Berango
Sopelana
Galea
Punta Galea
Santa Ana
Universidad EHV/UPV
Emb. Lertutxe
Asua
Deusto
Begoña
Casco Viejo
Abando
Indautxu
Miraflores
Zorrotza
San Miguel
Lucero 307
Serantes 451
Fuerte Serantes
Kobeta 206
Arnotegi 426
Malmasin 392
Arraiz 349
Ganguren 474
Alto de Kastrexana
Túneles de Artxanda
Funicular de Artxanda
Puente de Bizkaia
La Arena
La Cuesta
El Puerto-Zierbena
0 1 2 km

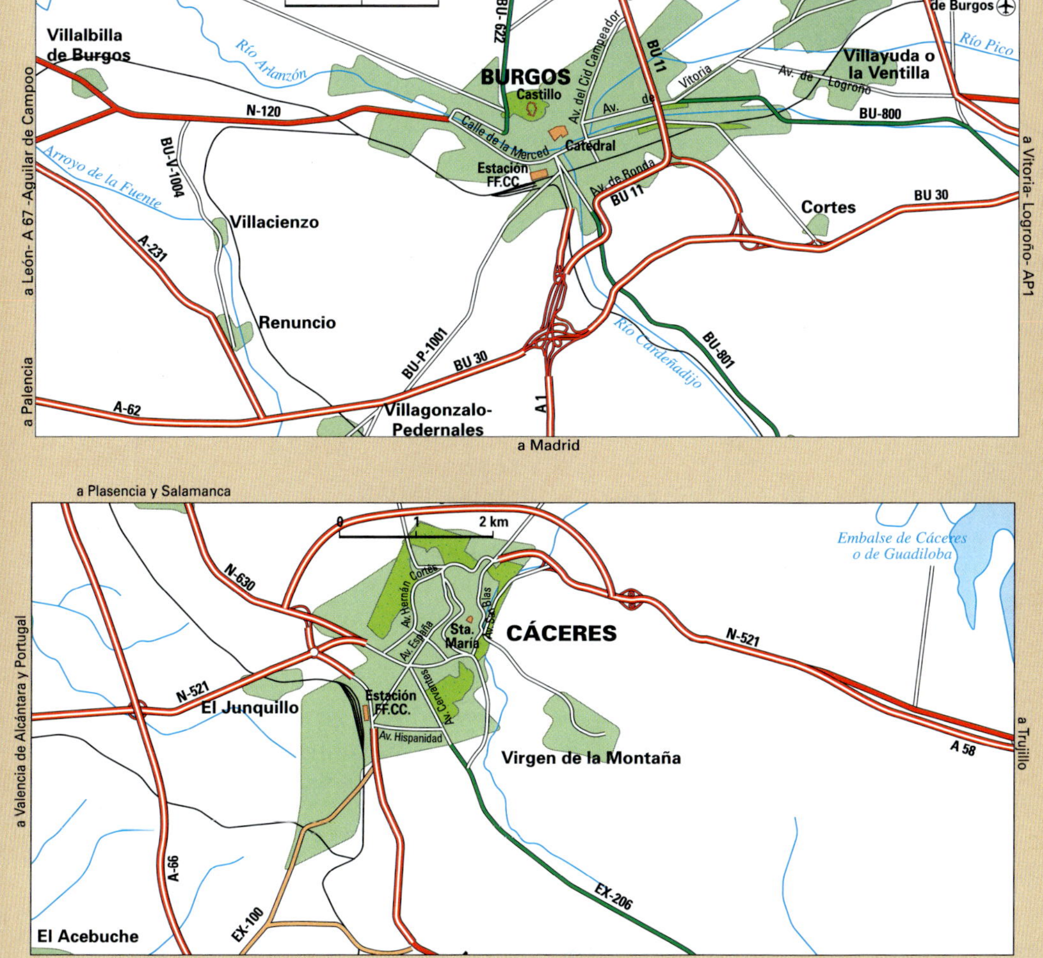

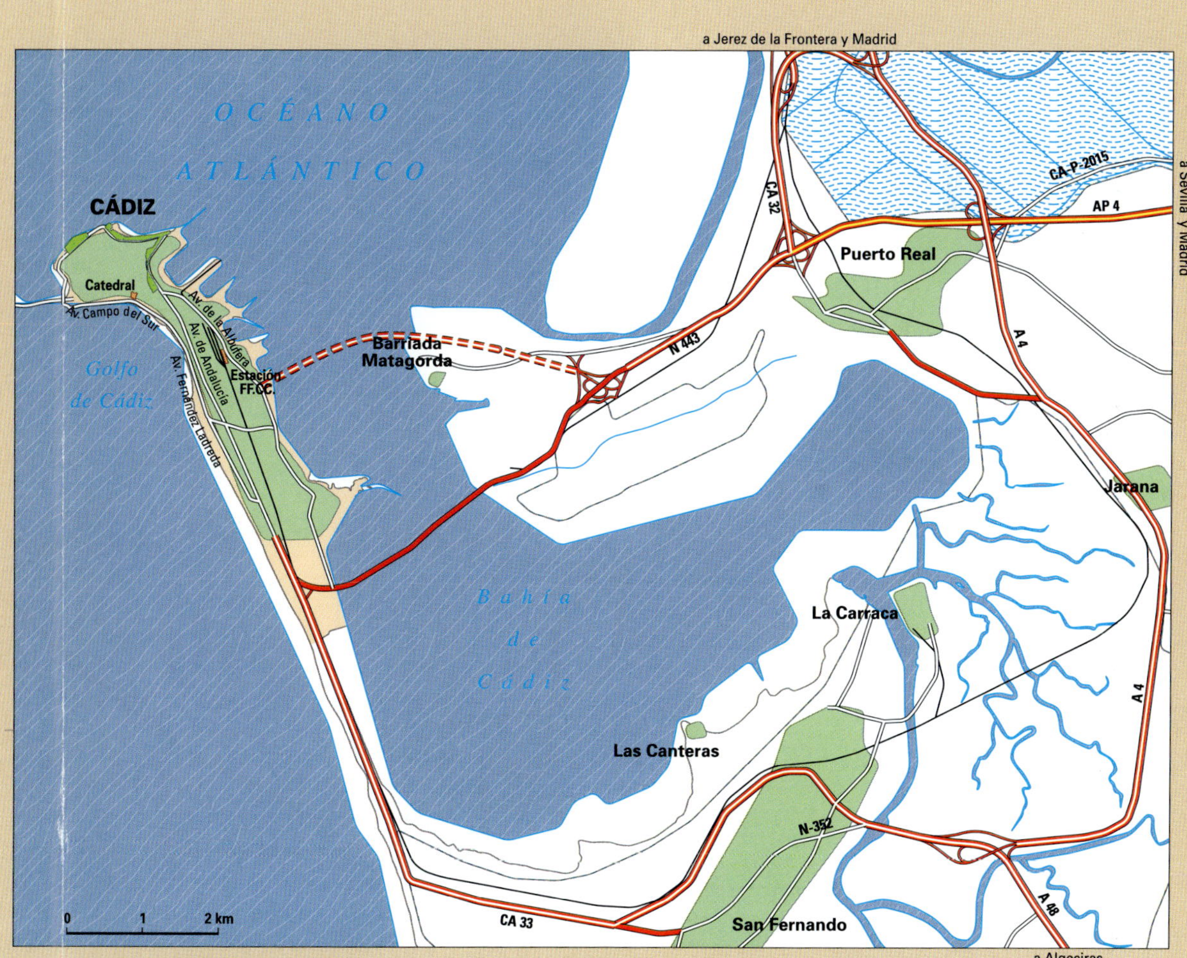

a Alcañiz
a Tarragona y Barcelona
A-7
0 1 2 km
N-340
N-340a
AP 7
CV-151
CV-1510
CASTELLÓN DE LA PLANA/
CASTELLÓ DE LA PLANA
Ctra. de Alcora
Estación FF.CC.
Catedral
Av. del Rey D. Jaime
Av. del Mar
Av. Valencia
Gumbau
Patos-Catalana
CV-150
El Grau de Castello
CS 22
Estepar
Censal
N-225
Villamargo
CV-18
Villa Lola
CV-1870
Río Millars
CV-183
Villarreal de Los Infantes
Almassora/
Almazora
CV-1840
N-340
MAR MEDITERRÁNEO
a Valencia
Solaes
La Pla de La Torre
a Valencia

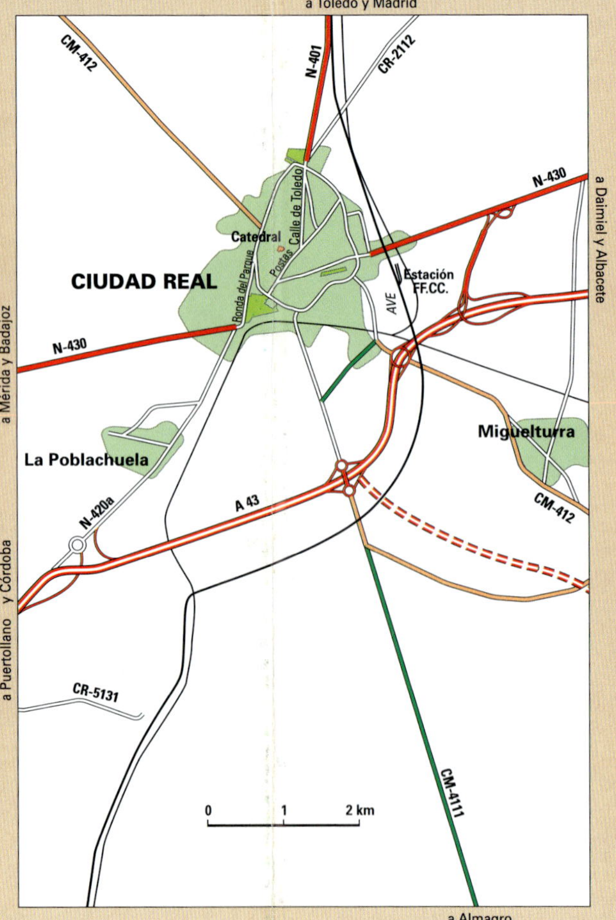

a Toledo y Madrid
CM-412
N-401
CR-2112
Catedral
Calle de Toledo
N-430
a Daimiel y Albacete
CIUDAD REAL
Ronda del Parque
Estación FF.CC.
AVE
a Mérida y Badajoz
N-430
La Poblachuela
Miguelturra
A 43
CM-412
N-420a
a Puertollano y Córdoba
CR-5131
0 1 2 km
CM-4111
a Almagro

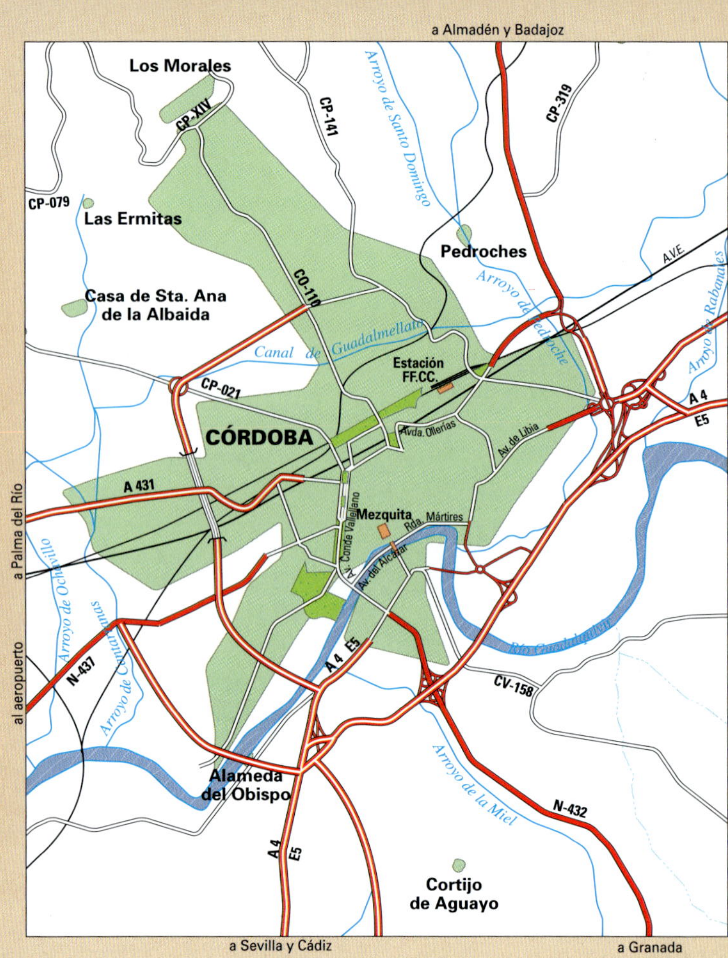

a Almadén y Badajoz
Los Morales
CP-XIV
CP-141
Arroyo de Santo Domingo
CP-319
CP-079
Las Ermitas
Pedroches
Casa de Sta. Ana
de la Albaida
CO-110
Canal de Guadalmellato
AVE
a Bailén y Madrid
Estación FF.CC.
CP-021
CÓRDOBA
Avda. Ollerías
Avda. de Libia
A 4
E5
A 431
a Palma del Río
Mezquita
Mártires
Río Guadalquivir
al aeropuerto
N-437
CV-158
Alameda del Obispo
Arroyo de la Miel
N-432
A 4
E5
Cortijo de Aguayo
a Sevilla y Cádiz
a Granada

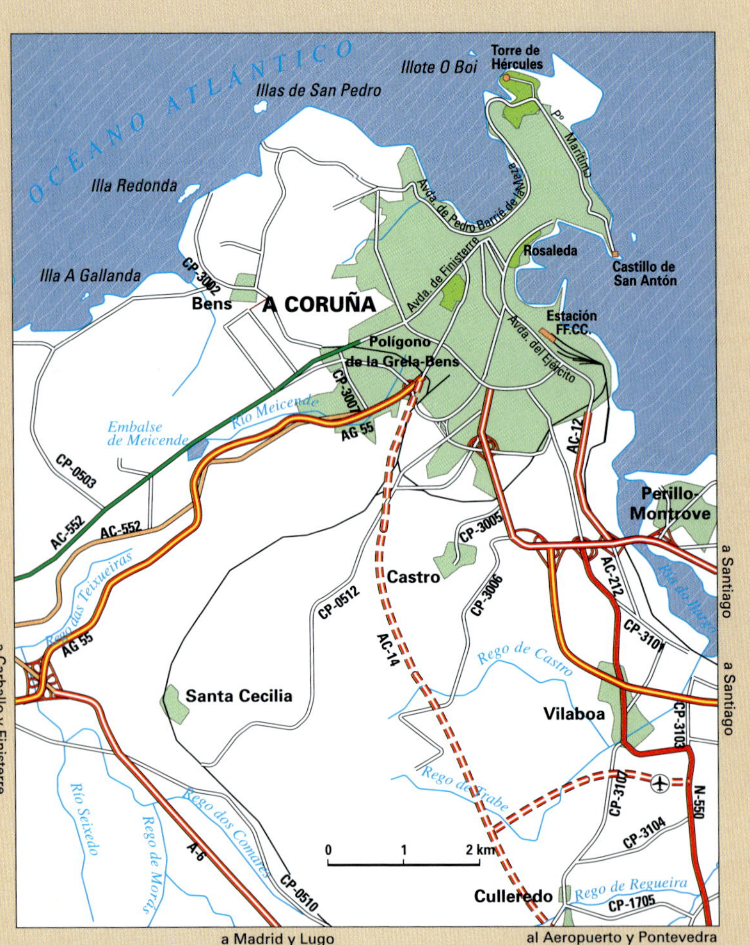

Torre de Hércules
Illote O Boi
OCÉANO ATLÁNTICO
Illas de San Pedro
Illa Redonda
Illa A Gallanda
CP-3002
Bens
A CORUÑA
Rosaleda
Castillo de San Antón
Estación FF.CC.
Polígono de la Grela-Bens
CP-3007
AG 55
Embalse de Meicende
Río Meicende
CP-0503
AC-552
AC-552
Perillo-Montrove
CP-3005
AC-12
Castro
CP-0512
CP-3006
AC-14
AC-217
a Santiago
CP-3101
Rego de Castro
a Santiago
Santa Cecilia
Vilaboa
AG 55
a Carballo y Finisterre
CP-3103
N-550
CP-3102
CP-3104
Rego de Trabe
Río Seixedo
A-6
CP-0510
0 1 2 km
Culleredo
Rego de Regueira
CP-1705
a Madrid y Lugo
al Aeropuerto y Pontevedra

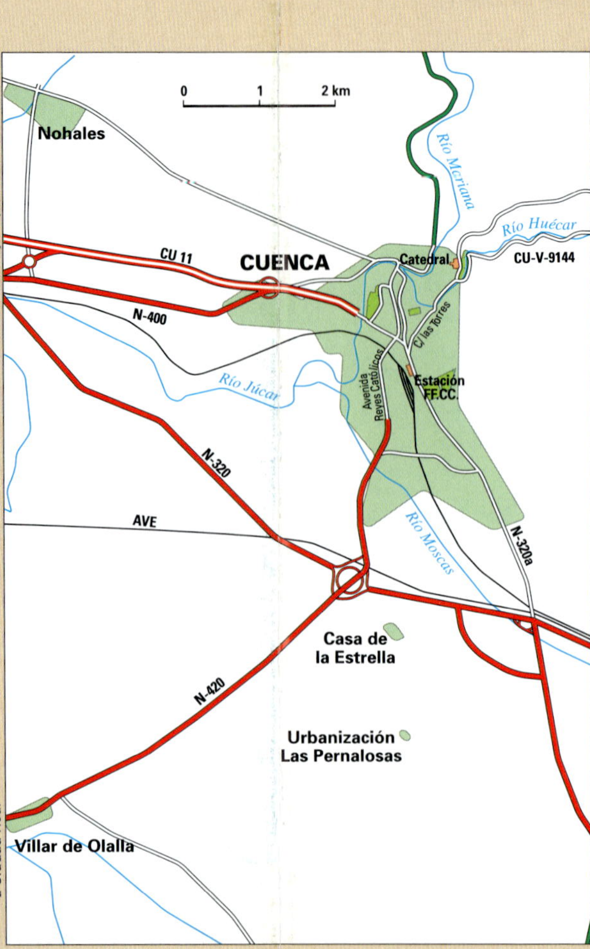

0 1 2 km
Nohales
Río Huécar
CU 11
CUENCA
Catedral
CU-V-9144
N-400
Río Júcar
Estación FF.CC.
N-320
AVE
Río Moscas
N-320a
a Guadalajara y Madrid
a Teruel
Casa de la Estrella
N-420
Urbanización
Las Pernalosas
a Ciudad Real
Villar de Olalla

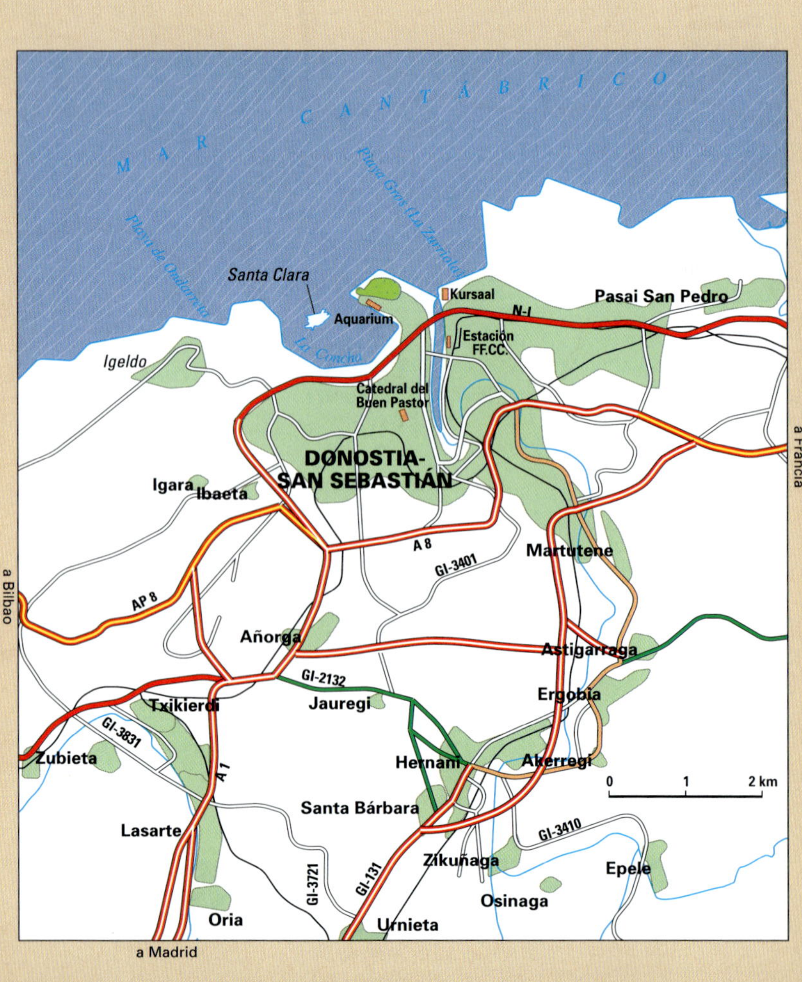

MAR CANTÁBRICO
Playa de Ondarreta
Santa Clara
Aquarium
Kursaal
La Concha
Pasai San Pedro
N-I
Estación FF.CC.
Igeldo
Catedral del Buen Pastor
DONOSTIA-
SAN SEBASTIÁN
a Francia
Igara
Ibaeta
A 8
GI-3401
Martutene
a Bilbao
AP 8
Añorga
Astigarraga
GI-2132
Jauregi
Ergobia
Txikierdi
GI-3831
Zubieta
A 1
Hernani
Akerregi
0 1 2 km
Santa Bárbara
Lasarte
GI-3721
GI-131
GI-3410
Zikuñaga
Epele
Osinaga
Oria
Urnieta
a Madrid

a Banyoles y Besalú
a Figueres y Perpignan (Francia)
a Palafrugell
a Olot
a S. Hilari Sacalm
al aeropuerto y a Barcelona
a Sant Feliu de Guisols
Montcal
Sant Medir
Cartellà
Montagut
Sant Julià de Ramis
El Pla
Palagret
Celrà
Costa (La)
El Mas Blanc
Sarrià de Ter
Campdorà
El Pla dels Vinyers
El Pont Major
Taialà
Germans Sàbat
Sant Ponç
Sant Daniel
El Parc de Montjuïc
Domeny
Parque de la Devesa
Catedral
Sant Gregori
Santa Eugènia de Ter
Estación FF.CC.
Vila-roja
Salt
GIRONA
Polígono de Mas Xirgu
La Creueta
Montfullà
Bescanó
La Torre de Rafel
Palau-sacosta
Palol d'Onyar
Vilablareix
L' Avellaneda
Castellar de la Selva
El Perelló
Torrent
Quart d´ Onyas
Estanyol
Aguaviva
Güell
La Selva
Riu Ter
Riera de Llemena
Arroyo Carrec
0 1 2 km
AP 7
N-II
N-IIa
C-66
C-150a
C-255
GIV-5312
GI-531
GI-542
GIV-6703
GIV-6641
C-65
GI-533
GIP-6531

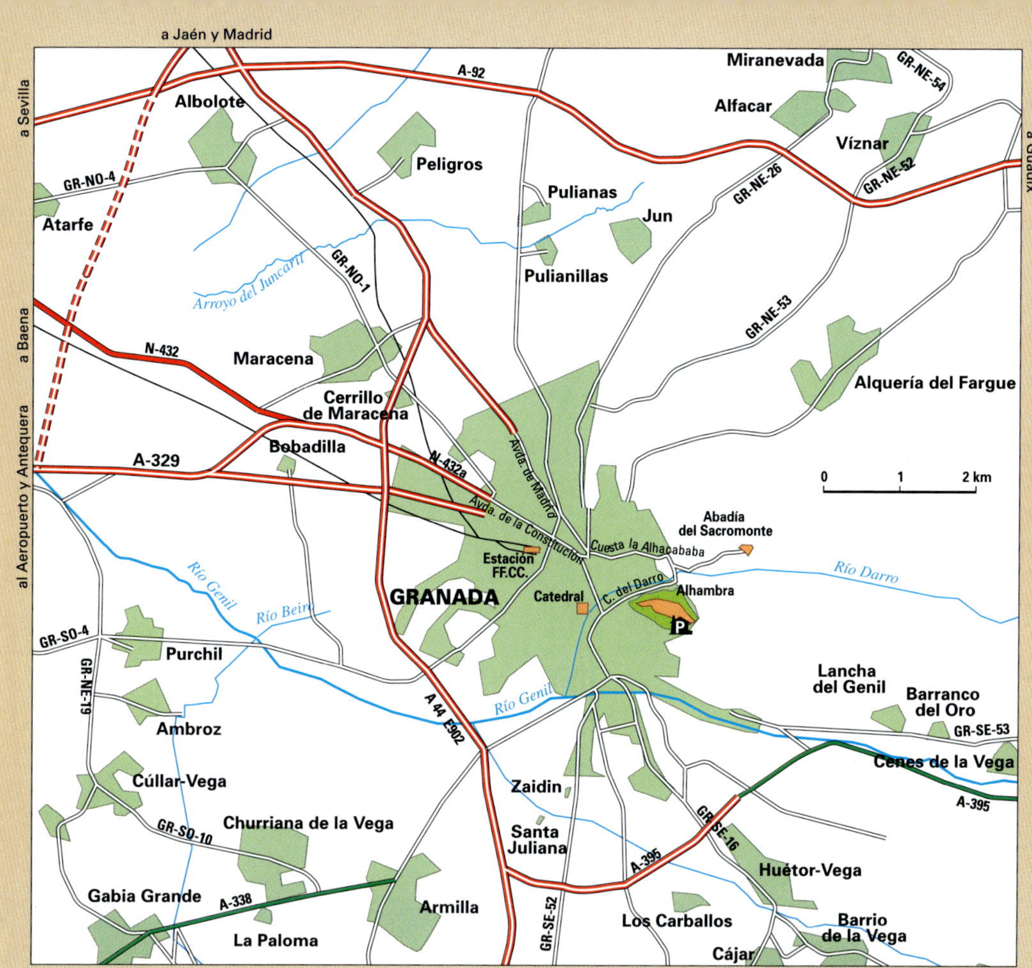
a Jaén y Madrid
a Sevilla
a Baena
al Aeropuerto y Antequera
a Guadix
a Motril
Albolote
Miranevada
Alfacar
Víznar
Peligros
Pulianas
Jun
Atarfe
Pulianillas
Maracena
Cerrillo de Maracena
Alquería del Fargue
Bobadilla
Abadía del Sacromonte
Estación FF.CC.
Catedral
Alhambra
GRANADA
Purchil
Ambroz
Lancha del Genil
Barranco del Oro
Cenes de la Vega
Cúllar-Vega
Churriana de la Vega
Zaidín
Santa Juliana
Huétor-Vega
Gabia Grande
Armilla
La Paloma
Los Carballos
Barrio de la Vega
Cájar
Río Genil
Río Beiro
Río Darro
Arroyo del Juncaril
Avda. de Madrid
Avda. de la Constitución
Cuesta la Alhacababa
C. del Darro
0 1 2 km
A-92
GR-NE-54
GR-NE-52
GR-NE-26
GR-NO-4
GR-NO-1
GR-NE-53
N-432
N-432a
A-329
GR-SO-4
GR-NE-19
A 44 E902
GR-SE-53
A-395
GR-SO-10
GR-SE-16
A-338
GR-SE-52

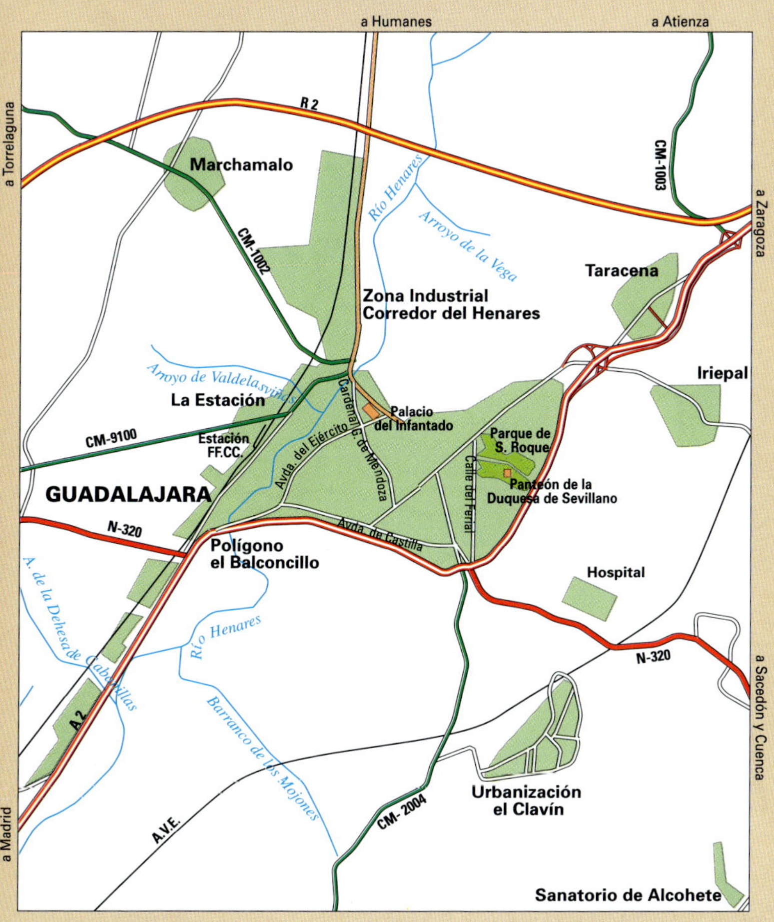
a Humanes
a Atienza
a Torrelaguna
a Zaragoza
a Sacedón y Cuenca
a Madrid
Marchamalo
Taracena
Zona Industrial Corredor del Henares
La Estación
Palacio del Infantado
Iriepal
Estación FF.CC.
Parque de S. Roque
Panteón de la Duquesa de Sevillano
GUADALAJARA
Polígono el Balconcillo
Hospital
Urbanización el Clavín
Sanatorio de Alcohete
Río Henares
Arroyo de la Vega
Arroyo de Valdelasvírgenes
A. de la Dehesa de Cabanillas
Barranco de los Mojones
Avda. del Ejército
Cardenal G. de Mendoza
Calle del Ferial
Avda. de Castilla
R 2
CM-1003
CM-1002
CM-9100
N-320
A 2
CM-2004
A.V.E.

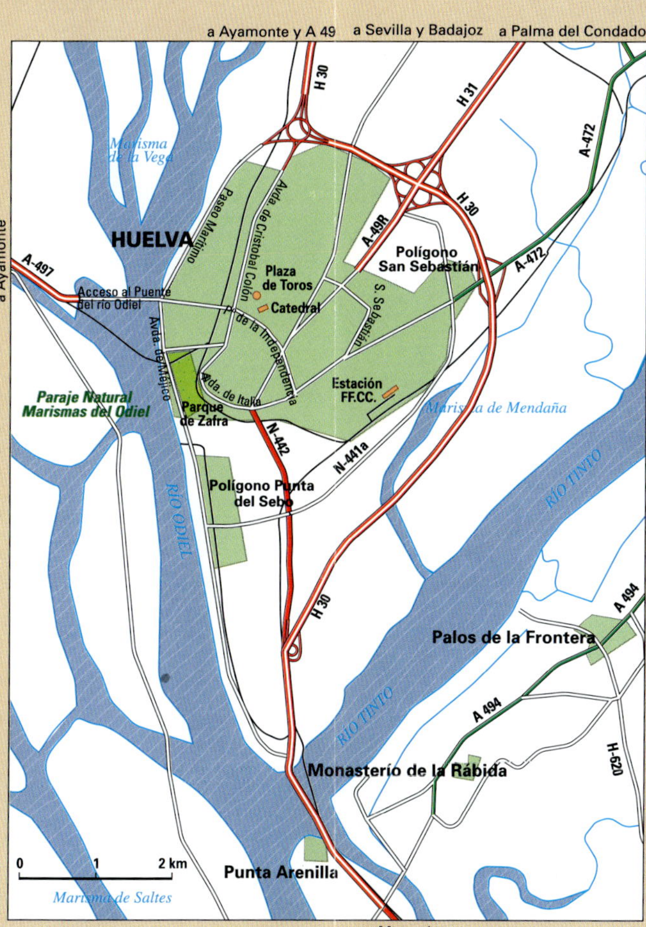
a Ayamonte y A 49
a Sevilla y Badajoz
a Palma del Condado
a Ayamonte
a Mazagón
Marisma de la Vega
HUELVA
Acceso al Puente del río Odiel
Plaza de Toros
Catedral
Polígono San Sebastián
Paraje Natural Marismas del Odiel
Parque de Zafra
Estación FF.CC.
Marisma de Mendaña
Polígono Punta del Sebo
Río Odiel
Río Tinto
Palos de la Frontera
Monasterio de la Rábida
Punta Arenilla
Marisma de Saltes
Paseo Marítimo
Avda. de Cristóbal Colón
Pl. de la Independencia
Avda. de Italia
S. Sebastián
0 1 2 km
H 30
H 31
A-472
A-497
A-49R
N-442
N-441a
A 494
H-620

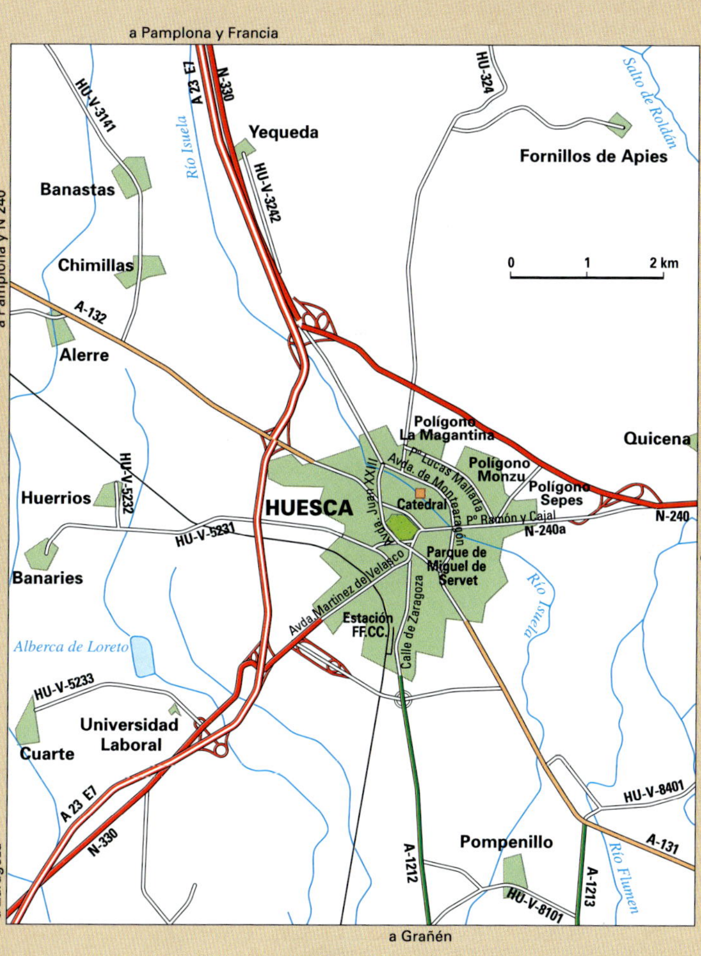
a Pamplona y Francia
a Pamplona y N 240
a Lleida y Tarragona
a Zaragoza
a Grañén
Yequeda
Fornillos de Apies
Banastas
Chimillas
Alerre
Polígono La Magantina
Quicena
Polígono Monzú
Polígono Sepes
Huerrios
HUESCA
Catedral
Banaries
Parque de Miguel de Servet
Estación FF.CC.
Alberca de Loreto
Universidad Laboral
Cuarte
Pompenillo
Río Isuela
Salto de Roldán
Río Flumen
P.º Lucas Mallada
Avda. de Monreapón
P.º Ramón y Cajal
Avda. Martínez de Velasco
Calle de Zaragoza
0 1 2 km
A 23 E7
N-330
HU-V-3141
HU-324
HU-V-3242
A-132
HU-V-5232
HU-V-5231
N-240
N-240a
HU-V-5233
A-1212
HU-V-8401
A-131
A-1213
HU-V-8101

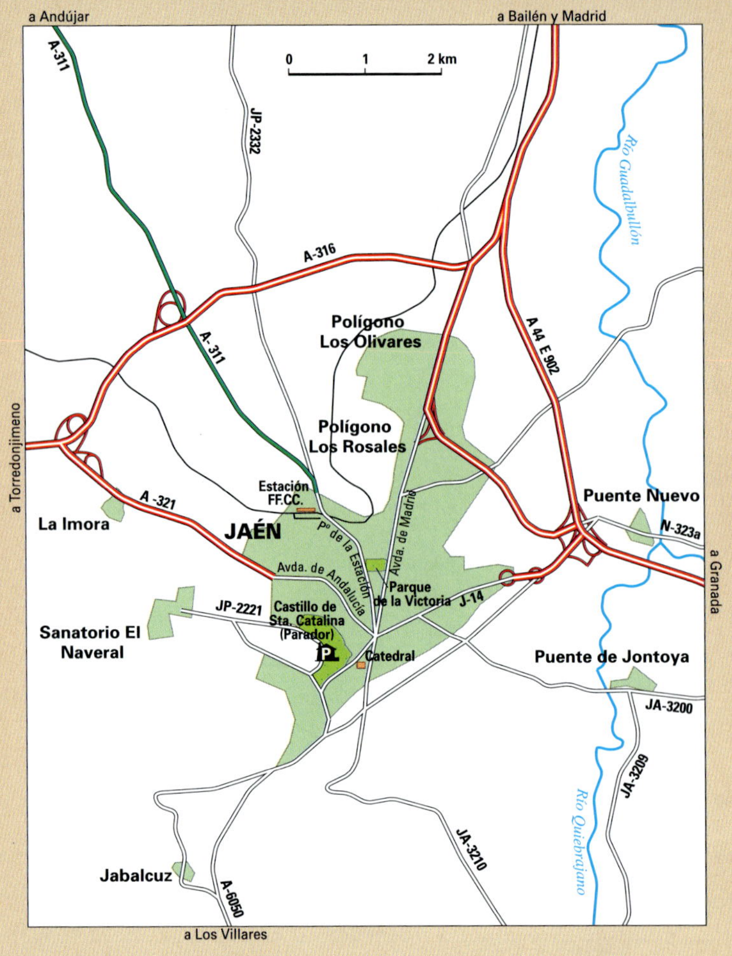

a Andújar
a Bailén y Madrid
a Torredonjimeno
a Granada
a Los Villares
Río Guadalbullón
Polígono Los Olivares
Polígono Los Rosales
Estación FF.CC.
JAÉN
La Imora
Puente Nuevo
Parque de la Victoria
Castillo de Sta. Catalina (Parador)
Catedral
Sanatorio El Neveral
Puente de Jontoya
Río Quiebrajano
Jabalcuz

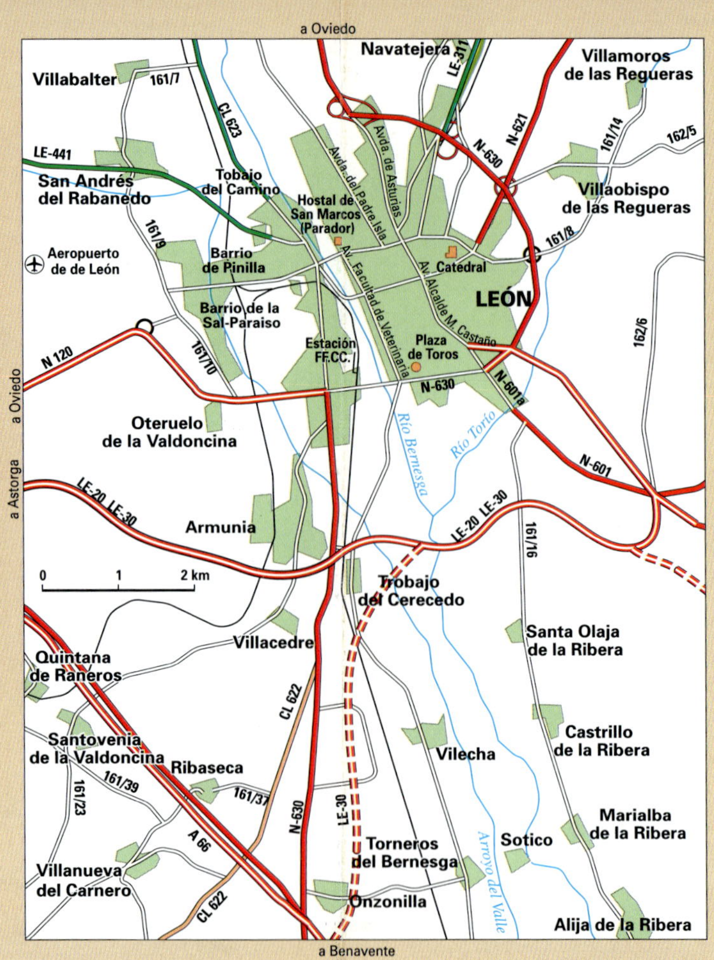

a Oviedo
a Astorga
a Benavente
Navatejera
Villamoros de las Regueras
Villabalter
San Andrés del Rabanedo
Tobalo del Camino
Hostal de San Marcos (Parador)
Villaobispo de las Regueras
Aeropuerto de de León
Barrio de Pinilla
Catedral
LEÓN
Barrio de la Sal-Paraiso
Estación FF.CC.
Plaza de Toros
Oteruelo de la Valdoncina
Río Bernesga
Río Torío
Armunia
Trobajo del Cerecedo
Quintana de Raneros
Villacedre
Santa Olaja de la Ribera
Santovenia de la Valdoncina
Ribaseca
Vilecha
Castrillo de la Ribera
Villanueva del Carnero
Torneros del Bernesga
Sotico
Marialba de la Ribera
Onzonilla
Arroyo del Valle
Alija de la Ribera

a Francia (por el Valle de Arán)
a la Portella
a Corbins
a Huesca
a Barcelona-Francia
a Tarragona
a A 2-Madrid
a Artesa de Lleida
a Tortosa-N-420
a Zaragoza a Barcelona
Torrefarrera
Reguer de Picabaix
Llívia
Gualda
Granyana
Les Basses d'Alpicat
LLEIDA
El Polígon Industrial del Segre
Estación FF.CC.
Muralles del Turó
Catedral
el Segre
Castell de Gardeny
Els Mangraners
Era Bordeta
Rec de la Femosa
Butsènit
Albatàrrec

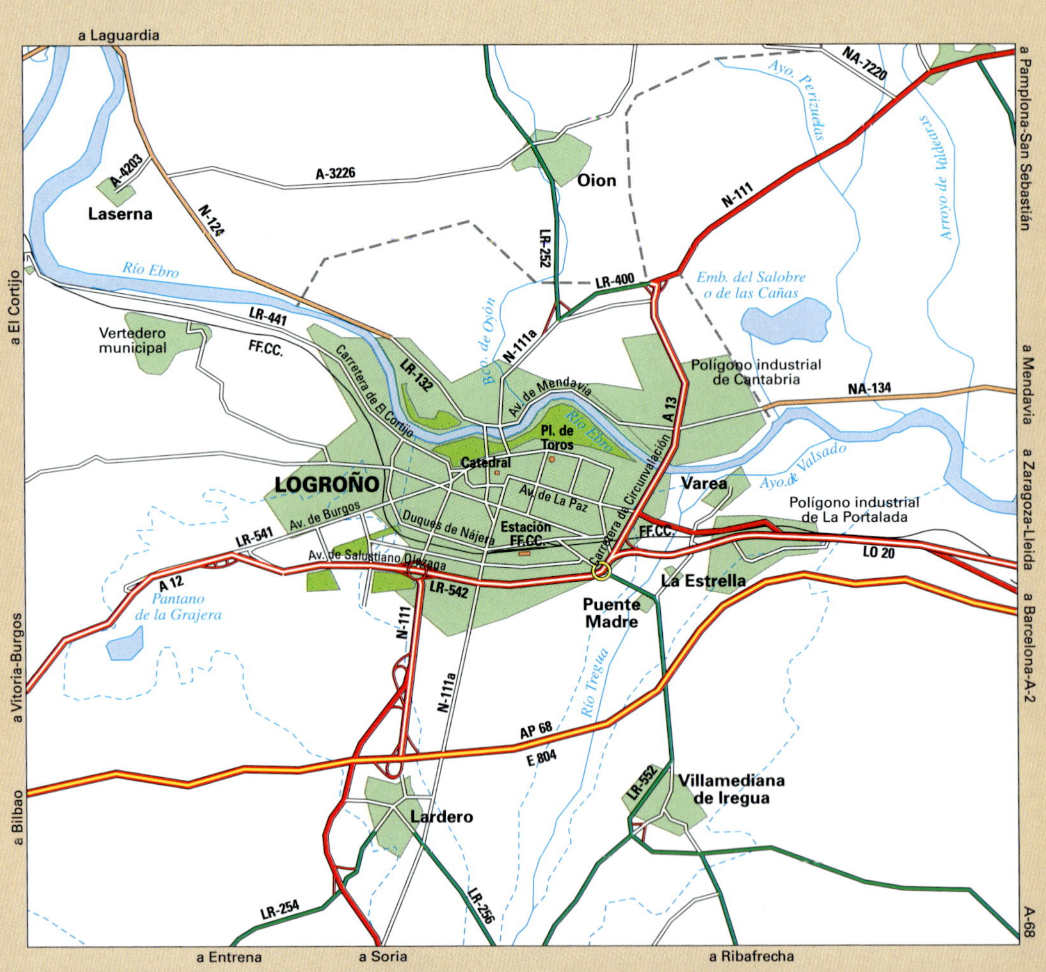

a Laguardia
a Pamplona-San Sebastián
a El Cortijo
a Mendavia
a Zaragoza-Lleida
a Barcelona-A-2
a Vitoria-Burgos
a Bilbao
a Entrena
a Soria
a Ribafrecha
Laserna
Oion
Río Ebro
Emb. del Salobre o de las Cañas
Vertedero municipal
Polígono industrial de Cantabria
Pl. de Toros
Catedral
LOGROÑO
Varea
Polígono industrial de La Portalada
Estación FF.CC.
La Estrella
Puente Madre
Pantano de la Grajera
Lardero
Villamediana de Iregua

A Coruña-Ferrol
A Coruña-A-9
a Ribadeo-Oviedo-N-634
Ramil
Bagueixos
Polígono Industrial de Lugo
Portela Muxa de Abaixo
Río Miño
LUGO
Estación FF.CC.
Catedral
Murallas Romanas
Barbaín
Río Mera
a Vilachá de Mera
a Fonsagrada
a O Burgo
a Madrid
Conturiz
Nadela
a Pontevedra-Santiago-Ourense
a Piúgos
a Coeses
a Madrid-Ponferrada

a Villacastín
a Colmenar Viejo
a S. A. de Guadalix y Burgos
a Guadalajara
a Guadalajara y Zaragoza
a Talavera y Badajoz
a Toledo
a Ocaña y Bailén
a Tarancón y Valencia
0 2 4 km
La Berzosa
Hoyo de Manzanares
Tres Cantos
Fuente del Fresno
Algete
Fresno de Torote
Parque Lagos
La Navata
Los Robles
Torrelodones
Los Peñascales
Galapagar
Colmenarejo
Embalse de El Pardo
Guadarrama
Las Matas
Mingorrubio
El Pardo
Monte del Pardo
San Sebastián de los Reyes
Alcobendas
Cobeña
Belvis de Jarama
Daganzo de Arriba
Meco
Camarma de Esteruelas
Ajalvir
Aeropuerto Internacional de Madrid-Barajas
T 4
T 4 S
T 3
T 2
T 1
Paracuellos de Jarama
Villanueva del Pardillo
Las Rozas de Madrid
Majadahonda
Fuencarral
Tetuán
Chamartín
Hortaleza
Recintos Feriales
Barajas
Parque Juan Carlos I
Base Aérea de Torrejón
Jarama
Alcalá de Henares
Villanueva de la Cañada
Cantoblanco
Aulencia
Pozuelo de Alarcón
Moncloa-Aravaca
Casa de Campo
Chamberí
Madrid
Salamanca
Ciudad Lineal
San Blas
Centro
Retiro
Moratalaz
Vicálvaro
Arganzuela
Torrejón de Ardoz
Zulema
El Gurugú
Los Hueros
Henares
San Fernando de Henares
Coslada
A.V.E.
Torres de la Alameda
Mejorada del Campo
Brunete
Boadilla del Monte
Latina
Carabanchel
Usera
Puente de Vallecas
Villa de Vallecas
Aeródromo de Cuatro Vientos
Mercamadrid
Villaviciosa de Odón
Los Manantiales
Loeches
Velilla de San Antonio
Covibar-Pablo Iglesias
Arroyo de los Migueles
Campo Real
Rivas-Vaciamadrid
Laguna del Campillo
Alcorcón
Leganés
Villaverde
Móstoles
Getafe
Perales del Río
Manzanares
Parque Regional del Sureste
La Poveda
Los Villares
Arganda del Rey
Fuenlabrada
Base Aérea de Getafe
Lagunas de Las Madres
La Marañosa
Los Almendros
Arroyomolinos
Moraleja de Enmedio
Humanes de Madrid
Parla
Pinto
Górquez de Arriba
El Álamo
A 6
A 1
A 2
A 3
A 4
A 5
A 42
AP 41
N V
R-2
R-3
R-4
R-5
M 30
M 40
M 45
M 50

a Almogía
a Granada-Madrid
Verdiales
Embalse del Agujero
Embalse del Limonero
Guadalmedina
Mentirola
MÁLAGA
Puerto Sol
El Atabal
Cerrado de Calderón
Santa Catalina
El Palo
Catedral
Paseo del Parque
Playa de la Malagueta
MAR MEDITERRÁNEO
Estación FF.CC.
C. Martínez Maldonado
Avda. de Andalucía
a N-340 - Aeropuerto a Torremolinos-Cádiz
a A-357 Campanillas-Cártama-Alora
a Motril y Almería

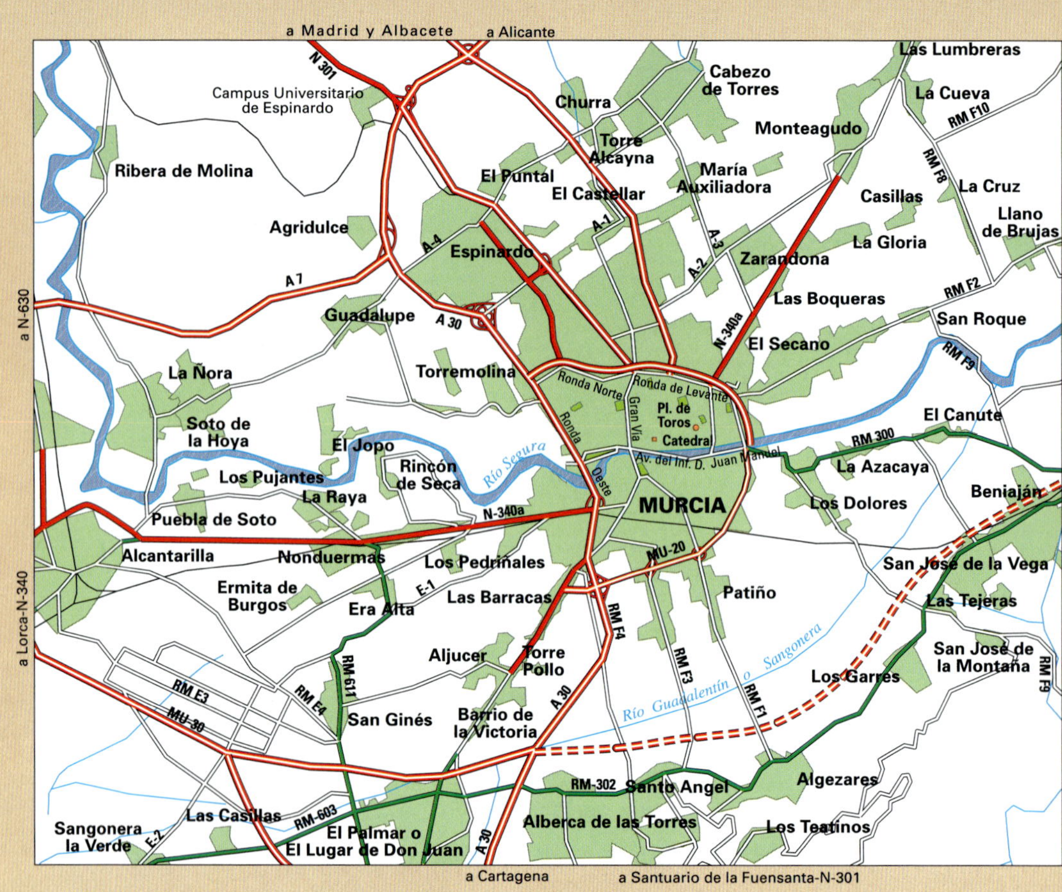
a Madrid y Albacete
a Alicante
Campus Universitario de Espinardo
Ribera de Molina
Churra
Cabezo de Torres
Torre Alcayna
El Puntal
El Castellar
María Auxiliadora
Monteagudo
Las Lumbreras
La Cueva
Casillas
La Cruz
Llano de Brujas
Agridulce
Espinardo
Zarandona
La Gloria
Las Boqueras
San Roque
Guadalupe
El Secano
La Ñora
Torremolina
Soto de la Hoya
El Jopo
Rincón de Seca
Los Pujantes
La Raya
El Canute
La Azacaya
Beniaján
Los Dolores
Puebla de Soto
MURCIA
Pl. de Toros
Catedral
Alcantarilla
Nonduermas
Los Pedriñales
San José de la Vega
Ermita de Burgos
Era Alta
Las Barracas
Patiño
Las Tejeras
Aljucer
Torre Pollo
San José de la Montaña
Los Garres
San Ginés
Barrio de la Victoria
Algezares
Santo Angel
Sangonera la Verde
Las Casillas
El Palmar o El Lugar de Don Juan
Alberca de las Torres
Los Teatinos
a Cartagena
a Santuario de la Fuensanta-N-301
a N-630
a Lorca-N-340
a San Javier (Aeropuerto)-M-301

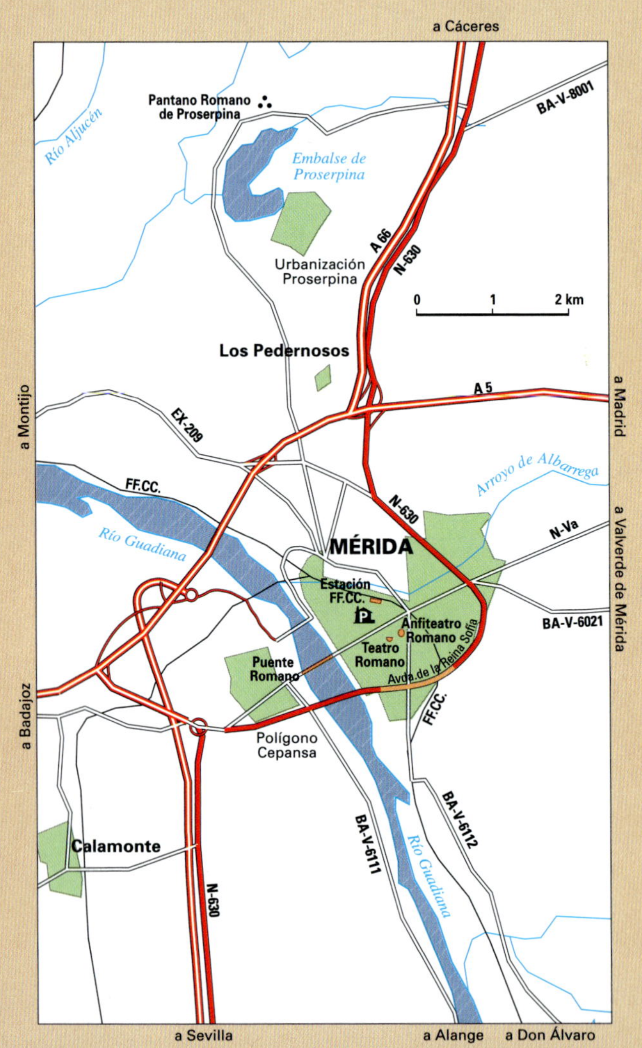
a Cáceres
Pantano Romano de Proserpina
Embalse de Proserpina
Urbanización Proserpina
Los Pedernosos
MÉRIDA
Estación FF.CC.
Anfiteatro Romano
Teatro Romano
Puente Romano
Polígono Cepansa
Calamonte
Río Guadiana
a Montijo
a Madrid
a Valverde de Mérida
a Badajoz
a Sevilla
a Alange
a Don Álvaro

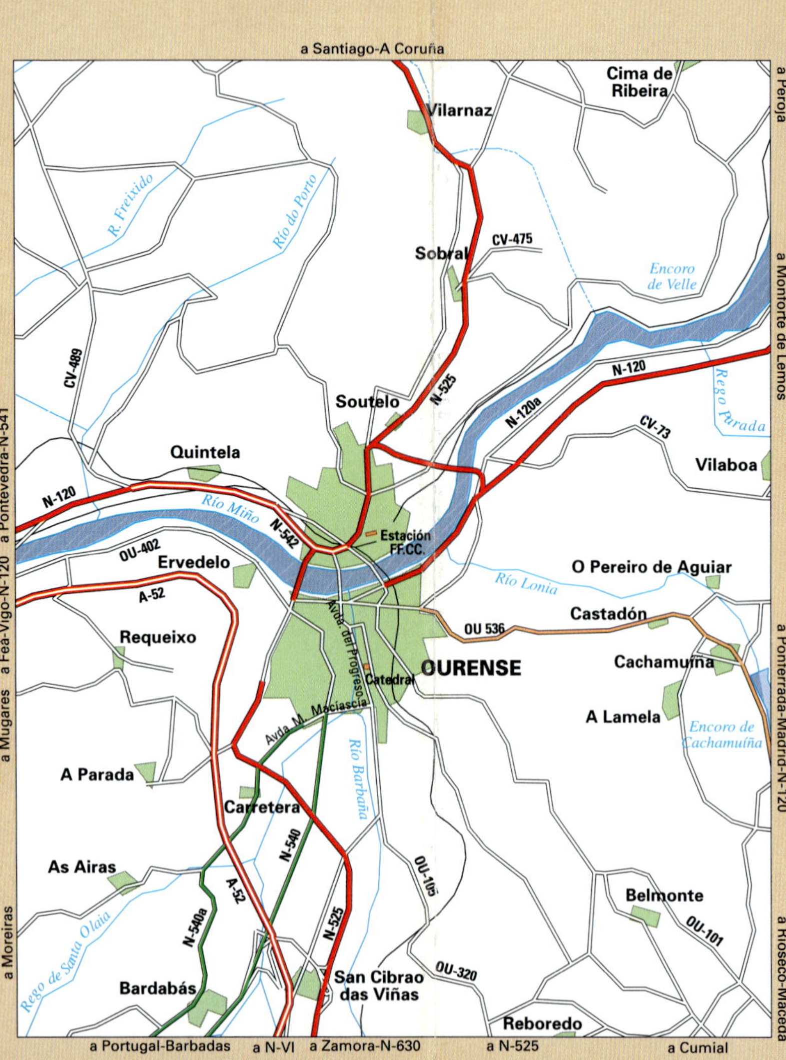
a Santiago-A Coruña
Vilarnaz
Cima de Ribeira
Sobral
Encoro de Velle
Soutelo
Quintela
Vilaboa
Estación FF.CC.
Ervedelo
O Pereiro de Aguiar
Castadón
Requeixo
OURENSE
Catedral
Cachamuiña
A Lamela
A Parada
Carretera
As Airas
Belmonte
Bardabás
San Cibrao das Viñas
Reboredo
a Portugal-Barbadas
a N-VI
a Zamora-N-630
a N-525
a Cumial
a Pontevedra-N-541
a Feá-Vigo-N-120
a Mugares
a Moreiras
a Peroja
a Monforte de Lemos
a Ponferrada-Madrid-N-120
a Rioseco-Maceda

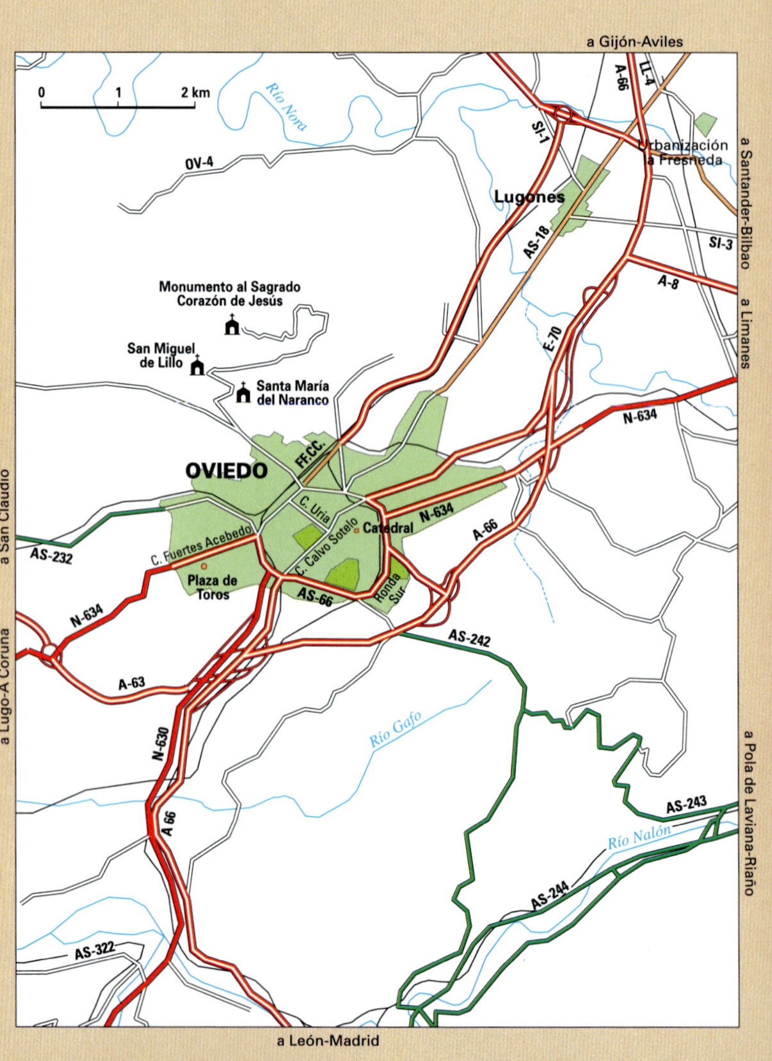
a Gijón-Aviles
Urbanización la Fresneda
Lugones
Monumento al Sagrado Corazón de Jesús
San Miguel de Lillo
Santa María del Naranco
OVIEDO
Catedral
Plaza de Toros
Río Nora
Río Gafo
Río Nalón
a San Claudio
a Lugo-A Coruña
a Santander-Bilbao
a Limanes
a Pola de Laviana-Riaño
a León-Madrid

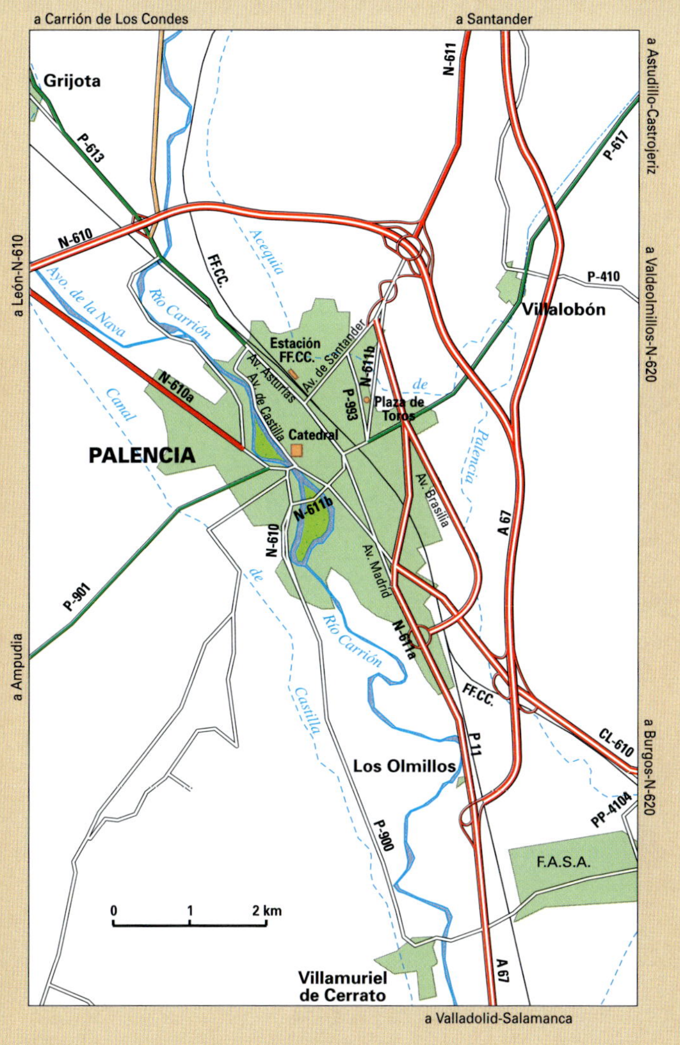

a Carrión de Los Condes
a Santander
a Astudillo-Castrojeriz
a Valladolid-Salamanca
a León-N-610
a Valdeolmillos-N-620
a Ampudia
a Burgos-N-620
Grijota
Villalobón
PALENCIA
Estación FF.CC.
Catedral
Plaza de Toros
Los Olmillos
Villamuriel de Cerrato
F.A.S.A.
Río Carrión
Canal de Castilla
Acequia
Avda. de la Nava
N-610
N-611
P-613
P-617
P-410
P-901
P-900
P-953
A 67
CL-610
PP-4104
N-610a
N-611b
N-611a
P 11
FF.CC.
Av. Asturias
Av. de Castilla
Av. de Santander
Av. Brasilia
Av. Madrid
0
1
2 km

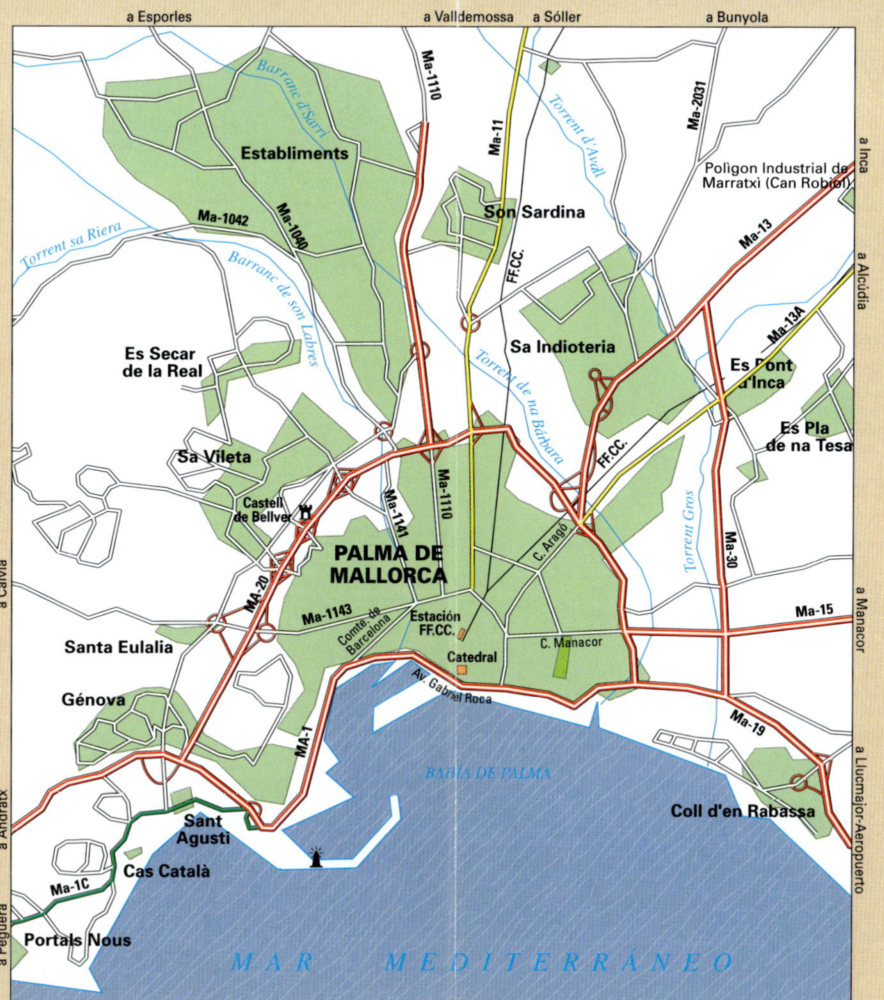

a Esporles
a Valldemossa
a Sóller
a Bunyola
a Inca
a Alcúdia
a Manacor
a Llucmajor-Aeropuerto
a Calvià
a Andratx
a Peguera
Establiments
Son Sardina
Poligon Industrial de Marratxí (Can Robiol)
Sa Indioteria
Es Pont d'Inca
Es Pla de na Tesa
Es Secar de la Real
Sa Vileta
Castell de Bellver
PALMA DE MALLORCA
Estación FF.CC.
Catedral
Santa Eulalia
Génova
Sant Agustí
Cas Català
Portals Nous
Coll d'en Rabassa
BAHÍA DE PALMA
MAR MEDITERRÁNEO
Torrent sa Riera
Barranc de son Llabres
Torrent de na Bàrbara
Torrent Gros
Ma-1110
Ma-11
Ma-2031
Ma-1042
Ma-1040
Ma-13
Ma-13A
Ma-1141
Ma-20
Ma-1143
Ma-15
Ma-30
Ma-19
Ma-1
Ma-1C
Av. Gabriel Roca
C. Manacor
C. Aragó

OCÉANO ATLÁNTICO
Faro de la Isleta
Punta del Roque
Los Pollos
La Isleta
Punta del Confital
Playa del Confital
Castillo de la Luz
Puerto de la Luz
Playa de las Canteras
Playa de las Alcaravaneras
Parque de La Victoria
LAS PALMAS DE GRAN CANARIA
Las Perreras
Las Torres
Emb. de Tamaraceite
Tamaraceite
Almatriche
Rehoyas Altas
Catedral
Lomo Blanco
San Lorenzo
Tafira Baja
Dragonal
Casas Blancas
Playa de la Laja
a Guía-Gáldar
a Firgas
a GC-110
a Tejeda-Sta. Brígida
a Telde-Aeropuerto
GC-1
GC-2
GC-3
GC-23
GC-201
GC-300
GC-308
GC-311
GC-340
GC-382
GC-110
GC-112
GC-113
GC-114

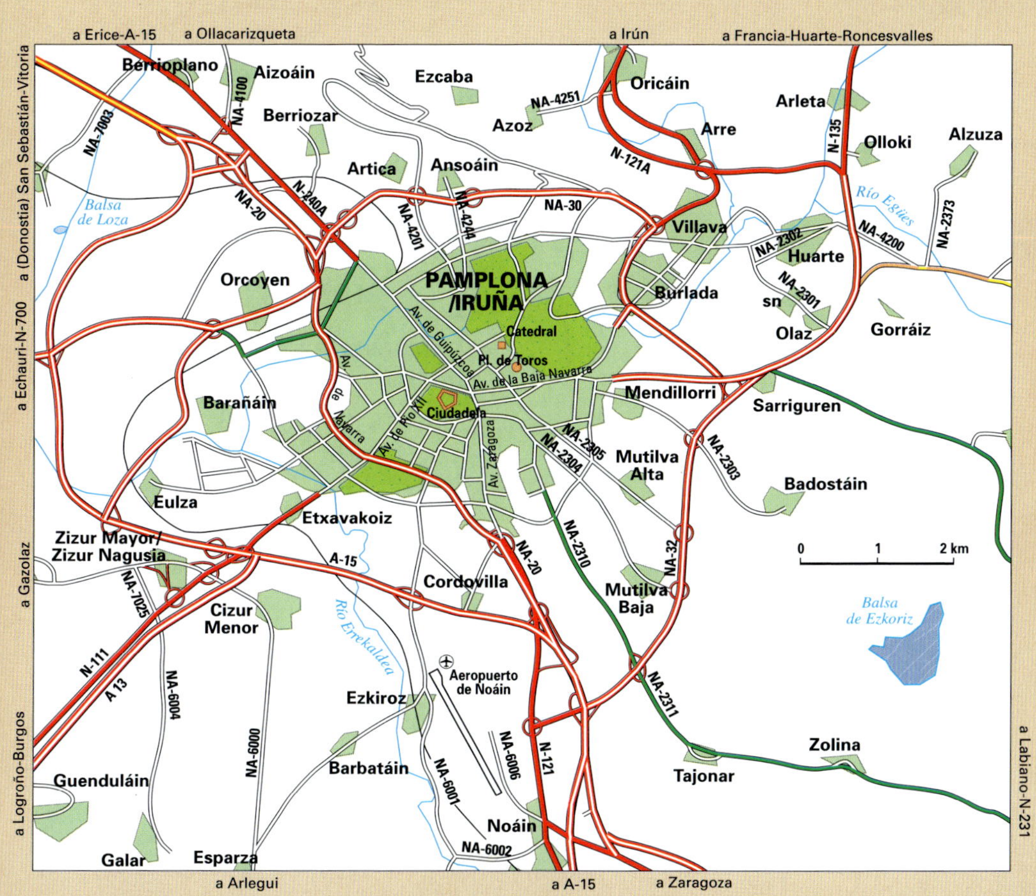

a Erice-A-15
a Ollacarizqueta
a Irún
a Francia-Huarte-Roncesvalles
a (Donostia) San Sebastián-Vitoria
a Echauri-N-700
a Gazolaz
a Logroño-Burgos
a Arlegui
a A-15
a Zaragoza
a Labiano-N-231
Berrioplano
Aizoáin
Berriozar
Ezcaba
Azoz
Oricáin
Arre
Arleta
Olloki
Alzuza
Artica
Ansoáin
Villava
Huarte
Burlada
Olaz
Gorráiz
Orcoyen
PAMPLONA /IRUÑA
Catedral
Pl. de Toros
Ciudadela
Mendillorri
Sarriguren
Barañáin
Eulza
Etxavakoiz
Mutilva Alta
Badostáin
Zizur Mayor/ Zizur Nagusia
Cizur Menor
Cordovilla
Mutilva Baja
Aeropuerto de Noáin
Ezkiroz
Barbatáin
Noáin
Guenduláin
Galar
Esparza
Tajonar
Zolina
Balsa de Loza
Balsa de Ezkoriz
Río Egües
Río Elorz
A-15
NA-2302
NA-2301
NA-4200
NA-2373
NA-4100
NA-7003
NA-20
NA-4201
NA-30
NA-4251
NA-135
NA-2305
NA-2304
NA-2303
NA-2310
NA-32
NA-2311
NA-6004
NA-6000
NA-6001
NA-6002
NA-121
NA-7025
N-111
A 15
Av. de Guipúzcoa
Av. de la Baja Navarra
Av. de Pío XII
0
1
2 km

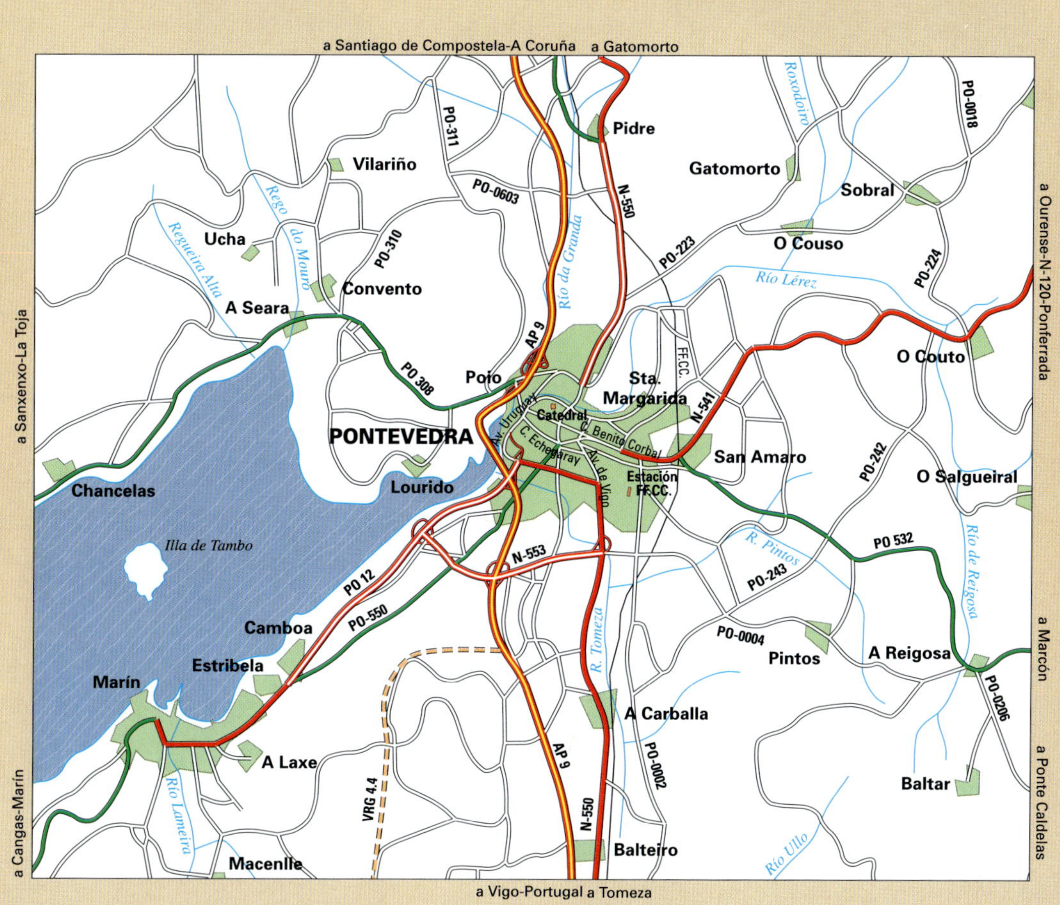

a Santiago de Compostela-A Coruña
a Gatomorto
a Ourense-N-120-Ponferrada
a Marcón
a Ponte Caldelas
a Vigo-Portugal
a Tomeza
a Sanxenxo-La Toja
a Cangas-Marín
Pidre
Vilariño
Gatomorto
Sobral
Ucha
O Couso
Convento
A Seara
O Couto
Poio
Sta. Margarida
PONTEVEDRA
Catedral
Estación FF.CC.
San Amaro
O Salgueiral
Chancelas
Lourido
Illa de Tambo
Camboa
Estribela
Marín
Pintos
A Reigosa
A Carballa
A Laxe
Baltar
Macenlle
Balteiro
Río Lérez
Río Lameira
R. Tomeza
AP 9
N-550
N-541
N-553
PO-311
PO-0603
PO-310
PO 308
PO-223
PO-224
PO-242
PO 532
PO-243
PO-0004
PO-0206
PO-0002
PO 12
PO-550
PO-0018
VRG 4.4
FF.CC.

a Ledesma
a Zamora-León
a Valladolid-Fuentesaúco
a Valladolid-Burgos
El Pajarón
Aldeaseca de Armuña
Monterrubio de Armuña
Castellanos de Moriscos
Arroyo de Castro
Los Almendros
Arroyo del Valle
Villamayor
Los Rosales
La Estación
Moriscos
Argentina
Golf Villamayor
Los Villares
Santibáñez del Río
SALAMANCA
Estación FF.CC.
P. los Comuneros
Pl. Mayor
Catedral
Paseo Carmelitas
S. Gregorio
P. de Canalejas
P. Dr. Torres Villarroel
La Granja
Cabrerizos
Las Cahenes
Arroyos
Casablanca
Arenal del Angel
Río Tormes
Naharros del Río
Aldehuela de los Guzmanes
Nuevo Naharros
Tejares
Vistahermosa
Santa Marta de Tormes
Carpihuelo
Montalvo Primero
Zurguén Alto
Arroyo del Zurguén
Carbajosa de la Sagrada
Valdelaguna
Pelabravo
Regato de Gargabete
a Aldealengua
a Ávila-Toledo
a Ciudad Rodrigo-Portugal
a Vecinos-Coria
a Béjar-Plasencia
a Piedrahita-Alba de Tormes
SA-300
A 66
N-630
CV-097
CL 519
A 62
A-62
N-630a
N-620a
FF.CC.
SA-804
N-501
N-501a
N-501R
A 50
CL-512
CL-510

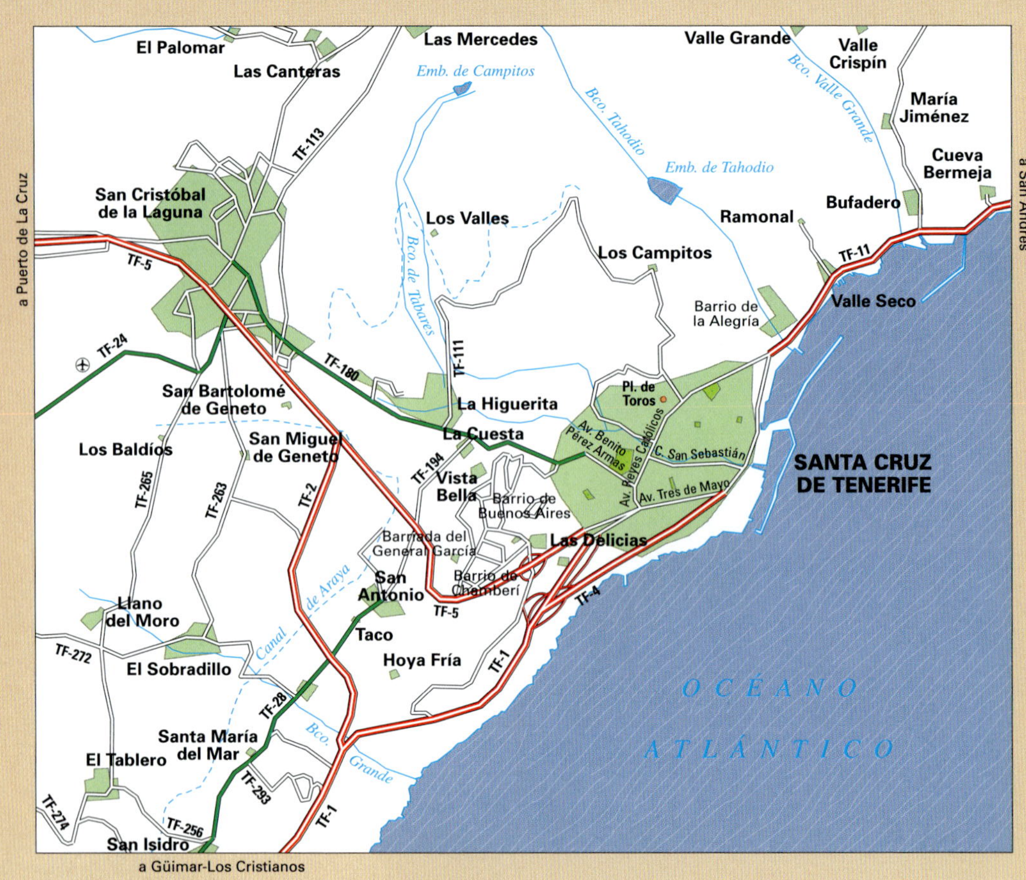

El Palomar
Las Canteras
Las Mercedes
Emb. de Campitos
Valle Grande
Valle Crispín
María Jiménez
Cueva Bermeja
Bco. Tahodio
Emb. de Tahodio
Bco. Valle Grande
San Cristóbal de la Laguna
Los Valles
Ramonal
Bufadero
Los Campitos
Barrio de la Alegría
Valle Seco
a Puerto de La Cruz
a San Andrés
TF-113
TF-5
TF-24
TF-11
TF-180
TF-111
Bco. de Tabares
San Bartolomé de Geneto
La Higuerita
La Cuesta
Pl. de Toros
San Miguel de Geneto
Los Baldíos
SANTA CRUZ DE TENERIFE
Av. Benito Pérez Armas
Av. Reyes Católicos
C. San Sebastián
Av. Tres de Mayo
Vista Bella
Barrio de Buenos Aires
Barriada del General García
Las Delicias
Barrio de Chamberí
San Antonio
TF-265
TF-263
TF-2
TF-194
TF-5
TF-4
Llano del Moro
Taco
El Sobradillo
Hoya Fría
Canal de Araya
TF-272
TF-1
OCÉANO ATLÁNTICO
Santa María del Mar
El Tablero
TF-28
TF-293
Bco. Grande
TF-274
TF-256
San Isidro
a Güimar-Los Cristianos

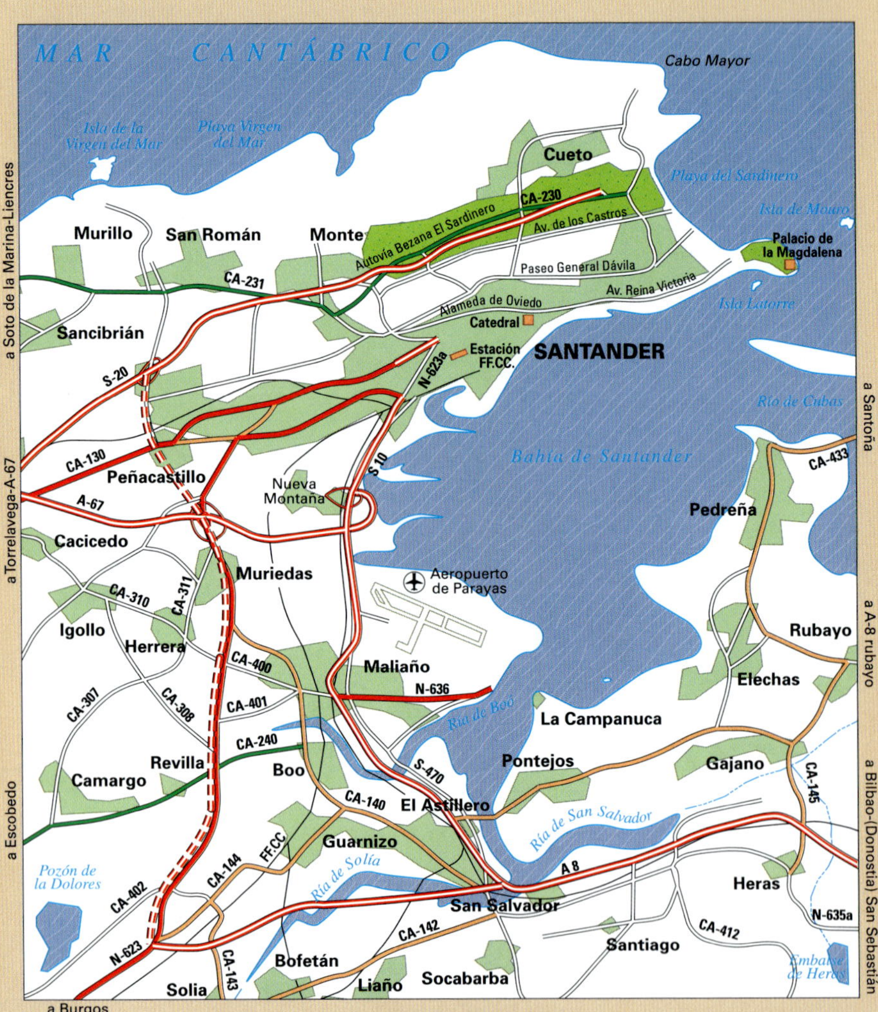

MAR CANTÁBRICO
Cabo Mayor
Isla de la Virgen del Mar
Playa Virgen del Mar
Playa del Sardinero
Isla de Mouro
Cueto
Murillo
San Román
Monte
Autovía Bezana El Sardinero
CA-230
Av. de los Castros
Palacio de la Magdalena
CA-231
Paseo General Dávila
Av. Reina Victoria
Alameda de Oviedo
Isla Laorre
Catedral
Sancibrián
Estación FF.CC.
SANTANDER
N-623a
S-20
Río de Cubas
Bahía de Santander
CA-130
Peñacastillo
Nueva Montaña
S-10
CA-433
Pedreña
A-67
Cacicedo
Muriedas
Aeropuerto de Parayas
CA-310
CA-311
Igollo
Herrera
Rubayo
CA-400
Maliaño
N-636
CA-401
Ría de Boo
Elechas
CA-307
CA-308
La Campanuca
CA-240
Revilla
Boo
S-470
Pontejos
Gajano
CA-145
Camargo
CA-140
El Astillero
Ría de San Salvador
Guarnizo
Pozón de la Dolores
FF.CC
Ría de Solía
CA-144
A 8
CA-402
San Salvador
Heras
N-635a
N-623
CA-142
CA-412
Santiago
Embalse de Heras
CA-143
Bofetán
Solia
Liaño
Socabarba
a Soto de la Marina-Liencres
a Torrelavega-A-67
a Escobedo
a Burgos
a Santoña
a A-8 rubayo
a Bilbao-(Donostia) San Sebastián

a Sta. Comba-Vimianzo
0 1 2 km
CP-7804
AC 404
Paradela
N-550
N-550a
O Meixonfrío
a Coruña
Río Sarela
Casas Novas
SANTIAGO DE COMPOSTELA
San Marcos
Rego de Fontecova
CP-7803
Catedral
Avda. Rosalía de C.
Castelao
R. do Horreo
FF.CC.
Vidán
AC 543
N-550a
N-550
N-525a
AC-261
AP 9
Rego Arins
a Codeso
FF.CC.
A Rocha Vella
Rego de Sta. Lucía
Rego de Formas
AG 59
AC 841
A Ribeira
a Pontevedra-Vigo
CP-8202
CP-8203
N-525
A-53
A Susana
Cacheiras
a Estrada

a Cuéllar-Valladolid
CL 601
SG-P-3121
N-110
a Sto. Tomé del Puerto-Soria
La Lastrilla
Zamarramala
P. Sto. D. de Guzmán
Av. Vía Roma
Río Ciguiñuela
San Cristóbal de Segovia
SG-310
Catedral
N-110a
V-6123
Río Eresma
Acueducto
Av. C. Claret
Av. Constitución
SG-20
CL 605
SEGOVIA
P. Ezequiel González
Estación FF.CC.
FF.CC
Perogordo
CL-601
SG-20
La Peladera
La Puentecilla
N-110
SG-724
Hontoria
V-7241
AP 61
N-603
SG V 7140
SG V 7210
SG V 7210
CL-601
a Sta. Mª. la Real de Nieva-CL-605
a Villacastín-Ávila
a La Granja-Madrid
a Riofrío
a San Rafael-Madrid

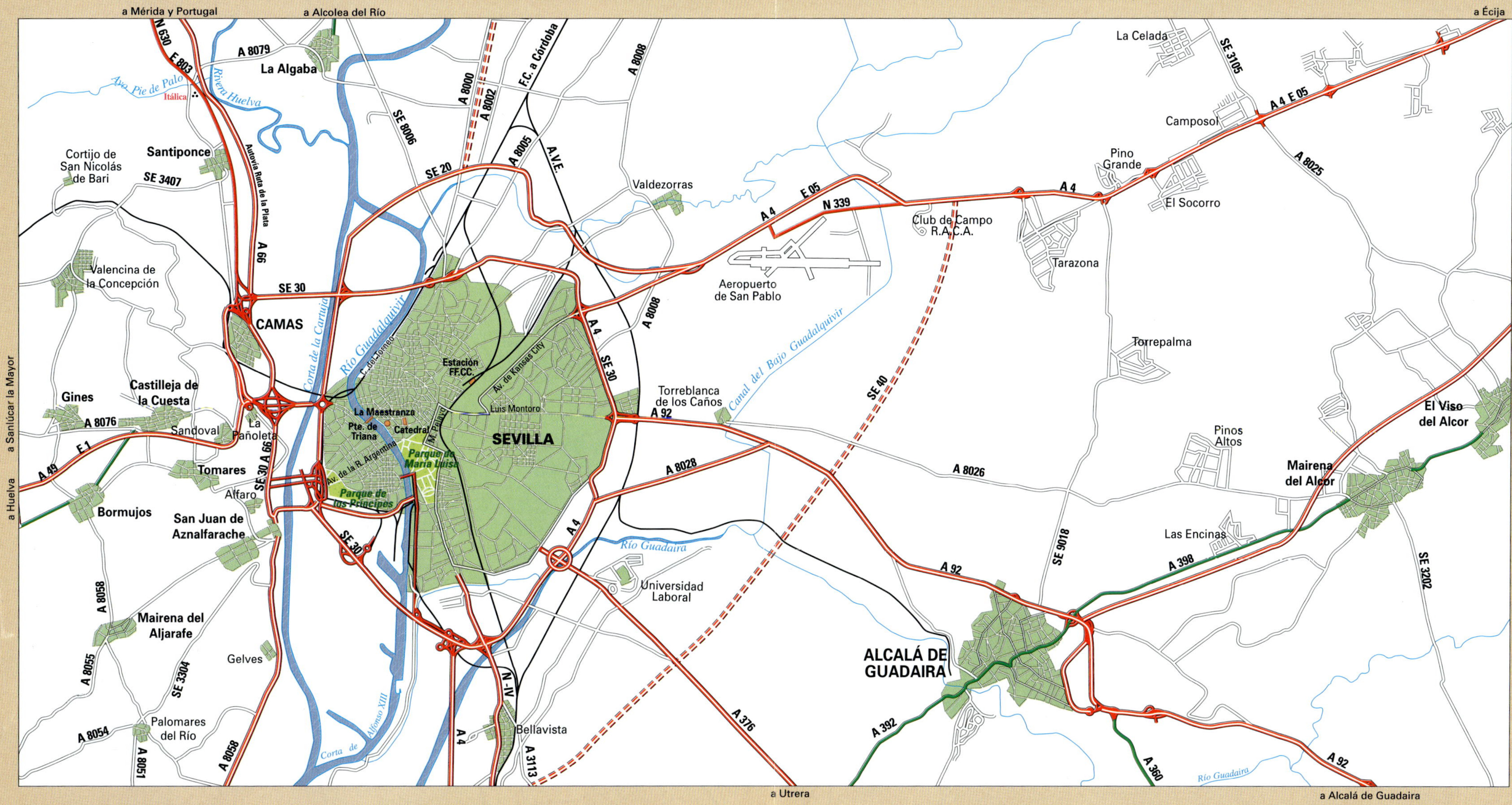

a Mérida y Portugal
a Alcolea del Río
a Écija
N 630
E 803
A 8079
La Algaba
Rivera Huelva
Itálica
Cortijo de San Nicolás de Bari
Santiponce
SE 3407
SE 8006
A 8000
A 8002
F.C. a Córdoba
A 8008
SE 20
A 8005
A.V.E.
Valdezorras
La Celada
SE 3105
A 4 E 05
Camposol
Pino Grande
A 8025
El Socorro
A 4
N 339
E 05
Club de Campo R.A.C.A.
Tarazona
Aeropuerto de San Pablo
Valencina de la Concepción
A 66
SE 30
CAMAS
Corta de la Cartuja
Río Guadalquivir
C. de Torneo
Estación FF.CC.
Av. de Kansas City
A 8008
SE 30
Torreblanca de los Caños
Canal del Bajo Guadalquivir
SE 40
Torrepalma
Gines
Castilleja de la Cuesta
A 8076
Sandoval
La Pañoleta
La Maestranza
Pte. de Triana
Catedral
M. Pelayo
Luis Montoro
SEVILLA
A 92
El Viso del Alcor
a Sanlúcar la Mayor
a Huelva
A 49
E 1
Tomares
SE 30
A 66
Av. de la R. Argentina
Parque de María Luisa
Alfaro
Parque de los Príncipes
Bormujos
A 8028
A 8026
Pinos Altos
Mairena del Alcor
San Juan de Aznalfarache
SE 30
A 4
Río Guadaira
Universidad Laboral
Las Encinas
SE 9018
A 398
SE 3202
A 92
A 8058
Mairena del Aljarafe
A 8055
SE 3304
Gelves
N-IV
ALCALÁ DE GUADAIRA
A 8054
Palomares del Río
A 8051
A 8058
Corta de Alfonso XIII
A 4
Bellavista
A 3113
A 376
A 392
A 360
Río Guadaira
A 92
a Utrera
a Alcalá de Guadaira

a-Logroño
Garray
SO-V-8212
Velilla de la Sierra
Casa del Guarda
Río Duero
SO-610
SO-P-1011
N-111
Numancia
0 1 2 km
a-Burgos-N-I
SO-P-1001
Río Duero
Las Casas
N-234
Granja del Cristo
SO-P-6006
SO 20
N-111a
SO-P-5029
N-234
Polígono Las Casas
Pl. de Toros
SORIA
a N-122-Calatayud
N-122
Avda. de Valladolid
C. Sto. Tomé
C. S. Agustín
San Juan de Duero
Río Golmayo
N-111a
Golmayo
SO-P-6051
C. Eduardo Saavedra
P. de Sta. Clara
Avda. de M. Vicén
N-122a
a-Valladolid-Palencia
N-234
FF.CC.
a N-234-Zaragoza
Ermita de S. Saturio
Carbonera de Frentes
Río Golmayo
N-111
Embalse de Los Rábanos
a-Quintana Redonda
a-Madrid-N-II

a Lleida-Zaragoza
a Vilavella
Polígon Industrial del Francolí (el)
Sant Salvador
Mas del Frare
a Reus-N-232-A-7
Constantí
TV-7211
El Camp d'Aviació
Grassa
N-240
a Barcelona-A-16
T 11
El Camp d'Aviació
N-420a
N-420R
0 1 2 km
AP 7
Sant Pere i Sant Pau
Els Montgons
Bellisens
L'Oliva
A 7
A 7
La Plana
T-315
AP 7
Bonavista
La Savinosa
a Castellón de La Plana
Quart
T 11
A 27
N-240a
Av. Catalunya
Rambla Nova
N-340a
a Barcelona
A 7
Torreforta
Av. de Roma
La Canonja
N-340a
Campsa
C. Reial
Vila-seca de Solcina
Les Pinedes
N-241
TARRAGONA
Cepsa
A 7
TV-3148
La Pineda
Universidad Laboral
a Valencia
C-31-B
MAR
C-14
TV-3148
Zona Estival
MEDITERRÁNEO
Salou
Estany (els)

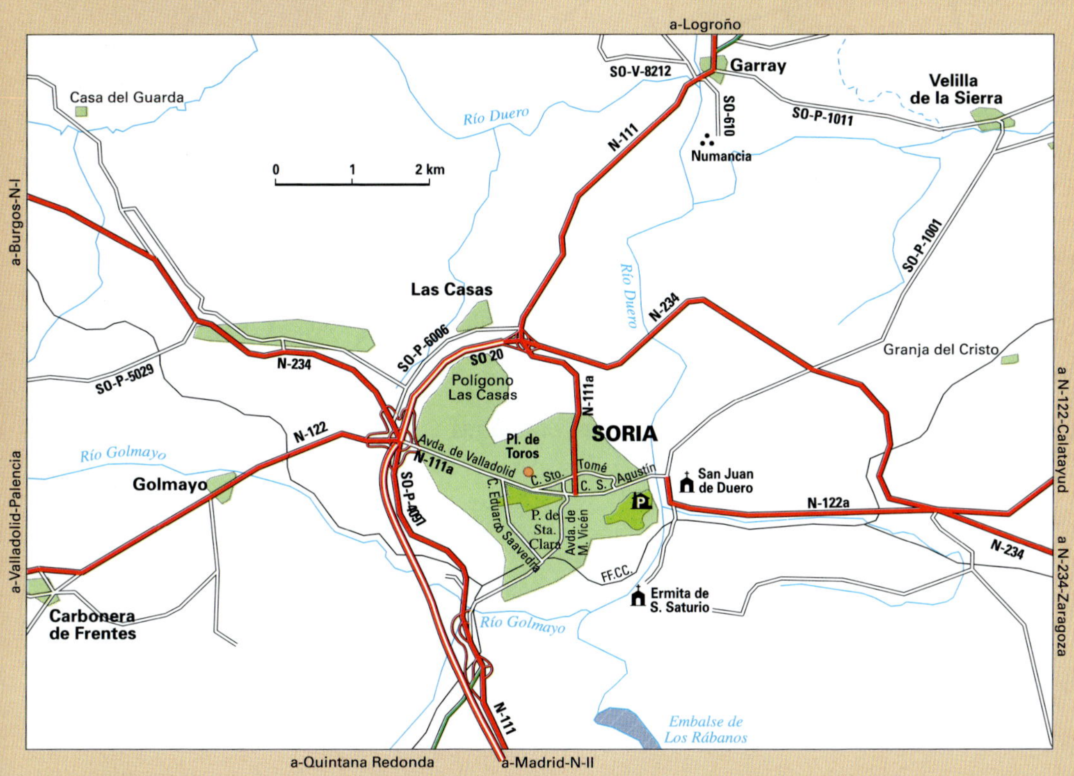

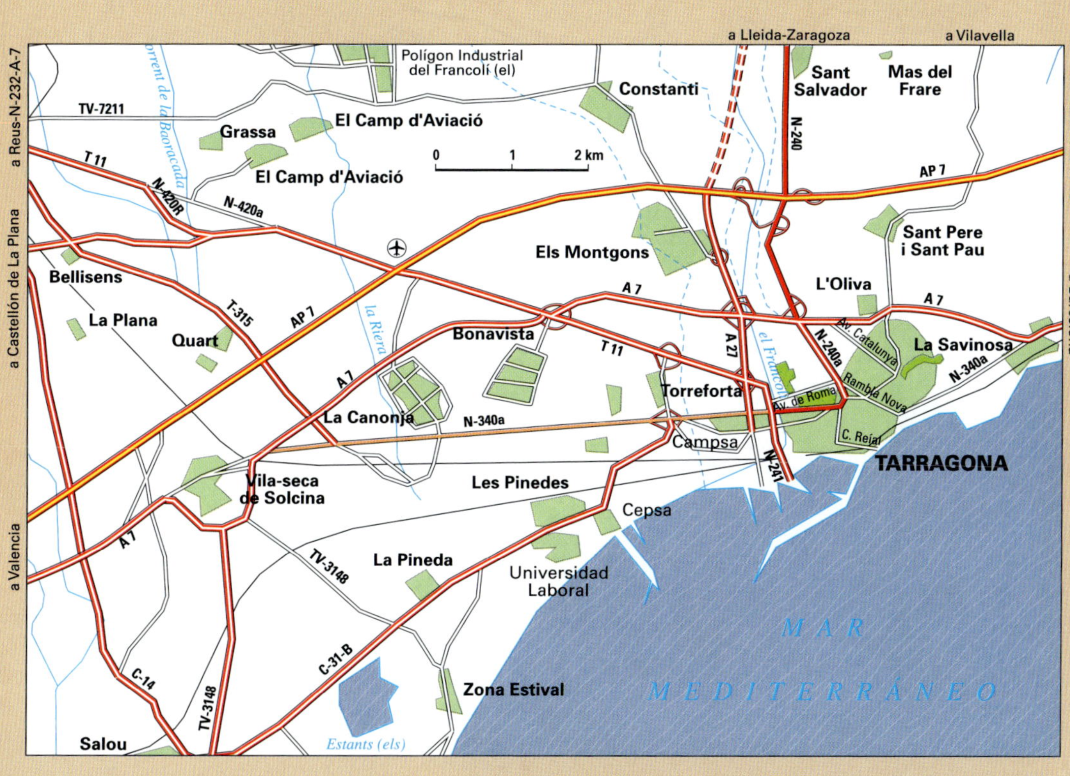

a Celadas
a Montalbán-Tarragona
0 1 2 km
a Soria-Zaragoza-Madrid
a Corbalán-Cedrillas
a Sagunto-Valencia
a Sagunto-Valencia-A-7
TE-V-1001
Concud
Río Alfambra
N-234
N-420
A-226
TE-V-8005
A-1513
FF.CC.
TERUEL
Ronda Dámaso
Av. de Zaragoza
A 23
Río Turia
Catedral
N-330a
Estación FF.CC.
Plaza de Toros
N-223a
Av. Sagunto
N-223
Río Turia
TE-V-6014
Castralvo
TE-V-6016
Villaspesa
N-330
TE-V-6015
a Cuenca-Requena
a Cubla
a Aldehuela

a Torrijos-Ávila
a Illescas-Madrid
Urb. Los Olivos
Urb. Valparaíso
0 1 2 km
N-403
A 42
a Mocejón
a Talavera de la Reina-La Puebla de Montalbán
TO 20
A 40
AP 41
Urb. Vistahermosa
N-401a
N-403a
TO 20
TOLEDO
Av. de la Reconquista
C. Cardenal Tavera
N-400
CM-4000
N 400
a Aranjuez-N-IV
Urb. San Bernardo
P. de Recaredo
Catedral
Alcázar
T 20
CM-401
CM 42 N401
Urb. La Pozuela
CM-4013
Urb. El Olivar de Cobisa
a Navahermosa-Polán
Urb. El Viso de Argés
Urb. Los Olivos
Urb. Las Posturas
Argés
Cobisa
TO-7811-V
TO-7901-V
Burguillos de Toledo
Urb. Las Animas
Urb. Cercado Largo
a Cuerva
a Orgaz-Sonseca

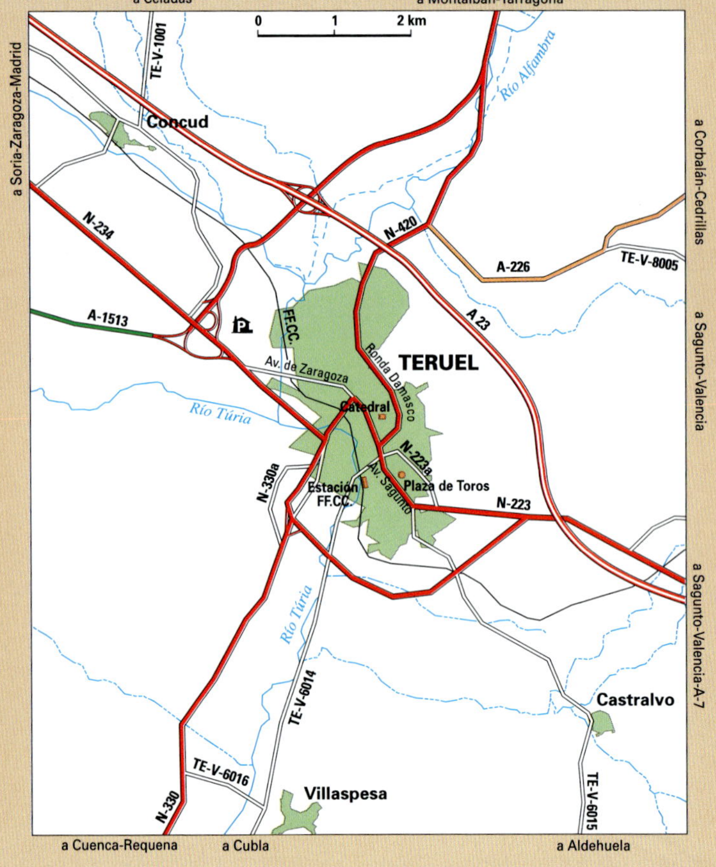

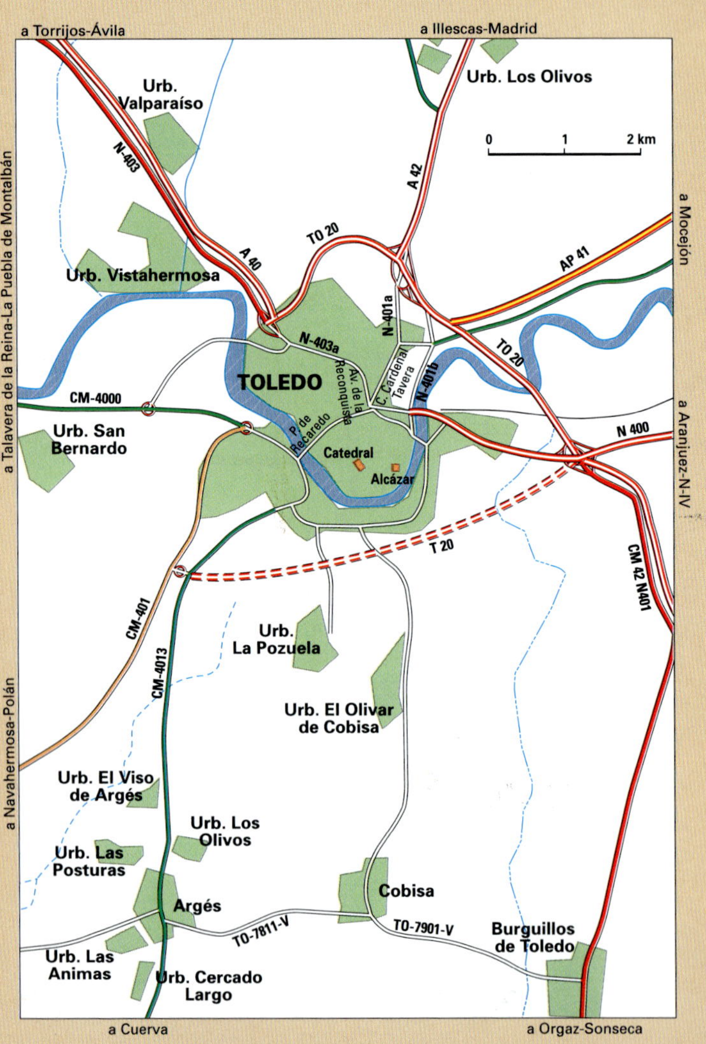

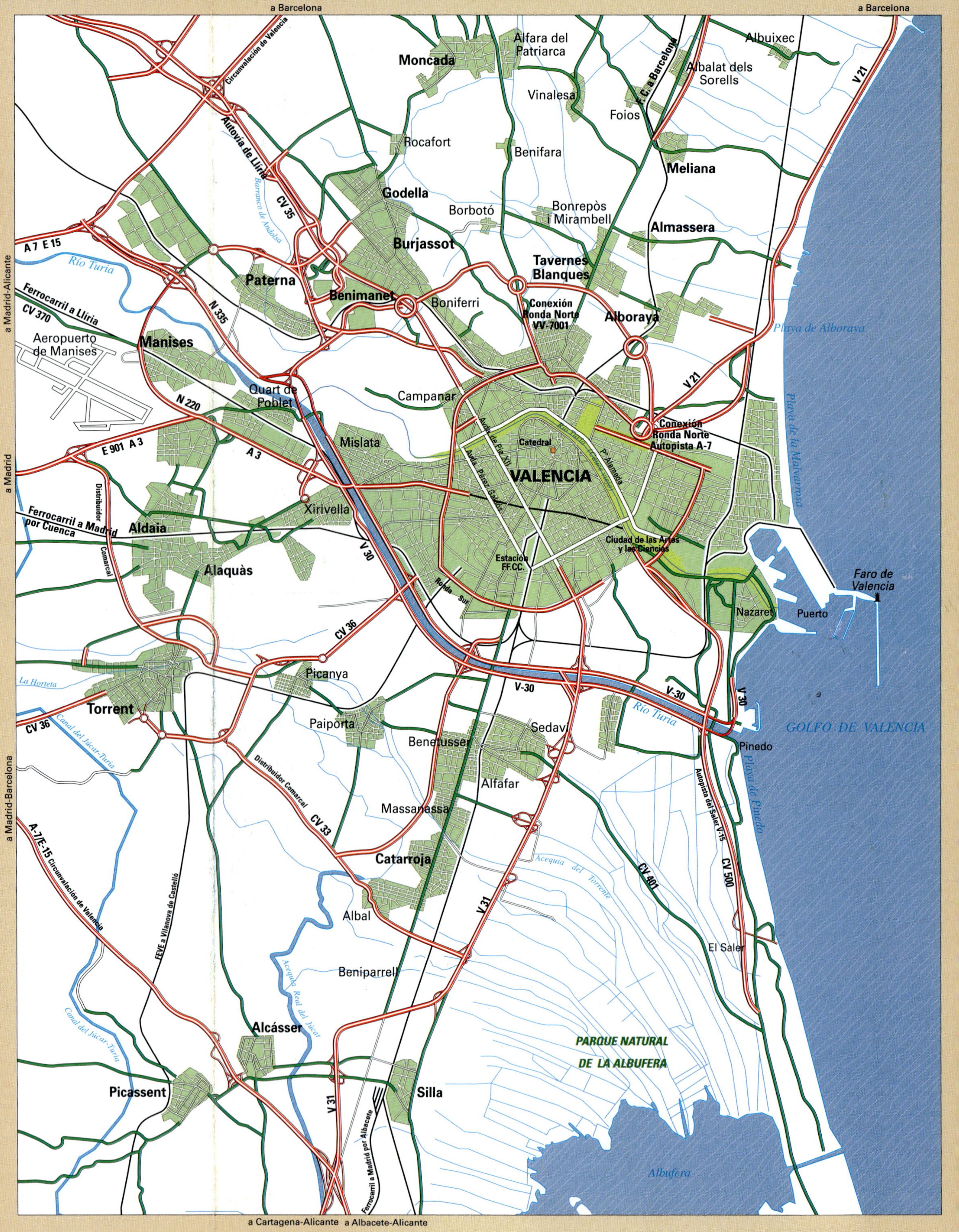

a Barcelona
a Barcelona
Circunvalación de Valencia
Alfara del Patriarca
Albuixec
Moncada
Albalat dels Sorells
F.C. a Barcelona
Vinalesa
Foios
V 21
Autovía de Llíria
Rocafort
Benifara
Meliana
Godella
CV 35
Borbotó
Bonrepòs i Mirambell
Almassera
A 7 E 15
Burjassot
a Madrid-Alicante
Río Turia
Paterna
Tavernes Blanques
Benimamet
Boniferri
Conexión Ronda Norte VV-7001
Ferrocarril a Llíria
N 335
Alboraya
CV 370
Playa de Alboraya
Manises
Aeropuerto de Manises
Campanar
V 21
Quart de Poblet
N 220
Conexión Ronda Norte Autopista A-7
Catedral
Mislata
E 901 A 3
A 3
VALENCIA
Playa de la Malvarrosa
a Madrid
Distribuidor Comarcal
Xirivella
Ferrocarril a Madrid por Cuenca
Aldaia
V 30
Ciudad de las Artes y las Ciencias
Alaquàs
Estación FF.CC.
Ronda Sur
Faro de Valencia
Nazaret
Puerto
CV 36
Picanya
La Horteta
V-30
V-30
V 30
Torrent
Paiporta
Río Turia
GOLFO DE VALENCIA
CV 36
Canal del Júcar-Turia
Sedaví
Benetússer
Pinedo
Distribuidor Comarcal
Alfafar
Autopista del Saler V-15
Playa de Pinedo
a Madrid-Barcelona
A-7/E-15 Circunvalación de Valencia
CV 33
Massanassa
Acequia del Torrente
Catarroja
CV 401
CV 500
V 31
Albal
FEVE a Vilanova de Castelló
Acequia Real del Júcar
El Saler
Beniparrell
Canal del Júcar-Turia
PARQUE NATURAL DE LA ALBUFERA
Alcàsser
Picassent
V 31
Ferrocarril a Madrid por Albacete
Silla
Albufera
a Cartagena-Alicante
a Albacete-Alicante

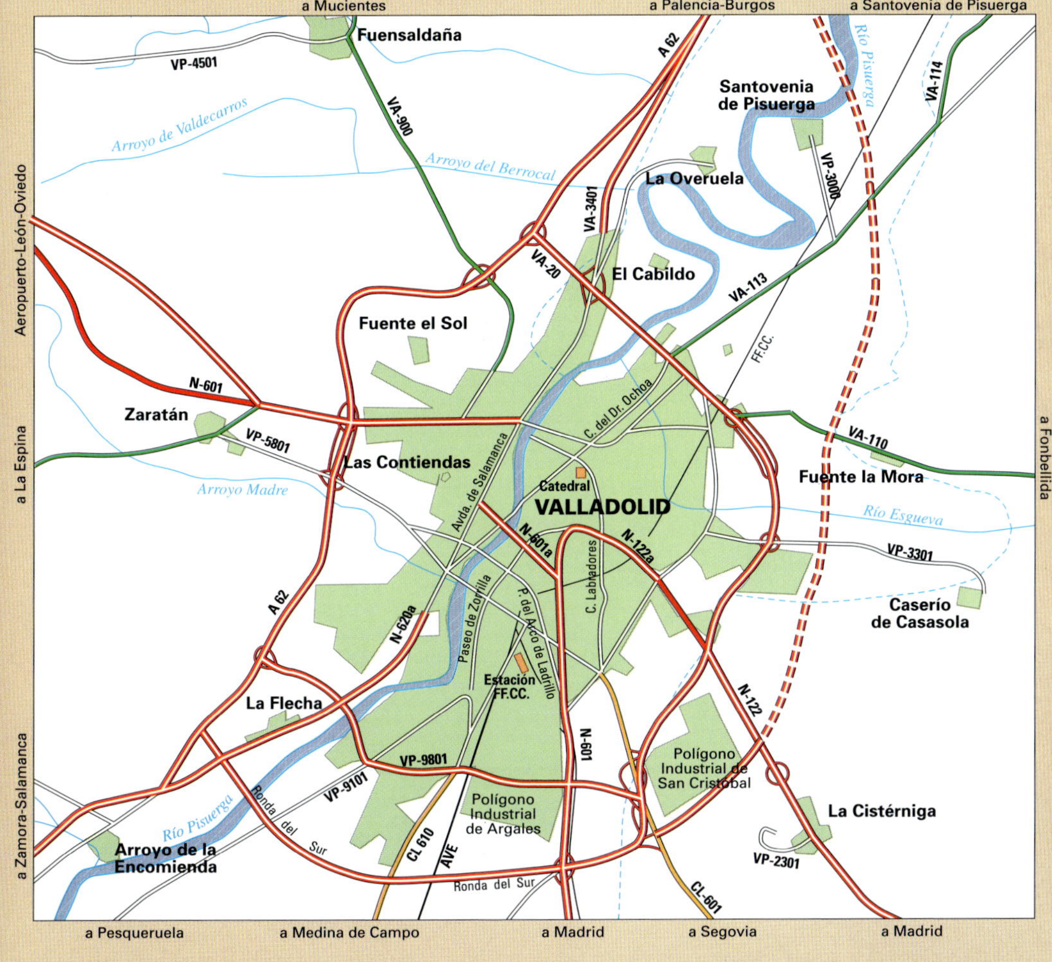

a Mucientes
a Palencia-Burgos
a Santovenia de Pisuerga
Fuensaldaña
VP-4501
A 62
Santovenia de Pisuerga
Río Pisuerga
VA-114
VA-900
Arroyo de Valdecarros
Arroyo del Berrocal
VA-3401
La Overuela
VP-3000
El Cabildo
VA-20
VA-113
Aeropuerto-León-Oviedo
Fuente el Sol
FF.CC.
N-601
Zaratán
VP-5801
Las Contiendas
C. del Dr. Ochoa
VA-110
a La Espina
a Fombellida
Arroyo Madre
Avda. de Salamanca
Catedral
Fuente la Mora
VALLADOLID
Río Esgueva
N-601a
N-122a
VP-3301
A 62
N-620a
Paseo de Zorrilla
P. del Arco de Ladrillo
C. Labradores
Caserío de Casasola
Estación FF.CC.
N-122
La Flecha
N-601
Polígono Industrial de San Cristóbal
VP-9801
VP-9101
Río Pisuerga
Ronda del Sur
Polígono Industrial de Argales
La Cistérniga
a Zamora-Salamanca
Arroyo de la Encomienda
CL 610
AVE
VP-2301
CL-601
a Pesqueruela
a Medina de Campo
a Madrid
a Segovia
a Madrid

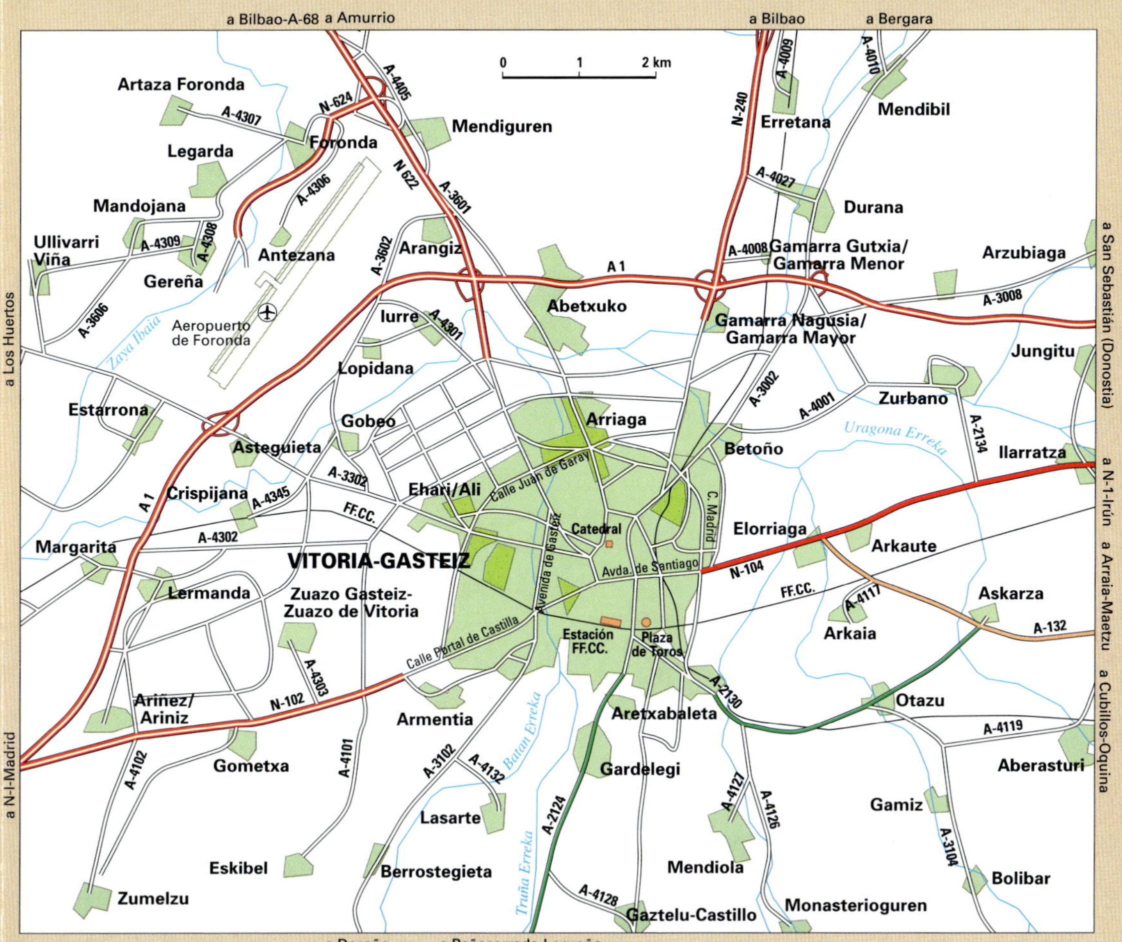

a Bilbao-A-68
a Amurrio
a Bilbao
a Bergara
0
1
2 km
Artaza Foronda
A-4307
N-624
A-4405
Mendiguren
N-240
A-4009
A-4010
Erretana
Mendibil
Legarda
Foronda
N 622
A-4027
Durana
Mandojana
A-4306
A-3601
Ullivarri Viña
A-4309
A-4308
Antezana
A-3602
Arangiz
A-4008
Gamarra Gutxia/ Gamarra Menor
Arzubiaga
a San Sebastián (Donostia)
Gereña
A 1
A-3008
A-3606
Aeropuerto de Foronda
Zaya Ibaia
Iurre
A-4301
Abetxuko
Gamarra Nagusia/ Gamarra Mayor
a Los Huertos
Lopidana
Jungitu
A-3002
Zurbano
Estarrona
Gobeo
Arriaga
A-4001
Uragona Erreka
A-2134
Asteguieta
Betoño
Ilarratza
A 1
Crispijana
A-3302
A-4345
Calle Juan de Garay
Ehari/Ali
FF.CC.
C. Madrid
a N-1-Irún
Catedral
Elorriaga
Margarita
A-4302
Arkaute
VITORIA-GASTEIZ
Avenida de Gasteiz
Avda. de Santiago
N-104
FF.CC.
a Arraia-Maeztu
Lermanda
Zuazo Gasteiz- Zuazo de Vitoria
A-4117
Askarza
Calle Portal de Castilla
Estación FF.CC.
Plaza de Toros
Arkaia
A-132
A-4303
A-2130
a Cubillos-Oquina
Ariñez/ Ariniz
N-102
Armentia
Aretxabaleta
Otazu
a N-I-Madrid
A-4119
A-4102
A-4101
A-3102
A-4132
Batan Erreka
Gardelegi
Aberasturi
Gometxa
A-2124
A-4127
A-4126
Gamiz
Lasarte
A-3104
Mendiola
Eskibel
Berrostegieta
Truña Erreka
Bolibar
A-4128
Zumelzu
Monasterioguren
Gaztelu-Castillo
a Doroño
a Peñacerrada-Logroño

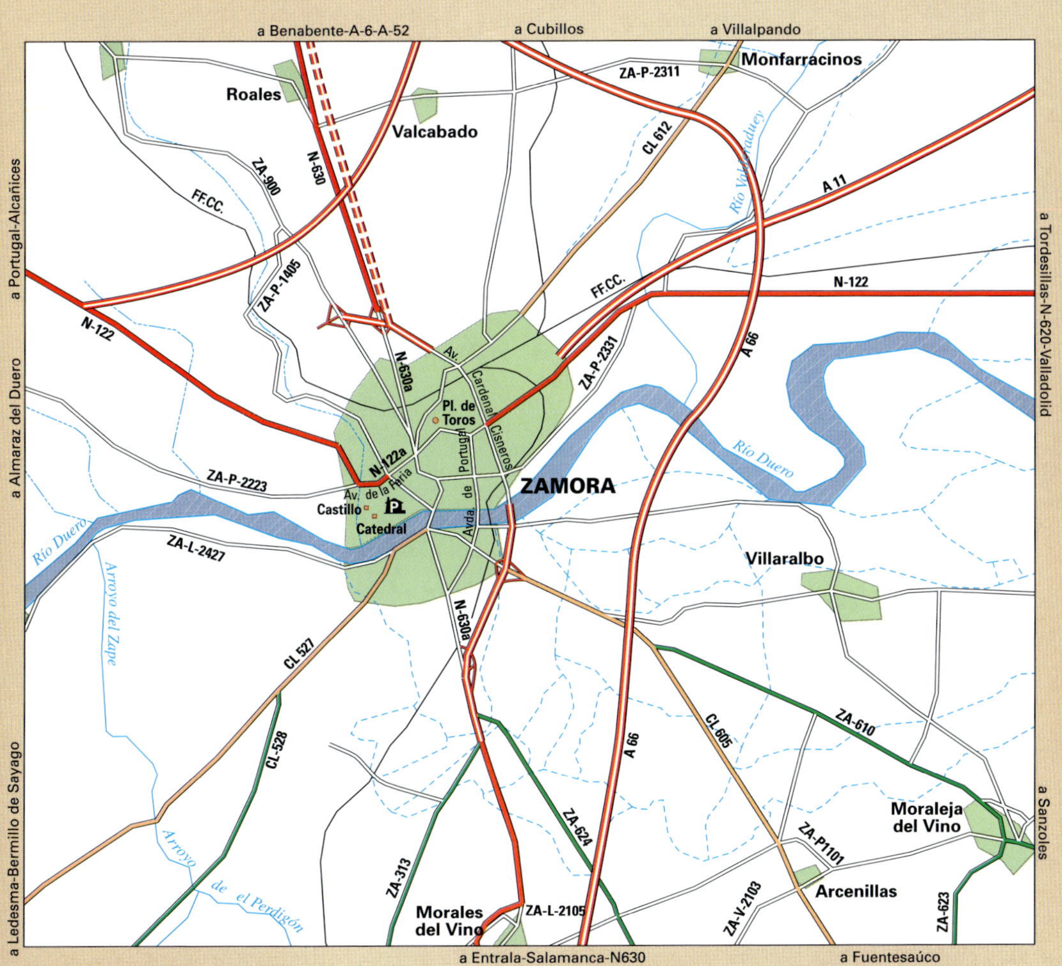

a Benabente-A-6-A-52
a Cubillos
a Villalpando
ZA-P-2311
Monfarracinos
Roales
Valcabado
CL 612
N-630
ZA-900
Río Valderaduey
FF.CC.
A 11
a Portugal-Alcañices
ZA-P-1405
a Tordesillas-N-620-Valladolid
FF.CC.
N-122
N-122
A 66
ZA-P-2331
N-630a
Av. Cardenal Cisneros
Pl. de Toros
Río Duero
a Almaraz del Duero
ZA-P-2223
N-122a
Av. de la Feria
Avda. de Portugal
Castillo
Catedral
ZAMORA
Río Duero
ZA-L-2427
Villaralbo
Arroyo del Zape
N-630a
CL 527
CL-528
CL 605
ZA-610
A 66
ZA-624
Moraleja del Vino
Arroyo de el Perdigón
ZA-P1101
a Sanzoles
a Ledesma-Bermillo de Sayago
ZA-313
Arcenillas
ZA-L-2105
ZA-V-2103
ZA-623
Morales del Vino
a Entrala-Salamanca-N630
a Fuentesaúco

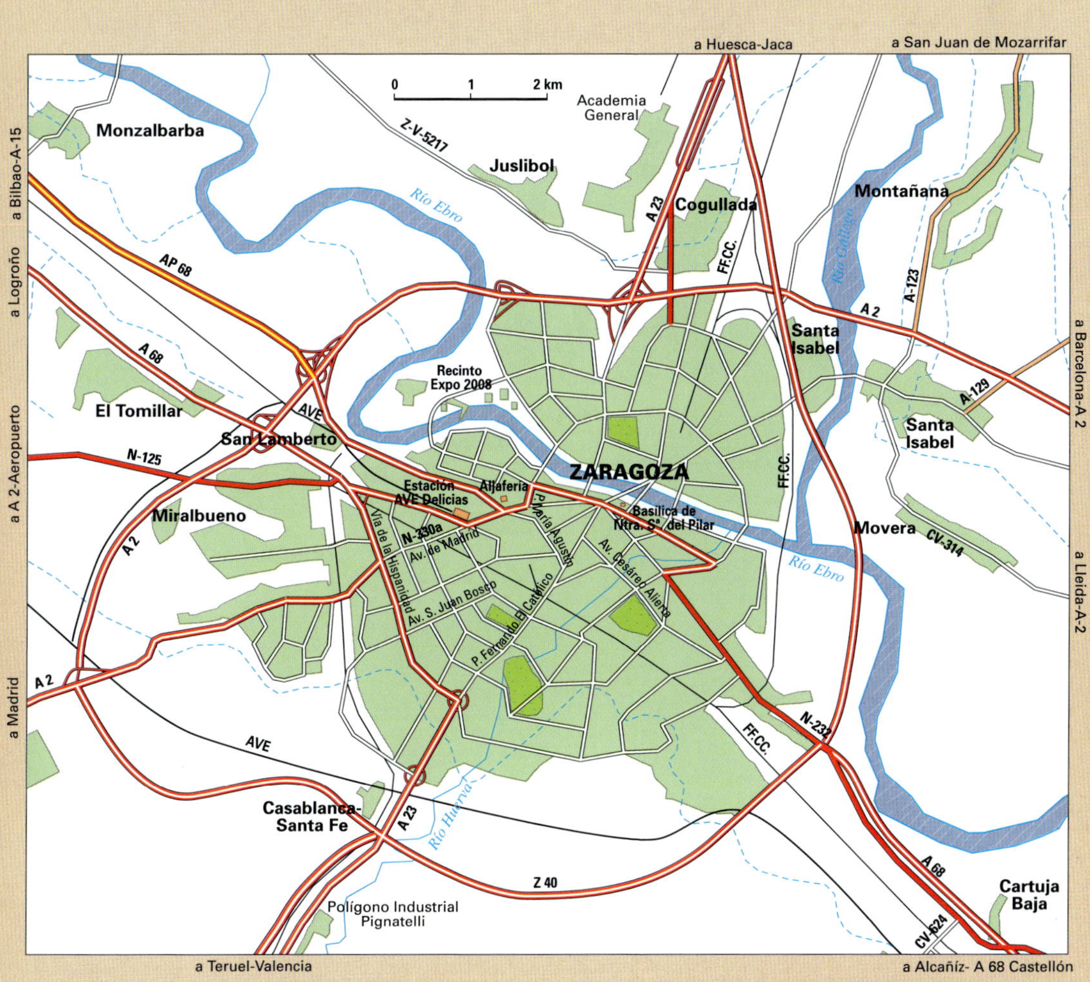

a Huesca-Jaca
a San Juan de Mozarrifar
0
1
2 km
Academia General
Monzalbarba
Z-V-5217
a Bilbao-A-15
Juslibol
Río Ebro
A 23
Cogullada
Montañana
FF.CC.
Río Gállego
AP 68
a Logroño
A 2
A-123
Santa Isabel
A 68
Recinto Expo 2008
a Barcelona-A 2
A-129
El Tomillar
AVE
San Lamberto
Santa Isabel
N-125
ZARAGOZA
FF.CC.
Estación AVE Delicias
Aljafería
a A 2-Aeropuerto
Miralbueno
N-330a
Av. de Madrid
Pº María Agustín
Basílica de Ntra. Sª del Pilar
Movera
CV-314
Río Ebro
A 2
Vía de la Hispanidad
Av. S. Juan Bosco
Av. César Alierta
a Lleida-A-2
P. Fernando El Católico
A 2
a Madrid
AVE
N-232
FF.CC.
Casablanca-Santa Fe
A 23
Río Huerva
Z 40
A 68
Cartuja Baja
Polígono Industrial Pignatelli
CV-624
a Teruel-Valencia
a Alcañiz- A 68 Castellón

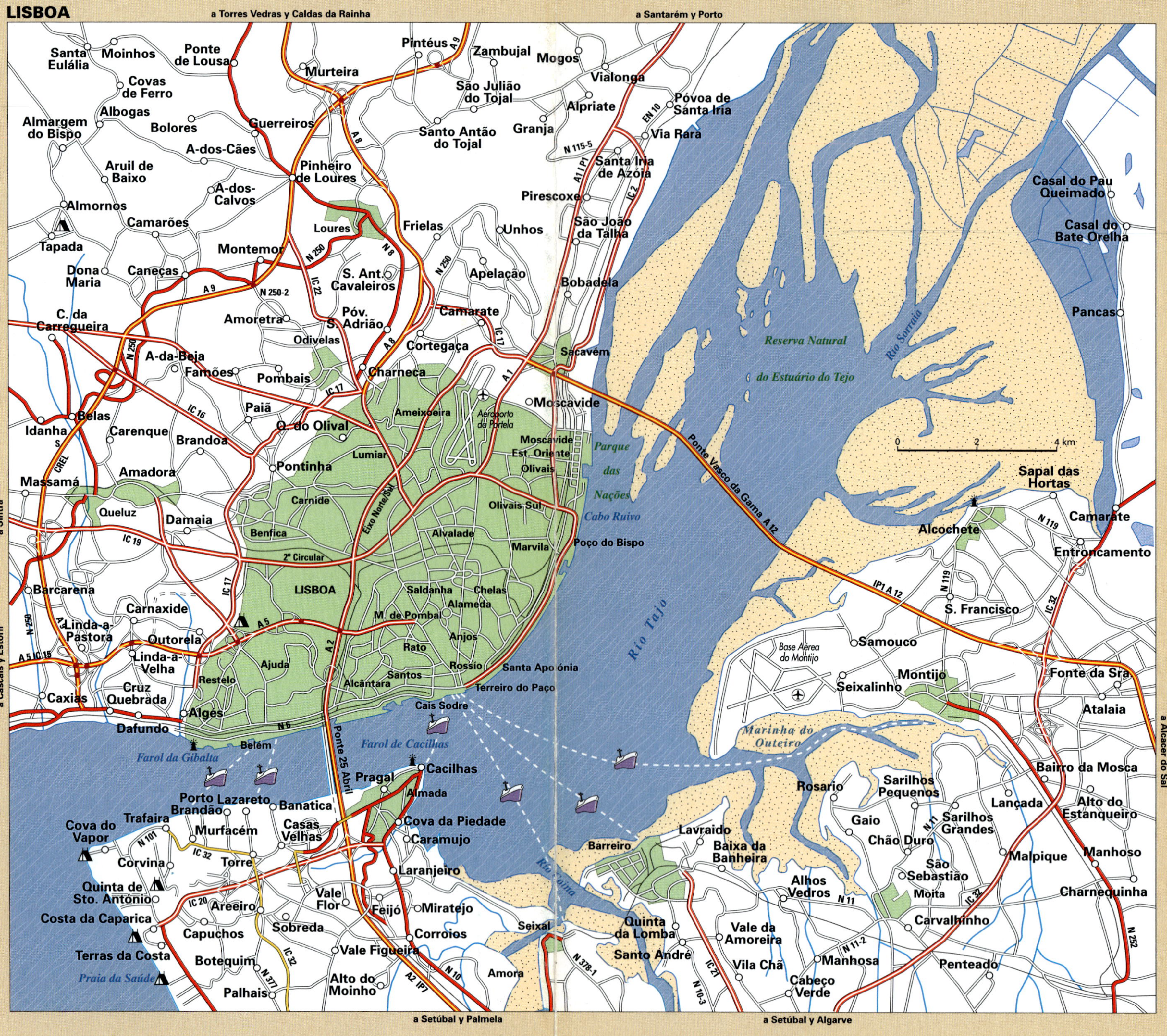

LISBOA
a Torres Vedras y Caldas da Rainha
a Santarém y Porto
a Sintra
a Cascais y Estoril
a Setúbal y Palmela
a Setúbal y Algarve
a Alcacer do Sal
Santa Eulália
Moinhos
Ponte de Lousa
Murteira
Pintéus
Zambujal
Mogos
Vialonga
Póvoa de Santa Iria
Covas de Ferro
Albogas
Almargem do Bispo
Bolores
Guerreiros
São Julião do Tojal
Alpriate
Santo Antão do Tojal
Granja
Via Rara
A-dos-Cães
Arruil de Baixo
Pinheiro de Loures
A-dos-Calvos
Santa Iria de Azóia
Almornos
Pirescoxe
Camarões
Loures
Frielas
Unhos
São João da Talha
Tapada
Montemor
Dona Maria
Caneças
S. Ant. Cavaleiros
Apelação
Bobadela
C. da Carregueira
Amoreira
Póv. S. Adrião
Camarate
Odivelas
Cortegaça
Sacavém
A-da-Beja
Famões
Pombais
Charneca
Ameixoeira
Aeroporto da Portela
Moscavide
Idanha
Belas
Paiã
O. do Olival
Carenque
Brandoa
Moscavide Est. Oriente
Olivais
Parque das Nações
Lumiar
Pontinha
Amadora
Massamá
Carnide
Olivais Sul
Cabo Ruivo
Queluz
Damaia
Benfica
Alvalade
Poço do Bispo
Marvila
2ª Circular
Eixo Norte/Sul
Barcarena
LISBOA
Saldanha
Chelas
Alameda
Carnaxide
M. de Pombal
Linda-a-Pastora
Outorela
Anjos
Linda-a-Velha
Rato
Rossio
Santa Apolónia
Ajuda
Restelo
Santos
Alcântara
Terreiro do Paço
Cruz Quebrada
Caxias
Algés
Cais Sodre
Dafundo
Belém
Farol da Gibalta
Farol de Cacilhas
Ponte 25 Abril
Cacilhas
Pragal
Almada
Porto Brandão
Lazareto
Banatica
Trafaria
Cova do Vapor
Murfacém
Casas Velhas
Cova da Piedade
Caramujo
Corvina
Torre
Laranjeiro
Quinta de Sto. António
Vale Flor
Areeiro
Feijó
Miratejo
Costa da Caparica
Capuchos
Sobreda
Corroios
Terras da Costa
Botequim
Vale Figueira
Praia da Saúde
Palhais
Alto do Moinho
Amora
Seixal
Rio Judeu
Barreiro
Lavraido
Baixa da Banheira
Quinta da Lomba
Santo André
Vale da Amoreira
Vila Chã
Alhos Vedros
Manhosa
Cabeço Verde
Rio Tajo
Ponte Vasco da Gama A12
Reserva Natural do Estuário do Tejo
Rio Sorraia
Casal do Pau Queimado
Casal do Bate Orelha
Pancas
0 2 4 km
Sapal das Hortas
Alcochete
Camarate
Entroncamento
S. Francisco
Base Aérea do Montijo
Samouco
Montijo
Seixalinho
Fonte da Sra
Atalaia
Marinha do Outeiro
Bairro da Mosca
Rosario
Sarilhos Pequenos
Lançada
Alto do Estanqueiro
Gaio
Sarilhos Grandes
Chão Duro
Malpique
Manhoso
São Sebastião
Moita
Charnequinha
Carvalhinho
Penteado
A 9
A 8
A 1
A 2
A 5
N 250
N 250-2
IC 22
IC 17
IC 16
IC 19
N 8
N 115-5
EN 10
A 11 IP1
IC 2
CREL
N 6
N 10
N 101
IC 32
IC 20
N 377
A2 IP7
N 378-1
IC 21
N 10-3
N 11
N 11-2
N 119
IP1 A 12
N 252

2011

ADEJE

ISLA DE TENERIFE. 30.304 habitantes

ESTE MUNICIPIO, SITUADO EN EL ÁREA DEL PARQUE NATURAL DEL MACIZO DE ADEJE Y EL BARRANCO DEL INFIERNO, COMBINA LA TRANQUILIDAD DE SU CASCO URBANO CON EL BULLICIO Y LA ANIMACIÓN DEL TURISMO QUE FRECUENTA LA AFAMADA COSTA ADEJE.

INFO

Oficinas de Turismo
Rafael Puig Lluvina, 1. Telf. 922 750 633.
Avda. Litoral, s/n. Playa Fañabé.
Telf. 922 716 539.

Ayuntamiento
Grande, 1.
Telf. 922 756 200.
www.ayuntamientodeadeje.es

DORMIR

Adeje es un municipio de gran desarrollo turístico y por ello dispone de numerosas plazas hoteleras, si bien la demanda ha disparado los precios.
Además de los lujosos ***Hotel Jardín Tropical***✪✪✪✪ *(urb. Gran Bretaña, s/n; Costa Adeje; telf. 922 746 000) y* ***Bouganville Playa***✪✪✪✪ *(Eugenio Domínguez, 23, urb. San Eugenio; Costa Adeje; telf. 922 790 200), con bellas vistas y rodeado de hermosos jardines, destacan los siguientes alojamientos:*

HOTEL FONDA CENTRAL

Grande, 26. Adeje.
Telf. 922 781 550.
Edificación típica señorial canaria, situada en el casco histórico del pueblo. Dispone de 11 habitaciones bien equipadas.

LA TAJONA

La Concepción, 9.
Telf. 902 215 582.
Casa con cien años de antigüedad de arquitectura tradicional canaria. Cuenta con un cuidado jardín y barbacoa. Goza de gran tranquilidad y hermosas vistas. 3 plazas.

COMER

En la urbanización Playa de las Américas hay bares y restaurantes de comida rápida. Los que conocen la zona se dirigen al cercano pueblo de Los Abrigos, a unos 7 km de Los Cristianos, para disfrutar del pescado fresco de los restaurantes situados en las inmediaciones del muelle.

OTELO

Los Molinos, 44. Telf. 922 780 374.
Está situado a la entrada del barranco del Infierno y tiene excelentes vistas. Especialidades canarias, entre las que destacan los platos de pollo.

LA FAROLA DEL MAR

Litoral Fañabe.
PLAYA DE LAS AMÉRICAS.
Telf. 922 719 469. Lo mejor es su amplia terraza sobre la playa Troviscas. Especializado en productos del mar, aunque también prepara carnes.

Restaurantes (desde 30 €)

Entre el elenco de establecimientos de Adeje hay que señalar el restaurante del emblemático hotel Jardín Tropical, **El Patio** (Gran Bretaña, s/n; telf. 922 746 000). Ofrece una ecléctica carta en la que se recogen platos de todo el mundo con toques imaginativos. Destaca la excelente bodega. Precios elevados.

Entre los establecimientos exóticos también se encuentra **Le Cour de Filet** (Sun Beach, 21; Costa Adeje; telf. 922 717 893). Cocina italo-francesa, con una amplia variedad de carnes y pescados, y en un local muy acogedor frente a la playa.

Por su parte, **El Molino Blanco.** (avda. de Austria, 5; Costa Adeje; telf. 922 796 282) se caracteriza por su decoración rústica, rodeado de naturaleza y antigüedades canarias, otorgando un ambiente mágico. En la carta los protagonistas son las carnes y los pescados: asados de cordero y cochinillo, carne de avestruz, pollo de corral, pescados a la sal, etc.

ADRA

ALMERÍA. 22.000 habitantes

ADRA, PUERTA DE LAS ALPUJARRAS ALMERIENSES, ES UNA CIUDAD MODERNA DEDICADA AL TURISMO GRACIAS A SUS ESPLÉNDIDAS PLAYAS DE ARENA FINA Y AGUAS LIMPIAS; LA PESCA, CON SU PUERTO DE PRINCIPIOS DE SIGLO, Y LA PRODUCCIÓN DE CULTIVOS DE HORTALIZAS EN SUS INVERNADEROS.

INFO

Oficina de Turismo. Parque Torre de los Perdigones, s/n. Telf. 950 400 400.

DORMIR

HOSTAL LA CURVA✪✪

Ctra. Málaga, 5. Telf. 950 607 131.
Céntrico y con un nivel de servicios superior a su categoría. Totalmente adaptado para discapacitados.
Habitación doble: 35-75 €.

PENSIÓN FAMILIA ZAPATA✪✪

Fuente Santilla, 7. Ctra. Málaga-Almería. Telf. 950 567 000. Tranquilo, confortable y modernizado. En las habitaciones con aire acondicionado y secador de pelo. Habitación doble: 42 €.

HOTEL RIVERA Y BRAO✪

Ctra. Almería. Paraje Venta Nueva.
Telf. 950568703. Desde las ventanas de sus habitaciones, sencillas pero limpias y cuidadas, puede verse el paraje de la Albufera y las aves marinas.
Habitación doble: 40-48 €.

Otros hoteles de precio más elevado

El **Barceló Mirador de Adra**✪✪✪✪ (Fábricas, 89; telf. 950 604 000; habitación doble: 96-255 €) se halla a escasos metros de la playa.

EL TAPEO

Como en toda la provincia, incluida la capital, los numerosos bares de Adra ofrecen una amplísima variedad de tapas incluidas en el precio de la bebida. En el Paseo Marítimo hay tres con buenas terrazas, **El Pajar, Frami** y **Varadero,** que tienen lomo, jibia, calamares, aguja, pescaíto frito, etc. **El Estrecho** sirve estupendos embutidos ibéricos. **La Bodega Nicolás,** tiene queso manchego y vinos de muchos sitios, aunque los mejores de la cercana calle Contraviesa están en **Mohoso.** De referencia, sigue siendo **Los Finos,** con sus pescados y sus vinos, lo mismo que **La Ramblilla,** con su empanada de bonito y sus chipirones.

COMER

Casas con menú (menos de 15 €)

LOS GEMELOS DEL TEO

Puerto de Poniente, s/n.
Telf. 950 402 005. En el ambiente marinero del puerto, el pulpo y la freiduría de pescado asaltan la mesa. El menú, muy económico, os permitirá comer deliciosas migas acompañadas de sardinas.

MESÓN LA TORRE

Natalio Rivas, 110. Telf. 950 402 855.
Puesto con buen gusto y con toques granadinos. Geranios en ventanas y mucha amabilidad. Su menú nos da la posibilidad de probar la cocina típica como las migas con boquerones, la pulpada y el cocido.

Restaurantes (sobre 39 €)

Ningún lugar más apropiado que el **Club Náutico** del puerto (telf. 950 400 814) para probar pescados y mariscos de la zona de buena calidad.

AGAETE

ISLA DE GRAN CANARIA. 5.511 habitantes

CON SU BLANCO CASERÍO DISEMINADO ALREDEDOR DE UNA ABRUPTA BAHÍA Y LAS CUMBRES DEL PINAR DE TAMABADA EN EL HORIZONTE, AGAETE ES TIERRA DE FERACES VEGAS Y ABIGARRADAS PLAYAS MODELADAS POR LA EROSIÓN VOLCÁNICA. UN ESPACIO NATURAL PRIVILEGIADO PARA EL DESCANSO.

INFO

Ayuntamiento
Antonio de Armas, 1.
Telf. 928 898 776.
www.aytoagaete.es

DORMIR

HOTEL PRINCESA GUAYARMINA✪✪

Los Berrazales, 2. Valle de Agaete.
Telf. 928 898 009. Este tranquilo y agradable hotel se halla en un bellísimo emplazamiento entre riscos. Trato amable. Habitación doble: 60-85 €.

APARTAMENTOS EL ANGOSTO

Pso. Obispo Pildaín, 11. Telf. 928 554 192.
Situados en la parte alta del pueblo, son

unos amplios apartamentos con terraza y vistas al mar. Piscina. Capacidad para dos y cuatro personas.

EL TAPEO

Propiciados por las multitudinarias fiestas de La Rama, ceremonia ritual de origen guanche para atraer la lluvia, y por el carácter abierto de sus gentes, Agaete posee innumerables bares de tapeo tanto en la zona del pueblo como en el puerto de Las Nieves. Entre ellos, **Bar Perola** o "de los Manises" (plaza de Agaete), con tapas y guisos, muy frecuentado por los lugareños. Frente a las playas de arena negra de Puerto de las Nieves se sucede un gran número de restaurantes dedicados especialmente a la cocina de los productos del mar, pero también se encuentran numerosos bares de tapeo en los que el pescado es protagonista fundamental.

COMER

Casas con menú (menos de 20 €)

CASA PEPE
Alcalde Armas Galván, 5. **VILLA DE AGAETE.** Telf. 928 898 227. De entre los ya numerosos figones de cocina popular isleña que ofrece este idílico pueblo, Casa Pepe es el que, sin duda, más éxitos ha cosechado. Situado en el casco urbano, es el restaurante de cocina marinera más antiguo y cuenta con una clientela fija. Caldos de pescado, gofio escaldado, pescados fritos frescos del día, papas arrugadas con mojos y arroces constituyen el fuerte de la minuta. Menú y a la carta.

EL DEDO DE DIOS
Puerto de Las Nieves. Telf. 928 898 000/ 581. Este restaurante, ubicado al pie de la playa y con vistas al Roque Partido, ofrece un menú clásico a base de guisos y pescados.

LAS NASAS
Puerto de Las Nieves. Telf. 928 898 650. Amplio comedor con decoración marinera. Dispone de terraza abierta a la playa de Las Nieves. Pescado fresco, calamares, papas arrugadas…

PRINCESA GUAYARMINA
Los Berrazales, 2. Valle de Agaete. Telf. 928 898 009. En el hotel homónimo, llama la atención la espléndida terraza sobre el valle. Ambiente familiar y sencillos platos de comida casera; también son dignos de destacar sus desayunos.

AGUILAR DE CAMPOO

PALENCIA. 7.741 habitantes

CABECERA DE LA EXTENSA COMARCA DE CAMPOO, LA HISTORIA DE AGUILAR SE CUENTA EN SUS CALLES DE ECOS MEDIEVALES Y EN SU AMPLIO PATRIMONIO MONUMENTAL. SU ESTRATÉGICO ENCLAVE, EQUIDISTANTE ENTRE BURGOS, SANTANDER Y PALENCIA, Y SU CONDICIÓN DE UMBRAL DE LA ALTA MONTAÑA, LE REPORTAN UN ENORME POTENCIAL TURÍSTICO.

INFO

Oficina de Turismo
Plaza España, 32. Telf. 979 123 641.

DORMIR

HOTEL VILLA DE AGUILAR✪✪
Comercio, 15. Telf. 979 122 225/ 6. Moderno y funcional, con todas las comodidades. Está preparado para acoger a personas con discapacidades. Con aparcamiento propio. 45-50 €.

POSADA SANTA MARÍA LA REAL✪✪
Telf. 979 122 000. Ubicada en las dependencias del monasterio de Santa María la Real, posee una decoración austera y exquisita a la vez. También cuenta con restaurante. Habitación doble: 63-79 €.

HOSTAL CORTÉS POZA✪✪
El Puente, 39. Telf. 979 123 055. Situado en una zona céntrica. Tiene 12 habitaciones dobles y dispone de cafetería. Habitación doble: 40-50 €.

HOSTAL COMERCIO✪
Plaza de España, 14. Telf. 979 122 780. Habitaciones sencillas, con el encanto del entorno. Con lavabo: 30 €.

Otros hoteles de precio más elevado

En un edificio histórico remodelado, situado en un agradable emplazamiento, se halla el **Hotel Valentín**✪✪✪ (Ronda, 23; telf. 979 122 125; 48-60 €).

EL TAPEO

Como en casi todos los pueblos de Castilla, la zona de chateo ronda la Plaza Mayor. En ella, el bar **Los 7 Linajes** sirve originales embutidos. En el **Mesón Cañí,** tapas y raciones variadas. En el paseo de Cascajera son famosas las tapas de **El Río,** especialmente las raciones de calamares y champiñones. Igual que el curioso bar **El Águila,** antigua sede del periódico de principios del siglo XX con el mismo nombre.

COMER

Casas con menú (menos de 15 €)

COMERCIO
Plaza de España, 14. Telf. 979 122 780. Restaurante del hostal del mismo nombre. Ofrece un menú del día muy recomendable de cocina casera.

SIGLO XX
Plaza de España, 11. Telf. 979 122 900. Cocina casera y trato agradable. También tienen un hostal.

Restaurantes (de 21 a 36 €)

Valentín (avda. Ronda, 23; telf. 979 122 125) goza de buena fama, a base de trabajar una estupenda cocina de corte tradicional. Buenos asados y buenos vinos. Por su parte, **Cortés** (El Puente, 27; telf. 979 123 055) ofrece excelentes guisos de carne y de pescado, destacando los garbanzos con calamares o las manillas deshuesadas con *foie.*

ÁGUILAS

MURCIA. 27.771 habitantes

ES LA CIUDAD MÁS OCCIDENTAL DE LA COSTA MURCIANA, NACIDA ANTE LA NECESIDAD DE DAR SALIDA MARÍTIMA A LOS PRODUCTOS DE LA HUERTA DE LA VEGA DE LORCA. EN SU COSTA SE ALTERNAN EXTENSAS PLAYAS CON ACANTILADOS DE AGUAS CRISTALINAS Y PEQUEÑAS CALAS POCO FRECUENTADAS.

INFO

Oficina de Turismo
Plaza de Antonio Cortijos, s/n. Telf. 968 493 173. www.aguilas.org

DORMIR

HOTEL EL PASO✪✪✪
Cartagena, 13. Telf. 968 447 125. Con todo tipo de comodidades, como aire acondicionado, televisión, teléfono, etc. Se trata de un buen lugar para disfrutar del pueblo en un ambiente tranquilo. Habitación doble: 60-75 €.

HOTEL EL PARAÍSO✪✪
Ctra. Cabo Cope-Calabardina, 3. Urb. Mari Carrillo, s/n. Telf. 968 419 444. Para relajarse con la tranquilidad de un paradisíaco lugar bañado por la extensa playa de Calabardina. Las habitaciones, de tamaño medio, con aire acondicionado y televisión. Habitación doble: 55-75 €.

Otros hoteles de precio más elevado

El pequeño y acogedor hotel **Al Sur**✪✪ (Torre de Cope, 24; telf. 968 419 466; 96-110 €) ofrece tranquilidad en un promontorio, con excelentes vistas al mar. Tan sólo 8 personales habitaciones y comedor para sus huéspedes.

COMER

Casas con menú (menos de 15 €)

LAS BRISAS
Avda. del Puerto, 14. Telf. 968 410 027. Con una decoración marinera, sirve una riquísima paella, fritura de pescado y arroz a la piedra.

EL FARO
Ctra. de la Vera. José María Pereda, s/n. Telf. 968 412 883. Local muy agradable para comer lo más típico de estos contornos a precios populares. Carnes y pescados. Con terraza a la bahía de Poniente.

MAIRAMAR
Urb. Los Cerros. **CALABARDINA.** Telf. 968 419 400. Amplio comedor playero con vistas al mar, donde degustar paellas y pescados a la plancha.

Restaurantes (sobre 24 €)

El Paso (Cartagena, 13; telf. 968 447 125), restaurante del hotel homónimo, ofrece una variada carta de pescados y una bodega aceptable.

AÍNSA

HUESCA. 1.951 habitantes

AÍNSA, ANTIQUÍSIMA VILLA DE ORIGEN MEDIEVAL, SE HA BENEFICIADO EN EL ÚLTIMO SIGLO DE SER CRUCE DE CAMINOS HACIA DIFERENTES PUNTOS DEL PIRINEO. SU PEQUEÑO CASCO ANTIGUO ES DE UNA BELLEZA IMPRESIONANTE Y CONSTITUYE UNA VISITA INEXCUSABLE.

INFO

Oficina de Turismo
Avda. Pirenaica (en verano).
Plaza Mayor, 1. Telf. 974 500 767.
Ayuntamiento
Debajo los muros, s/n. Telf. 974 500 002.

DORMIR

HOTEL DOS RÍOS✪✪

Avda. Central, 4. Telf. 974 500 961.
Habitaciones de fino aspecto, con mesa de escritorio incluida, al precio de 52 a 59 €. El hostal está situado en la parte baja y comercial de la villa.

HOSTAL PIRINEOS✪

Avda. de Sobrarbe, 7. Telf. 974 500 008.
Dispone de habitaciones dobles con baño, televisión y terraza. Unas son más nuevas que otras, por lo que el precio varía entre 35 y 50 €.

COMER

Casas con menú (menos de 15 €)

EL PORTAL

Portal Bajo, 5.
Telf. 974 500 138. El local tiene dos terrazas a distinto nivel desde las que se divisa un privilegiado paisaje protagonizado por los dos ríos. También posee un salón en piedra.

CASA FES

Mayor, 22. Telf. 974 500 899.
Amplios salones en cualquiera de las dos plantas, con atractivas vistas.

LA PARRILLA

Avda. de Ordesa, 33. Telf. 974 500 403.
En la travesía que se dirige a Boltaña, este bar-restaurante ofrece menús que incluyen platos de calidad.

Restaurantes (sobre 25 €)

Uno de los establecimientos más renombrados es **Bodegas del Sobrarbe** (Plaza Mayor, 2; telf. 974 500 237), instalado en los sótanos de diversas casas de los siglos XI y XII. Aunque está especializado en caza y asados, ofrece además algunas innovaciones. Vinos aragoneses y cavas catalanes.

Por su parte el **Bodegón del Mallacán** (plaza Mayor, 6; telf. 974 500 977) ocupa un edificio del siglo XI, decorado al estilo medieval, piedra y madera, con porche y terraza. En la mesa una buena muestra de platos regionales y algo de creatividad. El único restaurante de la plaza con menú a precio razonable (¡ojo con la bebida!).

ALACANT/ ALICANTE

CAPITAL DE PROVINCIA. 265.473 habitantes

LOS RAYOS DEL SOL, SIEMPRE TRAZANDO UNA ESTELA BRILLANTE EN EL MAR, NOS ABREN A LA LUZ Y A LAS PLAYAS DE LA COSTA BLANCA. BIENVENIDOS A UNA DE LAS CAPITALES DEL TURISMO VERANIEGO, DONDE EL BAÑADOR BRILLA COMO EL NEÓN QUE TANTO SE PRODIGA EN LA NOCHE Y EN LA QUE DECENAS DE LOCALES DIBUJAN UNA CIUDAD AMABLE Y DIVERTIDA, PERO TAMBIÉN CON UNA IMPORTANTE OFERTA CULTURAL Y ARTÍSTICA.

INFO

Tourist Info
Av. Explanada de España, 1.
Telf. 900 211 027 y 96 514 70 38.
Tourist Info Autobuses
Portugal, 17. Telf. 96 592 98 02.
Tourist Info Renfe
Avda. de Salamanca, s/n.
Telf. 96 512 56 33.
Playa de San Juan. Telf. 609 364 099.
Tourist Info Rambla. Rambla de Méndez Nuñez, 23. Telf. 96 520 00 00.
www.comunidad-valenciana.com
www.alicanteturismo.com
Patronato Provincial de Turismo Costa Blanca
Federico Soto, 4. Telf. 96 523 01 60.
www.costablanca.org
Taxis. *Radio Taxi.* Telf. 96 525 25 11.
Tele Taxi. Telf. 96 510 16 11.
Aparcamientos. Los más céntricos están en el Puerto, plaza de San Cristóbal y plaza Canalejas.

DORMIR

*Alicante tiene una gran oferta de alojamientos, con precios y calidad de lo más variable. La posibilidad de que los alojamientos se encuentren llenos en cualquier época del año es bastante probable, por lo que siempre es aconsejable reservar. En la Playa de San Juan se encuentra el hotel más exclusivo el **Sidi San Juan**✪✪✪✪✪ (La Doblada, 8; telf. 96 516 13 00; 120-260 €), pero hay otros muchos asequibles a cualquier bolsillo.*

HOTEL LA TRANCADA✪✪✪

Motxo, 12. ISLA DE TABARCA.
Telf. 630 503 500. En el insólito paraje de la isla de Tabarca se ha rehabilitado esta antigua casa de pescadores, con primorosas habitaciones. 95-110 €.

HOTEL RAMBLA✪✪

Rambla de Méndez Núñez, 9.
Telf. 96 514 45 80. En pleno centro urbano junto a la Explanada y al casco antiguo. Habitaciones renovadas tanto en el mobiliario como en el equipamiento. Garaje concertado.
Habitación doble: 75-125 €.

HOTEL RIALTO✪✪

Castaños, 30. Telf. 96 520 64 33.
Céntrico. Las habitaciones resultan sencillas y funcionales.
Habitación doble: 65-78 €.

HOTEL SAN REMO✪

Navas, 30. Telf. 96 520 95 00.
Alojamiento céntrico con habitaciones renovadas, agradables y bien dispuestas. Habitación doble: 70-85 €.

Otros hoteles de precio más elevado

En un estilo distinto y con ese aire moderno y funcional característico de la cadena, se halla el **NH Cristal**✪✪✪ (Tomás López Torregrossa, 9; telf. 96 514 36 59; 65-115 €; www.nh-hoteles.es). También muy céntrico, junto a las estaciones de tren y autobuses, y con un buen equipamiento, está el **Abba Centrum Alicante**✪✪✪✪ (Pintor Lorenzo Casanova, 33; telf. 96 513 04 40; habitación doble: desde 105 €).

Destaca por su diseño moderno y chic el **Hospes Amérigo**✪ (Rafael Altamira, 7; telf. 96 514 65 70; habitación doble: 180-300 €).

EL TAPEO

La Explanada es el lugar donde convergen todas las miradas y a donde tarde o temprano se termina llegando. Poblada de cafés, heladerías y restaurantes, es uno de los lugares más animados, sobre todo los domingos, cuando hay conciertos de la banda municipal. El paseo se puede prolongar por el parque Canalejas, con sus ficus y tupidos jardines.

Pero la zona para tapear por excelencia es la Calle Mayor. Aquí los menús son tan habituales como los aperitivos, que suelen ser de dos clases: fríos y calientes.

Fríos son los salazones (mojama, hueva de corvina, bonito...) y los *encurtidos* (pepinillos, guindillas y olivas). Calientes son las *barquetas* de chipirones, pincho de dátil, sardineta... y de tapas, el pulpo, la sepia, y toda la variedad de pescados.

COMER

El plato más cotidiano en Alicante es el arroz, del que hay mil y una variedades: a banda, negre, amb costra, *con atún... Pero como quiera que el puerto es la mejor despensa, éste abastece de piezas bien frescas como salmonetes, pescadillas, atún y besugo, sin olvidar los mariscos que bien se pueden regar con el famoso vino Fondillón, que tan de moda estuvo entre la aristocracia europea. Entre los dulces, el turrón es el más conocido pero los sequillos, almendrados y rollitos de aguardiente no desmerecen en absoluto.*

En cuanto a los restaurantes hay de todo y para todos los gustos. Por un lado están los de La Explanada y el Puerto, con sabores nacionales e internacionales, mientras que en la calle Mayor se concentran los bares que ofrecen menús y tapas.

Casas con menú (menos de 15 €)

TARANTINO

Explanada de España, 7.
Telf. 96 520 56 89. Tiene una de las terrazas mejor puestas de toda la Explanada. Su comedor interior, pequeño pero acogedor, seduce con pizzas, pastas y pescados.

La Goleta
Explanada de España, 8.
Telf. 96 521 43 92.
Local elegantemente decorado para una cocina del mar que nos presenta muchos platos de la carta muy asequibles. Deliciosos resultan el caldero de arroz, el cóctel de mariscos y los diferentes platos de arroz.

Biomenú
Navas, 17. Telf. 96 521 31 44.
Los vegetarianos tienen su sitio en este restaurante situado en la zona centro. Ofrece diferentes menús.

L'Indret
García Morato, 5.
Telf. 96 521 66 14.
Otro restaurante vegetariano que elabora originales platos. De lo más sano.

La Taberna del Puerto
Muelle de Levante, 8.
Telf. 96 521 75 10. Dispone de un elegante salón acristalado con vistas al Puerto y climatizado. Especializado en carnes a la brasa, pescados, mariscos de la bahía y arroces.

Bodegón del Mar
Muelle de Levante. Telf. 96 521 43 92.
Local muy concurrido por sus precios moderados y una agradable terraza con vistas marineras. Prepara ricos arroces, mariscos y parrilladas. Una pizarra enorme con gran variedad de frituras, invita al público a pedir.

Situados junto al Ayuntamiento, el **Buen Comer** y **Casa Ibarra** son famosos por sus asequibles precios y por sus terrazas siempre llenas.

Restaurantes (desde 30 €)

En el puerto, prácticamente rodeado por las aguas, se sitúa **Dársena** (Marina Deportiva, 6; telf. 96 520 73 99/ 75 89), uno de los bastiones de la cocina alicantina. Aquí se puede elegir entre 75 variedades de arroz y otros platos de pescado. Los postres son de elaboración propia.

Racó del Pla (Doctor Nieto, 42; telf. 96 521 93 73) dispone de tres comedores sencillos y funcionales y una cocina en la que se elaboran platos de la gastronomía valenciana y de otras regiones.

El restaurante **Nou Manolín** (Villegas, 3; telf. 96 520 03 68) sirve cocina tradicional española elaborada con productos de alta calidad.

CAFÉS

The Auld Dublin, en la Rambla es una tradicional cervecería irlandesa: *Guinness* y música en directo todos los días. A unos pasos, el **Café Havana** sigue manteniendo el listón muy alto. La buena decoración y la amplitud son la marca de la casa. Por la noche reina el sabor latino.

Santa Fe imita una vieja estación de ferrocarril. Para ello ha utilizado elementos como el reloj, que cuelga en la calle San Fernando. Paseando por la peatonal calle Castaños se encuentra la cervecería **Bierwinkel,** famosa por sus pintas. Pero para refinamiento y altos vuelos, junto al teatro Principal está el **Café Español,** lugar romántico con flores, velas y hermosas pinturas. En **Ciber Internet** (Teniente Álvarez Soto) puedes usar el correo electrónico.

ALAIOR

ISLA DE MENORCA. 9.133 habitantes

Ubicada en lo alto de una pequeña colina, Alaior es una tranquila población industrial con pequeñas fábricas de helados, zapatos, quesos y artesanías. En sus proximidades se ubican algunos de los recintos arqueológicos más interesantes de Menorca, así como reputados núcleos turísticos de playa, como Cala'n Porter, Son Bou y el Arenal d'en Castell.

INFO

Ayuntamiento
Major, 11. Telf. 971 371 002.
www.alaior.com

DORMIR

Hotel Playa Azul✪✪✪
Playa Son Bou.
Telf. 971 377 421.
Moderno, cómodo y muy cercano a la playa de la cala. Habitaciones con terraza. Piscina.
Habitación doble: 50-150 €.

Hotel Royal Son Bou✪✪✪
Playa de Son Bou, s/n.
Telf. 971 378 281.
www.royalsonbou.com
Con todo lujo de prestaciones, como piscina, zona deportiva o guardería.
Habitación doble: 85-245 €.

COMER

Casas con menú (menos de 15 €)

Can Jaumot
Sant Joan Bautista, 6-A.
Telf. 971 378 294. Bar de tapas que ofrece al mediodía varios menús económicos a elegir. Incluye en el menú algún plato de la cocina menorquina. No hay carta.

Café del Nord
Playas de Fornells. Telf. 971 376 697.
En el centro comercial de las playas de Fornells, el Café del Nord ofrece la posibilidad de disfrutar de unos buenos arroces.

ALARCÓN

CUENCA. 227 habitantes

Pequeña población de origen medieval, enclavada a orillas del río Júcar. Esta tranquila villa ostenta la declaración de conjunto histórico y conserva uno de los mejores castillos de la Comunidad, castillo en el que el infante Don Juan Manuel escribió gran parte de su importante obra.

INFO

Oficina de Turismo
Posadas, 6. Telf. 969 330 315.
www.turismocastillalamancha.com

Ayuntamiento
Plaza del Infante Don Juan Manuel, s/n. Telf. 969 330 354.

DORMIR

Debido al reducido número de habitantes y a los pocos servicios que Alarcón ofrece, su oferta hotelera es bastante corta. Comprende, por un lado, el ***Parador Marqués de Villena***✪✪✪✪ *(avda. Amigos de los Castillos, 3; telf. 969 330 315; fax: 969 330 303; habitación doble: 189 €; www.parador.es), que ocupa un castillo árabe del siglo* VIII *y con un alto nivel de servicios, entre los que destaca su restaurante de cocina regional, y por otro, una posada:*

Posada El Infante✪✪
Dr. Tortosa, 6.
Telf. 969 330 323.
Es una posada muy recomendable, reformada y situada a escasos metros de la plaza de Don Juan Manuel. Todas las habitaciones son exteriores y muy tranquilas. Está abierta desde Semana Santa a octubre.
Habitación doble: 48-55 €.

COMER

Al igual que en el caso de los alojamientos, la oferta para comer es bastante reducida en Alarcón. Es muy recomendable el restaurante del ***Parador Marqués de Villena*** *(precio medio, 30-40 €; si optáis por comer aquí se deben probar el alajú de Alarcón y el cordero a la miel, entre otras ricas especialidades conquenses).*

La Villana
Pza. de la Autonomía, s/n.
Telf. 902 879 440. Restaurante del Hotel Villa de Alarcón. Especialidades locales con toques creativos.

Los establecimientos de esta guía han sido comprobados y seleccionados por su buena relación precio-calidad. En ningún caso han desembolsado cantidad alguna por aparecer en esta guía.

ALBA DE TORMES

SALAMANCA. 4.647 habitantes

SITUADA A ORILLAS DEL RÍO QUE LE DA NOMBRE, ES UNA ANIMADA CIUDAD CUYA IMPORTANCIA HISTÓRICA Y CULTURAL ESTÁ VINCULADA A LA CASA DE ALBA Y A PERSONAJES COMO SANTA TERESA DE JESÚS.

INFO

Oficina de Turismo. Padre Raimundo, 6 bajo. Telf. 923 300 898. www.villaalbadetormes.com
Ayuntamiento
Plaza Mayor, 1. Telf. 923 300 024.

DORMIR

HOTEL ALAMEDA✪✪

Juan Pablo II. Telf. 923 300 031. Situado a las afueras de la ciudad, es un hotel rodeado de jardines, muy acogedor y con todas las comodidades. Dispone de piscina, cafetería y restaurante. Habitación doble: 45 €.

HOSTAL AMÉRICA✪

La Guía, s/n. Telf. 923 300 071.
Ocupa un bonito edificio de principios del siglo XX, situado al otro lado del río. Dispone de sencillas instalaciones, un enorme aparcamiento y un pequeño salón-comedor muy acogedor. Discreto y funcional. Habitación doble, con ducha: 33 €.

COMER

Casas con menú (menos de 15 €)

ALAMEDA

Juan Pablo II, s/n.
Telf. 923 300 031.
Se trata del restaurante del hotel homónimo. Es uno de los locales más amplios de la villa: dispone de dos comedores. Asados en horno de leña y pescados fritos. Menú y a la carta.

AMÉRICA

La Guía, s/n. Telf. 923 300 346. En el hostal del mismo nombre. Goza de gran fama entre los habitantes de la ciudad y posee amplios miradores acristalados con vistas al campo y al río. Sirve platos tradicionales castellanos y postres caseros muy buenos.

CASA VETUSTA

Sánchez Rojas, 2. Telf. 923 301 188.
Ubicado en un edificio de más de cien años, es un restaurante de selecta cocina y música clásica de fondo.

MANOLÍN

Sánchez Llevot, 4. Telf. 923 300 747.
Restaurante muy popular, tanto por su céntrico emplazamiento como por sus precios. Sólo tiene menú del día de comida casera, donde se incluye primero, segundo y postre.

EL TRÉBOL

Pza. de Sta. Teresa. Telf. 923 300 089.
Este establecimiento está situado junto al convento de la Anunciación y constituye una de las posibilidades más baratas en Alba de Tormes. Dispone de un pequeño y sencillo comedor donde se sirven raciones de embutido ibérico, menús caseros y platos combinados a un precio económico.

ALBACETE

CAPITAL DE PROVINCIA. 156.466 habitantes

ALBACETE ES EN LA ACTUALIDAD UNA CIUDAD EMPRENDEDORA Y FUNCIONAL PERO DE ESTÉTICA POCO AGRACIADA. SIN EMBARGO, LA PREOCUPACIÓN POR HACER DE ELLA UN IMPORTANTE ENCLAVE CULTURAL –CUYO MÁXIMO EXPONENTE ES SU EJEMPLAR Y ANIMADO CAMPUS UNIVERSITARIO– ES UN SÍNTOMA DEL DINAMISMO Y EL CARÁCTER ABIERTO DE LA CIUDAD MÁS POPULOSA DE TODA CASTILLA-LA MANCHA.

INFO

Oficina de Información y Turismo
Posada del Rosario. Tinte, 2.
Telf. 967 580 522. www.albacete.es; www.turismocastillalamancha.com
Taxis. Paradas en Marqués de Molíns, calle Azorín, estación de autobuses y en avenida de España.
Telf. 967 223 006/ 300 642.
Radio Taxi. Telf. 967 522 002.

DORMIR

Existe una amplia oferta hotelera caracterizada sobre todo por hoteles de tipo medio, bastante asequibles. Los más exquisitos son ***El Gran Hotel***✪✪✪✪, *de elegante fachada y correcto servicio (Marqués de Molins, 1. Telf. 976 193 333; www.abgranhotel.com; habitación doble: 116-215 € con desayuno); el* ***Hotel Los Llanos***✪✪✪✪, *frente al bello parque Abelardo Sánchez (avda. de España, 9 Telf. 967 223 750; habitación doble: 101-253 €); y, en las afueras, el* ***Parador de La Mancha***✪✪✪ *(ctra. N-301, km 251; telf. 967 245 321; www.paradores.es; habitación doble: 105-130 €), un edificio moderno que recuerda la arquitectura tradicional manchega.*

HOTEL SAN JOSÉ✪✪✪

San José de Calasanz, 12.
Telf. 967 507 402.
La arquitectura moderna del hotel está también presente en sus habitaciones: suelos de madera, espaciosos cuartos de baño, grandes ventanales y una pequeña cocina. Aparcamiento. Excelente relación calidad-precio.
Habitación doble: desde 69 €.

HOTEL CASTILLA✪✪

Paseo de la Cuba, 3. Telf. 967 214 288.
Localizado estratégicamente para poder salir o entrar con rápidez de la ciudad, este hotel es muy frecuentado por viajantes. Las habitaciones son grandes y espaciosas, aunque las exteriores pueden resultar algo ruidosas. En el mismo hotel venden cuchillería albaceteña.
Habitación doble: 55-90 €.

HOTEL PRINCIPE✪✪

Carmen, 42. Telf. 967 521 155.
Moderno y acogedor, tiene aire acondicionado en las habitaciones. Los baños están impecables y en su comedor se pueden degustar platos de la cocina manchega a buen precio.
Habitación doble: 72 €.

HOTEL ALTOZANO✪

Plaza Altozano, 7. Telf. 967 210 462.
Las habitaciones de este agradable hotel, situado en la céntrica plaza, son cómodas aunque sin grandes lujos. Las más recomendables son las exteriores que dan a la plaza. Cuenta con aparcamiento, lo cual es de agradecer en esta zona.
Habitación doble: 50-70 €.

HOTEL CARDINAL✪

Virgen de las Maravillas, 5.
Telf. 967 508 778. Es uno de los que mejor calidad-precio ofrece. Se encuentra a tres minutos del centro y las habitaciones son coquetas y acogedoras.
Habitación doble: 60 €.

EL TAPEO

En estos últimos años se está arraigando la costumbre del tapeo, tanto que, además de celebrarse una interesante Feria de la Tapa, la gente reconoce que les encanta "tapear y comer bien". Es en el centro y en los alrededores de la catedral donde se encuentran lugares como **La Higuerica,** un clásico de las tapas y los aperitivos, en la calle del Cura; **El Filo de la Navaja,** con su bacalao rebozado y los combinados de calamares; o el **Vermut,** en la calle Martínez Villena, en el que sirven vermut de grifo, cervezas y tapas variadas de cocina. La cervecería **Armadura** y **Los Pucheros** o la marisquería **Don Gil,** en la zona de la Plaza de San José, son locales con aperitivos de "toda la vida", aunque también sirven comidas y cenas. No debemos pasar de largo de **La Tapería de José María,** en la Calle Santa Quiteria, con aperitivos fríos y calientes de los que es la estrella la tosta de solomillo con brie al gratén. Enfrente, la **Casa Juan,** además de bocadillos, pone generosas tapas con los vinos.

En el paseo de Feria se instalan, hasta el mes de agosto, chiringuitos prefabricados que inundan de terrazas y buenos pinchos este bulevar. En cualquiera de ellos se pueden probar los tradicionales caracoles en salsa, aperitivo típico de la región, así como tapas de matanza: morro, morcilla o la deliciosa *guarreta* (especie de longaniza roja picantita). En **Montecarlo,** junto al molino de feria, la especialidad es las costillas a la miel. No hay que dejar de probar la *cuerva,* una especie de sangría muy refrescante e ideal para las noches veraniegas, pero se sube fácilmente.

COMER

En la gastronomía albaceteña, puramente manchega, además de los platos más conocidos, como el pisto, las migas o las gachas, destacan el gazpacho manchego, preparado con las peculiares tortas, carne de caza, jamón, setas y especias; el morteruelo, a base de liebre, perdiz, y conejo; el ajo mataero, típico del día de matanza, o el atascaburras, a base de bacalao y patata, que conviene comerlo con el estómago vacío y reposarlo después. Para acompañar estos platos son aconsejables los vinos con denominación de origen La Mancha, de Almansa o de Jumi-

lla. De postre hay que probar los suspiros y miguelitos de La Roda, las flores manchegas y las hojuelas con miel. Un sitio típico para degustar estas viandas es el ***Mesón Las Rejas*** *(Dionisio Guardiola, 9; telf. 967 227 242; 40 €), pero hay otros restaurantes más económicos que también basan su oferta en los platos típicos.*

Casas con menú (menos de 15 €)

SURCO
Plaza del Altozano, 5. Telf. 967 210 252.
En este agradable restaurante se puede comer un rico menú de cocina casera.

UNIVERSIDAD
Avda. de España, 71. Telf. 967 508 895.
Si se prefiere un lugar con gente joven y estudiantes, el funcional restaurante del Campus Universitario es el lugar ideal. Prepara buenos platos de cocina algo más creativa, aunque sin olvidar el tradicional gazpacho manchego.

LA CUEVA DEL ABUELO
Bendición de los Campos, 55.
Telf. 967 506 301. Única cueva de Albacete con un ambiente íntimo y agradable decorado con aperos de labranza, donde podemos degustar una deliciosa cocina manchega por unos 12 €.

MESÓN LA TABERNA
Avda. de España 9. Telf. 967 237 407.
Con un exquisito queso frito y un bien condimentado gazpacho manchego.

Restaurantes (desde 21 €)

Un sitio emblemático para la degustación de la cocina manchega y de los vinos de la tierra es el **Restaurante Nuestro Bar** (Alcalde Conangla ,102; telf. 967 243 373), un típico rincón manchego dedicado especialmente a cuidar la tradición gastronómica de la zona. Ofrece menús de degustación y carta con un precio medio de 30 €.

Es afamada la cocina de **Casa Paco** (La Roda, 26; telf. 967 220 041), un restaurante familiar, con una excelente relación entre calidad y precio.

Para variar, **Il Forno** (Caba, 23; telf. 967 236 766) ofrece estupendas pizzas, carnes y pescados a buen precio.

CAFÉS

En la zona del ambiente nocturno (Concepción) se encuentran algunos cafés que también son un buen refugio para la copa tranquila, como el café-concierto **Largo Adiós** y **La Luna,** donde se puede disfrutar del mejor carajillo; en la licorería **La Habana,** el blues y la música ambiental se alternan. En **Nido de Arte** (Nueva) se celebran conciertos, obras de teatro y buenas proyecciones en su pantalla gigante, y en **Jazz Bar** (Tejares) tienen una buena selección de cafés como el de "la era" o el sugerente "café sex". El jazz siempre estará de fondo.

Fuera de la zona, y para los más clásicos, se halla **Monte Casino,** elegante cafetín con bonitos ventanales donde se celebran exposiciones temporales de pintura y ofrecen un delicioso ponche semifrío. El **Café San Juan,** junto a la catedral, con su estilo de diseño y su curioso decorado de cebras, es uno de los cafés más frecuentados. Y para tomar unas tortitas con nata o algo sólido a media tarde, hay que ir al **Tánit,** en la calle Caba.

En la zona del Campus también se encuentran algunos cafés de mucho carácter, como el **Sureño,** siempre lleno de estudiantes. Por último, en la calle Francisco, hay un par de cafés de diseño como **París III** y **Ópera,** con terrazas de verano bajo enormes sombrillas.

ALBARRACÍN

TERUEL. 1.075 habitantes

ENTRE BARRANCOS PROFUNDOS Y VALLES HÚMEDOS SE ALZA, AIROSA, LA CIUDAD DE LOS BANU RAZÍN, UNA AUTÉNTICA FORTALEZA NATURAL. EL CUIDADO ESTILO MEDIEVAL DE SUS CALLES Y MONUMENTOS, EVOCADORES DE UN LEJANO PASADO MUSULMÁN, SE CONFUNDE CON LA BELLEZA AGRESTE DEL PAISAJE EN QUE SE INSERTA.

INFO

Oficina de Turismo. San Antonio, 2.
Telf. 978 710 262. www.albarracin.org
Ayuntamiento. Plaza Mayor, 1.
Telf. 978 700 400.

DORMIR

Albarracín atrae durante todo el año a multitud de visitantes. Por este motivo, los precios de sus hoteles pueden considerarse medio-altos. Recientemente se han inaugurado varios establecimientos de los llamados con encanto como el ***Caserón de la Fuente*** *(ctra. Huertas, s/n; telf. 978 710 330; 60-80 €), el* ***Hostal Los Palacios*** *(Los Palacios, 24; telf. 978 700 327; 40-50 €) y la* ***Casa del Abuelo*** *(Llano del Arrabal, 28; telf. 978 700 370; habitación doble: 55-75 €).*

HOTEL CASA DE SANTIAGO
Subida a las Torres, 11.
Telf. 978 700 316. Es una vieja casona rehabilitada de la iglesia de Santiago. La decoración de todas las habitaciones es de un gusto exquisito y, por el mismo precio, se puede leer en cualquiera de sus tres salas de estar o contemplar la ciudad desde sus amplios ventanales. Cuenta con un pequeño restaurante sólo para clientes.
Habitación doble: 64-72 €.

HOTEL DOÑA BLANCA
Llano del Arrabal, 10.
Telf. 978 710 001. Es un edificio moderno con 10 habitaciones de muy buena presencia. Además de las comodidades habituales, cada habitación cuenta con un mini-bar. Por la mañana hasta podéis daros el lujo de desayunar en la cama. Dispone de a parcamiento privado.
Habitación doble: 50-70 €.

HOTEL LA POSADA DEL ADARVE
Portal de Molina, 23. Telf. 978 700 304.
Antiguo edificio restaurado adosado a la muralla, que aprovecha el hueco de una de las torres. En las habitaciones –sólo tiene cinco– se han mantenido algunos elementos rústicos como vigas de madera, hierro forjado y muebles restaurados. Calefacción, hilo musical o terraza son algunos de sus lujos. Muy acogedor. Habitación doble: 50-75 €.

EL TAPEO

Pasear por las calles del entorno de la Plaza Mayor es una delicia no sólo para la vista sino para todos los sentidos. Hacia el mediodía ya comienza a percibirse el olor procedente de los bares y restaurantes de las calles Azagra, Chorro y Postigo.

Para abrir el apetito nada mejor que probar unas delicias serranas en **La Taberna** (Plaza Mayor), jamón de Teruel y embutido de caza en **Aben-Razín** (al lado) o en **El Casino** (Azagra), y siempre acompañado de uno de los buenos vinos de la tierra.

Es preciso caminar hasta el tranquilo barrio de San Juan para llegar a **La Parroquia,** donde, en vez de rezar, debéis probar las tradicionales tostadas de la casa, la cazuela de migas o los pimientos asados.

Un establecimiento interesante y de bastante aceptación en Albarracín es **El Molino del Gato,** que como su nombre indica es un antiguo molino de harina restaurado. No es un bar de tapeo sino una cafetería, donde, además, también realizan exposiciones de diferentes artes plásticas.

COMER

Casas con menú (menos de 15 €)

EL RINCÓN DEL CHORRO
El Chorro, 15.
Telf. 978 710 112.
Migas, pisto rincón o solomillo en salsa de anchoas son algunos de los platos que podréis degustar en este magnífico restaurante, ganador de diversos premios internacionales.
El menú del día os permitirá disfrutar de la buena cocina que se prepara en el Bajo Aragón.

CUQUETE
Llano del Arrabal, 18.
Telf. 978 710 256.
Está más retirado del centro pero su menú es de los más baratos. Acogedor y de ambiente familiar. Ofrece comida casera bien preparada –se recomiendan los estofados– y si se pide a la carta no suele resultar muy caro.

ASADOR ALBARRACÍN
Ctra. Teruel, s/n.
Telf. 978 710 305.
Es aconsejable pedir la parrillada de marisco y pescado, la especialidad de la casa. Además cuenta con una inmensa barra en la que se sirven buenas tapas de longaniza, chorizo y morcilla. Menú económico.

LA TABERNA
Plaza Mayor, 6.
Telf. 978 700 317.
Ofrece suculentos platos combinados, bastante económicos, en los que se incluyen los productos de caza y embutido. Menú de 7 a 12 €.

LA ALBERCA

SALAMANCA. 1.106 habitantes

CONSIDERADO UNO DE LOS PUEBLOS MÁS BELLOS DE ESPAÑA, LA ALBERCA, SIN PROFUSIÓN DE MONUMENTOS, ES EN SÍ MISMA UNA GRANDIOSA OBRA PÚBLICA EN DONDE HAY QUE DETENERSE PARA DISFRUTAR DE CADA DETALLE.

INFO

Oficina de Turismo
Plaza Mayor, 15.
Telf. 923 415 291.

DORMIR

*Los hoteles y alojamientos proliferan al ritmo que se incrementa la actividad turística. La oferta es amplísima, en calidad y en precios. Además del lujoso **Hotel Doña Teresa**✪✪✪✪ (carretera Mogarraz, s/n; telf. 923 415 308; habitación doble: 95-120 €), se recomiendan los siguientes con precios más asequibles.*

HOTEL ANTIGUAS ERAS✪✪✪
Avda. de Las Batuecas, 29.
Telf. 923 415 113. Antiguo hostal reformado y convertido en este excelente hotelito. Habitaciones cálidas, con madera en el suelo y colores elegantes y modernos en las paredes, algunas abuhardilladas.
Habitación doble: 75 €.

HOTEL LAS BATUECAS✪✪✪
Ctra. a Las Batuecas, 6.
Telf. 923 415 188.
Construcción en piedra muy acorde con la arquitectura de la villa, con un jardín de castaños. Tiene habitaciones luminosas y algunas con vistas al jardín. Es el más antiguo del pueblo aunque esté reformado.
Habitación doble: 75-99 €.

HOTEL PARÍS✪✪
San Antonio, 2. Telf. 923 415 131.
Uno de los pioneros; tiene cierto encanto con su aspecto decadente.
Habitación doble: 70 €.

HOSTAL LA ALBERCA✪✪
Padre Arsenio, s/n.
Telf. 923 415 116. Situado sobre el restaurante del mismo nombre, es uno de los más modestos por la sencillez de las habitaciones, pero es cómodo y funcional y resulta bien de precio.
Habitación doble: 40 €.

HOSTAL EL CASTILLO✪✪
Ctra. de Mogarraz, s/n.
Telf. 923 415 001. Instalado en una casa rústica. Con un restaurante de amplios comedores. Habitación doble: 39 €.

HOSTAL LA BALSA✪
La Balsada, 4.
Telf. 923 415 337. Ubicado en los aledaños de la Plaza Mayor. Instalado en una casa de piedra, es de trato amable. Las habitaciones son pequeñas y dan a las estrechas calles del casco antiguo. Cómodo por su ubicación.
Habitación doble: 33 €.

COMER

Casas con menú (menos de 15 €)

EL CASTILLO
Ctra. de Mogarraz, s/n.
Telf. 923 415 001. Situado en el hostal del mismo nombre. Asados a buen precio en un amplio comedor rústico.

PARÍS
San Antonio, 2. Telf. 923 415 131.
Situado en el hotel del mismo nombre. Cocina internacional, además de los platos de la zona.

LA CANTINA DE ELÍAS
Plaza del Padre Arsenio, s/n.
Telf. 923 415 237. Típica taberna donde también sirven raciones.

Restaurantes (de 21 a 36 €)

El restaurante del **Hotel Las Batuecas** (telf. 923 415 188) ofrece cocina regional y postres de factura casera a precios medios.
Uno de los más conocidos es **El Balcón de la Plaza** (Plaza Mayor, 11; telf. 923 415 224), un típico mesón con decoración serrana. También en la Plaza Mayor, **La Catedral** (telf. 923 415 267) sirve estupenda cocina serrana y los consabidos embuchados.

ALCALÁ DE GUADAIRA

SEVILLA. 61.278 habitantes

SITUADA A TAN SÓLO 15 KM DE SEVILLA, SE CARACTERIZA POR SER UNA CIUDAD JOVEN E INNOVADORA. SE DISTINGUE POR SUS RECURSOS NATURALES, DESTACANDO EL PARQUE DE OROMANA, LOS PINARES Y EL RÍO GUADAIRA, Y ARTÍSTICOS COMO SUS NUMEROSAS IGLESIAS Y ERMITAS, ASÍ COMO POR SU ANTIQUÍSIMA CULTURA, QUE NACE DEL CALCOLÍTICO.

INFO

Oficina de Turismo
Juez Pérez Díaz. Museo de la Ciudad.
Telf. 95 562 19 24.
www.ciudadalcala.com

DORMIR

HOTEL SANDRA✪✪✪
Silos, s/n.
Telf. 95 568 00 59.
Consta de habitaciones y apartamentos, todos en buen estado. Dispone de fácil aparcamiento.
Habitacion doble: 65-90 €.

HOTEL GUADAIRA✪
Mairena, 8.
Telf. 95 568 14 00.
Muy céntrico. Básico y sin pretensiones pero confortable. Habitaciones con mobiliario castellano, baño, televisión, aire acondicionado, secador y minibar.
Habitación doble: 55-90 €.

Otros hoteles de precio más elevado

En parte construido para la Exposición de 1929, el **Hotel Oromana** ✪✪✪ (avenida de Portugal, s/n; telf. 95 568 64 00; habitación doble: 65-130 €) es hoy un acogedor hotel de descanso, entre pinares, con salones con chimeneas para el invierno y una gran piscina y jardines de verano. Las habitaciones son luminosas, con buenas vistas y muy acogedoras.

COMER

Casas con menú (menos de 15 €)

BAR LA ALBAHACA
Madueño de los Aires, s/n. Bueno y económico. Aliños, carnes a la brasa y gran variedas de tapas.

KIOSCO DEL MATADERO
Reformado y ampliado a consecuencia de la nueva apertura del Parque Urbano. Se encuentra frente a la Casa de la Cultura y su especialidad son las mollejas y el bacalao.

Restaurantes (sobre 30 €)

Rincón de Bernardo (Silos, s/n; telf. 95 568 06 91) carta, menú del día y tapas variadas. Comida casera tradicional, carnes y pescados.
Trato familiar.

ALCALÁ DE HENARES

MADRID. 163.386 habitantes

UN PASEO POR LA CIUDAD DE CERVANTES Y DE LA UNIVERSIDAD COMPLUTENSE NOS TRAERÁ EL RECUERDO DE LOS MERCADOS MEDIEVALES, EL ESPLENDOR Y EL OCASO DE SU PASADO, AL TIEMPO QUE NOS PERMITIRÁ OBSERVAR EL DESPERTAR CULTURAL Y ESTÉTICO DEL QUE ÚLTIMAMENTE ESTÁ SIENDO OBJETO.

INFO

Oficinas de Turismo. Callejón de Santa María, 2. Telf. 91 889 26 94.
Plaza de los Santos Niños, s/n.
Telf. 91 881 06 34.
Tren de Cervantes. Telf. 91 506 63 56.
www.alcalaturismo.com

DORMIR

HOSTAL DON JUAN I✪✪
Don Juan I, 9. Telf. 91 883 34 84.
Inaugurado en 1994, es el mejor en relación calidad-precio. Muy agradable, todas sus habitaciones tienen baño, televisión y teléfono. 50 €.

HOSTAL JACINTO✪
Paseo de la Estación, 2-1º D.
Telf. 91 889 14 32.
Todo el establecimiento fue reformado en 2002. Las habitaciones disponen de televisión y baño.
Habitación doble: 45 €.

Otros hoteles de precio más elevado

A pocos minutos del centro se halla el **Hotel Partner Cisneros**✪✪✪ (paseo de Pastrana, 32; telf. 91 888 25 11; habitación doble: 62-70 €), muy funcional. Más céntrico, pero tranquilo y confortable, resulta el **Hotel El Bedel**✪✪✪ (pza. San Diego, 6; telf. 91 889 37 00; habitación doble: 115 €).

El **Hostal Miguel de Cervantes**✪✪ (Imagen, 12; telf. 91 883 12 77; habitación doble: 86 €) ofrece una buena relación calidad-precio.

En las afueras se ubica un hotel de carretera muy moderno y confortable, el **Hotel Ibis**✪✪ (telf. 91 879 68 50). Y por último, en la zona industrial, el novísimo **Hotel AC Alcalá de Henares**✪✪✪✪ (Octavio Paz, s/n; telf. 91 802 39 70/ 902 292 293; 117-150 €).

EL TAPEO

La mayoría de los bares para tapear están en los aledaños de la plaza de Cervantes y de la Calle Mayor. En la calle Carmen Calzado están **Las Cuevas de Rocinante,** un reclamo para aquellos que buscan el tópico español; en la calle Gallo, otro mesón "típico", **El Foro,** especializado en migas y cocido. Aunque ambos tienen restaurante, ofrecen tapas en la barra.

En la plaza de la Victoria se encuentra **El Escudo,** donde acompañando a una caña sirven pantagruélicas tapas. **El Hidalgo** (Bedel) se atribuye la especialidad de tirar la cerveza a la antigua usanza. **El Aguador** (paseo del Val), un poco apartado de la zona antigua, se autoproclama el mejor expendedor de aperitivos de la ciudad. Próximo a la oficina de Correos, en la calle Bustamante de la Cámara, **El Pájaro Griffo** ofrece buenas tapas y menús imaginativos.

COMER

*El mejor sitio para probar las tradicionales migas castellanas es la **Hostería del Estudiante** (Colegios, 3; telf. 91 888 03 30; 36 €). El restaurante **Antaño** (Ángel, 1-3; telf. 91 882 73 90; 36 €) también merece una visita.*

Hay un sinfín de establecimientos que sirven económicos menús de cocina casera con distintas opciones para elegir.

Casas con menú (menos de 15 €)

CASA CIRILO

Libreros.

El más antiguo de la ciudad. Menús económicos de comida casera en un local legendario y entrañable.

LA CUEVA DE ANTOLÍN

Libreros, 40.

Telf. 91 888 27 21.

Otro local muy conocido. Menú de comida casera.

MESÓN DON JOSÉ

Santiago, 4.

Telf. 91 881 86 17.

Comparte la fama de los anteriores, y sus platos bien podrían ser los que se comen en casa. Clientela fija.

CAFETERÍA DE LA UNIVERSIDAD

En el colegio de San Ildefonso.

Telf. 91 885 40 00.

Platos combinados en un comedor decorado con manteles de cuadros y rodeado de cristaleras que permiten disfrutar de la paz del patio de los Filósofos de la antigua Universidad de Cisneros. Un lujo por muy poco dinero.

ALCALÁ DEL JÚCAR

ALBACETE. 1.442 habitantes

ESTE PUEBLO, UNO DE LOS MÁS BELLOS Y PINTORESCOS DE TODA LA PROVINCIA, SE ENCUENTRA ENCLAVADO EN UN SINGULAR MEANDRO DEL RÍO JÚCAR. SU EXTRAÑA BELLEZA Y LA GRAN CANTIDAD DE ELEMENTOS ORIGINALES QUE POSEE LE LLEVÓ A SER DECLARADO CONJUNTO HISTÓRICO-ARTÍSTICO EN 1982.

INFO

Oficina de Turismo. Avda. de los Robles, 1. Telf. 967 473 090. Ocupa un antiguo molino situado junto al río. www.alcaladeljucar.org

Estación de Autobuses

En Albacete. Telf. 967 211 399.

Taxis. Telf. 967 474 036/ 473 121.

DORMIR

Pasar la noche en Alcalá y poder disfrutar de la iluminación nocturna consistente en multitud de pequeñas lucecitas blancas que trepan por la ladera hace que merezca la pena reservar habitación en alguno de los pequeños hoteles de la población.

HOTEL PELAYO✪✪✪

Constitución, 4. Telf. 967 473 099.

www.hotel-restaurante-pelayo.com

En el centro del pueblo y rodeado de naturaleza es un pequeño hotel con el encanto de su situación y de sus vistas panorámicas. Las habitaciones son amplias y confortables, tiene buen restaurante y proponen actividades de ocio. Habitación doble: 50-55 €.

HOSTAL RAMBLA✪✪

Paseo Los Robles, 2. Telf. 967 474 064.

En una plaza llena de árboles y con una terraza exterior agradable y tranquila, las diez habitaciones con las que cuenta este pequeño hostal tienen un aire clásico e invitan al descanso.

Habitación doble: 45 €.

HOSTAL EL JÚCAR✪

Batán, s/n. Telf. 967 473 055. A los pies del casco histórico, cuenta con veinte habitaciones con amplias terrazas, algunas de ellas con vistas al Júcar, baño completo, televisión, aire acondicionado. Habitación doble: 40 €.

HOSTAL HERMANOS PLAZA✪

Batán, 62. Telf. 967 473 029.

Las habitaciones, totalmente reformadas, tienen mobiliario de pino labrado, suntuosas cortinas, televisión, despertador, calefacción –algunas con aire acondicionado– y bonitas vistas de la población por la noche.

Habitación doble: 36-45 €.

Turismo rural

CASA BUENAIRE

Buenaire. Telf. 619 153 466. Tiene tres habitaciones con baño, cocina, calefacción, vídeo y unas bonitas vistas de la hoz sobre el Júcar. Dos de sus habitaciones están excavadas en la roca.

Además están **Casa Los Olivos** (Berrocal, s/n; telf. 967 474 081/ 670 341 393) con salón con chimenea, cochera y zona ajardinada; y **Casa Emiliano** (Pedrizas, 11; telf. 967 836 030) con cuatro habitaciones, tres baños, cocina y dos terrazas.

Campings

Otra alternativa es el cámping **El Berrocal** (ctra. Tolosa, 20; telf. 967 473 232) de 2ª categoría y abierto todo el año.

TAPEO

En el bar del **Hostal Júcar** (Batán, 1) la colorida barra invita a pedir una ración de caracoles en salsa, almejas o torreznos, mientras que en **Torres,** junto al puente, lo mejor son los cangrejos de río en salsa. A **Pelayo** (Constitución) se va a comer mollejas y rabo de toro, y a **La Rambla** (paseo Los Robles, 2) forro, tocinete, serranillas o moje manchego. Cruzado el puente se puede ir al **Bar Hondonera** a probar el queso manchego. **La Playeta,** junto al río, tiene el encanto del aire libre, del sonido de las aguas que llegan hasta su terraza y de la sombra de los árboles.

COMER

Casas con menú (menos de 15 €)

EL JÚCAR

Callejón de la Virgen. Telf. 967 473 055. Comedor sencillo con productos típicos y precios económicos. Algunas de sus especialidades son las judías con perdiz y el gazpacho manchego.

PELAYO

Constitución, 4. Telf. 967 473 099. Una agradable terraza interior llena de plantas sirve de escenario para platos a la brasa. La carta, escueta, se compone principalmente de sopas, espárragos y algunos platos de carne.

RAMBLA

Paseo Los Robles, 2. Telf. 967 474 064. Comer en el porche, a la sombra de los viejos plátanos y junto al olor de la barbacoa, resulta encantador. Entre sus aciertos están el ajo mataero, el atascaburras, las gachas de pueblo, las codornices y todo tipo de carnes a la brasa. De postre pan de Calatrava o cuajada con miel de cosecha propia.

HERMANOS PLAZA

Batán, 62. Telf. 967 473 029. En sus restaurantes (uno en el hostal y el otro junto al río), se pueden degustar platos del recetario regional como los embutidos a la brasa, el morteruelo –en épocas de matanza– o el pisto con tomate.

CUEVA MASAGÓ

Libertad, 45. Telf. 967 474 028. Cueva excavada en el corazón de la montaña que cuenta, además, con una sala para celebraciones íntimas con una rústica mesa de piedra. Cocina manchega.

ALCÁNTARA

CÁCERES. 1.790 habitantes

HISTÓRICA POBLACIÓN SITUADA EN LA CONFLUENCIA DE LOS RÍOS TAJO Y ALAGÓN. BAUTIZADA POR LOS ÁRABES COMO AL-KANTARA, QUE SIGNIFICA "EL PUENTE", Y AUNQUE SU PUNTO DE REFERENCIA ES EL EMBLEMÁTICO PUENTE ROMANO, QUE ESTÁ CONSIDERADO LA MEJOR OBRA EN SU GÉNERO, LA CIUDAD DE ALCÁNTARA OFRECE AL VISITANTE PEQUEÑOS RINCONES QUE RECUERDAN UN PASADO ILUSTRE.

INFO

Ayuntamiento. Plaza de España, 1.
Telf. 927 390 002 y 927 390 127.

Oficina de Turismo
Avda. de Mérida, 21. Telf. 927 390 863.

DORMIR

HOSTAL KANTARA AL-SAIF✪✪
Avda. de Mérida, s/n.
Telf. 927 390 246. Fax: 927 390 833.
Hostal de moderna construcción, cuyo nombre significa "Puente de la Espada" en árabe. Las 14 habitaciones son amplias, tranquilas y acogedoras. El mismo propietario del hostal ha inaugurado recientemente, en la entrada de Alcántara, un cómodo apartahotel. Habitación doble: 36-50 €.

Turismo rural

CASA LA CAÑADA
Regimiento de Argel, 20.
Telf. 927 390 298 y 676 826 796. En el casco histórico, la casa mantiene los esquemas de las antiguas casas de labranza. La decoración es rústica y un tanto sobria, pero muy cuidada en sus 5 habitaciones dobles, distribuidas en tres plantas, todas con baño completo. Habitación doble: 42-54 €.

CASA SAN ANTONIO
San Antón, 40. Telf. 927 390 822 y 619 317 093. En el centro de la población. Ofrece tres grandes habitaciones, cada una de ellas con sus peculiaridades. El comedor resulta sobrio pero acogedor gracias a la chimenea. Dispone también de un patio con pozo.
Habitación doble: 50-55 €.

LA NACENCIA
Plaza del Altozano, 7.
Telf. 927 390 522/ 616 056 718. Localizada en pleno casco histórico, es una antigua casa rehabilitada con 6 amplias habitaciones dobles con baño, TV y teléfono. En la decoración, que busca la elegancia, se combinan tapicerías y colores de las paredes y algunas camas con dosel. Habitación doble: 60 €.

APARTAMENTO RURAL LA CASINA DE SUSI
Soledad, 2. Telf. 927 390 105/ 655 448 881. Cerca de la sinagoga, se encuentra este antiguo taller artesano judío, rehabilitado siguiendo su estructura primitiva –en la planta baja, las salas de hacienda (salón con chimenea y cocina americana); y en la planta alta, las de descanso–. Tiene capacidad para tres personas. Apartamento/ día: 60-70 €.

Campings

PUENTE DE ALCÁNTARA
Carretera EX 117 a Portugal. Finca Los Cabezos. Telf. 927 390 934/ 390 947. De 1ª categoría, abierto desde finales de febrero hasta el 30 de septiembre. Con vistas sobre el embalse del Tajo, dispone de 80 parcelas, además 3 bungalós, de 2 a 4 plazas (50-70 €/noche).

COMER

No se puede hablar de la cocina de esta localidad sin citar la anécdota del recetario de la Orden de Alcántara. Se sabe que durante la invasión francesa a Portugal, el general Junot se alojó en el convento de esta orden, en el que descubrió dicho libro. Su esposa, en París, propagó las recetas por la capital, entre las que destacó la perdiz al modo de Alcántara. *Hoy en día es la especialidad de la mayoría de los restaurantes, que lo reivindican como autóctono.*

Casas con menú (menos de 15 €)

KANTARA AL-SAIF
Avenida de Mérida, s/n.
Telf. 927 390 246. Amplio restaurante con cocina casera regional y menú del día. Entre sus especialidades destacan el revuelto de la casa y la perdiz al modo de Alcántara.

GRAN MAESTRE
Barriada de San Pedro, 36.
Telf. 927 390 306. Además del menú, se recomienda el embutido ibérico, el solomillo de cerdo o la torta del Casar.

GUNDÍN
Plaza de Portugal, s/n.
Telf. 927 390 143. Pequeño restaurante en la planta alta del bar, con cocina casera regional. Ofrecen el característico pez de charca de la zona, la tenca (a partir de mediados de mayo), o la tan famosa perdiz a la moda de Alcántara.

ALCAÑIZ

TERUEL. 15.587 habitantes

CAPITAL DEL BAJO ARAGÓN TUROLENSE, SIEMPRE FUE UN IMPORTANTE CENTRO DE PRODUCCIÓN Y COMERCIALIZACIÓN DE ACEITE. MANTIENE UNA INTENSA ACTIVIDAD EN TODOS LOS CAMPOS Y UNA ACTIVA VIDA URBANA, COMO LO DEMUESTRA EL FAMOSO CAMPEONATO NACIONAL DE AUTOMOVILISMO QUE SE CELEBRA CADA AÑO.

INFO

Oficina de Turismo
Calle Mayor, 1.
Telf. 978 831 213.
www.alcaniz.es

Ayuntamiento
Pza. de España.
Telf. 978 870 565.

Autobuses
Abasa es la compañía que lleva autobuses desde Teruel y Zaragoza (telf. 978 830 871).
La Igualadina tiene una línea regular con Barcelona (telf. 93 804 44 51).

DORMIR

La oferta hotelera es amplia y la relación calidad-precio muy buena. El ***Parador*****✪✪✪** *(Castillo de Calatravos, s/n; telf. 978 830 400; 140-160 €; www.parador.es) encabeza la lista.*

HOTEL GUADALOPE✪✪
Plaza de España, 8.
Telf. 978 830 750.
Habitaciones espaciosas, igual que los baños. Magníficas vistas de la plaza y la iglesia. Decoración moderna y elegante, y trato excepcional.
Habitación doble: 50-72 €.

HOSTAL ALCAÑIZ✪✪
Plaza de Santo Domingo, 6.
Telf. 978 834 340. Prácticamente nuevo, a sus habitaciones no les falta de nada: aire acondicionado, radio, teléfono y televisión. Tiene garaje.
Habitación doble: 45 €.

HOSTAL EL TRILLERO✪✪
Plaza de Santo Domingo, 1.
Telf. 978 831 026.
Es el más económico de todos y la relación calidad-precio bastante aceptable. Sus habitaciones no tienen lujos añadidos pero están bien acondicionadas y son muy luminosas. El baño, algo pequeño.
Habitación doble: 30-36 €.

Otros hoteles de precio más elevado

En la carretera de Zaragoza se sitúa el **Hotel Calpe✪✪✪** (telf. 978 830 732; habitación doble: 110-140 €), con un buen nivel de servicios.

EL TAPEO

Es habitual tomar el aperitivo en los bares de la plaza de España, entre los que se encuentra **París,** que sirve buenos montados de lomo, en la vecina calle del Espejo está **La Bodega,** donde son célebres las "bombas" (patatas rellenas de carne y cubiertas con una salsa especial), las raciones de oreja y las patatas bravas.

COMER

Casas con menú (menos de 15 €)

MESÓN CASA LUIS
Paseo Andrade, 18. Telf. 978 833 920. Aunque esté algo alejado del centro, merece la pena acercarse hasta este enorme y rústico local cuya cocina regional es excelente, y la relación calidad-precio, de las mejores. Muy ricas las berenjenas rellenas y las migas.

GRAN TABERNA EL CUARTELILLO
Glorieta de Valencia, s/n.
Telf. 978 833 763. Muy recomendable para los que prefieran un lugar más informal y estén cansados de comer menús. Su especialidad son las tablas de quesos, patés, curados y ahumados, además de carnes a la brasa. Muy frecuentado por gente joven.
Sólo abre de jueves a domingo.

MESÓN LA OFICINA
Avda. de Aragón, 12.
Telf. 978 870 801. Además de platos combinados y cazuelitas, este mesón

ofrece un menú muy económico a base de platos bien elaborados, como el solomillo al jerez o los "caprichos de la cocinera". El local es nuevo y el servicio muy atento.

Wimpi Spring
Blasco, 24. Telf. 978 832 629.
Este pequeño local, del mismo dueño que Casa Luis, ofrece un variado menú del día y, además, es pizzería y hamburguesería.

Restaurantes (sobre 30 €)

Casa Meseguer (avenida del Maestrazgo, 9; telf. 978 831 002) es un clásico de la mejor cocina bajoaragonesa.

CAFÉS

Entre los cafés destaca el **Avanti** (Carmen, 52), local moderno y vanguardista, donde además de una amplia carta de cafés y tés, hay todo tipo de cervezas. Tiene dos plantas y por la noche hay un buen ambiente.

A lo largo de la avenida de Aragón hay multitud de cafeterías que también ofrecen sandwiches y platos combinados y suelen cerrar tarde. Es el caso de **Daly's,** muy frecuentada por la noche; **Rangel,** en el número 37, y **Vewin's,** donde es habitual tomarse un chocolate con churros de madrugada.

ALCARAZ

ALBACETE. 1.734 habitantes

ESTA HERMOSA Y MINÚSCULA VILLA, SITUADA EN LA SIERRA A LA QUE DA NOMBRE, ES UNO DE LOS LUGARES MÁS VISITADOS DE LA REGIÓN, GRACIAS A SU PRECIOSA PLAZA MAYOR, Y PUNTO DE PARTIDA PARA REALIZAR EXCURSIONES POR LA SIERRA.

INFO

Oficina de Turismo
Plaza Mayor, 1. Telf. 967 380 827.

DORMIR

Hostal Alfonso VIII
Padre Pareja, 1. Telf. 967 380 152.
Este alegre y luminoso hostal lleno de plantas por todas partes y situado junto a la Plaza Mayor, cuenta con habitaciones espaciosas, ventanas de madera y curiosos balconcillos. La habitación abuhardillada de la planta superior, aunque algo más cara, resulta encantadora.
Habitación doble: 39 €.

Hostal El Cazador
Ctra. de Jaén, km 80. Telf. 967 380 754.
Muy cerca de la población, dispone de 28 habitaciones climatizadas y bien equipadas, algunas de ellas con terraza. Cuenta con jardines, cafetería y restaurante; está adaptado para discapacitados y admite mascotas.
Habitación doble: 40 €.

COMER

Casas con menú (menos de 15 €)

Alfonso VIII
Padre Pareja, 1. Telf. 967 380 152. El restaurante del hostal sirve en su agradable comedor carnes a la brasa, patatas a lo pobre, gazpacho a la manera de Alcaraz y otros sencillos platos de excelente calidad, sin olvidar los embutidos caseros y el flan.

El Cazador
Ctra. de Jaén, km 80. Telf. 967 380 754.
En este restaurante sirven de especialidad platos de caza de la zona, como las perdices estofadas, los gazpachos, conejo al ajillo, etc.

J. M.
Ctra. de Jaén, km 79. Telf. 967 380 055.
Con un menú de unos 12 € y una carta de unos 20 €, ofrece pescados a la brasa, buenas tapas y platos de la cocina manchega. Con una agradable terraza.

ALCÁZAR DE SAN JUAN

CIUDAD REAL. 25.961 habitantes

ESTA CIUDAD ES EL CENTRO GEOGRÁFICO DE LA MANCHA. DE ORIGEN ANTIGUO, DISPUTA A ALCALÁ DE HENARES LA CUNA DE MIGUEL DE CERVANTES, PORQUE AQUÍ SE DESCUBRIÓ UNA PARTIDA DE NACIMIENTO DEL ESCRITOR. A PARTIR DE 1851, CON LA LLEGADA DEL FERROCARRIL, ALCÁZAR SE CONVIRTIÓ EN UN NUDO DE COMUNICACIONES FUNDAMENTAL. ESTA CONDICIÓN HACE DE ALCÁZAR UNA VILLA ABIERTA Y HOSPITALARIA.

INFO

Oficina de Turismo
Telf. 926 552 968.

DORMIR

Hotel Aldonza
Álvarez Guerra, 28. Telf. 926 541 554. Está situado junto a la estación de ferrocarril. Cuenta con restaurante y una acogedora salita con chimenea donde pasar un rato tranquilo. Las habitaciones, aunque tienen televisión y teléfono, son bastante austeras y el mobiliario algo antiguo. Habitación doble: 35-55 €.

Hostal Numancia
Avda. Criptana, 11. Telf. 926 541 147.
Antiguo hostal donde las habitaciones y los baños han sido reformados. Es modesto pero limpio y aceptable. No todas las habitaciones tienen baño completo. Habitación doble: 33 €.

Otros hoteles de precio más elevado

Para quienes se lo puedan permitir están el **Hotel Ercilla Barataria** (avda. de Herencia, s/n; telf. 926 541 465) y el **Ercilla Don Quijote** (avda. Criptana, 5; telf. 926 543 800), ambos por 82 €, la habitación doble.

EL TAPEO

Es en el centro de la localidad, en los alrededores de la plaza de España y en la calle Emilio Castelar donde se concentran la mayor parte de los bares y tascas que sirven generosas tapas de productos típicos de la zona. En las cercanías del Torreón del Gran Prior se encuentra **El Torreón,** local muy de moda en los últimos años.

Al pie de la plaza de España se encuentran **La Viña E** y **El Jardinillo,** con vinos manchegos y fritos variados. **Bodegas Angora** (Santísima Trinidad) es un típico local manchego con una variada oferta de vinos manchegos que suelen ir acompañados por buenas tapas de jamón y queso o chorizo de venado. También se pueden comprar estos productos. En la cafetería del hotel **Don Quijote,** sirven buenas tapas en un ambiente muy popular.

Alejándose de la zona centro se recomienda acercarse a **La Mancha** (avda. de la Constitución) para degustar sus variadas y excelentes tapas manchegas, que bien pueden servir de reclamo para entrar en su comedor.

COMER

Casas con menú (menos de 15 €)

La Mancha
Avda. de la Constitución, s/n.
Telf. 926 541 047. Quizás sea el restaurante con más tradición y fama de la localidad. Su especialidad es la cocina típica manchega, con platos sacados de las aventuras y desventuras de *El Quijote*. Existe la posibilidad de probar los platos típicos de la región, dentro de los diferentes menús diarios.

Casa Vicente
Avda. de la Constitución, s/n.
Telf. 926 541 013. Especialidad en arroces, está decorado como si fuera el interior de un antiguo barco de vela, todo de madera.

La Latinaja
Ctra. 240. Nº 286. Telf. 926 550 524.
Cocina manchega, horno de leña y carne a la piedra. Clásico manchego con decoración de campo: trillos como biombos, etc.

Venta El Molino
Avda. de Cervera, 81.
Telf. 926 588 850. Con una decoración que recuerda a las antiguas ventas que se dan cita en *El Quijote*, ofrece cocina manchega.

Rafa
Ctra. 240. Nº 288. Telf. 926 543 870.
Mariscos y arroces, decorado con motivos marineros.

Restaurantes (desde 24 €)

Sancho (telf. 926 543 800) es el restaurante del hotel Don Quijote, perteneciente a la cadena Bilbao Ercilla, lo que garantiza su gran calidad.

Convento de Santa Clara (pza. de Santa Clara, 1; telf. 926 550 876). Es un antiguo convento convertido en hotel y restaurante. Buen trato al cliente, con salones privados. Cocina moderna.

ALCOI/ ALCOY

ALICANTE. 58.358 habitantes

Situada en una hoya rodeada de abruptas sierras, la emprendedora ciudad de Alcoi debe su desarrollo a la revolución industrial del siglo xix. Mientras, la burguesía industrial enriquecía el patrimonio artístico con notables edificios modernistas y se construían los puentes que salvan los ríos. Por otra parte, sus fiestas de moros y cristianos, vistosas, mágicas y perfectamente ambientadas, son quizá las más importantes de cuantas se celebran en nuestra geografía.

INFO

Ayuntamiento
Plaza de España, 1.
Telf. 96 553 71 00.
Tourist-Info. San Lorenzo, 2.
Telf. 96 553 71 55. www.alcoi.com
Estación de Renfe
Avenida Tirant Lo Blanc, s/n.
Telf. 902 240 202.
Estación de autobuses
Avda. Juan Gil Albert, 65.
Alcoyana. Telf. 96 552 05 62.

DORMIR

En Alcoi, la oferta hotelera es algo escasa, pues solo existen un par de alojamientos. Durante las fiestas de Moros y Cristianos es recomendable reservar con antelación.

HOSTAL SAVOY✪

Casablanca, 5. Telf. 96 554 72 72.
www.hostalsavoy.com
Las habitaciones son de lo más básico y las que dan a la carretera son algo ruidosas. Los baños no están mal. Tiene aparcamiento gratuito y una agradable cafetería.
Habitación doble: 45-95 €.

HOTEL SANTA ANA✪✪

En la vecina localidad de **ELDA**.
Carrer Iglesia, 4. Telf. 96 538 02 31.
www.hotel-santaana.net
Destaca el ambiente cómodo y cuidado en las instalaciones. Situado en el centro histórico, a 25 minutos de la playa. Estudios de temporada y spa urbano. Con 35 habitaciones, todas ellas con baño completo, teléfono, zona *wi-fi*, aire acondicionado, ascensor. Y un servicio de bar cafetería, donde tomar un buen desayuno, o lo que se desee.
Habitación doble: 50 €.

Otros hoteles de precio más elevado

Situado en un sitio estratégico, el **Reconquista**✪✪✪ (Puente de San Jorge, 1; telf. 96 533 09 00; fax: 96 533 09 55; 65-75 €) es el hotel de la ciudad. Suele ser un establecimiento frecuentado por viajantes que ni sorprende ni decepciona. Funcional y suficientemente cómodo. Destaca por su gran nivel de servicios el nuevo hotel **AC Ciutat d'Alcoi**✪✪✪✪ (Colón, 1; telf. 96 533 36 06; habitación doble: 75-130 €).

COMER

La consistente y rica cocina de montaña de esta zona se mezcla con toda la gama de los arroces propia de la gastronomía más costera. Así, se pueden degustar platos tan tradicionales como la borreta (guisado de patatas con bacalao, sepia, espinacas y ñoras), la olleta alcoiana (similar a las judías estofadas), la pericana (otro guiso de similares características, pero condimentado de diferente manera) y las bajoques farcides (pimientos rellenos de arroz).
Todo ello, sin olvidarse de la rica repostería. Conviene terminar con alguna de las bebidas de la localidad, como el café licor y el timonet *o herbero, hecho con anís dulce y hierbas maceradas. ¡Qué aproveche!*

Casas con menú (menos de 15 €)

TASCA SONORA

Cid, 10.
Telf. 96 533 13 56. Decorado en madera y tonos pasteles, con un salón precedido por una cómoda barra en la que se puede tomar antes una buena cerveza, para después, en las mesas, elegir alguna de las variadas raciones que ofrecen.

LAGUNA

Ctra. N 340, km 790.
Telf. 96 554 73 74.
Carnes a la brasa y un menú diario bastante económico. Con terraza.

EL PONTET

Carrer Assegador, 40.
Telf. 96 554 68 10.
En un ambiente sencillo ofrece una buena cocina casera a buen precio, además de disponerde una buena variedad de tapas, raciones y platos combinados.

LOLO

Ctra. Alcoi-Benilloba. Camino de la Font de la Salud.
Telf. 96 554 73 73.
Instalado en una bonita masía. La cocina es esencialmente mediterránea con predominio de los arroces en amplio repertorio, pero también destacan en la carta la verduras de temporada, los pescados y mariscos, así como, respecto a carnes, el churrasquillo.

ALCÚDIA

ISLA DE MALLORCA. 19.071 habitantes

Alcúdia es una histórica ciudad rodeada de una imponente muralla. Su bahía es uno de los centros turísticos más animados de Mallorca.

INFO

Oficinas de Información Turística
Calle Mayor, 17. Telf. 971 897 113.
Ctra. de Artà, 68. Telf. 971 892 615.
www.alcudia.net
www.pollentia.net

DORMIR

Todos los alojamientos están ubicados en la bahía de Alcúdia, entre el Port d'Alcúdia y Can Picafort. Son hoteles de playa, pulcros y funcionales, sin apenas diferencias entre unos y otros. Los hoteles de categoría superior ofrecen grandes descuentos fuera de temporada. En temporada alta es posible conseguir un precio muy aceptable si forman parte de un paquete turístico.

APARTHOTEL PARAÍSO✪✪

Avda. de las Palmeras.
PORT D'ALCÚDIA.
Telf. 971 890 068. Fax: 971 890 977.
www.paraisodealcudia.com
Aparthotel sencillo, muy bien situado junto a la playa. Con un buen nivel de servicios. Estudios (de 2 a 4 personas) con un dormitorio doble, salón-comedor-cocina, nevera y dos sofás cama. Ideal para familias. Estudio: 85-160 €.

HOSTAL VISTA ALEGRE✪

Passeig Maritim, 10. **PORT D'ALCÚDIA.**
Telf. 971 547 347. Hostal muy bien situado, limpio, con habitaciones dobles muy básicas y sólo con ducha pero, curiosamente, con aire acondicionado. Opción económica muy adecuada a viajeros poco exigentes.
Habitación doble: 35-50 €.

Otros hoteles de precio más elevado

Hotel Can Tem (Carrer de l'Església, 14; telf. 971 243 537/ 687 833 593; habitación doble: 85-125 €; www.hotelcantem.com) y el **Hotel Sant Jaume** (Sant Jaume 6; telf. 971 549 419; fax: 971 897 255; habitación doble: 105 €; www.hotelsantjaume.com) son dos deliciosos establecimientos rurales que podemos encontrar en el casco antiguo de Alcudia, en los que se disfruta del estilo mallorquí más puro.

EL TAPEO

En la zona histórica de Alcúdia, **Sa Portassa** (sant Vicenç, 7) y **Ca's Capellá** (Serra, 26), ofrecen tapas mallorquinas. En el Puerto de Alcúdia, **Cap Roig** (ses Barques, 3) es famoso por sus pescados. **Miramar** (passeig Marítim, 2) pescados y mariscos, **Bogavante** (Teodoro Canet, 2), **Ramons's Bar** (Mariners, 18) y el **Mesón Dulcinea** (Mariners, 7) ofrecen tapas y platos de la cocina mallorquina bien conocidos por la zona.

COMER

Restaurantes (sobre 25 €)

En el Port d'Alcúdia se sitúa **Rancho Chico** (Mar del Plata; Los Delfines; telf. 971 891 319), un restaurante con terraza especializado en carnes al horno, cordero lechal, estofado de rabo de buey y buenos pescados.

Bogavante (Teodor Canet, 2; telf. 971 547 364). Agradable y sencillo restaurante del puerto. Parrillada de marisco, merluza rellena al gusto del chef, mejillones rellenos, pero también pato asado y pimientos del piquillo rellenos de setas y gambas.
También en el Port se halla el **Mesón Los Patos** (ctra. Alcúdia-Artà, km 8,9; telf. 971 890 265), ubicado en un antiguo secadero y almacén de arroz. Carnes al horno de leña, pescados frescos, pato y platos con anguila.

ALFARO

LA RIOJA. 9.378 habitantes

ZONA TRADICIONALMENTE AGRARIA, ALFARO HA TENIDO UN CONSIDERABLE DESARROLLO GRACIAS A LA INDUSTRIA CONSERVERA. LA CIUDAD, CON UNO DE LOS MUNICIPIOS MÁS EXTENSOS DE ESPAÑA, MUESTRA UNA INDUDABLE INSPIRACIÓN MUDÉJAR EN SU TRAZADO URBANO Y EN LOS EDIFICIOS DE LADRILLO, INFLUENCIA DE LA REPOBLACIÓN MEDIEVAL CON COMUNIDADES PROCEDENTES DEL SUR ANDALUSÍ. HOY, ENTRE SUS MORADORES, SE ENCUENTRA LA MAYOR COLONIA DEL MUNDO DE CIGÜEÑA BLANCA.

INFO

Oficina de Turismo
Plaza de España, 1. Telf. 941 180 133.
www.alfaro.es

DORMIR

HOTEL PALACIOS✪✪

Avda. de Zaragoza, s/n.
Telf. 941 180 100.
www.hotelpalacios.com
Es el hotel de la localidad y cuenta con numerosos y curiosos servicios como piscina, pistas de tenis, un museo del vino y una gran tienda donde comprar productos de la gastronomía riojana. Las habitaciones son espaciosas y funcionales.
Habitación doble: 60-90 €.

HOSTAL MODERNO✪

San Antón, 32.
Telf. 941 180 056. Este modesto hostal de trato familiar, cuenta con cómodas y amplias habitaciones, todas exteriores y con graciosos balconcillos.
Habitación doble: 30-50 €.

ALBERGUE RÍO ALHAMA

Pza. Azaña, s/n. Telf. 941 205 545.
Bien situado y gestionado.

COMER

Casas con menú (menos de 15 €)

ASADOR SAN ROQUE

San Roque, 3. Telf. 941 182 888. Con un comedor engalanado y otro más informal, ofrece cocina de excelente calidad. Las cantidades son ingentes; si probáis las deliciosas pochas con almejas, pedirlas para dos. Espléndidos son también sus espárragos frescos.

PALACIOS

Avda. de Zaragoza, s/n.
Telf. 941 180 100. El restaurante del hotel, formado por cuatro comedores, tiene como especialidad las verduras variadas y el cabrito. En el museo de la parte baja, la carta contiene todas las especialidades riojanas. Es vuestra oportunidad si no sabéis lo que es el *patorrillo*, eso sí, doblad la cantidad de pan para la cosa de untar.

Restaurantes (sobre 25 €)

Hernani II (Carretera de Zaragoza; telf. 941 183 054) es un buen restaurante de carretera, con tendencia a la cocina internacional. De postre el excelente pastel ruso que se elabora en Alfaro.

DE PINCHOS

Hacer la "ronda", como dicen por estos lares, tiene una calle concreta en Alfaro, como viene siendo habitual en las localidades donde el tomar vinos y pinchos es una actividad de gran arraigo. La calle Araciel y colindantes concentra los bares de la ronda. Lugares como **José Luis** (Trasmuro), **Polaris** (Buego Viejo), **Argentina, Molino,** uno de los mesones de más solera, o el bar **Castillo** sirven variados pinchos además de las típicas *caracolijas*, que son caracoles aliñados con una salsa a base de salchicha roja, jamón, tomate, cebolla y aceite, que cada casa le da su toque diferencial. Y de beber... cualquiera de los vinos locales que son de gran calidad.

ALGECIRAS

CÁDIZ. 101.907 habitantes

PUERTA DE ENTRADA AL MEDITERRÁNEO Y LUGAR DE PASO PARA CRUZAR EL ESTRECHO, ES UNO DE LOS PUERTOS CON MAYOR TRÁFICO DE PERSONAS Y MERCANCÍAS. CONSECUENCIA DE ELLO ES EL CARÁCTER COMERCIAL Y COSMOPOLITA DE ESTA CIUDAD.

INFO

Oficina de Turismo. Juan de la Cierva, s/n. Telf. 956 784 131. www.andalucia.org
Transporte marítimo
Barcos a Ceuta y Tánger.
Trasmediterránea. Telf. 902 454 645.
www.trasmediterranea.es

DORMIR

La oferta es variada. Sin olvidarnos de los lujosos hoteles como el ***Reina Cristina***✪✪✪✪ *(paseo de la Conferencia; telf. 956 602 622; habitación doble: 122-210 €), se recomiendan los siguientes establecimientos:*

HOTEL DON MANUEL✪✪

Segismundo Moret, 4.
Telf. 956 634 606. Cerca del puerto, este pequeño hotel de 15 habitaciones tiene todo lo que se puede esperar (aire acondicionado y calefacción). Habitaciones limpias y con mobiliario nuevo. Baño y televisión. Habitación doble: 45-54 €.

HOSTAL LA PLATA✪✪

Cayetano del Toro, 29.
Telf 956 662 152. Sencillo pero suficiente. Trato familiar. Todas las habitaciones disponen de aire acondicionado y baño.
Habitación doble: 30-60 €.

PENSIÓN GONZÁLEZ✪✪

José Santacana, 7. Telf. 956 652 843.
Céntrico. Proponen algunas habitaciones con baño y otras con ducha.
Habitación doble: 40-46 €.

HOSTAL NUESTRA SEÑORA DE LA PALMA

Plaza Palma, 12. Telf. 956 632 481. En la plaza del Mercado. Tanto el edificio como las habitaciones están en estupendo estado. Habitación doble: 35-40 €.

EL TAPEO

La Plaza Alta en sí es un hermoso espacio muy animado durante el día. Desde aquí sale la calle Alfonso XI (conocida como Calle Ancha y peatonal en algunos tramos), donde está el Ayuntamiento y un sinfín de bares de tapas. En Alfonso XI, 18, se halla **Las Duelas,** que además de desayunos, es un buen bar de tapeo con un vino estupendo. En la misma calle, **Habana** ofrece pitas y *baguettes* calientes a las que se les puede añadir casi de todo, y **Guijuelo 15** es un mesón con mucha variedad de montaditos y sabrosas tapas de jamón. El **Ópera** es un café-bar abierto todo el día, decorado con restos de derribos y pinturas cálidas, y con una estupenda terraza. Las tapas y raciones son de *catering*.
En Sevilla, 40, se sitúa el diminuto y jovial **Chiquilitré,** con un montón de tapas caseras muy baratas. En la plaza de la Merced la freiduría **Costa** ofrece el *pescaíto* en su punto y a un precio razonable.

COMER

Casas con menú (menos de 15 €)

LA MENACHA

Avda. del estrecho, s/n.
Telf. 956 587 749. Cocina andaluza con buenos guisos y carnes a la brasa.

CASA BERNARDO

Calle Cabo de la Nao, 2.
Telf. 956 633 044. Algo apartado del casco antiguo. Ofrece un buen menú de cocina casera.

EL PALMITO

Ctra. Getares, s/n. Urb. Puerta del Mar.
Telf. 956 570 829. Aunque sirve un buen menú de cocina de mercado, lo más celebrado son su estupendas y variadas tapas.

LA ESQUINA

Ctra. El Rinconcillo (Playa del Rinconcillo). Bar restaurante especializado en frituras de pescado fresco. Un poco ruidoso, pero vale la pena, todo está riquísimo.

MONTES

Calle Emilio Castelar, 36 bajo.
Telf. 956 656 905.
En la misma calle están los dos establecimientos Montes. Uno dedicado a una cocina más casera, con un menú asequible, y otro con platos más elaborados, excelentes pescados y mariscos.

Restaurantes (sobre 21 €)

El **Almazara** (Alfonso XI, 9) es también un bar de tapas, con barra alargada. Sirven platos bien elaborados con materia prima de calidad. Lugar acogedor y servicio esmerado.
Asador Iruña (Alfonso XI, 11; telf. 956 632 818). El concepto es vasco (tiene hasta los pinchos en la barra pero se sirven como tapas). Suculentas carnes a la brasa y pescado fresco.

ALHAMA DE GRANADA

GRANADA. 6.023 habitantes

ESTA HERMOSA CIUDAD, DECLARADA CONJUNTO HISTÓRICO-ARTÍSTICO, HA SURGIDO Y CRECIDO AL AMPARO DE SUS AGUAS TERMALES. A LOS ÁRABES DEBE, ADEMÁS DEL BELLO NOMBRE, LOS IMPORTANTES BAÑOS, UN ENTRAMADO URBANO CARACTERÍSTICO Y ALGUNOS MONUMENTOS QUE LA CULTURA CRISTIANA SE ENCARGÓ DE IR SUSTITUYENDO.

INFO

Oficina de Turismo
En el Ayuntamiento. Paseo Montes de Jovellar, 6. Telf. 958 360 686.
www.alhama.org
www.andalucia.org

DORMIR

HOTEL BAÑO NUEVO✪

Balneario, s/n. Telf. 958 350 011.
Tanto el hotel como las habitaciones son austeras y sobrias; sin embargo, el enclave privilegiado en el que se encuentra lo hace aconsejable.
Habitación doble: 58 €.

HOSTAL ANA✪

Ctra. de Granada, 8. Telf. 958 360 108.
Agradable establecimiento situado muy cerca del centro. 8 habitaciones dobles con baño y aire acondicionado. Habitación doble: 48 €.

Otros hoteles de precio más elevado

Son recomendables el **Hotel Balneario✪✪✪** (telf. 958 350 011; habitación doble: 99-110 €), con buenos servicios y aguas termales; el **Hospedería La Seguiriya✪✪** (Peñas, 12; telf. 958 360 801; habitación doble: 63 €), en una casona rehabilitada del siglo XVIII en el centro de la ciudad y el **Hostal El Ventorro✪✪** (Ctra. de Játar, km 2; telf. 958 350 438; habitación doble: 63 €).

EL TAPEO

La principal zona se encuentra en la plaza del Duque de Armas y en la de la Constitución. Empezando por abajo, **El Pinturero** y **Raya,** en la carretera hacia Granada, donde se puede probar el choto o el lomo de orza, y en la plaza, **Pedro,** con su siempre animada terraza.
Ya en la plaza de la Constitución se encuentra un clásico, el **Tertulia Bar Paco Ochoa**.
También **Andaluz,** con tapas de pescado, almejas y navajas, **Diego,** con pescadito frito, o **El Tigre,** bar de generosas tapas.
Además está **Casa Marín** en la calle Pablo Picasso, famoso por su jamón y queso.

COMER

Casas con menú (menos de 15 €)

MESÓN DE DIEGO

Plaza de la Constitución, 12.
Telf. 958 360 121. Este mesón, de animada terraza en verano, sirve, además de buenas raciones de pescado frito como la rosada, excelentes carnes a la brasa y platos locales, como el cocido *jameño* o el gazpacho ajoblanco.

MESÓN EL VENTORRO

Carretera de Játar, km 2.
Telf. 958 350 438.
Este cortijo-mesón está situado frente a la presa del río Alhama. Cuenta con un rústico comedor interior y una terraza techada por las ramas de las parras, donde se sirve, además de la cocina regional más tradicional, una buena selección de "papas a lo pobre" y buenos menús.

EL PATO LOCO

Ctra. de Játar, km 2. Telf. 958 350 501.
Especializado en carnes a la brasa y al horno de leña. Dispone de piscina.

ALHAMA DE MURCIA

MURCIA. 15.318 habitantes

LAS AGUAS TERMALES QUE LA HICIERON FAMOSA EN ÉPOCA ROMANA LE DIERON COMO NOMBRE AL HAMMAN BAJO LA DOMINACIÓN DE LOS ÁRABES, A QUIENES SU AMOR POR EL AGUA LES LLEVÓ A DEFENDER ESTE LUGAR CON UN CASTILLO, DEL QUE AÚN SE SOSTIENEN LA TORRE DEL HOMENAJE Y ALGUNA DE SUS MURALLAS. HOY ALHAMA ES UNA CIUDAD MODERNA CON PIES DE FRUTA Y CORONA DE PINOS, PORQUE MIENTRAS LA VEGA DEL GUADALENTÍN ESPARCE OLORES DE AZAHAR, SIERRA ESPUÑA SE LEVANTA MAJESTUOSAMENTE VERDE, ATRAPANDO LAS MIRADAS DE LOS ENTUSIASMADOS EXCURSIONISTAS.

INFO

Oficina de Turismo
Plaza de la Constitución.
Telf. 968 633 512.
www.alhamademurcia.com
www.murciaturistica.es

Ferrocarril
Tren de cercanías Águilas-Murcia, y Talgo Lorca-Barcelona.
Telf. 902 240 202.

Parada de autobuses
Avda. Juan Carlos I (frente al mercado público). Para consultar los horarios y destinos conviene acercarse a la Oficina de Turismo.

DORMIR

HOTEL ENTRESIERRAS✪✪✪

Autovía A 7, km 642.
LIBRILLA.
Telf. 968 657 676.
El mejor alojamiento de los alrededores, con un equipamiento del todo envidiable. Este hotel, con detalles mudéjares y habitaciones funcionales, pertenece al municipio de Librilla, y se encuentra a unos 13 km de Alhama de Murcia.
Habitación doble: 56 €.

HOTEL LOS BARTOLOS✪✪

Alfonso X el Sabio, 1.
Telf. 968 631 671.
www.losbartolos.com
Magnífica opción, si tenemos en cuenta el aspecto renovado de sus habitaciones y sus prestaciones: aire acondicionado, televisión... El único problema es que los días laborables está casi siempre completo por la afluencia de representantes de comercio.
Habitación doble: 48 €.

HOTEL JULIÁN✪✪✪

Avda. Ginés Campos, 35-37.
Ctra. N 340.
Telf. 968 636 133.
www.hotelrestaurantejulian.com
Situado estratégicamente en la entrada a la ciudad desde la autovía. Habitaciones nuevas y muy agradables con climatizador y TV. Trato personal, aparcamiento y ascensor.
Habitación doble: 50 €.

HOSPEDERÍA LA MARIPOSA✪

Lugar Casa del Estanco, s/n.
PEDANÍA DE GEBAS. Telf. 968 631 008.
www.hospederialamariposa.com
Antigua posada rehabilitada al pie de Sierra Espuña. Habitaciones con bonitas vistas. Acceso para discapacitados, piscina y restaurante de cocina mediterránea. Habitación doble: 50-70 €.

Campings y turismo rural

El **cámping Sierra Espuña** (ctra. C 3315 Alhama-Mula; El Berro; telf. 968 668 038; www.campingsierraespuna.com) puede ser una buena base para organizar nuestras excursiones por el Parque Natural de Sierra Espuña. Es un camping de 2ª categoría que permanece abierto todo el año.
Pero no debemos pasar por alto las casas rurales de **La Tinaja, Las Palmeras, El Aljibe, El Lebrillo, Las Golondrinas 1, Las Golondrinas 2, Cueva del Grillo** y **El Palomar.** Todas han sido rehabilitadas tratando de mantener su sabor rústico, y nos ofrecen la posibilidad de una mayor relación con el medio natural a través de diversas actividades. Para cualquier consulta o reserva hay que ponerse en contacto con la asociación Espuña Turística (www.espunaturistica.com).

COMER

Puede que lo más cotidiano en las mesas de los restaurantes de Alhama sea arroz con conejo, serranas (caracoles), verdura, liebre, pollo, costillejas o marisco. Pero nada más tradicional que guisos como el potaje de acelgas y bacalao, la olla gitana (con productos de la huerta), la olla fresca (de cerdo) y el cocido murciano. Platos siempre acompañados por ensalada murciana, de pimiento fresco o seco (ñora) con bacalao, cebolla y aceitunas negras; o de pimientos rojos o verdes con tomate, berenjena y cebolla asados. A los postres, no hay que olvidar los frutos de la vega del Guadalentín, como naranjas, pomelos, mandarinas o uvas de mesa.

Casas con menú (menos de 15 €)

SANTIAGO

Virgen de los Dolores, 101.
Telf. 968 630 142.
Cocina casera a buenos precios con algún plato más especial y fuera de lo común.

FILIPINAS CASA EL LOBO

Avda. Bastarreche, 54.
Telf. 968 639 596. Cocina casera en un local muy popular que trabaja princi-

palmente menús de buena calidad. También con amplio mostrador de tapas y raciones. En la entrada a la ciudad desde la autovía.

Los Bartolos
Alfonso X el Sabio, 1.
Telf. 968 631 671. Restaurante de gran calidad del hotel homónimo. En su comedor están especialmente buenos la berenjena rellena, la dorada, el salmón, el zarangollo, el pastel de verdura y las manos de cerdo.

Julián
Avda. Ginés Campos, 35-37.
Ctra. N 340. Telf. 968 636 133.
Restaurante del hotel del mismo nombre, que se pone hasta la bandera por los representantes de comercio de las fábricas locales. Ofrece menús caseros y muy sustanciosos. El bar está separado del restaurante, que cuenta con un espacioso salón de gran capacidad. Mariscos, parrilladas y tapas variadas.

Restaurantes (sobre 30 €)

El Chaleco (avda. Bastarreche, 9; telf. 968 630 104) es un excelente restaurante en el que se tratan con esmero todas las materias primas, sobre todo los pescados y los postres. Tiene acceso para discapacitados. Muy céntrico.

ALLARIZ

OURENSE. 2.621 habitantes

Cobijada –o engastada, como la pequeña joya que es– en un recodo del río Arnoia, Allariz es una villa monumental impecablemente cuidada y restaurada. Mantuvo en el medievo una relación privilegiada con la Corona. En la misma época tuvo una importante judería, albergó peregrinos y se llegó a convertir en un centro cultural de primera magnitud (aquí compuso Alfonso X el Sabio sus Cantigas de Santa María). Hoy es todo un ejemplo a seguir en las labores de conservación y explotación del patrimonio de Galicia.

INFO

Oficina de Turismo. Alameda, s/n.
Telf. 988 442 008. www.allariz.com
Oficina de Animación Sociocultural do Concello. Centro Social O Portelo.
Telf. 988 442 210.

DORMIR

Hostal Alarico✪✪
Godalla, 4. Telf. 988 440 790.
Es el más cercano al casco antiguo. Han realizado un esfuerzo evidente para remodelar las habitaciones y ofrecer buenos servicios. La atención es excelente. Habitación doble: 42 €.

Pensión Pallabarro✪
Rúa Sur, 1. Telf. 988 554 027.
En el casco antiguo y con acento italiano. Habitación doble: 43-55 €.

COMER

Casas con menú (menos de 15 €)

Torre Lombarda
Alfredo Nan, s/n.
Telf. 988 554 005.
Restaurante de esta estupenda casa rural, situada a la salida de la carretera de Celanova. Aquí se come lo que te ponen, sin elección posible, pero todo está muy bueno y a un precio muy ajustado.
Habitación doble: 80 €.

A Fábrica de Vilanova
Ponte de Vilanova.
Telf. 988 442 434.
Moderno e informal, prepara cocina gallega con toques creativos.
Habitación doble: 53-66 €.

Restaurantes (desde 24 €)

El mejor restaurante de la villa es **Acea da Costa** (Parque Portovello, s/n. Telf. 988 442 288). Bonito molino restaurado, donde podemos disfrutar, en una reducida pero innovadora carta, de la nueva cocina gallega: curiosas ensaladas, *zancos de parrulo* (pato), medallones de ternera en salsa de piñones y deliciosos postres.

En la vieja fábrica de curtidos de los Nogueira, a orillas del Arnoia, se encuentra el **Mesón Portovello** (telf. 988 442 329), en un marco muy agradable y con terrazas sobre el río, ofrece platos muy consistentes, como las carnes hechas a la piedra o la pizarra, conejo, pescados al horno, bacalao, etc.

ALMADÉN

CIUDAD REAL. 7.498 habitantes

Aunque su nombre es de procedencia árabe y significa "la mina", Almadén era ya conocida en tiempos de los romanos gracias a la importancia de sus minas de azogue. Y es que las entrañas de esta tierra han marcado el pasado de la localidad al albergar el mayor yacimiento de mercurio del mundo. Esto supone más de la mitad de la producción planetaria. En la superficie, Almadén se extiende sobre un prodigioso enclave natural de terrenos adehesados, en las inmediaciones de Sierra Morena.

INFO

Oficina de Turismo. Plaza Waldo Ferrer, s/n. Telf. 926 710 438.
Renfe. En Almendralejos.
Telf. 926 740 020/ 902 240 202.
Estación de autobuses
Plaza Manuel de Falla, 1.
Telf. 926 712 084.

DORMIR

Hotel Plaza de Toros✪✪✪
Plaza de Waldo Ferrer, s/n.
Telf. 926 262 643.
Fax: 926 710 452. Con los servicios propios de su categoría se presenta este hotel ubicado en pleno centro de la localidad. Tan sólo 23 habitaciones, lo que garantiza cierta tranquilidad y confort. Adaptado para discapacitados. Habitación doble: 58-122 €.

Hotel Gema✪✪
Antonio Blázquez, 104.
Telf. 926 710 354. Novísimo hotel que cuenta con 14 habitaciones sencillas pero cuidadas hasta en el último detalle, caracterizándose por su elegante sencillez. Ideal si se tiene que acudir a la ciudad por trabajo o para pasar un fin de semana de descanso.
Habitación doble: 65-80 €.

Hostal La Encina✪✪
Pablo Ruiz Picasso, 27.
Telf. 926 712 469. Excelente establecimiento de apertura reciente que combina perfectamente la funcionalidad de un hotel y la calidez de un establecimiento rural.
Habitación doble: 50-75 €.

Hostal El Cordobés✪✪
Libertad, 18. Telf. 926 710 016. Cinco habitaciones decoradas sobriamente.
Habitación doble: 35 €.

COMER

La cocina de Almadén, por su localización fronteriza, asimila las influencias de las cocinas extremeña y andaluza que, al fundirse con la típicamente manchega, tiene como platos más típicos el guarrillo frito, ajoblanco, paturro, cardillos y las suaves berenjenas. No deben pasarse por alto los embutidos, el queso ni los postres. Orejas de fraile, gachas dulces, tortas de leche o de chicharrones, ponen el toque dulzón a una comida ya de por sí sabrosa.

Casas con menú (menos de 15 €)

El Cordobés
Libertad, 18. Telf. 926 710 016.
En su salón amplio y funcional, situado en un primer piso, se sirven cada día menús en delicada vajilla. Excelentes son la menestra de verduras, la perdiz en escabeche, el lomo de orza o el bonito del norte.

El Lago
Ángel Muñoz.
Telf. 926 712 507. Pescados, mariscos o el sencillo pollo asado dan idea de la variedad de su carta presente en un extenso bufé. Todo servido en un gran salón con una decoración alegre.

ALMAGRO

CIUDAD REAL. 8.356 habitantes

ESTA POBLACIÓN DEBE CASI TODO SU PATRIMONIO E HISTORIA A LA PODEROSA ORDEN DE CALATRAVA, QUE SE ESTABLECIÓ AQUÍ EN 1222, Y AL ESPLENDOROSO RENACIMIENTO QUE SE VIVIÓ, LIGADO EN PARTE A LA LLEGADA DE BANQUEROS REALES QUE HICIERON GRANDES NEGOCIOS CON LAS MINAS DE ALMADÉN. FUE CAPITAL DE LA PROVINCIA DE LA MANCHA EN EL SIGLO XVIII Y HOY, GRACIAS A LA ACTIVIDAD TEATRAL, ES UNA DE LAS POBLACIONES CON MAYOR ANIMACIÓN CULTURAL DE LA PROVINCIA Y UNA DE LAS MÁS VISITADAS.

INFO

Oficina de Turismo
Plaza Mayor, 1. Telf. 926 860 717.
www.ciudad-almagro.com

Oficina del Festival de Teatro Clásico. Colmenares, 7, 1º D.
Telf. 91 521 07 20.
www.festivaldealmagro.com

DORMIR

*Cuando se celebra el Festival de Teatro, los precios de los hoteles suben y resulta imposible conseguir alojamiento si no se reserva con antelación. Fuera de esta época y sin olvidarnos del exquisito **Parador de Almagro**✪✪✪✪ (Ronda de San Francisco; telf. 926 860 100; 143-155 €), son buenas opciones de alojamiento:*

HOSTERÍA VALDEOLIVO✪✪✪

Dominicas, 17. Telf. 926 261 366.
Pequeño hotel de tan sólo 8 habitaciones, decoradas con colores alegres y discretos. Con patio, piscina y restaurante. Habitación doble: 86-112 €.

HOSPEDERÍA ALMAGRO✪✪

Ejido de Calatrava, s/n.
Telf. 926 882 087. Este hostal con gran encanto, ubicado en el convento de la Asunción, conserva el sabor de los edificios históricos. La mayoría de las habitaciones de techos altísimos, amplias y sencillas, dan a un extenso y noble patio arbolado.
Habitación doble: 40-50 €.

HOTEL DON DIEGO✪✪

Bolaños, 1. Telf. 926 861 287.
El agradable patio-jardín interior, lleno de plantas, es lo mejor del hotel. Las habitaciones, pintadas en tonos pastel, son sencillas y agradables.
Habitación doble: 55-80 €.

Otros hoteles de precio más elevado

En este rango se recomienda el **TRH Almagro**✪✪✪ (ctra. de Bolaños, s/n; telf. 926 860 011; habitación doble: 55-142 €), moderno y funcional.

EL TAPEO

En la Plaza Mayor y en la calle del Ejido de Calatrava es donde se encuentran la mayor parte de los bares de tapas. En todos ellos tienen las famosas berenjenas, que hay que probar. En la plaza está el **Quijote,** donde sirven buen vermú de grifo. En la calle Maestre está **Tolomé** y **Gran Maestre,** más conocido como "Casa Justo", donde sirven una rica ensalada almagreña. En la zona de Ejido de Calatrava destacan **El Carmelo, El Santo,** el **Rincón del Monaguillo** y **La Bodega,** donde sirven tapas caseras de la cocina manchega.

COMER

*Sin duda el producto típico de Almagro son las berenjenas (tienen denominación de origen). Son de pequeño tamaño, aliñadas con agua, aceite y especias, y con un trozo de pimiento rojo en su interior. Por lo demás la cocina de Almagro responde a la tradicional cocina manchega: duelos y quebrantos, tiznao, pisto manchego y los preparados de caza. Uno de los paladines de esta cocina es el **Mesón El Corregidor** (Jerónimo Ceballo, 2; telf. 926 860 648; 30 €), pero hay otros restaurantes de la localidad con mucho encanto y buen precio.*

Casas con menú (menos de 15 €)

LA HOSPEDERÍA

Ejido de Calatrava, s/n.
Telf. 926 882 087. Con una esmerada cocina regional, éste es uno de los restaurantes con mejor relación calidad-precio. Merece la pena probar los platos de caza y de postre, la tarta del convento. En verano, las cenas en el claustro interior resultan encantadoras.

CALATRAVA

Bolaños, 3. Telf. 926 861 353. Un salón grande, clásico, normalito, un sitio idóneo para grandes grupos que busquen degustar excelentes platos de la cocina manchega como perdiz escabechada, migas de pastor, gachas, berengenas de Almagro o paletilla de cordero asada. Además, disfrtarán del precio del menú rebajado.

Además, están **La Encajera** (calle del Mercado; telf. 926 86 01 97), algo más económico, y **Gran Maese,** en la calle del mismo nombre, donde sirven raciones de cocina manchega.

Restaurantes (desde 24 €)

La Cuerda (Gral. Jorreto; telf. 926 882 512) se especializa en cocina manchega y guisos bien elaborados. También se puede comer a base de ricas tapas y raciones.

ALMANSA

ALBACETE. 24.689 habitantes

ESTA CIUDAD SE ENCUENTRA SITUADA EN UNA ATALAYA EN MITAD DE LA LLANURA MANCHEGA, Y YA CASI EN LA FRONTERA CON LEVANTE, CORONADA POR SU ESPECTACULAR CASTILLO. AL-MANZAH, "EL MIRADOR", EN TIEMPOS DE LOS ÁRABES, FUE SIEMPRE UN LUGAR ESTRATÉGICO Y FRONTERIZO ENTRE REINOS. EN 1707 SE LIBRÓ LA FAMOSA BATALLA DE ALMANSA, ENTRE FELIPE DE ANJOU (BORBONES) Y EL ARCHIDUQUE CARLOS DE AUSTRIA. ACTUALMENTE LA CIUDAD DE ALMANSA SE ASOCIA TANTO AL CASTILLO COMO A LA ACTIVIDAD INDUSTRIAL DEL CALZADO, SOPORTE BÁSICO DE SU ECONOMÍA.

INFO

Ayuntamiento. En la Casa Grande.
Telf. 967 311 550. www.almansa.com

Oficina de Turismo
Calle del Castillo. Telf. 967 344 771.

DORMIR

HOTEL LOS ROSALES✪

Antigua ctra. de circunvalación (ctra. Madrid-Valencia). Telf. 967 340 000. Las habitaciones, grandes, bonitas y luminosas, están confortablemente amuebladas. Las que dan a la carretera son algo más ruidosas y las individuales podrían ser mejores.
Habitación doble: 40-60 €.

HOSTAL EL ESTUDIO✪✪

Méndez Núñez, 44.
Telf. 967 341 709. Es un edificio céntrico y de nueva construcción. Cuenta con siete habitaciones de distintas características, cómodas y bien acondicionadas, algunas adaptadas para discapacitados. Tiene sala de Internet y sala de estar con terraza.
Habitación doble: 42 €.

Otros hoteles de precio más elevado

El **Confortel Almansa**✪✪✪ (avenida de Madrid, s/n; telf. 967 344 700; 72 €), es un hotel funcional y acogedor, con un buen restaurante.

EL TAPEO

Aunque no es una tradición demasiado arraigada, no hay que irse de Almansa sin probar alguno de sus vinos, que cuentan con denominación de origen. Algún crianza en barricas de roble, junto con una tapa de caracoles, carne en salsa, queso manchego o rabo de cerdo, pueden ser un buen precedente a la hora de la comida. En cualquiera de los bares repartidos por la ciudad se pueden encontrar. **La Tapadera,** con buenas cervezas y la **Cabaña de Tío Rock,** en la calle Corredera, ofrecen una gran variedad de tapas preparadas con gran habilidad e innovación. En la calle Virgen de Belén, la barra del restaurante **Alacena** tiene ricas tapas de cocina tradicional, lo mismo que en **De Pintxos** y **Juanes,** en Pérez Galdós.

COMER

*Su localización fronteriza hace que en Almansa puedan degustarse platos tanto de origen manchego como alicantinos, valencianos o murcianos, donde los arroces –con la presencia de las carnes de caza– son bastante comunes. Eso, sin olvidar los famosos gazpachos manchegos y las delicias, de postre. Para regar todo ello, nada mejor que cualquiera de sus vinos con denominación de origen. El más alto exponente de esta cocina es el **Mesón de Pincelín** (Las Norias, 10; telf. 967 340 007; 40-45 €), quizás uno de los mejores restaurantes de La Mancha.*

Casas con menú (menos de 15 €)

ALACENA

Virgen de Belén, 5. Telf. 967 312 257.
Este restaurante, tipo mesón, localizado cerca del antiguo Ayuntamiento, tiene un comedor sencillo y fachada decorada con azulejos. Entre sus especialidades destacan el consomé de rellenos, el gazpacho y algunos platos de arroces.

DAVANI
Aniceto Coloma, 17. Telf. 967 340 938. Este restaurante cercano al centro histórico y al "nuevo" centro, sirve en su sencillo comedor tanto el típico gazpacho como buenas carnes: entrecot, solomillo a la almendra y paletilla al horno. Entre sus más notables postres caseros figura el pan de Calatrava. Gran selección de vinos Castillo de Almansa.

CASA ROGELIO
Buen Suceso, 71. Tiene dos terrazas, exterior e interior. El gazpacho manchego a la leña, como mandan los cánones, resulta excepcional, así como las carnes a la brasa y a la leña y la acertada selección de comidas caseras.

Restaurantes (sobre 24 €)

El Bodegón (Corredera, 118; telf. 967 310 637) cuenta en su currículum con el Premio Nacional de Gastronomía. Decorado con ladrillos vistos y bodegas de vino por doquier, es especialista en arroces, sobre todo el arroz con bogavante. Pero además de tan delicado plato son excepcionales la fabada asturiana, los asados y las carnes rojas de buey.

ALMENDRALEJO

BADAJOZ. 29.303 habitantes

CUNA DE LOS POETAS ROMÁNTICOS JOSÉ DE ESPRONCEDA Y CAROLINA CORONADO, LA CIUDAD OCUPA EL CENTRO DE UNA DE LAS COMARCAS MÁS DENSAMENTE POBLADAS DE EXTREMADURA, EN LA FÉRTIL LLANURA DE TIERRA DE BARROS.

INFO

Oficina de Turismo. Atrio de la Piedad, 2. Telf. 924 666 967 www.almendralejo.es

DORMIR

HOTEL DULCINEA✪✪✪
Ctra. N 630, km 653,8. Telf. 924 670 333/ 924 664 201. Fax: 924 670 351. Dispone de un completo equipamiento, con unos baños espléndidos. Tiene un restaurante que ofrece menú.
Habitación doble: 53 €.

HOTEL ESPRONCEDA✪✪✪
Ctra. N 630, km 652,8.
Telf. 924 670 474/ 476.
Fax: 924 670 475. Es de los hoteles con mejor relación calidad-precio. Habitaciones bien equipadas y muy amplias. Dispone de una gran piscina y algunas suites (con bañera circular).
Habitación doble: 54-60 €.

HOTEL VETONIA✪✪✪
Ctra. N 630, km 647.
Telf. y fax: 924 671 152/ 151.
Es el hotel de carretera más alejado de la ciudad. Muy lujoso, confortable y bien equipado, pertenece a la cadena Husa. Entre sus instalaciones destaca su bonita piscina con terraza. En su restaurante se ofrece el menú del día.
Habitación doble: 72 €.

HOTEL ESPAÑA✪✪
Avda. de San Antonio, 77.
Telf. y fax: 924 670 120. Hotel céntrico, ubicado en un edificio de arquitectura popular extremeña que luce un precioso patio interior con arquerías y azulejos. Espaciosas habitaciones. Buena relación calidad-precio.
Habitación doble: 45 €.

HOTEL SHEILA✪✪
Ortega Muñoz, 47. Telf. 924 671 158. Fax: 924 671 159. Dispone de 12 habitaciones con un equipamiento muy completo. Amplia cafetería y restaurante que ofrece un menú diario.
Habitación doble: 50-60 €.

HOTEL LOS ÁNGELES✪
Macarena, 2. Telf. y fax: 924 670 319/ 924 670 320. A mitad de camino entre los hoteles de carretera y los alojamientos más céntricos. Situado en las proximidades de la plaza de toros y de la ermita de Nuestra Señora de la Piedad. Habitación doble: 40 €.

HOSTAL LA PERLA✪✪
Plaza de la Iglesia, 2. Telf. 924 661 020. En pleno corazón de Almendralejo, junto a la parroquia de Nuestra Señora de la Purificación. Hostal familiar con un trato muy amable, totalmente reformado. Habitación doble: 45 €.

EL TAPEO

El constante bullicio generado en la plaza de Espronceda, el centro social de Almendralejo, escapa por la calle Suárez-Bárcenas hasta desembocar en la avenida de la Paz, convirtiendo a estas dos vías en una efervescente zona de ocio. En estos locales las raciones no sólo constituyen una costumbre, sino un ejercicio de reconocimiento hacia los ricos productos del cerdo, los quesos extremeños, las aceitunas autóctonas y, por supuesto, los vinos de Tierra de Barros. Al principio del Arturo Suárez están los bares **Guaracha** y **Acho,** con ambiente juvenil y buena música. Un poco más adelante se encuentra **La Cañería** –el antiguo Rincón de la Solera–, con buenas raciones y vinos de la comarca. Le siguen el **Chaplin,** con sus famosos bocadillos de pollo con mahonesa, el **Avenida** y la **Cervecería Gambrinus. Sanchito** (Jacinto Benavente) merece la pena una visita por su tradicional ambiente taurino. En el **Museo del Vino** (Altozano) se pueden comer tapas o raciones algo más sofisticadas, como rulo de cabra con cebolla caramelizada o milhoja de bonito y queso azul con vinagreta.

COMER

Casas con menú (menos de 15 €)

MESÓN CASA AGUSTÍN
Frailes, 8. Telf. 924 665 993. Cerca de la ermita de Santiago se encuentra este mesón que dispone de un pequeño comedor donde sirven un sabroso menú diario. Sus especialidades son el cordero al horno y el cochinillo frito.

NANDO'S
Ricardo Romero, 14. Telf. 924 661 271/ 924 664 637. En una zona céntrica. Cuenta con una atractiva barra donde sirven buenas raciones. También se puede disfrutar de un buen menú del día. Entre sus especialidades destacan los pescados, el arroz con liebre y la fabada con perdiz.

EL PARAÍSO
Ctra. de Sevilla, s/n. Telf. 924 670 333. Su calidad y servicio hacen justicia a su nombre. En su carta se pueden elegir los más variados platos y productos extremeños suavizados con toques modernos: perdiz rellena de castañas dulces, jamón ibérico asado, escarapuche (ensalada de patata con bacalao)... Los postres tampoco desmerecen.

ALMERÍA

CAPITAL DE PROVINCIA. 181.702 habitantes

LA MÁS ORIENTAL DE LAS CAPITALES ANDALUZAS EXTIENDE EL SINUOSO TRAZADO DE SUS CALLES ENTRE LA FRESCURA DEL MEDITERRÁNEO Y EL ASEDIO CRECIENTE DEL DESIERTO. CIUDAD DE GRAN VOCACIÓN MARÍTIMA Y MARINERA, EL MAR CONCENTRA LO MÁS GRANADO DE SUS ACTIVIDADES TANTO LABORABLES COMO RECREATIVAS. SUS LUMINOSAS PLAYAS, A LAS QUE HAY QUE SUMAR EL PUERTO DEPORTIVO, ASEGURAN EL DESCANSO VACACIONAL Y LA PRÁCTICA DE NUMEROSOS DEPORTES ACUÁTICOS.

INFO

Oficinas de Turismo
Mirador de la Rambla.
Avda. García Lorca, s/n.
Telf. 950 280 748.
Aljibes de Jairán.
Tenor Iribarne, s/n.
Telf. 950 273 039.
Casa del Jardinero.
Parque San Luis, prolongación Parque Nicolás Salmerón.
Telf. 902 122 005.
www.andalucia.org
www.almeria-turismo.org

Taxis
Radio-Taxi (plaza Constitución, 10; telf. 950 210 000). *Tele-Taxi* (Cartagena, s/n; telf. 950 251 111).
Los más noctámbulos pueden llamar al teléfono: 950 475 757.

Estación de Autobuses
Telf. 950 262 098.

Cruceros Trasmediterránea Parque Nicolás Salmerón, 19. Telf. 950 236 356.

Aparcamientos. Plaza de San Pedro, San Sebastián, plaza del Carmen, López Falcón, Parque Oliveros y Obispo Orberá.

DORMIR

Si os decidís por el centro de la ciudad, la marcha, el tapeo y la historia están a un paso. Pero si lo que queréis es playa tranquila, lo mejor es alojarse en el alegre barrio del Zapillo. Uno de los hoteles de mayor categoría es el ***Gran Hotel Almería*** *(avda. Reina Regente, 8; telf. 950 238 011; habitación doble: 60-210 €). Otros más económicos son:*

HOTEL EMBAJADOR

Calzada de Castro, 4.
Telf. 950 255 511. Junto a la estación de autobuses. Las habitaciones, de distinto tamaño, están muy bien preparadas.
Habitación doble: desde 35 €.

HOTEL LA PERLA

Plaza del Carmen, 7.
Telf. 950 238 877. Personal muy profesional y atento con los clientes. Las habitaciones cuentan con aire acondicionado, televisión y teléfono.
Habitación doble con baño: 40-79 €.

HOTEL TORRELUZ II

Plaza de las Flores, 6.
Telf. 950 234 399.
Elegancia y todas las comodidades a un paso de la diversión nocturna. Reformado hace unos años, todas las habitaciones gozan de estupendas vistas.
Habitación doble: 50-90 €.

HOTEL SEVILLA

Granada, 25. Telf. 950 230 009.
Cerca de la Puerta de Purchena, mantiene una excelente relación calidad-precio. Las habitaciones disponen de aire acondicionado y televisión.
Habitación doble: 40-60 €.

Otros hoteles de precio más elevado

Un clásico en la ciudad es el **AM Torreluz** (plaza de las Flores, 5, telf. 950 234 999) lugar de citas de personajes famosos.
Nuevecitos y magníficos son el **NH Ciudad de Almería** (Jardín de Medina, s/n, telf. 950 182 500; habitación doble: 60-155 €), y **Vincci Mediterráneo** (avda. Mediterráneo, 281, telf. 950 624 272; habitación doble: 68-84 €).

EL TAPEO

En el reino de las tapas destacan por su cantidad, las patatas al horno, los "cherigans", el pulpo frito y los taberneros; por su calidad y sabor, las gambas, la jibia, los jureles, los boquerones... toda una variedad que en la zona de las Cuatro Calles –nombre que cogió de un antiguo bar– puede degustarse en famosas tabernas como **Casa Puga,** con una carta enorme en las que sobresalen las gambas rebozadas, y en la plaza de los Burros, la **Bodeguilla del Marqués de Heredia,** con aspecto de café de tertulia; sus baldas y mostradores guardan riquísimos licores y manjares. Cerca de la Puerta Purchena se encuentran dos freidurías muy recomendables **Baviera** y **El Alcázar.**

En otro estilo, el sabor de la Andalucía occidental invade con sus sevillanas los locales de la calle Trajano. **El Cortijillo, La Charca, El Campico** y **El Camino del Rocío** muestran un ambiente alegre, en el que no es raro dejar el fino o manzanilla, para arrancarse por bulerías. En uno de los callejones de Antonio González Egea se despliegan las terrazas mas concurridas de la noche: **El Ramón,** en el que podréis comer de menú, pero visto lo que hay en tapas... y el **Ajoli,** que destaca por sus vinos. En el paseo de Almería no hay que olvidar el bar-restaurante **Glady's** que sirve menú del día y estupendas tapas.

En la zona de la Nueva Andalucía, en la calle de Blas Infante, también podemos encontrar buenos locales para tapear como el **Villanueva** y el **Crifer,** con sus migas y patatas al horno; el **Bar Calzada, El Abuelo, Bahía**; el **Infantes** y **La Alternativa,** con grandes "cherigans"; y la **Bodega Capel,** con una gran variedad.

El barrio del Zapillo, al estar alejado del ajetreo del centro, tiene un carácter propio que se siente en bares como los **Domínguez,** el **Robles,** el **Hermoso** y el **León.**

COMER

La cocina almeriense siempre ha tenido en el mar su despensa, que junto a los fritos, nos ofrece platos tan elaborados como la sopa de mariscos, la sardina en escabeche y el pimentón, a la vez que recoge ciertas reminiscencias árabes: los gurullos, las gachas y las carnes de caza.

Abundan en la ciudad establecimientos que ofrecen buenos menús a precios muy económicos, sin olvidar la posibilidad de comer en plan de tapas, que aquí son especialmente abundantes (ver "El Tapeo").

Casas con menú (menos de 15 €)

TABERNA TORRELUZ

Plaza de las Flores, 3.
Telf. 950 281 426.
La madera predominante en la decoración otorga un ambiente muy cálido a esta taberna en la que podemos encontrar gran variedad de platos típicos andaluces, además de tapas y raciones. Entre sus especialidades destacan la carrillera de cerdo ibérico y el rabo de toro asado.

TÚRIA

Ricardos, 6-8. Telf. 950 263 768. Inmerso en el bullicio del tapeo con el que puedes comer; en su cocina destacan los sabores tradicionales y caseros. Gran variedad de raciones y menú.

CASA PUGA

Jovellanos, s/n.
Telf. 950 231 530.
Si entramos al quite en la sabia tradición de comer a base de tapas, no hay lugar más clásico que esta casa de cierta solera y una carta con más de 70 variedades de tapas y raciones.

RINCÓN DE JUAN PEDRO

Federico Castro, 2.
Telf. 950 235 819. Con un gran prestigio, su cocina se ha especializado en productos del mar y platos tan tradicionales como el *trigo a la cortijera.* Menú del día, tapas y raciones.

CASA LUISA

En **EL ALQUIÁN,** a 20 km de Almería. Para comer pescado fresco nada mejor que elegirlo recién pescado en la mar. Como si se unieran puerto y cocina, el comensal elige cada pieza, para pasarla por la plancha o freirla. Precio según mercado.

BARRANQUILLA DE EL ALQUIAN

En **EL ALQUIÁN.** Playa de El Perdigal. Expléndido chiringuito, abierto todo el año, que cuenta con pescados y mariscos frescos del día. Además resultan muy ricos los arroces que elaboran.

Restaurantes (desde 30 €)

La Gruta (ctra. N 340, km 436; telf. 950 239 335) dispone de unos comedores excavados en la montaña. Sobresalen en su carta las carnes y verduras a la brasa y los postres caseros. En la carretera del Aeropuerto (a 20 km en Llanos de Alquián) se halla **Bodega Bellavista** (telf. 950 297 156), con sabrosa cocina local y bodega bien surtida.

CAFÉS

Almería es una de las pocas capitales españolas, y desde luego andaluzas, que los conservan como reposados lugares de encuentro y de tertulia. Aquí siguen teniendo el sabor clásico y aún la decoración que tuvieron los más clásicos y conocidos del país. Al comienzo de la Rambla de Belén, frente al puerto, el **Central** es un excelente ejemplo, como lo son también, algo más arriba el **Boulevard** y el **Portocarrero.** Más populares son **La Marina,** en calle Real, **Colón,** en la plaza del Marqués de Heredia, y **Lisboa,** en la plaza de San Pedro. Un ejemplo de café moderno con todo el sabor de los antiguos es **El Amarre,** en el 290 de la avenida del Mediterráneo.

ALMUÑÉCAR

GRANADA. 24.713 habitantes

TURÍSTICA CIUDAD DE ORÍGENES ANTIQUÍSIMOS. SU LARGA HISTORIA HA DEJADO UN IMPORTANTE PATRIMONIO ARTÍSTICO. HOY SE RESPIRA EN ALMUÑÉCAR UNA PERFECTA SIMBIOSIS ENTRE LA TRADICIÓN Y LA EXPLOTACIÓN TURÍSTICA DE SUS HERMOSAS PLAYAS.

INFO

Oficina de Turismo
Palacio de la Najarra.
Avda. de Europa, s/n.
Telf. 958 631 125.
www.almunecar.info

DORMIR

Entre los hoteles de mayor categoría localizamos en ***La Herradura,*** *el* ***Hotel Sol Los Fenicios*** *(paseo de Andrés Segovia, s/n; telf. 958 827 900; 105-180 €; www.solmelia.es) y en Almuñécar, el* ***Hotel Almuñécar Playa*** *(paseo San Cristóbal, s/n; telf. 958 639 450; habitación doble: desde 60 €).*

HOTEL LA NAJARRA

Guadix, 12. Telf. 958 630 873.
Está situado a 90 m de la playa. Todas

las habitaciones son exteriores, con buenas terrazas, televisión, teléfono y vistas a la montaña. Piscina y pista de tenis.
Habitación doble: 42-78 €.

HOTEL VICTORIA II✪
Pza. Damasco, 2.
Telf. 958 630 022.
Pequeño hotel, con un agradable patio andaluz, que se encuentra en la zona de tapas. Habitaciones sencillas, con baño y televisión.
Habitación doble: 42 €.

PENSIÓN TROPICAL✪✪
Avda. de Europa, 39.
Telf. 958 633 458.
Esta pensión, de trato familiar, cuenta con habitaciones pequeñas pero luminosas y cuidadas. A 50 m de la playa.
Habitación doble: 33-55 €.

Otros hoteles de precio más elevado

Una buena opción en esta gama es el **Helios San Cristóbal✪✪✪** (Paseo de San Cristóbal, s/n; telf. 958 634 459; 73-142 €), con buenas instalaciones.

EL TAPEO

La principal zona de tapeo –además de los chiringuitos de la playa– es la plaza de la Constitución y la zona comprendida entre la plaza Damasco y la calle Manila. En la plaza del Ayuntamiento se encuentra **Mesón Andrés,** de pinchitos y codornices. En la calle Real está **Francisco,** un antiguo local donde tomar unos vinos jóvenes del país. En la plaza de la Rosa, además de **Los Geranios.**

La plaza Kelibia es otro de los principales lugares de tapeo. Aquí se localizan **La Trastienda,** de canapés, papas fritas y roscas variadas; **El Cortijillo,** con buen ambiente y perfecto para tomar un buen vino y tablas de morcón o de lomo. Cerca de la plaza de la Victoria se encuentran el **Donosti,** con buen pulpo al ajillo, y el **Máscara,** gambas a la plancha y boquerones en vinagre.

COMER

Casas con menú (menos de 15 €)

LOS GERANIOS
Pza. de la Rosa, 4.
Genuino rincón andaluz, con dos plantas y balconcillos con flores. Cocina de regional y de mercado.

LA ÚLTIMA OLA
Paseo Puerta del Mar.
Telf. 958 630 018. En las engalanadas mesas de este restaurante con vistas al mar, se sirve buen arroz a la gitana, salmonetes fritos o rape a la tropical.

Restaurantes (sobre 24 €)

Horno de Cándida (Orovia, 3; telf. 958 634 607) es una escuela de hostelería, con buen gusto sobre un antiguo horno del casco histórico. Sirve en sus románticos y acogedores comedores platos de la cocina regional y nacional como los pimientos rellenos, el chuletón a la piedra o la ensalada tropical.

ALTEA

ALICANTE. 15.910 habitantes

MIENTRAS SU GRAN VECINA BENIDORM CRECÍA Y SE TRANSFORMABA POR LA AFLUENCIA DE UN TURISMO MASIVO, ALTEA, CON SUS PLAYAS DE CANTOS RODADOS, CONSERVABA TODO EL ENCANTO DE UN PUEBLO MARINERO MEDITERRÁNEO QUE HA ENAMORADO A PINTORES, POETAS Y ARTESANOS.

INFO

Tourist Info Altea
Carrer Sant Pere, 11.
Telf. 96 584 41 14/22
www.ayuntamientoaltea.com

DORMIR

HOTEL ALTAYA✪✪
Sant Pere, 28. Telf. 96 584 08 00.
www.hotelaltaya.com
Pequeño hotel de estilo clásico, discreto y cuidado. Sus habitaciones correctas, decoradas con muebles de madera de pino y telas azulonas, están bien equipadas. Lo mejor, sus vistas al mar. Con restaurante.
Habitación doble: 63-139 €.

HOTEL SAN MIGUEL✪
Mar, 65. Telf. 96 584 04 00.
Con una excelente relación calidad-precio, modesto pero bien equipado.
Habitación doble: 50-60 €.

HOSTAL PACO✪✪
Fermín Sanz Orrio, 7. Telf. 96 584 05 41.
27 habitaciones tiene este céntrico hostal. Buen nivel de servicios.
Habitación doble: 43-72 €.

Otros hoteles de precio más elevado

En la ctra. Alicante-Valencia, km 132, (Partida de Cap Negret, 7), se halla el **Hotel Cap Negret✪✪✪** (telf. 96 584 12 00; 105-130 €), con un buen nivel de servicios y todas las comodidades.

EL TAPEO

A lo largo de la playa se suceden multitud de terrazas. Por la noche, es costumbre cenar en plan de raciones en alguno de estos locales. El bar **Carlos** se ha decidido por lo gallego. **Miramar,** sirve tapas de calamares, sepia y pinchos morunos. En la **Casa del Jamón,** jamón, como su nombre indica, y en la **Casa del Mar,** de todo. Para variedad, la del **Gaviotas** o **La Caldera.** Pero entre todos, destaca el multidecorado **Bodegón de Pepe,** uno de los de toda la vida y lugar de cita obligada para cuantos pasan por aquí, desde personajes del mundo político al cultural. En él se pueden degustar mejillones, habas y sardinas, y para beber, *nikolaska,* la bebida de los artistas. En **Les Tapes del Portal Vell** (Salamanca, 7) se sirven buenas raciones de croquetas, pescado frito y bocadillos.

COMER

*En la playa, las terrazas son dueñas de un espacio en el que se confunden las cocinas internacionales con lo más mediterráneo. En el pueblo, varias casas tradicionales han sido convertidas en restaurantes con nuevos detalles de gran gusto y una cocina de primera. Entre los exclusivos está el restaurante **La Capella** (San Pablo, 1; telf. 96 688 04 84; precio medio: 45 €), especializado en cocina de mercado.*

Casas con menú (menos de 15 e)

EL PESCADOR
Sant Pere, 24. Telf. 96 584 25 71.
De los más dignos que hay en la playa. Ofrece un menú económico, pero también sirve otros menús más caros y de gran calidad.

EL PATIO
Avda. del Puerto, 9.
Telf. 96 584 39 89.
Algo alejada del bullicio se encuentra esta casa, en la que un exuberante jardín tamiza el fuerte sol del verano. Especialidades: pescado, arroz a banda, paellas, *fideuà* y parrillada.

BELLALTEA
Concepción, 8.
Telf. 96 584 08 84.
En el mismo casco antiguo, esta casa transmite todo el sabor rústico, al que se le han añadido múltiples detalles que crean un ambiente muy agradable. Cocina internacional.

Restaurantes (desde 24 €)

La Claudia (Santa Bárbara, 4; telf. 96 584 08 16) es un restaurante de ambiente acogedor, con una decoración ecléctica, suelos de cerámica con dibujo, lámparas setenteras... Todo conforma un ambiente acogedor y juvenil. Deliciosa su terracita hacia la bahía. Respecto a la carta, representa una buena variedad de platos foráneaos –franceses, italianos, japoneses– pero sin olvidar las raices mediterráneas, sobre todo en arroces y ensaladas.
En Altea la Vella, **Mesón Racó de Toni** (La Mar, 127; telf. 96 584 17 63) es un establecimiento tradicional dedicado a la cocina autóctona. Buenos arroces, pescados y mariscos.

ALZIRA

VALENCIA. 40.556 habitantes

PARCIALMENTE REHECHA TRAS LA FATÍDICA CATÁSTROFE DE LA PRESA DE TOUS, ALZIRA HA VUELTO A MOSTRAR LA PUJANZA QUE CORRESPONDE A UNA DE LAS MÁS IMPORTANTES CIUDADES DE LA PROVINCIA DE VALENCIA. LA RIQUEZA QUE PROPORCIONA EL NARANJO, ASÍ COMO LAS NUMEROSAS Y GRANDES INDUSTRIAS CREADAS EN LA LOCALIDAD, DAN PIE A UNA ANIMADA VIDA COMERCIAL Y SOCIAL.

INFO

Información Turística
En el Ayuntamiento. Sant Roc, 6.
Telf. 96 240 04 50.

DORMIR

*El **Hotel Reconquista**✪✪✪ (Sueca, 14; telf. 96 240 30 61; 98-121 €), inaugurado en 1992, es el mejor que ofrece la ciudad al visitante. Las habitaciones, y todas las dependencias, son muy cómodas y el ambiente general es agradable.*

HOTEL DESI✪✪
Churruca, 18. Playa de San Antonio. **Cullera.** Telf. 96 173 81 00. En la vecina localidad costera encontramos este establecimiento con buena relación calidad-precio. Limpio y agradable, a sólo 300 m de la playa.
Habitación doble: 45-66 €.

COMER

Casas con menú (menos de 15 €)

AGUAS VIVAS
Matilde Malo, 1. Telf. 96 297 52 17.
Su menú incluye platos caseros, aunque sólo entre semana. El local es agradable de aspecto y llama la atención el buen trato del personal que lo atiende. Su especialidad: los platos de caza y los arroces.

GLORIA BENDITA
Pl. Corbeil Essones, 2.
Telf. 96 240 12 93. Cocina valenciana casera a buen precio.

ASADOR LA RIBERA
Av. Democracia, s/n. Telf. 96 241 33 06.
Platos caseros y asados de carne.

Restaurantes (sobre 24 €)

La **Tasca El Camí Vell** (Colón, 51; telf. 96 241 25 29) es uno de los mejores lugares de la ciudad. Los entrantes a base de salazones son espléndidos.

AMPOSTA

TARRAGONA. 16.865 habitantes

CAPITAL DE LA COMARCA MERIDIONAL DE CATALUNYA, SITUADA EN LA MARGEN DERECHA DE LA RIBERA DEL EBRO Y CERCA DE SU DESEMBOCADURA. REÚNE EN SU TERRITORIO PAISAJES QUE VAN DESDE LA SIERRA DE MONTSIÀ HASTA EL DELTA DEL EBRO.

INFO

Oficina de Turismo
Av. de Sant Jaume, 1. Telf. 977 703 453.
www.turismeamposta.cat

DORMIR

DELTA HOTEL✪✪✪
Av. del Canal, Camì de l'Illeta, s/n. **DELTEBRE.** Telf. 977 480 046. Organiza excursiones. Habitación doble: 60-85 €.

HOTEL MEDITERRANI BLAU✪✪
Urb. Eucaliptus. Telf. 977 479 310. Moderno y bien emplazado junto al mar. Habitación doble: 66-86 €.

HOTEL MONTSIÀ✪✪
Av. de la Ràpita, 8.
Telf. 977 701 027. Fax: 977 701 967.
Es un hotel funcional y sencillo. Organiza excursiones por el Delta.
Habitación doble: 55-95 €.

COMER

Son muchos y variados los restaurantes de la zona. Casi todos ellos ofrecen buenos platos de la singular cocina del Delta. Platos típicos son las angules, el marisc, el llisal i llobarro a la brasa, el suquet de peix, las botifarres negres *y las diferentes formas de preparar el arroz.*

BLANC DE BLANCS
Carrer de Canarias, 14-16.
Telf. 977 702 759. Su cocina creativa, esencialmente mediterránea, resulta realmente deliciosa, algo que acompaña al moderno diseño de este establecimiento.

PETIT CAFÉ
Av. Alcalde Palau, 3. Telf. 977 703 623. Este restaurante es una *llesquería*, singular tanto por los platos que ofrece (*llescas, carpaccios* y ensalada) como por sus actuaciones en directo y exposiciones de arte.

ANDRATX

ISLA DE MALLORCA. 10.098 habitantes

ANDRATX ES UN SUGESTIVO MUNICIPIO DEL SECTOR SURORIENTAL DE MALLORCA, SITUADO EN UN PINTORESCO VALLE DE LAS ÚLTIMAS ESTRIBACIONES DE LA SIERRA DE TRAMUNTANA. EL PORT D'ANDRATX ES UN APACIBLE PUERTO DE PESCADORES Y, AUNQUE CONSERVA BUENA PARTE DE SU ENCANTO, EN LOS ÚLTIMOS AÑOS SE HA ADAPTADO A LAS EXIGENCIAS DE UN TURISMO DE CALIDAD. OTROS NÚCLEOS URBANOS QUE CONFORMAN EL MUNICIPIO SON S'ARRACÓ, SANT ELM, CAMP DE MAR Y SA COMA.

INFO

Oficina de Turismo
Av. de la Cúria.
Telf. 971 628 019. www.andratx.net

DORMIR

HOTEL BRISMAR✪✪✪
Almirante Riera Alemany, 6.
PORT D'ANDRATX.
Telf. 971 671 600.
Fax: 971 671 183. Cerrado en invierno. Habitaciones dobles con baño, amplias y decoradas con gusto y con magníficas vistas sobre el puerto.
Habitación doble: 80-150 €.

HOSTAL CATALINA VERA✪✪
Isaac Peral, 63. **PORT D'ANDRATX.**
Telf. 971 671 918.
Pequeño hostal de corte familiar con 17 habitaciones dobles. l. Pulcro y funcional. Abierto de abril a octubre.
Habitación doble: 70 €.

HOSTAL LAS PALMERAS✪✪
Avinguda Mateu Bosch, 12. **PORT D'ANDRATX.** Telf. 971 671 527. Sencillo hostal familiar, muy bien ubicado. Es el único del puerto que abre todo el año. Dispone de 16 habitaciones dobles con baño. Habitación doble: 40-65 €.

HOSTAL DRAGONERA✪
Avinguda Rei Jaume I, 5. **SANT TELM.**
Telf. 971 239 086.
Fax: 971 239 013. Situación privilegiada en primera línea de costa. Dispone de 24 habitaciones dobles con baño, cafetería y restaurante. Muy agradable para unas vacaciones relajadas en esta pequeña población, lejos de los enclaves masificados. Abierto de marzo a octubre.
Habitación doble: 65-72 €.

COMER

Casas con menú (desde 15 €)

GALICIA
Isaac Peral, 37. **PORT D'ANDRATX.**
Telf. 971 672 705. Sin lujos. Cantina algo decadente con manteles de papel y barras de neón, pero los pescados que sirve Toni "El Gallego" son de lo más fresco del mercado y a precios para todos los bolsillos. Sólo hay que mirar la vitrina refrigerada y pedir. El plato del día ronda los 9 €.

MAR BLAU
Almirante Riera Alemany, 24.
Telf. 971 673 188.
PORT D'ANDRATX.
Restaurante familiar, con terraza protegida al lado del mar y vivero de langostas propio. Caldereta de langosta, carne de cordero y pescados frescos a la sal. Ofrece menú.

Restaurantes (sobre 40 €)

Dicen que hay gente que viene a Mallorca sólo para comer en el **Miramar** (Mateu Bosch, 18; **PORT D'ANDRATX**; telf. 971 671 617). Quizás no sea para tanto, pero ya que estamos aquí no sería mala idea reservar una mesa bajo la marquesina del Miramar para ver pasar a la "gente guapa" que veranea aquí, al tiempo que degustar una cocina mediterránea de excelente calidad. Paté de cabracho, arroz negro, sopa de pescado de roca, cazuela de bogavante, salmonetes al vinagre de estragón o paletilla de cordero estofada con hierbas aromáticas.

ANDÚJAR

JAÉN. 38.539 habitantes

SITUADA AL PIE DE SIERRA MORENA, DONDE NACE EL IMPORTANTE PARQUE NATURAL QUE LLEVA SU NOMBRE, ES UNA CIUDAD INDUSTRIAL Y DE SERVICIOS, Y CENTRO DE PEREGRINAJE AL SANTUARIO DE LA VIRGEN DE LA CABEZA, DONDE SE CELEBRA LA ROMERÍA MÁS ANTIGUA DE ESPAÑA.

INFO

Oficina Municipal de Turismo
Torre del Reloj. Plaza de Santa María, s/n. Telf. 953 504 959. www.ayto-andujar.es

Oficina del Parque Natural Sierra de Andújar. Camino de los Rubiales, s/n. Telf. 953 012 400.

Centro de Visitantes Parque Natural. Ctra. Santuario, km. 12,200. Telf. 953 549 030.

DORMIR

HOTEL DEL VAL✪✪✪

Blas Infante, 29.
Telf. 953 500 950.
www.hoteldelval.es
Muy bien situado, a la entrada de la ciudad y en el comienzo del camino al Santuario. Habitaciones muy completas, climatizadas. Dispone de piscina, restaurante y aparcamiento.
Habitación doble: 70 €.

HOTEL LAGASASANTI✪

Doctor Fleming, 5. Telf. 953 500 500.
www.logasasanti.com
En el casco histórico, a un paso de la mayoría de los monumentos. Equipamiento sencillo y agradable. Todas las habitaciones con aire acondicionado. Dispone de restaurante y cafetería.
Habitación doble: 47-70 €.

HOTEL SIERRA DE ANDÚJAR✪✪

Santuario Nuestra Señora de la Cabeza, s/n. Telf. 953 549 118. Para alejarse del mundanal ruido o para disfrutar del ambiente en los días de la romería. Habitaciones confortables, bien equipadas y con excelentes vistas.
Habitación doble: 70-80 €.

HOTEL EL SOTO✪

Autovía de Andalucía, km. 326.
Telf. 953 501 127. A la salida de la ciudad. Establecimiento bien acondicionado. Dispone de 40 habitaciones, todas con baño, aire acondicionado.
Habitación doble: 50 €.

EL TAPEO

Carne de monte, caracoles, flamenquines, lomo de orza, bacalao rebozado y croquetas son algunas de las muchas tapas que pueden degustarse en los bares de Andújar. Son bastantes y se encuentran repartidos por toda la ciudad, aunque los más numerosos se sitúan en la zona centro, por los alrededores de la plaza de Toros y por el parque de San Eufrasio. Especialmente recomendables son **Anela** y **La Buhardilla,** en Ollerías; **La Tasca,** en la plaza de España; **Iliturgi,** en la plaza Vieja; **La Carambola,** en Cristo Rey; **Lola,** en 22 de Julio; **El Ruedo,** en plaza Doctor Martínez Linares; **El Mesón,** en Isidoro Miñón; **Nelson,** en Corredera de Capuchinos y **Las Cañas,** en avda. de la plaza de Toros.

COMER

Casas con menú (menos de 15 €)

EL PARRAL

Ctra. del Santuario, km. 1,700.
Telf. 953 505 127. Carnes a la brasa y pescado en un establecimiento tipo venta, generalmente muy concurrido, con una espléndida terraza de verano. Precio medio, 22 €.

CASA GARRIDO

Santa Úrsula, s/n. Telf. 953 512 567.
Conocido por la excelente carne de monte y el cochinillo, este restaurante, con una agradable terraza de verano, sirve un buen menú.

ASADOR EL RINCONCILLO

Pasaje de Jesús, 1. **MARMOLEJO.**
Telf. 953 540 073. Un buen lugar para degustar carnes a la brasa en su punto justo de cochura. También platos de la cocina andaluza. Precio medio, 22 €.

LOS PINOS

Ctra. del Santuario, km 14,2.
Telf. 953 549 023. Es famoso por sus muchos años de experiencia en la preparación de carne de monte entre otros muchos platos.

ANGUIANO

LA RIOJA. 540 habitantes

ARRISCADO JUNTO AL RÍO NAJERILLA, ESTE PEQUEÑO Y PINTORESCO PUEBLO SERRANO ES CONOCIDO INTERNACIONALMENTE POR SUS TRADICIONALES DANZAS SOBRE ZANCOS, UNA DE LAS REPRESENTACIONES FOLCLÓRICAS MÁS INTERESANTES DE TODA LA PENÍNSULA. EN SU MUNICIPIO SE ENCUENTRA EL MONASTERIO DE VALVANERA.

INFO

Ayuntamiento. Pza. Mayor, 1.
Telf. 941 377 021. www.larioja.com

DORMIR

HOSPEDERÍA ABADÍA DE VALVANERA✪✪

Monasterio de Valvanera.
Telf. 941 377 044. La estancia apacible y tranquila está aquí asegurada. La sobriedad monacal, los magníficos bosques que se extienden delante de las ventanas de cualquier habitación y el arrope de las cimas de la sierra de San Lorenzo, hacen de este lugar un enclave privilegiado. 50 €.

HOSTAL VALDEVENADOS✪✪

Ctra. de Lerma, 12. Telf. 941 377 085. Las habitaciones de este sencillo hostal cuentan con impresionantes vistas al Najerilla y a la montaña. Sólo con ducha. Cerrado en invierno. 40 €.

COMER

VALDEVENADOS

Ctra. de Lerma, 12. Telf. 941 377 085.
En el restaurante del hotel, muy concurrido por cazadores y pescadores. Además del *caparrón* de Anguiano, se prepara buen cordero a la cazuela, bacalao, lomo a la riojana y de postre, cuajada casera.
A la carta se puede comer aproximadamente por unos 20 €.

ANSÓ

HUESCA. 529 habitantes

LA PEQUEÑA Y RECOGIDA VILLA DE ANSÓ, AISLADA DURANTE SIGLOS DE LAS PRINCIPALES VÍAS DE COMUNICACIÓN, HA CONSERVADO MANIFESTACIONES FOLCLÓRICAS Y COSTUMBRES ANCESTRALES, JUNTO A UNA BELLA ARQUITECTURA POPULAR.

INFO

Ayuntamiento. Pza. Domingo Miral, 1. Telf. 974 370 003.

Oficina de Turismo
Santa Bárbara, s/n. Telf. 974 370 225. Abre sólo en verano.

Centro de Interpretación de la Naturaleza. Edificio del antiguo cine. Telf. 974 370 210.

DORMIR

HOSTAL KIMBOA✪✪

Ctra. Zurita. Telf. 974 370 184. Tranquilo establecimiento de confortables habitaciones. Habitación doble: 50 €.

POSADA MAGORÍA✪✪

Chapitel, 9. Telf. 974 370 146.
Habitaciones hermosas y soleadas, con vistas al valle, bien cuidadas y acogedoras. Con un jardín de césped como una alfombra ideal para descansar o leer el periódico. Cocina vegetariana.
Habitación doble: 50-66 €.

COMER

Casas con menú (menos de 15 €)

BORDA CHIQUIN

Ctra. de Zurita, s/n. Telf. 974 370 240.
Los salones son sencillos pero agradables. En la mesa una buena muestra de cocina tradicional aragonesa como las migas, las costillas a la brasa y el queso de Ansó.

BORDA CHANGALÉ

Ctra. Ansó-Zurita, km 4. A la salida del pueblo, junto a las piscinas.
Telf. 974 370 246.
En Ansó se llama borda a una cabaña o caseta de campo, y una de ellas ha sido rehabilitada hace pocos años como restaurante, conservando los muros de piedra y la teja plana típica de las casas del valle. Preparan bien la carne de cordero, junto otros platos típicos de la zona.

ANTEQUERA

MÁLAGA. 43.206 habitantes

PREHISTÓRICA Y NOBLE VILLA CON UN NOTABLE PATRIMONIO ARTÍSTICO, SITUADA EN UNA ENCRUCIJADA DE CAMINOS EN EL CORAZÓN DE LA EXTENSA Y RICA VEGA ANDALUZA, FRENTE A LA PEÑA DE LOS ENAMORADOS.

INFO

Oficina de Turismo
Plaza de San Sebastián, 7.
Telf. 95 270 25 05.
www.aytoantequera.es

DORMIR

Entre los establecimientos de mayor categoría se encuentra el ***Parador de Antequera*** *(García del Olmo, s/n; telf. 952 840 261; desde 60 €; www.parador.es) y el* ***Hotel Coso Viejo*** *(Encarnación, 5; telf. 952 705 045; habitación doble: 65-78 €).*

HOTEL PLAZA SAN SEBASTIÁN

Plaza de San Sebastián, 4.
Telf. y fax: 952 844 239.
Completamente nuevo y en el centro de la ciudad. Cuenta con amplias y equipadas habitaciones para sentirse como en casa. Ciertamente resulta muy confortable. Restaurante y bar.
Habitación doble: 40-55 €.

HOSPEDERÍA COLÓN

Infante Don Fernando, 29.
Telf. 952 840 010.
Sus habitaciones son de lo más variopintas: desde las recién reformadas, con televisión, aire acondicionado y baño completo, hasta las que carecen de estos servicios.
Habitación doble: 40 €.

HOSPEDERÍA COSO DE SAN FRANCISCO

Calzada, 27-29.
Telf. 952 840 014.
En una de las calles con más ambiente. Es una casa típica andaluza, en cuyo patio se instalan las mesas del restaurante de la hospedería.
Habitación doble: 42 €.

EL TAPEO

La plaza San Sebastián es el centro social de esta ciudad monumental, lo que ha convertido la terraza del hotel **San Sebastián** en un concurrido lugar donde tomar un refresco al atardecer. A su lado se encuentra el **Chicón,** una cafetería bien puesta donde tomar con un buen café con porras por la mañana y alguna tapita por la tarde.

Pero cuando se trata de tapas y raciones hay otros locales más señeros en este menester, repartidos por las calles de mayor interés turístico. Así en la calle Encarnación encontraremos el **Coso Viejo,** famoso por la empanadilla criolla y las papas con mojo picón; en la calle Carrera está el **Carrera** que nos deleita con rabo de toro y riquísimas berenjenas. De la plaza de las Descalzas arranca la calle Calzada, donde degustar los Manolitos del señero **Manolo** y las magníficas migas de **Madrona.** Más adelante, en la plaza de Castilla, se halla el **Parque,** donde las bombas son el plato fuerte.

COMER

Casas con menú (menos de 15 €)

COSO VIEJO

Encarnación, 5. Telf. 952 705 045.
Restaurante del hotel homónimo. Ofrece menú de cocina andaluza casera y, fuera de menú, carnes a la brasa en las que el establecimiento está especializado.

CASTILLA

Infante Don Fernando, 40.
Telf. 952 843 090.
Más conocido por el nombre de "el Guancho", elabora comidas caseras, y lo más sorprendente, también coñac propio. Los calamares rellenos y los callos dieron fama a esta casa.

Restaurantes (desde 20 €)

Cerca de la plaza de San Sebastián se halla **La Espuela** (San Agustín, 1; telf. 952 703 031). Este restaurante ha sabido combinar a la perfección lo informal ambiente con lo hogareño y familiar de la cocina andaluza. Especialidad en carnes de caza, las migas y el bienmesabe, sopa antequerana, revueltos y rabo de toro. Dulces típicos.

Aunque todos los restaurantes son expertos hacedores de la porra antequerana **Angelote** (Encarnación, esquina Coso Viejo; telf. 952 703 465), si cabe, lo es más. Buenos son los pescados y exquisito el *angelorum*. Dispone de un menú bastante económico.

El céntrico **El Rincón de Curro** (Alameda de Andalucía, 12; telf. 952 845 407) sirven todo tipo de platos tradicionales. Mención especial merecen las carnes rojas, los pescados y mariscos.

Por último destacar **El Escribano** (plaza de los Escribanos, 11; telf. 952 706 533), se trata de un local sencillo, en el que la cocina antequerana se practica con la mayor fidelidad, especialmente en la *porra* o en el arroz San Blas; y el premiado **Caserío San Benito** (ctra. Málaga-Córdoba, km 108; telf. 952 034 000) que está en una casona del XVIII donde hay montado un Museo de Costumbres Populares. Excelente el arroz con conejo.

ARACENA

HUELVA. 7.152 habitantes

SE EXTIENDE BLANCA Y LUMINOSA A LOS PIES DEL CASTILLO-FORTALEZA Y SU PERÍMETRO QUEDA DELIMITADO POR VERDES DEHESAS DONDE ENGORDAN LOS COCHINOS DE PATA NEGRA. LA ESPECTACULAR GRUTA DE LAS MARAVILLAS ES EL PRINCIPAL RECLAMO PARA SU VISITA.

INFO

Oficina de Turismo
Pozo de la Nieve, s/n. Telf. 959 128 206.
Tren Turístico. Salidas y llegadas en plaza San Pedro, desde las 10.30 h.
Centro de Visitantes del Parque Natural de Aracena y Picos de Aroche. Cabildo Antiguo.
Plaza Alta, s/n. Telf. 959 128 825.

DORMIR

HOTEL FINCA VALBONO

Ctra. de Carbonera, km 1.
Telf. 959 127 711/ 127 618. Una gran finca a las afueras del pueblo que dispone de habitaciones, apartamentos y casas de alquiler. Organizan paseos a caballo y otras actividades de turismo rural. Habitación doble: 66-88 €.

HOTEL LOS CASTAÑOS

Avda. Huelva, 5.
Telf. 959 126 300.
Céntrico y con fácil aparcamiento. Habitaciones con baño, confortables y con buena iluminación. Televisión y calefacción. Habitación doble: 60 €.

HOTEL SIERRA DE ARACENA

Gran Vía, 21. Telf. 959 126 175/ 019.
La habitación doble cuesta 55 € y las abuhardilladas del ático 60-65 €. Con aire acondicionado.

COMER

Jamones y chacinas ibéricas, queso de cabra, gazpacho de invierno, sopas de ajo, migas, rabo... son algunas delicias que podréis saborear en los restaurantes de la villa.

Casas con menú (menos de 15 €)

JOSÉ VICENTE

Avda. Andalucía, 53. Telf. 959 128 455.
La buena cocina en Aracena. Cocina tradicional puesta al día. Los fines de semana es imprescindible reservar.

RESTAURANTE MONTECRUZ

Plaza de San Pedro, 36
Telf. 959 126 013.
Aunque no falta el ibérico, se sale de lo normal con platos como pimientos del piquillo rellenos de caza y especialidades serranas, como la sopa de tomate o las migas con chorizo.

EL ZORRO

Pozo de la Nieve, 45. Telf. 959 128 067.
Enfrente de la calle que baja a la gruta. De los de mantel de papel, con una extensa carta de comida regional con menús y platos combinados.

VENTA DE ARACENA

Ctra. Sevilla-Portugal.
Telf. 959 126 162. Como no podría ser de otra manera, trabaja los productos de cerdo ibérico, tanto en raciones, tapas como en platos combinados.

Restaurantes (desde 21 €)

Casas (Pozo de la Nieve, 37; telf. 959 128 044) es uno de los primeros restaurantes que abrieron en la comarca, y son ya varias décadas dando de comer a una variopinta clientela. La carta ofrece auténticos platos de raigambre serrana: perdiz, conejo de campo y los consabidos productos del cerdo. Buenos vinos.
Por su parte, en **Los Ángeles** (San Pedro, 16; telf. 959 128 895) se disfruta de cerdo ibérico y caza, pero también de arroces marineros y de pescados y mariscos de la costa onubense.

ARANDA DE DUERO

BURGOS. 29.222 habitantes

LA CAPITAL DE LA RIBERA DEL DUERO SE HA CONVERTIDO, GRACIAS A LA PRÓSPERA AGRICULTURA Y AL CRECIENTE DESARROLLO INDUSTRIAL, EN EL TERCER NÚCLEO EN IMPORTANCIA DE LA PROVINCIA DE BURGOS, DESPUÉS DE MIRANDA DE EBRO Y LA CAPITAL. LOS VIEJOS MONUMENTOS DEL CASCO ANTIGUO, LA MAYORÍA BASTANTE DETERIORADOS, SOBREVIVEN CON DIFICULTAD ANTE LA DESENFRENADA INVASIÓN DE LA MODERNIDAD.

INFO

Oficina Municipal de Turismo
Plaza Mayor. Telf. 947 510 476.
www.arandadeduero.es
Ayuntamiento. Plaza Mayor, 1.
Telf. 947 500 100.
Cada mes se publica una revista local, *El Siglo XXI*, sobre Aranda y su comarca, que se distribuye de manera gratuita en tiendas, bares y restaurantes.
Estación de autobuses
Telf. 947 509 951.
Continental-Auto. Telf. 947 501 176.
Linecar. Telf. 947 508 919.
Autobuses urbanos. Telf. 947 501 677. Con dos líneas principales que recorren la ciudad desde el polígono hasta la ermita de la Virgen de las Viñas.
Taxis. Parada en la plaza de los Jardines de Don Diego. Telf. 947 501 325.

DORMIR

HOTEL ARANDA✪✪
San Francisco, 51. Telf. 947 501 600.
La decoración de las habitaciones es clásica y nada recargada. Todas tienen baño y bastante luz, salvo las que dan a un patio interior. Se puede aparcar sin problema en la plaza. Trato muy agradable.
Habitación doble: 63 €.

HOTEL JULIA✪✪
Plaza Arco Isilla, s/n.
Telf. 947 501 200.
Está en pleno centro y su relación calidad-precio es de las mejores. Las habitaciones –60 en total– tienen baño, teléfono y televisión vía satélite. Suele estar lleno de gente joven y goza de buen ambiente.
Habitación doble: 57 €.

HOSTAL ELVIRA✪
Burgo de Osma, 9, 1º.
Telf. 947 500 885. Reformado, aunque sin grandes pretensiones. Las habitaciones, con lavabo, son discretas, limpias y muy iluminadas. Cuenta con restaurante, donde se puede comer un menú del día.
Habitación doble: 30-33 €.

CASA LUCÍA TURISMO RURAL
Del Río, 17. En **VADOCONDES.**
Telf. 947 528 149.
Situada a escasos kilómetros de Aranda de Duero, esta casa castellana de nueva construcción, ofrece 3 coquetas habitaciones, todas con balcón. Cuenta con jardín y huerta ecológica, cuyos productos se pueden degustar en el comedor.
Habitación doble con desayuno: 42 €.

Otros hoteles de precio más elevado
El **Hotel Tres Condes**✪✪✪ (avda. de Castilla, 66; telf. 947 502 400; habitación doble: 70 €) y **Área Tudanca**✪✪✪✪ (ctra. Madrid-Irún, km 152; telf. 947 506 011; 112 €), disponen ambos de todos los servicios.

EL TAPEO

En el casco antiguo es donde se concentra la gran mayoría de bares y mesones, principalmente en torno a las plazas de Santa María y Arco Isilla. Al mediodía es ya una costumbre pasarse por el **Avenida,** en la plaza Arco Isilla y pedir los tradicionales huevos –exquisita croqueta rellena de huevo–, o tomar una tapa de gamba rebozada en el vecino **Santos.**

Para continuar el chateo, en la plaza de Santa María encontraréis el **Candilejas** (también café) y **Los Caracoles,** con terraza bajo los soportales. En la plaza de los Jardines de Don Diego, **El Ciprés** es un restaurante con una barra de tapas impresionante. Por último, conviene pasarse por **La Esquina,** junto a la plaza del rollo, para probar sus riquísimas tapas de embutido.

No olvidéis que en Aranda se celebra cada año entre marzo y abril un **Certamen de Tapas y Banderillas,** en el que los hosteleros de la villa despliegan toda su ingenio para hacer las delicias de quienes estén dispuestos a degustar y votar sus recetas.

COMER

Tierra de buena mesa y excelentes vinos, su plato más tradicional es el lechazo de cordero asado, preparado en horno de leña. Acompañamiento perfecto son las tortas de pan y, sin duda, un Ribera del Duero para deleitar el paladar, pues sería una torpeza pasar por esta tierra sin probar su producto más característico. En cualquiera de las casas de comida recomendadas se pueden degustar también los postres tradicionales arandinos: los empiñonados y las yemas. Un clásico de gran prestigio es el ***Mesón de la Villa*** *(Rodríguez de Valcárcel, 3; telf. 947 501 025; precio medio, 40 €), .*

Casas con menú (menos de 15 €)

CASA FLORENCIO
Isilla, 14. Telf. 947 500 230.
Cocina tradicional de Aranda: picadillo, chorizo, morcilla, asados y exquisitos postres. En un escaparate que da a la calle expone los productos que se pueden degustar dentro. No tiene menú pero comer a la carta no resulta muy costoso.

SANCHO
Ricaposada, 9. Telf. 947 500 576.
Dispone de un comedor acogedor aunque no muy grande. Merece la pena el menú del día, por el que se puede degustar un exquisito guiso de lechazo. La preparación de los pescados es excelente. Su especialidad: merluza a la vasca y besugo al ajoarriero.

EL LAGAR
Isilla, 18.
Telf. 947 510 683.
Su especialidad son las carnes y los pescados a la brasa y el lechazo asado en horno de leña. Probarlo por menos de 28 € el cuarto es impensable. No obstante también ofrece menú del día. Cuenta con una interesante bodega subterránea, del siglo XV, que se puede visitar.

MONTECILLO
Avda. General Gutiérrez, 1.
Telf. 947 502 007.
Tiene el inconveniente de estar retirado del centro pero su menú es excelente. Podréis probar buena comida casera y suculentos postres. El comedor es amplio, con mucha luz, y la atención, de primera.

LA PERLA
Pza. San Francisco, 13.
Telf. 947 500 020.
Ofrece un menú con asado entorno a los 20 €. Para los que puedan gastarse un poco más.
Siempre se puede tomar una pizza en el restaurante italiano **Cantinaccia** (avda. de los Reyes Católicos, 20; telf. 947 507 150). Son muy grandes y baratas, y el personal es muy amable.

Restaurantes (de 21 a 36 €)
El Roble (plaza Jardines de Don Diego, 5; telf. 947 502 902) es, sencillamente, un buen asador castellano.

ARANJUEZ

MADRID. 45.000 habitantes

LA MONUMENTALIDAD DE ESTE REAL SITIO A ORILLAS DEL TAJO MARCA SU CONDICIÓN TURÍSTICA. LA BELLEZA DEL PALACIO REAL, SUS JARDINES Y EL CASCO URBANO HACEN DE ARANJUEZ UN LUGAR IDEAL PARA REENCONTRARSE CON LA HISTORIA.

INFO

Oficina de Turismo. Pza. de San Antonio, s/n. Telf. 91 891 04 27.
www.aranjuez-realsitio.com
Tren de la Fresa
Telf. 902 228 822.
Gran Casino de Aranjuez
Pza. de la Unesco, 1. Telf. 902 393 030
www.grancasinodearanjuez.com

DORMIR

HOTEL JARDÍN DE ARANJUEZ✪✪✪
Príncipe, 26.
Telf. 91 875 42 07. Un curioso y nuevo edificio, ubicado en una de las avenidas más importantes y hermosas. Excelente servicio y equipamiento.
Habitación doble: 66-80 €.

HOSTAL CASTILLA✪✪
Carrera Andalucía, 98.
Telf. 91 891 26 27. Un buen lugar para sentir la animada vida del Real Sitio. Lo mejor, su patio cargado de vegetación y las habitaciones recién reformadas, algunas de ellas convertidas en pequeños apartamentos.
Habitación doble: 45-65 €.

HOSTAL INFANTAS✪✪
Infantas, 6. Telf. 91 892 47 67.
Correcto, de estilo clásico, y muy céntrico. Habitaciones con o sin baño.
Habitación doble: 45 €.

Otros hoteles de precio más elevado

Para darse un lujazo lo mejor es hospedarse en el **Hotel NH Príncipe de la Paz**✪✪✪✪ (San Antonio, 22; telf. 91 809 92 22; 149 €). Otra opción la constituye el **Hotel Don Manuel**✪✪✪ (Príncipe, 71; telf. 91 875 40 86; habitación doble: 85 €).

EL TAPEO

Si iniciáis la sana actividad del tapeo es muy recomendable **El Barín** (Foso, 38). Es bastante popular en la localidad por lo que suele estar concurrido.

COMER

Casas con menú (menos de 15 €)

ASTURIANO
Capitán, 12. Telf. 91 892 40 40. Una extensa carta llena de ricos platos asturianos, donde no falta la sidra, claro.

EL RANA VERDE
De la Reina, 1. Telf. 91 891 13 25. Un clásico, lleva abierto desde finales del siglo XIX. Cómo olvidar sus salones acristalados junto al Tajo. La oferta es de gran calidad.

RUSIÑOL
Infantas, 24. Telf. 91 801 10 99. Una excelente relación calidad-precio para una carta llena buenas maneras culinarias.

Restaurantes (desde 25 €)

Uno de los mejores establecimientos de Aranjuez es **Casa José** (Abastos, 32; telf. 91 891 14 88). Alta cocina con un menú degustación muy completo y delicias como los corazones de alcachofas glaseadas con yemas de erizos. Desde 1941 lleva **Casa Pablo** (Almíbar, 42; telf. 91 891 14 51) ofreciendo una gastronomía impecable. Ambiente taurino y de vieja taberna hacen de este sitio un encuentro con la tradición.

Junto a la plaza de toros está **Almíbar** (Almíbar, 138; telf. 91 891 00 97). Excelente cocina ribereña al más alto nivel y estupenda carta de vinos.

Delapio (avda. Plaza de Toros, 7; telf. 91 892 09 82; precio medio, 28 €) es un establecimiento moderno y acogedor, donde disfrutar bien de un aperitivo, hay variedad en tapas y vinos, o ya en la mesa, de su cocina sólida, identificable y bien elaborada.

ARCHENA

MURCIA. 16.000 habitantes

DONDE EL RÍO SEGURA EXPIRA SU ÚLTIMO ALIENTO CRISTALINO, ZALAMERO CON UNA HUERTA ENCERRADA ENTRE ROCAS, ROMANOS Y ÁRABES DISFRUTARON HACE SIGLOS DE LAS CÁLIDAS AGUAS QUE SON MANANTIAL DE SALUD. HOY TODO EL PROTAGONISMO LO ACAPARA LA ESTACIÓN TERMAL, MIENTRAS QUE LA FÉRTIL HUERTA DEL VALLE DE RICOTE, OASIS ENTRE PAISAJES DESNUDOS Y BALDÍOS, CONSERVA LA ESENCIA DEL ÚLTIMO REDUCTO MORISCO EN LA REGIÓN DE MURCIA.

INFO

Oficina de Turismo-Centro de Interpretación del Valle de Ricote
Plaza 1º de Mayo. Palacete de Villa Rías.
Telf. 968 674 738.
www.aytoarchena.es
www.murciaturistica.es
Balneario de Archena
Ctra. del Balneario, s/n.
Telf. 902 333 222.
www.balneariodearchena.com

DORMIR

*En el **Balneario de Archena** hay tres buenos hoteles que comparten la utilización de los baños termales, mientras que en el cercano pueblo de Archena existe una oferta de alojamientos más modestos.*

HOTEL LA PARRA✪
Ctra. del Balneario, 2.
Telf. 968 670 444.
Aunque modesto, es muy recomendable, pues siempre ha prevalecido el trato familiar. Resulta más económico al no encontrarse en el mismo recinto del balneario.
Habitación doble: 38 €.

Otros hoteles de precio más elevado

El **Hotel Termas**✪✪✪✪ (Balneario de Archena) se ubica en un bonito edificio del siglo XIX. Levantado sobre los mismos baños árabes, su decoración se contagia de tales esencias: patio de los leones, corredores mozárabes… Bajo el hotel se encuentran las termas. Habitación doble: 102 €.

El **Hotel León**✪✪✪ (Balneario de Archena) es el más moderno. Las habitaciones son lustrosas y cuentan con un mobiliario sencillo y agradable, además de calefacción y aire acondicionado. Habitación doble: 85 €.

Hotel Levante✪✪✪✪ (Balneario de Archena). Una reciente reforma lo ha dotado de un estilo moderno y funcional. Se comunica directamente, y sin necesidad de salir a la calle, con las instalaciones para los tratamientos del balneario. Lo único reprochable es que carece de buenas vistas al río.
Habitación doble: 103 €.

COMER

Los moriscos dejaron por estas tierras su impronta, y así hoy podemos disfrutar de algunos deliciosos bocados como el pebre, del que resultan dos platos: uno de caldo, y el otro un sofrito de cordero con mucha pimienta. Acompañantes inseparables en la mesa pueden ser un recio vino de Ricote y una ensalada murciana. De postre, albaricoques de Cieza o bizcochos borrachos de Ojos.

*El **Balneario de Archena** (ctra. del Balneario, s/n; telf. 902 333 222) cuenta con dos restaurantes de alta categoría, si bien en la calle que va del balneario al pueblo de Archena (ctra. del Balneario) se suceden locales de precios más asequibles.*

Casas con menú (menos de 15 €)

EL INTERNACIONAL
Ctra. del Balneario.
Telf. 968 670 234. Funcional y moderno. Las carnes y el pescado componen un menú casero al alcance de todos los bolsillos. También se puede comer en la terraza. Acude un público muy variado en el que se mezclan el lugareño y el forastero.

MADRID
Juan José Marcos Benegas.
Telf. 968 670 054. Un bar con una excelente cocina casera en la que no falta el gratificante cocido con pelotas, las gachasmigas o el arroz.
Muy frecuentado por aquéllos para los que lo económico y la consistencia son lo más importante.

EL TRIUNFO
Ctra. del Balneario, 4.
Telf. 968 670 424. El que mejor cocina tiene, si uno hace caso a su fama, que corre de boca en boca. Elegido por los que vienen a los baños, tiene como especialidad la paella. La terraza es un buen reclamo, lo que se constata las noches del sábado.

Restaurantes (sobre 24 €)

El restaurante del **Hotel Termas** (Balneario de Archena) ofrece una carta interesante. También se puede comer o cenar en el **Hotel León** (Balneario de Archena).

ARCOS DE LA FRONTERA

CÁDIZ. 29.420 habitantes

ASENTADA SOBRE LA CIMA DE UNA ROCA DE CASI 100 M DE ALTURA, LA APROXIMACIÓN A ARCOS RESULTA UNA EXPERIENCIA FASCINANTE. ESTRECHA, SINUOSA Y EMPINADA, PARECE UNA CIUDAD CONCEBIDA A MODO DE LABERINTO. POR SUS ANGOSTOS CALLEJONES BLANCOS, CON VENTANAS ENREJADAS Y EDIFICIOS UNIDOS EN SUS VÉRTICES POR ARCOS DE REFUERZO, SE PUEDE SENTIR EL PASO DE LOS SIGLOS.

INFO

Oficina de Turismo
Plaza del Cabildo, 2.
Telf. 956 702 264.
www.ayuntamientoarcos.org

DORMIR

*Aparte del **Parador**✪✪✪ (plaza del Cabildo, s/n; telf. 956 700 500; habitación doble: 145-160 €; www.parador.es), hay en Arcos buenos hoteles y pensiones recomendables y desde luego más asequibles.*

MESÓN LA MOLINERA✪✪✪
Ctra. de Arcos-El Bosque (Lago de Arcos, urb. El Santiscal).

Telf. 956 708 327/ 002. Esta antigua hacienda dedicada a la producción de aceite esta situada a orillas del lago, a 4 km de la ciudad. Ofrece dos tipos de habitaciones: unas como bungalós con porche a orillas del lago (algunas con aire) y otras, las de la parte nueva, están mejor amuebladas, con terraza pero sin las vistas que ofrecen las primeras. Tiene piscina y el barco *Missisippi* ofrece paseos por el lago.
Habitación doble: 70-110 €.

Hotel Los Olivos★★★
Boliches, 30. Telf. 956 700 811.
Ocupa la antigua casa de un notario y las habitaciones se disponen en torno a un patio lleno de macetas y muy luminoso. Las habitaciones más amplias son de la 15 a la 18. Trato agradable. Habitación doble: 60-75 €.

Hotel El Convento★★
Maldonado, 2.
Telf. 956 702 333.
Ubicado en parte de un convento y de las casas colindantes que se asoman sobre el cortado de la roca. La situación es céntrica y las habitaciones (algunas con amplias terrazas para ver las puestas de sol y todas con aire acondicionado) son muy confortables. Se aparca en la plaza del Cabildo (100 m).
Habitación doble: 60-85 €.

Hotel Marqués de Torresoto★★
Marqués de Torresoto, 4.
Telf. 956 700 717. es un magnífico establecimiento ubicado en el antiguo palacio del marqués, con un espléndido patio cubierto y capilla. Desde la azotea se divisan estupendas vistas del lago. Habitación doble: 60-70 €.

Hotel La Fonda★
Corredera, 83. Telf. 956 700 057.
Proclama ser una de las fondas más antigua de Andalucía y en 1998 se llevaron a cabo las reformas necesarias para convertirlo en hotel. Las habitaciones interiores se iluminan a través de una ventana alta mientras que las exteriores disponen de balcón (dan a una calle bastante transitada) y son mucho más claras. Todas con techos altos, mobiliario estilo antiguo y telas cálidas. Habitación doble: 45-60 €.

Hostal Málaga★★
Luis Cernuda, 1. Telf. 956 702 010.
Las habitaciones están decoradas de forma sencilla pero con personalidad. Algunas de la planta alta son abuhardilladas. Trato familiar. Si el estar a 1,5 km del centro no es inconveniente, la relación calidad-precio es de lo mejor.
Habitación doble: 35-40 €.

Hostal San Marcos★
Marqués de Torresoto, 6.
Telf. 956 700 721.
Sencilla pensión del centro con cuatro habitaciones y aire acondicionado. Dispone de una lavadora para uso de los clientes.
Habitación doble: 36 €.

Hostal Andalucía★
Carretera de Arcos-Jerez.
Telf. 956 704 896. A 1 km por la carretera de Jerez, este pequeño hostal de cinco habitaciones puede servir para salir del paso si lo que se busca es un lugar aséptico y económico.
Habitación doble: 40 €.

Hostal El Patio★
Deán Espinosa, 4.
Telf. 956 702 302.
Se encuentra justo enfrente de la iglesia de Santa María. Este pequeño hostal (ocho habitaciones, algunas con baño) conserva el modelo arquitectónico de las casas árabes. Su propietario es muy simpático y tiene también una peluquería y un restaurante, *El Patio*.
Habitación doble: 30-40 €.

EL TAPEO

Uno de los bares más típicos de Arcos de la Frontera (lo pone en el cartel) es **Alcaraván** (Nueva, 1), situado en las antiguas mazmorras del castillo. Delicias de solomillo a la brasa (excelente) y buena chacina.

Cerca del convento de Mercedarias hay buenos bares de tapas, **Los Murales, Mesón Don Fernando** y el **Círculo de la Unión.** Este último es un pequeño bar en la plaza del mercado. Lo mejor es pedir la tapa del día (carne en salsa, rabo de toro, pescado adobado, arroz...). Muy barato y con una terraza tranquila.

En Cerro de la Reina, nueva plaza con un ambiente muy animado, se encuentra la cafetería **Olé,** donde se puede tomar una cerveza fresquita con algún pincho. En la misma plaza se encuentra **Cosmopólitan** que se orienta más a tapas, *baguettes* y platos combinados.

En Muñoz Vázquez, 10 (paseo de Andalucía) se halla **Albéniz,** pequeñito pero uno de los más joviales y animados, con tapitas y raciones variadas. También para tomar un café o una copa. Aquí lo mismo se juega a las cartas, se ve un partido de fútbol o se discute sobre el porqué de las cosas. También en Muñoz Vázquez se encuentra el **mesón El Paseo,** en su barra tanto nos servirán una tapa como un café.

COMER

Casas con menú (menos de 15 €)

San Marcos
Marqués de Torresoto, 6.
Telf. 956 700 721. Pequeña casa de comidas caseras con platos combinados y menú del día. Potajes, ensaladas, sopas frías, carnes y pescados.

Los Murales
Plaza Boticas, 1. Telf. 956 700 607. El comedor es diminuto pero las mesas de la terraza a la sombra del convento son un buen sitio para picar algo sin gastarse mucho dinero. El menú incluye ensaladas, revueltos y carnes guisadas.

El Patio
Deán Espinosa, 6. Telf. 956 702 302.
Es el restaurante del hostal del mismo nombre. Un marco más que apropiado, por su tipismo, para degustar una cocina andaluza de siempre: chacinas, guisos, pescados, revueltos... El menú es sencillo y económico.

Los Faraones
Debajo del Corral. Telf. 956 700 612. El comedor de este restaurante de cocina árabe está excavado en la roca. Aparte de un menú ofrece una carta con auténticos platos tradicionales del país vecino.

Restaurantes (sobre 30 €)

El Convento (Marqués de Torresoto, 7; telf. 956 703 222) sirve magnífica cocina local y regional en un agradable marco y con un servicio próximo y personalizado.

CAFÉS

Aparte del **Parador,** un lugar acogedor para tomar un café es el patio del **Hotel Marqués del Torresoto.** Un aljibe, sillas de mimbre y una capilla barroca con la puerta decorada con motivos filipinos le convierten en un estupendo lugar para hacer una pausa.

ARENAS DE SAN PEDRO

ÁVILA. 6.609 habitantes

Flanqueada por las escarpadas cumbres de la vertiente sur de Gredos, Arenas conserva un aire señorial a pesar de su moderna transformación como lugar de veraneo. Su entorno natural acerca bellos parajes, pinares y un vergel de huertos, viñas y olivares.

INFO

Oficina de Turismo
Plaza de San Pedro, s/n.
Telf. 920 372 368.
Ayuntamiento
Telf. 920 370 005/ 68.

DORMIR

Hostería Los Galayos★★★
Condestable Dávalos, 2.
Telf. 920 371 379/ 820.
24 habitaciones dobles con baño completo, muy bien equipadas y confortables. Algunas tienen vistas al castillo y a la sierra. Dispone de un salón social, un restaurante muy típico (El Bodegón), una muy agradable cafetería –donde sirven de todo– y aparcamiento en la plaza.
Habitación doble: 50 €.

Hostal El Castillo★
Ctra. de Candeleda, 2. Telf. 920 370 091.
Dispone de 12 habitaciones dobles con calefacción, espaciosas y sin muchos lujos. Las que tienen baño y televisión se cobran a 35 €. Las de la planta superior sólo tienen lavabo y cuestan 23 €.

Hostal Lumi★
Paseo Pintor Martínez Vázquez, 1.
Telf. 920 371 635.
Bastante nuevo, cuenta con 14 habitaciones dobles, no todas con baño completo. Son luminosas, sencillas y acogedoras. 29 € según habitación.

Hostal La Taberna★
Carrellana, 33. Telf. 920 370 395.
Tiene 6 habitaciones. En el bar sirven tapas de cocina casera: cochinillo a la sartén, pollos asados, oreja a la plancha, morcilla casera, etc.
Habitación doble: 36 €.

Hostal Avenida✪
Avda. Constitución, 48.
Telf. 920 370 988. Dispone de 18 habitaciones sencillas pero cómodas, con baño y calefacción, muy silenciosas debido a sus dobles ventanas. 39 €, y algo más baratas si se reservan para todo el fin de semana. Buena hospitalidad.

Posada de la Triste Condesa
Dr. Juan Torres, 9. Telf. 920 372 567. Casona de piedra de principios de siglo XX, rehabilitada con acierto, comprende un amplio zaguán, acogedor patio y salón. Habitación doble: 39 €.

EL TAPEO

En la plaza de José Antonio se halla el mesón taurino de Mateo, **La Golondrina** (o "la Golon" como le dicen algunos). Tiene mucha fama y es realmente auténtico y bonito, con pilares de madera y capotes en sus paredes. Ofrece gran festival de raciones, con tapas de cochinillo, montados de lomo, pinchos morunos, jamón ahumado, chorizo ibérico o queso de oveja.

El Chiquito (Triste Condesa, 13) recibe con una gran cabeza de toro y múltiples fotos de la fiesta y sus protagonistas. Se pone hasta la bandera antes de comer, al objeto de catar sus níscalos, callos, mollejas, riñones, croquetas y embutidos ibéricos. Más abajo, en la calle Isabel la Católica, está el **Mesón de la Reina,** de aspecto tradicional y clientela fija, con "minis" de cerveza y combinados, así como tapas y pinchos variados.

COMER

Casas con menú (menos de 15 €)

Mesón La Caracola
Bernardo Chinarro, 16.
Telf. 920 370 683. Céntrico y tranquilo. Comedor simple y sobrio, de sabor viejo, menos alborotado que el bar de arriba, en el cual ponen muchas raciones, y muy buenas.

Lobo Cojo
Paseo Santa Lucía, 9. Telf. 920 371 268. Ubicado cerca del río, ofrece una hermosa terraza para los días de sol. Restaurante con gran oferta de productos típicos de la zona, entre sus platos destacan las patatas revolconas y el chuletón de la zona. Tampoco desmerecen sus postres caseros, sobre todo, el flan y el arroz con leche.

Mesón El Puente
Ctra. Candeleda, pasado el puente, 13. Telf. 920 370 274. Muy rústico y con cierta elegancia castellana, presenta un comedor espacioso en el que disfrutar de un buen asado de encargo. Cocina típica y carnes de la zona, con un menú entre semana (a la carta no se come por menos de 18 €). Buena terraza.

Restaurantes (de 21 a 36 €)

El Bodegón (Condestable Dávalos, 2; telf. 920 371 379/ 820) es el restaurante del hotel Los Galayos, un local de extraordinario tipismo y rusticidad castellana, con artesonados de madera en los techos, paredes enfoscadas de barro y cal, suelos de baldosas de barro en sus tres comedores y gran horno de leña a la entrada. Cocina castellana de guisos tradicionales, asados del día y deliciosos postres: migas del pastor, picadillo de morcilla con pimientos, berenjenas rellenas, cochinillo, cabrito de Gredos, lechazo y carnes a la brasa, regados con vinos de su extensa bodega. Tres menús a elegir y carta.

ARENYS DE MAR

BARCELONA. 11.200 habitantes

Importante villa marinera y pesquera, convertida por el poeta Salvador Espriu en la mítica Sinera. En su puerto son típicas las subastas de pescado, a media tarde.

INFO

Oficina de Turismo. Riera Bisbe.
Telf. 93 795 99 00. www.arenysdemar.cat

DORMIR

Cámping Carlitos✪✪
Ctra. A-2, km 658,7. Telf. 93 792 13 55. 2ª categoría. En plena costa del Maresme, con 227 parcelas y 14 bungalós, zona deportiva, de bosque y de parque infantil, además de restaurante, tiendas, botiquín...

COMER

Hispania
Real, 54. Telf. 937 910 457. La cocina de las hermanas Reixach es refinada y de profundas raíces catalanas. La calidad se paga y aquí merece la pena hacerlo. Precio medio, 70 €.

El Portinyol
Port de Arenys de Mar, s/n.
Telf. 93 792 00 09. Cierra lunes. Cocina marinera la de este restaurante situado a pie de playa y con unas vistas magníficas. Destacan los pescados y mariscos de todo tipo. Precio medio, 50 €.

ARÉVALO

ÁVILA. 7.359 habitantes

La capital histórica y económica de La Moraña es Arévalo, ciudad del mudéjar, robusta, antigua y noble, de sabor rústico, que tiene fama por su gastronomía.

INFO

Oficina de Información Turística
Pza. del Real, 16. Abierta todo el año.
Telf. 920 301 380.
Ayuntamiento
Pza. del Real, 12.
www.ayuntamientoarevalo.com

DORMIR

Hotel Fray Juán Gil✪✪
Avda. de los Deportes, 2.
Telf. 920 300 800. Lujoso y recientemente restaurado. Consta de 27 habitaciones, perfectamente equipadas, amplias y luminosas, muy cuidadas, con mobiliario nuevo en madera, baño completo, televisión y teléfono.
Habitación doble: 52 €.

Hostal Las Fuentes✪✪
Ctra. A-6, km 129 (Polígono Industrial). Telf. 920 303 709/ 303 767. Situado en la entrada del pueblo. Habitaciones amplias y modernas, totalmente equipadas y climatizadas. Dispone de un amplio comedor, nuevo y funcional, con cafetería. Habitación doble: 38 €.

Hostal del Campo✪
Eusebio Revilla, 9. Telf. 920 302 496. Céntrico, en una callejuela del casco antiguo. Habitaciones climatizadas con baño, amplias, luminosas y sencilla decoración. Habitación doble: 35 €.

TAPEO

En la plaza del Arrabal, el **Pavero** suele ser el bar más concurrido a la hora del aperitivo. Clásico, con mesas y bancos de madera sirve variedad de tapas y bocatas. **El Zaguán,** en la misma plaza, a la vez que se disfruta de un buen aperitivo se puede visitar el museo etnográfico que este bar alberga en su planta superior. **El Arco** (Casablanca, 2), junto al arco de Alcocer, es un delicioso local en piedra y ladrillo visto, frecuentado por la gente del pueblo ideal para tomar un pinchito. De aire distinguido, **Desiree,** en la plaza del Real, tiene una amplia barra y grandes ventanales desde los que contemplar la animación de la plaza. Sirven tapas, pulgas y sandwiches variados.

COMER

Cada vez son más los que acuden a la villa morañega por su gastronomía. Convertido en capital del mesón y del buen comer, Arévalo es famoso por sus asados, especialmente por el cochinillo, conocido popularmente como tostón. No hay menú más típico y rico que una buena sopa castellana y un sabroso tostón, sin olvidarse del cocido con garbanzos de Velayos o Fontiveros.

Casas con menú (menos de 15 €)

Anduriña
Avda. Emilio Romero, 29.
Telf. 920 301 569. Un sitio pequeño, céntrico, reducido y modesto. Sencillo y sin grandes pretensiones, de trato cortés y ambiente relajado, ofrece cochinillo y cordero asado.

Asador Las Cubas
Figones, 11. Telf. 920 300 125.
Ubicado en una antigua bodega se encuentra este concurrido asador. Un precioso recibidor, con un pequeño

horno de leña a la vista, invita a pasar a su comedor, reducido y muy acogedor, en el que se come rodeado de enormes tinajas incrustadas en las paredes. La especialidad son los asados, así como la merluza; los postres son caseros.

DONIS
Pza. del Salvador, 2.
Telf. 920 300 692. Dotado de un amplio y luminoso comedor, de decoración sencilla. Con horno de asados, puedes degustar el lechazo y el chuletón o, si prefieres pescado. Una de sus especialidades es la dorada a la sal.

LA PINILLA
Figones, 1. Telf. 920 300 063.
Fundado en 1875, este laureado restaurante cuenta con dos salones: el primero, amplio, iluminado con candiles y decoración típicamente castellana; el segundo, en lo que fuera una bodega, presidido por una hermosa chimenea. Especialidades: cordero, tostón y lechazo.

REY JUAN II
Pza. de Santo Domingo, 3.
Telf. 920 303 261. Local refinado, dotado de una soberbia cafetería en la planta superior y comedor en el piso bajo. Amplio, sobrio y cruzado por grandes arcadas. Ofrece cocina española, cochinillo, lechazo y buena carta de vinos.

SIBONEY
Figones, 4. Telf. 920 301 523.
Amplio comedor exquisitamente decorado, con espejos de todos los tamaños y bonitas lámparas colgantes. Puedes elegir el menú del día o el de la casa. Las especialidades se centran en la merluza, el chuletón y el cochinillo.

Restaurantes (desde 21 €)

El Tostón de Oro (avda. de los Deportes, 2; telf. 920 300 798) es uno de los más afamados restaurantes de la villa. Tiene dos salas, una fastuosa, magnífica, que se destina a banquetes y celebraciones, y un comedor amplio y luminoso, elegantemente decorado. Se puede comer de menú (normal y especial) y a la carta. Se recomienda la sopa castellana, la tortilla paisana, el lechazo encebollado y los guisos caseros.

ARNEDO

LA RIOJA. 12.715 habitantes

ESTA PRÓSPERA CIUDAD ES UN NÚCLEO INDUSTRIAL ESPECIALIZADO EN LA FABRICACIÓN DE CALZADO. SU ASPECTO MODERNO NO HA EMPAÑADO, SIN EMBARGO, LA IMPORTANCIA Y EL VALOR MONUMENTAL DE SU CENTRO HISTÓRICO.

INFO

Oficina de Turismo
Santiago Millán, 18. Telf. 941 383 815.
www.aytoarnedo.org

DORMIR

HOTEL VIRREY✪✪✪
Pº Constitución, 27.
Telf. 941 380 150. De ambiente moderno, funcional y con gran estilo, cuenta con todos los servicios. Lo más impresionante son sus cuartos de baño. Habitación doble: 75-95 €.

HOSPEDERÍA DEL MONASTERIO DE NUESTRA SEÑORA DE VICO
Ctra. de Préjano, s/n.
Telf. 941 380 295/ 941 381 274.
Es una alternativa de alojamiento especial, ya que hay que aceptar el horario y reglas del Císter. Precio por persona con pensión completa: 25 €.

Otros hoteles de precio más elevado

Para quienes se lo puedan permitir está el **Hotel Victoria**✪✪✪ (avenida de la Constitución, 97; telf. 941 380 100; habitación doble: 70-90 €).

DE PINCHOS

Para tomar buenos pinchos en Arnedo hay que ir a la calle Libertad, que es donde se localizan los mejores bares y mesones. **Iris,** de ambiente taurino, pone buenos tacos de bonito encebollado; en **Morros** son famosas las gordillas y morritos; **Niza** es especialista en champiñones; en **Rincón de Soria** hay que tomar suelas de jamón a la plancha; y en **La Cepa,** cualquiera de sus pinchos de pescado. Ir de vinos en Arnedo se considera como "visita inexcusable"; aún más si se elige un crianza de las bodegas de Faustino Rivero.

COMER

Casas con menú (menos de 15 €)

JOSELITO
Santiago Milla, 8. Telf. 941 384 659.
Restaurante familiar de cocina regional, situado en el casco antiguo. Su cocina, netamente riojana, no sorprende pero cumple con creces la demanda del viajero con apetito. Ofrece buenos entrantes y platos de carne.

PICABEA
Virrey Lizana, 1. Telf. 941 381 358.
Este pequeño restaurante, de ambiente acogedor e intimista, es especialista en cocina vasca y riojana. Entre sus platos destacan el besugo asado al estilo Orio y el pastel de puerros. También tiene un buen menú.

Restaurantes (sobre 24 €)

Sopitas (Carrera, 6; telf. 941 380 266) sirvecocina casera de cucharón y bien regada con los vinos de la zona en una antigua bodega bien acondicionada. El cabrito levanta pasiones; de postre siempre pide fardelejos, pastel de miel y almendra.
Posada del Laurel (ctra. de Arnedo, s/n; **PRÉJANO**, a 10 km de Arnedo; telf. 941 399 044; habitación doble: 45 €). Estimable cocina riojana actualizada. Excelentes carnes y verduras de la huerta.

AROCHE

HUELVA. 3.319 habitantes

A SÓLO 25 KM DE LA FRONTERA CON PORTUGAL, ES LA ÚLTIMA LOCALIDAD AL OESTE DEL PARQUE NATURAL DE LA SIERRA DE ARACENA Y PICOS DE AROCHE. SUS TORTUOSAS Y EMPINADAS CALLES, CON CASAS SOLARIEGAS Y OTRAS DE SABOR ÁRABE, SE AMOLDAN A LA OROGRAFÍA DEL CERRO SOBRE EL QUE SE ASIENTA.

INFO

Centro de Recepción de Visitantes al Parque Natural
Cilla, 6.
Horario: de viernes a domingo y festivos, de 11 h a 14 h y de 16 h a 18 h.
Ayuntamiento
Castillo, s/n.
Telf. 959 140 201.
www.aytoaroche.es

DORMIR

HOSTAL PICOS DE AROCHE✪✪
Ctra. de Aracena, 12.
Telf. 959 140 475.
Habitaciones acogedoras, con baño y televisión, en una casa a la entrada del pueblo. En los meses más flojos suele estar cerrado entre semana. Ofrece facilidades para alquilar caballos. Habitación doble: 30-36 €.

COMER

Casas con menú (menos de 15 €)

CASINO
Calle Real. Una buena opción para comer, puede ser tomar aquí unas tapas, abundantes y baratísimas. Aparte de las consabidas chacinas, hay días que preparan la carrillada o las originales salchichas condimentadas con aguardiente.

CASA ROMERO
Ordóñez Valdés, 44. Más conocido como "La Pepa", sus nuevos propietarios siguen ofreciendo menús económicos de la cocina local. Un primer plato puede ser la sopa de peso, un puchero al que se le añade pavo o chivo, que se toma cuando se van a pesar los cochinos antes de la matanza.

Restaurantes (sobre 20 €)

El **Mesón San Mamés** (Pérez Galdós, 2; telf. 959 140 427) sólo abre como restaurante los fines de semana. Además de platos de la cocina serrana, ofrece una gran variedad de tapas.
El resto de los días es una tienda de artesanía y objetos varios.

ARONA

ISLA DE TENERIFE. 49.170 habitantes

APACIBLE PUEBLO DEL ALTIPLANO MEDIO TINERFEÑO. ALTERNA LAS TAREAS AGRÍCOLAS CON LAS ACTIVIDADES TURÍSTICAS DE LA PLAYA DE LOS CRISTIANOS.

INFO

Oficinas de Turismo
Los Cristianos. Centro Cultural.
Telf. 922 757 137.
Playa de las Américas. Plaza del City Center. Avenida de Rafael Puig.
Telf. 922 797 668.
Playa de las Vistas. Pº Marítimo, s/n.
Telf. 922 787 011.
Las Galletas. Avda. Marítima, s/n.
Telf. 922 730 133. www.arona.org

DORMIR

HOTEL ANDREAS✪✪

Avda. Valle Menéndez, 6. (frente al Centro Cultural Los Cristianos).
Telf. 922 790 012. Agradable hotel de 90 plazas, con unas buenas instalaciones. Habitación doble: 58-63 €.

HOTELES Y APARTAMENTOS COMPLEJO TEN BEL

Costa del Silencio-Las Galletas.
Telf. 922 730 192. Fax: 922 731 259. Se trata de un enorme complejo de cuatro hoteles que incluye un centro comercial, pistas de tenis, frondosos jardines y piscinas climatizadas. Entre los hoteles destaca el *Alborada*, que dispone de piscina de agua salada.

Otros hoteles de precio más elevado

En la Playa de las Américas se sitúa el **Sol Tenerife**✪✪✪✪ (Rafael Puig, s/n; telf. 922 791 062; habitación doble: desde 130 €; www.solmelia.es), cómodo y con altas prestaciones.
Otra buena opción es el **Apartahotel Columbus**✪✪✪ (avenida Santiago Puig, s/n; telf. 922 793 250).

EL TAPEO

Entre los bares y tascas que se hallan en el mismo centro del municipio está **Casa Sindical** (avda. de la Constitución, 16), donde se puede degustar carne de cochino, fabada, morcillas y pescado con mojo.

COMER

Restaurantes (sobre 24 €)

GRILL EL DORNAJO

Hotel Tenerife Sol. Las Américas.
Telf. 922 791 425.
Decoración rústica con ambiente turístico y familiar. Cocina internacional, destacando las carnes a la parrilla y el salmón ahumado.

LAS GANGARRAS

Camino de Machín, 18.
Telf. 922 766 423.
Es un local con decoración rústica y ambiente familiar y de negocios. Cocina canaria con productos de los cultivos biológicos de la zona. Especialidad en conejo frito encebollado y costillas. Ofrece una buena representación de los vinos de las diferentes denominaciones de origen de Canarias.

CASA DE LOS MONTADITOS

Avenida José Tavio Alfonso, 1. Costa del Silencio.
Telf. 922 730 190.
Comida sencilla y funcional cuya especialidad está en las tapas y las paellas, además de carnes a la brasa y pescado, muy fresco. Todo ello en un sitio relajado, con grandes ventanales por los que ver los árboles de un parque cercano.

ARRECIFE

ISLA DE LANZAROTE. 51.633 habitantes

LA CAPITAL DE LANZAROTE DEBE SU NOMBRE A LA FEROZ COSTA LLENA DE ESPIGONES SUBMARINOS QUE HACÍAN TEMER A LAS EMBARCACIONES. ES UNA CIUDAD CONTRA LAS PRISAS, DE VIDA ANIMADA PERO SIN ESTRIDENCIAS Y CON UNA CRECIENTE ACTIVIDAD CULTURAL. HA CONSERVADO SU VIEJO ENCANTO GRACIAS A LOS PASEOS DE PALMERAS, UNA BUENA PLAYA Y DOS FORTIFICACIONES HISTÓRICAS.

INFO

Patronato Insular de Turismo
Blas Cabrera Felipe, s/n.
Telf. 928 811 762.
www.turismolanzarote.com
www.cabildolanzarote.com
Oficina de Turismo
Parque José Ramírez Cerdá.
Telf. 928 811 860.
www.arrecife.es
Aeropuerto
Telf. 928 846 001.

DORMIR

HOTEL MIRAMAR✪✪✪

Avda. de Coll, 2.
Telf. 928 812 600.
www.miramar.com
Magnífica localización y un alto nivel de servicios, confortable y totalmente renovado.
Habitación doble: 45-65 €.

APARTAMENTOS ARRECIFE PLAYA

Avda. Mancomunidad, 4.
Telf. 928 810 300.
Cerca del mar y con vistas panorámicas. Un apartamento para dos personas cuesta unos 40 €.

PENSIÓN CARDONA✪✪

Dieciocho de Julio, 11.
Telf. 928 811 008.
Habitaciones con vistas a la calle.
Habitación doble: 40 €.

Otros hoteles de precio más elevado

El **Lancelot**✪✪✪ (avda. Mancomunidad, 9; telf. 928 805 099; fax: 928 805 039; habitación doble: 60-80 €) es un gran hotel con modernas instalaciones, situado en la playa del Reducto. Habitaciones con terraza, amplias y luminosas. Tiene un moderno restaurante con vistas al mar donde se ofrecen platos de cocina internacional. Para mayor lujo debemos dirigirnos al **Arrecife Gran Hotel**✪✪✪✪✪ (avda. Mancomunidad, s/n; telf. 928 800 000; habitación doble: 144-240 €).

EL TAPEO

Los alrededores de la Ribera del Charco es la zona preferida por los del lugar para tapear tanto a mediodía como por la noche, con multitud de tascas y bares muy económicos. Una zona de tascas donde sirven buen pescado fresco para comer, o simplemente tapear, es el **PUERTO DE NAOS** donde locales como **Los Molinos** o **Ginori,** con mucho sabor marinero, ofrecen un buen servicio a precios módicos. También en Puerto del Carmen hay una buena oferta de bares para tapear, localizados, esencialmente, en el Paseo Marítimo. Cerca de allí se da la mayor concentración de chiringuitos, bares y restaurantes, entre los que pueden citarse el **Andalucía** y el **Laito de Proa.**

COMER

Restaurantes (desde 24 €)

La Tinaja (Guenia, 4; telf. 928 814 496) es un local acogedor y de ambiente selecto especializado en pescados frescos y mariscos.
Para quien quiera disfrutar de una cena romántica en un marco exclusivo, el restaurante **Castillo de San José** (Canalejas, 52; puerto de Naos; telf. 928 812 321) está instalado en la fortaleza del siglo XVIII.
A unos 3,5 km de Arrecife, se ubica **El Pescador** (Pueblo Marinero, 8; **COSTA TEGUISE**; telf. 928 590 874). Un establecimiento de clara vocación marinera. La calidad del producto, procedente de los caladeros de la isla, es su principal argumento.

LOS ESTABLECIMIENTOS DE ESTA GUÍA HAN SIDO COMPROBADOS Y SELECCIONADOS POR SU BUENA RELACIÓN PRECIO-CALIDAD. EN NINGÚN CASO HAN DESEMBOLSADO CANTIDAD ALGUNA POR APARECER EN ESTA GUÍA.

ARTÀ

ISLA DE MALLORCA. 5.971 habitantes

UBICADA EN EL EXTREMO NORORIENTAL DE LA ISLA, ARTÀ ES UNA TRANQUILA POBLACIÓN QUE CONSERVA HERMOSAS MANSIONES QUE NOS HABLAN DEL CARÁCTER SEÑORIAL QUE TUVO EN OTROS TIEMPOS. EN LA COSTA FLORECEN ALGUNOS DE LOS NÚCLEOS TURÍSTICOS DE MAYOR RENOMBRE COMO CALA BONA O CALA MILLOR.

INFO

Ayuntamiento de Artà
Plaza de España, s/n.
Telf. 971 829 595. www.caib.es
www.arta-web.com
Oficina de Turismo de Cala Millor (Son Servera, Sant Llorenç des Cardassar)
Passeig Marítim. Telf. 971 585 864.

DORMIR

HOTEL CAN MORAGUES✪✪✪✪

Pou Nou, 12.
Telf. 971 829 509.
www.canmoragues.com
Este exclusivo hotel se encuentra en el centro de la villa de Artà. Con tan sólo 8 habitaciones está instalado en una antigua casa señorial del siglo XVIII. Habitaciones cuidadas, de estilo rústico moderno, rico en detalles y telas. Además cuenta con conexión Wi-Fi a internet, piscina cubierta y jardín de naranjos. ¿No es tentador?
Habitación doble: 107-140 €.

NA SET CENTES

Ctra. Artà-Canyamel, km 2,7.
Telf. 971 835 429 y 971 721 508.
www.nasetcentes.com
Finca situada en el noreste de las isla, a 6 km de la playa, rodeada de almendros y de un extenso huerto. Esta finca convertida en alojamiento de agroturismo está lleno de rincones encantadores que contribuyen a crear un ambiente idóneo para el descanso o el puro hedonismo, por ejemplo en su piscina. Las habitaciones tienen una decoración cálida, cuidada, limpia, con tonos naturales, en perfecta combinación con el entorno isleño. Ofrece tres habitaciones dobles y una suite.
Habitación doble: 112-165 €.

SANT SALVADOR

Carrer Castellet, 7. Telf. 971 829 555.
www.santsalvador.com
Antiguo palacete que aún conserva todo su esplendor.Una decoración ecláctica: antigua y moderna, artística.
Habitación doble: 111-232 €.

COMER

Restaurantes (desde 30 €)

Para muchos mallorquines **s'Era de Pula** (ctra. Son Servera-Capdepera, km 3; **SON SERVERA**; telf. 971 567 940) es su restaurante favorito en el noreste de la isla. En un ambiente rústico, con cierto encanto decadente, se ofrece una cocina mediterránea con ingredientes de primera calidad, complementada con platos regionales refinados, es decir, más ligeros, con menos grasas. *Carpaccio* de salmón con vinagre de cava, lomo de cerdo relleno de higos y setas, bacalao con ajo confitado...

En **ARTÁ**, el **Café Parisién** (Ciutat, 18; telf. 971 835 440) ofrece cocina de mercado. Mantiene una interesante exposición de artistas locales.

El **Molí d'en Bou** (Liles, s/n; **SA COMA;** telf. 971 569 663). Cocina sencilla basada en la tradición insular con cierto toque de sofisticación y estupendas materias primas.

ARUCAS

ISLA DE GRAN CANARIA. 33.015 habitantes

ARUCAS ESTÁ SITUADA AL PIE DE LA MONTAÑA HOMÓNIMA EN UNA FÉRTIL COMARCA PLATANERA. EN LA POBLACIÓN, DOMINADA POR EL BLANCO DE LA CAL Y EL NEGRO DE LA PIEDRA "AZUL", SE ELABORA EL MÁS SEÑERO DE LOS RONES DE GRAN CANARIA.

INFO

Oficina de Turismo. Plaza de la Constitución, 2. Telf. 928 628 149
www.arucasturismo.com

COMER

Casas con menú (menos de 15 €)

PIZZERÍA GUAYARMINA

Francisco Javier, 47. **SANTIDAD.**
Telf. 928 602 487. Acogedora pizzería con un gran horno de leña en el centro del local. Ambiente agradable.

EL PUERTILLO

El Puertillo. **BAÑADEROS.** Destaca por su excelente ubicación, a unos metros de la playa, además de su amplitud y calidad, por lo que es un lugar muy concurrido. Dispone de comedor interior y una terraza con vistas al mar y a la costa norte. Pescados.

Restaurantes (desde 20 €)

MESÓN DE LA MONTAÑA

Montaña de Arucas.
Telf. 928 601 475. Este restaurante, ubicado en la cima de la montaña de Arucas, posee unas espléndidas vistas a la vega aruquense y a La Isleta. Dispone de varios comedores y terrazas para grupos. Cocina canaria, peninsular e internacional.

CASA BRITO

Ctra. Arucas-Teror, km 1,2.
VISVIQUE. Telf. 928 622 323.
Cocina creativa canaria e internacional y vinos de las islas.
Precio medio, 30 €.

ASTORGA

LEÓN. 12.500 habitantes

ENCRUCIJADA DE CAMINOS Y CAPITAL DE LA MARAGATERÍA, ASTORGA REÚNE MÚLTIPLES ATRACTIVOS PARA SU VISITA: UN IMPORTANTE LEGADO MONUMENTAL, EL CAMINO DE SANTIAGO, BIEN SEÑALIZADO A LO LARGO DE SUS CALLES, Y EL CARÁCTER MARAGATO QUE IMPREGNA DESDE EL FOLCLORE A LA GASTRONOMÍA. DURANTE EL VERANO, SU CASCO HISTÓRICO ES UN CONTINUO IR Y VENIR DE TURISTAS, MOCHILAS Y ALPARGATAS JACOBEAS.

INFO

Oficina de Turismo
Eduardo Castro, s/n. Telf. 987 618 222.
Abierta todo el año, proporciona información del Camino de Santiago.
Ayuntamiento
Plaza de España. Telf. 987 616 838.
www.ayuntamientodeastorga.com
Turismo de Castilla y León
Telf. 902 203 030.
www.turismocastillayleon.com

DORMIR

HOSTAL LA PESETA✪✪

San Bartolomé, 3.
Telf. 987 617 275.
Es el establecimiento que ofrece mejor relación calidad-precio, y goza de gran tradición en la ciudad. Lo mejor es el ambiente familiar, la simpatía y el ambiente joven que lo rodea. Las habitaciones cuentan con televisión y sus ventanas dan a las bulliciosas calles comerciales de Astorga. Es un lujo no sólo por su precio sino también por el atento trato que se dispensa.
Habitación doble: 45-55 €.

HOSTAL GALLEGO✪✪

Avda. de Ponferrada, 78.
Telf. 987 615 450. Situado sobre el restaurante del mismo nombre y al borde de la carretera, es un distribuidor de las tradicionales mantecadas astorganas y de los clásicos carajillos. Las habitaciones están limpias. Es el típico hostal de carretera con años a sus espaldas.
Habitación doble: 46-56 €.

HOSTAL CORUÑA✪

Avda. de Ponferrada, 72.
Telf. 987 615 009. Emplazado junto al anterior, es de características muy similares; está sobre un bar y restaurante, frecuentados por transportistas.
Habitación doble: 36-48 €.

HOSTAL CASA SACERDOTAL✪

Hermanos La Salle, s/n.
Telf. 987 615 600.
Propiedad del Obispado de Astorga, tiene 15 sobrias habitaciones de paredes inmaculadamente blancas, con ducha. En el recinto se respira una calma y un silencio dignos de una estancia monacal.
Habitación doble: 45 €.

Otros hoteles de precio más elevado

El hotel más céntrico de Astorga es el **Hotel Gaudí✪✪✪** (Eduardo Castro, 6; telf. 987 615 654; 60-72 €), que dispone de confortables habitaciones.

Situada en **Castrillo de Polvazares,** a pocos kilómetros de Astorga, **Cuca La Vaina**✪✪ (Jardín, s/n; telf. 987 691 078; 60 €) es una hostería de reciente construcción instalada en una antigua casa de arrieros maragatos. Las habitaciones son muy acogedoras y están decoradas con gusto. Organizan rutas de senderismo y excursiones a caballo.

En **Carrizo de la Ribera, La Posada del Marqués**✪✪ (Plaza Mayor, 4; telf. 987 357 171; 76-96 €) ocupa un antiguo hospital de peregrinos que forma parte del monasterio cisterciense. Posee un pequeño claustro y un jardín que invitan al recogimiento. Las habitaciones están decoradas con vetustas camas con dinteles y cabeceras talladas, alfombras, lámparas de forja... Todo un lujo.

En la cercana **Nistal** cabe reseñar la posada rural **Viejo Molino de Cela** (telf. 987 600 502). Habilitada sobre un enorme molino de piedra del siglo XVIII, en un relajante entorno presidido por el agua y la vegetación. Ofrece gran variedad de servicios, desde baños y masajes hasta sala de cine y videoteca. Habitación doble: 87 €.

EL TAPEO

Se concentra en el casco viejo de la ciudad y en el barrio de San Andrés, en los aledaños de la iglesia que le da nombre. En esta última zona se encuentran el **Bar Manolín** y **La Paloma,** que sirven suculentas raciones, pinchos y tapas para acompañar el vino o la caña a la hora del aperitivo. En torno a la Plaza Mayor, donde proliferan los bares de tapas, destacan **La Esquina** y **Los Hornos,** con buen ambiente a mediodía.

COMER

Casas con menú (menos de 15 €)

La Peseta
San Bartolomé, 3.
Telf. 987 617 275.
Uno de los más tradicionales, ha sido galardonado con varios premios por la Junta de Comunidades de Castilla y León. El trato es amabilísimo y la comida es casera, servida en un sencillo comedor donde suelen organizarse jornadas gastronómicas en colaboración con otros restaurantes de la ciudad. Las raciones son muy copiosas. Es el restaurante más conocido de la zona y está abarrotado los fines de semana y durante el verano. Para no quedarse con las ganas de comer aquí, lo mejor será reservar.

Casa Maragata
Húsar Tiburcio, 2.
Telf. 987 618 880. Su salón-comedor está inspirado en las casas maragatas, y por supuesto, en él se puede comer cocido y acabar ahíto del ir y venir de tanta bandeja repleta de repollo, chorizo o carne. Entre semana sólo ofrecen este manjar; los fines de semana tienen otras especialidades de la región.

Parrillada del Bardal
En **Pradorrey.** Ctra. A-6, km 331.
Telf. 987 606 555. Frecuentado por viajeros, es una especie de mesón especializado en comida castellana y con algunos platos típicos gallegos, como pulpo o lacón.

Tritón
Gabriel Franco, 12.
Telf. 987 618 749.
Este es otro de los reputados establecimientos dedicados al cocido maragato. Abundantes raciones en una sencilla casa de comidas con precios ajustados.

Restaurantes (desde 21 €)

Gaudí (Eduardo Castro, 6; telf. 987 615 654), restaurante del hotel del mismo nombre. Es el más distinguido de la ciudad, donde además de las consabidas especialidades regionales tienen otras de cocina internacional, pescados y mariscos. Se puede comer por unos 30 €, si no se pasa uno en la selección del vino.

ATIENZA

GUADALAJARA. 494 habitantes

ATIENZA, LA POBLACIÓN DE MÁS RENOMBRE DE LA COMARCA DE LA SERRANÍA, SE UBICA EN LAS ESTRIBACIONES DE LA SIERRA DE AYLLÓN, EN UN ENTORNO DE PINARES Y REBOLLARES, ALTERNADOS CON TIERRAS DE LABOR Y SOTOS FLUVIALES.

INFO

Ayuntamiento
Pza. de España, 11.
Telf. 949 399 001.
Oficina de turismo
Subida a la iglesia de la Trinidad y al Castillo.
Telf. 949 399 293.
Abre sólo fines de semana.
www.turismo.jccm.es
www.dguadalajara.es

DORMIR

Hostal Alfonso VIII✪✪
Ctra. de Berlanga, 22.
Telf. 949 306 099.
Casona de noble abolengo y cierto encanto rehabilitada para la ocasión. Las habitaciones resultan agradables y gozan de muchas comodidades. Pese a ser el alojamiento más distinguido el trato es familiar.
Habitación doble: 36-48 €.

Hostal El Mirador✪✪
Barruelo, s/n, barrio de la Trinidad.
Telf. 949 399 038.
Edificio nuevo situado en una céntrica atalaya de magníficas vistas. En sus dos plantas tienen cabida 24 habitaciones con vistas al valle, todas con televisión y la mayoría con baño. Entre las dependencias se intercalan pequeñas salitas.
Habitación doble: 45 €.

Fonda Molinero✪
Héctor Vázquez, 11, cercano al Museo de San Bartolomé. Telf. 949 399 017. Es un antiguo caserón de piedra de dos plantas (siglo XV), con ambiente rural y trato familiar. Dispone de cinco habitaciones dobles con baño.
Habitación doble: 40 €.
También dispone de restaurante.

COMER

El asado de cordero o de cabrito es el plato fuerte de la región. Apetecibles variantes son el cordero al ajo arriero, en caldereta o en menestra, y el cabrito. También son propias las manitas de cordero, en recetas tan singulares como la olla de pastores, que es un guiso elaborado con judías blancas, cardillos y, por supuesto, las manitas o patiburrillas.

Casas con menú (menos de 15 €)

El Mirador
Barruelo, s/n; barrio de la Trinidad.
Telf. 949 399 038.
Tiene un amplio comedor de grandes ventanales que dan sentido a su nombre, desde los que se domina la llanura atencina. Ofrece un menú del día entre semana. La especialidad de la casa son los asados, las carnes rojas, la caza, las migas serranas y, en general, la comida castellana; aunque en los últimos tiempos han incluido en su carta platos de corte más moderno e imaginativo. Suelen ofrecer unos exquisitos patés para ir abriendo boca y un excelente pacharán casero para rematar la comida.

Los Arrieros
Pza. de España, 10.
Telf. 949 399 023. Es un local con apenas cuatro mesas, pero acogedor, que frecuentan los asiduos del pueblo a la hora del aperitivo. Se puede comer un buen churrasco de la sierra, un cabrito o un asado.

Restaurantes (sobre 25 €)

Don Silvestre (Plaza de España, 8; telf. 949 306 110). Tiene dos comedores pequeños y una pequeñísima terraza al fondo que se sitúa por detrás de la iglesia de San Juan, desde la que se ven las afueras de Atienza. Las especialidades de la casa son los asados y la carne de caza (en temporada), entre otras. Algunos fines de semana de febrero y marzo organizan unas interesantes jornadas gastronómicas basadas en los productos de la matanza.

Destaca también el **Mesón del Trigo** (plaza del Trigo, s/n; telf. 949 399 180). Este mesón fue la cárcel del pueblo hasta después de la guerra civil y hoy día conserva aún la entrada original y dos celdas de castigo. El interior es muy acogedor, con vigas de madera vista, y el trato es muy amigable. Tiene una pequeña terraza que mira a la plaza, bastante popular en verano. Carta estacional en la que se recomiendan las alubias del Bornoba con *güeña,* oreja y chorizo, el lechazo asado, el rabo de buey al azafrán, el helado de nata con piñones y el chocolate caliente.

ÁVILA

CAPITAL DE PROVINCIA. 47.187 habitantes

MARCADA POR LA HISTORIA, LAS NUEVE PUERTAS DE LA MURALLA INVITAN AL VIAJERO A DESCUBRIR EN ESTA CIUDAD LUGARES DE FERVOR DIVINO Y RINCONES EVOCADORES DEL ROMANCERO POPULAR. EN SU CUANTIOSO PATRIMONIO ARTÍSTICO PERMANECEN LEGADOS DE LAS TRES RELIGIONES Y CULTURAS QUE AQUÍ CONVIVIERON –CRISTIANA, ÁRABE Y JUDÍA–, CON EXCEPCIONALES IGLESIAS ROMÁNICAS E INSIGNES PALACIOS RENACENTISTAS. TIENE LA DISTINCIÓN DE ESTAR DECLARADA PATRIMONIO DE LA HUMANIDAD Y SER LA CAPITAL MÁS ALTA DE ESPAÑA.

INFO

Área de turismo del Ayuntamiento de Ávila. Telf. 920 225 969.

Centro de recepción de visitantes
Avenida de Madrid, 39.
Telf. 920 102 121.

Oficinas Municipal de Turismo
En la Estación de Renfe.
Paseo de la Estación, s/n.
www.avilaturismo.com

Patronato Provincial de Turismo
Canteros, s/n. Telf. 920 206 222.
www.diputacionavila.es

Oficina de Información turística de la Junta de Castilla y León
Plaza Pedro Dávila, 4. Telf. 920 211 387.
Fax: 920 253 717.

Información turística de la muralla
Telf. 920 255 088.

DORMIR

Ávila dispone de alojamientos de todas las categorías. Además del ***Parador de Ávila*** ✪✪✪✪ *(Marqués de Canales y Chozas, 2; telf. 920 211 340; 127-137 €), son recomendables los siguientes establecimientos:*

Intramuros

HOSPEDERÍA LA SINAGOGA ✪✪
Reyes Católicos, 22. Telf. 920 352 321.
Fax: 920 353 474. www.lasinagoga.com
Excelente recuperación de un edificio del siglo XV que fue la Sinagoga Mayor de Ávila. Está situado en una calle peatonal, en el mismo centro de la ciudad intramuros. La estrella judía, tallada en granito, se muestra en la fachada. Espléndido patio acristalado. Interior confortable y cálido.
Habitación doble: 60-90 €.

HOTEL ARCO SAN VICENTE ✪✪
López Núñez, 6. Telf. 920 222 498.
Muy bien puesto y equipado con bastantes comodidades.
Habitación doble: 64-75 €.

HOTEL LAS CANCELAS ✪✪
Cruz Vieja, 6. Telf. 920 212 249.
Antigua posada del siglo XV, situada a pocos pasos de la catedral, con vistas a ésta y a la muralla. 14 dependencias perfectamente acondicionadas, con recios muebles castellanos.
Habitación doble: 65-78 €.

HOSTAL ALCÁNTARA ✪✪
Esteban Domingo, 11. Telf. 920 225 003.
Céntrico, en sitio tranquilo y pintoresco. Habitaciones grandes y confortables. Habitación doble: 36-50 €.

HOSTAL DON DIEGO ✪✪
Marqués de Canales y Chozas, 5.
Telf. 920 255 475. Frente al parador. Dispone de 12 habitaciones dobles con baño, televisión y teléfono, muy nuevas, sencillas pero acogedoras.
Habitación doble: 55-60 €.

HOSTAL EL RASTRO ✪✪
Pza. del Rastro, 1. Telf. 920 211 218.
Adosado a la muralla, en un pintoresco entorno junto al parque y paseo del Rastro, consta de 9 habitaciones dobles con baño y televisión, sencillas y confortables.
Habitación doble: 35-55 €.

HOSTAL SAN JUAN ✪✪
Comuneros de Castilla, 3.
Telf. 920 251 475. Muy céntrico, junto al Chico, es bastante nuevo y presenta un aspecto agradable. Confortables habitaciones con muebles de pino, baño, teléfono y televisión.
Habitación doble: 40-50 €.

Extramuros

HOTEL DON CARMELO ✪✪✪
Paseo Don Carmelo, 30.
Telf. 920 228 050. Es un gran hotel de 97 habitaciones, moderno y confortable. Lujoso bar-cafetería, donde sirven buenos combinados. Garaje privado.
Habitación doble: 79-85 €.

HOTEL SANTA TERESA ✪✪
De los Hornos Caleros, 25.
Telf. 920 221 266. Se halla alejado del casco antiguo, lo cual puede ser compensado con creces por su confort y su atrayente restaurante *Mesón El Sol*. Las habitaciones, adornadas con gusto clásico, disponen de televisión y teléfono. Habitación doble: 66-74 €.

HOTEL SAN ANTONIO ✪✪
Pº de la Estación, 30. Telf. 920 212 979.
Cercano a la estación de ferrocarril. Su principal aliciente es el *Jardín del Olimpo*, su restaurante.
Habitación doble: 60-70 €.

HOSTAL EL PARQUE ✪✪
Paseo Don Carmelo, 18.
Telf. 920 256 930. En la segunda planta de un bloque de viviendas, alejado del centro pero cercano a las estaciones.
Habitación doble: 39-45 €.

HOSTAL SAN SEGUNDO ✪✪
San Segundo, 28. Telf. 920 222 590.
14 habitaciones dobles, cuatro de ellas abuhardilladas, dotadas de baño y televisión, bastante amplias y con escritorio. Habitación doble: 65-79 €. Los patios interiores los ocupa el *Ristorante Italiano* (telf. 920 252 890), de ambiente joven y muy bien atendido, no exento de las buenas carnes de Ávila (se puede comer con menús entre semana y a la carta).

PENSIÓN SANTA ANA
Alfonso de Montalvo, 2.
Telf. 920 220 063. Se halla en la segunda planta de una casa que hace esquina, de fachada pintada en color ocre. 8 habitaciones bastante espaciosas, con lavabo y baño compartido. Algo sencillo pero limpio y económico.
Habitación doble: 20-30 €.

Otros hoteles de precio más elevado

Son recomendables el **Hotel Cuatro Postes** ✪✪✪ (Ctra. Salamanca, 23; telf. 920 220 000; 95-105 €), con un buen nivel de servicios y vistas panorámicas de la muralla, y **La Hostería de Bracamonte** ✪✪ (Bracamonte, 6; telf. 920 251 280; 55-79 €), antigua mansión solariega del siglo XVI, decorada en estilo rústico castellano.

EL TAPEO

Para la juventud de Ávila es toda una costumbre acercarse por la zona de los mesones (Dr. Fleming) a primera hora de la noche para picar algo. Los precios baratos de sus pinchos y bocatines permiten almorzar o cenar sin rascarse apenas el bolsillo. Patatas revolconas, picadillo, callos guisados y torreznillos, son algunas de las más típicas de las exquisitas y variopintas tapas abulenses. Cada año, durante el último fin de semana de junio, tiene lugar el **Concurso Ávila en Tapas,** en el que se permite al público premiar los mejores aperitivos en las categorías popular y profesional.

Barbacana (Pza. de Santa Teresa, 8) ofrece verdaderas obras de arte en miniatura para tapear y además dispone de menús muy económicos. **Maspalomas** (parque del Recreo) no es propiamente un restaurante, a pesar de lo cual hay quien va a comer allí platos combinados, así como muchas tapas, sabrosos bocatines y sandwiches a muy buen precio. En la avenida de Portugal, 22, el **Mesón de Ávila** presenta un carácter más tradicional, sirven estupendas raciones de callos, rabo, morro, lengua y torreznos. La cervecería **Yagos** (Dr. Fleming, 1) es la más aparente y grande en esta zona, del mismo estilo que la anterior y, como aquélla, muy juvenil, con bancos corridos de madera, ideales para sentarse en grupo; abre casi todo el día y, también como en el resto, dan de aperitivo apetecibles y muy económicos bocatines.

En la pza. del Rastro, el **Mesón del Rastro** es famoso por sus exquisitas tapas: mollejas, riñones, orejas... Para tomar un buen vino hay que ir a **La Bodeguita de San Segundo** (San Segundo, 19), repleta de botellas y también con venta de productos típicos de la zona (sobre todo quesos). En el número 40 de la misma calle **Casa Postas** ofrece variedad de tortillas.

COMER

Buenas carnes, truchas del Tormes y dulces artesanos son la base de la cocina abulense. Un exponente de la cocina moderna es ***El Almacén*** *(ctra. de Salamanca, 6; telf. 920 25 44 55; 30 €). Pero existen otros muchos restaurantes con una buena relación calidad-precio.*

Casas con menú (menos de 15 €)

EL RINCÓN
Pza. Zurraquín, 3. Telf. 920 351 044.
Tiene a la entrada un bar muy animado a la hora del aperitivo, debido a sus buenas tapas y raciones (las de marisco son muy asequibles). Sirven menús del día con las acostumbradas judías de El Barco.

PIÉLAGO
Bracamonte, 3. Telf. 920 225 601.
El menú cuenta con los platos tradicionales y modernos.

PALOMAR
Vara del Rey, 5. Telf. 920 211 436.
Conserva, este bullicioso bar, cierto aire clásico, con sus mesas de már-

mol y estantes llenos de botellas. El restaurante es estrecho, muy tranquilo y bien atendido, con un menú de la casa y otro turístico. Entre sus mejores platos están: el cochinillo asado, la paletilla de cabrito y los chipirones rellenos.

El Ruedo
Enrique Larreta, 5. Telf. 920 213 198.
Tiene un bar de larga barra con acceso a dos comedores, no muy grandes y de ambiente taurino. Cocina casera castellana, recomendándose el cordero asado, el cochinillo, el chuletón de Ávila y las chuletas de cordero.

Las Cancelas
Cruz Vieja, 6.
Telf. 920 212 249.
Es un mesón tradicional que goza de mucha popularidad. Entre sus platos destacan el cochinillo, el jamón asado, el cordero y el chuletón, sin perder de vista la lengua estofada.

El Torreón
El Tostado, 1. Telf. 920 213 171.
Algo pequeño, con bar a la entrada y un cierto aire castizo y tradicional. El menú de la casa suele incluir judías de El Barco, trucha y asados.

Casa Patas
San Millán, 4.
Telf. 920 213 194.
Es uno de los de toda la vida, castizo y antiguo, pero muy pequeño. Está especializado en asados y vinos de la tierra, callos, picadillo, mollejas y albóndigas, y ofrecen menús.

Mesón El Sol
Hornos Caleros, 25.
Telf. 920 221 266.
En sus dos grandes y nobles comedores dominan los muebles de estilo castellano. El menú de la casa ofrece hasta diez primeros platos y otros tantos segundos para escoger. Cocina de la tierra, que tiene como principales ingredientes las carnes de Ávila.

Mesón El Puente
Bajada de la Losa, 2.
Telf. 920 225 051.
Nuevo aunque con sabor rústico. Comedor en el piso bajo, de tamaño medio, aspecto sobrio y bastante concurrido. Son aconsejables el cochifrito, el chuletón y los asados. Dispone de una terracita por detrás, que da al río y al puente.

Restaurantes (de 21 a 36 €)

El Molino de la Losa (Bajada de la Losa, 12; telf. 920 211 101) es un restaurante instalado en un viejo molino de agua. La entrada se hace por un puentecillo de piedra que cruza un arroyuelo con patos y ocas. Dispone de tres terrazas, parque infantil, un amplio y bonito bar y mucho espacio para aparcar. Ofrece cocina nueva y tradicional, basada en los productos serranos de la provincia.

Ubicado en una vieja casa nobiliaria de unos cien años, el **Mesón del Rastro** (pza. del Rastro, 1; telf. 920 211 218) ofrece cocina típica de la región, en la cual destacan las judías de El Barco, la sopa castellana, las truchas del Tormes, el cordero, el tostón asado, las mollejas, la ternera del valle del Amblés y los postres caseros.

La Posada de la Fruta (pza. Pedro Dávila, 8; telf. 920 254 702) es un sitio de lo más inusual: uno de los comedores ocupa toda una plazuela de columnas de piedra. El gran comedor interior está decorado al más puro estilo castellano, y el mesón resulta muy pintoresco, con sus arcos de ladrillo y paredes de mampostería. El precio del menú del día se incrementa los sábados y domingos. Las especialidades son, entre otras, el venado estofado, el chuletón, la paletilla de cordero, el cochinillo, el turrón casero, el biscuit de piñones o pasas y la pera al aroma de verdejo.

Anunciado por toda la ciudad, y por lo tanto bastante concurrido, es el **Mesón del Jamón** (Plaza de la catedral, 26; telf. 920 228 415). Ofrece ibéricos, cochinillo y cochifrito, paletillas de cordero, chuletón y pescados frescos.

CAFÉS

Uno de los más concurridos a media tarde es el café **El Grande** (pza. Santa Teresa esquina San Millán). Su tamaño hace honor a su nombre: dos amplias plantas comunicadas por un hueco central del que cuelgan plantas. Suele tener mucho público y muy variopinto, pues tienen éxito sus meriendas (*croissanterie*, repostería y helados).

El Adarve (San Segundo, 50) es una mezcla entre café y pub, de aspecto bohemio, buenos precios y un público joven; buena música, a veces hay conciertos (blues) y exposiciones.

Al lado está **El Bar,** tranquilo y de ambiente similar aunque más pequeño, igualmente con buena música y terraza de verano. El café **Deanes,** en pintoresca localización (plazuela Nalvillos), desprende una atmósfera culta, con sus exposiciones de pintura y el patio adyacente; un sitio muy atractivo y escogido, donde también se puede picar algo.

En la avenida de Portugal y en la plaza de Santa Teresa se encuentra **La Colonial,** muy de moda entre los estudiantes, y en Duque de Alba, **Los Jerónimos,** un local tranquilo con buen café y excelente bollería.

AVILÉS

ASTURIAS. 83.930 habitantes

JUNTO AL AVILÉS SIDERÚRGICO, CON UNO DE LOS PAISAJES INDUSTRIALES MÁS DESTACADOS Y EXTENSOS DEL PAÍS, PERSISTE EL AVILÉS ANTIGUO, OCULTO Y MAGNÍFICAMENTE PRESERVADO, COMO UN MUNDO AJENO Y CAUTIVADOR, CON PALACIOS, CALLES PORTICADAS, TRANQUILAS PLAZAS Y EDIFICIOS RELIGIOSOS DE GRAN ATRACTIVO.

INFO

Oficina de Turismo
Ruiz Gómez, 21. Telf. 98 554 43 25.
www.aviles.es

DORMIR

Hotel El Magistral ✪✪✪
Llano Ponte, 4. Telf. 98 556 11 00. Servicio atento, habitaciones cómodas e instalaciones impecables, con buen gusto en todos los rincones.
Habitación doble: 65-75 €.

Hotel San Félix ✪✪
Avda. de los Telares, 48.
Telf. 98 556 51 46. Situado en la desamparada avenida de Lugo. Todas las habitaciones son amplias y los cuartos de baño un poco antiguos. 43-54 €.

Otros hoteles de precio más elevado

Avilés presenta algunas carencias en cuanto a alojamientos se refiere. Uno de los mejores hoteles de la localidad, el **Luzana** ✪✪✪ (Fruta, 9; telf. 98 556 58 40; 65-100 €), está bien situado, ha sido renovado y resulta agradable. Otra opción más que recomendables es el **NH Palacio de Ferrara** ✪✪✪✪ (plaza de España, 9; telf. 98 512 90 80; habitación doble: 98-180 €).

EL TAPEO

Avilés cuenta con dos zonas ideales para el tapeo: Sabugo y los alrededores de la plaza de España, donde es posible comer de picoteo o simplemente tomar vinos, sidra o cerveza mientras se degusta alguna tapa o ración de navajas, *pixín,* callos, calamares o chipirones. En Sabugo las sidrerías se concentran entre la avenida de la Estación y el parque del Muelle. Otro punto interesante para la ronda de vinos es la plaza del Carballo, con locales con tapas muy cuidadas y donde sirven suculentas raciones de hígado encebollado o solomillo de potro.

COMER

Casas con menú (menos de 15 €)

Casa Tataguyo
Plaza del Carbayedo, 6.
Telf. 98 556 48 15. Restaurante con cierta fama en Avilés, su solera se aprecia en el aire tradicional de sus dos pisos. Su especialidad son los pescados al horno y dispone de menú.

Casa Alvarín
Las Alas, 2.
Telf. 98 554 01 13.
Un curtido y escondido local accesible desde la calle Ferrería, con especialidades en fabes con almejas, carne de buey e ibéricos.

El Nogal de San Francisco
Plaza de San Francisco, 14.
Telf. 98 554 03 59.
Identificable por una enorme barrica de vino insertada en la pared, es un local que ha sabido darle gusto a lo antiguo, ofreciendo una comida de calidad junto con un menú.

Restaurantes (sobre 30 €)

Casa Lin (avenida de los Telares, 3; telf. 985 564 827) es una reputada sidrería y chigre, desde 1890. Pote, tortitas de camarón, pescado en parrilladas o calderadas, paella de marisco...

AYAMONTE

HUELVA. 18.001 habitantes

PROTEGIDA DEL OCÉANO POR LA DESEMBOCADURA DEL GUADIANA, AYAMONTE ES UNA CIUDAD FRONTERIZA DE TRADICIÓN MARINERA, CON UN RICO PATRIMONIO, PLAYAS EXTENSAS DE ARENA FINA Y UNOS HABITANTES DE CARÁCTER EXTROVERTIDO Y CORDIAL.

INFO

Oficina de Turismo
Casa Grande. Telf. 959 321 871.
www.ayamonte.es

DORMIR

*Además del **Parador de Ayamonte** ✪✪✪✪ (avda. de la Constitución, s/n; telf. 959 320 700; habitación doble: 90-120 €), que ocupa un lugar privilegiado, la lista de alojamientos no es muy amplia y algunos cierran fuera de temporada.*

HOTEL AYAMONTE CENETER (DON DIEGO) ✪✪✪

Ramón y Cajal, 2. Telf. 959 470 250.
www.ayamontecenter.com
Completamente renovado y actualizado. 45 habitaciones bien equipadas, amplias y confortables.
Habitación doble: 70-90 €.

HOTEL MARQUÉS DE AYAMONTE ✪

Trajano, 12. Telf. 959 320 125. En el centro histórico. Habitaciones con baño y calefacción. Sencillo y práctico.
Habitación doble: 45 €.

HOSTAL LOS ROBLES ✪

Avda. Andalucía, 121. Telf. 959 470 959. Hostal sencillito donde se pueden dejar los bultos, pasar la noche y darse una ducha. El precio varía en función de que tengan el baño dentro de la habitación o no. Habitación doble: 28-40 €.

COMER

Casas con menú (menos de 15 €)

CASA LUCIANO

Palma del Condado, 1.
Telf. 959 322 247. La carta es escueta pero equilibrada, predominando los pescados frescos de la costa. En el menú se puede elegir entre dos primeros, que suelen ser guisos marineros, y dos segundos, servidos con abundante guarnición. Ricos postres caseros. Muchos portugueses cruzan el río con el pretexto de comer aquí.

ESTADIO

Estadio, s/n. Telf. 959 471 172. Situado justo al lado del estadio, es uno de los mesones más veteranos. Aparte del menú, algunos de los platos son muy sugerentes, por ejemplo, la raya en pimentón o los chocos guisados (especialidades locales). La lista de vinos incluye distintas denominaciones de origen.

LOS CHOQUEROS

Médico Rey García, 2.
Telf. 959 471 060. Se pueden tomar unas tapas en la barra, como tortillas de patatas individuales, o comer algo más sólido en el comedor. En su carta abundan las carnes (cerdo, ternera, cordero y pollo) y, cómo no, los pescados de la costa. Uno de los preferidos para comer entre los ayamontinos. Menú asequible.

LA CASONA

Lusitania 2 . Telf. 959 321 025.
Sencillo local con trato familiar que basa su oferta en productos de la mar y de la sierra. Un buen sitio para tomar unas tapas en la barra, donde se exponen más de 20 distintas, o el menú turístico en el comedor.

AYERBE

HUESCA. 1.111 habitantes

PEQUEÑA Y APACIBLE VILLA, FRONTERIZA ENTRE EL LLANO Y LA MONTAÑA, QUE JUNTO CON SU COMARCA PARECE QUERER DEMOSTRAR QUE NO ES NECESARIO INTERNARSE EN EL PIRINEO PARA DISFRUTAR DE GRANDIOSOS PAISAJES Y BELLAS ARQUITECTURAS DE PIEDRA. SITUADA A MENOS DE 30 KM DE HUESCA, FUE HASTA LA LLEGADA DE LAS MODERNAS CARRETERAS, PRINCIPAL VÍA DE ACCESO A LOS NÚCLEOS MÁS IMPORTANTES DEL PIRINEO OCCIDENTAL ARAGONÉS (JACA, BERDÚN) A TRAVÉS DEL PUERTO DE SANTA BÁRBARA, PASO DE TAN SÓLO 864 M DE ALTURA.

INFO

Oficina de Turismo
Caseta en Ramón y Cajal.
Telf. 974 380 025.
www.ayerbe.es
Ayuntamiento
Plaza de Aragón, 40. Telf. 974 380 025.

DORMIR

HOTEL VILLA DE AYERBE ✪✪✪

Duque de Divona, 15.
Telf. 974 380 080.
www.hotelayerbe.com
En un entorno privilegiado se encuentra este nuevo hotel con todas las comodidades. Organizan actividades "multiaventura" muy solicitadas por empresas. Habitación doble: 64-75 €. Disponen de un buen restaurante, cuya especialidad son las setas.

HOSPEDERÍA DE LOARRE ✪✪✪

En **LOARRE.** Mayor, s/n.
Telf. 974 382 706. Está instalada en un precioso caserón de estilo regional, con 12 habitaciones también muy confortables y renovadas.
Habitación doble: 65 €.

COMER

Casas con menú (menos de 15 €)

EL RINCÓN DEL PALACIO

Plaza Baja.
Telf. 974 380 164.
Unos luminosos salones en el primer piso donde sirven madejas, manitas, ensalada de pato o magras con tomate, típicas de la zona, además de casi seis platos en el menú.

PISCINAS

Ramón y Cajal. Telf. 974 380 257.
Salón con amplios ventanales y sillas de mimbre. El menú abarca 8 platos, también sirven magras de jamón y carnes a la brasa.

LA FLORESTA

Avda. de la Estación, 2.
Telf. 974 380 259.
Muy conocido en la localidad. Ofrece cocina reginal y nacional, con especialidades como: judías blancas, boliches estofados, menestra, ternasco o callos.

AZAILA

TERUEL. 163 habitantes

A PESAR DE TRATARSE DE UNO DE LOS PUEBLOS MÁS PEQUEÑOS DE LA PROVINCIA, ES TAMBIÉN UNO DE LOS MÁS INTERESANTES DEBIDO AL ANTIQUÍSIMO YACIMIENTO PRERROMANO QUE ALBERGA EN SUS ALREDEDORES: EL CABEZO DE ALCALÁ.

INFO

Centro de Interpretación del Cabezo de Alcalá
Ctra. Alcañiz, 30. Telf. 978 825 025.
Ayuntamiento. Telf. 978 825 006.
Sede Comarcal del Bajo Martín. Santa Rosa, 8 (Casa de la Abadía). En **HÍJAR.**
Telf. 978 820 126.

DORMIR

HOTEL BALFAGÓN ✪✪

Ctra. Alcolea-Tarragona, km 404. **CALANDA.** Telf. 978 846 312. Ideal para vivir una intensa Semana Santa. Céntrico, con ascensor y aire acondicionado. Habitación doble: 50 €.

HOSTAL CIUDAD IBERA

Ctra. N 232. Telf. 978 825 008.
Este hostal de carretera es el único alojamiento que hay en la localidad. Destaca su ambiente amable y acogedor. Habitación doble: 27 €.

COMER

CIUDAD IBERA

Carretera N 232.
Telf. 978 825 008. Es un restaurante de carretera, situado junto a una gasolinera. Ofrece un menú del día con ocho primeros y ocho segundos a elegir. Buena comida casera y trato amigable. También se puede comprar jamón de Teruel.

VENTA DEL BARRO

Ctra. N 232, km 68.
Telf. 978 820 733. **PUEBLA DE HÍJAR.** Es el mesón del hostal homónimo. En sus grandes salones los amantes de la caza no deben dejar de probar su especialidad: conejo escabechado y codornices. Si se prefiere comida casera, también sirven menú.

BADAJOZ

CAPITAL DE PROVINCIA. 140.674 habitantes

ES LA MAYOR CIUDAD DE EXTREMADURA Y, POSIBLEMENTE, UNA DE LAS CAPITALES DE PROVINCIA MÁS DESCONOCIDAS DE ESPAÑA, A PESAR DE QUE REÚNE SUFICIENTES ATRACTIVOS PARA MERECER UNA VISITA POR SÍ SOLA. ACTUALMENTE, SU CRECIMIENTO PAULATINO DE POBLACIÓN Y SU AUGE ECONÓMICO LA CONVIERTEN EN UN NÚCLEO CON ENORME PROYECCIÓN Y DESARROLLO COMERCIAL.

INFO

Oficina de Turismo
Plaza de la Libertad, 3.
Telf. 924 222 763.
www.turismoextremadura.com

Oficina Municipal de Información Turística
Pasaje de San Juan, s/n.
Telf. 924 224 981.
www.aytobadajoz.es

Renfe
Avda. Carolina Coronado, s/n.
Telf. 902 240 202/ 924 271 170.

Estación de autobuses
José Rebollo López, 2.
Telf. 924 258 661.

Aeropuerto de Balboa
Ctra. A 5, Madrid-Badajoz.
Telf. 924 210 400. www.aena.es

DORMIR

*Badajoz, como ciudad turística en auge, tiene, por regla general, una relación calidad-precio bastante ajustada. Dispone de cuatro hoteles de cuatro estrellas, uno de ellos es el clásico **Hotel Barceló Zurbarán**✪✪✪✪ (paseo de Castelar, s/n; telf. 924 001 400) y de uno de cinco estrellas el **NH Gran Hotel Casino de Extremadura**✪✪✪✪✪ (avda. Adolfo Díaz Ambrona, 11; telf. 924 284 402; habitación doble: 85-185 €) además de una nutrida gama de hoteles y hostales con menor precio y categoría, pero confortables y de calidad.*

HOTEL LISBOA✪✪✪

Augusto Vázquez, 2.
Telf. 924 272 900/ 250.
Gran hotel ubicado al otro lado del río Guadiana, tras el puente de la Universidad. Este edificio de aspecto algo antiguo es uno de los más altos de la ciudad. Sus habitaciones están muy bien equipadas. También tiene garaje, bar, restaurante y discoteca.
Habitación doble: 55-65 €.

HOTEL CERVANTES✪✪

Trinidad, 2. Telf. 924 223 710.
Precioso hotel céntrico, que hace esquina en la plaza de Cervantes, junto a la iglesia de San Andrés. Se trata de un noble edificio de 1910 reconvertido en hotel pero que aún conserva la fachada, la escalera y el patio interior original. Todas sus habitaciones están bien equipadas y cuenta con un mobiliario funcional. Garaje. Calidad y buen gusto.
Habitación doble: 45-50 €.

HOTEL CONDEDU✪✪

Muñoz Torrero, 27. Telf. 924 207 247.
Fax: 924 207 248. www.condedu.com
Céntrico, localizado en una estrecha calle, próxima a la plaza de España. Sus habitaciones, acogedoras y bien equipadas, no son muy grandes. Tiene garaje (dato importante, ya que es difícil aparcar en el entorno) y cafetería-restaurante. Trato amable e interesante relación calidad-precio.
Habitación doble: 47-68 €.

HOTEL GÓNGORA✪✪

Doblados, 17-19. Telf. 924 229 121.
www.hotelgongora.com
Con la larga experiencia de los propietarios del hotel Cervantes (muy próximo), el hotel Góngora ha abierto sus puertas en 2005 y resulta un espléndido lugar en cuanto a relación calidad-precio. Sus 22 habitaciones son espaciosas y se han decorado con sencillos muebles de madera y tonos cálidos en paredes, cortinas y colchas. Cuentan con teléfono, TV, calefacción, aire acondicionado y algunas con duchas hidromasaje. Una está adaptada para discapacitados.
Habitación doble: 50-55 €.

HOSTAL DON PACO✪✪

Sánchez de la Rocha, 8.
Telf. 924 286 415. Fax: 924 286 417. En 2001 se inauguró este pequeño hostal, estratégicamente situado a 200 m de la carretera de salida hacia Portugal, donde se concentran los mejores grandes hoteles de la ciudad, pero lo suficientemente alejado de la carretera para que no resulte ruidoso. Ofrece 8 acogedoras habitaciones instaladas en la planta baja de un antiguo chalé con todas las comodidades modernas, incluido acceso a Internet, TV vía satélite, minibar e hilo musical. Admiten mascotas.
Habitación doble: 55 €.

HOSTAL NIZA II✪

Arcoagüero, 45. Telf. 924 223 173.
Situado enfrente de su hermano, Hostal Niza, y muy cerca de la plaza de España, dispone de 15 habitaciones climatizadas y bien equipadas. No son demasiado grandes, pero sí modernas y confortables. Está ubicado en una zona tranquila. Es complicado aparcar. Habitación doble: 45 €.

HOSTAL VICTORIA✪

Luis de Camoens, 3.
Telf. y fax: 924 271 662.
Hostal próximo a la estación de Renfe. Sus habitaciones disponen de un mobiliario algo antiguo, aunque tienen todas las comodidades. Admite animales de compañía.
Habitación doble: 40 €.

EL TAPEO

Uno de los lugares más típicos para tapear es la plaza de los Alféreces Provisionales. Destacan en esta zona locales como **Lo Nuestro,** (plaza Alféreces, 7) que se distingue por su queso de cabra al horno con cebollita caramelizada y su lomo de cerdo con salsa de Pedro Jiménez y pasas; y el **Patio del Camarón** (República Argentina, 2) concurrido por el atractivo de sus croquetas variadas y su secreto ibérico a la crema de la torta de la Serena. En la zona centro sobresalen **La Corchuela** (Menéndez Valdés, 12) que también tiene croquetas caseras, además de productos ibéricos de la tierra, mondonga, panceta y caldereta, y la **Taberna la Casona** (plaza de la Soledad, 10) que ofrece sus famosos "calentitos" y también cochifrito, pechuga rellena y lomo mechado. Mientras que la **Taberna doña Purita** (Menéndez Valdés, 53) está especializada en bacalao frito y productos ibéricos, la **Taberna la Santina** (Virgen de la Soledad, 25) es conocida por sus productos ibéricos y sus roscas rellenas. Y **La Giralda** (Virgen de la Soledad, 70), por la calidad de sus vinos y tapas. Uno de los lugares más recomendables del casco antiguo es la **Casona Alta** (plaza Alta) que llena su carta con "calentitos" de morcilla, chorizo y roquefort, sus solomillos variados y el lomo mechado. Junto al Corte Inglés, en la plaza Conquistadores, abre sus puertas **Bocaditos y tapas,** local que dispone de una oferta muy variada. En la barriada de San Roque sobresale **La Esquina** (avda. Ricardo Carapeto) por ofrecer jamón, queso y un amplio surtido de tapas y raciones de cocina.

COMER

*Cerca de un centenar de restaurantes a disposición de todos los bolsillos componen la oferta pacense. Los hay que ofrecen desde la mejor cocina internacional, hasta la más deliciosa gastronomía extremeña. Suelen ser comidas fuertes a base de carnes de matanza, buenos pescados y el popular vino de la región. En la Urbanización Guadiana está **Aldebarán,** (avda. de Elvas, s/n; telf. 924 274 261; precio medio, 50 €) es uno de los establecimientos más elegantes, situado a la salida de la ciudad. Cierra domingos y quince días en agosto. Con acceso para discapacitados.*

Casas con menú (menos de 15 €)

AZCONA

Avda. Díaz Ambrona, 20.
Telf. 924 272 407. Con excelentes materias primas elabora sabrosos platos caseros. Disponen de una estimable bodega.

COCINA PORTUGUESA

Muñoz Torrero, 7. Telf. 924 224 150.
Más de 25 años de experiencia preparando recetas de bacalao (dorado, asado, cocido, en salsa...), además de pescados, mariscos y carnes. Varios menús.

MESÓN LOS MONTEROS

Plaza de Santo Domingo, 8.
Telf. 924 221 515. Uno de los restaurantes clásicos de Badajoz. Platos tradicionales bien elaborados: caza, paletilla de cabrito, jamón asado.

LA OCHAVA

Alonso de Celada, 3. Telf. 924 247 015.
Popular restaurante vegetariano, donde los platos caseros cobran gran protagonismo para convencer a los más reticentes. Bonito por fuera y por dentro.

EL PATIO DE CAMARÓN

República Argentina, 2.
Telf. 924 254 503. Cocina creativa: salmorejo cordobés con jamón y berenjena, foie casero de pato, al Pedro Ximénez. Menú diario y de fin de semana.

Restaurantes (desde 25 €)

La Alacena (avda. Adolfo Díaz Ambrona, 13; telf. 924 272 600. Cocina de temporada elaborada con productos de la tierra y también recetas de corte casero. Pertenece al hotel Río.
Lugaris (avda. Aldolfo Díaz Ambrona,

44; telf. 924 274 540) es un local que formula propuestas basadas en la riqueza gastronómica regional mediante elaboraciones que fusionan innovación y cocina de siempre. Dedica jornadas gastronómicas a la matanza y a la caza.
Por su parte **Hebe** (urb. Guadiana; Julio Cienfuegos Linares, 17; telf. 924 271700) ofrece una cocina sencilla y directa que se fundamenta en la calidad de las materias primas y en los productos de mercado.
La Cepa (avda. de Elvas, s/n; telf.924 286 487) combina muy bien modernidad y tradición. Además de pinchos y tapas en la barra, está especializado en bacalao, carnes de retinto y postres.

CAFÉS

Un referente en calidad y variedad es el café **La Tarara** (calle Héroes de Cascorro esquina Francisco Luján). Con una cuidada decoración, destaca su excelente carta de cafés. El **Café Real Aeroclub** (avda. Ramón y Cajal) es un gran local muy concurrido a la hora de la merienda. Muy próximo se encuentra el café **Vértice** (Bartolomé José Gallardo), cuya entrada está presidida por una gran "Betty Boo" que da la bienvenida.
En la comercial avenida Juan Carlos I se puede ir a **Novadelta,** un establecimiento que desprende un intenso aroma de café y tiene una decoración bastante cuidada; venden cafés de todo el mundo y suele estar frecuentado por gente elegante. La plaza de los Conquistadores también congrega un buen número de bares y cafeterías en las que se puede charlar tranquilamente; entre otros destacan la **Tertulia** y la **Buhardilla.**
Junto a la plaza de España, en la calle San Juan, una antigua tienda ha sido reconvertida en el **Café Victoria,** de ambiente tranquilo, especializado en tés y chocolate caliente. En la zona de Valdepasillas, en la plaza de la Molineta, es agradable el **Café-piano Mozart,** que ofrece una amplia selección de cafés, tés y repostería y además programa conciertos los fines de semana.

BADALONA

BARCELONA. 220.000 habitantes

CIUDAD DINÁMICA, ALEGRE Y BULLICIOSA QUE, MÁS QUE BONITA, RESULTA ENTRAÑABLE. EL NÚCLEO MÁS ANTIGUO DE LA CIUDAD SE ENCUENTRA EN TORNO A LA IGLESIA DE SANTA MARÍA.

INFO

Oficina de Turismo
Mar, 55.
Telf. 93 483 27 43.

DORMIR

HOTEL MIRAMAR✪✪✪
Santa Madrona, 60.
Telf. 93 384 03 11.
Fax: 93 389 16 27.
Ofrece todas las comodidades de un hotel de su categoría.
Habitación doble: 60 €.

COMER

Restaurantes (sobre 30-36 €)

CA N'AMENGOL
Prat de la Riba, 1. Telf. 93 391 05 54.
Cierra lunes y domingo noche. Ofrece platos tradicionales catalanes.

CAN MANEL
Sant Bartomeu, 11. Telf. 93 387 42 66.
Cocina catalana. Pescados y mariscos.

PALMIRA
L'Escala, 2 (Barrio de Canyet, en la carretera de Montcada).
Telf. 93 395 12 62. En la cocina se ha dejado notar la llegada de la segunda generación (los hijos de Palmira), pero el prestigio sigue vigente. Platos propios de Badalona, algunos prácticamente desaparecidos. Con un agradable y relajante jardín.

CAYO LARGO
Mar, 52.
Telf. 93 464 38 85.
En la calle más animada de la población, atractivo restaurante, con oferta apetitosa, cuidada y amplia.

BAENA

CÓRDOBA. 20.447 habitantes

AL SURESTE DE CÓRDOBA, DEJANDO ATRÁS LA CAMPIÑA Y ANTES DE LLEGAR A LA SIERRA SUBBÉTICA, SE ENCUENTRA ESTA CIUDAD, REFERENCIA INTERNACIONAL POR SU PRODUCCIÓN DE ACEITE. HABITADA POR CULTURAS QUE SE PIERDEN EN EL TIEMPO, BAENA OFRECE UN INTERESANTE PATRIMONIO ARTÍSTICO Y UNA VARIEDAD ANTROPOLÓGICA QUE SE PONE DE MANIFIESTO DURANTE SUS FIESTAS POPULARES. EL FRENAZO QUE HA DADO LA EMIGRACIÓN EN LOS ÚLTIMOS AÑOS HA SERVIDO PARA PONER EN MARCHA UN PROGRAMA DE DESARROLLO IMPRESCINDIBLE PARA MANTENER LAS SEÑAS DE IDENTIDAD DE BAENA Y SU COMARCA.

INFO

Ayuntamiento
Pza. de la Constitución, 1.
Telf. 957 665 010. www.baena.es
Oficina de Turismo
Virrey del Pino, 5.
Telf. 957 671 757.
www.baena.es
Estación de autobuses
Telf. 957 670 025.
Taxis. Telf. 957 670 698.

DORMIR

HOTEL LA CASA GRANDE✪✪✪
Avda. de Cervantes, 35.
Telf. 957 671 905. Inaugurado en el año 2000. Es céntrico y dispone de habitaciones, amplias y confortables. El precio de las habitaciones dobles varía en función del tamaño.
Habitación doble: 65-100 €.

HOTEL IPONUBA✪✪
Nicolás Alcalá, 7. Telf. 957 670 075.
Es correcto y con los servicios que requieren las dos estrellas, pero no esperéis nada con encanto. 55-80 €.

PENSIÓN RINCÓN
Pza. de España. Telf. 957 670 223.
Pensión y restaurante en la planta baja. La mitad de las habitaciones (seis) tienen baño y la otra mitad comparten dos baños.
Habitación doble, con baño: 39 €.

ALBERGUE RUTA DEL CALIFATO
Coro, 7-9. Telf. 957 692 359. Una estupenda solución para los más jóvenes. En el corazón del casco histórico, 62 plazas en habitaciones con distintas capacidades. Cuenta con mesón propio.

COMER

Para desayunar no debe faltar una tostada untada en aceite. Más tarde hay que buscar alguna excusa para probar la mayonesa o el ali-oli. Otros platos típicos son las croquetas de perdiz, los flamenquines, el revoltillo, el salmorejo o la ensalada de naranja, aceite y miel.

Casas con menú (menos de 15 €)

VISE
Poeta Francisco de Baena.
Telf. 957 690 410.
Comidas caseras, revoltillo, flamenquines y pulpo a la gallega.

EL PRIMERO DE LA MAÑANA
Llano del Rincón, 14.
Telf. 957 671 523.
En el centro de Baena. Buen tapeo y comida tradicional. El marisco de Huelva, las carnes y el pescado son sus mejores elaboraciones.

LA HUERTA DE SAN RAFAEL
Ctra. Badajoz-Granada km 340.
Telf. 957 667 497. A 5 km de Baena, en LUQUE. Cocina casera, sencilla y sabrosa.

Restaurantes (sobre 25 €)

Especializado en carnes a la brasa está el restaurante **Mesón Los Arcos** (avenida del Padre Villoslada, 2; telf. 957 671 893).
La Casa Grande (avda. de Cervantes, 35; telf. 957 671 905) es el restaurante del hotel homónimo. En él se puede disfrutar de una buena selección de platos de la tierra bien elaborados. Entre sus especialidades destacan los pimientos verdes rellenos, las manitas de cerdo rellenas de chorizo y jamón, el mojete de espárragos y las alubias con codorniz.
Por último, cabe destacar el restaurante **Daniela chalet-jadín** (avda. Padre Villoslada, 31; telf. 957 692 376) donde se puede disfrutar de la rica gastronomía regional bien elaborada.

BAEZA

JAÉN. 15.880 habitantes

EN EL CENTRO GEOGRÁFICO DE LA PROVINCIA, SURGE ENTRE LOS OLIVOS BAEZA. FUE UNA DE LAS MÁS IMPORTANTES Y RICAS CIUDADES MEDIEVALES ANDALUZAS, Y HOY GOZA DE UNA GRAN ANIMACIÓN VERANIEGA GRACIAS A SU ANTIGUA UNIVERSIDAD.

INFO

Oficina de Turismo de la Junta de Andalucía
Plaza del Pópulo, s/n.
Telf. 953 779 983.
www.baeza.net

Estación de autobuses
Avda. Alcalde Puche Pardo, 1.
Telf. 953 740 468.

DORMIR

HOTEL CAMPOS DE BAEZA✪✪✪✪

Puerta de Córdoba, 57.
Telf. 953 747 311.
www.hotelcamposdebaeza.com
Establecimiento de noble estampa y estirpe renacentista, lleno de detalles y de sugerencias. En sus cincuenta bien equipadas habitaciones destacan los balcones, desde los que se obtienen preciosas vistas sobre el valle del Guadalquivir. Dispone de restaurante, piscina, *wi-fi* gratuito y aparcamiento.
Habitación doble: desde 60 €.

HOTEL LA CASONA DEL ARCO✪✪✪

Sacramento, 3. Telf. 953 747 208.
www.lacasonadelarco.com
Palacete baezano lleno de encanto junto a la Puerta de Úbeda, elegante y acogedor. 18 habitaciones cuidadosamente decoradas y con todo el equipamiento. Tiene acceso para minusválidos, spa, jardín, cafetería y parking.
Habitación doble: 63 €.

HOTEL CONVENTO DE LA VICTORIA✪✪✪

Avda. Puche Pardo, 11.
Telf. 953 747 275.
www.hotelconventolavictoria.com
Gran casona baezana acondicionada con gusto y elegancia. Habitaciones muy acogedoras y completas. Tiene restaurante, cafetería, terraza y piscina.
Habitación doble: 60-70 €.

Otros hoteles de precio más elevado

En el centro histórico se halla el **Hotel Puerta de la Luna**✪✪✪✪ (Canónigo Melgarés Raya, s/n; telf. 953 747 019; 60-145 €), ubicado en pleno casco antiguo, en un palacio del siglo XVI renovado con exquisito gusto. La piscina en el amplio patio interior es un lujo delicioso.

EL TAPEO

Los buenos bares de tapas se extienden por toda la ciudad. En Portales Tundidores la cafetería **Morral** sirve muy buenos desayunos, además de contar con una amplia carta de tapas; **Las Vegas** dispone de una excelente y bien surtida bodega con los mejores vinos del país; el **Mercantil** sirve riñones al Jerez y caldereta de costillas, y **El Pájaro** alcachofas fritas y tablas de ibéricos. **A Casquijo,** en Compañía, la gente va a comer lomo de orza y chorizo frito, y a **Estudiante,** en Conde de Romanones, setas y gambas al ajillo. **Flipper,** en Portales Carbonería tiene una estupenda terraza, buenos vinos y especialidades como el revuelto de habas y espárragos. También tiene terraza **Guadalquivir,** en la calle San Pablo. Aquí son muy buenas las patatas alioli y los caracoles. En la misma calle está **Mibel,** con sus pinchos de sepia y sus gambas rebozadas. **La Fuente,** en la avenida Puche Pardo dispone de una carta tan amplia como apetitosa, y en la cervecería **Venecia,** en la Puerta de Úbeda, se toman roscas variadas y ahumados, en la terraza, si hace buen tiempo.

COMER

*La caza mayor y menor, los productos derivados de su agricultura y el protagonismo indiscutible de ese oro líquido que es el aceite, configuran una de las cocinas de mayor tradición y pureza que se conservan en Andalucía. Pese a ser una ciudad turística y monumental, el precio de los menús no es demasiado elevado, aunque los buenos restaurantes son algo caros, entre los que destaca el **Palacio de Vandelvira** (San Francisco, 14; telf. 953 748 172; 35 €) que practica la cocina tradicional de la zona con toques creativos.*

Casas con menú (menos de 15 €)

LA GÓNDOLA

Portales Carbonería, 13. Telf. 953 742 984. Especialistas en todo tipo de carnes a la brasa, este céntrico restaurante ofrece tres tipos de menús. A la hora del tapeo es un lugar bastante concurrido.

LA BODEGA

San Francisco, 49.
Telf. 953 740 375/ 742 593.
Es uno de los pocos restaurantes que sirve el cocido baezano elaborado de forma tradicional. Gran variedad de tapas, además del menú.

LA PEÑA

Portales Alhóndiga, 1. Cocina casera y mediterránea en un local de buen porte con una agradable terraza.

BAIONA

PONTEVEDRA. 4.694 habitantes

BAIONA HA ESTADO DEDICADA EN EL PASADO A LAS ACTIVIDADES PESQUERAS, QUE LE HAN DEJADO UN AÑEJO SABOR MARINERO, Y EN LAS ÚLTIMAS DÉCADAS, A LA ACTIVIDAD QUE PROPORCIONA LA MAYOR FUENTE DE INGRESOS: UN TURISMO DE CALIDAD QUE LA ANIMA SOBRE TODO EN VERANO Y QUE VIENE ATRAÍDO POR SU AGRADABLE PLAYA, SU DINÁMICO PUERTO DEPORTIVO Y POR EL LUJOSO PARADOR DE TURISMO.

INFO

Oficina Municipal de Turismo
Paseo de Ribeira. Telf. 986 687 067.
www.baiona.org
Ayuntamiento. Lorenzo de la Carrera, 17. Telf. 986 385 050.

DORMIR

*Últimamente se ha ampliado considerablemente la oferta hotelera. El **Parador de Baiona**✪✪✪✪ (Monterreal; telf. 986 355 000; habitación doble: 195 €) sigue siendo uno de los mejores en Galicia.*

HOTEL EL ARCE✪

Julián Valverde, 40. Sabarís, Baiona.
Telf. 986 386 060. www.hotelarce.com
Una casona de piedra en pleno centro de Sabarís y junto a la iglesia. Con 11 habitaciones muy bien arregladas, entre ellas algunas familiares. Con aparcamiento subterráneo.
Habitación doble: 48-80 €.

HOTEL LA ANUNCIADA✪✪

Ventura Misa, 58.
Telf. 986 356 018.
Céntrico. Habitaciones con lo justito en lujos, pero limpias y cómodas.
Habitación doble: 42-80 €.

APARTAMENTOS CASA SOTO

Laxe, 7. Telf. 986 355 332.
En un edificio de ladrillo con arcadas y patio, se encuentran estos apartamentos bien equipados y decorados con gusto. Los precios oscilan entre los 42 y los 78 €.

Otros hoteles de precio más elevado

Una opción interesante es el **Hotel Bahía de Baiona**✪✪✪ (Avda. Santa Marta, 13; telf. 986 385 004; 72-115 €), emplazado frente a la playa de Sabrís. Otra alternativa importante, a un precio ligeramente inferior al Parador, es la del **Hotel Pazo Mendoza**✪✪ (Elduayen, 1; telf. 986 355 012; 63-95 €), que ocupa un antiguo palacio del siglo XVIII situado en pleno centro de la villa.

COMER

Casas con menú (menos de 15 €)

MESÓN CASA SOTO

Laxe, 7. Telf. 986 355 332. Raciones económicas, marisco a precio razonable, pescados de todo tipo (también sardinas con *cachelos*), carnes a la brasa...

MESÓN FONTE DA ZETA

Praza Fonte da Zeta, 5.
Telf. 986 358 214. Cocina gallega y castellana. Con buena bodega.

LOUREIRO

Marqués de Quintanar, 26.
Telf. 986 356 868. Local de ambiente rústico, con agradable jardín en el que se puede comer si el tiempo acompaña. El menú, muy asequible.

Restaurantes (sobre 30 €)

El **Mesón El Candil** (San Xoán, 46; telf. 986 357 493) ofrece especialidad en parrilladas de pescado y marisco, y un estupendo arroz con bogavante. Por su parte **O Muiño de Sabarís** (Fontiñas, Sabarís, telf. 986 351 108) tiene como platos fuertes las carnes a la parrilla, el pulpo a la brasa, las almejas a la plancha. El **Rocamar** (Baredo, telf. 986 355 204) es un restaurante con mirador hacia la bahía.

BALAGUER

LLEIDA. 14.100 habitantes

CAPITAL DE LA COMARCA DE LA NOGUERA, BALAGUER ES UN DINÁMICO CENTRO ADMINISTRATIVO Y ECONÓMICO. NO EN VANO SE CELEBRA AQUÍ LA FIRA DE BALAGUER (A FINALES DE ABRIL), UNA DE LAS FERIAS MÁS IMPORTANTES DE LA PROVINCIA.

INFO

Oficina de Turismo
Plaça Mercadal, 1.
Telf. 973 446 606.
www.balaguer.net

DORMIR

HOTEL BALAGUER

La Banqueta, 7.
Telf. y fax: 973 445 750. La remodelación en las habitaciones de la primera planta hace que el precio de las mismas sea ligeramente superior, pero las comodidades que ofrecen son las mismas en todas. Trato familiar.
Habitación doble: 67 €.

PENSIÓN URGELL

Urgell, 25. Telf. 973 445 348.
Habitaciones agradables, aunque sobrias, y trato muy familiar.
Habitación doble: 40-52 €.

COMER

LA BARRETINA

Passeig de l'Estació, 57.
Telf. 973 448 405. Cocina catalana. El menú es una buena opción para comer bien y barato.

EL BOSQUET

Ctra. 1313 Lleida-Andorra, km 24,7.
Telf. 973 446 868. Encantador establecimiento especializado en cocina catalana. Precio medio, 30 €

CAL XIRRICLÓ

Doctor Fleming, 53. Telf. 973 445 011. Cocina de autor creativa, bonita y deliciosa. Con especialidad en el tratamiento de las setas con las que elaboran suculentos platos. Sobre 45 €.

BANYERES DE MARIOLA/ BAÑERES

ALICANTE. 7.115 habitantes

BAÑERES ES UNO DE LOS PUEBLOS MÁS ELEVADOS DE LA COMUNIDAD VALENCIANA, EN EL QUE EL CURSO DEL RÍO VINALOPÓ DIBUJA UN VALLE ENTRE LAS ALTAS Y FRONDOSAS MONTAÑAS DE LA SIERRA DE MARIOLA. LOS ÁRABES SE APROVECHARON DE ESTAS CONDICIONES PARA EDIFICAR EL CASTILLO, QUE A LA POSTRE DARÍA LUGAR AL ACTUAL EMPLAZAMIENTO DEL PUEBLO. ACTUALMENTE, BAÑERES ES UN PUEBLO DINÁMICO, CON NUMEROSAS INDUSTRIAS QUE REFLEJAN UN PROCESO QUE TUVO SU AUGE EN EL SIGLO XIX.

INFO

Información Turística
En el Ayuntamiento. Telf. 96 656 73 15.
Parada de autobuses
Plaza Juan Bautista Doménech. *Autobuses La Alcoyana.* Telf. 96 533 03 15.
Taxis. Telf. 96 655 73 88 y 608 860 209.

DORMIR

HOTEL MESÓN EL CASTILLO

Alcoy, 8. Telf. 96 556 67 46.
Situado a la salida de Bañeres en dirección a Alcoi. Las habitaciones disponen de aire acondicionado, caja fuerte, calefacción y terraza.
Habitación doble: 40-50 €.

HOTEL VENTA EL BORREGO

Ctra. Villena-Onteniente, km 18.
Telf. 96 656 74 57. Lugar muy frecuentado por representantes. El hotel tiene habitaciones funcionales, limpias y a las que no les falta ninguna comodidad. Habitación doble: 42-52 €.

COMER

La sierra imprime su carácter a una cocina consistente, que responde a los fríos inviernos. Entre las especialidades destacan los gaspatxos amb conill i herbes aromàtiques, *la* coca de farina, *la* olleta *y el* mullao de tomaca i conill. *En las pastelerías podemos adquirir les* tonyes *(panquemados), o els* rollets d'ametla; *y en las carnicerías las famosas* llonganisses, botifarres *y* blanquets. *Si queréis probar una bebida genuina de la serra de Mariola, el* herbero *es el resultado de macerar anís seco y dulce con hierbas aromáticas y medicinales. No olvidéis probar también la infusión de* timonet *(tomillo) y el* café licor.

Casas con menú (menos de 15 €)

MESÓN EL CASTILLO

Alcoy, 8. Telf. 96 556 67 46. Buena cocina tradicional en la que no faltan las carnes y embutidos, la olleta o el arroz caldoso. A pesar de que el menú es muy variado, podéis saliros de él sin miedo a los precios de la carta.

PIRÁMIDE

Pintor Segrelles, 8.
Telf. 96 556 64 71.
Muy indicado para comer a la carta, ya que sus sabores tradicionales son sutilmente acompañados con elementos internacionales, lo que da como resultado un cocina creativa y más elaborada. Especial mención para el caldero de bogavante y sus postres artesanos.

VENTA EL BORREGO

Ctra. Villena-Onteniente, km 18.
Telf. 96 656 74 57.
Su salón comedor, separado de la barra del bar, nos ofrece principalmente carnes a la brasa. Entre los platos más destacados están los de cordero y la ternera a la brasa. Menú muy económico y carta bastante asequible al bosillo.

BANYOLES

GIRONA. 18.000 habitantes

EL LAGO Y EL ENTORNO NATURAL HAN CONVERTIDO A BANYOLES EN UNO DE LOS LUGARES MÁS SINGULARES DE LA CATALUÑA INTERIOR Y EN CAPITAL DE LA COMARCA DEL PLA DE L'ESTANY. FUE SUBSEDE DE LOS JUEGOS OLÍMPICOS CELEBRADOS EN 1992, MOTIVO QUE OBLIGÓ A ESTA CIUDAD A ACTUALIZAR SUS INFRAESTRUCTURAS Y A PRESTAR UNOS SERVICIOS UN POCO MÁS ACORDES CON LOS TIEMPOS. DESDE ESA FECHA, LA OFERTA TURÍSTICA DE LA LOCALIDAD SE ENCUENTRA A UN ACEPTABLE NIVEL.

BUENA PARTE DE LA VIDA COMERCIAL Y ECONÓMICA DE ESTA VILLA GIRA EN TORNO DEL LAGO O ESTANY, MUESTRA DE LO QUE LOS VALORES NATURALES DE UNA ZONA PUEDEN HACER POR LA SUPERVIVENCIA DE LAS CIUDADES QUE LOS POSEEN.

INFO

Oficina de Turismo
Pl. Major, 38.
Telf. 972 575 573.
www.plaestrany.org
www.banyoles.cat

DORMIR

La oferta de alojamiento en esta ciudad no es muy abundante, como tampoco parece serlo la demanda durante buena parte del año. Lo que podría suponer un serio problema para el visitante tiene la compensación de que muchos de los establecimientos son pequeños y de trato agradable y familiar.

MAS CARBONER

Telf. 972 571 667.
www.mascarboner.com
Bonita masía de piedra restaurada que guarda aún muebles antiguos bien tratados. Está rodeada de bosques y campos de cultivo y se alquila entera. Tres habitaciones, cocina, chimenea, jardín, barbacoa...
Vivienda/ fin de semana: 360-370 €.

FONDA LA PAZ

Ponent, 18.
Telf. 972 570 432. Muy cerca de la orilla del lago se localiza este establecimiento cuyo nombre da una ligera idea de lo que ofrece. El ambiente relajado y el trato personal son dos de sus características más interesantes.
Habitación doble: 33 €.

COMER

En Banyoles se elaboran unas exquisitas butifarras dulces, que se pueden comer curadas o fritas, así como unos dulces de almendra, huevo y azúcar que reciben el nombre de tortadas.
La oferta de restaurantes en la ciudad es más que suficiente, y muchos de ellos ofertan productos tradicionales. El producto estrella es la carne de ternera (vedella) de Girona.

Casas con menú (menos de 15 €)

CAN XABANET
Plaça del Carme, 27.
Telf. 972 570 018.
Entre el lago y el centro histórico de Banyoles, este restaurante, también colaborador de las Jornadas Gastronómicas, ofrece entre sus platos los productos tradicionales de la comarca, como la butifarra y las carnes rojas. Pese a que posee una excelente carta, también ofrece un asequible menú diario con cocina de mercado.

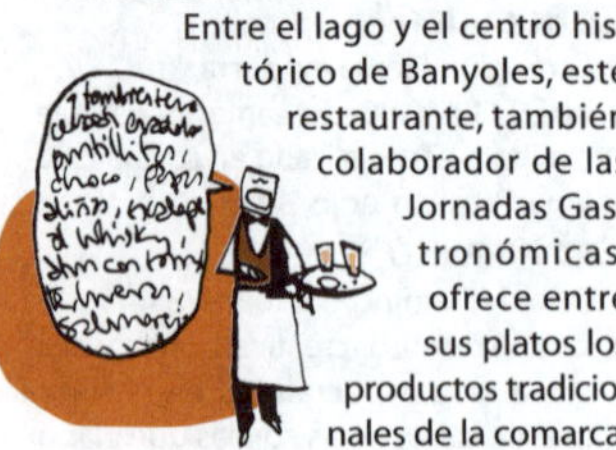

Restaurantes (de 21 a 36 €)

Un excelente local que ofrece platos en función de la estación del año es **Quatre Estacions** (passeig de la Farga, s/n; telf. 972 573 300).
El precio del menú del día puede resultar algo elevado, pero la calidad de los platos y la buena selección de caldos en la bodega lo justifican. La carta es abundante y original, pero para comprobar la variedad de productos y el buen hacer de la cocina se aconseja tomar el menú degustación de los fines de semana.
La proximidad al lago es una buena excusa para decidirse por el restaurante del hotel de cuatro estrellas homónimo, **Mirallac** (passeig Darder, 50; telf. 972 571 045). Establecimiento especializado en pescados y mariscos y en las excelentes carnes de la comarca. Su menú, y especialmente su carta, incorporan estos productos a sus platos. Este restaurante colabora en las Jornadas Gastronómicas de **BANYOLES-PLA DE L'ESTANY.**

LA BAÑEZA

LEÓN. 10.492 habitantes

SITUADA EN UNA ZONA PRODUCTORA DE LEGUMBRES, ES UNA CIUDAD DE SERVICIOS Y UNA IMPORTANTE ENCRUCIJADA DE CAMINOS. LAS CALLES DE LA VILLA SON EL RESULTADO DE LA UNIÓN ENTRE LO MODERNO Y LO ANTIGUO, Y LOS BLASONES DE SUS CASAS PONEN DE MANIFIESTO EL ORIGEN ARISTOCRÁTICO Y NOBILIARIO DEL LUGAR.

INFO

Oficina de Turismo
Juan de Mansilla, 10. Telf. 987 656 737.
Ayuntamiento. Plaza Mayor, 1.
Telf. 987 640 952/ 987 641 268.

DORMIR

HOTEL BEDUNIA✪✪✪
General Benavides, 53.
Telf. 987 640 524. Enorme y moderno edificio de ocho plantas con una inmensa recepción y lujosos ascensores. Amplias habitaciones, con todas las comodidades, que dan a una parte trasera de la carretera muy tranquila.
Habitación doble: 53-70 €.

HOSTAL RÍO VERDE✪✪
Ctra. de Veguellina, km 1. En **Requejo de la Vega.** Telf. 987 641 712. Hostal familiar muy limpio, tranquilo y agradable. Las habitaciones tienen terraza o balcón orientado a unos cuidados jardines. Cocina casera.
Habitación doble: 53 €.

HOSTAL VERMAR✪✪
Ctra. A-6, km 300. Telf. 987 641 812.
Situado sobre un restaurante de carretera, dispone de un amplio bar en el que paran los transportistas. Las habitaciones son sencillas y están limpias, pero resultan algo ruidosas por su proximidad a la carretera.
Habitación doble: 55 €.

HOSTAL ASTUR✪
Astorga, 9. Telf. 987 640 415.
En pleno centro urbano y comercial de La Bañeza, es un hostal de toda la vida que conserva su decoración original: amplia escalinata, espejos y arcones en la subida a las habitaciones.
Habitación doble: 32 €.

HOSPEDERÍA VÍA DE LA PLATA
Juan de Mansilla, 18. Telf. 987 643 054.
Nuevo y acogedor. Las habitaciones no son muy grandes pero están impecables y disfrutan de todo el equipamiento necesario.
Habitación doble: 60-75 €.

COMER

Casas con menú (menos de 15 €)

EL ASTUR
Astorga, 9. Telf. 987 640 415. En el hostal del mismo nombre, se trata de un típico comedor castellano con especialidades de cocina regional.

MADRID II
Ángel Riesco, 3. Telf. 987 640 021. El decano de los restaurantes bañezanos donde se sirven platos de la cocina regional, entre los que destaca su sabroso cocido de garbanzos. Dispone de un buen menú del día.

EL MUSEO DEL BARRO
Dr. Mérida Pérez, s/n. Telf. 987 656 635.
Bodega tradicional para conocer la cocina de la tierra. Tiene un sencillo menú del día y otros menús más elaborados.

BODEGA LAS CUBAS
Avda. de Portugal, 53. Telf. 987 640 519.
Otra bodega con restaurante y un patio muy agradable para comer en verano. Menú y a la carta.

Restaurantes (de 21 a 36 €)

El restaurante más lujoso de la ciudad, y quizás el mejor y más caro, es **Los Ángeles** (Obispo Alcolea, 2; telf. 987 655 730). Combina platos de cocina tradicional leonesa, como las afamadas ancas de rana, con otros de alta cocina internacional, como lasaña de solomillo. Cuenta con un menú para bolsillos menos pudientes.
Muy recomendable es el restaurante del prestigioso cocinero **Paco Rubio** (Astorga, 65; telf. 987 641 081). Ofrece cocina internacional y elaboraciones propias.

BARBASTRO

HUESCA. 16.025 habitantes

LA CAPITAL DEL SOMONTANO OSCENSE, PASO FUNDAMENTAL PARA ACCEDER A LOS VALLES PIRENAICOS DE SOBRARBE Y RIBAGORZA, ADEMÁS DE SER LA LLAVE DE ENTRADA AL PARQUE NATURAL DE LA SIERRA Y LOS CAÑONES DE GUARA Y AL PARQUE CULTURAL DEL RÍO VERO ES UNA CIUDAD DE DENSA HISTORIA, DE VOCACIÓN PIRENAICA Y TRADICIONALMENTE COMERCIAL. ENCABEZA LA PRODUCCIÓN VITIVINÍCOLA DE LA DENOMINACIÓN DE ORIGEN SOMONTANO.

INFO

Oficina de Turismo
Conjunto San Julián y Santa Lucía.
Avda. de la Merced, 64.
Telf. 974 308 350.
www.barbastro.org
Ayuntamiento
Pza. de la Constitución, 2.
Telf. 974 310 150.

DORMIR

HOTEL CLEMENTE✪✪
Corona de Aragón, 5.
Telf. 974 310 186. Situado en el centro de la ciudad. Dispone de restaurante y aparcamiento. Reforma reciente.
Habitación doble: 50-70 €.

HOSTAL PIRINEOS✪
General Ricardós, 13.
Telf. 974 310 000. Vestíbulos y salones amplios y bonitos, aunque las habitaciones resultan algo pequeñas. Habitaciones con baño y sin él.
Habitación doble: 48-58 €.

HOSTAL PALAFOX✪
Corona de Aragón, 20.
Telf. 974 312 461. Habitaciones decoradas con gusto aunque las camas pueden ser algo pequeñas. Trato amable. Habitación doble: 45 €.

Otros hoteles de precio más elevado

Los mejores alojamientos son: el hotel **Rey Sancho Ramírez✪✪✪** (carretera de Tarragona a San Sebastián, km 162, 7; telf. 974 310 050; habitación doble: 85-130 €), que se encuentra a la entrada y ofrece vistas al Pirineo, y el recientemente inaugurado **Gran Hotel Ciudad de Barbastro✪✪✪✪** (pza. del Mercado, 4; telf. 974 308 900; habitación doble: desde 85 €; www.ghbarbastro.com).
En la cercana y muy bella localidad de **ALQUÉZAR,** a 22 km de Barbastro,

se encuentra el **Hotel Villa de Alquézar**✪✪ (Pedro Arnal, 12; telf. 974 318 416; habitación doble: 63-72 €) alojamiento ubicado en lo que fuera un antiguo caserón en el centro histórico. 27 habitaciones con un buen nivel de servicios. Un lugar idóneo desde el que organizar excursiones por los alrededores.

EL TAPEO

Buscando dónde probar las tradicionales *chiretas* o *tortetas* barbastrenses, el cardo con bacalao y las gambas a la plancha, podéis acabar conociendo el bar **Plaza,** en la plaza de la Diputación, el bar **Amigo,** en la plaza Aragón, con un arco de piedra a la entrada, interior en madera y mesas a la calle; la **Brasería,** en la plaza del Mercado, donde se agradece la amplitud de la zona de barra y los bares del afamado Paseo del Coso.

COMER

Casas con menú (menos de 15 €)

La Brasería

Plaza del Mercado, 10.

Telf. 974 310 757. El salón, con un aspecto que da confianza, está en el primer piso. Tienen especialidades en caracoles y churrasco con salsa "chimichurri". El menú da a elegir tres platos de primero y tres de segundo.

Pirineos

General Ricardós, 13.

Telf. 974 310 000. El restaurante situado en el primer piso del hostal, tiene fama de buena cocina a base de platos como canelones, jarretes y ternasco.

Portillo

Plaza del Mercado, 7. Telf. 974 308 900. Es el restaurante del Gran Hotel Ciudad de Barbastro. Ofrece una suculenta carta de cocina regional con una elaboración diferente y atractiva.

Restaurantes (sobre 21 €)

Flor (Goya, 3; telf. 974 311 056) ofrece cocina de mercado con atención a innovaciones. Buen servicio y buena bodega. También son recomendables los siguientes restaurantes: **La Viña de San Juan** (avda. de la Merced, 64; telf. 974 315 575), con cocina bien elaborada, **El Pueyo** (ctra. N-240, Monasterio de Pueyo; telf. 974 315 079), la **Frutería del Vero** (Romero, 13; telf. 974 311 183) donde destacan los entrantes y los postres, y el **Portal de Somontano** (Ctra. N-240, km 162; telf. 974 315 368).

CAFÉS

Un establecimiento moderno es el café **Argensola,** donde incluyen música de ambiente. **Frankfurt S.M.A.** es una amplia cafetería con sillas de hierro, a medio camino ya del bar de copas a la que acuden los jóvenes del lugar.

BARBATE

CÁDIZ. 22.496 habitantes

Singular enclave de larga tradición marinera situado en la ensenada de Barbate, junto a la marisma que forma el río del mismo nombre en su desembocadura. Los fenicios, y posteriormente los cartagineses y los romanos, practicaron ya en su litoral la pesca del atún por el sistema de almadraba, estableciendo en su costa factorías de salazones. Frente al cercano cabo de Trafalgar, extremo de la falla de Majaceite que se adentra en el mar, tuvo lugar la batalla del mismo nombre en la que la armada inglesa derrotó a la coalición formada por España y Francia el 21 de octubre de 1805.

INFO

Oficina de Turismo
Avenida del río Barbate, 23.
Telf. 956 929 056. www.barbate.es
Ayuntamiento
Plaza Inmaculada, 1. Telf. 956 929 050.
Estación de autobuses
Avda. del Mar, s/n.
Telf. 956 430 594.

DORMIR

La oferta de alojamientos en la zona es muy abundante y variada, tanto en el pueblo como en las playas del término municipal (Caños de Meca y Zahora). En las páginas web www.barbate.es y www.barbate.net se puede encontrar información de todos ellos: hoteles, hostales, apartamentos y casas de alquiler completo.

Hotel Madreselva✪✪

Avda. de Trafalgar, 102. **Caños de Meca.** Telf. 956 454 033. En el corazón de Caños, a un minuto de la playa. Sus 18 habitaciones tienen baño y un pequeño jardín privado, donde puedes relajarte, leer o guardar tu equipo de *surf.*
www.madreselvahotel.com
Habitación doble: 70-95 €.

Hotel Playa del Carmen✪✪

Playa del Carmen, s/n.
Telf. 956 434 311.
www.hotelplayacarmen.es
A 100 m de la playa, es un hotel de reciente construcción, sencillo y bien equipado. Habitación doble: 50-80 €.

Hacienda Sajorami✪✪

Playa de Zahora. Telf. 670 991 126.
Fax: 956 437 359/ 670 991 126.
www.haciendasajorami.com
Complejo de casitas, apartamentos y bungalós construidos con gusto entre ibicenco y africano, con bonitos jardines, al lado mismo del mar, con dos restaurantes y un chiringuito.
Habitación doble: 65-75 €.

Hotel Restaurante La Breña

Avda. de Trafalgar, 4. **Caños de Meca.**
Telf. 956 437 368.
www.hotelbrena.com
En un emplazamiento idílico, ofrece siete exclusivas habitaciones para disfrutar en un ambiente cálido y familiar. Cada habitación combina una cuidada decoración con modernas instalaciones. Habitación doble: 60-120 €.

El Palomar de la Breña

Pago de la Porquera, s/n.
San Ambrosio. Telf. 956 435 003.
www.palomardelabrena.com
Hacienda del siglo XVIII convertida en hotel rural, situada en el Parque Natural de la Breña, que cuenta con uno de los palomares más grandes de Europa, abierto al público para su visita. 15 habitaciones dobles, con terraza las del piso superior y patio las del inferior, bien equipadas y decoradas con gusto.
Habitación doble: 66-99 €.

Campings

Cámping Caños de Meca

1ª categoría. Ctra. Vejer de la Frontera-Caños de Meca, km 10.
Telf. 956 437 120. Fax: 956 437 137. Con piscina. También alquilan bungalós.

TAPEO

Una buena noticia: no hay sitio malo para tapear, aquí nadie se atreve o no sabe hacerlo mal. Así que el nivel es más que aceptable. Es casi un "rito" obligado degustar el ijar de atún, el atún "mechao" o el pescaíto frito.
Siguiendo la avenida del Mar se llega a la zona del mercado de abastos, lugar de reunión y de encuentro por excelencia, donde están los bares de tapeo más visitados tanto por lugareños como por foráneos. En las terrazas de la calle peatonal que hay junto al mercado, entre lo más variopinto, exótico y peculiar de la gente de la zona, las tapas más apreciadas son las de temporada, como los caracoles o las tagarninas. Otros lugares recomendables de esta zona son **El Camarón** (no dejéis de probar las tortillitas de camarones caseras) y **Juan José** (ensaladillas y aliños). Otra zona con muchos bares y terrazas es la del paseo Marítimo. Todos ellos alegran el panorama con sus tortillitas, sus guisos y potajes marineros (lobito, choco, fideos con caballa), los fritos, los adobos... que demuestran el saber y la cultura que además de antigua es sabia y variada, dejando bien claro que ese tópico de que en el sur no se come como en el norte es, además de absurdo, absolutamente falso.

COMER

El atún como bandera. Si el atún rojo, del Atlántico o de almadraba tuviese una denominación de origen, ésta sería de Barbate, aunque ese arte de pesca se utiliza desde hace más de tres mil años en las costas del Estrecho y del Mediterráneo. Ahora ya sólo queda una almadraba y el Consorcio Almadrabero ha desaparecido. Pero la herencia está ahí. Los salazones, los ahumados, las recetas, las costumbres, siguen siendo marineras y atuneras. Esta herencia se nota y se degusta en prácticamente todos los sitios en que media comida y bebida, desde el más humilde quiosco de barrio hasta el más lujoso restaurante; su base, su sostén, sigue siendo el atún, el rey.
*El mejor restaurante de la zona es **El Campero** (avda. de la Constitución, local 5 C; telf. 956 432 300; 40 €). Es el altar de la cocina atunera y marinera. Entre sus hallazgos gastonómicos destacan las butifarras de atún, paté de mojama, corazón de atún, piquillos rellenos de*

ortigas de mar y marisco, etc. A esto se une el mestizaje con oriente (no hay que olvidar que los japoneses han estado en Barbate con su barco factoría hasta hace bien poco), como el sashimi de atún y las brochetas de atún en tempura. Distinto, y no obstante excelente, es el restaurante del ***Hotel La Breña,*** *donde también el atún y otros productos locales son la estrella. A destacar su escénico emplazamiento frente al mar.*

Casas con menú (menos de 15 €)

El Atún
Paseo Marítimo, 104. Pescados en fritura, raciones andaluzas y atún, como no podía ser de otra manera.

El Caña
Avda. de Trafalgar, 53. En **Caños de Meca.** Telf. 956 437 398. Pescaíto frito y excelentes vistas sobre la playa.

Restaurantes (desde 25 €)

Torres (avda. Ruiz de Alda, 1; telf. 956 430 985; 30 €), ofrece cocina barbateña como el potaje de garbanzos y buche (estómago) de mero y el atun de todas las formas posibles. En el puerto deportivo se encuentra **El Capitán** (telf. 956 432 193; 30 €), donde se puede degustar pescados y mariscos en una estupenda terraza con vistas al mar.

BARCELONA

CAPITAL DE PROVINCIA. 1.582.700 habitantes

La capital de Cataluña conjunta un enorme patrimonio cultural e histórico con una vida urbana intensa y animada. Es el centro de la ciudad, el entorno que rodea a la Barcelona antigua, el que concentra la mayor parte de la actividad comercial y lúdica. Desde la celebración de los Juegos Olímpicos de 1992, la fachada marítima de la ciudad ha cambiado notablemente. Ahora, esa franja costera es también un importante y activo entorno urbano en el que la oferta comercial y cultural es enormemente variada y abundante.

INFO

Centre d'Informació Turisme de Barcelona (CITB)
Plaça de Catalunya, 17, sótano.
Telf. 807 117 222.
www.barcelonaturisme.com
Existen **oficinas de información** en diversos puntos de la ciudad: Sant Jaume (Ciutat, 2; telf. 93 285 38 34); palau Robert (passeig de Gràcia, 107; telf. 93 238 80 91); Estació de Sants (plaça Països Catalans); palau de la Virreina (La Rambla, 99); Palau de Congressos (av. Reina María Cristina); Rambla, 115 (telf. 93 285 38 34) y en la plaça de la Sagrada Familia, 1.
www.gencat.es/turisme
Estación de Autobuses Barcelona-Norte. Telf. 93 265 65 08.
Estación de Autobuses Sants
Telf. 93 490 40 00.
Aeropuerto. En **Prat de Llobregat**
Telf. 93 298 38 38.
Trasmediterránea
Telf. 902 45 46 45.
Renfe. Telf. 902 240 202.
Ferrocarriles de la Generalitat
Telf. 93 205 15 15.

DORMIR

La vocación de ciudad cosmopolita tiene como consecuencia una oferta hotelera muy amplia. La calidad suele ser, en general, alta, lo mismo que los precios. Desde el lujoso y modernísimo hotel de cinco estrellas hasta la humilde pensión, es posible encontrar establecimientos de calidad a todos los precios.

La Rambla, Barri Gòtic y Ciutat Vella

Hotel Continental Rambla
Rambla de Canaletes, 138.
Telf. 93 301 25 70. Fax: 93 302 73 60.
www.hotelcontinental.com
Aunque parezca impensable, es posible instalarse en la Rambla barcelonesa por estos precios. Y no en un hotel cualquiera; el Continental es un hotel cuya historia se remonta a 1898, y por el que han pasado personalidades como Herbert von Karajan, Antonio Machín o George Orwell. No es un hotel de lujo, pero sí un hotel mítico, repleto de historias; antiguo, pero completamente reformado y con todos los equipamientos necesarios para ofrecer un buen servicio y un alto nivel de confort. Para amantes de la mitología urbana. Habitación doble: 110 €.

Hotel Hesperia Metropol
Ample, 31.
Telf. 93 310 51 00.
El hotel acaba de ser renovado, de manera que aún le queda ese singular olor a nuevo. La comodidad es grande, lo mismo que la funcionalidad, y el precio no parece excesivo. Quizás por eso sea tan difícil conseguir una habitación en él.
Habitación doble: 120-175 €.

Hotel HCC Montblanc
Via Laietana, 61.
Telf. 93 343 55 55.
79 habitaciones bien equipadas.
Habitación doble: 141 €.

Hotel Regencia Colón
Sagristans, 13-17.
Telf. 93 318 98 58.
Una buena opción en la zona más interesante de la ciudad. Cómodo, pero sin excesos, ofrece 55 habitaciones. Destaca su bar, decorado al estilo de principios del siglo xx. Tiene aparcamiento. Habitación doble: 100-180 €.

Hotel Rialto
Ferran, 42.
Telf. 93 318 52 12.
Cómodo, agradable y muy bien situado, aunque quizás algo caro. Pasa por ser la casa natal de Joan Miró, y su recién estrenado restaurante lleva el nombre del pintor.
Habitación doble: 140-175 €.

Hotel Lleó
Pelai, 22.
Telf. 93 318 13 12.
El hotel pone despachos a disposición de los clientes que lo soliciten. Todo un detalle. También hay un salón comedor especial para los no fumadores y una agradable cafetería. Eso es por dentro. Por fuera, una de las calles más comerciales de la ciudad.
Habitación doble: 110-185 €.

Hotel Oriente
La Rambla, 45.
Telf. 93 302 25 58.
El principal atractivo del hotel seguramente sea su ubicación, en pleno paseo de Las Ramblas y muy cerca del Teatre del Liceu. Ocupa un edificio histórico de la ciudad y ha sido rehabilitado y renovado interiormente.
Habitación doble: 187 €.

Hotel Reding
Gravina, 5-7. Telf. 93 412 10 97.
Hotel tranquilo, pensado especialmente para personas que visitan Barcelona por motivos de negocio o trabajo, sobre todo para quienes se dan cita en las múltiples ferias que se celebran aquí. Sus 44 habitaciones son cómodas y espaciosas. Con restaurante.
Habitación doble: desde 140 €.

Hotel Adagio
Ferran, 21. Telf. 93 318 90 61.
No hay que esperar grandes lujos en este establecimiento, pero sí que ofrece un servicio adecuado. Lo mejor, su localización y el ambiente que lo rodea.
Habitación doble: 80-140 €.

Hotel Condal
Boqueria, 23. Telf. 93 318 18 82.
Fax: 93 318 19 78. www.hotelcondal.es
Un clásico. El Condal ofrece sus servicios desde 1850 y es uno de los hoteles más antiguos de Barcelona. Su aspecto exterior resalta esta antigüedad, y a primera vista puede resultar poco atractivo, pero lo cierto es que fue completamente rehabilitado en al año 2000, y todas sus instalaciones son modernas y cómodas.
Su mejor valor, sin duda, es el hecho de estar situado a tan sólo 30 m de la Rambla, y a unos dos minutos de la plaza de Cataluña, lo que lo convierte en una excelente opción que debe considerarse. Habitación doble: 86 €.

Hotel Cuatro Naciones
La Rambla, 40. Telf. 93 317 36 24.
Fax: 93 302 69 85. www.h4n.com
En la más animada calle de Barcelona, este establecimiento ofrece un nivel de comodidad al uso. No hay que esperar demasiado, aunque siempre dentro de lo aceptable.
Habitación doble: 85 €.

Hostería Grau
Ramellers, 27. Telf. 93 301 81 35. Lo mejor del establecimiento es su ubicación, muy cerca del MACBA, en plena zona moderna del Raval. Las habitaciones son luminosas y funcionales, algo que se comprende parcialmente por el precio (de lo más económico que se puede encontrar en la zona sin perder la dignidad). De todas formas, las habitaciones dobles no disponen de baño. Puedes elegir entre una doble con baño fuera o una doble con ducha.
Habitación doble: 55-106 €.

Hotel Husa Mesón de Castilla✪✪

Valldonzella, 5. Telf. 93 318 21 82.
El hotel fue construido en 1952, por lo que ya tiene sus años, sin embargo, la remodelación de 1992 –de cara a las Olimpiadas– lo dejó estupendamente. Pertenece a la reconocida cadena de hoteles Husa. Sus 56 habitaciones se reparten entre las 6 plantas, a las que se suma el aparcamiento subterráneo. Agradable y no especialmente caro.
Habitación doble: 149 €.

Hotel Lloret✪

Rambla de Canaletas, 125.
Telf. 93 317 33 66.
Muy cerca de la plaza de Cataluña y en plena Rambla, ofrece un agradable servicio a un precio ajustado.
Habitación doble: 78-98 €.

Hotel Peninsular✪

Sant Pau, 34.
Telf. 93 302 31 38.
El Peninsular es otra prueba palpable de que es posible encontrar un hotel económico y con personalidad en pleno corazón de Barcelona. Situado a pocos pasos de la Rambla, en lo que fuera un antiguo monasterio, de sus orígenes conserva un antiguo pasaje que comunica directamente con la iglesia de Sant Agustí. Aunque fue modernizado a principios de los noventa, su mobiliario de mimbre sugiere un apacible aire colonial, subrayado por un luminoso patio interior repleto de plantas al que asoman todas sus habitaciones. Es un establecimiento verdaderamente singular.
Habitación doble: 78 €.

Hostal del Mar✪✪

Plaça del Palau, 19.
Telf. 93 319 30 47.
Un hotel relativamente barato ubicado en uno de esos edificios que se acercan al puerto y que está catalogado como Monumento Histórico Nacional. No hay lujos, incluso algunas habitaciones disponen de ducha en lugar de baño, pero quizás valga la pena ceder en comodidad para ganar en economía y buena ubicación.
Habitación doble: 95-110 €.

Hostal Plaza✪✪

Fontanella, 18 (plaça Catalunya).
Telf. 93 301 01 39. Pequeño establecimiento, en pleno centro de la ciudad, que ofrece habitaciones confortables a buen precio.
Habitación doble: 40-85 €.

Pensión Benidorm✪✪

La Rambla, 37.
Telf. 93 302 20 54.
Agradable alojamiento en una de las más céntricas e interesantes zonas de la ciudad. Algunas tienen vistas a las Ramblas y quedan justo frente a uno de los espacios ambientales más singulares, la Plaza Real.
Habitación doble: 55 €.

Pensión Jardí✪✪

Pl. Sant Josep Oriol, 1.
Telf. 93 301 59 00. No resulta fácil encontrar habitación en este establecimiento, no sólo por la buena relación entre lo que ofrece y lo que cuesta, sino por su localización en pleno conjunto gótico barcelonés. La habitaciones tienen precios distintos, siendo las más caras las que ofrecen vistas a la plaza.
Habitación doble: 79-106 €.

L'Eixample

Hotel Apsis Antibes✪✪

Diputació, 394.
Telf. 93 232 62 11. Las habitaciones de este hotel resultan extraordinariamente cómodas y, en general, todas sus dependencias, así como el trato es de lo más agradable.
Habitación doble: 65-125 €.

Hotel Astoria✪✪

París, 203.
Telf. 93 209 83 11. Ocupa un edificio construido hace algo más de medio siglo y renovado en 1999. Sorprende el gran contraste entre su austero exterior y la fastuosa decoración interior, donde destacan las pinturas murales de la cúpula del vestíbulo y de la magnífica escalera de caracol, o también las esculturas y otras piezas modernistas del salón.
Habitación doble: 95-225 €.

Hostal Ciudad Condal✪✪

Mallorca, 255.
Telf. 93 445 15 30.
A pesar de no entrar dentro de la categoría de hotel, es uno de los mejores establecimientos de la izquierda del ensanche barcelonés. Sus habitaciones son amplias y confortables.
Habitación doble: 95 €.

Gràcia

Hotel Travessera✪✪

Travessera de Dalt, 121-123.
Telf. 93 213 24 54. Establecimiento sin lujos pero cómodo. Las habitaciones, sobrias, son relativamente amplias y el baño impecable.
Habitación doble: 86-160 €.

Pensión Lesseps✪✪

Gran de Gràcia, 239.
Telf. 93 218 44 34. La presencia de la televisión en la habitación, pese a que en ocasiones supone tener que escuchar la del vecino, es una comodidad que se agradece en este alojamiento serio y tranquilo.
Habitación doble: 70-80 €.

Pensión El Putxet✪✪

Ballester, 13.
Telf. 93 212 03 50.
www.hostalelputxet.com
Las habitaciones no ofrecen comodidades ni lujos extras, y aunque su decoración es sobria, resultan muy confortables. Sólo son 24, y no todas dobles.
Habitación doble: 60-76 €.

Port

Hotel Paral·lel✪✪

Poeta Cabanyes, 5.
Telf. 93 329 11 04.
Se encuentra en la conocida zona del Paralelo, muy cerca del Molino, moderno y funcional.
Habitación doble: 60-145 €.

Hotel Oasis✪

Pla de Palau, 17.
www.hoteloasis.es
Telf. 93 319 43 96. Es una de las sorpresas entre los establecimientos que aquí se encuentran. Está en el mismo conjunto arquitectónico de la casa dels Porxos y conserva unos precios realmente apetecibles. Es conveniente reservar la habitación, pues debido a su economía es muy solicitado por grupos de estudiantes.
Habitación doble: 60-105 €.

Otros hoteles de precio más elevado

El **Hotel Suizo**✪✪✪ (plaça de l'Àngel, 12; telf. 93 310 61 08; habitación doble: 140-173 €) es uno de los clásicos de Barcelona debido a su localización, en pleno centro de una de las zonas más visitadas e interesantes de la ciudad. El hotel se integra perfectamente en el conjunto de edificios del entorno urbano. El interior, como corresponde a un establecimiento de su categoría, está dominado por la tranquilidad. Las habitaciones, sin ser demasiado espaciosas, sí son muy cómodas, y el personal ofrece un servicio correcto y un trato agradable.

Al comienzo del Eixample, cerca del parque de la Ciutadella, se localiza el **NH Podium**✪✪✪✪ (Bailén, 4; telf. 93 265 02 02; habitación doble: 150-370 €), que sigue el patrón de la cadena de hoteles funcionales, modernos y muy cómodos.

De la misma familia es también recomendable el **NH Gran Hotel Calderón**✪✪✪✪ (Rambla Catalunya, 26; telf 93 301 00 00; habitación doble, según temporada: 136-320 €), próximo a la plaza de Cataluña.

Ubicado en un fabuloso edificio modernista del arquitecto Lluís Domènech i Muntaner, el **Hotel Casa Fuster**✪✪✪✪✪ (GL Monumento) (pg. de Gràcia, 132; telf. 93 255 30 00; habitación doble: 190-580 €) combina a la perfección la modernidad y el lujo más exquisito.

En la calle Rosselló, en el número 265, encontramos lo más vanguardista y sofisticado de la ciudad, el **Hotel Omm**✪✪✪✪✪ (telf. 93 445 40 00; www.hotelomm.es; habitación doble: 213-535 €). Considerado entre los mejores hoteles gastronómicos del mundo gracias a su restaurante **Moo.**

Muy céntrico queda el hotel **Catalonia Aragón**✪✪✪ (Aragó, 569 bis; telf. 93 245 89 05; 210 €), con un personal joven y simpático y cuyos buenos precios hacen que resulte difícil conseguir habitación.

Junto a las Ramblas se hallan el **Hotel Gaudí**✪✪✪ (Nou de la Rambla, 12; telf. 93 317 90 32; habitación doble: 110-205 €), renovado totalmente en los últimos años; el **España**✪✪ (Sant Pau, 9-11; telf. 93 318 17 58; habitación doble: 77-160 €), con habitaciones sencillas en un edificio modernista obra del famoso arquitecto Josep Domènech i Montaner; y el **Husa Internacional**✪ (Ramblas, 78; telf. 93 302 25 66; habitación doble: 115-130 €), con buenas vistas sobre las Ramblas.

Para alojarse en la zona de Diagonal, habrá que preguntar en el lujoso **Guitart Grand Passage**✪✪✪✪ (Muntaner, 212; telf. 93 201 03 06; habitación doble: 140-245 €) por sus interesantes descuentos de fin de semana. En la misma zona está el hotel **Catalonia Park Putxet**✪✪✪✪ (Putxet, 68. Telf. 93 212 51 58; habitación doble: 210 €), en una calle tranquila y residencial, con habitaciones muy cómodas y camas enormes.

Cerca de la Barceloneta y el parque de la Ciutadella se ubica el hotel **Santa Marta**✪✪ (General Castaños, 14; telf. 93 319 44 27; habitación doble: 105-127 €), con un equipamiento bastante completo para su categoría.

Algo apartado pero con estupendas comunicaciones y un sobresaliente equipamiento (que incluye piscina) es el **Catalonia Atenas**✪✪✪✪ (av. Meridiana, 151; telf. 93 232 20 11; habitación doble: 210 €).

Con el crecimiento de la Vila Olímpica y con la redistribución del espacio urbano enmarcado por la prolongación de la Diagonal hasta el mar han aparecido importantes opciones de alojamiento.

Hotel Arts✪✪✪✪✪ (Marina, 19-21; telf. 93 221 10 00) es el hotel más despampanante de Barcelona. Su torre es uno de los emblemas de la ciudad, aunque debido a sus precios es prohibitivo para mucha gente. Como se puede suponer, el lujo lo es todo aquí, desde la entrada al vestíbulo hasta el cuarto de las escobas que, por supuesto, nunca se sabe dónde está, ni siquiera se intuye. Y eso que siempre está limpio hasta el último rincón del edificio. A quien desee darse el lujazo le espera el *jacuzzi*, el gimnasio, las saunas, la sala de masajes y, cómo no, unas de las mejores vistas de Barcelona. Habitación doble: 290-580 €. Apartamento: 721 €.

Hotel Barceló Atenea Mar✪✪✪✪ (pg. García Faria, 37; telf. 93 531 60 40; www.barceloateneamar.com; habitación doble: 290 €) es un 4 estrellas al uso, todo nuevo e impecable, cuya declaración de intenciones es que el cliente se sienta como en casa. La ubicación es cómoda, ya que está cerca de las zonas más cercanas al mar, en primera línea vaya.

Hesperia del Mar✪✪✪✪ (Espronceda, 6; telf. 93 502 97 00; habitación doble: 95-240 €) se localiza en primera línea de mar. Evidentemente, el lujo impregna todos los rincones junto a la funcionalidad. Sus 78 habitaciones ofrecen todas las comodidades imaginables y el trato es discreto.

El **Rafael Hotel Diagonal Port**✪✪✪ (Lope de Vega, 4; telf. 93 230 20 00; habitación doble: 140-245 €), lejos del encanto arquitectónico de los hoteles integrados en la ciudad, responde en toda línea a la arquitectura rectilínea, casi cubista, que se está imponiendo en este espacio urbano que intenta recuperar la famosa Avinguda Diagonal en su tramo más cercano al mar. Por dentro, la comodidad es evidente y el cuidado en todos los detalles, propio de los que pertenecen a esta cadena también. Existe alguna habitación adaptada para personas con discapacidad. El desayuno no está incluido en el precio.

Si tenéis coche, vale la pena alojarse en una población de extrarradio como es **Sant Just d'Esvern,** a unos 7 km de la capital, para gozar de las comodidades de un cuatro estrellas como el **Hesperia Sant Just**✪✪✪✪ (Frederic Mompou, 1; telf. 93 473 25 17; habitación doble, según temporada: 86-230 €), un hotel de lujo construido para las Olimpiadas de 1992.

EL TAPEO

La gran abundancia de gente de las más diversas procedencias ha propiciado que casi cualquiera de las tradiciones del país –y muchas de fuera– se hayan instaurado aquí y hayan sido perfectamente asimiladas por el ambiente de la ciudad. Una de esas tradiciones es la del tapeo, para la que existen numerosos establecimientos especializados que ofrecen una increíble variedad de tapas de excelente calidad.

La Rambla y Ciutat Vella

Las calles estrechas y algo oscuras del casco antiguo y el Barrio Gótico esconden excelentes lugares de tapeo como el **Amaya** (La Rambla, 20-24), uno de los lugares tradicionales de encuentro en Barcelona. Cerca se sitúa el **Bilbao Barria** (pl. Nova, 3), con una gran variedad de tapas que se pueden degustar mientras se comtempla la catedral y la animación de la plaza. Algo apartado está **Ca L'Esteve-El Xampanyet** (Montcada, 22), que sirve unas excelentes tapas de anchoas bañadas con una salsa cuya receta es uno de los secretos mejor guardados de la ciudad.

Las calles d'Avinyó, de la Mercè y Regomir están llenas de establecimientos especializados en tapas. En la primera se encuentran **La Musiqueta** (algo salvaje) y **El Agüelo;** en la segunda, **La Socarrona,** la **Las Campanas-Casa Marcos,** la pulpería **Celta** (con un excelente pulpo) o la **Tasca El Corral.** Muy cerca, en la plaza Reial, se encuentra el bar **Ambos Unidos** y las cervecerías **Álex** y **Canarias.**

L'Eixample

Tapear en la zona del ensanche barcelonés es algo habitual aunque no tan popular y tumultuoso como en el casco antiguo. Aquí los locales son más tranquilos y el ambiente más relajado. La calle Mallorca y el paseo de Gracia acogen a un buen número de bares entre los que destacan la **Cervecería Catalana** (Mallorca, 236), **El Vermutito** (Mallorca, 211), el **Inter Tapa** (av. Gaudí, 11), el **Nébulo** (Mallorca, 202) y por supuesto el **Txapela** (passeig de Gràcia, 8-10), que sigue la exquisita tradición de las tabernas vascas y ofrece un amplio surtido de pinchos, montaditos y tapas. Fuera de esas vías urbanas aparecen la **Bodega Sepúlveda** (Sepúlveda, 173), el **Norbaltic** (Consell de Cent, 239), el **Txestatu** (Consell de Cent, 329) y el **Seltz** (Rosselló, 154).

El Port y La Barceloneta

El ambiente multitudinario que se vive en algunas zonas de este marco urbano se mantiene en el interior de los locales de tapeo como **Can Ganassa** (plaça de la Barceloneta, 4-6), el bar **Jai-Ca** (Ginebra, 13), el **Pasa Tapas** (Dr. Aiguader, 6-8) o **La Tasca de la Vasca** (Maremàgnum), la única tasca abierta hasta las 5 h de la mañana. En el Port Olímpic se abre, especializado en las raciones de aperitivo, **La Barca de Salamanca** (Moll de Gregal, 13-14).

COMER

Pese a que Barcelona nunca ha sido considerada como uno de los santuarios gastronómicos del país, son muchísimos los establecimientos que ofrecen sus mesas al comensal y algunos de ellos gozan de un prestigio reconocido en el ámbito internacional. Entre éstos se encuentran nombres como ***Vía Véneto*** *(Ganduxer, 10-12; telf. 93 200 72 44; precio medio, 100 €), considerado por muchos como el mejor restaurante de Barcelona;* ***Jaume de Provença*** *(Provença, 88; telf. 93 430 00 29; 60 €) o* ***Casa Calvet*** *(Casp, 48; telf. 93 412 40 12; precio medio, 75 €), que ocupa los bajos de un edificio modernista de Antonio Gaudí y está cosiderado como uno de los mejores restaurantes de la ciudad, no sólo por su cocina, sino tamién por la elegancia de sus salones. En la mesa, cocina mediterránea y propuestas creativas.*

Además de estos grandes restaurantes, cuyas cartas contemplan platos de compleja y exquisita elaboración y precios de muchas cifras, existen otros locales –muchos– en los que es posible comer bien por relativamente poco dinero. Se recomiendan los siguientes establecimientos:

Casas con menú y carta (entre 15 y 25 €)

La Rambla y Ciutat Vella

Ca L'Estevet
Valldonzella, 46.
Telf. 93 301 29 39.
Aquí se demuestra que no es preciso gastarse mucho dinero para comer bien en un agradable ambiente. La especialidad de la casa es la espalda de cabrito al horno, pero la cocina catalana de mercado que da cuerpo a su menú resulta excelente.

El Cafetí
Sant Rafael, 18.
Telf. 93 329 24 19.
Restaurante del Raval especializado en arroces, aunque bien podría estarlo en los postres, muchos de los cuales son caseros y exquisitos.

Living
Capellas, 9.
Telf. 93 412 13 70.
Establecimiento basado en la idea de los diners de Nueva York y Berlín. Locales abiertos todo el día y en los que poder degustar desayunos especiales, comidas, cenas, cafés y copas en un espacio muy cuidado.

Celestial
Argentería, 53.
Telf. 93 310 42 94.
Es éste uno de esos lugares a los que hay que ir con hambre y, seguramente, se adapta más a las características de grupos de gente joven que a las de otros comensales. Solo sirven aquí bufé libre, pero la abundancia de las viandas asegura, ya nada más contemplarlas, la saciedad.

Egipto
Rambla, 79. Telf. 93 317 95 45.
Los módicos precios no son su única baza, cuenta también con buenas materias primas del cercano mercado de la Boquería. Menú económico al mediodía.

Can Lluís
De la Cera, 49.
Telf. 93 441 11 87.
Un restaurante muy popular, con una decoración antigua pero muy acogedor. Cocina casera y tradicional muy bien elaborada.

La Fonda
Escudellers, 10.
Telf. 93 301 75 15.
Este establecimiento consiguió atraer a un publico de la llamada "gente guapa". Lo merece la calidad de la cocina, de tipo casero y mediterráneo, con platos como la paella, el arroz negro o el rape con patatas, los ajustadísimos precios y el agradable local. Suele haber cola para entrar y no admiten reservas.

El Gran Café
Avinyò, 9.
Telf. 93 318 79 86. Si su menú de mediodía resulta aceptable, el de la noche aunque cueste el doble, es espléndido. Y no tanto por la diferencia en la comida como por la posibilidad de escuchar música en vivo.

Pinocho
Mercado de la Boquería, junto a la entrada de la Rambla.
Telf. 93 317 17 31.
La barra más popular de Barcelona. Desde desayunos de tenedor a reconfortantes comidas en un minúsculo espacio. Un ambiente único y unos estimulantes guisos con lo más fresco del mercado.

Les Quinze Nits
Plaça Reial, 6. Telf. 93 317 30 75.
Ofrece una estupenda cocina mediterránea, buenos vinos y un agradable ambiente a precios más que ajustados. Uno de esos sitios que se recomiendan a los amigos.

Senyor Parellada
Argenteria, 37.
Telf. 93 310 50 94. La cocina y el espíritu de una tradicional fonda catalana en el centro de la ciudad. Muy apreciado por los barceloneses.

L'Eixample

Llibreria Café Laie
Pau Claris, 85. Telf. 93 302 73 10.
El entorno de una librería es el que alberga a este espléndido local en el que, además de lectura, conversación y café, se puede tomar un buen menú de bufé libre al mediodía.

Picadero Aribau
Aribau, 39. Telf. 93 451 10 95.
Una decoración funcional es la que recibe al comensal. Su menú se basa en la cocina de mercado, sobria pero bien elaborada.

Gràcia

Cantina Machito
Torrijos, 47.
Telf. 93 217 34 14.
Las especialidades mexicanas que ofrece este restaurante, con un claro tipismo en el ambiente, aseguran un almuerzo fuerte y energético aunque algo picante.

El Glop
Sant Lluís, 24. Telf. 93 213 70 58.
La cocina catalana es la base de este local en el que todo se hace a la brasa. Excelentes *fustas* de queso.

Café Salambó
Torrijos, 51. Telf. 93 218 69 66. Situado al lado de los concurridos cines Verdi, acostumbra a estar repleto de clientela cinéfila por las noches. Cocina sencilla pero bien elaborada, con numerosas variedades de creps saladas.

Ca La Marona
Sèneca, 28. Telf. 93 218 20 64.
Su nombre ya indica que en sus cocinas se trabaja como antaño. Buena cantidad, buenos productos y buen hacer gastronómico. Vamos, como en casa de la abuela. Por la noche sólo abren para grupos y previa reserva.

Casa Bach
Plaça de la Revolució, 15.
Telf. 93 213 30 44.
Es uno de esos restaurantes tradicionales que han aguantado los cambios que ha sufrido el barrio. Se fundó en 1868, de manera que lleva ya bastante más de un siglo ofreciendo de comer a todo aquel que se sienta a sus mesas. Y además, una comida que responde al espíritu del local, es decir, tradicional catalana.

Rebost de la Plana
Plaça Trilla, 3.
Telf. 93 237 90 46.
El entorno es de lo más antiguo y bello del barrio y el local, además de unas excelentes carnes a la brasa y unas magníficas habas a la catalana, ofrece un agradable patio interior. Está especializado en embutidos y productos de la Plana de Vic.

El Roble
Riera de Sant Miquel, 51.
Telf. 93 218 73 87.
Veterano local de tapas. Trato familiar y precios razonables.

Diagonal-Sant Gervasi

La Granja
Sant Eusebi, 64. Telf. 93 201 57 50.
Un vegetariano destacable tanto por sus productos, excelentes, como por el convencimiento de que comer sano no es sinónimo de comer poco o aburrido. Siempre está lleno.

El Mussol
Casp, 19 y Diagonal, 488.
Telf. 93 301 76 10/ 93 416 15 53.
Inmejorable relación calidad-precio. Ofrece carnes y verduras a la brasa, excelentes y variados embutidos, caracoles...

No Me Quite Pà
Marià Cubí, 192.
Telf. 93 414 03 76.
El pan es el gran protagonista como indica el juego de palabras del nombre del restaurante. Aquí se puede disfrutar de una sencilla ensalada, una flauta de jamón o queso, una crujiente tostada cubierta con los ingredientes más diversos o una buena tabla de quesos.

El Port y La Barceloneta

Ancora
Almirall Cervera, 2.
Telf. 93 221 50 62. Situado en el mismo centro de este popular barrio, este local se ha especializado en arroces y cocina marinera.

La Galerna
Moll de Gregal, 3-4.
Telf. 93 221 27 74 y 93 221 00 41.
Lo más agradable de este restaurante es su localización, junto al mar. Los amplios ventanales permiten contemplar permanentemente el mar y la ciudad, y su terraza exterior ofrece unas espléndidas vistas sobre la playa.

Agua
Pg. Marítim de la Barceloneta, 30.
Telf. 93 225 12 72.
Decorado con pocos muebles, iluminación de diseño y peces de colores. Es ideal para disfrutar tanto de una cena íntima como de una comida de trabajo. Ofrece cocina mediterránea.

Marina Moncho's
Calle de la Marina, 19-21 (junto al hotel Arts). Telf. 93 221 15 14.
Goza este restaurante, y todos los de su cadena, de un prestigio ganado desde 1914. Ahora, con la reordenación de la fachada marítima de Barcelona, uno de sus locales se ha instalado en el Port Olímpic y ofrece sus características especialidades en forma de "Pica-Pica". Dispone de un menú que cambia cada día de la semana.

Barceloneta
L'Escar, 22.
Telf. 93 221 21 11.
El restaurante ofrece una de las mejores panorámicas del Por Vell de Barcelona, además de una excelente representación de la cocina marinera. El pescado es su plato fuerte, y lo preparan de mil una formas. No son nada despreciables otros platos que responden a tradiciones gastronómicas algo más alejadas del mar, como las excelentes *cassolas* de *terra endins*.
El precio es algo elevado, pero el servicio y la oferta gastronómica, así como su tranquila ubicación lo merecen.

Cal Pinxo
Palau del Mar, 1.
Telf. 93 221 22 11.
Un clásico que ha resistido a la destrucción de muchos de los tradicionales de la Barceloneta.
Comerse una fideuá o una parrillada frente a la playa es siempre un placer, y si además los productos poseen la calidad que se brinda en este local, pues aún mejor. El precio no supone traba alguna.

Can Ros
Almirall Aixada, 7.
Telf. 93 221 50 49. Entrar a comer en este local es impregnarse de decoración marinera –en ocasiones algo recargada–. Evidentemente, sus platos estrella son el pescado y los mariscos, pero también es posible comer un buen arroz negro.
Los productos son frescos y de primera calidad.

Poble Nou y Vila Olímpica

Els Pollos de Llull
Ramon Turró, 13.
Telf. 93 221 32 06. Abierto todos los días. Dedicación casi exclusiva al pollo es lo que ha permitido a este restaurante convertirse en un punto de referencia para cualquiera que visite el barrio con hambre y poco dinero. Su menú responde al nombre de "kiki rápid", en una clara mezcla de los placeres del paladar con los de otras partes del cuerpo. No es excesivamente abundante pero es una excelente opción. Por supuesto, la base del mismo es el pollo, al que acompañan las patatas fritas y el postre. Si quieres, también te puedes llevar la comida a casa.

La Vela

Av. Icària, 149.
Telf. 93 221 15 04.
Domingo cerrado. La cocina italiana posee en este restaurante uno de los mejores exponentes de cuantos se han abierto en las olímpicas calles. La cocina es sencilla y con eso basta. Buena pizza y buena pasta. El ambiente, acogedor. Mesas reducidas, bien vestidas e iluminadas. Algunas incluso con separadores para dotarlas de una mayor intimidad. Vamos que, además de degustar una excelente pizza, es posible plantearse una declaración de amor al suave aroma del orégano. Y el precio no parece demasiado problema. En verano abre una agradable terraza en la que también se puede comer.

Restaurantes (desde 30 €)

A pocos metros de la plaça de Catalunya se halla **Limbo** (Mercè, 13; telf. 93 310 76 99). Su cocina es de autor, basada en productos mediterráneos combinados con tradiciones gastronómicas de otras culturas. **Agut** (Gignàs, 16; telf. 93 315 17 09; precio medio, 35 €) con unos 80 años en sus espaldas, forma parte de la historia de la restauración barcelonesa. Su cocina es la clásica catalana.

Pero el decano de los restaurantes en Barcelona –y en Cataluña– es **Can Culleretes** (Quintana, 5; telf. 93 317 30 22). Si se suma una primera etapa como chocolatería, este restaurante cuenta con unos 200 años de antigüedad. El carácter, el interior, la cocina –casera en el mejor sentido– están preservados. De sus paredes cuelga la historia, inmovilizada en una impresionante colección de fotos de personajes que se han sentado en estas mesas.

También con solera, situado en el meollo del barri Gòtic está **Pitarra** (Avinyó, 56; telf. 93 301 16 47) con una vistosa decoración. Cocina catalana clásica, muy bien elaborada; canelones caseros, *escudella*...

Uno de los restaurantes más tradicionales de la ciudad es **Casa Leopoldo** (Sant Rafel, 24; telf. 93 441 30 14) famoso por sus platos de pescado y por la calidad de las materias primas que utiliza en todas sus elaboraciones.

Un clásico de la plaça Reial, **Taxidermista** (pl. Reial, 8; telf. 93 412 45 36), que ya en 1859 era el Gran Café Espanyol, conocido por sus tertulias literarias y reuniones de intelectuales. Excelente cocina de mercado.

Envalira (Planeta, 35; telf. 93 218 58 13) es un local informal, bullicioso y siempre está lleno. Su arroz a la milanesa tiene fama, aunque el resto de la oferta es también interesante.

Bonanova es (Sant Gervasi de Cassoles, 103; telf. 93 417 10 33) un restaurante de cocina catalana donde se cuidan mucho los detalles. Servicio atento y precios comedidos.

Para degustar una estupenda cocina de pescado hay que ir a **Can Costa** (pg. Joan de Borbó, 70; telf. 93 221 59 43). Desde la playa de la Barceloneta trasladó a escasa distancia una fama cimentada a lo largo de muchos años. Rejuvenecido, sigue hoy con sus tradicionales arroces, *fideuàs*, pescados y mariscos.

Muy cerca de éste abre sus puertas **El Suquet de L'Almirall** (pg. Joan de Borbó, 65; telf. 93 221 62 3 3), otra buena opción en la Barceloneta para degustar excelentes pescados y arroces.

Can Majó (Almirall Aixada, 23; telf. 93 221 54 55; precio medio, 55 €) ofrece un menú que recibe el nombre de "Festival de pescado y marisco". Comer a la carta resulta algo más caro, pero según cómo se lo plantee uno, a veces vale la pena. Fideuás, arroz negro y pescado fresco son especialidades de la casa. Resultan excelentes sus raciones de pescado en la terraza durante el buen tiempo.

Tiene fama de ser uno de los mejores restaurantes de la Barceloneta.

Can Solé (Sant Carles, 4; telf. 93 221 50 12; precio medio, 45 €) es uno de los clásicos de Barcelona. Fundado en 1903, ha conservado su buena tradición culinaria basada en los productos del mar. Es lugar de reunión de personajes relevantes de la sociedad barcelonesa como Joan Manuel Serrat. A algunos de los que aquí disfrutaron de excelentes platos ya no se les puede encontrar, pero su recuerdo ha quedado plasmado en numerosas fotografías que adornan las paredes del comedor, que se convierte así en un museo iconográfico de la vida social del barrio. Los suquets, las fideuás y la esqueixada son excelentes. Vamos, todo un lujo sin que el precio resulte desorbitado.

Set Portes (passeig d'Isabel II, 14; telf. 93 319 30 33) es toda una institución en Barcelona desde que se fundase en el siglo XIX. Su carta es de lo más exquisito y está especializada en arroces. Un buen local, en una buena zona y con una comida excelente. El precio, claro, está en consonancia, de manera que resulta elevado.

En un privilegiado enclave, con vistas al Port Vell, está ubicado **El Merendero de la Mari** (plaça Pau Vila, 1. Palau del Mar; telf. 93 221 15 55; precio medio ala carta, 45 €). Ofrece una cocina marinera de corte popular: arroces, fideuàs, pollo con fideos y platos de pescado y marisco. Es un placer comer en la terraza, abierta todo el año y orientada al mar. Y si queremos disfrutar de cerca la brisa marina, podemos ir a comer a un chiringuito de la Platja Bogatell: **El Xiringuito Escribá** (Litoral Mar, 42; telf. 93 221 07 29) que ofrece buenos arroces y pescados, y un gran surtido de postres, todos caseros.

Entre el Poble Nou y la zona de la Vila Olímpica cabe destacar dos establecimientos: **Els Pescadors** (pl. Prim, 1; telf. 93 225 20 18, precio medio, 50 €) local que ha sabido mantener la mejor tradición gastronómica del Poble Nou –y de toda Barcelona– pese a los cambios sufridos en su entorno. Hasta aquí llegan, aún hoy, numerosos barceloneses que quieren degustar los auténticos platos marineros en un ambiente en el que todavía es posible imaginarse en otra época debido a su singular ubicación, en pleno casco antiguo del barrio. El precio es un poco elevado, pero la comida vale la pena y se acompaña de una excelente selección de vinos. El otro establecimiento es **La Fitora** (Moll de Gregal, 18-19; telf. 93 221 22 43), restaurante que suma su privilegiada situación a la buena calidad de sus platos de pescado fresco y de marisco. Las vistas al mar resultan excelentes y hacen que la comida gane en interés. Los dueños lo saben y lo hacen pagar, claro está.

CAFÉS

La Rambla y Ciutat Vella

En el número 65 de la calle Sant Pau se encuentra el **Marsella**, que pasa por ser el bar más antiguo de Barcelona, abierto desde 1820. El **Café de l'Opera** (La Rambla, 74) es uno de los que nunca pasan de moda, pese a que fue inaugurado en 1929. En la plaza de Cataluña, en una de las esquinas más famosas y concurridas de la Ciudad Condal, se abre el **Zúrich,** cuyo antiguo local ha sufrido una remodelación pero ha mantenido el atractivo y el público de siempre. Es éste uno de los tradicionales puntos de encuentro en Barcelona.

Entre los locales con más renombre por su papel en la vida cultural y política destaca **Els Quatre Gats** (Montsió, 3 bis), que mantiene aún su carácter tradicional aunque ha ampliado su oferta.

El **Tarkus-Café Rock** (Avinyó, 40) mezcla el café con la música en vivo en un estilo totalmente distinto del que presenta **El Paraigua** (Pas de l'Ensenyança, 2), una de las más bellas cafeterías de la ciudad, instalada en la antigua casa modernista de Paraigües Gallés, de 1902 y con unas arcadas del siglo XVII en el sótano. La música clásica llena permanentemente el ambiente. Otra opción, también relajada pero muy distinta, la propone el **Kasparo** (plaça Vicenç Martorell, 4), cuya terraza se abre a una plaza peatonal.

L'Eixample

En esta zona caracterizada por su ajetreo comercial se han establecido un elevado número de cafés muchos de los cuales son, además, locales musicales durante la noche. En la calle Casp, junto al teatro Tívoli, abre sus puertas el diminuto **Bracafé** (Casp, 4), lugar frecuentado por los actores y donde se degusta un excelente café. La librería café **Laie** (Pau Claris, 85) ofrece a posibilidad, además, de leer algún libro o escuchar un recital.

Otros establecimientos que se reparten el espacio y las manzanas céntricas del ensanche son el **Niza** (plaça Sagrada Familia, 12), **Il Caffé di Francesco II** (pg. Gràcia, 66), **El Café de la Radio** (Casp, edificio Vulcano, 4), el **Hard Rock Café** (plaça Catalunya, 21), el **Café de La Moreneta** (Pau Claris, 323), el **Replay Café** (pg. Gràcia, 60), **La Tramoia** (Rambla de Catalunya, 15), el **Torino** (València/pg. de Gràcia, 59), el **Esquina Brasil** (pasaje Lluís Pellicer, 6), el **Época** (Gran Vía de les Corts Catalanes, 322-324), el

Dietrich Gay Teatro Café (Consell de Cent, 255) o **La Tetera** (Aribau, 137), en cuya oferta tienen protagonismo el té y las infusiones variadas.

Diagonal-Sant Gervasi

Son muchos los cafés que se abren en esta amplia zona de la parte alta de Barcelona, y la mayor parte de ellos lo hacen hasta altas horas de la noche (algunos hasta las 5 h de la madrugada).

En este grupo se encuentran locales como **David** (Tuset, 19), que mantiene abierta su cocina hasta las 5.30 h; **Zig-Zag** (Plató, 13), el **Café di San Marco** (República d'Argentina, 268), **Glamour** (Tuset, 3), que abre hasta las 3 h; **Dreams** (Vallirana, 74), **Jamaica Coffee Shop** (Via Augusta, 54), un auténtico lugar de degustación de café; **La Tierra** (Aribau, 244), **Oliver y Hardy** (av. Diagonal, 593), uno de los más trasnochadores de la ciudad; **Dr. Livingstone... (I suppose)** (Sant Eusebi, 49-51), tradicional taberna inglesa, y la especial **Terraza Atlántic** (av. Tibidabo, 56), con espléndidas vistas de la ciudad.

Gràcia

Los establecimientos que abren sus puertas a las plazas y calles del popular barrio de Gràcia son unos lugares especialmente buenos para disfrutar tomando un café mientras se palpa el ambiente de este singular entorno urbano.

Aquí están locales como el **Haddock Café** (Torrent de les Flors, 51), taberna y cafetería de estilo escocés; el **Café del Sol** (plaça del Sol, 16), una cervecería y cafetería que, lo mismo que el **Café del Teatro** (Torrijos, 41), resume una parte muy importante del ambiente de Gràcia.

No junto a ellos, pero sí en el mismo marco, se encuentran cafeterías y bares como el **I què?** (Topazi, 8); el **Ateneu Café** (Vilafranca, 40), el **Bahía** (Séneca, 12), el **Amadeus** (Mozart, 6), o la **Casa Quimet** (Rambla del Prat, 9).

El Port y La Barceloneta

En las instalaciones creadas para las Olimpiadas también se sitúan un buen número de cafés. Destacan, entre otros, el **Café Café** (Moll de Mestral, 30), que permanece abierto hasta las 3 h de la madrugada; el **Agua** (pg. Marítim de la Barceloneta, 30); el **Panini** (Moll Mestral, 1); el **Favaritx** (pg. Marítim de la Barceloneta, 36) y el **Scandal** (Moll Mestral, 4-5).

EL BARCO DE ÁVILA

ÁVILA. 2.564 habitantes

DEDICADO A LA ACTIVIDAD AGRÍCOLA Y GANADERA, Y ÚLTIMAMENTE AL TURISMO, EL BARCO GUARDA EL SABOR DE PUEBLO CASTELLANO ANTIGUO, DE CULTURA ARRAIGADA Y ARTE SILENCIOSO; UN PASADO QUE SE VIVE EN SU PUENTE MEDIEVAL SOBRE EL TORMES, EL CASTILLO O LA PLAZA PORTICADA. SU UBICACIÓN ENTRE LAS SIERRAS DE BÉJAR Y GREDOS INVITA A DESCUBRIR BELLOS PARAJES NATURALES.

INFO

Oficina de Turismo Municipal
Plaza de España, 1. Telf. 920 340 888.
Abierta en verano, y sólo los fines de semana el resto del año.

Ayuntamiento. Telf. 920 340 013.

DORMIR

HOTEL BELLAVISTA✪✪✪
Ctra. de Ávila, 15.
Telf. 920 340 753.
Consta de 28 habitaciones dobles, algunas reformadas, que son más grandes, bien equipadas y con baño completo, y otras sólo con aseo.
Habitación doble: 72 €.

Turismo rural

EL SOTILLO
Al norte se halla la localidad de **LA HORCAJADA,** con dos casas rurales. Una de ella, El Sotillo (telf. 902 424 141), data del siglo XIX, con patio, salón con chimenea tradicional y tres habitaciones en el piso superior.
Vivienda/ fin de semana: 138-169 €.

POSADA RURAL LA CASA DE ARRIBA
La Cruz, 19. Telf. 920 348 024. En **NAVAREDONDA DE GREDOS.** Casona solariega del siglo XVII. Ubicada en una ladera de uno de los cerros que conforman el casco urbano, lo que permite disfrutar de excelentes vistas.
Habitación doble: 81 €.

Otros hoteles de precio más elevado

Resulta muy recomendable el **Hotel Real del Barco✪✪✪** (ctra. de Soria-Plasencia, km 337; telf. 920 340 844; habitación doble: 60-75 €), moderno y grande, de espléndido emplazamiento en un alto a la salida del pueblo, sobre el río Tormes, hacia cuya orilla se asoma una magnífica terraza. Promueve actividades en la naturaleza: rutas de senderismo, alquiler de caballos o bicis, etc.

COMER

Casas con menú (menos de 15 €)

CASA LUCIO
Pasión, 3. Telf. 920 340 759.
Comedor sencillo y tranquilo, con cocina tradicional y productos de la zona: judías blancas, pimientos rellenos, chuletón de ternera, cochinillo asado y postres caseros.

Restaurantes (de 21 a 36 €)

Uno de los más afamados restaurantes de la zona es **El Casino** (Pasión, 2-1º; telf. 920 341 086). Lleno a la hora del almuerzo, tanto su bar y terraza como su comedor de la planta alta, antiguo casino y sala de baile, con grandes espejos. La especialidad son los asados de leña (lechazo y cochinillo), el chuletón avileño, el solomillo y las judías de El Barco. Además de la carta se puede optar por un buen menú del día.

O BARCO DE VALDEORRAS

OURENSE. 9.242 habitantes

DE ASPECTO SIMILAR A LAS VECINAS LOCALIDADES DEL BIERZO, LA CAPITAL DE VALDEORRAS ES UNA CIUDAD MODERNA EN SU TRAZADO URBANO. SU ECONOMÍA SE BASA EN LA EXPLOTACIÓN E INDUSTRIALIZACIÓN DE LA PIZARRA Y EN LA PRODUCCIÓN VINÍCOLA (SUS VINOS OSTENTAN LA DENOMINACIÓN DE ORIGEN VALDEORRAS). LA CIUDAD TIENE SU ÁREA DE ESPARCIMIENTO EN LAS ALAMEDAS RIBEREÑAS DEL SIL.

INFO

Ayuntamiento
Plaza de España.
Telf. 988 320 202.
www.valdeorras.com
www.turgalicia.es

Casa de Cultura. Estación, 2.
Telf. 988 320 053.

DORMIR

*El **Pazo do Castro** (O CASTRO; telf. 988 347 423, www.pazodocastro.com; habitaciones de cuatro categorías, de 60 a 90 €), es el mejor alojamiento de O Barco y la comarca de Valdeorras, y también dispone de un buen restaurante. La villa no cuenta con una oferta muy variada, pero tampoco se puede decir que sea cara.*

HOSTAL MAYO✪
Eulogio Fernández, 70.
Telf. 988 322 098.
Céntrico. Con la mejor relación calidad-precio.
Habitación doble: 30 €.

HOSTAL VILOIRA✪
Pza. Otero Pedraio, 13. **VILOIRA.**
Telf. 988 322 152.
Pequeño y acogedor alojamiento. Habitaciones con televisión y vistas al palacio, y con buen restaurante-asador en el bajo. Fuera de la corta temporada estival, resulta muy económico. Con acceso para discapacitados.
Habitación doble: 30-48 €.

PENSIÓN A BARCA✪✪
Elena Quiroga, 31.
Telf. 699 366 085.
Otro sencillo y nuevo hospedaje de **VILOIRA,** núcleo desde luego más tranquilo que O Barco. Sin mayores pretensiones. Habitación doble: 35 €.

Otros hoteles de precio más elevado

Situado junto a la carretera y decorado de modo funcional, el **Hotel Espada 2✪✪✪** (**O Castro;** ctra. N 120; telf. 988 322 686; 50-65 €) representa una de las opciones de categoría en la zona.

COMER

No se puede ir uno de O Barco sin probar el botelo (tripa de cerdo con huesos adobados, ahumada) acompañado, a ser posible, con patatas y grelos, todo ello regado con un buen vino local. Alcanzan también un buen nivel la cecina de jabalí y los embutidos. Capítulo aparte merecen los vinos, que tienen Denominación de Origen Valdeorras, con exquisitas variedades autóctonas.

Restaurantes (sobre 24 €)

Correctos, sin grandes pretensiones pero con una cocina muy digna, se pueden recomendar dos establecimientos: **San Mauro** (praza da Igrexa, 11; telf. 988 320 145) y **Fernado III** (avenida del Conde de Fenosa, 61; telf. 988 320 371). Ambos se especializan en buenos y frescos mariscos y pescados fritos o a la plancha y algún guiso de carne. A los anteriores, al otro lado del río es de justicia sumar el **Asador Viloira** (Otero Pedraio, 13; telf. 988 322 152), donde se prepara la carne a la brasa con un toque especial, ideal para carnívoros.

La Posada Galaica (Eulogio Fernández, 37, telf. 988 347 235). Pasa por ser uno de los mejores en relación calidad/precio de la población. Con una buena combinación entre la cocina tradicional y las tendencias más innovadoras. Destacan el entrecot, la carrillera de ternera y los platos con bacalao.

BAZA

GRANADA. 22.220 habitantes

ASENTADA EN LA FALDA ORIENTAL DEL PARQUE NATURAL DE LA SIERRA DE BAZA, FUE DESDE LA PREHISTORIA LUGAR DE ASENTAMIENTOS HUMANOS, TAL Y COMO MUESTRA LA GRAN CANTIDAD DE YACIMIENTOS ARQUEOLÓGICOS CERCANOS.

INFO

Oficina de Turismo
Plaza Mayor, 1. Telf. 958 861 325.
Rutas a caballo
Telf. 958 860 292.

DORMIR

Hotel Robemar✪✪

Ctra. de Murcia, km 175.
Telf. 958 861 290. Es el clásico hotel de carretera, barato pero además con todos los servicios que uno puede necesitar. Televisión, teléfono y baño.
Habitación doble: 40 €.

Hostal Venta del Sol✪✪

Ctra. de Murcia, km 176.
Telf. 958 700 300. Las habitaciones son sencillas, y algo ruidosas las que dan a la carretera. Posibilidad de alojarse en servicio de aparthotel.
Habitación doble: 42 €.

Cuevas del Arroyo

Telf. 958 342 248. Aldea troglodita, con mesón, baños árabes, tetería y cueva para niños. Una opción de alojamiento acorde con el lugar.
Casa-cueva, sin cocina: 79-110 €.

EL TAPEO

Es en el centro donde se localizan los mejores bares. Se puede empezar por la calle Castaño, en el bar **Los Tubos** y en el **Andaluz,** con magníficas terrazas en verano. En la plaza de las Eras, **La Dama** y el **Rincón del Poeta;** en estos sitios, además de tapas, abren a media tarde ambientadas terrazas. Bajando por los Caños Dorados, está **La Solana,** en la calle Serrano, donde ponen buenísimos "tigres" y "corbatas". Desde aquí, merece la pena acercarse a **La Bodeguilla** de la plaza de Santo Domingo y probar en su agradable terraza, unos caracoles.

En la plaza de San Francisco se ubica **El Mesón,** con infinidad de tapas variadas. **El Abuelo** y **La Avenida,** en José de Mora, son una fiesta; su especialidad: jamón asado y migas, los jueves, y paella, los domingos. En la calle Cádiz se sitúa **Rancho Grande,** con buen vino del país. Para terminar la ruta lúdico-gastronómica hay que ir a **Los Picantes,** hacia Caniles (frente al campo del fútbol), para tomar buen choto al ajillo o arroz con conejo.

COMER

Casas con menú (menos de 15 €)

Los Cántaros

Arcipreste Juan Hernández, s/n.
Telf. 958 701 754. En su comedor, de estilo entre castellano y andaluz, se sirven todo tipo de carnes a la brasa y al horno.

La Curva

Corredera, 13. Telf. 958 700 002. Su aspecto exterior antiguo no desmerece los condumios que salen de sus fogones. Entre sus aciertos están la sopa de marisco, el salmón y las quisquillas.

Mesón Los Moriscos

Cava Alta, 2. Telf. 958 703 632. En este local, decorado con farolillos y yeserías al estilo de los palacios nazaríes, lo mejor es dejarse aconsejar. Sin carta, pero con buenos y sencillos preparados. Buena barra de tapas.

Mesón Siglo XX

Solares, 5. Telf. 958 702 625. Se caracteriza por su limpieza y rapidez en el servicio. Comidas caseras: *gurullos*, fritadas y ajillo.

BEGUR

GIRONA. 2.736 habitantes

ES BEGUR UNA POBLACIÓN QUE, PESE A SER COSTERA, NO SE ENCUENTRA VOLCADA HACIA SUS PLAYAS. ASÍ, PESE A ESTAR DE ESPALDAS AL MAR, VIVE CLARAMENTE DE ÉL, O LO QUE ES LO MISMO, DEL TURISMO QUE SU COSTA ATRAE. QUIZÁS POR ELLO SE TRATA DE UN TURISMO DIFERENTE, MENOS MASIFICADO, QUE EL QUE SE ENCUENTRA EN OTROS PUNTOS DE LA COSTA BRAVA.

INFO

Oficina de Turismo
Av. Onze de Setembre, 5.
Telf. 972 624 520.
www.begur.org

DORMIR

A pesar de la fama y el renombre que posee Begur, la oferta hotelera no resulta demasiado amplia. La calidad, más que la cantidad, es la norma general. El ***Parador de Turismo de Aiguablava✪✪✪✪*** *(platja de Aiguablava; telf. 972 622 112; www.parador.es), situado en una cala cercana, es su mejor exponente.*

Residencia Sa Barraca✪✪

Ctra. Fornells. Telf. 972 623 360.
Nada más entrar en la recepción se nota algo especial. Quizás sea su pequeñez, pero el caso es que uno se siente cómodo, sensación que no desaparece durante todo el tiempo en que uno se aloja en alguna de sus cuatro habitaciones y disfruta de las espléndidas vistas al mar que se obtienen desde sus terrazas. Habitación doble: 50-70 €.

Hostal Sa Rascassa✪✪

Ctra. d'Aiguafreda, 3.
Telf. 972 622 845.
Dispone tan sólo de cinco habitaciones, pero esta pensión ofrece un trato espléndido y personalizado. Resulta muy agradable.
Habitación doble: 75-105 €.

Otros hoteles de precio más elevado

Se recomienda el **Hotel Bonaigua✪✪✪** (platja de Fornells; telf. 972 622 050; habitación doble: 102-110 €), situado junto al mar y con buenas vistas, y el **Hotel Rosa✪✪** (Pi i Ralló, 19; telf. 972 623 015; habitación doble: 70-105 €) en el centro. Buen nivel de servicios.

COMER

Casas con menú (menos de 15 €)

Can Maurici

Pi i Ralló, 3. Telf. 972 622 010.
Probar una buena cocina catalana es algo que resulta fácil en Can Maurici, un céntrico restaurante de menú, con no muchas mesas y agradable trato personal.

Restaurantes (sobre 30 €)

Mas Comangau (carrer Ramon Lluc, 1; telf. 972 623 210) es una masía, muy cálida y acogedora, donde se degustan platos de la cocina regional y mediterránea.

BÉJAR

SALAMANCA. 16.662 habitantes

CIUDAD INDUSTRIOSA Y TURÍSTICA, SITUADA EN LA RUTA DE LA PLATA. INMERSA EN LA SIERRA QUE PRESIDE, BÉJAR ES EL EPICENTRO DE PAISAJES INDESCRIPTIBLES CONFORMADOS POR LAGUNAS, CIRCOS, VALLES Y CUMBRES ESCARPADAS.

INFO

Oficina de Turismo
Paseo de Cervantes, 6.
Telf. 923 403 005. Visitas guiadas.

Ayuntamiento
Plaza Mayor, 7. Telf. 923 400 115.
www.ayuntamientobejar.com

Taxis
Hay tres paradas de taxis en los principales puntos del pueblo: en la Estación de Autobuses, en la Plaza Mayor y en la plaza de España. Telf. 923 400 002.

DORMIR

HOSTAL BLÁZQUEZ SÁNCHEZ✪✪

Travesía de Santa Ana, 6.
Telf. 923 402 400. Tranquilo y céntrico, muy coqueto en su decoración y en lo acertado de su iluminación.
Habitación doble: 40-75 €.

HOSTAL LA OTRA CASA✪✪

Travesía Zúñiga Rodríguez, 1.
Telf. 923 410 851. Nuevo establecimiento, sencillo y acogedor. Habitación doble con baño: 40-50 €. Destaca la curiosa y casera cafetería.

Otros hoteles de precio más elevado

El **Hotel Colón**✪✪✪ (Colón, 42; telf. 923 400 650; habitación doble: 63-75 €) es moderno y céntrico, con amplias habitaciones y piscina climatizada. Dispone de accesos para discapacitados y admite perros.

La **Casa Inglesa del Castañar** (Rodeos del Castañar, 25; telf. 923 404 499) es un establecimiento rural muy agradable. La casa cuenta con cuatro habitaciones dobles; tiene un precioso jardín con castaños, piscina y biblioteca. La decoración está muy cuidada. Como en la mayoría de las casas rurales, el trato es muy familiar y acogedor. Habitación doble: 55-89 €.

En **VALLEJERA DE RIOFRÍO,** a pocos kilómetros de Béjar, se halla el **Hotel Cubino**✪✪✪ (Ctra. N 630, km 408,500; telf. 923 404 600; 75-90 €), una especie de hotel-balneario con sauna y piscina climatizada. Las habitaciones están decoradas como corresponde al típico hotel serrano o a una estación de esquí. Alquiler de bicicletas, gimnasio, canchas de tenis y excursiones a caballo.

COMER

A pesar de ser una ciudad turística y el punto de partida para conocer la sierra y sus alrededores, Béjar no está sobrada de restaurantes y la mayoría están especializados en servir menús baratos para grupos grandes que llegan en autocar. El resto ofrece embutidos y cocina castellana, pero a un precio más elevado.

Casas con menú (menos de 15 €)

CASA PAVÓN

Plaza Mayor, 3. Telf. 923 400 710.
Pequeño restaurante bien ubicado y muy recomendable para comer de menú. Especialidad: los platos típicos bejaranos.

EL ESPAÑOL

Pardiñas, 4.
Telf. 923 401 997.
Uno de los más recomendables si se trata de un grupo grande. Dispone de varios salones.

EL METRO

Ctra. de la Estación, 5.
Telf. 923 401 057.
Cocina de la comarca en un sencillo restaurante en el que se puede comer a la carta por unos 20 €.

Restaurantes (de 21 a 36 €)

La Plata (Ctra. de la Estación, 1; telf. 923 400 282) es un asador castellano especializado en preparar menús para grandes grupos. Asequible dependiendo de lo que se pida de la carta (olvidaros del marisco). Otra buena opción es **El Quijote** (Travesía de la Cruz, 9; telf. 923 402 401) que aunque su selecta carta puede disparar nuestro presupuesto, también se pueden degustar tapas y raciones de parrilla.

BELCHITE

ZARAGOZA. 1.570 habitantes

BELCHITE ES UN PULCRO PUEBLO NUEVO, CON VIVIENDAS UNIFAMILIARES TRANQUILAS, CALLES AMPLIAS Y URBANISMO EJEMPLAR. LAS RUINAS DEL ANTIGUO PUEBLO, QUE SUFRIÓ UNA CRUENTA BATALLA EN 1937, QUEDAN COMO UNO DE LOS PAISAJES URBANOS MÁS ESTREMECEDORES QUE PUEDAN EXISTIR.

DORMIR

CASA ABUELA PILAR

Cortes de Aragón, 5. **FUENDETODOS.**
Telf. 610 988 758. Muy cerca de Belchite. Casa típica aragonesa de piedra, restaurada, ubicada en el núcleo urbano. Tres habitaciones dobles.
Casa/fin de semana: 250-350 €.

COMER

EL PUEYO

Ctra. Zaragoza, s/n. A-222, km 1,2.
Telf. 976 830 827. Platos de cocina casera elaborados a partir de los productos de la zona. Ambiente familiar y un precio a corde con la calidad.
Menú: 9 €.

BELMONTE

CUENCA. 2.539 habitantes

LOS ORÍGENES DE BELMONTE SE REMONTAN AL SIGLO XII, CUANDO ALFONSO VIII DE CASTILLA RECONQUISTA ESTAS TIERRAS DOMINADAS POR LOS MUSULMANES. SU CONJUNTO MONUMENTAL NOS RECUERDA LA IMPORTANCIA POLÍTICA Y CULTURAL QUE ALCANZÓ DESDE LA EDAD MEDIA. CUNA DE FRAY LUIS DE LEÓN, LO FUE TAMBIÉN DE LOS HERMANOS JUAN PACHECO, MARQUÉS DE VILLENA, Y PEDRO GIRÓN, PRETENDIENTE DE ISABEL DE CASTILLA.

INFO

Oficina de Turismo
Lucas Parra, 20.
Telf. 967 170 741.
En el castillo también proporcionan todo tipo de información.
www.castillalamancha.es/turismo

Ayuntamiento
Telf. 967 170 008.

Parada de autobuses
Paseo de Nuestra Señora de Gracia. Comunicación con Madrid, Cuenca, Albacete y Valencia.

DORMIR

Pese a que Belmonte es una población con un gran conjunto histórico, sólo tiene dos alojamientos dignos de mención y varias fondas. La relación calidad-precio es excelente.

HOTEL PALACIO BUENAVISTA✪✪

José Antonio González, 2.
Telf. 967 187 580.
Fax: 967 187 588.
Situado en la parte más alta del pueblo, junto a la iglesia de San Bartolomé, es un edificio del siglo XVI recientemente restaurado, en el que destaca el bello patio interior cubierto. Todas las habitaciones están decoradas en estilo rústico y la mitad de ellas tienen una magnífica vista del castillo. Dispone de todos los servicios de un gran hotel.
Habitación doble: 77 €.

PENSIÓN LA MURALLA✪✪

Osa de la Vega, 1. Telf. 967 171 045.
Alojamiento más modesto que el anterior, situado en la parte baja de Belmonte y muy cerca de la ermita de Nuestra Señora de Gracia. Su decoración es muy sencilla y la limpieza absoluta. Todas las habitaciones son exteriores. Habitación doble: 40-50 €.

COMER

Al encontrarse en el límite de las provincias de Cuenca y Albacete, recibe influencias de ambas. Sus platos típicos son el morteruelo, a base de hígado de cerdo y carne, la perdiz escabechada, las gachas, el ajopringue, la caldereta de cordero y el gazpacho manchego.

Casas con menú (menos de 15 €)

Almudí
Antonio Ruiz, 2.
Telf. 967 187 612.
A unos metros de la puerta del mismo nombre se encuentra este restaurante cuya relación calidad-precio es excelente: generosos platos elaborados con productos frescos de primerísima calidad. Carnes como el cordero y el codillo estofado forman parte de su especialidad.

Juanito
Gerardo Delgado, 36. Telf. 967 170 140.
Establecimiento sencillo y modesto dedicado a la cocina casera tradicional.

Kiko
Ramón y Cajal, 2.
Telf. 967 187 554.
Modesto bar de carretera, que ofrece un menú de platos de elaboración casera a precios muy asequibles.

La Muralla
Osa de la Vega, 1. Telf. 967 171 045. Su gran terraza, junto a la tranquilidad del ambiente, hacen de este restaurante el lugar perfecto para los amantes de la cocina manchega. A la carta supera los 24 €.

Palacio Buenavista
José Antonio González, 2.
Telf. 967 187 580.
El restaurante del Palacio Buenavista está considerado el mejor de Belmonte. En el comedor, de estilo rústico, se sirve una esmerada cocina manchega. Además tiene un excelente menú degustación.

BENALMÁDENA

MÁLAGA. 45.686 habitantes

Localidad turística de primer orden, enclavada en las estribaciones de la Sierra de Mijas. Cuenta con una amplia oferta de ocio y diversión que va desde la visita a su blanco y acogedor casco antiguo, hasta el parque de atracciones Tívoli, el casino de Torrequebrada o sus playas.

INFO

Oficinas de Turismo
Avda. del Sol, s/n Telf. 670 300 279.
Avda. del Cosmos, s/n.
Telf. 952 560 675.
En verano instalan casetas de información en la avda. de Antonio Machado y a la salida de la Autovía en dirección Arroyo de la Miel.
www.benalmadena.com

DORMIR

La amplia oferta de alojamientos se concentra básicamente en la zona de Benalmádena Costa, donde se halla, por ejemplo, el ***Aleysa Playa****✪✪✪✪ (avda. Antonio Machado, 54; telf. 952 576 100; habitación doble: 135-265 €). Aunque son muchos los hoteles y apartamentos, conviene reservar habitación, sobre todo en verano.*

Hotel La Fonda✪✪✪
Sto. Domingo, 7. Telf. 952 568 273.
www.fondahotel.com
Bello edificio blanco de marcado carácter andaluz y excelente equipamiento. Entre otras cosas destaca la piscina climatizada instalada en uno de sus patios. Habitación doble, según temporada: 70-105 €.

Hotel Bali✪✪
Avda. de la Telefónica, 7.
Benalmádena Costa.
Telf. 952 441 940. Este gigantesco hotel está situado a 250 m de la playa. Cuenta con los servicios de los grandes hoteles, tales como programa de animación, varias piscinas de verano y una de invierno, pista de *squash*, etc. Desde 49 €, aunque en meses de verano ofrece estancias de una semana completa a buen precio.

Hotel Balmoral✪✪
Avda. Antonio Machado, 1. **Benalmádena Costa.** Telf. 952 443 641. Sus habitaciones, con vistas al mar o a la piscina, cuentan con una agradable terraza, teléfono, televisión, caja de seguridad y baño completo.
Habitación doble: 60-99 €.

Hotel Plazoleta✪✪
En el centro de Benalmádena pueblo.
Telf. 952 448 197.
www.fondahotel.com
Encantador establecimiento, situado en el casco viejo.
Habitación doble: 48-80 €.

Otros hoteles de precio más elevado

Destaca el **Hotel Best Benalmádena**✪✪✪✪ (Avda. Antonio Machado, 29; telf. 952 445 088; habitación doble desde 90 €) abierto recientemente, y el **Hotel Torrequebrada**✪✪✪✪✪ (avenida del Sol, s/n; telf. 952 446 000; habitación doble: desde 90 €) el más caro y lujoso de la lista.

EL TAPEO

En Benalmádena pueblo
Entre sus estrechas y tortuosas callejuelas, y principalmente en la céntrica plaza de España, es donde se sitúan la mayoría de los sitios de vinos y pinchos. La mejor hora es la de la cena. En la avenida del Chorrillo está **Borrego,** con buenos boquerones y chuletas de cordero, y llegando a la plaza principal del pueblo se hallan las agradables terrazas del **Plaza** y **Manao's,** con un excelente jamón.

En Arroyo de la Miel
En la calle de la Constitución se concentran un gran número de bares con buenas tapas y raciones entre los que cabe destacar **Pepe,** con una amplia lista para elegir, y **Begoña,** famoso por el bacalao. Pecado sería no probar los tigres o las croquetas caseras de **La Mezquita** (en la plaza del mismo nombre). La barbacoa es cosa de **Casa Emilio** (centro comercial San Juan, locales 36 y 18). Pero, sin duda alguna, es el **Bodegón Pajarete** (Extremadura, 10), la meca del tapeo. Exquisitas son las codornices a la plancha y los filetitos. Cerca de la Plaza de San Juan, **Er Tapeo,** ofrece una gran variedad de tapas.

COMER

La gastronomía benalmadenera comparte sus platos típicos con la mayoría de las localidades de la Costa del Sol. Así, el ajo blanco, *la* berza con jamón *y el* pescaíto frito *constituyen las especialidades más apreciadas de una cocina que ha adquirido un carácter internacional.*

Casas con menú (menos de 15 €)

La Viborilla
Ctra. de Cádiz, km 218.
Benalmádena Costa.
Telf. 952 560 162.
Situado en la playa del mismo nombre, con una agradabilísima terraza-jardín y vistas al mar, cuenta con una amplia carta cuya especialidad es la parrillada y la paella. Buena relación calidad-precio.

Begoña
Avda. de la Constitución, local 22.
Telf. 952 564 132.
En pleno **Arroyo de la Miel** se halla esta casa de comidas caseras cuya especialidad es el bacalao en todas sus variedades.

Restaurantes (sobre 22 €)

Para degustar cocina tradicional malagueña en un marco de gran sabor, debéis visitar el **Ventorrillo de la Perra** (avda. de la Constitución, 85; **Arroyo de la Miel;** telf. 952 441 966). Cocina bien elaborada en **Casa Fidel** (Maestra Ayala, 3; telf. 952 449 165). Y por último, el restaurante **La Entrada II** (avda. de Bonanza; telf. 952 443 393)**,** ofrece cocina tradicional. Todo de calidad y a buen precio.
Frente a Nueva Torrequebrada está **El Embarcadero** (ctra. de Cádiz A7, km 218; telf. 952 440 456) donde se disfruta de arroces, mariscos, pescados y carnes muy bien elaborados, en un marco encantador, al borde mismo del mar. De estilo parecido destaca **La Cala** (ctra. de Cádiz A7, km 220; playa Torrevigía).

Los establecimientos de esta guía han sido comprobados y seleccionados por su buena relación precio-calidad. En ningún caso han desembolsado cantidad alguna por aparecer en esta guía.

BENASQUE

HUESCA. 1.832 habitantes

ENCLAVADA EN UN VALLE EN ARTESA TÍPICAMENTE ALPINO, BENASQUE ES UN IMPORTANTE ENCLAVE TURÍSTICO QUE, A SU INIGUALABLE PAISAJE CIRCUNDANTE, UNE LA PROXIMIDAD DE LA ESTACIÓN INVERNAL DE CERLER Y EL ATRACTIVO DE UN URBANISMO CARACTERÍSTICO, ENTRAÑABLE Y BIEN CUIDADO.

INFO

Oficina de Turismo
San Sebastián, 5. Telf. 974 551 289.
www.benasque.org

Ayuntamiento
Pza. del Ayuntamiento, 1.
Telf. 974 551 001.

DORMIR

HOTEL EL PILAR✪

Ctra. de Francia. Telf. 974 551 263.
Por si se desea estar más cerca del Aneto, este hotel os librará de los atascos agosteños, al estar situado al norte del casco urbano y poseer además garaje. Las habitaciones, como en cualquier alojamiento de la villa, presentan buenas condiciones de calidad.
Habitación doble: 50-68 €.

HOSTAL CASA CORNEL✪✪

Obispo, 11. **CERLER.** Telf. 974 551 102. Un amplio patio empedrado y una casa con balcón corrido de dos pisos es un agradable lugar donde residir durante uno o varios días. Eso sí, hay que subir, dicen, al pueblo más alto del Pirineo, a Cerler. Habitación doble: 40-60 €.

Turismo rural

CASA SANCHO

Mayor, 20.
Telf. 974 551 471 y 902 494 141.
Casa de nueva construcción que sigue el estilo en piedra de la zona.
Dispone de tres apartamentos. Capacidad de cuatro y seis personas.
Precio del partamento por noche: 66 €, en temporada baja.

CASA PICHUANA

Telf. 974 551 275.
Casa de estilo tradicional ubicada en pleno casco urbano de Benasque. Dispone de dos apartamentos para cuatro personas.
Habitación doble: 45-50 €.
Apartamento día: 75-102 €.

Otros hoteles de precio más elevado

En el centro de Benasque se localiza el **Hotel Ciria**✪✪✪ (avda. de los Tilos, s/n; telf. 974 551 612; 69-98 €, precios por habitación doble, según sea la temporada), con habitaciones bien equipadas y muy acogedoras.

COMER

Casas con menú (menos de 15 €)

EL PESEBRE

Mayor, 47-49. Telf. 974 551 507.
Especializado en platos regionales y cocina casera. Buen menú.

AVENIDA

Avda. Los Tilos, 14. Telf. 974 551 126.
Ambiente y cocina familiar, con una buena relación calidad-precio.

Restaurantes (de 20 a 30 €)

El restaurante del hotel Ciria, **El Fogaril**, es un local de prestigio que ha obtenido varios premios. Cocina tradicional renovada.

La Parrilla (ctra. de Francia, s/n; telf. 974 551 134), es una opción a tener en cuenta si lo que se busca es una cocina de autor con platos elaborados pero sin olvidar la tradición familiar.

En **ANCILES** se ubica el restaurante **Ansils** (General Ferraz, 13; telf. 974 551 150). Ofrece una cocina tradicional, con especial atención en las carnes a la brasa y los platos de caza.

BENAVENTE

ZAMORA. 16.055 habitantes

CONOCIDA COMO "VILLA DE LOS CONDES" Y ENCLAVADA EN LA TIERRA DE CAMPOS, BENAVENTE ES UN IMPORTANTE CRUCE DE CAMINOS ENTRE EL CENTRO DE LA PENÍNSULA Y LA CORNISA CANTÁBRICA. ADEMÁS ES LA SEGUNDA POBLACIÓN EN IMPORTANCIA DESPUÉS DE LA CAPITAL DE LA PROVINCIA.

INFO

Oficina de Turismo
En la Casa del Cerrato.
Pza. de la Encomienda.
Telf. 980 634 211. Informa sobre las diversas actividades culturales, ciclo de teatro y talleres, etc.
www.benavente.net

Autobuses
Avda. del Ferial, 100.
Telf. 980 632 711.

Taxis
Pza. de la Madera, 16.
Telf. 980 632 753/ 637 490/ 635 111.

DORMIR

*Al tratarse de un importante nudo de comunicaciones, Benavente ofrece un abanico de posibilidades, que van desde el elegante **Parador**✪✪✪✪ (paseos Ramón y Cajal, s/n; telf. 980 630 300; 85-123 €) a otras ofertas más económicas. En general los precios son asequibles y la calidad es mayor en los establecimientos más modernos.*

HOTEL ORENSE✪✪

San Antón Viejo, 4. Telf. 980 630 156.
Uno de los más conocidos y céntricos. Tiene aire acondicionado en las habitaciones, pero está un tanto descuidado en su estado general.
Habitación doble: 45 €.

HOTEL RÍA DE VIGO✪✪

Avda. del Ferial, 29.
Telf. 980 637 488. Es un pequeño hotel muy nuevo, con una decoración algo ostentosa. Dispone de dos comedores: el "dorado" y el "rústico", y un luminoso patio con claraboya. Muy recomendable. 48-55 €.

HOTEL ARENAS✪

Ctra. de Madrid, km 261.
Telf. 980 630 334. Hotel de carretera. Las habitaciones son 37 y todas disponen de televisión.
Habitación doble: 52 €.

HOSTAL ALAMEDA✪✪

Ctra. Madrid-La Coruña, km 262.
Telf. 980 633 847.
Hotel de carretera con instalaciones más modestas que las del Arenas. Está alejado del centro, pero resulta barato si se está de paso en la ciudad.
Habitación doble: 40-60 €.

HOSTAL COVADONGA✪✪

Avda. Federico Silva, 16.
Telf. 980 637 280.
Alejado del casco urbano, está situado sobre una cafetería. Las habitaciones, amplias y perfectamente equipadas, están limpísimas. La amabilidad impera en el trato al cliente.
Habitación doble: 35 €.

HOSTAL RÍA DE VIGO✪✪

Telf. 980 631 779. En el hotel homónimo. Trato familiar y agradable. Las habitaciones huelen a limpio. El restaurante está especializado en comida gallega: pescado y marisco de calidad.
Habitación doble: 30 €.

HOSTAL UNIVERSAL✪✪

Sanctis Spiritus, 17. Telf. 980 631 998.
Empresa familiar, se halla en la zona de tapeo y copas de Benavente. Su lujosa recepción no se corresponde con el interior, aunque está cuidado con mimo por sus dueños y el trato es agradable. Habitación doble: 45 €.

Otros hoteles de precio más elevado

Es recomendable el **Hotel Tudanca Benavente**✪✪✪ (ctra. de Madrid, km 268, salida 266; telf. 980 636 466; 50-60 €). Moderno y funcional pero con todas las comodidades.

Turismo rural

En las cercanías de Benavente, y más concretamente de las Lagunas de Villafáfila, encontramos algunos alojamientos rurales de alquiler completo con una buena relación calidad-precio. En **VIDAYANES** se encuentra **La Higuera** (Zamora, 10; telf. 980 665 319; precio de la casa el fin de semana: 300 €). Casa antigua rehabilitada en tapial y madera. Ofrece 5 habitaciones dobles.

El Rincón de la Villa (Rosario, 27; telf. 980 591 942; precio casa/fin de semana: 360 €) lo encontraremos en la localidad de **VILLAFÁFILA**. Posee 4 habitaciones dobles, además de salón con chimenea, porche y jardín. Muy acogedora.

En **CERECINOS DE CAMPOS** destacan dos alojamientos rurales, por un lado **Las Bodegas** (Primo de Rivera, 26; telf. 980 669 101; casa/fin de semana: 300 €). Sus 5 habitaciones están decoradas en estilo rústico y castellano como el resto de las estancias. Además cuenta con una bodega subterránea y patio con piscina; y por otro lado, **Casa Lobo** (avda. Baltasar Lobo, 7; telf. 983 356 113; casa/fin de semana: 175 €). Esta casa de dos plantas, moderna y cómoda, ofrece 2 habitaciones dobles y una simple.

COMER

Casas con menú (menos de 15 €)

LA TRUCHA
La Viña, 5. Telf. 980 634 270. Cocina casera de temporada con platos como: trucha escabechada, pollo de corral y carnes a la brasa.

RÍA DE VIGO II
Avda. Federico Silva Muñoz, 8.
Telf. 980 636 306. Especialidades de cocina gallega en un anodino restaurante en el que, por contra, resulta muy asequible comer marisco o una buena ración de pulpo.

Restaurantes (desde 21 a 36 €)

El mesón **El Ermitaño** (ctra. A 6, km 1; telf. 980 632 213) ocupa un caserón del siglo XVII rodeado de vegetación. Está especializado en asados al horno de leña, aunque en la carta se encuentran también exquisiteces como carpaccio de rape o ensalada templada de pimientos con ventresca. Los postres son elaborados con esmero según recetas caseras.

Un inmenso reclamo junto a la puerta del **Mesón del Abuelo** (avda. El Ferial, 88; telf. 980 634 414) llama a degustar sus afamadas carnes a la parrilla. Calderos de cobre y muebles rústicos castellanos. También es recomendable el **Rey Fernando II** (paseos de la Mota, s/n; telf. 980 630 300), el restaurante del Parador, que está situado en el castillo de los Condes de Benavente y en medio de los jardines de la Mota. Cocina regional y platos de cocina internacional. Ofrece menús para bolsillos menos pudientes.

Por último, cabe destacar **El Pícaro** (Dominicas, 4; telf. 980 631 793) y **Lord Byron** (La Mota, 9; telf. 980 634 182). Ambos ofrecen gran variedad de productos de temporada, además de buenos pescados y mariscos en el primero y excelentes carnes de la zona en el segundo.

BENICÀSSIM/ BENICASIM

CASTELLÓN. 12.456 habitantes

LA BONDAD DE SU CLIMA, MÁS DE 6 KM DE PLAYAS Y UN ENTORNO NATURAL DE EXCEPCIÓN COMO ES EL PARAJE NATURAL DEL DESIERTO DE LAS PALMAS, HAN CONVERTIDO A BENICÀSSIM EN UN IMPORTANTE DESTINO TURÍSTICO TANTO A NIVEL NACIONAL COMO EUROPEO.

INFO

Tourist Info Benicàssim-Ayuntamiento
Santo Tomás, 74.
Telf. 964 300 102.
Tourist Info Benicàssim-Heliópolis
Avda. Ferrandis Salvador.
Abierto en verano.
Tourist Info Benicàssim-Torre San Vicente
Pº Marítimo Bernat Artola. En verano.
www.benicassim.org

DORMIR

HOTEL TRAMONTANA✪✪
Avenida Ferrandis Salvador, 6.
Telf. 964 300 300.
Situado cerca de la **PLAYA TORRE DE SAN VICENTE.**
Las habitaciones son muy cómodas y la decoración parece algo más cuidada que la habitual en hoteles costeros. Habitación doble: 46-55 €.

HOTEL AVENIDA✪
Avda. Castellón, 2.
Telf. 964 300 047.
Pequeño alojamiento en el casco antiguo con refrescante piscina y habitaciones sencillas, pero bien equipadas. Habitación doble: 33-106 €.

Otros hoteles de precio más elevado

El **Intur Bonaire✪✪✪✪** (avenida de Gimeno Tomás, 3; telf. 964 392 480; habitación doble: desde 150 €) y el **Intur Azor✪✪✪** (avenida de Gimeno Tomás, 1; telf. 964 392 000; habitación doble: desde 150 €), de la misma cadena, representan una nueva generación de hoteles de playa, cuyas habitaciones albergan detalles con encanto y armonía.

COMER

Casas con menú (menos de 15 €)

CASA TERESA
Estatut, 23. Telf. 964 301 327. Comida casera en la que abundan el pescado y las carnes, con especialidades como arroces y fideuàs.

LA MANDUCA
Santo Tomás, 69. Telf. 964 301 718. Cocina mediterránea a buen precio, sobre todo en el menú. Elaboración artesanal de pizzas..

Restaurantes (sobre 30 €)

Otra opción, con una amplia variedad en la carta de platos de cocina mediterránea, es **Les Barraques**(avenida jaume I, 217 ; telf. 964 300 248). Se especializa en arroces, mariscos, carnes y pescados, destacando las gambas rojas de Dènia. Varios salones, con jadín.

BENIDORM

ALICANTE. 52.000 habitantes

ODIADO O AMADO, BENIDORM ES UNA CIUDAD QUE NO DEJA IMPASIBLE. UNA BAHÍA CON EXTENSAS PLAYAS Y SU MICROCLIMA DIERON EL BANDERAZO PARA QUE EL CEMENTO CREARA "EL PEQUEÑO MANHATTAN" DE LA COSTA BLANCA; UN ORGANISMO VIVO QUE ES UNA FÁBRICA DE DIVERSIÓN. PLAYA, EL PARQUE TEMÁTICO DE TERRA MÍTICA, BUENAS TEMPERATURAS Y, POR ENCIMA DE TODO, VARIEDAD, PUES GENTE DE TODO TIPO VIENE EN BUSCA DE TODO LO QUE LA CIUDAD OFRECE.

INFO

Tourist Info Benidorm-Centro
Martínez Alejos, 16. Telf. 96 585 13 11.
Tourist Info Benidorm-Rincón Loix
Derramador, s/n. Telf. 96 680 59 14.
Tourist Info Benidorm-Europa
Avda. Europa, s/n. Telf. 96 586 00 95.
Tourist Info Terra Mítica. Ctra. Benidorm-Finestrat. Camino de Moralet, s/n. Telf. 96 683 51 91. www.benidorm.org

DORMIR

*En general hay buenos hoteles. Destaca como uno de los más tradicionales el **Cimbel✪✪✪✪** (avda. Europa, 1; telf. 96 585 21 00; habitación doble: 115-210 €), con instalaciones y niveles de servicio más que aceptables.*

HOTEL MONTEMAR✪✪✪
San Pedro, 16.
Telf. 96 585 06 00.
www.hmontemar.com
Situado en una de las zonas más tranquilas de la ciudad. Desde la terraza se puede ver la playa de Poniente y un mar de palmeras. Las habitaciones resultan muy cómodas y agradables. Cierra en invierno.
Habitación doble: 67-133 €.

HOTEL ACAPULCO✪✪
Ricardo Bayona, 7.
Telf. 96 585 15 48. A un paso de la playa se ubica este gran hotel. Las habitaciones son sencillas, pero tienen refrigeración y calefacción.
Habitación doble: 80-120 €.

HOTEL FLEMING✪✪
Maravall, 11. Telf. 96 585 32 62.
Las habitaciones están muy bien, por lo que es aconsejable reservar con antelación. A un paso de la playa, pero alejado de pubs y chiringuitos. Cierra en invierno. 75-133 €.

HOTEL SOL Y SOMBRA✪✪
Florida, 7. Telf. 96 585 18 44.
De lo mejor, teniendo en cuenta sus renovadas habitaciones. El aire acondicionado y una refrescante piscina completan la oferta de este económico alojamiento. 65-105 €.

HOSTAL LOPE DE VEGA✪✪
Severo Ochoa, 9. Telf. 96 585 41 54.
Con habitaciones amplias y confortables, además de unas buenas instalaciones por su variedad. Abre todo el año. Habitación doble: 55-84 €.

Otros hoteles de precio más elevado

En la zona llamada La Cala, a las afueras de Benidorm, junto a la playa de Poniente se halla el **Gran Hotel Delfín✪✪✪✪** (telf. 96 585 34 00; habitación doble: 112-165 €), rodeado de un bello jardín de plantas tropicales. En la misma zona, el **Poseidón Playa✪✪✪** (avda. Armada Española, s/n; telf. 96 585 48 50; 88-130 €) resulta tranquilo y está bien equipado. En la zona de la playa de Levante se puede optar entre el **Poseidón✪✪✪** (avda. Esperanto, 9; telf. 96 585 02 00; 85-115 €) o el **Diplomá-**

tic✪✪✪✪ (Gerona, 9 y 11; telf. 96 585 44 50; 90-130 €), ambos con un buen nivel de servicios. El **Belroy Palace**✪✪✪✪ (avda. Mediterráneo, 13; telf. 96 585 02 03; desde 130 €), bien situado en la zona más turística, no lejos del mar, es un hotel grande y moderno.

EL TAPEO

"Los vascos" es como se conoce a un conjunto de bares-restaurantes que se encuentran en los alrededores de la plaza de la Constitución y la calle Santo Domingo. Su punto en común es el origen norteño de sus dueños, que acabaron asentándose e imponiendo sus ricas y sabias costumbres. En **La Cava Aragonesa,** la variedad está por encima de todo, en un mostrador repleto de raciones. El **Aurrerá** es sidrería, bodegón y restaurante. En **Easo Berri** hay pinchos donostiarras y excelentes raciones en **Gaztelutxo** y **Santurtzi.** Cerca de la plaza de la Constitución, en la calle empedrada de Costera del Barco, se encuentra uno de los rincones con más sabor mediterráneo, donde se toma el fresquito y tapas en **La Rana.** La guinda a la ronda de *pintxos*, tapas y raciones la pone en M. Oriola el **Eguzki,** con sus pimientos, albóndigas y callos, y el señero mesón **Alameda,** local muy apreciado por los lugareños.

COMER

Casas con menú (menos de 15 €)

L'ALBUFERA
Gerona, 3. Telf. 96 586 56 61.
Local que ofrece menús de día y de noche, compuestos por tres platos y postre. Cuenta con una amplia barra de raciones y tapas, además de los famosos arroces levantinos que hacen honor a su nombre.

ESTURIÓN
Panamá, edif. Esturión.
Telf. 96 586 67 00. Cocina casera y mediterránea. Ideal para grupos.

IGUELDO
Avda. de Cuba, 3. Telf 96 585 20 05.
Sencillo establecimiento donde ofrecen por un módico precio en el menú cocina casera de tempoda. Con especialidad en paella.

PARRILLA EL CHULETÓNS
Avda. Dr. Orts Llorca, 20.
Telf. 96 585 02 01. Tiene una carta bastante ajustada, compuesta principalmente por carnes a la brasa.

RÍAS BAIXAS
Pza. Torreó, 3.
Telf. 96 585 50 22.
Rape a la marinera, solomillo a la pimienta e incluso unas cigalas a la plancha son asequibles. Este enorme local es muy funcional. Destaca su terraza frente al mar y bajo las palmeras.

Además en la calle Gerona, la de los restaurantes por excelencia, existe una amplia variedad de locales de cocina nacional e internacional. Entre todos se puede destacar **El Mesón** y la **Toscana.** En el primero la especialidad son las carnes a la brasa, además de tener menú. El segundo es perfecto para degustar unas buenas pizzas.

Restaurantes (sobre 30 €)

Aitona (Ruzafa, 2; telf. 96 585 30 10) ofrece una carta extensa con especialidades valencianas, donde no podía faltar los arroces.

En **EL RINCÓN DE L'OIX, La Palmera** (avda. Severo Ochoa, 44; telf. 96 585 32 82), también llamado Casa Paco Nadal, oferta buenos arroces y guisos valencianos.

Con un diseño moderno y elegante, cuidado, que combina la madera del suelo con los tonos blancos terrosos, destaca **La Falúa** (Santander, 22, La Cala; telf. 96 585 31 05). Amplia y variada carta de platos mediterráneos.

BERGA

BARCELONA. 15.400 habitantes

PATUM, PANTANO Y MONTAÑA SON LOS TRES COMPONENTES PRINCIPALES DE LA CIUDAD. PORQUE BERGA HA SABIDO MEZCLAR LO QUE CADA UNO DE ELLOS REPRESENTA, LA FIESTA –UNA DE LAS MÁS IMPORTANTES DE CATALUÑA–, EL APROVECHAMIENTO DE LAS AGUAS DEL RÍO LLOBREGAT Y LA EXPLOTACIÓN INDUSTRIAL DE LOS RECURSOS NATURALES DE LA VECINA SIERRA DEL CADÍ.

INFO

Oficina Municipal de Turismo
Calle dels Àngels, 7. Telf. 93 821 13 84. www.ajberga.cat
Área Comarcal de Turisme. Ctra. comarcal 16, km 75,2. Telf. 93 822 15 00.

DORMIR

HOTEL QUERALT✪✪
Plaça de la Creu, 4. Telf. 93 821 06 11. Se encuentra justo en el centro de la localidad, junto a la parada de autobuses y taxis, y en pleno ambiente de diversión.

HOTEL ESTEL✪✪
Ctra. de San Fruitós, 39.
Telf. 93 821 34 63. Recomendable por la cantidad y calidad de sus instalaciones. Habitación doble: 62-72 €.

COMER

Casas con menú (menos de 15 €)

CAL TRAVE
Pl. Europa, 6. Telf. 93 822 31 21.
Cocina de mercado de excelente calidad, en un ambiente agradable y a precios muy razonables.

Restaurantes (sobre 45 €)

Uno de los establecimientos más encantadores de la localidad es **Sala** (passeig de la Pau, 27; telf. 93 821 11 85). La caza y las setas son las especialidades en las que se basa la excelente cocina de este establecimiento, que busca dar un toque autóctono a todos sus platos. La cocina tradicional catalana y de mercado son otras de las ofertas para comer en el local. La repostería casera es también deliciosa.

BERLANGA DE DUERO

SORIA. 1.238 habitantes

PASEAR POR ESTA CIUDAD –DECLARADA CONJUNTO HISTÓRICO-ARTÍSTICO– ES RESPIRAR HISTORIA Y NATURALEZA A ORILLAS DEL MAGNÁNIMO RÍO DUERO, DEJARSE ATRAPAR POR SU GRATO AMBIENTE Y COMPROBAR LA IMPORTANCIA QUE TUVO EN LA EDAD MEDIA.

INFO

Oficina de Turismo
Plaza Mayor. Telf. 975 343 433. Abierta cada día de marzo a diciembre, excepto lunes y martes.

DORMIR

HOTEL FRAY TOMÁS
CASA VALLECAS✪✪
Real, 16.
Telf. 975 343 033. Situado en la que fuera casa-palacio de los Tovar (siglo XV), conserva en su fachada y su entrada el sabor de esa noble construcción. En las habitaciones, muy confortables y coquetas, se conservan los balconcillos de la estructura original. Las de la planta superior son abuhardilladas. Habitación doble: 50 €.

POSADA LOS LEONES
Los Leones, 15. Telf. 975 343 275. Ocupa la antigua casa de los marqueses del Surco, de la que conserva la fachada y un escudo nobiliario. Las habitaciones están decoradas al más puro estilo castellano, incluyendo en ellas los cabeceros de forja de las camas. Tiene una acogedora salita con chimenea. Habitación doble: 45-50 €.

Berlanga de Duero cuenta con pocos hoteles, por lo que conviene saber que existen numerosos alojamientos rurales en los pueblos cercanos, desde la sencilla y coqueta **Casa de Flor** (La Cava, s/n; tel. 975 183 625/ 678 909 988; 42 €), en **RELLO,** hasta el sobrio y elegante **Palacio de Brías** (plaza del Palacio, 4; telf. 975 183 488; www.palaciodebrias.com; 69-115 €), en **BRÍAS.**

COMER

Restaurantes (de 21 a 36 €)

CASA VALLECAS
Real, 16. Telf. 975 343 033.
Decorado al estilo castellano, sirve como especialidades platos de caza y de la nueva cocina castellana: jabalí estofado con piñones y pasas, lomo de ciervo con salsa de grosellas...

POSADA LOS LEONES
Los Leones. Telf. 975 343 155.
El restaurante-asador ofrece una cocina castellana más clásica que el anterior. En su completa carta son protagonistas el cordero, los asados, los solomillos y los vinos de la Ribera del Duero.

BERMEO

BIZKAIA. 17.049 habitantes

VILLA FUNDAMENTALMENTE MARÍTIMA E INDUSTRIAL, SITUADA EN UN PARAJE AGRESTE AL ABRIGO DEL IMPRESIONANTE CABO MATXITXAKO. TIENE LA FLOTA DE BAJURA MÁS IMPORTANTE DEL CANTÁBRICO Y UNA NOTABLE INDUSTRIA CONSERVERA. LOCALIDAD ACTIVA EN TODOS LOS REGISTROS, BERMEO ES UN CONCENTRADO DE SABORES MARINOS EN EL QUE ES POSIBLE CONTEMPLAR LAS TRADICIONES Y EL MODO DE VIDA DE LOS PESCADORES VASCOS.

INFO

Oficina Municipal de Turismo
Lamera, s/n. Telf. 94 617 91 54.
www.bermeo.org

DORMIR

HOTEL TXARAKA✪✪

Barrio Almike, 5. Bermeo.
Telf. 94 688 55 58.
Habitación doble: 65-80 €.

HOTEL JOSHE MARI✪✪

Bentalde, 31. **BAKIO.** Telf. 94 619 40 08.
Casa colonial que ofrece 6 habitaciones. Destaca un delicioso rincón acristalado donde sirven los suculentos desayunos. Magníficas vistas y apetitosa oferta gastronómica.
Habitación doble: 65-75 €.

Turismo rural

Mañuko Benta (ctra. de Bilbao por Mungia, telf. 94 688 56 01) ocupa un viejo caserón de piedra, junto a la carretera. **Artiketxe** (Artike, 16; telf. 94 688 23 12/ 56 29; 40-50 €), muy bien situada, próxima al casco urbano, cuenta con 6 habitaciones espaciosas y limpias. **Kasa Barri** (Barrio Mañuas; telf. 946 88 53 89; 50-65 €), en la ladera del monte Sollube, dispone de terraza, jardín y vistas al mar.

DE PINCHOS

Los pescadores hacen su ronda de vinos por el casco antiguo, principalmente por las calles Nardiz tar Jon e Intxausti. Más diverso es el ambiente de los bares del parque de La Lamera, donde el **Sollube**, el **Andeko** y el **Oker** son los más sobrados de pinchos. La mejor calidad, tanto en las materias primas, especialmente pescado de temporada, como en su elaboración, está en la barra del restaurante **Jokin.** En el puerto igualmente, el **Kafe Loidxie** es un buen lugar para abrir boca con excelentes revueltos de bacalao y chipirones exquisitos. También es aconsejable acudir a la plazoleta que hay delante del restaurante Artxanda sobre el puerto, y tomarse un *txakolí* en la terraza, viendo cómo entran y salen los barcos.

COMER

Es obligado comer pescado en Bermeo, ya que es de gran calidad. El pez emblemático del lugar es el besugo, aunque está casi extinguido y resulta caro. En invierno es aconsejable el chicharro; en primavera, la anchoa y la sardina, y en verano, el bonito. Todos con el tratamiento de cocina más sencillo posible, a la plancha o a la parrilla y aliño final, según el recetario tradicional vasco. Los restaurantes ***Jokin*** *(Eupeme Deuna, 13; telf. 94 688 40 89; 30-45 €) y* ***Artxanda*** *(Santa Eufemia, 14; telf. 94 688 56 85; 40 €) bordan esa técnica pero son caros.*

Casas con menú (menos 15 €)

BEITXI JATETXEA

Eskoikiz, 6. Telf. 94 688 53 72.
Raciones abundantes y bien cuidadas en la carta y en los menús, con muchas posibilidades de encontrar guisos de cocina tradicional.

SOLLUBE

Kosme Ibarlucea , 1. Telf. 94 688 00 07.
Fue la mejor casa de comidas de Bermeo y mantiene esa vocación con menús económicos.

Restaurantes (sobre 30 €)

El **Asador Almiketxu** (Barrio de Almike, 8; telf. 94 688 09 25), en la ladera del monte, con buenas vistas, posee un acogedor comedor y una carta corta. Excelentes asados.
Casino (Artza, 1; telf. 94 688 57 21), bien restaurado, merece una visita por la buena mano del cocinero en los fogones y por estar situado en pleno centro de la plaza dominando el puerto. Tiene una carta en la que destaca el pescado de temporada.

BESALÚ

GIRONA. 2.100 habitantes

BESALÚ, GRACIAS A UNA ADECUADA GESTIÓN DE SU EXTRAORDINARIO PATRIMONIO MONUMENTAL Y PAISAJÍSTICO, SE HA CONVERTIDO EN UN IMPORTANTE CENTRO TURÍSTICO DE INTERIOR, EN PLENA COMARCA VOLCÁNICA DE LA GARROTXA.

INFO

Oficina Municipal de Turismo
Plaça Llibertat, 1. Telf. 972 591 240.
www.ajuntamentbesalu.org

DORMIR

HOTEL SIQUÉS "CAL PERANT"✪

Av. Lluís Companys, 6-8.
Telf. 972 590 110.
El aspecto del edificio, antiguo y con las paredes de piedra, es ya un atractivo que se completa con la comodidad de las habitaciones. En verano, además, se puede disfrutar de su piscina. Habitación doble: 48-75 €.

HOSTAL ELS TRES ARCS✪

Plaça Llibertat, 4. Telf. 972 590 106. Céntrica y sencilla. Habitación doble: 50 €.

COMER

Casas con menú (menos de 15 €)

CAN QUEI

Sant Vicenç, 4. Telf. 972 590 085. El interior del restaurante es, ya en sí mismo, suficiente motivo como para entrar a verlo. Los arcos que dividen parcialmente las estancias, y las paredes de piedra vista confieren al local un carácter muy especial. Sin embargo, pese a la belleza del escenario, comer en él no resulta nada caro y brinda, además, una excelente posibilidad de probar platos como el pato con peras o los pies de cerdo con nabo. El embutido, elaborado por el propio establecimiento, resulta exquisito.

SIQUÉS

Av. Lluís Companys, 6. Telf. 972 590 110.
Es el restaurante del alojamiento homónimo. La *escudella de pagès*, el pato con setas y la crema catalana son excelentes muestras del buen hacer de la cocina de este establecimiento. Además de un generoso menú, es posible degustar los variados platos de su amplia carta sin que el presupuesto sufra graves consecuencias.

Restaurantes (sobre 35 €)

Pont Vell (Pont Vell, 24; telf. 972 591 027) dispone de una agradable terraza con vistas al puente románico y al río, en la que se puede degustar una excelente cocina catalana, en la que sobresalen las carnes.

BETANZOS

A CORUÑA. 13.000 habitantes

CEÑIDA POR LOS RÍOS MENDO Y MANDEO, BETANZOS CONSERVA UNO DE LOS MÁS HERMOSOS CENTROS MONUMENTALES DE GALICIA. COMO CABECERA COMARCAL REGISTRA UNA GRAN ANIMACIÓN LOS FINES DE SEMANA Y DURANTE LAS FERIAS, CELEBRADAS LOS DÍAS 1 Y 16 DE CADA MES DESDE EL SIGLO XIII.

INFO

Oficina de Turismo
Emilio Romay, 1 (en el museo das Mariñas). Telf. 981 776 666.
www.betanzos.net
Ayuntamiento
Plaza de la Constitución.
Telf. 981 770 011.

DORMIR

HOTEL LOS GARELOS✪✪

Alfonso IX, 8. Telf. 981 775 930.
Muy próximo al centro. Ofrece 20 habitaciones dobles, funcionales y luminosas (sobre todo las abuhardilladas de la última planta), todas ellas con minibar y conexión a internet, y dos suites con hidromasaje.
Habitación doble: 70-80 €.

CASA RURAL 2 NOCHE

Collantres, 38. A 4 km de Coirós.
Telf. 647 971 720.
Dos casas bien equipadas, una se alquila por habitaciones y la otra entera, con una capacidad de 6 a 7 plazas.

COMER

Casas con menú (menos de 15 €)

ADEGA O PICHO CAROLO
Rúa da Fonte de Unta, 10. Es una de las tabernas más típicas de Betanzos, con entrada por los soportales del medievo, donde sitúa algunas mesas con bancos corridos de madera, y comedor en la parte alta. Además del vino local reúne una variada selección de caldos de todo el mundo, que pueden ser degustados en la buena compañía de raciones tan características como la tortilla de Betanzos, la zorza y el *raxo* con patatas, etc.

MESÓN O PASATEMPO
Rúa das Mariñas, 23.
Telf. 981 775 022. Ofrece cada día un buen menú, y entre las especialidades de su carta se cuentan las tablas de embutidos ibéricos de Guijuelo.

EL POTE
Travesía del Progreso, 9.
Telf. 981 770 414.
Lleva casi cincuenta años ofreciendo una excelente cocina casera asequible, quizá por eso sea uno de los sitios más pupulares de Betanzos. Tapas, raciones, carnes de la región, guisos...

LA CASILLA
Avda. de Madrid, 90. Telf. 981 770 161. Se ajusta al precio convenido siempre que nos limitemos a pedir los platos que la han hecho tan popular: tortilla de Betanzos (con el huevo un poco crudo, una variedad que ya se ha exportado a otros lugares de la provincia), la carne asada, los callos y su flan casero.

También podemos comer barato y con menú del día en el **Mesón Os Arcos** (Rollo, 6; telf. 981 772 259) o la **Pizzería Alameda** (Linares Rivas; telf. 981 770 353).

Restaurantes (sobre 25 €)

Probablemente el mejor de la ciudad sea **La Penela** (praza García Naveira, 15; telf. 981 773 127), famosa por sus callos, asados y sus tortillas. Merece también ser reseñado el **San Andrés** (Ánxeles, 4; telf. 981 772 044), con su cocina gallega de toques innovadores y especialidades como el bacalao de la abuela o el jamón asado a la tobarreña, todo ello sin olvidar, para el postre, la tarta de filloas con crema y chocolate. Tienen igualmente fama el **Mesón Pulpeira** (Valdoncel, 3; telf. 981 772 703), que como su nombre indica prepara un buen pulpo, que suele ser seguido de una parrillada de pescado; y **Casa Paco** (av. Jesús García Naveira, 6; telf. 981 774 597), donde se elabora cocina casera de calidad a base de pulpo con *cachelos*, callos, tortilla de Betanzos o cocido (durante el invierno, cada domingo).

BIAR

ALICANTE. 3.694 habitantes

PEQUEÑO PUEBLO QUE CONSERVA EL ENCANTO DEJADO POR LOS ÁRABES EN SUS EMPINADAS CALLES QUE SUBEN AL CASTILLO. A SU AMPARO SE CONFIGURÓ UNA TRAMA URBANA QUE NO HA DEJADO HUIR LA TRANQUILIDAD DE UN PUEBLO SERRANO INUNDADO DE FRONDOSOS PINARES.

INFO

Tourist Info Biar
Avda. de Villena, 2 (antigua casa del médico). Telf. 96 581 11 77.
www.biar.es
www.biarrural.com

Autobús
Línea que une Villena y Alcoy.
Telf. 96 552 05 62.

DORMIR

HOTEL MAS FONTANELLES✪
Ctra. Biar-Bañeres, km 4.
Telf. 686 42 61 26.
Fax: 96 597 90 07.
Antigua masía con más de 200 años de antigüedad, restaurada como hotel rural. Dispone de ocho coquetas habitaciones, jardín y restaurante.
Habitación doble: 75-85 €.

ALBERGUE JUVENIL DE BIAR
Les Llomes de la Mare Déu, 6.
Telf. 902 225 552. A 1 km de Biar, enclavado en plena naturaleza. Abierto todo el año y con un ambiente muy cordial. También dispone de piscina.

Turismo rural

Cases del Castell (San Antonio, 3; telf. 96 384 67 75) son tres casas a los pies del castillo de la villa, de 4 a 12 plazas, con todas las comodidades.
Finca Les Fanecaes (ctra. Bañeres, s/n; telf. 902 220 052) ofrece diferentes tipos de habitaciones.
Los Pasos (Los Pasos, 7; telf. 96 615 01 61) masía restaurada que se alquila entera. Con piscina.

COMER

La cocina que conjuga sabores típicamente levantinos como la paella, con gazpachos y arroces enriquecidos con carne de caza (conejo, liebre) y hierbas aromáticas de la sierra. Pero nada resulta tan típico como la olleta, sin olvidarnos de los archiconocidos turrones y mazapanes. Y dulces variados: rollos de aguardiente, tortas de almendra, coquetas...

Casas con menú (menos de 15 €)

FUENTE EL PÁJARO
Camino de la Virgen s/n.
Telf. 96 581 09 02.
Trato personal, servicio esmerado e interior agradable. Buena relación calidad/precio en una cocina de mercado, en la que destaca el bacalao *a la llauna*.

EL SOLET
Maisonnave, 6. Telf. 96 581 00 22.
Aquí lo fundamental son los gazpachos, platos sazonados con hierbas aromáticas y el dulce de tomate.

LA FAÇANA
Cura Reig, 2.
Telf. 965 810 373. Precios bastante ajustados en general. Diferentes menús y tapas variadas, además de algún plato local como el gazpacho con conejo o los revueltos de setas.

Restaurantes (sobre 25 €)

Mas Fontanelles (ctra. Biar-Bañeres, km 4; telf. 686 42 61 26), nos brinda la oportunidad de acceder a platos de la llamada cocina de autor, en este caso, y como no podía ser de otra forma, con marcada tendencia mediterránea.

BIELSA

HUESCA. 465 habitantes

A UN PASO DE FRANCIA, LO QUE RESULTA SORPRENDENTE EN BIELSA ES SU ENTORNO NATURAL CIRCUNDANTE, QUE LA CONVIERTE EN PUNTO CLAVE PARA EL INICIO DE EXCURSIONES, COMO LAS QUE SE DIRIGEN AL PARQUE NACIONAL DE ORDESA POR EL VALLE DE PINETA.

INFO

Ayuntamiento. Plaza de la Iglesia, s/n.
Telf. 974 501 000. www.bielsa.com

DORMIR

*Además del **Parador de Bielsa✪✪✪** (Valle de Pineta; telf. 974 501 011; 130-160 €; www.parador.es), en la villa existen otros hoteles con una buena relación calidad-precio.*

HOTEL BIELSA✪✪✪
Ctra. de Bielsa a Francia.
Telf. 974 501 008. A la entrada del pueblo, ofrece habitaciones con baño y bien equipadas a muy buen precio.
Habitación doble: 50-72 €.

HOTEL VALLE DE PINETA✪✪
Baja, s/n. Telf. 974 501 010. Hotel con buenas vistas al río y habitaciones decoradas con estilo y suelo de parquet. Habitación doble: 35-60 €.

HOSTAL MARBORÉ✪✪
Avda. de Pineta, s/n. Telf. 974 501 111. Habitaciones correctas en un edificio nuevo, construido según patrones tradicionales. Habitación doble: 40 €.

COMER

CHUAN
Baja, s/n.
Telf. 974 501 158. No tiene nada que ver con un restaurante chino (Chuan es Juan en aragonés). Menús a buen precio y calidad, pudiendo disfrutar además de una terraza acristalada con buena panorámica.

CASA PACO
Calle del Medio, 4. Telf. 974 501 009. Pequeño local con terraza al otro lado de la calle. Cocina casera de mercado.

BILBAO

CAPITAL DE PROVINCIA. 358.875 habitantes

IDENTIFICADA COMO UNA CIUDAD GRIS, LLUVIOSA E INDUSTRIAL, SU CARÁCTER DURO SE HA DULCIFICADO EN LOS ÚLTIMOS AÑOS. DESPUÉS DE AÑOS DE LETARGO, BILBAO HA DESPERTADO Y LO HA HECHO A LO GRANDE, CAMBIANDO SU IMAGEN TRADICIONAL DE LA MANO DE INNOVADORES PROYECTOS URBANÍSTICOS Y DE LA ARQUITECTURA DE AUTOR. EL "BOTXO" HA RECOBRADO EL COLOR Y NO SÓLO GRACIAS AL MUSEO GUGGENHEIM, QUE LA HA HECHO SALTAR A TODOS LOS CATÁLOGOS TURÍSTICOS DEL MUNDO. EL NUEVO MUSEO ES AHORA EL PRINCIPAL RECLAMO, PERO NO HAY QUE OLVIDAR QUE ESTA LOCALIDAD TIENE OTROS ATRACTIVOS: BARRIOS Y CALLES CON ENTIDAD PROPIA, UNA ENVIDIABLE OFERTA CULTURAL, COMERCIOS PARA TODOS LOS GUSTOS Y UNA VIDA NOCTURNA CASI INAGOTABLE.

INFO

Oficina Central de Información Turística-Bilbao Iniciativas Turísticas Pza. Ensanche, 11. Telf. 94 479 57 60. Disponen de la tarjeta Bilbao Card con descuentos en museos y servicios. www.bilbao.net

Oficina de Turismo Guggenheim Avenida Abandoibarra, 2.

Oficina Turismo de Arriaga. Plaza Arriaga, s/n (bajos del Teatro Arriaga).

Telefono de Información Turistica: 94 471 03 01 (de 7.30 h a 23 h).

Aeropuerto Internacional de Bilbao-Loiu La terminal, obra de Santiago Calatrava, está a 15 km, en la localidad de Loiu. Telf. 94 486 93 01.

Estaciones de ferrocarril. Renfe (telf. 902 240 202), Feve (telf. 94 423 22 66) y Eusko Trenbideak (telf. 94 433 95 00). La **Estación de autobuses Termibus** (Gurtubay, 1; telf. 94 439 50 77), centraliza todos los servicios de autobús, con una buena comunicación con la estaciones de Renfe, Metro y Tranvía.

Taxis. Radio Taxi (telf. 94 444 88 88), Tele Taxi (telf. 94 410 21 21) y Radio Taxi Nervión (telf. 94 426 90 26).

Aparcamientos. Plaza Nueva, Alameda de Urkijo (frente a Correos), plaza del Ensanche y plaza de Indautxu.

DORMIR

*La reconversión de Bilbao en ciudad turística ha hecho aumentar la oferta de alojamiento con la apertura de nuevos hoteles, como el **Silken Gran Hotel Domine Bilbao**✪✪✪✪✪ (Alameda Mazarredo, 61; telf. 94 425 33 00; habitación doble: desde 150 €) o el **Meliá Bilbao**✪✪✪✪✪ (Lehendakari Leizaola, 29; telf. 94 428 00 00; 150-250 €), pero también ha provocado una abusiva subida de los precios con especial repercusión en el nivel medio-bajo. Es literalmente imposible encontrar habitaciones dignas por menos de 45 € sin recurrir a pensiones en las que la calidad y las prestaciones dejan mucho que desear. En la gama media de hoteles y hostales los más recomendables son:*

En el Casco Viejo

HOTEL SIRIMIRI✪✪

Plaza Encarnación, 3. Telf. 94 433 07 59. A pocos minutos de las Siete Calles, este pequeño hotel tiene como principal atractivo la tranquilidad de la zona en la que está situado. Con habitaciones limpias y bien equipadas.
Habitación doble: 70-90 €.

HOTEL ARRIAGA✪

Ribera, 3. Telf. 94 479 00 01.
Muy bien situado frente al teatro, este hotel no tiene otros atractivos que no sean los de su confortabilidad y limpieza. Las habitaciones están en perfecto estado. Aunque con suplemento, dispone de aparcamiento, lo cual es muy interesante en esta zona.
Habitación doble: 50 €.

HOSTAL ITURRIENEA OSSTATUA✪✪

Santa María, 14. Telf. 94 416 15 00.
Todo el encanto de las Siete Calles se condensa en esta casa que rezuma buen gusto por los cuatro costados y en cuya decoración han participado artistas locales. Limpio y con un trato agradable y familiar.
Habitación doble: 40-70 €.

HOSTAL GUREA✪✪

Bidebarrieta, 14. Telf. 94 416 32 99.
Dentro de esta categoría ofrece la mejor calidad de Bilbao. Es una casa interesante que ha sido recientemente rehabilitada.
Habitación doble: 40-50 €.

Zona centro (Ensanche e Indautxu)

HOTEL VISTA ALEGRE✪✪

Pablo Picasso, 13. Telf. 94 443 14 50.
Clásico. Es limpio y tranquilo.
Habitación doble: 70 €.

HOTEL RIPA✪

Ripa, 3. Telf. 94 423 96 77.
Al otro lado del Arenal, nada más cruzar la ría, limpio, cómodo y confortable. Habitación doble: 55-70 €.

HOSTAL SAN MAMÉS✪✪

Luis Briñas, 15. Telf. 94 441 79 00. Aunque la entrada es poco atractiva, las habitaciones son bastante grandes y bien equipadas. Imposible encontrar sitio cuando hay exposiciones en la Feria Internacional de Muestras. La zona es tranquila. Habitación doble: 50-66 €.

Otros hoteles de precio más elevado

Interesantes hoteles de gran categoría son el **NH Villa de Bilbao**✪✪✪✪ (Gran Vía, 87; telf. 94 441 60 00); el **Barceló Nervión**✪✪✪ (paseo Campo Volantín, 11; telf. 94 445 47 00; habitación doble: 70-185 €) y el **Hesperia Zubialde**✪✪✪✪ (camino La Ventosa, 34; telf. 94 400 81 00; desde 75 €).

DE PINCHOS

Casco Viejo

La densidad de bares por metro cuadrado es altísima y perderse en el entramado de calles y plazas puede ser toda una experiencia gustativa. Es muy recomendable obtener en las oficinas del BIT algunas de las publicaciones que recogen los mejores bares de la zona según sus diferentes propuestas de pinchos y banderillas.

Imprescindible darse una vuelta por la Plaza Nueva y recalar en la antigua tienda de ultramarinos **Víctor Montes,** donde se exponen en la barra productos de gran calidad. En la misma zona, sin moverse mucho, se ofertan buenas raciones de calamares en el café **Bilbao, Zuga** y **Sorginzulo** (Plaza Nueva), gambas a la plancha en el bar **Fueros** (calle Fueros) y mejillones rellenos en el **Baste** (María Muñoz).

En la ruta más moderna, y muy aconsejable para reponer fuerzas a media tarde, está la zona de Barrenkale, con posibilidad de degustar buenos quesos y patés en el **Xukela** (calle del Perro) y pintxos de todo tipo, con especial atención a los de bacalao, en el **Gatz** (Santa María). **Berton, Sasibil** y **Bukoi** (Jardines, 11 y 8 y Nueva) son locales libres de humo especializados en jamón, solomillo y *foie*.

Ensanche y zona Guggenheim

Aunque alejadas entre sí, en las calles Ledesma e Iparraguirre se concentra una gran cantidad de bares con barras preparadas para una buena cata. En Ledesma tiene fama el jamón del **Antomar,** los mejillones ("tigres") del **Artajo** y las tortillas, más populares, de la **Taberna Taurina.** En Jardines de Albia, pasado el Café Iruña, el **Bitoque de Albia** ofrece sus especialidades en pintxos y medias raciones.

En Iparraguirre la presencia del Guggenheim ha multiplicado la apertura de bares con buenas tapas como el **Palladium** y el **Zuretzat.** A medio camino entre estas dos zonas se encuentra, en la calle Diputación, el **Lekeitio,** donde se degusta la contundente tortilla paisana (¡de tres pisos!), **Los Candiles** con sus excelentes pinchos de bacalao y, al otro lado de la Gran Vía, **El Globo,** con pinchos muy elaborados, y **La Viña del Ensanche,** que ofrece jamón con Cariñena. mientras que en la cercana Estrauntza el **Bitoque** ofrece auténticas miniaturas de alta cocina.

Indautxu

El punto de encuentro de los más jóvenes está en la esquina del Doctor Areilza con Licenciado Pozas. Allí, como en todo Bilbao a la hora de beber vino, se "potea" (el chiquito es un "pote" y el corto de cerveza un "zurito"). Los bares más concurridos son el **Mugi, Ziripot, Denontzat** y **Busterri.**

En Indautxu, un clásico es el **Joserra,** que sigue apostando por el pincho clásico de tortilla, pulpo o chistorra, mientras que en García Rivero, **Pedro,** al mediodía, ofrece marisco barato y el **Huevo Frito,** pinchos más elaborados. Para los más exquisitos hay dos paradas obligatorias: el bar **Estoril** (plaza Campuzano) y el **Viandar de Sota** (Gran Vía), que es un auténtico parque temático de la gastronomía rápida con bares, sidrería y jamonería y donde los pinchos y banderillas son auténticas joyas, eso sí, nada baratas.

COMER

La fama de infatigables comedores y bebedores de los vascos se debe en buena parte a la contribución de los bilbaínos, que se han desmarcado un tanto de las tendencias modernistas de la nueva cocina vasca más propias de Gipuzkoa. En la capital vizcaína son proverbiales los amplios y contundentes platos del recetario tradicional vasco con productos de temporada y siempre con aires caseros. No hay que marcharse sin probar platos como el bacalao al pil-pil o a la vizcaína, las alubiadas con todos sus "sacramentos", los txipirones en sus múltiples elaboraciones, marmitako, los enormes chuletones y algún pescado.

Restaurantes los hay de todo tipo y condición, desde los grandes como ***Zortziko*** *(Alameda de Mazarredo, 17; telf. 94 423 97 43; precio medio, 70 €) o* ***Guría*** *(Gran Vía, 66; telf. 94 441 57 80/ 85 64; precio medio, 60 €), por citar alguno, a otros más económicos con platos abundantes que ofrecen una excelente relación calidad-precio.*

Casas con menú (menos de 15 €)

En el Casco Viejo

LAGA
Calle Merced, 2. Telf. 94 416 47 70. Cocina tradicional en el Casco Viejo con un excelente menú del día.

LASA
Diputación, 3. Tel. 94 424 01 03. Cierra domingo. Local muy concurrido junto a la Gran Vía y la Diputación. Buena barra, ajustado menú del día y posibilidad de comer a la carta platos de cocina vasca. Precio medio, 30 €.

RÍO OJA
El Perro, 6. Telf. 94 415 08 71. Los amantes de platos como patas, morros, asadurilla, riñones, lengua en salsa o rabo de toro deben visitar este local.

SAN GOTARDO
Diputación, 2. Telf. 944243597. Cierra domingo. Próximo al Guggenheim, con el mejor menú del día de la zona. Precio medio menú, 15 €.

TXOMIN BARULLO
Barrenkale, 40. Telf. 94 415 27 88. Sólo dan cenas, hay que reservar mesa y el precio puede situarse por encima de lo indicado. Pero sin duda este local es todo un clásico que se proclama como nueva cocina-tasca.

En el Ensanche e Indautxu

IRUÑA Y LA GRANJA
Berastegi, 5, telf. 94 423 70 21; y Plaza Circular, 3. Las incluimos juntas porque son dos cafeterías centenarias con menús ligeros al mediodía. Se come a gusto y aunque ajustan demasiado la cantidad de las raciones, la comida es de confianza.

KIKARA
Iparraguirre, 23. Telf. 94 423 68 40. Restaurante de factura moderna junto al Guggenheim con menú del día en la planta baja y carta en el piso superior. Cocina creativa sin excesos.

Restaurantes (desde 25 €)

En el Casco Viejo

Baste (María Muñoz, 6; telf. 94 415 08 55) es un bar siempre concurrido con excelentes calamares y mejillones rellenos, que ofrece sólo al mediodía uno de los mejores y más completos menús del Casco Viejo. Las setas son de garantía y excelente el pisto a la bilbaína.

También recomendable es la **Sidrería Arriaga** (Santa María, 13; telf. 94 416 56 70). Un asador que aporta el sabor y ambiente de las sidrerías guipuzcoanas en pleno Casco Viejo de Bilbao. Menú de sidrería: tortilla de bacalao, fritos de pescados y chuletón con barra libre de sidra.

Xukela (Perro, 2; telf. 94 415 97 72) dispone de pocas mesas en un ambiente muy distendido para cenas informales de ensaladas, tablas de patés y quesos o *fondues*.

Además de tener la mejor barra de pinchos de todo Bilbao, **Víctor Montes** (situado en Plaza Nueva, 8; telf. 94 415 70 67, precio medio, 45 €), antigua tienda de ultramarinos, es un restaurante muy serio. En el comedor superior se puede disparar la cuenta; en las mesas del bar y de manera informal se puede ajustar un presupuesto más moderado, siempre y cuando no se abuse del jamón y del embutido.

En el Ensanche e Indautxu

Al otro lado de la ría, en el Campo Volantín según se cruza el puente de Calatrava, está **Tivoli-El Rincón de Sumiller** (Tívoli, 8; telf. 94 445 30 83), un local en donde se nota el amor al vino de su dueño, que ha sido campeón de Euskadi de sumillers. Se puede comer de mil formas, incluido un interesante menú. La tentación de elegir un vino diferente puede poner la cuenta por encima de los 20 €.

Etxanobe (avda. Abandoibarra, 4; telf. 94 442 10 71), por su parte, ofrece platos muy elaborados y estudiados a partir de maneras tradicionales. Destaca la excelencia de sus productos y la buena selección de vinos.

Zuluaga (Alameda San Mamés, 22; telf. 944 059 797; precio medio, 30 €) está especializado en bacalao presentado en variadas recetas. Pero además, se puede degustar otros platos típicos de la cocina vasca.

El restaurante **Gatza** (Alameda Rekalde, 11; telf. 94 661 16 29; precio medio, 35 €) está a pocos metros del Guggenheim, precios razonables para una cocina avanzada y sabrosa.

Por último, el restaurante del **Museo Guggenheim** (avda. Abandoibarra, 2; telf. 94 423 93 33), excelente establecimiento cuya oferta culinaria se identifica con las tendencias más innovadoras en restauración. Productos de calidad y preparaciones imaginativas. Precio medio, 75 €.

CAFÉS

Bilbao mantiene abiertos varios cafés históricos al estilo de los de principio de siglo. Éstos ofrecen un resumen de la ciudad además de gastronomía a buen precio, aperitivos al mediodía, diversión y bullicio por la noche, y buenos salones para discutir sobre lo divino y lo humano a cualquier hora. Por supuesto el buen café está asegurado en cualquiera de ellos.

El **Iruña** (Jardines de Albia), con su salón mudéjar, es un símbolo de la ciudad y congrega hasta últimas horas de la noche a una clientela variada, además de ofrecer comidas y cenas a buen precio.

La Granja (plaza Circular) reúne las características de los anteriores pero tiene como valor añadido el transformarse los fines de semana en una auténtica discoteca. Más tranquilo es el café-pastelería **New York** (Buenos Aires), con uno de los salones de té más exóticos que podáis imaginar.

En el Casco Viejo se hallan el **café Bilbao** (Plaza Nueva), otro clásico que ofrece además una excelente terraza; el **Lamiak** (Pelota Vieja), lugar de encuentro de intelectuales y amantes de las infusiones, y el **Bizitza** (Torre), con magníficas tartas.

En el Ensanche e Indautxu han proliferado nuevos cafés, con cuidada estética, como el **Mistyck** (Ercilla/ Mazarredo), **El Café di Roma** (Navarra), y **El Embarcadero** (frente al puente Zubi Zuri). Los cafés del Centro Bidarte y del hotel Sheraton tienen vistas al Euskalduna.

Los internautas se dan cita en el **Cybercafé Antxi** (Luis Briñas, 13), **Net House** (Villarías, 6), **Milenium** (Lehendakari Aguirre, 36) y **Cybertech** (Esperanza, 9).

BLANES

GIRONA. 34.500 habitantes

PUERTA DE ENTRADA A LA COSTA BRAVA, BLANES ES UNA POBLACIÓN EMINENTEMENTE ESTIVAL Y CAMPISTA. LO PRIMERO ES, CLARO ESTÁ, POR SUS PLAYAS; LO SEGUNDO PORQUE HA SIDO ÉSA LA VOCACIÓN DE LA LOCALIDAD DESDE HACE MUCHO TIEMPO, LA DE OFRECER AMPLIOS ESPACIOS PARA QUE EL VISITANTE INSTALE SU TIENDA DE CAMPAÑA CERCA DE LAS ARENAS.

INFO

Oficina de Turismo
Plaça de Catalunya, s/n.
Telf. 972 330 348. www.blanes.net

Punto de Información de Campings
Plaça dels Campings.
Telf. 972 355 337.
Abierto en verano.

Punto de Información del Puerto
En la explanada del Puerto.
Abierto en verano.

DORMIR

HOTEL HORITZÒ ✪✪✪
Passeig Marítim S'Abanell, 11.
Telf. 972 330 400.
www.hotelhoritzo.com
Este establecimiento se encuentra en pleno paseo y en primera línea de playa, motivo ya suficiente como para convertirlo en un atractivo destino veraniego. El servicio resulta agradable, pese al elevado número de habitaciones que deben asistir.
Habitación doble: 75-135 €.

HOTEL STELLA MARIS ✪✪✪
Av. Vila de Madrid, 18.
Telf. 972 330 092.
Con nombre de albergue de marineros, es uno de los que mejores prestaciones ofrece y a un precio más razonable. Uno de sus principales atractivos es la piscina.
Habitación doble: 50-75 €.

COMER

Casas con menú (menos de 15 €)

El Ventall
Ctra. Blanes-Lloret. Telf. 972 332 981. Madera y azules en la decoración y en la carta cocina de mercado variada, destacando las setas y arroces.

La Cocina Artesana
Camì dels Olivers, 6-8.
Telf. 972 337 452. Especializado en cocina tradicional de temporada, algo que incluso se puede comprobar con el menú que ofrece todos los mediodías. Cabe resaltar el mimo con el que trata unas materias primas de primera calidad. Los domingos y festivos el precio sube ligeramente.

Restaurantes (sobre 30 €)

Can Tarranc, en **Tordera** (ctra. de Blanes-Tordera, s/n; telf. 93 764 20 37), ocupa una masía del siglo XVIII rehabilitada. Ofrece cocina tradicional catalana.

BOCAIRENT

VALENCIA. 4.627 habitantes

El pasado de esta localidad, bellamente plasmado en su Barrio Medieval, también ha marcado la vida actual de la población, volcada en la preservación y explotación de su legado monumental. El entorno natural, conformado por la sierra de Mariola, que comparte con la vecina provincia de Alicante, constituye otro de los atractivos de la localidad, y en ella se desarrollan algunas de las materias primas con las que se elaboran productos típicos del lugar, como el afamado licor herbero.

INFO

Oficina de Turismo
Plaça de l'Ajuntament, 2.
Telf. 96 290 50 62.
www.bocairent.org

DORMIR

Hotel L'Agora✪✪✪
Sor Piedad de la Cruz, 3.
Telf. 96 235 50 39.
www.lagorahotel.com
Tan sólo 8 habitaciones, decoradas de manera exótica, suficientes si lo que se busca es un lugar íntimo y acogedor. En el centro de la localidad.
Habitación doble: 85-144 €.

Hotel L'Estació✪✪✪
Parc de l'Estació. Telf. 96 235 00 00.
www.hotelestacio.com
Las instalaciones de este establecimiento, que aprovechan las de la antigua estación del ferrocarril, poseen todos los servicios necesarios para tener una estancia cómoda, y el trato es agradable. Además, desde las inmediaciones del hotel, situado a las afueras de la población, se obtienen unas buenas vistas del casco antiguo.
Habitación doble: 85-105 €.

Turismo rural

Casa El Pinet I y II
Masía El Pinet. Telf. 96 552 90 39.
www.elpinet.com
Encontraremos estas viviendas a 15 km de Alfafara. Masía del siglo XVIII rehabilitada, rodeada de pinos y cipreses centenarios en el parque de la sierra de Mariola. Está dividida en dos viviendas de uso no compartido, para 9 y 6 personas respectivamente. Cuenta con piscina.

COMER

La cercana sierra de Mariola marca en gran parte las tradiciones gastronómicas de la población, en la que no se deben dejar de probar platos tales como la olleta, los gazpachos o les bajoques farcides.

Casas con menú (menos de 15 €)

Cancell
Sor Piedad de la Cruz, 3.
Telf. 96 235 50 39.
www.lagorahotel.com
Un buen representante de la gastronomía local tradicional con presentaciones virtuosas.

L'Estació
Parc de l'Estació.
Telf. 96 290 52 11.
El restaurante del hotel es un excelente lugar para comer unos buenos platos de cocina regional y de mercado, tanto en su carta como en el menú diario que ofrece. Los niños pueden jugar en el parque infantil.

BORJA

ZARAGOZA. 4.313 habitantes

Enclavada en el valle del río Huecha, al pie del mítico Moncayo, la emblemática capital de la comarca del Campo de Borja es una histórica ciudad que hoy encabeza uno de los principales centros vitivinícolas de Aragón.

INFO

Oficina de Turismo
Pza. de España, 1.
Telf. 976 852 001.
www.comarcaborja.org
Sede de la Denominación de Origen Campo de Borja
Subida San Andrés, 6. **Ainzón.**
Telf. 976 852 122.
www.campodeborja.com

Autobuses
La compañía *Therpasa* (telf. 976 867 064), explota una línea regular con Zaragoza.

DORMIR

La oferta de alojamiento en Borja es escasa, aunque si no se encuentra plaza siempre cabe la posibilidad de acercarse a la vecina Tarazona.

Hotel Portal del Moncayo✪✪✪
Ctra. N 122; km 61,5. En **Albeta.**
Telf. 976 853 000.
www.elportaldelmoncayo.com
Moderno complejo hotelero al pie de la carretera. Habitaciones rotuladas con el nombre de distintas variedades de uva. Techumbres con vigas de madera, estilo rústico acogedor con toques modernos. Y con un buen restaurante. Habitación doble: 65-160 €.

Hostal Gabás
Capuchinos, 2. Telf. 976 867 297.
Además de las sencillas habitaciones el hostal dispone de un restaurante donde se puede degustar buena cocina de la tierra.
Habitación doble: 42 €.

Albergue de la Misericordia
Santuario de Ntra. Sra. de la Misericordia. Telf. 976 867 844.
Dispone de cocina, duchas, salón de estar e instalaciones deportivas.

COMER

La Bóveda del Mercado
Pza. del Mercado, 4.
Telf. 976 868 251. Situado en las bodegas de unos edificios medievales. Interesante cocina basada en la investigación de platos antiguos de la comarca. Precio medio, 30 €.

Los establecimientos de esta guía han sido comprobados y seleccionados por su buena relación precio-calidad. En ningún caso han desembolsado cantidad alguna por aparecer en esta guía.

BRIHUEGA

GUADALAJARA. 2.959 habitantes

DESTACADA VILLA CON UNA PRIVILEGIADA SITUACIÓN ENTRE LA MESETA ALCARREÑA Y LA VEGA DEL TAJUÑA. SU PRIMERA OCUPACIÓN SE REMONTA A LOS CELTÍBEROS, HABIENDO SIDO DESPUÉS ASENTAMIENTO DE LOS ROMANOS. TODA LA CIUDAD DESPRENDE HISTORIA Y MONUMENTALIDAD Y ENCIERRA RINCONES ENTRAÑABLES, CON EL SONIDO CARACTERÍSTICO DEL AGUA BROTANDO DE SUS NUMEROSAS FUENTES. DECLARADO CONJUNTO HISTÓRICO-ARTÍSTICO EN 1973, SU CASCO URBANO AGRUPA UN BUEN NÚMERO DE MONUMENTOS, HUELLAS DE UN ESPLÉNDIDO PASADO.

INFO

Oficina Municipal de Turismo
Margarita de Pedroso, s/n.
Telf. 949 280 442.
www.castillalamancha.es/turismo
www.dguadalajara.es
Autobuses
Flora Villa. Paseo María Cristina, 3.
Telf. 949 280 019.

DORMIR

HOSPEDERÍA PRINCESA ELINA✪✪

Paseo de la Fábrica, 15.
Telf. 949 340 005.
www.hospederíaprincesaelima.com
Imponente alojamiento de reciente apertura junto a la Real Fábrica de Paños, a la que se llega por el costado izquierdo de la iglesia de San Felipe. Apartamentos y diferentes habitaciones, una de ellas adaptada para minusválidos, con un completo y moderno equipamiento. En definitiva un lugar tranquilo y de calidad. Cuenta con un restaurante de cocina típica alcarreña.
Habitación doble: 45-85 €.

HOSTAL-RESTAURANTE EL TORREÓN✪✪

Paseo María Cristina, 7.
Telf. 949 280 300. Con cierta solera a sus espaldas, tiene 20 habitaciones bastante amplias con baño, televisión y teléfono. Posibilidad de media pensión y pensión completa. Dispone de café-bar, restaurante de comida casera y servicio de taxi 24 horas.
Habitación doble: 33-45 €.

Turismo rural

CASA JARDÍN DE LA ALCARRIA

Saúco, 1.
Telf. 949 280 071.
Antigua vivienda rehabilitada que se ubica en pleno casco antiguo de Brihuega. Consta de tres habitaciones dobles, una individual, cocina, salón con chimenea, jardín y piscina.
Precio por persona y día: 25-30 €.

DON GONZALO

Estrella, 7. Telf. 949 280 071.
Al lado de la anterior y de los mismos propietarios, se localiza en un edificio del siglo XVIII en el que las estancias y el mobiliario han sido rehabilitados preservando un ambiente rústico y señorial. Además, sus paredes están adornadas con coloridos cuadros de Ángel Ximénez. Consta de 4 dormitorios y varios salones, cocina (con cueva) y un patio trasero ajardinado. Los precios por persona y día son de 30-40 € en habitación doble.

COMER

Afirman los briocenses que si en algún sitio de La Alcarria se come bien es precisamente en Brihuega. Hay muchos lugares que pueden presumir de ello. El cordero y el cabrito son los elementos más preciados de la gastronomía alcarreña, pero también se puede degustar el conejo en muchas formas, las perdices y codornices, el pollo a la miel de romero, el morteruelo de caza y los "duelos y quebrantos", que traen a la mesa los tiempos clásicos. También la verduras de la vega del Tajuña son de gran calidad. Entre los dulces, destacan las tortas de la Virgen, los mantecados, las tortas de chicharrones, las monillas, los mostachones... La miel la ofrecen a granel y envasada en todos los comercios de la villa.
En Brihuega localizar los restaurantes es tarea sencilla, pues se sitúan estratégicamente en la travesía urbana de la carretera que viene de Guadalajara. Por lo general se trata de buenos establecimientos que ofrecen menús diarios económicos, y una carta con platos tradicionales tentadora y accesible.

Casas con menú (menos de 15 €)

CARLOS III

Avda. de la Constitución, 24.
Telf. 949 280 579. El comedor es grande, austero y de sabor pero que muy clásico. El menú del día es bastante económico, y comer a la carta puede salir por unos 21 €. Recomiendan las legumbres de la huerta y el cordero asado.

EL TORREÓN

Paseo María Cristina, 7.
Telf. 949 280 300.
Dentro del hostal del mismo nombre. Tiene un comedor independiente muy espacioso y luminoso. Son recomendables el cabrito asado, el codillo a la casera, las judías con oreja, la perdiz escabechada y las comidas caseras en general.

Restaurantes (desde 24 €)

Muy afamado es el **Asador El Tolmo** (avda. de la Constitución, 26; telf. 949 281 130). Sus especialidades, junto a los asados, son las judías con perdiz, los pimientos rellenos, el pisto manchego, la perdiz al Tolmo y el bacalao a la alcarreña. En la cervecería se sirven raciones variadas, pero la fama de este local reside en sus tertulias culturales, a las que desde hace más de treinta años asisten personalidades de renombre. Diariamente ofrecen un económico menú que hace difícil no sentarse en unas mesas de tanto prestigio.
En **Quiñoneros** (paseo María Cristina, 10; telf. 949 280 495) preparan comida estacional, de corte casero con toques creativos, lo que produce combinaciones deliciosas y exóticas. Su lista de sugerencias es larga, destacando el gazpacho brihuego, el pastel de perdiz, el cordero en azafrán y miel, o el bacalao "a la broma de La Alcarria". Entre los postres, sorbetes y tartas caseras, como la de pétalos de rosa y limón con azahar o la de dátiles con miel (ahí es nada, toda una fiesta floral para terminar, no en vano ya lo recomendaba don Camilo).

BRIONES

LA RIOJA. 500 habitantes

SU NOMBRE, QUE ACASO DERIVA DEL CÉLTICO BRITONES, NOS HABLA DE LA POSIBLE CAPITAL DE LOS BERONES, LOS PRIMEROS Y MÁS ANTIGUOS POBLADORES DE LA RIOJA. FUE, SIN DUDA, UN IMPORTANTE ENCLAVE DEFENSIVO DEL EBRO Y EN SUS DÍAS LLEGÓ A ESTAR COMPLETAMENTE RODEADO POR UN PERÍMETRO DE MURALLAS Y UN PROFUNDO FOSO INFRANQUEABLE. DECLARADO CONJUNTO HISTÓRICO ARTÍSTICO.

INFO

Ayuntamiento. Telf. 941 322 020.
Oficina de Turismo de Haro
Plaza de Florentino Rodríguez, s/n.
Telf. 941 303 366.
Parada de autobuses. Plazuela Ibarra. *Autobuses Angulo.* Telf. 941 360 767. *Grupo Jiménez.* Telf. 941 231 234.

DORMIR

HOTEL LOS CALAOS

San Juan, 13. Telf. 941 322 131.
www.loscalaosdebriones.com
Señorial hotel situado en el centro de la localidad, en una casa del siglo XVII. Mobiliario rústico en las zonas comunes y habitaciones espaciosas y bien equipadas. Dispone de un buen restaurante y de una pequeña tienda.
Habitación doble: 60 €.

CASA EL MESÓN

Travesía de la Estación, 3.
Telf. 941 322 178. Hotel rural perfectamente acondicionado con agradable salón para desayunar.
Habitación doble: 40-45 €.

COMER

LOS CUATRO ARCOS

Baja del Valle, 1. Telf. 941 322 029.
Debajo de un artístico balcón de hierro forjado y junto a una de las puertas de la ciudad, se localiza este mesón de piedra. Ofrece la más característica carta de la cocina riojana. De primero son protagonistas las legumbres y las verduras, mientras que de segundo se recomienda el conejo guisado o el picadillo. El bacalao a la riojana satisface los paladares más sibaritas. Excelentes precios. Con menú de día.

DINASTÍA VIVANCO

Ctra. N 232, km 197. Telf. 941 322 340.
Comedores acristalados con magníficas vistas sobre la sierra de Cantabria. Decoración moderna y cocina de autor. Vinos de la casa y varios menús.
Precio medio, 40 €.

BROTO

HUESCA. 530 habitantes

EL VALLE DE BROTO ES LA PUERTA NATURAL AL PARQUE NACIONAL DE ORDESA Y MONTE PERDIDO. AGRESTE Y HÚMEDO, CON BOSQUES DE HAYAS, ROBLES Y PINOS, Y PRADOS QUE CONSERVAN SU VERDOR TODO EL AÑO, SU ABRIGADA VEGA SE PIERDE AGUAS ARRIBA DEL ARA. SUBIENDO AÚN MÁS, DE FORMA ESCALONADA, HACIA LOS VALLES DE ORDESA Y BUJARUELO, EL RÍO ARA DESCRIBE MÚLTIPLES CASCADAS YA EN EL INTERIOR DEL PARQUE. UNA DE LAS POBLACIONES MÁS CARACTERÍSTICAS DEL VALLE ES LA TURÍSTICA Y PINTORESCA VILLA DE BROTO. JUNTO CON LA CERCANA TORLA, HAN COMPARTIDO DESDE SIGLOS UNA HISTORIA COMÚN, ELIGIENDO LA JUNTA DEL VALLE Y COMPARTIENDO JUNTO CON EL VECINO VALLE FRANCÉS DEL BARÈGES LAS O "AS" PACERÍAS, UN TRATADO DE APROVECHAMIENTO DE PASTOS QUE SE CELEBRA CADA AÑO.

INFO

Ayuntamiento
Telf. 974 486 002.
Oficina de Turismo
Caseta en la Avda. de Ordesa (abierta julio y agosto).
Telf. 974 486 413.

DORMIR

HOTEL PRADAS✪✪✪
Avda. de Ordesa, 7.
Telf. 974 486 004.
Fax: 974 486 396.
www.hotelpradas.com
Una fachada de piedra y madera con habitaciones haciendo chaflán. Ambiente cálido, sobre todo el salón del recibidor.
Habitación doble: 65-85 €.

HOTEL SORROSAL✪✪
Avda. de Ordesa, 10.
Telf. 974 486 010.
Recientemente remodelado, de aceptable amplitud y con algunas habitaciones abuhardilladas. Con un buen nivel de servicios, acorde a su categoría. Habitación doble: 40-65 €.

HOTEL GABARRE✪
Avda. de Ordesa, 6. Telf. 974 486 052.
Habitaciones algo sobrias, pero con comodidades propias de hotel.
Habitación doble: 40-60 €.

HOTEL LA POSADA✪
Los Arcos, s/n.
Telf. 974 486 336.
www.hotel-laposada.com
Fax: 974 486 361. Situado junto al río, este hotel posee habitaciones decoradas con gran esmero, a las que se accede por unos amplios pasillos abiertos. Habitación doble: 48-78 €.

Turismo rural

BORDA LIZONERO
Avda. de Ordesa, 14.
Telf. 974 486 017.
www.turismoverdehuesca.com
La casa consta de dos apartamentos que ofrecen cada uno dos habitaciones dobles, cocina-comedor y baño.
Vivienda/ día: 65-85 €.

CASA FELICES
Avda. de Ordesa, 4.
Telf. 974 486 222.
www.ordesa.com/casafelices
Casa tradicional del Pirineo, en piedra y madera. Ofrece dos apartamentos de cuatro plazas cada uno, salón, cocina y baño. También disponen de un albergue. Vivienda/ día: 90 €.

COMER

Platos específicos del valle de Broto, aparte de la influencia de su propia comarca del Sobrarbe, son las lentejas de Ordesa, elaboradas con morcilla de arroz, champiñones silvestres, cebolla, tomates, hueso de jamón, más vino dulce y aguardiente seco.
El sarrio de Ordesa se distingue por el uso de diversas hortalizas junto a la carne adobada con zanahorias, puerros, tomates, cebollas y hierbas. El cabrito a la zarzuela es típico también en el valle de Broto, junto con la original gallina al anís.

Casas con menú (menos de 15 €)

LA BÓVEDA
Avda. de Ordesa, 4.
Telf. 974 486 079.
En un salón con decoración propia de la zona se puede degustar cocina aragonesa bien elaborada. Especialidades como los asados, platos de caza, las carnes en adobo y los pescados.

SORROSAL
Avda. de Ordesa, 10.
Telf. 974 486 010. A diferencia de los demás restaurantes, sus salones no son nada rústicos.

BRIVIESCA

BURGOS. 6.400 habitantes

LA CAPITAL DE LA COMARCA DE LA BUREBA CONSERVA TODAVÍA EL ESPLENDOR DEL QUE GOZÓ ANTAÑO, CUANDO LA INFANTA DOÑA BLANCA, NIETA DE ALFONSO X, DECIDIÓ CONSTRUIR AQUÍ LAS MURALLAS DE UNA NUEVA CIUDAD. EL ANIMADO NÚCLEO URBANO HA IDO CRECIENDO SIN PERDER LA ARMONÍA DE SU TRAZADO ORIGINAL, CON AMPLIOS PASEOS Y NUMEROSOS PARQUES A ORILLAS DEL OCA.

INFO

Ayuntamiento
Santa María de la Encimera, 1.
Telf. 947 590 010.
www.ayto-briviesca.com
www.turismocastillayleon.com
Oficina de Turismo
En el Ayuntamiento.
Telf. 947 593 939.

DORMIR

HOTEL ISABEL✪✪
Santa María de la Encimera, 21.
Telf. 947 592 959.
Completamente nuevo, parece un hotel de tres estrellas. Las habitaciones son un auténtico lujo: televisión, antena parabólica, teléfono e hilo musical. También dispone de un moderno salón social. Los dueños son encantadores.
Habitación doble: 48-60 €.

HOSTAL LAGARESMA✪✪
Santa María Bajera, 11.
Telf. 947 590 751.
Más antiguo que el anterior y de decoración más clásica. Las habitaciones, con televisión y teléfono, son bastante grandes, igual que las camas. Cuenta con un bonito restaurante en la planta baja. Resulta muy agradable.
Habitación doble: 40 €.

TAPEO Y CAFÉS

En Briviesca son ya tradicionales las tapas del **Abrigaño,** junto a la estación de autobuses, el picadillo del **Madol's,** situado en la Plaza Mayor, y del **Donosti,** en la cercana calle de Santa Inés. Muy próximo al anterior se localizan **El Farol,** famoso por sus cazuelitas, y el **Cheers,** donde debéis probar las bravas y la tortilla. El bar **Isabel** (Santa María Encimera, 21) en el hotel del mismo nombre, ofrece unas riquísimas raciones de champiñones a la plancha, pulpo a la gallega y sepia.
Las cafeterías de la Plaza Mayor son muy agradables a la hora del café. Los más jóvenes suelen acudir a algunos locales de la calle Duque de Frías, como el **Bogart,** el **Osaka** o el **Muga.** Junto a la iglesia de Santa María se encuentra **La Plazuela,** un café moderno y de ambiente agradable.

COMER

Casas con menú (menos de 15 €)

LAGARESMA
Santa María Bajera, 13.
Telf. 947 590 751.
Restaurante del hotel mencionado anteriormente. Sin pasarse del presupuesto, podéis probar su excelente merluza con salsa de langosta, aunque si pedís el menú del día tampoco saldréis decepcionados. Buena y contundente comida casera, de la que se recomiendan cualquiera de sus platos de carne y, por supuesto, la sopa castellana.

EL CONCEJO
Plaza Mayor, 14.
Telf. 947 591 686.
Ofrece una cocina muy elaborada y comer a la carta puede resultar caro. No obstante, cuenta con un menú del día en el que se pueden degustar exquisitos platos tradicionales.

MESÓN FORTU
Marqués de Torresoto, 13.
Es uno de los clásicos y los fines de semana suele estar lleno. Son célebres sus pescados y a diario ofrece un menú con varios platos a elegir. Buena relación calidad precio.

RESTAURANTE DEL SANTUARIO
Telf. 947 590 152.
Si subís al santuario de Santa Casilda, podéis comer en el restaurante del mismo nombre, nada caro y muy agradable, tanto por el local como por el lugar en que se encuentra. También cuenta con una sencilla hostería donde dormir por poco dinero.

BUITRAGO DE LOZOYA

MADRID. 1.600 habitantes

BUITRAGO ES UNA DE LAS REFERENCIAS INDISCUTIBLES DE LAS POBLACIONES QUE RODEAN LA CAPITAL. SITUADO A 75 KM DE MADRID, EN EL CORAZÓN DE LA SIERRA NORTE, CONSTITUYE UNO DE LOS CONJUNTOS HISTÓRICOS Y NATURALES MÁS HERMOSOS DE LA ZONA. ENCLAVADO EN EL MEANDRO DEL RÍO QUE LE DA NOMBRE, ES EL ÚNICO PUEBLO DE LA COMUNIDAD QUE CONSERVA ÍNTEGRO SU ANTIGUO RECINTO AMURALLADO, QUE, JUNTO AL ALCÁZAR, FUE DECLARADO MONUMENTO NACIONAL EN 1931. A PARTIR DE MARZO DE 1993 EL PUEBLO EN SU TOTALIDAD TOMARÍA EL TÍTULO DE BIEN DE INTERÉS CULTURAL EN LA CATEGORÍA DE CONJUNTO HISTÓRICO ARTÍSTICO.

INFO

Ayuntamiento. Telf. 91 868 00 56. www.sierranorte.com/buitrago

Autobuses. La empresa que realiza el trayecto a Madrid es Continental-Auto, desde el intercambiador de la plaza de Castilla en Madrid. Telf. 902 330 400. www.continental-auto.es

DORMIR

Lo ideal para pasar una noche en contacto con la naturaleza es acercarse hasta cualquiera de los alojamientos rurales que existen en los cercanos Horcajuelo y Montejo de la Sierra. Si se opta por dormir en el mismo Buitrago, las posibilidades son:

HOSTAL JJ✪✪

Soledad, 4. Telf. 91 868 06 38. De aspecto moderno y emplazado en un lugar muy tranquilo, tiene la ventaja de estar a escasos metros del centro y el río. Dan comida casera y menús especiales a partir de seis personas. Es el más recomendable. Habitación doble: 45 €.

HOSTAL MADRID-PARÍS✪

Carretera de Burgos, km 75. Telf. 91 868 11 26. De inspiración rural, es perfecto para una parada. El centro de Buitrago queda muy cerca, pero si no se quiere salir también dispone de cafetería y restaurante. Habitación doble: 40 €.

Turismo rural

LAS ERAS DE HORCAJUELO

Pozas, 38. Telf. 91 869 70 22. En **HORCAJUELO DE LA SIERRA.** Se trata de un conjunto de alojamientos de 4 y 6 plazas, que ocupan casas de estilo tradicional, divididas en dos plantas. Cuentan con terraza, un agradable salón con chimenea, cocina y calefacción.

LOS BALCONES DEL ATAZAR

Pozas, 38. Telf. 620 878 713. En **EL ATAZAR.** Cinco casas de nueva construcción, preparadas para cuatro personas cada una y equipadas con cocina y salón con chimenea.

CALLE REAL

En **MONTEJO DE LA SIERRA.** Telf. 91 869 70 58. Antigua casona de piedra, totalmente rehabilitada. Ofrece dos viviendas distribuidas en dos plantas, cada una con una habitación doble, cuarto de baño, cocina y salón con chimenea y sofá-cama.

Campings

LA DEHESILLA

Carretera de Montejo a El Hayedo. Telf. 91 869 71 28. Aunque está un poco alejado de Buitrago, el paraje en el que descansa es muy recomendable por su belleza. Tiene un pequeño refugio de montaña y ofrece actividades como piragüismo, tiro con arco y bicicleta.

COMER

Es en la plaza de la Constitución, antesala de la monumental muralla que recorre el pueblo, donde se encuentran algunos de los restaurantes recomendados, puerta con puerta. Rapidez, platos combinados y cartas en condiciones son las principales ofertas. En verano, las terrazas se llenan por su agradable aspecto, que invita al descanso y al refrigerio.

Casas con menú (menos de 15 €)

LAS MURALLAS

Plaza de la Constitución, 3. Telf. 91 868 04 84. Es el más emblemático fuera de las murallas y gastronómicamente ofrece una buena relación calidad-precio. Buenas carnes de la sierra, sobre todo el lechazo.

Restaurantes (de 21 a 36 €)

El Mesón Serrano (Real, 30; telf. 91 868 01 13) es un establecimiento elegante y con solera, al que conviene llamar para reservar. Su especialidad es el cordero asado y los dueños recomiendan encargarlo lo antes posible. Entre semana sirve un menú del día. En **VILLAVIEJA DE LOZOYA** se encuentra el hotel rural **El Arco** (Arco, 6; telf. 91 868 09 11), que ofrece alojamiento en habitaciones dobles y dispone de un buen restaurante.

EL BURGO DE OSMA

SORIA. 5.009 habitantes

LOS ORÍGENES DE LA CIUDAD SE ENCUENTRAN EN LA CELTÍBERA Y ROMANA UXAMA ARGELAE DEL CERRO CASTRO, DESPUÉS FUE LA MEDIEVAL OSMA Y, FINALMENTE, EL OBISPO PIERRE DE BOURGES LEVANTÓ UN TEMPLO CATEDRALICIO ROMÁNICO EN TORNO AL CUAL NACIÓ UN BURGO QUE ACABARÍA SIENDO VILLA EPISCOPAL. ASÍ, BURGO DE OSMA DEBE TODO SU VALIOSO PATRIMONIO AL CABILDO Y A LOS OBISPOS, AUNQUE EL ESPLENDOR DE ESTA CIUDAD NO SE HA LIMITADO SÓLO A SU HISTORIA, PUES HOY, ADEMÁS DE SER CATEDRAL DEL BUEN COMER, ES UNA DE LAS POBLACIONES MÁS IMPORTANTES Y VISITADAS DE LA PROVINCIA.

INFO

Oficina de Turismo

Plaza Mayor, 1. Telf. 975 360 116. Abierta todo el año. www.burgosma.es www.sorianitelaimaginas.com

Centro de Interpretación del Parque Natural del Cañón del Río Lobos

Se encuentra en la localidad de Ucero. Abierto del 15 de marzo al 15 de diciembre. Telf. 975 363 564.

DORMIR

HOSTAL EL MIRADOR✪✪

Marqués de Vadillo, 10. Telf. 975 360 272. Este novísimo hostal sería merecedor de la categoría de hotel, pues no tiene nada que envidiar a los hoteles de la localidad. Las habitaciones, espaciosas y bien decoradas, son coquetas y románticas. Habitación doble: 62 €.

HOSTAL LA PERDIZ✪✪

Universidad, 33. Telf. 975 340 309. Algo alejado del centro, es un hotel sencillo pero agradable y de trato familiar. Los baños aunque algo pequeños están en perfecto estado de limpieza. Todas las habitaciones cuentan con televisión y teléfono. Habitación doble: 60 €.

Otros hoteles de precio más elevado

La ciudad cuenta con dos grandes hoteles: **Virrey II✪✪✪✪** (Mayor, 2-4; telf. 975 341 311; 81-95 €) céntrico y con todas las comodidades y **Río Ucero✪✪✪** (ctra. N 122, km 214; telf. 975 341 278; 65-80 €), situado junto a un agradable emplazamiento. Una buena alternativa para dormir es **La Posada del Canónigo** (San Pedro de Osma, 19; telf. 975 360 362; 70-85 €).

EL TAPEO

Las tapas, al igual que en toda la provincia, hay que pedirlas con la consumición. Suelen ser habituales los pinchos de matanza: torreznos, picadillo, lomo en aceite... y, por supuesto, no falta la morcilla de El Burgo. Son famosas también las cazuelillas, que a precios de lo más asequible se sirven en casi todos los mesones.

En la plaza de Santo Domingo conviene ir a **Casa Engracia,** donde ponen buenas cazuelas de bacalao; **Taberna el Machote** es de esas de las de siempre, con buenas costillas, y **Pacheco,** es especialista en torreznos.

En la Calle Mayor, los mesones, tascas y restaurantes se suceden casi continuamente. Entre otros están: **El Burgo,** cuyas elaboradas tapas son un reclamo para pasar al restaurante mientras se toma un Ribera del Duero. Se puede acabar la ronda visitando la vieja **Casa Pacheco,** frente a la catedral.

COMER

Casas con menú (menos 15 €)

MESÓN LA PERDIZ

Universidad, 33. Telf. 975 340 309. En este restaurante se puede comer a la carta por un precio razonable. Los platos son caseros y sencillos pero de esmerada elaboración. Aunque también tienen asados, su especialidad es la perdiz en escabeche y otros platos de caza.

PALACIO DEL VIRREY

Pza. de San Pedro, 8. Telf. 975 341 314/235. De la saga de los Palafox, pero concebido de manera más informal, este pintoresco restaurante está situado en una casa del siglo XVI. Ofrece entrantes de la cocina soriana y platos de cocina nacional. El precio de los vinos está bastante ajustado.

Asador Plaza Mayor
Plaza Mayor, 7. Telf. 975 340 657.
La especialidad de esta casa de comidas son las carnes: solomillo de ternera al cabrales, entrecot al vendimiador y lechazo, por poner algunos ejemplos. De entrante se puede pedir la buena morcilla de El Burgo. Ofrece un económico menú.

Restaurantes (desde 21 €)

La catedral de la gastronomía, con prestigio internacional, se llama **Virrey Palafox** (Universidad, 7; telf. 975 340 222). Asados, cangrejos de río en temporada y en general toda la cocina típica castellana. Está muy concurrido, especialmente durante los fines de semana de invierno, en los que ofrece productos muy elaborados de la matanza.

BURGOS

CAPITAL DE PROVINCIA. 163.156 habitantes

BURGOS, ANTIGUA CAPITAL DEL REINO CASTELLANO-LEONÉS, JUGÓ UN PAPEL DECISIVO DURANTE LA RECONQUISTA. SU SITUACIÓN, EN PLENA RUTA JACOBEA, AÑADIÓ A SU IMPORTANCIA MILITAR UN CRECIENTE DESARROLLO ECONÓMICO. HOY CONSERVA UN MAGNÍFICO LEGADO MONUMENTAL Y ARTÍSTICO QUE PUEDE CONSIDERARSE UNO DE LOS MÁS VALIOSOS DE LA PENÍNSULA. POR SUS CALLES TRANSITAN PEREGRINOS, VIAJEROS, ESTUDIANTES Y UNIVERSITARIOS, QUE LE DAN EL CALOR DEL QUE CARECE EN EL GÉLIDO INVIERNO. LA ABUNDANCIA DE CALLES PEATONALES Y ESPACIOS VERDES HACE DE ELLA UN LUGAR IDEAL PARA PASEAR Y DEJARSE SORPRENDER POR LA HISTORIA QUE ENCIERRAN SUS MONUMENTOS. UN INEVITABLE VIAJE QUE HARÁ REMEMORAR LOS TIEMPOS DEL HÉROE MÁS CÉLEBRE DE CASTILLA: EL CID CAMPEADOR.

INFO

Oficina de Turismo de la Junta de Castilla y León
Plaza de Alonso Martínez, 7.
Telf. 947 203 125.

Información Turística de Castilla y León
Telf. 902 203 030.
www.turismocastillayleon.com

Oficina Municipal. Paseo del Espolón, s/n; y pseo. San Fernando.
Telf. 947 288 874. www.aytoburgos.es

Atapuerca, Información y reservas
Telf. 947 421 462. Fax. 947 421 005.
www.atapuerca.net

En el *Diario de Burgos*, podéis encontrar amplia información sobre las actividades que se organizan en la ciudad. Otro referente informativo es la revista: *La Agenda del Ocio*. También su web: www.ocioenburgos.com

Autobuses urbanos
Todas las líneas parten de la periferia y convergen en el centro urbano.
Telf. 947 288 829.

Estación de Autobuses
Telf. 947 288 855.

Taxis. Están permanentemente en la plaza del Mío Cid. *Radiotaxi*.
Telf. 947 227 777 y 947 481 010.

DORMIR

Por ser capital de provincia y punto esencial de la ruta jacobea, Burgos cuenta con una amplia oferta de hoteles y hostales de primera categoría. El precio es medio-alto, pero siempre es posible encontrar algunos alojamientos más económicos.

*En la carretera Madrid-Irún, km 236 –entrada desde Madrid por la vía de servicio 233– encontraréis un hotel precioso que pertenece a la cadena Relais & Chateaux, **Landa Palace**✪✪✪✪✪ (telf. 947 257 777; 210-240 €). Sin salir de la ciudad y destacando el prestigioso **Almirante Bonifaz**✪✪✪✪ (calle Vitoria, 22-24; telf. 947 206 943; 77-160 €), que dispone de un buen restaurante,* Los Sauces, *se recomiendan los siguientes alojamientos:*

Hotel Conde de Miranda✪✪
Miranda, 4.
Telf. 947 265 267. Fax: 947 207 770.
Muy recomendable por su céntrica situación. Renovado en 2005, el ambiente es acogedor y las habitaciones, nuevas, tienen un elegante toque moderno. El personal de servicio es muy atento.
Habitación doble: 55-70 €.

Hotel Puerta Romeros✪✪
San Amaro, 2. Telf. 947 460 738.
Fax: 947 460 738. Casa de arquitectura popular reformada recientemente. Se ubica en la zona de la Universidad, por lo que suele estar lleno de estudiantes, sobre todo al mediodía, ya que también se ofrecen comidas.
Habitación doble: 55-62 €.

Hotel Jacobeo✪
San Juan, 24. Telf. 947 260 102.
Fax: 947 260 100. Ubicado en una antigua casa rehabilitada, parece estar pensado para acoger peregrinos. Elegante y sencillo al mismo tiempo.
Habitación doble: 45-79 €.

Hostal Carrales✪✪
Puente Gasset, 4.
Telf. 947 205 916.
Reformado recientemente con un estilo moderno y funcional, ofrece habitaciones no muy amplias pero bastante confortables. También tiene un restaurante de comida casera y admite animales.
Habitación doble: 36-56 €.

Hostal Lar✪✪
Cardenal Benlloch, 1.
Telf. 947 209 655.
Fax: 947 209 655. Situado en buena zona si queréis disfrutar del ambiente nocturno de la ciudad. Las habitaciones no están mal, cuentan con televisión y teléfono, pero los baños son algo pequeños.
Habitación doble: 43-55 €.

Hostal Hidalgo✪
Almirante Bonifaz, 14.
Telf. 947 203 481.
Es el más barato de la lista. No tiene el lujo de los anteriores pero las habitaciones están muy limpias. Tiene calefacción y el baño es compartido.
Habitación doble: 35 €.

Otros hoteles de precio más elevado

Frente a la catedral se halla el **Mesón del Cid**✪✪✪ (plaza de Santa María, 8; telf. 947 208 715; fax: 947 269 460; 70-155 €). También céntricos están el **Cordón**✪✪✪ (La Puebla, 6; telf. 947 265 000; fax: 947 200 269; habitación doble: 60-140 €) y el **Corona de Castilla**✪✪✪✪ (Madrid, 15; telf. 947 262 142; fax: 947 208 042; 60-165 €). Por último, a 300 m de la catedral destaca por su alto nivel de servicios el hotel **Abba Burgos**✪✪✪✪ (Fernán González, 72; telf. 947 001 100; habitación doble: 60-170 €).

EL TAPEO

En Burgos hay mucha tradición en esto del tapeo, sobre todo las mañanas de domingo si hace bueno. Cientos de bares se distribuyen por toda la ciudad, pero es en la parte vieja donde se encuentran los clásicos.

Alrededor de la catedral

De todas las calles que limitan la catedral la de Sombrerería es la más concurrida a la hora del tapeo. Las raciones de **La Mejillonera, La Cabaña Arandina,** el **Mesón Burgos, Gaona, Los Herreros** o el **Morito** acaparan toda la fama, no sólo por su calidad sino también por el precio, bastante económico. Las tapas de morcilla, lengua y jamón asado son las más recomendables, aunque tampoco hay que dejar de probar las magníficas ensaladas de atún, bacalao o queso del Morito, acompañadas de uno de sus simpáticos bocadillos. Si después de probar todo esto aún tenéis hambre, siempre podréis comer en cualquiera de las terrazas que instalan en la calle.

La zona de las Bernardas

De camino a la plaza Lesmes, son obligadas las cazuelitas de **Los Gigantillos Dos,** una agradable cervecería de la calle San Juan donde también se ofrecen comidas. Detrás del antiguo convento de las Bernardas, en la peatonal calle de las Calzadas, se localizan algunos bares de tapas intercalados entre los locales de ambiente nocturno. Los más frecuentados son el **Magnum,** el **Cartasbocata** (sobre todo por la noche) con excelentes raciones de ibéricos, la **Taberna del Mar Aurelio,** la **Bodeguilla,** etc.

Algo más alejado, pero con muy buen ambiente, sobre todo los domingos, es el barrio de Gamonal, al este del centro urbano.

COMER

La gastronomía de Burgos se ha labrado fama gracias a la morcilla y el queso, ambos con el apellido "de Burgos", así como el cordero asado, la olla podrida, las lentejas medievales y los productos de la matanza. Tampoco falta en la mesa

el bacalao, influencia de la cocina vasca. El postre más conocido es el del abuelo, un auténtico manjar de queso blanco, miel y nueces.

*Los restaurantes de más alto nivel son el **Landa Palace** (ctra. Madrid-Irún, km 235; telf. 947 257 777; precio medio, 40 €), a las afueras, y **Casa Ojeda** (Vitoria, 5; telf. 947 209 052; precio medio, 40 €), en la ciudad.*

Casas con menú (menos de 15 €)

Los restaurantes más prestigiosos los encontraremos alrededor de la catedral, en las calles Paloma, Sombrerería, Nuño Rasura y la zona de las Llanas. Se recomiendan los siguientes:

Don Nuño
Nuño Rasura, 3.
Telf. 947 200 373.
Nada mejor que probar su delicioso cordero lechal asado escuchando las campanas de la catedral, como manda la tradición. Sin pagar demasiado podréis probar algunas excelencias de la cocina suiza (el *steak tartare* o la *fondue bourguignone*), aunque también se ofrece un variado menú del día. Y de postre pidan aquí el de la abuela. El servicio, de primera, como sus platos.

Asador Los Trillos
Don Juan de Austria, 20.
Telf. 947 460 026.
Además de su carta de asados, ofrece un excelente menú del día con varios platos a elegir. Las raciones tienen fama de ser suculentas.

La Posada
Pza. Santo Domingo de Guzmán, 18.
Telf. 947 204 578.
En una céntrica plaza, se encuentra este agradable establecimiento que ocupa una casa antigua de cinco plantas. Aquí se puede degustar cocina casera y buenas carnes y lechazo asado al horno de leña. Menú todos los días. A la carta, unos 21 €.

Asador Las Calzadas
Calzadas, 7.
Telf. 947 272 384.
Típico asador castellano con horno de leña, donde disfrutar, cómo no, de un buen cordero asado. También ofrecen menú.

Restaurantes (de 25 a 40 €)

El 24 de La Paloma (La Paloma, 24; telf. 947 208 608) de lo mejorcito en cocina moderna. **Las Brasas** (Calzadas, 10; telf. 947 272 580) ofrece estupendas carnes y pescados a la brasa. Amplia variedad de delicias ibéricas se encuentran en **Don Jamón** (San Pablo, 3; telf. 947 260 036). Cuenta con otra sucursal más informal en Alvar García.

CAFÉS

Cercanos a la Plaza Mayor se localizan algunos de los cafés de más solera de Burgos, como el **Casino,** el **Latino** o el **España,** puntos de referencia habituales en las tardes de invierno. También hay cafeterías de interés en la calle Calzadas y el Paseo de la Maza, aunque son frecuentadas por una clientela más madura.

Son famosos en la ciudad los pasteles de **Loste,** una confitería y cafetería.

Completan la oferta cafetera el **Piquío** y el **Cabaret** (paseo de la Maza), con terrazas, y el moderno **Café de Internet,** para los apasionados de la red.

CABEZÓN DE LA SAL

CANTABRIA. 8.211 habitantes

Es Cabezón un pueblo agradable pero, sobre todo, lugar de paso y puerta de acceso a la Reserva Nacional de Caza del mismo nombre, que alberga interesantísimos pueblos, formaciones boscosas y una gran representación faunística. El nombre de la población responde al gran número de minas de sal encontradas en la zona, conocidas y explotadas desde la época de los romanos hasta tiempos recientes.

INFO

Oficina de Turismo
Plaza Botín, 1. Telf. 942 700 332.
www.cabezondelasal.net

DORMIR

Hotel Viar✪
Ctra. N-634. Telf. 942 702 219. Moderno edificio cuya categoría y calidad de servicio es superior al número de estrellas. Habitaciones coquetas y alegres, con televisión, teléfono e hilo musical. Habitación doble: 35-63 €.

Pensión Conde de Lara✪✪
Vista Alegre, 4. Telf. 942 700 312.
Sencillo hostal de carretera muy frecuentado por viajeros de paso. Algunas habitaciones no disponen de baño. Restaurante y aparcamiento privado. Habitación doble: 36-45 €.

Pensión El Cruce✪✪
Navas, s/n. Telf. 942 701 823.
Situada en el cruce de carreteras, en ella se alojan muchos viajeros que se dirigen al valle del Saja. Habitaciones espaciosas y confortables, con televisión y baño. 40-50 €.

Casona El Jardin de Carrejo✪✪
En Carrejo. Telf. 942 701 516 y 629 532 870. Magnífico alojamiento rural con ocho habitaciones dobles, algunas especiales, con salón e hidromasaje. Decoración y equipamiento modernos con impresionante jardín. Opción cara pero muy adecuado como base de operaciones para adentrarse por el valle de Cabuérniga y del Saja. Habitación doble: 80-100 €.

EL TAPEO

Es en la avda. del Generalísimo y calles adyacentes donde se concentra el mayor número de bares de tapas de la localidad. En el **Avenida** destacan, entre sus muchas raciones, los champiñones al ajillo y la asadurilla; y cualquier pincho de origen cántabro en **El Paraíso.** Al final de la avenida (frente a la estación), podréis probar unas excelentes croquetas y unos choricitos caseros en el **Saja.**

A un paso del Ayuntamiento se halla **El Cruce,** auténticos especialistas en raciones de productos marinos, aunque sin lugar a dudas, son las mollejas encebolladas su más exquisito manjar.

COMER

Casas con menú (menos de 15 €)

Conde de Lara
Vista Alegre, 14. Telf. 942 700 312.
Su esmerada cocina regional, lo hace uno de los restaurantes más recomendables. No dejéis de probar las delicias del Cantábrico en salsas, así como el cocido montañés y, en invierno, la caza.

Viar
Ctra. General. Telf. 942 702 219. Moderno restaurante donde, aunque comer a la carta supere con creces el precio del menú, merece la pena probar el rape con salsa de setas, el entrecot o solomillo a la pimienta y la merluza rellena.

La Villa
Pza. de la Bodega, s/n. Telf. 942 701 704. Una de las cocinas caseras con raíces cántabras más reputadas de la comarca. Pote y cocido montañés de absoluta confianza, platos de pescado sencillos y algunas buenas muestras de cordero y carnes de ternera.

CABRA

CÓRDOBA. 20.940 habitantes

Esta pequeña localidad se levanta en las estribaciones de la Sierra Subbética y da paso a una zona de fértiles tierras cubiertas de huertas y olivos.

INFO

Oficina de Turismo. Santa Rosalía, 2. Telf. 957 523 423. www.cabra.net

DORMIR

Cortijo de Frías
A 6 km de Cabra.
Telf. 957 334 005 y 902 442 233.
www.raar.es
Cortijo señorial acondicionado como alojamiento rural. Ofrece dos tipos de apartamentos; los más baratos tienen literas y capacidad para diez personas. Los precios son realmente asequibles.

Cortijo Ribero
Telf. 957 520 156. También se encuentra en las afueras de Cabra, dirección Doña Mencía. La decoración es rústica, y ofrece entre 8 y 10 plazas por 115-130 € al día. Tiene piscina y unas bellas vistas a los olivares.

HOTEL VERACRUZ✪✪
Veracruz, 1. **Lucena.**
Telf. 957 500 300. En la cercana Lucena se encuentra este hotelito ubicado en el corazón de la localidad. Acogedor y con un buen nivel de servicios.
Habitación doble: 57-49 €.

COMER

Casas con menú (sobre 15 €)

LA MALAGUEÑA
Avda. de José Solís, 71.
Telf. 957 520 827.
Un malagueño que vendía pescado decidió abrir este establecimiento hace unos 50 años. Hoy son sus hijos los que están detrás de la barra y en los fogones.

SAN MARTÍN
Plaza de España, 6. Telf. 957 525 131.
Un buen sitio para tapear y comer de menú. Especializado en cocina tradicional: carne de cerdo, potajes de verduras...

EL TIMÓN
Nicolás Albornoz, 21.
Telf. 957 522 360. Cervecería donde se sirven menús abundantes.

Restaurantes (sobre 30 €)
Mesón El Vizconde (Martín Belda, 26; telf. 957 521 702) es uno de los de toda la vida, ejemplo de negocio familiar con la misma dedicación y calidad de siempre. Aparte de sus buenos pescados y mariscos, atención especial merece el revuelto de ajos tiernos con cocochas y patatas paja, la lubina al horno con vinagreta de tomate y lecho de patata o a la carrillada de cerdo ibérico envuelta en hojas de col sobre salsa de trufa. ¿Y de postre? Tarta de fresas...

CÁCERES
CAPITAL DE PROVINCIA. 82.235 habitantes

CIUDAD MÁGICA, DECLARADA PATRIMONIO DE LA HUMANIDAD POR LA UNESCO. SU CONJUNTO URBANO ES UNO DE LOS MÁS BELLOS Y MEJOR CONSERVADOS DEL MUNDO. PERO CÁCERES NO SE DETIENE AHÍ, LO MEJOR LLEGA DURANTE LA NOCHE CON EL ESTALLIDO DE JÚBILO Y DIVERSIÓN QUE TIENE LUGAR EN SUS CALLES, DONDE SE RESPIRA UN CONTINUO AIRE DE FIESTA UNIVERSITARIA, DEMOSTRANDO QUE ES UNA CIUDAD VIVA Y COMPROMETIDA CON SU FUTURO.

INFO
Oficina de Turismo de la Junta de Extremadura
Plaza Mayor, 3. Telf. 927 625 047.
www.turismoextremadura.com
Patronato de Turismo y Artesanía. Amargura, 1.
Telf. 927 255 597.
www.dip-caceres.es
Ayuntamiento. Pza. Mayor, 1.
Telf. 927 255 718.
Estación de Autobuses
Túnez, 1. Telf. 927 232 550.
Taxis. *Radio Taxi.* Telf. 927 24 24 24/ 23 23 23.

DORMIR
*Cáceres presenta unos precios medios-altos en su oferta hostelera. Para los que dispongan de capital suficiente y quieran darse un capricho, hay que resaltar que muchos de los hospedajes son de gran belleza, asentados sobre antiguos monasterios o palacios, destacando el **Parador**✪✪✪✪ (Ancha, 6; telf. 927 211 759; 115-139 €).*

HOTEL LOS NARANJOS✪✪✪
Alfonso IX, 12.
Telf. 927 243 508.
Fax: 927 243 512. En un lugar céntrico de la zona nueva. 45-50 €.

HOTEL ALFONSO IX✪✪
Moret, 20 y Parras, 9.
Telf. 927 246 400.
Fax: 927 247 811. Próximo a la Plaza Mayor, este hotel es ya un clásico entre los visitantes. Sobriedad y rectitud son su principios fundamentales. Cafetería, restaurante y unas correctas habitaciones en un ambiente familiar. 66-77 €.

HOTEL ARA✪
Juan XXIII, 3.
Telf. 927 223 958.
Fax: 927 215 307. En las afueras de la parte nueva de la ciudad y algo alejado de la zona monumental. Se ha quedado algo clásico, pero dispone de numerosas habitaciones y es fácil aparcar en los alrededores. Dispensa un trato muy amable y cordial. 55 €.

HOTEL IBERIA✪
Pintores, 2.
Telf. 927 247 634.
Fax: 927 248 200. Situado en la peatonal calle Pintores, junto a la Plaza Mayor. En un edificio restaurado del siglo XVIII. Habitación doble: 35-90 €.

HOTEL METROPOL✪
Obispo Segura Sáez, 5.
Telf. 927 225 650.
Buena ubicación, en la zona nueva de la ciudad, junto al concurrido paseo de Cánovas. Dispone de 20 pequeñas habitaciones, sencillas pero muy limpias y decoradas en el clásico estilo castellano.
Habitación doble: 40 €.

HOSTAL GOYA✪✪
Plaza Mayor, 11.
Telf. 927 249 950.
Fax: 927 213 758.
En inmejorable situación, su modesta portada puede hacer desistir a los más refinados; pero lo que se encuentra tras la escalera es un alojamiento reformado, acogedor y muy bien equipado.
Habitación doble: 65-70 €.

HOSTAL ALAMEDA PALACETE✪✪
Margallo, 45.
Telf. 927 211 674/ 627 474 404.
www.alamedapalacete.com
Detrás de la Plaza Mayor, en la calle que atraviesa la ciudad señalizada con las flechas amarillas de la Ruta de la Plata del Sur o Ruta Jacobea, se encuentra ese pequeño hostal. Habitaciones de altos techos, algo destartaladas, pero muy confortables. Agradable patio interior donde se sirven los desayunos cuando llega el buen tiempo.
Habitación doble: 55-70 €.

HOSTAL LA ROSA✪✪
Sanguino Michel, 8.
Telf. 927 221 750.
Fax: 927 225 500. Modesto hostal con pequeñas y funcionales habitaciones. Dispone de una pequeña cafetería. Trato personalizado y agradable. Con posibilidad de disponer de garaje adicional.
Habitación doble: 45 €.

HOSTAL ALCÁCERES✪
Camino Llano, 34.
Telf. 927 227 000.
Pequeño hostal en las proximidades de la calle Pizarro y de la plaza de San Juan. Frecuentado por estudiantes.
Habitación doble: 37-40 €.

Otros hoteles de precio más elevado
En la avenida de Guadalupe se sitúan dos buenos hoteles, el **Husa Alcántara**✪✪✪ (nº 14; telf. 927 223 900; habitación doble: 52-152 €) y el **Extremadura**✪✪✪✪ (nº 28; telf. 927 629 639; habitación doble: 80-152 €).

EL TAPEO
En los soportales de la plaza Mayor y en las calles aledañas se cobija una amplia oferta de bares, terrazas y mesones que permiten degustar todo tipo de tapas. Destacan en la zona por la variedad y calidad de sus raciones y tapas **El Puchero** y el **Mesón los Arcos.** Mención especial requiere la cafetería bar **La Fusa** (San Pedro de Alcántara, esq. Pinzones; Centro Comercial), que ofrece tapas especiales (tostas, selección de quesos e ibéricos) en un patio señorial. Y el **mesón Alcazaba** (General Esponda, 3), conocido por sus ibéricos de calidad, sus productos de la tierra y su gran variedad de vinos, blancos y tintos.
Dentro del recinto amurallado es preciso mencionar la **Bodega Medieval** (Orellana, 1), que brinda excelentes vinos de la tierra acompañando las raciones de jamón y lomo. Buenos pinchos y mejores vinos (por copas o botellas) se pueden tomar en el bar **Puerta de Mérida** (Puerta de Mérida, 10) abierto en la muralla junto a la puerta del mismo nombre. En la plaza de San Juan abre sus puertas el **Mesón de San Juan,** que posee una oferta donde descuellan los ibéricos.
En **La Madrila,** zona céntrica a diez minutos a pie desde la zona monumental y escenario urbano donde se concentran muchos locales de tapas y copas, conviene destacar **Carpe Diem** (Doctor Fleming), café bar que acoge al visitante con su buen ambiente y su oferta de tapas (jamón ibérico, torta del Casar) y raciones (mollejas de cordero, morcilla de Burgos o solomillo ibérico). Y del **mesón Los Pícaros** (Niza, 4), la amplia selección de jamones, quesos, chorizos y lomos.
Otros lugares reputados son **La Bodeguilla** y la **Abadía,** situados muy cerca de la plaza de América, y en Reyes Huertas y Antonio Machado, **Montaíto,** local que basa su reputación en los montaditos y las buenas raciones de moraga y de panceta que sirve.

COMER

En esta ciudad se reúne la mejor tradición culinaria de toda la provincia. Entre su rica tradición gastronómica se destacan platos extraídos del recetario de algunos monasterios extremeños. Deliciosas son sus sopas, elaboradas con pan, al que se le añaden otros alimentos que le dan sabor y nombre: sopa de tomate con higos, sopa de canas... De sus guisos y carnes sobresalen el frito (de cordero o cabrito) o los derivados de la matanza del cerdo: prueba, moraga, manitas. De sus preciados quesos, de oveja o cabra, destacan los llamados tortas del Casar. Todo ello bien regado con el buen vino de la tierra, de lugares como Cañamero y Montánchez. ***Atrio*** *(avda. de España, 30; telf. 927 242 928; 80 €) es uno de los restaurantes de mayor prestigio de Extremadura.*

Casas con menú (menos de 15 €)

El Figón de Eustaquio
Plaza de San Juan, 14.
Telf. 927 244 362.
El más clásico y uno de los mejores restaurantes de la localidad. Cocina regional tradicional y vinos de la zona. Ofrece un menú de la casa y un menú regional.

Mesón San Juan
Pza. de San Juan, 3.
Telf. 927 212 578.
Tienen varios menús con diferentes precios con platos regionales como selección de ibéricos, migas, asados, platos de caza, judías con perdiz, solomillo de jabalí...

El Puchero
Plaza Mayor, 9 y avda. Virgen de la Montaña, 8. Telf. 927 245 497.
Los turistas forman su principal clientela. Dispone de una carta con más de 100 platos, que conjuga la cocina típica regional con la mediterránea.

Restaurantes (sobre 30 €)

Chef Manou (plaza de las Veletas, 4; telf. 927 227 682; precio medio, 30 €). En una agradable plaza de la ciudad monumental, se trata de un local pequeño y acogedor, con terraza en verano. Cocina de autor a precios razonables.
Madruelo (Camberos, 2; telf. 927 243 676). Situado en el corazón del viejo Cáceres, entre la Plaza Mayor y la iglesia de Santiago. Edificado sobre una típica casa cacereña del siglo XIX, sus estancias tratan de mantener el espíritu de otros tiempos. Carta corta que comprende productos regionales, aunando creación, gastronomía y calidad, sin olvidar el Mediterráneo, importante vía de inspiración para sus platos.
Mesura (Obispo Segura Sáez; telf. 927 627 515; precio medio, 25 €). Cocina de autor a buenos precios en un pequeño comedor con decoración minimalista.
El restaurante del **Parador** (Ancha, 6; telf. 927 211 759; menú: 28 €) ofrece una estupenda cocina regional, con materia prima de gran calidad y cuidada elaboración: entremeses extremeños ibéricos, pastel de tenca, cabrito asado de La Vera y, de postre, biscuit de higo chumbo con licor de bellota.
Torre de Sande (Conde, 3; telf. 927 211 147; precio medio, 45 €). Instalado en un palacio, en cuyo magnífico patio sirven cenas al aire libre; cocina de autor con referencias tradicionales.

CAFÉS

Un lugar que debe aparecer en letras mayúsculas es el **El Gran Café** (San Pedro de Alcántara), aunque sólo sea por su cuidada decoración y ambiente intelectual de principios de siglo. Se ha hecho un hueco entre la agenda de muchos cacereños, que visitan asiduamente sus amplios salones. El buen servicio y sus riquísimas meriendas (bollería, migas y en especial su tarta de piñones) lo han convertido en el café de referencia.

Casco antiguo

En la visita a sus maravillosos edificios, se puede realizar una parada en **El Corral de las Cigüeñas** (Cuesta de Aldana). Ocupa el patio de una antigua casa señorial, con hiedras y palmeras centenarias, donde se instala una enorme terraza. Muy concurrido sobre todo durante el verano, es un sitio tranquilo para tomar café, o las primeras copas nocturnas, donde también es frecuente encontrar música en directo.
Otro de los lugares emblemáticos es Lancelot (Rincón de la Monja). Antiguo caserón que su propietario ha sabido transformar en una pequeña y agradable taberna inglesa, con mesitas de madera y pequeños candelabros. Su música suave crea un ambiente acogedor que invita al relax y a la charla con los amigos.

Calle Pizarro

Por la noche se transforma en una animada calle con muchas luces de neón y una actividad más vertiginosa, pero por las tardes no es más que un tranquilo lugar donde proliferan los cafés y bares, con algunas exposiciones.

Destaca **La Traviata, La Torre de Babel** (café concierto) y sin duda el **Capitán Haddock,** con su peculiar y recargada decoración en un ambiente anglosajón muy grato.

La Madrila

Carpe Diem (Doctor Fleming, 11). Sobre todo cafés, batidos y muchos cócteles. Local refinado, decorado con sillones, algo elitista, pero con buen gusto. Ambiente relajado y más propio de los post-universitarios. Muy cerca se encuentra **La Fontana,** un local abuhardillado con ambiente universitario, donde predomina la buena música y los juegos de mesa.

CADAQUÉS

GIRONA. 2.873 habitantes

SEGURAMENTE ES ÉSTA UNA DE LAS LOCALIDADES DE LA COSTA BRAVA MÁS RETRATADAS Y PINTADAS POR LOS ARTISTAS DEL SIGLO PASADO, GRACIAS EN GRAN PARTE A LA FIGURA, CASI OMNIPRESENTE AQUÍ, DEL GENIAL SALVADOR DALÍ. LA LOCALIDAD ES SORPRENDENTEMENTE PEQUEÑA PARA EL RENOMBRE QUE POSEE, Y PESE A SU FAMA Y A SU BELLÍSIMO ENTORNO NATURAL, HA SABIDO MANTENER EL AMBIENTE REPOSADO Y AUTÉNTICO DE UN PUEBLO DE PESCADORES.

INFO

Oficina Municipal de Turismo
Cotxe, 2. Telf. 972 258 315.
Ayuntamiento
Silvi Rahola. Telf. 972 258 200.
Oficina del Parque Natural del Cabo de Creus
Telf. 972 193 191.

DORMIR

Hotel Llané Petit ✪✪✪
Dr. Bartomeu, 37. Telf. 972 251 020
Fax: 972 258 778. www.llanepetit.com
Frente a la playa en la que Salvador Dalí pasó los veranos de su infancia se halla este acogedor hotel, en un edificio de arquitectura moderna, pero convertido ya en todo un clásico. De atmósfera tranquila y familiar, una buena opción en la población más bella y emblemática de la Costa Brava, ese rincón de inspiración artística.
Habitación doble: 65-150 €.

Hotel La Residencia✪✪
Caritat Serinyana.
Telf. 972 258 312. Singular establecimiento, en cuya decoración dominan los muebles antiguos de diferentes estilos y las obras de arte. Bien equipado. Habitación doble: 75-115 €.

Otros hoteles de precio más elevado

Entre los de mejor relación calidad-precio destacan el **Playa Sol✪✪✪** (Platja Es Pianc, 3; telf. 972 258 100; habitación doble: 78-199 €) y el **Hotel Port Lligat✪✪** (Port Lligat, s/n; telf. 972 258 162; 69-135 €), ambos con un buen nivel de servicios.

COMER

El pescado de roca y el marisco son las especialidades culinarias de la localidad. Un buen restaurante para degustarlos, un lujo que merece la pena darse en vacaciones, es ***Es Baluard*** *(Riba Nemesi Llorens, 2; telf. 972 258 183; precio medio, 20-35 €).*

Casas con menú (menos de 20 €)

Casa Anita
Miquel Roset, 16. Telf. 972 258 471.
Los techos arqueados y blanqueados componen un paisaje interior en el que la comida, ya de por sí excelente, aún lo parece más. Son sólo 15 mesas, y eso aún incrementa la sensación de privacidad y comodidad del local. Su menú incorpora exquisitos platos de pescado.

Sa Gambina
Riba Nemesi Llorens, s/n.
Telf. 972 258 127. Desde el mismo comedor, a través de amplios ventanales, se obtiene una maravillosa vista de la bahía de Cadaqués, con Port Lligat al fondo. Su oferta incluye, también en el menú, un excelente pescado cuya degustación, unida al paisaje, suponen una experiencia de lo más agradable.

CÁDIZ

CAPITAL DE PROVINCIA. 131.813 habitantes

CÁDIZ, LUMINOSA Y DICHARACHERA, OCUPA UN ISTMO DE TIERRA QUE DOMINA LA EXTENSA BAHÍA QUE LLEVA SU NOMBRE. RODEADA DE MAR, LAS POSIBILIDADES DE EXPANSIÓN HOY CASI SE HAN AGOTADO. LOS "GADITAS", CON ESE CARÁCTER ALEGRE Y BURLÓN; EL CLIMA SUAVE, EL CARNAVAL, SUS CALLES Y PLAZAS Y UN CONJUNTO DE CASAS QUE PARECE INSPIRADO EN A CORUÑA O SANTANDER Y QUE A SU VEZ SIRVIÓ DE MODELO PARA ALGUNAS CIUDADES DEL NUEVO MUNDO, FORMAN UN PANORAMA URBANO MUY SINGULAR.

INFO

Oficina Municipal de Turismo
Avda. José León de Carranza, esq. avda de La Coruña. Telf. 956 285 601. Hay puntos de información abiertos sólo en verano en la playa de la Victoria y en la de La Caleta. www.cadiz.es
www.cadizturismo.com
www.guiadecadiz.com

Oficina de Turismo de la Junta de Andalucía
Avda. Ramón de Carranza, s/n.
Telf. 956 258 646. www.andalucia.org

Taxis. En la estación de ferrocarril, la playa de La Caleta y en las plazas de San Juan de Dios, del Palillero y San Antonio.
Radiotaxi. Telf. 956 212 121/ 22/ 23.

Aparcamientos. Paseo Canalejas, Cuesta de las Calesas, plaza de San Antonio, plaza de Sevilla, paseo Santa Bárbara, Campo del Sur, avenida de Santa Bárbara.

DORMIR

*Entre los hoteles de más categoría destaca por su situación céntrica y por sus instalaciones, el **Parador Hotel Atlántico**✪✪✪✪ (Duque de Nájera, 9; telf. 956 226 905; habitación doble: 105-158 €).*
El centro es, sin duda, la zona de Cádiz más auténtica, donde conviene pasar la mayor parte del tiempo, aparte de las playas, a las que se puede llegar caminando en 20 minutos.
A continuación se recomiendan algunos establecimientos:

HOSTAL BAHÍA✪✪
Plocia, 5. Telf. 956 259 061.
Bien situada, junto a la plaza del Ayuntamiento (San Juan de Dios). Mobiliario nuevo y confortable. Con aire acondicionado y televisión.
Todas las habitaciones con baño.
Habitación doble: 55-77 €.

PENSIÓN CENTRO SOL✪✪
Manzanares, 7. Telf. 956 283 103.
En una casa gaditana del siglo XVIII con un patio señorial.
Habitación doble: 55-77 €.

HOSTAL CANALEJAS✪
Cristóbal Colón, 5. Telf. 956 264 113.
Inaugurado en 2006, se trata de una casa típica gaditana totalmente reformada, de cuatro plantas con ascensor. Todas las habitaciones tienen baño y aire acondicionado. Es un alojamiento pulcro y de elegante sencillez.
Habitación doble: 58-75 €.

HOSPEDERÍA LA CANTARERA✪
Montañés, 7.
Telf. 956 221 654.
Destaca su céntrica ubicación. Ocupa la primera planta de una casa típica reformada. No todas las habitaciones tienen baño, pero sí aire acondicionado y televisión.
Habitación doble: 40-50 €.

PENSIÓN ESPAÑA✪
Marqués de Cádiz, 9.
Telf. 956 285 500. Del estilo de la anterior, pero con alguna habitación sin baño. Habitación doble: 45-60 €.

PENSIÓN FANTONI✪
Flamenco, 5. Telf. 956 282 704.
Familiar y próspera. Algunas habitaciones con baño. La luz entra a través de la galería del patio.
Habitación doble: 50-75 €.

PENSIÓN MARQUÉS✪
Marqués de Cádiz, 1. Telf. 956 285 854.
Céntrica, limpia y luminosa. De las 11 habitaciones, sólo dos tienen baño, las otras comparten cuatro baños. Buena opción para presupuestos ajustados.
Habitación doble: 45-70 €.

Otros hoteles de precio más elevado
De ambiente algo decadente pero encantador y situado en un rincón excepcional, es el **Hotel Francia y París**✪✪✪ (plaza de San Francisco, 2; telf. 956 222 348; habitación doble: 82-109 €; www.hotelfrancia.com).
En la playa destacan el hotel **Tryp La Caleta**✪✪✪✪ (avda. Amílcar Barca, 47; telf. 956 279 411; habitación doble: 198-260 €), moderno y funcional, el **Playa Victoria**✪✪✪✪ (glorieta Ingeniero La Cierva, 4; telf. 956 205 100; 139-210 €), cuyas habitaciones ofrecen estupendas vistas al mar y el hotel **Puertatierra**✪✪✪✪ (avda. de Andalucía, 34; telf. 956 272 111; 75-150 €) también moderno y bien equipado.

EL TAPEO

Los Apóstoles, en la Cuesta de las Calesas, es una bodega autoservicio con tapas muy baratas, destacando el atún mechado. Otro establecimiento interesante es el **Mesón de las Américas** en Ramón y Cajal; sirve estupendas y originales tapas en un ambiente tranquilo y cuidando el detalle en el servicio. En la calle Feduchy, esquina Mendizábal, la **Taberna Manzanilla** elabora su propio vino, al que acompañan con unas aceitunas. Para tomar algo más consistente, el colmado **El Cañón,** justo enfrente, es famoso por sus bocadillos de chacinas. Muy concurrido es igualmente el bar **Zapata,** en la plaza de la Candelaria, con tapas y montaditos variados. En la plaza del Mercado (plaza de la Libertad, 4) se encuentra el **Merodio,** donde el sabor más tradicional se degusta en sus tapas y raciones de productos frescos.

Uno de los santuarios de los gaditanos es el barrio de La Viña (calle Virgen de la Palma y plaza del Tío de la Tiza). Aquí se desperdigan una gran cantidad de bares y terrazas para tomar pescado fresco. Son económicos y a veces hay que esperar para conseguir mesa. El archifamoso **Casa Manteca** (Corralón de los Carros, 66) es una taberna de vinos regentada por uno de los personajes más folclóricos de Cádiz. **El Faro** (San Félix, 15; también en este barrio) es toda una institución, con un elegante bar de tapas con una interminable lista a precios razonables.

Cervecerías-marisquerías y freidurías buenas hay en la plaza de las Flores y en la plaza de Mina, donde se compran cucuruchos de cazón en adobo, tortillas de camarones, chocos o huevas fritas para sentarse en alguna de las terrazas y pedir la bebida. Ya en la zona nueva, a lo largo del Paseo Marítimo y en las calles paralelas a la avenida, se hallan un sinfín de bares con terraza para comer y cenar a base de raciones, o el menú del día.

COMER

Una gran variedad de marisco y pescado fresco de la bahía, bien a la plancha y fritos o acompañados de verduras en guisos marineros, son la base de la mesa gaditana. El cazón en adobo, las tortillas de camarones (sin huevo) y los pescados de estero (dorada, lubina, robaballo) a la espalda (a la plancha con una salsa de ajo y perejil) o a la roteña (un guiso de tomate, cebolla y pimiento) se sirven en casi todos los sitios.
*El restaurante clásico es **El Faro** (San Félix, 15; telf. 956 225 858; 35 €) pero restaurantes y bares en Cádiz no faltan, y los hay para todos los gustos. Casi todos tienen comedor y se puede degustar alguno de los platos de la carta o pedir el menú del día.*

Casas con menú (menos de 15 €)

LA BODEGA
Paseo Marítimo, 23. Telf. 956 275 904.
A orillas de la playa de La Victoria un buen lugar para disfrutar de, además de las vistas, su variedad de pescados, chacinas y quesos, y de un buen surtido de tapas.

SAN ANTONIO
Pza. San Antonio, 9. Telf. 956 212 239.
Este céntrico establecimiento ofrece una gran cantidad de platos típicos andaluces y de la cocina de mercado. Servicio esmerado.

BODEGÓN EL PALILLERO
Berrie, 26. Telf. 956 213 062.
Cocina casera gaditana y mediterránea. Guisos tradicionales bien elaborados, en un ambiente popular.

LAS ACACIAS
Acacias, 8. Telf. 956253599.
Aquí igual puedes comerte unos huevos a la flamenca de primera que unos molletes bien rellenos de cosas ricas o una paella. Buenas tapas.

FOGÓN DE MARIANA
Sacramento, 39. Telf. 956 220 992.
Esta cadena de restaurantes es muy popular por sus carnes a la brasa, los precios asequibles y el trato afable.

Restaurantes (desde 24 €)
Balandro (Alameda de Apodaca, 22; telf. 956 071 380) es uno de los restaurantes más famosos de los últimos tiempos en *la tacita de plata*. Destaca por sus pescados de la bahía, ensaladas y carnes de Ávila. **Achuri** (Plocia, 15; telf. 956 253 613) es un local bullicioso donde degustar platos de la cocina vasca y andaluza. En la misma calle destaca **El Aljibe** (Plocia, 25; telf. 956 266 656), un clásico establecimiento del centro de la ciudad. Ofrece una cocina tradicional donde destacan los pescados. En dirección a San Fernando se encuentra el **Ventorrillo el Chato** (Vía Augusta Julia, km 687; telf. 956 250 025), cocina elaborada junto a la playa.

CALACEITE

TERUEL. 1.126 habitantes

UN SINFÍN DE CALLEJUELAS, ESCALINATAS, PORTALES Y FACHADAS DE PIEDRA CONFORMAN LA PERSONALIDAD DE ESTA ATRACTIVA Y BIEN CONSERVADA VILLA. SU ARRAIGADA TRADICIÓN AGRÍCOLA, BASADA EN EL CULTIVO DEL OLIVO Y EL ALMENDRO, NO ESTÁ REÑIDA CON UNA INTENSA ACTIVIDAD CULTURAL, LO QUE LA CONVIERTE EN UN LUGAR PRIVILEGIADO PARA VERANEAR Y DESCANSAR.

INFO

Oficina de Turismo
Sagrado Corazón, 22. Telf. 978 851 201.
Autobuses
La compañía *La Igualadina* (telf. 977 770 698) recorre diariamente el trayecto entre Alcañiz y Valderrobles, pasando por Calaceite.
Aparcamientos. En la plazuela situada frente al campo de fútbol, a la entrada del casco antiguo.

DORMIR

HOTEL CRISOL

Santa Bárbara, 16.
Telf. 609 908 190. www.hotelcresol.com
Diseño cuidado, muy moderno, minimalísta, estilo que contrasta en un entorno medieval como Calaceite. Sin duda, su única estrella es poco descriptiva de su gran calidad, bueno, algo que su precio suple...
Habitación doble: 117-150 €.

HOSTAL LOS CAZADORES✪

Avda. de Cataluña, 106.
Telf. 978 851 156.
Habitaciones sencillas y modestas. El baño, compartido.
Habitación doble: 32 €.

Turismo rural

Además hay viviendas de turismo rural bien acondicionadas y muy económicas, entre ellas destaca **Casa Cartujet** (San Antonio, 1; telf. 978 851 075).
Para más información, llamar por teléfono a la **Central de Reservas Alternativa Rural de Matarraña** (telf. 978 890 468).

COMER

La gastronomía calaceitana, fundamentada en productos de la tierra, recibe claras influencias de la cocina mediterránea. La caza menor es protagonista de numerosos platos, entre los que destaca la cassolada *(arroz con tordo y costillas de cerdo), el faisán y la perdiz guisados. También son tradicionales el* coc *en* primentó *(especie de torta de pan cubierta con tomate, pimiento y atún) y las judías con sardina. En repostería, la almendra es sin duda el ingrediente por excelencia:* cocs *en miel, almendrados,* mantecats *y* panadetes *(rellenos de cabello de ángel) son sólo algunos de los numerosos postres de esta zona.*

Casas con menú (menos de 24 €)

FONDA ALCALÁ

Avda. de Cataluña, 57.
Telf. 978 851 028. Fundada en 1922, esta mítica fonda se caracteriza por la buena preparación de los platos típicos de la zona. Sus especialidades: faisán, conejo al ali-oli, perdiz guisada o cazuela de arroz con tordos. También hay menú del día, pero la relación calidad-precio es peor. Servicio rápido y muy atento.

LOS CAZADORES

Avda. de Cataluña, 106.
Telf. 978 851 156. Bar de carretera donde se come en abundancia. Si se pide a la carta cualquiera de sus platos típicos (ternasco, parrillada de pescado y marisco), se quedará más que satisfecho. También hay platos combinados y menú del día.

FRANKFURT AVENIDA

Avda. de Cataluña, 34.
Telf. 978 851 497. Es un bar muy animado y frecuentado por gente joven. Sirve suculentos platos combinados y raciones variadas a un precio asequible. La sepia está buenísima, aunque la especialidad de la cocinera son las torrades (rebanadas de pan con tomate, aceite y jamón).

Restaurantes (sobre 24 €)

Mas de Rei (Alameda de Apodaca, 22; telf. 978 769 250; www.hotelmasderei.com) es el restaurante del hotelito homónimo. Un sitio encantador en plena Matarraña. Un antiguo establo es ahora el diáfano salón donde poder degustar una cocina sana y sabrosa con productos de la zona.

CALAHORRA

LA RIOJA. 22.500 habitantes

CAPITAL DE LA RIOJA BAJA Y ASENTADA JUNTO AL RÍO CIDACOS, ES EL PRINCIPAL CENTRO DE DISTRIBUCIÓN DE LA INDUSTRIA CONSERVERA Y DE LOS PRODUCTOS VEGETALES DE SUS FÉRTILES VEGAS. EN EL PASADO FUE UNA DE LAS CIUDADES ROMANAS MÁS IMPORTANTES DE LA PENÍNSULA Y POSTERIORMENTE SEDE DE UNA INFLUYENTE DIÓCESIS EPISCOPAL. EL ESPLENDOR DE LOS PUEBLOS QUE POR ELLA PASARON SE MANIFIESTA EN SU TIPOLOGÍA URBANA, EN SUS MONUMENTOS, EN EL MAGNÍFICO TEMPLO CATEDRALICIO Y EN EL CARÁCTER ABIERTO DE SUS GENTES.

INFO

Oficina de Turismo
Ángel Oliván, 8. Telf. 941 146 398.
www.ayto-calahorra.es

DORMIR

*Además del **Parador Marco de Calahorra**✪✪✪✪ (Era Alta, s/n; telf. 941 130 358; 90-115 €), en Calahorra se puede pasar la noche en buenos y modernos hoteles a precios de lo más permisivo.*

HOTEL ZENIT CALAHORRA✪✪✪

Ctra. N 232, km 363.
Telf. 941 147 952. Si estamos de paso, este hotel, construido en 1997, es la mejor opción. Tiene de todo, desde piscina hasta *minigolf.* Las habitaciones en estilo moderno y funcional están orientadas a transportistas y viajantes. Habitación doble: 62 €.

HOTEL CHEF NINO✪✪

Padre Lucas, 20. Telf. 941 133 104.
Familiar, cómodo y funcional, situado junto a la zona de marcha. Habitaciones con mobiliario clásico.
Habitación doble: 58-70 €.

HOTEL CIUDAD DE CALAHORRA✪✪

Maestro de Falla, 1. Telf. 941 147 434.
Este bonito hotel situado en el centro de la población, cuenta con habitaciones serias y señoriales pero agradables. Los cuartos de baño son luminosos e impecables, con un buen equipamiento. La relación calidad-precio resulta inmejorable.
Habitación doble: 58-70 €.

DE PINCHOS

Ir de ronda, costumbre de gran arraigo en Calahorra, es recorrer la calle Paletillas, donde se localizan los bares de vinos y pinchos de la parte conocida como "de abajo", donde se impone el chiquiteo por las tardes antes de convertirse en zona de copas. Los bares más afamados son el **Café Rioja,** con pinchos tradicionales de pimientos y champiñones, pero también con creaciones como el canutillo de brick con jamón o el milhojas de piquillo con alcachofa y espárragos, y la **Cervecería Bohemia,** donde bordan las alcachofas rellenas y los pimientos del piquillo. En la misma zona, el **Asador del Pozo** (Bebricio, 21) está especializado en setas a la plancha con jamón, y la **Taberna Bebricio** (Bebricio, 67) en espárragos con jamón. En los alrededores también existen otros restaurantes y bares consagrados como **Chef Nino, La Tacita de Juan, Mercadal 21** o **La Rana del Moral.**

El casco antiguo de la ciudad cuenta asimismo con una amplia nómina de bares de tapas, conocidos como "Los de Arriba", ideales para hacer la ronda de vinos al mediodía. Es la oportunidad de visitar **La Abadía** (plaza del Raso, 6) para degustar unas buenas setas a la plancha con alcachofas rebozadas y espárragos, o los pimientos del piquillo de la casa, el **Porqus Porqus** (Cuatro Esquinas, 9) para conocer de cerca su alcachofa rellena, o para deleitarse con las bandejas de tapas de bares y restaurantes clásicos de Calahorra como **Las Vegas** o la **Taberna de la Cuarta Esquina.**

COMER

Casas con menú (menos de 15 €)

CASA MATEO

Pza. del Raso, 15.
Telf. 941 130 009.
Es el mejor ejemplo de la cocina de La Rioja Baja con la verdura más fresca de Calahorra. En su pequeño y acogedor comedor además de la famosa menestra pueden probarse otros platos como habitas con guisantes, guisos de conejo, pimientos rellenos e infinidad de platos de carne y pescado.

Ciudad de Calahorra
Maestro Falla, 1. Telf. 941 147 434.
El restaurante-bodega del hotel, de ambiente rústico, tiene como especialidad los espárragos rellenos, plato que compite cada año en la Semana de la Verdura.

Mercadal 21
Paseo del Mercadal, 21.
Telf. 941 147 108. En pleno centro de la localidad, con posibilidad de comer a la carta platos de la cocina tradicional y un menú muy digno. Excelentes arroces.

Restaurantes (sobre 24 €)

En los diferentes comedores del **Chef Nino** (Padre Lucas, 2; telf. 941 133 104), buen profesional de los fogones, se puede disfrutar de la excelente cocina vasco-riojana, donde las alcachofas braseadas con setas y gambas es uno de los platos más afamados.

La Taberna de la Cuarta Esquina (Basconia, 1; telf. 941 134 355) , resulta una atinada opción gastronómica, con platos populares y gratificantes, en un ambiente típico y relajado. Junto a la parroquia de los Santos Mártires, **El Volante** (Achutegi de Blas, 10; telf. 941 131 658) es un pequeño restaurante especializado en lomo a la riojana y cordero con alcachofas.

CALAMOCHA

TERUEL. 4.563 habitantes

A orillas del río Jiloca, esta pequeña localidad se ha convertido en una de las más activas de la provincia gracias al desarrollo de la industria del jamón. Cuenta en sus alrededores con algunos enclaves de gran belleza.

INFO

Oficina de Turismo
Pasaje Palafox, 1. Telf. 974 730 515.

DORMIR

Hotel Lázaro✪✪✪
Ctra. Sagunto-Burgos, km 192.
Telf. 978 732 070. Fax: 978 732 098.
Moderno, de reciente construcción. Por un precio razonable os podréis permitir pequeñas comodidades como teléfono, aire acondicionado, hilo musical y caja de seguridad. El personal de servicio es muy amable.
Habitación doble: 40-75 €.

Hotel Fidalgo✪✪
Ctra. Sagunto-Burgos, km 190.
Telf. y fax: 978 730 277.
Habitaciones impecables, grandes e iluminadas. Con restaurante en la planta baja. Ambiente agradable.
Habitación doble: 55-60 €.

Hotel Calamocha✪✪
Ctra. Sagunto-Burgos, km 190.
Telf. 978 731 643.
Fax: 978 732 159.
Habitaciones bien equipadas, con teléfono y televisión. Dispone de aparcamiento.
Habitación doble: 66 €.

COMER

Casas con menú (menos de 15 €)

Molina
Ctra. Sagunto-Burgos, km 190.
Telf. 978 730 798.
La paletilla de cordero asada y la merluza a la vasca son su especialidad.

Lázaro
Ctra. Sagunto-Burgos, km 192.
Telf. 978 732 070.
Es nuevo, como el hostal. En el antiguo restaurante, mucho más rústico, se ofrece un buen menú del día por poco dinero. Los preparados de cordero son muy sabrosos.

Fidalgo
Ctra. Sagunto-Burgos, km 190.
Telf. 978 730 357/ 730 277.
Su cocina tradicional es una de las más elaboradas. Se recomiendan los revueltos de setas de Calamocha con trigueros y gambas, y el conejo y la codorniz escabechados.

CALATAYUD

ZARAGOZA. 19.279 habitantes

Es la cuarta ciudad más poblada de Aragón, después de las tres capitales provinciales, y capital de una extensa comarca al oeste de la provincia zaragozana. Como ciudad de larga historia conserva un vasto patrimonio monumental de obligado conocimiento.

INFO

Oficina Municipal de Turismo
Plaza del Fuerte, s/n.
Telf. 976 886 322. www.calatayud.org

DORMIR

Hotel Posada Arco de San Miguel✪✪✪
San Miguel, 18. Telf. 976 887 272.
www.arcodesanmiguel.com
Diseño cuidado, con vivos colores, confortable. Siete habitaciones todas diferentes. Habitación doble: 63-98 €.

Hotel Fornos✪✪
Paseo Cortes de Aragón, 5.
Telf. 976 881 300. Situado en el lugar más codiciado de toda la ciudad, las habitaciones son pequeñas pero están bien equipadas. 57-88 €.

Hospedería El Pilar✪✪
Baltasar Gracián, 15. Telf. 976 897 020.
Edificio medieval restaurado, situado en el centro histórico, a 50 m de la colegiata de Santa María.
Habitación doble: 42 €.

Otros hoteles de precio más elevado

Un buen alojamiento es el renovado **Hotel Calatayud✪✪✪** (autovía Zaragoza-Madrid, salida 237; telf. 976 881 323/ 885 271; fax: 976 885 438; habitación doble: 73-104 €), situado a 28 km del monasterio de Piedra y con buenos servicios, como restaurante, cafetería y garaje. Todas las habitaciones tienen aire acondicionado, televisión y teléfono. Otro es la céntrica y confortable **Hospedería Mesón de la Dolores✪✪✪** (plaza Mesones, 4; telf. 976 889 055; habitación doble: 61-85 €; www.mesonladolores.com). En **Alhama de Aragón** existen dos balnearios, la **Estación Termal San Roque** (San Roque, 4; telf. 976 840 014) y el **Balneario Termas Pallarés** (avda. de la Constitución, 20; telf. 902 930 938), una buena opción para cuidarse y descansar.

EL TAPEO Y LOS CAFÉS

Los bares del paseo tienen mesas al aire libre bajo los árboles donde se pueden consumir aperitivos o raciones. Al lado de la plaza Marcial, esquina a Ramón y Cajal, hay varios cafés que anuncian su fecha de fundación (1982, 1987) seguramente con ganas de pasar a la posteridad. Se llaman **Castillo** y **Gran Café,** y junto con el **café-bar Cristóbal** o el también cercano **Café Royal** suelen ofrecen aperitivos, bocatas e incluso repostería. Mención aparte merece el bar **El Volante,** típico bar de travesía, en la curva de la carretera que dentro de la ciudad se dirige hacia Madrid.

COMER

Casas con menú (menos de 18 €)

La Perla
San Antón, 17. Telf. 976 881 340. Unos salones amplios y correctos servidos por camareros jóvenes y atentos.

Caballero I
Madre Puy, 2.
Telf. 976 882 520. Cocina casera con platos regionales como la sopa bilbilitana, ensalada aragonesa, etc.

Mesón La Brasa
Paseo Cortes de Aragón, 6.
Telf. 976 882 470. Ofrece comida típica, a base de platos como borraja con almejas, alubias blancas con almejas, ternasco, jarrete y buey. El salón está decorado en piedra, es pequeño y muy agradable, típico de asador.

Bílbilis
Madre Puy, 1. Telf. 976 883 955. En un salón amplio y bien acondicionado, con columnas de ladrillo y madera. Se puede elegir entre ocho platos.

CALELLA

BARCELONA. 15.400 habitantes

AUNQUE EN TIEMPOS FUE UN PUJANTE PUERTO PESQUERO DEL MARESME BARCELONÉS, EN LA ACTUALIDAD ESTA POBLACIÓN SE HA VOLCADO COMPLETAMENTE HACIA EL TURISMO ESTIVAL.

INFO

Oficina de Turismo.
Sant Jaume, 231. Telf. 93 769 05 59.
En verano se abre otra oficina en el pg. de les Roques.

DORMIR

HOTEL NEPTUNO✪✪✪
Sant Josep, 84.
Telf. 93 769 03 11.
Las habitaciones de este hotel dan a un balcón corrido que se abre a la piscina. Habitación doble: 65-120 €.

HOTEL CONTINENTAL✪✪
Cervantes, 105.
Telf. 93 769 06 47.
Si queremos alojarnos en este hotel habrá que reservar con bastante antelación pues sólo abre de mayo a octubre, y durante la temporada estival suele estar lleno. Tiene una piscina elevada, en la que es posible bañarse viendo la ciudad a los pies.
Habitación doble: 55-66 €.

Turismo rural

CAN ROSICH
En **SANTA SUSANNA.**
Telf. 93 767 84 73.
www.canrosich.com
Masía del siglo XVIII de amplias dimensiones, al pie del Montnegre. Cercana a Calella en dirección a Blanes.
Conserva la estructura típica de la zona, aunque reformada con mimo. Dispone de tres habitaciones doble, tres triples, jardín, sala de reuniones. Habitación doble: 79 €.

Otros hoteles de precio más elevado

No resulta caro en temporada baja y para lo que ofrece el **Hotel Bernat II✪✪✪✪** (av. Turisme, s/n; telf. 93 766 59 60; habitación doble: 57-115 €). También es recomendable el **Hotel Mont Rosa✪✪✪** (passeig de les Roques, 13-25; telf. 93 769 05 08; habitación doble: 60-85 €). Destaca su buen equipamiento.

COMER

Casas con menú (menos de 15 €)

LA PARRILLA DEL HOTEL VILÁ
Sant Josep, 66. Telf. 93 769 02 08.
La luz, el techo abovedado, la piedra, las columnas y los blancos manteles crean la atmósfera ideal parar degustar una sabrosa cocina.

LA FUSTA
Creus, 12. Telf. 93 766 06 02.
Frecuentado, sobre todo, por los habitantes de la población. Comida tradicional catalana y excelentes tablas de embutidos.

Restaurantes (desde 25 €)

Can Peixitos (Bruguera, 79; telf. 93 769 76 72) es un local que ofrece buena cocina de pescado y marisco.
El Hogar Gallego (Ánimes, 73-75; telf. 93 766 20 27; precio medio: 40 €), cómo no, con una excelente cocina gallega.

CALP/CALPE

ALICANTE. 22.428 habitantes

LA ATALAYA NATURAL DEL PEÑÓN DE IFACH, DECLARADO PARQUE NATURAL, ES HOY UNO DE LOS MAYORES RECLAMOS DE LA COSTA BLANCA. LA CIUDAD ES UN MOSAICO EN EL QUE SE MEZCLAN LA MODERNIDAD DEL TURISMO A ORILLAS DE LA PLAYA, EL CASCO ANTIGUO Y LOS MUCHOS EXTRANJEROS QUE LA VISITAN.

INFO

Tourist Info Centro
Plaza del Mosquit, s/n. Telf. 96 583 85 32.
Tourist Info Lonja
Puerto Pesquero, s/n. Telf. 96 583 74 13.
Tourist Info Peñón
Avda. Ejércitos Españoles, 44.
Telf. 96 583 69 20.
Parque Natural del Peñón de Ifach
Telf. 96 583 75 96.

DORMIR

HOTEL Y APARTAMENTOS GALETAMAR✪✪✪
Urb. La Caleta, 28-A.
Telf. 96 583 23 11. www.galetamar.com
Dos opciones para elegir: habitaciones de lujo en el hotel o bungalós independientes.
Habitación doble: 62-120 €.

HOTEL PORTO CALPE✪✪
Avda. del Puerto, 7.
Telf. 96 583 73 22. www.portocalpe.com
Es una buena elección, a los mismos pies del Peñón. Amplias y nuevas habitaciones que no carecen de nada.
Habitación doble: 55-125 €.

HOTEL ROCINANTE✪✪
Ctra. Alicante-Valencia, km 168.
Telf. 96 583 12 00.
También con una gran calidad, pero algo alejado de la playa. Las habitaciones están en perfecto estado y lo mejor son las vistas del mar y de Calpe.
Habitación doble: 70-100 €.

COMER

La tradición marinera impregna la cocina local. Variadas especies marinas son preparadas en fritura, parrillada o zarzuelas. Si lo que se busca son platos genuinos, la llauna de Calp, *a base de pescado, y* l'arròs de senyoret, *en el que el marisco ya viene pelado, son lo más sabroso.* ***La Cambra*** *(Delfín, 2; telf. 96 583 06 05) es uno de los restaurantes más afamados por sus platos regionales y vascos.*

Casas con menú (menos de 15 €)

BAYDAL
Avda. del Puerto, 12. Telf. 96 583 11 11.
Con el mejor pescado fresco traído por los barcos amarrados en el puerto que se pueden ver desde la terraza.
Entre estas paredes se inventó *l'arròs de senyoret,* una exquisitez.

CASA FLORENCIA
Mariners, 21. Telf. 96 583 25 84.
Ambiente rústico valenciano, para comer un buen arroz a banda o cualquier otro tipo de arroz. Además está enclavado en uno de los más bellos rincones del viejo Calpe.

Restaurantes (entre 21 y 36 €)

Casita Suiza (Jardín, 9. Edif Apolo III; telf. 96 583 06 06), con un agradable ambiente, está especializado en cocina franco-suiza. Del mismo estilo destaca **Los Zapatos** (La Santamaría, 7; telf. 96 583 15 07), cocina creativa y cenas temáticas en ocasiones.

CALVIÀ

ISLA DE MALLORCA. 51.774 habitantes

EL MUNICIPIO DE CALVIÀ ABARCA UN SECTOR DE LA BAHÍA DE PALMA DONDE SE CONCENTRA EL MAYOR DESARROLLO TURÍSTICO DE LA ISLA, CON UNA EXTRAORDINARIA INFRAESTRUCTURA PARA EL OCIO, EL DESCANSO Y LA DIVERSIÓN. UNOS KILÓMETROS HACIA EL INTERIOR, LOS PUEBLOS DE CALVIÀ Y ES CAPDELLÀ VIVEN UNA TRANQUILA VIDA RURAL QUE PARECE TOTALMENTE AJENA AL BULLICIO DEL LITORAL.

INFO

Oficina de Información de Illetes
Passeig d'Illetes, 4. Telf. y fax: 971 402 739.
Oficina de Información de Palmanova
Passeig de la Mar, 13.
Telf. 971 682 365.
Oficina de Información de Magaluf
Pare Vaquer Ramis, 1. Telf. 971 13 11 26.
Oficina de Información de Santa Ponça
Puig de Galatzó, 1. Telf. 971 691 712.
Oficina de Información de Peguera
Ratolí, 1. Telf. 971 687 083.
Fax: 971 685 468. www.calvia.com
Excursiones marítimas. Son numerosas las excursiones que se pueden realizar, por ejemplo, por la bahía de Palma o la isla de Dragonera, entre otros destinos. Algunas duran un par de horas otras todo el día, éstas con servicio de comidas en el propio barco. *Cruceros Costa de Calviá.*
Telf. 971 131 211. Desde Magaluf; *Cruceros Cormorán.* Telf. 971 686 849. Desde Peguera; *Cruceros S'Arenal.*
Telf. 971 442 384. Desde S'Arenal.

DORMIR

No existe alojamiento alguno en el pueblo de Calvià pero hay tres fincas de agroturismo cercanas.
La inmensa oferta hotelera del municipio se reparte en los diferentes núcleos turísticos de la costa. Si el viajero quiere alojarse en esta zona recomendamos adquirir el hotel formando parte de un paquete. Entre los alojamientos más adecuados para el viajero individual seleccionamos:

HOTEL BERMUDAS✪✪✪
Pinzones, 20. **PALMANOVA.**
Telf. 971 680 050.
Ofrece 121 habitaciones con vistas y un precio muy razonable para los servicios de que dispone, como restaurante, cafetería, piscina, pista de tenis, etc. Cierra en invierno.
Habitación doble: 50-99 €.

HOTEL REY DON JAIME MARINA✪✪✪
Puig Major, 4. **SANTA PONÇA.**
Telf. 971 690 011.
Fax: 971 690 014.
Destaca por su original arquitectura y sus vistas sobre la bahía de Santa Ponça. 417 habitaciones dobles muy confortables y bien equipadas. Abierto en verano.
Habitación doble: 95-170 €.

HOSTAL PLATERO✪✪✪
Gaviotas, 9. **PEGUERA.**
Telf. 971 686 793. Ambiente familiar con clientes fijos que todos los años, cuando acaban las vacaciones, ya efectúan la reserva para el año siguiente. Habitaciones muy luminosas y cómodas, ideales para una estancia prolongada. Habitación doble: 62-106 €.

Otros hoteles de precio más elevado

Uno de los mejores de la zona, próximo a la playa de Palmanova es el **Hotel Delfín Playa Sol✪✪✪✪** (Germans Montcada, 17; telf. 971 680 100; 75-165 €). Amplias habitaciones con baño, televisión y aire acondicionado y todos los servicios de un cuatro estrellas. Cierra en invierno.

COMER

Casas con menú (menos de 15 €)

LA BRASA
Gran Vía Creu, 15 bajo. **SANTA PONÇA.**
Telf. 971 691 329.
Económicos menús, de lunes a viernes, de cocina española de mercado. Posee una agradable terraza.

CASA GARCÍA
El Greco, 3. **MAGALUF.**
Telf. 971 130 089. Populoso establecimiento en el que encontrar una buena cocina española de mercado, aunque sin grandes alardes.

MESÓN DEL REY
Puig del Teix, 7. **SANTA PONÇA.**
Telf. 971 690 815. El único local de cocina típica mallorquina en un universo de comidas rápidas, hamburgueserías y platos combinados. En verano se come bajo las arcadas, en invierno al amor de la lumbre en un ambiente cargado de rusticidad. Comida sin pretensiones, con raciones abundantes y a precios moderados. Sopas mallorquinas, *arròs brut*, mejillones a la marinera y conejo con cebolla.

MESÓN SON CALIÚ
Ctra. de Andratx, km 12. **PALMANOVA.**
Telf. 971 680 086. Especializado en cocina mallorquina e internacional, con precios ajustados y atractivos.

Restaurantes (sobre 25 €)

En **SANTA PONÇA** podéis visitar el restaurante **Miguel** (carrer Jaume I, desde la rotonda de la playa, en dirección al Club Náutico, unos 100 m a la izquierda; telf. 971 690 913). Vale la pena esperar media hora picando, por ejemplo, unas gambas al ajillo o unos calamarines en su tinta, por su reputada zarzuela de pescados y mariscos. Otras especialidades son el besugo a la mallorquina o la merluza gratinada al *all i oli*.

En **PUERTO PORTALS,** adjunto al reputado **Tristán** (Edificio Torre Capitanía, local 1; telf. 971 675 547; 45 €) (uno de los más famosos de Europa, con dos estrellas Michelin y fuera de nuestro presupuesto) se halla el **Bistró del Tristán** (Edificio Torre Capitanía, local 1; telf. 971 676 141), donde poder comer a precios asequibles delicias de la *nouvelle cuisine*. Todo, además, en una terraza de ensueño con vistas a un paseo de palmeras y un puerto donde recalan los yates más lujosos del mundo.

CALZADA DE CALATRAVA

CIUDAD REAL. 4.934 habitantes

EL PUEBLO DONDE NACIERA NUESTRO CINEASTA MÁS INTERNACIONAL, PEDRO ALMODÓVAR, DEBE SU NOMBRE A LA CALZADA QUE ENLAZABA TOLEDO CON CÓRDOBA; EL APELLIDO DE "CALATRAVA" HACE MENCIÓN EXPRESA A LA PODEROSA ORDEN RELIGIOSA DEL SIGLO XII. SU ATRACTIVO PRINCIPAL ES EL CASTILLO DE SALVATIERRA, QUE, DESDE EL CERRO DE LA ATALAYA, PRESIDE LA APACIBLE VIDA DE LA VILLA.

INFO

Ayuntamiento
Plaza de España, 1.
Telf. 926 875 001/ 875 110.
www.castillalamancha.es/turismo
Oficina de Turismo
Cervantes, 26.
Telf. 926 875 950.

DORMIR

HOSTAL LAS PALOMAS✪✪
Cervantes, 10.
Telf. 926 876 852. Es, por definición, el hostal de la población. Las habitaciones cuentan con cuarto de baño –siempre pequeño– así como calefacción y televisor. Económico.
Habitación doble: 30-56 €.

HOSPEDERÍA DE LOS CALATRAVOS✪
Jardines, 7. Telf. 926 875 452. Edificio histórico rehabilitado como hostal, decorado en estilo medieval. Con aire acondicionado y habitaciones familiares. Habitación doble: 45 €.

Turismo rural

EL TRAMURJO DE CALATRAVA
En **VILLANUEVA DE SAN CARLOS.**
Telf. 630 267 650. Casa de labranza rehabilitada. Ofrece cinco habitaciones dobles, piscina y un jardín con muchos árboles.
Habitación doble: 60 €.

FINCA CERROMOLINO
Ctra. de Calzada a Puertollano.
Telf. 926 693 087/ 689 406 923.
Esta preciosa casa de labor de los años veinte ofrece las vistas de un patio central manchego y, en el exterior, del castillo de Calatrava la Nueva y Sierra Morena, al fondo. Ofrece también comida casera, elaborada con materias primas procedentes de la propia granja.
Habitación doble: 45 €.

EL RETAZO
Ctra. a Huertezuelas, km 7.
Telf. 926 693 133.
La historia de esta casa se remonta nada menos que al siglo XIV, y resulta reconfortante escuchar a Miguel Ángel –su propietario– contar las aventuras y desventuras de la finca. Ambiente familiar, muy frecuentado por los amantes de la caza.
Habitación doble: 42 €.

FINCA CANTOHINCADO
Telf. 926 693 105.
VILLANUEVA DE SAN CARLOS, desvío camino del Viso del Marqués, a 18 km de Calzada de Calatrava y 4 km de Belvís. Este recomendable alojamiento consta de dos casas independientes con terraza, jardín y piscina. Todas las estancias han sido decoradas con gusto, empleándose valiosas antigüedades. Imprescindible reservar.
Habitación doble: 45-65 €.

COMER

Aunque la gastronomía de Calzada de Calatrava es una de las más auténticas conservadas en La Mancha, son pocos sin embargo los sitios donde sentarse a la mesa. De todos modos, en los mesones encontraréis algunos de los platos tradicionales como el tiznao, las migas, el moje de harina de pitos, la caldereta o el llamativo ciquitroque, hecho a base de harina blanca, patatas cocidas y guindillas picantes. De postre, nada como los sabrosísimos enaceitados.

Casas con menú (menos de 15 €)

LAS PALOMAS
Cervantes, 10. Telf. 926 876 852.
Además de las especialidades anteriores, otra muy acertada es el conejo con champiñones y el pollo en salsa. Comedor sencillo, donde se sirve un menú muy económico.

CAMBADOS

PONTEVEDRA. 6.400 habitantes

SEGÚN LA LEYENDA, CUANDO SATANÁS TENTÓ A CRISTO LE DIJO AL TIEMPO QUE LE MOSTRABA EL MUNDO: "TODO CUANTO VEAS TE DARÉ, MENOS CAMBADOS, FEFIÑÁNS Y SANTO TOMÉ". ÉSTOS SON HOY LOS TRES NÚCLEOS DE CAMBADOS. LA VERDAD ES QUE COMPRENDEMOS A SATANÁS: OFRECERLOS TAMBIÉN EN EL LOTE ERA SUBIR MUCHO EN LA PUJA. Y ES QUE CAMBADOS UNE A SU GRAN CONJUNTO HISTÓRICO ARTÍSTICO, QUE NO ES POCO, EL SER LA CAPITAL DEL ALBARIÑO, UNO DE LOS MEJORES VINOS BLANCOS DEL MUNDO, EL "PRÍNCIPE DORADO DE LOS VINOS", COMO LO LLAMÓ CUNQUEIRO, QUE DE ESTO, COMO DE MUCHAS OTRAS COSAS, SABÍA UN RATO LARGO.

INFO

Oficina de Turismo del Ayuntamiento
Praza do Concello. Telf. 986 520 786.
www.cambados.es
www.riasbaixas.org
Museo Etnográfico e do Viño
Avda. da Pastora, 104. Telf. 986 526 119.

DORMIR

A la amplia lista de hoteles y hostales, hay que añadir las buenas ofertas de turismo rural de los alrededores.
*Además del bello **Parador de Cambados**✪✪✪ (paseo de A Calzada, s/n; telf. 986 542 250; 126-159 €; www.parador.es), que ocupa un antiguo pazo, se recomiendan los siguientes:*

HOTEL CASA ROSITA✪✪

Avda. de Vilagarcía-Corbillón.
Telf. 986 542 878. En las afueras con todas las comodidades, con agradables habitaciones y un buen restaurante. En verano suben un poco los precios. Habitación doble: 55-72 €.

HOTEL A MARIÑA✪✪

Rúa Os Pazos, 6-8. Telf. 986 520 108. Una buena opción. En un edificio nuevo revestido de piedra situado en una zona bastante tranquila, próxima al pazo de Ulloa. Tiene 28 habitaciones amplias y funcionales, y la mayoría tienen balcón a la calle. Habitación doble: 50-70 €.

HOTEL HERBIÑA✪

Avda de Vilariño, 12. Telf. 986 526 946. Céntrico, bastante nuevo y con 26 habitaciones, todas ellas con una decoración sencilla y agradable. Buen servicio de restaurante con menú. En julio y agosto se dispara el precio. Habitación doble: 46-72 €.

HOTEL EL DUENDE✪

Ourense, 10.
Telf. 986 543 075. Fax: 986 542 900. Es un hotelito céntrico, bien cuidado y muy digno. Dispone de ascensor. Habitaciones perfectamente equipadas con televisión, teléfono y secador de pelo. Habitación doble: 40-48 €.

Turismo rural

Si algo caracteriza al alojamiento rural de Cambados, además de los altos precios estivales, es que la mayor parte de las casas, salvo el elegante **Pazo A Capitana** con sus bodegas (rúa Sabugueiro, 42; telf. 986 520 513; habitación doble: 72-95 €), son de reciente construcción. Entre las más céntricas y asequibles se cuentan:

A Pastora (rúa do Castro, 5; telf. 986 543 273; habitación doble: 50-65 €; www.casapastora.com) inmediata a Sta. Mariña Dozo, en una zona aún semi-rural y basante tranquila, próxima al mirador de A Pastora. Con siete confortables habitaciones dobles, huerta y jardín.

Casa Mariñeira Lourdes (av. da Pastora, 95; telf. 986 543 985; www.cm-lourdes.net) cuenta con 10 habitaciones, de 42 a 65 €, según tengan o no baño y dependiendo de la temporada.

A sólo 3 km de Cambados, **Pazo Carrasqueira** (Carrasqueira, 6, Sisán-Ribadumia; telf. 986 710 032) es una opción muy tranquila para los que deseen descansar en el corazón de una de las principales zonas productoras de albariño. La habitación doble cuesta entre 49 y 85 €, según la época del año y el tipo de habitación.

EL TAPEO

Hay dos zonas diferenciadas, la de la Rúa Real, cerca de la plaza de Fefiñáns, y la zona del centro, en el viejo núcleo de Cambados. Poco antes de llegar a la Rúa Real se encuentra el **Pazo de Arcos,** una pequeña taberna con buenas tapas y una curiosa y popular decoración. En la propia Rúa Real se suceden los restaurantes, muy marisqueros, y algún que otro mesón discreto.

En la zona centro merece la pena visitar la **Taberna O Galo Negro** (Hospital, 15), excelente local con decoración rústica, terraza tipo invernadero, lectura, café, música y hasta internet, con deliciosas tapas de pimientos y setas, empanada, quesos y, por supuesto, vinos.

Otros locales son el **Rías Baixas** (corrientito, en la rúa do Rollo), el **Camarote** (avda. do Pombal), con tapas más que generosas, y **Casa Germán,** para tomarse un albariño de cosecha con empanadillas. Cerca de los anteriores destaca especialmente la **Enoteca Ribeira de Fefiñáns** (telf. 986 524 997), que cuenta con más de 400 marcas de vinos de España y el resto del mundo, y los jueves organiza catas; para picar tiene quesos, embutidos, patés, revueltos, moluscos y conservas de calidad, sin olvidar las tartas caseras.

COMER

En Cambados conviven las marisquerías caras, los restaurantes con menú del día (en verano suelen subirlos), las tabernas y las vinotecas para comer a base de raciones y, en muchos casos, es el vino el que dispara la cuenta. En la sección de tapas ya hemos citado varios locales en los que comer en plan informal. Otras opciones pueden ser:

Casas con menú (menos de 15 €)

O BO PALADAR

Avda. Villagarcía, 13. Telf. 986 524 899. Ubicado en la carretera general de Cambados, junto a la plaza de Fefiñanes. El establecimiento goza de un ambiente cuidado dentro de un estilo clásico. Ofrece gran variedad de platos marineros entre arroces y mariscos, además de carnes a la brasa.

EL TROPEZÓN

Avda. de Castrelos, 4. Telf. 986 542 409. Bar restaurante situado en la carretera de salida hacia O Grove. Es un local tipo taberna, muy sencillo, tal vez algo descuidado en la decoración. El marisco barato y el pescado fresco, del día, atraen a mucha gente.

Restaurantes (sobre 30 €)

Ocupando un edificio de piedra está el restaurante **Yayo Daporta** (rúa Hospital, 7; telf. 986 526 062; precio medio, 36 €), la representación local de las últimas tendencias culinarias. Las mejores materias primas de la zona, especialmente pescados, mariscos y verduras, además de alguna carne, todo con una presentación y ambiente vanguardista. Otro punto de encuentro para los aficionados al arte de los fogones es **Ribadomar** (Terra Santa, 17; telf. 986 543 679), con uan excelente muestra de la gastronomía gallega.

CAMBRILS

TARRAGONA. 23.500 habitantes

CENTRO TURÍSTICO POR EXCELENCIA DE LA COSTA DORADA, ES TAMBIÉN VILLA DE MARINEROS, PESCADORES, AGRICULTORES Y COMERCIANTES QUE CONSERVAN, NO SIN DIFICULTAD, LAS TRADICIONES DEL LITORAL TARRACONENSE.

INFO

Patronato Municipal de Turismo
Passeig de Miramar, 1.
Telf. 902 154 741.
www.costadoradaonline.net
Existen puntos de información turística en la estación de Ferrocarril, delante del hotel Marítim y del Club Náutico.

DORMIR

La oferta hotelera en la localidad es muy amplia, como corresponde a una población para la que el turismo representa una de sus principales fuentes de ingresos.
*En las inmediaciones se halla el **Termes de Montbrió**✪✪✪✪ (Nou, 38; en **MONTBRIÓ DEL CAMP**; telf. 977 814 000), un hotel-balneario de lujo.*

HOTEL MARINADA✪✪

Tarragona, 2. Telf. 977 368 062. Cuenta con 14 modestas habitaciones equipadas adecuadamente. Ambiente agradable. Habitación doble: 48-60 €.

HOTEL EL CAMÍ✪

Jacint Verdaguer, 17.
Telf. 977 360 302. Cuenta con 18 habitaciones bien equipadas y un ambiente muy tranquilo. Está abierta todo el año. Habitación doble: 60-80 €.

Otros hoteles de precio más elevado

El **Princep**✪✪✪ (Narcis Monturiol, 2; telf. 977 361 127; 68-107 €) es un pequeño y familiar alojamiento, situado cerca del puerto. El **Rovira**✪✪✪ (av. Diputació, 6; telf. 977 360 900; habitación doble: 70-145 €), en primera línea de playa, con buenas instalaciones.

EL TAPEO

El pescado que llega al puerto es la base de la cocina de Cambrils. La oferta es muy variada y abarca desde restaurantes de gran pretigio hasta modestos locales de tapas en los que puede degustarse un escelente pescado fresco. Estos últimos se localizan esencialmente junto al puerto y alrededor de la plaza Aragó.

COMER

El pescado, entre cuyos platos destaca el romesco, es la base de la gastronomía de esta localidad. Existe una amplia oferta de restaurantes donde se pueden degustar los platos tradicionales, aunque los precios son, por lo general, elevados. ***Can Bosch*** *(rambla Jaume I, 19; telf. 977 360 019; 50 €) y* ***Casa Gatell-Joan Gatell*** *(passeig Miramar, 26; telf. 977 366 782; 60 €) son de los de más alto nivel.*

Restaurantes (sobre 30 €)

Gami (San Pedro, 9; telf. 977 361 049) ofrece sencilla cocina marinera y repostería casera en un local céntrico y decorado con funcionalidad.

Macarrilla (Les Barques, 14; telf. 977 360 814) es un popular local, situado en las inmediaciones del puerto y el Club Náutico, que resulta muy agradable tanto por su decoración como por su cocina marinera.

CAMPO DE CRIPTANA

CIUDAD REAL. 13.892 habitantes

SI HAY UNA IMAGEN TÍPICA DE ESTAS TIERRAS MANCHEGAS, ÉSA ES LA DEL PAISAJE PRESIDIDO POR LOS FAMOSOS MOLINOS QUE CONFUNDIERA DON QUIJOTE CON GIGANTES. CAMPO DE CRIPTANA ES UN PUEBLO DE CASAS ENCALADAS, AL PIE DE LA SIERRA DE LA PAZ.

INFO

Oficina de Turismo. En el Molino Poyatos. Barbero, 1. Telf. 926 562 231. Informa sobre la tradicional molienda que se realiza el primer domingo de cada mes.

DORMIR

HOSTAL SANCHO✪
Plaza Mayor, 9. Telf. 926 560 012. Muy céntrico. Las habitaciones son sencillas y están bien equipadas.
Habitación doble: 40 €.

HOTEL RURAL LA CASA DE LOS TRES CIELOS
Libertad, 11. Telf. 926 563 790. En el entorno privilegiado del Cerro de la Paz. El salón social es una cueva (vivienda de los antiguos moradores) y todas las habitaciones tienen baño completo. Aparcamiento. Solárium y piscina de verano.

LA CASA DEL CAÑO
Alonso Quijano, 50.
Telf. 926 563 773.
Antigua casa de labranza rehabilitada. Posee unas magníficas vistas a los molinos de viento.

EL TAPEO

En el Cerro de la Paz se encuentra el **Cuatro Vientos,** situado en un lugar incomparable para tomarse un vino de La Mancha, pero es en el centro de la localidad donde se concentra la mayor parte de los bares de tapas, en los que, al igual que en toda la provincia, ofrecen las tapas con cualquier consumición. En las cercanías de la Plaza Mayor se encuentran **Sancho, Eugenio, De la Plaza** y **El Molino,** bares sencillos que en verano sacan las terrazas a la plaza y donde sirven riquísimas tapas de cocina.

COMER

Casas con menú (menos de 15 €)

CUEVA LA MARTINA
Rocinante, 13.
Telf. 926 561 476. Es un precioso y pintoresco restaurante-cueva situado frente a los molinos. En la planta baja, cada oquedad forma diferentes saloncitos donde se puede comer en un ambiente rústico y de lo más acogedor. Cocina tradicional manchega. Tiene un buen menú diario.

Restaurantes (desde 24 €)

Las Musas (Barbero, 3-7; telf. 926 589 191) es un espacio moderno e integrado con la arquitectura de la localidad. Los salones poseen amplios ventanales que dan a los molinos de viento. Cocina creativa sobre base manchega.

CANDÁS

ASTURIAS. 6.000 habitantes

LA CAPITAL DEL CONCEJO DE CARREÑO, ANTAÑO DEDICADA A LA CAZA DE LA BALLENA Y LA INDUSTRIA CONSERVERA, ES HOY UN IMPORTANTE CENTRO TURÍSTICO.

INFO

Oficina de Turismo. Braulio Busto, 2. Telf. 98 588 48 88. www.ayto-carreno.com

DORMIR

HOTEL MARSOL✪✪
Rufo Rendueles, 1. Telf. 985 870 100. Se trata de un pequeño y correcto hotel; pero lo que más gusta y llama la atención de este sitios son sus fantásticas vistas al mar.
Habitación doble: 70-155 €.

PENSIÓN APOLO✪
Rosal, 5. Telf. 98 587 22 64.
Gran casona típica remozada en color verde, con habitaciones de techos altos y amplias ventanas. Tiene un bar en el piso bajo, donde se puede desayunar.
Habitación doble: 40-60 €.

COMER

Casas con menú (menos de 15 €)

TRESMALLO
Rufo Rendueles, 4. Telf. 985 885 040. Comedor de aires marineros muy bien decorado, tanto en su interior como en el exterior. Sus especialidades son la parrillada mixta, la paella de marisco y el bacalao. Comer a la carta puede salir algo más caro, aunque siempre queda la posibilidad de tomar una ración en la sidrería, que comparte espacio con este buen restaurante.

SANTARÚA
Carlos Albo Kay, 18. Telf. 98 587 22 77. Platos servidos en unos amplios salones con sidrería a la entrada, entre ellos destaca el bacalao al horno con almejas, la paella, pescados a la abuela, carnes al cabrales, etc.

EL ESPIGÓN
Rufo Rendueles, 6. Telf. 98 587 14 93. Salón con decoración abundante en madera y pequeñas ventanas con cristaleras. También ofrecen tapas y sidra.

CANDELARIA

ISLA DE TENERIFE. 19.197 habitantes

CANDELARIA ES EL PUEBLO POR EXCELENCIA DE LEYENDAS E HISTORIAS PIADOSAS. A ÉL ACUDEN ROMEROS Y PEREGRINOS PARA VENERAR A LA VIRGEN DE LA CANDELARIA, PATRONA DE LA ISLA.

INFO

Oficina de Turismo
Avda. Marítima, 176d. Plaza del Cid.
LAS CALETILLAS. Telf. 922 500 415.

DORMIR

HOTEL TENERIFE TOUR✪✪✪
Avda. Marítima, 179.
LAS CALETILLAS. Telf. 922 500 200/ 204.
Hotel con 91 bungalós al borde de la playa. Jardín, piscina, bares y discotecas.
Habitación doble: 90-110 €.

CASA DEL MAESTRO
Lomo Juan Díaz, 19.
LAS CUEVECITAS.
Telfs. 922 255 737 y 922 688 210. Casa tradicional canaria situada a las afueras del pueblo. Cuenta con dos habitaciones, huerto, barbacoa y aparcamiento. Situada a 500 m de la playa.
Habitación doble: 35-50 €.

COMER

EL BODEGÓN
Avda. Marítima, 33.
Telf. 922 506 024. Cocina de mercado aunque tiende a las especialidades autóctonas.

EL QUE FALTABA
Llano de la Rosa, 29.
Barranco Hondo. Telf. 922 509 252. Decoración moderna y muy sencilla, minimalista. Cocina canaria sin grandes pretensiones pero muy correcta; destaca la carne de cabra.

Restaurantes (sobre 30 €)

El Archete (Lomo de Aroba, 2; telf. 922 500 534) es un restaurante muy popular en el municipio, instalado en una antigua casa canaria muy bien conservada. Ofrece cocina creativa y muy elaborada, partiendo de las recetas tradicionales canarias: papas negras rellenas de cherne con salsa de caviar.

CANDELARIO

SALAMANCA. 1.109 habitantes

PERLA SERRANA DESDE LA QUE SE DIVISA LA INMENSIDAD DE LA SIERRA DE BÉJAR, DESTACA POR LA RIQUEZA DE SUS COSTUMBRES Y USOS ANCESTRALES. EN CANDELARIO SE PUEDE ESCUCHAR EL SUSURRO DEL AGUA QUE BAJA DESDE LA SIERRA DE GREDOS Y ATRAVIESA LAS EMPINADAS VÍAS EMPEDRADAS DE LA VILLA.

INFO

Oficina de Información y Promoción Turística
Manuel Fonseca, 5. Telf. 923 413 011.
En el ayuntamiento.

DORMIR

HOTEL CINCO CASTAÑOS✪✪
Ctra. de la Sierra, s/n.
Telf. 923 413 204.
Fax: 923 413 204. Sus habitaciones son luminosas y agradables, y su ambiente, juvenil y deportivo. Dispone de piscina y oferta paseos a caballo.
Habitación doble: 65-85 €.

HOSTAL CRISTI✪✪
Pza. de Béjar, 1.
Telf. 923 413 212. Fax: 923 413 119.
Situado en una antigua casa de "choriceros", conserva parte de la techumbre de madera. El interior de las habitaciones está algo descuidado, pero el entorno de la casa, con un jardín interior cubierto de hortensias, merece la pena.
Habitación doble: 40-50 €.

HOSTAL LA SIERRA✪✪
Mayor, 69. Telf. 923 413 315.
Céntrico, se halla sobre el restaurante del mismo nombre. Las habitaciones son sencillas y agradables.
Habitación doble: 30-50 €.

CÁMPING CINCO CASTAÑOS
Subida a la Plataforma, s/n.
Telf. 923 413 204.

Turismo rural

CENTRO DE TURISMO RURAL ARTESA
Mayor, 57. Telf. 923 413 111.
Casa rural instalada en un edificio de 1900. Dispone de una gran oferta de actividades culturales y deportivas. Tiene también un restaurante de comida imaginativa y una tienda de productos artesanales.
Habitación doble: 48-55 €.
Habitación cuádruple: 85 €.

CASA DE LA PANADERÍA
Simón López, 13. Telf. 923 402 998. Casa de finales del siglo XIX decorada al estilo tradicional. Vivienda/fin de semana (7 plazas): sobre 250 €.

COMER

Casas con menú (menos de 15 €)

CASA TOLO
Enrique Fraile, 14. Telf. 923 413 110.
Curiosa taberna popular que data de los años cuarenta. Embutidos ibéricos, carnes a la plancha, calderillo, chichas y vino de la zona. Precios asequibles.

EL PASAJE
Eras, 2. Telf. 923 413 210.
Situado en el hostal homónimo, dispone de terraza con vistas a la sierra y comedor con chimenea muy acogedor en invierno. Sirve embutidos y comida castellana. Menú: 9 €.

LA SIERRA
Mayor, 69.
Telf. 923 413 315.
Situado bajo el hostal del mismo nombre, sirve tapas de cocina regional y raciones de guisos serranos de la comarca. Barato.

Restaurantes (desde 21 €)

El restaurante del **hotel Cinco Castaños** (Carretera de la Sierra, s/n; telf. 923 413 204), agradable y de trato muy amable, es frecuentado sobre todo por los senderistas y excursionistas que se alojan en el hotel. El *Centro rural Artesa* (Calle Mayor, 57; telf. 923 413 111) acoge al **restaurante Aldaba.** Cocina tradicional e imaginativa. Romántico y acogedor.

CANDELEDA

ÁVILA. 5.280 habitantes

ENTRE EL VALLE DEL TIÉTAR Y LA SIERRA DE GREDOS, EN UN PAISAJE DE GRAN ATRACTIVO, SE UBICA CANDELEDA, NÚCLEO DE CUIDADA FISONOMÍA, POPULOSO Y VERANIEGO, CON UN CASERÍO AÚN PROVISTO DE BUENOS DE EJEMPLOS DE ARQUITECTURA POPULAR.

INFO

Oficina de Turismo
Camilo José Cela, 2.
Telf. 920 381 164.
www.infocandeleda.com

Ayuntamiento
Pza. Mayor, 1.
Telf. 920 380 001.

DORMIR

HOSTAL LOS CASTAÑUELOS✪✪
Castañuelos, 1.
Telf. 920 380 684.
Confortable, céntrico y buen trato. Consta de 14 habitaciones con baño, televisión, aire acondicionado y teléfono. Habitación doble: 45 €.

HOSTAL MESÓN PEDROS✪✪
Avda. de Ramón y Cajal, 3.
Telf. 920 380 951.
Habitaciones con baño y aire acondicionado. Habitación doble: 36-42 €.

HOSTAL LA PASTORA✪
Camino de la Luz, s/n (en el charco Carreras). Telf. 920 382 127.
Lo mejor es su enclave privilegiado sobre la garganta, con la piscina natural al lado y a espaldas de la arboleda; también su gran terraza, a la que suben los bañistas en verano.
Habitaciones dobles: 48 €.

Turismo rural

GREDOS
LA LAGUNILLA, Paraje Piñuelas.
Ctra. de Madrigal, km 6,7.
Telf. 689 426 863. Es una casa de campo construida totalmente en piedra, que data según parece de 1815. Dispone de dos habitaciones dobles y una sencilla. Vivienda/día: 90 €.

CHOZOS DE TEJEA
Ctra. Madrigal de la Vera-El Raso, km 2. Telf. 920 377 306.
www.chozosdetejea.com
En una extensa explanada de césped y árboles encontramos esta casa con magníficas vistas. Ofrece seis habitaciones dobles con una cuidada decoración que logra ambientes cálidos y confortables.
Habitación doble: 50 €.

LA POSADA RINCÓN DE ALARDOS
Finca Las Planas.
Telf. 920 377 075.
En la falda sur de Gredos, ideal para el descanso y el retiro; se llega allí por un camino de tierra que sale de la bonita carreterilla que baja de El Raso a la AV 924, en dirección a Madrigal. Es una vieja casa de labranza completamente rehabilitada para el turismo,

con un mobiliario clásico exquisito, en la cual aún se conservan los secaderos, las cuadras, el horno de asar de adobe o la calefacción mediante estufas de leña. Con 5 habitaciones dobles con baño. Desde su terraza, sombreada con parras, se contempla el estanque, la plantación de frutales y el pantano de Rosarito.
Habitación doble: 66-86 €.

CASA LUNA
Camino de Navarro s/n.
Telf. 920 382 265.
Antiguo secadero de tabaco rehabilitado según su estructura original. Situada en un bonito paraje a las afueras de Candeleda, está rodeada de extensos emparrados y de una finca con zonas deportivas, frutales y huertos cultivados. Tiene capacidad para 5 personas.
Casa/fin de semana: 193 €.

LA JOSA
Telf. 920 377 284. Centro de turismo rural ubicado en el paraje La Tijera, rodeado de robles y castaños. Dispone de chimenea en el comedor y el salón. Cuenta también con una huerta que abastece la cocina de la casa.
Habitación doble: 58-64 €.

COMER

Casas con menú (menos de 15 €)

LOS CASTAÑUELOS
Castañuelos, 1. Telf. 920 380 684.
Es el restaurante del hostal, que también tiene bar a la entrada. Está especializado en cabrito asado y tiene un menú del día.

DON FINARDO
Gredos, 9. Telf. 920 380 822.
De aspecto moderno y sencillo, la cocina está inspirada en el recetario local, siendo sus platos recomendados el revuelto de la casa, las carillas, la caldereta de cabrito y las cuajadas de cabra.

MESÓN JARA
San Juan de la Cruz, 8.
Telf. 920 380 650. Mesón castizo, de clientela local, con fama de comerse muy bien. Menú, excepto festivos, y con precios a la carta muy económicos.

MESÓN PEDROS
Avenida de Ramón y Cajal, 6.
Telf. 920 380 839.
Con aire rústico, en donde se ofrece un amplio surtido de raciones y comida típica de la región.

Restaurantes (de 21 a 36 €)

En la carretera de El Raso está **CTR Ropino** (telf. 920 389 788). Ocupa una casona de piedra, entre parcelas cultivadas y un fresco jardín. Y también habitaciones.

CANET DE MAR

BARCELONA. 8.858 habitantes

DINÁMICA VILLA MARINERA QUE CONSERVA EN SUS CALLES LOS BONITOS EDIFICIOS MODERNISTAS QUE CONSTRUYERON LOS INDIANOS. DOS RIERAS (TORRENTES) CRUZAN EL CASCO URBANO DE CANET, Y CONFLUYEN EN SU TRAMO FINAL FORMANDO LA RIERA SANT DOMÈNEC, JUNTO AL CARRER AMPLE, ZONA CÉNTRICA QUE CONSERVA EL AIRE DECIMONÓNICO QUE MANTUVO LA VILLA HASTA SU EXPANSIÓN URBANÍSTICA.

INFO

Ayuntamiento
Ample, 11-13. Telf. 93 794 39 40.

DORMIR

HOTEL CARLOS✪
Ronda Sant Telm, 4.
Telf. 93 794 02 57.
Fax: 93 795 42 94.
Habitación doble: 60-80 €.

HOTEL ROCATEL✪
Passeig del Maresme, 1.
Telf. 93 794 03 50.
Fax: 937 940 350.
Con acceso para discapacitados. Habitación doble: 52-66 €.

PENSIÓN MITUS✪✪
Riera de la Torre, 20. Telf. 937 942 903.
Céntrica, con jardín y, además admite mascotas pequeñas. Habitación doble, con ducha: 45-65 €.

CÁMPING GLOBO ROJO
Ctra. N II, Km. 660,9.
Telf. 93 795 11 43.

CANGAS DE ONÍS

ASTURIAS. 6.285 habitantes

ANTIGUA CAPITAL DEL REINO DE ASTURIAS, ESTA VILLA FUE EL PRIMERO Y ÚLTIMO REFUGIO DE LA CRISTIANDAD FRENTE A LOS MUSULMANES, COMO SIMBOLIZA LA GRAN CRUZ QUE CUELGA SOBRE EL FANTÁSTICO PUENTE DEL SELLA. AQUÍ SE INICIÓ LA RECONQUISTA, LA GUERRA MÁS LARGA DE LA HISTORIA DE LA HUMANIDAD.

INFO

Oficina de Turismo. Plaza del Ayuntamiento. Telf. 98 584 80 05.
www.cangasdeonis.com
Centro de Visitantes del Parque Nacional de los Picos de Europa
Casa Dago. Telf. 98 584 86 14.

DORMIR

HOTEL PUENTE ROMANO✪✪
Puente Romano. Telf. 98 594 72 84.
Palacete de fines del siglo XIX, con buenas intalaciones, y 27 habitaciones de decoración sencilla y clásica.
Habitación doble: 38-75 €.

HOTEL LOS ROBLES✪
San Pelayo, 8. Telf. 98 594 70 52.
Ideal para temporadas medias y bajas, pues su precio por habitación doble desciende de los 90 € hasta los 55 €, en temporada baja. Ocupa un edificio de finales del siglo XIX con acogedoras habitaciones.

HOTEL RURAL LA ABLANEDA
Carretera a Covadonga (AS 262).
A 4 km de Cangas. Telf. 985 940 245.
Dispone de 10 habitaciones bien equipadas y espacios comunes: salón con chimenea, jardín y terraza en verano.
Habitación doble: 45-75 €.

Otros hoteles de precio más elevado

A 2 km, en el Monasterio de San Pedro de Villanueva y a orillas del río Sella, se encuentra el **Parador de Cangas**✪✪✪✪✪ (telf. 98 584 94 02; habitación doble: 60-149 €). Otra opción es el hotel **Aultre Naray**✪✪✪ (ctra. N-634, en **PERUYES;** telf. 98 584 08 08; habitación doble: 75-106 €), moderno, con personalidad ecléctica.

EL TAPEO

En Cangas de Onís existe una buena oferta de sidrerías donde se puede tanto tapear como comer menús del día, o tomar platos tan exquisitos como crujientes de cabrales con avellanas o *tortu* de maíz con langostinos, servidos en sitios como **El Molín,** uno de los chigres mejor montados de Cangas. Tanto en éste como en otros se pueden degustar también los famosos quesos de Cabrales y Gamonedo, o el *boronchu* (morcilla típica).

En la sidrería **Mario** se agradece la gran pizarra con sus platos y precios respectivos, donde llaman la atención raciones como las almejas a la sidra, el lacón o el boronchu; ambas sidrerías se encuentran cerca de la plaza del Ayuntamiento. **San Pelayo** (se llama igual que la calle) es uno de los más típicos chigres, sencillo y con las consabidas raciones de lacón, cachopo, etc.

Otra sidrería interesante es el **Llagar Casa Juan,** fácil de localizar en la calle Covadonga, 20, y en la misma acera hay una taberna, El **Nachón**, que sorprende por su buena cocina y el trato amable que dispensan.

Destacan por último otros dos locales totalmente contrapuestos: la **Sifonería,** pequeño, desvencijado e indefinible, entre tienda y taberna, con un montón de viejos sifones en el escaparate y con dos mesitas a la calle San Pelayo, y el **Mesón El Puente Romano,** situado en un lugar privilegiado frente al puente medieval, con terraza de césped, preciosas mesas de madera y ambiente fresco y frondoso.

COMER

Casas con menú (menos de 15 €)

LOS ROBLES
San Pelayo, 8. Telf. 98 594 70 52.
Tras un recibidor rústico se pasa a un salón pintado con una chimenea que lo preside. Sirven platos muy frecuen-

tes en estos lugares, como los escalopines en salsa cabrales o *fideuà* con almejas, ofrecidos a veces en el menú.

Sidrería Nachón
Avda. de Covadonga, 39. Carretera a Covadonga. Telf. 985 947 010. Ofrece un poco de todo y eso está bien, completo menú del día, excelente menú asturiano, tapas y sabrosa carta en la que destaca la fabada.

Sidrería El Polesu
Ángel Tárano, 3.
Telf. 985 947 584.
Más típico imposible. Excelente sidra y buenos quesos.

Sidrería El Llagar de Juan
Avenida de Covadonga, 20.
Telf. 985 848 141.
Junto con El Polesu representa la tradición en bebida y tapeo.

Restaurantes (de 21 a 36 €)

Los Arcos (avda. de Covadonga; telf. 98 584 92 77), es el restaurante del hotel homónimo y donde se puede degustar una estupenda cocina de mercado y de autor. Entre las especialidades destacan los tortos de maiz rellenos de morcilla fresca sobre revuelto de cebolla pochada o merluza de anzuelo con guiso de centolo...

CANGAS DEL NARCEA

ASTURIAS. 18.110 habitantes

Cangas del Narcea, capital de concejo, está situada en la confluencia de los ríos Narcea y Luiña. La villa conserva un amplio patrimonio arquitectónico de diferentes épocas y estilos. El concejo, de paisaje eminentemente montañoso con grandes extensiones de bosque autóctono, alberga importantes reservas naturales.

INFO

Oficina de Turismo
Calle Mayor, 48. Telf. 98 581 14 98.
www.ayto-cnarcea.com

Reserva Natural de Muniellos
Visitas concertadas con la Fundación Oso de Asturias. Telf. 98 596 30 60.
www.fundosoas.com

DORMIR

Hotel El Molinón✪✪
Uría, 36. Telf. 98 581 29 52. Uno de los más agradables alojamientos de Cangas, con habitaciones bien equipadas. Habitación doble: 48-65 €.

Hotel La Casilla✪✪
Cuatro Calles. En **Limes.**
Telf. 98 581 26 80. A 2 km de Narcea. Destacan las excelentes vistas de su galería, ideal para la lectura y ratos de ocio. Habitaciones bien equipadas. Habitación doble: 40-60 €.

Hostal El Acebo✪
Hermanos Flórez, 1. Telf. 98 581 05 46. En una bocacalle de la calle Mayor ofrece habitaciones dobles: 30-50 €.

Turismo rural

Casa Mario
Posada de Rengos, s/n. Posada de Rengos-Muniellos. Telf. 98 591 11 98. Casona de piedra y pizarra con corrada a 4 km de Tablizas, puerta oficial del bosque de Muniellos. Habitación doble: 36-42 €.

Casa Ponce
Posada de Rengos, s/n. Muniellos.
Telf. 98 591 10 88. Antigua casa de labranza junto a Muniellos, con 6 habitaciones bien equipadas.
Habitación doble: 30-40 €.

Casa Reguilón
Moal, s/n. Moal. Telf. 98 591 14 31.
www.casareguilon.com
Casa de aldea de alquiler íntegro con 3 habitaciones. Vivienda/día: 100 €.

EL TAPEO

Las sidrerías y los bares que ofrecen raciones se encuentran alrededor de las calles Rafael Fernández Uría, Dos Amigos, Tres Peces y El Gallego. La sidrería **Narcea** se ubica en la segunda calle y ofrece revuelto de oricios (erizo), parrochas (sardinas pequeñas) con jamón o *pitu de caleya* (pollo de corral). En el callejón Tres Peces se hallan **La Oliva, Caniecho** y el **Payva,** éstos ofrecen tapas de chorizo, parrochas, quesos, callos, pulpo, bacalao, chipirones y chosco (parecido al lomo de cerdo), entre otras. La sidrería **Manantial** (El Gallego) tiene también tapas típicas, servidas en un local que tiene un manantial auténtico donde mana agua que refresca las botellas de sidra.

COMER

Casas con menú (menos de 15 €)

La Calzada
Uría, 28. Telf. 98 581 24 06. Ofrecen dos tipos de menú y platos combinados. Especialidad en el bacalao, la merluza con pulpo y la carne asturiana

Riesco
Uría, 19.
Telf. 98 581 00 32.
Con unos salones más agradables que la barra, tienen de especialidades el cachopo de ternera, las judías con almejas y el potaje de berzas.

Sidrería Narcea
Dos Amigos, 12. Telf. 985 810 038.
www.sidrerianarcea.es
Embutidos caseros, quesos artesanos, pescados y cabrito a la sidra, carnes *roxas* a la piedra y al Cabrales. Terraza.

El Reguerón
Avda. de Oviedo, 14. Telf. 98 581 09 68. Situado en las afueras de la villa, junto a una fuente de principios de siglo, ofrece un comedor sencillo y luminoso, de mediana capacidad. Su especialidad es el *pixín* con almejas y el chosco. El menú resulta algo más caro los fines de semana.

CANGAS DO MORRAZO

PONTEVEDRA. 13.019 habitantes

Situada en la ría frente a Vigo, conserva un interesante conjunto urbano y nada menos que 35 playas en el ayuntamiento. Su activo puerto tiene vida propia pese a pertenecer al área metropolitana de Vigo. Entre los atractivos del municipio se cuentan alguna de las playas nudistas más famosas de Galicia, la impresionante y acantilada costa da Vela, el delicioso núcleo marinero de Aldán o el cruceiro más alambicado del país, que es el de Hío.

INFO

Oficina de Turismo
Rúa Benigno Soage, 5.
Telf. 986 300 875. Abierta todo el año.
www.cangas.org
www.concellodecangas.org

Estación Marítima
Con líneas a Vigo y, en temporada a las islas Cíes. *Empresa Naviera Mar de Ons.* Telf. 986 225 272.
www.mardeons.com

Estación de Autobuses
Montero Ríos, s/n (al lado de la Estación Marítima).
Telf. 986 300 111/ 122.
Telf. 902 292 900.

DORMIR

*El mejor alojamiento del municipio es **A Casa de Aldán** (Aldán, telf. 986 328 732, www.acasadealdan.com; habitación doble: 95 €), que ocupa una antigua fábrica de salazón, en primera línea del puerto, brillantemente rehabilitada con criterios muy contemporáneos, toques minimalistas y mobiliario de diseño.*

En la villa resultan bastante más económicos los que siguen:

Hotel Airiños do Mar✪✪
Eugenio Sequeiros, 30.
Telf. 986 304 000.
www.airinos.com
Hotel bien situado con un total de 56 habitaciones, que son de tamaño bastante reducido.
Habitación doble: 36-80 €.

Hotel Hollywood✪✪
Avda. de Mariña, 21.
Telf. 986 305 052.
Pequeño y acogedor hotel con decoración muy sencilla y unos precios bastante competitivos.
Habitación doble: 40-60 €.

Hotel Playa✪✪
Avda. Ourense, 78.
Telf. 986 301 363. www.hotel-playa.com
Presenta una gran ventaja: la de su situación en primera línea del paseo

marítimo de la playa de Rodeira, con terrazas y abundante vegetación. Ofrece también estudios y apartamentos con 1, 2 y 3 dormitorios. Habitación doble: 40-60 €.

HOTEL JUCAMAR○○
Avda. de Marín, 5.
Telf. 986 304 177.
Frente al puerto, en un edificio moderno. Habitaciones cómodas, con excelentes vistas si dan al mar.

HOSTAL BELÉN○
Antonio Nores.
Telf. 986 300 015.
Está en el centro, pero sin lujos. Discretito y barato.
Habitación doble: 30-40 €.

Otros alojamientos recomendables son el **Hostal Rodeiramar**○ (8ª travesía Orense, 11; telf. 986 301 749; habitación doble: 38-55 €), por su situación céntrica, y el **Don Hotel**○○ (Tobal-San Roque; telf. 986 304 400) que, aunque no se encuentre en el centro de la población, está muy bien equipado, con acceso para discapacitados.

Turismo rural

A Boubeta (A Boubeta; telf. 986 392 236/ 687 470 013; habitación doble: 48-70 €; www.aboubeta.com) es una casa de aldea rehabilitada, con piscina y jardín. Dispone de 8 habitaciones dobles distribuidas en tres zonas independientes: dos de ellas con 2 habitaciones y galería acristalada, y la otra con 4 habitaciones y sala de lectura con chimenea.

En **ALDÁN** también tienen asiento, además de la citada Casa de Aldán, **A Cova da Balea** (ctra. del Muelle; telf. 986 329 276; 55-72 €), próxima al mar, con jardín, huerto de frutales y 5 habitaciones con su porche-terraza cubierto, y la **Casa do Ouro** (Herbello, 10; telf. 986 328 451; www.casadoouro.galice.net; habitación doble: 50-62 €), con 6 habitaciones de estilo clásico y jardín, y el ambiente familiar.

Más barata que las anteriores, pero también menos atractiva por tratarse de una casa moderna, es **La Garita** (praia de Rodeira; telf. 986 300 257; www.casalagarita.com; habitación doble: 40-75 €).

COMER

Casas con menú (menos de 15 €)

MESÓN SOL PONIENTE
Antonio Nores, 4.
Telf. 986 302 351.
Cocina casera a buen precio y vinos de la zona como el tinto femia. Churrasco y pescados a la cazuela.

LA BODEGUILLA
Av. de Bueu, 20.
Telf. 986 304 866.
Un tanto claustrofóbico, por ocupar un entresuelo, sirve un buen menú del día, pero sin posibilidad de elección. A la carta destaca por sus chuletones y el entrecot de ternera, que preparan a la vista.

MESÓN O MESTER
Eduardo Vicente, 6. Telf. 986 306 677.
Uno de los locales que se pueden encontrar en las callejuelas del casco antiguo. De ambiente rústico, ofrece especialidades gallegas como la empanada, el marisco y el pescado de la ría.

CASA ELADIO
Felix Ozámiz, 47. Telf. 986 302 475.
Sencillo, en la zona de la playa de Rodeira. Con un económico menú del día, mariscos y pescados de la ría, y embutidos ibéricos.

MESÓN DOADE
Bajada de playa Armedes 2. **Hío.** Junto al cruceiro de Hío, tiene un comedor pequeño y acogedor, para degustar la cocina típica de calidad, con especialidad en pescados al horno, mariscos de la ría y vinos de cosecha. Ofrece también un menú del día.

Restaurantes (sobre 24 €)

En la cercana **BALEA** (a 1 km) se halla **Casa Simón** (telf. 986 300 016) un reputadísimo restaurante de sabor marinero. Mariscos de la ría, ostras de cultivo propio, empanadas de maíz con berberechos, estofado de vieiras, arroz con bogavante y caldeirada de rodaballo componen su oferta. Sube la factura si nos pasamos con los mariscos caros. Sin los lujos del anterior, **Macillos** (frente al muelle; telf. 986 304 905) es una casa de comidas tradicional, con excepcional cocina de mercado.

CARAVACA DE LA CRUZ

MURCIA. 24.000 habitantes

LA CABECERA DE LA VERDE Y ACCIDENTADA COMARCA DEL NOROESTE POSEE UN PASADO NOBLE Y MEDIEVAL, ENVUELTO POR EL MISTICISMO DE LA IGLESIA-SANTUARIO QUE GUARDA LA RELIQUIA DE LA VERA CRUZ, A DONDE ACUDEN LOS PEREGRINOS A GANARSE EL JUBILEO.

INFO

Oficina Municipal de Turismo
De las Monjas, 17.
Telf. 968 702 424.
www.caravaca.org
Turacruz
Asociación de Turismo Rural.
Telf. 968 703 739.

DORMIR

HOTEL CENTRAL○○○
Gran Vía, 18.
Telf. 968 707 055.
Céntrico y lujoso, sólo en las fiestas de mayo aumenta su precio. Excelente relación calidad-precio.
Habitación doble: 65-95 €.

HOSPEDERÍA RURAL EL MOLINO DE RÍO ARGOS○
Camino Viejo de Archivel, s/n.
Telf. 968 433 381 y 606 301 409.
Habitaciones bien equipadas y muy confortables.
Habitación doble: 65-130 €.

EL TAPEO

Los caillos (rebanada de ajoaceite con fritada de tomate), marineras, michirones, habas fritas, tigres, alpargatas (rebanada con sobrasada y una gamba), montaditos de queso fresco o cocochas (rebanada con ajo suave y trocitos de fiambre), son algunas de las raciones más típicas que podamos degustar en la plaza del Arco y la plaza Tuzla.

COMER

Casas con menú (menos de 15 €)

LOS GEMELOS
Ciudad Jardín, s/n. Telf. 968 707 078. Muy céntrico. Variado y económico menú casero con especialidades de la región.

LA PAZ
Simancas, 12. Telf. 968 701 435. Comida tradicional. Entre sus platos más recomendables están el cabrito con ajos, la pierna de cordero y los asados.

LOS VIÑALES
Juan Carlos I, 41. Telf. 968 708 458. Situado junto al hospital. Ofrece cocina tradicional y especialidades tan sabrosas como la pierna de cordero.

O CARBALLIÑO

OURENSE. 12.300 habitantes

CARBALLIÑO TIENE FAMA DE SER UNA DE LAS CAPITALES CULINARIAS DE GALICIA, PUES, AUNQUE ES PUEBLO DE INTERIOR, AQUÍ SE LOCALIZA LA FLOR Y NATA DE LAS PULPEIRAS GALLEGAS. ES UNA VILLA MODERNA QUE DESDE FINALES DEL SIGLO XIX HA SABIDO CRECER APROVECHANDO LOS REMANENTES DE LA EMIGRACIÓN Y CONSOLIDANDO SU INDUSTRIA HOTELERA Y DE OCIO. HOY LA VILLA OFRECE, ADEMÁS, LA POSIBILIDAD DE DISFRUTAR DE LOS MANANTIALES DE AGUAS TERMALES QUE NUTREN A SUS BALNEARIOS.

INFO

Centro Comarcal do Carballiño
N-541, km 27. 988 530 252.
Telf. 988 270 792. Sólo en verano.
Oficina de Turismo Municipal
Alameda, s/n. Telf. 988 274 757.
Abre todo el año. www.carballino.org

DORMIR

HOTEL O XARDÍN○○
Ctra. N 541, km 29.
Telf. 988 530 208. Inaugurado en 1999, es uno de los hoteles más preparados de la villa. Tiene vistas al parque municipal y al Arenteiro. En su restaurante se puede degustar cocina gallega y vasca. Habitación doble: 48-60 €.

HOTEL CASTRO○○
Julio Rodríguez Soto, 36.
Telf. 988 270 388. Muy céntrico, cómodo y relativamente nuevo. Las habitaciones tienen lo básico y el servicio es algo

corto, pero se compensa con el buen precio. Habitación doble: 35-58 €.

Hostal La Cubana✪✪
Praza do Balneario, s/n.
Telf. 988 274 136. Además de céntrico, tiene comodidades inesperadas si tenemos en cuenta el precio, como televisión, teléfono en las habitaciones, garaje... Habitación doble: 41 €.

EL TAPEO

La vida en O Carballiño se concentra en dos zonas, la del Ayuntamiento, con su Plaza Mayor, que constituye la parte vieja de la ciudad; y la de la Pista Roja, cerca de la Alameda, en la zona nueva. El tapeo predominante es el de mesón y, por supuesto, el pulpo es la madre de todas las raciones, siempre acompañado del pan de Cea.

En la zona del Ayuntamiento destaca la cervecería **O Xardín,** adornada con llamativos azulejos. Tienen justa fama el **Bar de Dios,** más conocido como "Bar dos Callos" (a ver si acertáis la especialidad), y **Casa Gazpara.** A los anteriores tenemos que sumar otros nuevos y exitosos como **O Bagazo** (rúa Perfectino Vieitez), **Nene** (rúa Aldara), **Ningures** (rúa do Paseo), que en realidad se trata de un café que da pinchos, y la reputada y ya famosa vinoteca a la que, por poético nombre, le pusieron **Abadía dos Sentidos.** Completa la oferta la **Taberna de Xosé,** un mesón que, con las debidas mejoras –siempre se pierde en autenticidad–, se ha trasladado a la rúa Calvo Sotelo (junto a la Casa da Cultura).

COMER

Casas con menú (menos de 15 €)

Casa Gazpara
Flores, 2. Telf. 988 275 320. En un lateral del Ayuntamiento y precedido por un emparrado, es un viejo bar con la barra muy alta, muy popular y concurrido en Carballiño, con el pulpo siempre hirviendo en sus potas de cobre (también merece la pena la carne *ó caldeiro).* Al entrar puede decepcionar un poco, pues por fuera parece más *enxebre* de lo que es. También tienen tapas.

Abadía dos Sentidos
Curros Enríquez, 31. Telf. 988 531 919. Aunque en este local, como ya hemos comentado, se acude más a picar tapas o raciones en compañía de un buen vino, muchos son los que también se apuntan a comer a base de sus especialidades: ibéricos, patés, quesos, pizzas caseras y pan árabe (relleno de un sinfín de cosas).

Belmont
Perfectino Viéitez, 14.
Telf. 988 272 460. De la emigración no sólo vienen parrilladas o bares con nombres de ciudades suizas, también cocinas de calidad de otros países como México o Panama. Tal es el caso de este negocio, que nada tiene que ver con el folclorismo tex-mex de la comida rápida.

En la avenida Julio Rodríguez Soto, calle que baja al balneario, se concentran varios hotelitos y hostales que cuentan con restaurantes económicos y aceptables, tales como el **Derby** (telf. 988 274 740), **Esclavo** (telf. 988 270 495) y **O Castro** (telf. 988 270 388).

Restaurantes (desde 24 €)

En el Parque Municipal está **O Pote** (telf. 988 270 015), con carnes, pescados y pulpo, todo regado con ribeiros y albariños. En **Maside,** a 5 km, tiene fama **O'Barazal** (telf. 988 288 691), especializado en pescados y mariscos a la plancha. Precio medio 65 €.

CARCASTILLO-MONASTERIO DE LA OLIVA

NAVARRA. 2.670 habitantes

Esta villa agrícola cuenta en su término con el Monasterio de la Oliva, importante foco de espiritualidad cisterciense. Hoy los monjes elaboran recios vinos tintos y chispeantes rosados.

INFO

Ayuntamiento
Plaza de la Iglesia, 3. Telf. 948 725 111.
www.turismo.navarra.es

DORMIR

Hospedería de la Oliva
Monasterio de la Oliva.
Telf. 948 725 006.
La sobriedad monacal, las vistas al monte desde cualquiera de las sencillas habitaciones (todas con baño) y el precio hacen este lugar un enclave privilegiado donde pasar la noche. Eso sí, conviene reservar con algunos meses de antelación. 45 € por persona, incluyendo desayuno, comida y cena. Aparte de la hospedería, que es la única posibilidad de alojamiento, se puede acudir a la vecina población de **Murillo del Fruto,** a 2 km de Carcastillo, donde se encuentra el **Hostal Txapi-Txuri✪✪** (Santa Úrsula, 59; telf. 948 715 808; habitación doble: 50-60 €).

COMER

Deportivo
Avda. de Aragón, 2.
Telf. 948 715 099. Enclavado en una vetusta casa de piedra. Especialidades: jarretes (pierna de cordero) en salsa y merluza a la *koskera.*

Hospedería de la Oliva
Monasterio de la Oliva.
Telf. 948 725 006.
La cocina de los padres cistercienses prepara en sus fogones celestiales platos caseros. Aunque el comedor es para los huéspedes, si se llama por teléfono con un día de antelación, se puede ir a comer.

CARMONA

SEVILLA. 26.926 habitantes

Cerca de Sevilla y edificada sobre la cornisa de un alcor que domina la extensa vega del Guadalquivir, Carmona luce en Andalucía –y en su escudo está inscrito– como el lucero en la aurora. Sus murallas, alcázares, iglesias, conventos y casas señoriales componen un importantísimo patrimonio monumental.

INFO

Centro de Recepción Turística
Alcázar de la Puerta de Sevilla, s/n.
Telf. 95 419 09 55.
Fax: 95 419 00 80.
www.turismo.carmona.org

DORMIR

*Sin olvidar el lujo asiático del **Hotel Casa de Carmona✪✪✪✪✪** (pza. Lasso, 1; telf. 95 419 10 00; 120-135 €), la elegancia clásica del **Parador de Carmona✪✪✪✪** (Alcázar, s/n; telf. 95 414 10 10; 142 €) y el confort del **Hotel Alcázar de La Reina✪✪✪✪** (Plaza de Lasso, 2; telf. 95 419 62 00; habitación doble: 95-188 €), nos podemos alojar en los siguientes establecimientos:*

Posada San Fernando
Plaza San Fernando, 6. Telf. 954 141 408.
www.posadasanfernando.com
En pleno centro. Establecimiento lleno de magia, con el sabor de la viejas posadas históricas y el confort más actual. Sorprendente.
Habitación doble: desde 50 €.

Hostal El Comercio✪
Torre del Oro, 56. Telf. 95 414 00 18.
Muy bien situada, al lado de la Puerta de Sevilla, con un patio interior árabe, tiene algunas habitaciones dobles con ducha y otras con baño a compartir pero con lavabo en la habitación. Mobiliario y decoración austera pero muy limpio. En invierno puede resultar un poco fría pero en verano se agradece el fresco que proporciona el grosor de los muros. Habitación doble, con baño: 48 €.

Otros hoteles de precio más elevado

Hotel Alcázar de la Reina✪✪✪✪ (pza. de Lasso, 2; telf. 95 419 62 00; habitación doble: 95-188 €) es un espléndida casa carmonense completamente restaurada. **El Rincón de las Descalzas** (Descalzas, 1; telf. 95 414 43 99; 95-180 €; cuenta con trece habitaciones distintas, en un conjunto arquitectónico de gran sabor, con varios patios ajardinados, fuentes y estanques.

EL TAPEO

Casi todos los bares de tapeo de dentro del casco antiguo suelen estar muy tranquilos hasta la hora del aperitivo y por la tarde antes de que los comercios cierren sus puertas.

Muy cerca de la Puerta de Sevilla, por la calle Prim, el **Mesón del Arco** ha bautizado sus montaditos de jamón con aceite y ajo con el nombre de "refregaíto". El bar **Plaza,** en la plaza. de San Fernando, o el **Goya,** en la calle Prim (pero casi en la plaza), ofrecen tapas variadas. Las berenjenas fritas con salmorejo del **Tapeo** (muy cerca de los otros dos) son únicas aunque el local resulte un poco impersonal. Cien años lleva en la plaza de Cristo Rey el **Mingalario,** una auténtica tasca que ahora es llevada por unos jóvenes que le han dado su toque personal: el "montaíto de pringá" o las dos televisiones para seguir la liga de fútbol. De entre los bares de tapas no se puede dejar de mencionar el **Ancá Carmela** (dentro del mercado), uno de los más populares por su emplazamiento y por la calidad de sus tapas.

COMER

Casas con menú (menos de 15 €)

ANCÁ CARMELA
Plaza de Abastos, 24.
Antes era un puesto del mercado y el marco (en el claustro del convento) es incomparable. Además de tapas te "cantan" una variada carta de guisos bien condimentados que cambian según temporada (habitas con chocos o carne estofada). En invierno tiene el detalle de poner unas brasas debajo de las mesas para mantener calentito al personal.

COMERCIO
Torre de Oro, 56. El restaurante de esta pensión tiene una merecida fama por sus comidas caseras. Los menús se sirven en un comedor de la planta baja.

MESÓN SIERRA MAYOR
Casa Palacio del Marqués de las Torres, junto a la iglesia de Santa María.
Telf. 95 414 44 04.
Situado en las cuadras de la casa palacio en la que se ubica el Museo de la Ciudad. Especializado en carnes y chacinas de Huelva. Tapas variadas de la cocina tradicional y menú.

Restaurantes (sobre 22 €)

A pocos pasos del Alcázar del Rey Don Pedro, el **Molino de la Romera** (telf. 95 414 20 00), fue un antiguo molino de aceite que poco a poco han ido reformando y hoy tiene de todo: café, bar, mesón, restaurante, terraza... Mucha gente se acerca desde Sevilla a comer en este pintoresco establecimiento. Los fines de semana cierra el restaurante y abre otra sala que hace las veces de mesón, a base de raciones con autoservicio. Carnes y pescados.

En el **Mesón Almazara** (Santa Ana, 33, pasado el barrio de la Judería; telf. 95 419 00 76) asan cabrito y cochinillo en un horno de leña. Típico mesón, con sus arcos, mesas con mantel y camareros uniformados. En el bar sirven tapas muy peculiares y en el restaurante sirven platos de la gastronomía tradicional carmonense y deliciosos postres caseros.

Otra opción más elegante, es el restaurante **San Fernando** (Pozo Nuevo, 5; telf. 95 414 35 36). Ocupa una casa señorial de Carmona, decorada con lujo. Ofrece platos de la cocina regional y de caza en temporada.

CARRIÓN DE LOS CONDES

PALENCIA. 2.545 habitantes

SITUADA A ORILLAS DEL RÍO CARRIÓN, ESTA LOCALIDAD ES LA FRONTERA NATURAL ENTRE LAS TIERRAS DEL SECO PÁRAMO Y LA FÉRTIL VEGA DEL CARRIÓN.

INFO

Oficina de Turismo
En invierno, en la Casa de la Cultura, y en verano, en la calle Santa María.
Telf. 979 880 394.
Centro de Información Turística del Camino de Santiago (CIT)
Monasterio de San Zoilo.
Telf. 979 880 902.

DORMIR

HOTEL ESTRELLA DEL BAJO CARRIÓN✪✪
Ctra. Palencia-Riaño, km 29,600.
VILLOLDO (a unos 12 km).
Telf. 979 827 005.
Es un hotelito bastante cuidado con terraza y zona verde.
Habitación doble: 65 €.

HOSTAL LA CORTE✪
Santa María, 34.
Telf. 979 880 138. Bastante aceptable, aunque no todas las habitaciones tienen baño. Dispone de cafetería y restaurante. Habitación doble: 42 €.

HOSPEDERÍA ALBE✪
Esteban Collantes, 21.
Telf. 979 880 246/ 913. Es una hospedería encantadora, dentro del pueblo, de estilo rústico castellano. Las habitaciones están bien equipadas y con baño completo. Habitación doble: 25-30 €.

Otros hoteles de precio más elevado

Un sitio realmente agradable es el **Hotel Real Monasterio de San Zoilo✪✪✪** (telf. 979 880 049; fax: 979 881 090; 75-105 €), que ocupa el antiguo monasterio benedictino.

COMER

Casas con menú (menos de 15 €)

LA CORTE
Santa María, 34.
Telf. 979 880 138. Restaurante del hostal, especializado en comida casera de la localidad. Buena calidad en el menú del día.

MESÓN EL PORTÓN
J. Antonio Girón, 8.
Telf. 979 880 559.
Ofrece raciones y platos tradicionales castellanos a un precio razonable.

ABEL
Esteban Collantes, 15.
Telf. 979 880 325. Pequeño restaurante que ofrece un menú con varios platos a elegir. Cocina castellana.

Restaurantes (de 21 a 36 €)

Son recomendables los restaurantes del hotel **Estrella del Bajo Carrión** (ctra. de Palencia-Riaño, km 29; telf. 979 827 005) con platos de cocina moderna, y del Real Monasterio, **Las Vigas** (telf. 979 880 050) con cocina castellana.

CARTAGENA

MURCIA. 199.434 habitantes

CIUDAD MARINERA CODICIADA POR TODOS LOS PUEBLOS A LO LARGO DE LA HISTORIA, FUE UNA DE LAS COLONIAS MÁS IMPORTANTES DE ROMA, COMO LO ATESTIGUAN SUS NUMEROSOS RESTOS ARQUEOLÓGICOS. HOY ESTÁ VOLCADA DE LLENO EN EL TURISMO Y LOS SERVICIOS.

INFO

Oficinas de Turismo. Puerta de San José. Plaza de Bastarreche, s/n.
Telf. 968 506 483. Muralla de Carlos III.
Telf. 968 526 912. www.ayto-cartagena.es

Taxis
Radio Taxi. Telf. 968 311 511/ 520 404.
Aparcamientos
Pza. del Rey, pza. de España, calle Ángel Bruna y Paseo de Alfonso XII.

DORMIR

HOTEL CARTAGENERA✪✪
Jara, 32.
Telf. 968 502 504
Cercano a la Calle Mayor, su interior

es algo sobrio y funcional, aunque no carece de comodidades.
Habitación doble: 52 €.

Hotel Los Habaneros✪✪

San Diego, 60. Telf. 968 505 250.
Es el establecimiento de mayor prestancia y elegancia de su categoría, situado junto a la oficina de turismo.
Habitación doble: 55-85 €.

Otros hoteles de precio más elevado

Para quien se lo pueda permitir, están los hoteles **Alfonso XIII✪✪✪✪** (paseo Alfonso XIII, 40; telf. 968 520 000; habitación doble: 70-170 €) y el **Husa Cartagonova✪✪✪✪** (Marcos Redondo, 3; telf. 968 504 200; 92-158 €), ambos con gran capacidad, bien situados y con todas las comodidades. El **Hotel NH Cartagena✪✪✪✪** (Real, 2; telf. 968 120 908; habitación doble: 75-210 €) ofrece la modernidad y confort propios de esta afamada cadena hotelera. Por último, el **Hotel Manolo✪✪✪** (Juan Carlos I, 7; telf. 968 330 060; habitación doble: 75-92 €), algo alejado del centro, pero dotado de un buen equipamiento.

EL TAPEO

Tres son las zonas características para el habitual aperitivo: la Calle Mayor, la plaza del Rey y el muelle de Alfonso XII. En cualquier bar sirven gran variedad de tapas típicas de la zona, pero algunos sorprenden a su clientela con especialidades que se salen de lo normal. Otros lugares de reunión son la alameda de San Antón, la plaza de Alcolea y la de Juan XXIII, donde se instalan amenas terrazas.

COMER

Casas con menú y carta (desde 15 €)

Los Habaneros

San Diego, 60. Telf. 968 505 250. Muy adecuado para las ocasiones románticas. No hay que dejar de probar el rape *habaneros* y el solomillo en salsa con almejas.

La Tapería de Casa Tomás

Parque Maestranza de Artillería, 2.
Telf. 968 528 614. Inmerso en el encanto de las arcadas del antiguo Parque de Artillería. Con terraza y un concurrido mesón, donde disfrutar de variadas raciones, y un comedor independiente en la primera planta.

La Tartana

Puerta de Murcia, 14. Telf. 968 500 011. Su vistosa entrada precede a un interior decorado con buen gusto. Especializado en carne de buey, pescado del litoral y cocina cartagenera.

Techos Bajos

Joaquín Madrid, 1. Barrio de Santa Lucía. Telf. 968 505 020. Cercano al puerto pesquero, en su cocina predominan los platos marineros: almejas, mejillones al vapor, calamares, chopitos y gambas a la plancha.

Restaurantes (sobre 30 €)

Parador del Mar (playa del Vivero; **Manga del Mar Menor;** telf. 968 563 873) es un delicioso lugar frente al mar, rústico y delicado, jazzy, en el que recrearse con su cocina de mercado y el ambiente, relajado y melómano.

En **El Algar** (a unos 20 km por la autovía de Murcia) se halla **Los Churrascos** (avda. de Filipinas, 13; telf. 968 136 144), especializado en cocina mediterránea. Se puede comer en el jardín o en el comedor. Buena bodega.

CASALARREINA

LA RIOJA. 909 habitantes

Después de la visita de Juana la Loca en 1511 cambió el nombre de la población, anteriormente denominada Naharruri. Durante siglos, la villa formo parte del patrimonio de diversas órdenes religiosas que dejaron importantes huellas monumentales. Hoy, es una tranquila localidad asentada junto al río Oja, que en los meses de verano llega a doblar su población, disfrutando así de una gran animación.

INFO

En Casalarreina no hay oficina de turismo, por lo que para obtener información general sobre la localidad habrá que dirigirse al **Ayuntamiento** (telf. 941 324 004) o bien a la **oficina de turismo de Haro** (plaza de Florentino Rodríguez, s/n; telf. 941 303 366).

Parada de autobuses. Avenida de la Libertad, junto al Café Plata.
Autobuses Unión Alavesa.
Telf. 941 236 006.
Autobuses Soto y Alonso.
Telf. 941 243 572.

DORMIR Y COMER

Casa Rural Ilera

Hornos, 3. Telf. 686 501 710. Casa centenaria de piedra y adobe bien restaurada, situada en el centro de Casalarreina. 5 habitaciones cómodas y bien equipadas. Trato amable y directo de la propietaria. Habitacion doble: 42 €.

Otros hoteles de precio más elevado

La **Hospedería de Casalarreina** (pza. Santo Domingo de Guzmán, 6; telf. 941 324 730; habitacion doble: 155 €) ocupa un antiguo monasterio dominico de 1509 en cuya restauración se han conservado elementos antiguos mezclados con detalles modernos ocultos por trampantojos. Dispone de 15 habitaciones espaciosas.

Casas con menú (menos de 15 €)

El Puente

Pza. Icona, 4. Telf. 941 324 599. Local sencillo, muy frecuentado por gentes que gustan de las generosas cantidades y los platos caseros.

Restaurantes (sobre 25 €)

La Vieja Bodega (Calvo Sotelo, 17; telf. 941 324 254; precio medio, 30 €). Se trata de una bodega del siglo XVII con varios salones que mantienen la estructura original e incluso los antiguos calados, donde se conservaban los vinos. En el año 2000 un incendio destruyó este santuario de la gastronomía riojana, pero la movilización de instituciones y hosteleros consiguió que un año después volviera a abrir con todo su esplendor. Algunas de las delicias que se proponen para este marco del todo ya apetecible son pimientos rellenos de chipirón, cordero asado a la leña o solomillo de pato. Los vinos de Rioja ponen el toque a una cocina de lujo con precios relativamente asequibles.
La Cueva de Doña Isabela (travesía Jardines, 1; telf. 941 324 122). Esta casa grande y antigua, bien rehabilitada, vio la luz como restaurante en 1998, especializado en cocina de mercado y de temporada. Así, en su acogedor salón, se pueden degustar medallones de rape en salsa de piñones o un buen solomillo de buey a la parrilla.

CASPE

ZARAGOZA. 7.587 habitantes

Con un caserío abigarrado, Caspe es una de las más importantes ciudades del Ebro. Cuenta con el atractivo paisajístico y ambiental del cercano Mar de Aragón o embalse de Mequinenza.

INFO

Oficina de Turismo. Plaza de España, 1. Telf. 976 636 533. www.staragon.com
Ayuntamiento. Telf. 976 639 066.

DORMIR

Hotel Magallón✪✪

Pza. Obispo Cubeles, 1.
Telf. 976 630 222. Es el alojamiento mejor equipado de la ciudad, superando su clasificación, con piscina y baño turco, aparcamiento, equipamiento deportivo, etc.
Habitación doble: 53-72 €.

Hotel Mar de Aragón✪✪

Plaza de la Estación.
Telf. 976 639 051. Las habitaciones con baño y televisor. Cuenta también con piscina y aparcamiento. Habitación doble: 55 €.

Pensión Don Quijote✪

Pellicer, 14.
Telf. 976 630 678. Situada estratégicamente entre los dos principales conjuntos monumentales de la ciudad. Es preferible reservar con antelación.
Habitación doble: 33 €.

PENSIÓN LOS JARDINES✪
Obispo García, 1. Telf. 976 632 248. Unas habitaciones que, sin ser grandes, son muy agradables y limpias. Habitación doble: 40 €.

COMER

Casas con menú (menos de 15 €)

BRASERÍA LOS CANDILES
Pza. Madre Ferrán, 4. Telf. 976 633 327. Agradable mesón ubicado en la zona alta. Tiene terraza y una amplia carta y menú económico, de martes a sábado.

LA BODEGUITA
Joaquín Costa, 17.
Telf. 976 630 667. Ofrece carnes y pescados, verduras de temporada, y todo tipo de tapas.

LA TABERNA DE HORNO
Plaza del Horno, 4.
Telf. 976 636 645.
Dispone de un atractivo salón en piedra con un arco que se conserva desde el siglo XVI, perteneciente a un antiguo horno. El buey a la brasa es su más sonada especialidad.

LOS JARDINES
Obispo García, 1.
Telf. 976 632 248.
Restaurante de la pensión del mismo nombre. Local de elegante decoración en el que ofrecen un buen menú los días de diario y los sábados, un poco más caro. El churrasco es una de las especialidades de la casa.

EL DIQUE
Urbanización Mar de Aragón o Poblado de Pescadores.
Telf. 976 633 122. Dispone de amplios salones y un menú económico.

EL SURTIDOR CASA FELIPE
Avda. Joaquín Costa.
Telf. 976 639 053.
Ambiente rural y acogedor. Ofrece un menú del día muy económico.

CASA JUAN
Hermenegildo Estevan.
Telf. 976 630 972.
Ofrece variedad de tapas y especialidades del Bajo Aragón. Menú del día.

ES CASTELL-VILLACARLOS

ISLA DE MENORCA. 6.572 habitantes

SITUADA EN LA MISMA BOCA DEL PUERTO DE MAÓ, ES CASTELL POSEE LA SINGULARIDAD DE SER LA POBLACIÓN MÁS ORIENTAL DE ESPAÑA Y, POR TANTO, LA QUE RECIBE LOS PRIMEROS RAYOS DEL SOL. DADA SU PROXIMIDAD A MAÓ, FUNCIONA COMO CIUDAD RESIDENCIAL, CON HOTELES Y RESTAURANTES QUE SE SUCEDEN EN DOS CALAS URBANAS DE GRAN ENCANTO: CALA CORB Y CALES FONTS.

INFO

Oficina de Información Turística
Plaça de S'Esplanada, 40.
Telf. 971 363 790.
www.e-menorca.org

DORMIR

HOTEL BARCELÓ HAMILTON✪✪✪
Passeig de Santa Àgueda, 6.
Telf. 971 362 050.
Fax: 971 351 694.
Hotel con 166 habitaciones en la entrada de la rada de Maó, orientadas hacia la salida del sol. Restaurante con magnífico bufé libre; piscina y gimnasio. Fuera de temporada tiene ofertas muy interesantes. Abre todo el año. Habitación doble: 112-192 €.

HOTEL REY CARLOS III✪✪✪
Carlos III, 2-4.
Telf. 971 363 100.
www.reycarlosiii.com
Con un buen nivel de servicios, típico de hoteles grandes de costa y una buena relación calidad precio. Habitación doble: 75-142 €.

Otros hoteles de precio más elevado

Muy recomendable es el **Hotel del Almirante Fonduco**✪ (carretera de Maó a Es Castell; telf. 971 362 700; cierra de noviembre a mayo; habitación doble: 66-110 €). Antigua residencia de estilo colonial inglés que fue propiedad de Collingwood, amigo del almirante Nelson. El viajero no se encontrará nunca solo ya que, según se cuenta, un fantasma-huésped habita en la mansión, concretamente en la habitación número 7.

COMER

Casas con menú (menos de 15 €)

FONDA ESPAÑA
Victori, 48. Telf. 971 363 299.
Muy frecuentado por la población de Es Castell y Maó. Cocina marinera y tradicional. Especialidad en cigalas a la americana. Abierto todos los días. Buena relación calidad-precio.

LA CAPRICHOSA
Cales Fonts, 44.
Telf. 971 366 158.
Pizzería muy popular, sobre todo en verano, con terraza sobre el puerto.

SA FOGANYA
Ruiz y Pablo, 97.
MIRANDA DE CALES FONTS.
Telf. 971 354 950. Especialidad en tostadas de pan de payés con tomate a las que se añade jamón serrano, queso, tortillas o cualquier embutido. También carnes y verduras a la brasa.

CAN DELIO
Muelle de Cales Fonts, 38.
Telf. 971 351 711. Emplazado junto a la cala, en un rincón tranquilo y agradable, ofrece cocina mediterránea y menorquina, basada sobre todo en los productos frescos del mar. Excelentes arroces. Terraza junto al mar.

Restaurantes (sobre 25 €)

El **Mesón Ca'n Mito** (Cales Fonts, 12; telf. 971 362 625) también está especializado en mariscos, pescados fritos, paella marinera, calderetas y tapas variadas.

Un local curioso es **Vell Parrander** (Cales Fonts, 52; telf. 971 369 419). Carta de pescados y mariscos en un simpático restaurante regentado por Floreal, componente del grupo musical *Los Parranderos*.

Situado sobre **CALA CORB, Aurora** (telf. 971 366 651) ocupa una casa de estilo inglés, con fachada roja, y vistas al puerto natural de Maó. Los buenos pescados y mariscos que los pescadores amigos de Ricardo le llevan hasta la puerta de su casa propician que éste pueda ofrecer a sus clientes una cocina extraordinaria. Prepara una de las mejores calderetas de langosta de la isla. Otra especialidad es el solomillo de ternera Wellington, con toques ingleses, a cargo de Sally, quien también prepara los postres caseros. Sólo noches.

CASTELLÓ D'EMPÚRIES

GIRONA. 11.653 habitantes

LA LOCALIDAD CONSERVA BUENA PARTE DE SU LEGADO MONUMENTAL, FRUTO DE SU BRILLANTE PASADO MEDIEVAL. LA CERCANÍA DE EMPURIABRAVA Y DEL PARQUE NATURAL DELS AIGÜAMOLLS DE L'EMPORDÀ LA CONVIERTEN EN UN LUGAR ESPECIALMENTE INTERESANTE ENTRE LA MÁS BELLA NATURALEZA Y LA DESMESURA URBANÍSTICA LITORAL.

INFO

Oficinas de Turismo
Plaça dels Homes, 1. Telf. 972 156 233.
www.castellodempuries.net
En **Empuriabrava.** Puigmal, 1.
Telf. 972 450 802.
www.empuriabrava.com

DORMIR

Como núcleo de atracción turística, es abundante la oferta hotelera en Castelló d'Empúries, aunque buena parte de ella se localiza en la urbe de Empuriabrava. En Castelló cabe destacar el ***Hotel de la Moneda***✪✪✪✪ *(plaza de la Moneda, 8-10; telf. 972 158 602; 100-110 €). Pero aún es posible dormir en pleno casco histórico a precios asequibles. Se han seleccionado los siguientes establecimientos:*

HOTEL CANET✪✪
Plaça Joc de la Pilota, 2.
Telf. 972 250 340. Alojarse en este hotel

es todo un lujo, no tanto por la comodidad de sus agradables habitaciones, sino por el entorno urbano y arquitectónico en el que se abren.
Habitación doble: 65-75 €.

HOTEL EMPÒRIUM✪✪
Santa Clara, 31.
Telf. 972 250 593.
Hotel de trato familiar y agradable que ocupa un edificio de los años sesenta. El mobiliario de las habitaciones y los baños también datan de esta época pero todo está limpio e impecable.
Habitación doble: 75-89 €.

Otros hoteles de precio más elevado

Resulta muy agradable el **Hotel Port Salins✪✪✪✪** (Fages de Climent, 10-15; Empuriabrava; telf. 902 454 700; 90-205 €) y, aunque su diseño moderno no sea muy llamativo, posee un buen nivel de servicios, además de Spa y de estar junto al mar.

COMER

EMPÒRIUM
Santa Clara, 31. Telf. 972 250 593. Este restaurante, que pertenece a la pensión del mismo nombre, es especialmente agradable tanto por el trato como por la cocina que ofrece. La gastronomía catalana se muestra aquí en un elenco de platos realmente exquisitos.

CA L'ANTÓN
Santa Clara, 23.
Telf. 972 250 509.
Entre los platos que ofrecen destacan la escudella, las *mongetes amb botifarra* y la paella, elaboradas siempre al gusto de la casa. El trato, al igual que los platos, resulta muy agradable.

CASTELLÓ DE LA PLANA/ CASTELLÓN DE LA PLANA

CAPITAL DE PROVINCIA. 147.667 habitantes

COMO CAPITAL ADMINISTRATIVA DE LA PROVINCIA, CASTELLÓN SE HA CONVERTIDO EN UNA CIUDAD PRÓSPERA AUNQUE TRANQUILA, QUE ACTÚA COMO CRISOL DE LAS TIERRAS QUE FORMAN SU TERRITORIO. LA PROXIMIDAD DE VALENCIA LE ROBA CIERTO PROTAGONISMO COMERCIAL E INDUSTRIAL, PERO LOS CAMPOS QUE LA RODEAN Y QUE CONFORMAN LA COMARCA DE LA PLANA SON MUY RICOS EN NARANJOS.

INFO

Tourist Info Castellón
Plaza de María Agustina, 5.
Telf. 964 358 688.
www.comunidad-valenciana.com
Reserva Natural Islas Columbretes
Telf. 964 282 968.
Taxis. *Radio Taxi*. Telf. 964 227 474.
Teletaxi. Telf. 964 254 646.

DORMIR

*Posee lujosas ofertas como el elegante **Hotel Intur Castelló✪✪✪✪** (Herrero, 20; telf. 964 225 000; habitación doble: 60-200 €), pero no hay mucho donde elegir entre los de precio más asequible destaca:*

HOTEL REAL✪✪
Plaza del Real, 2. Telf. 964 211 944. Este establecimiento es de los que pueden sorprender al visitante por su buen servicio –siempre en función del precio que se paga por la habitación– así como por la comodidad y la tranquilidad de las mismas. 48-55 €.

Otros hoteles de precio más elevado

Un clásico en la ciudad es el **NH Mindoro✪✪✪✪** (Moyano, 4; telf. 964 222 300; habitación doble: 63-190 €). Céntrico y renovado. También es recomendable el moderno **Jaime I✪✪✪** (Ronda Mijares, 67; telf. 964 250 300; habitación doble: 55-125 €), en el área comercial.

EL TAPEO

La plaza de Santa Clara se alfombra con una marea de terrazas como **La Valenciana** o **El Amado,** que sirven refrescos, cafés y helados a una gran clientela. Justo lo contrario son las *terrazas modernistas* de La Paz y Plaza Real, llenas de encanto y tranquilidad. Pero si hay algo que no hay que perderse, es la costumbre de iniciar las noches de marcha con unas buenas raciones en la zona antigua de la ciudad. Para este menester los locales más solicitados son **El Mejillón** (Isaac Peral, s/n), **La Nécora** (Hernán Cortés) y **Lizarrán** (Caballeros).

COMER

*El arroz en cualquiera de sus múltiples preparaciones es la base de la cocina castellonense. Junto a él aparecen productos como el marisco y el pescado que llegan hasta las cocinas de los restaurantes desde las lonjas del puerto pesquero y de las localidades cercanas. En la zona de **EL GRAO,** a 4 km de la ciudad, abundan los restaurantes que basan su oferta en estos últimos. Por el contrario, en las calles peatonales del centro existen una oferta muy variada.*

Casas con menú (menos de 15 €)

DONDE MARISA
Sanchís Abella, 8. Telf. 964 260 628. Antigua casa recuperada en la que conviene profundizar hasta el comedor interior. Es un sitio con encanto y aires modernos. La cocina es creativa y resulta ideal para cenar.

CASA JUANITO
Paseo de Buenavista, 11. **EL GRAO.**
Telf. 964 282 057.
Las dos plantas de este establecimiento albergan el bar y el restaurante, y en sus mesas, asentadas en un agradable ambiente, se pueden degustar dos menús diferentes, uno especial y otro diario, en los que se incluyen platos como el arroz a banda. La cocina es regional.

Restaurantes (desde 24 €)

Pairal (Doctor Fleming, 24; telf. 964 233 404; precio medio, 60 €) es un mesón adecuado para degustar los platos de la cocina valenciana tradicional. Dispone de una bodega muy bien surtida.

En El Grao, **Club Naútico** (Escollera de Poniente, s/n; telf. 964 282 433) ofrece toda la luz y el ambiente de un club naútico. Cocina valenciana, buenos arroces y platos variados a base de pescados y mariscos.

También en El Grao, **La Tasca del Puerto** (avda. del Puerto, 13; telf. 964 284 481) es uno de los más recomendables de la zona. Cocina valenciana comarcal pero con oferta de creación del chef.

CASTRO URDIALES

CANTABRIA. 28.600 habitantes

ANTIGUO PUEBLO DE PESCADORES SITUADO EN EL LÍMITE CON VIZCAYA, QUE CUENTA CON ESPLÉNDIDOS EDIFICIOS Y BELLOS PASEOS. DEBIDO A LA CERCANÍA CON EL ÁREA DEL GRAN BILBAO, CASTRO URDIALES SE HA IDO CONVIRTIENDO EN UN LUGAR DE OCIO, SEGUNDA RESIDENCIA, TURISMO DE FIN DE SEMANA O TEMPORADA DE MILES DE BILBAÍNOS, Y CON ELLO EN UNA CIUDAD DE SERVICIOS, SIN OLVIDAR SU ACTIVO PUERTO PESQUERO Y UNA NOTABLE INDUSTRIA CONSERVERA.

INFO

Oficina de Turismo
Avda. de la Constitución, 1.
Telf. 942 871 512/ 942 871 337.
www.castro-urdiales.net
http://turismo.cantabria.org
En la **Casa de la Naturaleza** (avda. de la Playa, s/n) se celebran exposiciones durante todo el año.

DORMIR

HOSTAL LA RONDA✪
La Ronda, 18.
Telf. 942 864 420/ 040.
En una de las arterias principales de la ciudad. Aunque las habitaciones exteriores son mucho más luminosas, son preferibles las interiores, que ofrecen mayor tranquilidad. Todas son elegantes y confortables.
Habitación doble: 50-60 €.

Pensión Catamarán✪✪
Victoria Gainza, 2º. Telf. 942 870 066. Limpia y pintada con relajantes colores. Sus habitaciones, pese a no ser muy amplias, están muy bien aprovechadas. Cuentan con televisión, teléfono, caja fuerte y baño con secador.
Habitación doble: 40-50 €.

Pensión La Mar✪✪
La Mar, 27. Telf. 942 870 524. Pensión de grandes habitaciones, en el centro de la ciudad. Todas son exteriores, tienen baño, televisión y teléfono. Admiten perros. Habitación doble: 36-50 €.

Pensión La Sota✪✪
La Correría, 1. Telf. 942 871 188.
Pequeño alojamiento reformado, en la plaza de Ayuntamiento. Sus habitaciones, limpias y decoradas con gusto, disponen de todo lo necesario (hasta hilo musical y aire acondicionado).
Habitación doble: 50-65 €.

Otros hoteles de precio más elevado

En la avenida de la Playa y frente a la playa de Brazomar se localizan dos establecimientos muy recomendables: el **Hotel Miramar✪✪✪** (telf. 942 860 204; 70-96 €) y el **Hotel Las Rocas✪✪✪✪** (telf. 942 861 404; 90-115 €).

EL TAPEO

En la plaza del Ayuntamiento son visitas obligadas tabernas como **La Cierbanata** o bares más amplios como el **Marinero** o el **Segoviano. La Marisqueria Alfredo,** en dirección al espigón, es otra de las barras cuya simple visión ya alimenta. Detrás de la plaza y en dirección a la Rúa hay que preguntar por el bar de **Pedrín,** un clásico en Castro, especialmente por sus anchoas. El tramo de Ardigales a partir de calle Santander es una sucesión de bares cuyas barras están perfectamente equipadas con todo tipo de tapas, especialmente las que tienen a los productos del mar como materia prima.

COMER

Casas con menú (menos de 15 €)

Mesón Pedro
Ardigales, 44.
Telf. 942 864 110.
Pequeño restaurante situado en una de las calles con más historia de Castro, donde se puede comer bien y barato. La especialidad de la casa son las alubias de Guriezo y los pescados frescos del día. Trato amable.

Bajamar
La Mar, 23. Telf. 942 861 579.
Posiblemente uno de los restaurantes más baratos de la villa, donde sirven gran variedad de raciones, platos combinados y menús.

Cherokee
Ardigales, 19.
Telf. 942 860 828. Aunque su nombre pueda parecernos algo atípico en este tipo de restaurantes, éste ofrece alimentos tradicionales castreños, como carnes y pescados a la brasa. Menú muy variado.

Marisqueria Alfredo
San María, 2. Telf. 942 863 643.
Sin duda el restaurante de pescados y mariscos a precios más razonables que hay en el mismo puerto de Castro. Tapas y raciones de excelentes productos del Cantábrico. No hay que darle muchas vueltas a la carta y dejarse orientar sobre las últimas capturas llegadas al puerto.

Restaurantes (sobre 24 €)

Una recomendación: si en las cartas hay anchoas en salazón y son de marca *Lolín,* pedidlas porque son seguramente las mejores de España.
Los restaurantes más recomendables son: **Ardigales** (Ardigales, 20), pequeño restaurante con toques de originalidad en los primeros platos, ensaladas y pastel de pescado, y clasicismo en carnes y pescados; y **Scala** (Meliton Pérez del Camino, 4; barrio de Mioño; telf. 942 863 181), moderno establecimiento con vocación de local para grandes banquetes y comida a granel. No sorprende pero satisface incluso a los más exigentes.

CASTROGERIZ

BURGOS. 1.105 habitantes

Original castro celtibérico que llegó a convertirse en uno de los enclaves más relevantes del Camino de Santiago. Todavía hoy conserva su trazado estrecho y alargado, en función de la ruta jacobea, y no es difícil encontrar en sus calles a multitud de peregrinos, especialmente en verano.

INFO

Centro de Iniciativas Turísticas
Plaza Mayor, 2. Telf. 947 378 527. Ofrece una completa información sobre albergues y sobre el Camino de Santiago.
Ayuntamiento
Plaza Mayor. Telf. 947 377 001.
Autobuses. Salen de la estación de Burgos (telf. 947 288 855). Compañías Amaya y Soto y Alonso.
Taxis. Telf. 947 377 032.
Aparcamiento. En el Paseo de la Puerta del Monte, a la entrada del pueblo, hay una zona habilitada para aparcar.

DORMIR

*Además del **Albergue Municipal** (telf. 947 377 001), sólo para peregrinos, se recomiendan los siguientes:*

Hostal Puerta del Monte✪✪
Paseo Puerta del Monte, s/n.
Telf. 947 378 647. Se trata de una elegante casa del siglo XIX reformada. Cuenta con 14 habitaciones impecables, dos de ellas ubicadas en torreones. Dispone de comedor, cafetería y una agradable terraza.
Habitación doble: 45 €.

Hostal Mesón de Castrojeriz✪
Cordón, 1. Telf. 947 377 400.
Prácticamente nuevo y situado en el mismo centro de la villa. La decoración en madera confiere un cálido ambiente a las habitaciones, muy tranquilas y con hermosas vistas del pueblo y de la llanura castellana. Cuenta con un magnífico restaurante.
Habitación doble: 62 €.

Cámping Camino de Santiago
Paseo Puerta del Monte, s/n.
Telf. 947 377 255. Ubicado en el mismo pueblo, capacidad para 150 personas. Dentro del cámping hay una casa rural con tres habitaciones dobles, dos baños y un salón.
Habitación doble: 30 €.

Turismo rural

La Posada
Landelino Tardajos, 3.
Telf. 947 378 610. En el centro del pueblo, ocupa una casona del siglo XVI, rehabilitada pero manteniendo la estructura original. 21 habitaciones y un encantador patio interior ambientado con muchas plantas.
Habitación doble: 50 €.

COMER

La cocina de Castrojeriz combina las tradicionales recetas burgalesas –olla podrida o cordero asado– con platos de caza, como la perdiz, la codorniz o el conejo. El embutido es muy recomendable, así como el picadillo de chorizo o la morcilla. Los pimientos rellenos pueden encontrarse en casi todas las casas de comida, que no son muchas, pero que se caracterizan por la calidad y el buen servicio al cliente. Son las siguientes:

El Mesón de Castrojeriz
Cordón, 1.
Telf. 947 377 400.
Buena cocina tradicional castellana. Si se come a la carta, los precios se disparan, pero puede tomarse un buen menú del día. Cuenta con una agradable terraza interior rodeada de enredaderas donde resulta muy agradable comer en verano.

El Cordón
Cordón, 2.
Telf. 947 378 602.
El mismo local tiene dos puertas: una para entrar a la cafetería y otra por la que se accede a la jamonería, donde se ubica el restaurante. El menú del día incluye algunos platos tradicionales como pimientos rellenos de carne o trucha. Son muy recomendables las tablas de ibéricos y las gambas a la plancha. Para los peregrinos se ofrece un suculento desayuno de huevos con chorizo.

La Cachava
Real, 83-85.
Telf. 947 378 547.
Restaurante del hotel homónimo de estilo medieval. La ambientación, en piedra y madera, lo hace muy acogedor. Además, organizan cenas medievales para grupos.

CASTROPOL

ASTURIAS. 5.013 habitantes

CASTROPOL, EN LA RÍA DEL EO, ES UNA VILLA DE CASAS BLANCAS Y TEJADOS GRISES, APENAS MODIFICADA POR NUEVAS CONSTRUCCIONES, Y CON UN CONCEJO QUE COMPRENDE BELLOS PARAJES QUE OCUPAN LA ESQUINA NOROESTE DEL PRINCIPADO DE ASTURIAS.

INFO

Oficinas de Turismo
Los Callejones. Telf. 98 563 51 13.
Ayuntamiento. Telf. 98 563 50 01.
www.ayto-castropol.com
www.infoasturias.com

DORMIR

HOTEL CASA VICENTE✪

Avda. de Galicia, s/n.
Telf. 98 563 50 51.
En el cruce con la carretera general y algo aislado del centro urbano, ofrece vistas a la ría. Las habitaciones son luminosas y amplias.
Habitación doble: 45-55 €.

Turismo rural

HOTEL RURAL CASA PELEYÓN

Lois, s/n. FIGUERAS. Telf. 676 700 778. Antiguo pajar de una casa de labor tradicional construida en piedra, con dos plantas y amplios espacios comunes. Habitación doble: 65-95 €.

Otros alojamientos de precio más elevado

Una buena opción para presupuestos más desahogados es el agradable **Hotel Palacete Peñalba**✪✪✪ (en FIGUERAS, s/n; telf. 98 563 61 25; 120-130 €), antiguo palacete de indianos, construido en 1912 por un discípulo de Gaudí.

COMER

Casas con menú (menos de 15 €)

CASA VICENTE

Carretera General, s/n.
Telf. 98 563 50 51. Con buen surtido tanto de pescados como de mariscos, tienen menús y unos buenos salones con espléndidas vistas a la ría.

PEÑAMAR

Ctra. General, s/n. Telf. 98 563 51 49. Ubicado en la N-640, ruta obligada de comunicación entre Asturias y el corazón de Galicia, en pleno Camino de Santiago. Ofrece especialidades parecidas al anterior y menú.

CAZORLA

JAÉN. 8.190 habitantes

A CABALLO ENTRE LAS COLINAS JIENENSES ATESTADAS DE OLIVARES Y LAS ESCARPADAS CUMBRES DEL PARQUE NATURAL DE LAS SIERRAS DE CAZORLA, SEGURA Y LAS VILLAS, SE PRESENTA ESTA TRANQUILA Y PINTORESCA CIUDAD, QUE TRIPLICA SU ACTIVIDAD DURANTE LOS MESES DE VERANO, CONVIRTIÉNDOSE EN UNO DE LOS PRINCIPALES FOCOS TURÍSTICOS DE LA ESPAÑA INTERIOR.

INFO

Oficina Municipal de Turismo
Paseo del Santo Cristo, 17.
Telf. 953 710 102. www.jaen-es.com
Oficina de Información Turística Quercus. Plaza de la Constitución, 15 y Torre del Vinagre. Telf. 953 720 115. La empresa *Quercus* ofrece excursiones guiadas por el parque.

DORMIR

*La amplia oferta hotelera de Cazorla, que abarca desde el **Parador de Cazorla**✪✪✪ (ctra. de la Sierra; telf. 953 727 075; 110-120 €; www.parador.es) hasta albergues, villas turísticas o casas rurales, dan solución al alojamiento tanto en la villa como en el interior del Parque Natural.*

HOTEL PEÑA DE LOS HALCONES✪✪✪

Travesía del Camino de La Iruela, s/n. Telf. 953 720 211. Con bellas panorámicas de Cazorla y su entorno, este tranquilo hotel dispone de piscina y garaje. Desde 63 €.

HOTEL GUADALQUIVIR✪✪

Nueva, 6. Telf. 953 720 268. En pleno centro del pueblo, cuenta con unas instalaciones totalmente nuevas. Habitaciones con baño completo, televisión vía satélite, teléfono, aire acondicionado y calefacción. 44-50 €.

HOTEL DON DIEGO✪

Hilario Marcos, 163. Telf. 953 720 531. La amplitud de sus habitaciones y el gran número de servicios lo convierten en uno de los más recomendables. Habitación doble: 30-42 €.

Otros hoteles de precio más elevado

Hotel Villa de Cazorla✪✪✪ (telf. 953 710 100; habitación doble: 53-152 €). En COTO RÍOS, el **Hotel Noguera de la Sierpe**✪✪✪ (telf. 953 713 021; habitación doble: 110 €) se encuentra en un pabellón de caza de 1912. Habitaciones bien equipadas, además de lago privado para pescar y picadero de caballos.

EL TAPEO

Es una de las actividades más queridas por los cazorleños y visitantes; hay una treintena de bares repartidos por toda la villa (todos ellos con abundantes tapas) que participan en la llamada "ruta del tapeo" celebrada cada año en época estival. Empezando en la plaza de Santa María encontramos el **Julián,** donde los callos y el choto con ajos son los protagonistas; el **Quinto,** con su buen bacalao; y **La Cueva,** con estupendos embutidos caseros. Ya en la plaza de la Corredera hay que probar las manitas de cerdo del **Trujillo,** las bombas y las pavías de bacalao del **Rincón Serrano** y la carne de monte de **La Montería.** Bajando por la calle Dr. Muñoz se llega a la plaza de la Constitución, auténtica meca del tapeo con bares como el **Talismán,** famoso por su choto con ajos y las codornices; el **Sola,** donde se come el mejor conejo de Cazorla; o el **Rojas,** donde sirven buenas navajas. Otros bares con gran variedad de tapas y abundantes cantidades son el **Paseo del Santo Cristo** (en la calle del mismo nombre), donde se come pollo frito y patatas bravas; el **Málaga** (Negrillo, 2), que ofrece anchoas en salazón; o **La Juventud** (Cruz de Orea, s/n).

COMER

Casas con menú (menos de 15 €)

La mayoría de los restaurantes ofrecen como plato recomendado las excelentes carnes de monte que, aunque suelen pasarse de este precio, merece la pena probar.

JUAN CARLOS

Pza. Consuelo Mendieta, 2.
Telf. 953 721 201.
Está considerado uno de los mejores restaurantes de toda la serranía. Pecado sería no probar el *gulasch* de jabalí o gamo, el paté de ciervo casero o el lomo de orza. Ofrece un menú con platos típicos.

SARGA

Pza. del Mercado, s/n. Telf. 953 721 507. Con un estupendo servicio y una serie de detalles para los comensales (aperitivo antes de comer y un licor al finalizar), este restaurante ha sabido conquistar a los clientes más exigentes con platos como la trucha serrana y la caldereta de gamo.

CEDEIRA

A CORUÑA. 4.950 habitantes

LA VIEJA CETARIA DE LOS ROMANOS ES HOY UNA VILLA MARINERA MUY ANIMADA EN VERANO. LAS CÉNTRICAS PLAYAS DE AREA LONGA, JUNTO AL PUERTO DE ACTIVA LONJA, Y A MADALENA, UN EXTENSO ARENAL DE CASI 2 KM, SE ABREN A LA PEQUEÑA BAHÍA Y SON PARTE DEL ATRACTIVO TURÍSTICO DE CEDEIRA.

INFO

Oficina de Turismo
Ezequiel López, 22. Telf. 981 482 187. Abierta del 1 de abril al 30 de septiembre y Semana Santa. www.cedeira.org
Ayuntamiento. Telf. 981 480 000.

DORMIR

Además de los citados, hay algún hospedaje algo más baratos en la rúa de Ortigueira y alguna oferta de turismo rural.

HOSTAL BRISAS✪✪

Arriba da Ponte, 19.
Telf. 981 481 054.
Es un hostal muy céntrico y con el atractivo de tener al lado el puerto y

la ría en todo su esplendor.
Habitación doble: 30-42 €.

HOSTAL CHELSEA
Praza Sagrado Corazón, 10.
Telf. 981 482 340. Abierto de mayo a octubre. Muy céntrico, pero al otro lado del río, a unos metros de la playa.
Habitación doble: 40-45 €.

CASA CORDOBELAS
Cordobelas-Esteiro. Telf. 981 480 607.
A 1 km de Cedeira. Es una casa tradicional, restaurada con buen gusto. Las habitaciones que han sabido combinar tradición y modernidad, resultan cómodas y algunas ofrecen excelentes vistas de la ría. 45-70 €.

O CARREIRO
Santalla de Cervo. Telf. 981 480 094.
Está camino de San Andrés de Teixido. 3 casas de madera y piedra, con balconadas de madera, reconvertidas en apartamentos con bonitas y cómodas habitaciones que se alquilan desde 55 €. Cuentan también con un mesón.

HOTEL VALDOVIÑO
En Valdoviño. Cruce de Robles, en Lago. Telf. 981 485 476. Moderno hotel dotado con un buen nivel de servicios y una ubicación estratégica para recorrer la zona. Habitación doble: 42-72 €.

COMER

A Cedeira se viene sobre todo a comer bonito, preparado en rollo o en salsa, los chocos rellenos, el rape con guisantes y los célebres percebes del cabo Ortegal, por lo que, como se comprenderá, los precios se disparan.

Casas con menú (menos de 15 €)

NÁUTICO
Rua do Mariñeiro, 7. Telf. 981 480 011.
Es el restaurante más famoso de la villa, donde se puede probar todo lo citado anteriormente.

MESÓN A CALEXA
Tras da Igrexa, 7.
Telf. 981 482 009.
Al otro lado del puente, un mesón ubicado en una restaurada casa de dos pisos, muy afamado por su cocina y bien ambientado, al estilo tradicional.

Restaurantes (de 20 a 36 €)

Mariscos y pescados en el moderno y azulón **Badulaque** (Area Longa, 1; telf. 981 492 265), que destaca por su salpicón de langosta, el pastelón cedeirés de raya o bonito y el rape con guisantes. Mucho más rústico pero acogedor resulta **A Revolta** (av. Fraga Iribarne, s/n; telf. 981 480 764), con pescado fresco de la lonja, así el pez espada, el marrajo o los chipirones.

CELANOVA

OURENSE. 3.249 habitantes

CELANOVA TIENE A FAMA SER VILLA DE POETAS. LA HISTORIA DE CELANOVA Y SU PROPIA DISTRIBUCIÓN URBANA ESTÁN LIGADAS AL GRAN MONASTERIO DE SAN SALVADOR, FUNDADO POR UN NATURAL DE LA VILLA, SAN ROSENDO, EN EL AÑO 936. SU PRESENCIA DOMINA EL CENTRO DE LA VILLA Y CONSTITUYE EL MAYOR ATRACTIVO TURÍSTICO DE LA CIUDAD.

INFO

Oficina de Turismo del Ayuntamiento
Praza Maior, 1. Telf. 988 432 201.
www.celanova.es

DORMIR

PAZO A FÁBRICA
Sampaio da Veiga. Telf. 988 432 092.
Este edificio de tipo palaciego se encuentra sólo a 3 km de Celanova, en medio de una explotación agrícola. Es un pazo modernizado, de cuidado diseño interior, con un ambiente cálido, una galería hacia los jardines exteriores e incluso una biblioteca. Dispone de seis habitaciones dobles muy lujosas, sala, camas supletorias, mobiliario tradicional y chimenea.
Habitación doble: 55-60 €.

RECTORAL DE ANSEMIL
En Santa María de Ansemil (a 2 km. de Celanova por la ctra. de Xinzo).
Telf. 687 775 726.
www.rectoraldeansemil.com
Ocupa una rectoral de 1670 con su patio, antiguos hornos, dos salones con chimeneas y una agradable decoración moderna.
Habitación doble: 59-80 €.

CASA RAMIRÁS
O Viso, 19. Telf. 988 479 610 y 625 406 310. A 5 km de Celanova.
Antigua casa de labranza de piedra rehabilitada. Consta de 6 habitaciones dobles, bien equipadas, distribuidas en dos edificios unidos por un patio de césped y un jardín. En el comedor para los huéspedes se puede disfrutar de los productos de temporada de la zona.
Habitación doble: 60-78 €.

COMER

Casas con menú (menos de 15 €)

CENTRO COMARCAL
VILANOVA DOS INFANTES (situado al pie de la torre. Telf. 988 431 739). Comida casera con toques innovadores. Aquí lo apropiado es comerse un buen cocido.

MESÓN O FORNO
Travesía de San Roque, 16.
Telf. 988 432 105. Para comer a la carta su bacalao al horno y otras especialidades.

O CANDIL
Celso Emilio Ferreiro, 11.
Telf. 988 451 243. La carta es un poco clásica y aburrida, pero si no se come aquí todos los días no se nota. Mejor las carnes. Precios medios tirando a bajos.

PARRILLADA O CRISTAL
Vilanova dos Infantes (junto al santuario). Telf. 988 451 168. Aquí se viene a comer bacalao y carnes a la brasa.

ARNOYA
Carfaxiño, s/n.
Telf. 988 431 453.
Un sitio bien conocido por los lugareños. Ofrece una cocina gallega reconocible, caldos, pescados frescos, carnes de la región y mariscos. Es recomendable su menú del día. Dispone de aparcamiento.

MESÓN VIEIRA
Castor Elices, 5.
Telf. 988 451 585. Sencilla carta: cocido y buenos mariscos.

CERVERA

LLEIDA. 6.500 habitantes

ELEVADA SOBRE LA RIBERA DEL RÍO ONDARRA, CERVERA ES UNA CIUDAD NOBLE Y RESERVADA; ENTRE SUS CALLES SALE AL ENCUENTRO LA UNIVERSITAT DE CERVERA, MAGNO EDIFICIO BARROCO QUE DURANTE CASI UN SIGLO FUE LA ÚNICA UNIVERSIDAD DE CATALUÑA. PERO TAMBIÉN HAY TESTIMONIOS MEDIEVALES COMO LAS SINGULARES CALLES CUBIERTAS. DE AQUEL ESPLENDOR PASADO QUEDA HOY AÚN UNA ATMÓSFERA PRETÉRITA QUE OTORGA A LA LOCALIDAD DE ENORME CARÁCTER.

INFO

Ayuntamiento
Plaça Major, 1.
Telf. 973 530 025.
Oficina de Turismo
Passeig Balmes, 12.
Telf. 973 531 303.

DORMIR

HOSTAL BONAVISTA
Av. de Catalunya, 14.
Telf. 973 530 027.
Céntrico y confortable.
Habitación doble: 48 €.

COMER

BARGUÉS
Ctra. A-2, km 520.
Telf. 973 530 402. El menú del día resulta muy económico.

BRASERÍA TERRA FERME
Lleida, 4. Telf. 973 532 862.
Ofrece un menú del día a precio económico.

BONA TECA
Av. Mil·lenari de Catalunya, 49.
Telf. 973 531 916.
Ofrece variada cocina de mercado con toques de la región.

LA MASÍA
Santa Coloma de Queralt, 19.
Telf. 973 532 940.
Elabora platos tradicionales de la zona.

BRASERÍA CAL GUIM
Av. de Catalunya, 192. Telf. 973 530 494.
Las carnes son de excelente calidad.

CERVERA DE PISUERGA

PALENCIA. 2.796 habitantes

CERVERA ES UN HERMOSO PÓRTICO A INCREÍBLES PAISAJES DE MONTAÑA Y A LA RESERVA NACIONAL DE FUENTES CARRIONAS. LA SENSACIÓN ES LA DE ESTAR EN UN ÚLTIMO LUGAR PARA TENER CONTACTO CON LA CIVILIZACIÓN, APROVISIONARSE Y ADENTRARSE EN LA NATURALEZA AGRESTE, DE CAMINOS SINUOSOS Y ESTRECHOS, EN UN PAISAJE EN EL QUE ABUNDAN LOS LAGOS. SU CASERÍO MANTIENE EL ENCANTO DE LA ARQUITECTURA POPULAR MONTAÑESA. EN LA ACTUALIDAD, EL SECTOR SERVICIOS ES LA MAYOR FUENTE DE INGRESOS PARA SUS HABITANTES.

INFO

Oficina de Turismo
Plaza de la Cruz, s/n.
Telf. 979 870 695.
Red de Turismo Rural
San Roque, 1. Telf. 979 870 450.
Estación de autobuses
Calle Ferial Viejo.
Telf. 979 870 816.

DORMIR

*Además del hermoso **Parador de Fuentes Carrionas**✪✪✪ (carretera de Resoba, km 2,5; telf. 929 870 075; fax: 979 870 075; doble: 90-110 €; www.parador.es), situado en pleno Parque Natural, Cervera dispone de numerosas plazas hoteleras para cubrir todas las necesidades.*

HOSTAL EL RESBALÓN✪✪
Modesto Lafuente, 2. Telf. 979 870 612. Situado en un edificio histórico, con aparcamiento propio.
Habitación doble: 36 €.

HOSTAL LA GALERÍA✪
Plaza Mayor, 16.
Telf. 979 870 234. Céntrico. 36 €.

HOSTAL PEÑALABRA✪
General Mola, 72.
Telf. 979 870 037. A las afueras que, en un lugar como Cervera, es como decir céntrico. Habitaciones bien equipadas. Con aparcamiento. 35-40 €.

Campings

FUENTES CARRIONAS
Paseo Antonio Villena, s/n.
Telf. 979 125 259. Está situado en un contexto polideportivo, muy agradable para pasear y como zona verde. Buenas instalaciones y trato agradable.

Turismo rural

CASA GOYETES
El Valle, 4. Telf. 979 870 568.
Antigua fonda de piedra rehabilitada y decorada en estilo rústico. Dispone de 4 habitaciones dobles y 2 individuales, todas muy acogedoras. Habitación doble con desayuno: 40 €.

EL TAPEO

Cruzando el pueblo por las calles y las plazas porticadas, encontraréis, a derecha e izquierda, diferentes bares y mesones donde tapear y hacer una buena ronda de vinos. Los más afamados son **El Resbalón, Casa Víctor, La Galería** o **La Cazuelita,** y las mejores tapas o raciones que se pueden probar: las de asadura, callos, jijas (embutidos fritos), morcilla o pulpo.

COMER

Tiene fama la ternera de Cervera y, entre los platos más celebrados y curiosos están los caracoles guisados, cuando es temporada.

Casas con menú (menos de 15 €)

PEÑALABRA
General Mola, 72.
Telf. 979 870 037.
Es uno de los lugares más afamados y recomendables para comer. Una de sus especialidades son los caracoles. Ofrecen un menú del día de calidad y a buen precio.

CASA VÍCTOR
Calvo Sotelo, 18.
Telf. 979 870 390.
Por un precio razonable podremos degustar algunos platos tradicionales pastoriles como la caldereta o la chanfaina.

Restaurantes (desde 21 hasta 36 €)

Si queréis probar los excelentes asados de la zona **El Resbalón** (Modesto Lafuente, 2; telf. 979 870 390) es una elección acertada (a pesar de su nombre). Está en la entrada a Cervera desde Guardo.
A pesar del pedigrí que se le supone, se puede comer por un precio razonable en el restaurante del **Parador de Fuentes Carrionas** (carretera de Resoba, km 2,5; telf. 979 870 075). Ofrece buenas carnes y pescados y su carta de vinos es excelente y está muy bien surtida.

CERVERA DEL RÍO ALHAMA

LA RIOJA. 3.381 habitantes

MARCADA POR SU CONDICIÓN DE CIUDAD FRONTERIZA, CERVERA ES SÍNTESIS DE TRES COMUNIDADES, MOROS, JUDÍOS Y CRISTIANOS, QUE A LO LARGO DE CUATRO SIGLOS VIVIERON EN ARMONÍA. DE SU PASADO MORISCO QUEDAN INCONFUNDIBLES HUELLAS EN EL ASPECTO DE LA POBLACIÓN, HOY DEDICADA A LA FABRICACIÓN DE ALPARGATAS.

INFO

Ayuntamiento. Plaza Constitución, s/n. Telf. 941 198 000.
www.lariojaturismo.com
Autobuses. Paradas en avda. de La Rioja, 63 (barrio Santa Ana) y calle Ibo Alfaro (barrio de San Gil).
Telf. 941 820 282.

DORMIR

HOTEL RURAL CERVERA✪
San Juan, 4. Telf. 941 198 650.
Instalado en una casa rehabilitada en la que se han respetado los muros y la fachada del siglo XVII, de estilo mudéjar. Dispone de 8 habitaciones bien equipadas, con zonas comunes entre ellas la terraza exterior, situada en la ladera de la peña del castillo, y el restaurante San Gil, que ocupa una bodega excavada en la roca.
Habitacion doble: 55-60 €.

HOSTAL PIEDRALÉN✪✪
Andrés Martínez, 33. Telf. 941 198 809.
Hostal rural con 5 sencillas habitaciones. Habitacion doble: 45 €.

COMER

Casas con menú (menos de 15 €)

MESÓN LA RUBIA
Mayor de Santa Ana, 57.
Telf. 941 198 050. Sorprende este cálido y rústico restaurante, excavado en las cuevas del castillo y decorado con aperos y cerámica. Con varios comedores y una carta en la que la mayoría de los platos van acompañados del gentilicio "riojano": patatas, cordero, bacalao...

ARMANDO
Santos Alfaro. Telf. 941 198 080. Algo más sencillo que el anterior, este establecimiento sirve platos caseros del día sacados de la cocina nacional y regional. Su buena barra de tapas puede ser un aliciente para probar su menú.

Restaurantes (sobre 21 €)

En el núcleo de **VALVERDE,** a unos 8 km de Cervera, se halla el **Mojón de los Tres Reyes**(telf. 941 198 454), que toma su nombre del lugar conocido como "mojón de los tres reyes", donde según la tradición se sentaron a parlamentar los reyes de Castilla, Aragón y Navarra, sin que ninguno tuviera necesidad de salir de su reino.

DE PINCHOS

Hay buenos pinchos en **Celipo,** junto al Ayuntamiento. En el barrio de Santa Ana destacan la barra del mesón **La Rubia** y sus pinchos de chorizo y la del restaurante-bar **Armando,** con tacos de bonito, chistorra y los espléndidos espárragos. En el barrio de San Gil sirven buenos vinos en **Avispa.**

LOS ESTABLECIMIENTOS DE ESTA GUÍA HAN SIDO COMPROBADOS Y SELECCIONADOS POR SU BUENA RELACIÓN PRECIO-CALIDAD. EN NINGÚN CASO HAN DESEMBOLSADO CANTIDAD ALGUNA POR APARECER EN ESTA GUÍA.

CEUTA

CIUDAD AUTÓNOMA. 72.117 habitantes

SITUADA A 16 MILLAS DE ALGECIRAS EN DIRECCIÓN SURESTE, ESTA MODERNA CIUDAD Y CENTRO PLAYERO UNE A SU ATRACTIVO EXÓTICO, DERIVADO DE SU CONDICIÓN DE CIUDAD EUROPEA EN EL CONTINENTE AFRICANO, LA CONDICIÓN DE PUERTO FRANCO, QUE LA CONVIERTE EN UN INTERESANTE CENTRO DE COMPRAS FRECUENTADO POR MUCHOS VISITANTES PENINSULARES.

INFO Y TRANSPORTES

Oficinas de Turismo
Muelle Cañonero Dato, 1.
Telf. 956 501 410.
www.conoceceuta.com

Consejería de Turismo
Calle Padilla. Edif. Ceuta Center.
Telf. 956 528 246/47.

DORMIR

HOTEL ULISES★★★★

Camoens, 5.
Telf. 956 514 540.
Céntrico y con correctas instalaciones. Tiene piscina y aire acondicionado en todas las estancias.
Habitación doble: 70-119 €.

HOTEL ATALAYA★★

Avda. Reyes Católicos, 6.
Telf. 956 504 161. Correctísimo hotel de ambiente acogedor. Ofrece una buena relación calidad-precio.
Habitación doble: 45-60 €.

Otros hoteles de precio más elevado

Céntricos y próximos al mar se encuentran estos hoteles:
Tryp Ceuta★★★★ (Alcalde Sánchez Prados, 3; telf. 956 511 200; fax: 956 511 501; habitación doble: 107 €). Bien equipado y con acceso para discapacitados.
Parador de Ceuta★★★★ (plaza Nuestra Señora de África, 15; telf. 956 514 940; 92-140 €). Con zona ajardinada y un buen restaurante.

COMER

Casas con menú (menos de 15 €)

BARLOVENTO

Muelle de Pescadores, s/n.
Telf. 956 525 468. Bar-restaurante que ofrece cocina casera principalmente asturiana, platos de temporada. También tapas y raciones.

Restaurantes (de 18 a 36 €)

Oasis (Monte Hacho; telf. 956 515 925), situado en plena fortaleza, ofrece cocina marroquí y espléndidas vistas.
El Velero (paseo Marina Española, 34; telf. 956 513 143) de cocina marinera, sobre todo mediterránea.
La Peña (avda. de la Compañía del Mar de Ceuta; telf. y fax: 956 517 159). tiene un amplio salón comedor. En su completa carta destacan los platos de la cocina española. Vivero de pescados y mariscos.
La Muralla (Plaza de Nuestra Señora de África, 15; telf. 956 514 940) ofrece ricos y variados pescados.
La Albufera (Alcalde Sánchez Prados, 3; telf. 956 511 200), entre sus especialidades se encuentran los arroces y pescados preparados con imaginación.
La Barraca (avenida Martínez Cotena, s/n; telf. 956 525 468) cocina marinera propia de la zona.

CHICLANA DE LA FRONTERA

CÁDIZ. 70.338 habitantes

EN GRAN PARTE POR EL AFÁN EMPRENDEDOR DE SUS HABITANTES, ADEMÁS DE LA CERCANÍA DE LA EXTENSA PLAYA DE LA BARROSA Y EL COMPLEJO TURÍSTICO DE NOVO SANCTI PETRI –UNA INYECCIÓN ECONÓMICA PARA EL MUNICIPIO–, CHICLANA ES UNA DE LAS CIUDADES CON MAYOR CRECIMIENTO ECONÓMICO DE TODA ESPAÑA Y LA DE MAYOR PROYECCIÓN DE FUTURO DE LA COSTA DE CÁDIZ.

INFO

Oficina de Turismo
La Vega, 6. Telf. 956 535 969.
www.ayto-chiclana.es
www.chiclanadelafrontera.es

Oficina de Turismo Costa
Ctra. Barrosa (urb. Novo Sancti Petri).
Telf. 956 497 234. En verano.

Autobuses. Autocares Comes. Plaza de Andalucía, 3. Telf. 956 400 357.

Estación de Ferrocarril
En San Fernando. Telf. 902 240 202.

DORMIR

Los alojamientos situados en la playa (a unos 5 km del centro) son casi todos de gran categoría. Si deseamos menor precio hay que instalarse en el casco urbano.

HOTEL ALBORÁN★★★

Plaza de Andalucía, 1.
Telf. 956 403 906. En pleno centro es el hotel escogido por comerciantes en viajes de negocios. Buen servicio.
Habitación doble: 70-105 €.

HOSPEDERÍA SANTIAGO★★

Plaza de Andalucía, 1.
Telf. 956 403 906.
www.hospederiasantiago.com
Establecimiento de aspecto andaluz rústico. Dispone sólo de ocho habitaciones bien equipadas. Muy luminoso, tranquilo y con encanto. Desde 60 €.

HOSTAL VILLA★★

Virgen del Carmen, 14.
Telf. 956 400 512. La mejor relación calidad-precio para alojarse en Chiclana. Por 38 y 70 € (según la temporada) tenéis una habitación con baño en un establecimiento céntrico, limpio y tranquilo.

HOSTAL EL CAMPANARIO★★

Rompeolas, s/n. Playa de la Barrosa.
Telf. 956 495 958. Es una buena opción para alojarse en la Playa. Con aire acondicionado. Habitación doble: 50-90 €.

PENSIÓN NOLI★

Ctra. de de la Barrosa, s/n.
Telf. 956 495 904. De reciente apertura, con precios económicos sobre todo en temporada baja. Todas las estancias tienen baño. Habitación doble: 50-75 €.

Otros hoteles de precio más elevado

En la Urb. Novo Santi Petri se ubican los más exclusivos, como el **Playa La Barrosa★★★★** (telf. 956 494 824) o el **Vincci Costa Golf★★★★** (telf. 956 494 535).

EL TAPEO

El Ayuntamiento tiene organizada una Ruta de tapas por el casco urbano en la que participan un gran número de bares. Todos ellos elaboran estupendas exquisiteces, que además se encuentran valoradas por el correspondiente jurado. Los chiclaneros frecuentan mucho **Adolfo** (plaza del Retortillo) por sus buenas papas aliñás y su atún de ijada. **El Cabildo** es un barecito enfrente del Ayuntamiento lleno casi siempre, sus cayos de ternera con garbanzos son muy demandados. Lo mismo puede decir de la carne mechada de **El Rincón de Pepa** (La Vid) o de la tortilla campera del **Cortijo Cubero** (Arroyuelo). Sitios especialmente recomendables son los bodegones, donde sirven el mejor fino chiclanero. Entre los más concurridos están **Miguel Guerra** (Mendaro) y **Sanatorio** (calle Olivo).

COMER

Casas con menú (menos de 15 €)

MAYTE I

Ctra. de la Barrosa, km 1.
Telf. 956 402 721. Muy de moda entre los jóvenes porque se come bien y es baratísimo (especialidad en pollos asados). El *Mayte II* (cerca del otro; telf. 956 400 149) es de más categoría y en su carta ofrece pescados de la bahía y cordero traído de Castilla.

CERRO DEL TRIGO

Hormaza, 17. Telf. 956 534 090. Pintoresco bar que expone todo tipo de objetos antiguos, tiene un amplio comedor y un patio de verano muy agradable. Sirve tapas y raciones caseras, quesos y chacinas.

Restaurantes (sobre 25 €)

El Santuario de las Carnes (San Antonio, 6-8; telf. 956 404 264) se especializa en carnes a la brasa que se sirve en barbacoas individuales para que quede al gusto de cada cual. Para los carnívoros es parada obligada en esta zona donde predomina el pescado.
En la carretera de la Barrosa, km 4,5, **Popeye** (telf. 956 494 424) ofrece cocina marinera y de interior con buenas carnes de caza en temporada. En la playa de la Barrosa, **Los Drogos** (telf. 956 494 815) tiene platos de pescado, carnes y embutidos.

CHINCHÓN

MADRID. 3.849 habitantes

ESTA LOCALIDAD ES UNO DE LOS PUNTOS DE VISITA CASI OBLIGADOS PARA LOS QUE GUSTEN DE LA GASTRONOMÍA. CHINCHÓN, SUELE DECIRSE, TIENE NOMBRE DE AGUARDIENTE. VINOS, ACEITES Y AJOS (CON FIESTA EN OCTUBRE) COMPLETAN LA AMPLIA GAMA DE PRODUCTOS QUE AQUÍ PUEDEN ENCONTRARSE Y DEGUSTARSE. LA SINGULAR PLAZA MAYOR, UNA DE LAS MÁS BONITAS DE ESPAÑA, DONDE SE ABREN LOS MESONES MÁS POPULARES Y SE CELEBRAN CORRIDAS DE TOROS; COQUETAS CASAS DE ARQUITECTURA RURAL Y APRETADAS CALLES EN CUESTA INVITAN A PASEAR DESPACIO POR ESTA HISTÓRICA VILLA MADRILEÑA.

INFO

Oficina de Turismo
Plaza Mayor, 8.
Telf. 91 893 53 23.
www.ciudad-chinchon.com

DORMIR

*Hay variedad de hoteles para pernoctar en Chinchón. Encabeza la lista el **Parador**✪✪✪✪ (Huertos, 1; telf. 91 894 08 36; habitación doble: 108 €; www.parador.es), pero hay otros alojamientos recomendables a precios más asequibles.*

HOTEL LA CERCA✪✪✪

La Cerca, 9.
Telf. 91 893 55 65.
Buen trato en este antiguo pero remodelado edificio que se encuentra a escasos 200 m de la Plaza Mayor. Decoración castellana.
Habitación doble: 60-75 €.

HOSTAL CHINCHÓN✪✪

Calle Grande, 16.
Telf. 91 893 53 98.
Es uno de los lugares más recomendables atendiendo a su relación calidad-precio. Muy cerca de la Plaza Mayor, es limpio y tiene una decoración sencilla pero acogedora. Dispone de piscina en el ático y de todas las comodidades.
Habitación doble: 40 €.

Otros hoteles de precio más elevado

Si no importa alojarse a las afueras, un buen hotel es el **Nuevo Chinchón**✪✪✪ (telf. 91 894 05 44; 67 €), en la urbanización del mismo nombre, a unos 2 km del pueblo, entre viñas y olivares y con vistas a la campiña.

EL TAPEO Y LOS CAFÉS

El más destacado es el **Café de la Iberia** (Plaza Mayor, 17), en donde tapear y hablar del viejo Chinchón son una misma cosa. Decoración taurina: el torero **Frascuelo** y sus descendientes, por todas las paredes.
Por otro lado, casi todos los mesones citados como restaurantes **Virreina, Chinchón**, etc. disponen de coloridas barras para degustar las mejores tapas de la comarca.

COMER

Casas con menú (menos de 15 €)

PLAZA MAYOR

Plaza Mayor, 10 y 11. Telf. 91 893 50 57. Un lugar agradable y sencillo donde se puede comer bien a precios asequibles. Su especialidad son las carnes pero también hay pescado fresco.

MESÓN CHINCHÓN

Calle Grande, 12.
Telf. 91 894 08 59. Un lugar de buen trato fuera de la órbita de la Plaza Mayor. Asados en horno de leña y carnes a la parrilla son sus ofertas principales.

NUEVO CHINCHÓN

Urb. Nuevo Chinchón. Ctra. de Titulcia. Telf. 91 894 05 44. Incluido en este gran complejo hotelero, a un par de kilómetros de Chinchón, se puede disfrutar de este sitio tan agradable con un buen menú de comida casera, servido de lunes a viernes.

LA FONDA DEL BANDOLERO

Chinchón, 15. Telf. 91 893 87 63. A 5 km de Chinchón, en **VILLACONEJOS.**
www.elbandolero.net
Acogedora y recomendable fonda de estilo rústico-moderno donde disfrutar de una buena cocina de mercado. Las especialidades son el rabo de toro o el pollo de corral en pepitoria, entre otras. Destaca su excelente relación calidad-precio. También cuenta con habitaciones.

Restaurantes (sobre 25 €)

En el restaurante del Parador, **El Bodegón** (Huertos, 1; telf. 91 894 08 36), no podéis dejar de probar el auténtico cocido de taba. Hecho a la antigua usanza y en unas dependencias muy cuidadas, este restaurante rescata lo mejor de la gastronomía local. Todo explicado y con ingredientes de primera calidad.

Un lugar delicioso y muy cómodo es **La Balconada** (Plaza Mayor; telf. 91 894 13 03/ 02 07). Sus especialidades son pepitoria de gallina y menestra de cordero.

Uno de los clásicos del lugar, con muchos años de andadura gastronómica, es el **Mesón Cuevas del Vino** (Benito Hortelano, 13; telf. 91 894 02 85). Junto a su decoración (cueva con molino incluido), lo mejor es la comida casera.

CIFUENTES

GUADALAJARA. 2.651 habitantes

ANTIGUA VILLA CONDAL DE LA ALCARRIA SITUADA EN EL CENTRO DE LA PROVINCIA, OFRECE NUMEROSOS ELEMENTOS DE ARTE Y TRADICIÓN, CONSERVANDO SU CARÁCTER CASTELLANO Y SEÑORIAL, CON MUCHA HISTORIA Y UN BUEN LEGADO MONUMENTAL. TOMA SU NOMBRE DE LOS MUCHOS MANANTIALES QUE AFLORAN EN EL CENTRO DEL PUEBLO, AL PIE DEL CERRO DEL CASTILLO, LOS CUALES FORMAN EL CAUDALOSO RÍO CIFUENTES, AFLUENTE DEL TAJO.

INFO

Ayuntamiento
Plaza Mayor, 1.
Telf. 949 810 001.
www.cifuentes.es
www.dgudalajara.es
www.castillalamancha.es/turismo

DORMIR

La oferta se reduce a dos alojamientos de mediana calidad.

HOSTAL RESTAURANTE SAN ROQUE✪✪

San Roque, s/n. Carretera de Masegoso-Brihuega, a la entrada de la población. Telf. 949 810 028.
Cuenta con 28 habitaciones funcionales, todas con baño. Se puede desayunar y comer en el bar-cafetería.
Habitación doble: 50 €.

HOSTAL LAS SECUOYAS✪

Plaza Mayor, 4.
Telf. 949 810 037.
Se trata de un antiguo caserón con algunas habitaciones remodeladas de manera funcional, que cuentan con calefacción, gruesos muros de piedra que mantienen el fresco en verano y baño. Habitación doble: 45 €.

EL TAPEO Y LOS CAFÉS

El **JB** y el **Plaza** son dos bares que, además de sus raciones, tienen su mayor atractivo en su situación en la misma Plaza Mayor, con terraza en los soportales.
En una bocacalle a la Plaza Mayor está el **Pub Taurino** (Belén, s/n), local moderno y joven, mezcla atípica de café irlandés con el mundo de los toros, especialmente indicado para tomar raciones y tapas en un entorno muy agradable.
En la zona de La Balsa está **Soraya** (Donante de Sangre, 1), una cafetería acogedora con buena música y terraza de verano, donde se queda para jugar las cartas o ver el partido.

COMER

Cifuentes deja entre los comensales un agradable sabor de boca gracias a unos nada convencionales restaurantes, instalados en misteriosas cuevas e históricas casonas, donde se sirven platos tradicionales de gran calidad. Todo un gusto para los sentidos y el paladar.
Tiene buena fama la trucha del río Cifuentes, siendo a su vez destacables otros platos como el cabrito y el cordero asados, los escabechados de perdiz, la caza y el morteruelo, las migas, las gachas, el picadillo, los torreznos y la tradicional matanza, sin olvidar las setas y los níscalos de la sierra. La consabida miel de La Alcarria adereza platos y postres.

Casas con menú (menos de 15 €)

CASA DAVID

Plaza Mayor, 16.
Telf. 949 810 285.
Es un mesón de ambiente castizo, con bastante público los días festivos, que ofrece comidas típicas de la zona. El menú del día es asequible, siendo sus especialidades el morteruelo, las migas, la perdiz escabechada, el rabo de toro

y los torreznos. Dispone de bar y abre una terraza en los soportales de la plaza. Dada su buena aceptación conviene pedir mesa anticipadamente.

Los Parrales
Puerta Salinera, 3.
Telf. 949 810 177.
Dispone de dos grandes salones refrigerados, bar y terracita en el pórtico de entrada. Tiene la particularidad de contener hasta cuatro cuevas unidas, tan grandes que se deben visitar con alguien de la casa. Platos del recetario tradicional, como migas, lechal, morteruelo o torreznos, servidos en abundantes raciones.

La Esquinita
Puerta Salinera, 1.
Telf. 949 811 364. Ubicado en una bonita casona con una sombreada terraza a la entrada, realiza jornadas gastronómicas de la matanza, setas o caza. Un lugar con encanto y buena calidad en sus platos.

Casa El Gallo
Escalerillas, 11.
Telf. 949 810 662.
Sirven comida casera inspirada en la gastronomía local.

San Roque
San Roque, s/n. Telf. 949 810 028. En el hostal homónimo. Muestra una gran variedad de platos regionales.

CIUDAD REAL

CAPITAL DE PROVINCIA. 61.138 habitantes

POCOS RESTOS QUEDAN EN CIUDAD REAL DE SU GLORIOSO PASADO. SERÁ A PARTIR DE LOS AÑOS VEINTE DE NUESTRO SIGLO CUANDO LA CIUDAD COMIENZA A CRECER CON MÁS FUERZA. LA IMPLANTACIÓN DE LA UNIVERSIDAD DE CASTILLA-LA MANCHA Y LA INAUGURACIÓN DEL AVE EN 1992, HACEN DE ELLA UNA CIUDAD ABIERTA, VIVA Y MODERNA, DONDE ABUNDAN LOS FUNCIONARIOS, LOS COMERCIANTES Y LOS ESTUDIANTES UNIVERSITARIOS QUE APORTAN ANIMACIÓN A LA CIUDAD DURANTE LOS MESES DEL CURSO.

INFO

Oficina de Turismo
Alarcos, 21. Telf. 926 200 037.
www.castillalamancha.es
www.dipucr.es

Oficina de Turismo de Ayuntamiento
Plaza Mayor, 1. Telf. 926 216 486.
www.ayto-ciudadreal.es

Renfe
Telf. 902 240 202.

Taxis
Pza. del Pilar (telf. 926 213 040) y en la estación del AVE (telf. 926 251 066).

Aparcamientos
Se sitúan en la Plaza Mayor y en la calle Pozo Dulce, 4. En general, no hay problemas de aparcamiento.

DORMIR

Hotel Doña Carlota✪✪✪✪
Ronda de Toledo, 21.
Telf. 926 231 610.
Este hotel, aunque está bastante alejado del centro, ofrece todo tipo de comodidades en las espaciosas habitaciones, desde *minibar* hasta secador de pelo en el baño.
Habitación doble: 70-90 €.

Hotel Tryp Almanzor✪✪
Bernardo Balbuena, 14.
Telf. 926 214 303.
Con todos los lujos de un gran hotel; en la habitación 015 hay una estupenda bañera redonda.
Habitación doble: 75 €.

Hotel El Molino✪✪
Carretera de Carrión, 10.
Telf. 926 223 050.
Ambientado como una venta manchega, un molino flanquea el lateral del edificio. La última reforma se hizo hace más de diez años y eso se nota tanto en las habitaciones como en los baños. Es necesario llegar en coche. Algunas habitaciones tienen terraza, pero las vistas no son nada especiales. Habitación doble: 62-66 €.

Hotel Navarro✪
Avda. Pío XII, 18.
Telf. 926 214 377.
De reciente construcción, incorpora en las habitaciones televisión, teléfono, climatización independiente y una anchura extra de la cama. Con una buena relación calidad-precio, en el restaurante se puede comer o cenar de forma económica.
Habitación doble: 55 €.

Pensión Escudero✪
Ctra. de Valdepeñas, 16.
Telf. 926 231 650. De reciente construcción, es pequeño y confortable.
Habitación doble: 40-55 €.

Otros hoteles de precio más elevado

Situado en el centro de la ciudad, el **Hotel Santa Cecilia✪✪✪✪** (Tinte, 3; telf. 926 228 545) es acogedor y funcional. El precio de la habitación doble es de 60 a 100 € según temporada, y tiene ofertas de fin de semana.

EL TAPEO

En la mayoría de los bares de esta ciudad, llenos de estudiantes, sirven, además de las típicas tapas, cantidad de raciones, bocadillos y platos combinados para comer por poco dinero. La Plaza Mayor y sus alrededores son los lugares propicios para tomar algo; en verano, los bares sacan sus terrazas a la plaza, lo cual resulta muy agradable. En los soportales de la plaza están **La Bodeguilla,** con deliciosas tapas de champiñones a la plancha, ahumados de salmón y calditos caseros; al lado, la **Casa Braulio** pone tapas dobles. No dejar de probar los huevos fritos de codorniz sobre un picatoste untado con pisto; en **El Ventero** son famosas las tapas de carne a la parrilla y las raciones de cocina regional.

En la calle Cuchillería, en el bar **El Tapón,** además de sus tapas de cocina, se pueden tomar unos exquisitos huevos con jamón, al igual que en el bar **Los Faroles,** más conocido como la Casa de los Bocadillos (plaza del Pilar).

En la plaza de la Provincia es aconsejable pasarse por **Casa Aurelio** y probar su económico menú.

En **Manchega,** frente a la oficina de información y turismo, siempre llena de funcionarios de los edificios públicos cercanos, sirven generosísimas tapas. Cerca (Alarcos), el **Littel-café** pone unas muy buenas migas manchegas.

También en la zona del Torreón, donde se localizan la mayoría de los bares de copas y cafés, hay algunos buenos bares de tapeo, donde poder también picar algo a media noche; el bar **Almadén** ofrece buenos patés, ahumados y sangría; el **Don Jamón,** jamón, y **Don Pescadito,** buen fino, sevillanas y pescadito frito; un poco más selecto es el **Mesón La Tasca,** que tiene una buena selección de vinos, patés, escabeches e ibéricos.

Muy de moda se ha puesto últimamente la calle Palma en la zona del Torreón, abriéndose numerosos bares, famosos por su generosas raciones. Empezó **Los Picos de Europa,** en los Jardines del Torreón, y le siguieron: **Alcázar, Menta** y **Canela** y **La Palma.** Por poner un ejemplo, las tapas pueden ser una hamburguesa, un perro caliente o un lomo con patatas.

COMER

Ciudad Real es el gran escaparate tanto de la provincia como de toda La Mancha y sus restaurantes difunden la gastronomía de esta región. Las tradicionales migas del pastor, las gachas de matanza, el ajo de espárragos trigueros o los revientalobos puede ser una buena selección de primeros. Para continuar, los sabrosos guisos y platos de caza dejarán satisfechos a los paladares más exquisitos; todo acompañado de los vinos de La Mancha y Valdepeñas. Como postres, la bizcochá, el requesón, las rosquillas o las flores.

*Comer en el **Miami Park** (Ronda de Ciruela, 34; telf. 926 271 107; 50 €) puede desbaratar más de un presupuesto. Aparte de éste hay muchos para elegir.*

Casas con menú (menos de 15 €)

En los siguientes restaurantes comer a la carta supone pasarse un poco de los 15 €, pero todos ellos cuentan con menús diarios de gran calidad y con gran variedad de platos.

España
Plaza del Pilar, 10. Telf. 926 214 096.
Las engalanadas mesas de este restaurante, situado en un primer piso con vistas a la plaza del Pilar, sirven para ofrecer los platos de una cocina regional. Destacan las carnes: cordero en caldereta o a la plancha, perdiz escabechada, y los espárragos trigueros como ingrediente principal en los primeros platos.

ALMANZOR
Bernardo Balbuena, 14.
Telf. 926 214 303. Especializado en cocina manchega y navarra, tiene los platos típicos del recetario al que aludiera Don Quijote. Conviene probar el asadillo y sus postres caseros. Tiene una curiosa decoración morisca. Se puede comer estupendamente con su menú.

Restaurantes (desde 24 €)
Dos buenos exponentes de la cocina regional son el **Asador de San Huberto** (Gnral. Rey, 8 pasaje; telf. 926 252 254) y **Gran Mesón** (Ronda de Ciruela, 34; telf. 926 227 239). Por otra parte, el **Pago del Vicario** (ctra. Ciudad Real CM-412 km 16; **PORZUNA;** telf. 902 092 926 y 926 666 027), es el lugar ideal para los amantes del enoturismo pues se localiza en un hotel que pertenece a una bodega. En la mesa, cocina de mercado con productos de temporada, buena elaboración, diferentes menús degustación y carta.

CAFÉS

Los cafés, concentrados la mayoría en la zona del Torreón, están siempre llenos de estudiantes a media tarde (especialmente de lunes a jueves). Por la noche son los lugares de la copa tranquila, frecuentados por parejas y gente un poco más madura. En general son bastante bonitos y muy diferentes unos de otros.

En la calle Madrilas están **Carmela,** con aire de coplas, y el espacioso y clásico **Time O'Clock.** Ya en la avda. del Torreón está el café-pub **Bastón,** más moderno y lleno en las tardes de lunes a jueves. En el **Café Metro,** que parece por la decoración una calle (bancos, farolas...), se puede pedir un licor con el horóscopo, un café entre su larga selección o echar un billar.

En el **Continental Café-Concierto,** además de estar puesto con gran gusto, hay conciertos de jazz, bossa-nova, recitales poéticos, tertulias sobre cine, etc. Es aquí donde se concentra el ambiente más cultural de la ciudad. En **Las 31** (pasaje General Rey), abierto hasta las 3 h, se puede jugar al mus.

CIUDAD RODRIGO

SALAMANCA. 14.901 habitantes

SITUADA EN EL CAMPO CHARRO, A ORILLAS DEL RÍO ÁGUEDA Y MUY CERCA DE PORTUGAL, ES UNA ATRACTIVA CIUDAD CONOCIDÍSIMA POR SU CARNAVAL Y CIRCUNDADA POR UNA MURALLA QUE ENCIERRA UN SINFÍN DE MONUMENTOS, IGLESIAS, PALACIOS Y CASAS BLASONADAS.

INFO

Oficina de Turismo
Pza. de las Amayuelas, 5.
Telf. 923 460 561.
www.ciudadrodrigo.net
Ayuntamiento
Pza. Mayor, 27. Telf. 923 460 050.

DORMIR

*La oferta es amplia, desde el **Parador de Ciudad Rodrigo**✪✪✪✪ (plaza del Castillo, 1; telf. 923 460 150; fax: 923 460 404; 143-155 €), hasta pensiones muy baratas.*

HOTEL CONDE RODRIGO I✪✪✪
Pza. San Salvador, 9.
Telf. 923 461 404.
Este hotel se ubica en un palacete del siglo XVI, en pleno centro monumental. Su ambiente familiar y su buena relación calidad-precio hacen de él uno de los más recomendables. Su restaurante es también interesante.
Habitación doble: 60-78 €.

HOTEL CONDE RODRIGO II✪✪✪
Huerta de las Viñas, s/n.
Telf. 923 480 448.
Pertenece a los mismos dueños que el anterior y se halla fuera del recinto amurallado, a orillas del Águeda. Su ubicación en un paraje bucólico hace que sea muy tranquilo.
Habitación doble: 60-78 €.

HOTEL EL CRUCE✪✪
Avenida de Portugal, 4.
Telf. 923 460 450.
Fuera del recinto amurallado, se halla en una zona de ambiente comercial. Cuenta con uno de los bares con mejor surtido de tapas de la ciudad.
Habitación doble: 42-50 €.

HOTEL LA LLAVE DEL CAMPO✪
Ctra. de Salamanca, 141.
Telf. 923 460 258. Sencillo, con habitaciones amplias, cómodas y tranquilas, se halla fuera del recinto amurallado y su precio, en relación a la calidad, es algo elevado. Habitación doble: 40 €.

COMER

Casas con menú (menos de 15 €)

ESTORIL
Travesía de Talavera, 1.
Telf. 923 460 550. A pesar de su apariencia de moderna cafetería, su comedor, situado en la segunda planta, está decorado con gusto clásico. Cocina charra, embutidos y platos de influencia vasca.

LA BODEGA
Avda. Portugal, 11.
Telf. 923 460 032.
Agradable mesón donde se puede degustar un amplio menú en el que se incluyen platos tradicionales de la comarca. A la carta se recomienda el cochinillo, los embutidos ibéricos y el rabo de toro, además de los célebres huevos con farinato.

MAYTÓN
La Colada, 9.
Telf. 923 460 720. Es uno de los establecimientos tradicionales. Asados, embutidos, pescados y mariscos en un comedor con muebles rústicos donde también se sirven raciones de guisos típicos.

EL RODEO
Gigantes, 10.
Telf. 923 482 017.
La barra de este popular local tiene una gran variedad de tapas y aperitivos y en su pequeño comedor se sirve comida casera y carne del campo charro. Menú muy económico.

EL SANATORIO
Plaza Mayor, 15.
Telf. 923 461 054. Es uno de los establecimientos más curiosos y originales de la ciudad. De ambiente taurino, se trata de una especie de tasca-bodega que sirve los mejores huevos fritos con farinato de la ciudad.

Restaurantes (de 20 a 35 €)
La Artesa (Plaza Mayor; telf. 923 481 128), está en un antiguo edificio restaurado. De estilo castellano y ambiente acogedor y tranquilo.

El restaurante del Parador, **Enrique II** (pza. del Castillo, 1; telf. 923 460 150), tiene unas vistas impresionantes al río. Platos tradicionales y buenos postres caseros.

EL TAPEO

Como en casi toda la provincia, con el tinto o el corto de cerveza se sirven pequeños pinchos.

En la Plaza Mayor se encuentran: el emblemático **Sanatorio,** un curiosísimo local decorado con fotos del popular Carnaval; está atendido por gente joven y sirve comida casera a buen precio; **La Artesa,** un rústico mesón (que también dispone de restaurante) de ambiente muy acogedor; **Cafetería La Rural,** que cuenta con la mejor variedad de tapas de la ciudad: morro, oreja, montaditos y raciones de excelentes embutidos; **Los Arcos,** que conserva unos curiosos arcos de la antigua cárcel (también sirve comidas), y por último, **Plaza Mayor** y el bar **Ángel.** En La Colada, muy cerca de la plaza, se halla otro restaurante en el que se tapea a buen precio: **Maytón,** y muy cerca, **El Charro.** En **Peporro** o **Antonio** (calle Gigantes) se puede acompañar el vino con un pincho de jeta, farinato o embutidos. Fuera de las murallas hay otras opciones, como **El Cruce,** emplazado en el hostal del mismo nombre.

LOS ESTABLECIMIENTOS DE ESTA GUÍA HAN SIDO COMPROBADOS Y SELECCIONADOS POR SU BUENA RELACIÓN PRECIO-CALIDAD. EN NINGÚN CASO HAN DESEMBOLSADO CANTIDAD ALGUNA POR APARECER EN ESTA GUÍA.

CIUTADELLA

ISLA DE MENORCA. 29.160 habitantes

CAPITAL DE MENORCA HASTA LA DOMINACIÓN BRITÁNICA, CIUTADELLA ES UNA CIUDAD TRANQUILA Y ACOGEDORA QUE CONSERVA AÚN EL ENCANTO DE UNA VILLA MEDITERRÁNEA ANTIGUA. SERENIDAD QUE SÓLO SE VE PERTURBADA DURANTE LAS FAMOSAS FIESTAS DE SANT JOAN, QUE SE CELEBRAN EN JUNIO.

INFO

Oficina Municipal de Turismo
Plaça dels Pins.
Telf. 971 484 155.
www.e-menorca.org

DORMIR

*No hay grandes hoteles en Ciutadella. Se ubican en las calas próximas, como el **Complejo Turístico Pueblo Menorquín**✪✪✪✪ (urb. Son Xoriguer, s/n; telf. 971 387 080; 112-192 €) y la mayoría tienen el inconveniente de que sólo abren en temporada estival. Recomendamos reservarlos en agencia de viajes formando parte de un paquete turístico; los precios son sensiblemente más bajos. En la ciudad seleccionamos:*

HOTEL ALFONSO III✪

Camí de Maó, 53.
Telf. 971 380 150.
Fax: 971 481 529.
Dispone de 46 habitaciones con baño privado, todas con una pequeña terraza que da a un patio interior. Cafetería, lavandería y aparcamiento. Abierto todo el año.
Habitación doble: 48-60 €.

HOSTAL CIUTADELLA✪✪

Sant Eloi, 10. Telf. y fax: 971 383 462.
Hostal muy recomendable, próximo a la plaça de Ses Palmeres (Alfons III), con 17 habitaciones con baño. Abierto todo el año.
Habitación doble: 42-57 €.

HOSTAL MENURKA✪✪

Domingo Savio, 6.
Telf. 971 381 415. Fax: 971 381 282.
www.menurka.com
Agradable y céntrico hostal con 21 habitaciones con baño, televisión y teléfono. Abierto todo el año. El precio de la doble oscila entre 33 y 66 €.

HOSTAL PARÍS

Santandria, 4.
Telf. 971 381 622.
www.hostalparis.net
Una opción modesta pero correcta y confortable, a escasos 100 m de la playa y muy cerca del núcleo histórico de Ciutadella.

Otros alojamientos de precio más elevado

El **Club Hotel Almirante Farragut**✪✪✪ (Cala Forcat; telf. 971 382 800) es un alojamiento de alto nivel, junto al mar. Tambien confortable y situado en una bella cala, se halla el **Cala Blanca**✪✪✪ (Urb. Cala Blanca; telf. 971 380 450). En la ciudad es recomendable el **Esmeralda**✪✪✪ (paseo de San Nicolás, 171; telf. 971 380 250), tranquilo y céntrico.

EL TAPEO

Sin lugar a dudas, uno de los mejores lugares de tapas en Ciutadella es el **Café Balear** (passeig de Sant Joan, 15), en el puerto, un agradable local con terraza que es además restaurante y bar de copas. Luego podemos dirigirnos a otros, como el **Tritón,** bar-cafetería del muelle con mucha solera que ofrece deliciosas tapas, entre ellas unas exquisitas albóndigas de calamar.
En la plaça d'Es Born podemos tapear en el **Círculo Artístico,** junto al teatro. Es un tradicional café con vistas al puerto, aunque una remodelación hecha hace un par de años le ha quitado parte de su carácter.

COMER

Casas con menú (menos de 15 €)

LA GUITARRA

Carrer Dolors, 1-baixos.
Telf. 971 381 355. Cocina menorquina y mallorquina. *Arròs brut,* lomo con col, lechón al horno, rape con almendras, *oli i aigo,* caldereta y sopas mallorquinas. Es posible solicitar una "picada" con degustación de varios platos.

Restaurantes (desde 25 €)

El **Café Balear** (pl. de Sant Joan, 15; Puerto; telf. 971 380 005), amén de sus variadas tapas, por las que se hizo muy popular, sorprende por su carta de pescados y mariscos capturados con embarcación de pesca propia. Fuera de Fornells, es uno de los lugares recomendados para gozar de la caldereta de langosta (si el bolsillo lo permite, claro).

En la margen izquierda del puerto se halla **Casa Manolo** (Marina, 117; telf. 971 380 003), un popular restaurante especializado en arroces y platos de pescado. Tiene fama su paella de mariscos y su caldereta de langosta (los precios varían en función del mercado).

Otros restaurantes de la zona son: **Corb Marí** (Marina, 41; telf. 971 38 42 93) está situado en el puerto, ofrece excelentes cazuelas de rape o de marisco, y una celebrada caldereta de langosta, siempre con productos frescos.

La Figuera (De la Marina, 99; telf. 971 38 21 12) está considerado como uno de los mejores restaurantes de la zona del puerto y, desde luego, los productos del mar son los protagonistas casi absolutos de su carta.

Ca's Ferrer (Portal de sa Font, 16; telf. 971 48 07 84) ocupa una casa de 1756, en pleno casco histórico, y ofrece cocina de marcado carácter menorquín pero con aportaciones creativas.

COCENTAINA

ALICANTE. 11.023 habitantes

LA CAPITAL DE EL COMTAT, PRÓSPERA POBLACIÓN DEDICADA A LA INDUSTRIA TEXTIL, SE ASIENTA AL PIE DE LA SIERRA DE MARIOLA, TRADICIONAL LUGAR DE EXCURSIONISTAS Y MONTAÑEROS POR LA BELLEZA Y RIQUEZA DE SU ENTORNO.

INFO

Tourist Info Cocentaina
Palau Comtat. Pza. el Pla, s/n.
Telf. 96 559 01 59.
www.cocentaina.es

DORMIR

HOTEL NOU HOSTALET✪

Av. Xàtiva, 4.
Telf. 96 559 27 03.
Acogedor hotelito situado en una zona tranquila y ajardinada. Su propietario, Salvador, además de tratar con amabilidad a sus clientes, tiene todo puesto con primor.
Habitación doble: 64-70 €.

Otros hoteles de precio más elevado

El hotel clásico y el mejor de la villa es el **Odón**✪✪✪ (avda. del País Valenciano, 145; telf. 96 559 12 12; habitación doble: 60-170 €).

EL TAPEO

La *picaeta,* como llaman por aquí al tapeo, cuenta con un buen número de seguidores. El mejor lugar para disfrutar de tapas tan tradicionales como los *tostons* (maíz desgranado y frito), es el passeig del Comtat, en bares como **La Cabaña, Cal Prim, Insa** o **Avenida.** Otras tapas que se pueden pedir son los *roviols,* carne en salsa o *avellanecs amb tomaca,* y la pericana.

COMER

*Aparte del restaurante **L'Escaleta** (Pujada Estació Nord, 205; telf. 96 559 21 00; 50-60 €), frecuentado por altas personalidades, se encuentran otros más asequibles:*

Casas con menú (menos de 15 €)

FERNANDO

Av. de Xàtiva, 18. Telf. 96 650 06 40. Funcional restaurante con cocina tradicional del Comtat de buena calidad. Entre sus mejores aciertos están los *mentirots,* arroz al horno, *fassedures de dacsa* y *olleta* contestana.

PARAJE SAN CRISTÓBAL

Estación del Norte, 10.
Telf. 96 650 07 22. En su comedor se puede probar desde platos autóctonos hasta la cocina moderna. No dejar de probar los "chupa-chups", deliciosos muslos de codorniz, chuletas a la brasa o bacalao encebollado.
A la carta, precio medio, 30 €.

VENTA SAN JOSÉ

Ctra. N 340. Pg. Comtat, 62.
Telf. 96 559 32 97. Cocina casera y regional. Para comer a la carta de forma económica.

Restaurantes (sobre 30 €)

La Montaña (Partida Els Algars, 139; telf. 96 559 08 32), especializado en platos de la cocina tradicional.

COGOLLUDO

GUADALAJARA. 629 habitantes

COGOLLUDO CONVERGE EN SU GRAN PLAZA, PRESIDIDA EN UNO DE SUS LADOS POR EL CONOCIDO PALACIO DUCAL DE LOS MEDINACELI, JOYA DEL RENACIMIENTO CIVIL.

INFO

Ayuntamiento/ Oficina de Turismo
Plaza Mayor, 1. Telf. 949 855 001, ext. 15. Proporcionan amplia información de los alojamientos rurales situados en la localidad.

DORMIR

HOTEL PALACIO✪

Palacio, 7. Telf. 949 855 411. Situado en un lateral del palacio de los duques. Todas las habitaciones tienen baño y televisión, además de calefacción. Dispone de una sala de reunión presidida por una elegante chimenea. El trato es agradable y solícito, y se suele llenar de jóvenes los fines de semana. Habitación doble: 37 €.

HOSTAL BALLESTERO✪✪

Comercio 3, esquina con la Plaza Mayor. Telf. 949 855 034 y 949 855 406. Antiguo caserón de pueblo rehabilitado. Consta de 13 habitaciones, todas con baño, televisión y calefacción. El precio depende del tipo de habitación. Habitación doble: 34 €.

COMER

Casas con menú (menos de 15 €)

SABOYA

Puerta Redondo, s/n (en la plazuela redonda que aparece a la entrada del pueblo). Telf. 949 855 135. En su amplio y elegante comedor se puede almorzar con un menú los días laborables o también con un menú especial los fines de semana con posibilidad de elegir entre dos opciones. Comer a la carta tampoco sale caro. Las especialidades de todos los restaurantes de Cogolludo son los asados de cabrito.

BALSTERO

Comercio, 3. Telf. 949 855 034. Salón-comedor grande y sobrio, donde se puede comer de menú por el mismo precio que el anterior establecimiento. Especialidades en cabrito asado y carnes a la brasa, siendo muy típico y recomendable el morteruelo de Cogolludo.

CASA DE COMIDAS PALACIOS

Plaza Mayor, 19. Telf. 949 855 386. Ofrece la posiilidad de comer a la carta (sobre 25 €) o de menú (8,50 €), ambas opciones a precios muy ajustados. Los productos de temporada marcan la carta que suele estar llena de apetecibles platos caseros, como guisos, y de diferentes carnes asadas o a la brasa, su especialidad.

MARTÍNEZ

Plaza Mayor, 19. Telf. 949 855 386. Restaurante muy popular y frecuentado por los que van de paso para tomar algo (el aparcamiento está casi garantizado en la gran plaza). A través de las ventanas del comedor hay una buena vista al coso. El precio de la comida está entre los 18 €, más barato si se come de menú; su especialidad es el cabrito asado.

COMILLAS

CANTABRIA. 2.495 habitantes

NOBLE Y ARISTÓCRATA VILLA, ASENTADA SOBRE SUAVES COLINAS QUE PRESTAN ABRIGO A SU PRECIOSA PLAYA Y SU RECOGIDO PUERTO. DESDE EL PEQUEÑO PUEBLO DE PESCADORES QUE FUE, A FINALES DEL SIGLO XIX COMILLAS EXPERIMENTÓ UN GRAN AUGE ECONÓMICO Y SOCIAL DEBIDO AL REY ALFONSO XII QUE LO ELIGIÓ COMO LUGAR DE VERANEO Y AL INDIANO ANTONIO LÓPEZ, MARQUÉS DE COMILLAS, Y GRAN IMPULSOR DE ESTAS TIERRAS. DE AQUEL MEMORABLE VERANEO, HOY QUEDAN BELLAS MUESTRAS DE LA ARQUITECTURA MODERNISTA QUE MARCAN, SIN DUDA, LA FISONOMÍA DE LA VILLA.

INFO

Oficina de Turismo
Joaquín del Piélago, 1.
Telf. 942 722 591.
www.comillas.es
Taxis. Fuente Tres Caños.
Telf. 942 720 034.
Aparcamientos
En la playa y en las entradas a la localidad por San Vicente y Santillana. Los tres son gratuitos.

DORMIR

MOTEL LAS BRISAS✪✪

Paseo del Muelle, s/n.
Telf. 942 722 090. Edificio de nueva construcción, muy tranquilo y acogedor, situado en las inmediaciones del puerto. Las habitaciones, algunas con bonitas vistas al mar, son muy acogedoras aunque algo oscuras. Todas disponen de televisión y teléfono. Habitación doble: 48-66 €.

HOTEL JOSEIN✪✪

Manuel Noriega, 27.
Telf. 942 720 225. Hotel de moderna construcción, situado sobre la playa y con acceso directo a la misma. La decoración es sencilla pero en absoluto descuidada. Las habitaciones miran al mar y ofrecen una espectacular panorámica. Habitación doble: 50-90 €.

HOTEL SOLATORRE✪✪

Paseo de Solatorre, s/n.
Telf. 942 722 480.
Aunque se halla a las afueras de la población, este establecimiento ofrece un estupenda relación calidad-precio. Las habitaciones son coquetas y tranquilas, y los baños, relucientes.
Habitación doble: 50-63 €.

Turismo rural

POSADA LA CHAROLA

La Charola, 37. En Lamadrid (a 8 km).
Telf. 942 741 104 y 608 483 490.
Casa de labranza ubicada en la falda del monte Corona. La finca se extiende a lo largo de 65.000 m^2 en un terreno ajardinado y boscoso junto a un río. Habitación doble: 50-90 €.

Otros hoteles de precio más elevado

Recientemente ha abierto sus puertas el **Hotel Comillas✪✪✪✪** (Paseo de Solatorre, 1; telf. 942 722 300; fax: 942 722 339; habitación doble: 60-118 €), alojamiento de lujo con magníficas instalaciones.

Algo apartado del centro está el **Hotel Casal del Castro✪✪✪** (San Jerónimo, s/n; telf. 942 720 036; habitación doble: 60-88 €), que ocupa una antigua casona muy bien restaurada, rodeada de un frondoso jardín.

EL TAPEO

En la zona antigua. Es entre sus numerosas plazuelas y tortuosas calles donde se desarrolla la buena costumbre de irse de vinos y pinchos. La mejor hora es la de la cena y los fines de semana al mediodía.
Sobresalen lugares como el archiconocido **Samovy,** siempre lleno hasta la bandera de un público de lo más variopinto (desde el "populacho" hasta la familia real a su paso por Comillas); **La Gravalosa,** donde sirven raciones de lo más variado; el **Gurea,** donde hay que probar las alegrías y el pudin de puerros y gambas; el **Filipinas** (bajando hacia el Cruce), con vermú de grifo y excelentes tablas; **La Corriente** (estupendos los chipirones encebollados) y **La Aldea,** especialista en croquetas y revuelto tierra-mar.

En el puerto. El ambiente marinero se materializa en los platos que sirven locales el **Cantábrico,** auténticos especialistas en la marmita; el **Lorenzo,** el bar más emblemático del puerto y donde se sirven las mejores rabas de todo Comillas, y **El Pejín,** abierto exclusivamente los fines de semana y en verano, que prepara exquisitas croquetas y pan frito.

COMER

Casas con menú (menos de 15 €)

FUENTE REAL

Pza. Fuente Real, s/n. Telf. 942 722 159. Abre sólo en verano. A los pies del Capricho de Gaudí, este sencillo restaurante ofrece una excelente variedad de platos de elaboración casera.

EL GALEÓN

Aldea, 7. Telf. 942 722 378. Abre sólo en verano. Situado en una de las zonas con más encanto de la villa, es el lugar ideal para degustar la excelente paella de mariscos. También son especialistas en el cocido montañés y los pimientos rellenos.

FILIPINAS

Arzobispo, 18. Telf. 942 722 025. Cocina casera de toda la vida con oferta de guisos marineros y potajes montañeses. Es uno de los preferidos de la parroquia local y tiene la buena costumbre de permanecer abierto todo el año con un menú del dia a 13 €, también los fines de semana.

Restaurantes (sobre 21 €)

Gravalosa (El Corro, s/n; telf. 942 720 126) es un concurridísimo local que ofrece pescado, marisco y cocina montañesa en general, con posibilidad de tomar unas raciones en la terraza. **Cantábrico** (Juan Martínez, s/n; telf. 942 720 700; abre sólo en verano), en el puerto, es una pequeña tasca que dispone de un comedor adyacente donde se puede comer el mejor pescado de Comillas. Elaboraciones tradicionales con buenas raciones de parrocha y bonito. **Josein** (Manuel Noriega 27; telf. 942 72 02 25) que sea el restaurante del hotel del mismo nombre es una garantía de cocina tradicional elaborada y con buen gusto. Destacan los guisos marineros, los arroces, y los pescados frescos.

Por último se recomienda **El Secaderu** (paseo de la Playa, s/n; telf. 942 720 295), con una llamativa y divertida decoración a base de pósters de futbolistas pero en el que la comida suele deparar buenas sorpresas, con un pescado muy fresco, raciones abundantes y precios moderados. También ofrece paella, pimientos rellenos y cocido montañés.

CONIL

CÁDIZ. 12.980 habitantes

VILLA MARINERA Y TURÍSTICA DE TRADICIÓN ALMADRABERA, SITUADA EN LA CUMBRE DE UNA SUAVE COLINA DESDE LA QUE DESCIENDE HASTA EL MAR. CONIL CONSERVA EL ENTRAMADO DE SU PASADO ÁRABE Y ALGUNOS MONUMENTOS DE INTERÉS.

INFO

Oficina de Turismo
Carretera, 1. Telf. 956 440 501.

DORMIR

HOTEL DIUFAIN✪✪✪
Cañada del Rosal, s/n.
Telf. 956 442 551.
Fax: 956 443 030.
Habitación doble: 35-83 €.

HOTEL ANTONIO✪✪
Ctra. Cádiz-Málaga, km 17.
Telf. 956 445 891. Fax: 956 445 890.
Habitación doble: 45-66 €.

HOTEL TRES JOTAS✪✪
Proc. San Sebastián, 27.
Telf. 956 440 450. Fax: 956 440 450.
Edificio de estilo andaluz.
Habitación doble: 45-72 €.

HOTEL BARIO✪
Carril de la Fuente, 31. Telf. 956 440 856.
Habitación doble: 42-65 €.

HOTEL OASIS✪
Carril de la Fuente, 3.
Telf. 956 442 159. Fax: 956 442 159.
Habitación doble: 39-90 €.

COMER

Teniendo el puerto pesquero a dos pasos, no es de extrañar que los pescados sean una buena opción para comer. Además de los restaurantes otra buena alternativa para comer y/o para cenar nos la ofrecen los chiringuitos de la playa.

Restaurantes (sobre 24 €)

LA FONTANILLA
Playa de la Fontanilla.
Telf. 956 440 779. Situado en la playa, la terraza está en la misma arena. Restaurante famoso por su urta *a la Fontanilla* y el atún a la plancha. Amplia bodega. También dispone de menú del día.

FRANCISCO
Playa de La Fontanilla.
Telf. 956 440 802. Cierra martes y de enero a febrero. En la playa, comparte terraza con el establecimiento anterior. Es ideal para tomar deliciosos pescados y exquisitos postres caseros.

LA GAVIOTA
Plaza de Nuestra Señora de las Virtudes, 10. Telf. 956 440 836.
Conocido como pizzería (las pizzas son excelentes) también ofrece platos de cocina centroeuropea como el codillo y el *strogonoff.*

CONSUEGRA

TOLEDO. 10.497 habitantes

SITUADA EN LA MANCHA TOLEDANA, LA FISONOMÍA DE ESTA VILLA SE HALLA DEFINIDA POR UN ELEMENTO CARACTERÍSTICO DEL PAISAJE MANCHEGO, LOS GENUINOS MOLINOS DE VIENTO, VISIBLES EN LA LEJANÍA. TAMBIÉN ES FAMOSA POR LA PRODUCCIÓN DEL APRECIADO AZAFRÁN.

INFO

Oficina de Turismo
Cerro Calderico. Molino Bolero.
Telf. 942 475 731.
www.aytoconsuegra.es
Organiza visitas guiadas de temática cervantina visitando el Castillo y los principales monumentos de la localidad.

DORMIR

HOTEL LAS PROVINCIAS✪
Ctra. Toledo-Alcázar, km 58.
Telf. 925 482 300.
www.restaurantelasprovincias.com
Es un amplio complejo especialmente pensado para el verano y para grandes grupos. Cuenta con una bonita piscina, amplio aparcamiento, terrazas y jardines. Dispone de 10 habitaciones de estilo castellano. No admite mascotas y ofrece información turística de la localidad y alrededores.
Habitación doble: 50 €.

HOSTAL SANT POUL✪✪
Avda. Alcázar de San Juan, 52.
Telf. 925 481 315.
Hostal céntrico y bastante nuevo que dispone de 10 acogedoras habitaciones, decoradas con buen gusto. El trato es familiar, está adaptado para discapacitados y cuenta con aparcamiento.
Habitación doble: 50 €.

CASILDA
Urda, 26. Telf. 677 394 872.
Casa de turismo rural, muestra de arquitectura popular manchega con bonitas vistas a los molinos. Decoración sencilla pero no carente de detalles. Capacidad para 5 personas.
El precio de la casa completa ronda los 95 €. Habitación doble: 55 €.

EL TAPEO

Adquiere principal protagonismo en los bares situados en la plaza de España y las calles peatonales que la envuelven. Siendo digno de mención el ambiente que se respira en algunos locales de cuidada decoración, empeñados en recuperar platos tradicionales de La Mancha, e hilvanando una ruta gastronómica-cervantina que conocer a base de ricas raciones y tapas. El resultado, una experiencia tan rica y grata como para quedar grabada en la memoria del visitante junto a los molinos de viento.

En la misma plaza se encuentra **El Pesca,** un pub irlandés-manchego que ofrece a sus clientes una completa lista de raciones y tapas, entre las que se encuentra la especialidad de la casa: las "zapatillas" (ricos bocados de jamón, queso, atún, anchoas...). Conviene no pasar por alto sus variadas pulgas o sus raciones de oreja, migas o gachas.

En la calle Gumersindo Díaz, a la derecha del Ayuntamiento, **Cele y Pepe** propone ricas tapas de cocina casera en un ambiente juvenil y bullicioso.

Saliendo de la plaza de España por el costado izquierdo de Los Corredores, al final de la calle Hospital nos topamos con **Casa La Tercia,** que antiguamente era sede de las termas romanas. Aún se conservan varias columnas y dos estatuas de la época. En la actualidad es un moderno establecimiento hostelero que sirve en su barra una selección de tapas de cocina entre las que destacan el asadillo, la chistorra, la paella, las gachas y las migas; también sirve unas pequeñas tapitas elaboradas tipo canapés, que merece la pena probar en su sorprendente comedor-cueva, instalado en una antigua bodega, o al fresco en su magnífico patio interior. En definitiva un lugar con encanto y de visita ineludible.

A la izquierda de este último se halla **La Vinatería** (Tercia), que haciendo honor a su nombre tiene una buena selección de vinos, amén de ser un templo de las tapas cervantinas, elaboradas raciones, ensaladas, tostas y sartenitas. Un local bien vestido donde sentirse muy a gusto.

COMER

Casas con menú (menos de 15 €)

CASTILLA
Sertorio, 18. Telf. 925 481 479. Cuenta con un agradable comedor independiente bien refrigerado al que no falta algún pequeño detalle. Exponente de las recetas tradicionales, ofrece un menú casero por 7 € y otro "cervantino", con siete platos regionales para elegir de primero y siete de segundo, por unos 12 €. Muy popular.

LA PROVINCIAS
Ctra. Toledo-Alcázar, km 58. Telf. 925 482 003. Situado a la salida de la localidad, este fastuoso local de comedor rústico e inmensos jardines ha elaborado diversos menús cervantinos, con tres platos regionales para elegir de primero y otros tres de segundo. En la carta también encontraremos propuestas de raíz tradicional con un toque muy personal y creativo.

SANT POUL
Avda. Alcázar de San Juan, 52. Telf. 925 481 315. Sirve platos de mercado y típicos manchegos en un restaurante acogedor. Entre las especialidades destaca el pisto manchego, el cordero y las migas. El menú cuesta 12 €.

CÓRDOBA

CAPITAL DE PROVINCIA. 321.164 habitantes

ESTA CIUDAD GUARDA UNA DE LAS OBRAS MÁS REPRESENTATIVAS DEL ESPLENDOR ÁRABE A SU PASO POR LA PENÍNSULA. LA MEZQUITA ES, POR SÍ SOLA, UN VIAJE EN EL TIEMPO, Y EL CONJUNTO DE CASAS, CALLES Y PLAZUELAS QUE RODEAN EL EDIFICIO, FIEL TESTIMONIO DE UNA CULTURA QUE DEJÓ HUELLA IMBORRABLE ENTRE EL GUADALQUIVIR Y LAS ESTRIBACIONES DE SIERRA MORENA.
CRUZANDO UNAS CALLES OS VERÉIS EN UNA CIUDAD DINÁMICA Y BULLICIOSA, CON UN NÚCLEO URBANO BIEN CUIDADO QUE SIGUE ADAPTÁNDOSE A LAS NECESIDADES DE SUS HABITANTES Y VISITANTES. LA UNIVERSIDAD APORTA UN NUTRIDO NÚMERO DE ESTUDIANTES QUE MANTIENEN EL ESPÍRITU JOVEN DE LA CIUDAD.

INFO

Oficina de Turismo de la Junta de Andalucía
Torrijos, 10 (Palacio de Congresos). Telf. 957 355 179. www.andalucia.org

Consorcio de Turismo
Caballerías Reales, 1. Telf. 902 201 774. www.turismodecordoba.org

Kioscos de Turismo
En la plaza de las Tendillas, en la estación de Renfe y en el Campo Santo de los Mártires.

Radio-Taxis. Telf. 957 764 444.

DORMIR

*La mayoría de los hoteles y hostales están en los alrededores de la Mezquita. Conviene llamar con antelación para evitar sorpresas. Los meses de mayor ocupación son abril y mayo, coincidiendo con fiestas locales, y los precios suben alrededor de un 20 por 100 (o más). El mejor de la ciudad es el **Parador de Córdoba**✪✪✪✪ (Avda. de Arruzafa, 33; telf. 957 275 900; 130-145 €), que ocupa lo que fue palacio de Abderramán I. Entre los económicos destacan:*

HOTEL GONZÁLEZ✪✪
Manrique, 3. Telf. 957 479 819. Aquí acabaréis si en el anterior no quedan habitaciones. Los dos son de la misma familia y cuestan lo mismo, siendo confortable y tranquilo. Habitación doble: 45-75 €.

HOTEL MEZQUITA✪✪
Pza. Santa Catalina, 1. Telf. 957 475 585. Una de las mejores opciones para hospedarse en Córdoba. Ocupa el lugar de un antiguo palacio y en su restauración se han respetando los elementos más destacados. La habitación número 10 era la capilla. El desayuno en el patio es todo un lujo. Más cerca de la Mezquita, imposible.
Habitación doble: 44-80 €.

HOTEL LOS OMEYAS✪✪
Encarnación, 17. Telf. 957 492 267. Es confortable, está bien situado (a unos pasos de la Mezquita) y tiene aire acondicionado. Habitación doble: 58-80 €.

HOSTAL EL TRIUNFO✪✪
Corregidor Luis de Cerda, 79. Telf. 957 498 484. Detrás de la Mezquita, cerca del río. Habitación doble: 58-120 €.

HOTEL BOSTON✪
Málaga, 2 (pza. de las Tendillas). Telf. 957 474 176. Muy céntrico, entre la Judería y la zona comercial. La recepción está en la primera planta. Sin alardes, sobre todo ofrece comodidad. Garaje a 50 m. Habitación doble: 62-72 €.

HOTEL MAESTRE✪
Romero Barros, 4 y 16. Telf. 957 472 410. Junto a la plaza del Potro, donde están los museos de Bellas Artes y de Julio Romero de Torres. Bajo el mismo nombre y en la misma calle podéis elegir entre: el hotel, bien mantenido, que dispone de dobles confortables (habitación doble: 42-56 €). El hostal, con 26 habitaciones en torno a dos patios, y un apartahotel con módulos para 4 personas. Garaje.

HOSTAL OSIO✪✪
Osio, 6. Telf. 957 485 165. www.hostalosio.com
Casa cordobesa restaurada y acondicionada con un montón de detalles decorativos. Precioso patio, mucha luz y mucha tranquilidad. Habitación doble: 40-65 €.

HOSTAL EL ANTIGUO CONVENTO✪
Rey Heredia, 26. Telf. 957 474 182. Ubicado en parte del antiguo convento de Santa Clara, su acondicionamiento se ha realizado con mucho mimo. Clásico y moderno. Todas las habitaciones con cuarto de baño con ducha. Habitación doble: 40-50 €.

HOTEL PLATEROS✪
Plaza de Séneca, 4. Telf. 957 496 785. www.hotelplateros.com
En la relación calidad-precio, posiblemente sea hoy la mejor opción en la ciudad. Una casa palaciega acondicionada con muy buen gusto. Doce habitaciones, todas con ducha, aire acondicionado, calefacción, TV, hilo musical y teléfono. Son amplias y con mobiliario de líneas clásicas. Habitación doble: 45-85 €.

HOSTAL LA FUENTE✪
San Fernando, 51. Telf. 957 487 827. Cuidado, limpio, familiar, todas las habitaciones con baño, televisión y aire acondicionado. Habitación doble: 40-50 €.

HOSTAL PLAZA CORREDERA✪
Plaza Corredera, 1. Telf. 957 470 581. Algunas habitaciones con balcones sobre la plaza. Es muy sencillo y las habitaciones no tienen baño pero sí un lavabo y ventilador en el techo. Habitación doble: 36-45 €.

PENSIÓN LOS ARCOS✪
Romero Barros, 14. Telf. 957 485 643. Cerca del Museo de Bellas Artes. Tranquilo y limpio. 17 habitaciones de las cuales 14 tienen baño. Habitación doble, con baño: 45 €.

Otros alojamientos de precio más elevado

Una buena opción en la ciudad es el **Hotel Selu**✪✪✪ (Eduardo Dato, 7; telf. 957 476 500; 55-135 €), que ofrece descuentos los fines de semana. También cerca de la Mezquita y del centro comercial se halla el **Hotel Albucasis**✪✪ (Buen Pastor, 11; telf. 957 478 625; 60-85 €), cómodo y familiar.

EL TAPEO

Las tabernas, como gustan de llamar a los bares de tapas en Córdoba, se reparten por toda la ciudad. Un gran número se concentra en el barrio de la Judería, dentro del recorrido turístico; son los de auténtica tradición entre los vecinos del barrio y los cordobeses en general. Tened en cuenta que en agosto muchos cierran por descanso.

La **Taberna Guzmán**, en la calle Judíos, 7, es una entrañable bodega que sirve ricos boquerones en vinagre, aliños y vino que envejece en la trastienda. Suele estar frecuentada por aficionados a los toros y cazadores. **Casa Santos**, en Magistral González Francés, tiene como especialidad una tortilla de casi un palmo de gruesa, cuajada en su punto.

Por la plaza del Potro destaca **La Sociedad de Plateros** (San Francisco, 6), muy popular por su gran surtido en tapas. Otros de la misma cadena están en Deanes (más de batalla) y en María Auxiliadora (el último y más orientado al buen tapeo). El primero es el auténtico y cuenta con un patio cubierto muy agradable y fresquito. En **Bodegas Campos** (Lineros, 32) tienen buen vino de Moriles, amén del suyo propio y las tapas.

En la plaza de San Miguel, 1 (cerca de las Tendillas), **El Pisto** es otro de los de toda la vida. Muy animado a mediodía, ofrece tapas contundentes y bien condimentadas (cierra en agosto). **El Patio,** en Alhaken II, 5, sirve sobre todo chacinas, quesos y conservas, además de un exquisito revuelto de habas y jamón. Junto a la torre de la Malmuerta, **Casa de Paco Acedo** se especializa en tapas y raciones tradicionales de la tierra: salmorejo, rabo de toro y buen fino de Montilla.

Otros bares se sitúan al otro lado del paseo de la Victoria, en los alrededores de la plaza de la Costa del Sol. En esta parte de la ciudad hay multitud de pisos de alquiler que ocupan los estudiantes mientras dura el curso. Las posibilidades de comer bien por poco dinero son mayores que en el centro histórico, donde los restaurantes son de mayor categoría y precio.

El bar **Moriles,** en Maura esquina Alcalde la Cruz Ceballos, sirve platos combinados y menús desde 5 €, aparte de una amplia lista de tapas y revueltos; **El Loro Verde** (Camino de los Sastres), chacinas y originales jarras de barro que conservan la cerveza bien fría. **El Grifo** y **La Bodeguilla** son dos bares, uno al lado del otro, en la calle Maestro Priego López. Con tapas y bocadillos con pan de Antequera (los famosos molletes), están muy animados por las tardes y los fines de semana por la noche.

COMER

Los menús y platos combinados se han impuesto en los últimos tiempos y se pueden ver anunciados en las pizarras de casi todos los bares, restaurantes y cafeterías. Las ensaladas, el salmorejo (versión algo más espesa del gazpacho), el gazpacho, los revueltos, las carnes guisadas y los pescados a la plancha están siempre presentes como platos del día.

*Los grandes templos de la restauración cordobesa son: **El Caballo Rojo** (Cardenal Herrrero, 28; telf. 957 475 375; a la carta, 40 €), que alardea de haber recuperado platos de la culinaria mozárabe y se ha ampliado tanto que parece un poco masificado; y **El Churrasco** (Romero, 16, telf. 957 290 819; 35 €), que ofrece unos estupendos platos elaborados con materias primas de primerísima calidad.*

Casas con menú (menos de 15 €)

EL POTRO
Lineros, 2. Telf. 957 473 495. Por su decoración, un tanto folclórica, puede resultar turístico, pero sus menús y platos combinados tienen fama entre los estudiantes. Terraza y comedor.

PIZZAIOLO
San Felipe, 5. Telf. 957 486 433.
De entre las muchas pizzerías y restaurantes italianos que hay en Córdoba, ésta proclama tener la carta más amplia. Buen servicio y una terraza muy sugestiva por detrás de la parroquia de San Nicolás de la Villa.

CAFÉ LA GLORIA
Claudio Marcelo, 15.
Telf. 957 477 780.
El abuelo de los propietarios fue presidente de la plaza de toros, hecho que queda patente en las paredes del local. Entre sus especialidades: alcachofas con bechamel y venado estofado. Menús de distintos precios y platos combinados.

TABERNA SANTA CLARA
Osio, 2. Telf. 957 477 780.
Sin dejar de lado su bar de tapas, en la terraza ofrecen menús originales de platos agridulces, como pollo a la miel, y otros guisos caseros.

Restaurantes (sobre 21 €)

Cocina de mercado, en la que sobresalen algunos platos como el rabo de toro o los lomos de rape, es la oferta de **Bodegas Campos** (Lineros, 32; telf. 957 497 500). **Astoria (Casa Matías),** en Nogal, 16 (telf. 957 411 123), aunque retirado de los circuitos turísticos, no pierde comba, como prueba su veteranía, más de treinta años. Cocina de mercado de altísima calidad. Servicio de lo más atento y esmerado. **La Boquería** (María La Judía, s/n; telf. 957 402 562), junto a la carretera de El Brillante, merece la pena. Su *cocina de los tiesos* es un homenaje a la dura época de la posguerra, con platos como el estofado de pastor, las patatas en bicicleta o el gazpachuelo de boquerones fritos. En la terraza de **El Mirador** (avda. Fray Albino, 7; telf. 957 420 378) se puede comer a base de raciones y cervecita o vino de la tierra a un precio increíble. Las vistas desde aquí son fabulosas. Cocina andaluza bien elaborada.

CORELLA

NAVARRA. 6.329 habitantes

CIUDAD DE TRADICIÓN VINÍCOLA Y AZAROSA HISTORIA, ASENTADA A ORILLAS DEL RÍO ALHAMA. CONSERVA IMPORTANTES MONUMENTOS BARROCOS.

INFO

Oficina de Turismo. Plaza de España, 8. Telf. 948 780 825. Abierta sólo en verano. www.cfnavarra.es

DORMIR

HOTEL CARACHO✪
Pol. Ind. Ombatillo. Telf. 948 780 275.
Discreto establecimiento, con un buen nivel de servicios, limpio y ordenado. Habitación doble: 60-70 €.

DE PINCHOS

En general, los pinchos son muy variados, pero existen algunas especialidades que no hay que dejar de probar, como la oreja o la tortilla de champiñón de **Pachín,** las boinas (champiñón relleno) y las patatas asadas de **Ombatillo** y los pimientos rellenos de jamón y queso o los pinchos fríos del **Vasco.** **La Cabaña,** frecuentado por gente joven, sirve sus pinchos en pan de *baguette*. En **Paco** lo habitual son los calamares y las gambas, y **Lisboa** ofrece una gran variedad de tapas. Para tomar bocadillos el lugar más apropiado es **El Cairo.**

También se puede acudir al restaurante **Alhama, La Mutual** y **Las Vegas,** donde sirven buenos vinos de la Ribera Baja.

COMER

Casas con menú (menos de 15 €)

AVENIDA
San José, 22. Telf. 948 780 177. El pescado es una auténtica gozada aunque en plena Ribera, lo que prima son los productos de la huerta y las carnes. La carta ofrece buenos guisos y gran variedad de entrantes y segundos, como merluza a la *koskera* y pierna de cordero braseada.

EL CRUCERO
Mayor, 1. Telf. 948 781 683.
Cocina regional. Entre sus especialidades: espárragos con jamón ibérico, merluza al Orio, solomillo de ternera al gusto de salsas... El salón en ladrillo visto confiere un toque acogedor, decoración nueva y cuidada.

Restaurantes (sobre 21-36 €)

Larra (San José, telf. 948 780 930) es un asador con mucho trasiego de carnes y pescados del horno a las mesas. Los entrantes son sencillos y siempre según elección meticulosa de materia prima de la zona: espárragos, cogollos, pimientos, etc.

El restaurante del hotel **Caracho** (Pol. Ind. Ombatillo; telf. 948 780 275), de estilo casero y sencillo, ofrece comida en buenas cantidades y en un ambiente agradable y animado.

LOS ESTABLECIMIENTOS DE ESTA GUÍA HAN SIDO COMPROBADOS Y SELECCIONADOS POR SU BUENA RELACIÓN PRECIO-CALIDAD. EN NINGÚN CASO HAN DESEMBOLSADO CANTIDAD ALGUNA POR APARECER EN ESTA GUÍA.

CORIA

CÁCERES. 12.749 habitantes

CIUDAD MILENARIA ENCLAVADA EN EL CENTRO DEL FÉRTIL VALLE DEL RÍO ALAGÓN. SU RIQUEZA PATRIMONIAL LA CONVIERTE EN UNA DE LAS POBLACIONES MÁS INTERESANTES DE LA PROVINCIA. EN LA ACTUALIDAD ES CAPITAL DE LA COMARCA Y SU CARÁCTER DINÁMICO Y EMPRENDEDOR HACEN DE ELLA UNA CIUDAD PRÓSPERA Y CON FUTURO.

INFO

Oficina de Turismo
Avda. Extremadura, 39. Telf. 927 501 351.
http://turismo.coria.org

DORMIR

HOTEL SAN CRISTÓBAL

Ctra. Ciudad Rodrigo, km 33,600.
Telf. 927 501 412.
A las afueras, funcional y con una excelente relación calidad-precio. Las habitaciones son amplias y cómodas, algunas adaptadas para discapacitados. Con restaurante y ascensor.
Habitación doble: 42-50 €.

HOTEL LOS KEKES

Sierra de Gata, 49.
Telf. 927 504 080.
Reformado, es quizá el mejor hotel de la ciudad. Completo equipamiento, con baños y decoración muy cuidada. Trato personalizado y agradable.
Habitación doble: 36-50 €.

HOTEL MONTESOL

Avda. Puente de Hierro, s/n.
Telf. 927 501 049. Situado en las afueras de la localidad, junto al río Alagón. Habitaciones amplias, tranquilas y bien equipadas aunque se les va notando el paso del tiempo. Son recomendables las que dan al río. Dispone de un amplio restaurante contiguo, que ofrece el menú del día.
Habitación doble: 30-36 €.

EL TAPEO

Además de la zona clásica del tapeo de la plaza del Rollo, existe otra zona que comienza en la avenida de Extremadura, en el famoso Envido, y continúa por varios restaurantes ya dentro de las murallas. En el **Envido,** la fama de sus tapas y raciones se debe a la mezcla entre cocina extremeña y vasca. En **Casa Campana,** ya en el interior de las murallas, frente al Ayuntamiento, presumen del rabo de toro y de los huevos estrellados.
En el **Mesón el Bobo de Coria,** de nombre tan sonado, su especialidad son los surtidos de setas.
En la plaza del Rollo, se puede comenzar en **Casa Piro,** donde la especialidad son las raciones y tapas de cochinillo, y continuar la ronda en **El Buen Rollo,** con terraza de temporada y tapas variadas, o en el **Burguer Jalomi,** con baguetes, bocadillos y hamburguesas.
Junto a ellos, en la calle Encierro, está la **Cafetería Alkarica,** que, tras una gran remodelación, tiene aires de taberna irlandesa; su especialidad son los platos combinados y los bocadillos. Para refrescarse según la temporada, también en la plaza del Rollo, se encuentra el café-bar con heladería **Menta y.com.**
Arlequín, junto a El Buen Rollo, es por la noche bar de copas y por la mañana abre para obsequiar a su clientela, entre otras cosas, con generosas tapas frías de productos ibéricos.

COMER

Buena parte del rico repertorio gastronómico extremeño se concentra en estas tierras. Especial mención merecen sus migas, mojos de peces (tencas), los revueltos de espárragos o setas, junto con sus guisos de toro y platos de matanza. Entre los dulces, destacan las perrunillas, los mazapanes y los almendrados. Platos preparados con productos procedentes de sus fértiles tierras que conservan el sabor tradicional de antaño.

Casas con menú (menos de 15 n)

EL BOBO DE CORIA

Las Monjas, 6.
Telf. 927 500 795.
En el casco antiguo. Aún saliendo de su menú del día, es posible disfrutar de su carta a un precio razonable y tapear en la barra. Destacan los platos de boletus preparados de diferentes formas, la torta del Casar gratinada, los ibéricos y las buenas carnes (solomillos y lomo de cerdo). Ricos caldos de la tierra.

CASA CAMPANA

Plaza de San Pedro, 5.
Telf. 927 500 038. Su granítico y abovedado comedor atrae a numerosos curiosos y clientes. Entre sus especialidades están la caldereta de setas, las migas con huevos fritos, sin olvidar el rabo de toro y su cochinillo (cuchifrito). Dispone de un menú del día, que no ofrece estas delicias, pero que no está nada mal.

CASA PIRO

Pza. del Rollo, 6. Telf. 927 500 027.
Frente a la puerta de San Francisco, en la muralla, abre este funcional comedor especializado en cochinillo. Tienen un menú del día con numerosos platos a elegir.

ENVIDO

Avda. de Extremadura, 4.
Telf. 927 504 174. Restaurante con decoración discreta y funcional, que tiene fama de realizar una simbiosis de cocina vasco-extremeña, con preparaciones originales de recetas antiguas. En el menú diario se puede optar entre varios primeros y segundos platos.

LOS CORRALES DE BUELNA

CANTABRIA. 11.091 habitantes

ENCLAVADO EN EL VALLE DE BUELNA, EN PLENO CENTRO GEOGRÁFICO DE CANTABRIA, ESTE MUNICIPIO ES CUNA Y ORIGEN DE LOS PRIMITIVOS PUEBLOS CÁNTABROS, POBLADORES ANTERIORES A LA INVASIÓN ROMANA. EN LA ACTUALIDAD ES UNO DE LOS MÁS IMPORTANTES NÚCLEOS INDUSTRIALES DE LA REGIÓN.

INFO Y TRANSPORTES

Ayuntamiento
Plaza del Ayuntamiento, s/n.
Telf. 942 831 235/ 830 470.
http://turismo.cantabria.org

DORMIR

HOSPEDERÍA NUESTRA SEÑORA DE LAS CALDAS

Pza. del Santuario.
LAS CALDAS DE BESAYA.
Telf. 942 819 232. Ocupando el antiguo monasterio e integrado plenamente en el santuario, este apacible alojamiento es uno de las opciones más acertadas. La mayoría de las habitaciones dan a la iglesia y están bien equipadas. Habitación doble: 65 €.

HOTEL PRINCIPAL DEL PARQUE

García Morato, 11.
LOS CORRALES DE BUELNA.
Telf. 942 842 297. Ubicado en el centro de la localidad, este hotel, inaugurado en 1998, tiene habitaciones luminosas y bien equipadas.
Habitación doble: 45-65 €.

PENSIÓN LA VASCA

Mies del Agua, s/n.
LOS CORRALES DE BUELNA.
Telf. 942 832 290. Situado en la carretera que va a Somahoz y muy cerca del Ayuntamiento, esta casa familiar ofrece unas habitaciones bastante sencillas y funcionales. Todas tienen baño y televisión. Habitación doble: 37-42 €.

Turismo rural

POSADA LA MONTAÑESA

Barrio El Corral, 60.
BARROS DE BUELNA.
Telf. 942 841 967/ 830 114.
A cinco minutos de Los Corrales se encuentra esta bonita y tranquila casa rural de floreados balcones, gran terraza y salón con chimenea. Sus habitaciones, decoradas con mueble de estilo rústico, están bien equipadas. Habitación doble: 45 €.

COMER

Como en todas las poblaciones del interior cántabro, su gastronomía es bastante variada. Primeros platos consistentes, como pueden ser las legumbres, los cocidos acompañados de buenas carnes de matanza o unas finas verduras, satisfarán al gourmet más exigente; pero si a esto le añadimos una apreciada carne de vaca tudanca de la finca de Jerrizuela o del pueblo de Coó, una trucha del Besaya del coto de Somahoz o una carne de monte de la Reserva del Saja; y para finalizar un buen postre casero, el festín será perfecto.

Casas con menú (menos de 15 €)

Casi todos los restaurantes ofrecen una carta bastante variada y, los días de diario, menú del día con productos de excelente calidad y buen precio. He aquí algunos:

Casa Paco
Menéndez Pelayo, 6.
Telf. 942 831 024.
Es uno de los más conocidos de Los Corrales por sus excelentes pescados y mariscos. Platos de la región y de temporada. A la carta el precio puede resultar bastante elevado, pero ofrece un menú muy completo por 9 € y por 16 € los fines de semana y festivos.

Fleming
Mediavía, s/n. **Somahoz.**
Telf. 942 831 290. Con una agradabilísima terraza con vistas al Besaya, este restaurante se presenta como una de las opciones más acertadas por su buena relación precio calidad. Excelente es su ensalada de rape y los postres caseros.

El Manjón
En Barros. Barrio del Manjón, s/n.
Telf. 942 841 879. Esta antigua casona de piedra es el lugar ideal para disfrutar de un buen cocido montañés, así como de todo tipo de carnes y pescados a la brasa.

Casa Achutegui
Polígono de Barros, s/n. Parc. 32. **Barros.**
Telf. 942 842 093. Enorme comedor muy demandado por obreros y ganaderos de la zona. Cocina casera.

A CORUÑA

CAPITAL DE PROVINCIA. 252.419 habitantes

Asentada en una península rodeada por el mar, con el puerto en la ría y las playas urbanas en la ensenada del Orzán, A Coruña ha convertido a la Torre de Hércules, único faro romano aún en funcionamiento, en su principal emblema. Consolidada como centro de servicios con clara vocación comercial, entre sus atractivos, además del animado y vital casco histórico –sector de la Pescadería–, se cuentan el más largo paseo marítimo de Europa y una envidiable red de museos de la ciencia. De la costumbre de sus habitantes por dejarse ver y disfrutar del ambiente nocturno son testigos los cientos de locales que se reparten por la ciudad. Las mil y una noches han vuelto en forma de obras faraónicas (Paseo Marítimo, Auditorium, Coliseum, Domus o Forum), todo, como se ve, con la nomenclatura de la Roma Imperial.

INFO

Oficina de Turismo de la Xunta de Galicia
A Mariña. Telf. 981 221 822.
www.turgalicia.es
Oficina Municipal de Turismo
En la plaza de María Pita (telf. 981 184 344) y en la plaza de Ourense.
www.turismocoruna.com
Autobuses urbanos. Telf. 981 250 100. En el centro confluyen varias líneas en Puerta Real (el 1 y el 2 van hasta Cuatro Caminos) y la plaza de Pontevedra (el 3 a Los Rosales y la Torre de Hércules, el 4 a la estación de autobuses y el 5 a la de ferrocarril).
Taxis. Servicios *Tele Taxi* (telf. 981 287 777) y *Radio Taxi* (telf. 981 243 333). Paradas estratégicas en Puerta Real, plaza de España, plaza de Pontevedra y Cuatro Caminos.
Aparcamientos. La ciudad de A Coruña cuenta con más de 1.000 plazas en los de Orzán-Riazor (el más largo de Europa) y los Cantones. Otros son los de Maria Pita, Juana de Vega-plaza de Pontevedra, plaza de Galicia y plaza de Vigo.

DORMIR

Entre los de mayor categoría destaca el ***Hesperia Finisterre*****✪✪✪✪✪** *(paseo del Parrote, 2; telf. 981 205 400; habitación doble: 96-240 €); y entre los de cuatro estrellas están el* ***NH Atlántico*****✪✪✪✪** *(Jardines de Méndez Núñez, 2; telf. 981 226 500; habitación doble: 68-215 €);* ***Tryp Coruña*****✪✪✪✪** *(Ramón y Cajal, 53; telf. 981 242 711; 85-154 €) o* ***Meliá María Pita*****✪✪✪✪** *(avda. Barrié de la Maza, 1; telf. 981 205 000; habitación doble: 174 €).*

Y otros dos de nueva creación a la entrada de la ciudad por la avda. de Alfonso Molina: el ***Barceló Coruña*****✪✪✪✪** *(Enrique Mariñas s/n; telf. 981 179 299; habitación doble: 76-130 €; www.barcelocoruna.com), y el* ***Hotel AC A Coruña*****✪✪✪✪** *(Enrique Mariñas s/n; telf. 981 175 490; habitación doble: 56-136 €; www.ac-hoteles.com), con su restaurante* **Casa Paula.** *Pescadería adelante, varios son los hostales que ofrecen comodidad y buen servicio a precios económicos (al menos en temporada baja).*

Hotel Maycar✪✪
San Andrés, 159. Telf. 981 225 600.
Al final de la calle de San Andrés.
Habitación doble: 48-60 €.

Hotel Nido✪
San Andrés, 146.
Telf. 981 213 201. Fax: 981 213 265.
Moderno y económico. Para mayor reposo, solicitad las habitaciones que no dan a la calle San Andrés.
Habitación doble: 42-58 €.

Hostal Mara✪✪
Galera, 49. Telf. 981 221 802. Aunque discreto y pequeño, tiene buena relación calidad-precio. Su restaurante dispone de un buen menú.
Habitación doble: 40-60 €.

Hostal Sol✪✪
Sol, 10. Telf. 981 210 019. Moderno, en plena zona de ambiente del Orzán y a un minuto de la playa, es un alojamiento agradable y barato. En verano los precios suben bastante.
Habitación doble: 50-75 €.

Hostal La Provinciana✪✪
Rúa Nova, 7. Telf. y fax: 981 220 400.
Cómodo, funcional y situado en pleno corazón de la ciudad.
Habitación doble: 42-55 €.

Hostal Alameda✪
Alameda, 12. Telf. 981 227 074.
Pequeño, discreto y sencillo hostal situado en la trasera del Cantón Pequeño. Agradable trato familiar.
Habitación doble: 35-55 €.

Hostal Carbonara✪
Rúa Nova, 16. Telf. 981 225 251. Hostal familiar y simpático que ocupa una de las tradicionales viviendas coruñesas con galería de madera. Es uno de los preferidos entre los jóvenes debido a su precio. Reservar con antelación.
Habitación doble: 38-58 €.

Pensión Alborán✪✪
Riego de Agua, 14.
Telf. y fax: 981 222 562.
Situado en un calle peatonal, dispone de algunas habitaciones con galería. Sólo supera los 55 € en agosto.

Junto al campo de fútbol y la playa de Riazor (algunas habitaciones con vistas a la bahía del Orzán) se sitúan varios hostales medios de características semejantes, como el **Almirante✪✪✪** (telf. 981 259 600; habitación doble: 42-58 €), **Brisa✪✪** (telf. 981 269 650/ 654; habitación doble: 36-45 €); **Mar del Plata✪✪** (telf. 981 257 962; habitación doble: 42-55 €) y **Nogallás✪✪✪** (telf. 981 262 100; habitación doble: 35-50 €).

Otros hoteles de precio más elevado

Por su buen nivel de servicios y su buena situación junto a la playa son recomendables el **Hotel Eurostars Ciudad de La Coruña✪✪✪✪** (Juan Sebastián Elcano, 13; telf. 981 211 100; habitación doble: 89-399 €); el **Hotel Riazor✪✪✪** (avda. Pedro Barrié de la Maza, 29; telf. 981 253 400; habitación doble: 49-299 €) y el **Hotel Zenit Coruña✪✪✪✪** (Comandante Fontanes, 19; telf. 981 218 484; habitación doble: 60-275 €) junto al paseo Marítimo y a la pza. de Pontevedra.

EL TAPEO

Pescadería, plaza de España y Ciudad Vieja
Una interminable senda de los elefantes, donde aún suelen servir el ribeiro en tazas, se prolonga por las peatonales rúas de la Estrella, Olmos, Galera, Barrera, Franja, Florida y, al otro lado de la plaza de Maria Pita, la rúa Troncoso.

En la Galera, los aficionados deportivistas tienen plaza fuerte en el sencillo local de **La Traída** o "Las Guapas" (Torreiro), para tomar vino de barril y tapas de queso de la berza o chicharrones. Junto a él, también es muy popular **La Bombilla,** donde pasan la bandeja con los pinchos a escoger; frente a ella están el **7 Puertas** y **La Codorniz** y en la misma calle, los mesones **Galera** y **El Serrano.** La calle de la Barrera cuenta con varias tabernas muy animadas como **Casa Andrés** (sobre todo para tomar chupitos por la noche)*,* **A Troula, O Corno,** especialidad en *cornos* y *piroliños,* **Barrera,** calamares fritos y chipirones en su tinta, y **O Tarabelo,** mejillones, berberechos, zorza y el famoso filete con patatas fritas y tabasco son algunas de las 13 tapas fijas, y otras tantas variables, que se ofrecen cada día, **O Lorcho,** macarrones con roquefort y alitas de pollo picantes, y la impecable **Cervecería del Centro.** Además podemos recomendar **A Cancela** donde destacan sus tapas de champiñones, puntilla y tomates emparedados. Muy cerca de éstos, bajo la parra que cubre la Travesía de San Andrés, se bebe el caíño al aire libre en **O Viñedo** (buen jamón y chicharrones); la rúa do Sol se divide entre las tapas caseras del **Moncho** y las más elaboradas de **O Larpeiro.**

Y el suma y sigue continúa por el Orzán, donde veremos la popular sidrería **Abrente** (nº15) o el enxebre **Peccata Minuta** (nº 28). En la Franja tienen solera **Veiga, Precedo** y **O Galego,** este último ocupando con dignidad el lugar del viejo Fuciño. Frente a ellos, en un convenio con la firma de maltas local, la cervecería **L'Abadia** (también con entrada por Riego de Agua, 44). En la misma zona, **Casa Ramón** (Oliva, 6) es uno de los últimos santuarios, con nutrida parroquia de jubilados, del vino de barril.

Los callos del **Fouciño** (Franja) son muy reputados, y en Troncoso tienen fama las descomunales tapas, casi raciones, de **A Roda** (con más de dos ya no se come) y las patatas-cerillas de **La Cerilla.** Por su parte, **El Tequeño** ofrece la especialidad que le da nombre en Maria Pita y Franja (La Viña).

Después de saborear unas patatillas del quiosco de San Agustín, por la rúa del Mercado se alcanza la plaza de España, otro sector en el que abundan los bares de tapeo, sobre todo en la inmediata calle de San Juan **(El Huevito, San Juan).** En la propia plaza, las tapas de diseño, muy al estilo de las iruñesas o donostiarras, son la especialidad de la **Taberna Gaioso,** también con restaurante; una muestra de sus preparados: el calabacín relleno de gaiosiños (jamón cocido y piperrada).

La ruta se puede prolongar por los barrios de A Torre, Atocha y Monte Alto, esencia del coruñesismo y cuna del deportivista Fran o de los "bravú" *Diplomáticos de Monte Alto*. Por la Ciudad Vieja cabe citar la **Jamonería Leonesa.**

Ensanche

Aún en la Pescadería se halla un medio café con pinchos en **El Molino** (Santa Catalina, más indicado para la noche). Las mejores tapas de empanada, y hasta empanadas enteras, en el bar **La Arzuana** (lateral del Banco de España), con sus tapas de pulpo al ajillo. En la plazoleta también se encuentran el **Villa de Caión** y el vasco **Don Pintxo.**

Por el Ensanche tienen gran solera **Casa Enrique** (Compostela), los vinos bercianos de **La Cantera** (Glorieta de América) y, por sus callos, **El Gasógeno** (Marcial del Adalid). En Payo Gómez, los productos del Bierzo pueden degustarse en **Prada a Tope.** Otros mesones de esta zona son el **Llar** (Pardo Bazán), **O Padriño** y **El Mesón del Toro** (Federico Tapia), **Mamá Manuela, Casa Pilar** (sabrosas raciones en un ambiente postmoderno), **La Masía** (Pardo Bazán) y **La Taberna de Manolo** (Ramón de la Sagra).

Santa Lucía-Cuatro Caminos

En el barrio de Santa Lucía, los más jóvenes buscan los económicos precios de sus tabernas, algunas tan clásicas como las **Bodegas Ribadavia** y **Santa Lucía,** para tapear. Ello ha propiciado la renovación de algunos bares, por ejemplo el acogedor **Café La Comedia** (Médico Durán); en la misma calle también ofrecen pinchos el **Veracruz** o el **Surtidor.** Más ruidoso y de moteros, como no podía ser de otro modo, resulta el **Tápate las Orejas.** La mejor cervecería de A Coruña, donde únicamente corre, siempre muy fresquita, la cerveza local, es la de **La Estrella de Galicia** (Concepción Arenal); la fábrica de los Hijos de Rivera, que ha logrado un producto con un sabor excelente, produce otras marcas como *1906* (con más cuerpo) y la suave *HR*. La tapa más solicitada son las patatas fritas, también coruñesas y deliciosas, de **Bonilla.** En esta misma zona de Cuatro Caminos quedan las cervecerías **Internacional** y **A Cervexa.**

COMER

No podemos hablar de platos típicos de la ciudad pero sí afirmar que toda la cocina gallega está presente en sus mesones y restaurantes. Un clásico coruñés es ***Casa Pardo*** *(Novoa Santos, 15; telf. 981 287 178; 55 €), que pone el listón bien alto; por debajo existen otras muchas opciones que resultan también recomendables.*

A tener en cuenta

A los coruñeses les encanta comer, más que de plato, a base de raciones y, para ello, nada mejor que el típico mesón lleno de referencias a la Galicia agraria y marinera presente en todos los rincones de la ciudad. Algunos de ellos son: **O'Trotamundos** (Av. Salvador de Madariaga, 50; telf. 981 170 464), **Taberna A Penela** (pza. de María Pita, 9; telf. 981 201 969; no confundir con el restaurante), **O Bebedeiro** (Ángel Rebollo, 34; telf. 981 210 609), **Brasería O'Boo** (Menéndez Pelayo, 18; telf. 981 120 814), **Do Pulpo** (Franja, 9-11; telf. 981 202 444) y **Os Bocois** (Pla y Cancela; telf. 981 234 632). Uno de los más populares de la ciudad es la taberna **O'Secreto** (Alameda, 18; telf. 981 213 738), con todo tipo de raciones para los más exigentes.

Los viejos mesones y tabernas van siendo en parte sustituidos por elegantes vinotecas, que se concentran en el ensanche; en ellas suelen servir raciones y algunos platos calientes: entre otras **Ribera & Cía** (Feijóo, 2), **Merlot** (Feijóo, 5), **Galería del Gourmet** (Picavia, 3), **El Pajarito** (Posse, 12), **Maridaje** (Estrella, 10), **O Carro** (Mª Luísa Durán Marquina, 6; zona estadio Riazor) o **La Cava** (Eusebio da Guarda).

En la línea de la comida rápida, los jóvenes o no que no deseen complicarse la vida, resultan bastante recomendables las pizzerías **Cambalache** (Maria Pita, Barrié de la Maza-zona Orzán y Pardo Bazán) o los negocios de la surtida y desenfadada cadena local **Gasthof** (Paseo Marítimo-Juan Canalejo, Marina). En esta línea destaca la cadena **Petit Bretagne** (Riego de Agua, 13-15; telf. 981 224 871) tablas, ensaladas y platos combinados. Sin embargo, las mejores pizzas se saborean en **Da Donato** (Rúa Alta, 10; telf. 981 213 337), y la mejor pasta en **La Tavernetta** (Julio Rodríguez Yordi, 6; telf. 981 279 080). Para los vegetarianos están el **Bania** (Cordelería, 7; telf. 981 221 301) y, en la Ciudad Vieja, el más creativo **Vexetariano** (Porta de Aires, 3; telf. 981 213 826).

Casas con menú (menos de 15 €)

O Tanagra

Ángel, 4.
Telf. 981 228 019.
En un oscuro y, pese a su nombre, "desangelado" callejón, ninguna remodelación ha visitado, desde su apertura, a esta tradicional y familiar casa de comidas. Pese a la humilde apariencia de su comedor, ofrece un afamado cocido que ya ha traspasado las fronteras locales. La elaboración está a la vista.

O Bebedeiro

Ángel Rebollo, 34.
Telf. 981 210 609.
Con casi dos décadas en su haber, la que comenzó como taberna típica de barrio se ha convertido en uno de los locales con más encanto de la ciudad, ello tanto por su decoración etnográfica como por la buena cocina, que puede ser definida como de raíz gallega con unos toques de originalidad que están presentes, por ejemplo, en sus arroces caldosos servidos en cazuela de Buño, pero también en las especialidades reinas de la casa: la lubina rellena con vieiras en hojaldre y el bacalao envuelto en pimientos del piquillo. Eligiendo bien y compartiendo raciones se puede comer de maravilla por menos de 20 €. Cierra la noche del domingo y el mediodía del lunes.

Pil Pil

Pelamios, 7.
Telf. 981 212 712.
Popular taberna en la Escuela de Artes y Oficios, por la que siente debilidad una numerosa parroquia. La culpa es de su sencilla cocina popular, de los productos de primera calidad utilizados, de los sabrosos guisos que proponen en la carta y de sus precios. Merece la pena. No tiene menú pero los precios de la carta son muy ajustados. Precio medio, 20 €.

La Montanera

La Fama (esquina av. da Mariña).
Telf. 981 228 376.
Tiene mesón y restaurante, con la consabida variación de precios, y su fuerte son los ibéricos y las carnes de calidad. Atención a sus platos del día de cocina casera y regional: callos, fabada, lentejas, cocido, patatas a la riojana, potaje de bacalao, etc. Comiendo de menú cuesta 18 €. Quien prefiera pescado, al lado de La Montanera, tiene **El Artesano** (telf. 981 201 412), de los mismos propietarios pero centrado en los pescados.

Tempura

Barrié de la Maza, 23 (paseo Marítimo, zona del Orzán). Telf. 981 201 298.
Una propuesta joven y creativa en pleno centro, que apuesta por una

cocina de autor con evidentes toques orientales, también presentes en uno de los comedores. Aunque a la carta puede superar los 25 € (en fin de semana), a diario ofrece un interesante menú a un precio asequible. Quien desee irse al oriente, ya sabe: *sushi, niguri moriawasi, sashimi* y demás, si permanecemos en Galicia, podemos probar su bacalao y los preparados con cefalópodos. Cierra el lunes.

UTOPÍA
Av. de Buenos Aires, 5.
Telf. 981 917 469.
En la zona del Estadio, con platos de cocina internacional y otros gallegos y españoles, todo ello con un aire juvenil, presentaciones efectistas y combinaciones rompedoras en sus ensaladas, *carpaccio*, brochetas, pastas, carnes y pescados. Los postres resultan muy económicos. El comedor, de lo más moderno y atento al diseño, también logrado con un juego de luces intimista.

MAMÁ MANUELA
Emilia Pardo Bazán, 17.
Telf. 981 152 224.
Cocina casera y muchas opciones simpáticas para no arañar en exceso el bolsillo, así las *parrochiñas fritas* (sardinas pequeñas), los jurelitos y bocartes del mismo modo, las *meigas* (gallos) o los calamares... entre lo mejor, y su leche frita resulta excelente.

CASA SAQUÉS
General Sanjurjo, 115.
Telf. 981 280 245.
Una huída a un barrio, tal es el de Os Castros, con buenos restaurantes caseros, nos permitirá conocer esta popular taberna. Uno de sus activos radica en el uso de productos procedentes de una granja propia (hoy se les llama ecológicos), con los que se preparan platos sencillos y sabrosos como las tortillas de patata gallega, la empanada de parrochas o bonito, los huevos rotos, el cocido o la carne al estilo de la feria, o sea, al caldeiro. Suele estar lleno los fines de semana.

MANOLITO
Fernández Latorre, 116.
Telf. 981 230 102.
Mesón rústico de dos plantas, con comedor en la parte superior y buena barra en la baja. La carta trabaja a partir de una amplia gama de productos de diversas procedencias, aunque priman los originarios de la tierra, como los que dan vida al plato estrella de la casa: lacón con grelos. El menú es algo más caro pero recomendable: 22 €.

Restaurantes (desde 21 €)

Emplazado justo frente por frente del Ayuntamiento está **Pablo Gallego** (Plaza de María Pita, 11; telf. 981 208 888), un excelente lugar donde darse un lujo sin alejarnos de la cocina gallega ya que en este lugar la cocina de siempre se viste con refinamiento.
Restaurante A Penela (pza. de María Pita, 12; telf. 981 209 200) es otro establecimiento cuidado con unas excelentes vistas al mar. Destaca la carne asada, los callos y la tortilla.
También en pleno centro se halla **La lebolina** (Capitán Troncoso, 18; telf. 981 205 044), donde destacan los platos de pescado.
Una de las grandes sorpresas de los últimos años, por su cocina creativa y desenfadada a partir de los productos frescos de siempre, es el **Artabria** (Fernando Macías, 28; telf. 981 269 646; precio medio, 32 €), un local en el que conviene reservar con tiempo.
Para darse un gusto, mejor de noche y con la bahía iluminada, resulta un lugar idóneo el restaurante **Domus,** en la homónima Casa del Hombre (Ángel Rebollo, s/n; telf. 981 203 862; precio medio, 39 €). Su carta ofrece cocina gallega con productos de primera calidad y moderna presentación.

CAFÉS

Las mejores terrazas al aire libre, si el tiempo lo permite, son las de la plaza de María Pita o la muy solicitada del Dársena (Rialto). Otro tanto cabe decir de las ubicadas bajo los soportales de la Marina. De los antiguos cafés del centro, pocos han resistido los traspasos a otros negocios más pujantes, tan sólo **La Barra** (Riego de Agua); el **Marfil** (General Mola), en los que es costumbre jugar a las cartas o al parchís, y el más progre **Borrazás** (cerca de la pza. Pontevedra). En Cuatro Caminos se halla el **Delicias,** al que le ha nacido un moderno **Anexo** (Alcalde Marchesi). Sin embargo, y por fortuna, la vieja cultura del café ha vuelto a resurgir y hoy muchos locales recrean el ambiente de otra época. Entre ellos, han tomado la iniciativa varios de la calle San Andrés como el **Universal** y el **Cascarilla** o, hacia la plaza de Pontevedra, el **Café de Macondo.**

Al mismo estilo pertenecen los cafés del Orzán (en el número 87 destaca el **Alfama**) y los de Panaderas, como **El Corralón.** Con el encanto de las irregulares paredes en piedra, las resonancias compostelanas acuden, en la Ciudad Vieja, a **La Troya** (Herrería). Murales de Urbano Lugrís decoran el gran **Café Vecchio de Real,** calle en la que también, por sus pasteles, suele estar muy frecuentada la estrecha **Jijonenca.** En Magistrado Artime recordamos el álbum de la banda *Milladoiro* en el **Maeloc.** Variados cafés de importación en el **Veracruz** (Riego de Agua, 22) y la **Boutique del Café** (Picavia, 5). Sólo por las tardes funciona **El Mirador,** instalado en el piso alto del agradable pabellón de La Atalaya (Jardines de Méndez Núñez). Sobre el arenal de Riazor, las cristaleras del **Playa** (plaza de Portugal) dominan la bahía del Orzán. Las chocolaterías más conocidas son **Bonilla** (Galera), **Pier** (Real) y **Farggi** (Riego de Agua).

COVARRUBIAS

BURGOS. 700 habitantes

EN EL APACIBLE VALLE DEL ARLANZA, ENTRE CEREZOS Y VIÑAS, SE UBICA ESTA ENCANTADORA VILLA MEDIEVAL, UNA DE LAS MÁS ATRACTIVAS DE LA LLAMADA RUTA DEL CONDE FERNÁN GONZÁLEZ, FUNDADOR DE CASTILLA. NO EN VANO FUE CREADA COMO INFANTADO A FAVOR DE DOÑA URRACA, HIJA DE SU SUCESOR, GARCÍA FERNÁNDEZ. EL NOTABLE PATRIMONIO MONUMENTAL Y ARTÍSTICO DE LA CIUDAD SE HA MANTENIDO PRÁCTICAMENTE INTACTO HASTA NUESTROS DÍAS.

INFO

Oficina de Turismo
Monseñor Vargas, s/n.
Telf. 947 406 461.
Ayuntamiento
Telf. 947 406 487.
www.aytocovarrubias.org

DORMIR

Teniendo en cuenta el tamaño de la villa, la oferta de hoteles y hostales es bastante amplia y, en general, la relación calidad-precio, muy buena.

HOTEL REY CHINDASVINTO✪✪✪
Pza. del Rey Chindasvinto, 5.
Telf. 947 406 560. Precio algo algo elevado, pero el servicio es excelente. Habitaciones estupendamente equipadas.
Habitación doble: 58 €.

HOTEL DOÑA SANCHA✪✪
Avda. Víctor Barbadillo, 31.
Telf. 947 406 400.
Este agradable hotel de estructura rústica ofre 14 habitaciones, algunas con vistas al valle. Destacan los deliciosos desayunos caseros.
Habitación doble: 50 €.

PENSIÓN CASA GALÍN
Pza. Doña Urraca, 4.
Telf. 947 406 552.
www.casagalin.com
Fundada en el siglo XIX, es la pensión más antigua de la ciudad, lo que la confiere cierto encanto. Las habitaciones son sencillas, con decoración rústica y suelos de madera. Desde la mayoría se obtienen preciosas vistas de la plaza. Habitación doble: 40 €.

COMER

Casas con menú (menos de 15 €)

GALÍN
Pza. de Doña Urraca, 4.
Telf. 947 406 552. Sus propietarios son especialistas en cocina tradicional castellana. Si no nos decidimos por el menú y optamos por la carta lo mejor que se puede probar aquí es la olla podrida y los asados, así como las sopas de ajo.

TIKY
Plaza de Doña Urraca. Telf. 947 406 505. Se puede degustar un sabroso menú del día o comer a la carta, en la que se incluyen algunos platos más elaborados como las codornices y la carne de cordero. Dispone de terraza.

EL PUENTE
Los Barbadillos, 25.
Telf. 947 406 427. Si podéis y tenéis suerte no dejéis de probar su célebre guiso de patatas con jabalí. Quien lo prueba, casi siempre repite. No obstante, la preparación de cualquier plato es magnífica, especialmente si se trata de asados. Dispone de menú del día.

Restaurantes (a partir de 20 €)
Otra opción donde degustar platos castellanos la hallamos en el restaurante **Casa de Galo** (Monseñor Vargas, 10; telf. 947 406 393) cuya especialidad se centran en las carnes castellanas asadas en horno de leña, además de algunos pescados a la brasa.

CUDILLERO

ASTURIAS. 6.657 habitantes

ES EL RESULTADO DE LA COLONIZACIÓN DE UN PEQUEÑO PUERTO NATURAL LABRADO POR EL RÍO CUDILLERO, MEDIANTE UNA COMPLICADA OBRA URBANÍSTICA.

INFO

Oficina de Turismo
Paseo del Oeste, s/n. Telf. 98 559 13 77/452. www.cudillero.org

DORMIR

En los alrededores de Cudillero hay muchos apartamentos y casas de aldea, algunos cerca de la costa. La oficina de turismo informa acerca de ellos.

HOTEL CASA VIEJA DEL SASTRE✪✪
Los Quintos. Soto de Luiña.
Telf. 985 596 190. Antigua sastrería restaurada con 13 habitaciones confortables y bien equipadas.
Habitación doble: 56-68 €.

LA CASONA DE PÍO✪✪
Riofrío, 3. Telf. 985 591 512.
En pleno centro, junto a la plaza de la Marina, ubicada en una antigua fábrica de salazones. Once habitaciones dobles con buen equipamiento.
Habitación doble: 58-92 €.

HOTEL MARIÑO✪✪
Telf. 98 559 11 88. En **CONCHA DE ARTEDO** se encuentra este hotel, situado en la misma playa y con modernas instalaciones.
Habitación doble: 42-54 €.

Otros hoteles de precio más elevado
En **EL RELLAYO-VILLADEMAR**, se sitúa el **Hotel Casa Fernando II✪** (telf. 98 559 02 92). Exelente nivel de servicios.

EL TAPEO

En cualquiera de los bares de la plaza de la Marina ofrecen raciones de pescado (bonito, *pixín*, etc.) a unos precios parecidos, pudiéndose consumir en las mesas al aire libre y rodeados del peculiar ambiente marinero.

COMER

Casas con menú (menos de 15 €)
Los restaurantes de Cudillero coinciden con los locales de tapeo de la plaza de la Marina y la zona de la Ribera: ***La Taberna del Puerto, Isabel, Santiago, Casa Pío, El Mesón del Pescador*** *y* ***Los Arcos,*** *con terrazas al aire libre y platos marineros. En cualquier caso, los mejores restaurantes del concejo se encuentran fuera del casco urbano.*

CASA FERNANDO II
EL RELLAYO. Telf. 985 590 292. Con terraza y jardín. Marisco, fabada, pescado al horno, merluza del pincho, ternera asturiana y postres caseros. Carta y menú.

Restaurantes (sobre 30 €)
En **CONCHA DE ARTEDO,** el restaurante del **Hotel Mariño** ofrece excelentes productos del mar preparados de forma sencilla, en un comedor con vistas.

CUÉLLAR

SEGOVIA. 9.118 habitantes

ASENTADA EN UN EXTENSO PINAR AL NOROESTE DE LA PROVINCIA, FUE CRISOL DE LAS CULTURAS ÁRABE, JUDÍA Y CRISTIANA Y CUNA DE ALGUNOS DE LOS DESCUBRIDORES DEL NUEVO MUNDO. SU PATRIMONIO ARQUITECTÓNICO CONSTITUYE UNA VALIOSA MUESTRA DEL MUDÉJAR.

INFO

Oficina de Información Turística
Plaza del Castillo, s/n. Telf. 921 142 203. Abierta todo el año, de 10.30 h a 14 h y de 16.30 h a 20 h.
Ayuntamiento. Telf. 921 140 014. www.aytocuellar.es

DORMIR

HOSTAL SAN FRANCISCO✪✪
Camilo José Cela, 2. Telf. 921 140 009. Aunque se halla en una de las vías de entrada a la ciudad, dista pocos pasos de la Plaza Mayor. El mobiliario de las habitaciones es rústico.
Habitación doble: 55 €.

HOSTERÍA EL RINCÓN CASTELLANO✪✪
Plaza Mayor, 13. Telf. 921 141 031.
Se ubica en el centro de la población. Dispone de conexión a Internet en las habitaciones y en algunas, de hidromasaje. Habitación doble: 50-82 €.

COMER

Casas con menú (menos de 15 €)

MESÓN SAN FRANCISCO
Avda. Camilo José Cela, 2.
Telf. 921 140 009. Dispone de un amplio comedor con decoración castellana y vistas a un pequeño patio. Combina la oferta del lechazo al horno con platos más modernos, como el hojaldre de puerros. Menú y a la carta.

SAN BASILIO
Nueva, 40. Telf. 921 142 334.
Ofrece una estupenda carne "a la piedra" y el tradicional lechazo al horno.

Restaurantes (de 21 a 40 €)
Florida (ctra. N 601, km 54; telf. 921 140 368) es una vieja casona de campo que ha reabierto sus puertas recientemente ofreciendo especialidades regionales. En la Plaza Mayor, **El Rincón Castellano** (telf. 921 141 031) ofrece una amplia carta basada en la cocina tradicional de la tierra y variedad de carnes y pescados.

CUENCA

CAPITAL DE PROVINCIA. 42.817 habitantes

SITUADA EN EL ROQUEDO QUE FORMAN LAS HOCES DE LOS RÍOS HUÉCAR Y JÚCAR, CUENCA AGLUTINA LA MAYOR PARTE DE LOS SERVICIOS ADMINISTRATIVOS, JURÍDICOS Y COMERCIALES DE LA PROVINCIA, ADEMÁS DE SER SEDE DE LA UNIVERSIDAD DE CASTILLA-LA MANCHA. SU ASPECTO MEDIEVAL Y LA PERFECTA ARMONÍA QUE FORMAN LA NATURALEZA Y LA ARQUITECTURA POPULAR DEL CASCO ANTIGUO HAN HECHO QUE EN 1998 SEA DECLARADA POR LA UNESCO PATRIMONIO DE LA HUMANIDAD.

INFO

Oficina Municipal de Turismo
Alfonso VIII, 2. Telf. 969 241 051. www.cuenca.org
Oficina de la Junta
González Palencia, 2. Telf. 969 178 800.
Centro de Recepción de Visitantes
Avda. Cruz Roja, 1. Telf. 969 241 050.
Se publican varios periódicos: *El Día, Tribuna-Cuenca, Las Noticias de Castilla-La Mancha* y *El Correo Conquense.*
Aparcamientos. Princesa Zaida, Parque de San Julián, Pza. de España y el Castillo. En la mayor parte de la ciudad hay zona O.R.A.; los tiques se obtienen en las abundantes máquinas expendedoras.

DORMIR

Existe una buena relación calidad-precio en los alojamientos conquenses. Encabeza la oferta el bellísimo ***Parador✪✪✪✪*** *(telf. 969 232 320; www.parador.es; habitación doble: desde 132 €), instalado en el antiguo convento de San Pablo. Las vistas de la ciudad son impresionantes.*

Hotel Francabel✪✪✪
Castilla-La Mancha, 7.
Telf. 969 226 222. Todas las habitaciones están provistas de teléfono y televisión. Aparcamiento propio.
Habitación doble: 40-60 €.

Hotel Arévalo✪✪
Ramón y Cajal, 23. Telf. 969 223 812.
Este hotel, situado a un paso de la zona de tapeo y de la puerta de Valencia, cuenta con unas amplias y limpias habitaciones. En la última planta, abuhardillada, se puede disfrutar de una bella panorámica de la ciudad antigua. Todas las habitaciones disponen de teléfono y televisión.
Habitación doble: 50-70 €.

Hotel Figón de Pedro✪✪
Cervantes, 13. Telf. 969 224 511.
Uno de los hoteles más conocidos de Cuenca, situado en una de las calles más transitadas. Habitación doble: 50-63 €.

Hostal Avenida✪✪
Carreterías, 25. Telf. 969 214 343.
Está situado en la zona más comercial de la ciudad. Dispone de habitaciones sencillas con baño, y en su mayoría interiores. Cuenta con televisión en cada una de ellas.
Habitación doble: 50-60 €.

Hostal Castilla✪✪
Diego Jiménez, 4. Telf. 969 225 357.
Negocio familiar situado cerca de la estación de ferrocarril. Todas las habitaciones son interiores y algo oscuras; disponen de televisión y teléfono.
Habitación doble: 50-70 €.

Hostal Cortés✪✪
Ramón y Cajal, 45. Telf. 969 220 400.
Se halla situado a cinco minutos de la zona comercial y de las estaciones de ferrocarril y autobuses. De sencilla decoración, dispone de aparcamiento y restaurante, y de televisión y teléfono en todas las habitaciones.
Habitación doble: 45-69 €.

Posada Huécar✪✪
Paseo del Huécar, 3.
Telf. 969 214 201.
Situada a orillas del río Huécar, en el casco histórico, todas sus habitaciones son exteriores y algunas de sus paredes pertenecen a la antigua muralla. Dispone de una terraza en el jardín.
Habitación doble: 48-56 €.

Otros hoteles de precio más elevado
Si el bolsillo lo permite, no hay que dejar escapar la oportunidad de alojarse en la **Posada de San José**✪✪ (Julián Romero, 4; telf. 969 211 300; habitación doble: 74-85 €), que ocupa un monumental edificio del siglo XVII. Típica casa colgada en el corazón del casco histórico, posee unas impresionantes vistas sobre la hoz del Huécar.

En un estilo moderno y funcional, destaca el **Torremangana**✪✪✪✪ (San Ignacio de Loyola, 9; telf. 969 240 833; habitación doble: 115-155 €).

Si lo que buscamos es tranquilidad, la encontraremos en el antiguo monasterio benedictino la **Hospedería Nuestra Señora de Tejeda,** en **Garaballa**, reconvertido en una magnífica hospedería (telf. 969 367 076; 100 €).

EL TAPEO
En la Plaza Mayor y sus aledaños se concentra el mayor número de mesones y bares de la Cuenca Alta. Así, en la plaza se encuentran: **Mangana,** decorado con motivos cinegéticos; el **Mesón Plaza Mayor** y **El Botijo,** donde se ofrece una gran variedad de tapas y bocadillos.

Dejando atrás la arcada del Ayuntamiento se halla **Los Arcos,** uno de los más generosos a la hora del aperitivo. En la **Posada de San José** se puede disfrutar de sus incomparables vistas al tiempo que se degustan raciones típicas de la tierra.

La calle San Francisco, más frecuentada por estudiantes, es la zona de Cuenca con mayor densidad de mesones y bares: entre ellos, **La Ponderosa,** especialistas en oreja y mollejas y toda clase de vinos, tanto de origen como de añada; **El Churrasco,** con más de 20 años a sus espaldas, que sirve excelentes raciones de productos típicos, y **Fidel,** con sus famosas raciones de costillas adobadas. En los últimos años se han abierto en esta calle numerosos establecimientos, como **Michel, Rocomar** o **José.**

COMER
Entre los platos típicos hay que citar el morteruelo, a base de hígado de cerdo, carne de caza y jamón serrano; el ajoarriero, con bacalao, ajos, patatas y huevos cocidos; los zarajos o tripas de cordero; la trucha; el cordero al horno, a la brasa, en caldereta, etc. De postre, el alajú (almendras, higos y miel entre obleas) y como broche final, el resolí, licor típico de la zona. El número uno de la cocina conquense es el restaurante ***Figón de Pedro*** *(Cervantes, 15; telf. 969 226 821; 30 €).*

Casas con menú (menos de 15 €)

Mesón El Bodegón
Cerrillo de San Roque, 1.
Telf. 969 214 029. Excelente establecimiento en el que se puede elegir entre más de 50 raciones. Menú bastante asequible y de buena calidad.

Las Brasas
Alfonso VIII, 105. Telf. 969 213 821.
Ideal para disfrutar de todo tipo de carnes preparadas a las brasas de carbón de encina.

Mangana
Plaza Mayor, 3.
Telf. 969 229 451.
Situado estratégicamente, ofrece raciones de productos regionales y un menú bastante económico de excelente calidad.

Plaza Mayor
Plaza Mayor, 5.
Telf. 969 211 496.
En pleno corazón de la Cuenca Vieja, sirve un menú muy completo. Su especialidad es el cordero asado.

Recreo Peral
Ctra. de Tragacete, s/n.
Telf. 969 224 643.
Enclavado en la ribera del Júcar, en la zona baja del casco antiguo. Cocina tradicional-casera y asados. Con terraja y jardín.

Restaurantes (sobre 24 €)
Comer en el **Mesón Casas Colgadas** (Canónigos, telf. 969 223 509; precio medio, 40 €), situado en una casa colgada sobre el Huécar, es todo un lujo. La cocina típica, de primera.

El **Rincón de Paco** (Hurtado de Mendoza, 3; telf. 969 213 418) ofrece también una estupenda cocina regional y casera.

CAFÉS
Los clásicos cafés se concentran en la calle Fermín Caballero y sus alrededores. Además en ellos es posible leer la prensa diaria y se realizan exposiciones artísticas.

Frente a la estación de autobuses se encuentra el mítico **Central,** clásico café-tertulia en el que se disfruta de la mejor música negra. Cruzando la calle, en la travesía Fermín Caballero, se halla **El Hispano,** el único establecimiento de la ciudad que sirve vermú de grifo y en el que se recomienda probar el cóctel de la semana y la **Taberna de Pepe.** Más moderno en estilo es el café **París,** frecuentado por un público algo más joven que los anteriores.

Si se quiere disfrutar de una taza de café preparada a la antigua usanza, hay que acercarse a la **Posada de San José,** donde, a la vez que se disfruta de unas hermosas vistas de la hoz y el convento de San Pablo (los fines de semana por la noche está iluminado), se degusta el tradicional café de puchero.

DAIMIEL

CIUDAD REAL. 16.929 habitantes

DAIMIEL, UN LUGAR PRIVILEGIADO EN PLENO CAMPO DE CALATRAVA, TIENE EN SU TÉRMINO MUNICIPAL UN ENCLAVE ÚNICO: EL PARQUE NACIONAL DE LAS TABLAS DE DAIMIEL, DECLARADO ESPACIO NATURAL PROTEGIDO DESDE 1973. AUNQUE ESTUVO UN POCO DEGRADADO ANTERIORMENTE, LAS LLUVIAS CAÍDAS DURANTE LOS AÑOS 1996 Y 1997 ESTÁN DEVOLVIENDO EL ESPLENDOR A UNO DE LOS ESPACIOS MÁS INTERESANTES DE NUESTRA GEOGRAFÍA. ADEMÁS DEL PATRIMONIO NATURAL, DAIMIEL CUENTA CON MONUMENTOS ARQUITECTÓNICOS Y GASTRONÓMICOS DIGNOS DE UNA PARADA.

INFO
Centro de Recepción de Visitantes del Parque Nacional
En las Tablas de Daimiel. Telf. 926 693 118. Abierto todos los días, de 8.30 h a 18 h (a 21 h en verano).

Oficina de Turismo
Santa Teresa. Telf. 926 260 639.
www.aytodaimiel.es

DORMIR

Hotel Las Tablas✪✪✪
Virgen de las Cruces, 5.
Telf. 926 852 107. Situado en el centro de la localidad, tiene un magnífico patio de luces típico. Las habitaciones, cómodas, con televisión y vídeo, están decoradas con cuadros de las aves del parque. Habitación doble: 65-112 €.

Hotel Nueva Tierrallana✪
Ctra. N 430, km 334. Telf. 926 852 763. En dirección a Ciudad Real. Es un establecimiento sencillo y propio de viajantes. Las habitaciones no dan a la carretera y tienen todas aire acondicionado. Habitación doble: 35 €.

Hostal Las Brujas✪✪
Ctra. N 420, km 231. Telf. 926 852 289. Saliendo por la calle Arenas se encuentra este hostal pintado en blanco y añil. Su terraza exterior es muy agradable para los desayunos. 30-44 €.

EL TAPEO

En Daimiel "ir de cañas", como dicen por estos lares, es una actividad reservada para las mañanas del domingo. Es la plaza de España y sus agradables terrazas, el lugar donde se concentran todos los habitantes y algún que otro visitante que quiere conocer las Tablas. En cualquier mesón, como en el resto de la provincia, ponen sin pedirlo unas generosas tapas de cocina. Algunos de los mejores bares son **La Posada, Recreo** y **Piscis.** En la recoleta plaza del Parterre está el inconfundible **Burladero** y, algo más alejado, el **Malacara.**

COMER

Casa con menú (menos de 15 €)

Las Brujas
Ctra. N 420, km 231. Telf. 926 852 289. Este restaurante, muy bien considerado y frecuentado por los habitantes de Daimiel, ofrece buenas sopas, chuletones y una gran selección de vinos de la tierra.

La Duquesa
Ctra. de las Tablas, km 10.
Telf. 926 693 183. Es una buena opción si llega la hora de comer en las Tablas sin haber terminado de visitar el parque. Situado cerca de éste, sirve cocina regional. Generosos menús a precios económicos.

Restaurantes (desde 24 €)

El Bodegón (Luchana, 20; telf. 926 852 652). Es un bodegón de 1895 donde se encuentra este curioso y singular restaurante que conserva herramientas para la obtención del mosto, aperos de labranza y enormes tinajas, en cuyo interior se puede comer. La calidad de cualquiera de sus típicos platos está garantizada y es intención de su propietario que los que allí deciden comer salgan satisfechos.

DAROCA

ZARAGOZA. 2.099 habitantes

Situada en un breve y angosto desfiladero en la ribera del Jiloca, Daroca fue, con los árabes, principal bastión de defensa ante los ataques castellanos. Hoy presenta una notable densidad monumental y ejerce como cabecera comarcal del Campo de Daroca.

INFO

Oficina de Turismo
Pza. de España, 4.
Telf. 976 800 129.
www.comarcadedaroca.com
Central de reservas de viviendas de turismo rural
Telf. 976 800 969.

DORMIR

Cien Balcones✪✪✪
Mayor, 88. Telf. 976 545 071.
www.cienbalcones.com
Excelente alojamiento de reciente apertura. Diseño y funcionalidad, aire fresco en la oferta local.
Habitación doble: 89 €.

Hotel Posada del Almudí✪✪✪
Grajera 5, 7, y 9.
Telf. 976 800 606. En un antiguo palacio rehabilitado. Tiene unas amplias habitaciones con baño, teléfono y televisión. Habitación doble: 55 €.

Hostal Legido✪✪
Ctra. Sagunto-Burgos, km 217.
Telf. 976 800 190/ 802 048. Una casa de dos pisos con habitaciones sencillas con baño. 45 €.

Casa Palacio Conde Ezpeleta
Plaza Joaquín Costa, 13.
Telf. 976 800 805.
Vivienda de turismo rural. Habitaciones dobles con baño: 30 €.

COMER

Casas con menú (menos de 15 €)

Posada del Almudí
Grajera 5, 7, y 9. Telf. 976 800 606.
Tienen menú y como especialidad de más éxito figura la lasaña de pierna de cordero mechada.

Asador Los Pinos
Urb. San Cristobal, s/n.
Telf. 976 800 888.
Un chalé de dos plantas en medio del Pinar (tras el castillo). Funciona como asador y también como bar de raciones, aprovechando la terraza rodeada de árboles. El salón es grande y soleado. No tienen menú, pero los precios son razonables.

Restaurantes (desde 24 €)

El Ruejo (Mayor, 88; telf. 976 545 071) es el restaurante del hotel Cien Balcones. El salón-comedor está decorado con mucho gusto, moderno pero con referencias locales en grandes fotos. En la mesa, cocina mediterránea –carnes contundentes, pescados elaborados– con algo de creativa. Además poseen una la terraza muy atrayente,

DÉNIA

ALICANTE. 39.228 habitantes

Donde se unen el mar y la montaña del Montgó surge Dénia, antigua ciudad romana y árabe, hoy seducida por el turismo. Su puerto, salida natural hacia el mar, es el principal punto de atraque de los barcos que se dirigen a las Baleares.

INFO

Tourist Info Dénia
Plaza Oculista Buigues, 9.
Telf. 96 642 23 67.
Abierta en verano.
www.denia.net
Parque Natural del Montgó
Telf. 96 642 32 05.

DORMIR

Hotel Costa Blanca✪✪
Pintor Llorens, 3. Telf. 96 578 03 36. Situado junto a la estación de ferrocarril, es un hotel funcional y cómodo. Habitaciones con caja fuerte y teléfono. Aparcamiento propio. 60-93 €.

Hostal L'Anfora✪
Explanada de Cervantes, 8.
Telf. 96 643 01 01. Enclavado en uno de los pintorescos barrios marineros. De gruesos muros y multicolores fachadas, este novedoso alojamiento con vistas al puerto ofrece habitaciones sencillas pero muy agradables.
Precios sugerentes. 44-56 €.

Otros hoteles de precio más elevado

Hotel La Posada del Mar✪✪✪✪ (plaza Drassanes, s/n; telf. 96 642 01 55; 120-170 €), ubicado en las antiguas atarazanas del puerto, ofrece habitaciones muy acogedoras. En Les Rotes y también junto al mar, **La Racona**✪✪ (Cami Ample, 19; ctra. Las Rotas; telf. 96 578 79 60; 70-130 €) dispone de habitaciones y bungalós.

El hotel **Rosa**✪✪✪ (Las Marinas km, 1; Congre, 3; telf. 96 578 15 73; 62-106 €) es un lugar con encanto, al que contribuye su planta noble de baños de mármol y su equipamiento de lujo.

EL TAPEO

El Faro, Timón y **Porto Bello,** con sus boquerones, tigres y muslitos, se encuentran en la Explanada de Cervantes y disponen de amplias terrazas de verano. En la calle Marqués de

Campo, la arteria principal, se encuentran numerosos restaurantes que en verano instalan concurridas terrazas. Entre los más encantadores se encuentran **La Naviera,** con un bonito interior al estilo de un pub irlandés y ricos pinchos y **Tasca Eulalia** que hace honor a su nombre, ofreciendo menús diarios y tapas en cantidad.

COMER

*Numerosos restaurantes, como **El Poblet** (ctra. Las Marinas, km 2; urb. El Poblet, 43; telf. 96 578 41 79; precio medio, 60 €), han contribuido a la fama de Dénia como capital gastronómica de la Costa Blanca. La gamba roja de Dénia es considerada la mejor del mundo y el arroz a banda, una delicia.*

Casas con menú (menos de 15 €)

L'ANFORA
Explanada de Cervantes, 9.
Telf. 96 578 61 19. Local agradable y elegante, a la par que asequible en los precios. Pescados, mariscos, arroces...

DRASSANES
Port, 15. Telf. 96 578 11 18.
Para disfrutar de tan fantástico establecimiento, sin que se resienta demasiado el bolsillo, hay que ceñirse a la cocina del Levante: arroces y paellas, que aquí son un manjar.

EL COMERCIO
Marqués de Campos, 17.
Telf. 96 578 56 91.
En la arteria viva de la ciudad, un patio interior o una terraza exterior sirven de marco a esta cervecería, donde se alterna la cocina levantina y la alemana. Menú económico.

DON BENITO

BADAJOZ. 32.023 habitantes

Don Benito es una populosa ciudad de la comarca de Vegas Altas, que debe su pujanza a la fértiles y llanas tierras empapadas por el río Guadiana. Pese a su tardía fundación, a principios del siglo XV, conoció un rápido desarrollo en el pasado, llegando incluso a superar a la capital provincial en número de habitantes. Hoy su función de centro comercial queda patente con las importantes ferias celebradas en FEVAL, la Institución Ferial de Extremadura.

INFO

Oficina de Turismo
Villanueva, 1.
Telf. 924 808 084. www.donbenito.es
www.turismoextremadura.com

DORMIR

HOTEL VERACRUZ✪✪
Ctra. Don Benito-Villanueva, km 101.
Telf. 924 801 362.
Fax: 924 801 184.
A las afueras de Don Benito, en la carretera que enlaza esta localidad con Villanueva de la Serena. Muy tranquilo, dispone de funcionales habitaciones con balcón, teléfono, televisión y aire acondicionado. Aparcamiento y restaurante.
Habitación doble: 33 €.

HOTEL ORTIZ✪
Fernán Pérez, 28.
Telf. 924 810 445. Bastante céntrico y con buena relación calidad-precio. Se trata de un pequeño establecimiento con ocho habitaciones dobles y dos sencillas, con TV, teléfono y aire acondicionado. Las individuales, sólo con ducha y lavabo, son más económicas.
Habitación doble: 38 €.

HOSTAL PARAÍSO✪
Ctra. Don Benito-Villanueva, km 99.
Telf. 924 803 459.
Abierto en verano de 2006, ofrece la garantía del buen estado de unas instalaciones nuevas. Situado en un lugar tranquilo, dispone de siete habitaciones dobles con baño, amplios armarios empotrados y escritorio. Tiene un pequeño restaurante donde los hospedados pueden desayunar, comer o cenar de menú, optando entre múltiples platos.

Otros hoteles de precio más elevado

Junto al recinto ferial, el **Hotel Vegas Altas✪✪✪** (avda. de Badajoz, s/n; telf. 924 810 005; habitación doble: 63-114 €) ofrece un buen nivel de servicios y todas las comodidades.

EL TAPEO

La zona del tapeo se localiza en la plaza de España y en sus alrededores.

COMER

Casas con menú (menos de 15 €)

ALEJANDRO
Ctra. de Medellín, km 95.
Telf. 924 801 710. Pasa por ser uno de los restaurantes con más fama de la localidad. Situado al pie de la carretera entre las poblaciones de Medellín y Don Benito. Con una cocina casera, donde destaca su variada carta de buenos pescados y su rica bodega. Dispone de carta y un menú diario.

ASADOR EL SOL
Avda. Alonso Martín, 1.
Telf. 924 803 174. Restaurante de comida casera. A la carta, es recomendable el bacalao con tomate, el revuelto de criadillas y el bacalao dorada , revuelto con patatitas, al estilo portugués.

Restaurantes (sobre 25 €)

Agora (ctra. de Medellín, s/n; telf. 924 802 961) es un buen restaurante que ofrece un estupendo jamón ibérico y, en general, buenos productos de cerdo. Cocina sencilla y buena bodega.

DONOSTIA-SAN SEBASTIÁN

CAPITAL DE PROVINCIA. 185.357 habitantes

Donostia, la capital de Gipuzkoa, es una ciudad viva y dinámica a lo largo de todo el año, tiene una alta calidad de vida, múltiples actividades culturales y una de las mejores gastronomías de España. La sabia combinación de dos factores, por un lado la belleza de su enclave –la bahía con la playa de La Concha y la isla de Santa Clara, sus puentes cargados de romanticismo y los pequeños montes que la rodean– y por otro, el factor humano, la Parte Vieja y el ensanche del siglo XIX construido sobre marismas y arenales, hacen de Donostia uno de los lugares más hermosos y elegantes de Europa.

INFO

Oficina de Turismo. Boulevard, 8.
Telf. 943 481 100. En verano se instalan **puntos de información** en el paseo de la Concha, plaza Pío XII (Estación de autobuses) y Estación de Renfe. Varios meses antes de los Festivales de Jazz y Cine se abren oficinas de información sobre los mismos).
www.sansebastianturismo.com
Festival de Jazz. Telf. 943 440 034.
Festival de Cine. Telf. 943 481 212.
Noticias sobre ocio y cultura en la *Guía de Ocio-Donosti Aisia* (gratuita).

Autobuses. La terminal de autobuses interurbanos está en la plaza de Pío XII. Para desplazamientos por la provincia hay diferentes compañías con salida, en la mayoría de los casos, de la plaza de Gipuzkoa.

Aparcamiento. El sistema de aparcamiento en el centro está regulado, excepto domingos y festivos, por el sistema de OTA (máximo hora y media) y hay que advertir que los vigilantes son implacables. Los aparcamientos subterráneos están bien distribuidos y señalizados, pero son algo caros.

DORMIR

*Dormir en San Sebastián no es barato. En temporada alta los hoteles de dos estrellas cuestan unos 75 € y una pensión unos 45 €. Los hoteles de lujo o con vistas a La Concha son bastante caros (máxime si reúnen ambas cualidades como el **Abba Londres y de Inglaterra✪✪✪✪** (Zubieta, 2; telf. 943 440 770; desde 90 €), mientras que los hostales y pensiones más económicos se localizan en la zona vieja, plaza de Gipuzkoa y calle San Martín. Los más recomendables son:*

Hotel Récord✪

Calzada Vieja de Ategorrieta, 35.
Telf. 943 271 255. Si no fuera porque está algo alejado del centro podría considerarse la elección idónea. Muy tranquilo.
Habitación doble: 75-90 €.

Pensión Alemana✪✪

San Martín, 53. Telf. 943 462 544.
Cómodo y con buenas prestaciones, incluido el equipamiento de las habitaciones. Habitación doble: 62-104 €.

Pensión La Concha✪✪

San Martín, 51. Telf. 943 450 389.
A pesar del nombre, no tiene vistas a la playa. Es limpio y tranquilo. Las habitaciones tienen el equipamiento básico. Habitación doble: 65-90 €.

Pensión Kursaal✪✪

Peña y Goñi, 2. Telf. 943 292 666.
10 habitaciones en un establecimiento situado junto al Palacio del Kursaal y la playa de Gros. Se paga la inmejorable situación, pero hay que reconocer que las habitaciones son dignas y limpias.
Habitación doble: 50-80 €.

Pensión Urumea✪✪

Guetaria, 14.
Telf. y fax: 943 424 605.
En pleno centro, en una calle peatonal muy próxima a la Concha. 6 habitaciones sencillas en consonancia con su categoría. Habitación doble: 45-70 €.

Hostal Buena Vista

Igueldo, s/n. En el monte Igueldo.
Telf. 943 210 600. Cabe destacar la buena relación precio/calidad.
Habitación doble: 45-75 €.

Albergues

Los albergues son baratos y muy solicitados pero algo alejados: **Albergue La Sirena** (Monte Igueldo; telf. 943 310 268) y **Albergue Ulia** (Monte Ulia; telf. 943 310 268). En ambos es imprescindible reservar en verano.

Otros alojamientos de precio más elevado

Algunos como el coqueto **Europa**✪✪✪ (San Martín, 52; telf. 943 470 880; fax: 943 471 730; 130-160 €), que ocupa un edificio neoclásico, se encuentra cercano a Ondarreta; o el **Niza**✪✪✪ (Zubieta, 56; telf. 943 426 663; habitación doble: 130-150 €), en La Concha. El **Hotel Astoria 7**✪✪✪✪ (Sagrada familia, 1; telf. 943 445 000; habitación doble: 110-190 €) fue inaugurado en 2009. Situado entre el centro y Amara, su equipamiento y decoración es moderna. El **Hotel Hesperia Donosti** ✪✪✪✪ (Zarauz, 120; telf. 943 319 100; habitación doble: 110-150 €) es un hotel moderno y estiloso aunque alejado del centro. Equipamiento completo en unas habitaciones amplias y luminosas.

DE PINCHOS

La costumbre del txikiteo o poteo y la inigualable calidad culinaria de Gipuzkoa han hecho proliferar los bares cuyos pinchos se elevan a la categoría de alta cocina. Comer a base de pinchos sale algo caro, pero el recuerdo en el paladar será imborrable. Los bares más recomendables son:

En la Parte Vieja

En el centro, en la plaza de la Constitución, hay que visitar **Tximista,** por sus fritos y por sus inigualabes gambas a la gabardina. En Gambara (San Jerónimo), probad los cruasanes de jamón o chistorra. Más adelante, en la calle 31 de Agosto, están **La Cuchara de San Telmo,** donde se derrocha sensibilidad en genialidades como la crema de txangurro, la tempura de bacalao, el chipirón relleno de cebolleta o el *rissoto;* el **Martínez,** para degustar sus pinchos de chatka auténtica, y **La Cepa,** uno de los veteranos de la zona donde locales y forasteros disfrutan con el mixto de jamón y queso. Conviene además buscar el **Txepetxa** (Pescadería) para probar sus especialidades a base de anchoa, el **Goiz Argi** (Fermín Calbeton), que ofrece brochetas de gambas, y el **Etxaniz** (Fermín Calbeton), con su ajoarriero y sus champiñones con jamón.

En Gros

Sólo por visitar cuatro bares merece la pena recorrer este barrio. **El Patio de Ramuntxo** (Peña y Goñi, 10) es taberna andaluza en su estética y bar de pintxos donostiarras en su barra. El bar restaurante **El Lagar** (Zabaleta, 55), además de tapas y raciones, ofrece una buena selección de vinos. **El Bergara** (General Artetxe) ha ganado todos los premios de pinchos que se organizan en Donostia; se puede pedir cualquiera de sus gollerías, porque es imposible quedar defraudados. El chef del **Aloña Berri** (Berminghan) pudo haber sido uno de los grandes de la nueva cocina. Sus creaciones, como la tartaleta de hongos, siguen provocando envidia a cocineros como Arzak o Arguiñano.

En el centro

Los bares están dispersos y por tanto es más difícil hacer una ronda. En **Hika-mika** (Etxaide, 4), nueva sede de los mentores del antiguo Astelena, siguen bordando el pincho de ropavieja, las croquetas de queso y marisco o el hojaldre de chipirón y mejillón. En **Vallés** (Reyes Católicos), el jamón es su especialidad, mientras que en el **Iturrioz** (San Martín) los son las anchoas rellenas. Una de las barras más completas es la del **Oñatz** (Urdaneta), donde su cestillo de bacalao sólo ha suscitado elogios. Se puede terminar la ronda en **Aloña Mendi** (Fuenterrabía), con la txalupa de txangurro o el paquetito de bacalao. Cercano a la Concha, en **La Espiga** (San Marcial), los camareros cantan unas banderillas entre las que destacan la croqueta de pollo, la milanesa, o el jalisco de jamón con champiñón.

COMER

*Todo el mundo ha oído hablar de la calidad de la cocina donostiarra. Muchos gurús de la alta cocina española se iniciaron en estos fogones, algo que se nota en la fantasía de la elaboración de los productos. Platos imaginativos basados en la cocina tradicional vasca, pero siempre con alguna idea original. Este lujo y calidad quedan reflejados en el precio, por lo que puede resultar imposible disfrutar de algunos santuarios de la nueva cocina vasca **(Arzak, Casa Nicolasa, Akelarre** o **Panier Fleuri),** donde no se come por menos de 48-60 €. Se puede, sin embargo, comprobar la buena mano de los cocineros locales en los menús degustación, recurriendo a las sidrerías o simplemente en los restaurantes de la gama media, donde también se pueden degustar unas especialidades locales muy recomendables.*

Casas con menú (menos de 18 €)

Parte Vieja

La Cepa

31 de Agosto, 9. Telf. 943 426 394.
Para comer raciones y cazuelas de todo tipo, así como bocadillos.

Aralar

Puerto, 10.
Telf. 943 423 086.
Taberna típica con cocina casera y popular. Guisos sencillos y sin artificios.

Egosari

Fermín Calbeton, 15.
Telf. 943 425 780. Pequeño bar de *pintxos,* raciones y ricas brochetas, en su comedor especialidades vascas.

Centro y otros barrios

Valles

Reyes Católicos, 10. Telf. 943 452 210.
Una taberna en el centro para comer de forma informal cazuelas y raciones.

La Perla

Paseo de la Concha, s/n.
Telf. 943 462 484. Su interés está en lo estratégico del lugar, en pleno centro del paseo de la Concha. Sirven un menú muy ajustado, que se hace más caro por la noche y los fines de semana.

Restaurantes (desde 21 €)

En la parte vieja

Casa Vergara (Mayor, 21; telf. 943 431 073) ofrece cocina tradicional donodtiarra en la que destacan los chipirones y el bacalao elaborado de diferentes maneras.

Astelena 97 (Euskal Herria, 3; telf. 943 425 867) se ha impuesto en la parte vieja por sus ajustados precios y alta calidad.

La Rampa (Muelle, 26; telf. 943 421 652) tiene una magnífica terraza veraniega en pleno puerto. Imposible más sabor marinero, tanto por el marco como por la oferta de incuestionable calidad y frescura.

La Muralla (Embeltran, 3; telf. 943 433 508) es un restaurante de calidad a caballo entre la cocina tradicional y la de autor. Sabrosos platos como la lasaña de marisco con crema de cebolleta, el rissoto de hongos con foie...

En el comedor de **Narru** (Miguel Imaz, 10; telf. 943 298 368; precio medio, 50 €), bar de vinos y pintxos, se puede degustar lo mejor de la gastronomía vasca en platos de gran originalidad.

Un clásico en la parte Vieja es **Urola** (Fermín Calbetón, 20; telf. 943 423 424; precio medio, 45 €), que destaca por su oferta de cocina casera presentada de forma novedosa.

En otros barrios

El Patio de Ramuntxo (Peña y Goñi, 10; telf. 943 321 661) ofrece platos en los que se agradece el ingenio que se aplica a productos cuyo coste no hace disparar la cuenta. Encontramos platos tradicionales (el arroz con almejas, por ejemplo) o más sofisticados (el capuccino de cardos y trufas, las manitas rellenas de foie a la plancha...). Por último, **Ni Neu** (avenida de la Zurriola, 1; telf: 943 003 162; precio medio, 30 €) es la nueva oferta gastronómica en el Palacio del Kursaal con opciones para cada momento: *pintxos,* miniplatos, raciones, menús y carta.

DURANGO

BIZKAIA. 28.229 habitantes

CIUDAD MEDIA DE SERVICIOS, COMERCIAL, CULTURAL Y DE OCIO DE LA COMARCA DEL DURANGUESADO, UN VALLE PRIVILEGIADO EN EL CORAZÓN DE LA BIZKAIA AGRÍCOLA Y RURAL, CON PARAJES DE EXCEPCIONAL BELLEZA Y MUCHA CARGA MITOLÓGICA. CUENTA CON UN CASCO ANTIGUO BIEN CONSERVADO Y ALGUNOS DE LOS RESTOS ARTÍSTICOS MÁS ANTIGUOS DE LA PROVINCIA EN SUS ALREDEDORES.

INFO

Oficina de Información Turística de Durango y Duranguesado
Lariz-Torre kalea, 2.
Telf. 94 603 39 38.
Centro de Interpretación del Parque Natural de Urkiola
Caserío Toki-Alai Telf. 94 681 41 55.

DORMIR

HOSTAL JUEGO DE BOLOS✪✪

San Agustinalde, 2. Telf. 94 681 10 99.
La mejor opción en el centro del pueblo. Modernizado con gusto y a un paso de las calles más animadas del casco antiguo. Habitación doble: 50-70 €.

CASA RURAL IMITTE-ETXEBARRIA

Atxondo. Telf. 94 623 16 59.
En el barrio límite de Atxondo, otra de las localidades del Duranguesado, está esta casa rural rodeada de naturaleza. Tranquilidad asegurada y vistas a las montañas. Habitación doble: 56 €.

Otros hoteles de precio más elevado

El **Gran Hotel Durango**✪✪✪✪ (Gazteiz Bidea, 2; telf. 94 621 75 80; habitación doble: 130-160 €)

Tiene prestaciones suficientes y vistas a las crestas del Amboto y Urkiola. También es recomendable el **Hotel Kurutziaga**✪✪✪ (Kurutziaga, 52; telf. 94 620 08 64; 70-100 €), con magníficas instalaciones y restaurante.

DE PINCHOS

Goienkalea, en el casco antiguo, ha sido desde siempre la calle de los potes de Durango. La costumbre se mantiene con nuevos bríos y, como en muchos lugares de Euskadi, por la noche se transforma en una gran zona de marcha al aire libre.

De las tascas antiguas, **La Txantonesa** y el **Amboto,** ampliamente reformado, tienen un aire entre lo nuevo y lo antiguo. Ofrecen un menú del día de gran calidad. **Pausta** (Barrenkale) continúa a la cabeza de bares dedicados a elaborar pinchos con cierta imaginación. Más moderno es **Leku Berri,** con excelentes pinchos y triángulos. Pegado al mercado se encuentra el **Txoko,** con algunas tapas y, sobre todo platos combinados, **Los Kandiles** (Kalebarri), que han elegido la fórmula de los bocadillos, y el **Pol Pol** (frente al Ayuntamiento), con platos de tortilla. En la parte más moderna del casco urbano, la avenida de Zumárraga, los bares **Sagarna, Leceer** y **Dallas** cuentan con buenos platos de pinchos y banderillas.

COMER

Casas con menú (menos de 15 €)

LA TXANTONESA

Goienkale, 3. Telf. 94 620 21 13.
Es una de las mejores casas de comidas de Durango. Menús populares, bien surtidos y ambiente de taberna.

AZKEN

Orozketa Auzoa, 28. Telf. 94 681 08 86.
Magnífico merendero en pleno monte, en el término municipal de Lurreta. A diario ofrecen menús completos y se pueden comer unas alubias exquisitas.

LARRINAGATXU

Barrio de Larrinagatxu, s/n.
Telf. 94 681 49 66. Uno de los numerosos caseríos de monte transformado en restaurante. Menús sencillos y baratos y platos caseros y abundantes. Especial, la porrusalda con costilla y el cabrito en menestra.

Restaurantes (desde 25 €)

El restaurante **Txakoli Larrinagatxu** (Larrinagatxu, 4; telf. 94 681 49 66) ofrece cocina tradicional vasca con platos de temporada y repostería casera. Precio medio, 35 €.

En la animada **Sidrería Kupela** (Sabigain, 2; telf. 94 681 66 58) se puede tomar un menú de sidrería en el centro del pueblo.

Landajuela (Barrio Urkiola. Abadiño; telf. 94 681 56 78) es un restaurante de cocina tradicional especializado en cordero y merluza.

En el **Asador Goiuria** (Goiuria, 21; telf. 94 681 08 86/ 75 81), próximo a la salida de la autopista y la carretera N 634, son recomendables los pescados y carnes a la brasa.

ÉCIJA

SEVILLA. 36.911 habitantes

RECORRER SUS CALLES, VISITAR SUS PALACIOS, CASAS SEÑORIALES, IGLESIAS Y CONVENTOS O INTERCAMBIAR IMPRESIONES CON SUS CIUDADANOS, GENTE CON UN ENORME SENTIDO DEL HUMOR, SON RAZONES DE PESO PARA DETENERSE EN ESTA SINGULAR CIUDAD A ORILLAS DEL RÍO GENIL.

INFO

Oficina de Turismo
Palacio Benamejí. Elvira, 1.
Telf. 95 590 29 33. www.ecija.es
Estación de autobuses
Avda. del genil esq. avda. Blas de Infante.
Telf. 954 830 239.

DORMIR

HOTEL CIUDAD DEL SOL✪✪✪

Miguel de Cervantes, 50.
Telf. 95 483 03 00. También conocido como Casa Pirula. Reformado en los últimos años, todas las habitaciones tienen televisión, aire acondicionado y teléfono. A tan sólo 8 minutos caminando de la plaza de España; tiene un amplio aparcamiento y un bar-restaurante muy concurrido.
Habitación doble: 66 €.

HOTEL ASTIGI✪✪

Telf. 95 590 50 55. Ctra Madrid-Cádiz, km 450. Hotel de carretera limpio y confortable. Habitación doble: 65 €.

HOTEL PLATERÍA✪✪

Platería, 1. Telf. 95 590 27 54.
De nueva apertura, es una antigua casa reformada como hotel, en la misma Plaza de España. Habitaciones bien equipadas y restaurante.
Habitación doble: 65 €.

EL TAPEO

Los buenos bares de tapas, muy abundantes en Écija, se reparten por toda la ciudad. El salmorejo ecijano, el pulpo a la gallega, el pescaíto frito, las tortillitas de camarones, el *flamenquín* o el rabo de toro, entre una relación interminable, suelen encontrarse en la mayoría de ellos.

En la plaza de España son clásicos **El Bisturí** y el **Cuatro Puertas. Casimiro** es un sitio muy popular en la plaza de Santa María, En la plaza de Puerta Cerrada hay tres, todos con una oferta muy sabrosa: **Cruz Roja, Manolo** y el mesón **La Cárcel.** En la avenida de los Emigrantes, el **Puchero Nuevo** es un lugar muy agradable donde tapear. Abundantes raciones, tanto que puede comerse con ellas, sirven en el mesón **Juan Antonio,** en la plaza de Giles y Rubio. En la avenida del Genil, además del afamado **Pirula,** cuyos desayunos con manteca *colorá* atraen a gran cantidad de público, es excelente también el **Mesón Ecijano. La Tapita,** en la calle Córdoba, sólo ofrece tapas caseras. **Hispania,** en Virgen del Soterraño, tiene especialidades como el *carpaccio* de bacalao.

COMER

Casas con menú (menos de 15 €)

CASA PIRULA

Miguel de Cervantes, 50.
Telf. 95 483 03 00. Es el restaurante del hotel Ciudad del Sol y en el comedor sirven menús. También se puede comer a base de raciones y tapas en las mesas del bar (la de paella o la cola de toro están exquisitas).

PASARELI

Pasaje Virgen del Rocío. Cocina tradicional, menú del día y platos combinados.

Restaurantes (sobre 24 €)

Palacio de Santaella (Ignacio de Soto, 8; telf. 95 483 00 13; precio medio, 35-40 €) es un conseguido establecimiento ubicado en un palacio del siglo XVIII. Cocina de la tierra con toques creativos, con sugerencias como las croquetitas de cola de toro y espinacas, y platos de siempre como el arroz caldoso con mariscos.

Junto a la vieja travesía, prácticamente enfrente del Parque San Pablo y del Genil está el **Mesón Juan Antonio** (plaza Giles y Rubio, 10; telf. 95 590 16 48), este es un establecimiento con solera y buen hacer. Buenas carnes a la brasa.

EIVISSA/ IBIZA

ISLA DE EIVISSA. 33.223 habitantes

La ciudad de Ibiza, o Eivissa-Vila, es la capital de la isla homónima y del subarchipiélago de las Pitiusas. Es una ciudad moderna y cosmopolita, con un amplio puerto y una importante oferta turística, que sin embargo ha sabido conservar el encanto y tipismo de la ciudad vieja, encarnada en los barrios de Dalt Vila, Sa Marina y Sa Penya. Especialmente reputada es la estival noche ibicenca, loca y permisiva.

INFO

Oficinas de Turismo
Durante la temporada turística hay abierta una oficina de información turística en el vestíbulo de llegadas del aeropuerto. Telf. 971 809 118.
Hay otra oficina en el muelle (plaça Antoni Riquer), frente al edificio de la Estación Marítima. Telf. 971 301 900.
Puede solicitarse información adicional al **Consell Insular d'Eivissa i Formentera** (av. Espanya, 49; telf. 971 195 900) y al **Foment de Turisme d'Eivissa i Formentera** (Historiador Josep Clapés, 4; telf. 971 302 490). www.caib.es
Aeropuerto. En Sant Josep de sa Talaia. Telf. 971 809 000.
Trasmediterránea. Telf. 902 454 645.
Taxis. *Radio Taxi.* Telf. 971 398 483.
Coches de alquiler. En el vestíbulo de llegadas del aeropuerto hay oficinas de las empresas: *Avis* (telf. 902 180 854), *Hertz* (telf. 971 809 178), *Betacar/Europcar* (telf. 971 395 384), *Nacional/Atesa* (telf. 971 395 393), etc. En Eivissa-Vila: *Avis* (avinguda Santa Eulària 17; telf. 971 313 163).
Lanchas. Hay lanchas constantes a la platja de Talamanca en toda época del año; parten cerca del monumento a los Corsarios. Excursiones a Platja d'en Bossa, Santa Eulària, Formentera, etc. Telf. 971 190 961.

DORMIR

Como enclave eminentemente turístico –incluyendo las playas de Figueretes, d'en Bossa y Talamanca– Eivissa posee una excelente infraestructura hotelera. Sin embargo, la mayoría son hoteles de playa de 3 y 4 estrellas, sin ninguna personalidad, o bien antiguas pensiones reconvertidas en alojamientos exclusivos cuyos precios en temporada alta rebasan ampliamente el presupuesto de un viajero medio. Así el ***Hotel Los Molinos***✪✪✪✪ *(Ramón Muntaner, 60; telf. 971 302 250; Platja de ses Figueretes; 115-200 €), el* ***Royal Plaza***✪✪✪✪ *(Pere Francés, 29; telf. 971 310 000; 115-210 €), en pleno centro de la ciudad, y los "glamourosos"* ***El Corsario***✪✪ *(Ponent, 5; telf. 971 301 248; 110-145 €) y* ***La Ventana***✪✪ *(Sa Carrosa, 13; telf. 971 390 857; 85-240 €), ambos en Dalt Vila. Sin embargo estos dos últimos son muy recomendables en temporada baja, cuando los precios se reducen considerablemente. Para los hoteles de playa sugerimos reservar los mismos formando parte de un paquete turístico, con notables descuentos. A continuación una breve selección de establecimientos con buena relación calidad-precio:*

HOTEL MARÍTIMO✪✪
Ramón Muntaner, 48.
Platja de Figueretes. Telf. 971 302 708. Fax: 971 301 438. Sencillo y práctico hotel de playa con 77 habitaciones con baño, piscina y bar-restaurante. Abre de marzo a noviembre.
Habitación doble: 35-192 €.

HOSTAL EL PUERTO✪✪
Carlos III, 22. Telf. 971 313 827.
Hotel funcional muy frecuentado por ejecutivos medios. Tiene bar y restaurante. Ubicado en la zona nueva del Ensanche, próximo al puerto. Abierto todo el año. Habitación doble: 55-162 €.

HOSTAL LA MARINA✪
Barcelona, 7.
Telf. 971 310 172. Sus habitaciones, desde 1862, dan justo al muelle donde atracan de día y de noche los buques llegados de otros puertos. Las habitaciones con baño, aire acondicionado y televisión cuestan 50-110 €. Dispone de habitaciones más económicas en inmuebles cercanos. Tiene un buen restaurante anexo.

HOSTAL EL PARQUE✪
Plaça del Parque, 4. Telf. 971 301 358. Abierto todo el año. Hostal familiar, de ambiente agradable, regentado por su propia dueña, muy próximo al passeig Vara del Rey y a los accesos a Dalt Vila. Habitación doble: 50-100 €.

HOSTAL SOL Y BRISA✪
Bartomeu Vicente Ramón, 15.
Telf. 971 310 818. Muy céntrico, en el Ensanche, en una calle paralela al passeig Vara del Rey. Ofrece 20 habitaciones con lavabo. Sencillo pero acogedor. Abre todo el año.
Habitación doble: 33-45 €.

Otros hoteles de precio más elevado

En la Platja de Talamanca, ubicado junto a la Marina de Botafoch, se halla **El Corso**✪✪✪ (S'Illa Plana, s/n; telf. 971 312 312; 80-240 €). Su rótulo azul es lo primero que se ve cuando se entra en barco en el puerto de Eivissa. Dispone de 175 habitaciones con todos los equipamientos de su categoría. En él tiene su sede la reputada discoteca Habana Corso, abierta todo el año.

El **Hostal Montesol**✪ (passeig Vara de Rey, 2; telf. 971 310 161; fax: 971 310 602; 70-115 €) fue pionero en el turismo insular. Muy céntrico y cerca del puerto, construido en 1934 y renovado en 1996. El hotel y su cafetería son toda una institución en Eivissa, con su aire vagamente colonial y decadente.

EL TAPEO

No hay una zona específica de tapeo en Eivissa, pero sí un buen número de bares diseminados por varias zonas que ofrecen tanto tapas de origen peninsular como interesantes elaboraciones locales. Podemos empezar por **Can Micalitos,** en la Marina, junto al mercado de verduras, para dirigirnos después al paseo de Vara de Rey, donde se halla el moderno **Scenicus** (junto al Hotel Montesol), donde siempre ofrecen una amplia variedad de tapas con una excelente presentación. Cerca de Vara de Rey, encontraremos **sa Murada** (Cayetano Soler, 9), donde pueden degustarse raciones de ibéricos y buenos vinos; cuentan, además, con una acogedora terraza. Y finalmente, en **Claudio's** (Antoni Jaume, 3) también podremos deleitarnos con una amplia variedad de tapas, mientras que **La Llesca** (Carlos III, 21) es una pamboleria, es decir, que se puede saborear el tradicional pa amb oil acompañado de quesos y embutidos.

COMER

Como en cualquier lugar de España, el viajero encontrará sin problemas el clásico bar que ofrece un menú económico de comida casera. Mas si se quiere degustar la auténtica comida ibicenca habrá que estirar un poco más la cartera, pues los pescados y mariscos locales forman siempre parte importante de la carta. En los restaurantes de playa se suelen preparar al horno o a la plancha. Los platos típicos isleños requieren de una mayor elaboración.

No debería uno marcharse sin probar un guisat *o* bollit de peix; *con el caldo resultante de hervir varios pescados locales es común hacer una sopa de arroz y comer de segundo plato el pescado con las patatas untadas en* all i oli. *La* borrida de ratjada *es un plato casi olvidado que se está recuperando últimamente; los filetes de raya, previamente adobados con sal y limón, se cocinan con una salsa de ajos, pimienta y almendras. Platos típicos del campo son el* sofrit pagès, *el* arròs de matances *y el* frit de matances.

Dentro del capítulo de postres destaca la greixonera *(púding con restos de ensaimadas) y el* flaó, *tarta de requesón. Como en las otras islas, en Eivissa se toma el* palo *y* ses herbes. *Genuina de Eivissa es la* frígola, *licor de tomillo. Un mítico restaurante de Dalt Vila es* ***El Olivo*** *(plaça de la Vila; telf. 971 300 680), pero hay otros muchos que ofrecen estupendos guisos a precios más económicos.*

Casas con menú (menos de 15 €)

ANTONIO
Bisbe Abad y Lasierra, 21, piso 1º.
Telf. 971 300 577. Excelentes menús caseros.

LEONARDOR'S
Juan Carlos I, 3. Telf. 971 316 156.
Buen restaurante italiano y pizzería. Terraza mirando al puerto.

CAN COSTA
Carrer de la Creu, 19. Telf. 971 310 865. Restaurante de Sa Marina donde comen trabajadores de la zona y turistas de paso. Comida casera. Carta con carnes y pescados.

ES CAMÍ VELL
Urb. Ciudad Jardín III. Puig d'en Valls. Telf. 971 316 665. Muy popular entre los ibicencos, ofrece cocina de mercado con muy buena relación calidad-precio. Comidas caseras y menú.

LA MARINA
Barcelona, 7. Telf. 971 310 172.
Restaurante del puerto ubicado en los bajos del hostal homónimo. Pescados frescos, paellas y comida a la plancha. Menú económico.

SA CALDERA
Obispo Huix, 19. Telf. 971 306 416. Son especialistas en el *bollit de peix* y en marisco en general.

VICTORIA
Riambau, 1. Telf. 971 310 622.
Desde 1946 comidas caseras en el barrio de Sa Marina, a 100 m del puerto. Menú del día y platos a la carta.

Restaurantes (sobre 30 €)

Considerado como una de las catedrales de la cocina isleña está **Ca n'Alfredo** (passeig Vara del Rey, 16; telf. 971 311 274). Aparte de que las raciones son abundantes y la calidad inigualable, los precios son muy razonables. Por ello es muy recomendable reservar mesa. El restaurante abrió en 1934, siendo reformado en 1996 con una decoración modernista. Su carta contiene platos de la cocina tradicional ibicenca, como el *sofrit pagès*, la *borrida de ratjada*, los *calamars* o *albergínies farcits* (calamares o berenjenas rellenos), o *conill amb caragols* (conejo con caracoles); de postre *flaó* y *greixonera*.

San Telmo (Sa Drassana, 6; telf. 971 310 922) es un restaurante muy especial del puerto que, además de parrilladas de carne y pescados, elabora desde 1968 platos con un sofisticado toque francés.

Situado en una placita dentro de las murallas de Dalt Vila se halla **El Portalón** (plaça Desamparats, 1; telf. 971 300 852). Agradable restaurante, recoleto e íntimo en invierno y festivo en su terraza de verano. Carnes y pescados frescos. Cocina mediterránea, destacando su rape al Portalón. Cierra de noviembre a Semana Santa. Otro restaurante de cocina mediterránea es **Jack-Pot** (passeig Joan Carles I, s/n; telf. 971 313 312). Ubicado en las instalaciones del Casino de Eivissa abre sólo por las noches hasta las 2.30 h de la madrugada. En invierno hay un menú más barato que en verano, cuando es un verdadero placer cenar en la terraza con vistas sobre el puerto y la ciudad vieja.

CAFÉS

Es asignatura obligada tomarse un café o una copa en el **Montesol** (passeig Vara del Rey, 2); ambiente relajado en la cafetería de este carismático hotel que es toda una institución en Eivissa. Próximo a los mercados populares tampoco hay que perderse el **Teatre Pereyra** (Comte Rosselló, 5), café-concierto con música en vivo en lo que antaño fuera un distinguido teatro. Como clásico punto de reunión está el **Mar y Sol,** cafetería con terraza sobre el puerto para saborear el ambientillo antes o después de ir a cenar. Son también agradables puntos de reunión el **Can Pou** (en la Marina) y el **Madagascar** (plaza del Parque), entre otros muchos.

EJEA DE LOS CABALLEROS

ZARAGOZA. 16.249 habitantes

CAPITAL DE LA COMARCA DE LAS CINCO VILLAS, EJEA NO PUEDE CONSIDERARSE UNA CIUDAD MONUMENTAL, AUNQUE DESTACAN A PRIMERA VISTA SUS AMPLIAS CALLES Y PASEOS ARBOLADOS. LA CONSTRUCCIÓN DEL CANAL DE LAS BARDENAS EN LA DÉCADA DE LOS SESENTA FUE FUNDAMENTAL EN LA HISTORIA RECIENTE DE LA CIUDAD.

INFO

Oficina de Turismo
Caseta en la plaza de Magdalena.
Ayuntamiento. Avda. Cosculluela, 1.
Telf. 976 677 474. www.aytoejea.es

DORMIR

Hotel Cinco Villas✪✪

Paseo del Muro, 10.
Telf. 976 660 300. Es el alojamiento de mayor calidad y céntrico de la ciudad. Las habitaciones dobles, de dimensión media y con baño individual, cuestan entre 65-80 €.

Hostal Aragón

Mediavilla, 21. Telf. 976 660 630.
Está situado al lado del palacio del Carlista, su precio es más accesible, ofreciendo unas habitaciones de gran corrección.
Habitación doble, con lavabo: 35 €.

Pensión El Salvador

Concordia, 11.
Telf. 976 661 257.
Situada a la entrada de la ciudad por la carretera de Sádaba, posee unas habitaciones limpias y dispuestas con esmero. Dispone de buenos baños para cada cuatro habitaciones.
Habitación doble: 36 €.

Fonda Los Navarros

Mediavilla, 12, 1º y 2º.
Telf. 976 660 248.
Es la opción barata, algo desvencijada, pero sin dejar de resultar acogedora. También ofrece comidas a buenos precios.

EL TAPEO

En la plaza de España hay bares como **El Volante** o el **Mesón Benito,** que utilizan el porche que queda por encima de la plaza para colocar algunas mesas donde se sirven tapas y raciones de patatas a la brava, fritos, etc.

Alrededor de la plaza lo mejor en tapas se encuentra en bares como la **Taberna Moreno,** en la calle Mediavilla. Pero es a lo largo del paseo del Muro donde se localizan los bares más surtidos, como el **Bar Pirineos,** situado junto a la deliciosa plaza de la Magdalena.

COMER

Casas con menú (menos de 15 €)

Herdy

Paseo del Muro, 14.
Telf. 976 661 016.
Comida casera en un salón alargado inmediato a la barra. El menú cuesta más barato durante la semana que los fines de semana.

El Salvador

Concordia, 11.
Telf. 976 661 257.
Restaurante bien puesto, en la carta prima la cocina tradicional aragonesa.

Lo Fogaril

Joaquín Costa, 18.
Telf. 976 660 982.
Es el asador de la ciudad, con el inevitable ternasco como plato principal. El menú es barato.

Mesón Benito

Pza. España, 1. Telf. 976 660 030.
Un buen restaurante para disfrutar de la cocina tradicional y casera.

ELORRIO

BIZKAIA. 7.227 habitantes

ELORRIO ES LA LOCALIDAD MÁS MONUMENTAL DE TODO EL DURANGUESADO Y UNA DE LAS MÁS BELLAS DE BIZKAIA. SITUADA ENTRE ROCOSOS MACIZOS MONTAÑOSOS, SU CASCO URBANO ESTÁ PLAGADO DE CASAS BLASONADAS Y PALACETES DE LOS SIGLOS XVII Y XVIII, POR LO QUE NO ES DE EXTRAÑAR QUE HAYA SIDO DECLARADO CONJUNTO HISTÓRICO ARTÍSTICO.

INFO

Oficina de Turismo del Duranguesado
Niceto Urkizu, 11. Telf. 94 682 01 64.
www.durangaldea.com

DORMIR

*En el casco urbano hay un solo hotel de cierta categoría con restaurante, **Elorrio**✪✪✪ (Barrio de San Agustín, s/n; telf. 94 623 15 55; habitación doble: 78-90 €), en un entorno muy tranquilo y con magníficas vistas a las montañas, y un pequeño hostal.*

Berriolope

Berrio Auzoa, 10. Telf. 94 682 06 40.
6 habitaciones bien equipadas en un magnífico caserío enclavado en un paraje natural no muy alejado del centro de Elorrio. Habitación doble: 50 €.

DE PINCHOS

La zona de pinchos se reduce a los bares que hay en la plaza Gernikako Arbola y el recorrido por Erreka Kalea. Son pocos, pero buenos. Los más celebrados son el bar **Frontis** y el **Ibarra,** con una gran terraza, buen vino y buenos pinchos. En la misma plaza, la taberna **La Parra** también ofrece buenos bocadillos y tapas. A lo largo de

Erreka los bares son más sencillos, sólo para tomar vino y cerveza. Para picar algo más hay que dirigirse a la sidrería **Katxarro** (San Fausto Kalea), o a las tabernas de la calle Berrio-Otxoa.

COMER

Casas con menú (menos de 15 €)

LEJARAZU
Urarka Kalea, 10.
Telf. 94 658 33 04. En la salida del pueblo, junto al *batzoki* se encuentra este establecimiento de estilo rústico, techo con vigas de madera y paredes de piedra. Especialidades en productos a la parrilla y carne a la brasa. Los pescados pueden disparar algo la cuenta.

KATXARRO
San Fausto, 17.
Telf. 94 658 29 67.
Casa de comidas con cocina tradicional que ofrece tanto un menú del día como uno de sidrería.

Restaurantes (desde 24 €)

Elorrio (San Agustín, s/n; telf. 94 623 15 55) sirve cocina tradicional con detalles en algunas elaboraciones y excelente materia prima. Buenos precios, servicio profesional y agradable terraza cubierta. Tienen un menú del día y otro de fin de semana.
Erreleku Narru (San Agustín, 8; telf. 94 682 10 40) es un asador con especialidad en carnes y pescados a la parrilla.

ELX/ELCHE

ALICANTE. 201.730 habitantes

El palmeral de Elx, una auténtica joya natural diseminada en el paisaje urbano es desde el año 2000 Patrimonio de la Humanidad así como, "El Misteri", único ejemplo vivo de teatro religioso medieval que se representa de forma continuada desde el siglo XV.

INFO

Tourist Info Elx. Plaza del Parque Municipal, 3. Telf. 96 545 27 47.
Tourist Info La Marina D'Elx
Avda. de la Alegría, s/n.
Telf. 96 541 97 10.
Tourist Info Elx-Els Arenals del Sol
San Bartolomé de Tirajana, s/n.
Telf. 96 691 01 11.
Tourist Info Elx-Aeroport
Aeropuerto El Altet. Telf. 96 691 93 67.

DORMIR

HOSTAL CANDILEJAS✪✪
Doctor Ferrán, 19. Telf. 96 546 66 52.
Se encuentra un poco lejos del centro, pero no decepciona. 40-50 €.

HOSTAL GALICIA✪
Playa del Pinet. La Marina.
Telf. 96 541 91 82. Para los que quieren disfrutar de la playa, este alojamiento se encuentra a escasos metros de ella, a la vez que esta rodeado de pinos. Habitación doble: 35-75 €.

Otros hoteles de precio más elevado

Los hoteles **Huerto del Cura**✪✪✪✪ (Porta de la Morera, 14; telf. 96 661 00 11; www.huertodelcura.com; habitación doble: 90-177 €) y **Jardín Milenio**✪✪✪ (prolongación de Curtidores, s/n; telf. 96 661 20 33; habitación doble: 70-138 €) están inmersos en el paradisiaco palmeral y ofrecen calidad en los servicios. El **Tryp Ciudad d'Elx**✪✪✪ (av. Joan Carles I, 5; telf. 96 661 00 33; habitación doble: 60-117 €) es un establecimiento de gran lujo y confort.
Inaugurado en el 2001, el hotel **AC Elche**✪✪✪ (Almansa, 62; telf. 96 666 20 65; habitación doble: 60-110 €) ofrece toda la comodidad y funcionalidad de esta prestigiosa cadena hotelera.

EL TAPEO

En la plaza del Congreso Eucarístico comparten espacio **Arlequín** y **África,** en los que se puede degustar raciones de tortilla, boquerones en vinagre, etc. **Gambrinus,** en Diagonal del Plau, ofrece tapas excelentes junto a **Lizarrán** (Jaume, I) y **Nou Dicnic** (Juan Ramón Jiménez). La calle Corredera inyecta en las terrazas de La Glorieta, una buena dosis de dinamismo, con multitud de gente. La heladería **La Jijonenca** congrega a los que gustan del cremoso refresco y **La Royal** a los cafeteros y demás. Para los muy cerveceros, se recomienda visitar **Flaherty's.** De parecidas características es **Strasbourg** (Juan Ramón Jiménez), de estilo inglés y con amplia variedad de cervezas.

COMER

Casas con menú (menos de 15 €)

LINDES
Alberto Sols, 24.
Telf. 96 568 14 59. Un local con buen acondicionamiento y con precios bastante ajustados donde disfrutar de la cocina casera de la región.

SAN PLÁCIDO
Infante Don Manuel, 12.
Telf. 96 545 27 58. Abundante comida casera e ilicitana, pescado y postres típicos.

EL PERNIL
Juan Ramón Jiménez, 4.
Telf. 96 661 33 03. Tapas ilicitanas, *pipes i carasses*. Buen lugar para degustar marisco y pescado.

CHEZ ANTONIO
Empedrat, 10. Telf. 96 545 15 77.
Su cocina despide un sabor mediterráneo: pescados, calderos y arroces.

DOÑA ANA
Doctor Caro, 17. Telf. 96 544 44 94.
Cocina tradicional, carnes a la brasa, pescados y mariscos. Disponen de buenos menús de lunes a jueves y elaboran calderetas por encargo.

Restaurantes (sobre 30 €)

El restaurante del hotel Huerto del Cura, **Els Capellans** (Porta de la Morera, 14; telf. 96 661 00 11) es uno de los más exclusivos en la ciudad. Arroces y una carta que se renueva cada temporada. Un lugar especial es el **Mesón El Granaíno** (José María Buch, 40; telf. 96 666 40 80) que ofrece especialidades andaluzas y valencianas. Variada oferta de tapas en su barra.

L'ESCALA-EMPÚRIES

GIRONA. 9.829 habitantes

La pequeña localidad de L'Escala ha sido capaz de conjuntar el desarrollo económico basado en el turismo con las actividades tradicionales de la costa, como la pesca y la salazón de pescado. Gracias a ello ha obtenido una importante proyección nacional e internacional basada tanto en sus playas como en las famosas anxoves (anchoas) de L'Escala. Los servicios que ofrece esta localidad, especialmente durante el verano, son variados e interesantes. Muchos de ellos, como por ejemplo el submarinismo, se basan en el aprovechamiento de los recursos naturales. Muy cerca se encuentra Empúries, uno de los más importantes conjuntos arqueológicos de la costa mediterránea.

INFO

Patronato Municipal de Turismo
Plaça de les Escoles, 1.
Telf. 972 770 603.
www.lescala-empuries.com

DORMIR

La oferta de alojamiento de L'Escala no resulta abundante y además la mayor parte de los establecimientos sólo abre desde Semana Santa hasta octubre. En verano, debido a la afluencia de visitantes, se aconseja reservar con antelación.

HOTEL RIOMAR✪
Sant Martí d'Empúries.
Telf. 972 770 362.
El edificio, los jardines, el entorno, la piscina y, en general, todo en este hotel resulta agradable. La decoración interior, en la que la madera se mezcla con el ladrillo visto y el gres, crea un confortable ambiente que se continúa en las habitaciones, cuidadas y con bellas terrazas. El trato es agradable y casi familiar. El único problema es que sólo abre de abril a octubre.
Habitación doble: 85-110 €.

PENSIÓN LA VINYA✪✪
Av. Girona, 10.
Telf. 972 770 346.
Una de las ventajas de este establecimiento es que se encuentra abierto

durante todo el año, y otra es que se localiza en la vía que da entrada a la localidad, de manera que es fácil de encontrar. Sus habitaciones son funcionales pero con todas las comodidades. El menú de su restaurante incorpora buenos platos caseros. 40 €.

COMER

El pescado que se captura en la zona sirve de excelente base para elaborar una cocina marinera, e incluso para la casera, de excelente calidad.

Casas con menú (menos de 15 €)

SOTAVENT
Camí Ample, 13. Telf. 972 773 053.
La cocina mediterránea es la base del buen menú de este establecimiento, localizado muy cerca del paseo marítimo y de la playa, pero en pleno casco urbano de L'Escala. El inconveniente es que sólo abre de Semana Santa a octubre.

LA VINYA
Av. Girona, 10.
Telf. 972 770 846.
Éste es el restaurante de la pensión del mismo nombre, y su menú es una de las mejores opciones en esta parte de la localidad. La cocina es casera y cuidada, aunque sin lujos, y el trato agradable. La carta incorpora especialidades de la comarca y de la localidad.

ELS PESCADORS
Port d'En Perris, 5.
Telf. 972 770 728.
Se encuentra este restaurante en pleno Port d'en Perris, en la pequeña bahía natural que crean los cabos de la Punta y la Punta de l'Olla. Ofrecen cocina marinera y catalana, y la autenticidad de los productos y su frescura están asegurados. Ello se traduce en un menú realmente bueno y en una carta formada por exquisitos platos.

NIEVES MAR
Passeig Marìtim, 8. Telf. 972 770 300.
Establecimiento popular para degustar una auténtica cocina marinera.

ESPINOSA DE LOS MONTEROS

BURGOS. 2.573 habitantes

ESTA NOBILIARIA VILLA, CAPITAL DE UNA EXTENSA COMARCA GANADERA, SE OFRECE AL VISITANTE COMO PUERTA ENTRE LA MESETA Y LOS VALLES CÁNTABROS, ADEMÁS DE PUNTO DE PARTIDA DE INTERESANTES RUTAS POR LOS VALLES DEL MENA, EL TRUEBA Y LA MERINDAD DE SOTOSCUEVA.

INFO

Ayuntamiento. Plaza de Sancho García, 1. Telf. 947 120 002.
Centro de Iniciativas Turísticas
Plaza de Sancho García.
Telf. 947 120 510.
Proporcionan información sobre rutas de montaña y alojamientos en los alrededores de Espinosa.
www.espinosadelosmonteros.com
www.lasmerindades.com

DORMIR

HOSTAL SANCHO GARCÍA✪✪
Plaza de Sancho García, 4.
Telf. 947 120 042. Antigua fonda reformada. Las mejores habitaciones son las que dan a la plaza, con baño completo y acceso a amplias galerías acristaladas. 48 €.

HOSTAL EL RINCÓN
Plaza de Sancho García, 6.
Telf. 947 120 070. Pensión modesta que puede resultar una buena opción si no queréis gastaros mucho dinero. El baño es compartido y las habitaciones pequeñas pero muy luminosas. La dueña es encantadora.

COMER

Debido a la próspera economía ganadera de la villa y su comarca, la gastronomía se fundamenta en la carne, principalmente ternera, y los derivados de la leche, entre los que sobresalen los quesos, las quesadas y la mantequilla.

Casas con menú (menos de 15 €)

SANCHO GARCÍA
Plaza de Sancho García, 4.
Telf. 947 120 042.
Restaurante del hostal. Su elegante comedor invita a sentarse y degustar cualquiera de los platos que se ofertan en el menú del día. Bonito con tomate, osobuco guisado (pierna de vaca cortada transversalmente), bacalao rebozado o patatas a la riojana son algunas de sus especialidades.

EL RINCÓN
Plaza de Sancho García, 6.
Telf. 947 120 070. Cualquiera de los platos resulta exquisito en el rústico comedor de esta pensión, ubicado en el primer piso, con suelo de madera y grandes ventanales desde los que se divisa la plaza. Si vais en fin de semana no dejéis de probar las patatas rellenas. Sus ingredientes: secreto profesional de la cocinera.

MESÓN EL CUÉVANO
Fielatos, 5.
Telf. 947 120 193.
Decorado en el más puro estilo castellano, sobresale por la excelente preparación de sus platos de carne. El menú del día, incluye algunos guisos muy recomendables como la ternera en su jugo o el bonito encebollado.

ESTELLA

NAVARRA. 12.552 habitantes

SURGIDA A PARTIR DEL CAMINO DE SANTIAGO, ESTELLA ES UNA CIUDAD CON UN RICO PATRIMONIO CULTURAL Y MONUMENTAL, DE TRADICIÓN ARTESANA Y COMERCIAL, Y CARÁCTER ACOGEDOR HACIA LOS PEREGRINOS Y VISITANTES QUE ACUDEN HASTA ELLA.

INFO

Oficina de Turismo
San Nicolás, 1. Telf. 948 552 250.
www.estella-lizarra.com

DORMIR

HOTEL YERRI✪✪
Yerri, 35. Telf. 948 546 034.
Situado fuera del centro histórico, dispone de habitaciones exteriores en su mayoría y provistas de baño, televisión y teléfono. Bar y restaurante.
Habitación doble: 42-48 €.

PENSIÓN SAN ANDRÉS✪✪
Mayor, 1. Telf. 948 554 158. Este establecimiento, de trato familiar, se halla bien situado en el centro histórico. Sus habitaciones, limpias y provistas de televisión, dan a la plaza de Santiago.
Habitación doble: 27-30 €.

HOSTAL CRISTINA✪
Baja Navarra, 1. Telf. 948 550 450. En el centro histórico de la ciudad, junto a la plaza de los Fueros, dispensa un trato afable y posee habitaciones limpias y provistas de televisión. 42 €.

FONDA IZARRA
Calderería, 20.
Telf. 948 550 678. En el centro histórico, tiene cinco habitaciones dobles, sin baño ni lavabo. 24 €.

DE PINCHOS

La población de Estella dispone de una gran cantidad de bares para tomar vinos, pero si además se desea acompañarlos de ricos y variados *pintxos* hay que acudir, entre otros, al bar **Amaya** (pza. de la Coronación), a **Lerma** (Inmaculada, 36), del que se recomiendan en particular los de calamar y croqueta, y a **La Moderna** (Inmaculada, 10).

COMER

En Tierra Estella se asientan tres denominaciones de origen: la del queso de Idiazabal, de las sierras de Urbasa y Andía; el pimiento del piquillo, de Lodosa y poblaciones cercanas de la Ribera estellesa, y la adscripción de varias de esas mismas localidades a la denominación de origen Rioja. Aunque no son exclusivos de Tierra Estella, los espárragos son muy afamados y su industria conservera es una de las más antiguas y reconocidas. En cuanto a los platos típicamente estelleses, habría que citar, sin duda, el tierno y crujiente gorrín asado (cochinillo). Entre la repostería desta-

can las alpargatas (hojaldre relleno de crema de almendras) y las rocas del Puy (avellanas enteras cubiertas de chocolate).

Casas con menú (menos de 15 €)

SIDRERÍA CACHETAS
Estudio de Gramática, 1.
Telf. 948 550 010. Es el más antiguo de Estella, que tan buenos momentos deparaba, ha cedido a las exigencias del mercado y se ha convertido en una estupenda sidrería según parámetros guipuzcoanos. Al principio se hecha en falta el ajoarriero y los menudillos de cordero del antiguo local pero se olvidan cuando se degusta el imponente chuletón que sirven con tortilla de bacalao, queso y membrillo.

CASANOVA
Nueva, 7.
Telf. 948 552 809. Es uno de los preferidos por las gentes de Estella y su comarca. Destaca por la buena calidad de su cocina casera, la abundancia de sus platos y el ajustado precio.

IZARRA
Calderería, 20.
Telf. 948 550 024/ 550 678. Muy frecuentado por la gente joven, posee un amplio abanico de posibilidades, ya que se puede elegir entre bocadillos, platos combinados, menú y carta. Cocina tradicional y casera.

ROMA
Chapitel, 17. Telf. 948 546 816. Menús de factura casera, platos combinados y bocadillos. Menú los días laborables.

Restaurantes (sobre 24 €)

La carta del restaurante **Navarra** (Gustavo de Maeztu, 16; telf. 948 550 040) es un prontuario de la cocina navarra que requiere una lectura atenta. En caso de dudas, probar los espárragos rellenos, pochas con almejas o el ajoarriero. De postre es de obligado cumplimiento probar el helado Blanca de Navarra.

ESTEPA

SEVILLA. 12.153 habitantes

ESTEPA ES UNA CIUDAD TRANQUILA Y MUY PECULIAR, DISPUESTA EN PLAZAS Y CALLES ESCALONADAS QUE CUBREN LA LADERA DEL CERRO DE SAN CRISTÓBAL, DESDE DONDE LA VISTA ALCANZA LAS PROVINCIAS DE CÓRDOBA, MÁLAGA Y GRANADA.

INFO

Oficina de Turismo
Aguilar Cano. Telf. 95 591 27 17.
www.estepa.com

DORMIR

HOSTAL EL BALCÓN DE ANDALUCÍA✪✪
Avda. Andalucía, 23.
Telf. 95 591 28 34. Sencillo y confortable. Tiene piscina para el verano y restaurante. Habitación doble: 45 €.

HOSTAL CALA D'OR✪
La Senda, 2. Telf. 95 591 32 45. Un poco separado del centro, es un pequeño hostal de 6 habitaciones con baño (una de ellas con cama de matrimonio, un baño muy amplio y terraza). Limpio y cuidado.
Habitación doble: 42 €.

HOSTAL RICO✪
Avda. de Andalucía, 130.
Telf. 95 591 29 37.
La entrada, a través del bar y la cocina, decepciona, pero el patio, alrededor del que se distribuyen las habitaciones, es tranquilo y agradable. Es bastante fresco en verano y todas las habitaciones tienen baño.
Habitación doble: 35 €.

COMER

Casas con menú (menos de 15 €)

CALA D'OR
La Senda, 2. Telf. 95 591 32 45.
Tiene un comedor amplio y concurrido en el que sirven cocina casera.

BAR KIKO
Ubicado en la plaza del Carmen.
Ofrecen principalmente montaditos calientes y tapas, pero también sirven raciones, guisos del día y platos combinados. Muy animado siempre por la gente del pueblo.

ESTEPONA

MÁLAGA. 54.709 habitantes

ES UNA DE LAS VILLAS TURÍSTICAS MÁS IMPORTANTES DE LA COSTA DEL SOL, QUE, BAJO LA PROTECCIÓN DE LA SIERRA BERMEJA, HA SABIDO CONJUGAR LOS VESTIGIOS DE LA ANTIGÜEDAD CON LAS MÁS SOFISTICADAS MUESTRAS DE LA ARQUITECTURA MODERNA.

INFO

Oficina Municipal de Turismo
Avda. San Lorenzo, 1. Telf. 952 802 002.
www.estepona.es

DORMIR

Estepona posee un nutrido elenco de alojamientos, algunos tal encantadores como el ***Hotel Albero Lodge✪✪*** *(Támesis, 6; Finca la Cancelada; telf. 952 880 700; 90-120 €), y otros tan lujosos como el* ***Hotel Atalaya✪✪✪✪*** *(ctra. N 340, km 168; telf. 952 889 000; habitación doble: 165-275 €) que compagina la cercana playa con un campo de golf.*

HOTEL ALTAMARINA✪✪
Avda. de San Lorenzo, 32.
Telf. 952 806 155.
Situado cerca del centro urbano y de la playa. Ofrece todas las comodidades. Habitación doble: 60-110 €.

HOTEL BUENAVISTA✪
Paseo Marítimo, 180. Telf. 952 800 137.
La verdad es que el nombre no puede ser más apropiado, aunque cuenta con algunas habitaciones interiores. Todas disponen de baño completo, televisión, teléfono y una agradable terraza.
Habitación doble: 45-65 €.

PENSIÓN LA MALAGUEÑA✪✪
Castillo, 1.
Telf. 952 800 011.
Sus confortables habitaciones tienen televisión y todos los colchones son nuevecitos. Además, está situado en uno de los lugares más bellos de Estepona, en la plaza de las Flores.
Habitación doble: 33-55 €.

EL TAPEO

En Estepona las raciones son un homenaje gastronómico que encuentra su marco apropiado en la llamativa plaza de las Flores, epicentro de las estrechas calles del casco antiguo. El frescor de las plantas que envuelven las terrazas la convierten en uno de los rincones más concurridos. Aquí encuentran acomodo **Sureña** con una amplia variedad de tapas, y el mesón **Cordobés,** toda una institución de visita obligada, en cuyo comedor destaca la carne en salsa. Pero también el laberinto de calles del casco antiguo nos depara otros encuentros muy satisfactorios. Cerca de las ruinas del castillo, en la calle Viento, podemos hacer un avituallamiento en **El Capote,** y saliendo de la plaza Las Flores por la calle Rosales, bastarán dos pasos para llegar a **Los Rosales** (Damas), más idóneo para comer de mesa y mantel que para tapear, famoso por su comedor de ambiente marinero y un *pescaíto* que es gloria bendita. Un poco más arriba, subiendo por la calle Terraza hasta la plaza llamada del Huevo (Antonia Guerrero), nos encontramos con la amplia variedad de tapas de **La Palma** y **La Jerezana** (en Extremadura), con sus callos y choricitos picantes. Otros locales con gran solera, repartidos en ambos extremos del casco antiguo son el trío que forman en la calle Caridad el **Típico Andaluz** y **La Taberna de Lucía**; y en la avenida de San Lorenzo el **Simón,** con sus patatas con bacalao y muchas cosas más.

COMER

Casas con menú (menos de 15 €)

AGUILAR
Real, 56.
Con una interminable lista de raciones, es uno de los más reconocidos del centro por su buena relación calidad-precio. Especial mención merece la paella.

Buenavista
Real, 149. Telf. 952 806 452. Situado junto al Paseo Marítimo, se puede comer a la carta por menos de este precio, aunque dispone de un variado menú muy económico que nada tiene que envidiar a la carta.

La Peña
Terraza, 85.
Telf. 952 800 057. Casa de comidas frecuentada por trabajadores, o lo que es lo mismo, garantía de buena cocina casera.

Restaurantes (desde 25 €)

La Alcaria de Ramos (ctra. de Málaga-Cádiz, km 167; urb. Paraíso, Vista al Mar, 1; telf. 952 886 178) es el lugar ideal para degustar excelente cocina tradicional en una casa de estilo andaluz.

La Menorah (ctra. N 340, km 151, Urb. Arena Beach, 2ª fase; telf. 952 792 734) ofrece cocina española imaginativa bien elaborada con buenas materias primas y un menú degustación a un precio razonable.

EZCARAY

LA RIOJA. 1.812 habitantes

Destino clásico del veraneo de la burguesía del norte y de Madrid, Ezcaray es un importante centro turístico vinculado a actividades en la naturaleza y deportivas (a 15 km se halla la estación de esquí de Valdezcaray).

INFO

Oficina de Turismo
Sagastía, 1. Telf. 941 354 679.
www.ezcaray.org

DORMIR

Hotel Echaurren✪✪✪
Héroes del Alcázar, 2. Telf. 941 354 047. Hotel de calidad que estéticamente conjuga lo rústico, lo clásico y elementos señoriales. Las habitaciones, elegantes y todas exteriores, tienen hermosas vistas. En 1987 Marisa, la propietaria, obtuvo el Premio Nacional de Gastronomía. Habitación doble: 102 €.

Apartahotel Ubaga
Arzobispo Barroeta, 20.
Telf. 941 427 488. Opción de lo más aconsejable. Dispone de estudios y pequeños apartamentos, todos ellos con baño completo, pequeña cocina con todo el menaje, una mesa, sillas y televisión. Trato familiar. 45-75 €.

Hotel Iguareña✪✪
Lamberto Felipe Muñoz, 14.
Telf. 941 354 144. Las habitaciones y los baños son algo pequeños, pero todas son exteriores y tienen vistas a la montaña. Cuenta con una acogedora salita con chimenea donde pasar un rato tranquilo. 65 €.

Casa Zaldierna
Puente, s/n. En **Aldea de Zaldierna.**
Telf. 941 427 153. Ofrece ocho plazas en habitaciones con baño, además de jardín y sala de estar con chimenea. Correcta casa de turismo rural, en un entorno idílico para descansar y disfrutar de la naturaleza. Buen trato y mejor cocina. 55 €.

Albergue de Ezcaray
Ctra. de Santo Domingo, s/n.
Telf. 941 354 474. Ocupa la antigua Real Fábrica de Santa Bárbara. Las habitaciones no tienen cuarto de baño, pero unos grandes aseos siempre impecables hacen de este sitio algo original y recomendable.

COMER

Casas con menú (menos de 15 €)

Iguareña
Lamberto Felipe Muñoz, 14.
Telf. 941 354 144.
El elegante y agradable restaurante del hotel del mismo nombre es especialista en la nueva cocina riojana. Ofrece originales platos como salmón marinado, milhojas de bacalao o rabo de buey al vino tinto. El menú siempre incluye platos de la carta.

Ubaga
Arzobispo Barroeta, 20.
Telf. 941 427 488. Pequeño mesón especialista en *patorrillo* (patitas de cordero) y ternera rellena. El menú del día es muy recomendable.

Albergue de Ezcaray
Ctra. de Santo Domingo, s/n.
Telf. 941 354 474.
Conserva el estilo de los grandes comedores castellanos medievales. Puede resultar bastante económico acogerse a la pensión completa. Entre sus especialidades están las croquetas, los cardos con almendras y las menestras.

Bodegón Lladito
Sagastía, s/n.
Telf. 941 427 380. Bastante más sencillo que los anteriores, este pequeño restaurante frecuentado por trabajadores sirve durante todo el año menús caseros de generosas cantidades.

Restaurantes (sobre 21 €)

Sólo por comer en el **Echaurren** (Héroes del Alcázar, 2; telf. 941 354 047) habría que viajar hasta Ezcaray. Imaginación y modernidad sobre las bases de la cocina tradicional riojana que en esta casa nunca defraudan y donde además se puede pedir pescado. Los postres se encargan al principio para que se vayan elaborando. Los precios son apañadísimos, pero si se peca de gula la cuenta puede incrementarse.

La **Casa Masip** (en la avenida de la Academia Militar, 6; telf. 941 354 327) es un rústico restaurante todo en piedra y vigas vistas, con una extraordinaria terraza interior. Su cocina riojana incluye morcilla de Ezcaray, pisto riojano, hojaldre de trigueros, lomos de ciervo y de postre *pantxineta* o queso de Idiazábal.

FELANITX

ISLA DE MALLORCA. 18.270 habitantes

Agradable población del sureste mallorquín, rodeada de un bucólico paisaje agrícola. A 12 km se halla Porto Colom, su antiguo puerto pesquero y hoy tranquilo centro de veraneo.

INFO

Oficina Municipal de Información Turística de Porto Colom
Avda. Cala Marçal, 15.
Telf. 971 826 084.
Oficina de Información Turística de Cala Ferrara
Telf. y fax: 971 659 760.
www.felanitx.org

DORMIR

Hotel Cala Marsal✪✪✪
Playa de Cala Marçal. **Porto Colom.**
www.hotelclubcalamarsal.com
Telf. 971 825 225. Fax: 971 825 250. Uno de los mejores alojamientos de Porto Colom, ubicado en la hermosa playita de Cala Marçal, y con precios muy ajustados para su categoría y servicios. Habitaciones amplias con hermosas vistas a la playa. Abierto de abril a noviembre. Habitación doble: 30-54 €.

Hostal San Francisco✪
Avda. Cala Marçal, s/n.
Porto Colom. Telf. 971 825 614.
Sencillo y céntrico hostal familiar, con 24 habitaciones. Dispone de cafetería. A 500 m de la playa de Cala Marçal. Abierto de abril a noviembre.
Habitación doble: 33-60 €.

Otros hoteles de precio más elevado

La oferta hostelera es numerosa y de calidad en cualquiera de los núcleos turísticos de Felanitx, Porto Colom y Cala Ferrara. Entre ellos son recomendables los alojamientos rurales: **Villahermosa✪✪✪✪✪** (ctra. PM 401, km 6; Felanitx; telf. 971 824 960; habitación doble: 210-275 €) y el **Sa Posada d'Aumallia✪✪✪✪** (Camí de Son Prohens, 1027; Felanitx; telf. 971 833 370; habitación doble: 130-165 €).

EL TAPEO

En el **Café d'es Mercat** (Major, 26), frente al mercado de Felanitx, y en el encantador bar **Es Tamarells,** en el puerto de Porto Colom, podéis degustar tapas mallorquinas como los *popets amb ceba* (pulpitos con cebolla) y *pica-pica* (calamares picados guisados con cebolla y salsa algo picante).

En Cala Ferrara recomendamos el bar **Cala Ferrara (Bar María),** magnífico para el tapeo, con terraza frente al mar.

COMER

Casas con menú (menos de 15 €)

CAFÉ D'ES MERCAT
Major, 26. **FELANITX.**
Telf. 971 580 008.
Café frente al mercado de Felanitx, muy frecuentado sobre todo los domingos, día de mercado. Económico menú. A la carta se ofrece pescado fresco al horno a la mallorquina. De postre hay que pedir una crema catalana.

CA'N PEP NOGUERA
S'ESPINAGAR. Ctra. de Porto Colom a Porto Cristo, km 4,5.
Telf. 971 833 355. Restaurante perteneciente al complejo Jamaica Tropical Park, con un jardín tropical y una plantación bananera, la única en Mallorca. A la sombra de enormes árboles se sirven especialidades de la cocina mallorquina en raciones abundantes y a un precio justo.

CA'N GUSTÍ
S'ESPINAGAR.
Telf. 971 833 346.
Muy próximo al anterior, tiene fama su lomo con col que, según algunos, es el mejor de la isla. También palomas asadas, paellas ciegas, zarzuelas y rape a la marinera.

SA BONA TAULA
Rafael Adrover, 3. **CALONGE.**
Telf. 971 167 147.
Un curioso restaurante de cocina mallorquina regentado por un americano que descubrió la isla hace más de 25 años. En las paredes hay cuadros con los que pagaron la comida algunos artistas que pasaron por aquí. En verano se come en un jardín de limoneros; en invierno en el cálido ambiente de la casa, una antigua carnicería, en cuya barbacoa se asa la especialidad de la casa: conejo con romero.

CALA LLOMBARDS
Avinguda Cala Llombards, 26.
Telf. 971 653 058.
El restaurante del hotel Cala Llombards abre todo el año, salvo en noviembre. Ofrece menús muy correctos.

Restaurantes (sobre 25 €)

Situado entre Felanitx y Porto Colom, una vez superado el cruce a Porto Cristo, se halla **El Castillo del Bosque** (telf. 971 824 144), restaurante rústico mallorquín. Cocina sin complicaciones. *Arròs negre,* merluza a la vasca y pierna de cordero lechal al horno son tres muestras representativas de la carta.

Sa Sinia (telf. 971 824 323) se ubica en el puerto de **PORTO COLOM.** Carta ilustrada por el pintor Miquel Barceló y en ella, entre otros platos, destacan el salmón escabechado de la casa, el rape con cebollas y el filete de roda-ballo con salsa de alcaparras. Menú y a la carta.

FERRERIES

ISLA DE MENORCA. 4.669 habitantes

FERRERIES ES UNA POBLACIÓN ACTIVA Y DINÁMICA DEDICADA A LA INDUSTRIA –FÁBRICAS DE BISUTERÍA, ZAPATOS Y MUEBLES– Y A ATENDER LOS SERVICIOS DEL CENTRO TURÍSTICO DE CALA GALDANA, UBICADO EN UNA DE LAS PLAYAS MÁS BELLAS DE SU TÉRMINO Y DE TODA LA ISLA.

INFO

Ayuntamiento
Sant Bartomeu, 55. Telf. 971 373 003.
www.e-menorca.org

DORMIR

APARTAMENTOS LOAR
Reverend Pare Huguet, 1.
Telf. 971 374 181.
Apartotel a precios muy asequibles. Disponen de nevera y una pequeña cocina. 44-110 € para dos personas.

Otros hoteles de precio más elevado

La práctica totalidad de los alojamientos del término de Ferreries se encuentran en **CALA GALDANA.** Destacan el **Hotel Cala Galdana**✪✪✪✪ (telf. 971 154 500; 72-195 €) y el **Sol Élite Gavilanes**✪✪✪✪ (telf. 971 154 545; 150 €); con hermosas vistas sobre la cala.

COMER

Casas con menú (menos de 15 €)

LOAR
Reverend Pare Huguet, 1.
Telf. 971 374 181. Esta casa ofrece cocina menorquina con especialidad en calamares rellenos y berenjenas con rape. Los días laborables el menú es más barato que los domingos.

Restaurantes (sobre 22 €)

El **Mesón El Gallo** (carretera a Cala Galdana, km 1,5; telf. 971 373 039) es un restaurante familiar en una agradable y sencilla casa de campo (Son Martorellet) con más de 25 años de tradición culinaria. Forman su clientela menorquines y turistas fieles que repiten cada año y conocen sus especialidades: carnes a la brasa, solomillo al queso de Mahón y la famosa paella El Gallo. Muy buena relación calidad-precio.

En **CALA GALDANA** se puede acudir a **Es Barranc** (telf. 971 154 643), un concurrido establecimiento en el que elaboran excelentes pescados y mariscos además de cocina típica menorquina; o a **Sa Lluna** (telf. 971 154 705) que es también muy popular y cuenta con una agradable terraza.

FERROL

A CORUÑA. 83.045 habitantes

EL DESARROLLO DE FERROL HA ESTADO SIEMPRE LIGADO, PARA BIEN O PARA MAL, AL MAR, A TRAVÉS DEL COMERCIO MARÍTIMO O DE LOS ASTILLEROS. DE LAS ÚLTIMAS Y MUY GRAVES DIFICULTADES ECONÓMICAS, AÚN NO HA PODIDO FERROL RESARCIRSE DEL TODO. LA PÉRDIDA DEL PESO ESPECÍFICO NO HA PODIDO, SIN EMBARGO, ELIMINAR SU DISTINGUIDA CLASE URBANA Y BUEN GUSTO.

INFO

Oficina Municipal de Turismo
Porta Nova. Telf. 981 446 700.
www.ferrol-concello.es
Oficina de Turismo de la Xunta
Pza. de Vigo. Telf. 981 311 179.
Oficina de Turismo del Puerto
Coruxeiras. Telf. 618 522 527.

DORMIR

*En la amplia oferta hotelera de Ferrol destaca el **Parador**✪✪✪ (Almirante Fernández Martín; telf. 981 356 720; habitación doble: 130-160 €), muy acogedor y con unas maravillosas vistas sobre la ría.*

HOTEL VALENCIA✪✪
Estrada de Catabois, 390 (a 1 km del centro). Telf. 981 370 312. Es un establecimiento con una muy buena relación calidad-precio, pues ofrece todo tipo de servicios (incluido aparcamiento). Habitación doble: 45-55 €.

HOTEL AMÉRICA✪
Sánchez Calviño, 70-76.
Telf. 981 370 208.
Fax: 981 370 248. En la zona de Ultramar (entrada de la ciudad), a 15 minutos del centro. Instalaciones renovadas. Tiene lavandería, aparcamiento y cafetería abierta las 24 h.
Habitación doble: 55-70 €.

HOTEL ALMENDRA✪
Almendra, 4-6.
Telf. 981 358 190. Buenas habitaciones con todo tipo de servicios.
Habitación doble: 40-50 €.

HOTEL REAL✪✪
Dolores, 11-13. Telf. 981 369 255. Un negocio céntrico, pulcro, funcional, recién inagurado y con muchos más servicios de lo que es habitual en su categoría. 30 habitaciones.
Habitación doble: 40-50 €.

Otros hoteles de precio más elevado

En un edificio modernista se halla el agradable **Hotel El Suizo**✪✪✪ (Dolores, 67; telf. 981 300 400; habitación doble: 55-80 €), remodelado con buen gusto.

También muy céntrico, **Barceló Almirante**✪✪✪✪ (María, 2; telf. 981 333 073; habitación doble: 55-130 €) sigue siendo el hotel más grande de la ciudad, aunque con poca ventaja sobre el moderno **Hesperia Ferrol**✪✪✪✪ (Estrada de Castela, 75; telf. 981 330 226; habitación doble: 130 €). En el vecino municipio de Narón es un puro lujo, con su restaurante, el **Hotel Barceló Pazo Libunca**✪✪✪✪ (Castro; telf. 981 383 540; habitación doble: 65-160 €), instalado en una quinta de principios del siglo XX.

COMER

Como localidad portuaria, los mariscos y pescados se imponen a las carnes, pero si hay un plato típico de la ciudad, éste es el arroz con leche. Uno de los restaurantes más elogiados por todos es ***A Gabeira*** *(en Balón; telf. 981 319 057; precio medio, 40 €), gracias a su imaginativa carta y buen servicio.*

Casas con menú (menos de 15 €)

LEPANTO
Pardo Bajo, 15. Telf. 981 351 198. Casa de comidas tradicional que destaca por sus especialidades caseras y el buen trato a los clientes.

O CAFÉ DA VACA
Dolores, 34. Telf. 981 357 505. Local popular en el que se pueden degustar raciones y un menú de comida casera gallega.

CASA RIVERA
Galiano, 57. Telf. 981 350 759.
Una casa de comidas familiar, fundada en 1955, en la que degustar la cocina tradicional gallega. Todos los días preparan su guiso de ternera y caldeiradas de pescados. Muy recomendable.

CETÁREA DE SAN FELIPE
San Felipe, 4 (A Graña).
Telf. 981 318 904. A unos 5 km del centro, junto al mar, se encuentra esta casa cuyo principal atractivo es que sirven los mariscos –de todo precio y condición– criados en el mismo lugar. Es un local muy popular, fundado en 1968 y frecuentado por gente joven.

POSADA DEL MAR
En **MUGARDOS,** en avenida do Mar, 4. Telf. 981 470 210.
Entre los ferrolanos es costumbre cruzar en barca hacia este pueblo para saborear el pulpo guisado. Además del pulpo merece la pena probar otras raciones como: calamares a la plancha, almejas de la ría, etc.

Restaurantes (sobre 24 €)

Pataquiña (Dolores, 35; telf. 981 352 311) ofrece buenas parrilladas de pescados y mariscos y platos de la cocina gallega tradicional. Lo contrario, o sea, una carta creativa y un comedor con vistas, en **Casa del Mar** (ctra. Alta do Porto; telf. 981 355 169), que prepara platos gallegos con algún toque mediterráneo. Cocina tradicional en grandes raciones sirve **O Parrulo** (avda. de Catabois, 401; telf. 981 318 653). **O Xantar** (Real, 182; telf. 981 355 118) es un sitio recomendable para degustar marisco y pescados.

FIGUERES

GIRONA. 36.300 habitantes

FIGUERES, LA CAPITAL AMPURDANESA, ES UNO DE LOS PRINCIPALES CENTROS DE TURISMO DE CATALUÑA, GRACIAS A LA FIGURA DEL GENIAL ARTISTA DALÍ Y SU TEATRO-MUSEO INSTALADO EN LA LOCALIDAD. ADEMÁS CONCENTRA BUENA PARTE DE LA ACTIVIDAD COMERCIAL E INDUSTRIAL DE LA COMARCA, ASÍ COMO LA OFERTA LÚDICA Y DE OCIO.

INFO

Oficina de Turismo
Plaça del Sol, s/n. Telf. 972 503 155.
www.figueresciutat.com

DORMIR

HOTEL PRESIDENT✪✪✪
Ronda Firal, 29. Telf. 972 501 700.
Hotel emblemático situado en el centro de Figueres. Dispone de 77 habitaciones limpias y bien conservadas.
Habitación doble: 80-107 €.

HOTEL LOS ÁNGELES✪✪
Barceloneta, 10. Telf. 972 510 661.
Uno de los principales alicientes de este hotel es su localización, muy cerca de la zona comercial.
Dispone de 39 habitaciones agradables y muy cómodas.
Habitación doble: 46-56 €.

HOTEL EUROPA✪✪
Ronda Firal, 18. Telf. 972 500 744.
Está en plena ronda principal de Figueres y muy cerca de él se abre la animada plaza del Sol. El ambiente interior es agradable y tranquilo.
Habitación doble: 34-45 €.

HOTEL RONDA✪✪
Ronda Barcelona, 104.
Telf. 972 503 911. Situado en las rondas de la ciudad, este moderno hotel dispone de buenas y completas instalaciones y de amplias habitaciones.
Habitación doble: 52-100 €.

Otros hoteles de precio más elevado

Situado a la salida de la ciudad, el **Hotel Empordá**✪✪✪ (antigua ctra. de França, s/n; telf. 972 500 562; habitación doble: 115-135 €) ofrece maravillosas vistas sobre el Ampurdán. También a las afueras, el **Bon Retorn**✪✪✪ (Ctra. N II-A, km 3; telf. 972 504 623; 69-125 €) es un hotel de carretera con vistas al Pirineo. En el centro de la villa, muy cerca del Museu Dalí, se halla el **Hotel Durán**✪✪✪ (Lausaca, 5; telf. 972 501 250; 90-130 €).

COMER

La cocina ampurdanesa se caracteriza por los "platillos" y las carnes rojas de vacuno. Restaurantes clásicos en la localidad son el ***Empordá*** *(antigua ctra. de França, s/n; telf. 972 500 562; 30-45 €) y el* ***Durán*** *(Lausaca, 5; telf. 972 501 250; 30 €), pero existen otras opciones muy recomendables y más económicas.*

Casas con menú (menos de 15 €)

CAN PUNYETES
Ronda Firal, 25. Telf. 972 670 546. Comer en Can Punyetes es algo especial. No sólo por el precio de su excelente menú, sino también por la calidad de sus platos y la sorprendente cantidad de opciones para elegir.

EL GALLO ROJO
Baixada de la Mercè, 4. Telf. 972 505 536. Junto a la plaça de Les Patates (nombre ya de por sí singular), y en las inmediaciones del Museu-Teatro Dalí, esta casa de comidas permite degustar buenos platos de la comarca por un precio de menú realmente asequible.

Otros restaurantes (sobre 20 €)

El Racó (Ronda Barcelona, 104. Telf. 972 503 911) es el restaurante del *hotel Ronda*. Cocina internacional y tradicional catalana, en un comedor de ambiente cálido.

FRAGA

HUESCA. 12.868 habitantes

FRAGA, CAPITAL COMARCAL DEL BAJO CINCA, ES EL PRINCIPAL NEXO DE UNIÓN ENTRE ARAGÓN Y CATALUÑA (POR ESO EN FRAGA SE HABLA CASTELLANO Y "FRAGATINO", UN DIALECTO DEL CATALÁN). SEPARADA DE ESTA ÚLTIMA POR UN CERCANO Y CASI ENVOLVENTE LÍMITE REGIONAL Y DE SU PROPIA COMUNIDAD POR EL DESIERTO DE LOS MONEGROS, TIENE EN EL RÍO CINCA SU PRINCIPAL RAZÓN DE SER, AL FORMAR UN AMPLIO VALLE AGRÍCOLA.

INFO

Oficina de Turismo
Caseta en la avenida de Madrid.
Telf. 974 454 176.
Ayuntamiento
Plaza de España, 1.
Telf. 974 470 050.

DORMIR

HOTEL CASANOVA✪✪✪
Avda. de Madrid, 54. Telf. 974 471 990.
Sus fachadas dan a las dos principales avenidas del ensanche: la de Madrid y la de Aragón. Es una de las estancias de mayor calidad de la ciudad, con habitaciones de estilo moderno donde el aire acondicionado se paga a conciencia. Habitación doble: 110 €.

HOSTAL ARIBAU✪✪
Avda. de Madrid, 25.
Telf. 974 471 887. Encima de una taberna inglesa, un pequeño hostal

que sirve de alternativa si se quiere dormir en Fraga sin salir de la travesía, y por menos dinero.
Habitación doble: 38 €.

Hostal Flavia✪
Paseo Barrón, 13. Telf. 974 471 540.
En pleno casco histórico. Todas las habitaciones reformadas y con baño.
Habitación doble: 24-33 €.

EL TAPEO

Los bares más surtidos de Fraga suelen estar en la travesía, asociados a restaurantes como el **Casanova,** el **Boy's** y el **Orús.** En la zona del Casco Antiguo, en la calle San Quintín, se localizan varios establecimientos.

COMER

Casas con menú (menos de 15 €)

Casanova
Avda. de Aragón, 78. Telf. 974 471 990.
Carta muy amplia donde se aprecia alguna influencia de la comida catalana. En cuanto a los menús, existe una opción barata y una especial.

Sanara
Paseo Barrón-Segoñé.
Telf. 974 454 155. Dispone de cafetería y salón de banquetes.

Flavia
Paseo Barrón, 13.
Telf. 974 471 540. Los salones más clásicos de la ciudad con un menú de seis platos. Tanto en éste como en el anterior puede ser posible comer platos de la localidad como la *sanfaina* (parecido al pisto) o el *dinar barretjat* (potaje con butifarra negra).

FRÓMISTA

PALENCIA. 1.041 habitantes

Esta villa palentina conoció su máximo esplendor con el apogeo de las primeras peregrinaciones jacobeas. Legado de este pasado son los extraordinarios monumentos románicos, como la iglesia de San Martín, y góticos que se conservan en la zona. En los siglos XVIII y XIX se construyó el Canal de Castilla, un espléndido conjunto de esclusas.

INFO

Oficina de Turismo
Paseo Central, 8. Telf. 979 810 180.
Abierta sólo en verano.
Ayuntamiento. Pza. del Tuy, 6.
Telf. 979 810 001. www.fromista.com
Adeco. Pza. de Tuy, 11. Telf. 979 810 763.
Información sobre el Canal de Castilla.
www.canaldecastilla.org

DORMIR

Hotel San Martín✪
Plaza de San Martín, 7.
Telf. 979 810 000.
Se trata de un hotel de nueva construcción, situado en el centro del pueblo. Dispone de 10 habitaciones dobles con baño. Es el más recomendable.
Habitación doble: 50 €.

Pensión Camino de Santiago✪
La Francesa, 26. Telf. 979 810 053.
Modesta pensión que dispone solamente de 8 habitaciones. 42-50 €.

Pensión Marisa✪
Plaza San Martín, 3.
Telf. 979 810 023. Situada en el centro del pueblo. Ofrece habitaciones muy sencillas y con baño compartido. También hay comidas caseras y menús variados. Habitación doble: 33 €.

COMER

Casas con menú (menos de 15 €)

San Martín
Plaza de San Martín, 7.
Telf. 979 810 000. El menú del día cumple el expediente. También es asador, lo que sube el caché.

Van-Dos
Ingeniero Rivera, 10. Pequeño restaurante en el que podréis probar las comidas caseras de la zona.

Restaurantes (de 21 a 40 €)

El **Restaurante Hostería de Los Palmeros** (plaza de San Telmo, 4; telf. 979 810 067) es un restaurante muy agradable, instalado en antiguo hospital de peregrinos. Buenas carnes y una bodega bien surtida. Tiene una terraza interior y la decoración, tipo castellano, está muy cuidada.

En el **Villa de Frómista** (avda. del Ejército Español, 22; telf. 979 810 409) la especialidad son los platos de bacalao, al pil pil o a la vizcaína, y el lechazo asado en horno de leña.

FRONTERA

ISLA DE EL HIERRO. 5.231 habitantes

El término municipal ocupa toda la parte occidental de la "Isla Chiquita", comprendiendo a Malpaso, el punto más alto de la isla (1.500 m). El cultivo intensivo de la piña tropical, y la pesca, imponiéndose ambos sobe la ganadería, están favoreciendo un crecimiento económico sustancial en la isla.

INFO

Ayuntamiento
La Corredera, 10.
Telf. 922 555 999.
www.islaelhierro.com

DORMIR

Hotel Ida Inés✪✪
Camino del Hoyo, 2. **Belgara Alta.**
Telf. 922 559 445.
La sencillez es la nota dominante de este delicioso hotelito rural, que cuenta con piscina, jacuzzi, terraza solárium, bar y restaurante panorámico.
Habitación doble: 76 €.

Hotel Punta Grande✪✪
Las Puntas, 2.
Telf. y fax: 922 559 081.
Este hotel está inscrito en el *Libro Guinness* como el hotel más pequeño del mundo. Y, en efecto, sólo cuenta con 4 encantadoras habitaciones. El edificio es de interés histórico, ya que su arquitectura es muy antigua y representativa del estilo herreño.
Habitación doble: 62 €.

Apartamentos Caribe
Puntagrande, s/n. Frontera.
Telf. 922 559 221.
Instalado en un lugar privilegiado junto al mar, cuenta con 4 apartamentos y 4 habitaciones, todos ellos en su amplia y confortable planta baja. Es digna de mención la exquisita atención personal de sus dueños.
Apartamento para 2 personas: 50 €.
Habitación doble: 30 €.

Otros hoteles de precio más elevado

Cabe destacar el **Parador de El Hierro**✪✪✪ (ctra. general de Las Playas, 15, en **Valverde**; telf. 922 558 036).

COMER

Casas con menú (menos de 15 €)

Casa Juan
J. Gutiérrez Monteverde, 21.
La Restinga.
Telf. 922 558 002 y 922 557 102.
El mar no puede estar más cerca: a dos metros de la puerta de entrada. Es un bar normal, sin lujos, incluso un poco desvencijado, pero se come de maravilla. Uno de los más frecuentados del bello puerto pesquero de La Restinga, especializado en pescados. Tiene menú y tapas, todas estupendas.

El Refugio
La Lapa, 2. **La Restinga.**
Telf. 922 557 029. También al lado del mar, tiene una carta excelente, compuesta por platos típicos herreños, entre los que no falta el pescado fresco.

Los establecimientos de esta guía han sido comprobados y seleccionados por su buena relación precio-calidad. En ningún caso han desembolsado cantidad alguna por aparecer en esta guía.

FUENGIROLA

MÁLAGA. 65.421 habitantes

ES UNA DE LAS CIUDADES TURÍSTICAS MÁS ANIMADAS Y BULLICIOSAS DE LA PROVINCIA, A LA QUE ACUDEN NUMEROSOS VISITANTES ATRAÍDOS POR SUS 7 KM DE PLAYAS DE FINA ARENA. PRESUME DE POSEER UNO DE LOS PASEOS MARÍTIMOS MÁS LARGOS Y MEJOR CUIDADOS DE TODA LA COSTA DEL SOL.

INFO

Oficina de Turismo
Avda. Jesús Santos Rein, 6.
Telf. 952 467 457.
www.fuengirola.org

DORMIR

*La lista, encabezada por el grandioso **Hotel Las Pirámides**✪✪✪✪ (Miguel Márquez, 43; telf. 952 470 600; 105-156 €), puede llegar a ser interminable, por ello hemos elegido algunos de los establecimientos más recomendables y mejor acondicionados.*

HOTEL AGUR✪✪

Tostón, 4. Telf. 952 476 666. Situada a 100 m del puerto deportivo, cuenta con unas acogedoras habitaciones totalmente reformadas. Todas disponen de televisión y baño completo. Habitación doble: 45-75 €.

HOTEL LAS ISLAS✪✪

En **TORREBLANCA DEL SOL.** Telf. 952 475 598. Tranquilo y con buena relación calidad-precio. La playa queda a 10 minutos a pie. 12 habitaciones con ducha y terraza. Bar, restaurante y piscina. Habitación doble: desde 70 €.

HOSTAL ITALIA✪✪

De la Cruz, 1.
Telf. 952 474 193. En pleno centro de la ciudad se localiza esta pensión de impolutas habitaciones. La exteriores tienen terraza, y todas ellas televisión, aire acondicionado y baño completo. Habitación doble: 50-76 €.

PENSIÓN LOS CORCHOS✪✪

Hernán Cortés, 57. Telf. 952 585 841. Nuevo y céntrico alojamiento detrás del paseo marítimo, con gran cantidad de servicios como el aire acondicionado o garaje y con buenas habitaciones, sencillas y limpias. Habitación doble: 40-80 €.

El **Fuengirola Park**✪✪✪ (ctra. de Cádiz, km 213; telf. 952 470 000; habitación doble: 65-130 €) es un hotel de gran capacidad, con habitaciones amplias y bien equipadas, ubicado a escasos metros de la playa.

EL TAPEO

La mayoría de los mesones y bares de tapeo se encuentran en la zona antigua. Subiendo por la calle Alemania están **Los Faroles,** con buenas tapas y raciones de carnes, y **Casa Pepe** (Marbella, 19), con pescaíto frito. Carnes a la brasa y croquetas caseras en el **Laurel** (San Rafael, 11). Frente al Ayuntamiento se sitúa **Casa Flores** (Condes de San Isidro), donde aún se sirve el vino directamente de la espita, y junto a la comisaría de policía, el **Chipirón,** con buenas tapas de pescado. Uno de los lugares más emblemáticos es el **Tostón** (San Pancracio, esquina Alfonso XIII), con las paredes repletas de fotos antiguas y botellas de vino; buenos ibéricos, *delicatessen* y, por supuesto, vinos. Buenas gambas a la sevillana, mejillones a la flamenca y pulpo a la gallega ofrecen en el mesón **Dos Mil** (Paseo Marítimo. Edificio La Lubina) y tapas de carnes en **Casa Pepón** (Francisco Cano, Los Boliches).

COMER

*En la cocina autóctona hay un claro dominio de los productos del mar: espetos de sardinas, pescaíto frito o los sabrosos pescados a la sal y al horno. Hay una gran variedad de establecimientos de todas las categorías, especialidades y nacionalidades repartidos por la ciudad. **La Langosta** (Francisco Caño, 1; Los Boliches; telf. 952 475 049; 40 €) ofrece mariscos y pescados con recetas de altura.*

Casas con menú (menos de 15 €)

LA GÓNDOLA

Moncayo, s/n. Telf. 952 471 923.
Codo con codo con una infinidad de terrazas en la calle Moncayo. Para comer de raciones, muy bueno su *pescaíto* frito, o a la carta, donde se presentan pescados más elaborados.

CASA PEPÓN

Francisco Cano, s/n.
Telf. 952 465 368. Menos conocido que el anterior, este restaurante de cocina mediterránea, cuenta en su carta con más platos de tierra que de mar. Preparan buenas carnes, mollejas y riñones de cordero y rabo de toro.

KU'DAMM BERLÍN

Puerto Deportivo, s/n. Telf. 952 472 864. Situado en un lugar privilegiado –con vistas al mar y al puerto–, este restaurante típico alemán prepara unas excelentes brochetas de tres carnes y una buena tarta de manzana. Cuenta con una amplia terraza y unos precios muy asequibles.

Restaurantes (sobre 22 €)

Entre las muchas terrazas que se abren en el Paseo Marítimo, destacan **El Bote** (Torreblanca del Sol; telf. 952 660 084), donde pueden degustarse pescados y mariscos fresquísimos y guisos marineros y **La Carihuela Chica** (plaza San Rafael; telf. 952 660 673), donde sirven excelentes arroces y pescados. Muy concurrida en los meses de verano.

GANDÍA

VALENCIA. 65.900 habitantes

LA CIUDAD DUCAL ES UNA DE LAS MÁS IMPORTANTES DE VALENCIA DESDE EL PUNTO DE VISTA TURÍSTICO, PUES GOZA DEL REGALO DE LAS BELLAS Y AMPLIAS PLAYAS ARENOSAS QUE CONSTITUYEN EL ATRACTIVO PARA LOS MUCHOS MILES DE VISITANTES.

INFO

Tourist Info Gandia
Marqués de Campo, s/n.
Telf. 96 287 77 88.
Tourist Info Playa Gandia
Paseo Marítimo Neptuno, 45.
Telf. 96 284 24 07.
www.gandia.org

DORMIR

La mayor parte de los hoteles se abren en la zona de la playa. Resultan cómodos y agradables, y la calidad del servicio suele ser buena.
*El **Bayren I**✪✪✪✪ es el hotel clásico de la zona (Paseo Marítimo de Neptuno, 62; telf. 96 284 03 00; habitación doble: 145-180 €).*

HOTEL LA ALBERCA✪✪

Cullera, 8. Telf. 96 284 51 63. Las habitaciones sorprenden por su buena decoración y el cuidado que se nota en ellas. Dispone de cafetería. Habitación doble: 43-60 €.

Otros hoteles de precio más elevado

En el centro de la localidad, un buen lugar para alojarse es el **Borgia**✪✪✪ (avda. República Argentina, 5; telf. 96 287 81 09; 78 €).

En la zona de la playa, todas las habitaciones del hotel **Riveira**✪✪✪ (paseo Marítimo de Neptuno, 28; telf. 96 284 50 42; habitación doble: 75-183 €) disponene de terraza con vistas al mar.

En el **Gandia Playa**✪✪✪ (Devesa, 17; telf. 96 284 13 00; 72 €) es posible divisar la playa desde algunas de las habitaciones. El interior de las mismas es agradable y luminoso.

COMER

Casas con menú (menos de 15 €)

LA CUINA BOCANA

Pg. del Mareig de Rafalcaid, s/n.
Telf. 96 284 35 76. La dueña y cocinera prepara unas excelentes paellas y fideuàs. Aunque no tiene menú, se puede comer muy bien a un buen precio.

CA MIQUEL

Paseo Marítimo de Neptuno, 10.
Telf. 96 284 01 38.
En este establecimiento se puede comer un menú de cocina casera marcada por los productos de temporada de la zona. Llamar antes de acercarse facilita las cosas, sobre todo si se va en grupo.

Restaurantes (sobre 25 €)

En la playa de Gandia, **Emilio** (avda. Calderón, bloque F, 5º; telf. 96 284 07 61) añade a los platos de la gastronomía local, especialidades del Pirineo, francesas y vascas.

Arnaldi (Molí, 14; telf. 96 281 90 57), en **GUARDAMAR,** a 4 km de Gandia, ofrece platos de inspiración francesa, aunque no la raíz mediterránea.

GERNIKA-LUMO

BIZKAIA. 16.244 habitantes

SÍMBOLO DE LIBERTADES, SACRIFICIO Y ESPERANZA DE PAZ DE LOS VASCOS, GERNIKA ES UN CRUCE DE CAMINOS QUE DOMINA LA COMARCA DE BUSTURIALDEA. RODEADO DE PARAJES NATURALES DE INDUDABLE BELLEZA, ES UN MODERNO MUNICIPIO DEDICADO A LA AGRICULTURA Y A UNA IMPORTANTE INDUSTRIA DE TAMAÑO MEDIO. ALTO OBLIGADO EN TODO RECORRIDO POR LA COSTA VIZCAÍNA Y ATRACTIVO LUGAR DE ESPARCIMIENTO POR SU INTERESANTE OFERTA LÚDICA Y FESTIVA, GERNIKA TIENE MUCHA HISTORIA QUE CONTAR. EL ÁRBOL DE LA CASA DE JUNTAS HA SIDO TESTIGO DE ESA HISTORIA QUE PUEDE CONOCERSE VISITANDO EL MUSEO GERNIKA.

INFO

La **Oficina de Turismo** está en la calle Artekalea, 8 (telf. 94 625 58 92; a pocos metros de la plaza de Los Fueros). Ofrece información completa de los temas monumentales de la villa y de sus concurridos mercados. También hay una cuidada información sobre las empresas que ofrecen recorridos guiados por la Reserva del Urdaibai. www.gernika-lumo.net

DORMIR

HOTEL GERNIKA✪✪✪

Carlos Gangoiti, 17.
Telf. 94 625 49 48. Las habitaciones están impecables. Conviene preguntar por posibles ofertas de fin de semana. Habitación doble: 70-80 €.

HOTEL BOLIÑA✪

Barrenkalea, 3. Telf. 94 625 03 00.
Habitaciones modernas, bien equipadas y tranquilas.
Habitación doble: 45-55 €.

DE PINCHOS

Las mejores barras están en dos calles que salen de la plaza de Pablo Picasso. Al mediodía la más recomendable es Barrenkalea donde existen bares de confianza, con buen vino y suficientes alicientes en el mostrador para abrir el apetito.

Tascas imprescindibles son, nada más pasar el **Boliña, Arribaltza, Legoie** y **Endika.** La calle Industria (Indusi) está últimamente un poco apagada y sólo recobra cierta vida por las tardes. En la cafetería **Julen** ofrecen platos combinados; mientras que buen vino y jamón expenden en el **Foruria,** donde los fines de semana se pueden comer tapas frías y alguna cazuela de bacalao. Un poco más alejado del circuito de poteo, en la calle Carlos Gangoiti, el bar restaurante **Josu** hace un alarde diario en la elaboración de los pinchos más reputados de todo Gernika.

COMER

Casas con menú (menos de 15 €)

BOLIÑA EL VIEJO

Adolfo Urioste, 1.
Telf. 94 625 10 15.
En el pueblo se le conoce también como el Boliña Zaharra (Boliña viejo) y tiene seguidores incondicionales. Taberna muy concurrida que da paso a una casa de comidas en toda regla (de las que dejan las ollas de potaje en la mesa para servirse a gusto). Ambiente campechano y cocina sin pretensiones, ideal para recobrar fuerzas y seguir el viaje. Los fines de semana se puede pactar el menú con la cocinera. Precio medio, 35 €.

JULEN

Industria, 14.
Telf. 94 625 49 27. Son dos locales separados: la cafetería, con platos combinados, y un acogedor restaurante. La comida es tradicional, con algún pescado de interés y sobre todo, buenos productos de la comarca. Mantiene un menú los fines de semana.

Restaurantes (desde 24 €)

Boliña (Barrenkalea, 3; telf. 94 625 03 00) ofrece una cocina muy solvente que se puede degustar en la barra, la mesa del bar o en el restaurante. La oferta de menús es muy variada. Excelente el solomillo al *foie* y el panaché de verduras. Aunque **Josu** (Carlos Gangoiti, 19; telf. 94 625 42 20) tiene a diario un menú de lo más solvente, la carta no desmerece con platos como rabo de ternera o cordero asado.

Zallo Barri (Calzada, 79, a la entrada de Gernika; telf. 94 625 18 00) es uno de los mejores asadores de la zona a precios razonables. Dispone de dos comedores con una decoración sencilla y acogedora. Buenas carnes y pescados a la brasa. Tiene un menú de fin de semana muy completo.

Zimela (Carlos Gangoiti, 57; telf. 94 625 10 12) es otro asador igualmente recomendable para degustar platos de la cocina vasca.

GETARIA

GIPUZKOA. 2.628 habitantes

GETARIA ES UN PUEBLO MARINERO MUY CUIDADO Y PREPARADO PARA ACOGER AL VIAJERO. CUENTA CON UN CASCO ANTIGUO CON TODO EL SABOR DE LOS PUEBLOS VASCOS DE LITORAL; UNO DE LOS PUERTOS, PESQUERO Y DEPORTIVO, MÁS ACTIVOS DE GIPUZKOA; Y UNA COMPLETA DOTACIÓN HOSTELERA EN LA QUE DESTACAN LOS AFAMADOS ASADORES DE PESCADO. POR SI FUERA POCO, EN LAS LADERAS DE LOS MONTES QUE LA CIRCUNDAN CRECEN LAS MEJORES CEPAS DE LA HONDARRIBI ZURI, LA UVA DE LA QUE SE EXTRAE EL TXAKOLÍ.

INFO

Oficina de Información Turística
Parque Aldamar, 2. Telf. 943 140 957. Sólo funciona en Semana Santa y verano.

DORMIR

HOTEL SAIAZ GETARIA✪✪

Roke Deuna, 25.
Telf. 943 140 143.
En una de las casas góticas del casco antiguo se encuentra uno de los mejores alojamientos de la zona, por el equipamiento de las habitaciones y la tranquilidad que se respira. Moderno y con vistas al mar, ¿qué más se puede pedir?
Habitación doble: 90-110 €.

HOTEL ITXAS GAIN

San Roque, 1. Telf. 943 141 035.
Hotel ubicado en el centro de la localidad. Encanto y comodidad.
Habitación doble: 55-65 €.

PENSIÓN GETARIANO✪✪

Herrerieta, 3.
Telf. 943 140 567. Muy céntrica, con baño en las habitaciones, pero en una calle carente de atractivo.
Habitación doble: 55 €.

DE PINCHOS

La mejor ronda de vinos, o al menos la que practican los naturales del lugar, se inicia en la misma plaza del Ayuntamiento y desciende hasta el puerto por las calles Elkano y Nagusia. Es una buena oportunidad para catar el *txakolí* de denominación de origen Getaria y degustar buenas tapas, en los bares **Bikitu** e **Itxaspe** (Nagusia) y en **Xagu** y **Sokoa** (Elkano).

Para raciones más contundentes y algún plato combinado, el **Ostolaza** (Elkano).

En la bajada al puerto, uno de los lugares más animados es el mirador, con las terrazas del **Mayflower** y **Txoko,** los dos con buenas banderillas y *txakolí* siempre bien escanciado.

COMER

Casas con menú (menos de 15 €)

TXOCO

Katrapona Enparantza, 5.
Telf. 943 140 539. Es el lugar más adecuado para comer carnes y pescados a la brasa o bien de menú, o a la carta, todo a precios muy asequibles.

Restaurantes (sobre 21 €)

Abeta (Alto de Meagas; telf. 943 13 24 96) es el asador del agroturismo del mismo nombre, algo alejado del centro del pueblo, pero con la mejor relación precio/calidad. Aquí pueden degustarse pescados tratados con mimo y carnes suculentas y, además, ofrece la posibilidad de comer de manera informal.

Elkano (Herrieta, 2; telf. 943 140 614/ 024) en el puerto de Getaria, es un asador de primera línea. Pescados asados y a la parrilla.

Por sus hermosas vistas al puerto y su sencilla y excelente oferta culinaria, basada en la cocina vasca, obviamente, destaca el restaurante **Iribar** (Nagusia, 34; telf. 943 140 406).

Kaia-Kaipe (General Arnao, 10; telf. 943 140 500; precio medio, 50 e) son dos restaurantes, uno encima del otro, con magníficas vistas sobre el puerto. *Kaia* es más lujoso, ofrece una buena cocina tradicional basada en productos del mar. *Kaipe* funciona más como asador y sus precios son más ajustados.

GETXO

BIZKAIA. 80.770 habitantes

El término municipal de Getxo es la reunión de varios barrios con orígenes y características diferentes: puerto de pescadores, aldea agraria y ganadera, y residencia de la alta burguesía de finales del XIX. Un conglomerado urbano y social que acabó unido en un solo municipio por la expansión ciudadana de Bilbao. Getxo ha encontrado el equilibrio entre sus barrios y tiene personalidad propia. Una atractiva localidad, muy cuidada, en donde se desarrolla una intensa vida cultural y lúdica. Puntos de interés turístico son el Puente Bizkaia y el Puerto Viejo de Algorta.

INFO

El Ayuntamiento de Getxo es bastante dinámico y tiene bien organizada la infraestructura turística. La **Oficina de Turismo** se encuentra en la playa de Ereaga, frente al hotel Igeretxe. Telf. 94 491 08 00. www.getxo.net

DORMIR

*Getxo cuenta con una notable oferta hotelera de gama alta, especialmente en la vertiente de hoteles con encanto muy bien equipados. Los dos hoteles mejor situados son el **Hotel Balneario Agustín-Igeretxe**✪✪✪ (telf. 94 491 00 09; 110 €) y el **High Tech Los Tamarises**✪✪✪ (telf. 94 491 00 05; habitación doble: 80-120 €), ambos en la playa de Ereaga y con interesantes ofertas de fin de semana. Es aconsejable preguntar por la oferta para los fines de semana llamada "Escapada Cultural".*

Las Arenas

PENSIÓN AREETA✪✪

Mayor 13. Telf. 94 463 81 36.
Habitaciones pequeñas pero confortables y limpias, con baño. Bastante tranquilo y cercano a la zona de ambiente de Las Arenas. Cercana a la estación del Metro.
Habitación doble: 45-55 €.

Algorta

HOTEL NEGURI✪✪

Avenida de Algorta, 14.
Telf. 94 491 05 09. Es sin duda la mejor relación calidad/precio de Algorta. Habitaciones confortables y perfectamente equipadas. 80 €.

HOTEL GOIZALDE✪✪

Avda. Atxabiribil, 60. Telf. 94 676 53 82. Situado en un municipio vecino, Sopelana, este hotel es muy recomendable para los que prefieran dormir alejados de ruidos. Confortable y a pocos metros de la playa.
Habitación doble: 50-100 €.

HOTEL MAITENA✪

Avda. del Angel, 19. Telf. 94 406 28 18. Acogedor hotel de 7 habitaciones inaugurado en 2004 ubicado en una de las zonas más tranquilas del municipio. Habitaciones bien equipadas, amplias y luminosas.
Habitación doble: 70 €.

PENSIÓN SALSIDU✪

Telf. 94 430 24 76. Dispone de habitaciones confortables y bien acondicionadas. Es una buena opción de alojamiento. Habitación doble: 40-50 €.

DE PINCHOS

Algorta

La mejor zona de vinos, por el ambiente y la calidad de sus tapas, es la que se extiende desde el puerto viejo a la playa de Ereaga. **Txomin** es una de las tascas que mejor conserva el aroma del pasado. El **Zabala** tiene una buena barra de mariscos y pinchos. El **Portu Zaharra** ofrece pinchos y banderillas tradicionales y suculentas; al igual que el **Itxas Bide,** situado en la zona baja del puerto viejo, frente al muelle. En la playa de Ereaga se encuentra **La Terraza,** donde, especialmente los domingos, se pueden tomar estupendas raciones de croquetas y fritos.

En el puerto deportivo es imprescindible la terraza del **Bizargorri** y los calamares del **Cabo Matxitxako.**

En la parte alta de Algorta, el recorrido tradicional hay que hacerlo por la peatonal avenida de Basagoiti y adyacentes, donde están el **Ugarte´na** (plaza Tellagorri), el **Barrukoa** (cerca de la estación del metro) y el **Ollarreta.**

Las Arenas

Los bares más concurridos están en las calles Mayor, Bidearte, Club y Las Mercedes. En el **Ancla** y en el **Irrintzi** se concentra lo más popular de la gastronomía vasca en apenas 10 m de barra. En la calle Santa Eugenia hay una larga hilera de bares con amplio repertorio de comestibles.

COMER

Casas con menú (menos de 15 €)

ASADOR GOIEZTI

Aretxondo, 14. Puerto Viejo. **ALGORTA.** Telf. 94 460 38 83. Dos comedores y dos ambientes. Aunque tiene menú del día, como asador de pescado es un restaurante de precio elevado.

GURE TOKI

Salsidu, 25. Telf. 94 430 29 98. Bar y restaurante de máxima confianza con servicio amable y comidas caseras al gusto vasco. Fácil de llegar desde el centro de Algorta.

Restaurantes (sobre 21 €)

El restaurante más asequible del puerto viejo (si exceptuamos el Mexicano) es **Itxas Bide** (Muelle de Ereaga, 42. Algorta; telf. 94 491 05 89), donde se come pescado de temporada.

En un caserío urbano se halla **Ugarte'na** (Karitatea 2. Algorta; telf. 94 460 64 29). Ofrece cocina del país en diferentes menús y carta.

En **LAS ARENAS** destaca **Pablo Urzay** (Reina María Cristina, 5; telf. 94 464 98 29; precio medio, 40 €), ofrece cocina tradicional bien actualizada.

GIJÓN

ASTURIAS. 275.000 habitantes

No es la capital del Principado, pero sí puede ser considerada la gran ciudad y, sin ninguna duda, el gran puerto de Asturias. Es urbe industrial, aunque con un fuerte componente cultural y comercial. Una ciudad, en fin, a la vez obrera y cosmopolita.

INFO

Oficina de Turismo InfoGijón
Puerto Deportivo. Espigón central de Fomento. Rodríguez San Pedro, s/n.
Telf. 98 534 17 71.
www.gijon.info
InfoAsturias
Telf. 902 300 202.
www.infoasturias.com
Ayuntamiento
Plaza Mayor, 1.
Telf. 98 518 11 11.
Taxis. *Radio Taxis Gijón.*
Telf. 98 514 11 11.

DORMIR

*La amplia oferta comprende desde el fastuoso **Parador** ✪✪✪✪ (Parque de Isabel la Católica, s/n; telf. 98 537 05 11; 143-155 €; www.parador.es) a otros alojamientos mucho más asequibles, cómodos y bien situados.*

HOTEL CASTILLA✪✪

Corrida, 50. Telf. 985 346 200.
www.hotel-castilla.net
Su mayor ventaja reside en estar situada en una de las mejores calles de Gijón, la calle Corrida, amplia, peatonal y con buenos cafés alrededor. Las prestaciones (baño, teléfono, televisión, etc.) están acordes con un hotel de su categoría.
Habitación doble: 60-91 €.

HOSPEDAJE SAN BERNARDO✪✪

Casimiro Velasco, 18. Telf. 984 292 501.
www.hsanmiguel.com
Nuevo, con 10 habitaciones confortables en un edificio histórico rehabilitado. Sin recepción (está en el hotel San Miguel). Habitación doble: 43-59 €.

HOTEL COSTA VERDE✪

Fundición, 5. Telf. 98 535 42 40.
Habitaciones nuevas y agradables aunque algo impersonales, muy cerca del parque de Alvargonzález y de las estaciones de autobús y ferrocarril.
Habitación doble: 40-70 €.

HOTEL PARÍS✪

Marqués de Casa Valdés.
Telf. 98 536 81 11. Cercano a la playa de San Lorenzo, a dos calles de distancia, tiene habitaciones algo reducidas pero renovadas, luminosas y con baños alegremente decorados.
Habitación doble: 40-70 €.

Otros hoteles de precio más elevado

El **Hotel Miramar**✪✪ (Santa Lucía, 9; telf. 98 535 10 08; 60-99 €) es un lugar ideal para residir en pleno centro de la ciudad y en una calle tranquila. A pesar del nombre, no tiene vistas al mar, aunque está muy cerca del puerto deportivo. Las habitaciones son elegantes sin estar recargadas y tienen baños completos (el hotel fue renovado en 1992).

En una gama superior, el **Hernán Cortés**✪✪✪✪ (Fernández Vallín, 5; telf. 98 534 60 00; habitación doble: 80-175 €) es un hotel céntrico y clásico, con un buen equipamiento.

EL TAPEO

Las sidrerías de los alrededores de la Plaza Mayor forman la principal zona de tapeo de Gijón, ofreciendo principalmente raciones de pescados y mariscos, patatas al cabrales, hígado encebollado, lacón, etc. En la Plaza Mayor existen *chigres* tradicionales o sidrerías modernizadas como **La Galana, Centenario** o el **Pescador.** Otra sidrería clásica es **Zarracina,** en la próxima calle Ventura Álvarez Sala, mientras que en la plaza del Marqués de San Esteban destacan **Casa Fernando, El Palacio, Plaza Mayor** y **Casa Fede,** cuyas chopas permiten la mejor conjunción de los sabores del mar con la sidra.

Camino de Cimadevilla no hay que perderse la sidrería **Casona de Jovellanos** (plaza de Jovellanos) y tras recorrer las calles de este antiguo barrio de pescadores bajar al puerto por la cuesta del Cholo con intención de repostar en los locales, ya clásicos, del Tránsito de las Ballenas: **El Mercante, Planeta** y **Las Ballenas.**

En el centro de la ciudad, un tanto alejadas de la zona más turística, se localizan cuatro sidrerías que deben ser visitadas por los entusiastas de esta bebida: **Tino el Roxu** (avenida de la Costa), **La Zamorana, Casa Justo** (ambas en Hermanos Felgueroso) y **Casa el Cartero** (Cienfuegos).

Para tapear con buenos vinos y otros productos más sofisticados se puede optar por la ruta de los vinos tradicional que transita las calles Instituto, Buen Suceso, Begoña, Enrique III y Santa Lucía o acudir a las vinaterías, alguna de ellas exitosas, como **El Feudo** (Felipe Menendez), **El Legado de Baco** (Caridad, 3) o **El Parnaso** (Marqués de San Esteban, 11).

COMER

Posiblemente la caldereta de pescados y mariscos sea el plato más emblemático de la cocina gijonesa, aunque también han tenido una fama que todavía hoy perdura las sardinas a la visigona y las trechadas.

Es común utilizar la sidra para elaborar platos de merluza, chopa o besugo así como alguna carne. El rape alangostado o la ventrisca de bonito al horno se cocina en algunos lugares, como también los oricios, con los que últimamente se hace caviar. Todo esto sin olvidar los distintos platos de fabes mezclados con almejas o compangos.

Comer en el prestigioso ***Casa Víctor*** *(Carmen, 11; telf. 98 535 00 93; 39 €) puede dejar más de un bolsillo esquilmado. No obstante, hay muchas casas donde probar éstas y otras exquisiteces por mucho menos. A continuación recomendamos:*

Casas con menú (menos de 15 €)

CASA ARTURO

Profesor Pérez Pimentel, 73.
La Guía. Telf. 985 361 360. Cocina casera de gran pulcritud en un restaurante completamente alejado de los circuitos turísticos, que mantiene uno de los merenderos más tradicionales de Gijón.

PALIO

Cápua, 14. Telf. 984 394 346.
Desde 2008. Enoteca con cocina mediterránea elaborada en una carta reducida. Buenas presentaciones. Cierra domingo tarde y lunes. Precio medio, 25 €, al mediodía sólo menú de 12 a 16 €.

LA GALANA

Plaza Mayor. Telf. 98 517 24 29. Local grande y acogedor a la vez, muy bien concebido, con el salón rodeado de cajas de botellas de sidra, es uno de los restaurantes de moda en Gijón.

EL PIANO

Cabrales, 12. Telf. 98 534 22 57.
Este establecimiento cuenta con salones muy luminosos que dan a la playa de San Lorenzo; tienen como especialidad el cabrito y cabracho, aparte de la fabada asturiana.

TABERNA EL ANTIGUO

Valladolid, 2. Telf. 98 535 02 55.
Decoración peculiar en madera barnizada; puertas en rojo y mesas con azulejos, todo alrededor de una bonita barra. Dispone de un menú a buen precio.

TABERNA GIGIA

Óscar Olavarría, 8.
Telf. 985 355 882. Animada taberna de Cimadevilla con agradable comedor para tapear, tomar raciones y comer de menú o a la carta. Buen producto para platos sencillos y raciones como cecina leonesa, setas y picadillo al cabrales, parrochas, bocartes, calamares, chipirones, además de cordero, cabrito y caza en temporada.

Restaurantes (de 25 a 40 €)

En el corazón del puerto deportivo se encuentra **El Puerto** (Claudio Alvargonzález, s/n; telf. 98 534 90 96). El lugar es idóneo para degustar los productos del mar, elaborados exquisitamente. De igual forma sucede con las carnes y las verduras de temporada.

Una de las mejores sidrerías es **El Mariñán.** (Casimiro Velasco, 11; telf. 985 350 053) Desde 1974, con sus muros de piedra en el comedor, para degustar marisco, pescado (chopa, merluza, lubina, rodaballo), fideuá, entrecot o solomillo, quesos y postres caseros.

En Cimadevilla, **Casa Zabala** (Vizconde de Campo Grande, 2; telf. 98 534 17 31) íntimo y elegante restaurante sin ser clasico, con una deliciona carta donde se combinan perfectamente las maneras tradicionales con la últimas tendencias culinarias, buena bodega con representantes de las denominaciones de origen más importante del país.

CAFÉS

Los cafés en Gijón forman un capítulo especial para el visitante, ya que es muy posible que no haya ninguna otra ciudad española con tal número de locales de este tipo, de tanta calidad y amplitud. Cafés con fuerte personalidad, originales y a la vez clásicos en su concepción y, sobre todo, muy cuidadosos en crear un ambiente agradable, a menudo con cierto toque romántico.

Dos calles acaparan gran cantidad de ellos: Marqués de San Esteban y San Bernardo. La primera con locales que tienen doble salida, a esta calle y a Rodríguez San Pedro, frente al puerto. Por citar sólo unos cuantos (ya que hay más de una decena casi puerta con puerta), están el café el **Muelle** o el **Gijón,** con instrumentos musicales colgando de la pared, vasijas en el suelo y altas y finas columnas.

Lugares interesantes en el paseo de Begoña son el **Musaeum,** en el 55, y el **San Bernardo,** en el número 2, que también es sidrería.

Otros de gran calado son el **Central** o el **Anticuario,** con piano y paredes forradas de madera, en la calle San Antonio, 8.

GIRONA

CAPITAL DE PROVINCIA. 81.200 habitantes

LOS RÍOS ONYAR Y TER HAN MARCADO LA FISONOMÍA URBANA DE UNA CIUDAD QUE HA SABIDO HACER DE LA HISTORIA UNO DE SUS PRINCIPALES ACTIVOS. EL BELLÍSIMO ENTORNO MONUMENTAL ES EL ESPLÉNDIDO MARCO EN EL QUE SE DESARROLLA GRAN PARTE DE LA VIDA COMERCIAL Y LÚDICA DE LA CAPITAL GERUNDENSE.

INFO

Oficinas de Información Turística
Rambla de la Llibertat, 1.
Telf. 972 226 575.
www.ajuntament.gi

Patronato de Turismo Costa Brava-Pirineu de Girona
Emili Galrit, 13.
Telf. 972 208 401. www.costabrava.org

Taxis. Paradas junto a la estación de ferrocarril y de autobuses. *Radio Taxi* (telf. 972 222 323) y *Girotaxi* (telf. 972 221 020).

Aparcamientos. En la plaza de la Independencia, en la calle Eiximenis, en la plaza de la Constitución, plaza de Cataluña y paseo Fora Muralla, entre otros.

DORMIR

La oferta hotelera se concentra en el margen izquierdo del río Onyar. El número de establecimientos no resulta elevado, pero tampoco es insuficiente con respecto al número de visitantes que recibe la ciudad. Dejando a un lado los de precio superior, como el ***Carlemany***✪✪✪✪ *(pl. Miquel Santaló, 1; telf. 972 211 212; 110-150 €), se puede elegir entre los siguientes hoteles:*

HOTEL EUROPA✪

Juli Garreta, 21-23. Telf. 972 202 750. Hotelito que ofrece sus servicios desde hace unos 40 años. Son sólo 25 habitaciones con todas las comodidades. La tranquilidad es la norma en el establecimiento. 70-75 €.

HOTEL CONDAL✪
Joan Maragall, 10. Telf. 972 204 462.
El trato es familiar, y el buen hacer del personal logra crear un relajado ambiente en todas las dependencias del mismo. Las habitaciones son confortables.
Habitación doble: 69 €.

HOTEL PENINSULAR✪
Sant Francesc, 6. Telf. 972 203 800/ 902 734 541. Su localización en pleno centro comercial de Girona, muy cerca de los principales monumentos y de las zonas de ambiente, lo hacen especialmente recomendable. Sus habitaciones ofrecen todos los servicios y las comodidades que uno puede desear, de manera que la estancia resulta muy agradable.
Habitación doble: 75-85 €.

EL TAPEO

En el casco antiguo de la localidad pueden buscarse locales como **Divinum** (Argenteria, 12), donde sirven excelentes quesos y vinos, o **Zanpanzar** (Cort Reial, 10-12) con cocina vasca y una buena oferta de pinchos. Al otro lado del Onyar cabe citar **La Taverna** (Premsa, 2), especializado en embutidos, quesos y vinos, **Piu-Piu** (Pedret, 54), con un excelente pulpo, **Babel** (Nord, 14) es un café-internet que también alberga exposiciones itinerantes y en el que ofrecen tapas, montaditos, falafel y *shawarma*, o la **Cafetería Granja** (pl. de la Independencia, 13), con una agradable terraza.

COMER

Al margen de delicadezas gastronómicas como los pets de bisbe *(pedos de obispo), la cocina de Girona se nutre de lo mejor de la provincia. Las carnes de vacuno, con la clasificación de* vedella *(ternera) de Girona, constituyen uno de sus platos fuertes.*

Además del exclusivo ***Celler de Can Roca*** *(ctra. de Taialà, s/n; telf. 972 222 157), sin duda uno de los mejores restaurantes de la zona, existen abundantes establecimientos con buenas ofertas de menú con precios realmente asequibles.*

Restaurantes con menú y carta (entre 15 y 25 €)

L'ARGADÀ
Av. Ramón Folch, 7.
Telf. 972 218 405.
La cocina casera catalana es la principal oferta de los menús y de la carta.

BOIRA
Plaça Independència, 17.
Telf. 972 222 933.
Su oferta se basa en dos menús en los que la cocina catalana y casera es el denominador común. También se pueden probar las exquisiteces de su carta.

LE BISTROT
Pjda. de Sant Domènec, 4.
Telf. 972 218 803. Cocina de mercado muy bien elaborada. Su ubicación y el encanto del local lo han convertido en uno de los establecimientos míticos de Girona.

LA PENYORA
Nou del Teatre, 3. Telf. 972 218 948.
Frecuentado por artistas, pintores y políticos, ofrece cocina de autor y de mercado. Dispone además de un buen menú vegetariano.

Otros restaurantes (sobre 27 €)

Cal Ros (Cort Reial, 9; telf. 972 219 176) es una antigua fonda rehabilitada en pleno centro de la ciudad. La cocina es casera y los postres son una delicia. En **RUIDELLOTS DE LA SELVA** (a unos 12 km de la ciudad), **La Roca Petita** (ctra. del Aeropuerto, s/n; telf. 972 477 132) ofrece una cocina sólida y de aires caseros.

CAFÉS

Las cafeterías son en esta ciudad una de las opciones más aconsejables para pasar una tarde agradable. Son locales cuidados y de buen ambiente que suelen abrir hasta bien entrada la noche, en el casco antiguo hay locales tan acogedores como **l'Arc** (pl. de la Catedral, 9), **Divinum** (Argenteria, 12), **La Llibreria** (Ciutadans, 15) o **Le Bristot** (Pjda. de Sant Domènec, 4) y **Café Royal** en la pl. Independencia.

GRADO

ASTURIAS. 11.735 habitantes

GRADO ES UNA PEQUEÑA CIUDAD RODEADA DE UNA INTERMINABLE SUCESIÓN DE PRADOS CERCADOS SOBRE UN COMPLICADO ENTRAMADO DE MONTES AL AMPARO DE LOS CURSOS DE LOS RÍOS CUBIA Y NALÓN. GRADO TAMBIÉN ES CAPITAL DEL GRAN ESPACIO COMARCAL CONOCIDO COMO CAMINO REAL DE LA MESA, NOMBRE DEL PASO HISTÓRICO QUE COMUNICABA ASTURIAS CON LOS VALLES LEONESES DE BABIA Y LACIANA, UTILIZADO POR ROMANOS Y ÁRABES PARA SUS CONQUISTAS.

INFO

Ayuntamiento
Alonso de Grado, 3.
Telf. 98 575 00 68.
www.ayto-grado.es
Información Turística
Palacio Fontela. Eduardo Sierra, 10.
Telf. 98 575 32 01.

DORMIR

HOTEL PALPER✪✪✪
San Pelayo, 44.
Telf. 98 575 00 39.
Hotel a las afueras de Grado por la carretera en dirección a Oviedo. Diseño funcional con uso del mármol y el cristal en la fachada, que también se refleja en el interior de las habitaciones.
Habitación doble: 62-82 €.

HOTEL AUTOBAR✪
Flórez Estrada, 29.
Telf. 98 575 11 27. En la parte alta de la villa, en plena travesía, quedan los dos únicos alojamientos convencionales dentro del casco de Grado: el hotel Autobar y el hostal Narcea. El Autobar es un inmueble de cuatro plantas con habitaciones pequeñas pero coquetas.
Habitación doble: 30-40 €.

ALBERGUE FONTELA
Eduardo Sierra, 10. Telf. 98 575 34 24.
El albergue está emplazado en el antiguo palacio de la Marquesa de Fontela, el cual ha sido rehabilitado para tal cometido, conservando la fachada original. Las habitaciones poseen unas cómodas literas. Sale más barato si se posee el carné de alberguista o de peregrino.

EL TAPEO

Las sidrerías y los mesones están bastante dispersos por toda la villa, sin que exista una calle o zona concreta donde se localicen. En la parte más antigua hay lugares con cierto atractivo como **Casa Pepe El Bueno,** un buen lugar para probar el queso *Afuega'l pitu*, típico de la zona, o el **Mesón Cabaño,** largo local con dos salidas que en verano coloca mesas en un tranquilo callejón. Para degustar raciones que conjugan los platos de carne con los de pescado, algo común a muchos bares de la zona, encontramos establecimientos como **El Bodegón** o la pulpería **Katissan**.

Otros locales que quedan muy a mano son el **Mesón Sidrería La Fuente,** en la travesía (calle Díaz Miranda) o la **Casa Sindo,** frente al parque Manuel Pedregal, ambos con un toque de tipismo ausente en otros negocios hosteleros de la localidad. Las cafeterías más atractivas de Grado están en la plaza General Ponte, precisamente por las mesas al aire libre que aprovechan la plaza.

Mención aparte merece el **Café Express,** estratégicamente situado a la entrada del casco antiguo y frente al parque, con terraza cubierta para el invierno y mesas a la calle Manuel Pedregal en verano. Los *crujicoques* parece ser su oferta estrella, una adaptación del *croque-monsieur* francés.

COMER

Casas con menú (menos de 15 €)

NARCEA
Flórez Estrada, 48. Telf. 98 575 12 74.
Un local añejo donde se puede comer un menú muy económico. Suelen ofrecer platos como ternera en rollo, bonito o cachopo de carne o pescado.

EL MANANTIAL
Tras de la Villa. En Proazas.
Telf. 985 761 251. Especialidad en pote de nabos, casadielles de nuez y queso de fuente..

SIDRERÍA PEPE EL BUENO
Eduardo Sierra, 9.
Telf. 98 575 33 28. Fuera de lo que es la travesía que cruza la localidad, merece la pena probar los menús que ofrecen sidrerías como ésta, a muy buen precio y con una calidad aceptable. El local tiene las típicas mesas amplias de madera frente a la barra que dan ese ambiente tan peculiar a las sidrerías asturianas.

GRANADA

CAPITAL DE PROVINCIA. 236.982 habitantes

ESTA BELLA Y HERMOSÍSIMA CIUDAD FUE LA ÚLTIMA JOYA PERSEGUIDA POR LOS REYES CASTELLANOS, QUIENES EN 1492 PUSIERON FIN A CASI SIETE SIGLOS DE PERMANENCIA ISLÁMICA EN LA PENÍNSULA. DEL ESPLENDOROSO PASADO QUEDA MUCHO MÁS QUE LOS IMPONENTES PALACIOS DE LA ALHAMBRA. GRANADA ES, ADEMÁS, UNA CIUDAD DE CONTRASTES ENTRE LA ANTIGÜEDAD Y LA MODERNIDAD; APACIBLES BARRIOS LLENOS DE RECUERDOS DE OTROS TIEMPOS SE ALTERNAN CON OTROS BULLICIOSOS Y ANIMADOS.

INFO

Centro de Recepción de Visitantes
Virgen Blanca. Telf. 958 535 761.
www.granada.org

Oficina Provincial de Turismo
Pza. Mariana Pineda, 10.
Telf. 958 247 128.
www.turismodegranada.org

Oficina de Turismo de la Junta de Andalucía
Pza. de Santa Ana, 10.
Telf. 958 535 202.

Visita de La Alhambra
Venta anticipada: telf. 902 441 221.
El Ayuntamiento ha creado el **Bono Turístico** con el fin de facilitar el acceso a los diferentes monumentos de la ciudad y en especial a La Alhambra. Teléfonos de información: 902 100 095.

Autobuses urbanos. 13 líneas, más las universitarias, recorren la ciudad de punta a punta. Los autobuses especiales de La Alhambra parten de la plaza Nueva (30 y 32), los del Albaycín (31 y 32) también salen de la Plaza Nueva y los de Sierra Nevada, de la estación Central de Autobuses (*Autocares Bonal;* ctra. de Jaén, s/n; telf. 958 185 480).

Taxis. Las paradas principales son: Plaza Nueva, Puerta Real, Camino de Ronda, Gran Capitán, estaciones de transporte y la parada de La Alhambra. *Radio-Taxi.* Telf. 958 132 323. *Tele-Taxi.* Telf. 958 280 654.

Aparcamientos. Es importante dejar claro que al centro de Granada no se puede entrar con el coche, hay cámaras de video que custodian el centro urbano grabando las matrículas y realizando multas automáticamente, a no ser que uno se dirija hacia el aparcamiento de un hotel. Por esta medida, se han creado numerosos aparcamientos en los alrededores del centro.

DORMIR

En Granada, la oferta hotelera es casi infinita, ya que además de ciudad turística es universitaria. Dormir en el mismo recinto de La Alhambra –por ejemplo en el ***Parador de Granada****✪✪✪✪ (Real de la Alhambra, s/n; telf. 958 221 440; desde 250 €; www.parador.es)– resulta inasequible para la gran mayoría. En la ciudad hay buenos hoteles y pensiones con una estupenda relación calidad-precio.*

HOTEL LAS NIEVES✪✪✪

Alhondiga, 8. Telf. 958 265 311. Hotel completamente nuevo. Es moderno y funcional, aunque conserva algunos elementos tradicionales como la fachada. Las habitaciones son grandes, elegantes y con todas las comodidades. Baños un poco pequeños. Habitación doble: 55-139 €.

HOTEL ALMONA✪✪

Almona Vieja del Picón, 10.
Telf. 958 203 812. Es el hotel perfecto para salir y disfrutar de la noche de Granada, pues se encuentra en la zona de mayor bullicio. Conviene reservar, pues en invierno suele estar ocupado por estudiantes. Las habitaciones son amplias, funcionales, alegres y tienen televisión. Habitación doble: 55-65 €.

HOTEL MONTECARLO✪✪

Acera de Darro, 44.
Telf. 958 257 900. En pleno centro de la ciudad baja, este hotel tiene una buena relación calidad-precio. Las habitaciones son espaciosas con muebles auxiliares, televisión, aire acondicionado y pequeños balconcillos. Habitación doble: 86 €.

HOTEL LOS TILOS✪✪

Pza. de Bib-Rambla, 4. Telf. 958 266 712. Asomarse desde alguna de sus ventanas a la plaza, es ver, además de la catedral, los puestos de flores, el bullicio y el pálpito granadino. Las habitaciones son cómodas y sencillas. Localizado a un paso de todo. Habitación doble: 55-100 €.

PENSIÓN AUSTRIA✪✪

Cuesta de Gómerez, 4.
Telf. 958 227 075. Localizado en la subida a La Alhambra, tiene habitaciones agradables y con vigas de madera, aunque los baños son muy pequeños. Habitación doble: 40-50 €.

PENSIÓN LISBOA✪✪

Pza. del Carmen, 29.
Telf. 958 221 413. Aunque no todas las habitaciones tienen baño, el lugar resulta estupendo por su estratégica situación en el centro de la ciudad. Las habitaciones modestas, pero cuidadas y limpias. Recomendable. Habitación doble: 48 €.

CUEVAS EL ABANICO

Verea de Enmedio, 89. Barrio del Sacromonte. Telf. 958 226 199.
Para sentirse un poco "troglodita" pero sin carecer de ninguna de las comodidades. Tienen de todo –incluyendo cocina– y están decoradas al estilo rústico; puede ser una oportunidad única de pasar la noche en una tradicional casa-cueva. Casa-cueva, un dormitorio, por noche 60-70 €.
www.el-abanico.com

ALBERGUE JUVENIL

Ramón y Cajal, 2.
Telf. 958 002 900.
No tiene nada que envidiar a un buen hostal. Todas las habitaciones son dobles, con mobiliario de pino y ducha particular. Ambiente de lo más jovial e internacional. Si no tienes carné de alberguista puedes sacártelo allí mismo.

Otros hoteles de precio más elevado

Una buena opción en la zona comercial y de negocios es el **Hotel Dauro**✪✪✪ (Acera de Darro, 19; telf. 958 222 157; habitación doble: 65-192 €). En el centro monumental, el **Reina Cristina**✪✪✪ (Tablas, 4; telf. 958 253 211; habitación doble: 119 €) ocupa una mansión del XIX, ofreciendo un estupendo nivel de servicios.
Para alojarse frente a las murallas en una antigua casa morisca, hay que acudir al privilegiado hotel **Casa Morisca**✪✪✪ (Cuesta de la Victoria, 9; telf. 958 221 100; 126-158 €), de reciente inauguración.

EL TAPEO

En Granada el tapeo es casi una institución. La tapa se ofrece gratuitamente con la bebida, pero no se elige. Siempre son tapas calientes y elaboradas, nada de cacahuetes o aceitunas. En definitiva, es la gran cocina en pequeñas porciones. Restaurantes, mesones tabernas, bodegas y bares –cada uno con sus matices– se reparten por la ciudad. Las principales y más bulliciosas zonas del tapeo a las que acudir, sobre todo por la noche, son:

Plaza Nueva y el Darro

En los alrededores de la Plaza Nueva se localizan algunos de los locales con más carácter y tradición de la ciudad. **Antigua Bodega Castañeda** es un clásico y una típica taberna del siglo pasado donde aún sirven vinos de tonel. Como tapa especial la ensaladilla rusa con filetes de atún o las tradicionales habas con jamón. **La Gran Taberna,** otra de las clásicas, ambientada con mucho gusto y con un balcón en la entreplanta, es especialista en "requeté" (melva con pimiento morrón); **Pilar del Toro,** detrás de Santa Ana, es una bella casona del siglo XV donde se puede tomar en su patio-jardín, boquerones en vinagre o remojón granadino (especie de ensalada con bacalao y naranjas).

Ya en la Carrera del Darro, además de algunos bares de copas, se encuentra **Casa Pepillo,** bar con sabor de antaño donde los domingos hay arroz y migas y normalmente una buena tapilla de papas a lo pobre, vinos de Alhama y *Radio Olé* siempre de fondo. En esta zona, sentarse en alguna de las terrazas con vistas a la Alhambra puede ser una buena opción. Las de **Peces, Bar Casa** o **La Fuente** se encuentran siempre muy animadas. En **Un Lugar de la Alhambra** hay que probar las tablillas y en **La Puerta del Vino** acompañar a éste con "requeté". Los ahumados en **Azahar** y **Bar-Ras.**

En el Albaycín

Es una verdadera delicia en las noches de verano. El corazón del barrio más característico de Granada ofrece toda su vida y animación con sus populosas terrazas. En los alrededores de la plaza de Fátima, en la confluencia de la plaza Larga con calle Pages, se encuentran algunos de los más reclamados lugares. Menos estética, pero deliciosa cocina. En **Aixa,** las migas con tropezones y "asaura"; en **Porrona,** las quisquillas y los chopitos en **Ladrillo.** El mejor salpicón en **La Yedra,** y nada como la tortilla Popeye de **Peña San Miguel.** Aún quedan los de la plaza Aliatar: **El Pañero** sirve pipirrana y **Aliatar** caracoles a la albaicinera. Tapear en la plaza de San Nicolás es dar un gusto a los sentidos; La Alhambra iluminada con una tapa de boquerones del **Kiki,** o lo que salga de **El Mirador,** es para no olvidarse.

En el Campo de Príncipe

El castizo barrio del Realejo, cuyo epicentro es el Campo del Príncipe, se anima cada noche con una juventud cosmopolita, que llena las terrazas de la plaza. En **El Braserito** ponen rosquillas rellenas de un montón de cosas y buenas setas con ajetes; en **Ocaña** caracoles y en **La Esquinita,** un lugar tan entrañable y de calidad, ofrece freidura de primera. Además está **Amparo,** donde tomar una "limoná" bien fresquita con unas setas; **Príncipe,** con su aguja a la plancha; **Rossini,** que incluye exquisiteces como ahumados y patés, o **Callejo,** con tomate "aliñao" y lomo de orza.

En la zona de la Universidad

La calle Gonzalo Gallas, prolongación de Pedro Antonio de Alarcón, está especialmente indicada en los meses de invierno, cuando cientos de estudiantes se concentran por allí. **Tres Torres,** con sus montados de lomo con ensalada; **Casa Luis,** con tapas de jamón y queso; **La Penúltima,** donde un pescadito acompaña al vino fino; **El Pesaor,** que desde 1975 sigue poniendo ricas tapas; **Casa Pepe** o **Chaparral,** de los pocos que abren todo el año, son los más frecuentados. Además no conviene perderse la **Taberna de Enrique,** en Acera del Darro. Desde el siglo pasado, tres generaciones llevan superándose en calidad. Excelente la tapa de sobrasada mallorquina y muy buenos los embutidos.

COMER

Esta ciudad, marcada por la cercanía de la vega, la montaña y el mar, tiene una rica y variada gastronomía.

Las habas con jamón es el plato más tradicional. La tortilla de Sacromonte –que para ser auténtica ha de llevar criadilla de ternera y seso cocido– está vinculada al tradicional recetario granadino. Además, los pescados de Motril fritos o a la plancha, gazpachos, remojón con bacalao y naranjas, pipirrana o guisos como la olla de San Antón o el potaje gitano, sin olvidarse de las papas a lo pobre, hace que comer en Granada sea un acierto para los paladares más exigentes. En la repostería, lo que sale de los hornos de los conventos de la ciudad es algo más que un dulce pecado, y como caldo, los vinos de la tierra de la comarca de Contraviesa-Alpujarra, o los de La Alhambra, de sabor afrutado y cuerpo.

Casas con menú y carta (desde 15 €)

Oliver

Pescadería, 12.
Telf. 958 262 200.
Dispone de un acogedor salón con una decoración típica granadina, al estilo andalusí. En la carta priman los platos reconocibles de la cocina casera, gran variedad sin complicaciones, destaca: las chacinas, la sopa de picadillo, el pescado frito, el rabo de toro, las huevas con vinagreta, etc.

Morillo

Cuesta de Gomérez, 20.
Telf. 958 229 757. Casi 20 menús diferentes de distintos precios hacen que este sencillo comedor decorado con cerámica y faroles andaluces esté siempre repleto. Es muy rica la sangría de la casa.

La Mimbre

Paseo Generalife, s/n.
Telf. 958 222 276.
En una agradable terraza exterior, envuelta por la exuberante vegetación, se sirve la más típica cocina granadina donde no falta la tortilla a La Mimbre, la ensalada de melón o el rabo de toro. Un lugar privilegiado a las puertas de La Alhambra. Las cenas pueden resultar muy románticas. Tiene varios menús.

Zoraya

Panaderos del Albaycín, 32.
Telf. 958 293 503.
Este bello restaurante con gran pórtico de entrada, jardín interior y comedor de invierno con chimenea, tiene entre sus muchos platos una buena selección de sopas y entrantes –como la deliciosa sopa de la abuela–, churrasco a la gitana, además de pescados y pastas.

Bodegas Castañeda

Almireceros, 1 y 3.
Telf. 958 215 464.
Hace tiempo que es una de las bodegas históricas de Granada, muestra de ello es su decoración, aún guarda ese aire artesanal y añejo de tiempos pasados. Pero además de esto, constituye uno de los mejores lugares para tomar un buen vino o una cerveza. Sobra decir que es aconsejable acompañar la bebida con cualquiera de sus tapas, o, si hay más hambre, aunque no tengan menú, se puede comer con alguna de las tablas que ofrece de ibéricos, ahumados, quesos, patés, etc.

Casa Juanillo

Camino Sacromonte, 81.
Telf. 958 223 094.
Un idílico lugar donde comer, elevado sobre el cielo de La Alhambra. Tiene una terraza-mirador con ambiente flamenco. Sólo sirve cenas y lo que se estila es comer a base de raciones y tortillas, entre ellas la de Sacromonte.

Brisa

Ronda, 143. Telf. 958 202 945.
Situado cerca de la Universidad, se encuentra siempre lleno de estudiantes. Aunque el comedor interior está decorado al estilo de los palacios alhambreños, sus preparados son de lo más casero, deliciosos y económicos. Más económicos resultan el plato del día y el menú. Amabilidad y buen hacer.

Restaurantes (sobre 25 €)

En el Albaycín y cercano al mirador del mismo nombre, **San Nicolás** (San Nicolás, 3; telf. 958 804 262) elabora platos de la cocina tradicional granadina y andaluza.

El **Mesón Antonio Pérez** (Pintor Rodríguez Acosta, 1; telf. 958 288 079) sirve platos de la cocina local.

Un lugar curioso es **Chikito** (pza. Campillo, 9; telf. 958 223 364), que en tiempos fue el Café Alameda, punto de encuentro de intelectuales y artistas, donde García Lorca era un asiduo. Hoy es un buen restaurante donde comer carnes muy bien preparadas o para tapear en la barra.

El recién remodelado **Pilar del Toro** (Hospital de Santa Ana, 12; telf. 958 225 470) sirve platos regionales en un enclave encantador.

CAFÉS

Granada, ciudad cultural, de tradición literaria, poética, de tertulia... no podía olvidarse de estos lugares. Los más característicos están en la calle Elvira y alrededores, donde, además de la **Gran Taberna,** las **Antiguas Bodegas Castañeda** o el fabuloso **Pilar del Toro,** también indicados como cafés, se encuentran sitios como **El Café Central,** de ambiente clásico y gente joven, muy concurrido siempre; **Hannigan & Sons** o la **Taberna del Irlandés,** abiertos desde las 16 h, al amparo de sonidos celtas y donde la animada charla o la tertulia es lo habitual.

Además, hay que pasear por las anexas calles Calderería Nueva y Vieja y dejarse transportar por el exotismo de una calle marroquí o tunecina, llena de aromáticas teterías, tiendas de productos naturales, de comida árabe y un ambiente de lo más bohemio.

Algunos locales son de verdadero ensueño, como **Kasbah,** decorado con gran autenticidad: divanes, alfombras, grandes cojines, mesitas llenas de plateadas teteras, espejos, arcos con mocárabes y una música relajante. En otros, como **El Jardín de los Sueños,** ofrecen exquisitos batidos, zumos naturales, etc.

Cerca de Reyes Católicos se encuentra **Plaza Mayor,** uno de esos cafés indescriptibles e inolvidables, pues la originalidad brota en cada uno de sus rincones. Rústico, coqueto, pero increíblemente moderno, donde se puede pedir desde un café a cualquier cosa más sólida. Cerca se encuentra **Ely,** un cafetín agradable de corte más clásico.

Algunos en la céntrica plaza de Bib-Rambla, como **Gran Café** o **Café Centro,** también resultan encantadores, al igual que los de la Carrera del Darro, que sirven tanto de tarde como para una primera copa tranquila.

Los establecimientos de esta guía han sido comprobados y seleccionados por su buena relación precio-calidad. En ningún caso han desembolsado cantidad alguna por aparecer en esta guía.

GRANADILLA DE ABONA

ISLA DE TENERIFE. 30.769 habitantes

ES EL TERCER MUNICIPIO MÁS EXTENSO (DESPUÉS DE ARONA Y LA OROTAVA), HECHO QUE CONTRIBUYE A SU GRAN DIVERSIDAD PAISAJÍSTICA. LA COSTA ES BAJA Y ALBERGA VARIAS DE LAS MEJORES PLAYAS DE LA ISLA. LA VILLA, DE LARGAS Y SINUOSAS CALLES, ESTÁ SALPICADA DE INTERESANTES EDIFICACIONES.

INFO

Oficina de Turismo
Plaza del Médano.Telf. 922 176 002.
www.granadilla.com

DORMIR

HOTEL MÉDANO✪✪✪

Plaza del Médano, s/n. **EL MÉDANO.**
Telf. 922 177 000.
Con capacidad para 172 plazas, construido casi sobre el mar: la terraza se asienta sobre pilares que se introducen en el agua. Piscina.
Habitación doble: 75-85 €.

Turismo rural

EL TRASPATIO

Arquitecto Marrero, 9.
Telf. 922 630 596. Una preciosa casa con más de dos siglos de antigüedad, pero con todas las comodidades modernas. Apartamentos (2 a 10 personas): 48-135 €.

HOTEL RURAL SENDEROS DE ABONA✪✪

Calle peatonal de la Iglesia, 5.
Telf. 922 770 200.
Fax: 922 770 308.
Esta es una de las sorpresas con mayor encanto entre la oferta hotelera de la isla. Se trata de un edificio construido en 1850 que funcionó como sede de correos en la zona. En el año 2000 fue totalmente reformado y habilitado como hotel. La combinación de piedra y madera del interior conserva fielmente la atmósfera de mediados del siglo XIX, otorgándole una enorme personalidad. Las habitaciones también han sido decoradas, cada una con un estilo rustico particular, y siempre con todo el confort exigible para usos modernos. Jardines, terraza y piscina.
Habitación doble: 56-92 €.

COMER

EL JABLE

Bentejuí, 9.
Telf. 922 390 698. Es un local con decoración rústica, ambientado con exposiciones de pintura y catas de vino. En sus mesas se degustan platos de cocina tradicional canaria. Se recomienda el solomillo al jable.

LA LANGOSTERA

La Marina 18. Los Abrigos.
Telf. 922 170 020. Ambiente marinero. Vivero propio de langostas. Cocina típica del mar. Parrillada de pescados y mariscos.

GRANDAS DE SALIME

ASTURIAS. 1.400 habitantes

AISLADA ENTRE LAS COMPLEJAS ALINEACIONES MONTAÑOSAS ASTURGALAICAS, ES UNO DE LOS CONCEJOS MÁS INFLUENCIADOS EN CUANTO A LENGUA Y COSTUMBRES POR SUS VECINOS GALLEGOS.

INFO

Ayuntamiento
Telf. 98 562 70 21.
Oficina de Turismo. El Salvador, 6.
Telf. 98 562 73 50.
www.grandasdesalime.net

DORMIR

PENSIÓN LA BARRA✪✪

Avenida Costa, 4.
Telf. 98 562 71 96.
Ofrece habitaciones amplias, luminosas y limpias. Una opción ideal para presupuestos ajustado.
Habitación doble: 45-55 €.

CASA SAN JULIÁN

San Julián, s/n.
Telf. 98 562 71 83. Agradable establecimiento con varios edificios independientes. Decoración muy acogedora, entre rústica y moderna. Apartamento (2 personas): 50-70 €.

COMER

Casas con menú (menos de 15 €)

FONDA ARREIGADA

Pedro el Grande, 9. Telf. 98 562 70 17. Sabrosa cocina casera entre la que destaca el potaje de verduras, la fabada y la ternera guisada.

LA PARRILLA

Av. Costa, s/n. Telf. 98 562 70 74. Comida casera abundante a precio económico.

LA GRANJA DE SAN ILDEFONSO

SEGOVIA. 4.611 habitantes

SAN ILDEFONSO ES UNA TÍPICA VILLA SERRANA SITUADA EN LAS FALDAS DE LA SIERRA DE GUADARRAMA; POR OTRO LADO, CONSTITUYE LA SEDE DE UN GRANDIOSO PALACIO DONDE FELIPE V, ENAMORADO DE LA QUIETUD DE VALSAÍN, PASABA SUS PERÍODOS DE DESCANSO.

INFO

Oficina de Turismo
Paseo del Pocillo, s/n. Telf. 676 457 395.
www.infosegovia.com
Centro de Información del Patrimonio Nacional
Pza. de España, 17. Telf. 921 470 019.
Ayuntamiento. Pza. de los Dolores, 1.
Telf. 921 470 018.

DORMIR

HOTEL ROMA✪✪

Guardas, 2. Telf. 921 470 752. Se halla próximo al palacio y los jardines, y posee cierto encanto decadente. Las habitaciones están impecables y los pasillos permanecen en absoluto silencio. Habitación doble: 65-70 €.

PENSIÓN POZO DE LAS NIEVES

Baños, 4. Telf. 921 470 598.
La relación calidad-precio es buena y el trato muy agradable. Habitaciones pequeñas, pero limpias y bien equipadas. Todas comparten baño.
Habitación doble: 35 €.

Otros hoteles de precio más elevado

Especial atención merece el **Parador de La Granja✪✪✪✪** (De los Infantes, 3; telf. 921 010 750; www.parador.es; 160 €) de reciente apertura, sus habitaciones; decoradas con mobiliario moderno, ofrecen toda clase de comodidades.
Por su parte el **Hostal Las Fuentes✪✪** (Padre Claret, 6; telf. 921 471 024; 96-115 €), ocupa un caserón de estilo isabelino con un agradable jardín.
Destaca también el **Hotel San Luis✪✪** (El Barco, 8; telf. 921 472 121; 96 €), que cuenta, además de una pequeña sala de estar, con otros servicios como gimnasio, sauna, piscina, solárium y cafetería.

COMER

Casas con menú (menos de 15 €)

ROMA

Puertas de Segovia, 1. Telf. 921 470 752. De ambiente familiar, es uno de los más conocidos. El precio medio a la carta puede resultar algo caro, pero tiene un estupendo menú más económico.

LA PANADERÍA

Los Lecheros, 5.
Telf. 921 472 050.
Situado en un coqueto callejón, en pleno centro del pueblo. Ofrece en la carta las mejores especialidades de la Granja y, además, un excelente menú por 10 € con varios platos a elegir.

GRANJA ESCUELA PUERTA DEL CAMPO

Carretera de Riofrío, km 15.
Telf. 921 471 861.
Cocina tradicional bien elaborada. Ofrece dos menús, uno de los cuales es más completo y caro. También ofrece alojamiento a precios baratísimos; es necesario reservar por teléfono porque casi siempre se encuentra lleno. Dispone de un albergue de 25 plazas y cabañas de madera para cuatro y diez personas.

La Terraza
Puerta de Segovia, 2. Telf. 921 470 311. Especialidad en judiones y asados. A la carta los precios pueden dispararse.

Restaurantes (de 21 a 36 €)

Casa Zaca (Embajadores, 6; telf. 921 470 087). Es un restaurante familiar de modesta y sencilla apariencia, que ofrece una sabrosa cocina castellana con platos como judiones (preparados de varias formas), pisto, asados... Suele haber cola los fines de semana para entrar por lo que se aconseja reservar con antelación. Sólo abre al mediodía.

Situado junto al palacio, **Casa de los Canónigos** (plaza de los Canónigos; telf. 921 471 160) es uno de los más elegantes de La Granja. Tiene varios menús de distintos precios desde 8 hasta 25 €. A la carta merece la pena degustar el chorizo a la olla y el lomo a la olla con pimientos asados.

GRANOLLERS

BARCELONA. 50.951 habitantes

La capital del Vallès Oriental es una ciudad relativamente grande e industriosa en cuyas calles se desarrolla una intensa vida comercial. Como contrapunto al polo de desarrollo industrial, localizado al sur de la localidad, al norte se abre el Parque Natural del Montseny, uno de los más importantes y singulares de Cataluña.

INFO

Ayuntamiento. Pl. Porxada, 6.
Telf. 93 842 66 10. www.granollers.org

DORMIR

Hotel Granollers✪✪✪
Av. Francesc Macià, 300.
Telf. 93 879 51 00. Es una buena opción para alojarse a la entrada de la localidad. Modernas habitaciones. 95 €.

Otros hoteles de precio más elevado

Aquí se halla uno de los alojamientos con más solera de toda Cataluña. Es la **Fonda Europa**✪✪✪ (Anselm Clavé, 1; telf. 93 870 03 12; 94-100 €), que data del siglo XVIII y que no ha cambiado de familia responsable, los Perellada, desde entonces. Por otro lado, el **Hotel Ciutat de Granollers**✪✪✪✪ (Turó d'en Bruguet, 2; telf. 93 876 62 20; habitación doble: 55-210 €) es una buena opción, ya que ofrece una excelente gama de servicios y la comodidad de sus habitaciones es extraordinaria.

EL TAPEO

En el número 21 de la calle Girona se halla **Xavisans,** donde los bocadillos y las tapas o raciones son excelentes. El **Bar Extremadura** (Ángel Guimerá, 14) ofrece deliciosas tapas.

COMER

Casas con menú y carta (entre 15 y 25 €)

El Mirallet
Plaça Montanyà, 4.
Telf. 93 870 05 47. La cuidada decoración es una de las características más relevantes de esta casa en la que el menú está compuesto por unos platos abundantes y bien tratados.

Racó del Mar
Francesc Macià, 99.
Telf. 93 879 62 68.
La excelente calidad de sus pescados y mariscos (tienen vivero propio), así como el buen hacer de su cocina a la hora de preparar paellas o *fideuàs,* bien merece un pequeño lujo.

Restaurantes (sobre 30 €)

Comer en el restaurante de la **Fonda Europa** (Anselm Clavé, 1; telf. 93 870 03 12) es todo un ejercicio de historia y de buen gusto. Lo primero por la antigüedad del local, por sus salones, sus techos, su ambiente y su luz, lo segundo, por su excelente cocina. Hasta aquí viene, cada día, gente de todas partes simplemente por darse el gustazo de probar la auténtica cocina tradicional catalana y sus deliciosos postres caseros.

GRAUS

HUESCA. 3.266 habitantes

Graus es la villa más importante de la comarca de la Ribagorza, situada en un suave y rico valle prepirenaico. Graus y su comarca cierran por el norte la llamada franja aragonesa, donde todavía se conservan dialectos con fuerte influencia del catalán, entre ellos uno propio llamado "grausino".

INFO

Oficina de Turismo
Fermín Mur, 25. Telf. 974 546 163.
www.turismograus.com
Ayuntamiento. Plaza Mayor, 15.
Telf. 974 540 002. www.pirineo.com

DORMIR

Hotel Lleida✪
Glta. Joaquín Costa. Telf. 974 540 925. El alojamiento más visible de toda la villa, en el cruce de la calle principal (Salamero) y la travesía, tiene habitaciones bien decoradas y equipadas. Habitación doble: 54-65 €.

Hostal Casa Ainés✪
Salamero, 9. Telf. 974 540 066. Residencia de elegante estilo decimonónico, con habitaciones espaciosas, con baño y sin él. Habitación dible: 38-45 €.

COMER

Casas con menú (menos de 15 €)

Lleida
Glorieta Joaquín Costa.
Telf. 974 540 925. Dos menús, uno de bar y otro de restaurante. Los platos son los mismos, lo único que varía es el lugar. Lo más interesante es la rara posibilidad de degustar las codiciadas trufas que en Graus alcanzan merecida fama, al ser uno de los núcleos pioneros en su recolección.

Bodegas de Arnes
Cruce de Panillo, s/n. Telf. 974 540 300. Su oferta culinaria es variada y rica, tanto en pescado como en carnes y vegetales, aunque especialmente centrada en recetas típicas aragonesas.

Las Forcas
Barasona, 1. Telf. 974 541 124. Por poco dinero se puede comer en este pequeño establecimiento. Está situado en la carretera y aprovechan un rincón frente a la barra para poner unas pocas mesas.

GRAZALEMA

CÁDIZ. 2.225 habitantes

Esta pintoresca población que da nombre a la serranía que la rodea, Parque Natural desde 1984, es el punto con mayor índice de precipitaciones de España.

INFO

Oficina de Turismo Ben-Zalema
Plaza de España, 11.
Telf. 956 132 052.
www.grazalema.es
www.guiadecadiz.com
www.andalucia.org

DORMIR

Apartotel Villa Turística de Grazalema✪✪✪
Olivar, s/n. Telf. 956 132 136.
Situadas a 1 km del centro del pueblo, en pleno campo, estas magníficas instalaciones disponen de habitaciones con baño, calefacción, terraza y piscina. Magníficas vistas al pueblo y a la sierra de Grazalema. Habitación doble, desde 60 €.

Hotel Peñón Grande✪✪
Plaza Pequeña, 7. Telf. 956 132 434. Rústico establecimiento en el centro de la población. Las habitaciones están bien equipadas. Habitación doble: 55 €.

PENSIÓN CASA DE LAS PIEDRAS✪✪
Las Piedras, 32.
Telf. 956 132 014.
Ocupa una antigua casa dedicada a la industria textil. Situada en el corazón del pueblo, algunas de las habitaciones disponen de baño y todas tienen calefacción. Patio y salón con chimenea comunes. Su comedor es una opción estupenda para saborear una rica cocina casera.
Habitación doble: 40-45 €.

COMER

Casas con menú (menos de 15 €)

CÁDIZ EL CHICO
Plaza de España, 8.
Telf. 956 132 027.
Restaurante familiar especializado en asados y platos de la tierra, como las carnes de caza, la sopa de Grazalema (caldo de puchero con huevo, jamón, chorizo, pan y hierbabuena) o el revuelto de tagarninas. En el nuevo comedor hay una fuente con truchas que van directamente a los fogones. Dispone de una buena bodega.

O GROVE

PONTEVEDRA. 10.739 habitantes

O GROVE, LLAMADA LA "CAPITAL DEL MARISCO", OCUPA UNA PEQUEÑA PENÍNSULA UNIDA A TIERRA FIRME POR LA LENGUA ARENOSA DE A LANZADA. POR UN PUENTE SE LLEGA A LA ISLA DE A TOXA, CENTRO TURÍSTICO DE CALIDAD.

INFO

Oficina Municipal de Turismo
Praza do Corgo, s/n. Telf. 986 731 415.
Oficina de Información Xuvenil
Castelao, s/n. Telf. 986 730 609.

DORMIR

*Existen decenas de hoteles y hostales en O Grove, pero a veces piden precios desorbitados para lo que ofertan. Asimismo, en la isla de A Toxa se sitúan los hoteles más suntuosos y elegantísimos como el **Gran Hotel Hesperia la Toja**✪✪✪✪✪ (telf. 986 730 025; habitación doble: desde 150 €), el vecino **Illa da Toxa**✪✪✪✪ (telf. 986 730 050; www.balneariosdelatoja.com), o el **Louxo-La Toja**✪✪✪✪ (telf. 986 730 200; habitación doble: desde 88 €).*

HOTEL ARGIBAY✪✪
Rúa Castelao, 200. Telf. 986 730 449.
Fax: 986 732 480. Habitaciones con televisión y teléfono. Está bien situado, con buenas vistas a la isla de A Toxa.
Habitación doble: 42-72 €.

HOTEL BRASIL✪✪
Avda. Teniente Domínguez, 39.
Telf. 986 730 966. Fax: 986 733 142.
Habitación doble: 48-63 €.

HOTEL ISOLINO✪
Avda. Castelao, 30. Telf. 986 730 236.
Fax: 986 730 287. Hotel similar al anterior, pero más barato.
Habitación doble: 35-48 €.

HOSTAL MIRAMAR✪
Avda. Teniente Domínguez, 15.
Telf. 986 730 111. No está mal, sin lujos pero con una buena relación calidad-precio. Habitación doble: 40 €.

Otros hoteles de precio más elevado

El **Amandi**✪✪✪ (avda. Castelao, 94; telf. 986 731 942; 56-98 €), céntrico y con buenas instalaciones, y el **Bosque Mar**✪✪✪ (Reboredo; telf. 986 731 055; habitación doble: 70-115 €).

COMER

O Grove es la patria del marisco, algo que debe tenerse en cuenta a la hora de hacer nuestro presupuesto, pues el precio medio de la mariscada supera los 36 €. Fuera de la temporada turística, sin embargo, los precios pueden caer hasta niveles insospechados. Entonces es cuando conviene acudir a la cita.

PULPERÍA PICHI
Platería, 59. Telf. 986 730 021.
Un famoso local por sus buenas raciones de pulpo *á feira* con cachelos. *Very tipical...*

O LAVANDEIRO
Hospital, 2. Telf. 986 731 956.
Era una taberna del puerto, pero tras su última remodelación tiene aspecto de coqueto restaurante. Uno de sus platos más exitosos, que llena mucho y no arruina, es la caldeirada de pulpo con cachelos, pero también borda las empanadas marineras, por supuesto de la casa, y los escabeches, que no se sabe por qué motivo en Galicia no son santo de gran devoción. Durante el verano una parrilla exterior sirve de reclamo para probar las sardinas. Buena carta de vinos. Cierra el lunes.

MARISQUERÍA FINISTERRE
Praza do Corgo, 2.
Telf. 986 730 748.
Hay dos factores que confieren cierto valor a esta casa. El primero de ellos es la sencillez de una cocina marinera que es totalmente fiel a los principios del recetario más popular. Junto a ello cabe reseñar la contención de precios que practica su carta.

Restaurantes (de 30 a 40 €)

El Crisol (Hospital, 10-12; telf. 986 730 029) pasa por ser el mejor restaurante de O Grove, y aunque su fuerte son los pescados y mariscos, también prepara con soltura platos más asequibles como las almejas con fideos o el jarrete. Al **Paraíso del Marisco** (Tte. Domínguez, s/n; telf. 986 732 153), en cambio, se va a lo que se va. Otros locales para degustar parrilladas de pescado y marisco sin mayor complicación pueden ser el **Beiramar** (Beiramar, 30; telf. 986 731 081) o el **Dorna** (Castelao, 150; telf. 986 731 842).

GUADALAJARA

CAPITAL DE PROVINCIA. 67.108 habitantes

A TAN SÓLO 58 KM DE MADRID, GUADALAJARA ES UNA CIUDAD CON MUCHA HISTORIA QUE CONSTITUYE HOY DÍA UN MODERNO CONJUNTO URBANO CON BUENOS EQUIPAMIENTOS, AMPLIAS ZONAS VERDES E INSTALACIONES DEPORTIVAS. DE SU RECIENTE EXPANSIÓN DEMOGRÁFICA SE DERIVA UNA GRAN OFERTA DE OCIO Y UN AUGE CULTURAL CRECIENTE, MATERIALIZADO EN FRECUENTES CONVOCATORIAS Y ACONTECIMIENTOS DE DIVERSA ÍNDOLE.

INFO

Oficina de Turismo de la Junta de Castilla La Mancha
Plaza de los Caídos, 6. Telf. 949 211 626.
Departamento de Turismo de la Diputación provincial
Plaza Moreno, 10. Telf. 949 887 500.
www.dguadalajara.es
Taxis
Paradas en Santa Clara (telf. 949 226 358), Santo Domingo (telf. 949 212 245) y estación de tren (telf. 949 228 238).

DORMIR

Guadalajara posee un amplia oferta de alta y mediana calidad, orientada tanto al turista dispuesto a disfrutar de la ciudad, como al que mira de reojo los polígonos del corredor del Henares y la cercana capital madrileña.

HOTEL ESPAÑA✪✪
Teniente Figueroa, 3.
Telf. 949 211 303. Histórica casona convertida en un moderno y encantador alojamiento, situado a unos pasos del palacio del Infantado. Las habitaciones cuentan con calefacción, aire acondicionado, teléfono y televisión. En la cafetería hay servicio de desayuno y en el hotel informan sobre rutas turísticas programadas.
Habitación doble: 45 €.

HOTEL IBIS✪✪
Pol. ind. El Balconcito. Trafalgar, 74.
Telf. 494 208 348. Alojamiento funcional con televisión, calefacción y aire acondicionado, situado al mismo pie de la A 2 en un entorno industrial.
Habitación doble: 50-58 €.

HOTEL INFANTE✪✪
San Juan de Dios, 14.
Telf. 949 223 555. Situado a unos pasos del palacio del Infantado. Alojamiento renovado de sencillas habitaciones con baño, calefacción, teléfono, televisión e hilo musical. Además, cuenta con restaurante, una sala de estar, terraza y garage. Trato familiar.
Habitación doble: 45-50 €.

HOTEL CAN-VICO✪
Zaragoza, 51. Telf. 949 255 028.
Se trata de un hotel moderno de 23

habitaciones, con buen mobiliario y elegante decoración. Algunas tienen terraza y todas disponen de aseo completo, calefacción, teléfono y televisión. Restaurante, cafetería y aparcamiento. Trato hospitalario.
Habitación doble: 48 €.

HOSTAL GALICIA✪

Travesía San Roque, 8.
Telf. 949 221 807.
Privilegiada situación, a un paso de los jardines y la plaza de Santo Domingo. Para quienes buscan una opción económica, que aún siendo sencilla se encuentre en perfecto estado de revista.
Habitación doble: 50 €.

Otros hoteles de precio más elevado

El **Hotel Pax**✪✪✪✪ (avda. Venezuela, 15; telf. 949 248 060; www.vlhoteles.com) es bastante lujoso, dispone de todas las comodidades de un buen hotel, así como novísimos salones. Un total de 61 habitaciones, las dobles con un precio de 50-70 €. Tiene restaurante (cocina regional), bar, piscina, pista de tenis y garage.

A la entrada de la localidad, el **Partner Alcarria**✪✪✪ (Toledo, 39; telf. 949 253 300; 80-160 €) es un hotel muy moderno e internacional, con 53 confortables habitaciones con baño, minibar y escritorio, calefación, aire acondicionado, teléfono y televisión. Y al sur de la ciudad, al otro lado de la A-2, está el nuevo y flamante hotel **Tryp Guadalajara**✪✪✪✪ (ctra. Madrid-Barcelona, km 55; telf. 902 446 666; habitación doble: 70-139 €).

EL TAPEO

Zona centro o Bardales

A espaldas de la calle Mayor formando un único espacio, las contiguas plazas de San Esteban y General Prim, de donde arranca el popular callejón de Bardales, son un atractivo espacio para degustar raciones y disfrutar de las terrazas. En la plaza de San Esteban están la pequeña **Porta Gayola,** con una barra de genuino tapeo y una solicitada terraza, y **El Boquerón,** un mesón típico de gran aceptación que ofrece variadas tapas y raciones de freiduría, carnes, patatas y buen vino. En la plaza del General Prim se hallan **Las Palmeras,** con terraza, y **La Granja,** para comer ricas tortitas con nata. En el callejón de Bardales dos restaurantes dan el do de pecho en las ricas raciones de cocina, **El Figón** y **Casa Víctor,** peculiares templos de la gastronomía tradicional servida en pequeñas porciones. Por último conviene bajar desde la plaza de San Esteban por la homónima calle al **Mesón Alcarreño** (Travesía San Miguel, 1), de lo mejor para comer de raciones y picar algún pincho.

Zona de San Roque

Por la calle peatonal de San Roque desfila al atardecer media Guadalajara, registrándose un buen número de locales, la mayoría de los cuales abren terrazas al paseo. Al castizo **Mesón La Fragua** le siguen **Helados La Ibense,** con mucha "gente menuda", **El Paseo,** tipo taberna española, y el **Burguer Noisy,** dispuesto en un largo corredor con mesas a ambos lados y luz azulada, público muy joven y buenos precios. Al lado contrario queda **Casa Manolo,** un bar a la antigua usanza.

Zona entre la avenida de Castilla y la Plaza de Toros

Esta zona de funcionales bares se engalana de sugerentes terrazas al llegar el verano. Al principio de la calle de Rufino Blanco se halla la conocida **Taberna Macareno,** decorada con cuadros de azulejos que representan escenas taurinas; raciones, canapés, conservas, aperitivos, vemú de grifo y cerveza tirada a la antigua. Calle arriba está **La Manduca,** que, a pesar de tener aspecto de elegante y bonita cafetería, ofrece canapés, aperitivos y salazones. Casi al lado está el **Family,** con terraza a la calle y jóvenes clientes. En la calle Virgen de la Soledad hay dos cervecerías que tienen bastante buena acogida, **La Esquina** y **Sotillo;** la primera con tostas, "tumacas", jamones y variedad de raciones, la segunda conocida por sus boquerones rebozados.

En la calle Sigüenza se encuentra el **Ocejón,** con atractivo mobiliario de madera, buena música y buen ambiente; tienen platos combinados y raciones (hay que probar sus patatas rebozadas). A pocos metros, **La Cervecera** ofrece jamones, lomos y chorizos. En el **Mesón Roldán,** en Solano Antelo, 16, se pueden tomar apetitosas raciones de pulpo, sepia, croquetas y migas, o un combinado de matanza.

COMER

*Dejando aparte el lujoso **Amparito Roca** (Toledo, 19; telf. 949 214 639; 42 €) y otros por el estilo, se han seleccionado algunos establecimientos con menús asequibles y platos de calidad.*

Casas con menú (menos de 15 €)

CASINO

Mayor, 24.
Telf. 949 226 167.
Tiene el acceso a las salas restringido a sus socios, pero no a la cafetería, en la cual se puede comer un menú sencillo (a elegir entre cuatro platos), o más caro, si el menú incluye chuletón, cordero o similar. Ambiente clásico y distinguido.

EL FIGÓN

Bardales, 9.
Telf. 949 211 588.
Cocina tradicional de cierto prestigio: carnes a la parrilla, cabrito asado, solomillos, embutidos y postres caseros, rociados con buenos vinos de su bodega. En su terraza se asan sardinas a la brasa.

CASA VÍCTOR

Bardales, 6.
Telf. 949 212 247.
Es un mesón bastante típico, de buen comer y de precios razonables. Ofrecen un menú con dos primeros y dos segundos platos para escoger, y un menú especial de la casa. Preparan con acierto el cordero asado, el chuletón de buey, la perdiz y el bonito escabechados, los callos y el cocido, el salmón al horno, el cóctel de gambas y los mariscos. Buena carta de vinos.

LA MAFIA

San Roque, 15. Telf. 949 247 554.
Restaurante italiano de comedor bien puesto y coqueto. Pastas, pizzas y carnes. Un lugar agradable con buena reputación.

YOGUI

Condesa Vega del Pozo, 12.
Telf. 949 220 007.
Es un mesón tradicional donde sirven raciones, pinchos y montados, además de menús y comidas a la carta. Destacan en la carta las migas y las judías estofadas.

SANTO DOMINGO

Pablo Iglesias, 2.
Telf. 949 215 937.
Es una de las cafeterías de toda la vida, y así lo revela su clásico mobiliario. Platos selectos como el caldero de salmón, las endivias con anchoas, el codillo a la sidra, el rabo de toro o la platija a la plancha.

LA RUBIA

Francisco de Quevedo, s/n.
Telf. 949 219 075. Comedor mediano con espacio reservado y bonitos cuadros, atendido con cordialidad.

CASA CHICHO

Zaragoza, 23.
Telf. 949 212 252.
Es un mesoncito de ambiente joven y trato amable; tiene un menú y un buen repertorio de raciones, pinchos y bocatas, entre los que destaca el bacalao a la riojana.

EL MESÓN BEJANQUE

Plaza de Bejanque, 12.
Telf. 949 219 797. Ofrece un menú del día y otro especial, con apetecibles platos tales como el cochifrito, el lacón, el pulpo o el pastel de cabracho.

Restaurantes (desde 24 €)

Miguel Ángel "El Ventorrero" (Alfonso López de Haro, 4; telf. 949 212 563) es un restaurante un poco caro, aunque su cocina es de calidad. Para comprobarlo basta con probar el cordero asado en horno de leña, las perdices, las chuletas a la brasa, el jamón o el lomo de jabugo, el queso de la tierra o los hojaldres de nueces y miel. Ofrece un completo menú del día. Clientela variada y decoración medieval.

La Morada de María (Alvargómez de Ciudad Real, 13; telf. 949 247 237; cierra domingo). Es una de las últimas incorporaciones al elenco culinario de la capital alcarreña. Cocina de altura la que oferta este equipo, experimentado en propuestas que se mueven con soltura entre el clasicismo y la modernidad culinaria.

Las Llaves (pza. Mayor, 16; Palacio de Ramírez Arellano; telf. 949 250 485) representa una buena cocina de mercado basada en los productos de temporada, como la caza o las setas. Concesiones tanto a la creatividad como a la tradición.

Avadar (en **AZUQUECA DE HENARES;** avda. Clara Campoamor, 4; telf. 949 236 759; menús, 15-23 €; precio medio, 40 €) es un establecimiento moderno, decorado con colores claros en las telas y madera oscura. En la mesa se disfruta de las excelencias de una carta llena de calidad, basada en la tradición pero con toques creativos que sorprenden pero no asustan. Buena y variada bodega.

CAFÉS

La plaza Marlasca es un reducto de paz muy a mano del visitante, al que se llega desde la calle Juan Bautista Topete desde la plaza del Jardinillo, en plena calle Mayor. Antes de llegar a la plaza Marlasca, a mano izquierda, se encuentra **El Casinillo.** Una taberna de sabor y color decorada en plan rústico, muy adecuada para acompañar la charla con café o vinito. A poco que caliente el sol saca a la calle una terraza que constituye un obligado punto de reunión. Unos pasos más adelante, ya en plena plaza, está la cafetería-tienda de café **El Tren.** Pequeño local de acogedora y cuidada ambientación. Desde la plaza del Jardinillo también se puede seguir la callejuela de Enrique Benito Chavarri hasta la plaza de San Esteban y su contigua plaza General Prim, donde la sencilla cafetería **La Granja** se ha convertido, por tradición y buen hacer, en el lugar predilecto para degustar las tradicionales tortitas con nata. Cambiando de tercio, el **Café Cabaret,** en el restaurante del teatro, ofrece a los amantes del café y el espectáculo muchos motivos de satisfacción.

GUADALUPE

CÁCERES. 2.113 habitantes

PEQUEÑA LOCALIDAD SITUADA EN UN PROFUNDO VALLE DE LA COMARCA DE LAS VILLUERCAS, NACIDA ALREDEDOR DE UN PRIMITIVO SANTUARIO MARIANO. A RAÍZ DE LA CONQUISTA DE AMÉRICA LA DEVOCIÓN A LA VIRGEN DE GUADALUPE SE EXTENDIÓ POR EL NUEVO MUNDO, CONVIRTIÉNDOSE EN UNO DE LOS CENTROS MÁS IMPORTANTES DE LA PEREGRINACIÓN CRISTIANA.

INFO

Oficina de Turismo. Plaza de Santa María de Guadalupe, s/n.
Telf. 927 154 128.
www.puebladeguadalupe.net

DORMIR

Numerosa es la oferta de alojamientos en Guadalupe. A primera vista puede sorprender un poco, pero lo cierto es que es muy elevado el gentío que se acerca a visitar el monasterio. Dejando aparte al ***Parador****✪✪✪✪ (Marqués de la Romana, 12; telf. 927 367 075; 130-170 €), que se sale del presupuesto, los demás alojamientos tienen precios asequibles.*

HOSPEDERÍA DEL REAL MONASTERIO✪✪
Plaza Juan Carlos I, s/n.
Telf. 927 367 000. Establecida alrededor de un hermoso claustro gótico del siglo XV y dirigida por los propios monjes del monasterio. Ofrece todos los servicios hoteleros más modernos.
Habitación doble: 70 €.

HOTEL HISPANIDAD✪✪
Avda. Conde de Barcelona, 1.
Telf. 927 154 210. Fax: 927 154 211. Situado frente al Ayuntamiento. Sus habitaciones son limpias, espaciosas y están bien equipadas.
Habitación doble: 45-60 €.

POSADA DEL RINCÓN
Plaza Santa María de Guadalupe, 11.
Telf. 927 367 114. Ladrillo, madera y mobiliario de cobre y latón se unen para crear un ambiente rústico y lleno de encanto. Este nuevo alojamiento es un lujo para los sentidos, de lo más recomendable.
Habitación doble: 90 €.

CASA RURAL LA CLARA
Plaza de Santa María de Guadalupe, 44. Telf. 927 154 067/ 367 111.
Con gran balconada abierta a la plaza, dispone de tres habitaciones dobles y una sencilla, salón y bodega en el sótano. Habitación doble: 63-75 €.

EL TAPEO

La principal zona de tapeo se concentra en la turística plaza de Santa María de Guadalupe. Son los bares y restaurantes de este lugar los que aglutinan la mayor parte del público que visita la localidad, inundando la plaza con sus terrazas. Todos tienen buenos pinchos de morcilla de berza, típica de la localidad, bacalao rebozado, embutido, picadillo, tortilla... como el mesón **El Extremeño,** el **Mesón Isabel, Cerezo I** y **II, Altamira** o el elegante bar de la **Posada del Rincón.**
Los vecinos de la Puebla, olvidan estos bares de la plaza enfocados a turistas, para visitar los bares **Chipi** o **Taruta** (ambos en Alfonso Onceno), que sirven pinchos y tapas más generosas si se pide un vino o una caña. También tiene una buena selección de variadas tapas de cocina el bar del hotel **Lujuán,** y su vecino restaurante **Extremadura** (Gregorio López).

COMER

Casas con menú (menos de 16 €)

ALFONSO XI
Alfonso Onceno, 21.
Telf. 927 154 287. Buena cocina extremeña que se sirve en el comedor con grandes ventanales del hostal.

CEREZO II
Plaza de Santa María de Guadalupe, 33. Telf. 927 154 177/367 428. Restaurante del hostal, especializado en cabrito al horno de leña.

MESÓN EXTREMEÑO
Plaza de Santa María de Guadalupe, 3. Telf. 927 154 327.
Cocina extremeña. En primavera y otoño, elaboran platos con las exquisitas setas recogidas en los bosques de los alrededores.

HISPANIDAD
Avda. Conde de Barcelona, 1.
Telf. 927 154 210. Ofrece menús en los que se incluyen platos como la caldereta de cordero o el frite extremeño (carne de cerdo guisada). Caza en temporada.

Restaurantes (desde 20 €)

El restaurante de la **Hospedería** (plaza Juan Carlos I, s/n; telf. 927 367 000) es muy recomendable. Dispone de menú aunque no está a la altura de su afamada carta (recetario de los monjes del monasterio), en la que destacan las migas y el cabrito. Postres de elaboración propia.

GUADIX

GRANADA. 18.078 habitantes

EL ROJIZO DE SUS COLINAS Y EL BLANCO DE SUS MÁS DE 2.000 CUEVAS CREAN UN PAISAJE LUNAR Y CAPRICHOSO, UN FENÓMENO URBANÍSTICO Y UNA FORMA DE VIDA ÚNICOS, DENTRO Y FUERA DE NUESTRAS FRONTERAS.

INFO

Oficina de Turismo
Avda. Mariana Pineda, s/n.
Telf. 958 662 665.
www.guadixymarquesado.org

DORMIR

HOTEL COMERCIO✪✪✪
Mira de Amezcua, 3.
Telf. 958 660 500. De estilo rústico y confortable en el que no faltan las mantas alpujarreñas y los muebles recios. Un lugar muy agradable para pasar la noche.
Habitación doble: 80 €.

HOTEL CARMEN✪✪✪
Avda. Mariana Pineda, 61.
Telf. 958 661 500.
Excelente relación calidad-precio. Las habitaciones, con buen mobiliario y espejos, son grandes y cuentan con terrazas.
Habitación doble: 55-65 €.

HOTEL MULHACÉN✪✪
Avda. Buenos Aires, 41.
Telf. 958 660 750.
Habitaciones reformadas, con los baños de mármol, espaciosas y de colorida ropa de cama y mesa.
Habitación doble: 42-55 €.

APARTOTEL CUEVAS DE PEDRO ANTONIO
Barriada San Torcuato, s/n, hacia Murcia. Telf. 958 664 986.
Preciosas y coquetas cuevas de sinuosos pasillos, chimenea en el interior, jardín y barbacoa. Piscina.
Habitación doble: 60 €.

CHEZ JEAN & JULIA
Ermita Nueva, 67.
Telf. 689 369 800. De lo más económico es este pequeño complejo de cuevas. Destaca por la amabilidad de sus propietarios y la limpieza.
Habitación doble: 40-60 €.

EL TAPEO

La principal zona de tapeo es la placeta de los Naranjos, donde se encuentran **C'art Luis,** con sus tapas de carne en salsa, y **Hawai,** con su sangría bien fría, servida en jarras de barro, y donde suelen poner –de tapa– un pincho moruno. En la calle Duque de Gor están **El Nido,** especialista en magreta con ali-oli, y **Cervantes,** que pone fritada de carne o bacalao con tomate.

En la calle Jardines, no hay que dejar de probar el pescaíto de **Andaluz.** En la avda. Medina Olmos se sitúan **Acapulco,** con lomo a la plancha y **Roma.** Queda aún la plaza de Boabdil para probar tapas exquisitas; en **Pepe,** el choto al ajillo; en **Quiles,** cualquier cosa, y en **Neptuno,** aunque es pizzería, saben lo que son las buenas tapas. En la Plaza Sierra Nevada y la calle de San Miguel, nuevos locales de estilo rústico, ofrecen buenos productos ibéricos.

COMER

Casas con menú (menos de 15 €)

PEDRO ANTONIO DE ALARCÓN
Barriada San Torcuato, s/n.
Telf. 958 664 986. Este rincón andaluz mitad cueva y mitad exterior sirve en su alegre comedor infinidad de platos rescatados del antiguo recetario. Además de la tradicional sopa accitana, se pueden probar los andrajos, buen guiso de harina y conejo; la olla de San Antón o la pierna de cordero al estilo mozárabe. De postre, talbinas con miel o azúcar.

HOTEL COMERCIO
Mira de Amezcua, 3.
Telf. 958 660 500/661 046.
El restaurante del hotel ofrece cocina casera bien elaborada. Cordero al horno y tocino de cielo son algunos de sus platos.

Restaurantes (sobre 30 €)

Boabdil (Manuel de Falla, 3; telf. 958 664 883) en este restaurante, decorado al estilo de los palacios nazaríes, la carta no es muy extensa pero sí selecta. Buen lugar para el tapeo.

A GUARDA

PONTEVEDRA. 6.184 habitantes

LA POSICIÓN PRIVILEGIADA DE A GUARDA, EN EL EXTREMO SUROCCIDENTAL DE GALICIA, AL PIE DE UN PROMONTORIO CARGADO DE SIMBOLISMO COMO ES EL MONTE DE SANTA TEGRA Y PRESIDIENDO LA DESEMBOCADURA DEL MIÑO, EL RÍO PADRE DE GALICIA, HACEN DE ESTA VILLA UN LUGAR DE ENORME ATRACTIVO TURÍSTICO, GASTRONÓMICO Y CULTURAL.

INFO Y TRANSPORTES

Oficina de Turismo
Avenida de Portugal.
Telf. 986 611 850.
www.concellodaguarda.com
Ferry. Cruza el estuario del Miño hasta la vecina localidad portuguesa de Caminha. Servicio cada hora, y en función de las mareas, desde las 9.30 h. En julio y agosto hasta las 22 h; de marzo a junio, hasta las 21 h; el resto del año hasta las 19 h.

DORMIR

HOTEL BRUSELAS✪✪
Ourense, 7. Telf. y fax: 986 611 121.
Un hostal modesto pero confortable, con garaje y música en las habitaciones. Habitación doble: 42-52 €.

HOTEL ELIMAR✪
Vicente Sobrino, 12. Telf. 986 613 000.
Pequeño y céntrico, con teléfono y televisión en habitaciones.
Habitación doble: 55-70 €.

HOTEL PAZO DE SANTA TECLA✪
Monte de Santa Tegra, s/n.
Telf. 986 610 002. Fax: 986 611 072.
Destaca por su espectacular ubicación, con una de las mejores panorámicas del sur de Galicia. Instalaciones algo anticuadas.
Habitación doble: 35-55 €.

HOSTAL MARTIRREY✪
José Antonio, 8. Telf. 986 610 349.
El mejor, en relación calidad-precio, en un edificio de dos plantas, con cuidadas habitaciones y servicio. Bien situado, cerca de la Alameda.
Habitación doble: 30-45 €.

Otros hoteles de precio más elevado

Vale la pena pasarse del presupuesto, para alojarse en el **Hotel Convento de San Benito✪✪** (pza. de San Benito; telf. 986 611 166; 60-82 €). Tranquilo, cerca del puerto y restaurado con sumo gusto, recuerda, pero en pequeño, a los paradores de turismo. Unos 10 km hacia Baiona, en el vecino municipio de **OIA** hay dos buenos hoteles: el **Talaso Atlántico✪✪✪✪** (As Mariñas, Mougás; telf. 986 385 090; habitación doble: 115-190 €), una gran mole revestida de piedra y con vistas al mar, que incluye un moderno balneario de agua marina, a 37º, con piscinas panorámicas y todo tipo de tratamientos; y el clásico **Glasgow✪✪✪** (en **VILADESUSO;** telf. 986 361 552; habitación doble: 80-130 €), con buen restaurante.

EL TAPEO

Se concentra el tapeo en la zona del puerto, donde principalmente hay restaurantes con la típica barra para tomar un vino y un acompañamiento. En el **Marusia** (rúa do Porto) ponen unos choquitos, sepia, pescados y mariscos o alguna otra cosa con la consumición. Otro tanto cabe decir de la **Tasca O Mariñeiro** (rúa do Porto).

El **Riveiriña** y el **Seixo,** más adelante, son tabernas donde probar pescados y mariscos.

Fuera del puerto, en la Alameda, está **Anabel,** una buena jamonería, y cerca de la iglesia, la **Taberna de Florindo Rodríguez,** donde hay que probar los vinos de **O Rosal.** Con un mural alusivo, también sirven tapas en la **Casa Chupa Ovos** (rúa da Roda) y con buena música en **O Catre** (rúa Galicia), que de noche se convierte en pub.

En la desembocadura del Miño (Camposancos), durante el verano se anima la terraza playera de **O Forte,** que prepara variadas raciones caseras.

COMER

Al igual que en otras localidades de las Rías Baixas, A Guarda es un lugar concebido para el pescado caro y el marisco, lo cual no quiere decir que no podamos comer otras cosas, si no tan apetecibles, sí más económicas. La langosta de las cetáreas de A Guarda tiene merecida fama universal, (se le dedica una Fiesta de exaltación el último domingo de junio), y como buen puerto, los pescados son exquisitos.

Casas con menú (menos de 15 €)

LA CASA DE LA ABUELA
Calvario, 69. Telf. 986 610 978.
En un comedor amplio y rústico, con acceso estival a una terraza bajo a una hibuera, disfrutaremos de una carta muy amplia y versátil, que nos permitirá confeccionar un menú sin salirnos de presupuesto: ensaladas varias, revueltos y tortillas, setas, caracoles, pulpo con almejas, brochetas, codillo, jarrete... pero también pescados frescos con un toquecillo creativo, postres (tarta de chocolate) y licores de la casa.

LA PIZZICATA
Rúa Galicia, 55.
Telf. 986 611 534.
No sólo de pasta y pizzas vive el hombre, y aquí se ofrece un completo menú de primeros platos, carnes y pescados. Cocina tradicional con experimentación.

ARRUAZ
Rúa do Porto, 56.
Telf. 986 614 571.
Uno de los más económicos de la zona, pues sus especialidades son asequibles: calamares rellenos, pulpo, zamburiñas, croquetas, empanada y *peixe* espada a la plancha.

Restaurantes (de 24 a 40 €)

Si estáis dispuestos a tirar la casa por la ventana, la marisquería más afamada es **Gran Sol** (Circunvalación, 13; telf. 986 610 552). **Casa Valladeiro** (rúa do Porto, 7; telf. 986 610 468) la encontramos en el puerto, donde los locales no son precisamente baratitos, pero en esta antigua casa de piedra, al menos, se puede tomar marisco y pescados de todo tipo, aunque su especialidad son los arroces de marisco, bogavante, vieiras o langosta, así como los postres caseros. **Anduriña** (avda. del Puerto, 58; telf. 986 611 108) añade a la oferta de mariscos unos estupendos guisos marineros.

La estética moderna del **Bitadorna** (avda. del Puerto, 30; telf. 986 611 970) ya nos hace preludiar que estamos ante una rara avis en las villas marineras gallegas: un restaurante que ofrece a un tiempo cocina tradicional y de autor, con menús degustación, mariscadas clásicas, lamprea y angulas en temporada, y un sinfín de pescados de mar muy bien elaborados.

HARÍA

ISLA DE LANZAROTE. 3.531 habitantes

ENCANTADOR PUEBLO ENCLAVADO EN LA MAYOR RESERVA BOTÁNICA DE LANZAROTE. EL BLANCO CASERÍO, TAPIZADO DE FLORES MULTICOLORES, SE EXTIENDE POR EL VALLE DE LAS PALMERAS OFRECIENDO AL ESPECTADOR MIRADORES, GALERÍAS VOLCÁNICAS QUE PENETRAN EN EL MAR Y LA FAMOSA CUEVA DE LOS VERDES Y LOS JAMEOS DEL AGUA.

INFO

Jameos del Agua
Telf. 928 848 020.
También visitas nocturnas.

Cueva de los Verdes
Telf. 928 173 220. Visita diaria, de 10 h a 18 h (última entrada a las 17 h).

Mirador del Río
Visita diaria, de 10 h a 18 h.

Ayuntamiento. Telf. 928 835 009. www.turismolanzarote.com

DORMIR

HOTEL VILLA LOLA & JUAN
Fajardo, 16.
Telf. 928 835 070/ 630 446 621.
Fax. 928 835 256. El Villa Lola & Juan es un hotel familiar que incluso fue residencia de infancia de quien hoy lo regenta. Fue habilitado sobre la base de una antigua casona colonial, en el casco urbano y en el corazón de una finca de 3000 m^2, rodeado de frutales y árboles nativos que le otorgan una atmósfera particular. Piscina, climatizada en los meses de invierno. Solarium con vistas al valle de Haría. Hidromasaje. Habitación doble: 90-120 €.

APARTAMENTOS ARRIETA
Garita, s/n. Telf. 928 835 230. Conjunto de 8 apartamentos, bien equipados, con capacidad para 4 personas.

APARTAMENTOS CASITAS DEL MAR
Carretera Arrieta-Punta Mujeres.
Telf. 928 848 288.
Moderno conjunto de apartamentos situados cerca de la playa de Punta Mujeres.

APARTAMENTOS CASTILLO DE PAPAGAYO
Charco del Palo. **MALA.**
Telf. 928 173 176.
Conjunto de 33 apartamentos. Para nudistas.

COMER

Casas con menú (menos de 15 €)

CHARCO VIEJO
La Quemadita, 8.
Telf. 928 842 591.
Pescados frescos que encontraremos en elaboraciones típicas de la zona.

CASA EL CURA
Nueva, 1.
Telf. 928 835 556.
Vieja casona al estilo tradicional que sirve una cocina canaria de calidad.

PUNTA FARIONES
Muelle de Órzola. **ÓRZOLA.** Telf. 928 842 558. Decoración típica lanzaroteña. Pescados y cocina internacional.

Restaurantes (sobre 24 €)

Haría conserva la huella del universal artista lanzaroteño César Manrique. Así, la impronta de su original creatividad se halla en dos lugares únicos que cuentan con restaurantes de calidad que no pueden dejar de ser visitados. **Los Jameos del Agua** (carretera de Arrieta; telf. 928 848 024), está situado en el interior de la cueva de los Jameos del Agua. Este restaurante con vistas al lago de los cangrejos ciegos posee una cuidada decoración adaptada al impresionante entorno natural en el que se encuentra. Cocina canaria e internacional.

El otro es el **Mirador del Río** (telf. 928 526 548). El mirador que da nombre al restaurante se halla prácticamente colgado del acantilado bajo el cual se extiende el Río, el brazo de mar que separa Lanzarote de la isla de La Graciosa. Desde él se disfruta de una impresionante vista del archipiélago Chinijo con La Graciosa en primer término. El restaurante integra su decoración en el paisaje, combinando la laja y la piedra volcánica. Cocina canaria e internacional.

HARO

LA RIOJA. 11.460 habitantes

HARO, LA CAPITAL DEL VINO DE RIOJA, ES UNA ELEGANTE Y SEÑORIAL VILLA, RODEADA DE BELLOS PARAJES FRONTERIZOS CON TIERRAS CASTELLANAS Y VASCAS. LA IMPORTANCIA DE SU INDUSTRIA VINÍCOLA, SURGIDA EN EL SIGLO XIX, TRAJO EL CONSIGUIENTE DESARROLLO URBANÍSTICO Y UN HALO DE MODERNIDAD QUE AÚN CONSERVA LA CIUDAD. HOY, ANTIGUOS PALACIOS RENACENTISTAS Y CASERONES DECIMONÓNICOS ACOGEN ESTABLECIMIENTOS DE GRAN SOLERA Y CONTRIBUYEN AL INDUDABLE ENCANTO QUE POSEE EL LUGAR.

INFO

Oficina de Turismo
Pza. Monseñor Florentino Rodríguez.
Telf. y fax: 941 303 366. www.haro.org

DORMIR

HOTEL LUZ✪✪✪
Camilo José Cela, 1.
Telf. 941 304 748. Excelente establecimiento, con un buen nivel de servicios. Clásico y acogedor.
Habitación doble: 85-110 €.

HOSTAL HIGINIA✪✪
Virgen de la Vega, 31.
Telf. 941 304 344. Las habitaciones son muy agradables y cuentan con todas las comodidades; las abuhardilladas son muy coquetas y algo más baratas. Los baños están impecables.
Habitación doble: 55 €.

Otros hoteles de precio más elevado
Para los más pudientes está **Los Agustinos✪✪✪✪** (San Agustín, 2; telf. 941 311 308; habitación doble: 80-130 €).

DE PINCHOS

No podía faltar en Haro la sana tradición de ir de vinos y pinchos. Costumbre situada en "La Herradura" dentro del casco antiguo. Las calles de Santo Tomás y San Martín acogen los bares y mesones donde se encuentra el mejor ambiente hasta la medianoche. Lo típico es tomar cazuelitas, que son de lo más variado. El **Mesón Atamauri** (Juan García Gato) ha ganado todos los concursos de pinchos de La Rioja. Se puede pedir cualquiera de sus especialidades o directamente una tapa clásica de patatas a la riojana. En **Bilibio** (Vega) sirven tapas clásicas y alguna más moderna. En la avenida de La Rioja, el **Café Liceo** tiene elaboraciones propias como el canario o el cabritillo, y en el bar **Duke** gustan sus tostas de pimiento del piquillo.

En la zona de la plaza de San Martín también hay buenos locales como **La Esquina, Pirolo, Beronés** y **Beethoven.** Ya en la plaza de la Paz, el **Sol,** el **Suizo, Platerías,** el **Obarenes...**
Lo normal en todos es pedir vino de las bodegas de la localidad o del resto de la región. Se puede tomar desde un sencillo cosechero hasta un gran reserva.

COMER

Casas con menú (menos de 15 €)

MESÓN ATAMAURI
Pza. Juan García Gato, s/n.
Telf. 941 303 220.
Ambiente popular, muy frencuentado a la hora de los pinchos. Se pueden comer de manera informal platos de la mejor tradición riojana, con buenas verduras de temporada y cordero asado.

LAS CIGÜEÑAS
Plaza de la Paz, 11.
Telf. 941 310 122.
Muy céntrico. Con una buena carta y menú, ofrece platos riojanos, así como de cocina nacional de temporada.

Restaurantes (desde 24 €)

Beethoven I, II y III (telf. 941 311 181) son una institución gastronómica en Haro. El **I** (Santo Tomás, 10) ofrece una cocina con influencias vascas; el **II** (Santo Tomás, 3-5), en un viejo caserón justo enfrente, tiene más especialidades riojanas, destacando los pimientos rellenos de patitas y el rabo de toro al vino tinto, y el **III** (plaza Iglesia, 8-9) está destinado a comidas de empresa y banquetes.

Para degustar el mejor patorrillo de la localidad y algún pescado servido con gusto hay que ir a **Vega** (Juan García Gato, s/n; telf. 941 303 280). Mezcla de estilos moderno y rústico tanto en la decoración como en la cocina. Merece la pena probar la merluza a la riojana.

En el restaurante del Hotel Los Agustinos, **Las Duelas** (San Agustín, 2; telf. 941 304 463; precio medio, 40 €), cocina tradicional renovada.

HECHO

HUESCA. 1.005 habitantes

HECHO O ECHO ES UNA HERMOSA VILLA PIRENAICA QUE GUARDA CELOSAMENTE SU HABLA PECULIAR –EL "CHESO"–, SU ANCESTRAL INDUMENTARIA Y UNA ATRACTIVA ARQUITECTURA POPULAR.

INFO

Oficina de Turismo
Plaza Conde Xiquena, 1.
Telf. 974 375 329. Sólo funciona en verano. www.hecho.es
Ayuntamiento. Telf. 974 375 002.
www.pirineo.com

DORMIR

HOTEL LO FORATÓN 2✪✪
Urb. Cruz Alta, s/n. Telf. 974 375 247. Enfrente de la gasolinera, nada más pasar el pueblo en dirección a la Selva de Oza. Al lado se halla el hostal del mismo nombre. 36-50 €.

HOSTAL DE LA VAL✪
Cruz Alta, 1. Telf. 974 375 028. Arriba del pueblo, sin salir de la carretera, se ve un caserón blanco que alberga 16 habitaciones. Todas son dobles y con baño. También posee un atractivo restaurante con un entarimado a media altura. 35-45 €.

COMER

Empezando por el pan y el queso artesano, la culinaria de los valles de Echo y Ansó se reconoce por platos como las migas de pastor.

Casas con menú (menos de 15 €)

SERBAL DE LOS CAZADORES
Mayor, 6. Telf. 974 375 335. Ubicado en una casa restaurada de piedra, con salón adornado con muebles antiguos, tiene también una terraza con vistas a una huerta y al río. Aquí se pueden tomar los boliches de embún, aparte de especialidades en caza y migas.

LO FORATÓN
En el hotel homónimo. Ofrece un menú turístico muy completo y apetecible.

Restaurantes (sobre 30 €)

Casa Blasquico (Palacio, 1; telf. 974 375 007). Es toda una institución que marca estilo en toda la comarca. Patés, crêpes de setas, verduras rellenas, pastel de perrechicos o civet de caza (ciervo, faisán) son algunos de los platos que prestigian al establecimiento. Aparte de la carta, dispone de un menú algo más económico. También es posible pasar la noche en sus preciosas habitaciones. Conviene reservar con antelación.

HELLÍN

ALBACETE. 29.303 habitantes

ESTA IMPORTANTE LOCALIDAD MANCHEGA TIENE ORIGEN PALEOLÍTICO. ES PRECISAMENTE LA IMPORTANCIA ARQUEOLÓGICA DE LA ZONA, JUNTO A LOS SOBRECOGEDORES REDOBLES DE LA TAMBORRADA DE SEMANA SANTA, LO QUE HACEN DE HELLÍN UNA CIUDAD SINGULAR.

INFO

Oficina de Turismo. Rabal, 1.
Telf. 967 541 500. www.hellin.net

DORMIR

HOTEL EMILIO✪✪✪
Ctra. de Jaén, 23. Telf. 967 301 580.
Es un edificio de nueva construcción. Con una decoración clásica que se hace acogedora e íntima en las habitaciones, algunas de ellas abuhardilladas con terraza. Habitación doble: 50-70 €.

HOTEL REINA VICTORIA✪✪✪
Coullaut Valera, 3. Telf. 967 300 250. Clásico hotel de estilo algo rococó. Las habitaciones disponen de enormes cuartos de baño.
Habitación doble: 66-81 €.

HOTEL HELLÍN✪
Ctra. de Murcia, 31. Telf. 967 300 601. Próximo a la carretera y junto al restaurante D´On Manuel, es un edificio alegre que alberga un hotel sencillo, pero limpio y cuidado. Las habitaciones están climatizadas y tiene aparcamiento. Habitación doble: 45 €.

HOSTAL AVENIDA✪✪
Avda. Poeta Mariano Tomás, 52.
Telf. 967 300 329. Habitaciones sencillas y baños reformados. Frecuentado por gente de paso. Trato familiar. 61 €.

CASA RURAL LA CARRASCA.
Ctra. de Agramón, s/n.
Telf. 967 300 550. Es una casa de campo con 8 plazas, compartida, cerca de la ciudad, entre árboles, con un amplio jardín y piscina, cuyo precio oscila según temporada, pero el medio es de 24 € persona día o de 250 € el fin de semana.

COMER

Casas con menú (menos de 15 €)

REINA VICTORIA
Coullaut Valera, 3. Telf. 967 300 250. Dispone de tres comedores bien decorados, con vigas vistas y azulejería. Tiene entre sus más afamadas especialidades, platos de la cocina regional como las migas ruleras con caldo valiente o *ajiharina* con níscalos.

EMILIO
Ctra. de Jaén, 23. Telf. 967 301 580.
Buen restaurante con varios comedores. Este local ha adquirido prestigio gracias a platos como el arroz con conejo y caracoles, la paletilla de lechal o el milhojas de bacalao.

D'ON MANUEL
Ctra. de Murcia, 31. Telf. 967 305 501.
Es perfecto para probar alguno de los elaborados platos de caza. Sus especialidades son las tortillas rellenas, las judías con perdiz, el atún en salsa de perdiz o los muslitos de pavo.

LA POSADA
Ctra. de Jaén, 10. Telf. 967 305 048. En un ambiente sencillo y agradable, ofrece platos típicos de la zona, aunque es especialista en arroces y pescados en salsa, son buenas las carnes a la parrilla y los postres caseros.

HERVÁS

CÁCERES. 4.015 habitantes

POBLACIÓN ENCLAVADA EN UN ENTORNO PRIVILEGIADO, AL ABRIGO DE LA SIERRA DE GREDOS. CONSERVA UNA BIEN CUIDADA JUDERÍA, CON ANGOSTAS CALLEJAS DE CASAS DE ADOBE Y MADERA DE CASTAÑO, DONDE EL TIEMPO PARECE HABERSE DETENIDO.

INFO

Oficina de Turismo
Braulio Navas, 6. Telf. 927 473 618.
www.valledeambroz.com

DORMIR

HOTEL SINAGOGA✪✪✪
Avenida de la Provincia, 2.
Telf. 927 481 191.
Recientemente reformado y convertido en este renovado hotel.
El moderno edificio carece del encanto de las construcciones tradicionales, pero ofrece amplias comodidades y una buena relación calidad-precio. 60-70 €.

CASA LA JUDERÍA
Abajo, 54. Telf. 927 414 288.
www.turnat.com
Deliciosos apartamentos con una excelente ubicación junto al puente romano sobre el río Ambroz. Totalmente equipados y con una cuidada decoración. Ideales para el sosiego y el disfrute de la naturaleza. Apartamento para 2 ó 3 personas: 63-115 €.

APARTAMENTOS TURÍSTICOS LA IGUANA
Cuestecilla, s/n. Telf. 927 481 503.
www.apartamentoslaiguana.com
Abren todo el año. Son los primeros que apostaron por esta modalidad de alojamiento en la localidad, por lo que merecen su reconocimiento, y se reformaron en 2005. A la entrada del barrio judío, se disponen alrededor de un patio interior con piscina. Tienen capacidad de 2 a 7 plazas: 50-110 €.

COMER

Casas con menú (menos de 15 €)

MESÓN LA VACA BRAVA
Rincón de la Vaca Brava.
Telf. 927 473 400. Para comer de manera más informal a base de raciones. Taburetes y bancos de madera alrededor de mesas y al refugio de la chimenea. Su carta obsequia con carnes a la brasa, sardinas, queso, ensaladas...

Mesón El 60
Collado, 60. Telf. 927 481 048.
Del mismo estilo que el anterior, este local tiene en las deliciosas y ricas raciones de carnes a la brasa o parrilla, su principal referencia.

Nardi
Braulio Navas, 19.
Telf. 927 481 323.
Ofrece una exquisita comida preparada con los mejores productos de la tierra. Entre sus especialidades destacan: la carne de retinto, los asados, el zorongollo, y sus cremas de verduras, todo regado con buen vino de pitarra.

Mesón Casa Luis
Subida al Consistorio, 13.
Telf. 927 473 577. En la segunda planta está el encantador comedor donde degustar especialidades sefardíes, como sopado (redondo de ternera en salsa picante y dulce) y estofado de miel.

Restaurantes (sobre 25 €)
Si se desea una comida más selecta y elaborada, se puede recurrir a **Almirez** (Collado, 19; telf. 927 473 459), con una cocina tradicional pero innovadora.
Igual de recomendable es el acogedor restaurante de la **hospedería Valle del Ambroz** (plaza del Hospital, s/n; telf. 927 474 828), que con sus tres tenedores se da sobrada satisfacción a los paladares más exigentes.

HONDARRIBIA

GIPUZKOA. 16.458 habitantes

Hondarribia es un lugar de fronteras, en donde se mezcla el mar y la montaña, la ciudad medieval y el pueblo de pescadores. En la orilla izquierda de la desembocadura del Bidasoa, sorprende por su gran belleza urbana y paisajística.

INFO
Hondarribia, Irún y Hendaya participan en un proyecto turístico compartido. En Hondarribia la **Oficina de Turismo** está en la entrada del pueblo (Javier Ugarte, 6; telf. 943 645 458). www.bidasoaturismo.com

DORMIR
*Como todo centro de veraneo, la oferta hotelera de Hondarribia es amplia pero con precios altos. En la parte antigua se sitúan los de precio más elevado como el **Pampinot**✪✪✪ (Nagusia, 5; telf. 943 640 600; 105-150 €) o el **Parador**✪✪✪ (plaza de Armas, 14, telf. 943 645 500; 200-270 €). También existe la posibilidad de alojarse en la vecina Irún donde, como ciudad de paso, hay numerosos hoteles asépticos y económicos.*

Hotel Palacete✪
Pza. Gipuzkoa, 5. Telf. 943 640 813.
En la tranquila parte alta del pueblo, dentro de una agradable plaza peatonal conocida como de las cadenas. El hotel está instalado en una antigua mansión de piedra de sillería con miradores,en cuyo interior se garantiza comodidad y sosiego.
Habitación doble: 60-95 €.

Hotel Nikolás✪✪
Plaza de Armas, 6.
Telf. 943 644 278.
Llama la atención su fachada típica, preciosa. Dentro: una buena calidad en los servicios, con habitaciones cómodas, sencillas, confortables.
Habitación doble: 65-75 €.

Otros hoteles interesantes
Excelentes en sus estilos respectivos, son **Obispo**✪✪✪ (pza. del Obispo, 1; telf. 943 645 400; habitación doble: 90-130 €) y **Río Bidasoa**✪✪✪ (Nafarroa Beherea, 1; telf. 943 645 408; habitación doble: 100-150 €), con bonitas habitaciones y una gran piscina.

DE PINCHOS
A cualquier hora, el pulso vital del pueblo se refleja en la calle San Pedro, centro peatonal. Hay buenos bares con excelentes tapas y pinchos y las terrazas animan a la degustación.
Sobresalen el **Enbata** (Zuluaga, 5) con sus raviolis de veduras, y en San Pedro **Ignacio,** con pinchos clásicos y alguno nuevo como el *crêpe* de txangurro, **Itsaspe,** con fríos y virguerías como almejas rellenas, y **Txantxangorri**, cuya última aportación es el salteado de espárragos al *foie*; y el **Alcanadre,** que ofrece tapas más elaboradas, platos combinados y bocadillos. Mención especial merece el **Yola Berri,** también en la calle San Pedro, donde la barra está tapizada con pinchos.

COMER
Casas con menú (menos de 15 €)

Yola Berri
San Pedro, 22.
Telf. 943 645 611.
Se puede comer en la barra, en mesas corridas o en el elegante comedor de la parte de abajo. Siempre está lleno. A la carta sube según el tipo de pescado.

Restaurantes (sobre 40 €)
Gran Sol (San Pedro, 63; telf. 943 647 075) es posiblemente la opción más contenida de la calle principal de Hondarribia, donde la nómina de buenos restaurantes es densísima. Carta con productos de temporada en la que destacan los pescados del día.
El pescado es exquisito en la **Hermandad de Pescadores** (Zuluaga, 12, telf. 943 642 738), comedor en la antigua cofradía de pescadores.

HOSPITAL DE ÓRBIGO

LEÓN. 823 habitantes

Esta tranquila villa, a la que atraviesa el río que le da nombre, fue hospital de peregrinos en el Camino de Santiago. El trazado medieval de sus calles, su legendario puente y la gastronomía son sus principales atractivos.

DORMIR
Hotel El Paso Honroso✪✪
Ctra. N 120, km 335.
Telf. 987 361 010.
Situado en la carretera, junto a una gasolinera, cuenta con amplias y modernas habitaciones con un buen equipamiento; algunas dan al otro lado de la carretera, dato a tener en cuenta para evitar los ruidos de la constante circulación. Algo a tener en cuenta, el trato es amable y correcto.
Habitación doble: 50-75 €.

Hostal Don Suero de Quiñones✪✪
Álvarez de la Vega, 1. Telf. 987 388 238.
Es el alojamiento más céntrico. Dispone de 11 habitaciones con baño, cómodas y bien equipadas.
Habitación doble: 65 €.

COMER
Casa María Palos
La Vega, 36. Telf. 987 388 114.
Éste es un buen lugar para degustar la trucha cocinada en todas sus variedades. También es sidrería y cafetería. Trato agradable.

Don Suero de Quiñones
Álvarez de la Vega, 1. Telf. 987 388 238.
Restaurante de comida casera que también sirve las tradicionales truchas y ancas de rana. 12 €.

La Encomienda
Álvarez de la Vega, 30.
Telf. 987 388 211. Merece la pena probar algunas de sus especialidades como la trucha laureada. Son excelentes las carnes rojas y el chuletón.

Los establecimientos de esta guía han sido comprobados y seleccionados por su buena relación precio-calidad. En ningún caso han desembolsado cantidad alguna por aparecer en esta guía.

HUELVA

CAPITAL DE PROVINCIA. 145.150 habitantes

SU VOCACIÓN MARINERA, EL CARÁCTER INDUSTRIAL DERIVADO DE LA EXPLOTACIÓN DE LAS MINAS DE RIOTINTO Y UNOS ESTRECHOS VÍNCULOS CON IBEROAMÉRICA SON LAS SEÑAS DE IDENTIDAD DE UNA CIUDAD RECONSTRUIDA CASI POR COMPLETO A PARTIR DE 1755, TRAS EL TERREMOTO DE LISBOA. A PRIMERA VISTA PARECE NO TENER MUCHO QUE OFRECER, PERO POCO A POCO SE VA DESCUBRIENDO SU ENCANTO Y SU CARÁCTER ALEGRE Y ABIERTO.

INFO

Oficina de Turismo
Avenida de Alemania, 12.
Telf. 959 257 403.
www.andalucia.org

DORMIR

La oferta, encabezada por el ***NH Luz Huelva****✪✪✪✪ (Alameda Sundheim, 26; telf. 959 250 011; 63-160 €), uno de los hoteles clásicos de la provincia, es variada. Los siguientes alojamientos son también céntricos, y ofrecen un buen nivel de servicios por mucho menos que el anterior.*

HOTEL LOS CONDES✪✪

Avda. Alameda Sundheim, 14.
Telf. 959 282 400.
Situado enfrente del museo, es un hotel de nueva construcción donde prima la funcionalidad. Las habitaciones traseras dan a un patio y son bastante más tranquilas que las delanteras. Habitación doble: 65-75 €.

HOTEL COSTA DE LA LUZ✪✪

José María Amo, 8. Telf. 959 256 422.
Sin pretensiones pero muy bien situado, con baño y televisión en todas las habitaciones.
Habitación doble: 50-60 €.

PENSIÓN CALVO✪

Zarcón, 31. Telf. 959 249 016.
Una casa de vecinos de principios de siglo. La recepción está en la segunda planta y las 29 habitaciones se reparten en torno a una galería acristalada.
Habitación doble: 44 €.

Otros hoteles de precio más elevado

Céntrico, cerca del palacio de congresos, y bien equipado es el **Hotel Tartessos**✪✪✪✪✪ (avda. Alonso Pinzón, 13; telf. 959 282 711; 50-199 €), uno de los más frecuentados de la ciudad. El **Monte Conquero**✪✪✪ (Pablo Rada, 10; telf. 959 285 500; habitación doble: 65-129 €) es moderno y está ubicado en zona comercial.

EL TAPEO

El tapeo en la barra del bar constituye uno de los pilares de la gastronomía onubense y, sin duda, el más exquisito. **Agmanir,** en la calle Arquitecto Carasa, por detrás de la plaza de las Monjas, ofrece buen tapeo, y asequible, de productos del mar. Probad cualquiera de las tapas de choco (las huevas con mayonesa son riquísimas), las gambas o la raya en pimentón.

Del mismo modo, en cualquiera de los bares del centro se puede tapear o tomar raciones, por ejemplo de productos del cerdo (solomillo, presa, secreto) preparados a la brasa. El jamón de bellota, el lomo, morcón, etc. son algunos de los embutidos. Montaditos, quesos y revueltos son otras sugerencias.

Para tomar unas raciones de pie con estupendos vinos a precios francamente buenos es **Azabache,** en Vázquez López, 22.

En las plazas de la Merced y de las Monjas hay unos kioscos que venden hamburguesas y bocadillos. Se ponen hasta la bandera.

COMER

Platos caraterísticos son la raya en pimentón, la melva con tomate, las habas con chocos y un buenísimo pescado azul: la caballa a la brasa. ***El Estero,*** *que ocupa los bajos del hotel Tartessos (telf. 959 282 711; 35 €) es un restaurante recomendable, aunque caro.*

Casas con menú (menos de 15 €)

CASA CALVIÑO

Tendeleras, 9. Telf. 959 249 836. Estupenda casa de comidas donde la familia trabaja en una cocina abierta al pequeño comedor. Por aquí pasa lo mejor de Huelva. Pescado fresco y carnes al horno. No tienen menú y la carta varía según mercado.

JEROMO

Plaza de la Merced, 6.
Telf. 959 261 618. Junto a la Universidad, por lo que es normal encontrarse profesores y alumnos metiéndose un menú entre pecho y espalda. Buena calidad y servicio supervisado por el dueño.

CASA DEL MAR

Avda. Hispanoamericana, 9.
Telf. 959 280 397. Cerca del Puerto. A mediodía se llena de gente de todo tipo en busca de un menú casero muy barato.

Restaurantes (desde 24 €)

La Qtxara (plaza de las Monjas, 1; telf. 959 521 465) es hoy por hoy una de las mejores opciones de Huelva. Estética minimalista y cocina creativa con base en la gastronomía onubense. **La Esquinita** (Béjar, 21; telf. 959 252 690) es un coqueto restaurante para una comida o una cena íntima, especializado en bacalao, aunque la carta ofrece otros platos de cocina tradicional y de autor, como le gusta autodefinirse a la pareja que lo lleva. Buenos mariscos y frituras en **Las Meigas** (Avda. de Guatemala, 44; telf. 959 271 958). Por último **El Portichuelo** (Vázquez López, 15, telf. 959 245 768) es un amplio y confortable mesón especializado en carnes de la sierra a la brasa y los revueltos de gambas y setas.

HUESCA

CAPITAL DE PROVINCIA. 49.819 habitantes

LA QUE ES SEGUNDA CIUDAD DE ARAGÓN DESTACA POR SU LOCALIZACIÓN, EN UNA HOYA QUE PRESENTA YA LOS PRIMEROS INDICIOS DE LOS PRÓXIMOS PAISAJES VERDES PIRENAICOS. A LO LEJOS DESTACA LA ESBELTA SILUETA DE SU CATEDRAL, SITUADA EN EL PUNTO MÁS ALTO DEL CASCO ANTIGUO. A SUS PIES, EL VIEJO RECINTO MONUMENTAL SE ENTREVERA CON UNA CAPITAL MODERNA Y DE SERVICIOS.

INFO

Ayuntamiento
Plaza de la Catedral, 1.
Telf. 974 292 100.
Oficina Municipal de Turismo
Plaza de Luis López Alllué, s/n.
Telf. 974 292 170.
www.huescaturismo.com
Central de Turismo Verde
Telf. 974 294 141.

DORMIR

Dejando aparte el ***Hotel Pedro I de Aragón****✪✪✪ (avda. del Parque, 34; telf. 974 220 300; habitación doble: 125-140 €), hay unos cuantos hostales para elegir, asequibles, confortables y bien situados.*

HOSTAL ALVIZ✪✪

Avda. Juan XXIII.
Telf. 974 212 845. Renovado, en pleno ensanche. Las habitaciones tienen aceptables dimensiones y están decoradas con buen gusto. Los baños son grandes y de calidad.
Habitación doble: 48 €.

HOSTAL JOAQUÍN COSTA✪✪

Joaquín Costa, 20.
Telf. 974 24 17 74.
El hostal depende del bar Los Molinos, situado un poco más adelante. Habitaciones no muy grandes pero aseadas, con baño y televisión.
Habitación doble: 48-52 €.

HOSTAL LIZANA✪✪

Pza. Lizana, 6-8. Telf. 974 220 776.
Con dos hostales de una y dos estrellas, uno frente a otro, hay donde elegir. Habitaciones sencillas, con unos precios que rondan de 50 a 100 € según temporada. En el Hostal Lizana I, la estrecha fachada del inmueble no augura unas dimensiones demasiado amplias de los habitáculos. Por lo demás, las habitaciones son correctas.

HOSTAL RUGACA✪✪

Porches de Galicia, 1.
Telf. 974 22 64 49.
Situado en pleno centro, en la esquina de los Porches con los Cosos. Una pega, el estrecho recibidor y la empinada escalera.
Habitación doble: 45-55 €.

HOSTAL EL CENTRO✪

Sancho Ramírez, 3.
Telf. 974 226 823. Un atractivo caserón con buenas habitaciones con balcones, situado muy cerca del Coso Bajo, es decir, en pleno centro.
Habitación doble: 38-68 €.

Otros hoteles de precio más elevado

El **Hotel Sancho Abarca**✪✪✪ (pza. Lizana, 13; telf. 974 220 650; 85-105 €) ofrece un buen nivel de servicios y habitaciones bien equipadas en el mismo centro de la ciudad.

EL TAPEO

Si queréis probar las sabrosísimas bolas de patata, las tortillas, mariscos rebozados o pescados fritos, la zona de tapas por excelencia de la ciudad está situada detrás de los Porches de Galicia.

Por la calle San Orencio encontraréis la **Vicaría,** el **Cedrún** o **El Pozal.** Muy cerca, en la calle Padre Huesca, se sitúa el **Ricocú** y el **Da Vinci. El Viejo Acordeón** al final de la travesía, también es adecuado para tomarse un bocadillo además de alguna ración.

El bar **Seúl,** en pleno centro histórico, ocupando los bajos de un gran caserón entre la catedral gótica y el Ayuntamiento, sirve cañas y raciones dentro del local o en las mesas situadas en dicha plaza. El **Bocasustancia,** por último, es uno de los lugares donde ofrecen los bocatas más originales de Huesca.

COMER

Autodefinida como austera, con el pan como elemento básico sobre el que se elabora el recetario provincial (migas al pastor, sopas de ajo), la comida oscense cuenta también con las verduras de las huertas monegrinas que aportan la escarola, la borraja y el cardo, entre otras. Entrando en platos más sustanciosos, las legumbres están bien representadas por los bolinches, autóctono de estos lugares, mientras que las carnes van desde el conejo enterrado, de origen monegrino o la monástica gallina rellena de casbas. Más famosas que las anteriores sofisticaciones son las chiretas, preparadas con derivados del cerdo, o los menudillos, que junto con otros platos ya típicamente aragoneses (ternasco, jarretes, bacalao ajoarriero o el pollo al chilindrón) dan personalidad propia a la gastronomía oscense. En el capítulo de los vinos, hay que mencionar los del Somontano, con denominación de origen.

*Además de los restaurantes prestigiosos, como **Las Torres** (María Auxiliadora, 3; telf. 974 228 213; 36 €), y el **Lillas Pastia** (plaza Navarra, 4; telf. 974 211 691; 30 €), muchos otros incluyen estas sabrosas especialidades en su oferta.*

Casas con menú (menos de 20 €)

ANTONIO ARAZO
Alcoraz, 2. Telf. 974 212 736.
Restaurante de cocina de mercado basada en los productos de temporada, con estecialidad en setas silvestres. Su menú (19 €) es muy completo y permite probar platos bien elaborados, más que lo que se acostumbra en los meús del día ordinarios.

DOÑA TABERNA
Juan XXIII, 13. Telf. 974 214 474.
Cierra miércoles. En el tranquilo ensanche oscense y con una decoración tipo mesón, ofrece menús aunque sin muchos platos donde elegir. Se especializa en tablas de jamón ibérico, quesos y patés.

CASA PACO
Costanilla Ricafort, 2. Telf. 974 221 470.
Una fonda (también alojan) donde preparan cocido y ternasco a buen precio, cualquier día de la semana. Tienen el menú normal y otro especial.

EL POZAL
San Orencio, 2. Telf. 974 220 015.
En la zona clave del tapeo oscense, ofrecen comida casera y especialidades en asados.

LOS ARGENTINOS
Sobrarbe, 27.
Telf. 974 243 292.
Especializado, como su nombre indica, en cocina argentina, también preparan pizzas artesanales. Esto, junto con una inteligente decoración con guiños platenses, hace que sea necesario, por lo general, concertar reserva antes de acudir en fin de semana. Tienen cuatro menús de diferentes precios.

Restaurantes (sobre 30 €)

En el centro de Huesca se sitúa **El Molinero** (San Orencio, 10; telf. 974 230 731), que ofrece una cocina de mercado y buen servicio en un local acogedor.

Cocina casera tradicional la encontramos en **Bazul** (Pedro I de Aragón, 2; telf. 974 246 936) con platos como la borraja o los jarretes con caracoles entre otras opciones, en un local gratamente decorado. Lo encontraréis cerca del parque y de la plaza de Cervantes. No tienen menú.

CAFÉS

Los clásicos se sitúan por el Coso Bajo, como **Luces de Bohemia** y **Café Oscense. Apolo** también es un clásico, aunque su decoración sea más funcional.

Alt Berlín está en la plaza de López Ayúe, decorado con tipismo alemán y, por supuesto, también hay cerveza.

Por la plaza de San Antonio y en la calle Doña Petronila se encuentran el **Universal,** con sus dos plantas, y **La Botánica,** que por la tarde muestra un ambiente universitario.

IGUALADA

BARCELONA. 32.935 habitantes

INDUSTRIAL Y COMERCIAL, LA CIUDAD HA SABIDO COMPAGINAR EL QUEHACER ECONÓMICO PRODUCTIVO DE LA PIEL Y EL PAPEL CON LA OFERTA LÚDICA, Y SE HA CONVERTIDO EN EL CENTRO DE REUNIÓN DE LA GENTE JOVEN DE LAS POBLACIONES CERCANAS, ESPECIALMENTE DURANTE LOS FINES DE SEMANA.

INFO

Oficina Municipal de Información
Pl. Ajuntament, 1. Telf. 93 805 21 12.

DORMIR

PENSIÓ CANALETAS✪✪
Av. Mestre Muntaner, 60.
Telf. 93 803 27 50. Localizada en una de las principales vías de circulación de la localidad, constituye una buena opción de alojamiento.
Habitación doble: 60 €.

Otros hoteles de precio más elevado

El **Hotel América**✪✪✪ (en el km 557 de la antigua carretera N II; telf. 93 803 10 00; 85 €) es el establecimiento en el que más fácil es hallar cama, pero los precios resultan algo elevados. Familiar. Sus habitaciones, confortables, están totalmente insonorizadas.

COMER

Los productos del campo son los que dominan en la cocina igualadina y, en general, de la comarca de L'Anoia, una cocina en la que también tiene gran importancia el bacalao.

*Uno de los restaurantes más recomendables de la villa, siempre que alcance el presupuesto, es **El Jardí** (Rambla de Sant Isidre, 12; teléfono: 93 803 18 64; 50 €), ofrece cocina catalana de autor moderna. Ofrece menú degustación o la posibilidad de elegir a la carta.*

Casas con menú (menos de 15 €)

CANALETAS
Mestre Muntaner, 60.
Telf. 93 803 27 50. Además de pensión, el establecimiento ofrece un buen servicio de restaurante basado en su menú. No hay grandes especialidades, pero el servicio es agradable.

Restaurantes (sobre 42 €)

El Mirall (passeig Verdaguer, 6; telf. 93 804 25 02) sirve cocina marinera de interior. El restaurante **Cal Ble** (rambla de Sant Isidre, 31; telf. 93 804 70 71) dispone de varios comedores y ofrece menús y especialidades a la carta.

SE RECOMIENDA CONFIRMAR SIEMPRE LOS PRECIOS, LOS QUE APARECEN EN ESTA GUÍA SON ORIENTATIVOS, Y LAS CARACTERÍSTICAS DEL ALOJAMIENTO ANTES DE EFECTUAR LA RESERVA, ADEMÁS DE SOLUCIONAR CUALQUIER DUDA SOBRE LOS SERVICIOS GENERALES O COMPLEMENTARIOS DEL ALOJAMIENTO.

ILLESCAS

TOLEDO. 17.000 habitantes

A mitad de camino entre Madrid y Toledo, Illescas es una importante población industrial, con un destacado pasado histórico, y actual capital de la comarca de La Sagra. Conserva una interesante colección de obras de El Greco.

DORMIR

Complejo París☺☺☺

Ctra. de Ugena, 8. Telf. 925 512 787. Este cogedor establecimiento dispone de 30 habitaciones y 13 apartamentos, construidos entorno a una plaza central. Con un moderno equipamiento, todas las habitaciones cuentan con una encantadora terraza. Piscina. Habitación doble: 35-75 €.

Hotel Real de Illescas☺☺

Real, 70. Telf. 925 541 699. Es un establecimiento moderno y bien acondicionado. Las habitaciones son cómodas. Habitación doble: 58 €.

EL TAPEO

La plaza Mayor y los alrededores de la iglesia de la Asunción es la zona de paseo en la que se concentran los bares de cervezas y tapas como **El Caserón,** con gran variedad de aperitivos, **La Torre** o el **J15,** en los que podemos disfrutar de unas gambitas, ensaladilla o mejillones con picadillo. Cerca, en la calle Real, en el **Albatros,** podremos tirar nuestras propias cañas. La avenida de Castilla La Mancha reúne otros locales como la **Cervecería Arcos,** la **Botellita** o la **Marisquería Bar Sol,** donde podemos abrir boca antes de pasar a los restaurantes de esta misma calle.

COMER

*Para los paladares más exquisitos está **El Bohío** (avd. de Castilla La Mancha, 81; telf. 925 511 126; precio medio, 72 €; menús degustación: 36-60 €), uno de los mejores restaurantes de la región.*

Casas con menú (menos de 15 €)

La Chuleta

Plaza del Salvador.
Telf. 925 551 173.
Situado muy cerca de la avda. Castilla La Mancha. Ofrece a sus clientes un económico menú del día y una variada carta donde destacan sus fabulosas carnes.

Mesón El Torcal

Situado en la ctra. de Ugena, frente al *Complejo París.*
Telf. 925 513 950.
Su menú del día tiene en los guisos caseros su punto fuerte. También dispone de otro menú más selecto, que ofrece entre sus platos dorada y solomillo. A la carta la cuenta se encarece.

INCA

ISLA DE MALLORCA. 29.308 habitantes

Es la capital de la comarca del Raiguer, zona de transición entre la sierra de Tramuntana y Es Pla de Mallorca. Dinámico núcleo industrial y comercial desde finales del siglo pasado, hoy día sigue siendo el principal centro de producción de calzado y artículos de piel de Baleares.

INFO

Ajuntament
Plaça d'Espanya, 1.
Telf. 971 880 150.
www.caib.es

DORMIR

Por ser comarca del interior y por su cercanía a grandes núcleos turísticos, como Palma, Pollença o Alcúdia, la oferta de alojamientos en el Raiguer es muy corta, reduciéndose a hospederías o casas de turismo rural. Ante esta perspectiva, se recomienda:

Santuario de Lluc

Municipio de Escorca.
Telf. 971 871 525.
En las sobrias celdas del monasterio; hay que atenerse a las normas propias del lugar, especialmente en cuestión de horarios nocturnos. Permanece abierto durante todo el año.

Otros hoteles de precio más elevado

El **Hotel Ets Albellons☺☺☺☺** (Finca Ets Albellons, s/n; **Selva;** telf. 971 875 069; 80-150 €) se encuentra sobre una montaña desde la que disfrutar de la naturaleza, la tranquilidad y el lujo de un hotel propio de su categoría.
En la misma linea de confort rural de cuatro estrellas destaca El **Hotel L'Hermitage☺☺☺☺** (ctra. Alaró-Bunyola, km 7,2, **Alaró;** telf. 971 180 303/ 005 300; habitación doble: 196-212 €)

COMER

Casas con menú (menos de 15 €)

Celler Ca'n Ripoll

Jaume Armengol, 4. **Inca.**
Telf. 971 500 024.
Uno de los clásicos de Inca donde comer, bajo la vigilancia de enormes barricas, unas sencillas chuletas de cordero, *tumbet,* lechona al horno o un lomo con col. El *celler* data del siglo XVII.

Celler Sa Travessa

Murta, 16. **Inca.**
Telf. 971 500 049.
Un restaurante que aunque no tiene menú, sí ofrece una carta con precios muy atractivos. En la carta destacan el lomo con col, la paletilla de cordero al horno y las berenjenas rellenas, todo hecho a la leña. Nada de butano.

Celler Son Toreó

Son Torelló 1. **Sineu.** Telf. 971 520 138. Antiguo caserón señorial (una de las viviendas más antiguas e historiadas de la villa), que funciona como casa de comidas desde 1931. En un marco de vigas de madera y paredes encaladas se puede degustar *llengo amb tàperes* (lengua con alcaparras), sopas y frito mallorquines, lomo con *tumbet* o guisado de albóndigas.

Es Verger

Finca Es Verger. **Alaró.**
Telf. 971 182 126. Restaurante rural ubicado en la finca Es Verger, muy frecuentado por excursionistas que ascienden al castillo de Alaró. Todos los platos de cordero (pierna, paletilla, chuletas), tierno como la mantequilla y con mucho ajo, brillan con luz propia. No tiene menú, pero los precios de la carta son muy asequibles. Precio medio, 25 €.

Sa Fonda

Monasterio de Lluc.
Telf. 971 517 022.
Al monasterio de Lluc acuden los mallorquines a poner paz en su espíritu. Al restaurante anexo van a poner paz en su estómago y su paladar. Y lo hacen con mucho ruido y alegría, lo cual no impide apreciar la calidad de los platos que allí se sirven: caracoles, cochinillo al horno, cabritillo de montaña y *greixonera de brossat,* una tarta de requesón.

Restaurantes (desde 24 €)

En **Inca, Ca'n Amer** (Pau, 39; telf. 971 501 261) es un clásico *celler* que ha recibido por su excelente cocina numerosos premios y menciones. Recetas de comida mallorquina, antiguas y modernas, elaboradas con productos de la temporada y mucha imaginación.

En **Sineu,** instalado en un bello molino magníficamente restaurado, está el **Molí d'en Pau** (Santa Margarita, 25; telf. 971 855 116). Hay que preguntar por los platos del día.

Llegando al pueblo de **Orient** desde Bunyola, la primera casa a la izquierda es el restaurante **Orient.** Aquí se cocina el mejor cochinillo de esta parte de la isla, ése que debe quedar con la corteza crujiente y se parte con plato. Además hay frito mallorquín, lomo con col, pierna de cordero y cabrito asado.

Turixant Can Jano, en **Mancor de Sa Vall** (Bartomeu Reus, 22; telf. 971 503 292), ofrece cocina regional muy sabrosa con toques afrancesados. Ubicación en varios comedores en una casa de campo, aunque dentro del pueblo, graciosamente decorada.

En **Selva, Ca Na Toneta** (Horitzó, 21; telf. 971 515 226) es un pequeño restaurante familiar, ubicado en una acogedora casa de pueblo, que abre sólo los fines de semana. Catalina recibe a sus clientes con el mismo cariño que a los amigos de visita. Cocina mediterránea sin pretensiones pero con toques imaginativos, con platos que varían de una semana a otra.

JACA

HUESCA. 12.063 habitantes

FUE LA PRIMERA CAPITAL DE ARAGÓN Y HOY EN DÍA ES, MÁS QUE LA CABECERA COMARCAL DE LA JACETANIA, LA ÚNICA CIUDAD, PROPIAMENTE DICHA, INMERSA EN EL UNIVERSO PIRENAICO. SORPRENDE DE JACA SU GRAN ACTIVIDAD, TANTO COMERCIAL COMO DEPORTIVA Y CULTURAL, Y SU PORTE URBANO, COMPARABLE A CUALQUIER PEQUEÑA CAPITAL DE PROVINCIA, CON BUENAS AVENIDAS Y UNA IMPRONTA ARQUITECTÓNICA DE GRAN PORTE Y CALIDAD.

INFO

Oficina de Turismo
Avda. Regimiento de Galicia, 2.
Telf. 974 360 098.
www.aytojaca.com
Ayuntamiento. Calle Mayor, 24.
Telf. 974 355 758.

DORMIR

HOTEL LA PAZ✪✪

Mayor, 41.
Telf. 974 360 700. Fax: 974 360 400.
Céntrico. También hay habitaciones triples y cuadrúples. Las habitaciones no son grandes, pero no llegan a resultar agobiantes y están bien equipadas. Habitación doble: 50-76 €.

HOTEL CONDE AZNAR✪✪

Paseo de la Constitución, 3.
Telf. 974 361 050.
Fax: 974 360 797. Lo más barato si se quiere prescindir de los alojamientos del casco. Confortables habitaciones con baño completo. 80-230 €.

HOTEL ALPINA JACA✪

Mayor, 57.
Telf. 974 364 026/ 360 700. Una opción más barata que el Hotel La Paz, en la misma calle. Las habitaciones son algo pequeñas pero cómodas.
Habitación doble: 40-50 €.

HOSTAL SOMPORT

Echegaray, 11.
Telf. y fax: 974 363 410. Dispone de unas agradables buhardillas con el techo quizás demasiado bajo. Sin lujos.
Habitación doble: 40-50 €.

Otros hoteles de precio más elevado

El **Canfranc**✪✪✪ (avenida de Oroel, 23; telf. 974 363 132; habitación doble: 65-85 €) es un pequeño hotel montañés, muy recomendable, sobre todo por las vistas.

EL TAPEO

Brasil, en el pasaje del Viento, y la cervecería **Baviera,** en Sancho Ramírez, con tapas de bacalao y pimientos rellenos, es una buena forma de empezar el tapeo en Jaca. El bar **Zarauz,** en la misma calle que la anterior cervecería, aunque más pequeño tiene también su encanto tapero. En la calle Ferrenal está el **Zola,** con sus famosas tapas de ancas de rana, y al lado de la catedral se halla **Casa Fau,** también con un amplio surtido de raciones y un ambiente agradable.

Ya en la Calle Mayor (número 44) destaca **La Campanilla,** con tapas de patatas con ajo y aceite y costillas de cerdo al horno. Saliendo del interior del casco, **La Almunia** es buen lugar para tomar tablas de queso. La calle Viernes Primero de Mayo acoge en su amplia acera unas terrazas cubiertas que, aunque generalmente son para comer, en algún caso sirven raciones (**Biarritz, El Tizón,** etc.).

COMER

Dentro de la Jacetania cabe destacar, aunque su origen es dudoso, el engrudo de Jaca, una especie de bacalao ajoarriero local. También son típicos de la comarca los espárragos montañeses que, en contra de lo que pueda parecer, son de carne de oveja. El estofado de vaca, junto con el más extendido cordero y pollo al chilindrón, son otros platos de carne que, en frío, pasan a ser embutidos como el arbiello (tocino y livianos de oveja) o el beritaco, una especie de chorizo.

Entre los buenos restaurantes de la ciudad podemos citar ***La Cocina Aragonesa*** *(Cervantes, 5; telf. 974 361 050; 40 €).*

Casas con menú (menos de 15 €)

EL PORTÓN

Plaza Marqués de la Cadena.
Telf. 974 355 854.
Su nombre se debe a la gran y hermosa puerta de entrada. En cuanto a sus dos salones, destaca la buena conjugación de su techo de madera con las pilastras de piedra. Ofrece un menú con buena variedad de pescados y excelentes platos de caza.

LA FRAGUA

Gil Bergés, 4.
Telf. 974 360 618.
Está especializado en comida a la brasa y sus salones poseen una buena decoración en madera rústica. Su interés reside sobre todo en el precio del menú, con calidad aceptable.

MESÓN SERRABLO

Obispo, 3. Telf. 974 362 418.
Ocupa un edificio del siglo XVII y su interior es por fuerza rústico, con piedra en las paredes y madera en el techo. También posee una buena terraza al aire libre. Ofrecen menús y especialidades en trucha y ternasco.

MESÓN COBARCHO

Ramiro I, 2. Telf. 974 363 643.
Aunque sólo sea por su decoración, merece la pena entrar a estos salones donde se intenta reproducir, y lo consiguen con cierta gracia, el ambiente de las cuevas de Altamira. Además tienen buenos platos como la ensalada de invierno, jarretes al vino o chuletón de buey.

JAÉN

CAPITAL DE PROVINCIA. 116.540 habitantes

ESTA LOCALIDAD ANDALUZA HA SABIDO ADAPTARSE A LOS TIEMPOS MODERNOS, CONVIRTIÉNDOSE EN UNA CIUDAD DINÁMICA Y DE SERVICIOS, Y CONSERVANDO DE MANERA EJEMPLAR SU PATRIMONIO MONUMENTAL.

INFO

Oficina de Turismo
Ramón y Cajal, 4. Telf. 953 313 281.
www.aytojaen.es
Patronato Provincial de Turismo
Pza. de San Francisco, 2.
Telf. 953 248 000.
www.promojaen.es
Taxis. *Radio-Taxi.* Telf. 953 222 222.
Estación Central de Autobuses
Plaza Coca de la Piñera, s/n.
Telf. 953 250 106.
Renfe
902 240 202.
Aparcamientos
En el centro se localizan los del mercado municipal, parque de la Victoria, Felipe Arche, plaza de los Jardinillos, plaza de la Constitución y el de la Merced.

DORMIR

La mayoría de los establecimientos hoteleros son céntricos. El más lujoso es el ***Parador***✪✪✪✪ *(Castillo de Santa Catalina; telf. 953 230 000; desde 148 €; www.parador.es). Por debajo, existen un buen número de hoteles y hostales muy asequibles y recomendables.*

HOTEL HUSA EUROPA✪✪✪

Pza. Bailén, 1.
Telf. 953 222 700.
Reformado recientemente, este elegante establecimiento de carácter minimalista tiene 36 habitaciones con todo el equipamiento necesario y un mobiliario en el que prima la comodidad. Tiene garaje, lo que es de agradecer, y cafetería exclusiva para los clientes. Habitación doble: 50-84 €.

HOTEL XAUEN✪✪✪

Pza. Deán Mazas, 3.
Telf. 953 240 789.
www.hotelxauenjaen.com
A un paso de la catedral y de la mejor zona de tapeo y restauración. Tiene 35 habitaciones, algo justas pero confortables, todas con aire acondicionado. Cuenta con cafetería y con garaje concertado. Habitación doble: desde 50 €.

HOSTAL ESTACIÓN RENFE✪✪

Estación Ferrocarril. Telf. 953 274 614.
www.hostalrenfejaen.com
Junto al recinto de la estación de ferrocarril. Edificio moderno, de agradable arquitectura. Todas las habitaciones con baño completo, climatización. Televisión, teléfono. Restaurante, cafetería y aparcamiento.
Habitación doble: 52 €.

ALBERGUE JUVENIL

Borja, s/n. Telf. 953 313 540.
www.inturjoven.com
En la Magdalena, construido sobre parte del antiguo Hospital de San Juan de Dios. Una estupenda opción para jóvenes y para adultos. Dispone de 45 plazas, distribuidas entre habitaciones dobles, todas con baño, y apartamentos. Adaptado para discapacitados. Cuenta con cafetería, sala de reuniones, piscina, con una zona de masaje y relax, comedor y garaje. Adultos, más de 26 años: 18-24 €; jóvenes, 7 a 25 años: 12-18 €; niños, hasta 7 años: 7-13 €.

La Casería de Piedra

Ctra. Los Villares, km. 3.800.
Telf. 953 315 136. Cortijo andaluz, situado a las afueras de Jaén, en las faldas del Jabalcuz, entre bosques de pinos y olivares. Habitaciones decoradas al estilo tradicional y con completo equipamiento. Espacios abiertos. Senderismo y otras actividades. Restaurante con la gastronomía jiennense y aparcamiento. Habitación doble: 64 €.

EL TAPEO

Los bares en los que degustar la buenas tapas de Jaén se reparten por toda la ciudad. En cada barrio, antiguo o moderno, hay un buen número de ellos, a los que acuden los vecinos y también gente de otros lugares. Sin embargo, existen dos zonas que, principalmente, por la concentración de establecimientos y, en parte, por la antigüedad de éstos, gozan de especial prestigio. Uno de estos lugares es el Arco del Consuelo y sus alrededores. Calles estrechas con gran concentración de bares de tapeo y un poderoso atractivo. Especialmente los fines de semana, los bares se llenan y la calle resulta poco menos que intransitable. Otra zona plagada de bares es San Ildefonso. Pero antes de llegar hasta allí, hay que hacer un alto en la plaza del Pósito.

COMER

La abundancia y calidad de los aceites de oliva de la provincia queda reflejada en su gastronomía. Un plato tradicional es la pipirrana, especie de salmorejo-ensalada a base de pimiento verde, tomate, cebolla, ajo, miga de pan, aceite, sal y vinagre. El pan con aceite y bacalao, las espinacas esparragadas, el potaje de habas y berenjenas son típicos en las casas particulares, mientras que la carne de caza y monte es muy valorada en los restaurantes.

Casas con menú (menos de 15 €)

Dover

Maestro Cebrián, 1. Telf. 953 257 613. En el barrio de San Roque, ofrece un buen menú y platos combinados. Flamenquines y pinchos morunos.

La Verja

Paseo de la Estación, 56.
Telf. 953 264 215. Tres salones interiores forrados de madera. Cocina tradicional jiennense elaborada con mucha profesionalidad. Buen servicio.

Restaurantes (sobre 30 €)

El Pilar del Arrabalejo (Millán de Priego, 59; telf. 953 240 781) es un local de ambiente castizo. Cocina andaluza bien elaborada. Platos como la ensalada de perdiz, el bacalao franciscano o las manitas de cerdo con caracoles.

Mesón Nuyra (Correa Weglison, s/n; pasaje Nuyra; telf. 953 240 763) un clásico especializado en cocina regional de muy buena calidad.

Junto al Parador de turismo se encuentra el **Horno de Salvador** (Castillo de Santa Catalina; telf. 953 230 528; 40-50 €), establecimiento especializado en cocina a la brasa.

JARAÍZ DE LA VERA

CÁCERES. 7.845 habitantes

La considerada capital de la comarca de La Vera es un municipio populoso, donde las fábricas de pimentón, de embutidos y los secaderos de tabaco se dan la mano con varios atractivos turísticos y una buena oferta de alojamiento rural. Sus orígenes se sitúan en un asentamiento árabe con un castillo, alrededor del cual cristianos y judíos fueron formando la población. Cuenta la voz popular que un fiero capitán sarraceno quedó prendado de la hija de uno de los jefes árabes de la zona, cuyo nombre era Jariza o Jarifa. Debido a esto, el castillo y el incipiente arrabal empezó a tomar este nombre, de donde se deduce vendría el nombre actual de Jaraíz. Al igual que otros pueblos de La Vera, en el siglo XII pasó a formar parte de la tierra de Plasencia y no sería población independiente hasta 1685.

INFO Y TRANSPORTES

Oficina de Turismo
Situada en la avenida de la Constitución, 167, (estación de autobuses).
Telf. 927 170 587.
www.comarcadelavera.com
www.turismoextremadura.com

DORMIR

Predominan en la localidad los alojamientos rurales. La mayoría de las casas rurales se alquilan por habitaciones dobles, por lo que en nada difiere esta opción de los hoteles y hostales. Además todas ellas incluyen el desayuno.

Hotel Villa de Xarahiz✪✪

Ctra. Ex-203, km 32,800.
Telf. 927 665 150.
Hotel bien equipado que dispone de un restaurante recomendable, La Finca, donde sirven cocina tradicional de la zona.
Habitación doble: 72 €.

Hotel Jefi✪

Avda. Garganta la Olla, 7.
Telf. 927 461 363.
Es hoy en día el único hotel de la ciudad. Su categoría de una estrella se corresponde con unas habitaciones limpias, bien cuidadas, climatizadas y con televisión.
Habitación doble: 50 €.
También dispone de cuatro apartamentos suficientemente equipados, para 2 ó 4 personas: 70-80 €.

La Hostería d'Acosta

Avda. de la Constitución, 22.
Telf. 927 460 219.
www.hostaldacosta.com
13 habitaciones con garantía de limpieza y buena relación calidad-precio.
Habitación doble: 39 €.

Turismo rural

Finca Valvellidos

Ctra. Comarcal 392, km 15.
Telf. 927 194 143.
www.valvellidos.com
Casa de labor inserta en una finca de 100 ha, donde es posible realizar actividades de agroturismo. Además de tres habitaciones dobles (con baño a compartir), cuenta con cuatro casitas independientes rehabilitadas. Imprescindible coche. Habitación doble: 58-80 €.
Apartamento (2 y 5 plazas): 58-120 €.
Casita de labranza: 60 €.

La Casona

Finca Valvellidos. Ctra. a Navalmoral, km 15. Telf. 927 194 145 y 629 645 930. Es sencillamente preciosa. El enorme salón con chimenea, las coquetas habitaciones y la posibilidad de darse un baño en la piscina, la convierten en una de las opciones más recomendables. Habitación doble: 65 €.

Churruca

Coso, 47. Telf. 927 170 820 y 617 806 605. La fidelidad a la típica construcción verata hace gala en toda la casa. La buhardilla, compuesta de habitación, salita y baño, es su más acogedor espacio. Habitación doble: 45-60 €.

COMER

Hablar de Jaraíz y de La Vera es hablar del pimentón. Este producto, que cuenta con denominación de origen, es, más que un condimento, un elemento esencial de la cocina verata y extremeña. Así, la preparación del cabrito y del cordero en esta comarca se distingue de otras zonas extremeñas por el uso del "oro rojo". Igualmente, los embutidos y los productos de la matanza aderezados con él resultan excepcionales. Algunos platos que merece la pena probar son las sopas de tomates, las ensaladas de pimientos, la caldereta verata, el mojé de peces o unos buenos huevos fritos con pimentón.

Casas con menú (menos de 15 €)

La Alacena de Rafa

Avda. de la Constitución, 22.
Telf. 927 460 219. Restaurante sencillo, entrañable y familiar, con capacidad para 50 comensales. Especialidad en tostas con ahumados; asados y mariscadas por encargo.

Fabiola

Avda. Constitución, 21. Telf. 927 460 482. El encanto de este restaurante radica en que el comedor ocupa un patio exterior a la sombra de varios plátanos. Las mesas de terraza y los modestos manteles de papel sirven de base a los asados, la cocina casera y al menú del día.

Fezur

Avda. Constitución, 12.
Telf. 927 170 837/ 791. Sencillo restaurante para probar alguna de las sopas veratas. Cuenta con un menú invariable donde elegir entre cuatro o cinco platos. Si se va de tapeo, conviene pedir ibéricos y ahumados.

La Finca

Ctra. Plasencia, km 32,8.
Telf. 927 665 150/ 151. Restaurante del Hotel Villa de Xahariz. Además de los platos de la cocina típica de la zona (caldereta, cuchifrito, migas veratas...), con toques de distinción y calidad, ofrece nuevas recetas innovadoras. Asequible menú del día.

JEREZ DE LA FRONTERA

CÁDIZ. 180.881 habitantes

EL NOMBRE DE JEREZ SIEMPRE HA ESTADO LIGADO AL VINO, AL CABALLO, AL FLAMENCO Y, ÚLTIMAMENTE, AL MUNDO DEL MOTOR. LA CIUDAD ES EL NÚCLEO ADMINISTRATIVO DE UN VASTO TERRITORIO DEDICADO AL CULTIVO DE LA UVA Y A LA CRÍA DE GANADO.

INFO

Oficinas de Turismo
Plaza del Arenal (telf. 956 369 654). Alameda Cristina, s/n. Claustros de Santo Domingo (telf. 956 324 747).
www.turismojerez.com

Bus Turístico. Alameda Cristina, junto a la Oficina de Turismo. Telf. 956 446 222/ 615 931 168.

Aeropuerto. A 7km. Telf. 956 150 000.

Taxis. *Tele-taxi.* Telf. 956 344 860.

DORMIR

Hay muchos hoteles de categoría superior, como el ***Villa de Jerez*****✪✪✪✪✪** *(avenida de la Cruz Roja, 7; telf. 956 153 100; 110 €), pero los establecimientos de precio menor, se encuentran a pocos minutos caminando desde el centro. La temporada alta es cuando se celebra la Semana Santa, el mundial de motociclismo y la Feria del Caballo. Conseguir habitación en este mes no es nada fácil y los precios pueden llegar a triplicarse.*

HOTEL DOÑA BLANCA✪✪✪

Bodegas, 11. Telf. 956 348 761.
Cuenta con 30 habitaciones amplias y confortables. Garaje.
Habitación doble: 80-116 €.

HOTEL SERIT✪✪✪

Higueras, 7. Telf. 956 340 700.
Una reforma integral en 1996 le dio la categoría actual. Todo es nuevo. Se agradece el doble acristalamiento de las habitaciones exteriores. Tienen algunas habitaciones diseñadas para personas discapacitadas. Servicio profesional. Garaje propio.
Habitación doble: 60-140 €.

HOTEL AL ÁNDALUS JEREZ✪✪

Arcos, 29. Telf. 956 323 400.
Las mejores habitaciones dan la patio trasero y no todas tienen aire acondicionado. Energía solar para el agua caliente, por lo que algunas veces es sólo templada. Bien cuidado, trato amable. Garaje. Habitación doble: 50-140 €.

NUEVO HOTEL✪

Caballeros, 23. Telf. 956 331 600. Antiguo hospital y casa palacio. Habitaciones con puertas altas que dan a un patio central cubierto. La mejor es la 209 (o, al menos, la más original). Muy agradable en general aunque falla un poco en la insonorización. Se trata del mejor hotel en la relación calidad-precio. Habitación doble: 40-80 €.

HOTEL SAN ANDRÉS✪

Moreno, 14. Telf. 956 340 983. Patio frondoso y habitaciones limpias.
Habitación doble: 45-70 €.

HOTEL TRUJILLO✪

Medina, 36. Telf. 956 342 438. En una casa antigua. Algunas habitaciones con baño y otras con ducha.
Habitación doble: 50-55 €.

Otros hoteles de precio más elevado

En la Ruta de los Pueblos Blancos, **La Cueva Park✪✪✪✪** (ctra. Jerez-Arcos, km 6,5; telf. 956 189 120; 100-135 €) ofrece buenas instalaciones. También es recomendable el moderno **NH Avenida Jerez✪✪✪** (Avda. Alcalde Álvaro Domecq, 10; telf. 956 347 411; desde 160 €), próximo a la Real Escuela Andaluza de Arte Ecuestre.

EL TAPEO

No hay una zona concreta de bares de tapas; éstos están repartidos por todo el centro. Desde la plaza de Rivero hasta la del Arenal, bien yendo por La Asunción o por la Alameda del Banco, se encuentran algunos de ellos. **La Maceta** es un pequeño bar de tapas y montaditos de chacinas (poca cosa de cocina), con mesas altas en la calle y gente joven. En plena vía comercial del centro.

El **Bar La Española,** en la calle Larga, es un buen lugar para tomar tapas, como los pimientos rellenos o el rabo de toro. Tiene una terraza con mesas.

La **Cruz Blanca** (Consistorio, 16) es una cervecería de las que pides el marisco por un lado y la bebida por otro. **La Marea** (San Miguel, 3), situada cerca de la plaza de la Alameda, tiene terracita y sirven buenas raciones de pescaíto.

COMER

Uno de los platos más arraigados es la berza, una especie de cocido muy contundente a base de verduras, legumbres, tocino y carne. Los famosos riñones al jerez, el rabo de toro o los pescados y mariscos del litoral son otros platos típicos.

Entre los de prestigio, podemos citar ***La Mesa Redonda*** *(Manuel de Quintana, 3; telf. 956 340 069; 35 €), pero hay otros restaurantes más económicos.*

Casas con menú (menos de 15 €)

CASA JUANITO

Pescadería Vieja, 8. Telf. 956 334 838.
Cuenta con varios premios en certámenes de tapas (si hay que destacar alguna, las alcachofas guisadas son la especialidad). Mesas en la plaza.

MESÓN EL CABILDO

Plaza de la Asunción. Tapas variadas abundantes. Su terraza es uno de los lugares más entrañables de Jerez. Menús y platos combinados con pan recién salido del horno.

LA PARRA VIEJA

San Miguel, 9.
Telf. 956 335 390.
Uno de los más antiguos de Jerez con más de un siglo atendiendo a sus variopintos comensales. De casa de comidas pasó a bar de tapas y ahora es un restaurante donde se puede comer a la carta o el menú del día. Pescados y carnes a la parrilla.

Restaurantes (sobre 30 €)

Muy recomendable es **Gaitán** (Gaitán, 3; telf. 956 345 859), pequeño y entrañable. En su carta incluye platos de moderna factura junto a los clásicos de la cocina regional. **La Carboná** (San Francisco de Paula, 2.; telf. 956 347 475) es un antiguo bodegón con todas sus características, la comida excelente y el servicio inmejorable. **El Marqués** (Pizarro, 1; telf. 956 031 500) en su menú maridaje ofrece la oportunidad de apreciar la compenetración de los distintos platos con los vinos jerezano.

JEREZ DE LOS CABALLEROS

BADAJOZ. 9.843 habitantes

CIUDAD NOBLE Y SEÑORIAL, CONSERVA RESTOS ARTÍSTICOS DE CASI TODAS LAS ÉPOCAS ANTERIORES. DESTACAN EN SU FISONOMÍA LAS FORMIDABLES TORRES BARROCAS QUE SE ELEVAN SOBRE LA CIUDAD, VISIBLES A MUCHOS KILÓMETROS.

INFO

Oficina de Información Turística
Pza. de la Constitución, junto a la iglesia de San Miguel.
Telf. 924 730 372.
www.turismoextremadura.com

DORMIR

HOTEL LOS TEMPLARIOS✪✪✪

Ctra. Villanueva. Telf. 924 731 636.
Fax: 924 750 338. Es el hotel de mayor categoría de la localidad, situado en las afueras. Cuenta con piscina, pistas de tenis, bar con terraza y discoteca. Las habitaciones disponen de todas las comodidades. Restaurante.
Habitación doble: 72 €.

HOTEL OASIS✪✪

El Campo, 18. Telf. 924 731 836/ 244.
Fax: 924 731 453. Situado en una zona muy céntrica de la ciudad monumental. Con un trato familiar y un ambiente muy acogedor, es el alojamiento más recomendado. La habitaciones son amplias y disponen de aire acondicionado, televisión y teléfono.
Habitación doble: 45-55 €.

HOSTAL CASA RAMOS✪✪

Ctra. Badajoz, 26. Telf. 924 730 983.
Sencillo hostal de carretera. Las habitaciones tienen baño y teléfono.
Habitación doble: 32 €.

COMER

Casas con menú (menos de 15 €)

LA ERMITA

Doctor Benítez, 9.
Telf. 924 731 476.
Es el lugar más famoso para comer. Enclavado sobre la antigua ermita del Cristo de la Vera Cruz, es un restaurante con una cocina de corte regional, basada en productos de la tierra. No dispone de un menú diario, aunque los precios no son elevados. Entre

sus especialidades destacan la caldereta de cordero, la perdiz estofada y los productos de la caza menor.

JOSÉ ANTONIO MÉNDEZ
Ctra. de Villanueva, 2. Telf. 924 730 415. Alejado de la zona céntrica, en el denominado cruce de Las Eritas, se encuentra este local, muy concurrido y con una buena y variada cocina casera.

MIJINA
Las Erita, 86. Telf. 924 730 390. Bar de carretera que abre al amanecer, repleto de trabajadores, transportistas y algún turista bien informado. Cuenta con una popularidad bien ganada en la zona. Aquí se puede disfrutar de un sabroso menú.

JIMENA DE LA FRONTERA

CÁDIZ. 9.754 habitantes

AGRADABLE CIUDAD SERRANA, CUYO CASCO ANTIGUO TREPA POR LA FALDA DEL MONTE SAN CRISTÓBAL, ENTRE LOS RÍOS GUADIARO Y HOZGARGANTA, EN UN PAISAJE DE GRAN BELLEZA Y VARIEDAD. POR SU ESPLÉNDIDA BELLEZA NATURAL Y BUENA CONSERVACIÓN, EL CASCO URBANO POSEE LA DECLARACIÓN DE CONJUNTO HISTÓRICO ARTÍSTICO. A FINALES DE JULIO TIENE LUGAR EN LA LOCALIDAD UN FESTIVAL INTERNACIONAL DE MÚSICA.

INFO

Ayuntamiento
Sevilla, 61. Telf. 956 640 254.
Oficina de Turismo
Misericordia, s/n.
Telf. 956 640 569.
www.jimenadelafrontera.es

DORMIR

HOSTAL ANÓN✪✪
Consuelo, 32-40. Telf. 956 640 113.
www.hostalanon.com
Modesto alojamiento de estilo andaluz. Las habitaciones son acogedoras y climatizadas.
Habitación doble: 65 €.

HOSTAL LOS ARCOS✪✪
Avda. Reina de los Ángeles, 8.
Telf. 956 641 212. Fax: 956 641 212.
Habitación doble: 45-55 €.

CÁMPING LOS ALCORNOCALES
Cruz Blanca, s/n. Telf. 956 640 060.
2ª categoría. Parcelas separadas mediante setos, con sombra y suelo de césped. Bellas vistas al Parque Natural. Dispone de un buen restaurante.

COMER

Entre los platos a destacar de la zona hay que nombrar el gazpacho majado (con pimiento seco y zumo de naranjas amargas), la ternera con chantarela y el piñonate (dulce elaborado con doce ingredientes: harina, huevo, aceite de oliva, aguardiente, miel, almendras, piñones, ajonjolí, canela, clavo, matalauva y cáscara de naranja).

Casas con menú (menos de 15 €)

ANÓN
Consuelo, 36. Telf. 956 640 110.
Fax: 956 641 110. Forma parte del *hostal Anón*. Cocina internacional y exquisitos postres caseros.

CUENCA
Avda. Deportes, 31. Telf. 956 640 152.
Cocina de la zona, bien elaborada.

JUMILLA

MURCIA. 25.000 habitantes

HOY DÍA HABLAR DE JUMILLA ES HABLAR DEL VINO, COMO ASÍ LO DEMUESTRAN LAS NUMEROSAS VIDES QUE LA PUEBLAN Y QUE NOS OFRECEN EXCELENTES CALDOS CON DENOMINACIÓN DE ORIGEN.

INFO

Ayuntamiento
Cánovas del Castillo, 31.
Telf. 968 782 020.
www.murciaturistica.es

DORMIR

HOTEL CASA LUZÓN✪✪✪
Ctra. Jumilla-Ontur, km 17.
Telf. 968 435 489.
Es un hotel rural ubicado en una antigua casa de labranza, rodeada de viñas. Bien equipado. 95 €.

HOTEL MONREAL✪✪✪
Doctor Fleming, 6.
Telf. 968 781 816.
De excelente relación calidad-precio, es un establecimiento muy céntrico y dispone de amplias habitaciones provistas de baño, televisión, teléfono y aire acondicionado. Accesos adaptados para discapacitados.
Habitación doble: 57 €.

HOTEL PÍO XII✪✪
Ortega y Gasset, 12.
Telf. 968 780 132.
La modernidad y funcionalidad priman sobre este cómodo alojamiento, situado en la parte este del casco urbano. Habitación doble: 43-53 €.

COMER

Casas con menú (menos de 15 €)

CASA SEBASTIÁN
Avda. de Levante (Mercado Central).
Telf. 968 780 194.
Su cocina pasa por ser la de más calidad, con fuerte influencia manchega. Entre los platos más recomendables, están el gazpacho manchego, el cordero y el cabrito. Buena bodega.

CHARCO ONTUR
Barón del Solar, 66.
Telf. 968 781 961.
Estamos en el interior de Murcia, y eso se nota en la cocina de este restaurante, que dispone de una chimenea para los fríos inviernos. Carnes a la brasa. El gazpacho sólo por encargo.

SAN AGUSTÍN
Avda. de la Asunción, 64.
Telf. 968 781 314.
Para los amantes del pescado, éste es uno de los pocos establecimientos que sirven todo tipo de pescado. Sus postres artesanales son también muy recomendables.

LAGUARDIA

ÁLAVA. 1.423 habitantes

RECINTO AMURALLADO EN CUYO INTERIOR SE CONSERVA UNO DE LOS MEJORES CASCOS MEDIEVALES DE EUSKADI Y UN MARAVILLOSO PÓRTICO EN LA IGLESIA DE SANTA MARÍA DE LOS REYES. CUNA DEL FABULISTA SAMANIEGO, LAGUARDIA ES UNA LOCALIDAD VINCULADA AL VINO, CON MEDIA DOCENA DE LAS BODEGAS MÁS REPRESENTATIVAS DE TODA LA RIOJA.

INFO

La **Oficina de Información Turística** (Sancho Abarca, 1; telf. 945 600 845), facilita todos los datos, principalmente de tipo histórico, sobre la población.
www.laguardia-alava.com
Es necesario recurrir a la oficina para conocer qué bodegas se pueden visitar y sus horarios así como obtener información sobre el espacio natural de las **Lagunas de Laguardia,** que cuenta con un pequeño observatorio de aves.

DORMIR

HOTEL MARIXA✪
Sancho Abarca, 8. Telf. 945 600 165.
Moderno, limpio, acogedor y con todos los servicios y comodidades para el viajero. Está fuera de la muralla pero es sin duda la mejor opción de Laguardia. Hacen descuentos según temporada y duración de la estancia.
Habitación doble: 60 €.

HOTEL PACHICO✪
Sancho Abarca, 20. Telf. 945 600 009.
También fuera del casco antiguo pero

con algunas habitaciones cuyas vistas son espléndidas. No hay ni televisión ni teléfono en las habitaciones. Habitación doble: 48 €.

Las posibilidades se amplian en las localidades próximas como **Lanciego** donde está el **Hotel Larraín**✪✪ (telf. 945 628 226; 55-63 €), y **Oyon,** con el **Hotel Felipe IV**✪✪ (telf. 945 601 056; habitación doble: 55-65 €).

Otros hoteles de precio más elevado

Hay una gran oferta de alojamientos caros. La moda de visitar las bodegas industriales ha hecho que muchas de ellas dispongan de habitaciones para que se alojen los visitantes. Es una posibilidad cuyos mejores ejemplos son el magnífico hotel **Antigua Bodega de Cosme Palacio**✪✪ (ctra. Elciego; telf. 945 621 195; habitación doble: 66-72 €) y la **Posada Mayor de Migueloa**✪✪ (Mayor, 20; telf. 945 621 175; habitación doble: 96 €).

Sin bodega, pero sobrado de atractivos, es el **Castillo El Collado**✪✪ (paseo El Collado, 1; telf. 945 621 200; habitación doble: 148 €).

COMER

PACHICO MARTÍNEZ "LA FONDA"

Sancho Abarca, 20.
Telf. 945 600 009. A mediodía ofrece un estupendo menú riojano o la posibilidad de comer a base de buenas raciones.

Restaurantes (sobre 24 €)

El **Marixa** (Sancho Abarca, 8; telf. 945 600 165) es una de las mecas gastronómicas de La Rioja. Cocina tradicional que trata con elegancia los productos de temporada. Se puede optar por lo clásico o dejarse sorprender con platos originales.

En el **Asador Biasteri** (carretera Laguardia-Logroño, km 8; telf. 945 625 002), el menú degustación contiene, en grandes raciones, todo el sabor de la comarca. La especialidad son los asados. Cuenta con un amplio jardín y con una pequeña plaza de toros para capeas.

LA LAGUNA

ISLA DE TENERIFE. 137.314 habitantes

SU NOMBRE PROVIENE DE LA ANTIGUA LAGUNA SOBRE LA QUE SE ASIENTA LA CIUDAD, LA SEGUNDA DE TENERIFE DESPUÉS DE LA CAPITAL. HASTA EL SIGLO XIX FUE LA CAPITAL DE LA ISLA Y DE AQUEL PASADO CONSERVA UN RICO PATRIMONIO ARTÍSTICO. SU CONDICIÓN UNIVERSITARIA LA CONVIERTE EN UNA DE LA CIUDADES MÁS JOVIALES Y BULLICIOSAS DEL ARCHIPIÉLAGO.

INFO

Ayuntamiento
Obispo Rey Redondo, 1. Telf. 922 601 100.
www.aytolalaguna.com
Punto de Información Turística
Plaza del Adelantado.
Telf. 922 631 194.

DORMIR

HOTEL Y APARTAMENTOS NIVARIA✪✪✪

Plaza del Adelantado, 11.
Telf. 922 264 298.
Céntrico y moderno, se halla instalado en un edificio del siglo XVIII en piedra y madera, junto al Ayuntamiento y los Juzgados. Decoración sobria pero confortable. Bar-cafetería, salón de conferencias, pista de *squash*.
Habitación doble: 70-138 €.

HOTEL AGUERE✪✪

La Carrera, 55. Telf. 922 259 490 y 922 630 274. Situado en el casco histórico de La Laguna, es uno de los hoteles más antiguos de la isla (1885), y se halla instalado en la antigua mansión del obispo de Tenerife. Habitualmente está ocupado por estudiantes. Sin lujos.
Habitación doble: 70-88 €.

Otros hoteles de precio más elevado

El **Hotel Costa Salada**✪✪✪ (camino de la Costa, s/n; Finca Oasis; telf. 922 546 062; habitación doble: 90-125 €) es una casa antigua de inspiración colonia, rodeada de árboles, transformada en un coqueto hotel.

EL TAPEO

La Laguna es una ciudad ideal para el tapeo; posee zonas definidas de bares y tascas, que son numerosísimos.

Entre los más concurridos se halla **El Herrero** (Camino Fuente de Cañizares, 48), que sirve puchero, conejo asado y garbanzas. **La Oficina** (cerca de la plaza de la Concepción), está decorada con barriles de vino y fotos antiguas; sólo sirven vino (fino y moscatel) acompañado de unas extraordinarias garbanzas y buenas tablas de quesos y embutidos. **La Carrera** (La Carrera, 49) donde sirven una excelente ensaladilla.

Artillería (plaza de la Concepción) es un punto de encuentro de estudiantes; sirven tapas variadas a un precio muy popular, y es de rigor pedir vino herreño y manises. **El Punto Criollo** (Tizón, 6) ofrece almogrote gomero, atún con batatas y gofio ensalsado. En **Casa Roberto** (República de Venezuela, 73) es tradicional el atún en mojo, sardinas saladas, potas en salsa y tollos. **El Patio Canario** (Manuel de Osuna, 8) sirve quesos, pescados, pinchos y chorizos parrilleros. **Bar Benjamín** (Heraclio Sánchez, 27) es un lugar muy bullicioso, lleno de universitarios y de ambiente "canarión".

Casa Neke (Subida al Púlpito, s/n) está dedicada a la cocina canaria e internacional. **La Posada de los Mosqueteros** (Santo Domingo, 24) ofrece embutidos, quesos y jamones. **EL Rincón de Cereza** (Candillas, 4) sirve especialidades de la cocina gallega. **El Tonique** (Heraclio Sánchez, 23; telf. 922 261 529) es un lugar muy concurrido y animado con una gran variedad de tapas y raciones.

COMER

Casas con menú (menos de 15 €)

CASA MAQUILA

Callejón de Maquila, s/n.
Telf. 922 257 020.
Decoración rústica, campestre y sencilla. Cocina casera canaria. Especialidad en calamares rellenos.

LA CRUZ DEL CARMEN

Carretera Taganana, 205.
Las Mercedes.
Telf. 922 250 062.
Decoración rústica. Especialidades en cordero, escaldón, cabrito frito, puchero, fabada, garbanzas, etc.

TASCA LAGUNERA

Plaza Dr. Régulo, 6.
Telf. 922 256 653.
Ambiente de casa de labranza en pleno centro de La Laguna. Solomillo, cocina típica canaria, pescado y papas arrugadas.

LOS CANDILES

Ctra. La Esperanza, km 2,2.
Telf. 922 312 280.
Fax. 922 312 212.
Su especialidad son los asados al horno de leña y sus deliciosos platos con toques de alta cocina y gran creatividad. Trato afable. Buena carta de vinos de todas las regiones.

LA TRILLADORA

Ctra. La Esperanza, km 2.
Telf. 922 312 216.
La especialidad de su cocina radica en las carnes a la brasa, pero también son recomendables el codillo de cerdo, el solomillo a la salsa de níspero, el bacalao encebollado… toda una amplia carta donde elegir.

RINCÓN GOMERO (CASA TOTO)

Ctra. La Esperanza, km 2.
Telf. 922 312 327.
Cocina de gran variedad, calidad y sabor. Se puede disfrutar de los platos de cocina canaria, gomera e internacional, con toques muy personales, moviéndose con gracia entre lo nuevo y la tradición local.

LOS ESTABLECIMIENTOS DE ESTA GUÍA HAN SIDO COMPROBADOS Y SELECCIONADOS POR SU BUENA RELACIÓN PRECIO-CALIDAD. EN NINGÚN CASO HAN DESEMBOLSADO CANTIDAD ALGUNA POR APARECER EN ESTA GUÍA.

LANGREO

ASTURIAS. 50.597 habitantes

AL SUROESTE DE OVIEDO, ENCAJADA ENTRE LAS SIERRAS CANTÁBRICAS, SE SITÚA LA MAYOR Y MÁS EMBLEMÁTICA ZONA MINERA ESPAÑOLA, ASOCIADA A UNAS INDUSTRIAS SIDERÚRGICAS EN PROCESO DE DESMANTELAMIENTO. LANGREO, CENTRO DE UNO DE ESTOS NÚCLEOS MINEROS, EL DE MAYOR DIMENSIÓN, ESTÁ EMPLAZADO EN UN VALLE DE HERMOSAS FORMAS EN DONDE SE ALZAN ALTAS CHIMENEAS, POTENTES COLUMNAS DE HUMO Y ESTRUCTURAS DE HIERRO JUNTO A LOS TRES NÚCLEOS PRINCIPALES (SAMA, LA FELGUERA Y CIAÑO) QUE COMPONEN EL CONCEJO. ES UN PAISAJE INDUSTRIAL QUE SE DESARROLLA A UNA Y OTRA ORILLA DEL NALÓN, DURO, PERO NO EXENTO DE CIERTO ATRACTIVO Y CON FUERTE IDIOSINCRASIA DENTRO DEL UNIVERSO ASTURIANO.

INFO

Servicio de Promoción Turística del Valle del Nalón
Dorado, 6. Telf. 98 567 81 58.
Ayuntamiento. Plaza de España. Telf. 98 567 88 00.

DORMIR

HOTEL SPA PALACIO DE LAS NIEVES✪✪✪✪

Ctra. de Pajemal, s/n. **LA FORMIGUERA.** Telf. 985 678 899. www.palaciodelasnieves.com
Situado en un enorme edificio rodeado de bonitos jardines con árboles centenarios. Dispone de un elegante restaurante. Habitación doble: 106 €.

HOTEL SAN PEDRO✪✪✪

El Lugarín, s/n. **LA FELGUERA.** Telf. 98 569 32 11. Este hotel está orientado al turismo y organiza visitas a espacios naturales de alrededor, aparte de ofrecer unas buenas habitaciones con televisión, *minibar* y acceso a Internet. Los precios por noche no son caros, en comparación con otros de su categoría.
Habitación doble: 45-75 €.

HOTEL VAQUEROS✪

Travesía Gabino Alonso. Llugarín, s/n. Telf. 98 569 24 11. Este hotel residencia cuenta con grandes salones en su interior y unas habitaciones de color salmón o verde, bien decoradas. Está situado entre Sama y La Felguera, en una zona tranquila, aunque algo desangelada. Habitación doble: 33-40 €.

EL TAPEO

El núcleo de La Felguera es el más ambientado en cuanto a tapeo y sidrerías, bien repartidas por el casco, sin que exista una concentración excesiva en una zona. La sidrería **El Parque,** por ejemplo, ofrece una buena situación frente al parque de la ciudad, con una amplia terraza y una selección de típicas raciones de pescados, carnes y mariscos, pudiéndose también comer bocadillos a buen precio.

En medio del casco destaca por su amplitud el local de la **Sociedad de Festejos San Pedro.** Otro sitio interesante es el **Bar Eloy,** al lado del puente y frente a Sama. Al otro extremo, frente a la central, **La Cepa del Bierzo** da la nota distintiva de su comarca con un local alegre y platos de la comarca.

COMER

Casas con menú (menos de 15 €)

MIRAMAR

Avda. de Oviedo, 11. Telf. 98 569 37 55. Situado en Sama, muy cerca del puente sobre el Nalón, es un lugar muy recomendable, con un amplio y entrañable salón y con un menú de tres platos: sopa, pote, pescado o carne generalmente de gran calidad.

CASA OLIVO

Celestino Cabeza, 14. Telf. 98 569 00 46. Aparte de la sidrería posee un comedor tras un patio, más tranquilo que las mesas de la barra, donde se puede comer un menú. Sus especialidades son cecina, morcón y fritos de pescado.

CASA ADELA

Las Escuelas, s/n. Telf. 985 697 392. Hace gala de una cocina fuerte, energética, con platos de cuchara tradicionales como la fabada, el pote de nabos o la tortilla de ortigas en Sama entre sus especialidades.

LA TOSCANA

Ramón Bautista Clavería, 10. Telf. 984 182 089. Vinoteca con pequeño comedor de estilo rústico inaugurado en 2005. Cocina tradicional renovada: calamar relleno de marisco, cachopo de ternera, bacalao con cebolla confitada, cazuela de *pixín* y gambón, postres caseros

LAREDO

CANTABRIA. 12.950 habitantes

VILLA DE INTENSO PASADO HISTÓRICO Y MAGNÍFICO CASCO ANTIGUO QUE SUFRIÓ IRREPARABLEMENTE LA FIEBRE CONSTRUCTIVA DE LOS AÑOS SESENTA, LAREDO ES HOY UNO DE LOS ENCLAVES TURÍSTICOS MÁS PINTORESCOS DE LA COMUNIDAD, CON LA HERMOSA Y AMPLIA PLAYA DE SALVÉ Y UNO DE LOS PUERTOS MÁS ACTIVOS DE CANTABRIA.

INFO

Oficina de Turismo
Alameda de Miramar, s/n. Telf. 942 611 096.
Marítimos. *Santa Clara de Asís* comunica el Puntal de Laredo con Santoña cada 20 minutos y también ofrece paseos por la bahía.

DORMIR

HOTEL MONTECRISTO✪✪

Calvo Sotelo, 2. Telf. 942 605 700. Situado en la zona residencial de Laredo, en un ambiente tranquilo. Dispone de cafetería, jardín con terraza y aparcamiento. Las habitaciones, con teléfono, televisión y calefacción central, son aptas para discapacitados. Habitación doble: 55-72 €.

HOTEL RAMONA✪

Avda. de España, 4. Telf. 942 607 189. Hotel recién reformado. Todas las habitaciones son amplias, exteriores y con televisión, teléfono y calefacción central. Habitación doble: 58-65 €.

PENSIÓN ROSI✪✪

Marqués de Valdecilla, 3. Telf. 942 605 098.
A 150 m de la playa de Salvé y en una de las zonas más tranquilas de Laredo, se levanta este pequeño hostal que abre sus puertas con el buen tiempo. Sus habitaciones son algo modestas, pero todas cuentan con televisión. Habitación doble: 42-54 €.

HOSTAL EL CARRO✪

La Arenosa, s/n. Telf. 942 606 175. En el Alto de Laredo, ofrece unas magníficas vistas del pueblo y la playa. Las habitaciones son confortables y espaciosas, con televisión y teléfono. Incluye aparcamiento privado.
Habitación doble: 50-60 €.

PENSIÓN SALOMÓN✪

Menéndez Pelayo, 11. Telf. 942 605 081. Negocio familiar situado entre la Puebla Vieja y el puerto. Todas las habitaciones son exteriores y están provistas de baño. Habitación doble: 48-54 €.

Otros hoteles de precio más elevado

En el alto de Laredo, situado sobre un risco del que toma su nombre, el **Hotel Risco**✪✪✪ es toda una institución en Laredo (La Arenosa, 2; telf. 942 605 030; 60-95 €). Todas las habitaciones, luminosas y muy agradables, tienen terraza con preciosas vistas.

Hotel El Ancla✪✪✪ (González Gallego, 10; telf. 942 605 500; habitación doble: 70-120 €), el mejor de la localidad, ocupa una casita de estilo inglés situada cerca de la playa de Salvé.

Más funcional es el **Hotel Miramar** ✪✪✪ (Alto de Laredo; telf. 942 610 367; 80-90 €), un edificio nuevo y encalado. Algunas de sus habitaciones ofrecen unas magníficas vistas. Con piscina.

EL TAPEO

Paseando por la Puebla Vieja uno se da cuenta de que está en el paraíso del picoteo, con infinidad de mesones y bares que muestran sus coloridos mostradores repletos de pinchos.

En Ruamayor está el **Guti,** donde sirven los mejores champiñones a la plancha de todo Laredo.

Desviándonos por la rúa del Medio llegamos a **La Bodeguilla,** antigua bodega de piedra vista con deliciosos productos ibéricos. Subiendo por la calle de Santa María se halla **Casa Isidro,** uno de los bares más baratos. Tampoco hay que dejar de visitar otros bares y cafeterías repartidos por el casco urbano de Laredo como **Berna, Everest, La Abadía, La Viña, el Rincón de Txomin** o el restaurante **Orio** donde acostumbran a presentar pinchos más elaborados pero siempre sabrosos y bien acompañados por una cuidada selección de vinos.

Para probar los bocadillos más inusuales y de mezclas poco comunes, hay que dirigirse al local de **La Cabaña** (Ruayusera).

COMER

Casas con menú (menos de 15 €)

CANTABRIA
San Francisco, 13. Telf. 942 605 036. Situado en el Arrabal, ha cambiado de dueño y puede haber cambios pero en principio sigue siendo uno de los más reconocidos de Laredo por su relación calidad-precio. Sirven un menú, con primeros platos tan consistentes como el cocido montañés y segundos donde nunca faltan los pescados frescos.

SOMERA
Ruamayor, 17. Telf. 942 605 448. Situado en el corazón de la Puebla Vieja, ofrece la mejor paella de mariscos de todo Laredo. El menú suele incluir platos regionales y buenos pescados.

LA TRAVIATA
Marqués de Comillas, 5.
Telf. 942 613 134. Con ese nombre sólo puede ser una pizzería, además de las de servicio a domicilio, pero tiene un comedor más que interesante y preparan buenos platos de pasta y ensaladas a precios moderados.

MESÓN LA ABADÍA
Rúa Mayor, 18. Telf. 942 611 489. Una de las ofertas más equilibradas de la parte alta de la localidad. La carta contiene una buena muestra de cocina marinera a buenos precios mientras que existen numerosas opciones de menús del día y especiales.

Restaurantes (sobre 25 €)

La oferta de restaurantes en Laredo de gama intermedia no es tan amplia como la anterior. No obstante, alguno hay recomendable. Como **Casa Felipe** (Travesía Comandante Villar, 5; telf. 942 603 212), que se halla en la zona moderna. Es el restaurante de gama media que mejor relación calidad-precio tiene. Buena carne y mejor pescado. Cabe destacar también el restaurante **Las Ruedas** (Adal Treto, N-634; telf. 942 67 44 22) que dispone de varios comedores. El menú del día es casero mientras que en la carta se observa un buen equilibrio entre la cocina montañesa y algunas innovaciones que no caen en al estridencia.

LASTRES

ASTURIAS. 4.681 habitantes

IMPORTANTE VILLA MARINERA PERTENECIENTE AL CONCEJO DE COLUNGA, SITUADA EN UNA EMPINADA LADERA QUE ROMPE AL LLEGAR A LA LÍNEA DE COSTA EN UN POTENTE ACANTILADO. ESTA PECULIAR TOPOGRAFÍA CONCEDE AL LUGAR UNAS ATRACTIVAS PANORÁMICAS.

INFO

Oficina de Turismo
Cofradía de Pescadores. Solo en verano.

DORMIR

HOTEL EUTIMIO✪✪
San Antonio, s/n.
Telf. 98 585 00 12. Posee 10 habitaciones, y una suite, todas ellas bien equipadas y con diferentes precios, entre los 68 y 70 €.

HOTEL MIRAMAR✪✪
Bajada del Puerto, s/n.
Telf. 98 585 01 20. Con fachada en primera línea de acantilado y situado también en pleno centro de la villa.
Habitaciones correctas y sencillas.
Habitación doble: 40-80 €.

HOTEL VILLA DE COLUNGA✪
Telf. 985 856 606. COLUNGA.
Edificio nuevo de una planta junto al parque y la iglesia. 12 habitaciones con baño completo.
Habitación doble: 40-60 €.

LEKEITIO

BIZKAIA. 7.477 habitantes

AUNQUE SU DESARROLLO HA ESTADO UNIDO AL MAR, PESCA, INDUSTRIA CONSERVERA Y CONSTRUCCIÓN NAVAL, LEKEITIO SIEMPRE HA SIDO MUCHO MÁS QUE UN PUERTO PESQUERO. A PRINCIPIOS DE SIGLO, LA TRANQUILIDAD Y EL ENCANTO DEL PARAJE CAUTIVARON A LA ARISTOCRACIA CENTROEUROPEA QUE LO CONVIRTIÓ EN SU CENTRO RESIDENCIAL; ALGO QUE TODAVÍA HOY SE NOTA.

INFO

Oficina Comarcal de Turismo
Independentzia Enparantza, s/n.
Telf. 94 684 40 17.
www.lekeitio.com

DORMIR

HOTEL AISIA LEKEITIO✪✪✪
Santa Elena, s/n.
Telf. 94 684 26 55.
Habitaciones amplias y perfectamente equipadas en un hotel que está en el mejor sitio de Lekeitio. Ofrece también los servicios complementarios de talasoterapia (termalismo marino) y un solvente restaurante con interesantes ofertas de fin de semana.
Habitación doble: 70-80 €.

HOTEL ZUBIETA✪✪✪
Portal de Atea, s/n. Telf. 94 684 30 30. Antigua casa de los guardeses del palacio de Zubieta reconvertida en apacible hotel con mucho encanto, jardín y terraza. Habitaciones bien decoradas, con diferentes precios.
Habitación doble: 80-95 €.

HOTEL PIÑUPE✪
Avda. Pascual Abaroa, 10.
Telf. 94 684 29 84. Bastante confortable a pesar de las reducidas dimensiones de las habitaciones. El trato es inmejorable y el lugar tranquilo.
Habitación doble: 55 €.

DE PINCHOS

No es difícil encontrar bares muy animados con barras repletas de pinchos. En el puerto, desde la plaza, el recorrido comienza en el **Itxas Alde,** especializado en ensaladillas de *chatka,* y en **La Marina** dónde también hay de todo. En el **Oskarbi** podemos probar las famosas tortillas vegetales.

El entorno del Eskolape también es una zona muy animada de bares donde el **Leihope,** frente al hotel Betia, ofrece un afamado pincho de chipirón. El **Lumentza,** próximo al único cine del pueblo, es el mejor de Lekeitio y su barra una de las más tupidas y coloristas de Bizkaia. Las tortillas y los bocadillos de jamón son exquisitos.

COMER

Casas con menú (menos de 15 €)

EGAÑA
Casa muy frecuentada por la parroquia local. Platos de confianza. Cocina simple según el recetario popular vasco y productos de primera.

MERENDERO DEL BATZOKI
Carretera de Bilbao, s/n.
Sin ninguna pretensión (es una cervecería), pero lo suficiente para comer bien por poco dinero. Tiene una bulliciosa terraza.

Restaurantes (desde 30 €)

Kaia (Txako Kale, 5; telf. 94 684 02 84) es una antigua taberna de pescadores que llegó a ser restaurante de lujo y ahora prefiere abrir sus puertas a una clientela más amplia. Mucho ambiente, especialmente en verano, con auténtico sabor marinero en platos y decoración. Ofrece menús especiales.

Muy recomendable es el restaurante del **Hotel Aisia Lekeitio** (Santa Elena, s/n; telf. 94 684 26 55). Pensado para grandes grupos. En el comedor de arriba las vistas son excelentes. Las raciones son abundantes. Hay menú especial de tres platos y por las noches cenas bufé. Cocina vasca con especial atención en los productos del mar.

Más caro a pesar de su apariencia de taberna, **Zapirain** (Igualdegui, 3; telf. 94 684 02 55) sirve pescados del día y mariscos de calidad. Su sopa de pescado pasa por ser una de las más sabrosas de Bizkaia.

Zarate (Gamarra, 6; telf. 94 684 03 13; precio medio, 45 €) dispone de una carta tradicional con platos en los que se renuevan los ingredientes y las guarniciones.

LEÓN

CAPITAL DE PROVINCIA. 128.370 habitantes

LA CAPITAL DE LA PROVINCIA ES UNA CIUDAD COSMOPOLITA Y MODERNA, EN PLENA EXPANSIÓN COMERCIAL, PERO CON UNA RICA TRADICIÓN HISTÓRICA Y UN VALIOSO PATRIMONIO MONUMENTAL. SUS ESTRECHAS Y TORTUOSAS CALLEJUELAS DEL BARRIO HÚMEDO CONTRASTAN CON LAS AMPLIAS AVENIDAS DE LA ZONA COMERCIAL. LOS ESTUDIANTES INCREMENTAN AÚN MÁS SI CABE SU AMBIENTE FESTIVO DURANTE EL INVIERNO Y LOS MILES DE VISITANTES CORROBORAN SU CONDICIÓN DE LUGAR DE INTERÉS ARTÍSTICO INELUDIBLE.

INFO

Oficina de Turismo
Pza. de la Regla, 3.
Telf. 987 237 082.
www.vivaleon.com

Información Turística de la Junta de Castilla y León. Telf. 902 203 030.
www.turismocastillayleon.com

Punto de Información Juvenil
Joaquína Vedruna, 12.
Telf. 987 248 448. Información sobre actividades culturales, talleres y cursos para jóvenes.

Taxis. En las estaciones de tren y de autobuses hay taxis permanentemente. Otras paradas: pza. de Santo Domingo, Ramón y Cajal, Guzmán el Bueno, Serradores o avda. República Argentina.
Radio Taxi; telf. 987 241 211/ 242 451.

Aparcamientos
Hay dos aparcamientos subterráneos de reciente construcción: el de la plaza de Santo Domingo, en la calle El Carmen, y también el del edificio Roma, en Ordoño II. Al aire libre: Santa Nonia, Caño Badillo y en la avda. Real del Ejido.

DORMIR

*Aparte del exclusivo **Parador Hostal San Marcos**✪✪✪✪✪ (pza. de San Marcos, 7; telf. 987 237 300; 198 €), uno de los mejores de la red de paradores, León cuenta con una amplia y variada oferta de alojamientos.*

HOTEL PARÍS✪✪✪
Ancha, 18. Telf. 987 238 600.
El antiguo hotel París, de una estrella, en plena calle Ancha, se ha reconvertido en un lujoso hotel de tres estrellas. Las habitaciones son cómodas, funcionales y de sencillo y moderno diseño. Están a un paso de la catedral y del Barrio Húmedo.
Habitación doble: 80-96 €.

HOTEL REINA✪
Puerta de la Reina, 2.
Telf. 987 205 212.
Modesto y pequeño hotel, cerca de Ordoño II. Es uno de los establecimientos más antiguos de la ciudad y dispone de habitaciones con televisión y teléfono.
Habitación doble: 40 € con baño; 30 € sin él.

HOSTAL BOCCALINO✪✪
Pza. San Isidoro, 9.
Telf. 987 223 060.
Acogedor hotel situado en la zona de tapeo y copas del Cid, frente a la iglesia de San Isidoro. Las habitaciones, luminosas y acogedoras, están decoradas en estilo rústico. En verano dispone de terraza para su recoleto restaurante italiano.
Habitación doble: 66 €.

HOSTAL DON SUERO✪✪
Suero de Quiñones, 15.
Telf. 987 230 600. Se encuentra en la zona comercial leonesa. Buen trato y limpio. El precio varía en función del tipo de habitación.
Habitación doble: 45 €.

HOSTAL OREJAS✪✪
Villafranca, 8. Telf. 987 252 909.
Una casa de toda la vida en el segundo piso de un antiguo edificio de la zona comercial. Tiene mucho encanto y el trato es muy familiar; las habitaciones, acordes con el entorno de la vivienda, son cómodas y acogedoras.
Habitación doble: 50-60 €.

HOSTAL GUZMÁN EL BUENO✪
López Castrillón, 6.
Telf. 987 236 412.
En la zona de tapeo del Cid y está instalado en un piso de ambiente familiar con divertida decoración *kistch;* las habitaciones son oscuras pero están limpias. Habitación doble: 53 €.

Otros hoteles de precio más elevado

La Posada Regia✪✪✪ (Regidores, 11; telf. 987 213 173; 96-130 €) se halla instalada en un viejo edificio rehabilitado de 1370, en pleno centro. Hasta la madera de los suelos, excepto la del desván, es la original. Un río y un pájaro dan nombre a las habitaciones; las del piso de arriba son abuhardilladas.

Moderno y funcional, el **Hotel Quindós**✪✪✪ (Gran Vía de San Marcos, 38; telf. 987 236 200; 105 €) dispone de amplias habitaciones de diseño con vistas al edificio de San Marcos. El trato es serio y riguroso, y en su interior hay una curiosa exposición de arte contemporáneo.

EL TAPEO

En el Barrio Húmedo
En la plaza de San Martín y las calles adyacentes se concentra la mayoría: **El Flechazo** (Escalerillas), con buenas raciones de patatas; **Bicha,** montados de lomo y morcilla; **Chivani,** los famosos calamares; **Latino,** raciones de todo tipo; **Entrepeñas,** embutido casero; **La Plancha,** un clásico, y **El Botijo,** que tiene una gran variedad de raciones.

La Competencia (Matasiete), además de disponer de restaurante, sirve en la barra porciones de pizza de finísima masa cocida en horno de leña.

No hay que dejar de probar el cuenco de sopas de ajo con vino que sirve **El Gaucho** (Azabachería) o la sopa de trucha de **La Botica** (Misericordia).

En el Cid
Frente al Húmedo, en el flanco opuesto de la Calle Ancha, hay un entramado de callejuelas que desembocan en la plaza de San Isidoro y los jardines de la calle del Cid; en ellas se aglomeran restaurantes, cafés y locales de tapeo, repletos los fines de semana.

En López Castrillón (Travesía del Cid) están **Susi,** un bar de ambiente andaluz, **La Cocina** y **Los Ángeles** ofrecen copiosas raciones, y además se puede cenar en ellos a buen precio.

En el Burgo Nuevo
Situada en las proximidades del meollo comercial leonés, esta zona se extiende por las inmediaciones de la plaza de la Pícara Justina, entre Ordoño II y la avenida de República Argentina. Cuando las tiendas cierran, a la hora del aperitivo, y al caer la tarde, los que trabajan en el comercio acuden a tomar su corto y su pincho a los bares de esta zona. Los fines de semana los más jóvenes también se reúnen en ella sobre las 20 h. En la misma plaza están **Las Torres,** en el que sirven patatas; el bar **Sorolla,** con gran variedad de tapas exclusivamente vegetarianas (quesos, ensaladillas, ensaladas...) y **Mesón del Burgo** y **Tri-Tro,** donde sirven un buen cóctel de champán.

En el cercano pasaje conocido como "Cine Mari" están **Odyn** (más conocido como El Trébol), que ofrece abundamtes raciones a buenos precios y suculentos bocatines para desayunar, y **Bicoca,** un amplio bar de barra circular que sirve pinchos en un lecho de patatas fritas.

Fuera de esta zona, en la Gran Avenida de San Marcos se halla **Casa Blas,** imprescindible y uno de los mejores: raciones de patatas –picantes o no, a gusto del consumidor–, "butanitos" (cortos de refresco de naranja) y vino.

COMER

*Comer de tapas y raciones es lo más barato; no obstante, si el presupuesto lo permite, hay muchos restaurantes para darse un lujo. Quizás los mejores sean **Adonías** (Santa Nonia, 16; telf. 987 206 768) y **Vivaldi** (Platerías, 4; telf. 987 260 760), en ambos se puede comer a la carta por unos 30 €.*

Casas con menú (menos de 15 €)

BOCCALINO
San Isidoro, 9.
Telf. 987 223 060.
n el hostal homónimo. Dispone de una pizzería en la planta baja y de un restaurante en la planta superior con una extensa carta, donde sobresalen los platos de carne y pescado.

GPS & C
Avda. de los Cubos, 8-10.
Telf. 987 875 346.
Vanguardista e informal arrocería, que también funciona como café desde primera hora de la mañana (tiene carta de desayunos) y como pub de noche. Ofrece una gran variedad de arroces. La decoración es de lo más original y el ambiente, muy agradable.

LA COMPETENCIA
Conde Rebolledo, 17.
Telf. 987 212 312. *Trattoria* de decoración rústica y horno de leña con varios comedores en diferentes niveles y en plena médula espinal del Barrio Húmedo. Los fines de semana tanto la barra para tapear como el restaurante suelen estar llenos de estudiantes y seguidores de la marcha de la ciudad. Para cenar, una ensalada y una pizza.

RINCÓN DE SERRADORES
Serradores, 4. Telf. 987 210 864.
Restaurante modesto, situado en los aledaños de la Plaza Mayor. En su

carta encontraremos buena cocina leonesa marcada por los productos de temporada.

LATINO
Pza. San Martín, 10. Telf. 987 262 109.
Buenos embutidos leoneses y cocina tradicional.

LA POVEDA
Ramiro Valbuena, 9.
Telf. 987 227 155. Una fachada que no llama la atención por su aspecto sencillo y un pequeño comedor de decoración anodina que no hacen honor a las calidades y los precios de sus materias primas y sus recetas. Cantidades copiosas. A destacar: el entrecot al roquefort.

ROCCO
San Martín, 5. Telf. 987 201 327.
Se trata de un italiano, al estilo de una bodega, con vigas de madera en los techos y mobiliario rural. Además de las pizzas tiene una amplia carta con platos de carne de buena factura como los escalopines en todas sus variantes.

TAHONA DE AMBROSIA
Ctra. Caboalles, km 3,5.
VILLABALTER. Telf. 987 230 818.
A pocos kilómetros de la ciudad se encuentra esta casa rural con paredes de piedra y agradable chimenea. Cocina casera que ha recuperado curiosas y exquisitas recetas. Presenta llenos espectaculares los fines de semana.

Restaurantes (desde 24 €)

Bodega Regia (Regidores, 9-11; telf. 987 213 173) es un clásico muy visitado por políticos y periodistas que acuden a la ciudad. Esmerada decoración de ambiente castellano en un edificio de 1350 que dispone de varios salones privados. La comida es casera leonesa. Con menú y a la carta.

Muy conocido también es **El Faisán Dorado** (Cantareros, 2; telf. 987 256 609), con platos de influencia de la cocina francesa: setas con hígado de pato o crêpes de nata. Dispone de terraza en el verano. Es caro pero merece la pena darse el gusto.

Formela (Gran Vía de San Marcos, 36; telf. 987 224 534) es el restaurante del *hotel Quindós*. Decorado en estilo minimalista, es un lugar recomendable para comer tanto carne como pescado, y algún plato de comida casera, como las excelentes croquetas de jamón.

El **Nuevo Racimo de Oro** (plaza de San Martín, 8; telf. 987 214 767) es un mesón rústico con bodega en el sótano. Especializado en pimientos y embutidos del Bierzo.

También tipo mesón, **La Ruta Jacobea** (Cid, 18-20; telf. 987 232 807) explota de manera excelente los productos leoneses, así ofrece solomillo al queso de Valdeón y cebollas rellenas en los meses de invierno. Los jueves cocido maragato.

El restaurante de la gente guapa es **Zuloaga** (Sierra Pambley, 3; telf. 987 237 814), el ambiente es más propio para cenar que para comer, cocina imaginativa.

CAFÉS

Destacan **Alonso** (Ordoño, 30), una enorme cafetería con terraza y grandes columnas, frecuentada a la hora de merendar por un público de más edad, y el **Café Victoria,** en la Calle Ancha, similar a la anterior, con enormes cristaleras y terraza. Es un local con más de cien años, cuyas grandes vidrieras con escudos le confieren señorío y abolengo. **El Cafetín,** en Mariano de Berrueta, es un tradicional café con arcadas de madera en su interior, grandes espejos que le dan un aire noventayochista y una tenue luz; por la tarde acuden muchos estudiantes para charlar en él.

Detrás de la catedral, en la avenida de los Cubos, está **Bambú.** Se trata de un amplio café con ventanales y música jazz de fondo, decorado con instrumentos musicales. También es adecuado para tomar la primera copa por la noche.

Cerca del anterior está el **Jazz Club,** también muy agradable. Uno de los de mejor ambiente es el **Gran Café** (Cervantes, 9), el único de la ciudad que organiza conciertos de blues, jazz o recitales de cantautores; muy frecuentado por estudiantes.

LERMA

BURGOS. 2.495 habitantes

ESTA SEÑORIAL Y MAJESTUOSA VILLA LE DEBE TODA SU BELLEZA AL POLÉMICO DUQUE DE LERMA, Y A LA DESORBITADA FORTUNA PROCEDENTE DEL ERARIO PÚBLICO QUE ÉSTE INVIRTIÓ PARA ENGRANDECERLA. SU ARMONIOSO CONJUNTO MONUMENTAL, PERFECTAMENTE CONSERVADO, NOS HABLA DEL PASADO GLORIOSO DE LA CIUDAD, QUE LLEGÓ A CONVERTIRSE EN CORTE DE RECREO DE FELIPE III.

INFO

Centro de Iniciativas Turísticas
Audiencia, 6.
Telf. 947 177 002.
www.ayuntamientodelerma.com

DORMIR

LA POSADA DE EUFRASIO✪✪
Vista Alegre, 9.
Telf. 947 170 257.
Todas las estancias de este hotelito están decoradas con una elegante combinación de ladrillo, madera y hierro forjado. Las habitaciones cuentan con grandes ventanales y desde algunas se obtiene preciosas vistas de la vega del Arlanza. También dispone de sauna y gimnasio.
Habitación doble: 69 €.

HOTEL VILLA DE LERMA✪✪
Cuesta, 7.
Telf. 947 177 070.
El mobiliario es moderno y funcional. También cuenta con una amplia terraza y cafetería.
Habitación doble: 50-60 €.

HOSTAL DOCAR✪✪
Santa Teresa de Jesús, 18.
Telf. 947 171 073. Las habitaciones, decoradas en estilo castellano, cuentan con baño, televisión y teléfono. Restaurante y aparcamiento.
Habitación doble: 50 €.

CASA DE TURISMO RURAL LOS SAUCES
San Francisco, 31. Telf. 947 170 464.
Lo mejor de la casa es el extenso jardín. Dispone de cuatro habitaciones y un confortable salón con chimenea.
Vivienda/ fin de semana: 360 €.

Otros hoteles de precio más elevado

Además del recién inaugurado **Parador✪✪✪✪** (Palacio Ducal, en la Plaza Mayo; telf. 947 177 110; habitación doble: 98-150 €) es recomendable y no muy caro, el **Hotel Alisa✪✪✪** (Ctra. Madrid-Irún, km 203, próximo a un campo de golf; telf. 947 170 250; habitación doble: 70 €). Dispone de un magnífico jardín.

COMER

Casas con menú (menos de 15 €)

CASTILLA
Ctra. Madrid-Irún, km 203.
Telf. 947 170 917. Ofrece un variado menú del día a elegir entre ocho platos distintos. Acogedor y de servicio muy atento.

LIS 2
Avda. de los Mesones, 3.
Telf. 947 170 125. El menú resulta algo más elaborado que en el anterior pero también más cara la cuenta. Por menos de 15 € se pueden degustar ricos platos tradicionales de caza menor.

ASADOR VISTA ALEGRE
Paseo Vista Alegre, 13.
Telf. 947 170 257. Especialidad en asados. En el menú del día se incluyen recetas de la tierra (buenísima la sopa castellana) y platos menos convencionales.

Restaurantes (desde 21 €)

Existen multitud de mesones en las calles del casco histórico, algunos ya míticos, donde se puede degustar el lechazo asado de primera calidad: **Casa Antón** (Cervera Vera, 5; telf. 947 170 362); **Casa Brigante** (Luis Cervera, 1; telf. 947 170 594); **Mesón Duque de Lerma** (Audiencia, 2; telf. 947 172 122) y **Fonda Caracoles** (Luis Cervera Vera, 10; telf. 947 170 563) son los más afamados.

EVITE LLEGAR POR SORPRESA A LOS ALOJAMIENTOS Y RESTAURANTES DE ESTA GUÍA. ES ACONSEJABLE LLAMAR POR TELÉFONO PARA HACER SU RESERVA Y ASEGURARSE DE QUE LE ESPERAN A SU LLEGADA.

LINARES

JAÉN. 60.807 habitantes

CIUDAD COMERCIAL E INDUSTRIAL, LA SEGUNDA EN IMPORTANCIA Y POBLACIÓN DE LA PROVINCIA. ALCANZÓ SU MÁXIMO ESPLENDOR ECONÓMICO A FINALES DEL SIGLO PASADO CON LA MINERÍA.

INFO

Oficina de Turismo
Ps. de Linarejos, s/n. Telf. 953 607 812.

DORMIR

HOTEL VICTORIA✪✪✪

Cervantes, 7 y 9. Telf. 953 692 500.
www.hotelvictoria.org
Sólido establecimiento con una serie interesante de servicios, como Internet, el acceso de minusválidos, la admisión de mascotas y el parking privado. Tiene también restaurante.
Habitación doble: 60 €.

HOTEL BAVIERA✪

La Virgen, 25. Telf. 953 607 115.
www.hotelbavieralinares.com
Situado estratégicamente, entre los jardines de Santa Margarita y el Ayuntamiento, este es un establecimiento con mucho encanto. Cada habitación decorada de un modo distinto y muy sugerente, todas con baño completo y todos los complementos.
Habitación doble: 45 €.

Otros hoteles de precio más elevado

Céntrico y bien equipado es el **Aníbal✪✪✪** (Cid Campeador, 11; telf. 953 650 400).

EL TAPEO

Tlr de tapas en Linares es una toda una tradición que se pierde en el fondo del tiempo. Aquí, como en el resto de la provincia, las tapas son gratis, es decir van incluidas con la bebida, cerveza o copa de vino, que se solicite. Los bares son muy numerosos y se reparten por toda la ciudad. La oferta en la barra es muy amplia, así es fácil degustar un buen surtido de ibéricos, lomo con berenjena, morro, migas, papas de diferentes clases o, incluso, caracoles entre la gran variedad de tapas caseras y de vinos.

COMER

ELISA MARÍA

Espronceda, 32.
Telf. 953 650 266. Sencillo establecimiento donde preparan una magnífica cocina casera a excelente precio.
Precio medio, 23 €.

LA LUBINA

Paseo de Linarejos, 30.
Telf. 953 651 275. La cocina marinera encuentra en este establecimiento al mejor representante de Linares. Buenísimos pescados y mejores guisos.
Precio medio, 20-30 €.

LLANÇÀ

GIRONA. 3.843 habitantes

LLANÇÀ CONJUGA TODOS LOS ATRACTIVOS QUE HAN CONVERTIDO AL EMPORDÀ EN UNA DE LAS COMARCAS CON MÁS RENOMBRE DE CATALUÑA. EN LA ACTUALIDAD VARIOS NÚCLEOS URBANOS COMUNICAN EL PUERTO (PORT DE LLANÇÀ) Y LA VILLA INTERIOR (LLANÇÀ).

INFO

Oficina de Turismo
Av. Europa, 37. Telf. 972 380 855.

DORMIR

HOTEL LA GOLETA✪✪

Pintor Torruela, 12. Telf. 972 380 125.
Acorde a su categoría. Cuidado y funcional, de estilo clásico costero, la decoración de las habitaciones es muy agradable. Buen nivel de servicios.
Habitación doble: 25-31 €.

HOTEL CARBONELL✪

Major, 19. Telf. 972 380 209.
En pleno centro de Llançà, en las inmediaciones de la torre románica y la iglesia de Sant Vicenç. Es un hotel pequeño y tranquilo, de trato muy agradable.
Habitación doble: 60-65 €.

COMER

Casas con menú y carta (entre 15-25 €)

ELS PESCADORS

Pintor Torruela, 12.
Telf. 972 380 125.
Restaurante del hotel del mismo nombre que ofrece las ventajas de un servicio cuidado. En el entorno de Les Carboneres.

LA BRASA

Pl. Catalunya, 6.
Telf. 972 380 289. Los platos de pescado y marisco saben mejor que bien, también las carnes rojas. El menú es una buena opción, pero también es posible comer a base de raciones por un poco más.

Restaurantes (sobre 30 €)

Can Narra (Castellá, 37; telf. 972 380 178) ofrece pescados muy frescos, preparados a la brasa o al horno con gran acierto.

En el Port de Llança, **El Vaixell** (telf. 972 380 295) es una casa de ambiente marinero con cocina en consonancia.

LLANES

ASTURIAS. 13.740 habitantes

HACE POCAS DÉCADAS LLANES ERA UNA PINTORESCA VILLA PESQUERA; ACTUALMENTE, DEBIDO A LA ATRACCIÓN EJERCIDA POR LAS MÚLTIPLES Y PEQUEÑAS CALAS SITUADAS A LO LARGO DE SU COSTA, SE HA CONVERTIDO EN UNA PINTORESCA VILLA TURÍSTICA. EL PATRIMONIO ARQUITECTÓNICO DE LLANES ES DE UN CONSIDERABLE VALOR Y ESTÁ APOYADO, ADEMÁS, POR UN ENTORNO PAISAJÍSTICO REALMENTE SOBERBIO. SUS NÚCLEOS DE POBLACIÓN SON, POR NÚMERO DE HABITANTES: LLANES CAPITAL, POSADA, NUEVA, PORRÚA, SAN ROQUE DEL ACEBAL Y POO.

INFO

Oficina de Turismo. Alfonso IX (La Torre). Telf. 98 540 01 64.
www.llanes.com
www.venallanes.com
Ayuntamiento. Nemesio Sobrino, s/n. Telf. 98 540 01 02.
www.ayuntamientodellanes.com

DORMIR

HOTEL LA FONTÉ✪✪

Plaza de Santa Ana, s/n.
NAVES. Telf. 985 408 696, 985 407 424. Fax: 985 407 424.
www.hotel-lafonte.com
Habitación doble: 45-80 €.

HOTEL LA PAZ✪

Avda. de la Paz, 5. Telf. 98 540 29 11.
Casa tradicional con sobreplanta de madera acristalada; dentro hay un agradable salón, en la primera planta, donde se puede ver la televisión. Habitaciones correctas con baño y camas cómodas. Habitación doble: 35-63 €.

PENSIÓN LA GUÍA✪✪

Plaza Parres Sobrino, 1.
Telf. 98 540 25 77.
Muy bien situada en una de las plazas más céntricas y atractivas de la villa. Las habitaciones son alegres y luminosas, pero no muy grandes.
Habitación doble: 40-65 €.

CASONA LA QUINTANA DEL CUERA✪✪✪

Barrio de San Antón. Telf. 98 540 23 56 y 699 608 603. En **PARRÉS,** a 2,5 km de Llanes, se emplaza este acogedor hotel rural que consta de 5 suites y 11 habitaciones dobles, distribuidas en dos edificios construidos conforme a la arquitectura tradicional.
Habitación doble: 45-85 €.

Otros hoteles de precio más elevado

Cerca del puerto se sitúa un apartotel muy confortable que ocupa un viejo caserón asturiano restaurado, **Gran Hotel Apartamentos Paraíso✪✪✪** (Pidal, 2; telf. 98 540 19 71; habitación doble: 55-108 €). Abierto sólo en verano, **Don Paco✪✪✪** (Parque Posada Herrera, 1; telf. 98 540 01 50; habitación doble: 65-122 €) ocupa antiguas dependencias del convento de las Agustinas.

EL TAPEO

En Llanes existen, desde la sidrería **El Almacén,** lujosamente decorada, con una seleccionada oferta (sin precios anunciados) de pescados y mariscos, y situada en un lugar clave bajo la torre medieval, hasta las sidrerías más campechanas como **El Riveru,** como el **Campanu** o **La Cueva,** al lado del río; todas son locales con indudable atractivo, que trabajan muchísimo en verano y van manteniéndose como pueden en invierno, cuando no optan por cerrar. Las raciones que se ofrecen en ellas son pescados como el rey, la merluza, el *xaragú* o el besugo, junto con las tablas de quesos, embutidos o el *pantruque*.

Otras sidrerías que ofrecen gran variedad de pescados y mariscos se pueden encontrar en calles alrededor del puerto o cerca de él: **Puerto Chicu** en Manuel Cué, **Cuera,** en Parrés Sobrino, o la sidrería **El Bodegón,** con dos entradas (calle Mayor y plaza Magdalena).

No todo son sidrerías, también hay pequeños bares, coquetos como el **Xareu,** en Posada Herrera, o cervecerías como **Lohengrin,** con cerveza alemana.

COMER

Casas con menú (menos de 15 €)

CASA XICU

MESTAS DE ARDISANA.
Telf. 985 406 080. Auténtico chigre de aldea para comer verdinas, cebollas rellenas o tortos de maíz con huevos.

LA GALERÍA

Manuel Romano, 1.
Telf. 98 540 21 11. Sirven pastas naturales y ofrecen platos como la merluza a la sidra en un comedor mediano, donde combinan la media luz con unos amplios ventanales. Tienen una terraza para el verano.

URÍA

El Muelle, s/n.
Telf. 98 540 06 33.
Tiene un comedor de aires modernos en la segunda planta, con paredes de color azul que imprime alegría a un salón que posee las siempre agradecidas vistas al puerto. Trabajan especialidades como pimientos rellenos de marisco y tienen menú.

SIDRERÍA EL CUERA

Plaza de Parres Sobrino, 9.
Telf. 985 400 054. Céntrica, con buenas instalaciones para comer a la carta suculentos platos asturianos o, de manera más informal, raciones y tapas.

Restaurantes (desde 30 €)

El **Mirador de Toró** (avenida de Toró, s/n; telf. 98 540 08 82) es un local con bonitas vistas en el que se muestran los sabores de la cocina marinera de siempre. Hay guisos de cuchara de sabores eternos, como los fideos con almejas o las patatas rellenas, además de un buen muestrario de platos de pescado.

En la vecina localidad de **PANCAR,** a 1,5 km de Llanes, se ubica **El Jornu** (Cueteu Molín, 43; telf. 985 401 615), un sencillo establecimiento con una excelente propuesta de cocina marinera, además de guisos de tierra como el pote.

LOS LLANOS DE ARIDANE

ISLA DE LA PALMA. 19.659 habitantes

SITUADA EN UNA LADERA QUE LOS LUGAREÑOS LLAMAN "EL VALLE", AL SUR DEL PARQUE NACIONAL DE LA CALDERA DE TABURIENTE, LOS LLANOS SE HA CONVERTIDO EN UNA PUJANTE CIUDAD GRACIAS AL CULTIVO DEL PLÁTANO Y EL TURISMO. PUERTO NAOS, EN LA COSTA, ES LA ZONA DE MÁS AMBIENTE NOCTURNO.

INFO

Oficina de Turismo
Llanos de Argual, 31.
Telf. 922 401 899. www.aridane.org

DORMIR

HOTEL VALLE ARIDANE✪✪✪

Glorieta Castillo Olivares, 3.
Telf. 922 462 600.
Hotelito confortable, frente al Parque Nacional. Habitaciones bien equipadas, aparcamiento, zona ajardinada y alquiler de bicis.
Habitación doble: 55 €.

HOTEL AMBERES✪✪

Calle Real, 13.
Telf. 922 401 040.
Fax: 922 402 441.
www.hotel-amberes.com
Este hotel ocupa hoy un viejo caserón colonial de dos pisos y techos de teja, construido en el siglo XVII y restaurado con un loable respeto a la arquitectura original. Ubicado en el corazón del casco histórico de Los Llanos de Aridane, el hotel se organiza en torno a un encantador patio interior rodeado de galerías de madera, y que conecta con un romántico jardín y un restaurante de época. Quizás la mayor sorpresa del hotel son los baños de cada una de las habitaciones, de un increíble lujo colonial y realmente merecedores de un apunte aparte. También vale la pena probar la cocina vegetariana del restaurante.
Habitación doble: 83 €.

HOTEL EDÉN✪

Plaza de España, s/n.
Telf. 922 460 104.
Muy céntrico, lo cual facilita las comunicaciones a cualquier lugar de la isla. Es uno de esos hoteles que no deslumbran, pero ofrecen lo que se les pide: comodidad, limpieza y buena atención. Todas las habitaciones tienen baño completo.
Habitación doble: 40-55 €.

Otros hoteles de precio más elevado

Con todas las comodidades que se le requieren a un cuatro estrellas, el **Sol La Palma✪✪✪✪** (Playa de Puerto de Naos; telf. 922 408 000; www.solmelia.es) es una excelente opción para disfrutar de la primera línea de playa.

COMER

Casas con menú (menos de 15 €)

GRILL SECADERO

Las Manchas. Telf. 922 494 028. Buena ocasión para probar la auténtica comida canaria. También excelente pescado a la parrilla y tapas típicas.

EXCELENTE

Lugar de Todoque, 467.
Telf. 922 463 880.
Cocina con influencia internacional pero con productos autóctonos. A la carta o de menú.

SAN PETRONIO

Camino Pino de Santiago, 40.
Telf. 922 462 403.
Cocina italiana e internacional, sin descuidar los platos canarios, en un local muy agradable.

SALTA SI PUEDES

Avda. Tanausú, 29. Telf. 922 463 879. Muy concurrido y animado, con una carta muy variada. Sus especialidades: cabrito, conejo y cordero a la parrilla, calamares, paellas y su estupendo cocido canario.

LLEIDA

CAPITAL DE PROVINCIA. 118.000 habitantes

LA CIUDAD DE LLEIDA, JUNTO AL RÍO SEGRE Y A LOS PIES DE UN PEQUEÑO CERRO EN CUYA CÚSPIDE SE LOCALIZA LA SEU VELLA, HA ABANDONADO TOTALMENTE EL POSIBLE CARÁCTER PROVINCIANO DE OTRAS ÉPOCAS PARA DESPEGAR CON UN ATRACTIVO DINAMISMO COMERCIAL. SU URBANISMO, DE COMPLEJA ORGANIZACIÓN EN LA PARTE ANTIGUA PERO CLARO Y ESTRUCTURADO EN LA CIUDAD NUEVA, Y SU AMBIENTE TRANQUILO CREAN UN ENTORNO AGRADABLE TANTO PARA VISITAR CON DETENIMIENTO COMO PARA VIVIR EN ÉL.

INFO

Oficina de Turismo de la Generalitat
Berenguer. Telf. 973 248 840.
Turisme de LLeida. Información y reservas. Major, 31. Telf. 902 250 050. www.turismedelleida.com

Taxis. *Teleradio Lleida.*
Telf. 973 203 050 y 973 249 090.

Aparcamiento. Existen varios aparcamientos en la zona cercana al centro comercial: plaça de Sant Joan, av. de Madrid, av. Blondel y la estación de trenes.

DORMIR

*La oferta hotelera de la capital leridana es amplia y, en general, ofrece buenos precios. Incluso el mejor hotel, el **Condes de Urgell II✪✪✪✪** (av. de Barcelona, 21; telf. 973 202 300; desde 60 €),* *resulta bastante asequible. Además, una de las características singulares de los alojamientos leridanos es que se encuentran mucho más llenos durante los días laborables que en fin de semana, por lo que la misma habitación puede costar, en fin de semana, hasta un 30 por 100 menos.*

HOTEL REAL✪✪✪
Av. Blondel, 22. Telf. 973 239 405.
El blanco edificio que ocupa resulta algo chocante en el marco urbano en el que se encuentra, pero su interior es cómodo y agradable, y las habitaciones son espaciosas, modernas y bien equipadas.
Habitación doble: 85 €.

HOTEL ILERDA✪✪
Ctra. Barcelona, km 467.
Telf. 973 200 750.
Las dos estrellas no hacen justicia a los servicios que presta, pues aún siendo un establecimiento de carretera sus habitaciones son muy agradables. Habitación doble: 48 €.

HOTEL PARTNER SEGRIÀ✪
Passeig de Ronda, 23.
Telf. 973 238 989.
Habitaciones cómodas y dotadas de muchas comodidades como televisión con antena parabólica... El trato general es familiar, y la cocina de su restaurante responde al más puro estilo tradicional.
Habitación doble: 45-150 €.

HOTEL GOYA✪
Alcalde Costa, 9. Telf. 973 266 788.
La amabilidad del servicio es la tónica predominante en este confortable hotel localizado muy cerca de la conexión con la carretera A 2 que llega desde Zaragoza.
Habitación doble: 45-48 €.

PENSIÓN LA PLAÇA✪✪
Plaça Noguerola, 1. Telf. 973 246 110.
Quien no lo conoce piensa que este establecimiento va a tener unos precios mucho más elevados que los que en realidad presenta, algo que, ya de por sí, suele ser una buena señal. El trato, como las habitaciones, es muy agradable. Habitación doble: 27 €.

Otros hoteles de precio más elevado

Céntrico y con todas las comodidades se presenta el hotel **Sansi Park✪✪✪** (Alcalde Porqueres, 4-6; telf. 973 244 000; 123 €), que además cuenta con un apartotel anexo, **Camparan✪✪✪✪**, muy recomendable para estancias más largas. La cadena NH tiene en el **Pirineos✪✪✪** (passeig de Ronda, 63; telf. 973 273 199; 70-152 €) su representante en la ciudad y el hotel **AC Lleida✪✪✪** (Unión, 8; telf. 973 283 910) ha sido el último en abrir sus puertas.

EL TAPEO

Por ser ciudad de interior está muy arraigada la tradición del tapeo, y a cubrir esta demanda se dedican algunos excelentes locales como **El Fanal** (Sans i Ribes, 5), **El Mesón** (Ricard Vinyes, s/n), **El Portón** (Sant Martí, 53), el bar **Roma** (Bisbe Messeguer, 1), el **Bellera** (Vallcalent, 16) o el **Tapas Bus** (Enric Farreny, 36).

Pero son muchos los bares que ofrecen excelentes pinchos y raciones en sus barras. El **Bar Roma** (Bisbe Messeguer, 1) destaca por sus excelentes patatas bravas, que son la especialidad de la casa y el **Picadilly** (Ricard Vinyes, 10) por sus montaditos.

COMER

*Las cocas de recapte y los caracoles son los componentes fundamentales de la gastronomía leridana, y en ellos se especializan muchos de los locales que abren sus puertas en esta ciudad a orillas del Segre. Entre los afamados destaca el **Nou Forn del Nastasi** (Rovira Roure, 87; telf. 973 223 728; precio medio, 50 €), pero hay muchos otros que incluyen las especialidades típicas en sus menús.*

Casas con menú (menos de 15 €)

CARIBE
Alcalde Costa, 21. Telf. 973 266 151.
Son tres las ofertas de menú que presenta esta casa especializada en carne a la brasa y caracoles. Su carácter de brasería pone ese punto especial a las comidas, especialmente a los excelentes caracoles y las carnes.

EL CELLER DEL ROSER
Cavallers, 24;
Telf. 973 239 070.
En la céntrica calle de Cavallers abre sus puertas este agradable local. Ofrece un exquisito menú que incluye, según la temporada, algunas exquisiteces propias de la tierra.

EL CRUCE
Ctra. Vielha, km 15,4. **ALGUAIRE.**
Telf. 973 756 053. La inclusión en el menú de delicias como los caracoles a la *llauna* bien vale desplazarse hasta este sencillo restaurante. Además, el ternasco al horno es excelente.

CASA JOSÉ
Botera, 17. Telf. 973 237 038.
Un clásico en Lleida con 40 años abriendo sus puertas. Cocina casera especializada en pescado y marisco.

Restaurantes (desde 30 €)

A las afueras de la ciudad se sitúa la **Fonda del Nastasi** (ctra. de Huesca, km 2,5; telf. 973 249 222), perteneciente a igual que el citado Forn y el Nou Forn a la familia Lladonosa; toda una garantía. Éste cuenta con una impresionante bodega que guarda un número astronómico de botellas.

Cal Nenet (Partida de Butsenit, 38; telf. 973 260 016) ofrece platos típicos leridanos como los caracoles a la *llauna*.

La Huerta (av. de Tortosa, 9; telf. 973 242 413) para los que prefieran degustar platos de la cocina tradicional ilerdense: caracoles a la *llauna*, verduras, cordero a la brasa...

Sheyton (avinguda Prat de la Riba, 39; telf. 973 238 197) es un apacible establecimiento con una carta que se aventura en la cocina internacional, sin perder de vista las especialidades autóctonas.

Pérgola (pg. de Ronda, 123; telf. 973 238 237) productos y maneras reconocibles, bien elaboradas y con cierta sofisticación, tanto en carnes como en pescados.

L'Àncora (Folch i Torres, 3; telf. 973 235 340) es un restaurante especializado en cocina marinera tradicional con algunas recetas vanguardistas. Ofrece un menú muy completo de lunes a viernes.

CAFÉS

Las cafeterías tienen en **El Cafetó d'Internet** (Bonaire, 8) su más reciente incorporación a la moda. Además de éste, existen locales con más tradición, como el **París** (av. Prat de la Riba, 32), en donde han tomado cafés y copas varias generaciones de ilerdenses, y algunos con buenas terrazas en las principales vías, como el **Avenida** (av. Prat de la Riba, 6) o **El Bodegón** (Rambla Ferrán, s/n).

Hay algunos que, al llegar la noche, parecen sufrir una transformación y acaban convertidos en ambientados locales de copas, como le sucede al **Escambray** (Dr. Fleming, 5), incorporan restaurantes, como **La Cantonada** (Academia, 46), o incluso una bolera.

LLORET DE MAR

GIRONA. 25.500 habitantes

ES UNO DE LOS PRINCIPALES CENTROS DE ATRACCIÓN Y RECEPCIÓN DE TURISTAS EUROPEOS DE TODA LA COSTA CATALANA. POCO QUEDA DEL ESPÍRITU MARINERO Y PESCADOR DE LA ANTIGUA VILLA, QUE HOY OFRECE UN AMBIENTE COSMOPOLITA Y ABIERTO PERO TAMBIÉN CIERTA MASIFICACIÓN.

INFO

LLoret Turisme
Plaça de la Vila, 1. Telf. 972 364 735.
www.lloret.org/turisme.htm
Oficina de Turismo
Av. Vila de Blanes. Telf. 972 365 788.

DORMIR

*Pese al elevado número de plazas hoteleras de Lloret, no resulta fácil encontrar alojamiento si no se ha reservado con antelación. La afluencia de turistas es tan grande que durante la mayor parte del verano la ciudad está totalmente colapsada. Entre la vasta oferta, que comprende desde hoteles de lujo como el **Gran Hotel Guitart Monterrey✪✪✪✪** (ctra. de Tossa, s/n; telf. 972 364 050) hasta modestas pensiones, se han seleccionado los siguientes:*

GRAN HOTEL DON JUAN✪✪✪
Josep de Togores, 28.
Telf. 972 365 700.
Es uno de esos hoteles enormes pero con todas las comodidades e instalaciones propias de su categoría, entre las que se cuenta la piscina.

Hotel María del Mar✪✪✪
Poniente, 11. Telf. 972 364 437.
Resulta, en Lloret, que este hotel, de casi 60 habitaciones, es pequeño. Eso repercute, por fortuna, en un trato algo más cálido y agradable de lo que es habitual en la ciudad. Habitaciones cómodas y buenos servicios.
Habitación doble: 35-55 €.

COMER

*A pesar de la proliferación de establecimientos de bocadillos y comidas rápidas, existen restaurantes de prestigio como **El Trull** (ronda de Europa, s/n; Cala Canyelles; telf. 972 364 928; 42 €) y otros más económicos, que basan su oferta en la cocina de mercado y casera.*

Casas con menú (menos de 15 €)

Can Tarradas
Plaça Espanya, 7.
Telf. 972 366 121. Los pescados y las carnes son los productos que dan cuerpo a los platos de este restaurante, un local que ofrece el atractivo de su horno de leña y de un correcto menú. Las salsas con que se acompañan esos platos son una de las especialidades de la casa.

Restaurantes (sobre 30 €)

El lujoso marco del casino arropa al restaurante **Dafne** (av. Vila de Blanes, 32. Telf. 972 366 454), en cuya carta conviven platos tradicionales como el *arrós de l'art*, con algunas especialidades internacionales.

LLUCMAJOR

ISLA DE MALLORCA. 36.078 habitantes

Ciudad industrial y agrícola del Migjorn (Mediodía) mallorquín. Su costa –Marina de Llucmajor– se ha convertido en un importante centro turístico, especialmente la Platja de S'Arenal, continuación ininterrumpida de la Platja de Palma.

INFO

Oficina de Información Turística de S'Arenal. Plaça Reina Maria Cristina, s/n. Telf. 971 440 414.
Oficina de Información Turística de la Colònia de Sant Jordi
Doctor Barraquer, 5.
Telf. 971 656 073. Fax: 971 656 447.
Parque Natural de Cabrera
Excursiones organizadas desde la Colònia de Sant Jordi. Telf. 971 649 034.

DORMIR

La práctica totalidad de alojamientos de la comarca se concentran en la Platja de S'Arenal. Fundamentalmente se trata de hoteles de tres estrellas, pertenecientes a cadenas nacionales y orientados hacia el turismo extranjero, por lo que recomendamos hacer la reserva en agencia de viajes formando parte de un paquete turístico. Seleccionamos, entre ellos, el **Hotel Bahamas**✪✪✪ (av. de Europa; telf. 971 443 200); el **Hotel Bahía de Palma**✪✪✪ (Trencadors, 74; telf. 971 441 536), bien equipado, y el **Hotel Luna Park**✪✪✪ (telf. 971 441 050).

En la Colònia de Sant Jordi hay poco más de una docena de alojamientos próximos a hermosas playas salvajes, como el **Isla de Cabrera**✪✪✪ (telf. 971 655 000) o el **Sur Mallorca**✪✪✪ (telf. 971 655 200).

COMER

La carretera de Palma a Manacor se constituye espontáneamente como un excelente eje gastronómico, siendo la población de Algaida la que acumula una mayor densidad de restaurantes. No le va a la zaga Campos, con varios locales muy recomendables de cocina tradicional. Para cocina mediterránea y marinera aconsejamos acercarse a las localidades de Sa Ràpita y la Colònia Sant Jordi.

Restaurantes (desde 24 €)

Cal Dimoni
Ctra. de Manacor, km 21. **Algaida.**
Telf. 971 665 035.
Restaurante muy popular que se remonta a los años sesenta, conservando su ambiente rústico y acogedor. Las sobrasadas cuelgan del techo y son asadas en las parrillas a la vista del público. Cocina mallorquina a precios razonables.

Hostal d'Algaida
Ctra. Palma-Manacor, km 21. **Algaida.**
Telf. 971 665 109.
Tradicional restaurante de cocina mallorquina, ubicado en una antigua estafeta postal con más de 150 años de antigüedad. Buena decoración y mejor cocina.

Sa Canova
Ronda de l'Estació, 35. **Campos.**
Telf. 971 650 210.
Tradicional restaurante reubicado hace algunos años en un nuevo local. Cocina tradicional y regional, con platos de caza y diez variedades de frito mallorquín.

Marisol
Gabriel Roca, 63-65. **Ses Salines.**
Telf. 971 655 070.
Pescados y mariscos frescos en una frondosa terraza donde parece querer comer media Mallorca. Paellas, gambas a la plancha, pescaditos fritos y pescados frescos según mercado. Un típico restaurante de playa pero de calidad. Dispone de menú, que supera los 15 €, y carta.

Es Recó de Randa
Font, 21; telf. 971 660 997. En **Randa,** hermosa aldea ubicada entre Llucmajor y Algaida, destaca esta antigua casa de piedra y maderas rústicas que es también un hotel rural. Ambiente selecto y cocina mallorquina refinada a unos precios muy aceptables.

Ca'n Pep de Sa Ràpita
Miramar, s/n. Telf. 971 640 413.
En **Sa Ràpita.** Es un restaurante de playa con vistas al archipiélago de Cabrera, especializado en pescados y mariscos frescos.

LO PAGÁN-SAN PEDRO DEL PINATAR

MURCIA. 18.558 habitantes

El municipio más oriental de la costa murciana es una extensa llanura de cultivos cuyas costas están bañadas por el Mediterráneo y el Mar Menor. Lo Pagán, en la costa, ha adquirido su propio carácter como destino veraniego, respecto al pueblo, en el interior.

INFO

Oficina de Turismo
En **Lo Pagán.** Avda. Poeta Eduardo Flores, 93. Telf. 968 182 301.
www.sanpedrodelpinatar.net

DORMIR

Hotel Paloma✪✪
Río Eresma, 47. **Lo Pagán.**
Telf. 968 183 171.
Abre todo el año. Moderno y bien equipado. A 200 m de la playa y sus lodos.
Habitación doble: 50-65 €.

Otros hoteles de precio más elevado

El **Neptuno**✪✪✪ (avda. del Generalísimo, 19, **Lo Pagán;** telf. 968 181 911; 55-75 €). Frente a playa Puntica. Funcional y bien equipado.

COMER

Casas con menú (menos de 15 €)

Venezuela
Paseo Marítimo-Explanada.
Telf. 968 181 515.
Local que goza de magníficas vistas y de una decoración cuidada. Ofrece platos tradicionales murcianos del mar y de la montaña. En verano dispone de freiduría y cocedero.

Restaurante Gallego
Chacón y Calvo, 5 (detrás de la Iglesia). **Lo Pagán.** Telf. 968 183 814.
Establecimiento ideal para degustar los platos tradicionales de la región murciana. Además, presenta una nutrida barra de tapas, por si se quiere picotear.

LOGROÑO

CAPITAL DE PROVINCIA. 143.836 habitantes

La capital de La Rioja, asentada a orillas del Ebro, es una ciudad pulcra y moderna, de anchos bulevares y avenidas, elegantes tiendas y un pequeño pero característico núcleo monumental. Es el centro comercial de una amplia región donde, además de los vinos de Rioja, se cultivan verduras de gran calidad. El Ebro y la ruta jacobea han sido y son dos elementos de vital importancia para la historia y la configuración de la ciudad.

INFO

Oficina de Turismo
Paseo del Espolón, s/n.
Telf. 941 291 260. www.larioja.com
Oficina de Información del Ayuntamiento
Portales, 39. Telf. 941 273 353.
www.logroturismo.org
Ayuntamiento de Logroño. Información general. Telf. 010 (desde Logroño), y 941 277 001. www.logro-o.org
Aparcamientos. Pza. de la Paz, Gran Vía y paseo del Espolón.
Taxis. Paseo del Espolón (telf. 941 224 299), avda. de la Autonomía de La Rioja (telf. 941 232 803), plaza del Alférez Provisional (telf. 941 222 626) y Estación de Autobuses (telf. 941 237 529).

DORMIR

En general, los alojamientos de esta ciudad son bastante caros y la relación calidad-precio sensiblemente mejorable. Aparte del lujoso y modernísimo ***Tryp Bracos*** ✪✪✪✪ *(Bretón de los Herreros, 29; telf. 941 226 608; 135 €; www.solmelia.es), he aquí algunos alojamientos más asequibles:*

Hotel Isasa ✪

Doctores Castroviejo, 13.
Telf. 941 256 599. Aunque el hotel tiene más de veinte años, las reformas en los baños y habitaciones resultan patentes. Habitaciones sencillas, enmoquetadas y con buen mobiliario.
Habitación doble: 62-70 €.

Hostal Mesón Pepa ✪✪

Avda. Aragón, 9. Telf. 941 234 011.
Aunque está a las afueras de la población, es mejor que algunos más céntricos, con cómodas habitaciones, baños impecables y buen precio.
Habitación doble: 65 €.

Hostal Niza ✪✪

Gallarza, 13. Telf. 941 206 044. Situado en pleno casco viejo a dos pasos de la calle Laurel. Las habitaciones, algunas con bonitas balconadas acristaladas, son sencillas aunque con las comodidades precisas. Los baños muy amplios. Habitación doble: 85 €.

Hostal La Numantina ✪✪✪

Sagasta, 4. Telf. 941 251 411.
Es el hostal más barato de la ciudad. Todas las habitaciones, decoradas con mobiliario castellano, tienen baño completo. Habitación doble: 55 €.

Hostal Rioja Condestable ✪✪

Doctores Castroviejo, 5.
Telf. 941 247 288.
Situado en un primer piso, el aspecto exterior desmerece el interior. Las habitaciones, forradas en madera, resultan cómodas y confortables. Televisión, hilo musical, *minibar*... y siempre el detalle generoso de alguna fruta y botellas de agua. Habitación doble: 70 €.

Otros hoteles de precio más elevado

Céntricos y muy confortables son el **Ciudad de Logroño** ✪✪✪ (Menéndez Pelayo, 7; telf. 941 250 244; 59-120 €) y el **Condes de Haro** ✪✪✪ (Saturnino Ulargui, 6; telf. 941 208 500; 68-169 €).

DE PINCHOS

Irse de vinos y pinchos es una de las costumbres más arraigadas de Logroño. Y tiene un escenario concreto, la calle del Laurel, que en apenas 50 m reúne una densidad de mesones y bares de difícil cómputo. Ofrecen generalmente las mejores especialidades de la gastronomía riojana tradicional, que compiten con otros locales repartidos por toda la ciudad donde sirven pinchos más sofisticados, acordes con las nuevas expresiones culinarias.
En todos los casos, conviene advertir que si se opta por salir de vinos y pinchos en Logroño, cosa que no se debe dejar de practicar, hay que olvidarse de ir luego a comer o a cenar, porque hasta los más glotones se darán por satisfechos.

Empezando por la parte alta de la calle Laurel, se halla **Blanco y Negro,** donde es obligado pedir "matrimonios", bocadillos de anchoas y pimientos. **Pata Negra** no oculta su devoción por el jamón ibérico, mientras que **Perchas** prefiere dedicar sus esfuerzos a los pinchos de orejitas.

Champiñones a la plancha deben probarse en **Soriano,** setas en **Sierra La Hez,** patatas bravas en **Achuri,** calamares fritos en **Diagonal,** chuletillas en **El Charro** y tigres en **Charly.**
También hay que descrubir sabores de pinchos ya míticos cuyos nombres no delatan sus componentes. Obligados son los cojonudos (huevo, chorizo y pimiento) del **Simpatía,** el tío Agus de **Lorenzo,** los matrimonios del citado **Blanco y Negro** o del **Villa Rica,** y los tozudos de **Rioja Único.**

También en la calle Laurel y aledaños aparecen locales con tapas más sofisticadas como los *crêpes* de queso de **Pali,** las brochetas de **JuanyPinchame** o las tostas de solomillo de **Donosti.**
Otra zona de ronda imprescindible es la calle San Juan, con lugares notables como **Viníssimo** (donde bordan las croquetas y los pinchos de chistorra), **Mere** (tortilla y pimientos rellenos), **La Cueva** (champiñones), **Chuchi** (capaz de hacer una tapa de migas de pastor) o **La Esquina** (tortillas).

COMER

En la capital de La Rioja se funden las distintas cocinas de la región: los asados de cabrito y cordero de La Rioja Alta; la verdura de la Baja y el embutido de Cameros, más el pescado que llega rápido de las costas cantábricas. Una excelente materia prima que siempre debe acompañarse con los maravillosos caldos de Rioja.

En general, en los restaurantes de la ciudad comeremos bien y a buen precio. Después de entonarnos el cuerpo con buenas tapas, la calle Laurel ofrece algunas buenas propuestas a precios muy ajustados y en la zona de bodegas se puede comer en cavas remozadas como comedores en un ambiente puramente riojano.

Casas con menú (menos de 15 €)

Casa Paco

Lardero, 10. Telf. 941 200 860.
Cocina casera: buenas verduras de temporada, cabrito al horno y callos. En la carta destacan los pescados al horno, aunque el precio se dispara.

Casa Taza

Laurel, 5. Telf. 941 220 039. Además de su barra de variados pinchos, este sencillo restaurante ofrece una extensa carta de platos de la cocina regional, sobresaliendo los guisos clásicos, como las patatas a la riojana y los cardos.

El Merendero

Rey Juan Carlos I, 44. Telf. 941 203 824. En la parte moderna de la ciudad, pero próximo al casco antiguo y a pocos metros de la avenida de Juan Carlos I. Excelente relación calidad-precio tanto en el menú como en la carta. Cocina actualizada de raíces riojanas, con el objetivo de agradar a todo tipo de clientela.

El Muro

Breton de los Herreros, 34 (entrada por Laurel). Telf. 941 206 488.
Sirve un menú típico riojano en las pocas mesas con las que cuenta, además de las numerosas tapas que se pueden degustar en la barra. Espectaculares el bacalao riojano y los pinchos de champiñones con jamón.

Restaurantes (desde 21 €)

Uno de los locales legendarios del casco viejo donde se pueden comer todas las especialidades del recetario riojano a precios absolutamente populares es **Las Cubanas** (San Agustín, 17; telf. 941 220 050). Buen ambiente y excelente bodega. Unas recomendaciones son las alubias rojas y el cochinillo.
Parada obligada para gastrónomos y triperos es **Cachetero** (Laurel, 3; telf. 941 228 463), una institución en La Rioja. Cocina de la tierra con pincelada y toque de autor. Es imposible comer mal, llevan cuatro generaciones sirviendo platos, pero si caéis en exquisiteces la cuenta se desmanda.
En otra onda muy distinta, **La Chata** (Carnicerías, 3; telf. 941 251 296) ofrece un perfecto cabrito asado en horno de leña, aunque tampoco descuidan los platos de pescado.
Por su parte **Casa Emilio** (República Argentina, 8; telf. 941 258 844) tiene excelentes primeros platos, en los que utiliza todas las verduras y legumbres de la ribera del Ebro.
Entrevinos (Juan Lobo, 1; telf. 941 256 635) es un local moderno en la decoración y la oferta gastronómica, que rompe con los viejos moldes de la cocina riojana. Fusión de sabores e ingredientes para un público joven e inquieto. Recomendables la tempura de verduras y los chipirones rellenos.
Por último el **Mesón Egües** (Campa, 3; telf. 941 228 603) es, sin duda, el mejor asador de Logroño, con carnes de vacuno y cordero de primera calidad. La materia prima hace que la cuenta se eleve un poco.

CAFÉS

En Logroño, lo de los cafés es un exceso y una fiesta. Los hay de todos los estilos: cafetines de estilo clásico, de ambiente culto, funcionales y modernos... y los que después se transforman en locales de copas.

Una calle acoge a la mayoría: Bretón de los Herreros. Destacan algunos como el **Café de la Luna,** donde mientras se escucha buena música latina y portuguesa se puede degustar el solicitado café quemadillo (recomendable también para ir más tarde a tomar una copa); el **Madrid,** decorado con mobiliario urbano y con buenos batidos naturales; y el **Pasarena,** bonito café-teatro donde escuchar buena música o ver alguna representación los días de diario. A lo largo de la calle Portales y toda la zona antigua hasta Barriocepo, también se emplazan interesantes y animados cafés. **Noche y Día, Redonda** (con conexiones inalámbricas a Internet) y **Contraluz** se encuentran bajo los pórticos de Portales; en la plaza del Mercado están el **Café del Mercado** y el más animado **Almanaque.** En los alrededores de la plaza y en dirección a Barriocepo, los locales se van animando, con dos lugares de referencia: **Parlamento,** uno de los más modernos de la ciudad, y **Odeón,** ambos en Barriocepo. El **Café Moderno** (plaza Martínez Zaporteza) forma parte de la historia de Logroño, como bien se refleja en las fotos de las paredes y en las muchas veces que ha sido escenario de rodajes de películas, como enseguida se avienen a recordar los diligentes camareros de un lugar donde, por otra parte, se sirve un excelente café.

LOJA

GRANADA. 20.888 habitantes

LOJA, CIUDAD DE ORIGEN ANTIQUÍSIMO CON UN RICO PATRIMONIO ARTÍSTICO DE ESTILO ANDALUSÍ, ES GUARDIANA DE LAS RIQUEZAS DE LA VEGA DEL GENIL, DE LAS CAMPIÑAS MOTEADAS DE OLIVOS Y DE LAS SERRANÍAS QUE LA CIRCUNDAN.

INFO

Ayuntamiento
Duque de Valencia, 1.
Telf. 958 321 156.
www.aytoloja.org

DORMIR

*A Loja no le falta de nada; tiene desde un hotel de super lujo, **Barceló GL Finca La Bobadilla**✪✪✪✪✪ (telf. 958 321 861; habitación doble: 270-350 €; www.la-bobadilla.com), hasta infinidad de hoteles y hostales baratos y acogedores.*

HOTEL LOS ABADES✪✪✪

Autovía A 92, km 192.
Telf. 902 323 800.
De ambiente clásico, funcional y con estilo, cuenta con todos los servicios de un gran hotel.
Habitación doble: 46-66 €.

HOTEL DEL MANZANIL✪✪

Antigua carretera Granada-Málaga, km 335. Telf. 958 321 800.
Situado a la entrada de la población, es algo más sencillo que el anterior pero con todas las comodidades.
Habitación doble: 45 €.

HOTEL EL MIRADOR✪✪

Avda. de Andalucía, s/n (junto al cuartel de la Guardia Civil).
Telf. 902 323 800. Las habitaciones son grandes y reformadas.
Habitación doble: 36-58 €.

COMER

MESÓN SAN ISIDRO

Ctra. Málaga-Granada, km 197.
Telf. 958 321 361.
En **RIOFRÍO.** Situado en el complejo de piscifactorías de Riofrío, tiene entre sus especialidades las truchas, esturión y caviar.

PACO RAMA

Plaza San Isidro.
Telf. 958 320 032. En el restaurante de este hostal se pueden degustar las delicias de la zona: esturión ahumado y caviar fresco si es temporada.

LORCA

MURCIA. 77.477 habitantes

SITUADA EN MEDIO DE UNA TIERRA MONTAÑOSA, ABRASADA POR EL CALOR Y REGADA POR EL GUADALENTÍN. SU CASTILLO, VISIBLE DESDE LA LEJANÍA, PRESIDE UNO DE LOS CONJUNTOS MONUMENTALES MÁS IMPRESIONANTES DE LA PENÍNSULA.

INFO

Oficina de Turismo
Palacio de Guevara. Lope Gisbert, 12.
Telf. y fax: 968 466 157.
www.lorca.es
www.murciaturistica.es

Lorca Taller del Tiempo
Centro de Visitantes Convento de La Merced. Puente de La Alberca, s/n.
Telf. 902 400 047.
www.lorcatallerdeltiempo.com

DORMIR

HOTEL ALAMEDA✪✪✪

Musso Valiente, 8.
Telf. 968 406 600.
Muy céntrico, dispone de habitaciones de tamaño medio con aire acondicionado, televisión y cuarto de baño.
Habitación doble: 50-75 €.

HOTEL FÉLIX✪✪

Avda. Fuerzas Armadas, 146.
Telf. 968 467 654. En una calle con bastante tránsito rodado. Las habitaciones disponen de televisión, aire acondicionado y un mobiliario sencillo.
Habitación doble: 40-50 €.

Otros hoteles de precio más elevado

El **Hotel Jardines de Lorca**✪✪✪✪ (Alameda de Rafael Méndez, s/n; telf. 968 470 599; habitación doble: 79-91 €) ofrece todo el lujo y las comodidades que se suponen a tal categoría en medio de la tranquilidad de la Alameda.

Los mismos servicios ofrece a las afueras el hotel **NH Amaltea**✪✪✪✪ (ctra. de Granada; polígono Los Peñones; telf. 968 406 565; 95-130 €).

EL TAPEO

En verano el lugar más concurrido son los jardines de la Alameda, donde se puede pasear y sentarse en las terrazas y merenderos de **Padilla** y **Sevilla.**

Otro buen escenario para tomar el sol o el fresco en las calurosas noches de verano son las plazas de Colón y Calderón de la Barca. En cualquier bar de la peatonal General Terrer Leonés y aledaños se pueden probar las patatas con ajo, los caracoles, los productos de la matanza o los ricos buñuelos de bacalao.

COMER

La matanza del cerdo aporta una gran variedad de productos que, junto a la huerta y el mar, definen la cocina de Lorca. Los platos más tradicionales son las migas con tropezones, el arroz con pava (coliflor), gurullos, olla fresca y caracoles, todo ello bien regado por algún caldo artesanal. La repostería nos premia con la tortada (bizcocho borracho con cabello de ángel, huevo y merengue), el pan de Alá y las picardías (caramelo de azúcar quemada, con unas gotas de limón y una avellana dentro). Sin olvidarnos de alfajores, mantecados y cordiales de almendra.

Casas con menú (menos de 15 €)

EL TEATRO

Plaza de Colón, 12.
Telf. 968 469 909.
Muy céntrico. Escueta carta con guisos, pescados, pasta y pizzas. Tiene terraza y un salón independiente muy tranquilo.

JUAN DE TOLEDO

Juan de Toledo, 14.
Telf. 968 470 215.
Local de toques rústicos con buenas carnes y mejores pescados. Salones privados.

LA PRADERA

Puente Botero-Dip. **CAMPILLO.**
Telf. 968 468 258.
En plena huerta, su arroz y pava o la carne de cordero a la plancha dejan un excelente sabor de boca. Dispone de terraza.

La Pradera
Puente Botero. Telf. 968 468 258. En plena huerta, su arroz y pava, o la carne a la plancha, dejan con un excelente sabor de boca. Dispone de terraza.

Rincón de los Valientes
Rincón de los Valientes, 3.
Telf. 968 441 263. Una gran cocina de sugerentes sabores tradicionales y caseros: rabo de toro, fritura, trigo, arroz y pava.

Casa Cándido
Santo Domingo, 13. Telf. 968 466 907. Goza de una reconocida fama. Quisquillas, riñones de cerdo y calamares rellenos.

Restaurantes (desde 21 €)

Los restaurantes **Elara** (hotel Nh Amaltea. Ctra. de Granada, s/n; telf. 968 406 565), **La Cava** (La Cava, 30; telf. 968 441 247), y **Alhabega** (Alameda Rafael Méndez, s/n; telf. 968 470 599), gozan de una gran calidad.

LUANCO

ASTURIAS. 4.948 habitantes

Villa pintoresca, fundada por pescadores de ballenas, que ha crecido enormemente con la afluencia veraniega. Luanco es la capital del concejo de Gozón.

INFO

Oficina de Turismo.
aseo Párroco González Pola.
Telf. 98 588 26 44.
Ayuntamiento de Gozón
Plaza de la Villa, 2.
Telf. 98 588 35 08.

DORMIR

Hotel La Plaza✪✪✪
Plaza de la Barагaña, 9.
Telf. 98 588 08 79.
www.laplazahotel.net
En el casco antiguo de Luanco se inauguró este moderno hotel en abril de 2000. Cuenta con 28 habitaciones elegantemente decoradas, todas con diferente mobiliario.
Habitación doble: 55-103 €.

Hotel La Estación de Luanco✪✪
Gijón, 10. Telf. 98 588 35 16.
De reciente construcción, ofrece 28 luminosas habitaciones con una decoración muy cuidada y moderna.
Habitación doble: 75-114 €.

EL TAPEO

Es, sin duda, uno de los más grandes atractivos de la villa, aparte de su interés paisajístico-monumental. Existe un buen número de sidrerías en torno a la plaza de la Ribera y la plaza Zapardel, como **Posada del Mar, Las Delicias, La Cueva,** etc, con las típicas raciones de chipirones, *pixín*, bocarte y parrochas, langosta... mientras que al otro lado, junto al puerto, están las sidrerías con terrazas de situación privilegiada por sus vistas a todo el entorno marítimo de la villa.

COMER

Destacan los pescados, que son preparados solos o en platos más elaborados, en forma de caldereta o calderada (junto con verduras), ya sea de mariscos o de pescados, entre los que destaca el bonito. También es célebre el jamón con almejas, especialidad típica que destaca especialmente en ***Casa Néstor*** *(calle Conde del Real Agrado, 6; telf. 98 588 03 15; precio medio, 40-50 €).*

Casas con menú (menos de 15 €)

La Riba
La Riba, 23. Telf. 98 588 19 02.
Decoración artesana en piedra y madera, con bancos corridos en vez de sillas. Trabaja más la carta, aunque a precios asequibles.

Guernica
La Riba, 20.
Telf. 98 588 04 10.
A pesar del nombre, su cocina es típicamente asturiana. Trabaja a la carta, pero también tiene un menú. Decorado con nudos marineros tiene las mejores vistas de Luanco.

LUARCA

ASTURIAS. 5.600 habitantes

La ciudad de Luarca, en el concejo de Valdés, posee una trama urbana que parece juguetear entre los distintos niveles de incisión del serpenteante río Negro, que desemboca en el Cantábrico formando un bellísimo puerto natural.

INFO

Oficina de Turismo
Los Caleros, 11.
Telf. 98 564 00 83.
Taxis. Parque, s/n.
Telf. 98 564 02 97.

DORMIR

Hotel Rico✪✪
Plaza de Alfonso X, 6.
Telf. 98 547 05 59. Dormir en la plaza central de Luarca cuesta unos 38 € para dos personas, aunque en temporada alta sube hasta los 56 €. Habitaciones con baño, televisión y teléfono.

Casa Consuelo
Carretera 634, km 511 (dirección Ribadeo). **Otur.** Telf. 985 6470 767.
El hecho de encontrarse en la carretera no quita ni un ápice de interés a este establecimiento moderno, limpio y bien atendido. Dispone además de uno de los mejores restaurantes del concejo. Habitación doble: 43-55 €.

Villa Argentina
Villar, s/n. Telf. 985 640 102.
Magnífica casa de indianos en la parte alta de la ciudad, con decoración exquisita en las zonas comunes y en las espaciosas habitaciones. Buen trato y atenciones con el cliente.
Habitación doble: 74-97 €.

Otros hoteles de precio más elevado

El conjunto de **Torre de Villademoros** (Villademoros, s/n; carretera dirección Cudillero; telf. 985 642 264) forma parte del patrimonio histórico de la comarca. En el exterior, fachadas asturianas y hórreo; en el interior, decoración cuidada al detalle.
Habitación doble: 85-105 €.

EL TAPEO

La zona de tapeo en Luarca se sitúa en el paseo del muelle, junto al puerto. Allí se pueden encontrar sidrerías, bares y restaurantes como el **Báltico, La Dársena,** el **Faro** o la **Casa del Mar,** el más atractivo de todos por su auténtico aire marinero y por su buena situación al final del muelle, con una sugestiva terraza. Tanto en éste como en los otros se puede degustar marisco a buenos precios: bígaros, gambas, almejas, además de bonito, pulpo, chipirones, parrochas, bocarte, etc.

Hacia el interior del casco antiguo encontraremos bares como el **Venteiro,** especialista en fabes. Cerca de la calle Uría son de destacar también bares como el **Oviedo,** que tiene chosco, chipirones e hígado encebollado, y el amplio y bien decorado **Mesón Crucero.**

COMER

Casas con menú (menos de 15 €)

La Villa Blanca
Avda. de Galicia. Tel. 985 641 035.
Cocina tradicional y casera, con propuestas a partes iguales de mar y de montaña. Guisos de cuchara, pescados

Los establecimientos de esta guía han sido comprobados y seleccionados por su buena relación precio-calidad. En ningún caso han desembolsado cantidad alguna por aparecer en esta guía.

según recetas tradicionales y postres de la casa de total confianza.

La Estrella
Ramón Asenjo, 22.
Telf. 98 564 00 29.
Sus especialidades son las fabes y el revuelto de oricios, pero también es posible pedir el menú, servido en un salón pequeño y familiar.

La Montañesa
Nicanor del Campo, 2. Telf. 98 564 11 22.
Su especialidad es el chosco y su menú se sirve en un pequeño salón.

Restaurantes (sobre 21 €)

Sport (calle Rivero; telf. 985 641 078) junto con el Barómetro, la mejor oferta del casco urbano de Luarca. Pescados y mariscos de total confianza según recetas sencillas que permiten paladear auténticas esencias marinas. Dispone de algunos menús.
El Barómetro (paseo del Muelle, 5; telf. 985 470 662). Pequeño e intimista local que ofrece pescados.
En la cercana **Otur** (a unos 5 km, dirección Galicia) se halla **Casa Consuelo** (Ctra. N 634, km 511; telf. 98 564 16 96), una de las mejores cocinas de Asturias. Ambiente familiar y relajado. Merluza con angulas y entrecot al cabrales.

LUCENA

CÓRDOBA. 39.783 habitantes

Lucena es una ciudad próspera y geográficamente bien comunicada, en un cruce de caminos. Está en plena eclosión industrial, lo cual ha valido también para conservar su patrimonio, acondicionar sus calles y plazas y dotar a la ciudad de infraestructuras de ocio.

INFO

Oficina de Turismo
Castillo del Moral, s/n.
Telf. 957 513 282.
www.turlucena.com

DORMIR

Hotel MS Santo Domingo✪✪✪✪
El Agua, 12. Telf. 957 511 100.
En el centro, con habitaciones amplias y confortables. Lo mejor es la oferta (según temporada) de fin de semana.
Habitación doble: 100 €.

Hotel Los Bronces✪✪✪
Ctra. de Málaga, km 74.
Telf. 957 516 280. Fax: 957 500 912.
A 3 km del centro. De moderna construcción, es cómodo y funcional. También es un acreditado asador. Habitaciones bien acondicionadas.
Habitación doble: 66 €.

Hotel Baltanás✪✪
Avda. del Parque. Telf. 957 500 524.
Modesto y cerca del centro. Habitaciones climatizadas con baño y televisión. Servicio de lavandería.
Habitación doble: 55 €.

Hotel Veracruz✪✪
Veracruz, 1. Telf. 957 500 300. Emplazado en una gran casa de estilo lucentino en el corazón del casco antiguo. Tranquilo, acogedor y de decoración sencilla. Habitación doble: 50 €.

COMER

Casas con menú (menos de 15 €)

Araceli
Avda. del Parque, 10. Telf. 957 501 714.
En el hotel Baltanás. Mariscos, pescado fresco, perdiz encebollada...

Venta La Camila
Ctra. Lucena-Jauja, s/n. Telf. 957 500 704.
Para los que quieran acercarse a la cuna del famoso bandolero José María el Tempranillo, donde tiene un museo, este es un estupendo lugar, con una amplia terraza de verano y cocina casera, casera.

El Cortijo
Ancha, 87. Telf. 957 500 033. Estupendos menús y platos de comida típica.

LUGO

CAPITAL DE PROVINCIA. 85.112 habitantes

Lugo, la más antigua ciudad de Galicia, es una urbe pequeña, agradable y tranquila, en cuyo casco monumental se alternan las ofertas culturales con las prometedoras posibilidades gastronómicas que constituyen uno de los principales atractivos de la capital provincial. La muralla, que constituye su símbolo se construyó a fines del siglo III y aún se mantiene en pie, es Patrimonio de la Humanidad.

INFO

Oficina de Turismo de la Xunta
Praza Maior, 27-29.
Telf. 982 231 361.
www.turgalicia.es
www.concellodelugo.org
Oficina Municipal de Turismo
Praza da Constitución.
Telf. 982 297 347.

DORMIR

*Además del **Gran Hotel**✪✪✪✪ (avda. Ramón Ferrreiro, 21; telf. 982 224 152; habitación doble: desde 70 €), se recomiendan los siguientes establecimientos:*

Hotel Balneario de Lugo✪✪✪
Barrio da Ponte, s/n. Telf. 982 221 228.
El balneario conserva las termas romanas, con una de las salas en excelente estado. Dispone de habitaciones muy completas, con hilo musical y televisión, y una gran zona ajardinada. Un buen lugar, nada caro, que además ofrece curas con aguas sulfurado-sódicas. Habitación doble: 69 €.

Hotel Los Olmos✪✪
Ctra. de la Coruña, km 505.
Telf. 982 200 032. Fax: 982 215 918.
A 1 km en dirección a Coruña, este hotel se inauguró en 1990. Habitaciones amplias y bien equipadas.
Habitación doble: 55-66 €.

Hotel España✪
Villalba, 2. Telf. 982 231 540.
Pequeño hotelito cerca de las murallas, con buen servicio e instalaciones adecuadas, incluso con comodidades extras, digno y limpio. Aparcar puede resultar algo difícil.
Habitación doble: 35-45 €.

Hotel Torre de Núñez✪
Ctra. A-6 (a 2 km, sentido Madrid).
Telf. 982 304 040. Fax: 982 304 382.
Gran edificio con 122 habitaciones. Su precio suele verse rebajado por ofertas de fin de semana.

Hostal San Roque✪✪
Pza. Comandante Manso, 11, 2º.
Telf. 982 222 700. Buen hostal en un edificio bastante nuevo, cercano a la zona amurallada. Habitaciones modernas y completas. Recomendable.
Habitación doble: 45-55 €.

Otros hoteles de precio más elevado

Hotel Jorge I✪✪✪✪ (Cra. N-640, km 74; telf. 982 303 255; fax: 982 303 107).
En las afueras, totalmente reformado.
Habitación doble: 55-165 €.

Son recomendables el clásico **Méndez Núñez**✪✪✪ (Raiña, 1; telf. 982 230 711; habitación doble: 65-110 €), en la ciudad amurallada, y también en pleno casco antiguo el nuevo hotel **Puerta de San Pedro**✪✪✪ (Río Neira, 29; telf. 982 222 381; habitación doble: 50-135 €) que ha ampliado la oferta de calidad, hasta ahora escasa, en el casco monumental.

A unos 3 km por la carretera de Santiago, cabe destacar el **Hotel Santiago**✪✪✪✪ (telf. 982 250 318; 55-195 €).

EL TAPEO

Desde el mediodía a la noche las calles son un hervidero de gente que disfruta de las múltiples especialidades de cada local (las bandejas pasan de un cliente a otro).

Zona vieja

Se extiende por la rúa Nova, la rúa da Cruz, la praza do Campo y muchas más, y por aquí continúa la tónica general de bares más o menos típicos de las calles de vinos. Subrayaremos **La Bodeguilla de Abajo** –el mejor para quesos, embutidos y, sobre todo, vino–, **A Rúa, Bodega de San Vicente** –se sale de lo corriente, con su diseño, sus toneles, su piedra...–, **Antas de Ulla** –para beber en porrones–, el **Feitas** –tapas de patatas en cucuruchos, con hasta 13 tipos de salsas diferentes–, **Bravú, A Tasca, Cachaza, El Museo, O Castelo...** hay decenas.

Zona de A Milagrosa

Por aquí sobresalen, en la rúa Mallorca, **A Lareira** –pulpeira típica donde ya se sabe lo que hay que tomar– y el **Roma.** En la misma plaza está el **Venecia** –de los más concurridos– y el **Ktquero.** En la rúa Divina Pastora se hallan el **Maside,** un clásico mesón; el **Mesón Lucense** y **Casa Julio** (todos estos son bares normales, pero ofrecen una gran variedad de tapas gratis con la consumición). Finalmente, en la rúa Curros Enríquez merece la pena visitar el **4 Rúas,** donde preparan muy bien el pulpo.

Zona de Recatelo

Aunque perduran algunas viejas tascas de chateo (a los vinos de barril les va llegando su jubilación), la modernidad ha llegado al barrio de la mano de la **Cervecería Internacional,** inagurada en 1994. Otros mesones y bares para tapear son el **Recatelo, Frade** (con menús caseros). Sin salir del barrio, muy concurrida está siempre la típica **Taberna de Mares** y otro tanto cabe decir del **César** (Cedrón del Valle), con sus tapas de oreja, callos, tortilla, etc. Otros lugares: **Esquina, Palmera, Porta-Santiago, Mar-Bel,** etc.

Zona de As Fontiñas

En la parte nueva se hallan más bares de tapeo para mañana y tarde. Son muy conocidos **O Cunqueiro** –sobre todo por el pulpo–, **O Barqueiro** –tipo bodega, con embutidos y queso, además de vinos de Galicia–, **O Lagar** –local de estilo asturiano–, **O Paseo** –de los que ofrecen una mayor variedad de especialidades– o los típicos **Bar Madeira** y **Cancún.**

Zona de Fingoi

Alrededor de la calle Alfonso X el Sabio, los estudiantes frecuentan el **Abadía Viriato** y la bodega de **Pedro** y el **Mesón de Lourdes,** así como cervecerías más modernas como **La Iguana** o el **Escada,** todos ellos con menús del día; algo más apartado queda el **Monterrey** (Acea da Olga), con sus tapas de raxo, calamares, paella o salpicón. Pero la verdadera institución del barrio, muy frecuentada por todo tipo de público y bien montada, es **La Cervecería,** que presenta amplia carta de maltas de importación pero también de batidos, infusiones y cafés, ello sin olvidar, por supuesto, el bendito tapeo.

COMER

*Desproporcionado es el número de restaurantes y mesones, en general bien instalados, que existe en Lugo respecto al tamaño de la ciudad. Uno de los punteros es el **Mesón de Alberto** (Cruz, 4; telf. 982 228 310; precio medio, 40 €).*

Casas con menú (menos de 15 €)

MESÓN DO FORNO

Río Ser, 12. Telf. 982 218 306. Es la opción original del barrio de A Milagrosa. Para empezar, por la decoración, en la que abunda la pintura y las obras en madera del escultor local Paco Pestana. Tortillas de tres capas, churrasco, quesos, embutidos y buen vino.

CASA RIVAS

Ronda da Muralla, 177.
Telf. 982 221 058. En Recatelo. Desde 1970, acoge a todo tipo de comensales. Almejas, merluza, carne asada...

O MUÍÑO

Tolda de Castela. Telf. 982 230 550. Ocupa un antiguo molino movido por las aguas del Miño y tiene una terraza sobre el mismo río, tan cerca del agua que se suele inundar con las crecidas. Es muy conocido y las parrilladas de carne rondan los 20 €.

COTÁ

Soidade, 18.
Telf. 982 231 772. Céntrica y popular casa de comidas de sota (pulpo), caballo (callos) y rey (carne asada), eso si, todo muy rico y a buen precio.

TABERNA DO ESPAÑA

Castelao, 4. Telf. 982 240 853. Si el España se ha consagrado como un santuario gastronómico, en su "comedor B" es posible hacerse una idea de lo que es el A a través del económico menú del día (de lunes a viernes), en el que aparecen platos interesantes.

CASA AMADOR

Sierra de Outes, 10. Telf. 982 218 851. Un buen asador al estilo gallego (heredero directo del asador criollo, implantado aquí tras la vuelta a casa de los "indianos"); de hecho, la mejor opción de la zona si se quiere comer carnes a la brasa, o a la plancha. Su carta hace incursiones en otros terrenos, y con buenos resultados, como demuestra un excelente bacalao a la cazuela. La terraza aporta encanto a la casa.

CASA PACO

Avenida de Madrid, 312.
Telf. 982 231 039. No es más que un merendero, pero tampoco es mala opción para darse un baño de sencillez. Lo suyo son las tortillas, algún plato de bacalao, carnes de cordero, ensaladas y así...

TABERNA DE MARCOS

A Milagrosa, 64. Telf. 982 216 683. Local del barrio de A Milagrosa que, como O Carreira, tiene mucho de especial. Para empezar su rusticidad y sobrecarga decorativa con todo tipo de trastos antiguos. Para seguir, la variedad de la carta, que permite elaborar un menú asequible. Sus especialidades son los escabeches, las anguilas y el bacalao, pero también tiene carne para dar y tomar (raxo, churrasco, zorza).

Restaurantes (desde 20 €)

Campos (Rúa Nova, 4; telf. 982 229 743) es un restaurante afamado en la ciudad. Cocina tradicional y platos de caza. Otro clásico es el **Verruga** (Cruz, 12; telf. 982 229 855; www.verruga.es), con excelentes mariscos y trato amable y personalizado. Se han ganado también su prestigio el **España** (rúa do Teatro, 10; telf. 982 242 717), de cocina moderna y en continua oferta de jornadas gastronómicas, o **La Barra** (San Marcos, 27; telf. 982 252 920), más clásico y fundado en la calidad de los productos.

MADRID

CAPITAL DE ESPAÑA. 3.010.492 habitantes

LA CAPITALIDAD, PARA BIEN O PARA MAL, HA SIDO EL PRINCIPAL EMPUJE ECONÓMICO Y CULTURAL DE UNA METRÓPOLI QUE HOY FORMA, JUNTO A SU PROVINCIA, LA COMUNIDAD AUTÓNOMA QUE LE DA NOMBRE. CIUDAD ABIERTA Y CENTRO GEOGRÁFICO DEL PAÍS, ESCONDE MIL CARAS QUE MERECE LA PENA DESCUBRIR, DESDE LA "JUDERÍA" CASTIZA DE LAVAPIÉS HASTA LA "EJECUTIVA" Y ULTRAMODERNA ZONA DEL PASEO DE LA CASTELLANA. ES FAMOSA POR SU HOSPITALIDAD, POR ESO, MUCHAS VISITAS SE CONVIERTEN EN ESTANCIAS PROLONGADAS Y HASTA VITALICIAS QUE HAN DADO LUGAR AL DICHO QUE RESUME SU CARÁCTER ACOGEDOR: "DE MADRID, AL CIELO".

INFO

Centro de Turismo de Madrid
Plaza Mayor, 27. Telf. 91 588 16 36.
www.munimadrid.com
Puntos de Información Turística
Plaza de Cibeles, plaza de Callao y avda. de Felipe II.
Oficinas de Turismo de la Comunidad de Madrid
Duque de Medinaceli, 2 (enfrente del hotel Palace).
Telf. 91 429 31 77. Aeropuerto de Barajas; en la Terminal 1-llegadas.
Telf. 91 305 86 56.
Mercado Puerta de Toledo, local 3134; telf. 91 364 18 76.
www.madrid.org
Teléfono de Información Turística
Telf. 902 100 007.
Información de vuelos en Aena
Telf. 902 404 704 y 91 393 60 00
Renfe. Información y venta: ave, cercanías y larga distancia.
Telf. 902 240 202. www.renfe.es
Estación Sur de Autobuses
Méndez Álvaro, 83. Telf. 91 468 42 00.
Intercambiador de autobuses de Avenida de América
Telf. 91 745 63 00. La compañía *Auto Res* opera desde Conde de Casal, en Fernández Shaw, 1; telf. 902 020 999.
www.auto-res.net
Información EMT (autobuses). Telf. 91 401 99 00.
Metro. Telf. 902 444 403.
www.metromadrid.es
Taxis. *Radio Taxi.*
Telf. 91 447 51 80.
Radio Teléfono Taxi.
Telf. 91 547 82 00/86 00.

DORMIR

Centro

En esta zona se encuentran algunos de los hostales más bonitos de la ciudad, ya que muchos están situados en edificios cuya historia y entorno les dota de cierta magia. Aquí hay algunos interesantes:

HOSTAL BUENOS AIRES✪✪✪

Gran Vía, 61. Telf. 91 542 01 02/ 22 50.
Metros: Plaza de España, Santo Domingo y Callao.

Las habitaciones son grandes y limpias; algunas con vistas. Todas tienen baño completo, televisión y teléfono. Habitación doble: 60-72 €.

Hostal Americano

Puerta del Sol, 11, 3º.
Telf. 91 522 28 22.
Metro: Sol.
Pocas personas habrán visto la Puerta del Sol desde la perspectiva que ofrecen algunas habitaciones de este hostal. Fue un alojamiento de gran categoría en los años 60-70.
Habitación doble: 55 €.

Hostal La Macarena

Cava de San Miguel, 8.
Telf. 91 365 92 21/ 366 61 11.
Metro: Sol.
Buena relación calidad-precio. El hostal está muy limpio y las habitaciones son muy agradables.
Habitación doble: 79 €.

Hostal La Perla Asturiana

Pza. de Santa Cruz, 3.
Telf. 91 366 46 00. *Metro: Sol.*
La recepción es acogedora y funcional. Cerca de la Plaza Mayor. Habitaciones con baño completo, televisión y teléfono.
Habitación doble: 56-80 €.

Hostal Roma

Travesía de Trujillos, 1.
Telf. 91 531 19 06.
Metro: Sol. Otro sitio céntrico con buena relación calidad-precio. Algunas habitaciones dan a la plaza de las Descalzas.
Habitación doble, con ducha: 48 €.

Hostal Valencia

Pza. de Oriente, 2, 3º izqda.
Telf. 91 559 84 50.
Metro: Ópera. Vistas a la plaza de Oriente, regentado por una mujer encantadora. El portal está algo destartalado y el mobiliario parece sacado de alguna película de los años 50. Por lo demás, es muy limpio y con encanto.
Habitación doble: 40-91 €.

Gran Vía y Fuencarral

Hostal Lorenzo

Infantas, 26, 3º.
Telf. 91 521 30 57.
Metro: Gran Vía.
En el tercer piso de este añejo edificio madrileño se encuentra un amplio espacio muy acogedor. Todas las habitaciones son bonitas y tienen mucha luz; algunas de ellas con balcones y vistas, y todas con baño completo. Muy recomendable.
Habitación doble: 40-100 €.

Hostal Barajas

Augusto Figueroa, 17, 2º.
Telf. 91 532 40 78.
Metros: Gran Vía y Chueca.
Situado en un edificio totalmente reformado. Habitaciones muy limpias con mobiliario nuevo y baño completo.
Habitación doble: 50 €.

Hostal Sil & Serranos

Fuencarral, 95, 2º dcha.
Telf. 91 448 89 72/ 91 593 09 93.
Metros: Tribunal y Bilbao.
Limpio y trato agradable. Las habitaciones son variadas, con mobiliario en buen estado. Dispone de habitaciones con ducha.
Habitación doble: 79 €.

Paseo del Prado, Huertas y Atocha

Hotel Santander

Echegaray, 1. Telf. 91 429 66 44.
Metro: Sevilla. Habitaciones con baño completo. Correcto y limpio.
Habitación doble: 98 €.

Hostal Alfaro

Ventura de la Vega, 16, 2º y 3º izqda.
Telf. 91 429 61 73. *Metros: Sevilla y Sol.*
Habitaciones con baño completo y con medio baño.
Habitación doble: 60 €.

Hostal Astoria

Carrera de San Jerónimo, 30, 5º.
Telf. 91 429 11 88. *Metro: Sevilla.* Recién reformado con todas las comodidades. Baño completo.
Habitación doble: 63 €.

Hostal Cantábrico

Cruz, 5. Telf. 91 521 33 03.
Metro: Sevilla. Las habitaciones no son nada del otro mundo pero están limpias. Todas tienen baño completo.
Habitación doble: 67 €.

Hostal Gonzalo

Cervantes, 34, 3º.
Telf. 91 429 27 14.
Metros: Sevilla y Antón Martín. Sin apenas ruido, se puede disfrutar de las vistas del cielo y los tejados madrileños desde los balcones de las habitaciones de este sencillo y limpio hostal.
Habitación doble: 56 €.

Hostal Persal

Plaza del Ángel, 12.
Telf. 91 369 46 43. *Metro: Antón Martín.* El emplazamiento es inmejorable. El hotel es agradable y el servicio muy profesional. Las habitaciones son muy limpias y con baño privado.
Habitación doble: 54-120 €.

Hostal Villamáñez

San Agustín, 2, 2º dcha.
Telf. 91 429 90 33. *Metros: Sevilla y Antón Martín.* Muy familiar y limpio. Habitaciones con baño completo.
Habitación doble: 60 €.

Hostal Plaza D'Ort

Plaza del Ángel, 13, 1º, 2º y 4º.
Telf. 91 429 90 41. *Metro: Antón Martín.* Edificio sin ascensor pero reformado. Habitaciones sencillas y limpias.
Habitación doble: 55-75 €.

Latina y Lavapiés

Hostal El Barco

Mesón de Paredes, 9.
Telf. 91 539 80 66.
Metro: Tirso de Molina. Es un hostal muy barato, limpio y agradable.

Hostal Cervelo

Atocha, 43, 1º izqda.
Telf. 91 429 95 94.
Metro: Antón Martín. Todas las habitaciones tienen baño, televisión y teléfono. Habitación doble: 48-95 €.

Hostal Edreira

Atocha, 75, 2º. Telf. 91 429 01 83/ 84.
Metro: Atocha. Es un hostal con decoración convencional en los espacios comunes, pero con habitaciones sencillas y limpias, vestidas con mobiliario nuevo. 65-75 €.

Hostal Martín

Atocha, 43, 3º izqda. Telf. 91 429 95 79.
Metro: Antón Martín. Limpio y con habitaciones bastante agradables.
Habitación doble: 56 €.

Retiro

*Es muy complicado encontrar algo que merezca la pena por esta zona. La mayor parte de las alternativas son caras, como el **Hotel Convención** (O'Donell, 53; telf. 91 574 68 00) o el **Agumar** (paseo de María Cristina, 7; telf. 91 552 69 00).*

Hostal La Nava

Alcalá, 177, 1º y 2º. Telf. 91 402 67 86.
Metros: Manuel Becerra y Goya. Sus 41 habitaciones repartidas en los dos pisos son bastante tranquilas y amplias. No todas tienen baño. Es pequeño pero limpio. Habitación doble: 40-60 €.

Hostal Retiro

O'Donell, 27, 5º. Telf. 91 576 00 37.
Metro: Goya. Un gran portal antiguo, como casi todos los de la zona, sirve de presentación. La decoración mezcla lo tradicional con lo moderno y las habitaciones están muy bien cuidadas. Habitación doble: 45-55 €.

Barrio de Salamanca

*En esta zona abundan los hoteles de lujo como el **NH Sanvy** (Goya, 3; telf. 91 576 08 00) o el **NH Príncipe de Vergara** (Príncipe de Vergara, 92; telf. 91 563 26 95). El más económico es el siguiente:*

Hostal Salamanca

José Ortega y Gasset, 89.
Telf. 91 402 40 46. *Metro: Manuel Becerra.* En una calle ancha y luminosa, está bien comunicado. 17 habitaciones muy limpias y acogedoras. Mobiliario nuevo.
Habitación doble: 50-80 €.

Cuatro Caminos y Bilbao

Hostal Los Ángeles

Artistas, 18. Telf. 91 533 03 75.
Metro: Cuatro Caminos.
Todo aquí resulta cómodo y muy nuevo. con acceso a Internet.
Habitación doble: 82 €.

Hostal Trevinca

Sagasta, 23, 6º. Telf. 91 445 92 90. *Metros: Alonso Martínez y Bilbao.* Su situación es ideal para aquellos que quieran salir de copas por la zona de Bilbao-Alonso Martínez y luego estar en la cama en menos de diez minutos. Mobiliario renovado y baño completo. 55-60 €.

Hostal Edumar

Santa Engracia, 41, 5º izda.
Telf. 91 446 02 32. *Metro: Iglesia.*
Situado en la castiza plaza de Chamberí, en un edificio al que han reformado su fachada. Conserva el encanto de las construcciones de principios del siglo XX. Tiene muy pocas habitaciones, sin baño completo.
Habitación doble: 36 €.

Moncloa, Argüelles y plaza de España

Hostal Arrate

Gaztambide, 61, 6º. Telf. 91 544 30 63.
Metro: Argüelles. Aunque el portal y la apariencia externa del edificio son antiguos, nada más lejos de la realidad. El hostal, reformado hace poco, tiene las paredes cubiertas de madera y alfombras en los pasillos. 60 €.

Hostal Ríos

Juan Álvarez Mendizábal, 44-4º dcha.
Telf. 91 559 51 56. *Metro: Plaza de España.* Sencilla pensión cuyo valor está en su céntrica situación.
Habitación doble: 36-40 €.

EL TAPEO

Si hay algo fácil de encontrar en esta ciudad es un bar, tasca o todo tipo de híbridos para tomar unas cañas, pues el tapeo es toda una institución en la capital. Desde los típicos bares normales donde no faltan la tortilla de patatas, los boquerones en vinagre y la ensaladilla rusa (bastante baratos), hasta las tabernas de más sabor antiguo, donde los vinos suelen ser la especialidad (un poco más caras).

Centro

Casa Labra. Tetuán, 12. Telf. 91 531 00 81. *Metro: Sol.* Lugar imprescindible para hacer un alto en el tortuoso camino de las compras. Su bacalao es famoso desde 1860, fecha en la que se funda esta tasca decorada al estilo tradicional.

Taberna Tempranillo. Cava Baja, 38. Telf. 91 364 15 32. *Metro: La Latina.* Se pueden encontrar más de 160 tipos de vino en la carta de esta acogedora taberna.

Casa Lucas. Cava Baja, 30. Telf. 91 365 08 04. *Metro: La Latina.* Un ambiente moderno y sencillo es el decorado que acompaña a las tapas y los vinos de siempre.

La Taberna de Cien Vinos
Nuncio, 17. Telf. 91 365 47 04. *Metro: Sol.* Es un clásico de los vinos antes de comenzar la ruta nocturna de las copas. Una selección de cien caldos y tapas contundentes como el estofado de ternera.

Taberna Almendro, 13
Almendro, 13. Telf. 91 365 42 52. Metros: Latina y Tirso de Molina. Las puertas abatibles de madera verde son la presentación de esta taberna de siempre, como a principios del siglo XX. Sus huevos estrellados son la "estrella "de la oferta culinaria. Dos ventanillas de acceso, una a la cocina y otra a la barra, se usan para servir los pedidos; cuando una ración está lista suena la campana, soniquete característico de este lugar castizo hasta los rodapiés.

El Anciano Rey de los Vinos
Bailén, 19. Telf. 91 559 53 32. *Metro: Ópera.* Un local con solera y larga tradición, frente al Palacio Real, del que se cuenta que, en tiempos de la II República, suprimieron la palabra "rey" del cartel de la fachada. Vinos de todas las denominaciones, acompañados de tapas frías y calientes. Si os gusta lo dulce, probad los bizcochos, las torrijas o los pestiños.

La Casa de las Torrijas. Paz, 4. Telf. 91 532 14 73. *Metro: Sol.* Desde 1907 lleva funcionando esta taberna. La especialidad reina son las torrijas.

Pantumaca. Mayor, 31. Telf. 91 365 77 77. *Metro: Sol.* En este local de especialidades catalanas se puede recalar a cualquier hora del día: desayunos, comidas y tapas.

Gran Vía, Chueca, Malasaña y Conde Duque

Bodega de Ángel Sierra. Gravina, 11. Telf. 91 531 01 26. *Metro: Chueca.* Local histórico del tapeo que no puede perderse. El nombre de la bodega recuerda a su fundador, que se instaló en este lugar a principios de siglo. Muy recomendable el vermú.

Corripio
Fuencarral, 102. *Metro Bilbao.* Un asturiano como ya no existen. Empanadas, bocadillos de calamares y cañas de sidra...

Taberna del Limón
Limón, 22. *Metros: Plaza de España y San Bernardo.* Decorada con madera y veladores de mármol ofrece variedad de vinos y tapas exquisitas.

El Maño. La Palma, 64. *Metros: Noviciado y San Bernardo.* Aunque se trata de un local moderno, es ya un sitio imprescindible en la ruta del "cañeo" y las tapas, sobre todo entre la gente joven.

Bodega de la Ardosa
Colón, 13. Telf. 91 521 49 79. *Metro: Tribunal.* Si uno quiere respirar el olor de una taberna del siglo XIX, debe visitar este templo del vermú de grifo y de los vinos. Abierta desde 1892, todo en ella es tradicional.

El Bierzo. Barbieri, 16. Telf. 91 531 91 10. *Metro: Chueca.* Sencillo establecimiento con decoración de los 60. Cocina del Bierzo, todo muy abundante y con buenas materias primas.

Boñar de León. Cruz Verde, 16 (a la altura de San Bernardo, 40). Telf. 91 531 00 30. *Metro: Noviciado.* Si hay algún sitio a resaltar por su relación calidad-precio es este céntrico bar madrileño, sobre todo por el precio.

Mesón Andino. Ruiz, 16. Telf. 91 445 93 97. *Metros: Bilbao y San Bernardo.* Debe su nombre a que fue fundado por personas de origen chileno. Se inauguró en 1977 incluyendo entonces como especialidades la empanada chilena y el lomito andino.

Paseo del Prado, Huertas y Atocha

La Casa del Abuelo. Victoria, 12. *Metros: Sevilla y Sol.* Es uno de los lugares preferidos del público extranjero. La especialidad de la casa es el vino y, como ración estelar, las gambas al ajillo.

Taberna de Dolores. Plaza de Jesús, 4. Telf. 91 429 22 43. *Metros: Atocha y Antón Martín.* Esta taberna es otra de las de solera. 1908 es el año de su fundación. Conserva su decoración de principios de siglo con un público que todavía se puede considerar joven. La fachada es un mosaico de azulejos en la que merece la pena detenerse.

Taberna La Alhambra. Victoria, 9. Telf. 91 521 07 08. *Metros: Sevilla y Sol.* Mesas de madera, fachada de azulejos (preciosa), motivos árabes forman parte del encanto del local. Tapas con pan caliente de ibéricos y vinos son su especialidad.

Cervecería El Alambique. Fúcar, 7. Telf. 91 429 65 63. *Metros: Atocha y Antón Martín.* Tiene el aspecto de bar de copas, sin embargo, las tapas son de una calidad excelente.

Cervecería Los Gatos. Jesús, 2. Telf. 91 429 30 67. *Metros: Atocha y Antón Martín.* La barra está repleta de toda clase de apetitosos pinchitos y canapés. La decoración recoge muchos elementos *tipical spanish,* cabeza de toro y escultura de monaguillo incluidos.

Naturbier. Plaza Santa Ana, 9. Telf. 91 360 05 97. *Metro: Antón Martín.* Es una cervecería de aspecto alemán muy grande, como todas las que se encuentran en esta plaza. Elaboran su propia cerveza natural sin productos químicos ni antioxidantes.

La Platería. Moratín, 49. Telf. 91 429 17 22. *Metros: Atocha y Antón Martín.* Está situado enfrente del paseo del Prado y es visita obligada en la ruta cultural de la capital.

Taberna Pulpería Maceira. Jesús, 7. Telf. 91 429 15 84. *Metros: Atocha y Antón Martín.* Todo en este pequeño local es gallego, desde la música hasta los vinos, pasando por lo más importante: el pulpo.

Can Punyetes Taverna. San Agustín, 9. Telf. 91 429 94 83. *Metro: Sevilla.* Especialidades catalanas en esta taberna de ambiente típico e informal.

Latina y Lavapiés

Clásica zona de tapas. La Latina y Lavapiés, barrios populares desde su nacimiento, recogen la vida y el carácter de las clases llanas de Madrid, en su vertiente más popular y castiza. Son, además, los barrios preferidos de la intelectualidad bohemia que, sin muchas posibilidades económicas, gusta de lo auténtico. Ambas zonas conservan su carácter popular, siendo La Latina bastión de la cultura más castiza, mientras que Lavapiés se convierte poco a poco en crisol de culturas debido al asentamiento de familias de inmigrantes de países árabes, africanos, asiáticos...

Casa Antonio. La Cebada, 12. Telf. 91 366 63 36. *Metro: La Latina.* Es una de las tabernas en la que predominan los llamados "jóvenes flamencos". Es uno de los lugares de cañas de todos los domingos por la mañana.

La Taberna de Antonio Sánchez
Mesón de Paredes, 13. Telf. 91 539 78 26. *Metro: Tirso de Molina.* Es una de las tabernas más antiguas de Madrid (fundada en 1830) que mantiene la decoración sin retocar. El mostrador sigue siendo de metal con agua para mantener frescas las frascas de vino. Lugar de visita imprescindible, por lo antiguo y por lo simpático.

Casa Montes. Lavapiés, 40. Telf. 91 527 00 64. *Metro: Lavapiés.* Es un auténtico clásico este lugar regentado por el incombustible César. Tiza y carteles orientativos, sin duda herederos de una tradición que arranca en 1932.

El Melos
Ave María, 44. Telf. 91 527 50 54. *Metros: Antón Martín y Lavapiés.* Sólo especialidades gallegas consiguen atraer a propios y extraños a este bar. El secreto: las "zapatillas", grandes panes entre los que se pone lacón y queso de tetilla.

Taberna del Avapiés
Lavapiés, 5. Telf. 91 539 26 50. *Metros: Tirso de Molina y Lavapiés.* La decoración reproduce agradable y fielmente la de las tabernas de toda la vida. Especialidad: bacalao ajoarriero, además de variedad de tapas calientes y frías.

La Chulapa en Mayrit
Doctor Fourquet, 37. *Metros: Embajadores y Lavapiés.* Original y amplia es la carta de tapas de este

bar-taberna de Lavapiés. Lleva como sobrenombre "La Casa de las Pelotas", aludiendo a su especialidad: pelotas de patata, fritas y rellenas de todo tipo de sorpresas. Deliciosas.

Aloque
Torrecilla del Leal, 20.
Telf. 91 528 36 62. *Metro: Antón Martín.* La especialidad de la casa y la pasión de los dueños es el vino. Pionero en este tipo de local-vinoteca.

Bar Los Caracoles
Toledo, 106. Telf. 91 366 42 46. *Metro: Puerta de Toledo.* Alrededor de 70 años lleva esta familia ofreciendo al público unos de los caracoles más ricos de Madrid.

Retiro

La Tasquita
Juan de Urbieta, 24.
Telf. 91 433 85 62.
Metro: Menéndez Pelayo.
Tiene una gran variedad de tapas y una interminable carta de vinos, con riojas y caldos gran reserva del 50, completan esta parada.

La Castela
Doctor Castelo, 22.
Telf. 91 573 55 90. *Metro: Ibiza.* Barra de cinc como Dios manda y grifos de cerveza y vermú con el serpentín bajo nieve, como el diablo aconseja. Mucho marisco a la vista y profusa exposición de cervezas. Tienen un comedorcito donde sirven una carta muy rica.

Barrio de Salamanca

Cervecería Santa Bárbara
Goya, 70 (esquina a Alcalá).
Telf. 91 575 00 52. *Metro: Goya.* Dispone de dos plantas y una terraza muy concurrida todo el año. La cerveza de barril (muy bien tirada) ha de ir acompañada de la especialidad de la casa: gambas o berberechos.

La Timba. Lagasca, 61.
Telf. 91 576 01 85. *Metro: Serrano.* Ésta es otra taberna con solera de la zona que se ha modernizado. Gran variedad de vinos y canapés elaborados con mimo o, como ellos dicen, alta cocina en miniatura.

El Cantábrico. Padilla, 39.
Telf. 91 402 50 42. *Metros: Lista y Diego de León.* Marisquería popularísima del barrio, en la que los ajustados precios han obrado el milagro de poner al alcance de todo parroquiano gambas blancas, bicas, ostras, etc. Cañas impecables.

Chamberí, Cuatro Caminos y Bilbao

Vinos Sagasta 2. Sagasta, 2.
Telf. 91 532 21 43. *Metro: Bilbao.*
Son la cuarta generación de propietarios de esta taberna fundada en 1880. Es una de las cuatro más antiguas de Madrid. El vermú de grifo tiene la misma elaboración casera que hace 70 años, al igual que el vino de Valdepeñas. No perderse las tapas de queso de Cabrales.

Chipén. Cardenal Cisneros, 39.
Telf. 91 445 43 85. *Metro: Bilbao.*
Aunque esta cervecería no tiene la solera que la anterior, su decoración de azulejos, sus cuadros y carteles taurinos nos llevan a lo más castizo de la ciudad.

La Violeta. Vallehermoso, 62. *Metro: Canal y Quevedo.* Taberna-jazz, así se hace llamar este local con barra de mármol blanco, exposiciones de fotografía en las paredes y objetos extravagantes en las estanterías. Ideal para tomarse unas cervezas con unas alitas asadas cualquier día de la semana.

Moncloa y Argüelles

La Cervecera de Gaztambide. Gaztambide, 8. Telf. 91 543 31 13. *Metro: Moncloa.* Populoso establecimiento que presenta gran variedad de raciones, entre las que destacan las de ahumados.

Castellana y plaza de Castilla

Santa Bárbara 2. José Castán, 1 (semiesquina Capitán Haya, 55). Telf. 91 570 09 71. *Metro: Plaza de Castilla.* Conserva la misma decoración, el mismo encanto y el mismo buen hacer que sus otras tres sucursales. Las mejores tapas, las de gambas y berberechos.

El Quinto Vino. Hernani, 48.
Telf. 91 553 66 00. *Metro: Cuatro Caminos.* En un ambiente acogedor y familiar se puede disfrutar de unas raciones de anchoas, jamón o las croquetas de Esperanza.

COMER

Restaurantes (sobre 21 €)

Centro

EL POSTINO
Mancebos, 2.
Telf. 91 366 58 40. *Metro: La Latina.* Tasca con cierto aire de modernidad. Un buen surtido de tapas y raciones además de una amplia carta de vinos para regarlas.

VINOS SALAMANCA
Cava Baja, 31.
Telf. 91 366 31 10.
Metro: La Latina y Sol. Casa de comidas que lleva dando de comer a los vecinos de la zona desde hace muchos años. Sus croquetas son tan famosas como la tortilla de calabacín. Ofrece tres tipos de menú a elegir.

EL ZAGAL
Trujillos, 7. Telf. 91 542 05 57. *Metros: Santo Domingo y Sol.* Frecuentado por trabajadores y familias de la zona, lo que es una buena señal. Tiene dos espacios, uno de ellos alberga la barra y el otro el restaurante.

EL ESTRAGÓN VEGETARIANO
Pza. de la Paja, 10.
Telf. 91 365 89 82.
Metros: La Latina y Sol. Una alternativa para los vegetarianos. Éste restaurante tiene mucho éxito entre todo tipo de público, por el entorno, sobre todo, por la decoración detallista y la comida.

CASA PARRONDO "EL LUARQUÉS"
Trujillos, 4.
Telf. 91 522 62 34. *Metro: Ópera.* El amor a la tierra asturiana es lo que invade todo en esta sidrería y, sobre todo, es su carta la que mejor ejemplifica esta alegre y sabrosa añoranza. Variedad de quesos, guisos, pescados y mariscos y, claro está, sidra.

Gran Vía, Chueca y Malasaña

ALBUR
Manuela Malasaña, 15.
Telf. 91 594 27 33.
Metros: Bilbao y San Bernardo. Un gran espejo enmarcado en cobre verde preside la estancia. De ambiente joven, lo primordial es, cómo no, la comida, muy cuidada tanto en calidad como en presentación. Menús todos los días, incluido los domingos.

MARSOT
Pelayo, 6. Telf. 91 531 07 26. *Metros: Chueca y Gran Vía.* En este rincón madrileño hay una de las típicas casas de menú de la capital. Se dedican exclusivamente a dar comidas y cenas caseras.

ZARA
Infantas, 5. Telf. 91 532 20 74.
Metro: Gran Vía. Estupenda relación calidad-precio en este restaurante cubano. Preparan unos excelentes tamales (especie de empanadilla de masa de harina de maíz) y mejores daiquiris (cóctel hecho con zumo de limón, ron y azúcar).

LA AUSTRIACA
San Onofre (junto al Horno de San Onofre). *Metro: Gran Vía.* Comida casera en el centro de Madrid y a buen precio. Ofrece un menú diario por 7 €, con varios platos a elegir. Los postres son del Horno de San Onofre, una de las mejores pastelerías de Madrid.

Paseo del Prado, Huertas y Atocha

TABERNA RESTAURANTE MARIANO
Lope de Vega, 25. Telf. 91 429 29 93.
Metro: Antón Martín. Lleva 40 años funcionando como casa de comidas. Ofrece comidas contundentes y muy bien cocinadas. Menú a mediodía.

CASA MANOLO
Jovellanos, 7. Telf. 91 521 45 16. *Metros: Atocha y Banco España.* Desde 1896 lleva recibiendo a todo tipo de personalidades del mundo cultural y político que buscan el ambiente familiar y el buen yantar. Las croquetas son su especialidad. No tiene menú.

CASA ALBERTO
Huertas, 18. Telf. 91 429 93 56. *Metro: Antón Martín.* Fundada en 1827, esta taberna es un auténtico monumento nacional. Su menú, de martes a viernes al mediodía, está basado en comidas tradicionales.

LA SANABRESA
Amor de Dios, 12. Telf. 91 429 03 38.
Metro: Antón Martín. Auténtica y exclusiva casa de comidas. Se come abundantemente por precios baratos.

TERRA MUNDI
Lope de Vega, 32. Telf. 91 429 52 80.
Metros: Atocha y Antón Martín. Su especialidad son los productos gallegos, aunque su carta es muy amplia. A mediodía se puede comer de menú.

GULA-GULA
Infante, 5. Telf. 91 420 29 19. *Metro: Antón Martín.* Ofrecen bufé libre de ensaladas de todo tipo (arroz, pasta, verduras, embutidos...) además de la opción de platos calientes a la carta.

LA BIOTIKA
Amor de Dios, 3. Telf. 91 429 07 80.
Metro: Antón Martín. Alternativa vege-

tariana-macrobiótica de la zona. También es una tienda especializada en alimentación natural. Para gente sana.

TABERNA MESÓN LOS CHANQUETES
Moratín, 2. Telf. 91 429 02 45. *Metro: Antón Martín.* Absolutamente taurina. Fotos de toreros y todo tipo de accesorios relacionados con la fiesta adornan el local. Especialidad: rabo de toro.

Latina y Lavapiés

BOMBAY PALACE
Ave María, 26. Telf. 91 468 52 58. *Metro: Lavapiés.* Entre los muchos restaurantes de cocina india que han proliferado por la zona, éste destaca por la calidad de los ingredientes y lo razonable de sus precios. Abre todos los días.

LA BUGA DEL LOBO
Argumosa, 11. Telf. 91 467 61 51. *Metro: Lavapiés.* Con una profusa decoración en las paredes de la barra, se presenta este establecimiento con vocación cultural, donde, además, se puede disfrutar de unas estupendas ensaladas y de unas abundantes raciones con toques caribeños, sin olvidar su especialidad: las setas.

LA BURBUJA QUE RÍE
Ángel, 16. Telf. 91 366 51 67. *Metro: La Latina.* Decoración estilo rústico imitando un lagar asturiano. Especialidades asturianas: fabes con almejas, escalope al Cabrales, pastel de cabracho... Se puede tomar "sidriña" natural además de buenos vinos.

EL GRANERO DE LAVAPIÉS
Argumosa, 10. Telf. 91 467 76 11. *Metro: Lapaviés.* La imaginación y el buen hacer se unen en este restaurante especialmente recomendado para aquellos que tienen recelos de la cocina vegetariana. Plato *granero*, migas con huevos fritos o melón, seitán con salsa de almendras.

RAJA MAHAL
Ave María, 15. Telf. 91 527 44 83. *Metro: Antón Martín y Lavapiés.* Otro de los muchos restaurantes indios de la zona. Ofrecen un menú al mediodía por 11 €.

LA TABERNA DEL AGUADOR
Doctor Fourquet, 28. Es un bar muy recomendable para tomar tapas, pero también estupendo para comer "de verdad".

VIVA LA VIDA ORGANIC MARKET & BUFFET
Costanilla de San Andrés, Plaza de la Paja. *Metro: Latina.* Situado en pleno centro de Madrid, este original restaurante vegetariano no dejará indiferente ni a los más carnívoros. Se trata de un bufé de comida al peso donde el cliente paga únicamente aquello que desea comer (con esto se trata de impulsar la mesura). Platos elaborados y creativos que tratan de ir más allá de la ensalada de lechuga y tomate. Acogedor, buen ambiente, mejores camareras. Además, cuenta con una tienda donde se pueden comprar los mismos productos con los que cocinan.

Plaza de España, Rosales y paseo de la Florida

ENTREVINOS
Ferraz, 36. Telf. 91 548 31 14. *Metro: Ventura Rodríguez.* Es un local de tapeo en el cual se puede comer estupendamente a base de raciones en alguna de las mesas de madera de este precioso lugar. Tienen una carta con más de 200 referencias de vinos.

CASA MINGO
Paseo de la Florida, 34.
Telf. 91 547 79 18. *Metro: Príncipe Pío.* Situada entre el Manzanares y la estación de Príncipe Pío, Casa Mingo es un clásico de la sidra y de los pollos asados. Sidra de barril y de escanciar.

SUBIENDO AL SUR
Ponciano, 5. Telf. 91 548 11 47. *Metros: Plaza de España y Noviciado.* Éste es uno de los restaurantes que se ha creado como asociación sin ánimo de lucro. Los beneficios que se obtienen se dedican íntegramente a proyectos de desarrollo en otros países. La cocina es intercultural y muy sabrosa.

Retiro

CASA PORTAL
Doctor Castelo, 26. Telf. 91 574 20 26. *Metro: Retiro.* Uno de los asturianos más populares de Madrid. Sus fabes son de ensueño y el resto –tortilla, chorizo, etc.–, igual. Sidra escanciada. Cuenta con más de 60 años de vida.

MESÓN DEL JAMÓN EL ENCINAR
Alcalá, 105. Telf. 91 576 40 15. *Metro: Retiro.* Un intenso aroma a jamón que llega hasta la puerta nos habla de lo que hay que comer. Embutidos variados y menú de lunes a viernes.

SANTA OLAYA
Ibiza, 74. Telf. 91 574 57 00. *Metro: Ibiza.* Con una original barra que en realidad es un hórreo y el salón forrado de madera, todos los elementos de este restaurante recuerdan otra vez a Asturias. Las especialidades de la carta son la merluza a la sidra, el entrecot a la parrilla y el solomillo. Para comer de raciones se recomiendan las tablas de quesos y embutidos y el pulpo.

Barrio de Salamanca

TABERNA DE LA DANIELA
General Pardiñas, 21.
Telf. 91 575 23 29. *Metro: Goya.* Decorada con azulejos y maderas al estilo tradicional llevan años invitando a sus clientes a probar el cocido madrileño de tres vueltas.

MICOTA
Castelló, 18.
Telf. 91 577 76 71. *Metro: Serrano.* Bajo el lema "comer y no parar" este restaurante ofrece comida original para gente joven que no dude en tragarse hasta el tarro de hojaldre en el que se sirven las ensaladas.

LA GALETTE
Conde de Aranda, 11.
Telf. 91 576 06 41. *Metro: Retiro.* Un vegetariano en el que se puede probar la carne y el pescado.

LA PANICOTECA D'E
Velázquez, 32. Telf. 91 426 38 16. *Metro: Velázquez.* Nada más entrar llama la atención la luminosidad del establecimiento, a pesar de predominar el color negro en la decoración. Ideal para comidas o cenas rápidas a base de exquisitos bocadillos, raciones y ensaladas.

PELE MELE
Juan Bravo, 66. Telf. 91 402 80 01. *Metro: Diego de León.* Un divertimento barato con tres sucursales en Madrid (Ibiza, 41 y Goya, 5). Es un local no apto para cardiacos en el que las figuras del decorado se mueven. Tarántulas y hormigas de dos metros pueden "animar" la comida tex-mex que domina la carta. Todas las mesas disponen de teléfonos para entablar conversación con otros clientes.

Chamberí, Cuatro Caminos y Bilbao

MESÓN JEROMÍN
General Martínez Campos, 19.
Telf. 91 593 11 07. *Metro: Rubén Darío.* Su barra está adornada con una hilera infinita de jamones. Varios menús de distintos precios.

TABERNA JUSTO VARGAS
María de Guzmán, 34.
Telf. 91 554 57 66. *Metro: Río Rosas.* Esta taberna es un sitio idóneo para sentirse como en casa. Se puede degustar un económico menú tradicional para chuparse los dedos.

MESÓN DEL PALETO
Cardenal Cisneros, 38.
Telf. 91 445 40 27. *Metro: Bilbao.* Lleva abierto más de 40 años y ostenta con orgullo el ser el más antiguo de la zona de Chamberí. La sangría es la bebida preferida y sus raciones, a buen precio, tocan el cielo.

AZUMBRE
Limón, 15. Telf. 91 559 88 71. *Metros: Ventura Rodríguez y Noviciado.* Esta pequeña y coqueta taberna-restaurante se encuentra muy próxima al Cuartel del Conde Duque. Bien merece la pena reservar una de sus mesas para degustar su excelente cocina de mercado: setas, presa de ibérico, rabo de toro, berenjenas rellenas, flores fritas, etc. Además, dispone de una buena selección de vinos.

Moncloa y Argüelles

LA AMISTAD
Andrés Mellado, 77. Telf. 91 399 11 10. *Metro: Moncloa y Guzmán El Bueno.* Esta cervecería-restaurante sirve en la barra aperitivos como las tostadas de pan gallego, pan "tumaca" o por las mañanas un típico desayuno andaluz.

LA POSADA DE LA CORTE
Fernando el Católico, 21.
Telf. 91 447 56 68.
Metros: Quevedo y Moncloa.
Farolillos y ladrillos rojos y tejadillo de posada antigua anticipan un interior que se convierte en improvisada sala de exposiciones cada 15 días. De su carta se puede destacar el entrecot a la sal, las tortillas rellenas, sus tostas de pan de chapata o las tapas de revuelto de morcilla, garbanzos salteados con gambas y patatas estrelladas. Tiene un menú al mediodía, de lunes a viernes por unos 9 €, y los sábados y festivos entre desde 13 €.

Cuatro Caminos, Castellana y plaza de Castilla

ECOCENTRO
Esquilache, 4. Telf. 91 553 55 02. *Metro: Cuatro Caminos.* Más que un res-

taurante vegetariano puede considerarse el templo de los que siguen este estilo de vida. Hay menús para cada día de la semana y platos a la carta.

Mesón Gallego
Muller, 35.
Telf. 91 579 36 23.
Metro: Valdeacederas. Comida del norte, entre la que destaca el caldo gallego, la merluza o el chuletón de ternera. De postre, imprescindible pedir las filloas. Es conocido por sus raciones de pulpo.

Mesón El Ancla
Ceuta, 23.
Telf. 91 579 08 69.
Metro: Tetuán. Lugar pequeño y tradicional en el que se puede elegir entre dos menús (normal y especial) a buen precio, con una gran variedad de platos de comida casera.

Figón Faustino
Palencia, 29.
Telf. 91 553 39 77.
Metro: Alvarado. Este asador segoviano ofrece comida castellana, entre la que destaca, por supuesto, el cochinillo y el cordero. Tiene un económico menú diario.

COMER

Restaurantes (desde 25 €)

Centro

La Bola Taberna
Bola, 5.
Telf. 91 547 69 30/ 541 71 64.
Metro: Santo Domingo.
Es famoso su cocido en puchero de barro, donde los garbanzos cuecen a fuego lento durante seis horas. Imprescindible, por el cocido y por lo venerable del lugar.

Casa Jacinto
Reloj, 20 (junto al Senado).
Telf. 91 542 67 25.
Metro: Plaza de España. El placer gastronómico está aquí asegurado, por la calidad de las materias primas y por la sabiduría y cariño a su trabajo del regente del restaurante.

El Pato Mudo
Costanilla de los Ángeles, 8.
Telf. 91 559 48 40.
Metro: Ópera. Especializados en cocina del mediterráneo, algunos de sus platos son confit de pato, *shise de kabab,* calamar a la parrilla y ensaladas y arroces muy variados. Orujos caseros.

Palacio de Anglona
Segovia, 13.
Telf. 91 366 37 53.
Metro: La Latina. Un sitio acogedor de tono postmoderno que acapara una gran variedad de estilos en su carta y que, además, es imaginativa y vanguardista. Sólo dan cenas.

Gran Vía, Chueca, Malasaña y Conde Duque

Taberna Carmencita
Libertad, 16. Telf. 91 531 66 12.
Metro: Banco de España. Es uno de los sitios más encantadores de Madrid. Data de mediados del siglo XIX y en sus mesas han comido los principales políticos de nuestra historia y poetas como Lorca y Neruda. Su decoración busca la tradición y lo añejo y su comida, además de castiza e innovadora, tiene su base en la gastronomía vasca. Una delicia.

La Fondue de Tell
Divino Pastor, 12.
Telf. 91 594 42 77. *Metro: Bilbao.* Sólo llegar hasta su puerta ya dan ganas de entrar. Evidentemente, con ese nombre su especialidad no podía ser otra que las *fondues.*

Paseo del Prado, Huertas y Atocha

Dómine Cabra
Huertas, 54. Telf. 91 429 43 65.
Metro: Antón Martín. Su especialidad son las berenjenas al horno con crema de gambas y jamón, además ofrece gran variedad de pescados y carnes.

Edelweiss
Jovellanos, 7.
Telf. 91 532 33 83/91 421 03 26.
Metro: Plaza de España. Un clásico alemán junto al Congreso de Diputados. Ahumados, codillo Edelweiss y embutidos alemanes son su especialidad.

Casienhuertas
López de Vega, 20.
Telf. 91 389 61 89. *Metro: Sevilla.* Cierra domingo noche y lunes. Local con dos ambientes: una agradable taberna y un pequeño comedor con decoración minimalista. A destacar la cuidada y extensa selección de vinos tanto nacionales como extranjeros y las sugerentes propuestas actuales de la cocina.

Donzoco
Echegaray, 3. Telf. 91 429 57 20.
Metro: Sevilla. Cierra domingo. Cocina japonesa: sushi, sashimi, tempura... Precio medio, 30 €.

Latina y Lavapiés

Taberna Malacatín
Ruda, 5. Telf. 91 365 52 41. *Metro: Lavapiés.* Sólo una especialidad y casi un único plato en la carta: cocido madrileño. También para tapear a media tarde.

Plaza de España y Rosales

Café de Viena
Luisa Fernanda, 23. Telf. 91 559 46 45.
Metro: Ventura Rodríguez. Es un café tradicional y restaurante. Sus velas y el ambiente acogedor resultan agradables para una noche necesariamente romántica que en ocasiones se completa con una sesión de *bel canto.* Especialidad en caza.

La Fromagerie Normande
Ventura Rodríguez, 9.
Telf. 91 542 01 46. *Metros: Ventura Rodríguez y Plaza de España.* Es un sitio acogedor, decorado al estilo rural normando y resulta intransitable los fines de semana. Se recomiendan sus tablas de quesos y las *fondues.*

Barrio de Salamanca

Casa Domingo
Alcalá, 99.
Telf. 91 576 01 37.
Metro: Retiro. Un lugar elegante desde el que se respira el oxígeno del Parque del Retiro tan necesario en la ciudad. Callos, gallina en pepitoria o calamares en su tinta son algunas de sus especialidades.

El Chiscón de Castelló
Castelló, 3. Telf. 91 575 56 62.
Metro: Serrano. Tiene un comedor pequeño pero acogedor cargado de cuadros. Ofrece todos los días menús bastante aceptables.

La Crêperie
General Díaz Porlier, 57.
Telf. 91 401 64 04. *Metro: Lista.* Crêpes dulces y salados, ensaladas variadas y tablas de patés, quesos...

El Paraguas
Jorge Juan, 16. Telf. 91 431 58 40.
Metros: Colón y Serrano. El que fuera hasta hace poco tiempo el conocido Bomarzo, se presenta ahora como un restaurante asturiano y creativo, en cuya carta sorprende el tratamiento imaginativo que se ha dado a los productos y platos asturianos de toda la vida. Los precios son elevados.

Taberna Laredo
Menorca, 14.
Telf. 91 574 32 85. *Metro: Ibiza.* Merece la pena hacer una visita a esta taberna para tener la ocasión de encontrarse con una cocina sabrosa, consistente y llamativa (precio medio, 40-50 €). Lo mismo sucede en su espléndida barra, embutido, tapas y raciones para acompañar con cualquiera de los vinos que oferta.

Teatriz
Hermosilla, 15.
Telf. 91 577 53 79/ 91 95. *Metro: Serrano.* Local de moda convertido en un clásico. La decoración postmoderna es del diseñador Philippe Starck y la vajilla de Mariscal. Un lujo. Se puede almorzar con un menú y saborear su ensalada verde con setas al *peperonchino.*

Chamberí y Bilbao

Los Arcos
Ponzano, 16. Telf. 91 442 58 84.
Metro: Río Rosas. Comida castellana en su punto. Cochinillo y cordero en horno de leña. No es la Edad Media pero casi, en un ambiente rodeado de jamones por todos los sitios. Comer a la carta resulta algo más caro.

Moncloa y Argüelles

Casa Marco
Gaztambide, 8. Telf. 91 543 20 69.
Metro: Argüelles.
Cierra domingo y lunes noche. Restaurante italiano donde se puede comer de menú. Las ensaladas y los *carpaccio* son una buena opción.

Casa Ricardo
Fernando el Católico, 31.
Telf. 91 447 61 19. *Metros: Moncloa y Quevedo.* Fundado en 1935, destila ambiente taurino. Sus especialidades culinarias son los callos a la madrileña, el rabo de toro, la morcilla o los calamares en su tinta. Tiene una cocina que imita las antiguas de carbón y leña que se puede ver desde el comedor.

La Parrilla de Argüelles
Menéndez Valdés, 46.
Telf. 91 543 47 34. *Metro: Argüelles.* Aunque su nombre parezca de asador castellano, el interior lo desmiente. Lo que sí tiene que ver con su nombre es la especialidad de la casa: carnes y pescados a la parrilla. Ofrece un menú económico.

El Bulevar
Alberto Aguilera, 17.
Telf. 91 541 02 47. *Metros: Argüelles y San Bernardo.* Es un sitio ideal para ir con un grupo grande de amigos o

familia. Su especialidad son los callos a la madrileña, las carnes de Zamora y los pescados a la parrilla.

Horno de Juan

Joaquín María López, 30.
Telf. 91 543 30 43. *Metro: Moncloa.* Típico restaurante segoviano, por la decoración y por la cocina que ofrecen (asados, judiones...). Tienen un menú degustación pero lo normal es comer a la carta.

Castellana y plaza de Castilla

L'Abbraccio

Capitán Haya, 51. Telf. 91 579 08 49. *Metro: Plaza de Castilla.* En un ambiente misterioso e íntimo se puede degustar la mejor carne de cordero de la zona.

Fast Good

Padre Damián, 23. Telf. 91 343 06 55. *Metro: Cuzco.* Es la nueva aventura culinaria del famoso cocinero Ferrá Adriá. La propuesta de este establecimiento con decoración futurista, ubicado en los bajos del hotel NH Eurobuilding, es una vuelta de tuerca a la comida rápida, más sana, con productos de primera y con imaginación.

La Toledana

Juan de Olías, 34. Telf. 91 572 23 96. *Metro: Estrecho.* Este bar conserva desde 1939, año de su inauguración, una decoración a base de azulejos. Especializado en marisco, caro pero de primera calidad.

Cafés

Sol, Plaza Mayor, Ópera, el Madrid de los Austrias

Café-Bar Delic. Costanilla de San Andrés, 14 (pza. de la Paja). Telf. 91 364 54 50. *Metro: La Latina.* Situado en un lugar maravilloso, la plaza de La Paja. En verano despliega la terraza, lo que permite disfrutar del maravilloso entorno.

Café del Nuncio. Segovia, 9. *Metro: Sol.* Clásico local que reúne todos los tópicos que se le pueden pedir a un café: barra de madera, veladores de mármol, ventanas con vistas a calle antigua, zona romántica...

Café Unión. La Unión, 1.
Telf. 91 542 55 63. *Metro: Ópera.* Otro de los cafés del centro con bastante programación cultural –música en vivo y exposiciones de fotografía y pintura– y decoración muy cuidada.

Café El Barbú. Santiago, 3. *Metro: Sol.* Local a caballo entre café y bar de copas. Dispone de tres salas. Su especialidad en cafés son los quemadillos (leche con ron, canela, clavo y granos de café).

Café del Monaguillo. Plaza de la Cruz Verde, 3. *Metro: Sol.* En un maravilloso entorno, en el local existe una escultura que representa a la inocente figura eclesiástica y una pequeña capilla, por supuesto sin bendecir. Cafés especiales y cócteles.

Café del Real. Plaza de Isabel II, 2. *Metro: Ópera.* Junto al Teatro Real, toda la decoración gira en torno a la música, además de un piano, muchos espejos y veladores de mármol. Agradable y tranquilo, aunque algo caro.

Chocolatería San Ginés. Pasadizo de San Ginés, 1 y 3. Telf. 91 365 65 46. *Metro: Ópera.* Abre desde las 11 h de la mañana hasta las 6 h de la madrugada. San Ginés significa el chocolate de fin de año y los churros de cada día. Un clásico de Madrid que nadie debe perderse.

Gran Vía, Chueca y Malasaña

Café Comercial. Glorieta de Bilbao, 7. Telf. 91 521 56 55. *Metro: Bilbao.* Punto de encuentro para quedar por la zona. También un lugar histórico (data de 1887): clásico pero muy entrañable. Especialidad: el tradicional café con churros de primera hora de la mañana.

Café La Palma. La Palma, 62.
Telf. 91 522 50 31. *Metros: San Bernardo y Noviciado.* Es tanto café de tertulia como bar de copas con cuatro ambientes. En una de las salas, decorada como una jaima del desierto, uno puede tomar un té creyendo estar en el norte de África, de no ser por la música rock, dance, etc.

Café Moderno. Plaza de las Comendadoras, 1. *Metro: San Bernardo.* Se trata sin duda uno de los rincones más agradables del centro. Muy recomendable su terraza en verano. El interior es una réplica del Café Moderno de Viena.

Café Manuela. San Vicente Ferrer, 29. Telf. 91 531 70 37. *Metro: Tribunal.* Situado en el corazón del barrio de Malasaña. Una antigua serrería transformada en uno de los cafés con más encanto de Madrid. Espejos, columnas y tradicionales sillones de terciopelo granate.

Libertad 8. Libertad, 8. Telf. 91 532 11 50. *Metros: Banco de España, Chueca y Gran Vía.* Otra referencia dentro del circuito de actuaciones madrileño. El local fue en los años cincuenta una antigua vaquería y después una imprenta clandestina de los ferroviarios del PCE. Desde que comenzó como café-concierto, de su pequeño escenario han salido artistas como Pedro Guerra, Rosanna o Ismael Serrano.

Café Acuarela. Gravina, 10.
Metro: Chueca. Situado en las inmediaciones de la plaza de Chueca, se puede escuchar música de todo tipo, tranquila por la tarde y más animada por la noche.

Café Belén. Belén, 5. Telf. 91 308 27 47. *Metro: Tribunal.* Uno de los cafés más románticos: iluminación escasa, velas encendidas en todas las mesas y música muy suave para todo tipo de público.

Café La Sastrería. Hortaleza, 74.
Telf. 91 532 07 71. *Metro: Chueca y Tribunal.* Situado en los aledaños de la plaza de Chueca. Sólo por disfrutar de su decoración merece la pena visitarlo; las lámparas son una maravilla y todo tipo de detalles relativos al oficio de la costura. Su especialidad son los cafés y las tartas.

Paseo del Prado y Huertas

La Esquina del Café. Huertas, 56.
Telf. 91 369 30 84. *Metros: Atocha y Antón Martín.* Como su nombre indica, es una esquina que sugiere un alto en el camino o un lugar de encuentro. A cualquier hora del día sirven un buen café, un vino o una cañita. También ofrece tapas.

Café Central. Plaza del Ángel, 10.
Telf. 91 369 41 43. *Metro: Antón Martín.* Hablar del Café Central es hablar de música. Decorado al estilo de los cafés-concierto de siempre (veladores de mármol, espejos, sillones granate...) lleva más de veinte años programando actuaciones diarias. Lugar ideal para escuchar música, un pequeño escenario acoge a los artistas que tocan muy cerquita del público. Cuando hay actuación, de 22 h a 24 h, la copa lleva suplemento, y a veces se cobra la entrada. Abre todos los días.

Café Populart. Huertas, 22.
Telf. 91 429 84 07. *Metro: Antón Martín.* Otro clásico del jazz y buena música en general. Pequeño escenario, humo y cercanía son los componentes del cóctel para crear la magia del jazz.

El Parnaso. Moratín, 25. *Metro: Antón Martín.* Sin proponérselo sus dueños han ido acumulando todo tipo de antigüedades y objetos varios que ha configurado la personalidad de este "desván": ventiladores, lámparas maravillosas, esculturas, carteles publicitarios... se acumulan en sitios inverosímiles.

Latina, Lavapiés y Santa María de la Cabeza

Café Barbieri. Ave María, 45.
Telf. 91 527 36 58. *Metro: Lavapiés.* Las cortinas de terciopelo rojo lo separan el mundo exterior. Todo está tal cual debía ser un café-tertulia del siglo XIX. Espejos que ya casi no reflejan y un gran reloj contribuyen a crear la magia del lugar. Además, todo tipo de intelectuales que hojean un libro o alguno de los periódicos que están a disposición de los clientes del local.

Café de La Filmoteca. Santa Isabel, 3. Telf. 91 369 49 23. *Metro: Antón Martín.* Lunes cerrado. En la Filmoteca se programan películas antiguas y modernas fuera del circuito comercial. Antecediendo a las salas de proyección, se encuentra la sala destinada a café-bar. Es muy tranquilo y agradable.

Madrid Oeste

Café de Rosales. Paseo Pintor Rosales, 36. *Metros: Argüelles y Moncloa.* Es una mezcla entre café y local de tapeo. Los camareros y camareras llevan un uniforme impecable, como el resto del local. Todo está cuidado hasta el último detalle, decorado al estilo del XIX pero con aires modernos. Además de bollería casera, todo tipo de tapas muy buenas.

Recoletos y barrio de Salamanca

Café Gijón. Paseo de Recoletos, 21. Telf. 91 521 54 25. Uno de los sitios donde se respira el Madrid literario. No es barato pero en él se pueden encontrar caras conocidas de la farándula, de la política y de las artes. Muy acogedor. En primavera y verano instala una terraza en el Paseo.

Café del Espejo. Paseo de Recoletos, 31. Telf. 91 308 23 47. Esconde entre sus paredes una decoración al más puro estilo modernista. Suele estar tranquilo. El pabellón de cristal en pleno paseo es una delicia en otoño.

The Geographic Club. Alcalá, 141. Telf. 91 578 08 62. Decorado con fotografías y objetos traídos de los viajes de aventureros como Kitín Muñoz o Miguel de la Cuadra Salcedo. Tiene tres plantas: en la superior se sirven comidas (cocina internacional) con tienda incluida, en la entrada hay mesas altas para tomar una copa tranquilamente y en la planta de abajo hay un pub inglés con amplios sillones de cuero negro.

MADRIGAL DE LAS ALTAS TORRES

ÁVILA. 2.066 habitantes

MADRIGAL SE SITÚA EN LA SOLEDAD DE LA ÁRIDA MESETA CASTELLANA, DE HORIZONTES LEJANOS, ENTRE CAMPOS DE CEREAL Y ALGUNA PINADA SOMETIDA A LA RIGUROSIDAD DE UN CLIMA DESTEMPLADO. VILLA DE HISTORIA HEROICA QUE VIO NACER A ISABEL LA CATÓLICA, CONSERVA MUESTRAS DE ARQUITECTURA MUDÉJAR Y EL ANTIGUO PALACIO DE JUAN II (HOY CONVENTO DE AGUSTINAS), UNO DE LOS LUGARES MÁS EVOCADORES DE LA CASTILLA MEDIEVAL.

INFO Y TRANSPORTES

Oficina de Turismo
Plaza El Cristo. Telf. 661 502 613. Abre todos los días excepto domingos tarde y lunes. www.madrigal-aatt.net

Ayuntamiento. Telf. 920 320 001. Madrigal no tiene estación de ferrocarril ni de autobus, pero la empresa *Auto Res* (telf. 902 02 052), en su itinerario Madrid-Salamanca, sí presta servicio diario a Madrigal.

Estación de autobuses de Ávila
Avda. de Madrid. Telf. 920 220 154.

DORMIR

PENSIÓN MADRIGAL✪✪
Ctra. de Peñaranda, 10. Telf. 920 320 109. En un edificio histórico fuera de las murallas. Habitaciones cómodas y sencillas pero no todas con baño. Ambiente familiar y aparcamiento a la entrada. Habitación doble con baño: 32 €.

COMER

El plato fuerte en Madrigal de las Altas Torres son los asados, de ternera, cochinillo o cordero. Pero destaca además el cocido morañego, salpicado de tocino, morcilla y repollo.

Casas con menú (menos de 15 €)

MESÓN SAN NICOLÁS
Plaza San Nicolás, 6. Telf. 920 320 614. Comedor medio, sencillo y funcional, con coloridos azulejos que recuerdan a las tabernas andaluzas. Se recomiendan los embutidos, la ternera y los asados en general.

MÁLAGA

CAPITAL DE PROVINCIA. 524.452 habitantes

CERCADA POR LAS MONTAÑAS, QUE SIRVEN DE AISLANTE CONTRA EL FRÍO PENINSULAR, SE UBICA LA MODERNA Y DINÁMICA CIUDAD DE MÁLAGA, CAPITAL Y CENTRO HISTÓRICO-ARTÍSTICO DE LA COSTA DEL SOL. A FINALES DE LOS AÑOS CINCUENTA DESPEGÓ DEFINITIVAMENTE DE LA MANO DEL TURISMO, CONSAGRÁNDOSE COMO UNO DE LOS DESTINOS TURÍSTICOS MÁS IMPORTANTES DEL MUNDO.

INFO

Oficina Municipal de Turismo
Avda. de Cervantes, 1. Telf. 952 134 730. Plaza de la Marina, 11. Telf. 952 122 020. www.malagaturismo.com

Oficina de Turismo de la Junta de Andalucía
Pasaje de Chinitas, 4. Telf. 952 308 911. www.andalucia.org

Los diarios de la ciudad son: *El Sur*, *La Opinión de Málaga* y *Málaga hoy*. Hay publicaciones turísticas que se pueden encontrar en las oficinas de turismo.

Taxis. Telf. 952 320 000/ 952 333 333.

DORMIR

Málaga tiene una amplia oferta hotelera, que va desde las pensiones más sencillas hasta los lujosos hoteles y los paradores de ***Gibralfaro✪✪✪✪*** *(telf. 952 221 902; habitación doble: 160-171 €) y* ***Málaga Golf✪✪✪✪*** *(a 10 km de la ciudad; telf. 952 381 255; habitación doble: 160-182 €).*

HOTEL ZENIT MÁLAGA✪✪✪
Cuba, 1 y 3. Telf. 952 252 000. A un cuarto de hora del centro histórico se localiza este cómodo hotel cuyas habitaciones disponen de aire acondicionado, televisión y teléfono. Aparcamiento privado. Habitación doble: 40-140 €.

HOSTAL PEDREGALEJO✪✪
Conde de las Navas, 9. Telf. 952 293 218. **PEDREGALEJO.** Recién construido en el barrio de Pedregalejo, a 4 km del centro y junto a la costa, tiene una cuidada decoración rústica. Todas las habitaciones cuentan con televisión y baño. Trato amable. Habitación doble: 42-80 €.

PENSIÓN DERBY✪✪
San Juan de Dios, 1. Telf. 952 221 301. Ubicada en el corazón de la ciudad, esta sencilla pensión cuenta con unas habitaciones algo anticuadas, pero la relación calidad-precio no está mal. Algunas no tienen baño por lo que conviene aclarar este detalle a la hora de hacer la reserva. Los precios varían, dependiendo del tipo de habitación. Habitación doble: 50-45 €.

PENSIÓN EL CENACHERO✪
Barroso, 5. Telf. 952 224 088. Entre la Alameda Principal y el puerto se halla esta pensión familiar cuyas habitaciones, todas ellas exteriores, cuentan con televisión y baños recién reformados. Habitación doble: 50-60 €.

ALBERGUE JUVENIL
Plaza de Pío XII, s/n. Telf. 952 308 170. Central de reservas de albergues de Andalucía. Telf. 902 510 000. Situado en una zona muy tranquila, casi todas las habitaciones tienen baño. Si no tienes carné de alberguista aquí te lo hacen en el momento. Los precios oscilan dependiendo de la temporada y la edad. Conviene reservar con antelación, pues es bastante popular.

Otros hoteles de precio más elevado

En pleno centro se ubica el **Don Curro✪✪✪** (Sancha de Lara, 7; telf. 952 227 200; habitación doble: 90-120 €) y en el paseo de Sancha, en una zona residencial más tranquila, cerca de la playa y el centro, se hallan **Las Vegas✪✪✪** (número 22; telf. 952 217 712; habitación doble: 95 €), con buenas instalaciones, y **Los Naranjos✪✪✪** (número, 35; telf. 952 224 317; habitación doble: 60-150 €) que es un hotel más familiar.

EL TAPEO

En Málaga las raciones se han hecho arte en las tabernas, que han refinado sus decorados afianzando la esencia de lo andaluz para ofrecer todo lo bueno del vino y de la gastronomía malagueña. Los locales con más solera se recogen en el centro de la ciudad, principalmente en las calles peatonales que sirven de excusa para extender unas terrazas que en la tierra del sol vienen como anillo al dedo. Tomando la calle Granada desde la plaza Constitución nos encontraremos **La Posada de Antonio,** bien puesta de ladrillo y madera y, justo enfrente, **La Casa de Piyayo** con su barra marinera para comer pescado. Continuando por la calle Granada, cuando pasa a convertirse en peatonal y adquiere aires de zoco, aparecen **La Tapería** y **El Pimpi,** toda una institución por sus vinos finos de Córdoba y dulces de Málaga.

En los alrededores del Pasaje Chinitas se encuentran **Quitapenas** (Sánchez Pastor), con una amplia variedad de tapas, **Los Candiles** ocupando con su terraza toda la calle Fresca. En la plaza de Uncibay está **Ajoblanco,** con gran variedad de canapés y tablas de ibéricos, patés y quesos. Marín García es una estrecha calle peatonal que va desde la calle Larios a la calle Nueva, aglutinando rancias bodegas que exponen abiertamente sus terrazas, entre las que destaca la amplia variedad de **Lo Güeno.**

Ya en la plaza de la Merced destacan, por sus variadas tapas, el mesón **Cortijo de Pepe.** Subiendo por la calle Álamos, enlazando con Carretería, se halla la **Cueva,** tapas, aperitivos y, sobre todo, una ilimitada variedad de cervezas de todo el mundo. El mesón **La Cepa** (Strachan, 12) ha hecho del bacalao en sus distintas variedades la clave del éxito. Junto a él se halla **Gorky,** con vinos y elaboradas tapas.

Pero, sin duda, la bodega con más solera de toda la ciudad es la **Antigua Casa de Guardia** (Alameda Principal, 18). Fundada en 1840, es considerada la catedral del vino dulce (Moscatel, Lágrima, Pedro Ximénez y el Pajarete 1908, este último exclusivo de la bodega).

COMER

La gastronomía malagueña se apoya en la calidad de sus pescados y en el secreto de la buena fritura. Aparte del pescaíto frito, que se puede comer por separado (chanquetes, boquerones, calamares, chopitos, jureles, etc.) está la fritura malagueña, que lleva un poco de todas estas especies. Otro plato señero es el ajoblanco, variedad del gazpacho andaluz al que se añade uvas de moscatel. Los espetones de sardinas, la sopa de almejas, el adobo de atún y bonito, acelgas o pimientos a la malagueña son otras de las especialidades. Una amplia representación de repostería y por supuesto el vino moscatel no pueden faltar a los postres.

Si queréis daros un homenaje, uno de los mejores restaurantes es ***Adolfo*** *(Paseo Marítimo Pablo Ruiz Picasso, 12; telf. 952 601 914; 33 €). En caso de que el presupuesto os exija más prudencia en el gasto, en el centro histórico y la zona de La Malagueta la concentración de restaurantes, bares y casas de comidas que ofrecen menú por un precio muy razonable es asombrosa.*

Casas con menú (menos de 15 €)

El Jardín
Cañón, 1. Telf. 665 946 012. Situado junto al jardín de la catedral. Se puede disfrutar de su agradable terraza o del cuidado estilo modernista del interior. Sirve platos de cocina andaluza y un buen menú especial por 12 €.

Comepizza
Granada, esquina calle Ángel. Telf. 952 212 982. Es uno de los restaurantes italianos más populares del centro, por lo que a veces hay que esperar un rato para conseguir mesa. Ofrece varios menús muy económicos.

El Vegetariano de la Alcazabilla
Pozo del Rey, 5. Telf. 952 214 858. Este acogedor restaurante vegetariano ovolácteo, prepara platos con mucha imaginación, además tiene vinos ecológicos y cervezas caseras artesanales.

Mesón Rincón Catedral
Cañón, 7. Telf. 952 600 518. Potajes y demás comidas contundentes en esta simpática casa situada junto al ábside de la catedral.

Salmorejo
Calle fresca, 12. Telf. 952 228 324. Amplísima variedad de platos de cocina típica andaluza por raciones, pescados, chacinas, etc. En un local moderno y acogedor.

El Tintero
Paseo Marítimo, 12. Telf. 952 298 298. Pescaíto frito y a la brasa. La originalidad de este establecimiento está en que los camareros van pasando por las mesas los platos de pescado recién hecho y cada comensal, como si de una subasta se tratara, se queda con el que le gusta.

En el moderno Paseo Marítimo de Pedralejo y hasta el antiguo barrio marinero de **El Palo,** a 4 km al este de la capital, se alinean infinidad de restaurantes y chiringuitos donde poder degustar los más frescos pescados a la sal, mariscos, pescaítos fritos a precios asequibles.

Restaurantes (desde 24 €)

Sal Gorda (avda. Cánovas del Castillo, 12; telf. 95 260 00 31) se ha ganado una gran popularidad gracias a su trato familiar y a la calidad de los productos utilizados. Situado muy cerca de la plaza de la Malagueta, este local de dos plantas ofrece ricos pescados del Mediterráneo y mariscos del Cantábrico.

Un mesón malagueño tradicional, de inexcusable visita, es **El Chinitas** (Moreno Monroy, 4; telf. 952 210 972). Frituras de pescado, excelentes tapas y, en general, cocina típica en un ambiente popular.

Entre los muchos restaurantes que se alinean en el Paseo Marítimo de El Palo, sobresale **Casa Pedro** (telf. 952 290 013), el paraíso de la fritura malagueña.

CAFÉS

En el centro histórico se localizan los cafés y teterías con más carácter, en la calle San Agustín, la tetería **Alcazaba** y **La Casa de l'Abuela,** con crepes y gran cantidad de cafés. **Flor de Lis, El Portón** y **El Telón,** en la plaza Merced, también constituyen interesantes puntos de encuentro. Por último, en la plaza del Obispo, **La Manquita,** una tetetía-cafetería muy recomendable.

MALPICA DE BERGANTIÑOS

A CORUÑA. 3.352 habitantes

En la agreste y solitaria, mágica, vital y trágica Costa da Morte, Malpica es un pueblo que vive por, para y hacia el mar. Sus casas marineras se arraciman como uvas en el estrecho istmo de la península de la Atalaia, dejando a un lado la playa y al otro, el puerto y la dársena. El mar abraza esta pequeña península e impregna con su olor salado todas las calles.

INFO

Ayuntamiento
Emilio González. Telf. 981 720 001.
www.concellomalpica.com
Autobuses
Compañía *Arriva*. Telf. 981 226 395.
Taxis. Telf. 981 711 325/ 981 720 802/ 981 720 704.

DORMIR

Hostal Refugio As Garzas✪✪
Puerto Barizo, s/n.
Telf. 981 721 765.
Situado a unos 5 km de Malpica, este pequeño hostal de sólo cuatro habitaciones resulta inmejorable por su emplazamiento al borde del mar. El edificio, pintado de blanco y con tejado de pizarra, tiene aspecto bretón. Y para quien no quiera ni moverse del lugar, también cuenta con un entrañable restaurante, cuyo comedor acristalado está decorado con pintura gallega contemporánea.

Hostal Panchito✪
Praza Villar Amigo, 6. Telf. 981 720 307. Típico edificio de las Rías Altas, con sus galerías acristaladas. Buenas habitaciones, con televisión incluida. La mayoría son exteriores.
Habitación doble: 40-60 €.

Turismo rural

Casa da Sebe
O Castro, **Barizo.** Telf. 981 720 655. En una tranquila aldea. Con cinco habitaciones dobles y provista de piscina.
Habitación doble: 50-70 €.

Casa Arpón
Pontella.
Telf. 981 720 728. A 1 km de la villa pero en un ambiente totalmente diferente. Seis habitaciones dobles. 50-60 €.

Pedra da Arca
Filqueira, **Cerqueda.** Telf. 981 721 716. Casa rústica con 5 habitaciones abuhardilladas. Habitación doble con baño de 50 a 66 €.

COMER

En Malpica se viene a comer marisco y pescado fresco, manjares que ya no se suelen encontrar en los menús. Estos si son muy abundantes y variados en Carballo, la vecina e industriosa capital de la comarca. En Malpica nos queda el consuelo de las tabernas y los mesones, así ***O Pescador*** *(Camiño do Río, 1) o* ***A Pedra do Mar*** *(Romina Criado, s/n), para comer de raciones.*

Restaurantes (sobre 24 €)

Cerca del puerto, también en la rúa do Caldeirón, abre sus puertas el **San Francisco** (telf. 981 720 489), otro de los clásicos para comer pescado y marisco desembarcados en la lonja local, y todo ello acompañado con pan de peso de Bergantiños, por momentos tan rico como los percebes; muy recomendables las habas con almejas y pulpo y, aunque parezca mentira, el jarrete en salsa de perdiz.

Un segundo, en **Buño,** se suma a la lista de las afamadas marisquerías: **Casa Elías** (telf. 981 711 049) que cuenta con vivero propio de marisco y productos de primerísima calidad, también carnes.

El apartado puede concluir con **As Garzas** (Barizo, telf. 981 721 765), local provisto de un estupendo comedor panorámico sobre el océano; su fuerte está en los pescados y arroces marineros, todo ello en una carta que varía a diario.

Los establecimientos de esta guía en ningún caso han desembolsado cantidad alguna por aparecer en esta guía. Evite llegar por sorpresa, llame antes de presentarse en los establecimientos.

MANACOR

ISLA DE MALLORCA. 35.908 habitantes

MANACOR, SEGUNDA CIUDAD DE MALLORCA Y ANTIGUO CENTRO AGRÍCOLA, VIVE HOY DE LA INDUSTRIA (FABRICACIÓN DE MUEBLES Y PERLAS ARTIFICIALES) Y DEL TURISMO QUE VISITA Y SE ALOJA A LO LARGO DE SU COSTA. SUS CUEVAS ESPECTACULARES Y LA ELABORACIÓN DE LAS PERLAS LE HAN DADO RENOMBRE MUNDIAL.

INFO

Oficina de Información Turística de Manacor
Plaza Ramón Lluc, s/n.
Telf. 971 847 241.
Oficina de Información Turística de Porto Cristo
Moll, s/n. Telf. 971 815 103.
Oficina de Información Turística de Cales de Mallorca
Passeig Manacor, s/n. Telf. 971 834 144.
Oficina de Información Turística de s'Illot. Sipions, s/n. Telf. 971 812 118.
Cuevas del Drach
Telf. 971 820 753.
En Porto Cristo. Visitas de marzo a octubre: 10 h, 11 h, 12 h, 14 h, 15 h, 16 h, 17 h. De noviembre a mediados de marzo: 10.45 h, 12 h, 14 h, 15.30 h.
Cuevas dels Hams
Ctra. Manacor-Portocristo, s/n.
Telf. 971 820 988. Horario, de 10 h a 17 h. Visitas cada 15 minutos.

DORMIR

Como en otros lugares de la isla, los alojamientos se concentran en la costa, encontrando únicamente en el interior una gran oferta de turismo rural. El municipio de Manacor cuenta con más de 13.000 plazas hoteleras, siendo frecuentes los hoteles de playa con prestaciones adecuadas para estancias de una o dos semanas.

Entre ellos destaca el **Hotel y Apartamentos Blau Punta Reina**✪✪✪ (Cala Mandia, **PORTO CRISTO NOVO;** telf. 971 820 001; habitación doble: 84-176 €; apartamento: 61-177 €), mastodóntico complejo con 812 alojamientos abierto en temporada.

En **PORTO CRISTO,** dos buenas opciones de alojamiento son el **Hotell Felip**✪✪✪ (telf. 971 820 750) y el **Hotel Estrella**✪✪ (telf. 971 820 833).

TAPEO

En **S'Agrícola** (plaça de Sa Bassa) sobre las 8 de la mañana, la gente acude a tomar café con ensaimada. Se trata de bar-café de estilo clásico y zona reservada para socios; excelente para un vermú mientras se observan los cuadros expuestos en sus paredes.

En el Baix de Cos está **Ca n'Andreu,** que, amén de sus buenas tapas, tiene fama por sus bocadillos calientes. **Mingo,** en la plaça Ramón Llull, destaca por sus deliciosas tapas.

COMER

Casas con menú (menos de 15 €)

CAN MARCH
Carrer València, 7. Telf. 971 550 002.
Restaurante que ofrece una rica variedad de tendencias en su carta, desde la tradicional mallorquina (sopas mallorquinas, *arròs brut, porcella al forn* (lechona asada), frito, etc), la mediterránea y otra tedente a la fusión; sin perder de vista las modernas formas culinarias. Destaca, además, por su buena relación calidad-precio. Ofrece dos menús, uno casero y otro vegetariano. Extensa y completa bodega.

MOLÍ D'EN SOPA
Ctra. Manacor a Porto Cristo, km 4.
Telf. 971 550 193. Manacor. Sirve comida mallorquina a precios muy asequibles. Frito y sopas mallorquinas, lomo con col, paletilla de cordero y codornices asadas. Sólo abre al mediodía.

Restaurantes (desde 30 €)

En **PORTO CRISTO,** situados frente al mar, se encuentran numerosos restaurantes que ofrecen sus especialidades de pescado y marisco de primera calidad.

MANISES

VALENCIA. 25.170 habitantes

MANISES ES UNA CIUDAD QUE HA CRECIDO AL AMPARO DE SU INDUSTRIA CERÁMICA, QUE DA TRABAJO A LA GRAN MAYORÍA DE SU POBLACIÓN. SIN EMBARGO, PESE A LA INDUSTRIALIZACIÓN DE LOS PROCESOS, SE MANTIENE EN ESTA CIUDAD UN ESPECIAL CUIDADO POR EL QUEHACER ARTESANO Y SE HA DEDICADO A ÉL UN INTERESANTE MUSEO.

INFO Y TRANSPORTES

Oficina de Información Turística
Avda. del País Valencià, 19.
Telf. 96 152 56 09.
www.comunidad-valenciana.com

DORMIR

Dormir en Manises, pese a la inmediatez del aeropuerto, puede resultar algo complicado ya que es muy escasa la infraestructura hotelera de la ciudad. La proximidad de Valencia capital hace que muchos visitantes se desplacen hasta allí para buscar alojamiento.

HOTEL MANISES✪
Pizarro, 10. Telf. 96 154 89 50.
Es el único establecimiento hotelero de precio asequible y calidad mediana de la ciudad. Sus habitaciones, pese a estar muy cerca de la estación de ferrocarril, no resultan ruidosas.
Cuenta con aparcamiento y está preparado para alojar a personas con discapacidades.
Habitación doble: 33-42 €.

COMER

PEPE
Murillo, 8. Telf. 96 153 25 28.
Su menú responde a las necesidades básicas de la buena cocina casera. Es generoso y sus platos están bien elaborados. Destaca el arroz y los postres caseros

ALL I PEBRE
Ribarroja, 1. Telf. 96 154 67 53.
Se trata de un local realmente bonito. Su menú varía cada día.

MANRESA

BARCELONA. 64.067 habitantes

CAPITAL DE LA COMARCA BARCELONESA DEL BAGES, LA CIUDAD CONSERVA UN INTERESANTE LEGADO MONUMENTAL A LA VEZ QUE UNA INTENSA VIDA COMERCIAL E INDUSTRIAL.

INFO Y TRANSPORTES

Oficina de Turismo
Vía Sant Ignasi, 40. Telf. 93 878 40 90.
www.ajmanresa.org

DORMIR

HOTEL PERE III✪✪✪
Muralla de Sant Francesc, 49.
Telf. 93 872 40 00. Fax: 93 875 05 06.
Dispone de 113 habitaciones.
Habitación doble: 73 €.

HOSTAL ELS NOGUERS✪✪
Camí dels Trullols, s/n.
Telf. 93 874 32 58. Fax: 93 877 20 52.
Tiene bonitas vistas. 45 €.

COMER

Restaurantes (de 21 a 36 €)

ALIGUÉ
Ctra. Vic-El Guix, 8.
Telf. 93 873 25 62.
En las afueras de la ciudad nos sorprenderá este excelente restaurante que ofrece cocina catalana y dispone de una buena y completa bodega.

EL CASINET
Ctra. Igualada, km 91.
Telf. 93 872 05 97. Un lugar idílico para comer o cenar en la terraza una rica cocina catalana a buen precio.

LA CUINA
Alfonso XII, 18. Telf. 93 872 89 69.
Cerrado jueves. Cocina catalana.
Precio medio, 40 €.

MIRADOR DE MONTSERRAT
Masía Pons Grau Urb. Mirador de Montserrat, en Santpedor (a 8 km de Manresa). Telf. 93 832 02 07. Cierra domingo noche y lunes. Es un establecimiento muy tranquilo, rodeado de jardines y con bonitas vistas a Montserrat.

RAMÓN
Camí Juncadella, s/n. Telf. 93 832 08 50.
Cierra domingos noche. Cocina tradicional catalana y buena bodega.

MANZANARES

CIUDAD REAL. 18.097 habitantes

ENCRUCIJADA DE LAS RUTAS TURÍSTICAS MANCHEGAS (RUTA DE LOS CABALLEROS Y RUTA DEL QUIJOTE), MANZANARES ES UNA DE LAS MÁS DESTACADAS POBLACIONES DE LA MANCHA. SE PRESENTA ACTUALMENTE COMO UNA CIUDAD DE SERVICIOS BIEN EQUIPADA, QUE BIEN MERECE UNA PARADA PARA DEGUSTAR SU GASTRONOMÍA O VISITAR SU VALIOSO PATRIMONIO HISTÓRICO-ARTÍSTICO.

INFO

Oficina de Turismo
Plaza de la Constitución, s/n.
Telf. 949 611 229.

DORMIR

Aquí se halla el prestigioso ***Parador*** ✪✪✪ *(ctra. A-4, km 174; telf. 926 610 400; habitación doble: 69-75 €).*

HOTEL MANZANARES ✪✪
Ctra. de Valencia, s/n. Telf. 926 610 800. Orientado a viajantes. Dispone de piscina. Habitación doble: 48 €.

HOTEL SAGA ✪✪
Ctra. A-4, km 171. Telf. 926 611 300. Hotel de carretera. Habitaciones grandes y clásicas. Habitación doble: 39 €.

HOSTAL EL ANCLA ✪✪
Toledo, 19. Telf. 926 610 908. Habitaciones remodeladas con todas las comodidades. Habitación doble: 40-45 €.

HOSTAL MENANO ✪✪
Virgen de la Paz, 20. Telf. 926 610 916. Habitaciones, con todo el mobiliario nuevo. Buena relación calidad-precio. Habitación doble: 33 €.

EL TAPEO

Es en el centro de la localidad donde se concentra la mayor parte de los bares de tapas. En las cercanías de la plaza del Gran Teatro (Libertad) se encuentran **La Taverna** y **La Viña,** lugares donde posiblemente sirvan las mejores tapas manchegas. En **Tubos** (Doctor Camacho), un local un poco más serio, la calidad está asegurada. La especialidad de **La Perdiz Roja** (Alfonso XII) son las tapas de caza. Otros bares famosos por sus tapas son el **Mere, Los Rosales** y **Los Portales.**

COMER

Casas con menú (menos de 15 €)

En los restaurantes de la localidad existe la posibilidad de combinar la comida de mesa con tapas y raciones. En general casi todos los restaurantes ofrecen el menú del día, en el que suelen incluir platos regionales.

MENANO
Virgen de la Paz, 22.
Telf. 926 610 916.
La gran cantidad de platos que posee la carta y los buenos precios de la misma lo hacen un establecimiento muy recomendable. Su especialidad es la cocina regional, con platos como la perdiz escabechada y el pisto. El menú diario es más económico que el del fin de semana.

MESÓN SANCHO
Jesús del Perdón, 26. Telf. 926 620 463. Sencillo y subterráneo, sin escatimar en cantidades, sirve platos fuertes como la sopa de ajo, duelos y quebrantos o conejo a la manchega. Todo ello acompañado con una buena selección de vinos de la zona.

Restaurantes (sobre 21 €)

De servicio ágil y familiar, **Granada** (Doctor Camacho, 3; telf. 926 610 444), ofrece platos de la tierra entre los que destacan los platos de perdiz y de carne. El vino del pueblo es servido en jarra de barro. Famosos son sus mejillones rebozados o tigres, que también los ponen de tapas. También tienen un menú diario bastante económico.

MAÓ

ISLA DE MENORCA. 26.231 habitantes

MAÓ ES LA CAPITAL Y LA MAYOR CONCENTRACIÓN URBANA DE LA ISLA DE MENORCA. POSEE UN HERMOSO CASCO ANTIGUO CON EMPINADAS CALLEJUELAS Y PLAZAS PINTORESCAS LLENAS DE SABOR. PERO LO QUE MÁS LLAMA LA ATENCIÓN ES SU PRIVILEGIADA SITUACIÓN SOBRE SU PUERTO QUE, CON UNA LONGITUD DE 5 KM, ES CONSIDERADO LA MAYOR RADA NATURAL DEL MEDITERRÁNEO.

INFO

Oficinas de Información Turística
Pl. de s'Esplanada, 40. Telf. 971 363 790.
En el Aeropuerto. Telf. 971 157 115.
Aeropuerto. A 4,5 km del centro de Maó. Telf. 971 157 000.
Autobuses. Transportes *Menorca.* Telf. 971 360 475.
Barco. La compañía *Trasmediterránea* (telf. 902 45 46 45; www.trasmediterranea.es) une varias veces por semana el puerto de Maó con el de Barcelona.
Coches de alquiler
En el aeropuerto tienen oficina las principales compañías. En Maó: *Betacar/Europcar* (telf. 971 360 620) y *Autosmenorsur* (Moll de Llevant, 35; telf. 971 365 666).
Taxis. Parada S'Esplanada.
Telf. 971 391 283. Parada Plaça d'Espanya. Telf. 971 362 891.
Radio Taxi. Telf. 971 367 111.

DORMIR

HOSTAL JUME ✪
Concepció, 6.
Telf. 971 363 266.
Fax: 971 364 878. Uno de los pocos alojamientos económicos recomendables en el centro de Maó. Tiene 40 habitaciones, todas con baño privado y calefacción. Cafetería anexa.
Habitación doble: 55-65 €.

POSADA ORSI ✪
Infanta, 19. Telf. 971 364 751.
Alojamiento moderno con tan sólo 17 habitaciones, algunas con baño privado. Las habitaciones son muy alegres, decoradas en colores vivos en los tejidos y pareces, lo que le confiere mucho encanto, estilo sueco.
Habitación doble: 50-66 €.

Otros hoteles de precio más elevado

Así como hay pocos alojamientos económicos y recomendables en el casco urbano de Maó, existen varios de categoría superior extraordinariamente agradables. Si bien su precio supera ampliamente nuestro presupuesto medio, es factible conseguir habitaciones más económicas con las fórmulas de cheque-hotel o paquete turístico. El hotel **Port Mahón** ✪✪✪✪ (Fort de l'Eau, s/n; telf. 971 362 600) es un hotel de arquitectura colonial de aire británico, el mejor ubicado de la ciudad y con maravillosas vistas del puerto de Maó. Tiene todos los servicios de su categoría.

A unos diez minutos a pie del centro de la ciudad se halla el **Catalonia Mirador d'es Port** ✪✪✪ (Dalt Vilanova, 1; telf. 971 360 016), un hotel nuevo con amplias habitaciones con pequeña alcoba y vistas al puerto de Maó. Ambiente agradable y confortable.

El hotel **Capri le Petit Spa** ✪✪✪ (Sant Esteve, 8; telf. 971 361 400) es un moderno y funcional hotel cerca de S'Esplanada. Las habitaciones tienen balcón y todos los servicios. Cafetería y restaurante anexos. Permanece abierto durante todo el año.

EL TAPEO

Tapear en Maó no es un hábito muy extendido, sin embargo hay buenos lugares desperdigados por la ciudad y el puerto donde picar algo antes de ir a comer, o bien yantar dignamente en plan de tapas y raciones.

En pleno centro peatonal, con agradables terrazas, están el **American Bar** (Plaça Reial, 8) y el **Andalucía** (Plaça Reial, 12), muy adecuados para el vermú de los domingos.

En la plaça Bastió, 12, está **La Morada,** uno de los bares más tradicionales de Maó donde degustar tapas de la cocina menorquina.

A medio camino entre el mercat del Carmen y el Mercat des Peix está **El Mirador,** que ofrece excelentes tapas caseras elaboradas con productos de mercado.

Para tapear en el puerto recomendamos **Alba** (Moll de Llevant, 298), **El Cachito** (Moll de Llevant, 278) y **La Sentina,** también en el andén de Levante y especializados en tapas de pescado y marisco.

COMER

La cocina de Menorca es esencialmente mediterránea, con gran importancia de los pescados y mariscos frescos y los derivados del cerdo. Uno de los platos más típicos es la caldereta de pescado, mariscos y, en especial, la de langosta, cara pero exquisita. Destaca en la gastronomía popular el oli aigua *(una sopa ligera), las berenjenas al horno, la perdiz con col y los embutidos de cerdo:* carn i xua *(longaniza de carne de cerdo y tocino),* sobrassada, camot *y* botifarrons *(embutidos cocidos a base de carnes picadas con diferente grosor, sangre y un peculiar sabor a hinojo o comino).*

En repostería se elaboran ensaimadas y crespells o mantecados. No hay que olvidarse del famoso y singular queso mahonés (fresco, semicurado, curado o añejo).

En el apartado de bebidas destaca el gin, ginebra de clara tradición británica. También se elaboran herbes *(licor de hierbas) y el* palo *(a base de algarrobas).*

Por último, recordar que la mal llamada salsa mayonesa –en realidad mahonesa– tuvo aquí sus orígenes, siendo exportada bajo la dominación francesa a la metrópoli, haciendo las delicias de la corte de Luis XV.

Casas con menú (menos de 15 €)

CA'N NITO
Moll de Llevant, 15.
Telf. 971 365 226. Uno de los preferidos en el puerto por su buena relación calidad-precio. Cocina marinera con especialidad en pescados al horno a la menorquina. Estupendo menú del día con gran variedad de platos –incluido pescados– a elegir. Terraza en verano.

ITAKE
Moll de Llevant, 317. Telf. 971 354 570. Local de ambiente desenfadado en el que se presentan platos variados para todos los gustos: ensaladas, avestruz, brochetas, arroces vegetales, gratinados o albóndigas de sepia. Cocina abierta hasta la madrugada.

LLEVANT
Moll de Llevant, 302. Telf. 971 361 605. Restaurante griego del puerto –con una gran variedad de platos que van desde la ensalada griega y la *moussaka* a sofisticadas *brochettes*– a precios muy razonables. Otra vertiente de la cocina mediterránea.

LA TROPICAL
Carrer de Sa Lluna, 36.
Telf. 971 360 556. Especialidad en paellas y pescados. Surtido de tapas. Muy frecuentado por los locales.

VIDAL
Plaça de S'Esplanada, 15.
Telf. 971 360 065.
Una cafetería clásica de S'Esplanada, frente a la parada de taxis, muy frecuentada por los turistas jóvenes que esperan la hora de coger un autobús y los soldados de los cuarteles vecinos. Carta a precios razonables, menú del día y platos combinados.

ROMA
Moll de Llevant, 295. Telf. 971 353 777. Pizzería de calidad que incluye también en la carta platos de carnes y pescados. Como entrantes recomendamos el *carpaccio* y las berenjenas a la parmesana. Menú y a la carta.

ALBA
Moll de Llevant, 298. Telf. 971 350 606. Pescados frescos, arroces y pastas a precios moderados en el agradable marco del puerto. Uno de los clásicos para el tapeo. Menú del día y a la carta.

Restaurantes (desde 25 €)

Tras una discreta fachada en la parte alta de Maó se oculta una de las ofertas gastronómicas más singulares de Menorca. Se trata de **Pilar** (Forn, 61; telf. 971 366 817). Imaginativa cocina autóctona con toques foráneos. Sencillo local con un patio-comedor para las noches de verano.

El **Jardí Marivent** (Moll de Llevant, 314; telf. 971 369 801) también ofrece hermosas vistas sobre el puerto, especialmente desde su terraza. Calderetas, arroces, pescados frescos y mariscos de Menorca. Especialidad en concha –de rape y gambas– gratinada y en perol de langosta con patatas. Menú y a la carta.

Otro local del Moll de Llevant, ubicado en el número 225, es el restaurante italiano **Il Porto** (telf. 971 354 426). Elaboran buenas pizzas y carnes a la brasa. Una buena opción para disfrutar del puerto sin gastar demasiado.

La Minerva (Moll de Llevant, 87; telf. 971 351 995) ofrece una cocina basada en los mejores productos del mar. Ocupa una antigua fábrica de harinas en el puerto.

Cocina menorquina se puede también degustar en el **Club Marítimo** (Moll de Llevant, 287; telf. 971 351 372) pero también platos de cocina moderna e internacional, bien preparados y a precios razonables.

A 5 km de Maó, en Sant Climent se halla **Es Molí de Foc** (Sant Llorenç, 65; telf. 971 153 222), rincón del buen comer instalado en las dependencias de un viejo molino. Cocina mediterránea donde se mezclan platos valencianos, ampurdaneses, franceses y menorquines. Especial apartado merecen los arroces y las carnes rojas y de caza. Espacioso jardín para cenar en verano a la luz de las velas mientras se escuchan habaneras en vivo.

CAFÉS

Para tomar un buen café en un ambiente de casino antiguo, con butacones y socios leyendo relajadamente la prensa mientras fuman una pipa, hay que dirigirse a **Es Dinaret** (Carrer Nou, 1), donde otrora se ubicara el Casino de la Unió. Su nombre procede de la antigua costumbre de pagar una moneda *(diner)*, para añadir aceite a las lámparas y prolongar la velada una vez caída la noche.

Otro ambiente registra el **Café Miranda** (plaça Miranda), a donde acuden a desayunar o tomar el cortado funcionarios de los juzgados y oficinas administrativas próximas. En el puerto hay que ir al **Baixamar,** en el Moll de Ponent, ambiente relajado y portuario en un sorprendente marco pseudomodernista.

En Menorca tiene fama la elaboración de helados artesanos, por lo que no es una mala idea visitar después de comer, o si el calor aprieta, **Sa Gelateria de Menorca** (Costa de Sa Plaça, 2), o bien **El Turronero** (Carrer Nou, 22, en el centro peatonal): helados, horchatas, granizados, turrones y repostería en un tradicional negocio fundado en 1894 por gentes venidas de Xixona (Alicante).

MARBELLA

MÁLAGA. 124.333 habitantes

LA ARCHITURÍSTICA MARBELLA ES UNA DE LAS CIUDADES MÁS BELLAS Y CON MÁS PERSONALIDAD DE CUANTAS SE HALLAN EN ESTE LITORAL. LAS ESTRECHAS CALLEJAS DE MINÚSCULAS PLAZAS Y LAS AMPLIAS AVENIDAS, LA PAZ DE SU CASCO ANTIGUO Y LA BULLICIOSA NOCHE DE PUERTO BANÚS, LOS PEQUEÑOS BOTES DE PESCA Y LOS IMPONENTES YATES... ÉSTOS Y MUCHOS MÁS SON LOS ENCANTOS DE UNA CIUDAD QUE ATRAE Y ENAMORA A CUANTOS LA VISITAN.

INFO

Oficinas de Turismo
Glorieta de la Fontanilla, paseo Marítimo. Telf. 952 774 693.
Plaza de los Naranjos. Telf. 952 823 550.
Arco de Marbella. Ctra. N 340, km 182.
Telf. 952 822 818.
Puerto Banús. Telf. 952 818 570.
www.turismomarbella.com

Oficinas de Turismo en San Pedro de Alcántara
Avda. Marqués del Duero, 69.
Telf. 952 823 550.
El Arco de San Pedro.
Telf. 952 781 360.

Parada de Taxis
Camino del Calvario, Puerta del Mar y Avda. Miguel Cano.
Radio-taxi. Telf. 952 774 488.

Aparcamientos
Se localizan por toda la ciudad, aunque los más céntricos se hallan en La Alameda, junto a la plaza de la Victoria y en la Plaza del Mercado.

DORMIR

*Dejando a un lado los hoteles clasificados de Gran Lujo y los de cuatro estrellas, como el **H10 Andalucía Plaza**✪✪✪✪ (ctra. N 340, km 174; telf. 952 812 000; habitación doble: desde 90 €), hay unos cuantos hostales que, sin tener unos precios elevados, gozan de una céntrica situación y ofrecen buenos servicios.*

HOTEL DON ALFREDO✪✪
Portada, 11.
Telf. 95 275 69 78.
Situado junto a los restos del castillo, fue inaugurado en mayo de 2003. Es céntrico y las habitaciones acogedoras y limpias.
Habitación doble: 48-68 €.

HOTEL LINDA MARBELLA✪✪
Ancha, 21. Telf. 952 857 171.
Muy agradable, ubicado en la parte antigua de la ciudad.
Habitación doble: 45-80 €.

PENSIÓN EL CASTILLO✪✪
Plaza de San Bernabé, 2.
Telf. 952 771 739. En el corazón del centro histórico. Bello edificio de balcones engalanados de jazmines. Habitaciones sencillas, todas distintas y exteriores.
Habitación doble: 40-55 €.

Pensión Enriqueta✪✪
Los Caballeros, 18.
Telf. 952 827 552. Detrás de la emblemática plaza de los Naranjos, esta pequeña pensión situada en una tranquila calle peatonal, cuenta con unas habitaciones confortables pero sin ningún tipo de lujos.
Habitación doble: 50-65 €.

Pensión La Estrella✪✪
San Cristóbal, 36. Telf. 952 779 472. Modesta pensión de trato familiar, en una de las calles más bellas y floreadas de la localidad. Sus habitaciones son sencillas e impersonales, pero está a menos de 100 m de la playa.
Habitación doble: 50-70 €.

Otros hoteles de precio más elevado

De entre la gran oferta marbellí destacamos el hotel **NH Marbella✪✪✪✪** (Avda. del Conde Rudi, s/n; telf. 952 763 200; habitación doble: 110-270 €). Uno de los hoteles más clásicos es el **Los Monteros✪✪✪✪✪** (ctra. N 340, km 187; telf. 952 771 700; habitación doble: desde 250 €).

EL TAPEO

En el casco antiguo

Bajando a la estrechísima calle de San Lázaro se encuentra **Bartolo,** famoso por sus croquetas; el **Encuadernador,** con gran variedad de tapas y montaditos y, el **Estrecho,** fundado en 1954. No muy lejos están la **Dehesa de Bernal** (tortilla con pimiento) y la bodeguita el **Callejón** ("pringaíta" rondeña). En **TierraAranda** lo mejor es el picadillo arandino. **Fórmula** de diseño minimalista, ofrece una selección de 12 vinos cada semana que bien se acompañan con sus tablas de ahumados, quesos e ibéricos. En la calle Tetuán está la tambien muy popular **La Querencia** y en la calle Pantalón **El Tonelito.**

Entre La Alameda y la playa de Venus

Aquí se encuentran las bodegas con más solera de la ciudad, donde el buen vino y los ibéricos son los protagonistas.

En la bella avda. del Mar se halla **La Bodega de Santiago,** con gran variedad de tapas y raciones, así como una exquisita selección de vinos. En la paralela Miguel Cano están las más populares: la **Venencia,** encantadora bodega, vinos e ibéricos; **San Bernabé** (Travesía Carlos Mackintosh) y **El Bodegón,** con sus barriles en la calle y vistas al mar.

COMER

La cocina marbellí comparte sus especialidades con el resto de las localidades de la Costa del Sol; así los productos marineros, tales como las coquinas y almejas, mariscos y pescados, además del archiconocido pescaíto frito y el espeto de sardinas, son la gastronomía autóctona por excelencia.

*En Marbella se dan cita un elevado número de restaurantes, muchos de ellos de la máxima categoría, como **La Meridiana,** (Camino de la Cruz, s/n; telf. 952 776 190; 80-100 €), pero también hay establecimientos con menús económicos donde es posible degustar cocina internacional, nacional y regional.*

Casas con menú (menos de 15 €)

Curro
Ramón Gómez de la Serna, 2.
Telf. 952 858 491. Este pulcro restaurante sirve toda clase de comida casera, aunque la auténtica especialidad de la casa son los callos con garbanzos y la paella.

Sol y Sombra
Tetuán, 7.
Telf. 952 770 050. Decorado con antiguas fotos del mundo del toreo, este restaurante se halla en pleno casco antiguo. Pescados y mariscos son su plato fuerte.

El Encuadernador
San Lázaro, s/n.
Telf. 952 865 892/ 608 057 739. Situado en la calle más estrecha del casco antiguo, ofrece un económico menú de platos caseros. Mención especial merece el *pescaíto* frito y una lista infinita de raciones.

Altamirano
Plaza Altamirano.
Telf. 952 824 932. Fritura malagueña y pescados frescos del día donde el peso y el mercado marcan los precios de la carta. En este establecimiento la decoración es andaluza y acude mucho personal del lugar.

En las playas de Venus y la Bajadilla se concentran gran número de chiringuitos que ofrecen como platos principales los típicos pescaítos fritos y el espeto de sardinas.

Restaurantes (desde 25 €)

Para degustar estupendos pescados y mariscos no hay un lugar más a propósito como **La Taberna del Puerto,** en el puerto pesquero (telf. 952 828 325).

En el corazón del casco antiguo, **Buenaventura** (plaza de la Iglesia, 5; telf. 952 858 069) tiene un agradable patio que sirve de marco para ofrecer delicias de la cocina creativa andaluza.

MATARÓ

BARCELONA. 111.900 habitantes

La que fuera receptora del primer ferrocarril del Estado español es una ciudad activa e industrial que, sin embargo, mantiene vivas algunas de las más interesantes tradiciones festivas y una vida cultural muy intensa.

INFO

Ayuntamiento
La Riera, 48. Telf. 93 758 21 00.
www.infomataro.net

DORMIR

Hotel Castell de Mata✪✪✪
Ctra. A-2, km 649. Telf. 93 790 10 44. Fax: 93 755 11 17. Aunque se encuentra fuera de la ciudad, es una de las mejores opciones para alojarse en Mataró. El edificio, ambientado en el siglo XVI, resulta muy acogedor, el trato es casi familiar y las habitaciones, bien equipadas, resultan muy cómodas. Fue remodelado en su totalidad con motivo de las Olimpiadas de 1992. Su restaurante goza también de gran renombre. Habitación doble: 55-70 €.

Hotel Colón✪✪✪
Colón, 6-8. Telf. 93 790 58 04.
Fax: 93 790 62 86. Está ubicado en el centro comercial de Mataró y cerca del puerto deportivo. No falta detalle en las habitaciones de este hotel relativamente pequeño y que, quizás por eso, sea tan tranquilo.
Habitación doble: 87 €.

Hoteles de precio más elevado

El **NH Ciutat de Mataró✪✪✪** (Camí Reial, 640; telf. 93 757 55 22; fax: 93 93 757 5726; habitación doble: 76-129 €) es un hotel moderno y funcional, con un buen nivel de servicios, situado en la zona comercial y a poca distancia del puerto. El hotel dispone de acceso para personas discapacitadas.

EL TAPEO

Quien de verdad quiera tomar tapas en Mataró debe dirigirse a la **Antigua Casa Paco,** en la calle Barcelona, que ofrece una gran variedad y calidad. Aunque no está en Mataró, sino en la vecina localidad de **Vilassar de Mar,** merece la pena visitar **Ca l'Espinalet,** en la calle San Jaume, junto al Ayuntamiento. Éste es, sin duda, uno de los mejores establecimientos de tapas de toda Barcelona, y su renombre es tal que son muchas las personas que se desplazan desde la capital hasta aquí para degustar lo que ofrece esta tasca.

COMER

*En la gastronomía local destacan las excelentes patatas que acompañan a una buena cantidad de guisos. **Can Dimas** (passeig del Callao, s/n; telf. 93 790 32 09; 36 €), en la zona del puerto, tal vez sea el restaurante más tradicional de la ciudad.*

Casas con menú y carta (entre 15 y 30 €)

Iluro
La Rambla, 14. Telf. 93 790 17 46.
De ambiente muy agradable, esta casa está especializada en cocina de mercado y casera. Menú y carta.

El Fanalet
Sant Cristófor, 15. Telf. 93 790 78 42.
Lluís es el alma de éste –y de algún otro– restaurante. El interior es cálido y las paredes están decoradas con carteles antiguos de películas de cine.

Isaac
Camí de la Geganta, 25.
Telf. 93 799 49 52. Además de bocadillos, platos combinados y otras ofertas similares, este restaurante tiene un menú en el que domina la cocina de mercado. Los platos que lo componen están bien elaborados y cubren perfectamente las expectativas.

MAZARRÓN

MURCIA. 22.231 habitantes

TIERRAS OCRES, AMARILLENTAS Y ROJIZAS CONFORMAN UN PAISAJE ÁRIDO, SILENCIOSO, DESHABITADO, EMPEÑADO EN SACAR DE SUS ADENTROS PLATA, PLOMO… Y EL BERMEJO ALMAZARRÓN QUE DIO NOMBRE A UN PUEBLO QUE, SEGÚN SE EXTINGUIÓ LA MINERÍA, PUSO SUS ESPERANZAS EN LA PESCA. NACÍA ASÍ OTRO NÚCLEO COMERCIAL, EL PUERTO, Y UNA LARGUÍSIMA FRANJA DE FINA ARENA EN LA QUE ATRACARÍA POSTERIORMENTE EL TURISMO, ACTIVIDAD QUE CONVERTIRÍA A MAZARRÓN EN UNA DE LAS ZONAS MÁS ATRACTIVAS DEL LEVANTE, EN LA QUE NUNCA FALTA EL SOL. O SI NO, QUE SE LO DIGAN A LOS TOMATES Y HORTALIZAS QUE PUEBLAN LOS INVERNADEROS.

INFO Y TRANSPORTES

Oficina de Información y Turismo
Plaza de Toneleros, s/n. En el Puerto.
Telf. 968 594 426/ 154 064.
www.mazarron.es

DORMIR

A la amplia oferta de apartamentos hay que unir un buen número de hoteles que suelen estar a rebosar e incrementan sus precios en el verano. Una buena opción es decidirse por los alojamientos del pueblo que, por estar en el interior, resultan más económicos, aunque buena parte de los establecimientos se concentran a orillas del mar en el Puerto de Mazarrón y a lo largo de la costa. Mazarrón cuenta además con cuatro campings de segunda categoría, y varias casas rurales ideales para explorar las sierras del interior.

HOTEL LA CUMBRE✪✪✪

Teide, 1. Urb. La Cumbre. En el Puerto.
Telf. 968 594 861. Imponente hotel con unas habitaciones en las que los detalles son siempre de buen gusto. Apenas a un paso de la playa, no le faltan las vistas marinas, una estupenda piscina y el aire acondicionado para los más que habituales calurosos días.
Habitación doble: 72-92 €.

HOTEL GUILLERMO II✪✪

Carmen, 7. En el Puerto.
Telf. 968 590 436. Las habitaciones nuevas no carecen de su aire acondicionado, calefacción y antena parabólica. Cuenta además con un servicio de cafetería y un restaurante de cocina tradicional murciana.
Habitación doble: 45-60 €.

PENSIÓN LOS CISNES✪✪

Sierra de Cazorla. C.C. Costa Cálida. Puerto de Mazarrón. Telf. 968 153 122. Alojamiento de reciente construcción con habitaciones sencillas y muy correctas. Trato personal, aire acondicionado y TV. A unos 300 metros de la playa. Habitación doble: 40-60 €.

Otros hoteles de precio más elevado

El lujo y el buen gusto se han instalado en establecimientos marineros del Puerto de Mazarrón como el **Hotel Playa Grande✪✪✪** (Playa Grande; telf. 968 715 155), el **Hotel Bahía✪✪✪** (avda. José Alarcón; playa Reya; telf. 968 594 000) o el **Hotel Playasol✪✪✪** (urb. Playasol II, parc. 115; Bolnuevo; telf. 968 156 503).

Campings

Otras alternativas para alojarse en la localidad son los campings **Playa de Mazarrón** (ctra. Puerto de Mazarrón-Bolnuevo; telf. 968 150 660), y **Las Torres** (ctra. N 332, km 29; telf. 968 595 225), ambos de segunda categoría y con unas excelentes prestaciones.

COMER

Pueblo marinero como el que más, ha acabado mezclando con el pescado el tomate, fruto de tantos invernaderos, para sorprendernos con platos como el rape y el mero a la mazarronera, las albóndigas con merluza, el ajotomate, talvina, ajocolorao y el popular arroz con bogavante.

Restaurantes (de 20 a 40 €)

Atrium (avda. Antonio Segado del Olmo, 20; telf. 968 158 383; www.a-triumhotel.es) es el restaurante del hotel homónimo, en el que se combina la cocina más vanguardista con los sabores mediterráneos más tradicionales. .

El Puerto (pza. del Mar, s/n; telf. 968 594 805) está situado en la entrada del puerto pesquero. Poco han de recorrer los pescados y mariscos para presentarse con todo su frescor a la mesa. La caldereta de langosta a la mediterránea resulta realmente sabrosa, pero también hay otros platos deliciosos, como los calamares en su tinta, la ventresca de bonito y la ijada de atún.

Barbas (entrada al Club Náutico; telf. 968 594 106; precio medio: 20-30 €) tiene un funcional y acristalado mirador abalconado a pie de playa. La calidad se acentúa con el magnífico arroz con bogavante, al que le hacen sombra el rape con almejas y gambas, la lubina al ajo pescador y la zarzuela de marisco.

Miramar (playa de la Isla; telf. 968 594 008) se presenta como uno de los más multitudinarios en el verano. A ello contribuyen las privilegiadas vistas y la originalidad en platos como los erizos gratinados, el revuelto de algas o los rollitos de salmón. Cocina en su mayoría mediterránea. Su especialidad: el arroz con langosta.

MEDINA DE POMAR

BURGOS. 5.512 habitantes

ESTA PEQUEÑA Y PRÓSPERA CIUDAD, QUE LLEGÓ A SER CAPITAL DE LAS MERINDADES CASTELLANAS, INVITA A RECORRER DESPACIO SUS DIFERENTES BARRIOS HISTÓRICOS, FRUTO DE LA PACÍFICA Y EJEMPLAR CONVIVENCIA ENTRE JUDÍOS, ÁRABES Y CRISTIANOS. EN LOS ÚLTIMOS TIEMPOS SE HA CONVERTIDO EN UNO DE LOS CENTROS DE VERANEO MÁS IMPORTANTES DE LA PROVINCIA.

INFO Y TRANSPORTES

Ayuntamiento
Plaza Mayor, 1.
Telf. 947 190 707.
www.lasmerindades.com
www.medinadepomar.org
Oficina de Turismo
Mayor, 14.
Telf. 947 147 228.

DORMIR

La oferta de hostales es amplia y los precios, salvando algunos casos puntuales, son muy asequibles. Se recomiendan los siguientes:

HOSTAL LA TIZONA✪✪

Santander, 52.
Telf. 947 147 466.
Algo retirado del centro pero la relación calidad-precio es buena. Todas las habitaciones cuentan con teléfono e hilo musical, aunque pueden resultar algo ruidosas las que dan a la carretera. Para aparcar no hay problema.
Habitación doble: 42 €.

PENSIÓN EL MOLINO II

Travesía Juan de Medina, 3.
Telf. 947 191 818.
Las habitaciones, decoradas con sencillez, espaciosas y con mucha luz, están prácticamente nuevas. Cuenta con un restaurante muy acogedor. Ambiente agradable y familiar.
Habitación doble: 33-40 €.

PENSIÓN EL OLVIDO

Pza. El Olvido, s/n. Telf. 947 190 001.
Es uno de los establecimientos más antiguos y afamados de Medina, no tanto por su hostal, recientemente reformado, como por su restaurante. De cualquier forma, el precio de las habitaciones es muy adecuado para los que no quieran gastarse mucho dinero. Baño compartido.
Habitación doble: 20-40 €.

Otros hoteles de precio más elevado

Hay dos buenos hoteles en la ciudad: el elegante **Ciudad de Medina✪✪✪** (plaza Semovilla, s/n; telf. 947 190 822; fax: 947 191 556; habitación doble: 50-90 €) y **La Alhama✪✪✪** (ctra. La Cerca, s/n; telf. 947 190 846; habitación doble: 50-60 €), con un buen nivel de servicios y donde también se admiten animales.

COMER

Debido a su proximidad al Cantábrico, se percibe una gran influencia de la cocina vasca, especialmente en la preparación del pescado. No obstante son tradicionales los asados de cordero, según la receta castellana, y en repostería, los hojaldres.

Casas con menú (menos de 15 €)

MARTÍNEZ

Pza. de Semovilla. Telf. 947 191 689.
Informal y acogedor al mismo tiempo, ofrece un menú del día variado y económico. Se recomiendan las ensaladas. El servicio es muy rápido y el trato

agradable. También se pueden comer platos combinados y hamburguesas.

El Linaje
Pza. de Semovilla, s/n.
Telf. 947 190 742.
Es de los tradicionales de Medina. Tiene un comedor pequeño pero agradable, donde degustar buena cocina casera.

San Francisco
Juan de Ortega, 3.
Telf. 947 110 933.
Antiguo comedor franciscano. La decoración en piedra y madera del local, es ideal para sumergirse en un viaje al pasado a través de antiguas recetas de cocina. Comer a la carta puede resultar algo caro pero también cuenta con un menú del día más asequible. Excelentes los pescados.

La Tizona
Santander, 52. Telf. 947 147 466.
En el hostal homónimo.
El menú del día incluye platos recomendables como la merluza guisada, especialidad de la casa.

MEDINA DE RIOSECO

VALLADOLID. 5.015 habitantes

Una gran riqueza arquitectónica y monumental, el título de Almirantazgo de Castilla, el ferrocarril y el Canal de Castilla son ejemplos del esplendor pasado de Medina de Rioseco. Su casco antiguo de calles angostas y trazado irregular es una continua sucesión de sorpresas. Los templos, de enormes dimensiones, encierran verdaderos tesoros del arte castellano.

INFO

Oficina de Turismo
Dársenas del Canal de Castilla.
Fábrica de Harinas San Antonio.
Telf. 983 720 319.
www.medinaderioseco.com

DORMIR

Hostal Castilla✪✪
Juan Carlos I, 10. Telf. 983 700 078.
Ubicado en la carretera, aunque a su paso por el medio del pueblo. Dispone de cómodas habitaciones con baño o sólo lavabo. Ofrece desayuno y servicio de restaurante o pensión completa. Habitación doble: 24-30 €.

Hostal Duque de Osuna✪
Avda. de Castilviejo, 16.
Telf. 983 700 179. Un poco más apartado y en una zona que los fines de semana puede ser algo ruidosa, por lo que conviene pedir una habitación interior. Por lo demás, el hostal es bastante aceptable, con habitaciones con baño completo o sólo lavabo. Admiten perros. Habitación doble: 30-48 €.

Hostal La Muralla✪✪
Plaza de Santo Domingo, 4.
Telf. 616 740 925.
Las instalaciones son nuevas, con sencillas habitaciones pero confortables. Buena relación calidad-precio. Habitación doble con baño: 30 €.

EL TAPEO

El tapeo se circunscribe fundamentalmente a la plaza de Santo Domingo y la calle Lázaro Alonso, conocida como la Rúa.

Allí es donde abundan las tascas y los bares con suculentas tapas. En el **Asturias,** por ejemplo, hay pinchos y embutidos variados. La mejillonería **Roque** es un clásico.

Y en la calle Armas, el **Botaba** y el **Mesón Los Arcos,** ofrecen una amplia variedad de raciones. Fuera de esa zona resulta recomendable el bar **Villa** (calle Matadero) con pinchos muy recomendables y sabrosos. También se puede comer a base de raciones a precios económicos en un ambiente popular.

COMER

Casas con menú (menos de 15 €)

Asturias
Pza. de Sto. Domingo, 6.
Telf. 983 700 746. Sirve un buen plato de la casa por un precio asequible, también se puede comer a la carta. Exquisitos embutidos y buenos vinos. Tiene un comedor en la planta superior.

Castilla
Avda. Juan Carlos I, 10.
Telf. 983 700 078. Sin grandes lujos, una comida casera aceptable.

Restaurantes (desde 21 €)

Pasos (Lázaro Alonso, 4; telf. 983 701 002) es un restaurante de estilo antiguo con paredes estucadas. La comida es bastante buena. Podéis degustar los típicos platos de la zona como pichones o lechazo, regados con buenos tintos de la región.

Mesón La Rúa (San Juan, 25; telf. 983 700 783) es un local de gran tradición, especializado en cocina castellana y buenos pescados.

MEDINA DEL CAMPO

VALLADOLID. 20.174 habitantes

Villa de vocación mercantil y gran dinamismo económico que durante los siglos XV y XVI gozó de fama internacional entre banqueros, prestamistas y mercaderes. Del esplendor de antaño queda el magnífico Castillo de la Mota y otros edificios civiles y religiosos, el hecho sorprendente de que los domingos sea día laboral y sus populares mercados.

INFO

Oficina Municipal de Turismo
Junto al Ayuntamiento, en la plaza Mayor de la Hispanidad, 48.
Telf. y fax: 983 811 357. Organizan visitas guiadas por la ciudad y facilitan información turística.
www.ayto-medinadelcampo.es
Ayuntamiento. Plaza Mayor, 1.
Telf. 983 811 020.
Taxis. Plaza Mayor de la Hispanidad, 1. Telf. 983 801 055. Estación de ferrocarril. Telf. 983 800 538.

DORMIR

Hotel La Mota✪✪✪
Fernando El Católico, 4.
Telf. 983 800 450. Hotel bastante conocido y que suele estar ocupado por gente de paso, viajantes sobre todo. Es cómodo, está bien situado (carretera de Madrid, estación y centro quedan a mano) y cuenta con cafetería, restaurante y aparcamiento. Las habitaciones, bien equipadas, se asoman a un agradable jardín.
Habitación doble: 60 €.

Hotel San Roque✪✪
Ctra. A-6, km 157.
Telf. 983 800 612.
Grande, funcional y con todas las comodidades, pero un poco lejos. Es un hotel clásico, convenientemente reformado hace unos años.
Habitación doble: 50-55 €.

Hostal La Plaza✪✪
Plaza Mayor, 34.
Telf. 983 811 246.
Su situación es inmejorable para el visitante. Tiene buena relación calidad-precio. Habitación doble: 40 €.

Hostal El Orensano✪
Fernando El Católico, 20.
Telf. 983 800 341.
Está más alejado del centro, su cualidad más interesante es el precio.
Habitación doble: 32-35 €.

Otros hoteles de precio más elevado

En la ctra. de Medina a Velascálvaro, km 4, se halla el **Palacio de las Salinas**✪✪✪ (telf. 983 804 450; 95-115 €, según temporada; www.palaciodelassalinas.es), hotel-balneario bien reformado. El edificio es de principios del siglo XX y parece una copia del palacio de la Magdalena de Santander. Tiene un agradable jardín.

EL TAPEO

La costumbre del tapeo toma en Medina del Campo el título de noble arte. Es en la enorme Plaza Mayor donde más y mejores lugares se encuentran. Destacan el **Bar Rosa,** con sus pinchos de sardinas; el **Mónaco** y las gambas; el **Alegría,** un lugar castizo, con una enorme variedad de pinchos, entre los que se recomiendan los que se elaboran con mejillones; el **Casino,** también muy tradicional, donde las gambas y los llamados "tigres" son deliciosos; **El Comercial** y en frente el **Yovoy,** donde es muy celebrada la oreja; y **El Continental,** que ofrece un delicioso caldo de pescado. Para comer unos buenos callos se debe ir al **Zamorano.**

COMER

Casas con menú (menos de 15 €)

ALEGRÍA
Plaza Mayor, 35.
Telf. 983 800 272.
Ofrece un menú muy económico, con varios platos a elegir. Tiene una cuidada selección de vinos de la Ribera del Duero.

MÓNACO
Plaza Mayor, 26.
Telf. 983 810 295. Tiene un menú, con dos o tres platos a elegir, aunque también se puede comer a la carta por un precio módico. Cocina de influencia cántabra, asados y estofados.

MANGAS
Plaza Mayor, 2.
Telf. 983 801 131. Dispone de una agradable terraza en la que se puede comer dos tipos de menú y a la carta. También dispone de un buen tapeo.

CONTINENTAL
Plaza Mayor, 15. Telf. 983 801 014.
Fundado en 1904, ofrece cocina casera con buenas materias primas. Es un buen restaurante para todas las opciones, ya que ofrece un menú del día económico y a la carta de 21 a 24 €.

Restaurantes (de 21 a 36 €)

Junto a la antigua carretera hacia Madrid se sitúa **Mohíno** (Nueva del Cuartel, 2; telf. 983 800 844). Su especialidad casi única y absoluta es la carne, que resulta francamente recomendable. Los martes ofrecen cocido y los miércoles, fabada. Buenos vinos tintos y blancos.

MEDINACELI

SORIA. 900 habitantes

EL ESPLENDOR Y LA MEZCLA DE DIFERENTES CULTURAS QUE VIVIÓ MEDINACELI, ELOGIADA POR LOS ESCRITORES DEL 98, QUEDA PLASMADO HOY EN EL CARÁCTER COSMOPOLITA Y VANGUARDISTA DE LA VILLA, DONDE LAS GALERÍAS DE ARTE CONTEMPORÁNEO Y LOS ARTISTAS CONVIVEN EN PERFECTA ARMONÍA CON LOS VESTIGIOS DEL PASADO.

INFO

Oficina de Turismo
Campo de San Nicolás.
Telf. 689 734 176.
Ayuntamiento
Telf. 975 326 053.
www.sorianitelaimaginas.com
www.soriasurturismo.net

DORMIR

*La mayoría de los alojamientos se encuentran en la A-2. Destaca el **Hotel Nico**✪✪✪ (Ctra. A-2, Km 151; telf. 975 326 011; habitación doble: 70-78 €), funcional y bien equipado, para los que estén dispuestos a gastarse un poco más. Además, se recomiendan los siguientes:*

HOTEL DUQUE DE MEDINACELI✪✪
Ctra. A-2, km 150.
Telf. 975 326 111.
Ubicado en un antiguo caserón castellano del siglo XIX. Ofrece un equipamiento bastante aceptable, con televisión, teléfono y baño en las habitaciones, además de aparcamiento y restaurante.
Habitación doble: 49-56 €.

HOSTAL BABIECA✪✪
Campo de San Nocolás, 6.
Telf. 975 326 106.
Sencillo hostal de 7 habitaciones pero excepcionalmente equipado y con buenas vistas.
Habitación doble: 66 €.

HOSTAL LA CERÁMICA✪✪
Santa Isabel, 2.
Telf. 975 326 381. Es a la vez hostal-residencia y la única casa rural que encontraremos en el pueblo. Se trata de un antiguo edificio rehabilitado que conserva la arquitectura tradicional. La decoración es rústica, puede que austera en algunas estancias, pero tiene el aliciente de que encontraremos piezas de cerámica por doquier fabricadas por sus propios dueños.
Habitación doble: 60 €.

COMER

Casas con menú (menos de 15 €)

CARLOS MARY
Ctra. A-2, km 150.
Telf. 975 326 014.
Dispone de una carta bastante completa y un menú casero con varios platos y muy buena relación calidad-precio. Casi siempre está lleno de viajeros y de camioneros que hacen la ruta Madrid-Barcelona.

RAFA
Ctra. A-2. Telf. 975 326 032.
Se caracteriza por la gran variedad de platos que su menú da a elegir, siete primeros y unos seis segundos. Cocina casera y de mercado, en la que priman los productos de temporada y las carnes castellanas.

ASADOR DE LA VILLA "EL GRANERO"
Yedra, 10. Telf. 975 326 189.
Local de ambiente rústico, con buenos asados y platos caseros. No hay que irse sin probar alguna de las variadas milhojas (de mantequilla, de tomillo, cantueso, etc.).

Restaurantes (de 20 a 30 €)

En el casco urbano cabe destacar la oferta culinaria del **Rincón de Medinaceli** (Marimedrano, 10; telf. 975 326 161), cocina castellana con primacía de carnes: lechazo asado, chuletillas, solomillo, etc.

En la carretera se sitúa el **Hotel Duque de Medinaceli** (carretera A-2, km 150; telf. 975 326 111), que está especializado en cocina castellana y soriana, destacando las setas y perdiz. Es un lugar agradable para descansar.

El **Hostal Babieca** cuenta también con un restaurante muy coqueto donde probar platos más elaborados a partir de productos de la zona.

MELILLA

CIUDAD AUTÓNOMA. 60.000 habitantes

LA ANTIGUA RUSADIR DE LOS FENICIOS SE HALLA A 114 MILLAS DE MÁLAGA Y A 97 DE ALMERÍA, CIUDADES CON LAS QUE COMUNICA ANGULARMENTE. ES UNA DE LAS MÁS BELLAS Y SOLEADAS URBES DEL LITORAL AFRICANO, A LA QUE ACUDEN, ATRAÍDOS POR SU CONDICIÓN DE PUERTO FRANCO Y CIUDAD HISTÓRICA, MILES DE ESPAÑOLES PROCEDENTES DE LA PENÍNSULA.

INFO Y TRANSPORTES

Oficina de Turismo
Fortuny, 21.
Palacio de Exposiciones y Congresos.
Telf. 952 976 151. Fax: 952 679 616.
www.camelilla.es
Aeropuerto. Telf. 902 404 904.

DORMIR

PARADOR DE MELILLA✪✪✪
Avda. de Cándido Lobera, s/n.
Telf. 952 684 940.
Fax: 952 683 486. Lujoso edificio desde el que se contempla la ciudad.
Habitación doble: 98-120 €.

HOTEL RUSADIR✪✪✪
Pablo Vallesca, 5. Telf. 952 681 240.
Fax: 952 670 527. Hotel céntrico y funcional. Habitación doble: 90-120 €.

HOTEL ÁNFORA✪✪
Pablo Vallescá, 8.
Telf. 952 683 340. 75 €.

HOTEL NACIONAL✪
José Primo de Rivera, 10.
Telf. 952 684 540. 45-60 €.

COMER

LA MURALLA
Florentina, s/n. Telf. 952 681 035. Cierra lunes. Está en La Ciudadela, entre murallas y con bonitas vistas de la ciudad. Con un comedor al aire libre. Cocina sencilla pero estupenda.
Precio medio, 30 €.

LOS SALAZONES
Alcaudete, 15. Telf. 952 673 352. Cocina mediterránea, sobre todo pescados y mariscos. Buena bodega.

ES MERCADAL-FORNELLS

ISLA DE MENORCA. 3.387 habitantes

A LOS PIES DEL MONTE TORO, EN EL CENTRO DE LA ISLA, SE HALLA LA TRANQUILA Y ENCANTADORA POBLACIÓN DE ES MERCADAL, ALEJADA DEL TURISMO DE MASAS Y RODEADA DE UN HERMOSO MARCO NATURAL. A TAN SÓLO 9 KM SE UBICA EL PEQUEÑO PUEBLO PESQUERO DE FORNELLS, MECA DE LA GASTRONOMÍA MENORQUINA; SU CALDERETA DE LANGOSTA TIENE FAMA INTERNACIONAL.

INFO

Ayuntamiento de Es Mercadal
Carrer Major, 57.
Telf. 971 376 412.

DORMIR

HOSTAL S'ALGARET✪✪

Plaça S'Algueret, 7.
Telf. 971 376 552. Fax: 971 376 499. **FORNELLS.** Amplias y luminosas habitaciones con baño en las que entra a raudales el olor a mar de la bahía de Fornells. Abierto de abril a octubre. Restaurante anexo.
Habitación doble: 40-86 €.

HOSTAL JENI✪

Miranda del Toro, 81.
Telf. 971 375 059. Fax: 971 375 124. El único alojamiento dentro del casco urbano de Es Mercadal. 36 habitaciones, todas amplias, pulcras y con baño. Restaurante con comidas caseras y menú del día. Abre todo el año.
Habitación doble: 56-89 €.

PENSIÓN S'ENGOLIDOR✪

Carrer Major, 3. Telf. 971 370 193. Es Migjorn Gran, a 7 km de Es Mercadal camino de la playa de Sant Tomàs. Ofrece cuatro acogedoras habitaciones dobles. Excelente restaurante de comidas caseras y una terraza-jardín con hermosas vistas al barranco de S'Engolidor.
Habitación doble: 45-55 €.

Otros hoteles de precio más elevado

En la carretera de Maó a Fornells, a unos 7 km de Es Mercadal, el **Puig de Sa Roca** (telf. 971 188 642; habitación doble: 55-69 €) es un hostal rústico situado en uno de los pulmones verdes de la isla. Sus habitaciones están decoradas en estilo colonial y cuentan con baño privado. Tiene piscina y restaurante. Cierra en invierno.

COMER

En cualquiera de los afamados restaurantes del puertecito de Fornells, el marisco o el pescado es excelente. Pero sin duda, la caldereta de llagosta *es su máximo exponente de calidad; pero eso sí, habrá que prepararse a desembolsar una buena cantidad de dinero. Dos casas de renombre son* ***Es Cranc*** *(Escoles, 29; telf. 971 376 442; 36 €) y* ***Es Pla*** *(Passeig Marítim de Gumersind Riera, s/n; telf. 971 376 655; 36 €).*

Casas con menú (menos de 15 €)

MOLÍ DES RECÓ

Major, 53.
Telf. 971 375 392. Es Mercadal. Cocina menorquina en el marco de un molino visible desde la carretera. Son famosas sus cebollas rellenas de rape y los calamares a la menorquina.

JENI

Miranda del Toro, 81.
Telf. 971 375 059. Está ubicado en el único alojamiento de Es Mercadal, por lo que su clientela son huéspedes del hostal y locales que conocen su buena, variada y económica cocina. Comidas caseras y menú del día.

Restaurantes (sobre 24 €)

Todo un clásico en Menorca es **N'Aguedet** (Lepant, 30; telf. 971 375 391), en Es Mercadal. Cocina menorquina refinada con recetas antiguas y modernas. Especialidad en caracoles con cangrejo y lechona de propia crianza. También los vinos de mesa son de cosecha propia.

En la carretera de Maó a Ciutadella, **Ets Arcs** (telf. 971 375 538) ofrece cocina típica menorquina: caldereta de langosta, mariscada, lomo con col, conejo con cangrejo, berenjenas al horno y *oliagua amb tomàtics*.

Ubicado en una antigua casa de campo integrada hoy en el núcleo urbano de Es Migjorn Gran, a 7 km de Es Mercadal, se halla el **Restaurante 58 "S'Engolidor"** (Major, 58; telf. 971 370 193). El restaurante forma parte de una pequeña fonda y ofrece comida casera menorquina con toques personales. Dispone de una pequeña terraza que también es jardín.

Ubicado en un enclave privilegiado, el restaurante **Reclau** (urb. Playas de Fornells, telf. 971 376 778) goza de excelentes panorámicas, con la playa de Tirant al oeste y el faro de Cavalleria. Puede resultar un lugar idílico para degustar una excelente caldereta de langosta y otras suculentas especialidades. Otro de sus atractivos es que dispone de bar, dotado de una amplia terraza.

En Fornells, **S'Algaret** (plaça S'Algueret, 7; telf. 971 376 674) es un clásico del puerto, algo así como una meca donde al menos una vez en la vida hay que ir a degustar la caldereta de langosta.

MÉRIDA

BADAJOZ. 54.310 habitantes

CAPITAL DE EXTREMADURA, ESTA BELLA CIUDAD HA SIDO CONVERTIDA EN LA ACTUALIDAD EN CENTRO TURÍSTICO DE PRIMER ORDEN Y EN UN IMPORTANTE NÚCLEO ADMINISTRATIVO Y COMERCIAL. FUE UNA DE LAS CIUDADES MÁS BRILLANTES DEL IMPERIO ROMANO, ÉPOCA DE LA QUE CONSERVA UN SINGULAR LEGADO ARTÍSTICO.

INFO

Oficina de Turismo de la Junta
Paseo José Álvarez Sáez de Buruaga, s/n (junto al Teatro Romano).
Telf. 924 009 730.
www.turismoextremadura.com
Taxis. Paradas en la avda. de Roma y en Félix Villaverde Lillo.
Radio Taxi. Telf. 924 371 111.
Tele Taxi. Telf. 924 315 756.

DORMIR

La ciudad está declarada Patrimonio de la Humanidad, distinción que le sirve para atraer a una multitud de turistas durante todo el año. La oferta hotelera en Mérida es muy grande, aunque sus precios son elevados. Para presupuestos desahogados está el ***Parador de Mérida***✪✪✪✪ *(pza. de la Constitución, 3; telf. 924 313 800; 145-155 €).*

HOTEL CERVANTES✪✪

Camilo José Cela, 8. Telf. 924 314 961/314 901. Fax: 924 311 342. Muy céntrico. Sus habitaciones son amplias y muy bien equipadas: climatización, teléfono, televisión con antena parabólica, hilo musical... Habitación doble: 65-75 €.

HOTEL LUSITANIA✪✪

Oviedo, 12. Telf. 924 316 112.
Fax: 924 316 109. Situado en los alrededores de la plaza de toros y muy próximo a la zona de copas. Con habitaciones espaciosas. 50-60 €.

HOSTAL ANAS✪✪

Avda. Reina Sofía, s/n. Telf. 924 311 113. Situado junto a la casa del Mitreo, en las inmediaciones de la antigua A-5, a un paseo del centro pero con la facilidad de acceso. Habitaciones nuevas, funcionales, luminosas, tranquilas, con climatizador y conexión a Internet. Buena relación calidad-precio.
Habitación doble: 45 €.

HOSTAL ALFARERO✪

Sagasta, 40. Telf. 924 300 060. Está situado muy cerca del museo Nacional de Arte Romano. Con apenas 18 plazas, dispone de novísimas habitaciones climatizadas y baños con ducha de hidromasaje.
Habitación doble: 45-50 €.

HOSTAL NUEVA ESPAÑA✪

Avda. de Extremadura, 6.
Telf. 924 313 356. Muy próximo a la basílica Santa Eulalia. Habitaciones reformadas con techos altos.
Habitación doble: 40-50 €.

HOSTAL SENERO✪

Holguín, 12. Telf. 924 317 207. Situado en una estrecha calle en las proximidades del arco de Trajano. Edificio antiguo reformado; por dentro se convierte en un laberinto de pasillos y puertas. Pequeñas habitaciones con baño completo. Habitación doble: 36-40 €.

HOSTAL EL TORERO✪

Ctra. Alange, km 0.
Telf. 924 371 789. Este hostal-restaurante, decorado con motivos taurinos, se encuentra junto al bello puente romano. Dispone de habitaciones que dan a un patio exterior, climatizadas y con TV.
Habitación doble: 40-60 €.

Campings

Para los que dispongan de vehículo, Mérida cuenta con un cámping a 2 km del entramado urbano: **Cámping Mérida** (avda. Reina Sofía, s/n; antigua N V, km 336; telf. 924 303 453). Abierto todo el año, de 2ª categoría. Piscina, zona ajardinada y restaurante con meú del día. También alquilan habitaciones dobles con baño, TV y calefacción. Habitación doble: 39 €.

Otros hoteles de precio más elevado

Para los que viajan con un presupuesto más desahogado son aconsejables el **Hotel Las Lomas**✪✪✪✪ (Avda. Reina Sofía, 78; telf. 924 311 011; 65-150 €) y el **Hotel Nova Roma**✪✪✪ (Suárez Somonte, 42; telf. 924 311 261; 105 €), cómodo, moderno y céntrico.

EL TAPEO

Mérida posee un buen número de locales llenos de encanto que participan de la liturgia de las raciones, glorificadas por magníficos productos extremeños como el jamón, el chorizo, la morcilla, el queso y un excelente vino. Los locales de raciones se concentran en las inmediaciones del Museo Nacional de Arte Romano y de la plaza de España, el centro social de esta ciudad, prolongándose por la marchosa calle de John Lennon, poniendo sobre la mesa una ruta de tapeo que no conviene perderse.

A la sombra del Museo extiende su terraza **La Despensa del Castúo** (José Ramón Mélida), con tapas y raciones a buenos precios que atraen no sólo a los foráneos. En la misma calle, **Ibéricos.com** tiene bocadillos con nombres romanos, y **Bocados** es un lugar para desayunar o tomar bocadillos y helados.

Paseando se puede llegar a la plaza de España y sus alrededores, otra zona muy animada a la hora del tapeo. Aquí destaca **Vía Flavia,** con gran variedad de tapas, raciones y platos combinados.

Recorriendo la calle peatonal más comercial de Mérida, Santa Eulalia, se desemboca en la plaza de Abastos, donde nos espera un verdadero clásico, **Casa Benito,** encantador y tradicional local, decorado con estampas taurinas, en el que tienen mucha fama las sardinas y la lengua estofada, variedades que se alternan con el vino y los clásicos productos extremeños.

Otros sitios muy frecuentados son **Yantar** (José Sáez de Buruaga), con buenos bocadillos; **Tapas-Rom,** junto a la puerta de la Villa, con ricas tapas y decoración romana (para que no nos olvidemos de que estamos en Mérida); y el **Pestorejo** (Berzocana), cuyo nombre proviene de una parte del cerdo del que, aquí, dan buenas raciones con patata.

Se puede dar una vuelta por la famosa calle John Lennon y degustar en la cervecería alemana **Bremem** su variada gama de cervezas y salchichas.

COMER

Casas con menú (menos de 15 €)

Hay una gran avalancha de restaurantes y casas de comida que ofrecen un menú diario a los turistas. Sobre todo en las proximidades del Teatro Romano, en la calle Santa Eulalia y en la plaza de España. Conviene asesorarse y escoger un poco entre tan variada oferta.

ASADOR DE BACO
José Ramón Mélida, 17.
Telf. 924 302 566. Local de interior funcional, a unos cien metros del museo Romano. Cocina regional y asados al horno de leña, donde priman el cochinillo y el cordero. También raciones y tapas.

BRIZ
Félix Valverde Lillo, 5. Telf. 924 319 307.
Especializado en cocina extremeña, con buenos asados acompañados de quesos y vinos de la región. Menú diario.

CASA BENITO
San Francisco, 3. Telf. 924 330 769.
Situado en el punto medio de la calle Santa Eulalia, en una placita que hay frente al mercado de Calatrava. Abierto desde el siglo XIX, renombrado por su ambiente de estampas taurinas, ha sido reformado para acoger en su planta superior un encantador restaurante de cocina regional, con especialidades como el entrecot de retinto al jamón ibérico.

LA CORRALA
San Juan de Dios, 6. Telf. 924 303 568.
Los primeros platos son de cocina casera; los segundos, carne de cerdo, sobre todo; y postres típicos extremeñas (técula-mécula, bombón de higo). Junto a la barra tienen mesitas donde se pueden tomar raciones.

TÁBULA CALDA
Romero Leal, 11. Telf. 924 304 950.
Casa del siglo XVI, con un pequeño patio interior, dotada de mucho encanto y situada junto al templo de Diana. Cocina tradicional mediterránea que incorpora influencia de la cocina judía con especial hincapié en los postres. Especialmente rica resulta la paletilla de cordero al horno. Menú 12 €.

TAHONA BAR
Alvarado, 5. Telf. 924 304 130.
El lugar es uno de los más emblemáticos de Mérida, tanto por su clientela (todo tipo de gente joven) como por quien lo regenta, pues por sus barras han pasado varias generaciones y siempre ha estado implicado en organizar todo tipo de eventos.

EL TORERO
Avda. Alange, 1. Telf. 924 371 789.
Este hostal restaurante, decorado con carteles y fotos referentes al mundo taurino, se encuentra junto al Puente Romano. Su comedor, especializado en las carnes a la brasa, ofrece un menú diario.

Restaurantes (sobre 24 €)

Nicolás (Félix Valverde Lillo, 13; telf. 924 300 517) prepara una estupenda cocina casera de corte regional con buenos productos. Destacan el cordero a la ciruela, la caza, la repostería casera y el aguardiente de madroño. También **Rufino** (pza. de Santa Clara; telf. 924 301 930) elabora cocina tradicional con buenas materias primas. Posee una atrayente barra a la entrada.

CAFÉS

Un sitio curioso e íntimo es **La Buhardilla,** frente a la comisaría de policía. Para los que disfrutan con lo tradicional, está **Los Valencianos** (Santa Eulalia), típica heladería con ricas horchatas y helados. En el **Horno de Santa Eulalia** (Santa Eulalia), obrador y cafetería, donde se puede tomar algo recién hecho, calentito. El café **La Iliada** (John Lennon), suele estar muy concurrido. Un lugar que no pasa de moda es **Vía Flavia** (plaza del Rastro), pues dan un buen café. Completa esta selección el **Salón Dadá** (plaza de Santo Domingo), abierto desde las 16 h..

MIJAS

MÁLAGA. 56.838 habitantes

HERMOSO PUEBLO SERRANO SITUADO A 8 KM DE LA COSTA, HOY CONVERTIDO EN UNA LOCALIDAD TURÍSTICA DE PRIMER ORDEN. LA CIUDAD SE EXTIENDE POR LAS FALDAS DE LOS MONTES, FORMANDO BLANCAS URBANIZACIONES RODEADAS DE INTENSOS PINARES.

INFO

Oficina Municipal de Turismo
Plaza Virgen de la Peña, 2.
Telf. 952 589 034.
www.mijas.es

DORMIR

Mijas dispone de algunos alojamientos de lujo como el hotel ***La Cala Golf*** *✪✪✪✪✪ (La Cala de Mijas, Mijas-Costa; 4; telf. 952 669 000; fax: 952 669 039; habitación doble: 160-210 €; www.lacala.com); el* ***Byblos GL***✪✪✪✪✪ *(Urb. Mijas Golf; 4; telf. 952 460 250; fax: 952 476 783; 260-330 €), el* ***Tamisa Golf***✪✪✪✪ *(Camino Viejo de Coín, km 3,3; telf. 952 585 988; fax: 952 663 893; www.hotel tamisagolf.com; habitación doble: 125-215 €) y otros bastante más modestos como los que citamos a continuación:*

CASA RURAL
EL ESCUDO DE MIJAS✪
Trocha de los Pescadores, 7.
Telf. 952 59 11 00
Fax: 952 59 12 50
www.el-escudo.com
Una bonita casa encalada con 10 habitaciones bien decoras. Un lugar acogedor con el encanto del sur.
Habitación doble: 55-85 €.

LA POSADA DE MIJAS
Coín, 47, En Mijas pueblo.
Telf. 952 485 310.
Con casi cien años de historia, esta casa es conocida en todo el pueblo. Sus habitaciones cuentan con baño y una pequeña cocina con nevera. Trato familiar y buena relación calidad-precio.
Habitación doble, según tipo: 35-55 €.

Existe un cámping, **Los Jarales** (ctra. N 340 km 197; urb. Calahonda; telf. 952 930 003), de 2ª categoría.

Otros hoteles de precio más elevado

El **Club Puerta del Sol**✪✪✪✪ (ctra. Mijas-Fuengirola, km 4; telf. 952 486 400; fax: 952 485 462; habitación doble: 75-120 €) es un hotel moderno, situado en un cerro sobre el que se dominan amplias vistas de la costa. Con dos restaurantes, jardines y un completo equipamiento.

EL TAPEO

Son muchos los bares que ofrecen raciones, bocadillos y pinchos. Son muy recomendables **Casa Pepe** (avda. Virgen de la Peña), que lleva toda la vida sirviendo tapas de cocina casera, y **Cañuelo** (Málaga, 32), muy concurrido por la tarde-noche y donde la especialidad es, sin duda alguna, la carne a la brasa.

Bajando la calle Málaga se llega a la plaza de la Libertad, y en ella se localiza el bar **Porras,** con una interminable variedad de raciones y tapas, aunque sobresalen las frituras y los caracoles y los churros. Cruzando la plaza de la Constitución se halla la **Bóveda** (Muro), antiguo almacén de pescado con una bella bóveda de cañón de ladrillo visto; aquí lo típico es el vinito, la sangría y, después de comer, el cafelito.

COMER

Casas con menú (menos de 15 €)

ALARCÓN
Lasta, 1. Telf. 952 485 245. En el antiguo barrio de Santana (poco frecuentado por turistas). Ofrece abundante comida casera de excelente calidad a buen precio. Muy recomendable.

LA ALCAZABA
Complejo La Alcazaba. Plaza de la Constitución. Telf. 952 590 253. Restaurante típico con vistas al mar. A la carta sale caro, pero el menú tiene buen precio.

LOS ARCOS
Plaza Virgen de la Peña. Telf. 952 485 790. En la plaza más conocida de la villa. El local luce una bonita decoración andaluza y dispone de terraza exterior. Varios menús.

THE SNUG
Plaza Virgen de la Peña. Telf. 952 485 732. En sus salones, cuya decoración de aires serranos es más bien recargada, se puede degustar una carta de platos clásicos donde las carnes a la parrilla adquieren cierto peso.

Restaurantes (desde 24 €)

Cocina internacional con especialidades italianas ofrece **Valparaíso** (urb. Doña Pilar, ctra. Fuengirola-Mijas, km 4; telf. 952 485 996). El restaurante está instalado en una bonita casa con jardín y cuenta con una agradabilísima terraza.

Otra buena opción es el restaurante **El Mirlo Blanco** (plaza Constitución, 2; telf. 952 485 700). Cocina vasca en una encantadora casa de pueblo.

MIRANDA DE EBRO

BURGOS. 36.502 habitantes

CONVERTIDA EN UN PRÓSPERO NÚCLEO INDUSTRIAL, LA SEGUNDA CIUDAD MÁS POBLADA DE LA PROVINCIA DE BURGOS ES, DESDE LA EDAD MEDIA, PUENTE DE COMUNICACIÓN IMPRESCINDIBLE ENTRE LA MESETA, LA RIOJA Y EL PAÍS VASCO. SU CARÁCTER FRONTERIZO HA QUEDADO PROFUNDAMENTE MARCADO TANTO EN EL ASPECTO URBANO COMO EN LAS COSTUMBRES DE SUS HABITANTES.

INFO

Oficina de Turismo
Parque Antonio Machado, 4.
Telf. 947 320 303.

DORMIR

HOSPEDERÍA EL CONVENTO✪✪
San Francisco, 15.
Telf. 947 332 712. Se trata de un convento acondicionado como hotel y restaurante. Amplios espacios para pasear, habitaciones grandes y sin excesiva decoración (siguiendo el más puro estilo monacal) y un precioso claustro. Céntrico. Habitación doble: 79 €.

HOSTAL EL PARQUE✪
Francisco Cantera, 1-2º.
Telf. 947 331 383.
Algo alejado del casco antiguo, pero próximo a la estación de tren. Las habitaciones, impecables, con bastante luz, y con televisión. Admiten perros.
Habitación doble: 40 €.

HOSTAL SANTI✪
Ciudad Jardín, 1. Telf. 947 310 375.
También muy próximo a la estación de ferrocarril. Las habitaciones están limpias y bien acondicionadas. Con lavabo, 48 €.

IÑAKIREN ETXEA
Mayor, 58. **ALBAINA.** En el Condado de Treviño. Telf. 945 379 054. Situado junto al Parque Natural de Izki, es una casona de montaña construida en piedra y madera, donde también se dan clases de golf y se organizan rutas a caballo. Consta de 4 habitaciones dobles. Vivienda/ fin de semana: 242 €.

COMER

Casas con menú (menos de 15 €)

LA HIGUERA
La Independencia, s/n.
Telf. 947 324 733. Se asan pollos, pimientos, morcillas, etc., acompañados de buenas ensaladas. Para comer de raciones y asados por poco dinero. Muy frecuentado por la gente joven.

CASTELLANO
Comuneros de Castilla, 4.
Telf. 947 335 329. Tiene el inconveniente de estar algo alejado del casco histórico, pero merece la pena comer en él si se tiene en cuenta el precio de su menú del día y el ambiente tan acogedor del local. Buena cocina casera.

DUQUE DE FRÍAS
Vitoria, 39. Telf. 947 324 204. Aunque el local es bastante grande siempre está lleno. Platos regionales y también menú del día. El servicio es excelente.

Restaurantes (desde 21 €)

Si no os importa gastaros un poco más, siempre os podéis acercar al **Mesón La Picota** (La Fuente, 12; telf. 947 312 023) o al **Mesón La Parrilla** (Arenal, 110; telf. 947 311 224), donde podréis degustar asados y otras especialidades burgalesas junto a una buena carta de vinos.

MOGÁN

ISLA DE GRAN CANARIA. 15.166 habitantes

AL SUROESTE DE LA ISLA, ESTE EXTENSO MUNICIPIO TIENE EN LA DESEMBOCADURA DEL BARRANCO QUE LLEVA SU NOMBRE UNO DE LOS LUGARES MÁS ENCANTADORES DE GRAN CANARIA: EL PUERTO DE MOGÁN, VILLA MARINERA QUE COMBINA TRADICIÓN Y MODERNIDAD.

INFO

Ayuntamiento
General Franco, 4. Telf. 928 158 800.
www.mogan.es

Oficina de Turismo en Puerto Rico
Avda. de Mogán, s/n. Telf. 928 560 029.

DORMIR

*Mogán, como casi todo el sur grancanario, tiene una amplísima oferta hotelera, pero con precios por las nubes. Aquí se halla uno de los hoteles más exclusivos de la isla, **Costa Taurito**✪✪✪✪ (Barranco Taurito, parcela 35; telf. 928 565 919; desde 75 €). Otros establecimientos recomendables son:*

HOTEL RÍO SOL✪✪✪
Avda. la Cornisa, 24.
PUERTO RICO. Telf. 928 561 258.
Amplio hotel con 256 habitaciones, con baño, televisor, teléfono y *minibar*. Instalaciones deportivas, incluso campo de golf.

HOTEL ALTAMAR✪
Avda. de la Cornisa, 21. **PUERTO RICO.** Telf. 928 560 700. Íntimo, tranquilo, con piscina climatizada.
Habitación doble: 40-60 €.

APARTAMENTOS MIAMI
Avda. de Lanzarote, s/n.
PUERTO RICO (Mogán). Telf. 928 561 870.
Confortables apartamentos para 2 y 4 personas con terraza que da a la piscina. Dispone de teléfono y caja de seguridad.

APARTAHOTEL PUERTO PLATA✪✪
Av. de la Cornisa, s/n.
PUERTO RICO (Mogán).
Telf. 928 560 060.
Fax: 928 561 951.
Hotel de grandes dimensiones (como todos los de la zona) con 172 apartamentos, amplios jardines, piscina con vistas al mar, supermercado, pistas de tenis y *squash* y minigolf.
Habitación doble desde 50-75 €.

COMER

Casas con menú (menos de 15 €)

ACAYMO
El Tostador, 14. Valle de Mogán.
Telf. 928 569 263. Uno de los restaurantes con más solera del municipio. Ambiente familiar y tranquilo, con una decoración algo vetusta y una encantadora terracita en el nivel superior. Sirve cocina canaria e internacional. Paella, pescados frescos, chuletón de vacuno fresco y carne de cabra compuesta.

Restaurantes (desde 24 €)

El **Marino II** (muelle de Arguineguín; telf. 928 735 212) es un clásico restaurante que destaca por su decoración marinera y su exquisita variedad de pescados y mariscos.

Otro establecimiento recomendable es la **Taberna** (avda. de Veneguera, s/n, Apartamentos Timanfaya; telf. 928 725 453). Es un pequeño y acogedor local con una amplia carta de vinos, cocina internacional y mariscos.

MOGUER

HUELVA. 16.961 habitantes

ESTA ATRACTIVA CIUDAD ANDALUZA ES VILLA DE GRAN VOCACIÓN MARINERA, PUES FUE EN LA CERCANA RÁBIDA DONDE SE FRAGUÓ PARTE DEL DESCUBRIMIENTO DE AMÉRICA. AQUÍ NACIERON MUCHOS DE LOS TRIPULANTES QUE ACOMPAÑARON A COLÓN EN SU PRIMER VIAJE, PERO ENTRE SUS HIJOS PREDILECTOS DESTACA EL POETA Y PREMIO NOBEL DE LITERATURA JUAN RAMÓN JIMÉNEZ, SIN DUDA SU EMBAJADOR MÁS ILUSTRE. DEL CONJUNTO DE CASAS LLAMA LA ATENCIÓN LAS VENTANAS PROTEGIDAS POR ROBUSTAS REJAS DE FORMAS CAPRICHOSAS QUE SE ASOMAN A LAS CALLES, DE BLANQUÍSIMA GEOMETRÍA, SU ELEGANTE AYUNTAMIENTO Y EL CONVENTO DE SANTA CLARA, OBRA CUMBRE DE LA ARQUITECTURA ONUBENSE.

INFO

Ayuntamiento. Telf. 959 372 193.
www.aytomoguer.es
Oficina de Turismo
Castillo, s/n. Telf. 959 371 898.

DORMIR

HOSTAL PLATERO✪✪
Aceña, 4. Telf. 959 372 159.
Salta a la vista que su dueño invierte lo que gana en mejorar el negocio, pues está recién remozado. Se encuentra en el centro y ocupa una casa típica andaluza con un bonito patio. Todas las habitaciones tienen baño y las de la planta alta, aire acondicionado.
Habitación doble: 45 €.

HOSTAL PLAZA ESCRIBANO✪✪
Plaza Escribano, 5. Telf. 959 373 063.
www.hotelplazaescribano.com
Inaugurado en 2007, muy bien situado y con un gran equipamiento que incluye acceso para discapacitados y habitaciones para no fumadores. Sus veinte habitaciones tienen todas baño completo, climatización, TV, teléfono e Internet. Aquí encontraréis además un agradable trato familiar.
Habitación doble: desde 40 €.

HOTEL CARABELA SANTA MARÍA✪✪✪
Avda. Conquistadores, s/n.
Telf. 959 536 018. **MAZAGÓN.**
www.hotelcarabelasantamaria.com
A pie de playa de arena finísima y a un paso del Parque Nacional de Doñana. Habitaciones cómodas, muy luminosas y muy completas. Un montón de servicios, incluidas actividades.
Habitación doble: desde 60 €.

En Palos de la Frontera

HOTEL LA PINTA✪✪
Rábida, 79. Telf. 959 350 511.
Se halla en el mismo centro de la ciudad y dispone de 30 habitaciones, algo pequeñas pero muy cómodas y bien equipadas, con aire acondicionado, televisión y hasta secador de pelo. Con restaurante y aparcamiento.
Habitación doble: 55-70 €.

COMER

Casas con menú (menos de 15 €)

SANTA CLARA
Plaza Portocarro, 5.
Telf. 959 370 027.
Sirve menús y platos combinados caseros, platos andaluces y buenos embutidos de la sierra.

CRISTÓBAL MOLIAN
Plaza de la Coronación, 14.
Telf. 959 372 593. Sirven pan de la casa y montaditos. En el comedor, pescados y carnes de la sierra servidos con guarnición en grandes platos de barro.

MESÓN EL LOBITO
Rábida, 31.
Este mesón fue una antigua bodega. El local resulta es algo singular, lleno de artilugios colgados y hollín por todas partes. Las carnes se hacen a la brasa en una gran chimenea, donde también tuestan una ricas tortas de pan de ajo. El mosto y el vino se sirve en jarras de madera. Las paredes, llenas de pintadas, son testigo de importantes saraos.

Restaurantes (de 21 a 36 €)

En el pleno cogollo monumental, cerca del monasterio de Santa Clara, se halla el restaurante más famoso de Moguer: **La Parrala** (plaza de las Monjas, 22; telf. 959 370 452). Servicio profesional y cocina con recetas y productos tradicionales. Destacan los pescados a la plancha capturados diariamente. Dispone de un gran salón con arcos de ladrillo.

MOJÁCAR

ALMERÍA. 6.092 habitantes

LA COSTA CON SUS ESPLÉNDIDAS PLAYAS ES UN CONTINUO DE HOTELES, CHIRINGUITOS, RESTAURANTES... EN EL INTERIOR SE HALLA EL PUEBLO DE SABOR ÁRABE, CON CALLES ESTRECHAS Y LABERÍNTICAS Y ENCALADAS CASAS QUE TREPAN POR LA LADERA.

INFO

Oficina de Turismo
Glorieta, s/n.
Telf. 950 615 025.
www.mojacarviva.com

DORMIR

En el pueblo

HOTEL MAMABEL'S✪✪
Embajadores, 5.
Telf. 950 472 448.
Tradicional casa mojaquera colgada en las alturas; el mar y el cielo entran por las ventanas de unas habitaciones todas diferentes y de un gusto exquisito. Trato familiar.
Habitación doble: 70-99 €.

PENSIÓN ARCO PLAZA✪
Plaza Nueva, s/n.
Telf. 950 472 777.
Buena relación calidad-precio. Totalmente nuevo, tiene todas las comodidades para una estancia agradable. Sus terrazas se asoman a la Plaza Nueva.
Habitación doble: 40-60 €.

En la playa

HOTEL SAL MARINA✪✪
Avda. del Mediterráneo, s/n.
Telf. 950 472 405.
Nuevo, con las habitaciones insonorizadas y climatizadas. El restaurante ofrece, entre otros platos, estupendas paellas.
Habitación doble: 45-85 €.

APARTOTEL MAR AZUL✪✪
Paseo del Mediterráneo, 297.
Telf. 950 478 336.
Amplias habitaciones que juegan con el blanco y el azul de esencia marina. Dispone de una buena terraza desde la que ver el mar o tomar el sol. Cocina bien equipada.
Habitación doble: desde 65 €.

Otros hoteles de precio más elevado

En la costa se halla una mayor oferta de alojamientos, todos a escasos metros de la playa, con aspecto novísimo y todas la comodidades.

Destaca el **Parador de Mojácar✪✪✪✪** (telf. 950-478 250; habitación doble: 127-140 €) y, en la subida al pueblo, **El Moresco✪✪✪** (avda. de Encamp; telf. 950 478 025; habitación doble: desde 80 €).

EL TAPEO

Aquí son especialmente buenas las tapas de pescaíto frito o a la plancha, los calamares y las patatas al horno.

Podemos iniciar el recorrido en la Plaza Nueva, arriba en el pueblo, donde aprovechando las estupendas vistas han prosperado terrazas como **El Indalo,** con una gran carta de tapas y raciones.

En la plaza del Ayuntamiento, a la sombra de un gran árbol, está la terraza del **Minguito,** con ricas tapas de atún, ensalada asada o taberneros. Por la calle de Alcalde Jacinto se encuentra el **Rincón de Embrujo,** con morcilla mojaquera, pinchos morunos y sepia. Al volver podemos pasar por el **Chiqui** en la calle Indalo, pues sus tapas tienen fama.

COMER

Casas con menú (menos de 15 €)

MAMABEL'S
Embajadores, 5. Telf. 950 472 448.
En el pueblo. Una original casa con una cuidada decoración y unas terrazas de vistas increíbles. Cocina mediterránea e internacional de sabores cuidados y de calidad, siempre con un trato amable.

OMEGA
Playa de las Ventanicas.
Telf. 950 475 317. Cocina casera y una amplia gama de raciones, tiene como especialidad la carne y la paella. Con un menú muy económico, a elegir entre cuatro platos. Dispone una espléndida terraza junto a la playa.

VIRGEN DEL MAR
Paseo del Mediterráneo, s/n.
Telf. 950 478 230. Situado en la misma playa, aquí podremos disfrutar de un excelente pescado y de las paellas, en especial la de marisco.

CASA EGEA
Playa las Ventanicas, 127.
Telf. 950 472 190. Cocina casera tradicional del levante almeriense, con especialidades como el trigo, los gurullos y las pelotas. Cerca de la playa, con una magnífica terraza e interior climatizado.

MOLINA DE ARAGÓN

GUADALAJARA. 3.529 habitantes

VILLA SEÑORIAL MUY ANTIGUA QUE ES CAPITAL DE LA COMARCA DEL SEÑORÍO DE MOLINA Y ALTO TAJO, UNA TIERRA DE INTENSA HISTORIA FRONTERIZA, BELLOS PAISAJES Y RENOMBRADOS CASTILLOS.

INFO

Oficina de Turismo
Pza. de España, 1. Telf. 949 832 098.
www.molina-aragon.com
www.turismo.jccm.es
www.dguadalajara.es

DORMIR

Molina cuenta con un par de hoteles de calidad, varias económicas pensiones, y un destacado elenco de alojamientos rurales con gran encanto.

HOTEL SAN FRANCISCO✪
Pza. San Francisco, 6.
Telf. 949 832 714/ 651. En una de las plazas de la zona monumental se sitúa este hotel de 18 habitaciones, con baño completo y todas las comodidades. El edificio es nuevo, sencillo, luminoso y muy limpio. En la primera planta hay una amplia sala de reuniones con mobiliario en madera.
Habitación doble: 45-50 €.

HOSTAL ALTO TAJO✪✪
Situado en la cercana población de **POVEDA DE LA SIERRA** (La Ermita, s/n; telf. 949 816 151), en un lugar de máxima tranquilidad, rodeado de naturaleza. Habitaciones con baño y calefacción, sencillas y acogedoras. En el restaurante se sirve cocina tradicional.

PENSIÓN SAN JUAN✪
San Juan, 3.
Telf. 949 830 185. Alojamiento funcional de reciente inauguración equipado con todas la comodidades. Cuenta con ascensor. Muy recomendable.
Habitación doble: 43 €.

Otros alojamientos más modestos son la **Pensión La Torre** (Soledad, 27; telf. 949 830 349; habitación doble con baño compartido: 25-30 €); el **Hostal Martínez** (Plaza Manrique, 8; telf. 949 832 244; habitación doble: 35 €); y el **Hostal Avenida✪** (Paseo de Adarves, 40; telf. 949 832 204; habitación doble con baño: 50 €).

Turismo rural

MOLINO DEL BATÁN
Ctra. de Castilnuevo, s/n.
Telf. 949 831 111. Edificio de raigambre con habitaciones diferentes de aire rústico y cuidada decoración moderna. Con encanto. Habitación doble: 50 €. Apartamento: 68 €.

CASA RURAL TRES PALACIOS
Tres Palacios, 17. Telf. 949 831 834.
Bonita casa a orillas del río Gallo en el mismo casco urbano de Molina. Aires rústicos y mucho encanto.
Habitación doble: 50 €.
Apartamentos desde 73 €.

EL PARADOR DE MOLINA
Ctra. de Castilnuevo, km 1,5.
Telf. 949 106 000/ 663 071 932.
Apartamentos nuevos, bien equipados. Ideal para familias y grupos.

CASONA DE SANTA RITA
Paseo de la Alameda, s/n.
Telf. 949 830 530. Antigua fonda rehabilitada con mucho respeto y gusto, primando la piedra y la madera. Con encanto. Apartamentos: 55-70 €.

CASA RURAL EL LOSAR
A 6 km de Molina, en **ANCHUELA DEL PEDREGAL** (ctra. N 211, km 66,2; telf. 91 574 54 83/ 616 101 685), habitaciones con todas las comodidades.

CASA RURAL ASENSIO
Armería, 11. Telf. 949 830 052.
En pleno centro de Molina, una casa rural con todas las comodidades, a lo que se suma la amabilidad de sus propietarios. 6 habitaciones, comedor con chimenea, terrazas y una hermosa buhardilla componen su oferta.
Habitación doble: 43 €.

COMER

Casas con menú (menos de 15 €)

SAN FRANCISCO
Pza. San Francisco, 6. Telf. 949 830 413/ 832 714. Bonita situación en la monumental plaza. No desentona con ella su salón clásico, sobrio, de mobiliario en madera ennegrecida. Opción de menú o a la carta. Sus especialidades son el cordero al horno, la trucha en salsa de cangrejo, el pisto manchego y el morteruelo.

MOLINA
Paseo de Adarves, 23.
Telf. 949 832 215. Pequeño comedor, dividido en dos por un arco de medio punto. Ambiente familiar y servicio agradable. Se come de menú o a la carta. Excelentes las truchas y los escabechados.

LA ALCAZABA
Ctra. de Teruel, km 65.
Telf. 654 312 625. En su comedor, delimitado por gruesas paredes de piedra, elegante y presidido por una grandiosa chimenea, podréis comer de menú normal o pedir el especial. Las especialidades son el cabrito y los asados en general.

SAN JUAN
San Juan, 5. Telf. 949 830 185.
Moderno comedor y bar independiente con una barra bien surtida de tapas. El menú incluye escabechados, magro de cerdo con tomate y pimientos, callos, etc.

LA RIBERA
Paseo de Adarves, 4.
Telf. 949 831 957. Mesón de comedor independiente a dos alturas con decoración rústica. Cocina tradicional y económico menú de platos caseros. Agradable.

Restaurantes (desde 40 €)

El restaurante **El Castillo** (San Felipe, 1; telf. 949 830 519) dispone de un cuidado comedor en el que poder degustar un buena cocina creativa elaborada a partir de ingredientes de la tierra.

LOS ESTABLECIMIENTOS DE ESTA GUÍA HAN SIDO COMPROBADOS Y SELECCIONADOS POR SU BUENA RELACIÓN PRECIO-CALIDAD. EN NINGÚN CASO HAN DESEMBOLSADO CANTIDAD ALGUNA POR APARECER EN ESTA GUÍA.

MONDOÑEDO

LUGO. 5.200 habitantes

VILLA HISTÓRICA Y MONUMENTAL, ES MONDOÑEDO UNA DE LAS MÁS BELLAS CIUDADES DE GALICIA, CON UN CASCO ANTIGUO CONSERVADO PRÁCTICAMENTE INTACTO. ANTIGUA CAPITAL DE PROVINCIA, EN TORNO A SU CATEDRAL SURGIÓ EL TÍPICO ENTRAMADO URBANO MEDIEVAL, CON UNA EXCEPCIONAL PLAZA MAYOR Y UNA RED DE CALLEJAS QUE LE CONFIEREN UN PARTICULAR ATRACTIVO. LA CIUDAD HA ALCANZADO TAMBIÉN NOTORIEDAD EN EL MUNDO DE LAS LETRAS POR SER CUNA DEL GRAN ÁLVARO CUNQUEIRO, UN GRAN LITERATO DEL SIGLO XX.

INFO

Oficina de Turismo
Praza da Catedral, 34.
Telf. 982 507 177. www.turgalicia.es

DORMIR

HOTEL MIRADOR DE MONDOÑEDO✪

Ctra. N 634, km 592. Telf. 982 521 400. Fax: 982 521 409. Alejado del centro, pero con muchas comodidades (hasta piscina). Excepcionales vistas. Habitación doble: 40-63 €.

HOTEL MONTERO I✪

Eladio Lorenzo, 7. Telf. 982 521 751. Pequeño hotelito cerca de la zona más viva de Mondoñedo. Es un bonito edificio típico de la zona vieja, con habitaciones cuidadas y cómodas, con televisión e incluso teléfono en algunas. Habitación doble: 40-55 €.

HOSTAL PADORNELO✪

Avda. Buenos Aires, 1.
Telf. 982 521 892.
El más recomendable, con buena situación y precio aceptable; cómodo, con habitaciones decentes y buena atención. Habitación doble: 56 €.

Turismo rural

FINCA EL REMANSO

A Ferrería, **VILOALLE.** Telf. 639 072 769. A 4 km de Mondoñedo, cuenta con tres habitaciones en una vivienda nueva rodeada de verde, y no sólo el del jardín, por doquier. Los propietarios organizan numerosas actividades, algunas muy originales. Habitación doble: 45-58 €.

EL TAPEO

Es costumbre tapear al mediodía y por la tarde en la Praza do Concello y en las manzanas de la Rúa Guerara y Lodeiro Piñeiroa. Hay muchos mesones en torno a la Catedral.

COMER

A TABERNA DO VALECO

Os Muíños, 6. Telf. 982 521 861.
En el popular barrio de Os Muíños, nos sorprende con su mesón de la planta baja –raciones de queso, jamón y embutidos– y con sus dos pisos de comedor, en los que podemos saborear la caza y, en general, todo tipo de carnes.

A VOLTIÑA

Grove, Vilamor. Telf. 982 521 903.
A 1 km de la ciudad camino de la costa, este restaurante ofrece comida tradicional en un local austero a un precio económico. Los platos más recomendable son los callos y la carne asada.

MONFORTE DE LEMOS

LUGO. 20.318 habitantes

SITUADA EN EL ESPLÉNDIDO ENTORNO DE LA RIBEIRA SACRA, LA CAPITAL DE LA TIERRA DE LEMOS OFRECE TAMBIÉN NUMEROSOS ATRACTIVOS MONUMENTALES –NO EN VANO LOS CONDES DE LEMOS FUERON MINISTROS, VIRREYES Y MECENAS– Y LA VITALIDAD URBANA QUE CONLLEVA EL SER CABECERA COMARCAL Y LA SEGUNDA CIUDAD MÁS POBLADA DE LA PROVINCIA TRAS LA CAPITAL. EN CUALQUIER CASO, MONFORTE AÚN NO SE HA RECUPERADO DEL DURO GOLPE QUE HA SUPUESTO SU DECLIVE COMO NUDO FERROVIARIO.

INFO

Oficina de Información Turística del Ayuntamiento
Casitas da Compañía, s/n.
Telf. 982 404 715.
www.terradelemos.com
Taxis. En Cardenal Rodrigo de Castro, s/n (telf. 982 401 435) y frente a la estación de ferrocarril (telf. 982 401 002).
Estación de Autobuses
San Pedro. Telf. 982 402 694.

DORMIR

HOTEL PUENTE ROMANO✪✪

Paseo do Malecón, 4.
Telf. 982 403 551.
Fax: 982 411 168. Consta de un hotel y un hostal, el primero, más nuevo, resulta algo más caro, pero si se eligen las habitaciones que dan al río la vista es muy bonita. Habitación doble: 36-42 €.
En el hostal (Pza. Dr. Goyanes) tampoco se está mal y es más barato. En ambos hay teléfono y televisión en las habitaciones.

HOTEL EL CASTILLO✪

Huertas, 36.
Telf. 982 402 150.
Frente al río, cómodo y acogedor. Con teléfono en las habitaciones.
Habitación doble: 30-40 €.

HOSTAL RIOSOL✪

Estación, 5.
Telf. 982 400 319.
Bien equipado y barato, aunque algo alejado del centro.
Habitación doble: 36-48 €.

Turismo rural

A unos 10 km de Monforte están las elegantes **rectorales de Anllo** (Anllo, Sober; telf. 982 460 039; 40-55 €), bien restaurada, decorada y en posesión de una agradable galería panorámica, y **Castillón** (Castillón, Pantón; telf. 982 455 415; habitación doble: 45-85 €; www.rectoraldecastillon.com), que ocupa un edificio dieciochesco con sus dependencias, así como la **Casa Grande de Rosende** (Rosende, Sober; telf. 982 460 627; habitación doble: 50-65 €; www.casagrandederosende.com), con sus aposentos señoriales y hasta un "fantasma", pero más formal que el de Canterbury.

Otros hoteles de precio más elevado

La opción más lujosa es la del **Parador de Monforte de Lemos✪✪✪✪** (pza. de Luis de Góngora, s/n; telf. 982 418 484; habitación doble: 220 €), con sus 50 habitaciones distribuidas alrededor del patio del antiguo monasterio y excelentes vistas sobre la ciudad y los alrededores.

EL TAPEO

Hay ambiente tanto al mediodía como a la tarde-noche. La mejor zona para tapear es la peatonal, en los aledaños de la calle Cardenal. Merece la pena pasar por el **Bar Queimada** (Hermida Balado), uno de los más frecuentados, donde nos dan a elegir entre un rosario de especialidades que van desde unas sencillas patatas a chorizos o ensaladilla.

El **Bar Catanga** (Hermida Balado) es una típica tasca antigua sin cartel –resulta difícil de encontrar–, aunque el público la delata: excelentes sus patatas rellenas o sus mollejas. Locales que también ofrecen buenas tapas son **La Polar** (para el pulpo, tapas de pizza, callos, tortilla, ensaladilla), el **Lienzo,** en la calle Cardenal, el **Capitol** (jamonería y a la vez pizzería que también prepara, ¡aquí hay de todo!, buenas tapas de callos) o la **Adega de Carlos** (en las galerías del nº 47), con un sinfín de tapas de raxo, ensalada de pasta, tequeños, pulpo, empanadillas; todos ellos se encuentran en la calle del Cardenal.

COMER

Casas con menú (menos de 15 €)

LA POLAR

Cardenal, 13. Telf. 982 400 001.
Después de atravesar una larga cafetería se encuentra el comedor, que suele estar concurrido por un público variopinto. Su oferta es muy variada, con platos de cocina italiana –pasta, osobuco–, portuguesa –como el bacalao– y la tradicional del país. Además abre sus puertas hasta las 2 h de la madrugada.

BODEGÓN DA RIBEIRA SACRA

Malvarón, 75.
Telf. 982 411 082.
Un local muy frecuentado, para comer de plato o raciones, a base de buenos productos autóctonos con una elaboración casera y esmerada. Todo ello, claro está, acompañado por los Mencías de la tierra.

Restaurantes (desde los 21 €)

Uno de los más reputados de la ciudad es el restaurante **O Grelo** (Campo de la Virgen, zona monumental de

San Vicente; telf. 982 404 701). Está situado en una antigua fortaleza y en sus tres comedores ofrece exquisitos platos de la cocina regional, destacando los pescados. Buena bodega. En las dependencias del Parador se encuentra el restaurante **Don Carlos** (telf. 982 418 484; 30 €), que practica un mestizaje entre la cocina tradicional y la moderna, con especialidades como el bacalao confitado, el cordero o el cochinillo.

Cerca del castillo está **La Fortaleza** (Campo de la Virgen, s/n; tel. 982 400 604) cuyas especialidades son el bacalao, arroz de marisco y caza, en temporada. Algo más arriba, en las dependencias del Parador se encuentra el restaurante.

Otra opción es **Zurich** (Benito Vicetto, 61; telf. 982 404 727) esta vez para degustar platos de la cocina internacional (italiana, alemana y suiza), fruto de la experiencia en la emigración.

MONTBLANC

TARRAGONA. 6.400 habitantes

La historia y el patrimonio arquitectónico y monumental de esta villa, magníficamente conservado, son el contrapunto ideal de la animación propia de cualquier urbe moderna.

INFO

Oficina de Turismo
Antigua Iglesia de Sant Francesc.
Telf. 977 861 733.

DORMIR

Pensió Els Àngels✪

Plaça dels Àngels, 1.
Telf. 977 860 173. En un bello entorno, junto a la calle de los Judíos. Habitación doble: 36 €.

Fonda Cal Blasi✪

Alenyà, 11. Telf. 977 861 336. Aquí se mezcla sabiamente el respeto por lo antiguo, pues el edificio es una antigua vivienda del siglo XIX, con las más modernas comodidades. Ambiente y trato agradables. Habitación doble: 61-79 €.

EL TAPEO

El embutido es el rey de las tapas y se sirve en una gran variedad de formas, en locales como **El Taller** (Josa, 3) o **El Pergamí** (plaça de Sant Francesc, s/n).

COMER

Casas con menú y carta (entre 17 y 21 €)

Fonda dels Àngels

Plaça dels Àngels, 1.
Telf. 977 860 173. Platos caseros cocinados con esmero en un local de ambiente familiar.

Can Colom

Civadería, 5. Telf. 977 860 153.
Ofrece cocina casera bien guisada. Tiene un menú más que aceptable.

MONTILLA

CÓRDOBA. 23.391 habitantes

Pequeña localidad de intensa actividad vinícola. La industria tonelera, las bodegas, la extensa campiña salpicada de cepas y los hombres que la trabajan tienen el objetivo común de mantener la producción y satisfacer la demanda de vino. Obras importantes como la emprendida para rescatar su Teatro, ponen de manifiesto el interés de los ciudadanos por cultivar algo más que la uva.

INFO

Oficina de Turismo
Casa del Inca.
Capitán Alonso de Vargas, 3.
Telf. 957 652 462.
www.andalucia.org
www.montilla.es

DORMIR

Hotel Los Felipes✪

San Francisco Solano, 27.
Telf. 957 650 496.
Con casi medio siglo a sus espaldas se ha adaptado a las exigencias de sus clientes y ha sido renovado. Las habitaciones tienen lo imprescindible para pasar la noche (baño y aire acondicionado).
Habitación doble: 48 €.

Hostal Bellido✪✪

Enfermería, 57.
Telf. 957 651 915/ 655 787.
Es céntrica, tiene garaje y un pequeño bar para desayunar.
Habitación doble: 45 €.

Otros hoteles de precio más elevado

El mejor alojamiento es el **Hotel Don Gonzalo**✪✪✪ (ctra. Córdoba-Málaga, km 47; telf. 957 650 658/ 666; habitación doble: 65 €). A 1 km de la ciudad, muy cómodo e incluso tiene piscina.

EL TAPEO

Al final de la avenida de Andalucía, en la plaza de la Rosa, está el bar **Los Arcos,** muy contundente en sus raciones. Ofrece tapas muy generosas, además de menús económicos y una carta a base de guisos, carnes y pescados. En la misma plaza, la taberna **Los Barriles** sirve montaditos calientes variados. El fino es de tonel y el dulce embotellado. Prestad atención al cartel que cuelga sobre los prodigios del vino.

El Barril de Oro, en la avda. de Andalucía, 22 (enfrente de las bodegas *Alvear*), tiene estupendas tapas (rabo de toro, salmorejo, flamenquines) y vino de la tierra.

COMER

Casas con menú (menos de 15 €)

El Quijote

Ballén, 4. Telf. 957 651 271. Bar y restaurante distribuido en dos plantas. Las tapas en la barra se sirven con abundante guarnición. En el comedor, aparte de un menú copioso, se puede comer a la carta los platos tradicionales, carnes y pescados, preparados a la plancha o en salsa. Servicio esmerado.

Restaurantes (sobre 21 €)

El **Mesón Las Camachas** (avenida de Europa, 3; telf. 957 650 004) es un mesón típico, decorado en madera y con una amplia carta de asados, pescados y guisos caseros, bien acompañado por los vinos locales. Bastante concurrido por gente de paso.

El Horno (Médico Cabello, 4; telf. 957 654 446) en una antigua bodega, tiene una estupenda barra para saborear las especialidades montillanas. El comedor es íntimo y coqueto, muy andaluz.

MORA DE RUBIELOS

TERUEL. 1.615 habitantes

Aunque aparente ser una modesta villa medieval, sus calles y muros de piedra encierran algunos de los episodios más emocionantes de las luchas fronterizas entre moros y cristianos. Siempre bajo la mirada del esbelto castillo de los Fernández de Heredia, esta capital de la comarca del Alto Mijares se abre al visitante como puerta de la sierra de Gúdar y del Mediterráneo.

INFO Y TRANSPORTES

Oficina de Turismo. Diputación, 2.
Telf. 978 806 132.
Ayuntamiento. Telf. 978 800 000.

DORMIR

No hay muchos alojamientos donde elegir pero los que hay son de una buena calidad.

*Además del céntrico y elegante **Hotel Jaime I** ✪✪✪ (pza. de la Villa, telf. 978 800 184; precio de la habitación doble: 70-100 €) se recomienda:*

Hostal La Rueda II✪✪
Ctra. Alcalá, km 0,9.
Telf. 978 800 350. Muy frecuentado por esquiadores. No es de los más baratos pero cuenta con pequeños lujos en las habitaciones (televisión, teléfono) y en el exterior (piscina, jardines, discoteca, aparcamiento). Regentado por una familia. Habitación doble: 60 €.

Otros hoteles de precio más elevado
El Hotel **Mora de Aragón**✪✪✪ (La Pinada, s/n; telf. 978 800 177; habitación doble: 89 €), recientemente reformado, se ubica en una zona de gran belleza, rodeada de pinos y donde se respira una gran tranquilidad. Las habitaciones cuentan con televisión, teléfono y un coqueto balcón. Además posee un agradable salón social.
Abierto recientemente el Hotel **La Trufa Negra**✪✪✪✪ (avda. Ibañez Martín, 8-10; telf. 902 105 503; habitación doble: 100-150 €), cuenta con los mejores servicios como jacuzzi, spa, zona de juegos infantiles y Wi Fi.

Cámping
Los más aventureros pueden acampar al aire libre en el **cámping El Morrón** (telf. 978 800 064), que permanece abierto desde el 15 de junio hasta el 15 de septiembre.

COMER
Al igual que muchas tradiciones populares la comida del sur de la comarca tiene un marcado influjo del Levante contiguo, aunque la abundancia de caza y pesca en el valle del Gúdar y de Javalambre ha permitido la creación de una cocina propia, muy adecuada al clima y la naturaleza de esta tierra. En cualquier casa de comidas de Mora de Rubielos o de los pueblos circundantes podrán degustarse los tradicionales embutidos: lomo, longaniza, cecina de toro y cecina de cabra. No faltan el exquisito jamón o el queso de tronchón, curado a partir de leche cruda de oveja o de cabra, todo ello regado con un excelente vino del Maestrazgo.

Casas con menú (menos de 15 €)

El Rinconcico
Barrio de Santa Lucía, 4.
Telf. 978 806 063. Ofrece un menú del día. Si queréis probar platos tradicionales es necesario pedir a la carta, lo que subirá algo más la cuenta. Es de los más acogedores para comer y también cuenta con cafetería.

Los Majos
Telf. 978 806 018. Si preferís algo más económico, justo enfrente del anterior está el bar Los Majos, que según reza el cartel de la entrada ofrece "comidas caseras, platos combinados, buen vino y tapas variadas". El lugar es agradable y el personal que lo regenta hace honor al nombre del local.

En la zona de la Pinada, cerca de la piscina municipal, se hallan **El Yuguete** (telf. 978 800 159) y **La Carrasca** (telf. 978 800 175), muy frecuentados en verano, con menús excelentes a precios asequibles. En el segundo preparan una jugosa carne a la brasa.

MORATALLA

MURCIA. 8.600 habitantes

Como un baño verde para la retina son estas tierras en la frutícola y áspera Murcia. Aquí donde las montañas son protagonistas, el hombre es una mera figura esporádica dispersa en vetustos caseríos serranos. Así es este lugar siempre apartado, que se adentra en un terreno de nadie donde se miran Murcia, Granada y Castilla, dando lugar a una tierra fronteriza extremadamente peligrosa durante la Reconquista. La pobreza concluyó por aislar, debido al exilio, al hombre de estas montañas, lo que ha conservado casi virginal una zona de la que no se sabe o no se ha querido saber. Con un marco tan excepcional no es extraño que últimamente la semilla del turismo rural germine como el gran remedio, favoreciendo la proliferación de alojamientos que se complementan con un gran numero de actividades al aire libre.

INFO Y TRANSPORTES
Ayuntamiento. Telf. 968 730 258.
www.moratalla.es
Oficina de Turismo
Barrio Nuevo, s/n. Telf. 968 730 208.

DORMIR

Hotel Cenajo✪✪✪
Pantano del Cenajo. Telf. 968 721 011. Enclavado en un bello marco natural, a 33 km de Moratalla, donde el líquido elemento es un divertido protagonista. El hotel cuenta con 42 habitaciones renovadas y bien equipadas, y otras 27 habitaciones de albergue perfectas para los excursionistas, además de piscina exterior y climatizada. Habitación doble: 59-110 €.

Hospedería El Claustro✪✪
La Casa de Cristo. Benamor.
Telf. 968 433 123. Antiguo convento recuperado como complejo turístico y santuario, situado a 7 km de Moratalla en plena naturaleza. Habitación funcionales, una de ellas acondicionada para minusválidos, y con toques rústicos. Habitación doble: 60 €.

Campings
Con un marco natural tan montañoso y verde no es de extrañar que el cámping **La Puerta** (Paraje de La Puerta; telf. 968 730 008) esté abarrotado durante el verano. Existe la posibilidad de alquilar bungalós y cabañas. Los servicios son buenos, y además cuenta con restaurante y piscina para el que no se atreva con las pozas que pueblan el río.

Turismo rural
Para los que también quieren disfrutar del elemento natural, sin privarse de intimidad y tranquilidad, la oferta de casas rurales es infinita: nuevas, rústicas, con chimenea, piscina... La asociación ALMONTUR (www.almontur.com) ayuda a encontrar el alojamiento más adecuado.

Hotel Rural La Tejera✪
Ctra. de La Puerta, km 2.
Telf. 968 730 000. Entre huertas, y cobijada por las altas montañas, este complejo turístico dispone de piscina, calefacción para los duros inviernos y un restaurante de comidas típicas, además de organizar actividades tradicionales y al aire libre.
Habitación doble: 50 €.

Molino de Benízar
Paraje El Molino. **Benízar.**
Telf. 968 736 006.
Un antiguo molino que aún conserva gran parte de sus elementos originales, cuya rehabilitación lo ha dotado de todas las comodidades. Cinco habitaciones dobles en las que, con suerte, tendremos como pared la propia piedra de la montaña.

COMER
El cordero y las carnes de caza suelen ser protagonistas en casi todas las cartas. Pero para adentrarse en una gastronomía llena de detalles, hay que probar platos tan ingeniosos como las migas con tajá (carne sofrita) o con tropezones (longaniza, tocino, costillejas...), los andrajos con harina, morcilla, hierbabuena... y el ajoharina.

Para beber podemos decidirnos por un vino con Denominación de Origen de Bullas, o por los fuertes y olorosos de Ulea, Benizar y Otos.

Casas con menú (menos de 15 €)

Alhárabe
Ctra. de La Puerta, s/n.
Telf. 968 730 008.
Restaurante de cocina tradicional situado a 8 km de Moratalla en el camping La Puerta. Muy a mano para los que pasan el día a remojo en las pozas del río Alhárabe o de excursión por esos bellos parajes.

El Claustro
Benamor. Santuario Casa de Cristo.
Telf. 968 433 123.
www.elclaustro.org
Restaurante del complejo turístico La Casa de Cristo, situado a 7 km de Moratalla. Con una terraza rodeada por un estupendo marco natural.

Mesón de María
Pza. Tamayo. Telf. 610 264 697.
Pequeño restaurante con comedor independiente en pleno centro de Moratalla, para disfrutar de abundantes raciones del recetario tradicional y carnes a la brasa.

Restaurantes (de 21 a 36 €)
El **hotel Cenajo** (Embalse del Cenajo; telf. 968 721 011) tiene también un más que recomendable restaurante. En su carta predominan los platos regionales, sin desestimar lo internacional. Está algo alejado de la población, pero puede ser un estupendo paréntesis en un día de campo. Por su parte, **El Olivar** (ctra. de Caravaca, 50; telf. 968 724 054; sobre 25 €) posee un comedor rústico lleno de encanto, avalado por una cocina mediterránea galardonada con la primera Q de calidad en la región. Magnífica terraza.

MURCIA

CAPITAL DE PROVINCIA. 391.001 habitantes

CIUDAD AMURALLADA QUE LLEGÓ A CONTAR CON 95 TORRES, DEBE SU DESARROLLO A LA RICA VEGA QUE RIEGA EL RÍO SEGURA. HOY, ESTA CIUDAD BARROCA POR EXCELENCIA SE EXTIENDE DEVORANDO LA HUERTA QUE LE DIO ORIGEN A CAMBIO DE MODERNIDAD Y COSMOPOLITISMO.

INFO

Oficinas de Turismo
Pza. Cardenal Belluga. Telf. 968 358 749.
Punto de Información. Santa Clara.
Telf. 968 220 659.
www.murcia-turismo.com

Autobuses urbanos. Telf. 968 250 088. La mayoría de líneas pasa por la Gran Vía del Escultor Salzillo.

Taxis. Con paradas en las estaciones de tren y autobuses, y en los puntos neurálgicos de la ciudad: plaza Martínez Tornel, avenida de la Libertad y Alfonso X. *Radio-taxi*. Telf. 968 248 800. *Eurotaxi*. Telf. 968 297 700.

Aparcamientos. Glorieta de España, Jardín la Fama, plano San Francisco, plaza de la Universidad, etc.

DORMIR

*Tanto la cantidad como la calidad de la oferta hotelera es variada. Entre los grandes hoteles se sitúa en el centro de la ciudad, el **Arco de San Juan**✪✪✪✪ (plaza de Ceballos, 10, junto al arco del mismo nombre; telf. 968 210 455; 60-160 €; www.arcosanjuan.com), no obstante hay otras posibilidades mucho más económicas.*

HOTEL EL CHURRA✪✪

Marqués de los Vélez, 12.
Telf. 968 238 400. A un paseíto del centro, comenzó siendo un merendero en la huerta, para pasar a ser un hotel muy cuidado cuyo restaurante sigue ofreciendo ricos platos regionales.
Habitación doble: 90 €.

HOTEL LA HUERTANICA✪✪

Infantes, 3-5. Telf. 968 217 668.
Céntrico y con vistas al exterior y acceso a terrazas individuales. Cuenta con todas las comodidades y es muy tranquilo. Habitación doble: 62 €.

HOTEL UNIVERSAL PACOCHE✪

González Cebrián, 9.
Telf. 968 217 605. El interior de este edificio de cierta solera fue reformado recientemente. Sus habitaciones, con ducha y televisión, dan a una calle poco transitada. 40-55 €.

PENSIÓN EL HISPANO I✪✪

Trapería, 8. Telf. 968 216 152.
Más céntrico no se puede estar, a un paso de la catedral. 36 €.

PENSIÓN SEGURA✪✪

Pza. de Camachos, 14. Telf. 968 211 281.
Habitaciones con cuidados detalles, baño y televisión. Las interiores son muy tranquilas. 30-48 €.

Hoteles de precio más elevado

Tras una profunda remodelación, el **Catalonia Conde de Floridablanca**✪✪✪✪ (Princesa, 18; telf. 968 216 626; habitación doble: 190 €) ofrece un gran confort. Funcional y cómodo, como todos los de la cadena NH, es el **Amistad Murcia**✪✪✪✪ (Condestable, 1; telf. 968 282 929; habitación doble: 72-270 €). Otro de los importantes es el **Silken Siete Coronas**✪✪✪✪ (paseo de Garay, 5; telf. 968 217 771; habitación doble: 70-180 €).

EL TAPEO

En Murcia el tapeo y las terrazas se dan la mano para crear un auténtico rito popular. Una costumbre elevada a los altares en añejas plazas y calles, animados escenarios sociales alrededor de ricos sabores en pequeñas porciones como los "matrimonios" entre la anchoa y el boquerón, las "marineras" anchoas navegando sobre una rosquilla con ensaladilla, los michirones o habas gordas, el "caballito" con su cola de gamba rebozada, las pequeñas cazuelas de potajes y pucheros, el zarangollo, el caldo con pelotas o albóndigas, la mojama, el pastel de verduras y muchos platos más del recetario tradicional

Así pues, barras y terrazas ofrecen una singular ruta de plaza en plaza de obligada devoción, que se inicia frente a la fachada principal de la catedral. A un costado de la catedral arranca la peatonal calle Trapería, ilustre vía de gran personalidad que desemboca en la amplia y medio ajardinada plaza de Santo Domingo, donde se dan cita las tapas de **El Corral de José Luis.** Más arriba de Santo Domingo parte Alfonso X el Sabio, un amplio bulevar sombreado por grandes plátanos bajo cuya tutela están las terrazas de la heladería **Sirvent,** el encanto de **La Vagoneta,** los refrescos de **El Rincón** y **La Cueva de la Cerveza** al fiel estilo alemán.

Como si fuera la luz al final de un estrecho túnel, la plaza de Santo Domingo conecta a través del Arco de Santo Domingo con la tranquila y abierta plaza de Julián Romea. Ante la insigne presencia del homónimo teatro, el **Café del Arco** ofrece un interior de los más encantadores y la terraza más sombreada. Puro ambiente de tertulia y café.

Pero si hay algún lugar concebido para disfrutar de las más nutridas pizarras de tapas son la plaza de Santa Catalina y la contigua plaza de las Flores, que conforman un espacio sin par, sembrado de jacarandas, palmeras y una animada marea de terrazas.

COMER

La huerta murciana ofrece una inmensa variedad de verduras, frutas, hortalizas y legumbres que dan lugar a infinidad de combinaciones. Éste es el caso de la ensalada murciana o el arroz, enriquecido ya sea con verduras o con carnes (conejo, pollo...). El pastel de carne es una tartaleta rellena de carne y huevo duro, aunque no hay nada tan dulce y delicioso como los paparajotes acompañados de la hoja del limonero, que se fríe tras rebozarse en una masa de harina, leche, huevos...

*El prestigioso **Rincón de Pepe** (Apóstoles, 34; telf. 968 212 239; precio medio, 45 €) es un lujo al alcance de unos pocos.*

Casas con menú (menos de 15 €)

CORRAL DE JOSÉ LUIS

Santo Domingo, 23. Telf. 968 214 397.
Pese a ser uno de los más recomendados por su calidad, los guisos, entrantes y sopas no tienen un precio excesivo. El arroz caldero o las paellas resultan algo más caras.

JOTA ELE

Plaza Santa Isabel, 6. Telf. 968 220 730.
Agradable comedor donde decantarse por platos creativos y una barra bien nutrida de raciones. También magnífica y animada terraza.

LA PEQUEÑA

General Margallo, s/n. Plaza de San Juan. Telf. 968 219 840. Otro local con esencias de taberna típica y animada terraza en la plaza de San Juan. Cocina tradicional murciana con algunos platos creativos.

LA HUERTANICA

Infantes, 3. Telf. 968 217 668. Un clásico en el panorama gastronómico más tradicional. Destacan sus sabrosos guisos y las sesenta tapas que prepara diariamente.

PACO PEPE

Madre de Dios, 15. Telf. 968 219 587.
Cocina sensata, sin aventuras y bien elaborada, con productos de primera calidad. Gran variedad de tapas.

Restaurantes (desde 24 €)

Las Cadenas (Apóstoles, 10; telf. 968 220 924) ofrece una estupenda cocina regional y nacional, destacando los pescados, y postres caseros.

El restaurante **Acuario** (pza. Puxmarina, 1; telf. 968 219 955), de ambiente "submarino" (por su decoración a base de acuarios) en uno de los locales con más sabor de Murcia, de lo cual no hay duda si se prueba la merluza y la berenjena con champiñón y jamón.

MUROS

A CORUÑA. 2.795 habitantes

PROTOTIPO DE VILLA MARINERA TRADICIONAL, MUROS CONSERVA UN NOTABLE CONJUNTO HISTÓRICO DE GRAN BELLEZA Y UNA LABORIOSA LONJA QUE ASEGURA DIARIAMENTE PESCADO FRESCO Y NUTRE SU RICA GASTRONOMÍA.

INFO

Oficina de Turismo del Ayuntamiento
Curro da Praza, 1. Telf. 981 826 050.
En los meses de verano. www.muros.es

DORMIR

En el centro

HOSTAL J. LAGO✪✪

Avda. Calvo Sotelo, 3.
Telf. 981 827 503. Fax: 981 827 503.
Céntrico hostal con algunas habitaciones cómodas, con televisión y teléfono. Las mejores tienen vistas al mar.
Habitación doble: 63 €.

HOSTAL RÍA DE MUROS✪
Avda. de Castelao, 53.
Telf. 981 826 056.
Pequeño, céntrico y reformado en parte. Algunas de sus 9 habitaciones son acogedoras, abuhardilladas, con grandes tragaluces y vistas al mar. Habiación doble: 30-60 €.

En los alrededores

Para quien no le importe estar algo alejado del centro (o lo prefiera), en San Francisco de Louro, a escasos 4 km, hay varios hostales con playas cercanas.

CONVENTO DE LOS PADRES FRANCISCANOS✪
Telf. 981 826 146.
Pese a encontrarse a dos pasos de la playa, mantiene toda la tranquilidad y la paz propia de los conventos franciscanos. A su vera incluso cabe la posibilidad de subir por un vía crucis hasta un monte desde el que se divisa el litoral. 25 habitaciones, sólo abre en verano. Cuenta con un cámping muy agradable. Habitación doble: 40-50 €.

COMER

Casas con menú (menos de 15 €)

A MURADANA
Avda. de La Marina Española, 107.
Telf. 981 826 885.
Aunque resulte paradójico, aquí mandan las carnes sobre los pescados –pollo relleno, canelones de ternera–, aunque no faltan los modestos potajes y revueltos.

DON BODEGÓN
Porta da vila, 20.
Telf. 981 827 802. Es la referencia más típica de la villa, con mariscos y pescados (tiene vivero propio), así como pulpo y carne a la brasa.

A ESMORGA
Paseo de Bombé, 5.
Telf. 981 826 528.
En un alto con vistas al mar. Cocina casera en la que destacan las empanadas, paellas y pescados, además de algún guiso; y de postre: la "tortilla romana".

DÁRSENA
Av. de Castelao.
Telf. 981 826 864.
Ocupa una típica casa marinera con soportal y mesas de madera con sus bancos corridos. Para complacer a todos, además de las habituales raciones marineras también ofrece platos de carne y pizzas. Familiar y a buen precio.

MUTRIKU

GIPUZKOA. 4.774 habitantes

PRÁCTICAMENTE COLGADO DEL ACANTILADO, ESTE TRANQUILO PUEBLO MARINERO LE DEBE CASI TODO A SU PUERTO, UNO DE LOS MÁS ANTIGUOS DE GIPUZKOA. EN OTRO TIEMPO FUE REFUGIO DE UNA IMPORTANTE FLOTA QUE, TRAS LAS SUCESIVAS CRISIS, HA QUEDADO REDUCIDA A UNOS POCOS BARCOS. AHORA, DESAPARECIDA CASI TAMBIÉN LA INDUSTRIA CONSERVERA, MUTRIKU SE HA CONVERTIDO EN UNA TRANQUILA LOCALIDAD QUE RECIBE GUSTOSA AL VISITANTE Y QUE QUIERE QUE EL TURISMO SEA SU MOTOR DE DESARROLLO. ATRACTIVOS, ADEMÁS DEL PROPIO PUERTO, NO LE FALTAN. TIENE UN CASCO URBANO NOTABLE Y UN PARAJE NATURAL PRIVILEGIADO, DEL QUE LA PLAYA DE SATURRARÁN ES EL MEJOR, PERO NO ÚNICO, EJEMPLO.

INFO Y TRANSPORTES

La **Oficina de Turismo** se abre en verano en los bajos del Ayuntamiento, plaza Txurruca, 1. Telf. 943 603 378.

DORMIR

La oferta es escasa (hay un solo hotel), por lo que se debe recurrir a la hostelería alternativa de agroturismos y casas particulares.

Se dispone de un listado en el Ayuntamiento y en algunos sobre alojamiento en la zona.

HOTEL KOFRADI ZAHARRA✪
Telf. 943 603 954.
Situado en el muelle, cuenta con cinco pequeñas habitaciones. El marco es encantador, a pesar del bullicio de las terrazas de debajo. Muy limpio. Habitación doble: 48 €.

Turismo rural

Hay dos agroturismos en la zona que, curiosamente, están vinculados a la hípica. El caserío **Matzuri** (telf. 943 603 001) es el más próximo al pueblo, cerca de un cámping y de un picadero, y es muy animado.

Más tranquilo es el agroturismo hípico **Koostei** (telf. 943 583 008), en plena montaña con numerosas posibilidades de excursiones que pueden hacerse a caballo.

Campings

Actualmente hay cuatro campings cercanos a Mutriku que no disponen de bungalós. El mejor por su ubicación es el **Saturrarán** (3ª categoría, telf. 943 603 847), a pocos metros de la playa.

COMER

Curiosamente en el puerto apenas hay bares o restaurantes, por lo que es mejor ir a la la parte alta o acercarse a algún merendero donde las propuestas culinarias son definitivas. Comida informal, tapas y raciones hay en los locales de la plaza Churruca y en el Batzoki de Conde de Mutriku. Fuera del pueblo, el chiringuito de Saturraran (Er Txiringito) es el lugar más apropiado para recuperar fuerzas tras un día de baño.

Casas con menú (menos de 15 €)

KAI
Magdalena Auzoa, 4. Telf. 943 603 344.
Es el clásico restaurante para comer cocina tradicional en salones de bodas y banquetes. No defrauda; las raciones son copiosas y hay varios menús.

JARRI TOKI
Ctra. Deba-Mutriku. Telf. 943 603 239.
Asador con vistas al mar de donde proceden excelentes ejemplares de rodaballos, rapes, lenguados y un largo etcétera de sabrosos pescados. Dado el tipo de materia prima, la cuenta se puede descontrolar.

KOFRADI ZAHARRA
En los bajos del hotel, sus terrazas ofrecen la posibilidad de comer en pleno puerto mientras se observa el trabajo de los marineros.

NÁJERA

LA RIOJA. 6.952 habitantes

CORTE Y CUNA DE LOS REYES DE NAVARRA Y PARADA OBLIGADA DE LOS PEREGRINOS JACOBEOS, IR A NÁJERA SIGNIFICA VOLVER AL PASADO MÁS CARACTERÍSTICO DE LA RIOJA. LEGADO DE SUS TIEMPOS DE ESPLENDOR ES UN BIEN CONSERVADO CASCO ANTIGUO, QUE HOY VIVE UNA ESPECIAL ANIMACIÓN DURANTE LOS FINES DE SEMANA.

INFO

Oficina de Turismo. Plaza de San Miguel, 10. Telf. 941 360 041.
www.aytonajera.es

DORMIR

HOTEL SAN FERNANDO✪✪✪
Paseo de San Julián, 1.
Telf. 941 363 700.
Habitaciones exteriores y con baño. Habitación doble: 66 €.

HOSTAL CIUDAD DE NÁJERA✪
Cuarta Calleja de San Miguel, 14.
Telf. 941 360 660. Céntrico establecimiento abierto en 2004. Dispone de 8 habitaciones dobles de animados colores en las paredes.
Habitación doble: 45-50 €.

HOSTAL HISPANO✪
Paseo de San Julián, 12.
Telf. 941 362 957. Destacan los grandes ventanales de sus habitaciones. 40 €.

COMER

Casas con menú (menos de 15 €)

HISPANO II
Marqués de Nájera, 2. Telf. 941 362 957.
Su agradable comedor sirve platos de la cocina riojana y nacional. Destacan las cocochas de bacalao con almejas y el redondo relleno. También puede comerse a base de cazuelitas o sus generosos bocatas (especialmente el de merluza).

BODEGÓN LA JUDERÍA
Constantino Garrán, 13.
Telf. 941 360 038. Este sencillo comedor, a pocos metros de Santa María la Real, pone un buen bacalao con tomate, chuletillas de cordero y rabo de buey. El menú cuesta más barato a los peregrinos. Postres muy cuidados.

OLIMPO
Plaza de la Cruz, 2.
Telf. 941 360 849. Esta cafetería prepara buenos menús de platos sencillos y contundentes, pensados para los peregrinos que vienen con hambre. Alubias, ensaladas, chuletas, lomo y la famosa trucha najerilla. Rebajas también para los peregrinos.

Restaurantes (de 21 a 36 €)

Indispensable darse una vuelta por **El Mono** (Mayor, 43; telf. 941 363 028), aunque no vayáis al comedor. La barra del bar esta llena de delicias en forma de pinchos y tapas, entre las que sobresalen los pimientos verdes rellenos de pescado. La cocina es tradicional y popular, como los precios.

En el número 52 de la misma calle se halla **Los Parrales** (telf. 941 363 735). Platos en raciones generosas que se pueden degustar mirando el tranquilo curso del río Najerilla desde la cristalera. Merece la pena probar cualquiera de sus platos de la cocina regional, como las pochas con almejas, chuletillas asadas o pimientos rellenos. Buena selección de vinos de La Rioja.

NAVALCARNERO

MADRID. 18.000 habitantes

AL PIE DE LA CARRETERA DE EXTREMADURA, Y YA EN EL LÍMITE DE LA COMUNIDAD DE MADRID, NAVALCARNERO ES UNA ANTIGUA VILLA SEÑORIAL, FAMOSA POR SU GASTRONOMÍA Y SUS VINOS.

INFO

Oficina de Turismo
Telf. 91 810 11 42/ 41.
www.turismo-navalcarnero.com

DORMIR

GRAN HOTEL EL LABRADOR✪✪✪
Carretera de Extremadura, km 36,800, salida 36. Telf. 91 813 94 20.
Un lugar un tanto alejado del pueblo (5 km) pero con todas las comodidades. Decoración castellana en un edificio de gran amplitud.
Habitación doble: 70 €.

COMER

Casas con menú (menos de 15 €)

HOSTERÍA DE LAS MONJAS
Pza. de la Iglesia, 1.
Telf. 91 811 18 19/ 05.
El mejor sitio de Navalcarnero teniendo en cuenta la relación calidad-precio. Este edificio del siglo XVI tiene historias y leyendas que os dejarán de piedra.

CALDERA
San Roque, 10.
Telf. 91 811 08 51.
La oferta de carnes es monumental y la atención al cliente, esmerada. Conviene probar su variedad de tapas y raciones. Es un lugar encantador y acogedor que no os defraudará.

RINCÓN JESÚS
José María Bausa, 1.
Telf. 91 811 03 28.
Nuevamente es la carne la protagonista de este local con sabor castellano. Es un sitio tranquilo en el que se puede disfrutar de platos como el cabrito o el lomo de buey, además de una buena variedad de platos de temporada.

Restaurantes (de 25 a 45 €)

Un clásico de la localidad es **Las Cuevas del Carnero** (San Roque, 1; telf. 91 811 04 61). Situado en unas bodegas del siglo XVI, es imposible no rendirse a los encantos gastronómicos que regenta el mesonero mayor Vicente Ruiz Medrano. Si sois prudentes, conseguiréis comer bien sin saliros del presupuesto.

También está garantizado el buen yantar en **Las Cuevas del Tío Juanón** (La Iglesia, 6; telf. 91 811 33 12), estratégico lugar que se encuentra a un paso de todo lo mejor de Navalcarnero. Os recomendamos la *olla del segador*.

NAVARRETE

LA RIOJA. 2.028 habitantes

SOBRE EL CERRO TEDEÓN, ANTAÑO CORONADO POR UN CASTILLO, SE SITÚA ESTA POBLACIÓN, QUE EN EL SIGLO XII FUE FORTIFICADA POR ALFONSO VIII COMO BASTIÓN CASTELLANO FRENTE A NAVARRA (SU NOMBRE, BIEN PODRÍA ESTAR RELACIONADO, CON ALGÚN LUGAR FRONTERIZO ENTRE AMBOS REINOS). DE AQUELLAS MURALLAS Y CASTILLO NADA QUEDA YA, PERO HOY NAVARRETE ES UN IMPORTANTE CENTRO DE ALFAREROS, DE BODEGAS DE BUEN VINO, DE MONUMENTOS QUE LE HAN VALIDO LA DECLARACIÓN COMO CONJUNTO HISTÓRICO ARTÍSTICO Y LA PRIMERA POBLACIÓN DEL CAMINO DE SANTIAGO QUE NOS ENCONTRAMOS DESPUÉS DE ABANDONAR LA CAPITAL RIOJANA.

INFO

En el **Ayuntamiento** (telf. 941 440 005) proporcionan cualquier información sobre Navarrete y contorno. En esta localidad no hay oficina de turismo, la más cercana es la de Logroño, a 11 km.
www.ayuntamientonavarrete.org

DORMIR

En Navarrete, las opciones de alojamientos son escasas, pues la cercanía de la capital riojana acapara toda la oferta. La mejor opción es el **Hotel San Camilo✪✪✪** (ctra. Fuenmayor, km 4; telf. 941 441 111; 74 €).

HOSTAL VILLA DE NAVARRETE
La Cruz, 2. Telf. 941 440 318.
Hostal un tanto austero situado en el centro del casco histórico de Navarrete, junto al albergue de peregrinos.
Habitación doble: 60 €.

ALBERGUE EL CÁNTARO
Herrerías, 16.
Telf. 941 441 080. Albergue rural indicado para peregrinos y para viajeros endurecidos. Se puede dormir en litera en habitación múltiple o doble.
Habitación doble: 40 €.

COMER

Ante la cercanía de la capital, tampoco en restaurantes está Navarrete demasiado surtido. A pesar de ello, siempre es fácil encontrar una mesa en el único pero buen restaurante que hay en el pueblo:

EL MOLINO
Coso, 6. Telf. 941 440 364.
Tiene dos comedores con menús diferentes, donde a más elegancia más precio, aunque a la carta resulta totalmente permisiva. Entre algunos de sus mejores aciertos se encuentran los entrantes, como la morcilla asada, los cogollitos de Tudela o la merluza a la vasca. Buenos solomillos y carnes en general.

LOS ESTABLECIMIENTOS DE ESTA GUÍA HAN SIDO COMPROBADOS Y SELECCIONADOS POR SU BUENA RELACIÓN PRECIO-CALIDAD. EN NINGÚN CASO HAN DESEMBOLSADO CANTIDAD ALGUNA POR APARECER EN ESTA GUÍA.

NERJA

MÁLAGA. 19.496 habitantes

ESTE PUEBLECITO DE ORIGEN ÁRABE PRESUME DE ATESORAR LAS PLAYAS MEJOR CONSERVADAS DE TODA LA PROVINCIA, UN CONJUNTO URBANO DE GRAN TIPISMO, MAGNÍFICOS MIRADORES AL MEDITERRÁNEO Y LAS FAMOSAS CUEVAS QUE LE DIERON RENOMBRE.

INFO

Oficina Municipal de Turismo
Puerta del Mar, 2.
Telf. 952 521 531. www.nerja.org

DORMIR

*Como toda villa turística, Nerja cuenta con una amplísima representación hotelera. Aparte del **Parador**✪✪✪✪ (Almuñécar, 8; telf. 952 520 050; 110-130 €) y hoteles similares, destacan por su relación calidad-precio los siguientes establecimientos:*

HOSTAL MARAZUL

Avda. del Mediterráneo, 2.
Telf. 952 524 191. Ubicado a tan sólo unos metros de la playa, sus habitaciones, de aspecto inmejorable, cuentan con aire acondicionado y algunas de ellas tienen vistas al mar.
Habitación doble: 30-48 €.

PENSIÓN MARISSAL✪✪

Balcón de Europa, 3.
Telf. 952 520 199. En un sitio estratégico y con el cuidado de los establecimientos nuevos. Elegantes habitaciones con aire acondicionado.
Habitación doble: 40-64 €.

Otros hoteles de precio más elevado

Son recomendables el **Hotel Balcón de Europa**✪✪✪ (telf. 952 520 800; 92-220 €), junto al mirador y que cuenta incluso con playa privada, y el **Plaza Cavana**✪✪✪ (pza. Cavana, 10; telf. 952 524 000; 75-112 €).

EL TAPEO

Entre la calle Antonio Millón y la plaza de la Marina se concentran un gran número de bares, destacando por sus mejillones a la marinera **La Marina** (plaza La Marina, s/n). Son célebres el pulpo en salsa y el caviar andaluz en **Alameda** (Jaén, 3) y los boquerones en **Don Quijote**.

La otra zona (con bares bastante diseminados) se desarrolla en torno a la calle Herrera Oria, teniendo como protagonistas a **Los Cuñaos,** con tapas de pescado y carne con tomate; **El Pulguilla** (Bolivia, 1), famoso por la calidad de sus mariscos, y el **Chispa** (San Pedro, 12), por el pulpo. Algo más arriba está la bodega **Los Bilbaínos** (Alejandro Bueno, 8), con variedad de vinos de la zona.

COMER

Casas con menú (menos de 15 €)

LA ERMITA

Plaza de la Ermita, 3.
Telf. 952 521 297. Situado en una de las zonas más transitadas, este restaurante con terraza prepara unas de las mejores paellas de la localidad. Dispone de menú del día.

EL PULGUILLA

Almirante Ferrandis, 26.
Telf. 952 521 384.
Aparte de sus excelentes mariscos frescos y pescados del día, también se puede comer un económico menú los días de diario.

Restaurantes (sobre 22 €)

En el centro de la villa, **Casa Luque** (pza. Cavana, 2; telf. 952 521 004) ofrece cocina popular con platos nacionales e internacionales.

En el **Rey Alfonso** (paseo Balcón de Europa s/n; tef. 952 520 958) se degusta estupenda cocina internacional mientras se disfruta de unas bonitas vistas al mar.

NIEBLA

HUELVA. 3.953 habitantes

SU GRAN RECINTO AMURALLADO SE LEVANTA SOBRE UNA COLINA EN EL CRUCE QUE FORMAN LA N 431 Y EL CAUCE DEL RÍO TINTO. SU CARÁCTER DEFENSIVO REVELA UN PASADO GLORIOSO, PLAGADO DE CONTIENDAS, AL TRATARSE DE UN ENCLAVE DE GRAN VALOR ESTRATÉGICO DESDE DONDE SE DOMINA UN AMPLIO TERRITORIO. HOY SE PRESENTA COMO UN LUGAR TRANQUILO Y APACIBLE, CON UN NÚCLEO DE CASITAS QUE NO SUPERAN LAS DOS PLANTAS Y QUE SUS VECINOS HAN DECORAN A SU ANTOJO CON DIVERSOS MATERIALES.

INFO

Oficina de Turismo. Castillo de los Guzmán. Telf. 959 362 270.
www.aytoniebla.com

DORMIR

PENSIÓN LOS HIDALGOS✪

Moro, 3. Telf. 959 362 080. Fuera del recinto amurallado, esta sencilla pensión es el único lugar que encontraréis para alojaros en Niebla. Dos de las habitaciones, las de la planta baja, tienen baño con ducha. Las otras cinco habitaciones son más luminosas y ventiladas pero comparten dos baños (uno en la terraza). Muy básica, pero también muy limpia y económica. Su propietaria es muy atenta con sus clientes. Habitación doble: 30 €.

COMER

TABERNA EL PITI

Plaza Pinta, s/n.
Telf. 959 362 193.
El local, de altísimos techos, era una antigua bodega. Mariscos y frituras de pescado. Tienen dos grandes estufas de leña que calientan el inmenso local.

EL GALERÍA

Adelfa, 4.
Telf. 959 363 308.
También conocido como "Salón de la Gamba". Este cocedero sirve buen marisco al peso a precios de risa.

CASA RAMOS

Avda. de Andalucía, 1.
Telf. 959 363 037.
Típico bar restaurante de carretera, con barra de aluminio (buenas tapas de cocina) y un gran comedor. Resulta económico comer a la carta o de menú.

LA PARADA

Avda. Palos de la Frontera, 70.
Telf. 959 363 162.
Sólo sirven menús, a muy buen precio, pero se elige un primero y un segundo de una amplia lista. La ensalada es gentileza de la casa.
Es el más concurrido.

LAS ALMENAS

Padre Marchena, 2.
Telf. 959 363 426.
Brasería donde se pueden degustar carnes a la brasa y platos regionales y de temporada.

NÍJAR

ALMERÍA. 24.435 habitantes

DESDE EL PUEBLO ÁRABE DE NÍJAR, AL AMPARO DE LA SIERRA ALHAMILLA, SE EXTIENDE LA DUREZA DESÉRTICA DE SUS CAMPOS, ALABADA POR GOYTISOLO, HASTA LA SIERRA DE GATA. SUS VOLCANES CREARON UN CONJUNTO DE CALAS Y PLAYAS ALEJADAS DEL HOMBRE, QUE TODAVÍA HOY PERMANECEN PURAS Y CRISTALINAS.

INFO

Oficina de Turismo. En Níjar no hay oficina de turismo; en el Ayuntamiento proporcionan información sobre la zona. Telf. 950 360 013. www.nijar.es
En **SAN JOSÉ** (Correo, s/n; telf. 950 380 299), se ubica un punto de información con tienda de libros, mapas y artesanía de la zona. Es un buen enclave para obtener información sobre la visita al **PARQUE NATURAL DE CABO DE GATA.**

DORMIR

HOSTAL MONTES✪

García Lorca, 26. Níjar.
Telf. 950 360 157. La segunda planta se ha reformado hace pocos años. Aunque en las calurosas noches de verano puedes echar de menos el aire acondicionado, los precios son muy económicos. Equipamiento acorde a su categoría. Dispone de un buen restaurante con menú.
Habitación doble: 33 €.

Para disfrutar de la playa en San José o realizar excursiones por las recónditas calas del Parque Natural, se recomienda:

HOSTAL BAHÍA✪
Plaza de Génova. Telf. 950 380 307.
A 100 m de la playa de San José, en una tranquila plaza. Totalmente nuevo, todas la habitaciones disponen de televisión y aire acondicionado. Las de la planta baja cuentan además con un estudio o salita. Buena relación calidad-precio.
Habitación doble: 35-45 €.

Otros hoteles de precio más elevado

El **Hotel Sotillo**✪✪✪✪ (ctra. de entrada a San José; telf. 950 611 100; Habitación doble: 115-160 €), es un cortijo rural con magníficas instalaciones y un buen restaurante y el **Gran Hotel Don Ignacio**✪✪✪✪ (Paseo Marítimo, s/n; telf. 950 611 080; habitación doble: 78-199 €), frente a la playa de San José.

COMER

Casas con menú (menos de 15 €)

ASENSIO
Parque, 3. **NÍJAR.** Telf. 950 361 056. Tapas y raciones. El menú ofrece la posibilidad de elegir entre varios platos como gurullos, trigos y migas.

EL ANCLA
Camino del Puerto. **SAN JOSÉ.**
Telf. 950 380 189.
Cuidando mucho la decoración y mantelería, su cocina ofrece paella, pescado frito o a la plancha y carnes. Se puede comer a la carta sin sobrepasar este precio.

EL EMIGRANTE
Correos, s/n. **SAN JOSÉ.**
Telf. 950 380 114. Platos tradicionales de la zona como patatas a lo pobre, pimientos asados. Podemos optar por la carta, con una gran variedad de carnes y pescados, o el menú de la casa.

Restaurantes (sobre 35 €)

La Chumbera (Los Ventorrillos. **AGUAMARGA**; telf. 950 168 321) ofrece cocina internacional y mediterránea muy cuidada en un singular paraje.

NOIA

A CORUÑA. 14.893 habitantes

NOIA ES UNA PEQUEÑA CIUDAD BIEN CUIDADA QUE CONSERVA DE SU FASE DE ESPLENDOR IMPORTANTES MONUMENTOS OJIVALES. POR EL PODER DE LA VILLA EN LA EDAD MEDIA Y MODERNA, POR SU BRILLANTE Y BIEN CONJUNTADA ARQUITECTURA Y POR EL HECHO DE QUE DEPENDIERA DEL SEÑORÍO DE SANTIAGO HASTA 1811, NOIA HA SIDO CONOCIDA COMO LA "PEQUEÑA COMPOSTELA".

INFO

Oficina de Turismo
Casa da Cultura. Telf. 981 824 169.
Información Xuvenil
Rosalía de Castro, 2.

DORMIR

HOTEL PESQUERÍA DEL TAMBRE✪✪✪
Sta. María de Roo. Telf. 981 051 620.
www.pesqueriadeltambre.com
En la central eléctrica modernista, diseñada por Antonio Palacios, ha sido creado este hotelito, para evadirse del mundo. Las 16 habitaciones están repartidas en cuatro casas. Con restaurante. Habitación doble: 59-96 €.

HOTEL NOIA✪
Curros Enríquez, 27.
Telf. 981 822 552. Céntrico y decente. Es de los que más camas ofrecen.
Habitación doble: 45-60 €.

Turismo rural

CASA DA RONCHA
A Igrexa, **ARGALO.** Telf. 981 823 551.
www.casadaroncha.com
Camino de Porto do Son y a 2,5 km. de Noia, un marinero arregló esta antigua vivienda rural con lareira y siete habitaciones. Habitación doble: 45-60 €.

CASA DO TORNO
Lugar do Torno. Telf. 981 842 074.
www.crcasadotorno.com
Próxima a Noia (1,5 km), en la salida hacia Boiro. Tiene un acogedor salón y pequeñas habitaciones.
Habitación doble: 40-60 €.

EL TAPEO

En Noia se tapea, sobre todo, por la zona vieja. El sitio imprescindible es la **Tasca Típica** (Cantón), un auténtico palacio gótico con caballerizas, reconvertido en mesón, que dispone de mesas en los soportales; conserva su antigua estructura y una curiosa decoración que le da un toque especial. Ofrece buenas tapas de chorizos, pimientos, pescaditos... Enfrente se halla el **Zurich,** el reino de la empanada de millo; las de berberechos o *xoubas* son exquisitas y ya ha recibido varios premios por estos manjares.

En la preciosa praza do Tapal, frente a la iglesia, se encuentra la **Taberna Da Pepa,** que ofrece muchos tipos de cerveza y tapas surtidas.

COMER

Casas con menú (menos de 15 €)

VALADARES
Egas Moniz, 1. Telf. 981 820 436. Al final de la Alameda, en un edificio nuevo que también funciona como hostal, cuenta con un pequeño y arreglado comedor en la primera planta. Ofrece uno de los mejores menús del día de Noia, y siempre tiene de postre flan de queso.

RAXERÍA DON JUAN
Urb. Hermanos Labarta, 25.
Telf. 981 824 920. Algo alejada, es barata y pone abundantes raciones de lo que predica, y también pizzas.

SAN MARCO
Hermanos Labarta (Paseo Marítimo).
Telf. 981 825 009. Es un local grande, con varios salones, en el que se puede comer desde el menú del día hasta una buena parrillada, su especialidad, de pescado o carne. También prepara una buena merluza a la cazuela.

Restaurantes (sobre 24 €)

Restaurantes de buen nivel son el **Alborés** (Ferreiro, 28; telf. 981 820 152), que en su pequeño comedor sirve empanadas variadas, lamprea en temporada, rape relleno de langostinos, solomillo relleno de ostras y postres de campeonato; **Casa Santolo** (Calvario, 2; telf. 981 820 196), otro clásico de la comida casera y las especialidades de la ría (empanada de millo, mariscos y pescados); **O Elisardo** (Costa do Ferrador, 15; telf. 981 820 130), también de comida casera en una compensada relación calidad-precio; y **O Ferrador** (Costa do Ferrador, 9; telf. 981 820 080), vieja casa de comidas y marisquería que va evolucionando lentamente, desde los platos familiares de toda la vida, con la llegada de savia nueva desde la Escuela de Hostelería.

OCAÑA

TOLEDO. 6.441 habitantes

ES CABEZA DE LA COMARCA DE LA MESA DE OCAÑA (MANCHA ALTA) Y UN IMPORTANTE NUDO DE COMUNICACIONES ENTRE MADRID, LEVANTE Y ANDALUCÍA. DE SU IMPORTANTE PASADO HA QUEDADO COMO TESTIGO LA PRIMOROSA PLAZA MAYOR, CONSIDERADA ENTRE LAS MÁS BELLAS DE LA PENÍNSULA.

INFO

Oficina de Turismo
Plaza Mayor, s/n. Telf. 925 120 891.
Fax: 925 120 169. Visitas guiadas.

DORMIR

HOTEL PLAZA MAYOR✪✪✪
Alcalde Ontalba Mascaraque, 1.
Telf. 925 120 650. Alojamiento de reciente construcción acorde con la personalidad manchega, donde sorprende su calidad, sus cuidadosos detalles y su buen gusto. Las habitaciones están bien equipadas. Habitación doble: 36 €.

HOTEL LOS HERMANOS✪✪
Pilarejo, 14. Telf. 925 130 042.
Negocio familiar formado por un hotel con 17 habitaciones acogedoras, limpias y bien equipadas y un edificio de apartamentos, que cuentan con habitación y un pequeño salón. Muchas de las estancias están adaptadas para discapacitados y tiene garaje propio.
Habitación doble: 44-76 €.

HOSTAL ÁVILA✪✪
Plaza del Pilajero, 4. Telf. 925 130 883.
Situado frente al anterior, cuenta con

23 habitaciones. Baños muy nuevos, televisión y calefacción. Disponen de plazas de aparcamiento gratuito para sus clientes y un ambiente familiar. El aspecto de las habitaciones es bastante mejor de lo que presagia su aspecto exterior y la recepción.
Habitación doble: 38 €.

EL TAPEO

El principal lugar para tomar tapas y pinchos antes de las comidas es la Plaza Mayor, en torno a la cual se disponen los bares más frecuentados, sobre todo en verano, cuando despliegan sus terrazas. Son muy típicas en esta localidad las tapas de paella y las *gambitas*.
En este fabuloso marco se halla **Los Hermanos,** junto a la oficina de turismo, con un aire que mira al sur, en el que destacan sus ricas y variadas tapas; el **Bar Plaza,** que además de las tapas de paella, tortillas y pulgas variadas, dispone de un menú del día. Siguiendo el recorrido por la Plaza, podemos entrar en el **Tapitas** para probar sus salchichas caseras, unos buenos callos, caracoles y conejo; el **Bar de Joaquín García,** popularmente conocido como "El Tripita o El Tripi", pone buenos aperitivos de gambas rebozadas y de puches (gachas), preparados sólo por encargo.
Saliendo de la plaza también están concurridos y son recomendables el **Jamón y Cañas** (plaza Carlos L. Bonilla), para comer roscas y pulguitas; **El Túnel** (Ontalba Mascaraque, 3), también especializado en gambas, tanto a la plancha, cocidas, como al ajillo, y el **Mesón Antonio** (Gobernador Pérez de Sevilla, 3), que sirve marisco fresco y aperitivos variados, como carcamusas, tablas de pescaítos fritos o tigres (aquí conocidos como "abuelos"), mejillones con o sin bicho rebozados con bechamel.

COMER

Casas con menú (menos de 15 €)

El Rincón de Pepe
Plaza de Carlos L. Bonilla, 3.
Telf. 925 121 248.
Quizás sea el establecimiento de mayor tradición en la localidad.
Dispone de algunos platos de la cocina típica manchega (duelos y quebrantos y platos de caza) y una buena cocina casera.
Precio medio, 25 €.

Los Hermanos
Pza. Pilarejo, 14.
Telf. y fax: 925 120 794. En su cocina de corte casero destacan las excelencias de sus carnes como su rico Sancho Panza, carne de buey cruda servida en un plato muy caliente, y los revueltos de espárragos y sus verduras. Dispone de un menú por 9 €. Sus raciones son generosas y bien condimentadas. También prepara algunos platos típicos manchegos como carcamusas, gachas o judías con liebre. Interesante selección en su carta de vinos.

El Comendador
Plaza Mayor, 5. Telf. 925 131 092.
Un buen lugar para degustar platos castellano-manchegos y asados en horno de leña, servidos en su acogedor comedor de la planta superior. Dispone además de una singular cueva-bodega del siglo XVIII a modo de reservado.

Mi Pueblo
Cardenal Reig, 15. Telf. 925 121 188.
Restaurante de cocina casera decorado como la calle de un pueblo, que incluye algunos platos modernos y buenas carnes a la brasa. A partir de unos 14 €.

OCHAGAVÍA

NAVARRA. 769 habitantes

La capital del valle de Salazar es uno de los pueblos más bonitos de todo el Pirineo e incluso de toda Navarra. Ello, a pesar de que su construcción es relativamente reciente, pues la villa fue incendiada casi completamente por el ejército francés durante la Guerra de la Convención en 1794. Otro capítulo interesante de su historia fue la caza de brujas que la Inquisición llevó a cabo en el valle y en esta pequeña villa durante el siglo XVI, condenando a más de cien personas a la horca y la hoguera.
El pintoresco y hermoso caserío se extiende abrazado por los ríos Zatoia y Anduña, que se juntan para formar el río Salazar, truchero por excelencia. Esta villa salacena está a los pies de la selva de Irati, un enclave mágico y uno de los hayedos-abetales mayores de toda Europa.

INFO Y TRANSPORTES

Oficina de Turismo y Centro de Interpretación de la Naturaleza
Labaria, s/n. Telf. 948 890 641.
Abre todo el año.
www.ochagavia.com
www.valledesalazar.com

DORMIR

En Ochagavía hay alojamiento a la carta: desde un cámping a agradables hostales e infinidad de casas rurales. A pesar de la gran oferta, en temporada alta conviene reservar dada la gran cantidad de visitantes.

Hostal Auñamendi ✪✪
Pza. Gúrpide, 1. Telf. 948 890 189.
Once habitaciones, preciosas y bien equipadas, en una preciosa casona típica. Calefacción, teléfono, televisión y un acogedor salón para reunirse a contar las excursiones y anécdotas del día. El desayuno se sirve en la terraza (en días soleados resulta delicioso).
Habitación doble: 50 €, aunque en invierno bajan mucho los precios.

Turismo rural

Existe una amplia oferta de casas rurales compartidas, es decir, las que se alquilan por habitaciones:

Casa Aisko
Telf. 948 890 330. Cinco habitaciones dobles y dos baños.
Habitación doble: 35 €.

Casa Ballent
Telf. 948 890 373.
Dispone de tres habitaciones dobles y un baño.
Habitación doble: 33 €.

Casa Dukea
Telf. 948 890 062.
Cuatro habitaciones dobles, una individual, dos baños, terraza y un precioso salón con chimenea.
Habitación doble: 33 €.

Casa Eloico
Telf. 948 890 464.
Cuatro habitaciones, dos baños, cocina con lavadora y nevera, salón, terraza y precios bajos.
Habitación doble: 30 €.

Casa Manchoalorra
Telf. 948 890 513.
Tres habitaciones dobles, un baño y aparcamiento.
Casa fin de semana: 190 €.

Casa Martinezker
Telf. 948 890 211.
Dos casas de cuatro habitaciones abuhardilladas, cocina-comedor, salón con televisión y dos baños.
Habitación doble: 30 €.
Casa fin de semana: 310 €.

Casa Ñabarro
Telf. 948 890 335.
Cinco habitaciones, una de ellas con baño incorporado.
Habitación doble: 30 €.

Casa Osaba
Telf. 948 890 011.
Cuatro habitaciones dobles, cuna, lavadora y una bonita balconada.
Habitación doble: 30 €.

Casa Pistolo
Telf. 948 890 597.
Dispone de seis habitaciones, tres de ellas abuhardilladas, dos baños, cocina y terraza. Habitación doble: 30 €.

Casa Sarbide
Telf. 948 890 342.
Dispone de una habitación con baño incluido. Mobiliario nuevo.
Habitación doble:24-26 €.

Casa Sinco
Telf. 948 890 439.
Cuatro habitaciones y dos baños.
Habitación doble: 30 €.
Casa fin de semana: 140 €.

Casa Udi
Telf. 948 890 407.
Con 6 plazas. Se alquila la casa completa. Aproximadamente, el fin de semana 230 €.

Campings

En la carretera de Salazar, s/n, encontraremos el cámping **Osate**, de 2ª categoría. Telf. 948 890 184. Permanece abierto durante todo el año.

COMER

Se puede empezar por revuelto de setas y hongos beltza y continuar con los bue-

nos embutidos, los platos de carne de ternera y los de caza. Si preferís el pescado, aquí podréis probar increíbles y fresquísimas truchas, y no dejéis de probar el queso de Roncal, con denominación de origen. Manjares para salir "bapo", que en euskera quiere decir "lleno y satisfecho".

Casas con menú (menos de 15 €)

Auñamendi
Pza. Gurpide, 1.
Telf. y fax: 948 890 189.
En el restaurante del hostal no hay que dejar de probar el fabuloso púding de espárragos y gambas, los jarretes asados o la tradicional trucha con jamón.

Ory Alde
Urrutia, 6.
Telf. 948 890 027.
Comedor sencillo pero con buenas especialidades como la merluza en salsa de gambas, los pimientos rellenos, los cogollos de Tudela y las pochas de Sangüesa.

Sidrería Kixkia
Telf. 948 890 517.
Situada al final de la población (dirección Francia), esta original sidrería tiene una estupenda cocina navarra basada en los productos de la tierra, como no podría ser de otra manera, los postres caseros y, por supuesto, la sidra. Merece la pena.

Además, se puede ir a comer al restaurante del cámping **Osate** (telf. 948 890 184) y probar sus ricos pescados y verduras de temporada, o al **Borda Sirón** (km 7 de la carretera Ochagavía-Roncal; telf. 948 890 490). Aquí lo indiscutible son las migas del pastor y las costillas a la brasa.

OLITE

NAVARRA. 3.106 habitantes

La ciudad de Olite y su palacio-castillo constituyen uno de los lugares más visitados de Navarra y han sido escenario de numerosos actos culturales. Ciudad real por antonomasia, es además tierra de reconocidas bodegas y sede actual de la Estación de Viticultura y Enología de Navarra.

INFO

Oficina de Turismo
Mayor, 1. Telf. 948 741 733.
www.cfnavarra.es

DORMIR

*En esta ciudad se encuentra el agradable **Parador Príncipe de Viana**✪✪✪ (plaza de los Teobaldos, 2; telf. 948 740 000; www.parador.es; 89-101 €). Si se prefiere pagar menos existen otros establecimientos con mucho encanto en la ciudad.*

Hotel Carlos III el Noble✪✪
Rúa de Medios, 1. Telf. 948 740 644.
Es algo más sencillo que los citados a continuación, pero muy aconsejable. Algunas de sus habitaciones tienen bonitas vistas a la plaza de Carlos III, y todas ellas están provistas de televisión y aire acondicionado.
Habitación doble: 42-48 €.

Hotel Merindad de Olite✪✪
Rúa de la Judería, 11. Telf. 948 740 735.
En su fachada se conservan restos de la muralla romana. Su aspecto medieval le confiere un encanto especial y cada una de sus 10 habitaciones tiene una original y cuidada decoración.
Habitación doble: 48-51 €.

Otros hoteles de precio más elevado

Situado en pleno casco antiguo, el **Hotel Casa Zanito**✪✪ (Rúa Mayor, 10; telf. 948 740 002; 61 €) dispone de habitaciones de corte clásico que cuentan con las comodidades propias de un buen hotel.

COMER

Casas con menú (menos de 15 €)

Asador Erri Berri
Rúa del Fondo, 1. Telf. 948 741 116. Ubicado en una casa medieval del casco antiguo que aún conserva su antigua bodega. La especialidad de la casa es el chuletón de buey. Ofrece un rico menú de sidrería.

Gambarte
Rúa del Seco, 15. Telf. 948 740 139. En un primer piso, este sencillo restaurante se encuentra casi siempre a rebosar. Entre sus especialidades, el tradicional cordero al chilindrón, la sepia a la plancha y el conejo con caracoles.

Restaurantes (sobre 24 €)

Casa Zanito (Rúa Mayor 10; telf. 948 740 002) ofrece cocina tradicional navarra y de mercado con toque innovador. A esta casa en pleno casco antiguo hay que ir a probar la verdura de la tierra, las ensaladas bien aliñadas, el ternasco y el cabrito.

Los naturales del lugar dicen que en el asador **Casa Tomás** (Trece de Septiembre, 1; en la localidad de **San Martín de Unx;** telf. 948 738 034) se preparan los mejores asados de la comarca.

En **Ujué** se halla el **Mesón Las Torres** (Santa María, s/n; telf. 948 739 052). Rústico y sobrado de encanto, debéis acompañar la visita con chistorra, migas de pastor, cordero al sarmiento y cuajada casera.

OLIVENZA

BADAJOZ. 8.933 habitantes

Cabecera de una importante comarca agrícola y ganadera, esta bella población fronteriza combina con elegancia restos de su pasado portugués con huellas típicamente españolas. Conserva un conjunto monumental único, por lo que la villa es considerada una de las joyas más preciadas de Extremadura.

INFO

Oficina de Información Turística
Plaza de España.
Telf. 924 490 151.
www.turismoextremadura.com

DORMIR

Hotel Heredero✪✪✪
Ctra. de Badajoz, km 23,7.
Telf. 924 490 835.
Fax: 924 491 261. En las afueras de Olivenza, al pie de la carretera, se levanta este hotel que ofrece una amplia gama de servicios a sus clientes. Dispone de un ambiente tranquilo y muy agradable, con 152 habitaciones bastante espaciosas y muy bien equipadas. Además dispone de restaurante, cafetería y aparcamiento. Con facilidades para discapacitados.
Habitación doble: 75-85 €.

Hotel Los Amigos✪
Avda. del Perú, 1. Telf. 924 490 386. Bastante próximo al otro hotel. Este establecimiento dispone de habitaciones no muy grandes pero reformadas recientemente, que cuentan con televisión, teléfono y aire acondicionado. También tiene cafetería y restaurante. Con facilidades para discapacitados. Muy buena relación calidad-precio.
Habitación doble: 36 €.

EL TAPEO

En la franja que forman la avenida de Portugal, la plaza de España y la avenida Ramón y Cajal se ubican la mayoría de los bares de tapas de la localidad. En la calle José María Marzal y en las proximidades del mercado de abastos también se pueden encontrar algunos bares más que realizan el mismo servicio. En los alrededores de la plaza de la Constitución y del Ayuntamiento se instalan terrazas bajo las palmeras y los naranjos, muy concurridas a la hora del aperitivo. Comenzando nuestra andadura por la plaza de España, podemos degustar las ricas y variadas tapas de **Casa Maíla,** el restaurante **Castillejos** y la cafetería **Alcañices.** En la transitada avenida Ramón y Cajal, están el bar **Coceiro** (conocido por el mote de su propietario, *Casú*), con su hermosa bóveda de ladrillo y buenos vinos, y la concurrida cafetería-restaurante **A Vila.** En la avenida de Portugal, el bar **Fofo** ofrece una gran variedad de tapas, entre las que destacan el pestorejo y la carne a la plancha. La cervecería **Pacore** (José María Marzal) suele estar abarrotada de jóvenes que beben cervezas saboreando distintos aperitivos.

COMER

Casas con menú (menos de 15 €)

DOSCA
Plaza de la Constitución, 15.
Telf. 924 492 877. Junto a la iglesia de Santa María Magdalena se ubica este restaurante afamado en la zona consagrado a la cocina tradicional extremeña. Entre sus platos destaca la caldereta, el gazpacho extremeño y las truchas a la oliventina. Excelente bodega.

KE KOMO
República Argentina, 11.
Telf. 924 490 985. Cocina tradicional extremeña (sopas de tomate) con influencia protuguesa (muchos tipos de bacalao).

Restaurantes (sobre 24 €)

Bistrot (Ramapalla, s/n; telf. 650 505 949), pequeño restaurante, regentado por un francés, con cocina internacional de temporada.

OLMEDO

VALLADOLID. 3.501 habitantes

VILLA DE ECOS LITERARIOS GRACIAS A LA PLUMA DE LOPE DE VEGA Y SU DRAMA EL CABALLERO DE OLMEDO. EL TALANTE DE SUS GENTES FUE EN EL PASADO TOLERANTE Y CON VOCACIÓN DE MESTIZAJE, LO QUE EXPLICA QUE SEA CONSIDERADA UNA CIUDAD MUDÉJAR, NO SÓLO POR SUS MONUMENTOS, SINO POR EL PASADO DE CONVIVENCIA ENTRE CULTURAS QUE ÉSTOS ENCIERRAN.

INFO

Parque Temático del Mudéjar y Oficina de Turismo
Arco de San Francisco, s/n.
Telf. 983 623 222.
www.pasionmudejar.com

DORMIR

HOTEL PIEDRAS BLANCAS✪✪
Ctra. Madrid-Valladolid, km 148.
Telf. 983 600 100. Es moderno, cómodo, pero sin lujos. 47 €.

HOSTAL RESIDENCIA DON ALONSO✪✪
Gamazo, 7. Telf. 620 597 108. Muy céntrico y bastante confortable. Habitaciones impecables por unos 39 €.

HOSTAL SAN MIGUEL✪✪
Pza. San Andrés. Telf. 629 842 791. Algo más retirado del centro que el anterior, pero con todas las comodidades. Habitación doble: 37 €.

COMER

Casas con menú (menos de 15 €)

RINCÓN MUDÉJAR
Marcos Salgueiro, 6. Telf. 983 600 156. Agradable restaurante decorado con motivos árabes, especializado en carnes a la brasa y asados.

LOS MARINOS
Nicolás Rodríguez, 55. Telf. 983 600 040. Se puede comer de menú de 9 a 20€. El sábado conviene reservar.

MENDO
Ctra. Madrid-Valladolid, 11.
Telf. 983 600 144. Sencillo establecimiento con varios menús a elegir de cocina casera.

LOS CABALLEROS
Gamazo, 16. Telf. 983 623 045.
Cuenta con diferentes tipos de menú. A la carta merece la pena probar su carne a la brasa y el lechazo asado.

Restaurantes (desde 21 €)

El **Mesón Mariano** (crta. de Madrid, km 154; telf. 983 600 442) ofrece asados, suculentos guisos de cerdo y buenos vinos. Y por último, el **Mesón La Gallega** (pza. Salvador, 3; telf. 983 623 201), cocina gallega y casera.

ONDARROA

BIZKAIA. 9.845 habitantes

ESTA LOCALIDAD TIENE UN CASCO ANTIGUO CON TODO EL SABOR DE LOS PUEBLOS MARINEROS Y UN LITORAL FASCINANTE. RESULTA PERFECTA PARA OBSERVAR EL TRABAJO DIARIO DE LOS HOMBRES DEL MAR, LA ACTIVIDAD DE UN PUERTO EN MOVIMIENTO QUE NO HACE CONCESIONES A FALSOS TIPISMOS NI CAE EN EL CROMO PARA TURISTAS. COMO VALOR AÑADIDO, ONDARROA CUENTA CON LA VIDA NOCTURNA MÁS ANIMADA, PROBABLEMENTE, DE TODA LA COSTA VIZCAÍNA.

INFO

Oficina de Turismo
Calle Kanttoipe, 3. Telf. 94 683 19 45 (en Semana Santa y verano).
www.learjai.com
Ayuntamiento. Música Emparantza, 1. Telf. 94 683 36 75.

DE PINCHOS

El mejor recorrido sale desde Antiguako Ama por Itxas Aurre y llega al puente viejo a través de Erriberra. En la ruta hay todo tipo de locales: desde la taberna más portuaria a la cafetería más pretenciosa decorada en mármol y cristal. **Kulixka** y el **Gau-Argi** son los que más se esmeran en los pinchos, mientras que el **Gaztedi** añade a la oferta alguna cazuela y contundentes bocadillos. En Erribera la mejor barra está en **Andik-Ona.**

COMER

La merluza a la ondarresa es la aportación a la gastronomía universal. La forma de hacer los medallones de este pescado (lentamente sobre una plancha y luego regados con un suave aliño) salió de alguna cocina anónima de esta localidad. El puerto aporta además variada materia prima para la elaboración de los platos de los pescadores, entre los que destacan el tradicional marmitako o las espesas sopas de pescado.

Casas con menú (menos de 15 €)

BATZOKI
Arta Bide, 36. Telf. 94 683 26 65.
Precios muy razonables para degustar platos de cocina casera. En la carta destaca por su calidad el rape.

Restaurantes (desde 21 €)

Lekue (Erribera, 11; telf. 94 683 00 05) es un poco impersonal pero ideal para probar comida casera vasca, con especial atención al marmitako. Así como **Sutarge** (Nasa, 11; telf. 94 683 22 58).
En el Puerto se ubican dos restaurantes interesantes: **Ignacio Aramaio,** (Egidazu Kaia, 14; telf. 94 683 03 31) y **Puerto,** (Egidazu Kaia, 17; telf. 94 683 00 06).

ONTINYENT

VALENCIA. 32.000 habitantes

SU CAMPANARIO ES LA TORRE MÁS ALTA DE LA COMUNIDAD VALENCIANA, Y EN TORNO A ÉL SE DESARROLLA LA MAYOR PARTE DE LA VIDA EN ESTA CIUDAD. ONTINYENT, CAPITAL DE LA VALL D'ALBAIDA, HA SABIDO APROVECHARSE DE LA TRADICIÓN TEXTIL QUE SE REMONTA MUY ATRÁS EN EL TIEMPO, Y CREAR UNA INDUSTRIA DINÁMICA Y ECONÓMICAMENTE RENTABLE.

INFO

Tourist Info Ontinyent
Plaça de Sant Domingo, 13.
Telf. 96 291 60 90.
www.comunidad-valenciana.com

DORMIR

HOTEL POU CLAR✪✪✪
Mayans, 67. Telf. 96 238 12 00.
Cerca del bello barrio de la Vila, es el mejor alojamiento de la población. Las habitaciones son cómodas, casi suites, y disponen de televisión. Habitación doble: 58-95 €.

PENSIÓN MONTERREY✪
José Gironés, 1.
Telf. 96 238 12 93. Su localización no deja lugar a dudas sobre su carácter de posada de caminantes y, aunque las habitaciones están remozadas y resultan relativamente cómodas, son austeras. Habitación doble: 46-50 €.

COMER

Casas con menú (menos de 15 €)

El Cúgol
Polígono Industrial El Pla, s/n. Telf. 96 291 62 26. En este local se puede comer un buen menú muy económico que incluye especialidades culinarias de la zona. A la carta, se pueden degustar platos tradicionales como el cordero lechal relleno de frutos secos.

El Comedor
Martínez Valls, 25. Telf. 96 238 19 63. El menú diario incluye platos como el gazpacho y alguna de las múltiples variedades de arroz. La especialidad de la casa son las carnes a la brasa de ternera lechal, buey y solomillo.

Restaurantes (sobre 25 €)

El restaurante **El Tinell de Calabuig** (Gomis, 23; telf. 96 291 50 48), uno de los más afamados de la zona, ofrece cocina valenciana y algunas especialidades imaginativas y de otras procedencias.

OÑATI

GIPUZKOA. 10.564 habitantes

Es una localidad que combina los atractivos de un patrimonio artístico notable con los de su envidiable entorno natural. Ambos elementos, que confluyen en el santuario de Arantzazu, le han dado un carácter solemne y tranquilo. Villa con historia propia, fue condado independiente hasta el siglo XIX y cuna de rebeldes como Lope de Aguirre; en la actualidad es un pueblo tranquilo y orgulloso de su patrimonio.

INFO

La **Oficina de Turismo** (San Juan, 14; telf. 943 783 453) facilita un folleto muy detallado de información sobre el pueblo. www.oinati.org

DORMIR

Hostal Goiko Benta✪✪
Barrio de Aranzazu. Telf. 943 781 305. Ofrece la mejor relación calidad-precio de la zona, con habitaciones confortables y suficientemente equipadas. Habitación doble: 40 €.

Hostal Sindica✪
Barrio de Aranzazu. Telf. 943 781 303. Ofrece lo mismo que el anterior. Tiene restaurante. Habitación doble: 45 €.

Hospedería de Arantzazu✪
Barrio de Arantzazu. Telf. 943 781 313. Lo llevan los frailes del santuario. Tiene una gran variedad de habitaciones hasta 36 € la más completa, y poco más la más completa, con terraza y televisión.

Otros hoteles de precio más elevado

Un poco más caros, pero muy aconsejables son el **Soraluze**✪✪ (barrio Uriobarri, telf. 943 716 179; 50 €) por su equipamiento, y el **Etxe Aundi**✪ (barrio de San Pedro, telf. 943 781 956; 56 €) por el encanto del local.

DE PINCHOS

Sobre la plaza de los Fueros gira toda la actividad social de Oñati que, cómo no, incluye la visita a alguna taberna. El trayecto ideal para tomarse unos vinos y picar algo se puede iniciar en la esquina de Kale Zaharra, donde hay bares de aspecto moderno que son auténticos clásicos en el pueblo. Bajo los pórticos de la plaza también hay tabernas interesantes, pero la ronda local sube por Kalebarria y Atzeko. No hay excesiva originalidad en las barras, los pinchos, clásicos, de tortilla, ensaladilla o gildas, son suficientes para abrir el apetito en un buen ambiente. En la subida a Arantzazu, una buena barra tiene el restaurante **Txopekua** y, junto a la basílica, en **Milikua** y **Goikobenta** hay raciones y bocadillos.

COMER

Casas con menú (menos de 15 €)

Etxebarria
Kalebarria, 19. Telf. 943 780 460. Es la casa de comidas más popular de Oñati, siempre llena y con buen ambiente. Lo mejor es la sencillez de los platos caseros que ofrece.

Txopekua
Barrio de Uribarri, ctra. de Arantzatu. Telf. 943 782 698.
Es el primer restaurante según se sube a Arantzazu; modesto en la decoración y mobiliario pero muy digno en los platos. A la carta también es de los mejores. Entre sus especialidades, son muy buenas las alubias rojas, el cordero, los hongos y *perretxikos* y los postres caseros.

Restaurantes (sobre 21 €)

Una buena elección si queréis combinar comida y medio ambiente es **Zelai-Zabai** (barrio de Arantzatzu; telf. 943 781 306). Está muy cerca del santuario en un entorno de montaña, tranquilo y acogedor. Recomendables las alubias y el cordero.

Etxe-Aundi (Torre Auzo, 9; telf. 943 781 956) es el restaurante del hotel antes mencionado. Está instalado en una hermosa casa solariega, destacando por su esmerado servicio y su notable cocina tradicional.

ORIHUELA

ALICANTE. 54.390 habitantes

De Murcia viene el río Segura, que atrapa contra la montaña a la vieja ciudad y en su ligera caída riega una de las más floridas huertas de Levante. Orihuela es una ciudad de paz con maravillas arquitectónicas, un litoral con excelentes playas y campos de golf.

INFO

Tourist Info Orihuela
Palacio de Rubalcava. Francisco Díe, 25. Telf. 96 530 27 47.
Tourist Info Orihuela-Playa
Urb. Playa Flamenca.
Plaza del Oriol, 1.
Telf. 96 676 00 00.
www.dip-alicante.es/orihuela
www.comunidad-valenciana.com

DORMIR

Hostal Rey Teodomiro✪✪
Avda. Teodomiro, 10, 1º.
Telf. 96 647 33 48.
Es una de las pocas opciones baratas para poder dormir en el centro de Orihuela. Reformado, las habitaciones resultan bastante completas (con aire acondicionado, televisión...) y muy céntrico. Habitación doble: 55 €.

Otros hoteles de precio más elevado

El hotel **Palacio de Tudemir**✪✪✪✪ (Alfonso XIII, 1; telf. 96 673 80 10; 70-106 €), ocupa un palacio del siglo XVIII en el centro de la ciudad. Ofrece modernas instalaciones. En la costa se sitúan buenos hoteles como **La Zenia**✪✪✪ (urb. La Zenia; telf. 96 676 02 00; 72-128 €), frente al mar y rodeado de playas. En la **Dehesa de Campoamor**, el **Montepiedra**✪✪✪ (Rosalía de Castro, s/n; telf. 96 532 03 00; habitación doble: 72-120 €), también está cerca de la playa. Habitaciones con salón y jardín con piscina.

COMER

Casas con menú (menos de 15 €)

Casa Corro
Avda. Doctor García Rogel, s/n.
Telf. 96 530 29 63. Es un local muy frecuentado por la gente joven, por su buen trato y servicio rápido. La deco-

ración es funcional, pero su cocina es famosa. Se especializa en platos propios de la vega del Segura: arroces, guisado de pava, asado de cabrito, paellas...

MESÓN RAMÓN
Luis Barcala, 1. Telf. 609 082 795.
Resulta difícil hacerse un hueco en el mercado, pero con un menú tan económico no es raro que sea muy frecuentado por la gente joven.

LA MIRADA
Urb. La Zenia. Paseo del Mar, 2.
Telf. 96 676 03 85.
Frente al mar y con unos amplios ventanales desde donde no se escapa detalle. La carne a la brasa es lo más promocionado, pero las paellas, aparte de exquisitas, son baratas y generosas.

Restaurantes (sobre 36 €)

Es muy recomendable el restaurante **Cabo Roig** (urb. Cabo Roig; telf. 96 676 02 90). A los pies de la defensiva torre vigía del siglo XVI, con vistas al puerto y al mar. Pescados frescos, mariscos y arroces bien preparados.

OROPESA

TOLEDO. 2.882 habitantes

UBICADA EN UN LUGAR ESTRATÉGICO, AL PIE DE LA AUTOVÍA Y A CABALLO DE LAS TIERRAS TOLEDANAS Y EXTREMEÑAS, ES UNA LOCALIDAD TURÍSTICA AL ABRIGO DE SU ROBUSTO CASTILLO, CONVERTIDO HOY EN PARADOR DE TURISMO.

INFO

Punto de Información Turística
Calle del Hospital s/n.
Telf. 925 430 201. Abierto de martes a domingo en horario de mañana y tarde. www.e-oropesa.com

Ayuntamiento
Pza. Navarro, s/n. Telf. 925 420 002.

DORMIR

Poca pero bien escogida, así es la oferta de alojamientos de Oropesa, donde la calidad y el buen gusto es común en las nuevos alojamientos de aire rural que se complementan con la opción de mayor calidad, el ***Parador de Oropesa****✪✪✪✪ (plaza del Palacio, 1; telf. 925 430 000; www.paradores.es; habitación doble: 110-125 €), una atractiva alternativa para pasar una noche de ensueño en el antiguo palacio de los Álvarez de Toledo.*

HOSTAL LA HOSTERÍA✪✪
Plaza del Palacio, 5.
Telf. 925 430 875.
Un encantador hotel rural situado frente al parador. Se han cuidado todos los detalles para recuperar un delicioso ambiente rústico. Habitaciones nuevas, acogedoras y decoradas con buen gusto, destacando especialmente dos, que son algo más grandes y disponen de jacuzzi. Ofrece facilidades a los discapacitados, bonitas vistas y un trato muy cordial.
Habitación doble: 59 €.

CASA RURAL LA POSADA
Las Monjas, 32.
Telf. 619 328 244.
Edificio de nueva construcción de fiel estilo castellano a la entrada de Oropesa. Son seis habitaciones con baño, calefacción y climatizador. Buenas vistas a Gredos, e interior de gusto rústico con buenos detalles.
Vivienda: 60-84 €.

CASA RURAL LA TROJE
La Concepción, 3.
Telf. 647 916 323.
Bonita casona situada a un costado del antiguo Ayuntamiento, con cinco habitaciones dobles y una vivienda independiente para cuatro personas en torno a un amplio patio. Un lugar tranquilo y bien decorado.
Habitaciones dobles: 54-95 €. Desayuno incluido.

COMER

Casas con menú (menos de 15 €)

LA HOSTERÍA
Plaza del Palacio, 5.
Telf. 925 430 875.
Acogedor comedor donde poder disfrutar de la mejor tradición gastronómica de Oropesa. Su menú diario (excepto fines de semana), es abundante y sabroso. Si se desea, se puede comer a la carta a unos precios muy interesantes. Su revuelto de morcilla es suave y exquisito; el pulpo a la gallega y el bacalao son preparados con maestría por su cocinero. Sobre todo hay que destacar el trato cordial y personalizado que ofrecen a su clientela. Para repetir.

LOS ARCOS DEL BOSQUE
Compañía, 20.
Telf. 925 450 328.
Enclavado sobre el antiguo convento de la Concepción, siglo XVI, merece la pena entrar y ver su precioso claustro, utilizado en la actualidad para servir banquetes y comidas de grupos. Dispone de un menú diario (excepto fines de semana), muy normalito y poco sofisticado, aunque comiendo a la carta el precio no se eleva demasiado.

MESÓN CARLOS
Plaza del Navarro, 5.
Telf. 925 450 080. Ofrece cafetería con desayunos, aperitivos y meriendas; y un restaurante especializado en productos de caza: perdices, codornices y ciervo, con un menú diario de 9 € y otro, de 16 €. Comer a la carta está en torno a los 25 €.

ORPESA/ OROPESA DEL MAR

CASTELLÓN. 4.800 habitantes

SU PUERTO DEPORTIVO Y SUS PLAYAS LE HAN PROPORCIONADO FAMA Y VISITANTES, Y OROPESA HA SABIDO CUIDAR A AMBOS, COSA QUE LE HA ACARREADO UN CIERTO BIENESTAR PESE A TENER UNA POBLACIÓN ESTABLE MUY ESCASA. SU CASCO HISTÓRICO ALBERGA, ENTRE OTRAS COSAS, LAS RUINAS DEL CASTILLO QUE EN TIEMPOS FUERA BALUARTE DEFENSIVO FRENTE A LAS INCURSIONES CORSARIAS.

INFO

Tourist Info Orpesa
Avenida de la Plana, 4.
Telf. 964 312 241.
Playa de la Concha, s/n.
Telf. 964 312 320.
www.oropesadelmar.org

DORMIR

HOTEL JARDÍN✪✪
Avda. del Faro, 97. Telf. 964 310 093.
Pequeño hotel con piscina, prácticamente rodeado de jardines. Las habitaciones son algo sobrias y sin demasiadas comodidades, pero el cuidado y la tranquilidad del entorno suplen con creces esa carencia.
Habitación doble: 40-70 €.

HOTEL ZAPATA✪✪
Ctra. del Faro, 72. Telf. 964 310 425.
Clásico hotel de veraneo cuya piscina de considerable tamaño es el mejor espacio del establecimiento. Habitaciones básicas y buenos precios en temporada baja. 52-75 €.

Otros hoteles de precio más elevado

Bien situados junto a la playa están el **Hotel Neptuno Playa**✪✪✪ (La Concha, 1; telf. 964 310 040) y **El Cid**✪✪✪ (Las Playetas, km 83; telf. 964 300 700; 77-96 €). El primero, con mayores prestaciones, es una de las mejores opciones de alojamiento en Oropesa. El segundo dispone de piscina, pista de tenis y aparcamiento.

COMER

Casas con menú (menos de 15 €)

LA PARRILLA
Goya, 22. Telf. 964 310 352.
Se puede optar por el menú, que no está nada mal, o bien comer a la carta del asador, con lo que el precio se eleva. Excelentes pescados y carnes asadas.

RESTAURANT DEL POBLE
Avenida del Mar, 3.
Telf. 964 312 368.
Situado en una esquina: a un lado se halla la terraza de verano y al otro el restaurante. El menú ofrece auténtica cocina casera.

LA OROTAVA

ISLA DE TENERIFE. 39.909 habitantes

ESTE PRÓSPERO MUNICIPIO, DE VISITA OBLIGADA, ESTÁ ENCLAVADO EN EL VALLE HOMÓNIMO Y COMBINA PERFECTAMENTE LA FEROCIDAD DE SUS VEGAS, LA ACTIVIDAD TURÍSTICA Y LA ARQUITECTURA SEÑORIAL DE SU CASERÍO DE BALCONES DE PINO CANARIO. EL VALLE DE LA OROTAVA TIENE 15 KM DE ANCHURA, CUBIERTOS EN BUENA PARTE POR CULTIVOS DE PLÁTANOS, ZONA FORESTAL Y CENTROS TURÍSTICOS.

INFO

Oficina de Turismo
Carrera del Escultor Estévez, 2.
Telf. 922 323 041.
www.villadelaorotava.org

DORMIR

HOTEL ALHAMBRA✪✪

Nicandro González, 19.
Telf. 922 320 434. Pequeño hotel de cinco habitaciones en el centro del casco antiguo de la villa. Jardín con piscina y *jacuzzi*. Habitaciones con vistas a la calle y al jardín.
Habitación doble: 88-108 €.

Hoteles de precio más elevado

Si tenéis posibilidad, no hay que dejar pasar la ocasión de alojarse en el **Parador de Las Cañadas del Teide** ✪✪✪✪ (Parque Nacional; telf. 922 386 415; fax: 922 382 352; www.parador.es; habitación doble: 140 €), típico albergue de montaña en piedra y madera, con una gran chimenea presidiendo el salón. Ha sido renovado completamente y ofrece estupendas vistas.

EL TAPEO

En la localidad se hallan diversos establecimientos en los que se pueden desgustar tapas al estilo canario como el bar **La Duquesa** (Plaza Casañas, 6), el bar **Calle Nueva** (Nueva, 1) y el **Bodegón Casa Emilio** (Zurbarán, 15).

COMER

Restaurantes (sobre 24 €)

El restaurante del **Parador** (Parque Nacional del Teide; telf. 922 386 515), con vistas al Teide, es un lugar excepcional para degustar cocina canaria. Decoración interior sobria con una gran chimenea de piedra que le proporciona un ambiente cálido y acogedor. Se aconseja el puchero canario.

Instalado en la casa solariega más antigua de La Orotava (1595), el restaurante **Sabor Canario** (Carrera, 17; telf. 922 322 793) alberga, además, un museo etnográfico guanche. Ambiente muy agradable. Cocina tradicional canaria entre cuyos platos destaca el postre de helado de bienmesabe con dulce de higos.

ORREAGA/ RONCESVALLES

NAVARRA. 32 habitantes

SINGULAR VILLA DEL PIRINEO ASOCIADA A LAS RUTAS FRANCESAS DEL CAMINO DE SANTIAGO. ES UN IMPORTANTE CENTRO RELIGIOSO A LA PAR QUE TURÍSTICO. SU EQUILIBRADO PAISAJE GANADERO, RODEADO DE HAYEDOS, ROBLEDALES Y CONÍFERAS, HACEN DEL LUGAR UN ENCLAVE ÚNICO.

INFO

Oficina de Información. Antiguo Molino. Telf. y fax: 948 760 301.
www.cfnavarra.es

DORMIR

HOSTAL CASA SABINA

Ctra. de Francia, km 48.
Telf. 948 760 012.
Establecimiento con habitaciones sencillas y excepcionales vistas, muy frecuentado por montañeros.
Habitación doble: 45-60 €.

HOSTAL LA POSADA✪

Roncesvalles, s/n. Telf. 948 760 225. Instalado en una casa del siglo XVII, conserva su estructura original y posee unas impresionantes vistas. Hay seis encantadores dúplex con habitaciones abuhardilladas. 45-60 €.

COMER

CASA SABINA

Ctra. de Francia, s/n. Telf. 948 760 012.
Pequeño restaurante del hostal, dedicado a la cocina regional, servida en abundancia. Ambiente agradable y familiar.

OSUNA

SEVILLA. 17.431 habitantes

ESTA HISTÓRICA Y MONUMENTAL CIUDAD CUENTA CON UNO DE LOS LEGADOS MEJOR CONSERVADOS DE ANDALUCÍA. POR SUS CALLES SE RESPIRA ESE AIRE SEÑORIAL QUE ENVUELVE A LAS VILLAS VINCULADAS A LOS TÍTULOS NOBILIARIOS.

INFO

Oficina Municipal de Turismo
Plaza Mayor, s/n.
Telf. 95 481 57 32.
www.ayto-osuna.es

DORMIR

HOTEL PALACIO MARQUÉS DE LA GOMERA✪✪✪✪

San Pedro, 20. Telf. 95 481 22 23.
Elegante hotel ubicado en un magnífico edificio del siglo XVIII. Dispone de 20 lujosas habitaciones.
Habitación doble: 110-240 €.

HOTEL VILLA DUCAL✪✪

Área de Servicios.
Telf. 95 582 02 72. Hotel de nueva planta, situado en la carretera, un poco separado del centro. Sin embargo, la relación calidad-precio es de las mejores. Dispone de restaurante especializado en cocina casera.
Habitación doble: 55-70 €.

HOTEL CABALLO BLANCO✪✪

Granada, 1. Telf. 95 481 01 84.
Pensión con buen aspecto y cuidada. La entrada deslumbra, pero el resto es sencillo y sin pretensiones, además de tranquila. Habitación doble: 60 €.

HOSTAL EL MOLINO✪✪

Avda. de la Constitución, 4.
Telf. 95 481 20 51.
Se encuentra a la entrada del pueblo, enfrente de un centro comercial. Está un poco separada (15 minutos caminando a la Plaza Mayor), pero es bastante tranquila.
Habitación doble: 30-35 €.

PENSIÓN CINCO PUERTAS✪✪

Carrera, 79. Telf. 95 481 12 43.
También con una situación privilegiada, está reformada.
Todas las habitaciones con baño.
Habitación doble: 42 €.

COMER

Osuna es probablemente uno de los mejores sitios para comer de tapas: muy variadas, abundantes, ricas y económicas, nos introducen en el conocimiento de la gastronomía local. Casi todos los bares de tapas ofrecen menús copiosos y bien preparados con platos típicos como la ardoría *(especie de salmorejo) o las* migas*.*

Casas con menú (menos de 15 €)

DOÑA GUADALUPE

Plaza de Guadalupe, 6.
Telf. 95 481 05 58.
Platos de la zona, a base de verduras, productos de matanza y pescados frescos de Málaga.

TABERNA JICALES

Esparteros, 11.
Telf. 95 481 04 23.
Cocina mediterránea y andaluza de siempre en un lugar renovado pero que mantiene todo el encanto de las tabernas sureñas.

CURRO

Plaza del Salitre, 5.
Telf. 95 582 07 58. La lista de tapas es interminable. Estupendos guisos, carnes, pescados y postres caseros.

EL MOLINO

Avda. de la Constitución, 4.
Telf. 95 481 20 51. Las sugerencias de cada día son deliciosas y muy andaluzas: pescadito frito, revueltos, chacinas y aliños.

OURENSE

CAPITAL DE PROVINCIA. 108.382 habitantes

EL DESARROLLO URBANÍSTICO QUE HA TENIDO LUGAR EN EL SIGLO PASADO, BENEFICIADO POR LA CONSTRUCCIÓN DE NUEVOS PUENTES Y LA INSTALACIÓN Y CONSOLIDACIÓN DE EMPRESAS MODERNAS –LA FAMOSA MODA GALLEGA SIENTA AQUÍ SUS REALES– Y PARQUES INDUSTRIALES, NO SÓLO HA CAMBIADO POR COMPLETO LA VIEJA FISONOMÍA DE ORENSE, SINO QUE TAMBIÉN HA LLENADO DE OPTIMISMO A SUS POBLADORES. PUEDE QUE NO ESTÉN LEJOS LOS TIEMPOS EN LOS QUE ESTA CIUDAD RECUPERE EL SOBRENOMBRE DE LA "ATENAS GALAICA", COMO ERA CONOCIDA CUANDO, EN EL PRIMER TERCIO DEL SIGLO XX, ACOGÍA A LA FLOR Y NATA DE LOS INTELECTUALES GALLEGOS.

INFO

Oficina Municipal de Turismo
As Burgas, 18. Telf. 988 366 064. www.turismourense.com

Oficina de Turismo de la Xunta de Galicia
Caseta de Legoeiro. A Ponte Romana. Telf. 988 372 020.

Patronato Provincial de Turismo
Rúa do Progreso, 28. Telf. 988 391 085. www.depourense.es

Taxis. *Tele-taxi.* Telf. 902 350 555 y 988 511 579. Parada Estación (pza. Estación Empalme; telf. 988 213 855), Jardín del Posío (telf. 988 222 943) y Parque de San Lázaro (telf. 988 232 716).

DORMIR

Los alojamientos más exclusivos y céntricos son el ***Gran Hotel San Martín***✪✪✪✪ *(Curros Enríquez, 1; telf. 988 371 811; 150 €) y el* ***Francisco II***✪✪✪✪ *(Bedoya, 17; telf. 988 242 095; fax: 988 242 416; habitación doble: 98 €), además existen hoteles y hostales bien situados y a precios razonables.*

HOTEL ALTIANA✪✪

Ervedelo, 16. Telf. 988 370 952. Hotel cerca de As Burgas, moderno y funcional. Habitación doble: 45 €.

HOTEL SAN ROSENDO✪✪

San Cibrao das Viñas (a 2 km del centro por la N 525). Telf. 988 248 811. Pese a estar un tanto alejado, su relación calidad-precio es de lo mejorcito. Habitación doble: 42 €.

HOTEL PARQUE✪

Parque de San Lázaro, 24. Telf. 988 233 611. En el ensanche, pero cerca del centro monumental. Cómodo y con buena atención pero no pasa de hostal. Habitación doble: 45 €.

HOTEL RÍO MIÑO✪

Juan XXIII, 4. Telf. 988 217 594. Ubicación inmejorable, sencillo y apañado, con música y teléfono en las habitaciones. Habitación doble: 40 €.

HOTEL ZARAMPALLO✪

Irmáns Villar, 31. Telf. 988 220 053. En plena zona vieja, con habitaciones cómodas y modernas. Habitación doble: 48-55 €.

HOSTAL SAN MIGUEL II✪

San Miguel, 14. Telf. 988 239 203. Una de las opciones más económicas del casco viejo, en el mismo edificio que acoge el famoso restaurante. Habitación doble: 30 €.

Otros hoteles de precio más elevado

Hoteles como el **Princess**✪✪✪ (av. de La Habana, 45; telf. 988 269 538; 95 €), primero de su categoría en la ciudad, o el hotel **Eurostars Auriense**✪✪✪✪ (Alto de Cumial, Seixalbo; telf. 988 234 900; habitación doble: 135 €), este último situado a las afueras de la ciudad, en un bello entorno. Una opción más asequible es la del moderno y bastante bien situado **Hotel Puente Romano**✪✪ (Ramón Puga, 56; telf. y fax: 988 231 520; habitación doble: 50-66 €).

EL TAPEO

Tiene Ourense mucha tradición en esto del tapeo, sobre todo en las tardes y noches de la zona vieja, donde los innumerables bares y tascas ofrecen las más variadas y exquisitas especialidades; hay tanto donde elegir que lo mejor es dejarse llevar por las apetencias del momento. Las calles principales en lo que se refiere a dar gusto al paladar son La Paz, Lepanto, Viriato, Fornos y la praza do Ferro.

En la rúa La Paz está el **Orellas,** una vieja taberna; en la praza do Ferro aquel que disfrute con los calamares –solos, en bocata, rellenos– encontrará el cielo abierto en **O Eironciño.**

En la rúa Lepanto se hallan **Priorato,** una taberna típica especializada en lacón, carne a la plancha y pepinillos con boquerones, y **Lepanto,** para los callos y fabas. También en esta calle se encuentra el **Trangallán,** el reino de la empanadilla y la *cachucha* (cabeza de cerdo).

Por la calle Juan de Austria nos toparemos con **A Baiuca,** local moderno y apañado, con buenas brochetas –marinas y de carne–, revueltos y patés de atún. En la rúa Viriato abre sus puertas el **Fontefría,** exitoso local decorado en plan labriego, con un enorme surtido de tapas variadas: tienen fama el jamón asado, los bocaditos de salmón, la empanada de zamburiñas y vieiras, la sepia... de todo y para todos los gustos; en la misma calle, en el **Samuel,** ponen una excelente carne *ó caldeiro* y sardinas asadas en temporada.

Los puestecillos de los alrededores del Mercado de Abastos son un hervidero de gente, sobre todo los sábados por la mañana: deliciosas las empanadas. Y hay una infinidad de tabernas más para dar rienda suelta a la gula: hay que dejarse llevar por el olfato y probar a descubrir sitios nuevos.

COMER

Los platos típicos son el pulpo, la carne ó caldeiro o vitela (ternera cocida y aderezada con aceite, ajo y pimentón), la orella y cachucha de porco (oreja y cabeza de cerdo) y el cabrito asado. Entre los postres destacan las cañas pasteleras y el marrón glacé.

Como preludio recomendamos algunos locales del casco histórico, que comparten el encanto de estar situados en antiguos edificios de piedra, en los que se puede comer tanto de raciones como a la carta o de menú. Entre los más populares cabe citar el ***Pena Vixía*** *(Hernán Cortés, 29; telf. 988 246 969), que funciona de martes a sábado, y la* ***Adega de San Cosme*** *(Pza. de San Cosme, telf. 988 248 800), con especialidad en el cabrito y el cordero.*

Casas con menú (menos de 15 €)

CASA DE MARÍA ANDREA

Eironciño dos Cabaleiros, 1. Telf. 988 227 045. Es una casona del siglo XVI reconvertida en mesón, con una estructura interna modernizada que combina el metal y la piedra, y que se asoma al magnífico Eironciño. La cocina es copiosa y cuidada, con excelentes ensaladas y un inmejorable jarrete. Tiene mucho ambiente los fines de semana.

PINGALLO

San Miguel, 4. Telf. 988 220 057. Está situado en la calle de los restaurantes caros, y de hecho tiene fama de serlo también, pero no es para tanto. Es un local espacioso, agradable, decorado con fotografías de Otero Pedrayo, Risco y blanco Amor y pinturas de artistas ourensanos. Con terraza interior y al aire libre en verano. Tiene un menú que incluye caldos y sopas, revueltos, merluza fresca, ternera gallega o callos. A la carta tienen fama las cazuelas de pescado. Está muy bien considerado.

A CASA DO PULPO

Juan de Austria, 15. Telf. 988 255 242. ¿A ver quién adivina qué se viene a comer aquí? Premio, desde hace cuatro décadas y al estilo de la feria, pero también todas las tapas tradicionales del país, todo a buenos precios y con plato del día. Los estómagos más curtidos podrán decantarse por el lacón o el chorizo al Infierno.

CATADOR

Fornos, 4. Telf. 988 222 891. Entre los bares de tapas se abre un hueco esta casa de comidas. En un sencillito y pequeño comedor se sirve un menú estupendo (a veces incluye pulpo, anguilas, cabrito o flan casero). En la carta destaca el jabalí.

MESÓN O CURRUCHO

Manuel Pereira, 9. Telf. 988 243 905. En un sótano, tiene un completo menú del día. Según la temporada: anguilas, cocido y paellas.

ADEGA DO TITO

Callejón entre Curros Enríquez y Manuel Pereira. Telf. 988 225 738. Un restaurante para todos los gustos y con mucho que ofrecer, pues además del menú diario muy completito y otros de fin de semana más elaborados, su carta es un derroche de platos (¡nada menos que casi 80 distintos!) y con una buena selección de vinos.

Restaurantes (sobre 24 €)

A clásicos de toda la vida como el laureado **San Miguel** (San Miguel, 12; telf. 988 220 795), surtido de marisco, pescado, carnes y vino, el **Martín Fierro** (Sáenz Díez, 17; telf. 988 372 026), que borda la carne a la parrilla, o el **Habana 83** (Av. de La Habana, 61; telf. 988 228 319), que practica la cocina de temporada, es preciso sumar otros restaurantes de buen nivel. Dos de ellos destacan tanto por su cocina como por la cuidada decoración tradicional y el esmerado servicio: más grave y fina la **Adega do Emilio** (Av. das Caldas, 11; telf. 988 219 111), junto al puente romano y en el barrio de **A Ponte** (carnes gallegas), más céntrica **A Taberna** (Julio Prieto Nespereira, 32; telf. 988 243 332), con excelente chuletón, arroces y amplia bodega. De regreso a la rúa San Miguel no se pueden olvidar negocios como el **Zarampallo** (telf. 988 220 053), que ofrece cocina tradicional y jornadas gastronómicas con la buena compañía de la pintura gallega, y O Carroleiro (telf. 988 269 947), que también destaca por su menú del día. Una propuesta original es la de **A Comedia** (Capitán Eloy, 30; telf. 988 601 363), situado en las gradas y los palcos de un desaparecido cine y con una carta algo creativa.

CAFÉS

La tradición del café-tertulia arranca en Ourense desde principios de siglo XX, y se afianza con la venturosa reunión en esta ciudad de la crema de la intelectualidad gallega de los años 20 y 30, la llamada Generación Nós. La taberna Volter fue el nexo de unión entre ellos y las siguiente generaciones de escritores y artistas ourensanos, hasta su desaparición hace unos años, aunque el **Café Cultural Auriense** (praza do Correxidor) surtido con una biblioteca y heredero de la tradición nacionalista, ha tomado dignamente el relevo de los maestros con su intensa actividad cultural. Hoy algunos agradables cafés nos ofrecen un ambiente relajado para charlar un rato y dejar pasar el tiempo.

El **Café Victoria** (avda. Pontevedra, 5) ocupa el local de unos antiguos ultramarinos, los Plus Ultra; tiene una agradable terraza que mira hacia los jardines.

El **Real** (Coronel Ceano), junto a la catedral, es uno de los más antiguos, con sus dos pisos estilo principios de siglo XX, y el café es excelente. El popular **Latino,** en la misma calle, es parecido al anterior, también con dos pisos pero más grande. Es un buen lugar para leer o para escuchar buena música –en primavera celebran un festival de jazz–. **La Coruñesa** (rúa Eugenio Montes, 6) ocupa un local enorme, tipo decimonónico, en el que el segundo piso circunda al inferior, como si éste fuera un salón de baile.

La Artística (Santo Domingo) se delata a bastantes metros por su aroma a café y por su curiosa entrada; está decorado con buen gusto a base de grandes óleos.

El **Bohemio** (Coronel Ceano) también se describe por su nombre. El **Miudiño,** sito en la misma rúa, recuerda a los viejos pubs británicos; aquí han sabido encontrar una impensada y algo irrespetuosa utilidad a los libros: se apilan para conformar la barra. El local es uno de los primeros de la noche auriense al son de la música folk. Al mismo género que el anterior, café de día/pub de noche, pertenece el vecino **Pop-Art** (Santo Domingo, 15) pero cualquiera puede imaginarse cual es su rollo: lavadoras empotradas en la barra, publicidad años 60, mucho colorín y estuches de lata para dejar la cuenta; ¿y la música?: más o menos a juego.

Por último en Capitán Eloy encontramos un local singular, en el antiguo Cine Xesteira reconvertido ahora en el original y espacioso **Café Teatro Xesteira,** sitúa sus mesas en la platea y programa representaciones teatrales, musicales y de cuentacuentos.

OVIEDO

ASTURIAS. 209.000 habitantes

La capital de Asturias es una ciudad administrativa, comercial y universitaria que, tras un periodo industrial a finales del siglo XVIII, acabó decantándose por el sector servicios. Cuenta con un rico legado histórico-artístico, en el que destacan los vestigios prerrománicos.

INFO

Oficina Municipal de Turismo
Plaza de la Constitución, 4.
Telf. 98 408 60 60.
www.ayto-oviedo.es
Centro de Información Turística del Principado de Asturias
Cimadevilla, 4. Telf. 98 521 33 85.
Ayuntamiento de Oviedo
Plaza de la Constitución, 1.
Telf. 98 598 18 00.
Taxis. *Radio-Taxi.*
Telf. 98 525 00 00/ 525 25 00.

DORMIR

Oviedo dispone de una gran infraestructura hotelera. Dejando aparte el exclusivo ***Reconquista*****✪✪✪✪✪** *(Gil de Jaz, 16; telf. 98 524 11 00; temporada alta: 240 €), donde se celebran algunos de los actos relacionados con los Premios Príncipe de Asturias, hay muchos alojamientos para elegir.*

HOTEL NARANCO✪✪✪

Carta Puebla, 6.
Telf. 98 522 00 12. Una calleja de piedra esconde este agradable hotel, con amplias habitaciones, suelo de parqué y paredes pintadas en tonos claros. También dispone de ascensor.
Habitación doble: 75-100 €.

HOTEL CARREÑO✪✪

Monte Gamonal, 4. Telf. 98 511 86 22.
Habitaciones amplias, y un excelente nivel de servicios.
Habitación doble: 55-75 €.

HOTEL OVETENSE✪

San Juan, 6. Telf. 98 522 08 40. Establecimiento más que correcto, con aparcamiento concertado a 300 m; y sidrería. Habitación doble: 45-55 €.

HOTEL SANTA CRUZ✪

Marqués de Santa Cruz, 6.
Telf. 98 522 37 11. Situado frente al parque de San Antonio y muy cerca del casco histórico, posee habitaciones cómodas y con buenas prestaciones.
Habitación doble: 45-65 €.

HOSTAL LOS ARCOS✪✪

Magdalena, 3. Telf. 98 521 47 73.
Dormir dentro del magnífico casco histórico de Oviedo puede resultar económico. Eso sí, en unas habitaciones reducidas, aunque muy limpias y alegres. Habitación doble: 50 €.

HOSTAL ÁLVAREZ✪

Independencia, 14 2º.
Telf. 98 525 26 73. Situado cerca de la estación. Tiene habitaciones espaciosas y con baño. Todas con televisión y salón común para los huéspedes.
Habitación doble: 40-60 €.

Otros hoteles de precio más elevado

En zona comercial se sitúa el **Hotel Clarín✪✪✪** (Caveda, 23; telf. 98 522 72 72; 65-130 €), con un buen nivel de servicios, y en pleno centro histórico destaca el **NH Principado✪✪✪** (San Francisco, 6; telf. 985 217 792; habitación doble: 78-139 €), cómodo, funcional, bien equipado y atendido. El **Hotel Fruela✪✪✪✪** (Fruela, 3; telf. 985 208 120; habitación doble: 70-130 €) está instalado en un edificio del siglo XIX rehabilitado. De reciente apertura es el modernísimo **M Hotel** (Comandante Vallespín, 3; telf. 98 527 40 60), un lugar confortable donde se mezclan estilos: desde lo rococó a lo pop
Casa Camila (Fitoria, 29; telf. 985 114 822; www.casacamila.com; habitación doble: 85-105 €) es un hotel rural situado en la ladera de Santa María del Naranco, a 1,5 km de la ciudad.

EL TAPEO

En la calle Gascona, conocida como "el bulevar de la sidra" se encuentra una primera "zonina" de tapeo, con sidrerías como **Asturias,** que ofrece una amplia gama de raciones de quisquillas, chopa, rey al horno, arroz con almejas o la gran parrillada de mariscos. La sidrería **Pumarada,** justo al lado, rompe la típica decoración de este tipo de locales, con unos grandes tubos pintados por el techo, y ofrece sabrosas raciones de paella de *bugre* o cachopo. **Pigüeña** es otro chigre de la calle donde se pueden tomar raciones de lubina, oricios, percebes o chuletitas de lechón. **Tierra Astur** ha sido de los últimos en abrirse, combinando la sidra con la venta de productos naturales asturianos.

Otra calle "chigrera" es Trascorrales, con tres sidrerías seguidas: **La Máquina de Coser, El Gato Negro, Ca'mi Güela,** bastante concurridas.

Alrededor de esta calle, en pleno casco antiguo, está el bar **Las Mestas,** grande y tradicional, o la sidrería **Cimadevilla,** con una buena oferta de mariscos. La sidrería **Catedral,** situada en un lugar privilegiado, en plena zona monumental, es un local elegante y con selectas raciones de pescados y mariscos frescos.

Cerca de la estación, en la calle M. Pedregal, existe otra acumulación de sidrerías con raciones más baratas que algunas del casco. **Luisma** tiene tapas de rabo de toro, mejillón "tigre", *pitu de caleya* (pollo de corral) y cebollas rellenas. **El Puntal, El Valle, La Bodega de Lesmes** y **Esteban** trabajan platos como la chopa, lubina, virrey, *prau* o calamares *afogados*.

COMER

La cocina ovetense es un compendio de la comida asturiana, carnes roxas y potes de la montaña, además de pescados y mariscos de la costa, bien representada en las jornadas gastronómicas que se celebran en la ciudad: el pote de Antroxu es consumido en carnaval, junto con frixuelos, arroz con leche y casadielles; la Ascensión, en mayo, se celebra con menestra y carne gobernada, y El Desarme, el 19 de octubre, con garbanzos con bacalao o espinacas, callos y arroz con leche de postre.

*Clásicos en la ciudad son **Del Arco** (General Zubillaga, 1; telf. 98 525 55 22; precio medio, 40 €) y **Casa Fermín** (San Francisco, 8; telf. 98 521 64 52; precio medio, 42 €).*

Casas con menú (menos de 15 €)

La Corrada del Obispo
Canóniga, 18.
Telf. 98 522 00 48.
Ubicado en el primer piso de un caserón tradicional. Ofrecen cocina imaginativa, asturiana y moderna, con platos como el bacalao al queso del Peral, raya a la sidra, etc. Los precios son algo elevados, aunque se puede optar por un menú diario.

Casa Ramón
Plaza Daoíz y Velarde, 1.
Telf. 98 520 14 15. Frente a una de las plazas de ambiente más reposado, este restaurante abre una terraza ante su larga fachada, pudiéndose optar también por el salón decorado con mucho gusto en el primer piso. Tienen productos naturales como carnes de reses alimentadas a base de cereales y hierba y pan artesano. Suelen tener dos tipos de menú.

Gato Negro
Mon, 5. Telf. 98 521 70 86. Es una de las sidrerías más solicitadas de la ciudad. Los fines de semana es necesario tener un poco de paciencia para coger mesa si no se ha reservado con antelación. Ofrecen, aparte de las raciones típicas de sidrería, platos más imaginativos como la crema de nécoras, el troceado de buey o los taquitos de ternera.

Sidrería El Valle
Manuel Pedregal, 15. Telf. 98 522 99 52. Situada cerca de la calle Uría, es una de las sidrerías más atractivas de esta zona, con un salón tradicional donde sirven menús de buena calidad,.

Marcelino Pan y Vino
Campoamor, 17. Telf. 98 521 99 95. Éste es un buen lugar para comer si se está por la zona comercial de la ciudad; tiene unos salones amplios y atractivos, buena atención y menús. Sus especialidades son los escalopines de *pixín,* la merluza con pulpo y el solomillo al cabrales.

La Taberna del Zurdo
Cervantes, 27. Telf. 98 596 30 96. Ofrece un completo menú del día, tapas y raciones de excelente calidad.

Restaurantes (desde 24 €)

El Raitán (Trascorrales, 6; telf. 98 521 42 18) ofrece una carta "larga y estrecha" que permite degustar nueve platos tradicionales.

La Goleta (Covadonga, 32; telf. 98 521 38 47; precio medio, 45 €) ofrece buenísimos productos de mar deliciosamente elaborados, como demuestra su crema de langosta con almejas.

CAFÉS

Los mejores cafés de Oviedo se encuentran en la calle Jovellanos. Locales grandes y de espléndida decoración como el **Café Oriental,** con sala de exposiciones y separado de la calzada por un resquicio del muro medieval. Ofrecen comidas y tés árabes. El **Café Filarmónica** es el más clásico de los tres en cuanto a decoración, con un público bastante maduro, aunque también tiene cabida gente más joven.

En torno a la plaza de Riego hay locales interesantes como el **Bar Riego,** con decoración un poco decimonónica y una amplia terraza en la plaza, donde se ofrecen desde carajillos hasta batidos.

Otros cafés son el **J.L.,** de ambiente muy íntimo; **Tribeca,** el único local de este tipo en la ciudad donde, curiosamente, cobran entrada, o el **Café Plaza,** escondido tras unos restos de muralla. Más adelante, en la calle Pozos, está el larguísimo café **Vetusta** y, en la calle Fruela, el alegre **Café Chapeau.**

El Cafeteo, en la calle Iruela, **El Cafetón,** con tertulias organizadas, en la plaza del Sol.

PADRÓN

A CORUÑA. 10.019 habitantes

PADRÓN, VILLA DE TRADICIÓN JACOBEA, TIENE FAMA IMPERECEDERA POR SUS ESCRITORES Y SUS PIMIENTOS. ENTRE LOS PRIMEROS DESTACAN ROSALÍA DE CASTRO Y CAMILO JOSÉ CELA, QUE NACIERON EN ESTAS TIERRAS. Y QUÉ DECIR DE LOS PIMIENTOS; LO MEJOR ES PROBARLOS, RECORDANDO EL DICHO POPULAR: *OS PEMENTOS DE PADRÓN, UNS PICAN, OUTROS NON.*

INFO

Oficina de Turismo
Caseta de la avenida de Compostela.
Telf. 627 210 777.

DORMIR

Hotel Rivera ✪✪
Enlace Parque, 7. Telf. 981 810 413.
Es el hotel del famoso restaurante *Chef Rivera.* Las habitaciones son cómodas, incluso lujosas, aunque está algo alejado del centro.
Habitación doble: 50-81 €.

Hostal Casa Cuco ✪✪
Avda. Compostela, 16.
Telf. 981 810 511. Es un buen hostal, con lo necesario y algunos extras, pero tampoco muy céntrico. Habitación doble: 30-42 €.

Turismo rural

Casa Antiga Do Monte
Bocado do Monte.
Telf. 981 812 400.
www.susavilaocio.es
Ofrece 10 habitaciones con buenas vistas sobre la vega del Sar. Sala de lectura, sauna, jardines con estanques...
Habitación doble: 75-96 €.

Casa Marcelo
Xuane, Carcacía. Telf. 981 557 479.
Casa de piedra ubicada en un bello entorno natural. Habitación doble: 62 €.

EL TAPEO

En la zona vieja, la mejor, destacan la taberna **A Capilla,** en una pequeña casa rústica; la **Pulpería Rial** (plazuela de Travesas) es de las más afamadas de Padrón, con excelente pulpo y buenos calamares y *raxo;* **O Paraíso** (Pérsico) es del mismo estilo. Buen pulpo nos lo ponen también en el **Purgatorio** (praza da Igrexa). **A Lareira** (plazuela de Camilo José Cela) es la típica, desordenada y descuidada taberna gallega en la que se puede tanto tomar unos vinos como comprar alimentos básicos.

COMER

*La oferta restauradora ha mejorado notablemente en la villa con la apertura, en pleno casco antiguo, de **La Casa de los Martínez** (rúa Longa, 7; telf. 981 810 577), con un pequeño comedor en el que explorar su creativa carta, con productos de mercado y presentación creativa; de martes a viernes se ofrece un menú muy asequible, y el fin de semana otro de degustación. En la parte nueva sienta sus reales el cotizado **Chef Rivera** (Enlace Parque, 7; telf. 981 810 413/ 811 454; precio medio, 40 €), del que era asiduo Cela y decorado con obras de arte y vitrales; se decanta por la cocina de altos vuelos, de excelente materia prima y presentación muy cuidada.*

Casas con menú (menos de 15 €)

Santiaguiño
Praza de Macias, 8.
Telf. 981 810 455/ 023.
Comida gallega y nacional casera, sencilla, y raciones.

Pulpeira Rial
Plazuela Travesas, 13.
Telf. 981 811 624.
Ya recomendada para el tapeo, supone una buena opción para comer de raciones sin salir del casco antiguo. Además de pulpo, raxo, calamares, ensaladas, pimientos, empanada, carnes, pescados y vinos caseros. También ofrece el plato del día en su comedor rústico de madera. Cierra martes.

Otros locales con menú del día económico: **Os Monaguillos** (av. Camilo

José Cela, 12; telf. 981 810 852), **O Grilo** (av. Camilo José Cela, 44; a 400 m del centro hacia Santiago; telf. 981 810 607), donde es aconsejable probar sus especialidades gallegas, así como las raciones, tiene una buena relación calidad-precio.

Restaurantes (sobre 24 €)

En **Rois** (a unos 3 km) se sitúa **Casa Ramallo** (Castro, 5; telf. 981 804 180), cuya cocina casera, celebrada por Camilo José Cela, ha ascendido muchos enteros.

PALAFRUGELL

GIRONA. 19.600 habitantes

LA DISPERSIÓN DE NÚCLEOS URBANOS COMO TAMARIU, LLAFRANC Y CALELLA DE PALAFRUGELL, TODOS ELLOS COSTEROS, HA RESTADO IMPORTANCIA TURÍSTICA AL NÚCLEO ADMINISTRATIVO PRINCIPAL DEL MUNICIPIO, LOCALIZADO EN EL INTERIOR.

INFO

Oficina de Turismo
Passeig del Mar, s/n. Telf. 972 600 550. www.palafrugell.net

DORMIR

La oferta es abundante. Las barrios marineros de Calella, Llafranc y Tamariu poseen una oferta extraordinariamente amplia aunque sus establecimientos responden a la tradición del turismo costero. Algo diferentes son los que se han mantenido en el centro de Palafrugell. Sin descartar el ***Mas de Torrent*****✪✪✪✪✪** *(en Torrent, a 4 km de Palafrugell; telf. 902 550 321; desde 295 €), se recomiendan los siguientes:*

HOSTAL PLAJA✪✪
Sant Sebastià, 34.
Telf. 972 300 526. Céntrico y familiar. Las habitaciones son cómodas aunque sobrias, y frecuentemente se encuentra lleno de visitantes. 62-65 €.

Otros hoteles de precio más elevado

Hay varios establecimientos de categoría: en **CALELLA**, el **Alga✪✪✪** (av. Costa Blanca, 55; telf. 972 617 080; habitación doble: 75-290 €) y el **Garbí✪✪✪** (av. de Baldomer Gili i Roig, 20; telf. 972 614 040; 66-152 €); en **LLAFRANC**, el **Terramar✪✪✪** (passeig Cipsela, 5; telf. 972 300 200; 86-155 €), y en **TAMARIU**, **El Hostalillo✪✪✪** (Bellavista, 22; telf. 972 620 228; 103-215 €).

EL TAPEO

Poca afición hay en esta zona a las tapas, pero aun así, es posible degustar algunos buenos productos del mar en forma de pequeñas porciones en locales como el **Xabec** (Lladó, 6) o la **Taberna La Bella Lola** (plaça de Sant Pere, 4), ambos en Calella de Palafrugell, o en **Can Maset** (passeig del Mar, 25), en Tamariu.

COMER

Casas con menú (menos de 15 €)

LES PALMERES DE CAN QUIM
Picasso, 24. Telf. 972 305 139. Tiene este restaurante –que también es pizzería– unos postres caseros realmente deliciosos. Su menú es una buena opción para comer, pero alcanza la categoría de excelente si se eligen platos de una carta en la que aparece la *fideuà* o el filete de cerdo a los cuatro quesos. El precio de esta segunda opción es, evidentemente, algo más elevado.

Restaurantes (sobre 30 €)

Una buena opción sobre este precio es **La Casona** (Paratge La Sauleda, 4; telf. 972 303 661), uno de los restaurantes que ofrece mejor relación calidad-precio. Carta segura y apetitosa en su conjunto, en donde destaca el arroz negro.

PALAMÓS

GIRONA. 16.000 habitantes

ESTA CIUDAD MARINERA Y COMERCIAL SE OFRECE ABIERTA Y SIN TAPUJOS AL VISITANTE, EN UN CLARO REFLEJO DE LA PUJANZA ECONÓMICA QUE MANTIENE CASI DESDE SU MISMA FUNDACIÓN. EL PUERTO ES SU PUNTO NEURÁLGICO Y DONDE SE LOCALIZAN LAS MEJORES OFERTAS TANTO DESDE EL PUNTO DE VISTA COMERCIAL COMO DE OCIO Y DIVERSIÓN.

INFO

Oficina de Turismo. Passeig del Mar, 22. Telf. 972 600 500. www.palamos.org

DORMIR

HOTEL SANT JOAN✪✪
Av. de Llibertat, 79. Telf. 972 314 208.
Establecimiento de pocas habitaciones y agradable servicio.
Habitación doble: 78-101 €.

PENSIÓN CATALINA✪✪
Foment, 16. Telf. 972 314 386.
En este local, pequeño y acogedor se ofrece un trato agradable y unas habitaciones limpias aunque sobrias. Su localización cercana al casco histórico la hace especialmente interesante, pues queda situada entre las dos principales zonas de ambiente de la localidad.
Habitación doble: 56-85 €.

COMER

Restaurantes (sobre 25 €)

EL RACÓ
Pl. de sant Pere, 5. Telf. 972 315 758.
En el menú aparecen platos de la cocina casera mediterránea, pero, como no podía ser de otra manera, los sabores marineros, los pescados y arroces con marisco, son los que dominan.

TERRASSA DELS PESCADORS
Av. Onze de Setembre.
Telf. 972 606 691.
No hay menú en este local de tan sonoro nombre, pero aun así, es posible comer bien por un precio ciertamente asequible buenos pescados y platos marineros.

PALENCIA

CAPITAL DE PROVINCIA. 78.831 habitantes

SU ENCLAVE GEOGRÁFICO, ATRAVESADO POR LAS PRINCIPALES VÍAS DE COMUNICACIÓN, HACEN DE ESTA CIUDAD A ORILLAS DEL CARRIÓN UN LUGAR DE PASO CASI INEVITABLE. EL CAMINO DE SANTIAGO Y EL CANAL DE CASTILLA SON DOS EJEMPLOS DE ESTA DISPONIBILIDAD. CONSERVA BELLOS MONUMENTOS, APACIBLES RINCONES Y UNA LARGUÍSIMA CALLE MAYOR, QUE DISCURRE POR EL CENTRO, SIRVIENDO DE GUÍA E INSIGNIA DE LA CIUDAD.

INFO

Oficina de Turismo de la Junta de Castilla y León
Mayor, 105. Telf. 979 740 068.
www.turismocastillayleon.com
Departamento de Turismo de la Diputación. Pza. Abilio Calderón, s/n. Telf. 979 715 100. www.dip-palencia.es

Oficina Municipal de Turismo
Plaza Mayor, 1. Telf. 979 718 134.
www.palencia-turismo.com
El periódico local *Diario Palentino* reseña las principales actividades de la ciudad y los regionales *El Norte de Castilla* y *El Mundo de Castilla y León* le dedican espacios a Palencia.

Autobuses urbanos
Pisuerga, 13. Telf. 979 723 399.
Taxis. Estación de Renfe.
Telf. 979 743 919.
Aparcamientos
En el centro, Cardenal Almaraz, plaza de Abilio Calderón y en el Parque Isla Dos Aguas.

DORMIR

HOTEL MONCLÚS✪✪

Menéndez Pelayo, 3.
Telf. 979 744 300.
Fax: 979 744 490.
Estratégicamente situado en la paralela a la Calle Mayor, junto a la iglesia de Nuestra Señora de la Calle. Tiene todas las comodidades y está completamente remozado. Servicio de lavandería, aparcamiento, baño completo... No dispone de restaurante, pero sí ofrece desayunos.
Habitación doble: 68 €.

HOTEL COLÓN✪✪

Colón, 27. Telf. 979 740 700.
Fax: 979 740 720.
Cuidadísimo hotel, también muy céntrico. Es de nueva construcción, las habitaciones son muy cómodas y la relación calidad-precio excelente. Aunque la simpatía no es su fuerte, el trato es profesional y correcto. No dispone de cafetería (no se ofrece desayuno) ni restaurante.
Habitación doble: 55 €.

HOTEL PLAZA DE LOS JARDINILLOS✪

Eduardo Dato, 2.
Telf. 979 750 022. Fax: 979 750 190.
Su situación es inmejorable (frente a la estación y al comienzo de la Calle Mayor). Reformado, ofrece habitaciones cómodas y bien equipadas.
Habitación doble: 50-60 €.

HOSTAL ÁVILA✪✪

Conde Vallellano, 5.
Telf. 979 711 910.
Nuevo y céntrico. Tiene 20 habitaciones con baño y televisión. Su único problema es que es un poco ruidoso, pero las habitaciones tienen doble acristalamiento.
Habitación doble: 52 €.

HOSTAL TRES DE NOVIEMBRE✪

Mancornador, 18.
Telf. 979 703 042.
Totalmente nuevo, junto a la Calle Mayor. Si no llegáis a media tarde, tendréis que ir a pedir habitación a la cafetería *Skarlotas*, unos metros más adelante. Las habitaciones son bastante pequeñas y las hay con baño o sin él.
Habitación doble: 45 €.

Otros hoteles de precio más elevado

Dos buenas opciones para quien pueda permitírselo son el **Hotel Castilla Vieja**✪✪✪ (Casado de Alisal, 26; telf. 979 749 044; habitación doble: 65-80 €), bien situado en el centro, y el **Rey Sancho**✪✪✪ (avda. Ponce de León; telf. 979 725 300; habitación doble: 98-112 €), en las afueras. La nueva opción en Palencia es el **AC Palencia**✪✪✪✪ (avda. de Cuba, 25; telf. 979 165 701; habitación doble: 75-130 €).

EL TAPEO

Tomando la Calle Mayor desde el principio (desde la estación, Plaza León), la primera parada es en la calle Barrio y Mier, donde encontramos **Alaska, Jauja** y **Solera,** tres bares clásicos en la ciudad para saborear un vino y el ambiente local. Aunque no ofrecen exquisiteces culinarias, tienen el regusto de lo antiguo.

Más adelante, hacia la mitad, llegamos a la Plaza Mayor y alrededores. En la misma plaza los bares que se prestan al picoteo son legión. La **Taberna Plaza Mayor** tiene un surtido de pinchos que sirve para hacernos una idea de la gastronomía local: mollejas de lechazo, revuelto taberna, embutido ibérico, riñones, etc. Más adelante se halla el **Trébede** o **Don Jamón,** cuyo eslogan "tapeo, picoteo, cenas y comidas informales" lo define perfectamente. El jamón y el lomo de bellota son algunas de sus especialidades.

Merece la pena acercarse hasta la calle Empedrada donde se encuentra el **Carpe Diem**, que invita a disfrutar de una gran variedad de tostas, pinchos y tablas. Volviendo a la Calle Mayor, donde se abre la plaza de Pío XII, el **Casero,** fundado en 1923, nos deleita con todo tipo de rebozados y bocaditos.

Detrás, en la calle Doctrinos y adyacentes, en torno a San Miguel, podréis encontrar muchos lugares de tapeo, entre ellos **Prada a Tope,** cuya especialidad son los productos bercianos y leoneses.

COMER

Domina la cocina castellana, con algunas variantes, por eso, desde las sopas, menestras, pistos, revueltos hasta lechazo, chuletillas, chichurro, jijas (carne de lomo picada y adobada), caza (perdices, codornices, liebre) o los platos de cangrejos y caracoles son una constante en todos los confines de Castilla. La tarta de almendra es considerado el postre provincial por excelencia. Además, buñuelos, tortas de chicharrones, natillas y leche frita. Especialidades que pueden degustarse en el restaurante de más larga tradición de Palencia, ***Casa Damián*** *(Ignacio Martínez de Azcoitia, 9; telf. 979 744 628; 27 €) o en el* ***Asador La Encina*** *(Casañe, 2; telf. 979 710 936; 27 €), donde literalmente cantan la carta (cocido, lechazo asado y chuletón entre otras especialidades) o en cualquiera de los muchos que se reparten por la ciudad.*

Casas con menú (menos de 15 €)

EL PEREJIL

San Bernardo, 2.
Telf. 979 745 775. Es un bar con comedor interior y comida casera. Suele tener muchas opciones para elegir (seis o siete) en cada plato.

LA CÁNTARA

Casado del Alisal, 37.
Telf. 979 170 064. Tiene menús por unos 10 €, mientras que a la carta el precio medio por persona sobrepasa los 25 €. El restaurante es alegre y acogedor y entre sus especialidades sobresalen los mariscos, el lechazo y el hojaldre con revuelto de morcilla.

CASA PEPE'S

Manuel Rivera, 16. Telf. 979 100 650. Tiene un cuidado comedor. Comer a la carta sale un poco caro, sin embargo el menú del día es asequible. Si queréis tirar la casa por la ventana, carne de buey a la piedra, rabo estofado o pollo de corral guisado.

LA ROSARIO

La Cestilla, 3. Telf. 979 740 936. En su comedor del primer piso sirve un menú con dos platos y postre, a base de comida casera. Aunque no entra en el menú, disponen de una carta de vinos muy completa por si queréis hacer un exceso.

CASA GRANDE

Monte El Viejo.
Telf. 979 180 086.
Si tenéis coche y queréis salir de la ciudad, a pocos kilómetros al suroeste se halla este monte que es uno de los espacios verdes preferidos por los palentinos. Por unos 14 € podréis saborear algunas de sus especialidades, como patatas con manillas o conejo de monte con setas, chuletillas o lechazo asado. También ofrece un menú.

Restaurantes (desde 24 €)

La **Taberna Plaza Mayor** (Plaza Mayor, 8; telf. 979 740 410) tiene un gracioso restaurante encima del bar, donde se puede comer carnes y pescados a la plancha. También es recomendable el menú especial de **Casero** (Calle Mayor, 188; telf. 979 700 017) a base de pastel de trigueros y gambas y solomillo, todo regado con vino de Cigales.

En **La Traserilla** (San Marcos, 12; telf. 979 745 421) trabajan la cocina imaginativa, de esa que al leer la carta se le hace a uno la boca agua de tan deliciosos manjares que esperan. Además, la casa es encantadora, entre moderna y decimonónica.

Lucio (Don Sancho, 2; telf. 979 748 190) destaca pos sus guisos elaborados según la más pura cocina tradicional y por algún que otro plato de autor. Ensalada de berros y pediz escabechada, magret de pato a las uvas, etc.

CAFÉS

No os podéis ir de Palencia sin pasar por el bar **Maño** (La Cestilla), una leyenda viva de la ciudad. Tiene ambiente de café, de tapeo, incluso de noche es agradable para tomar una copa. Cuenta con más de medio siglo de existencia. Su decoración es curiosa, conserva aparatos como una máquina de frío antiquísima y las vigas están fabricadas con raíles de tren. Tiene una bodega impresionante como santuario de la privacidad de otro tiempo (no suele estar abierta al público, pero si sois atrevidos podéis pedir que os la muestren).

En la Calle Mayor está el clásico **Casino de Palencia.** Tiene fama los cafés del **Bianco** (Santo Domingo Guzmán), con buen ambiente y frecuentado por estudiantes, y el **Támesis** (Manuel Rivera), de estilo inglés, donde, como no podía ser de otro modo, sirven un excelente café irlandés.

EVITE LLEGAR POR SORPRESA A LOS ALOJAMIENTOS Y A LOS RESTAURANTES DE ESTA GUÍA; ASIMISMO, ES ACONSEJABLE LLAMAR POR TELÉFONO PARA HACER SU RESERVA Y ASEGURARSE DE QUE LE ESPERAN A SU LLEGADA.

PALMA DE MALLORCA

ISLA DE MALLORCA. 375.773 habitantes

PALMA DE MALLORCA ES LA CAPITAL DE LA ISLA DE MALLORCA Y DE LA COMUNIDAD AUTÓNOMA DE LAS ISLAS BALEARES. UBICADA EN UNA DE LAS BAHÍAS MÁS BELLAS DEL MEDITERRÁNEO, SE HA CONVERTIDO EN UNA DE LAS MECAS DEL TURISMO EUROPEO. A PESAR DE ELLO, CONSERVA EN SU CASCO ANTIGUO EL ENCANTO DE MUCHOS SIGLOS DE HISTORIA Y EL MISTERIO DE LAS SOCIEDADES HERMÉTICAS Y TRADICIONALES.

INFO

Oficina de Información Turística del Consell Insular de Mallorca
Plaça de la Reina, 2.
Telf. 971 173 990.
Aeropuerto. Telf. 971 789 556.
www.caib.es

Oficinas Municipales de Turismo
Paseo del Borne, 27.
Telf. 902 102 365.
Pac de ses Estacions, s/n.
Telf. 902 102 365.
www.a-palma.es; www.palmavirtual.es
La actividad cultural y de ocio viene recogida en una revista trimestral del Ayuntamiento, *Palma 365,* que distribuyen las oficinas municipales de turismo. También es muy completa la agenda que publican diariamente los periódicos locales, especialmente el *Diario de Mallorca* y el *Última Hora*. Existe una *Guía del Ocio* de Mallorca, de venta en kioscos, pero su periodicidad es mensual, por lo que la información fresca es escasa.

Autobuses urbanos
Existe una completa red, regida por la EMT. Telf. 971 214 444.

Autobuses interurbanos
Estación Central de Autobuses.
Eusebi Estada. Telf. 971 177 777.

Taxis. *Radio-Taxi*. Telf. 971 764 545.
Taxi Palma Radio. Telf. 971 401 414.

Coches de alquiler
Avis. Passeig Marítim, 16.
Telf. 971 730 720.
Betacar. Passeig Marítim, 19-20.
Telf. 971 455 144.
Hasso. Camí de Can Pastilla, s/n.
Telf. 971 260 219.
Hertz. Passeig Marítim, 13.
Telf. 971 734 737.

Aeropuerto de Sant Joan . Está a 6 km de la ciudad. Telf. 971 789 000. Al aeropuerto se puede llegar en autobús (línea 1 de la EMT).
Iberia. Telf. 971 789 980.
Air Europa. Telf. 902 401 501.
Spanair. Telf. 902 131 415.

Transporte Marítimos
Transmediterránea. Telf. 902 454 645.
Baleària. Telf. 902 160 180.
Iscomar. Telf. 902 119 128.

Tren
Ferrocarrils de Mallorca.
Telf. 971 177 777. Comunica con Inca, Santa Maria, Consell, Binissalem, Lloseta, Manacor y Sa Pobla. Servicios de 6 h a 22 h.

Tren de Soller. Romántico tren de madera que sale de plaça d'Espanya. Telf. 902 364 711.

Excursiones marítimas
Desde el puerto de Palma se ofrecen numerosas excursiones por la bahía y por otros enclaves más alejados de la isla. Parten de embarcaderos ubicados frente a Sa Llotja y el Auditórium.

Aparcamientos
En el casco antiguo y zonas aledañas rige el sistema de tiempo limitado, ORA, señalizado en azul. Es vigente los días laborables, de lunes a sábado al mediodía, de 9.30 h a 13.30 h y de 17 h a 20 h. Existen máquinas expendedoras (funcionan con monedas y tarjetas), situadas en las esquinas próximas. Hay numerosos aparcamientos subterráneos, siendo los más céntricos los de Ses Avingudes (junto a El Corte Inglés), plaça del Olivar, Rambla y passeig Mallorca (próximo a Jaume III).

DORMIR

Palma de Mallorca ofrece una formidable infraestructura hotelera, aunque la inmensa mayoría de los alojamientos se encuentran en las zonas turísticas de Cala Major, Platja de Palma y S'Arenal. Abundan los hoteles de gran lujo, como el ***Palacio Ca Sa Galessa***✪✪✪✪✪ *(Miramar, 9; telf. 971 715 400) y es muy difícil encontrar habitaciones dignas en temporada alta por debajo de los 60 €. Por ello, recomendamos al viajero que contrate en agencias de viajes su hotel formando parte de un paquete turístico. Aunque con ciertas dificultades, en el centro de la ciudad de Palma hemos seleccionado los siguientes alojamientos a precios asequibles:*

En el casco viejo

HOTEL CANNES✪✪
Cardenal Pou, 8.
Telf. 971 726 943.
Abierto todo el año. Una de las mejores opciones de confort en el centro de Palma, pegado al peatonal carrer Oms y a 350 m de la plaça d'Espanya. Ubicado en un sólido edificio y renovado totalmente en 1996, sus habitaciones son luminosas y amplias, con televisión, calefacción, teléfono y baño completo.
Habitación doble: 80 €.

HOSTAL APUNTADORES✪✪
Apuntadors, 8.
Telf. 971 713 491.
A escasos metros del passeig del Born está este simpático hostal, regentado por unos cuantos extranjeros. A pesar de tratarse de un edificio antiguo, el interior está muy bien conservado, las habitaciones son correctas y las de arriba muy luminosas. Hay ascensor, cafetería, lavandería, se alquilan bicicletas y, lo mejor de todo, un par de terrazas con una impresionante vista del casco antiguo.
Habitación doble: 80 €.

HOSTAL RITZI✪
Apuntadors, 6. Telf. 971 714 610.
Abierto todo el año.
Contiguo al anterior y también con simpáticos nórdicos en recepción, este hostal se abre a un pintoresco patio poblado de numerosas plantas. Aunque un tanto laberíntico, y a veces sin demasiada luz natural, sus habitaciones son limpias y suficientemente amplias y algunas cuentan con baño completo.
Habitación doble: 60 €.

HOSTAL BRONDO✪
Brondo, 1. Telf. 971 719 043.
Abierto todo el año.
A escasos metros del bar Bosch (passeig del Born) se halla este hostal cuya mayor ventaja es su ubicación céntrica y el estar en una calleja peatonal muy tranquila durante la noche. Algunas de sus habitaciones, moderadamente amplias y algo oscuras, cuentan con baño completo y calefacción; otras sólo con lavabo.
Habitación doble: 75 €.

En el Ensanche

HOSTAL ABELAY✪✪
Pablo Iglesias, 49.
Telf. 971 756 034. Hotel funcional, frecuentado por representantes de comercio y operarios temporales, a precios muy asequibles para sus prestaciones. Se halla en una calle tranquila a escasos diez minutos andando de la plaça d'Espanya. Las habitaciones son amplias, con un pequeño balcón y mucha luz natural. Tiene restaurante, cafetería y lavandería. El trato es muy familiar.
Habitación doble: 60 €.

En El Terreno

HOTEL HORIZONTE DOR✪✪
Vista Alegre, 1.
Telf. 971 400 661.
Hotel moderno situado en altura en una tranquila calle del barrio residencial de El Terreno. Sus amplias y confortables habitaciones tienen una pequeña terraza con vistas soberbias sobre el puerto y la bahía.
Habitación doble: 55-130 €.

Otros alojamientos de precio más elevado

Hotel Born✪✪ (Sant Jaume, 3; telf. 971 712 942; 100 €), ubicado en **CAN MAROTO,** antigua casa-palacio de los marqueses de Frontera, que data del siglo XVI, y a escasos metros del passeig des Born. Todo un ejemplo de la arquitectura gótica mallorquina.
Otros hoteles modernos, céntricos y confortables son, por ejemplo, el hotel **Sol Jaime III**✪✪✪✪ (passeig Mallorca, 14; telf. 971 725 943; habitación doble: 150 €), el **Saratoga**✪✪✪✪ (passeig Mallorca, 6; telf. 971 727240; habitación doble: 160 €) y el **Palladium**✪✪✪ (passeig Mallorca, 40; telf. 971 712 841; habitación doble: 115 €).

EL TAPEO

En Palma no hay tradición de tapear antes de comer ni un barrio característico para ello. Sin embargo, cualquier bar ofrece tapas convencionales y de la cocina local. Se consumen normalmente almorzando a media mañana o merendando a media tarde.

Son tapas típicamente mallorquinas el *pica-pica* (pedazos de sepia y calamar guisados con cebolla y salsa un tanto picante), los *reboçats* (distintas verduras rebozadas en harina y fritas), el *tumbet* (un frito de patatas, berenjenas, tomate y pimientos, que a veces sirve de guarnición a muchos platos), el *llom amb esclatasangs* (lomo de cerdo con setas), las *pilotes de sípia* (albóndigas de sepia) y el *frit mallorquí* (fritada de vísceras troceadas con ajos, patatas y hierbas del campo).

Si bien no es frecuente el tapeo en barra sí que está muy extendida la costumbre de comer de tapas, en grupo, sentados a la mesa y con tenedor y cuchillo. Destacamos los siguientes establecimientos: **La Bóveda** (Botería, 3), ubicado en la zona de marcha de Sa Llotja y frecuentado por gente joven; **La Casa Gallega** (Pueyo, 2), con buen marisco y platillos de esa región (no confundir con otros establecimientos que a la sombra de su reputación han adaptado el mismo nombre); **El Bodegón** (avinguda Comte de Sallent, 6), para tomar tapas de pie sobre toneles y generosas raciones en un comedor que se asoma a un patio, o el **Mesón Carlos I** (Apuntadors, 15), con *escalivada*, bacalao gratinado con crema de ajo, *txistorra*, fritura andaluza y pinchos vascos. En verano cierra, pues se trasladan a **La Taberna de Puerto Portals.**

La Bodeguilla (Mesón Salamanca) (Sant Jaume, 1 y 3) ofrece embutidos ibéricos, quesos y tapas mallorquinas, junto al passeig des Born y en un ambiente con decoración taurina. También cerca del Born y de Correos está el **Bar Pica-Pica** (Paraires, 21), sencillo establecimiento pero con muy reputadas tapas mallorquinas. Finalmente señalamos en el carrer Apuntadors varios locales que ponen en sus pizarrones el cebo para el turista, pero que sirven unas ricas tapas y raciones: **Tirol** y **Provenzal** (número 3), **Pope** (10) y **La Zamorana** (16).

COMER

La cocina mallorquina se basa en los productos del campo –hortalizas y carnes de cerdo y cordero– y en los sabrosos pescados de su litoral. Como entrantes es muy común pedir y compartir un frit *mallorquín, unas* sopes *mallorquines (finas sopas de pan moreno servidas en cazuela de barro, que se empapan en un caldo de col, carnes y un sofrito de ajo, tomate y pimentón), una* granada d'aubergínies *(pastel de berenjenas) o una* llengo amb tàperes *(plato frío a base de rodajas de lengua cocida con salsa y alcaparras). El* arròs brut *es un arroz caldoso, algo picante, con pedazos de varias carnes. También es muy sabrosa la paella de cego, en la cual todos los pescados y mariscos están pelados. Como segundos destacan el* cabrit al forn *(cabrito asado), las costillas, paletilla o pierna de cordero,* porcella *(lechona al horno, muy tierna y de corteza crujiente) y* llom amb col *(lomo de cerdo con sobrasada y pasas envuelto en una pequeña col). Los pescados (calamar, sepia, pulpo) son preparados al horno, con salsas o a la sal. Todo ello regado con algunos buenos vinos que se producen en la isla. Como aperitivo se consume el* palo, *vermú amargo elaborado a base de algarrobas, y acompaña a los postres o el café una copa de* ses herbes, *aguardiente de hierbas del campo.*

También destaca la repostería salada y dulce de indudable tradición árabe. Entre la primera están las coques, *base parecida a la de la pizza que se recubre de espinacas u otras verduras, de* trempó *(tomate, cebolla y pimiento finamente picados) o* pebres vermells *(pimientos morrones asados); también los* cocarrois, *empanadilla de pasta blanda rellena de verdura, pasas, piñones y carne. Entre la dulce encontramos las conocidísimas* ensaimadas *(de* saïm, *manteca de cerdo), que pueden rellenarse de cabello de ángel, nata, crema, sobrasada o pedazos de fruta. Los* crespells *son mantecados en forma de corona, corazón o estrella de David, y los* robiols *mediaslunas rellenas de* brossat *(requesón) o cabello de ángel. La oferta de restaurantes, como es lógico, es abrumadora. Desde los clásicos de platos mediterráneos, como* **Porto Pi** *(av. Joan Miró, 174; telf. 971 400 087; precio medio, 45 €), pasando por cocinas de todas las procedencias y nacionalidades.*

Casas con menú (menos de 15 €)

Hemos seleccionado algunos que, por su ubicación céntrica, ambiente o su cocina regional, aportan alguna nueva experiencia al viajero a precios asequibles.

Casco antiguo

CELLER DE SA PREMSA
Plaça Bisbe Berenguer de Palou, 8.
Telf. 971 723 529.
Enorme bodega con toneles de vino en la pared y carteles taurinos deteriorados por los años y el humo. Cocina mallorquina recia y a buen precio. Menú y carta.

TABERNA KUROSAMA
Montenegro, 10.
Telf. 971 728 957.
Una decoración muy cuidada y elegante, ambiente relajante, tal y como exigen los cánones de los establecimientos que ofrecen comida japonesa; en este caso adaptada, un poco, a las maneras y productos mediterráneos. Menú (12 €) y carta.

YATE RIZZ
Passeig des Born, 2.
Uno empuja la puerta y se encuentra con un local pequeño, quizá un tanto decadente, con pocas mesas y mucha gente sola que acude aquí a comer por lo económico y por el trato familiar. Ofrece un barato y buen menú en el que siempre se incluye algún plato curioso de la cocina balear.Abierto a mediodía, de lunes a sábado.

DIPLOMATIC
Palau Reial, 5.
Magníficamente ubicado en la ciudad vieja, a medio camino entre Cort y la catedral, el Diplomatic ofrece una cocina de mercado de gran calidad, con excelentes carnes, pescados frescos y las mejores verduras y hortalizas de la isla. Dispone de comedores privados para pequeños y grandes grupos, con un ambiente a medio camino entre lo rústico y lo suntuoso. Menú y a la carta.

VECHIO GIOVANNI
Sant Joan, 3. Telf. 971 722 879.
Restaurante-pizzería muy popular entre los mallorquines donde se sirve comida mediterránea e italiana a precios muy asequibles. Situación muy céntrica, en la zona de Sa Llotja, y un servicio muy simpático. Menú y a la carta.

ES BALUARD
Porta de Santa Catalina, 9 (al final del passeig Mallorca).
Telf. 971 719 609.
Interesante menú pero que uno suele dejar de lado si sucumbe a la breve carta y los platos del día que Joan Torrens lee a sus clientes. Cocina mallorquina extraordinaria que combina tradición y creatividad.

Passeig Marítim

Génova

CAN PEDRO
Rector Vives, 4 y 14.
Telf. 971 402 479/ 722 162.
Génova es un núcleo aislado de Palma, al pie de la sierra de Na Burguesa, donde proliferan numerosos restaurantes de corte popular. Aquí se reúnen los grupos de estudiantes, de empresa o de amigos que quieren gozar de una cocina genuina y simple, de buena calidad y a precios económicos. Hay caracoles, frito mallorquín, sopas mallorquinas, exquisitas carnes de cerdo y de cordero.

El Terreno

SA POSADA DE BELLVER
Bellver, 7. T
elf. 971 730 739.
Curioso lugar cerca de la plaça Gomila donde se degustan originales preparaciones raras hasta las 4 h de la madrugada, mientras se ven y escuchan actuaciones de calidad (jazz, bossanova y algún que otro espectáculo de cabaret). Abre sólo por la noche.

Ca'n Pastilla

RANCHO PICADERO
Flamenc, 1.
Telf. 971 261 002.
Rústico restaurante donde propios y extraños comparten mesa para degustar una cocina mallorquina sin complicaciones, pero de excelente calidad.

Restaurantes (desde 24 €)

Parlament (Conqueridor, 11; telf. 971 726 026) es un excelente restaurante vinculado al Parlamento Autónomo Balear y ubicado en una suntuosa sala (lámparas de araña, candelabros, floreros), aunque con acceso independiente desde la calle. Aunque la carta ofrece platos de temporada de la cocina tradicional mallorquina, los arroces son el plato fuerte del Parlament, especialmente sus cuatro variedades de paella: de *cego*, negra, de verduras y de pescado.

Ubicado en el primer piso de un edificio portuario, junto a la lonja del pescado del muelle pesquero, se halla **Ca'n Eduardo** (Industria Pesquera, 4; telf. 971 721 182). La decoración es la de un restaurante de fonda, con fotografías y cuadros que datan del año de su inauguración (1944).

Frente al Centro Comercial de Porto Pí, **Rififí** (Joan Miró, 182; telf. 971 402 035) es otro restaurante de estilo marinero, donde disfrutar de buen pescado y buen marisco a precios razonables.

En el Pont d'Inca, **S'Altell** (avinguda Antoni Maura, 69; telf. 971 601 001) ocupa una antigua casa que conserva su encanto tradicional, próxima al aeródromo de Son Bonet. El trato familiar, el altillo del cual toma su nombre y el vestíbulo con chimenea, en el cual no importa esperar a que se desocupe mesa, son parte de su glamour. En sus fogones se elabora cocina de mercado, con una base mallorquina y ciertos toques de refinamiento francés. Raciones abundantes.

CAFÉS

Aunque con el paso del tiempo han ido desapareciendo algunos de los clásicos cafés de Palma, aún queda media docena de locales con solera a los que añadir otros de reciente aparición –algunos de diseño– que, por su decoración agradable o pertenecer a centros culturales, ofrecen un sosegado rincón donde tomar un café, leer la prensa o mantener una relajada conversación. Entre los de toda la vida brilla con luz propia el **Bar Bosch** (plaça Rei Joan Carles I, 6), ubicado en el inicio del passeig des Born y por tanto lugar obligado de encuentro para explorar el casco antiguo, el puerto y las zonas comerciales. Fue inaugurado poco antes de la Guerra Civil y desde entonces ha sido punto de reunión y escenario de tertulias entre intelectuales, periodistas y políticos; si su interior es del estilo de los cafés literarios, su terraza es el lugar adecuado para ver y ser visto; aquí se toma café, vermú, helado de almendra artesano, horchata y unos bocadillos calientes conocidos como "langostas". También, próximo al puerto y al Born, está el decano de los cafés de Palma, **El Lírico** (Antoni Maura, 6), inaugurado en 1894. Ideal para tomarse un café, un vermú o una copa de licor bajo el lento girar de los ventiladores, lo que le da un cierto aire colonial.

Si el punto de cita es la plaça d'Espanya lo mejor es esperar en el **Cristal** (plaça d'Espanya, 7), de ambiente años cicuenta y un buen lugar para desayunar antes de tomar un tren o autobús para cualquier lugar de la isla. Si estuviera lleno, justo al lado está el **Café 1916**, frecuentado por gente algo más joven.

En la zona de Sa Llotja recomendamos vivamente el **Café de Sa Llotja** (carrer Sa Llotja del Mar, 2), con puerta giratoria y un ambiente que recrea fielmente el de los cafés de finales de siglo XIX; para un cafetito tranquilo después de cenar o una primera copas.

Entre los cafés de diseño destaca el del Centro Cultural de La Caixa, ubicado en el hermoso edificio modernista del **Gran Hotel** (plaça Weyller, 3); en torno a una barra en herradura, donde es difícil encontrar sitio, se agolpan clientes –generalmente solitarios– para tomar un café, una copa o un plato de cocina elaborada; uno se siente como en una gran pecera observado por los transeúntes. Para las soleadas mañanitas de invierno y las tardes de verano, nada mejor que el **Bartini** (Centro Cultural de Ses Voltes, bajo las murallas), uno de los de ubicación más original de la ciudad; levantando la mirada veremos la sobrecogedora mole de la catedral. Y si ha llegado la hora del aperitivo es una buena idea dirigirse al **Pesquero,** un antiguo bar de los muelles al que la remodelación ha convertido en un logrado local del siglo XXI, pero que aun así mantiene las vistas, el sol y la costumbre de muchos palmesanos de citarse en él.

Para tomar un helado en ruta (no hay sillas) hay que ir a la **Gelateria Ca'n Miquel;** helados artesanales –los mejores de Palma– con una gran variedad; dos locales: uno en Jaume III, 6. Tampoco debemos perdernos **Ca'n Joan de S'Aigo,** una de las chocolaterías más antiguas de Europa (año 1700), con elaboración de helados artesanos y un rico chocolate casero donde mojar pastas de la repostería mallorquina. Decorados al estilo tradicional, el local principal está en el carrer Sans, 10 (cerca de la iglesia de Santa Eulària) y hay una sucursal en Baró de Santa Maria del Sepulcre, 5 (cerca de Jaume III). De características similares, aunque de factura reciente, es la **Granja La Balanguera** (Joan Maura Bisbe, 6).

PALMA DEL RÍO

CÓRDOBA. 20.403 habitantes

ESTA TRANQUILA POBLACIÓN LE DEBE MUCHO A LA FERTILIDAD DE SUS TIERRAS Y A SU PRIVILEGIADA SITUACIÓN, A MEDIO CAMINO ENTRE CÓRDOBA Y SEVILLA. EL SOSIEGO QUE OFRECEN DURANTE EL DÍA SUS CALLES, SÓLO SE VE ALTERADO POR LAS FIESTAS POPULARES Y LOS FESTIVALES QUE SE DAN CITA PUNTUALMENTE CADA AÑO. EN SU AMPLIA LLANURA REGADA POR EL GENIL, LA CIUDAD SE DEDICA PRINCIPALMENTE AL CULTIVO Y COMERCIALIZACIÓN DE LA NARANJA.

INFO

Oficina de Turismo
Cardenal Portocarrero, s/n.
Telf. 957 644 370.
www.ayto-palmadelrio.es

DORMIR

HOTEL CASTILLO✪✪
Portada, 47.
Telf. 957 645 710. Dispone de 38 habitaciones, modernas y muy confortables, todas con baño, televisión, aire acondicionado y teléfono.
Habitación doble: 60-72 €.

PENSIÓN LAS PALMERAS✪
Feria, 37.
Telf. 957 644 115. Es la opción más económica. Las habitaciones están muy limpias, aunque son un poco oscuras y disponen de baño y aire acondicionado. Céntrica.
Habitación doble: 42 €.

Otros hoteles de precio más elevado

Si podéis pagar un poco más, resulta muy recomendable la **Hotel Monasterio de San Francisco**✪✪✪ (avenida de Pío XII, 35; telf. 957 710 183; habitación doble: 89-105 €), que ocupa un antiguo convento de unos 500 años de antigüedad. Las confortables habitaciones fueron en su día celdas monacales. La arquitectura ha sido respetuosa al conjugar la austeridad con las comodidades de un establecimiento de esta categoría.

TAPEO

En Palma abundan los bares y los mesones en los que se trabajan las tapas de caza y las gustosas variedades de su gastronomía. En Río Seco, la **Bodeguita** tiene ambiente taurino y en la **Peña Flamenca** puede escucharse buen cante. Pescados y mariscos tiene **Peporro,** en Alfarería. **La Cervecería** y **San Francisco** son dos buenos observatorios del trajín de la ciudad, la primera en Blas Infante y la segunda en Pío XII.

COMER

Casas con menú (menos de 15 €)

SANTA ANA
Santa Ana, 81.
Telf. 957 646 718. En Santa Ana o Los Cristales, como se le conoce popularmente, se come bien y barato a base de platos tradicionales (salmorejo, revueltos, asados y pescados). Menús y platos combinados en un ambiente jovial.

MESÓN DE LA ALDABA
Belén, 49.
Telf. 957 643 761.
A 5 minutos del barrio de San Francisco. Magnífico mesón especializado en carnes a la brasa y asados en horno de leña. También sirven tapas y tienen menú del día.

Restaurantes (sobre 24 €)

El restaurante del **Hotel Monasterio de San Francisco** (avda. Pío XII, s/n; telf. 957 710 183) ofrece cocina vasco-andaluza, buen servicio y ambiente tranquilo.

LOS ESTABLECIMIENTOS DE ESTA GUÍA HAN SIDO COMPROBADOS Y SELECCIONADOS POR SU BUENA RELACIÓN PRECIO-CALIDAD. EN NINGÚN CASO HAN DESEMBOLSADO CANTIDAD ALGUNA POR APARECER EN ESTA GUÍA.

LAS PALMAS DE GRAN CANARIA

ISLA DE GRAN CANARIA. 376.953 habitantes

CAPITAL DE LA PROVINCIA DE LAS PALMAS Y DE LA LLAMADA "ISLA REDONDA", ESTA CIUDAD ES LA MAYOR DEL ARCHIPIÉLAGO. CONSTRUIDA EN EL SIGLO XV, ES EN LA ACTUALIDAD UNA CIUDAD MODERNA Y COSMOPOLITA EN LA QUE LOS SERVICIOS Y SU INTENSA ACTIVIDAD COMERCIAL, PORTUARIA, ADMINISTRATIVA Y TURÍSTICA LE CONFIEREN UNA PECULIAR MORFOLOGÍA URBANA.

INFO

Oficina de Turismo (Patronato)
Pza. Comandante Ramón Franco (frente al parque de Santa Catalina).
Telf. 928 219 600.
www.situr.org
www.turismograncanaria.com

Autobuses
Estación de autobuses urbanos e interurbanos. Rafael Labrera, s/n. Parque de San Telmo.
Telf. 928 381 110.

Trasmediterránea
www.trasmediterranea.es

Taxis. *Eurotaxis.* Telf. 928 462 222

DORMIR

Dado su carácter comercial y de centro administrativo, además se ser un atractivo destino turístico, la oferta hotelera es enorme y muy variada.

*Además de hoteles de gran categoría, como el **Meliá Las Palmas**✪✪✪✪✪ (Gomera, 6; telf. 928 267 600; www.solmelia.es; habitación doble: 175 €), hay una gran cantidad de pequeños hoteles, residencias, pensiones y apartamentos con buena relación calidad-precio.*

HOTEL ASTORIA✪✪✪

Fernando Guanarteme, 54.
Telf. 928 222 750.
A menos de 100 m de la playa de Las Canteras, está en una zona animada y bulliciosa, cerca de la plazoleta Farray. Piscina, *squash*, bar-restaurante, bingo y vistas a la calle.
Habitación doble: 68 €.

HOTEL CANTUR✪✪✪

Sagasta, 28. Playa de Las Canteras
Telf. 928 273 000.
Fax: 928 272 373.
www.hotelcantur.com
Un hotel de playa, situado a escasos metros del mar y con habitaciones amplias y cómodas. Piscina.
Habitación doble: 50-179 €.

HOTEL PARQUE✪✪✪

Muelle de Las Palmas, 2.
Telf. 928 368 000.
Situado en pleno centro de la ciudad, junto a la Avenida Marítima. La envidiable terraza de su restaurante, con vistas al mar y a la zona portuaria es uno de los valores más notables de este hotel. Ocupa un edificio relativamente moderno, y totalmente renovado en 1995. Los interiores son amplios y bien acondicionados, con un agradable salón de estar y un buen restaurante.
Habitación doble: 62-138 €.

HOTEL MADRID✪

Plaza Cairasco, 4.
Telf. 928 360 664.
Hotel emblemático, su animada terraza es una parada obligada para quienes pasean entre Triana y Vegueta.
Habitación doble: 42 €.

APARTAMENTOS BRISAMAR CANTERAS

Paseo de Las Canteras, 49.
Telf. 928 269 400.
Pequeños apartamentos, situados en primera línea de playa, que disponen de teléfono y cocina eléctrica.
Habitación doble: 40-80 €.

Otros hoteles de precio más elevado

Existen hoteles de gran categoría y solera como el **Hotel Santa Catalina**✪✪✪✪✪ (León y Castillo, 227; telf. 928 243 040; habitación doble: 96-2190 €; www.hotelsantacatalina.com), diseñado por el artista Néstor de la Torre en el inconfundible estilo canario-colonial. Dispone de terraza abierta a los jardines del parque Doramas y una completa zona balnearia.

Otros hoteles, como es el caso del **NH Imperial Playa**✪✪✪✪ (Ferreras, 1; telf. 928 468 854; www.nh-hoteles.es; habitación doble: 60-120 €) o el **Fataga**✪✪✪✪ (Néstor de la Torre, 21; telf. 928 290 614; 80-180 €), en el área comercial y a 7 minutos de la playa, suman a los atractivos de su categoría el estar situados en primera línea de la playa de Las Canteras o en sus cercanías.

El **Hotel Atlanta**✪✪✪ (Alfredo L. Jones, 37; telf. 928 265 062; 60-120 €), emplazado a 50 m de Las Canteras, en una zona de bares y restaurantes, cuenta con habitaciones y apartamentos con televisión y vistas al mar. Trato agradable.

EL TAPEO

En el casco antiguo se hallan, entre otros, el **Café de Vegueta** (Mendizábal, 24), decorado con exquisito gusto y emplazado en el centro de Vegueta; es ideal para tomar pinchos y montaditos. **El Herreño** (Mendizábal, 5), donde sirven una variada selección de tapas y cazuelas, con una evidente especialización en productos y platos herreños, y que suele ser el elegido por personajes públicos (artistas y políticos). También **Cervecería Rolls** (Armas, 11), donde sirven tapas, montaditos, quesos y vinos de la tierra. Aunque sea únicamente para tomar una cerveza, debe citarse igualmente el **Stones Old Tavern** (pza. de Cairasco, 3, en Triana), un excelente bar irlandés con una muy nutrida oferta de cervezas de todas las nacionalidades y sabores. **El Rincón del Hierro** (Mendizábal, 20) sirve una variada selección de tapas y cazuelas.

En Las Alcaravaneras están la **Enyesquería El Quíquere** (Valencia, 24), cuya especialidad son las cazuelitas; la tasca **Las Cazuelas** (El Cid, 46), donde pueden degustarse generosos platos servidos, como indica su nombre, en cazuela (fabadas, codornices, bonito con tomate); **El Portón** (Alfredo L. Jones, 12.), uno de los sitios más recomendables para probar el pulpo y la tortilla; **Los Pescaítos** (La Naval, esquina playa de Las Canteras), especializado en pescadito fresco y uno de los más recomendados por los lugareños; y **El bodegón de Anselmo** (Juan Manuel Durán, 9), sin duda con una excelente oferta en tapas de jamón, lomo y quesos regionales. También junto al estadio se encuentra el **Tatono II** (Mas de Gaminde), un sencillo bar que ofrece una excelente cocina casera.

En la zona del puerto destacan **Antxón** (Dr. Grau Bassas, 12), un pequeño local de ambiente joven dedicado a las tapas y los montaditos, y **Bosmediano** (cerca del Auditorio Alfredo Kraus), cuyos bocadillos de calamares, pescado empanado, atún en adobo y croquetas son de reconocida fama en la ciudad.

COMER

Casas con menú (menos de 15 €)

EL COTO

Plaza Victoria, 37.
Telf. 928 246 776.
Restaurante de corte familiar, en el barrio de Las Alcaravaneras, de genuina cocina libanesa. Servicio muy atento, raciones generosas y precios razonables.

EL HERREÑO

Mendizábal, 5 (Vegueta).
Telf. 928 310 513.
Concurrido bar y restaurante en la zona del mercado. Entre sus platos: pata de cerdo, quesos majoreros, herreños ahumados, churros de pescado y mojo.

HIPÓCRATES

Colón, 4.
Telf. 928 311 171/ 627 922 877.
Situado en una de las viviendas más antiguas del barrio de Vegueta, este local aprovecha el pequeño patio interior para prolongar su comedor. Cocina vegetariana y macrobiótica: lasaña de verduras, vuelta de carne de soja, ensalada tropical...

LA LIGURIA

José Mesa y López, 41.
Telf. 928 226 480.
Bonito local de dos plantas con una acertada ambientación art dèco. Pizzas, pastas y lo más conocido de la cocina italiana.

MADRID II

Franchy y Roca, 52.
Telf. 928 275 209.
Se trata de una de las casas de comida más acreditadas de la isla; a ella acude una variadísima clientela atraída por su cocina casera bien hecha, sus generosas raciones y sus ajustados precios. En la barra se puede comer aún más barato. Dada su extensa carta y las especialidades del día que no figuran en la misma, lo mejor es dejarse aconsejar.

NOLASCO

Ingeniero Salinas, 23.
Telf. 928 240 401.
Local modesto y familiar que ofrece platos caseros de toda la vida y guisos de recetas canarias: garbanzos, ropa vieja, potaje, atún en adobo, huevos escondidos, etc. Clientela fija.

EL RINCÓN DE PEPE LUJÁN

Joaquín Costa 25.
Telf. 928 228 468.
Su dueño, dedicado hace más de 20 años a la cocina isleña, pasa por ser el pionero de este tipo de restaurantes. Su pequeño comedor está decorado con fotos y recuerdos de personajes famosos. Cocina casera canaria.

Restaurantes (desde 24 €)

Uno de los más recomendables es el **Mesón La Cuadra** (General Mas de Gaminde, 32; telf. 928 230 542), un popularísimo figón que no sólo goza de general aceptación sino que es al abanderado de la cocina castellana en la isla. Además dispone de una amplia barra de tapeo.

Por su parte, la **Casa de Galicia** (Salvador Cuyás, 8; telf. 928 279 855) destaca entre los varios restaurantes gallegos de la localidad. Siempre suele estar lleno y también dispone de una amplia barra.

El Padrino (Jesús Nazareno, 1; Las Coloradas-La Isleta; telf. 928 462 094) se especializa en cocina marinera canaria. Amplia terraza. Servicio informal pero amable.

También en La Isleta, **Pepe el Breca** (Gumidafe, 32) es un sencillo "guachinche" que con el tiempo y el aliento de una legión de clientes se ha convertido en un acreditado restaurante, aunque siempre modesto. Cocina marinera en su totalidad y unos postres, creaciones del patrón, muy logrados.

CAFÉS

Entre los cafés de la ciudad destacan el bar **La Posada** (La Naval, 8), que ofrece unas 20 especialidades de cafés, y **La Plantación** (Centro Comercial Monopol), decorado a modo de viejo almacén portuario y con una variada selección de cafés de todo el mundo. En la misma línea están **Café Galdós** (paseo de Las Canteras, 30), con decoración modernista, muy adecuado para una tertulia frente al mar; **Dulcería Morales** (Viera y Clavijo, 4), una cafetería en la que además de sandwiches se sirve una excelente repostería y *delicatessen;* la pastelería **El Hojaldre** (Fernando Guanarteme, 49), cuya repostería casera incluye unas deliciosas tartas a buen precio, y la cafetería **La Madrileña I** (Ripoche, 7), donde muy de mañana se toman churros calentitos.

También se pueden tomar churros en la calle Perojo, cuyas churrerías se llenan cada día de los más madrugadores y de aquellos que ponen fin a la noche de esta manera.

PAMPLONA/IRUÑA

CAPITAL DE PROVINCIA. 166.276 habitantes

SITUADA SOBRE UNA MESETA RODEADA POR EL RÍO ARGA, PAMPLONA ES LA PRIMERA CIUDAD DEL CAMINO EN LA RUTA HACIA COMPOSTELA. IDENTIFICADA EN TODO EL MUNDO CON SAN FERMÍN, ES ADEMÁS UNA DE LAS CIUDADES ESPAÑOLAS CON MAYOR CALIDAD DE VIDA. SUS MÁS DE 30.000 UNIVERSITARIOS LE IMPRIMEN UN CARÁCTER VIVO Y DINÁMICO.

INFO

Oficina de Turismo
Eslava, 1 (esquina pza. de San Francisco). Telf. 848 420 420.
www.cfnavarra.es

DORMIR

*Si se visita Pamplona en San Fermín, conviene reservar con unos meses de antelación y preparar bien el bolsillo, pues los precios se desorbitan. Encabeza la oferta el lujoso **Iruña Palace**✪✪✪✪ (Jardines de la Taconera, s/n; telf. 948 226 600; 120-220 €), pero hay otros alojamientos bastante más asequibles.*

HOTEL EUROPA✪✪✪

Espoz y Mina, 11.
Telf. 948 221 800.
Junto a la plaza del Castillo, es un establecimiento nuevo, funcional y agradable. En el meollo de la ciudad.
Habitación doble: 85-150 €.

HOSTAL NAVARRA✪✪

Tudela, 9.
Telf. 948 225 164.
Sin nada que envidiar a un hotel, este hostal dispone de habitaciones bien acondicionadas. Excelente relación calidad-precio.
Habitación doble: 65 €.

HOSTAL PRÍNCIPE DE VIANA✪✪

Avda. Zaragoza, 4.
Telf. 948 249 147. Habitaciones bien equipadas. Aparcamiento.
Habitación doble: 50 €.

HOSTAL BEARÁN✪

San Nicolás, 25.
Telf. 948 223 428.
Situado en una de las calles más animadas de la ciudad, dispone de sencillas y confortables habitaciones con televisión.
Habitación doble: 48 €.

PENSIÓN SARASATE✪✪

Sarasate, 30.
Telf. 948 223 084. Enclavada en una casa del siglo XIX, esta pintoresca pensión presenta una decoración entre rústica y popular.
Habitación doble: 45-150 €.

VENTA DE ULZAMA✪

Ctra. Pamplona-Francia km 27. En ARRAITZ. Telf. 948 305 138.
Una opción encantadora para alojarse en el campo. Con piscina y un buen nivel de servicios.
Habitación doble: 70-80 €.

Otros hoteles de precio más elevado

Para presupuestos más desahogados una buena opción es el **Hotel AC Ciudad de Pamplona**✪✪✪✪ (Iturrama, 21; telf. 948 266 011; habitación doble: 75-150 €). Situado junto a la Universidad y la zona comercial, es cómodo, moderno y confortable.

En el **Yoldi**✪✪✪ (avda. San Ignacio, 11; telf. 948 224 800; habitación doble: desde 80 €) se alojan toreros y aficionados durante las fiestas. Otro clásico de la fiesta es **La Perla**✪✪✪ (pza. del Castillo, 1; telf. 948 223 000), el alojamiento más antiguo de la ciudad y el preferido por el escritor Hemingway.

DE PINCHOS

En Pamplona lo habitual es ir "de poteo" o "chiquiteo". Los bares se cuentan por docenas en cada calle, pues el noble arte de los pinchos es todo un rito entre los pamploneses. La zona principal es, naturalmente, el casco viejo, sobre todo las calles Estafeta y San Nicolás.

Entre los pinchos, lo más característico son los fritos, y el precursor de ellos fue el bar **Monasterio** (Espoz y Mina), con su frito de huevo allá por los años cuarenta, y aún sigue siendo su mejor especialidad, junto con el bacalao y los "pelotaris" (vermú sin hielo y con sifón).

La plaza del Castillo es el punto de encuentro y de inicio de la ronda. En ella se encuentran establecimientos como **El Kiosko,** con sus pimientos del piquillo rellenos; **Baviera,** con fritos de pimiento, o **Txoko,** cuya especialidad son los de riñón.

Continuando por la calle Estafeta, en **Las Vegas** se pueden degustar deliciosos tigres; rabas en **Evaristo** y croquetas en **Fitero,** y en el **Bodegón Sarriá,** un rosado.

Un lugar que no se debe pasar por alto es **Temple,** situado en la calle que sube a la catedral. Su ambientación medieval y sus famosos pinchos moscovitas no dejarán de sorprender. Para degustar buenos calamares hay que ir a **Cordovilla,** en Navarrería; junto a él están **La Mejillonera** y **El Mesón de la Tortilla.**

San Gregorio y San Nicolás albergan otros establecimientos, como **El Museo,** donde sirven fritos de huevo, y **Baserri,** dedicado a las *delicatessen.* **Vinos El Cosechero** es uno de esos locales "añejos" con sabor a las viejas tabernas, mientras que **Ulzama** invita a tomar una buena cerveza de barril y pincho *txepetxa* de anchoa y vinagreta.

COMER

Si, como bien dicen, la cocina navarra es un compendio de toda la gastronomía española, debéis suponer que en Pamplona encontraréis los mejores ejemplos de esta culinaria tan especial. "No te vayas de Navarra..." dice la jota, pero si no queda más remedio al menos que sea con el estómago bien lleno de delicias de verdura en menestra, espárragos blancos o trigueros, pimientos, gorrín, ajoarriero y ese rosado tan fresco y afrutado.
*Para catar todo eso, sólo en Estafeta tenéis restaurantes a discreción y recordad que si andáis sobrados de cifra en **Embrujo** (Padre Calatayud, 16; telf. 948 233 401; a la carta, 50 €) se puede degustar cocina moderna espléndidamente preparada.*

Casas con menú (menos de 20 €)

HOSTERÍA DEL TEMPLE

Curia, 3.
Telf. 948 225 171.
El comedor, instalado en el segundo piso, conserva el aspecto de los viejos mesones. Su menú es uno de los más baratos, y sus especialidades, merluza *koskera,* pimientos del piquillo y *foie.*

Casa Flores
Estafeta, 85.
Telf. 948 222 175. Excelente relación calidad-precio. Además de sus afamados pinchos, tiene una variada carta de platos regionales: potajes, bacalao a la vizcaína o ternera a la jardinera.

Mesón Pirineo
Estafeta, 41. Telf. 948 207 702.
Instalado en una antigua caballeriza, aún conserva la campana de un gran fogón. Su pequeña y seleccionada carta se basa en todo tipo de carnes, aunque también son recomendables el revuelto de Pirineos y los espárragos de la tierra, claro.
Precio medio, 30 €.

La Servicial Vinícola
Navarro Villoslada, 11.
Telf. 948 234 383.
Es uno de los establecimientos más curiosos de Pamplona, y hasta él acude un público muy diverso. Bocadillos, buenos menús y especialidades como callos a la madrileña, bacalao ajoarriero y el tradicional cordero al chilindrón.

Restaurantes (desde 24 €)

En asadores, el **Olaverri** (Santa Marta, 4; telf. 948 235 063) es la mejor oferta de Pamplona, y eso que hay muchos. Horno a la vista, decoración de madera, ladrillo y forja de hierro. Excelentes, además de las chuletas, la sopa de ajo, el ajoarriero y las costillas.

Aunque no vayáis a comer, daros una vuelta por **Baserri** (San Nicolás, 32; telf. 948 222 021) para poder degustar los pinchos de este restaurante que ha ganado todos los concursos que se organizan en Pamplona, especialmente los de caza.

San Fermín (San Nicolás, 44-1º; telf. 948 222 191) es un clásico restaurante de primer piso de la parte vieja, con magníficas verduras según temporada, menestra, arroz con almejas y jarretes de cordero.

Otro restaurante de primer piso de la parte vieja es el **Asador Otano** (San Nicolás, 5; telf. 948 225 095), éste dedicado a las carnes. Buena materia prima casi sin elaborar: cogollos, jamón, pimientos del piquillo, todo tipo de cárnicos y cuajada.

Vigas de madera y mucha cuadrilla que va a ponerse morada con guisotes recios y contundentes son las características de **La Cepa** (San Lorenzo, 2; telf. 948 213 145).

Enekorri (Tudela, 14; telf. 948 230 798) es uno de esos restaurantes caros y elegantes. En la carta, aunque no se pierde de vista las raíces de la gastronomía tradicional, sí se aprecia un interesante enfoque creativo. La bodega: extensísima.

CAFÉS

Si hay algo que posea un carácter emblemático en la ciudad son sus cafés. Las terrazas de la plaza del Castillo son una institución en las tardes soleadas. En ella se encuentra el **Café Iruña,** el más famoso de todos y el preferido por personajes tan ilustres como Hemingway o Ava Gadner. Fundado en 1888, conserva su decoración original. En la misma plaza están **Sevilla** y **Kiosko.** En la paralela calle Comedias está situado el legendario **Café Roch,** de ambiente bohemio, que sirve los mejores pinchos de pimiento y roquefort; el **Niza,** de ambiente culto y universitario, donde una animada charla supera normalmente a la música ambiental. La **Casa de la Solidaridad,** en Navarrería, es el lugar idóneo para disfrutar de un té y una charla comprometida. Para tomar un helado hay que encaminarse al paseo de Sarasate, donde se ubican **La Italiana** y **Nalia,** las heladerías más tradicionales de la ciudad. En el mismo paseo está **O'Connors,** un pub repleto de curiosos objetos y de gente a casi cualquier hora del día o de la noche. Si se buscan enclaves privilegiados, lo mejor son los cafés situados en los parques. En el de la Taconera están **El Vienés,** frecuentado por estudiantes y que sirve un excelente tiramisú; y **El Bosquecillo,** con gran variedad de cafés y, a veces, conciertos. El **Café del Parque de la Media Luna** es de los más ambientados en las noches de verano.

PANTICOSA

HUESCA. 713 habitantes

Conocida tradicionalmente por su hermoso balneario, Panticosa tiene hoy como principal reclamo su estación de esquí, que en la temporada invernal atrae a un colorista y jovial decorado humano.

INFO

Ayuntamiento
San Miguel, 34.
Telf. 974 487 016.
Oficina de Turismo
Telf. 974 487 318.
www.panticosa-loslagos.com

DORMIR

Hotel Sabocos ✪✪✪
El Fondón, 1. Junto a la estación de esquí. Telf. 974 487 488.
Hotel moderno a un paso de las pistas, con buenas instalaciones y vistas espectaculares desde las habitaciones.
Habitación doble: 61-75 €.

Hotel Arruebo ✪✪
La Cruz, 8.
Telf. 974 487 052.
Es un coqueto hotel de montaña, de ambiente muy familiar.
Ofrece buen precio y mejores servicios. Organizan actividades deportivas como senderismo, excursiones en bicicleta, esquí...
Habitación doble: 60-100 €.

Hotel Navarro ✪
Pza. de la Iglesia, s/n.
Telf. 974 487 181.
Las habitaciones podrían estar mejor decoradas, pero están limpias y son confortables. El precio, además, no supera los 48 € por habitación doble.

COMER

Manel
La Cruz, 16. Telf. 974 487 470.
De entrada os atraerá el bonito porche y dentro encontraréis un pequeño e íntimo restaurante, con muebles antiguos restaurados. La comida es abundante y, según aseguran, todos los productos que utilizan son naturales. Está nada más entrar en el pueblo.

Mesón Sampietro
La Parra, s/n. Telf. 974 487 244.
Un local todo en madera con especialidades en paletilla al horno, patatas con bacalao y verduras del tiempo.
No tienen menú del día.

PASTRANA

GUADALAJARA. 1.136 habitantes

Asentada en un entorno típico de la Alcarria Baja, un área de fuertes y bellos contrastes visuales. El trazado medieval de Pastrana gira como una piña de estrechas calles, fuentes y palacios, en torno a su altiva iglesia colegial.

INFO

Oficina de Turismo
Palacio Ducal. Plaza de la Hora, s/n.
Telf. 949 370 672.
Una excelente forma de conocer bien la villa y el palacio Ducal es a través de las visitas guiadas que organiza la oficina de turismo, sólo para grupos.
www.pastrana.org

DORMIR

Hospedería Real de Pastrana ✪✪✪
Ctra. Zorita, km 1.
Telf. 949 371 060/ 057.
Guarda similitud con los paradores de turismo. Se sitúa fuera del casco urbano, en el convento del Carmen, con bonitas vistas al valle del Arlés. La hospedería forma parte del edificio original y está en perfecta concordancia con su arquitectura monástica. Habitaciones bien equipadas. Se puede comer en el restaurante un menú selecto; hay además una amplia carta con buena oferta de vinos.
Habitación doble: 45-97 €.

Hotel Palaterna✪✪
Plaza de los Cuatro Caños, s/n.
Telf. 949 370 127.
Edificio señorial del siglo XVIII recientemente rehabilitado y situado en la vital y céntrica plaza de los Cuatro Caños. Cuenta con ocho habitaciones dobles, una adaptada para discapacitados y tres suites. Todas ellas con gran lujo de detalles y buen gusto.
Habitación doble: 30-70 €.

Hostal Moratín✪✪
Moratín, 5.
Telf. 949 370 116.
Se encuentra al poco de entrar en Pastrana por la carretera de Guadalajara, a mano izquierda y nada más pasar la plaza del Deán. Es una antigua casa de labranza de tres alturas, tranquila y perfectamente rehabilitada. En la primera y segunda plantas se distribuyen las habitaciones que disponen de baño, calefacción, teléfono y televisión. En la planta baja está situado el mesón que ofrece un menú del día. Tiene una pequeña terraza con piscina. Habitación doble: 33-50 €.

COMER

Casas con menú (menos de 15 €)

Convento San Francisco
Plaza del Deán, s/n.
Telf. 949 370 078.
Edificio del siglo XIV con dos comedores muy amplios –uno de los cuales es el propio claustro cubierto por un lucernario– y una gran terraza con música para terminar la noche. La especialidad de la casa es la carne a la parrilla, el cabrito asado y los pescados frescos. Los menús son muy variados.

El Maño
Moriscos 13, saliendo a la carretera de Tarancón y antes de pasar el puente. Telf. 949 370 293. Moderno, y luminoso. Lo mismo se puede comer que tomar una café o picotear algo a la hora del aperitivo.

Restaurantes (de 21 a 36 €)
En lo que fue el convento de San José hoy se ubica **El Cenador de las Monjas** (Monjas de Abajo, s/n; telf. 949 370 101). Ofrece una suculenta carta, que cambia con las estaciones, donde las recetas castellanas de siempre aparecen exquisitamente renovadas. Así encontramos, por ejemplo, platos como la ensalada de perdices escabechadas con vinagre de cava, el *foie mi-cuit* con *geleé* de té negro y reducción de Pedro Ximénez o el cochinillo crujiente con setas y hongos a la miel de la Alcarria.

PEDRAZA

SEGOVIA. 467 habitantes

ASENTADA A LOS PIES DE UN PEÑÓN, ESTA VILLA MEDIEVAL FORTIFICADA ES UNA BELLÍSIMA MUESTRA DE ARQUITECTURA POPULAR CUYAS CALLES, TIENDAS Y FIGONES SE LLENAN DE VISITANTES CADA FIN DE SEMANA.

INFO
Oficina de Turismo. Calle Real, 3.
Telf. 921 508 666. Abierta todo el año.
www.pedraza.info

DORMIR

Hotel de la Villa✪✪✪
Calzada, 5. Telf. 921 508 651. Todas las habitaciones, cada una con un nombre (naranjas y limones, habas y guisantes o cuajada La Cuajadera) recrean ambientes distintos. Algunos techos son abuhardillados, y todos están atravesados por vigas de madera. Las paredes están empapeladas con motivos isabelinos y las colchas son de hilo y seda.
Habitación doble: 100 €.

La Posada de Don Mariano✪✪
Mayor, 14. Telf. 921 509 886/ 887. Casa de piedra recuperada, antigua sede de la Inquisición que dispone de 18 habitaciones decoradas con gusto, cada una de modo diferente.
Habitación doble: 82 €.

La Posada del Acebo
En **Prádena.** La Iglesia, 7.
Telf. 921 507 260. Caserón del siglo XVIII habilitado como casa rural. Las habitaciones son sencillas, pero muy acogedoras y el trato muy familiar.
Habitación doble: 60 €.

COMER
Con respecto a los restaurantes de Pedraza ocurre lo mismo que en el caso de los alojamientos: entornos de ensueño a precios muy elevados. El cordero asado es el manjar más preciado, pero a este plato le suman otros de cocina creativa que elevan las minutas hasta puntos insospechados. Es imposible comer en fin de semana sin reservar con antelación.

Restaurantes (de 21 a 40 €)

El Bodegón de Manrique
Procuradores, 6. Telf. 921 509 810.
Constituye la opción más económica de la villa, lo que no desmerece en relación a su calidad. Mesas y bancos corridos de madera, y aperos de labranza en sus paredes de piedra.

El Corral de Joaquina
Iscar, 3. Telf. 921 509 818.
Antigua casa de piedra con un pequeño jardín. Combina platos típicos con otros de comida casera, como la gallina guisada; vinos de la Ribera del Duero.

Hostería de Pedraza
Matadero, 1.
Telf. 921 509 835.
Instalado en un antiguo palacio que perteneció a la Inquisición, está especializado en cordero y comida tradicional serrana y casera.
Precio medio, de 24 a 35 €.

Posada de Don Mariano
Mayor, 14.
Telf. 921 509 886/ 87.
Dispone de un recoleto y tranquilo comedor. Especialidades de la zona, como el cochinillo y el cordero. Dispone de menú y carta.

El Soportal
Plaza Mayor, 8.
Telf. 921 509 826.
Desde los ventanales del comedor se tienen interesantes vistas a la plaza. Asados y guisos de puchero.

El Yantar de Pedraza
Plaza Mayor. Telf. 921 509 842.
Instalado en una casona con vistas a uno de los entornos más bonitos de la plaza, dispone de una pequeña terraza. Cordero asado, judiones de La Granja y helados caseros.

PEÑAFIEL

VALLADOLID. 5.160 habitantes

PEÑAFIEL ES, SIN DUDA, UNA DE LAS LOCALIDADES SEÑERAS EN LA ELABORACIÓN DE VINOS TINTOS, CON DIVERSAS Y ACONSEJABLES BODEGAS Y COOPERATIVAS VITIVINÍCOLAS. LA POBLACIÓN DOMINA LA VEGA DEL RÍO DURATÓN DESDE SU SINGULAR CASTILLO, DEL QUE SE HA LLEGADO A DECIR QUE PARECE UN BUQUE VARADO SOBRE LA PEÑA QUE LE DA NOMBRE.

INFO
Oficina de Turismo
Pza. del Coso, 2.
Telf. 983 881 526.
www.turismopenafiel.com

DORMIR

Hotel El Empecinado✪✪
Ctra. Valladolid-Soria (a 6 km de Peñafiel, en **Castrillo de Duero**).
Telf. 983 880 793. Curioso establecimiento, con restaurante, vinacoteca y degustación de productos artesanales. Sus instalaciones son muy recientes y con todas las comodidades. Sólo tiene 6 habitaciones.
Habitación doble: 48 €.

Hostal Campo✪
Encarnación Alonso, s/n.
Telf. 983 873 192.
Sus habitaciones cumplen con la corrección de un establecimiento de reciente apertura.
Habitación doble: 40-50 €.

Hostal Chicopa✪
Pza. España, 2. Telf. 983 880 782.
No está mal para su nivel, pero no ofrece ninguna habitación con baño completo, aunque sí con ducha. Asequible.

Otros hoteles de precio más elevado
El mejor hotel de Peñafiel es el **Ribera del Duero✪✪✪** (avda. de Escalona, 17; telf. 983 881 616; 68-75 €), que ocupa una antigua fábrica de harina bien restaurada. Confortable y funcional.

EL TAPEO

La costumbre de tomar vinos y tapas, está muy arraigada en Peñafiel, tanto al mediodía como por la tarde-noche. En los alrededores del Ayuntamiento, el bar **Chicopa** ofrece gran variedad de vinos de la ribera del Duero y pinchos y raciones. Del Ayuntamiento sale la calle General Girón, interesante para este menester del tapeo, como podréis comprobar por sus numerosos bares. Recomendable, también, es el bar **Deportes,** antigua tasca restaurada. En la calle Derecha al Coso destaca el bar **Plata,** con tapas *delicatessen* y buena bodega.

COMER

Casa con menú (menos de 15 €)

EL LAGAR DE SAN VICENTE
Barguilla, 36. Telf. 983 873 156.
Lagar del siglo XIX rehabilitado. El establecimiento dispone de dos plantas más la bodega donde también tiene mesas. La oferta culinaria es amplia, con un menú y una variada carta de carnes y pescados. Ni que decir tiene su remesa de vinos. El trato es correcto y muy cordial.

MOLINO DE PALACIOS
Avda. de la Constitución, 16.
Telf. 983 880 505.
Ocupa un antiguo molino de harina restaurado. Mientras se come es posible ver correr bajo los pies al río Duratón. Los precios de la carta se disparan (el pescado es recomendable), pero tienen un menú muy asequible.

PEÑAFIEL
Avda. Escalona, 1 (junto a la bodega Protos). Telf. 983 881 950. Cocina castellana de siempre, sin grandes lujos, a precios razonables.

Restaurantes (de 21 a 36 €)

En el restaurante el **El Corralillo** (Corralillo, 9; Las Ciancas, zona de bodegas; telf. 983 880 733) sirven los mejores cuartos de lechazo del pueblo al mejor precio. De 20 a 30 €, incluyendo la ensalada y la jarra de vino. El restaurante más famoso y de mayor calidad, también algo más caro, es el **Asador Mauro** (Atarazanas, s/n, en la zona de las bodegas; telf. 983 873 014).

PEÑÍSCOLA

CASTELLÓN. 5.432 habitantes

PEÑÍSCOLA ES UN LUGAR EJEMPLAR EN MUCHOS SENTIDOS. POR UNA PARTE, POR SU PECULIAR ESTRUCTURA, SU MAGNÍFICO TÓMBOLO, SU ACTIVO PUERTO PESQUERO Y SU CASTILLO PERFECTAMENTE CONSERVADO. Y POR OTRA, ES EL PARADIGMA DE LA OCUPACIÓN TURÍSTICA DEL LITORAL CASTELLONENSE. LA BARRERA DE EDIFICIOS QUE BORDEA LA PLAYA CONFORMA UNA AUTÉNTICA AVENIDA ESTIVAL EN LA QUE SE PUEDEN VER GENTE DE TODAS LAS PROCEDENCIAS.

INFO

Tourist Info Peñíscola
Paseo Marítimo, s/n.
Telf. 964 480 208.
www.peniscola.org

DORMIR

La ciudad, turística hasta la médula, posee una amplísima oferta de alojamiento.
*Uno de los hoteles de más alto nivel es la **Hostería del Mar**✪✪✪✪ (avda. Papa Luna, 18; telf. 964 480 600; habitación doble: desde 60 €).*

HOTEL RIO MAR✪
Avenida de Primo de Rivera, 34.
Telf. 964 480 745.
Sólo abre desde Semana Santa a finales de septiembre. Es uno de los alojamientos de mejor precio en la ciudad. Habitaciones cómodas, sin lujos añadidos.
Habitación doble: 40-70 €.

HOTEL CIUDAD DE GAYÁ✪
Avenida Papa Luna, 1.
Telf. 964 480 024.
Este pequeño establecimiento tiene un buen servicio en general y, pese a estar en una zona muy transitada, no resulta bullicioso. Sus habitaciones son cómodas, aunque no muy amplias. Abre sólo desde Semana Santa a finales de septiembre.
Habitación doble: 35-65 €.

Otros hoteles de precio más elevado

El **Peñíscola Palace**✪✪✪✪ (avda. Papa Luna, 34; telf. 964 480 912; habitación doble: 82-165 €) está cerca de la playa, es moderno y funcional.

COMER

Casas con menú (menos de 15 €)

CASA MAÑICO
Avenida Papa Luna, 15. Telf. 964 480 199.
La especialidad de esta casa es el marisco, pero aparte de estos productos, el local ofrece la posibilidad de comer un buen menú con platos de tierra adentro.

VORAMAR
Avenida Papa Luna, s/n.
Telf. 964 480 939. Junto al mar. El menú es generoso y el servicio, si no hay excesivas prisas, resulta agradable.

Restaurantes (sobre 24 €)

Es famoso el *suquet* de **Casa Jaime** (Papa Luna, 5; telf. 964 480 030) y otros platos de cocina marinera, que podremos degustar también en **Maite** (Papa Luna, 51; telf. 964 480 287).

PLASENCIA

CÁCERES. 37.018 habitantes

CONOCIDA COMO "LA PERLA DEL JERTE", ES EL SEGUNDO NÚCLEO DE POBLACIÓN TRAS LA CAPITAL Y EL CENTRO ADMINISTRATIVO, COMERCIAL Y DE SERVICIOS DEL NORTE DE LA PROVINCIA Y DE SUS COMARCAS MÁS PRÓXIMAS. SUS MURALLAS DEFENSIVAS PROTEGEN UN VALIOSO PATRIMONIO HISTÓRICO-ARTÍSTICO.

INFO

Oficinas de Turismo. Pza. de la Catedral. Telf. 927 423 843. ww.plasencia.com
Oficinas de Turismo de la Junta
Torre de Lucía. Telf. 927 017 840.
www.turismoextremadura.com

DORMIR

HOTEL LOS ÁLAMOS✪
Ctra. N 630, km 131,6.
Telf. 927 411 550/ 411 554. Junto a la carretera que va Cáceres, a la salida de la ciudad. Habitaciones decoradas con esmero para crear un espacio grato y placentero. Muy completo.
Habitación doble: 42-48 €.

HOTEL DORA✪
Ronda del Salvador, 37.
Telf. 927 411 034. Tiene una ubicación perfecta junto a la iglesia del Salvador, lo que facilita el aparcamiento y, apenas, está a unos pasos de la plaza Mayor. Sus habitaciones, aún siendo funcionales, están completamente nuevas y muy bien equipadas.
Habitación doble: 50-60 €.

HOTEL EL RINCÓN EXTREMEÑO✪
Vidrieras, 6. Telf. 927 411 150.
A un paso de la Plaza Mayor, sus habitaciones son de un sobrio estilo castellano, quizá algo anticuadas. Sin duda, uno de los lugares más solicitados por los visitantes, debido a su ubicación, precio y calidad. Dificultad para aparcar en la zona. Habitación doble: 42 €.

HOSTAL REAL✪✪
Ctra. Salamanca, km 128.
Telf. 927 412 900. En las afueras de Plasencia, muy cerca de la plaza de toros. Sus habitaciones no son muy grandes, pero resultan confortables y cuentan con televisión y aire acondicionado. Dispone de un pequeño restaurante y una cafetería, y no hay problemas para aparcar. Habitación doble: 44-50 €.

Otros hoteles de precio más elevado

En estos últimos años la calidad de los alojamientos se ha visto reforzada. De esta manera, para los que puedan permitírselo, existe la posibilidad de disfrutar de la categoría y la solera del **Alfonso VIII**✪✪✪✪ (Alfonso VIII, 32; telf. 927 410 250; habitación doble: 86-110 €) que se encuentra cerca de la Plaza Mayor, es agradable y está perfectamente equipado; también muy agradable es el **Parador de Plasencia**✪✪✪ (Plaza de San Vicente Ferrer, s/n; telf. 927 425 870; 130-140 €), de gran calidad, ubicado en el antiguo convento de Santo Domingo.

EL TAPEO

Cubierta por una inmensa terraza, la Plaza Mayor es un centro social tomado por un buen número de bares-restaurantes para tomar tapas, refrescos y helados, que en muchos casos solventan la hora del almuerzo con platos combinados y raciones, si bien es al caer el sol veraniego cuando alcanzan su apogeo. A esta animación contribuyen con sus tapas locales tan populares como el café-bar **Español** y **El Albero.**
Goya obsequia a sus clientes con abundantes y variadas tapas sólo con pedir unos vinos; las albóndigas de la casa y la tortilla de pimientos están entre sus excelencias. Los amantes del vino suelen pasarse por **El Café** para saborear alguno de la tierra de su surtida bodega, o recalan en **La Pitarra del Gordo,** todo un monográfico del vino de pitarra, que se acompaña con tapas de jamón, chorizo, lomo, queso y patatera. **Manjuli** y **El Globo** disponen de originales platos combinados y unas apetitosas raciones. En la cercana plaza de San Esteban se encuentra **El Corte Ibérico,** que, como su nombre indica, ofrece los mejores productos ibéricos para acompañar un buen vino de la tierra. Otra de las calles de tapeo es Pedro Isidro, donde ponen tostas de anchoa o queso de torta en **Tu Casa,** y panceta o chipirones en la humeante plancha de **El Choco.**
En el barrio de Miralvalle, de moda por la cantidad de bares abiertos y su cercanía a la Universidad, se aprecia la rivalidad de los mismos en las tapas que sirven: **El Pensador** (brochetas), **Los Vinos** (montados), **Miralvalle** (morcilla), **Mavalinda** (cueros), **Pitarra del Abuelo Rafa** (tortilla)...

COMER

Casas con menú (menos de 15 €)

RINCÓN EXTREMEÑO
Vidrieras, 8. Telf. 927 411 150.
Con mucha fama dentro de la localidad, es el lugar ideal para saborear las exquisiteces más típicas de la cocina extremeña. Carnes y buenos vinos.

LA TABERNA EXTREMEÑA
Vidrieras, 2. Telf. 927 421 863. Bonito comedor abovedado. Su cocina está especializada en asados y carnes. Dispone de un menú de cocina casera.

EL ESPAÑOL
Plaza Mayor, 32. Telf. 927 412 110.
Casa fundada en 1920. Sus aclamadas sartenes y su gran surtido de raciones, ha puesto de moda la comida informal, pero exquisita.

GREDOS
Plaza Mayor, 4. Telf. 927 421 081/ 420 735. Comedor climatizado de ambiente agradable y familiar. Cocina extremeña y castellana: revueltos, migas, pierna o paletilla de cabrito, solomillo. Gran variedad de platos a escoger en el menú.

EL PUCHERO DE SAN POLO
Puerto de Coria, 8. Telf. 927 425 393/ 696 671 585. Empezó trabajando la comida para llevar y, tras su éxito, montó un comedor. Platos típicos de la región, caza, comida casera y menús.

PLATJA D'ARO

GIRONA. 7.000 habitantes

A PESAR DE SU ESCASA POBLACIÓN REAL, LA LOCALIDAD DE PLATJA D'ARO ES UNO DE LOS ENCLAVES QUE MAYOR CANTIDAD DE VISITANTES RECIBE DURANTE LOS MESES VERANIEGOS. EL ENTORNO NATURAL COSTERO POSEE UNA EXTRAORDINARIA BELLEZA PAISAJÍSTICA Y UN ENORME INTERÉS NATURAL.

INFO

Oficina Municipal de Turismo
Jacint Verdaguer, 11. Telf. 972 817 179.
www.platjadaro.com

DORMIR

*Los establecimientos son de lo más variado, desde el exclusivo **La Gavina**✪✪✪✪✪ (plaça Rosaleda; en S'Agaró; telf. 972 321 100; 220-305 €) a otros más modestos cuya decoración todavía conserva el sabor de la época en la que se construyeron, allá por los años sesenta y setenta.*

HOTEL PLANAMAR✪✪
Passeig del Mar, 82. Telf. 972 817 177.
Sus habitaciones resultan muy cómodas y luminosas, pero hay que intentar elegir una que dé al mar, pues sus terrazas resultan especialmente agradables. El trato es casi familiar, y durante la noche suelen ofrecer espectáculos en la terraza del bar.
Habitación doble: 40-80 €.

Otros hoteles de precio más elevado

Instalado directamente sobre un macizo rocoso que se adentra en la arena, el **Hotel Costa Brava**✪✪✪ (Punta d'en Ramis, 17; telf. 972 817 308; 66-115 €) es un espléndido mirador sobre el mar.

COMER

*Entre los restaurantes de alto nivel podemos citar a **Carles Camós-Big Rock** (Barri Fanals, 5; telf. 972 818 012; precio medio, unos 30 €). Muchos otros, más económicos, se sitúan en la avenida de S'Agaró de manera que darse un paseo por ella permite elegir perfectamente el lugar en el que comer.*

Casas con menú (menos de 18 €)

CAN FELIU
Av. Reina Fabiola, 1 y 2.
Telf. 972 817 738. Abre sus puertas desde Semana Santa hasta pasado el verano. Es una buena opción para probar platos bien cocinados.

SANT TROP
Av. Castell d'Aro, 6. Telf. 972 817 474. La oferta de menú es amplia, pues son cuatro los conjuntos entre los que elegir.

LA POBLA DE SEGUR

LLEIDA. 2.900 habitantes

ESTA PEQUEÑA LOCALIDAD SE HA CONVERTIDO EN UNO DE LOS PUNTOS CLAVES DE ACCESO AL PIRINEO, DEBIDO A SU LOCALIZACIÓN EN LA CONFLUENCIA DE LOS RÍOS NOGUERA PALLARESA Y FLAMISELL. SIN EMBARGO, EL TURISMO NO ES MASIVO, Y ELLO HA PERMITIDO LA SUPERVIVENCIA DE USOS Y TRADICIONES SINGULARES. SU CASCO URBANO ALBERGA ALGUNAS DE LAS MÁS INTERESANTES INFRAESTRUCTURAS DE LA COMARCA, Y NO SÓLO TURÍSTICAS, SINO TAMBIÉN INDUSTRIALES, COMO SON EL MOLINO DE ACEITE Y LA FÁBRICA DE DESTILACIÓN DE LICORES.

INFO Y TRANSPORTES

Oficina de Turismo
Av. Verdaguer, 35.
Telf. 973 680 257.

DORMIR

HOTEL SOLÉ✪✪
Av. Estació, 44.
Telf. 973 680 452.
Éste es uno de los pocos establecimientos hoteleros de la ciudad, que además es bar y restaurante. El trato es agradable, lo mismo que las habitaciones, limpias y bien decoradas aunque algo austeras. El precio de la habitación doble ronda los 55-60 €.

CIUDAD DE VACACIONES
Pl. de las Poblas, s/n.
Telf. y fax: 973 660 016.
Se trata de un complejo turístico formado por una veintena de bungalós con capacidad para 4-6 ó 6-8 personas, con sala de estar, comedor y cocina, perfectamente equipados. Es una buena opción para permanecer unos días en la zona y si se viaja con un grupo de amigos o la familia. El precio por persona y día es de 24 €, a partir de 4 personas. Para menos de cuatro personas el precio del bungaló es de unos 88 €.

COMER

Los platos típicos de esta población y de la comarca del Pallars Jussà se basan en los productos de la zona. El río Noguera Pallaresa, de aguas limpias y rápidas, proporciona buenas truchas, y en los pastos se crían excelentes corde-

ros. Ambos son ingredientes básicos de algunos de los platos tradicionales, entre ellos la girella, un embutido elaborado con carne de cordero.

Casas con menú (menos de 15 €)

PALERMO
Sant Miquel del Pui, 1.
Telf. 973 680 591. El menú, que incorpora pocos platos tradicionales de la comarca, resulta generoso y bien elaborado. Para algo más complejo es preferible solicitar la carta.

LA RIBA
Av. Catalunya, 7.
Telf. 973 660 065.
Los fines de semana, aunque se encarece algo, sigue resultando muy asequible. En esta pizzería se puede comer unos abundantes menús del día de cocina casera. Tienen tres a elegir con diferentes precios, de 6, 8 y 9 € respectivamente.

POLLENÇA

ISLA DE MALLORCA. 15.987 habitantes

POLLENÇA, AL NORTE DE MALLORCA, ES UNA POBLACIÓN CON UN HERMOSO CASCO ANTIGUO, MUY FRECUENTADA POR INTELECTUALES Y ARTISTAS. SU PUERTO ES UN REPUTADO CENTRO TURÍSTICO Y PUERTA DE ENTRADA A LA BELLÍSIMA PENÍNSULA DE FORMENTOR.

INFO

Oficina de Turismo de Pollença
Gillem Cifre de Colonya.
Telf. 971 535 077.
Oficina de Turismo Port de Pollença
Telf. 971 865 467.
Oficina de Turismo de la Cala Sant Vicenç
Plaça Cala Sant Vicenç, s/n.
Telf. 971 533 264.

DORMIR

HOTEL CAPRI✪✪✪
Passeig Anglada Camarassa, 69.
PORT DE POLLENÇA.
Telf. 971 866 202. www.hopasa.es
Agradable hotel de corte familiar que ofrece muy buenas prestaciones y una excelente ubicación frente al mar. Habitaciones confortables, amplias y luminosas. 85-120 €.

HOTEL MIRAMAR✪✪✪
Passeig Anglada Camarassa, 39.
PORT DE POLLENÇA.
Telf. 971 867 211.
Abierto de abril a octubre. Uno de los hoteles pioneros del puerto; aunque remodelado, conserva su glamour de principios de siglo. Céntrico, con magníficas vistas de la bahía.
Habitación doble: 88-135 €.

HOSTAL LOS PINOS✪✪
Cala Sant Vicent.
Telf. 971 531 210.
Alojamiento familiar situado a unos 200 m de la playa y ubicado en un hermoso pinar. Resulta ideal para pasar unas relajadas vacaciones en una cala espectacular y no excesivamente masificada. Abierto de mayo a octubre.
Habitación doble: 85 €.

Otros hoteles de precio más elevado

El **Hotel Juma**✪✪✪ (Plaça Major, 9. Pollença; telf. 971 535 002; habitación doble: 110 €) se remonta a 1907. Se trata de un pequeño establecimiento familiar restaurado, con tan sólo siete habitaciones climatizadas y espléndidamente decoradas. El edificio es de estilo modernista, y el mobiliario está formado en su mayor parte por muebles antiguos, bien restaurados.

El pequeño **Hotel Sis Pins**✪✪✪ (telf. 971 867 050; 170 €), está ubicado frente al mar en la bahía del **PORT DE POLLENÇA** y es famoso porque en él se alojó la escritora Agatha Christie, inspirándose para su novela *Muerte en Pollensa.*

EL TAPEO

El **Café Espanyol** (Plaça Major, 2), también conocido como Ca'n Moixet, es un típico café-bar en la plaza del mercado. Buen café para el desayuno y la tertulia vespertina y excelentes tapas para el mediodía.

Muy próximo a éste se halla el **Café Juma** (Plaça Major, 9), renovado recientemente, pero conservando su carácter de café de pueblo. Ofrece variedad de tapas. También en la Plaça Major está el **Club Pollença,** toda una institución cultural en la ciudad. Tiene un tranquilo bar donde tomar un vermú, leer el periódico o charlar.

En la Cala Sant Vicenç recomendamos para tapear la terraza con vistas al mar del **Hostal Mayol.**

Lo mismo en **Naciente** (Llevant, 34), del Port de Pollença, donde además de tapas, hay buenas carnes asadas al carbón de encina.

COMER

Casas con menú (menos de 15 €)

BAR NOU RESTAURANT
Antoni Maura, 13. Pollença.
Telf. 971 530 005.
Menú de comida casera. Especialidad en paella vegetariana. Servicio atento.

LA FONT DEL GALL
Montesión, 4. Pollença.
Telf. 971 530 396.
Sencillo restaurante de buena cocina mediterránea con toques afrancesados. Ofrece manjares a precios asequibles. Menú y a la carta.

Restaurantes (sobre 24 €)

La Fonda (Antoni Maura, 32; telf. 971 534 751) es un clásico y pequeño restaurante de cocina mallorquina que se pone a tope los domingos, día de mercado. Restos de arcos y columnas, de posible origen medieval, han sido integrados felizmente en la moderna decoración. Frito mallorquín, berenjenas rellenas, platos de cordero y pescados frescos al horno.

A pesar de su nombre marinero y de su terraza bajo las palmeras con vistas al mar, en el **Corb Marí** (Anglada i Camarasa, 91; telf. 971 867 040) del **PORT DE POLLENÇA** se ofrecen sobre todo carnes: cebón de Galicia de primera calidad y cordero de Mallorca. Los solomillos se preparan de diversas formas.

PONFERRADA

LEÓN. 61.575 habitantes

CORAZÓN DE LA COMARCA DEL BIERZO, ESTA LEGENDARIA VILLA, PRESIDIDA POR UN CASTILLO TEMPLARIO, ESTÁ VINCULADA A LA MINERÍA DEL CARBÓN Y AL CAMINO JACOBEO. EL RÍO SIL CONSTITUYE LA FRONTERA ENTRE LA PONFERRADA HISTÓRICA Y MONUMENTAL Y LA CIUDAD COMERCIAL Y DE SERVICIOS.

INFO

Oficina de Turismo. Gil y Carrasco, 4.
Telf. 987 424 236. Abierta todo el año.
Ayuntamiento
Telf. 987 446 600.
www.dipuleon.com
www.turismocastillayleon.com

DORMIR

*La oferta está algo descompensada, porque de los hoteles más lujosos como el **Hotel del Temple**✪✪✪✪ (avda. de Portugal, 2; telf. 987 410 058; 70-115 €) se pasa a otros de menor categoría, algo alejados del centro.*

HOTEL VIRGEN DE LA PEÑA✪✪✪
La Peña, s/n. **CONGOSTO.**
Telf. 987 467 020.
Aunque está a 10 km de la ciudad, el paraje natural en el que se encuentra, a orillas del embalse del Bárcena, y el trato que se dispensa al cliente hacen que sea un establecimiento muy recomendable. 63 €.

HOTEL MADRID✪✪✪
Avenida de la Puebla, 44.
Telf. 987 411 550. A un paso del centro, es el mejor establecimiento de la ciudad en relación calidad-precio. Trato amable y habitaciones bien acondicionadas. Habitación doble: 63 €.

HOSTAL CONDE DE LEMOS✪
Avda. de Galicia, 85. Telf. 987 411 091.
Sencillísimo hostal sobre un bar en la salida de la ciudad.
Habitación doble: 33-36 €.

CASA DEL RELOJ
En **MOLINASECA.** Telf. 987 453 124. Casa rural decorada con mobiliario rústico y paredes de piedra. Dispone de un salón en la plata baja en torno a una gran chimenea, en el que abundan las imágenes de Santiago y libros sobre la ruta jacobea. Trato excelente. Habitación doble: 40 €.

Otros hoteles de precio más elevado

Hotel Husa Bergidum✪✪✪ (avda. de la Plata, 4; telf. 987 401 512; 55-75 €), uno de los hoteles más lujosos de la ciudad, ubicado en el centro urbano. Sus habitaciones son grandes y cómodas.

EL TAPEO

Las callejuelas que rodean el castillo de los templarios son la zona más frecuentada para tapear y tomar vinos en Ponferrada. En la avenida del Castillo y la plaza del Temple se puede tomar un vino joven y pequeños pinchos en muchos locales que desde las 20 h hasta las 24 h o la 1 h de la madrugada están llenos de gente joven: **La Esquina, El Tigre,** especializado en mejillones rebozados; **El Pardal** y **La Escuela.**

En los alrededores de la iglesia de San Ignacio, cerca de la zona comercial, hay otro grupo de bares para tapear, entre los que destaca **El Cortijo** (Sergio Alcón), donde, como su nombre indica, se puede tomar manzanilla, fino y banderillas. En la peatonal Fernando Miranda están **El Norte** y **La Bodeguilla,** y en la avda. de Valdés, **La Estación.** La calle Gómez Núñez reúne gente más joven en torno al **Badulake** y **El Recreo.** Por último en la plaza de España sobresale el **Manduca,** con buenos pinchos y raciones.

COMER

Casas con menú (menos de 15 €)

AZUL MONTEARENAS
Ctra. A 6, km 380. Telf. 987 417 012. Situado fuera de la ciudad, es quizás uno de los establecimientos más caros; no obstante, su carta, basada en productos bercianos de primera calidad, bien merece un gasto extraordinario. Menú y a la carta 18 €.

LA PERLA
Ave María, 25. Telf. 987 427 755. Pescados y mariscos a buen precio en el centro de la ciudad. Trato muy amable.

EL TIEMPO RECOBRADO
Avda. Villanueva, 33. En **VILLAMARTÍN DE LA ABADÍA.** Telf. 987 562 422. Cerca del monasterio de Carracedo, este hotel rural dispone de un encantador restaurante, decorado en piedra y madera, en el que se puede degustar un variado menú con platos bercianos de temporada.

Restaurantes (de 21 a 40 €)

Caramelo Bernain (Cooperativa Puente Boeza, 7; telf. 987 424 665) ofrece cocina tradicional con platos de la nueva cocina. La presentación de los platos es muy imaginativa. Para comer cocina berciana con influencias gallegas hay que ir a **Las Tres Portiñas** (Lago Carucedo, 13; telf. 987 425 572). Las especialidades más demandadas son botillo, chorizo, pulpo y lacón. Por último, **Menta y Canela** (Alonso Cano, 10; telf. 987 403 289), es un restaurante de cocina creativa y con una amplia carta de vinos. Especialidad: foie y hojaldre de pichón.

PONTEDEUME

A CORUÑA. 4.721 habitantes

ATRACTIVA VILLA VERANIEGA DE LA COSTA CORUÑESA CON UN COQUETO CONJUNTO HISTÓRICO BIEN CONSERVADO. CON EL CALOR, PONTEDEUME SE TRANSFORMA ANTE EL DESEMBARCO DE VERANEANTES QUE SE ALOJAN EN SU MAYORÍA EN LOS BARRIOS NUEVOS; EL RESTO DEL AÑO SE ANIMA TODOS LOS SÁBADOS CON EL FEIRÓN, INSTALADO FRENTE AL MERCADO E INMEDIACIONES.

INFO

Oficina de Turismo del Ayuntamiento. En la torre de los Andrade (praza do Conde). Abre en verano. Telf. 981 430 270.
Centro de Iniciativas Turísticas Eumeturismo. Av. Ricardo Sánchez, 6. Telf. 981 434 070. www.eumeturismo.org

DORMIR

HOSTAL ALLEGUE✪✪
Chafaris, 1. Telf. 981 430 035. Pequeño hostal, bastante céntrico y cómodo. Habitación doble: 27-40 €.

Otros hoteles de precio más elevado

Son recomendables **Eumesa**✪✪✪ (avda. de la Coruña, s/n; telf. 981 430 925; 55-75 €), situado en el centro, y el **Hotel Apartamentos Sarga**✪✪✪ (Arenal, s/n; telf. 981 431 000; habitación doble: 135 €), en la playa de **CABANAS** y con habitaciones y apartamentos modernos y confortables.

COMER

Casas con menú (menos de 15 €)

LUIS
Rúa de San Agustín, 12. Telf. 981 430 235. Es la clásica casa de comidas, sin mayores pretensiones, con un menú muy asequible.

MESÓN SIDRERÍA TT
Avda. Doctor Villanueva, 10. Telf. 981 434 563. Local amplio, con un piso alto independiente, que ofrece cochinillo frito, *raxo,* lomo relleno, pescado frito, chipirones, mejillones o también platos combinados, tablas de quesos o embutidos. O sea, de todo.

CANTINA RÍO COVÉS
Esteiro, 9. A Nogueirosa. Telf. 981 434 057. Con jardincito y terraza. Entre otros platos se pueden probar las parrochas ahumadas, las sardinas lañadas, variedad de carnes y pescados, y las tartas caseras de almendras.

Restaurantes (sobre 21 €)

Estupendas parrilladas, pescados fresquísimos, mariscos, solomillos y un delicioso cabrito asado son algunos platos que se pueden degustar en **Brasilia** (avda. da Coruña; telf. 981 430 449). Próxima al Parque Natural de Fragas del Eume.

Cruzando el puente ya estamos en **CABANAS,** ayuntamiento limítrofe que además de la playa cuenta, en la parroquia de San Martiño de Porto, con **O Muíño do Trigo** (telf. 981 432 185), precioso restaurante que ha recuperado un molino del siglo XVIII para ofrecer platos gallegos en interesantes reelaboraciones (pastel de vieira y mejillón, migas de bacalao, lubina con salsa de zanahoria…). También en los alrededores, otro de los restaurantes de estilo tradicional que se esfuerza, en un marco muy agradable de piedra y madera, por recuperar la gastronomía autóctona, es **Casa Garabana** (Doroña, Vilarmaior; telf. 981 195 603).

PONTEVEDRA

CAPITAL DE PROVINCIA. 78.715 HABITANTES

RECOGIDA AL FONDO DE SU RÍA, PONTEVEDRA ES UNA CIUDAD PEQUEÑA Y APACIBLE, CON UN CASCO ANTIGUO EXTRAORDINARIO Y UN CLIMA SUAVE Y AGRADABLE. SU DESARROLLO GIRA EN TORNO AL SECTOR SERVICIOS, CON UN RECINTO FERIAL AL OTRO LADO DEL RÍO, COMUNICADO POR DOS PUENTES (UNO DE ELLOS DE MUY RECIENTE Y HERMOSA FACTURA). ADEMÁS LA URBE MANTIENE UNA ACTIVA VIDA CULTURAL, GRACIAS EN BUENA MEDIDA A LA FACULTAD DE BELLAS ARTES, EL MUSEO PROVINCIAL Y UNA PRESTIGIOSA BIENAL DE ARTES PLÁSTICAS. LA INTENSIVA PEATONALIZACIÓN DEL CENTRO HISTÓRICO Y EL ENSANCHE HA APORTADO A PONTEVEDRA UN AGRADABLE ASPECTO Y UNA NOTABLE CALIDAD DE VIDA. POR SU UBICACIÓN ES TAMBIÉN EL MEJOR CENTRO DE OPERACIONES PARA EXCURSIONES POR TODA LA PROVINCIA.

INFO

Oficina de Turismo de la Xunta de Galicia. General Gutiérrez Mellado, 1. Telf. 986 850 814. www.turgalicia.es
Patronato de Turismo "Rías Baixas" Pl. de Santa María, s/n. Telf. 986 842 690. En temporada el **Ayuntamiento** instala sendas casetas de información en Montero Ríos y la praza de Ourense. www.riasbaixas.org www.concellopontevedra.es

DORMIR

*A pesar de que el **Parador de Pontevedra**✪✪✪✪ (Barón, 19; telf. 986 855 800; habitación doble: 130-170 €) pone el listón bien alto, hay otras opciones de alojamiento más económicas:*

HOTEL AVENIDA✪
Eduardo Pondal, 46.
Telf. 986 857 784.
Fax: 986 862 858. Algo alejado del centro, pero bastante completo.
Habitación doble: 45-60 €.

HOTEL MADRID✪
Andrés Mellado, 5.
Telf. y fax: 986 865 180.
Moderno hotel de habitaciones cuidadas, cerca de la Peregrina.
Habitación doble: 50-65 €.

HOTEL RÚAS✪
Sarmiento, 37.
Telf. 986 846 416.
Está en pleno casco antiguo, entre el Eirado da Leña y la praza da Verdura, en un entorno acogedor, y dispone de todas las comodidades, incluido aparcamiento (imprescindible en la zona). En temporada baja cuesta 55 €. En temporada alta el precio supera los 74 €.

Otros hoteles de precio más elevado

Es el **Hotel Husa Galicia Palace**✪✪✪✪ (avda. de Vigo, 3; telf. 986 864 411; habitación doble: 120-155 €) uno de los mejores de la capital, que sin embargo no tiene un precio desorbitado.

Bastante más impersonal, pero cómodo y céntrico, es el **Rías Bajas**✪✪✪ (Daniel de la Sota, 7; telf. 986 855 100; habitación doble: 74-110 €).

EL TAPEO

Zona vieja

En sus plazuelas y estrechas rúas empedradas de sabor gremial, las tabernas vuelven a sacar sus barriles, mesas y bancos de madera a la calle como en el pasado, generando un ambiente especial, sin parangón en Galicia.

La praza de A Verdura, una de las más concurridas por la generosidad de sus terrazas, cuenta con varios locales entre los que destaca el **Feira Vella,** que además de empanadas mima la carta de vinos.

En el vecino y emblemático Eirado da Leña, aconsejamos probar los pinchos y raciones del bar que lleva el nombre de la plaza, o frecuentar la taberna **Alberca,** pero las tapas más originales son las de **Casa Filgueira** (quesos, embutidos, filloas saladas y más de 100 marcas de vinos gallegos y lusos). De la plaza parte la rúa Figueroa, con tascas como **A Taberna de Félix** (callos, empanada de maíz, xoubas, chocos), **O Antollo** (empanada, croquetas de la casa), **Chiruca** y **La Estrella,** y ya entrando en la plazuela de A Estrela la **Taberna San Román,** con su queso frito y montaditos. En la paralela, que es Pasantería, está **A Cova da Meiga,** una taberna tradicional.

En la parte alta, la plaza de Curros Enríquez acoge **La Chata,** un local exquisito, elegante en su decoración y variado en la oferta de tapas. De regreso al río, en la plaza dedicada al marino Méndez Núñez podemos hacer parada en **La Taberna do Pincho,** con amplia terraza, y en la plaza do Teucro en **La Tienda de Clara,** que funciona como tienda de productos gastronómicos, tapería, enoteca, restaurante y pub, ¡casi nada! Más abajo, cerca de la rúa do Arco se sitúan más tascas de vinos y alguna jamonería como **O Arco da Pedreira.** Al final de la rúa Real, cerca ya del Lérez, tenemos la histórica **Casa Verdún,** que ofrece revueltos, tablas de quesos y embutidos, chistorra y demás.

Pero la mayor concentración de locales de tapeo se da en los alrededores de la plaza de Rogelio Lois, popularmente conocida como de Cinco Rúas. Uno de los mesones más afamados se llama precisamente así, **Cinco Calles,** en el cual a veces es incluso posible tomar una tapa de marisco a precio asequible. Junto al anterior queda **O Cruceiro.** De las cinco vías citadas, la de San Nicolás es la que tiene las tascas más tradicionales: **O Pulpeiro, O Noso Bar, San Nicolás,** en las que sirven calamares, chocos, pulpo y pescado frito. El mismo género lo ponen en el **Bar Saudade** (rúa da Princesa), y en Isabel II funciona, junto a la iglesia de Santa María, **O Cortello,** taberna enxebre y oscura, más propia de otra época, con mucha variedad de tapas.

Camino del Ayuntamiento, en la rúa Alta están **O Merlo,** con colección de llaveros y buenos pinchos, y **El Pitillo,** otro establecimiento tradicional –prepara buenas tapas de tortilla, calamares y chorizos infernales– que no debe faltar en un recorrido clásico. En la misma calle, pero más decorados, nos aguardan **El Masón,** local donde se reunía una de las varias logias que volvían loco al clero pontevedrés de antaño, y **La Mandrágora.** Completan esta densa oferta, en las inmediaciones del Teatro Principal, los mesones **El Bocaíto, Jaqueivi,** embutidos y queso, y, con resonancias y decoración sureña, pero raciones de pulpo y vinoteca muy galaicas, **La Alquería Mudéjar.**

Zona nueva

En la Rúa Nueva de Arriba y la Rúa Nueva de Abajo, bajando de la Alameda hacia el río, concentran bares y cervecerías concurridos principalmente al mediodía. En la calle Michelena, junto a la zona monumental, también nos ofrecen buenas tapas en **La Hispana,** con exquisitos revueltos y montaditos, y en **La Muralla del Irlandés,** moderna y amplia cervecería que funciona, según la hora, tanto para picar algo como para tomar una copa por la noche.

COMER

Casas con menú (menos de 15 €)

RIANXO
Eirado da Leña, 6.
Telf. 986 855 211.
Fue en el pasado un restaurante histórico en la ciudad, punto de reunión para la clase intelectual galleguista. Hoy ha sido trasladado a un nuevo local, una coqueta casita en el casco antiguo con una confortable y cuidada decoración, pero sigue ofreciendo la mejor cocina casera a buen precio, en particular sus callos, guisos y laconadas.

CASA SANTIAGO
Sabarís, 54.
Telf. 986 870 083.
Ofrece un buena variedad de platos de cocina gallega además de otros de cocina mediterránea. Buen menú.

ADEGA DA CAPELEIRA
O Forno, 23.
Telf. 986 212 885.
Bodega restaurante de raíces gallegas, con buenos productos de temporada en su carta; tanto para tomar una raciones como para comer de menú.

AMBROSÍA
Padre Sarmiento, 31.
Telf. 986 842 480.
La praza de A Verdura es, ¿cómo no?, el mejor escenario para un restaurante vegetariano. Elabora cocina de temporada, que es servida en un comedor reducido y muy mono, con guiños llegados de Asia, todo ello con mucha imaginación. En ocasiones la carta suma ¡hasta 100 platos diferentes!, por lo que la elección es lo más difícil. Cierra los lunes.

O FANAL
Arzobispo Malvar, 28.
Telf. 986 896 392.
Local céntrico, de agradable decoración, que dispone de diversos comedores. Lo suyo es el trabajo en las brasas, protagonizado por las carnes rojas o el bacalao, sin olvidar platos emblemáticos del recetario tradicional, del tipo de la merluza gallega, las almejas a la marinera...

LA CHATA
Pza. de Curros Enríquez, 4.
Telf. 986 860 019.
Ya la hemos citado como tapería, pero también es recomendable como restaurante, pues su menú del día combina con acierto los productos gallegos en preparaciones especiales (empanada de algas, hojaldre de langostinos, revueltos de erizos y mil cosas más, arroces caldosos, ensaladas caprichosas,...), todo ello en un local muy agradable y concurrido. Cierra el domingo.

LA TIENDA DE CLARA
Pza. de Teucro, 8 y Cruz Gallástegui, 18 (telf. 986 102 071). Los dos locales de Clara (la protagonista de Los Gozos y las Sombras de G. Torrente Ballester) apuestan por una decoración clásica en madera con estilo de café, y son polivalentes (tienda, cervecería, vinoteca, tapería, café, pub, restaurante...). En la segunda ofrece un menú degustación, compuesto por cuatro platos y dos postres, que por menos de 20 € nos permite saborear preparados realmente originales. Creatividad a un precio muy ajustado.

Restaurantes (a partir de 30 €)

Alameda de Doña Antonia (Soportais da Ferraría, 4; telf. 986 847 274) es la feliz fusión de dos restaurantes clásicos de alto nivel: el Doña Antonia y el Alameda 10. En su salón noble se pueden degustar unos platos que evolucionan suavemente entre lo tradicional y lo moderno, con productos de la tierra elaborados de forma diferente.

Otro de los reputados, que supera con mucho el predicamento local, es **Casa Román** (av. Augusto García Sánchez, 12; telf. 986 843 560), algo más conservador en su respeto por las recetas gallegas de siempre. A un paso de Pontevedra, en **Poio** goza de merecida fama **Casa Solla** (av. Sineiro, 7; telf. 986 872 884), que ha fundado su prestigio en la calidad de la materia prima empleada, ahora ofrecida en un nuevo marco minimalista y pulcro. También en Poio, resulta más clásica, **Casa Ces** (avda. Porteliña, 15; telf. 986 872 946), fundada en 1908.

El restaurante **Corinto** (Touceda, 23; En **Alba**; telf. 986 870 345; precio medio, 45 €) es una casita situada a mano izquierda en la bajada hacia Pontevedra, por la carretera N 550. Una carta sincera, en la versión más popular de la cocina gallega, mariscos de la ría, chocos en su tinta, salpicón de bogavante, cabrito al horno, empanada, etc.

POTES

CANTABRIA. 1.630 habitantes

Situada a las puertas de los Picos de Europa, la villa de Potes es su centro turístico por excelencia, además de ser la capital histórica de la comarca de La Liébana. Poblada desde antiguo y muy próspera en los últimos años del Medievo, ha sabido conservar su valiosísimo patrimonio monumental hasta nuestros días. Además esta villa, consciente de su privilegiada situación y sus recursos artísticos y naturales, se ha convertido en un importante centro de servicios con una gran oferta hotelera, de restauración y todas aquellas prestaciones que una población turística requiere.

INFO

Oficina de Turismo
Independencia, 12. Telf. 942 730 787.
www.liebanaypicosdeeuropa.com

DORMIR

*Un establecimiento estupendo es el **Hotel del Oso**✪✪✪ (Ctra. Potes-Espinama; en Cosgaya, telf. 942 733 018; 50-80 €), un tanto apartado pero todo un clásico en la zona; más económicos son:*

Hotel Dolmar✪✪
Obispo, 6.
Telf. 942 731 054. Situado en el corazón de la villa. Sus habitaciones, sencillas, luminosas y coquetas, disponen de televisión y teléfono. Aparcamiento privado y servicio de bar.
Habitación doble: 45-65 €.

Hotel Picos de Valdecoro✪✪
Roscabao, s/n.
Telf. 942 730 025. A la entrada de la población se encuentra este nuevo hotel de estilo rural, que reúne todas las comodidades. Las habitaciones son amplias, con televisión y teléfono. Organizan actividades de montaña.
Habitación doble: 45-66 €.

Hotel Rubio✪
San Roque, 31.
Telf. 942 730 015.
Sus magníficas vistas a la montaña y el trato agradable de la propietaria hacen de este pequeño hotel uno de los más recomendables.
Habitación doble: 45-50 €.

Hotel Casa Cayo✪
Cántabra, 6.
Telf. 942 730 150.
De marcado carácter montañés, posee una amplia terraza con vistas al río y el puente de San Cayetano. Las habitaciones perfectamente cuidadas disponen de televisión y teléfono.
Habitación doble: 40-60 €.

La Casona de Cosgaya
En **Cosgaya.**
Telf. 942 733 077. Hotel familiar en una casona del siglo XVI. Las habitaciones están bien decoradas y equipadas (algunas con hidromasaje) pero, sin duda, lo mejor es el trato que dispensan los propietarios, las actividades que organizan y el excelente restaurante que acoge la casa, El Urogallo.
Habitación doble desde 50 €.

Otros hoteles de precio más elevado

A 1 km de Potes, en el término de **Ojedo**, se halla el **Hotel Infantado**✪✪ (telf. 942 730 939; habitación doble: 55-75 €), un enorme edificio de piedra, moderno y con todos los servicios. En **Camaleño**, a 7 km por la carretera de Fuente Dé, está el coqueto hotel de montaña **Jisu**✪✪✪ (telf. 942 733 038; habitación doble: 50-65 €).

COMER

Casas con menú (menos de 15 €)

El Refugio
Obispo, 6.
Telf. 942 731 028. Como no podía ser de otra manera, la especialidad de la casa es el cocido lebaniego, pero también son exquisitos los pimientos rellenos y el lechazo. Su menú casero es muy económico.

El Fogón de Cus
Capitán Palacios, 2.
Telf. 942 730 060.
Excelente casa de comidas donde bordan el cocido lebaniego y otros potajes de cuchara. Todo casero y hecho con cariño.

Los Camachos
Plaza del Llano.
Telf. 942 730 064.
En pleno casco antiguo, es sin duda la mejor casa de comidas de Potes. Es restaurante, hospedaje y tienda donde se puede comer el mejor queso y embutido de la zona, y degustar un vermú casero estupendo. La carta es limitada pero siempre agrada. No esperéis ningún lujo.

Restaurantes (desde 20 €)

Paco Wences (Roscabao, 5; telf. 942 730 025), el restaurante del *Hotel Valdecoro*, sigue ofreciendo la mejor producción gastronómica de la comarca a precios prudentes. Muy aconsejable para enfrentarse al potente cocido lebaniego, aunque luego tengáis que echar mano del orujo para garantizar una digestión sin sobresaltos.

En pleno casco antiguo y siempre a tope, **Casa Cayo** (Cántabra, 6; telf. 942 730 150) es otro clásico donde tanto el cocido lebaniego hecho a diario como el lechazo al horno pueden acabar con las ganas de hacer una excursión por la tarde.

Tasca Cántabra (La Cántabra, s/n; telf. 942 730 714) es famosa por sus raciones y el buen hacer de su cocina, destacan las alubias con jabalí, el pudin de queso, los pimientos rellenos y, cómo no, el cocido lebaniego. De postre, probad la tarta de limón de elaboración casera.

Mención aparte merece el **Mesón del Oso** (en **Cosgaya**; telf. 942 733 018), pues sólo por comer en este local habría que ir al valle de Liébana. Es hotel de los de quedarse a vivir y restaurante con la mejor materia prima de Potes. Ofrece cocina tradicional, carnes inmejorables y unas truchas fresquísimas. De postre, quesos o arroz con leche. Para lo que dan no es caro, pero conviene contenerse porque el precio medio puede pasar de las 24 €.

PRAVIA

ASTURIAS. 9.290 habitantes

La antigua corte del rey Silo se enclava en una fértil vega que aprovecha un valle abierto, rodeado de un suave relieve montañoso con abundantes bosques de robles y otras especies atlánticas.

INFO

Oficina de Turismo
Coto Real. Telf. 985 821 204.
Abierta en verano.
Ayuntamiento. Pza. Marquesa de Casa Valdés, 1. Telf. 98 582 35 10.

DORMIR

Hotel Los 14✪✪
Aloyas, s/n. Telf. 985 823 737. Con pocas concesiones al detalle, pero cómodo, funcional y equipado suficientemente.
Habitación doble: 50-70 €.

Albergue Rural La Tienda
La Tienda, s/n. Telf. 985 592 536.
Es casi la mejor alternativa de hospedaje en Pravia a pesar de quedar a unos 11 km de distancia. Este albergue está instalado en un precioso conjunto de

casas en medio del campo, con un bar rústico con muros hechos con lajas de piedra y unas habitaciones perfectamente remozadas para dormir en plan albergue por muy poco dinero.

Otros hoteles de precio más elevado

Ante la escasa oferta para pernoctar en la villa, es una buena recomendación pagar un poco más y alojarse en la acogedora **Casa del Busto**✪✪✪ (pza. Rey Don Silo, 1; telf. 985 822 771; habitación doble: 65-89 €), instalada en un edificio histórico.

La Cochera de Somao (El Nocedo, 131; Somado; telf. 985 240 160; 130-160 €) ocupa una atractiva casa de indiano con espacios comunes decorados con gusto, 4 habitaciones bien equipadas y un magnífico jardín cerrado.

COMER

Casas con menú (menos de 15 €)

CASA CARLINOS

San Antonio, 1. Tapas a base principalmente de chosco, gambas y chipirones. Menú barato, en un salón amplio y atractivo.

SIDRERÍA IGLESIAS

La Industria, 2. Telf. 985 820 860. Ambiente e instalaciones de *chigre* para una cocina casera a precios imbatibles. Sibaritas y glotones coincidirán en elogiar el yantar.

Restaurantes (desde 30 €)

La Sala del Buen Yantar (Agustín Bravo, 19; telf. 985 821 304) es lo más exquisito en restauración que ofrece la villa de Pravia. Por otro lado **Casa Balbona** (Pico Merás, 2; telf. 985 821 162) es otra buena oferta en la localidad para degustar cocina asturiana bien enraizada.

PRIEGO DE CÓRDOBA

CÓRDOBA. 23.151 habitantes

RODEADA DE OLIVARES Y EN LAS ESTRIBACIONES DE LA SIERRA SUBBÉTICA, PRIEGO CUENTA CON UN SINGULAR CENTRO HISTÓRICO QUE CONSERVA AUTÉNTICAS JOYAS DEL BARROCO CORDOBÉS Y UN BARRIO, EL DE LA VILLA, QUE SE ANTOJA COMO UNO DE LOS RINCONES MÁS HERMOSOS DE ANDALUCÍA.

INFO

Oficina de Turismo. Del Río, 33.
Telf. 957 700 625.
www.aytopriegodecordoba.es
www.priegodecordoba.org

DORMIR

VILLA TURÍSTICA DE PRIEGO✪✪✪

Aldea de Zagrilla. Telf. 957 703 503. En plena naturaleza, a unos 8 km por una carretera muy revirada, se encuentra este pequeño poblado que consta de 52 casas independientes de distintos tamaños. Entorno natural, decoración rústica, restaurante y piscina.
Habitación doble: 65-79 €.

HOTEL RÍO PISCINA✪

Ctra. Monturque-Alcalá la Real, km 44. Telf. 957 700 186. A 1,5 km del centro. Las 47 habitaciones, de estilo clásico, son confortables y se encuentran en buen estado. El toque se lo da la piscina, de agua procedente del río, y las zonas ajardinadas. Habitación doble: 44-53 €.

HOSTAL RAFI✪✪

Isabel la Católica, 4.
Telf. 957 540 749.
Muy bien situado, en pleno centro, ocupa una antigua casa que se ha adaptado a las funciones de hotel, incorporando amplias habitaciones, muy limpias, con baño y bien acondicionadas tanto para el invierno como para el verano. Dispone de garaje donde dejar el coche pagando un suplemento.
Habitación doble: 35-45 €.

EL TAPEO

Es aconsejable probar el relleno de Carnaval, el chivo al ajoarriero o el cuajado de almendras. Los licores de la zona, como el arresoli o el aguardiente de uva, son raros de encontrar en otras tierras.
En el centro, cerca del castillo, está el bar **Los Pinos,** especializado en gambas y marisco. Otro buen sitio a la hora del aperitivo es el **Alhambra,** en la avda. de la Juventud, por la plaza de toros, famoso entre los prieguenses por la calidad, el precio y el buen trato.

COMER

Casas con menú (menos de 15 €)

RAFI

Isabel la Católica. 4. Telf. 957 540 749. Para comer sin complicaciones un menú generoso o a la carta. Sopas, revueltos, carnes y aves. Servicio esmerado y amable.

EL VIRREY

Solana, 14.
Telf. 957 543 003. Muy concurrido. Cocina tradicional y menús. Un acogedor salón de piedra con mobiliario clásico.

RÍO PISCINA

Es el restaurante del hotel (misma dirección y teléfono). Tiene un comedor enorme y un porche que resulta agradable. Ofrece menús del día y comida a la carta.

PUEBLA DE SANABRIA

ZAMORA. 1.739 habitantes

LA PROXIMIDAD DEL LAGO DE SANABRIA TRANSFORMA A ESTA PEQUEÑA VILLA MEDIEVAL DE CASAS DE PIEDRA Y TECHUMBRES DE PIZARRA, DURANTE LOS MESES ESTIVALES, EN UN HERVIDERO DE ACTIVIDAD, DEPORTE, DESCANSO, COPAS Y MUCHA GENTE JOVEN.

DORMIR

*En verano, la ocupación y las tarifas suben al cien por cien. El **Parador**✪✪✪ (avda. Lago de Sanabria, 8; telf. 980 620 001; 90-115 €) o la **Posada Real La Cartería** (Rúa, 16; telf. 980 620 424; 99 €) son dos excelentes opciones.*

HOTEL LOS PERALES✪✪

Avda. Galicia, 22. Telf. 980 620 025. Es un viejo caserón de sabor añejo que lleva recibiendo huéspedes desde hace más de cien años. La recepción y los salones de desayuno son una exposición de objetos tradicionales antiguos. Las camas son enormes y en las paredes cuelgan fotos antiguas del pueblo. Habitación doble: 42-72 €.

HOSTAL CARLOS V✪✪

Avda. de Portugal, 6. Telf. 980 620 161. Amplias habitaciones, algunas con un pequeño saloncito, con recios muebles. Habitación doble: 50 €.

HOSTAL ENRIMARY✪✪

Ctra de Madrid-Vigo, km 83.
Telf. 980 620 672. Un hostal con aspecto de caserón serrano norteño, con techos de pizarra y habitaciones acogedoras y bien acondicionadas.
Habitación doble: 50-56 €.

HOSTAL LA TRUCHA✪✪

Padre Vicente Salgado, 10.
Telf. 980 620 150.
Uno de los más agradables y confortables por el trato que dispensan los dueños. En las habitaciones, suelos entarimados, mesitas camillas a juego con los edredones y cabeceros de hierro forjado. Habitación doble: 39 €.

COMER

Casas con menú (menos de 15 €)

PEAMAR

Arrabal, 14. Telf. 980 620 488.
Dispone de una terraza con toldo azul y de un comedor de estilo castellano. La carta, algo escueta, presenta platos de la cocina tradicional y otros caseros.

PLAZA DE ARMAS

Pza. de Armas, 5.
Telf. 980 620 327.
Un amplio restaurante, también café, cerca del castillo. Su enorme comedor está en el segundo piso, con un amplio ventanal de madera y visillos de encaje. La comida es sencilla, de corte casero, ofrecen trucha de la zona. Buen menú.

LA TRUCHA

Padre Vicente Salgado, 10.
Telf. 980 620 150.
Un gran comedor recién pintado con aperos de labranza adornando la pared y lámparas de estilo medieval. Trucha en todas sus variedades y ternera de Aliste. Menú y a la carta.

PUENTE LA REINA

NAVARRA. 2.120 habitantes

DEBE SU ORIGEN A UN PUENTE DEL SIGLO XI QUE LA CONVIRTIÓ, A SU VEZ, EN EL PUNTO DE CONFLUENCIA DE LAS PRINCIPALES RUTAS DEL CAMINO. VILLA RICA EN VINOS, PERTENECE A UNA DE LAS CINCO COMARCAS VINÍCOLAS CON DENOMINACIÓN DE ORIGEN NAVARRA.

INFO

Oficina de Turismo
Plaza Mena, s/n (bajos del Ayuntamiento). Telf. 948 340 845.
www.cfnavarra.es/turismonavarra/

DORMIR

HOTEL BIDEAN

Mayor, 20. Telf. 948 340 457.
Hotel rural muy céntrico, junto a la iglesia de Santiago. Rústico y acogedor. Habitación doble: 55-90 €.

Otros hoteles de precio más elevado

La ciudad cuenta con dos hoteles muy recomendables, situados a la entrada: **Jakue**✪✪✪ (Irunbidea, s/n; telf. 948 341 017; 74-86 €) y el encantador **Mesón del Peregrino**✪✪ (ctra. Pamplona-Logroño, km 23; telf. 948 340 075; habitación doble: 80-120 €).

COMER

Casas con menú (menos de 15 €)

LA CONRADA

Pº de los Fueros. Telf. 948 340 052. Cuenta con una gran selección de primeros platos, como puerros, espárragos, cardos, menestra y alubias; excelentes *kokotxas* de bacalao y ajoarriero.

JOAQUÍN

Mayor, 50. Telf. 948 341 105. Local moderno y con decoración étnica. Su menú incluye gran variedad de platos caseros como alubias o trucha a la navarra.

LORCA

Mayor, 54. Telf. 948 340 127.
Conocido como "La Fonda", sirve unos estupendos alubiones del Puente, menestra de verduras y todo un rosario de platos de carne.

Restaurantes (de 21 a 36 €)

Es el restaurante del **Mesón del Peregrino** (ctra. Pamplona-Logroño, telf. 948 340 075) un lugar en que hay que detenerse para disfrutar de todas sus maravillas: piedras, mobiliario y cocina. Cocina con raíces mediterráneas, con mucha pasta y arroces, pero también con potentes guisos.

PUENTE VIESGO

CANTABRIA. 2.522 habitantes

ESTA PEQUEÑA POBLACIÓN DEL VALLE DEL PAS POSEE UN EXCELENTE BALNEARIO Y UN VALIOSÍSIMO CONJUNTO DE CUEVAS, CON PINTURAS Y GRABADOS PALEOLÍTICOS.

INFO

Ayuntamiento
Telf. 942 598 105.
www.ayto-puenteviesgo.es
Información de Cantabria
Telf. 901 111 112.
www.turismo.cantabria.org

DORMIR

Puente Viesgo cuenta con el emblemático ***Gran Hotel Puente Viesgo***✪✪✪✪ *(Manuel Pérez Mazo; telf. 942 598 061; desde 110 €) con dos edificios (Gran Hotel y Anexo). Por otro lado, son igualmente aconsejables los alojamientos rurales situados a lo largo de la vega del Pas como* ***La Casona Azul de Corvera*** *(telf. 942 596 400) o ya en el mismo Puente Viesgo,* ***Posada el Rincón del Pas*** *(telf. 942 598 447).*

PENSIÓN TROPICAL

Mª José Pardo Izaguirre, 1.
Telf. 942 598 117. Emplazado en un lugar idóneo para visitar las cuevas prehistóricas. 40 €.

POSADA LA ANJANA

Corrobárceno, s/n.
Telf. 942 598 526. Buen ejemplo de turismo rural con habitaciones bien equipadas, trato amable y excelente jardín. Habitación doble: 43-65 €.

COMER

Casas con menú (menos de 15 €)

CASA SERGIO

Ctra. General. Telf. 942 598 109. Pequeño restaurante con terraza cerrada cuyas vistas dan al balneario y al Ayuntamiento. La buena calidad de sus platos y su elaboración casera hacen de él un lugar muy recomendable.

LA UNIÓN

Ctra. General. Telf. 942 598 167. Aparte de sus excelentes raciones, también se puede comer de menú. Especialidades: ahumados, cocido montañés, pimientos rellenos y repostería casera.

LA TERRAZA

Ctra. General, 18. Telf. 942 598 102. Destaca por su cocina tradicional montañesa, los fritos variados y en temporada, la trucha y el salmón.

Restaurantes (sobre 40 €)

El comedor del Gran Hotel Puente Viesgo, **El Jardín** (Manuel Pérez Mazo, s/n; telf. 942 598 061), es el más selecto de la villa. Cocina imaginativa con productos de primera.

PUERTO DE LA CRUZ

ISLA DE TENERIFE. 30.088 habitantes

ESTA POBLACIÓN, QUE HASTA EL SIGLO XVIII FUE UN PEQUEÑO PUERTO DE LA OROTAVA, EN LA ACTUALIDAD SE HA CONVERTIDO EN UN EMPORIO TURÍSTICO Y EN UNA DE LAS ESTACIONES BALNEARIAS MÁS IMPORTANTES DE CANARIAS.

INFO

Oficina de Turismo
Plaza de Europa, 3. Telf. 922 386 000 y 922 384 769. www.puertodelacruz.org

DORMIR

Al tratarse del principal núcleo turístico del norte de la isla, El Puerto de la Cruz dispone de cuidadas y numerosas instalaciones hoteleras, cuyo mejor exponente es el ***Hotel Botánico***✪✪✪✪✪ *(Richard J. Yeoward, 1; telf. 922 381 400; habitación doble: 190-430 €) que, como su nombre sugiere, está rodeado de jardines. Los precios, en general, son elevados.*

HOTEL CHIMISAY✪✪✪

Agustín de Bethencourt, 14.
Telf. 922 383 552.
Céntrico, y teléfono en las habitaciones. Terraza, y piscina climatizada. Salón de convenciones.
Habitación doble: 45-60 €.

HOTEL PERLA TENERIFE✪✪✪

Isla de la Gomera, s/n. Urbanización Guacimara. Telf. 922 374 388.
Algo alejado del centro, se halla en un entorno agradable. Dispone de aparcamiento y acceso para discapacitados. Bien equipado.
Habitación doble: 100-160 €.

HOTEL TROVADOR✪✪✪

Puerto Viejo, 40. Telf. 922 385 512.
Hotel céntrico con teléfono y televisión en las habitaciones. Jardín y bar-cafetería. Habitación doble: 41-84 €.

Otros hoteles de precio más elevado

Cerca del mar y el casco viejo, se halla el **Sol Puerto Playa**✪✪✪✪ (avda. José María del Campo Llarena, 2; telf. 922 384 151; 120 €), funcional, moderno y con buenos servicios. Emplazado en el corazón del parque Taoro está el **Hotel Tigaiga Tenerife**✪✪✪✪ (Parque Taoro, 28; telf. 922 383 500; fax: 922 384 055; habitación doble: 85-172 €; www.tigaiga.com), un hotel de arquitectura moderna rodeado de 4000 m² de jardines con plantas exóticas que miran hacia la ciudad, el mar y el Teide. Unas instalaciones completísimas.

El **Hotel Monopol**✪✪✪ (Quintana, 15; telf. 922 384 611; fax: 922 370 310; habitación doble: 62-97 €; www.hotelmonopoltenerife.com) es uno de los hoteles más antiguos de Puerto de la Cruz, pionero del desarrollo turístico de esta localidad. Ubicado en la zona peatonal del casco histórico, su fachada principal es espectacular, con una serie de balcones coloniales de madera que son ejemplo de la mejor arquitectura nativa. La fachada posterior es más discreta, pero es la que tiene vistas hacia el mar.

EL TAPEO

Entre los bares y tabernas céntricas que sirven copas y medias raciones, entre ellos se hallan, por ejemplo, entre los muchos que encontraremos al paso, **Hannen Barril** (plaza del Charco) y **Kopi La Paz** (Aceviños).

Hacia el oeste del casco antiguo se extiende el barrio pesquero de La Ranilla, con magníficos ejemplos de arquitectura popular canaria y, sobre todo, con algunas de las mejores tascas para degustar los productos del mar a buen precio. Son locales más modestos que los del centro, pero con una oferta gastronómica extraordinaria.

COMER

Casas con menú (menos de 15 €)

BISTRO

Avda. familia Betancourt y Molina, 8. Telf. 922 380 521. Carnes a la brasa y comida suiza. Especialidad en solomillo de cordero provenzal.

LA PAPAYA

Lomo, 10. Telf. 922 382 811. Antigua casona canaria de más de dos siglos de antigüedad con terraza y jardines. Cocina canaria e internacional. Especialidad en brochetas de mar y mencey y abadejo a la espalda.

PERUANO

El Pozo, 18. Telf. 922 382 253. Cocina peruana e internacional.

Restaurantes (desde 21 €)

Instalado en una casa canaria del siglo XVIII con artesonado, **Régulo** (Pérez Zamora, 16; telf. 922 384 506) cuenta con un vivero propio de langosta canaria. Pescado fresco de la zona. Exquisito el revuelto de lapas con ajos.

El restaurante del **Casino Taoro** (Parque Taoro, 22; telf. 922 373 288), en un ambiente selecto, ofrece cocina internacional, destacando la *vichyssoise* y los ahumados. Además desde el comedor se divisa una bella panorámica del Teide.

La carta del restaurante **Magnolia** (Marqués Villanueva del Prado, s/n (Urb. La Paz; telf. 922 385 614; precio medio, 30 €) se ajusta siempre a los mejores productos de la temporada, modificándose si es necesario para aprovechar las momentáneas novedades del mercado. El propietario, poseedor de numerosos galardones a nivel internacional, sorprende a sus comensales con los platos más deslumbrantes.

EL PUERTO DE SANTA MARÍA

CÁDIZ. 82.306 habitantes

ANCLADO DONDE LAS AGUAS DEL RÍO GUADALETE SE MEZCLAN CON LAS DE LA BAHÍA DE CÁDIZ, CUENTA CON UN CENTRO HISTÓRICO DONDE TODAVÍA SE RESPIRA ESE AIRE DE PUEBLO PESQUERO Y SEÑORIAL QUE VIVIÓ UNA ÉPOCA FLORECIENTE A RAÍZ DEL COMERCIO CON AMÉRICA. HOY EL PUERTO ES SINÓNIMO DE PLAYAS Y SOL, TERRAZAS Y MARISCO, BODEGAS Y MUCHO, MUCHO, AMBIENTE NOCTURNO.

INFO

Oficina de Turismo. Luna, 22. Telf. 956 542 413 y 956 542 475. Abierta en temporada. www.elpuertosm.es

Transportes marítimos. Desde la plaza de las Galeras Reales zarpa un pequeño barco, "*El Vaporcito*", que hace diariamente y aproximadamente cada 2 horas el recorrido El Puerto-Cádiz (telf. 956 855 906 y 629 468 014).

DORMIR

La oferta es variada. Entre los exclusivos podemos citar el ***Tryp Caballo Blanco****✪✪✪✪ (avda. de Madrid, 1; telf. 956 562 541; 105-145 €), el* ***Monasterio San Miguel****✪✪✪✪ (Larga, 27; telf. 956 540 440; habitación doble: 140-240 €) y el hotel* ***Duques de Medinaceli****✪✪✪✪✪ (plaza de los Jazmines, 2; telf. 956 860 777; 250-350 €). La temporada alta es agosto (y julio en algunos establecimientos), los Carnavales de Cádiz, la feria y los mundiales de motos y Fórmula-1 de Jerez. Estas fechas suelen estar reservadas casi de un año para otro y a precios negociados entre las partes interesadas. El resto del año es fácil encontrar habitación en cualquiera de los siguientes establecimientos:*

PENSIÓN CHAIKANA✪✪

Javier de Burgos, 17. Telf. 956 542 902. Las habitaciones son muy confortables y en buen estado de mantenimiento, con aire acondicionado y televisión. Muy cerca del centro. Habitación doble: 45-69 €.

PENSIÓN LORETO✪

Ganado, 17. Telf. 956 542 410. Emplazado en una casa del siglo XVIII, guarda muebles y carteles de ferias taurinas de principios de siglo. Habitaciones con baño o ducha. Entrañable. Habitación doble: 42-48 €.

PENSIÓN MANOLO✪

Jesús de los Milagros, 18. Telf. 956 857 525. El más antiguo de El Puerto (desde 1912), es la cuarta generación al frente del negocio. Las habitaciones con baño y ventiladores. Habitación doble: 44-50 €.

PENSIÓN LA ESPERANZA✪

Jesús de los Milagros, 21. Telf. 956 873 593. Sólo dispone de 4 habitaciones en la planta baja y un pequeño patio. Limpio y moderno. Habitación doble: 40-50 €.

PENSIÓN SANTA MARÍA

Nevería (Pedro Muñoz Seca), 38. Telf. 956 853 631. Dispone de habitaciones con y sin baño. Céntrico. Habitación doble: 28-36 €.

Otros hoteles de precio más elevado

El **Hotel Santa María**✪✪✪ (avda. de Bajamar, s/n; telf. 956 873 211; habitación doble: 65-110 €) es un estupendo hotel, bien situado y con muchas comodidades. Piscina en la azotea desde donde se ve la bahía de Cádiz. Habitaciones nuevas y buen servicio.

En pleno centro, el **Hotel Los Cántaros**✪✪✪ (Curva, 6, plaza de la Cárcel; telf. 956 540 240; 66-178 €) ocupa el solar de una antigua cárcel de mujeres dedicadas a la fabricación de cántaros. El edificio es de planta nueva y las habitaciones se han remodelado en 1997.

Un agradable hotel cerca de la playa, con habitaciones tipo bungalós, es el **Dunas Puerto**✪✪✪ (Camino de los Enamorados, s/n; playa de la Puntilla; telf. 956 850 311; habitación doble: 55-160 €). Piscina y jardines comunes y tiene ofertas puntuales.

EL TAPEO

En la plaza de la Herrería, **La Mezquita** ofrece una amplia lista de raciones entre las que sobresale el pescaíto frito y el rabo de toro. Tienen un comedor con ventanales a la calle. En Misericordia, dos buenas tabernas para picar algo y degustar buen vino son **Er-Betis** y la **Bodeguilla del Jamón. La Cañita** dispone de una barra larga en el interior y mesas altas en la calle. Montaditos, ambiente jovial y mucha cerveza. **Los Pinchitos** y **Sol y Sombra,** los dos en los alrededores de la plaza de toros, son especialmente recomendables para picar algo, aunque tienen fama la fideuà y el arroz marinero del Sol y Sombra.

COMER

Además de los exclusivos, entre los que destaca ***El Faro del Puerto*** *(ctra. de Rota, km 0,5; telf. 956 870 952; 40 €) hay muchos locales para comer, fundamentalmente de raciones y tapas, que ofrecen buena calidad a precios asequibles. La mayoría están en la conocida Ribera del Marisco, en los alrededores de las plazas de las Galeras y Herrería.*

Casas con menú (menos de 15 €)

LA DORADA

Avda. de la Bajamar, 26. Telf. 956 855 214. De lo mejor en cuanto a relación calidad-precio. Raciones variadas, abundantes, buenas y baratas. Huevas aliñadas, ensaladillas, filetillos y pescado a la plancha con patatas y, además, un pudin casero exquisito.

ROMERIJO

Ribera del Río, s/n. Telf. 956 541 254. Toda una institución en El Puerto. Tienen tomada toda la Ribera del Marisco. El marisco se compra al peso en cartuchos de papel y se come en las mesas de la terraza, bajo los arcos. Al camarero se le pide la bebida. Precios francamente razonables.

Restaurantes (desde 25 €)

Guadalete (avda. de Bajamar, 14; telf. 956 850 601) es el clásico de pescados fritos o a la plancha y mariscos.

Un buen lugar para comer una buena parrillada de pescado y mariscos de calidad es **Los Portales** (Ribera del Río, 13; telf. 956 542 116).

Casa Flores (Ribera del Río, 9; telf. 956 543 512) ofrece estupendas carnes y pescados. Buena barra.

PUERTO DEL ROSARIO

ISLA DE FUERTEVENTURA. 28.357 habitantes

DENOMINADA HASTA 1956 PUERTO CABRAS, ES LA CAPITAL COMERCIAL Y ADMINISTRATIVA DE LA ISLA Y EL CENTRO DE UNA ACTIVA INDUSTRIA PESQUERA.

INFO

Oficina de Turismo
Avda. de la Constitución, 5.
Telf. 928 530 844. www.situr.org

Cabildo de Fuerteventura
Rosario, 7. Telf. 928 862 300.
Fax. 928 851 812. www.cabildofuer.es

DORMIR

HOTEL VALERÓN✪✪

Candelaria del Castilo, 10.
Telf. 928 850 618. Situado en el centro, sus habitaciones son sencillas y cómodas. Disponen de teléfono.
Habitación doble: 40 €.

PENSIÓN RUBÉN TINGUARO✪✪

Juan XXIII, 48.
Telf. 928 851 088.
Teléfono y televisión en las habitaciones. Habitación doble: 40 €.

HOSTAL TAMASITE✪✪

León y Castillo, 9. Telf. 928 850 280.
Céntrica y en plena zona comercial.
Teléfono en las habitaciones.
Habitación doble: 50 €.

Otros hoteles de precio más elevado

Para quien quiera detenerse en el antiguo Puerto Cabras, el lugar adecuado es, sin duda, el **Hotel Fuerteventura Playa Blanca✪✪✪** (Playa Blanca, 45; telf. 928 851 150; habitación doble: 75 €). Se trata del antiguo Parador de Turismo, convertido en un magnífico hotel de tres estrellas.

Ocupa un espléndido enclave frente al mar a las afueras de la ciudad. Con televisión y teléfono en sus confortables y amplias habitaciones, dispone además de bar-restaurante, piscina, pistas de tenis, billar, salón de congresos, etc.

COMER

Casas con menú (menos de 15 €)

BENJAMÍN

León y Castillo, 137.
Telf. 928 851 748. Situado en pleno centro de la ciudad, ofrece una buena muestra de la cocina francesa.

CASAPÓN

Playa de Los Molinos, s/n.
Cocina marinera y algunos platos típicos canarios, en un local muy modesto pero en un entorno perfecto, frente a esta tranquila playa del litoral occidental de la isla, abarcable desde su agradable terraza.

LA ERA DE CASILLAS

Ctra. General de Casillas del Ángel, 38.
Telf. 928 538 234.
Un restaurante amplio y cómodo, a pie de carretera, que ofrece una amplia variedad de platos de cocina canaria, bien elaborados y a precios muy razonables.

Restaurantes (sobre 24 €)

Si se desea degustar buena cocina canaria e internacional, se puede acudir, si el bolsillo lo permite, al restaurante del **Hotel Fuerteventura Playa Blanca.**

PUERTOLLANO

CIUDAD REAL. 50.772 habitantes

EL IMPORTANTE COMPLEJO PETROLÍFERO Y PETROQUÍMICO HA CONVERTIDO A PUERTOLLANO EN UNA CIUDAD MODERNA, INDUSTRIAL Y DE SERVICIOS QUE SE RESIGNA A PERDER SUS ÚLTIMOS VESTIGIOS PATRIMONIALES.

INFO

Oficina de Turismo
Paseo de San Gregorio.
Casa de Baños. Telf. 926 420 328.
www.ayto-puertollano.es

DORMIR

HOTEL TRYP PUERTOLLANO✪✪

Lope de Vega, 3. Telf. 926 410 768.
Dispone de todas las ventajas y lujos de un gran hotel. En fin de semana (excepto festividades y Semana Santa), la habitación doble con desayuno-bufé cuesta 55-70 €.

HOTEL CABAÑAS✪✪

Ctra. de Ciudad Real, km 3.
Telf. 926 420 650.
Aunque está situado junto a la estación de autobuses, en la avenida hacia Ciudad Real (una zona con gran tráfico y bullicio), el acristalamiento doble de las ventanas evita todos los ruidos. Habitaciones y cuartos de baño bastante amplios. Habitación doble: 48 €.

PENSIÓN CARUSAN✪✪

Aduana, 42. Telf. 926 427 312. Es el alojamiento más céntrico, pues está muy cerca del paseo San Gregorio. Las habitaciones son sencillas y sin pretensiones, pero limpias. Habitación doble: 40-50 €.

HOSTAL EMI-ROS✪

Avda. Primero de Mayo, 57.
Telf. 926 411 924. Fue inaugurado en 1998, por lo que se encuentra en perfecto estado de revista. Habitaciones grandes, rústicas y funcionales; los baños un poco pequeños pero impecables. Habitación doble: 30-40 €.

EL TAPEO

Es en el paseo de San Gregorio y alrededores donde se puede disfrutar del mejor tapeo de Puertollano.

En el mismo paseo, en el popular **La Gamba** sirven una copa de cava y ostra por un precio interesante; también se puede probar su generosa tapa de gambas o pulpo a la vinagreta.

En **La Bellota de Oro** ponen un buen jamón y en **Molina,** las tradicionales migas manchegas, los sábados, y gachas los domingos.

COMER

Casas con menú (menos de 15 €)

DACHO

Puerto, 3. Telf. 926 411 815.
Quizá sea el restaurante con más tradición y fama de la localidad y uno de los más recomendables. Carta muy variada. Los menús, de diferentes precios, incluyen platos regionales, como la deliciosa caldereta.

GREDOS

Santa Ana, 8.
Telf. 926 425 496.
Este acogedor restaurante, de trato familiar, sirve platos de cocina francesa y deliciosos patés caseros, así como asados y platos de carne de caza. Dispone de menú y carta.

PUIGCERDÀ

GIRONA. 8.000 habitantes

EL ESQUÍ Y LA MONTAÑA SON LAS BASES SOBRE LAS QUE SE ASIENTA LA ECONOMÍA Y LA VIDA DE ESTA POBLACIÓN DE LA COMARCA DE LA CERDANYA, LA CUAL HA SABIDO SACAR UN BUEN PARTIDO DE TODO CUANTO LE OFRECE SU ENTORNO NATURAL.

INFO

Patronato Comarcal de Turismo de la Cerdanya
Espanya, 44. Telf. 972 882 161.

Oficina Comarcal de Turismo de la Cerdanya
Ctra. de Barcelona, s/n. Telf. 972 140 665.

Patronato Municipal de Turismo
Querol, 1. Telf. 972 880 542.
www.puigcerda.com

DORMIR

*La oferta es numerosa y los precios son, en general, bastante elevados. En Bolvir de Cerdanya, a unos 4 km de Puigcerdà, se halla un hotel de ensueño, la **Torre del Remei✪✪✪✪** (Camí Real, s/n; telf. 972 140 182; habitación doble: 200-250 €).*

Por un precio más moderado hay las siguientes opciones:

HOTEL EL PRADO✪✪

Carretera de Llivia, s/n.
Telf. 972 880 400.
www.cerdanya.net/hprado/
A las afueras de la localidad, este establecimiento es una de las mejores opciones para pernoctar en la zona. Cuenta con 54 habitaciones y el trato es muy personal.
Habitación doble: 64-74 €.

Otros hoteles de precio más elevado

En un bello paisaje de alta montaña y con buenas instalaciones, como piscina y pistas de tenis, se encuentra el **Hotel Chalet del Golf**✪✪✪ (Devesa del Golf; telf. 972 884 320; 150-193 €). Una interesante oferta de turismo rural es **Sant Marc** (ctra. de Puigcerdà a Queixans, km 1,5; telf. 972 880 007), una antigua masía rodeada de jardín, muy cercana al río Segre, con 14 habitaciones amplias y bien decoradas.

COMER

Casas con menú (menos de 15 €)

EL CALIU
Alfonso I, 1.
Telf. 972 140 825.
Este restaurante ofrece un menú a buen precio. La carta incluye platos de la cocina típica de la Cerdanya.

EL CAPRITXO
Major, 55. Telf. 972 880 662. Situado en el centro de la población, es una sencilla casa de comidas. Su menú ofrece la posibilidad de elegir entre varios platos. Cocina de mercado y trato familiar.

PUNTA UMBRÍA

HUELVA. 12.754 habitantes

ESTE RELEVANTE CENTRO TURÍSTICO DE EXTENSÍSIMAS Y DORADAS PLAYAS OCUPA EL EXTREMO MERIDIONAL DE LA RÍA ONUBENSE, UN TERRITORIO LLANO DE DUNAS MÓVILES, DE MARISMAS Y DE FRONDOSOS PINARES.

INFO

Oficina de Turismo
Avda. Ciudad de Huelva.
Telf. 959 314 619. Fax: 959 311 950.

DORMIR

HOTEL AYAMONTINO RÍA✪✪
Avda. de la Ría, 1. Telf. 959 311 458.
Fax: 959 311 462. Céntrico y acogedor.
Habitación doble: 48-69 €.

HOTEL EL AYAMONTINO✪✪
Avda. de Andalucía, 35.
Telf. 959 311 450. Fax: 959 310 316.
Céntrico y próximo a la playa (aproximadamente 300 m).
Habitación doble: 60-85 €.

HOTEL EMILIO✪
Ancha, 21. Telf. 954 315 857.
Fax: 959 659 051.
Habitación doble: 60-82 €.

PENSIÓN PLAYA✪✪
Avda. Océano, 95. Telf. 959 310 112.
Fax: 959 314 113.
Habitación doble: 43-52 €.

COMER

Los productos del mar constituyen la base fundamental de la cocina de Punta Umbría que se plasma en platos como el pargo al horno, los chocos con habas, la parrillada de caballa, la lubina con algas...

Casas con menú (menos de 15 €)

LOS CONDUCTORES
Rodaballo, 2. Barriada de San Sebastián. Telf. 959 310 811.
Establecimiento especializado en cocina andaluza, con buenos pescados y mariscos.

LA ESPERANZA
Plaza Pérez Pastor, 5. Telf. 959 310 045.
Platos marineros.

CARMEN
Avda. Andalucía, 35. Telf. 959 311 450.
En el hotel El Ayamontino. Exquisitos pescados.

REINOSA

CANTABRIA. 10.800 habitantes

ALEJADA DEL MAR, REINOSA HA SIDO Y SIGUE SIENDO LA PUERTA DE CASTILLA EN CANTABRIA POR DONDE, DESDE HACE SIGLOS, PASAN COMERCIANTES Y VIAJEROS PROCEDENTES DE LA MESETA. ACTUALMENTE ES LA CAPITAL, CENTRO URBANO Y NÚCLEO DE SERVICIOS DE LA EXTENSA COMARCA DE CAMPOO.

INFO

Oficina de Turismo La Casona
Avenida Puente de Carlos III, 23.
Telf. 942 755 215.
www.campoolosvalle.org/reinosa

Estación de esquí de Alto Campoo
Telf. 942 779 222.
www.altocampoo.com

DORMIR

HOTEL RUBÉN✪
Abrego, 12. Telf. 942 754 914. Pequeño hotel situado a un paso de la zona de marcha (aunque es silencioso gracias a la doble ventana). Habitaciones con teléfono y baño. Trato amable.
Habitación doble: 40-55 €.

HOTEL LOS VALLES✪
SALCES. Telf. 942 750 048. Hotel rural que ha sabido mantener las formas de la arquitectura tradicional. Todas las habitaciones con bonitas vistas. Las hay con ducha o con baño. Dispone de un buen asador.
Habitación doble: 30-45 €.

PENSIÓN LA CASONA✪✪
Nestares. Telf. 942 751 788. A 1 km de Reinosa se encuentra esta hermosa casona de piedra y madera totalmente reformada. Hay habitaciones con baño y sin él. Habitación doble: 50-65 €.

PENSIÓN SEMA✪✪
Julióbriga, 14. Telf. 942 750 047. Situado a tres minutos de la estación de Renfe y la zona de vinos. Modesto pero confortable hostal que suele ser algo ruidoso los fines de semana. 30-45 €.

Otros hoteles de precio más elevado

Cercano al pantano del Ebro y a la estación invernal de Brañavieja se halla el **Hotel Vejo**✪✪✪ (avda. de Cantabria, 83; telf. 942 751 700; 50-75 €). En la estación de esquí destaca **La Corza Blanca**✪✪✪ (ctra. Reinosa-Tres Mares, km 24; telf. 942 779 250; 60-80 €), con instalaciones muy confortables, que fuera de la temporada de esquí ofrece la posibilidad de realizar actividades relacionadas con la naturaleza.

EL TAPEO

Plaza de la Constitución y aledaños
Es la zona donde se concentra mayor número de mesones y bares de la ciudad. En la misma plaza se sitúan el **Chiringuito,** uno de los más frecuentados y famoso por sus cazuelas y bocadillos de pollo caliente, y la **Plaza,** especialista en mollejas y pimientos rellenos. En el **Dama** (Emilio Valle, 8), aparte de sandwiches, bocadillos y platos combinados, podemos disfrutar de las cazuelas de pulpo a la gallega y revueltos variados. Si se prefiere un lugar más tranquilo y agradable, el **Sema** (Julióbriga, 14).

Pero sin duda, el lugar más concurrido a la hora del aperitivo es el bar **Las Nieves,** donde los fines de semana hay que entrar a empujones y el **Ambigú,** (Travesía La Nevera), conocido por sus raciones de rabas y pulpo a la gallega.

COMER

Casas con menú (menos de 15 €)

SAN ROQUE
Avenida Cantabria, 3.
Telf. 942 754 788. Excelente oferta de cocina regional de montaña bien presentada y actualizada en un comedor moderno bien decorado. A la carta ofrece platos de carne de vacuno campurriano, cordero y algunas muestras de platos de pescado.

SIDRERÍA AVENIDA
Avda. Puente de Carlos III, 21.
Telf. 942 751 934.
En pleno centro. Local agradable donde practican una gastronomía muy seria sin que esté limitada al estilo que anuncia el nombre. Los fines de semana conviene reservar.

Restaurantes (sobre 25 €)

Muy recomendable es el restaurante del **Hotel Vejo** (telf. 942 751 700), que ofrece la mejor cocina de todo Reinosa a precios razonables. Las carnes de ternera y cordero son excelentes y las truchas una maravilla.

Asador el Molino (Deltebre, 2; telf. 942 771 077) ofrece cocina con raíces cántabras en un agradable comedor con dos alturas. Atendido por personal joven y solicito que ha conseguido imponer el restaurante como una referencia de moda en Reinosa. Cuidan la calidad de las carnes y ponen cierta imaginación en los primeros platos.

A las afueras de Reinosa en dirección Palencia, **Las Lanzas** (Real, 85, Matamorosa; telf. 942 751 957) está especializado en lo que llaman cocina de mar y montaña: carnes de ternera, cochinillo y cordero fabulosos y pescados muy dignos.

Otra opción aconsejable es **Tajahierro** (avda. Cantabria, 2; telf. 942 755 464) una taberna concurrida donde destacan todo tipo de carnes de Campóo y cochinillo, preparados al más puro estilo casero y a un precio asequible. Menú variado y económico.

REQUENA

VALENCIA. 18.795 habitantes

ES UNA PUJANTE CIUDAD CON UN BELLO CASCO ANTIGUO LOCALIZADO EN UN PEQUEÑO ALTO, QUE BASA SU DESARROLLO ECONÓMICO EN UNOS CAMPOS ESPECIALMENTE PRÓDIGOS EN UVA. AL VINO SE LE RINDE CULTO CADA AÑO EN LAS FIESTAS DE LA VENDIMIA.

INFO

Info Tourist Requena
García Montes, s/n. Telf. 96 230 38 51.
www.comunidad-valenciana.com

DORMIR

HOTEL AVENIDA✪

San Agustín, 10. Telf. 96 230 04 80.
Es el mejor alojamiento que se puede encontrar en el interior de la ciudad ya que es el único cuyas habitaciones disponen de baño. La decoración es sobria pero las habitaciones resultan cómodas y el servicio es muy correcto con el cliente.
Habitación doble: 29-35 €.

EL TAPEO

Los embutidos típicos de la zona resultan excelentes para degustar en forma de tapas, lo mismo que algunos platos tradicionales. Los ofrecen establecimientos como el **Mesón de la Villa** (plaza de la Villa, 13), **Fortaleza** (Plaza del Castillo, 3) o **Archys** (Capitán Gadea, 12).

COMER

Casas con menú (menos de 20 €)

MESÓN DEL VINO

Avda. del Arrabal, 11.
Telf. 96 230 00 01. Es éste un mesón en toda regla, con las mesas recias, el bar apartado, los salvaplatos de alpaca y la carpetilla de la carta. La carta incluye platos de la cocina comarcal: gazpachos, morteruelos, embutidos de orza y repostería local. En la bodega, por supuesto, vinos de Requena.

MESÓN DE LA VILLA

Plaza de la Villa, 13.
Telf. 96 230 12 75.
Es inquietante, mientras está uno degustando el excelente menú de este mesón, pensar que bajo los pies se encuentran las cuevas en las que durante la época de la Inquisición se torturaba a la gente. Ahora lo que hay en ella son enormes tinajas de vino de la zona.

REUS

TARRAGONA. 94.400 habitantes

SEGUNDA CIUDAD DE TARRAGONA, DESPUÉS DE LA CAPITAL, Y TAMBIÉN CAPITAL COMARCAL. SU EMPLAZAMIENTO EN EL INTERIOR LA HA MANTENIDO AL MARGEN DEL CIRCUITO TURÍSTICO CONVENCIONAL; NO OBSTANTE, SU IMPORTANCIA COMERCIAL, ASÍ COMO SU OFERTA CULTURAL –IMPRESCINDIBLE VISITAR ALGUNO DE LOS MUCHOS EDIFICIOS MODERNISTAS QUE POSEE– Y DE OCIO, SON INDISCUTIBLES.

INFO

Oficina Municipal de Información Turística
Plaça de la Llibertat, s/n.
Telf. 977 345 943/ 778 149.
www.reus.net

DORMIR

PENSIÓN HOSTES POTAU✪✪

Vidre, 13. Telf. 977 345 001.
Emplazado en pleno centro peatonal de la ciudad, dispone de 17 habitaciones. Precios razonables y buen servicio. Habitación doble: 48 €.

PENSIÓN SANTA TERESA✪

Santa Teresa, 1.
Telf. 977 316 297.
El escaso número de habitaciones permite mantener un ambiente recogido y casi íntimo. Su localización en pleno centro de la ciudad hace de este establecimiento una opción muy recomendable. Habitación doble: 50 €.

Otros hoteles de precio más elevado

El **NH Ciutat de Reus✪✪✪✪** (av. María Fortuny, 85; telf. 977 345 353; habitación doble: 79-135 €), junto al Palacio de Congresos, ofrece el confort y los servicios propios de su categoría. Situado en el centro de la ciudad, el **Gaudí✪✪✪** (Raval Robuster, 49; telf. 977 345 545; 88 €) es un hotel clásico y de ambiente familiar que ha sido restaurado convenientemente. El **Hostal Simonet✪✪** (Raval de Santa Anna, 18; telf. 977 345 974; 48-78 €) es otra buena opción de alojamiento.

COMER

*La cocina de Reus es un compendio de los productos del mar y los del interior. Por ello es fácil degustar un buen pescado fresco junto a unas espléndidas alcachofas. Las avellanas son punto aparte, pues esta comarca es una de las productoras más importantes. Y lo mismo puede decirse del aceite de oliva arbequina, que ha obtenido la Denominación de Origen Siurana y es uno de los responsables del buen sabor de los platos locales. Además de los restaurantes de renombre, como **La Glorieta del Castell** (plaça del Castell, 2; telf. 977 340 826; precio medio, 30 €), son recomendables los siguientes establecimientos:*

Casas con menú (menos de 15 €)

CASA CODER

Plaça del Mercadal, 16.
Telf. 977 340 707.
Fundado en 1790, se halla situado en un bello entorno arquitectónico. Especializado en cocina tradicional catalana. Ofrece un excelente menú.

CELLER DEL RAÏM

Raval de Sant Pere, 19-21.
Telf. 977 771 522.
Cocina de temporada y platos tradicionales catalanes en un local agradable y cuidado. Este establecimiento está adherido a la campaña institucional de promoción del romesco de interior.

EL VEGETERIÀ DE REUS

Carnisseries Velles, 8. Telf. 977 341 408.
La comida vegetariana alcanza en este establecimiento un excelente nivel. Los lunes no sirven cenas y los domingos cierran.

Restaurantes (sobre 24 €)

Un lugar muy recomendable es la **Masia Crussells** (ctra. de Reus a Tarragona, km 1; telf. 977 754 060), para degustar platos de la cocina regional y la internacional en una tipica masía catalana.

Hostal Simonet (Raval de Santa Anna, 18; telf. 977 345 974) ofrece cocina catalana a precios razonables.

LOS PRECIOS DE LOS ALOJAMIENTOS Y DE LOS RESTAURANTES TIENEN CARÁCTER ORIENTATIVO Y, EN GENERAL, SON SIN IVA INCLUIDO. ESTOS PRECIOS, ASÍ COMO LAS CARACTERÍSTICAS DE LOS ALOJAMIENTOS, DEBERÍAN CONFIRMARSE POR TELÉFONO AL EFECTUAR LA RESERVA.

RIAZA

SEGOVIA. 1.673 habitantes

ESTE PEQUEÑO PUEBLO ALTERNA LA TRANQUILIDAD DE SUS CALLES Y CASAS BLASONADAS CON LA ACTIVIDAD TURÍSTICA QUE LE PROPORCIONA LA ESTACIÓN DE ESQUÍ DE LA PINILLA Y EL SER CENTRO DE VERANEO PARA MUCHOS SEGOVIANOS Y MADRILEÑOS.

DORMIR

HOTEL CASAQUEMADA✪✪

Isidro Rodríguez, 18. Telf. 921 550 051. Instalado en una casona, sus habitaciones se distribuyen alrededor de un agradable patio. Habitación doble: 60 €.

HOTEL PLAZA✪✪

Plaza Mayor, 4. Telf. 921 551 055. Encantador hotel con vistas a la sierra o a la Plaza Mayor. Salón de juegos y restaurante. Habitación doble: 45-56 €.

HOTEL RURAL LA POSADA DEL MEDIEVO

Pza. San Miguel, 4. En **MADERUELO.** Telf. 921 556 107. Casona románica del siglo XII rehabilitada. Dispone de 9 habitaciones dobles y restaurante. Ideal para visitar el Parque Natural de la Hoces del río Riaza. Habitación doble: primera noche 90 €, segunda noche 68 €.

COMER

Casas con menú (menos de 15 €)

CASA MARCELO

Plaza Mayor, 16. Telf. 921 550 320. Uno de los mesones más antiguos y más económicos de la villa. Buena carne y variedad de platos de cuchara.

CASAQUEMADA

Isidro Rodríguez, 18. Telf. 921 550 604. Otro de los establecimientos más antiguos. Comedor de estilo castellano y raciones muy copiosas.

LAS COLUMNAS

Mariano González Bartolomé, 9. Telf. 921 550 140. Mesón rústico que sirve buenas carnes y un menú de comida casera. Comer a la carta es un poco más caro.

Restaurantes (desde 21 €)

El Fogón (Calvo Sotelo, 6; telf. 921 551 018) es un recoleto restaurante con patio donde se puede degustar buena morcilla, revueltos y carnes de la zona. Combina platos de tradición segoviana con otros de nueva creación. **Casa Pastor** (Iglesia, 2; telf. 921 550 283) es un clásico asador especializado en cordero y judiones de la Granja. Ofrece un delicioso menú degustación de matanza y buena carta de vinos. **La Taurina** (Plaza Mayor, 6; telf. 921 550 105) es el típico mesón castellano en el que degustar el famosísimo cordero asado o las chuletas a la plancha.

RIBADAVIA

OURENSE. 6.100 habitantes

VILLA HISTÓRICA Y MONUMENTAL DONDE LAS HAYA, RIBADAVIA ES FAMOSA POR SU ANTIGUA JUDERÍA Y POR SUS VINOS, LO CUAL SIN DUDA NO ES MALA MEZCLA. LA LLAMADA "CAPITAL DEL RIBEIRO", QUE OCUPA LA MARGEN DERECHA DEL RÍO AVIA EN SU CONFLUENCIA CON EL MIÑO, CULTIVA EL VINO DESDE EL SIGLO VIII, PERO FUE CUANDO SE INSTALARON EN LA ZONA LOS MONJES DE OSEIRA, MELÓN Y SAN CLODIO, EN EL SIGLO XII, QUIENES LO PROMOCIONARON, CON BUEN OJO Y MEJOR GUSTO. LOS HEBREOS SE INSTALARON TAMBIÉN EN LA EDAD MEDIA, Y DEJARON UNA IMPONENTE JUDERÍA QUE ES HOY UNO DE LOS PRINCIPALES ATRACTIVOS DE LA LOCALIDAD.

INFO Y TRANSPORTES

Oficina de Turismo del Ayuntamiento
Praza Maior, 7.
Telf. 988 471 275.
www.ribadavia.com
Centro Comarcal do Ribeiro
Rúa Redondela. Telf. 988 477 140.

DORMIR

HOSTAL EVENCIO✪✪

Avda. Rodríguez Valcárcel, 30. Telf. 988 471 045. Se trata de un hostal algo alejado del centro, pero limpio y con todas las comodidades. La doble cuesta 40 €. Dispone de una buena oferta para el fin de semana, con pensión completa el sábado, desayuno el domingo y visitas turísticas guiadas, pero sólo en temporada baja.

HOSTAL PLAZA✪✪

Praza Maior, 15. Telf. 988 470 576. Su excelente ubicación lo convierte en el más recomendable, sobre todo si solicitáis habitación hacia la plaza. Tiene restaurante. Habitación doble: 42 €.

AS CASIÑAS

Rúa Xuíz Viñas. Telf. 988 472 192 y 667 375 106. Pequeñas casas restauradas con buen gusto y muy acogedoras. Casa entera día, 3 habitaciones.

Turismo rural

En Arnoia, y alrededores, a 4 km de Ribadavia, existen varias casas de turismo rural muy asequibles: **O Bacelo** (en Arnoia; telf. 988 492 884), **A Cancela** (en Reza; telf. 988 471 049), la **Casa Grande do Ribeiro** (en Esposende; telf. 988 404 037), **A Chairiña** (en Arnoia; telf. 988 492 861) y **A Casa dos Chaos** (Os Chaos; telf. 988 492 900). El precio de la habitación doble en todas ellas oscila entre 30 y 65 €.

PAZO VIÑA MEÍN

San Clodio. Leiro. Telf. 988 488 400. A 12 km de Ribadavia adosado a un enorme penedo granítico e integrado en una moderna explotación vinícola. Habitación doble: 60 €.

Otros hoteles de precio más elevado

A unos 3 km de Ribadavia se halla un moderno hotel-balneario, el **Arnoia Caldaria**✪✪✪ (Vila Termal, 1; telf. 988 492 400; habitación doble: 114 €), ideal para los que sufran estrés o simplemente deseen relajarse. Situado en un bello entorno y con posibilidad de realizar paseos en barca o a caballo. Restaurante recomendable. La primera hospedería monacal gallega es todo un lujo, el **Hotel Monacal de San Clodio**✪✪✪ (San Clodio; telf. 988 485 601; habitación doble: desde 110 €), con un restaurante de cocina creativa muy interesante.

COMER

Casas con menú (menos de 15 €)

A CHAVOLA

As Chavolas, ctra. N 120. Telf. 988 471 965. Casa de comidas con mucha madera, mantelitos a cuadros y excelentes platos de cocina casera.

PLAZA

Praza Maior, 15. Telf. 988 470 576. Destacable, sobre todo, por su ubicación en el casco antiguo.

CELTA

Fonte da Prata. Telf. 988 470 602. Ubicado en el casco histórico. Excelente y original cocina casera, con una buena carta de vinos de Ribeiro.

MESÓN O PUCHEIRO

Álvaro Cunqueiro, 3 (bajada a la Barca). Telf. 988 470 621. Platos tradicionales de Ourense, así la carne richada, la carne o caldeiro, los callos, el cordero o las anguilas fritas con unto. Completa carta de vinos de Ribeiro.

RIBADEO

LUGO. 4.717 habitantes

ESTE VIEJO ENCLAVE COMERCIAL, CON PUERTO FLORECIENTE SIGLOS ATRÁS, CENTRA SUS ACTIVIDADES ECONÓMICAS EN EL SECTOR SERVICIOS Y EN EL TURISMO. CABECERA DE UNA AMPLIA COMARCA QUE ABARCA AMBAS RIBERAS DEL EO, LA VILLA DEBE MUCHO A ANTIGUOS INDUSTRIALES COMO EL MARQUÉS DE SARGADELOS Y A LA EMIGRACIÓN TRANSOCEÁNICA.

INFO

Oficina de Turismo de la Xunta de Galicia. Praza de España, s/n. Telf. 982 128 689. www.turgalicia.es
www.ribadeo.com

DORMIR

*Además del renovado **Parador de Ribadeo**✪✪✪✪ (Amador Fernández, 7; telf. 982 128 825; 115-149 €), podemos elegir entre los siguientes hostales:*

HOTEL MEDIANTE✪

Plaza de España, 16. Telf. 982 130 453. Muy céntrico y provisto de cafetería y restaurante, está instalado en un nuevo edificio de tres plantas. 20 habitacio-

nes con muebles rústicos de madera, televisión e hilo musical.
Habitación doble: 40-65 €.

HOSTAL OROL✪
Rinconada de San Francisco, 9.
Telf. 982 128 742. En plena plaza de España, limpio, agradable y asequible; si se consigue sitio.
Habitación doble: 30-45 €.

HUERTA DE OBE✪
OBE. Ctra. de Santa Cruz.
Telf. 982 128 715. A 800 m de Ribadeo. Es una de las casas indianas más antiguas de Galicia (siglo XVIII). Acogedoras habitaciones.
Habitación doble: 51-79 €.

CASA DOÑANO
Vilela, Covelas (a 6 km por la carretera del monte de Santa Cruz).
Telf. 982 137 429.
www.casadonano.com
Recia casa grande, en medio de un lindo prado, de 1907 bien restaurada y dotada de todas las comodidades. Ocho habitaciones, todas distintas, con mobiliario antiguo recuperado y muchos detallitos decorativos.
Habitación doble: 85-108 €.

Otros hoteles de precio más elevado

Aunque sólo abre en verano resulta muy acogedor y agradable el **Hotel Eo✪✪✪** (Amador Fernández, 5; telf. 982 128 750; habitación doble: 70-130 €), ubicado sobre la ría.

COMER

Casas con menú (menos de 15 €)

BOUZA
José Vicente Pérez Martínez, 13.
Telf. 982 110 690. Famoso por su excelente menú de cocina casera gallega.

CASA FOGUETE
A Devesa (Vilaframil).
Ctra. N 634, km 557 (a 3 km de Ribadeo). Telf. 982 131 026.
Una institución en la comarca. Carta variada: pescados (sargo), marisco y caza, platos que pueden encontrarse en su excepcional menú: para escoger entre 10 primeros, 10 segundos y postres. Abre sólo a mediodía.

OVIEDO
Amador Pérez, 5.
Telf. 982 128 131.
Ocupa un edificio de piedra en la zona antigua. Su propuesta culinaria está concentrada en torno a la materia prima más atractiva de la zona: sus pescados y sus mariscos.

Restaurantes (sobre 30 €)

San Miguel (Puerto Deportivo; telf. 982 129 717) posee un estupendo comedor panorámico sobre el puerto, la ría y Asturias, para degustar mariscos y pescados del Cantábrico, arroces, paellas y chuletones.

En **VILAFRAMIL** cabe destacar **La Villa** (telf. 982 123 001). Una casona antigua, que también acoge un hotel. Sus discretos y pequeños comedores ofrecen la carta más creativa de esta zona de A Mariña, todo ello con un servicio notable.

RIBADESELLA

ASTURIAS. 6.171 habitantes

RIBADESELLA ES UNA VILLA RODEADA DE RELIEVES MONTAÑOSOS Y SITUADA AL FONDO DE UNA RÍA. EL AGUA SEPARA EN UNA AMPLÍSIMA CICATRIZ DOS ZONAS URBANAS MUY DIFERENCIADAS ENTRE SÍ: LA VILLA VIEJA Y LA URBANIZACIÓN DE LA PLAYA DE SANTA MARINA. MUY CERCA, CASI EN LA MISMA VILLA, SE ENCUENTRA LA CUEVA DE TITO BUSTILLO. EL PRIMER SÁBADO DE AGOSTO CELEBRA EN LA VILLA

INFO

Oficina de Turismo
Paseo de la Princesa Letizia, s/n.
Telf. 98 586 00 38.
Infoasturias
Telf. 902 300 202.
www.infoasturias.com

DORMIR

*Por mucho menos de lo que cuesta dormir en el exclusivo **Gran Hotel del Sella✪✪✪✪** (La Playa, s/n; telf. 98 586 01 50; habitación doble: 65-115 €), existen otros alojamientos acogedores y bien situados.*

HOTEL RIBADESELLA PLAYA✪✪✪
Ricardo Cangas, 3.
Telf. 98 586 07 15.
Casa indiana de preciosas habitaciones con todas las comodidades.
Habitación doble: 64-115 €.

HOTEL EL CARMEN✪✪
El Carmen, s/n.
Telf. 98 586 12 89.
Buen ejemplo de los pequeños hoteles familiares situados en la zona rural del municipio.
Habitación doble: 50-75 €.

HOTEL COVADONGA✪
Manuel Caso de la Villa, 6.
Telf. 98 586 01 10.
Su estilo clásico, da una impresión muy agradable. Las habitaciones tampoco decepcionan, al ser amplias y dispuestas con gusto. El trato es muy amable.
Habitación doble: 40-65 €, según temporada y habitación.

Otros hoteles de precio mas elevado

Son recomendables el **Hotel Don Pepe✪✪✪** (Dionisio Ruisánchez, 12; telf. 98 585 78 81; 60-90 €) y el **Hotel El Babú✪✪** (Carrales, s/n; en **CARAVIA BAJA**; telf. 98 585 32 72; habitación doble: 72-123 €).

EL TAPEO

El ambiente de tapeo en Ribadesella puede resultar algo anodino a primera vista. Sin embargo, callejeando por el casco se pueden encontrar locales atractivos y con un buen surtido de tapas, como la sidrería del hotel **Covadonga,** con un barco velero como barra, donde se puede consumir gambones, ñocla y raciones de fabada, o la sidrería **Tarteru** (Marqués de Argüelles), también decorada con motivos marineros y con tapas de pulpo, lámparas y bocartes, entre otras. El **Rompeolas,** en la calle Francisco del Junco, es un local de amplísima barra, terraza cubierta y todo tipo de pescado y marisco de la zona. Mención especial merece la sidrería **Carroceu** (Marqués de Argüelles).

COMER

Casas con menú (menos de 15 €)

EL REPOLLU
Santa Marina, 3.
Telf. 98 586 07 34.
Un comedor pequeño con pinturas murales y dos viejas columnas de madera. Tienen especialidades en carnes y pescados a la plancha y un menú a buen precio.

EL MESÓN
Manuel Fernández Juncos, 7.
Telf. 98 586 00 80.
Comedor mediano con decoración rústica y especialidades en carnes, fabada y *marmitako.*

EL LABRADOR
Gran Vía, 55.
Telf. 98 586 01 71.
En la barra ofrecen un buen *pantrucu* o una buena tapa de chorizo a la sidra, y dentro, sopas, *marmitakos,* carnes al horno (cochinillo y cabrito) o bañadas en salsa de queso cabrales.

LA PARRILLA
La Torre, s/n.
Tel. 985 860 288.
Sencillo chigre donde se pueden degustar algunos de los mejores pescados del Cantábrico en su punto exacto de parrilla. A la carta sube el precio pero está garantizada la calidad.

Restaurantes (desde 24 €)

En el mismo Ribadesella un buen restaurante es **La Huertona** (Ctra. Piconera, s/n; telf. 98 586 05 53), con cocina de corte moderno.

En **ARRIONDAS** (Parres) se halla **El Corral del Indiano** (avda. Europa, 14; telf. 985 841 072; precio medio, 60 €), con preparaciones complejas e imaginativas propias de la cocina de autor.

LOS ESTABLECIMIENTOS DE ESTA GUÍA HAN SIDO COMPROBADOS Y SELECCIONADOS POR SU BUENA RELACIÓN PRECIO-CALIDAD. EN NINGÚN CASO HAN DESEMBOLSADO CANTIDAD ALGUNA POR APARECER EN ESTA GUÍA.

RIPOLL

GIRONA. 11.334 habitantes

En la confluencia de los ríos Ter y Freser y rodeada por altas montañas, Ripoll ha sido calificada como "Bressol de Catalunya" (cuna de Catalunya) por la riquísima historia de la que ha sido protagonista su monasterio.

INFO

Oficina de Turismo
Plaça de l'Abat Oliba, 3.
Telf. 972 702 351.
www.inforipoll.info

DORMIR

Hotel Solana del Ter✪✪✪

Ctra. de Barcelona, km 104.
Telf. 972 701 062.
Fax: 972 714 343.
www.solanadelter.com
Complejo turístico totalmente equipado, destacando las instalaciones deportivas, la piscina y el cámping.
Habitación doble: 75 €.

Pensión La Trobada✪✪

Passeig Honorat Vilamanya, 5.
Telf. 972 702 353.
Habitación doble: 51 €.

COMER

Can Nerol

Pla D'Ordina, 11. Telf. 972 701 894.
Especialidades francesas, merece el sobrenombre de el rincón francés. Precio medio, 24 €.

Solana del Ter

Ctra. de Barcelona, km 104.
Telf. 972 701 062. Restaurante del hotel y cámping. Cierra en noviembre. Cocina catalana. Precio medio, 22 €.

RONDA

MÁLAGA. 35.512 habitantes

Ronda, en la serranía de su nombre, es una de esas ciudades que se configuran entre la realidad y la leyenda. Cuenta con innumerables restos de su pasado, como la antigua Plaza de Toros y el Puente Nuevo, emblema de la ciudad, que cruza el estrecho Tajo salvando un desnivel de 100 m.

INFO

Oficina Municipal de Turismo
Puente Nuevo, s/n.
Telf. 952 183 240.
www.turismoderonda.es

DORMIR

*Aunque la oferta hotelera rondeña es bastante amplia, conviene reservar plaza con antelación, ya que en época estival puede resultar una tarea bastante complicada. El mejor hotel es el **Parador**✪✪✪✪ (pza. de España, s/n; telf. 952 877 500; 130-145 €), pero también cabe destacar el **Hotel Acinipio**✪✪✪✪ (José Aparicio, 7; telf. 952 161 002; habitación doble: 75-105 €). Por debajo son recomendables:*

Hotel El Tajo✪✪✪

Doctor Cajal, 7. Telf. 952 874 040. Con una recepción al más puro estilo nazarí, este hotel recientemente reformado, dispone de televisión y aire acondicionado en todas las habitaciones.
Habitación doble: 60 €.

Hotel Royal✪✪

Virgen de la Paz, 42. Telf. 952 871 141. Frente a la Alameda del Tajo, cuenta con unas y agradables habitaciones con muebles provenzales, televisión, teléfono y aire acondicionado. Aparcamiento. Habitación doble: 45-50 €.

Hotel San Francisco✪✪

María Cabrera, 18. Telf. 952 873 299. Muy cerca del templete de la Virgen de los Dolores. En 2003 fue reformado completamente.
Habitación doble: 50 €.

Hotel Virgen de los Reyes✪

Lorenzo Borrego, 13. Telf. 952 871 140. Junto a la céntrica plaza del Socorro, este sencillo alojamiento dispone de algunos servicios poco comunes en hoteles de su categoría, como minibar, caja fuerte, hilo musical, televisión, etc.
Habitación doble: 45 €.

Pensión Andalucía✪✪

Avda. Martínez Astein, 19.
Telf. 952 875 450. Si alguna cualidad es remarcable en este hostal es, sin duda, la limpieza. Situado frente a la estación de ferrocarril, todas las habitaciones cuentan con televisión y aire acondicionado. Excelente relación calidad-precio. Habitación doble: 40 €.

Pensión Virgen del Rocío✪✪

Nueva, 18.
Telf. 952 877 425. Está situado en una de las calles más transitadas, frente al Parador y al Puente Nuevo. Habitaciones sencillas con muebles buenos.
Habitación doble: 40-50 €.

Otros hoteles de precio más elevado

En el centro de la ciudad el **Hotel Don Miguel**✪✪✪ (Plaza de España, 4; telf. 952 877 722; habitación doble: 70-90 €), reformado, ofrece maravillosas vistas del Tajo y un buen nivel de servicios.

EL TAPEO

Son muchos los bares y restaurantes que ofrecen estupendas cartas de tapas. Se distribuyen por toda la ciudad, aunque la mayor concentración se da en el centro, en el llamado barrio del Mercadillo.
En el **Royal,** en la calle Virgen de la Paz, hay pescaíto y embutidos rondeños. **Hermanos Macías** es, además de un restaurante, una taberna clásica en el paraje de Correos. Al lado, en Pedro Romero, **Alhambra** sirve un sensacional rabo de toro. En la calle Molino **R que R** y el **Socorro** son dos estupendas bodegas. En Virgen de los Remedios, **El Lechuguita,** además de lechuga, pone en su mostrador buenos ibéricos. A su lado es curioso **El Relax** por sus especialidades vegetarianas. En la misma calle **La Leyenda** ofrece platos originales como las lágrimas de faisán o los daditos de berenjena a la caña. Muy frecuentado es **La Farola,** en la transitada plaza de Carmen Abela. En la calle Espinel, es fantástico el diminuto **Cintado,** que sirve unos callos y una carne con tomate magníficos y, también, un delicioso mosto de Manilva. Casi enfrente, **La Paz** prepara unas albóndigas para quitarse el sombrero. Tremendamente popular y rondeño es **Faustino,** en Santa Cecilia, con su *perpetua* (rollo de carne en salsa), sus serranitos y pescaíto frito. En la calle Nueva son célebres **El Picadero** y **La Giralda.** También debemos hacer una visita a **La Jaulita,** en la calle Armiñán, donde sirven las tapas más caseras de toda Ronda.

COMER

Casas con menú (menos de 15 €)

Hermanos Macías

Pedro Romero, 3.
Telf. 952 874 238.
Restaurante andaluz. Especialidades: rabo de toro, perdiz y pierna de cordero. Ofrece un menú de elaboración casera, además de raciones y tapas variadas.

Doña Pepa

Plaza del Socorro, 10.
Telf. 952 874 777.
De fama reconocida por su buen yantar y por la agradable terraza de verano. Hacen un cocido rondeño y un conejo al ajillo difíciles de olvidar. También cuenta con varios tipos de menú.

Don Javier

Virgen de la Paz, 7. Telf. 952 872 020. Variada carta con platos que van desde la paella hasta los más elaborados guisos, pasando por excelentes embutidos ibéricos o una buena selección de mariscos y pescados.

El Pinsapo

Ctra. Ronda-San Pedro, km 1,4.
Telf. 952 874 199. Muy recomendable, pero también el más caro de esta lista. Gracias a las carnes a la brasa y al cordero asado, hoy goza de un gran renombre.

Restaurantes (desde 24 €)

Don Miguel (pza. España, 5; telf. 952 871 090) sirve excelente cocina casera en un privilegiado marco. En el centro monumental y taurino se halla **Pedro Romero** (Virgen de la Paz, 18; telf. 952 871 110), muy turístico pero prepara el rabo de toro como nadie. Destaca también el **Santa Pola** (Santo Domingo, s/n; telf. 952 879 208), esta casa, que perteneció a los condes de Santa Pola, fue construida sobre un antiguo palacete árabe, del que conserva el estilo. Con un excelente servicio, es un lujo comer ante las vistas que ofrece.
Tragabuches (José Aparicio, 1; telf. 952 190 291) es uno de los mejores restaurantes de Andalucía. Practica la cocina tradicional rondeña y andaluza con grandes dotes creativas.

ROQUETAS DE MAR

ALMERÍA. 65.886 habitantes

CON MÁS DE 25 KM DE LIMPIAS PLAYAS, ES UNO DE LOS GRANDES CENTROS VACACIONALES DE ALMERÍA. NO LE FALTAN LOS GRANDES HOTELES DE LUJO, URBANIZACIONES COSMOPOLITAS NI LUGARES PARA EL OCIO, EL DEPORTE Y LA DIVERSIÓN. PERO ROQUETAS ES MUCHO MÁS: EL PUERTO Y LA AGRICULTURA BAJO LOS MARES DE PLÁSTICO HAN SITUADO A SU ECONOMÍA ENTRE LAS MÁS PRÓSPERAS DE ESPAÑA.

INFO

Oficina de Turismo. Urbanización de Roquetas de Mar. Avda. del Mediterráneo, 2. Telf. 950 333 203.
www.ayto-roquetas.org

DORMIR

*El turismo que viene atraído por las playas de Roquetas encuentra en la urbanización la mayor parte de una oferta hostelera que impresiona por su gran calidad. Abundan los grandes hoteles, modernos y con todos los servicios como el **Playacapricho**✪✪✪✪ (urb. Playa Serena; telf. 950 333 100; 135-245 €). En verano, los precios se duplican, e incluso se triplican.*

HOTEL ZORAIDA PARK✪✪✪

Mariano Hernández, s/n.
Telf. 950 333 902. La mayoría de las habitaciones tienen vistas al mar y su enorme piscina rodeada de un jardín tropical es perfecta para los días de marejada. Mini-golf, bar, pizzería...
Habitación doble: 85-160 €.

HOSTAL LA FRAGATA✪

Avda. Sabinal, s/n. Telf. 950 324 202.
Para la su categoría está muy bien equipado, todas las habitaciones tienen baño y televisión, además de ascensor y cafetería.
Habitación doble: 30-50 €.

Otros hoteles de precio más elevado

El **Hotel Playalinda**✪✪✪✪ (urb. Playa Serena, s/n; telf. 950 334 500; habitación doble: 135-245 €) es un establecimiento muy animado, con espaciosas habitaciones con terraza. Dispone de piscina y jardines.

EL TAPEO

Las principales zonas del tapeo están en Aguadulce, las urbanizaciones y el puerto, donde al caer la tarde las cervezas y el vino siempre son acompañados por una suculenta tapa de cocina.

En el puerto se suceden restaurantes donde además de raciones, sirven buenas tapas; como **El Marinero,** con sardinas, boquerones, chopitos; **El Boquerón de Plata** o el **Quique II.** En dirección a la urbanización no hay que dejar de visitar el famoso **Cocodrilo** y el **Mesón del Tito,** con sus tapitas caseras. El mejor lugar es la avenida Romanilla con bares como **Calipso,** de deliciosas ensaladas rusa, tropical o de mariscos; **Portomagno,** con toda clase de pescados, pijotas, jureles, y **Valle,** con su especial pincho de pollo. En el Pasaje Andaluz, **La Gamba de Oro** y **El Cortijo,** aparte de su gran variedad de sabores, cuentan con excelentes terrazas. Y en el Complejo Los Flamencos se encuentra el número uno de las tapas el **Mesón Don Jamón.**

COMER

Casas con menú (menos de 15 €)

LA ALPUJARRA

Edificio los Jazmines, bloque 6.
Telf. 950 334 349. Dispone de una buena terraza y su interior recrea el ambiente rústico. De su cocina destacan las carnes a la brasa y el pescado de la zona al horno. Por supuesto, nos tendremos que ceñir al menú.

LA VELA

C.C. La Vela.
Telf. 950 334 105. Su terraza, en el paseo marítimo, es de las más concurridas y no es de extrañar, pues se aleja del típico chiringuito con su interior en madera que le asemeja a un barco. Para tapear, comer paella y pescado frito.

Restaurantes (desde 25 €)

La Albaida (avda. de las Gaviotas; telf. 950 333 821), es uno de los restaurantes más afamados de Roquetas. Reputación ganada, sobre todo, gracias a su excelente selección de mariscos. Buenas tapas en barra.

ROSES

GIRONA. 14.800 habitantes

A PESAR DE SU RENOMBRE EN EL ÁMBITO TURÍSTICO DE LA COSTA BRAVA, ROSES SIGUE SIENDO UNA LOCALIDAD AGRADABLE Y BIEN CUIDADA. NO OBSTANTE, EL CASCO URBANO HA QUEDADO YA RODEADO POR NUMEROSAS URBANIZACIONES, ALGUNAS DE LAS CUALES HAN ACAPARADO GRAN PARTE DE LA VIDA DEL MUNICIPIO.

INFO

Oficina Municipal de Turismo
Av. de Rhode, 101.
Telf. 972 150 537.
www.rosesweb.info
www.costabrava.org
www.gencat.net

DORMIR

Se debe tener en cuenta que muchos de estos establecimientos sólo abren en temporada turística.
*Además de los de categoría superior, como el **Almadraba Park**✪✪✪✪ (Platja Almadrava; telf. 972 256 550; habitación doble: 123-156 €), se recomiendan los siguientes hoteles:*

HOTEL CIUDADELA✪✪

Av. Tarragona, 7.
Telf. 972 257 009.
Las habitaciones resultan cómodas y la decoración es agradable. Todas, además, poseen terraza exterior.
Es posible, si es temporada turística, acogerse a alguna de sus modalidades de media pensión o pensión completa. Abre todo el año.
Habitación doble: 55-85 €.

HOTEL CASA DEL MAR✪

Canigó, 23-25.
Telf. 972 256 450.
Cerca de la playa del Salatar, algo alejado del casco urbano, abre sus puertas este establecimiento reducido y de trato familiar. Permanece abierto desde Semana Santa hasta octubre.
Habitación doble: 45-70 €.

HOSTAL MARIA ROSA✪

Av. Montserrat, 1.
Telf. 972 255 804.
Establecimiento localizado en el centro de la población y a tan sólo 150 metros de la playa.
Habitación doble: 50-65 €.

Otros hoteles de precio más elevado

La Terraza✪✪✪✪ (av. Rhode, 30; telf. 972 256 154; habitación doble: 90-120 €) y el hotel **Canyelles Platja**✪✪✪ (Platja Canyelles; telf. 972 256 500; habitación doble: 68-120 €).

COMER

La comida ampurdanesa es, teóricamente, la que domina en los restaurantes de Roses, aunque la proliferación de establecimientos y la enorme diversidad que muestran las procedencias de los visitantes han favorecido la aparición de locales especializados en las más variadas cocinas, desde vietnamita hasta mexicana o italiana.
La oferta de menú es abundante, aunque esta localidad posee en su término uno de los más afamados restaurantes de toda España.
*Se trata de **El Bulli** (Cala Motjoi; telf. 972 150 457) situado en el paradisíaco entorno de cala Montjoi, este restaurante está regentado por el afamado cocinero Ferrán Adrià, considerado uno de los mejores chefs del mundo, tanto por su destreza creativa como por su sabia mezcla de la cocina mediterránea con la sofisticación culinaria más vanguardista.*

Casas con menú (menos de 15 €)

L'ENTRECOT

Joan Badosa, 9.
Telf. 972 254 263.
Su menú incorpora platos elaborados a base de pescado, marisco y carnes.

EL MARINER

Av. de Rhode, 66.
Telf. 972 254 359.
Frente a la misma playa, rodeado de árboles y palmeras, el pequeño restaurante de El Mariner, permite degustar un excelente menú, en el que predomina la cocina mediterránea y la ampurdanesa, en un entorno muy agradable aunque sencillo.

Restaurantes (desde 21 €)

Llevant (av. de Rhode, 145; telf. 972 256 835) ofrece deliciosos guisos de pescado a precios razonables.

SABADELL

BARCELONA. 189.404 habitantes

ES SABADELL CIUDAD FRONTERIZA ENTRE LA EXTENSA ÁREA METROPOLITANA DE BARCELONA Y LOS ESPACIOS MENOS POBLADOS DE LA CATALUÑA INTERIOR. SU CARÁCTER INDUSTRIAL LA HA LLEVADO A CONVERTIRSE EN UNO DE LOS PRINCIPALES PUNTOS DE DESARROLLO ECONÓMICO DE CATALUÑA.

INFO

En el **Ayuntamiento** (plaça de Sant Roc, 1; telf. 93 745 31 00) se puede obtener información sobre las actividades culturales de la ciudad, así como sobre cualquier aspecto de la misma. www.sabadell.net

DORMIR

La oferta de alojamiento es escasa debido a la proximidad a la gran urbe barcelonesa y la ausencia de turismo.

HOTEL URPÌ✪✪✪

Sant Maties, 5. Telf. 902 313 134.
Céntrico, con habitaciones cómodas y bien equipadas. Ofrece aparcamiento. Habitación doble: 54-102 €.

Otros hoteles de precio más elevado

Reinaugurado en los últimos años tras sufrir una profunda remodelación, el **Gran Hotel Verdi**✪✪✪✪ (av. Francesc Macià, 62; telf. 93 723 11 11; habitación doble: 260 €) ofrece habitaciones con todas las comodidades imaginables e instalaciones de lujo.
Uno de los principales atractivos del **Hotel Sabadell**✪✪✪✪ (plaça de Catalunya, 10-12; telf. 93 727 92 00; habitación doble: 255 €) son sus vistas al parque de Catalunya.

EL TAPEO

Existen pocos establecimientos que ofrezcan tapas habitualmente y que vayan más allá del pincho de tortilla, las patatas o las olivas. Destacan la marisquería **Caracola** (So i Padrís, 90), que se llena los domingos a mediodía, o la marisquería **Loremar** (Lluís Carreras, 13), de similares características. El bar **Els Tranquils** (av. Barberá, 329) ofrece tapas de tierra adentro.

COMER

Casas con menú (menos de 15 €)

CAN FRANCESC
Carrer Tres Creus, 33. Telf. 93 725 27 21.
Cocina española, idóneo si lo que se quiere es comer de raciones y tapas.

MIRALLAC
Francesc Macià, s/n. Telf. 93 727 88 66.
Buena cocina casera y estupendas tapas en la barra.

Restaurantes (desde 24 €)

En los alrededores han proliferado los restaurantes instalados en masías. Es el caso de **Can Mauri,** situado en **POLINYÁ,** a unos 7 km de Sabadell (ctra. N-155, km 1,5; telf. 93 746 61 70), con una buena muestra de cocina de temporada, como la caza y las setas, y productos propios, como el cochinillo y las verduras.

SAGUNT/ SAGUNTO

VALENCIA. 61.517 habitantes

CIUDAD DE DILATADA HISTORIA, LA INDUSTRIA PESADA FUE EL MOTOR DE SU DESARROLLO ECONÓMICO DURANTE MUCHO TIEMPO, PERO AHORA SAGUNTO SE HA VOLCADO EN SUS MONUMENTOS, TANTO ARQUITECTÓNICOS COMO NATURALES –POSEE MAGNÍFICAS PLAYAS CON BANDERA AZUL–, PARA DESPEGAR DE NUEVO GRACIAS AL TURISMO.

INFO

Tourist Info Sagunto
Plaza del Cronista Chabret, s/n.
Telf. 96 266 22 13.
www.aytosagunto.es
www.comunitatvalenciana.com
Tourist Info Sagunto Playa
Avda. del Mediterráneo, 67.
Puerto de Sagunto.
Telf. 96 269 04 02.

DORMIR

HOTEL LA PINADA✪✪

Ctra. Nacional, Sagunto-Burgos, km 3.
Telf. 96 266 08 50.
www.serbit.com/lapinada
Las habitaciones son sencillas y cómodas, el trato es correcto. Frecuentado por gente de paso.
Habitación doble: 45-50 €.

HOTEL AZAHAR✪✪

Avda. del País Valencià, 8.
Telf. 96 266 33 68.
Pequeño y cómodo hotel en el centro histórico. Habitación doble: 75 €.

EL TAPEO

Para comer tapas en Sagunto hay que buscar un poco, pero al final se encuentran algunos bares como el **Mesón Casa Felipe** (Castillo, 21) o la cervecería **El Arrozal** (avda. del Mediterráneo, 115).

COMER

Casas con menú (menos de 15 €)

RACÓ DE L'HORTA
Puzol, 13. Telf. 96 266 47 44.
El menú incorpora platos caseros bien elaborados pero comunes; sin embargo, es posible degustar aquí una magnífica paella a la leña, cuyo sabor nada tiene que ver con el de la tradicional manera de elaborarla.

L'ARMELER
Subida al Castillo, 44.
Telf. 96 266 43 82.
La cocina de mercado es la base de la carta de este restaurante. De sus fogones salen unos platos muy bien elaborados y servidos con generosidad, con especial atención a los productos de calidad. De lunes a viernes sirven un menú de trabajo, pero siempre es posible acceder a los platos de la carta, en la que aparecen con frecuencia los guisos de caza. El ambiente interior es agradable y la decoración un tanto singular.

SAHAGÚN

LEÓN. 3.298 habitantes

VILLA HISTÓRICA DE TIERRA DE CAMPOS, ENCLAVADA EN EL CAMINO DE SANTIAGO. SUS IGLESIAS MUDÉJARES INVITAN A REMEMORAR SU PASADO MEDIEVAL Y A CONOCER SU TRANQUILA Y AFABLE VIDA ACTUAL.

INFO

Oficina de Información
En el Albergue de Peregrinos.
Calle del Arco, 87.
Telf. 987 782 117/ 781 121.
Ayuntamiento
Pza. Mayor, 15.
Telf. 987 780 001.

DORMIR

HOSTAL ALFONSO VI✪✪

Antonio Nicolás, 4.
Telf. 987 781 144.
Es un pequeño hostal de diez habitaciones en un edificio moderno.
Habitación doble: 40-45 €.

HOSTAL LA CODORNIZ✪✪

Del Arco, 84.
Telf. 987 780 276.
Dispone de teléfono y televisión en las habitaciones. Es acogedor, tranquilo y cómodo.
Habitación doble: 30-50 €.

HOSTAL ESCARCHA✪✪

Regina Franco, 12.
Telf. 987 781 856.
De reciente apertura y muy cerca de la Plaza Mayor, ofrece habitaciones modernas y cómodas. Con cafetería y una agradable terraza.
Habitación doble: 42 €.

EL TAPEO

En los alrededores de la Plaza Mayor se concentra la mayoría de los bares de tapeo. Podréis probar el caldo, las sopas y una variada selección de pinchos en **Sergio's;** en el **Ruedo II** la especialidad son las patatas y en la **Taberna de Miguel** todo tipo de raciones. En la avenida de la Constitución, el **Caracas** ofrece patatas bravas y "tigres" y el **Luna,** inmejorables champiñones. En la calle Alhóndiga, el **Karina** sirve sabrosísimos callos. Más alejado de la plaza está el **Deportivo,** con estupendas gambas y calamares.

COMER

Casas con menú (menos de 15 €)

ALFONSO VI
Antonio Nicolás, 6.
Telf. 987 781 144.
Es un bonito comedor con no muchas mesas. Ofrece un menú básico de cocina de mercado y regional con tres platos a elegir. Entre sus especialidades destacan los puerros con almejas y el cordero guisado tipo Sahagún.

Restaurantes (de 21 a 36 €)

La Codorniz (Del Arco, 84; telf. 987 780 276) ofrece un buen menú del peregrino. Su cocina tradicional merece ser conocida. Los puerros, las setas, los embutidos, los asados y la caza son sus especialidades. Han creado un plato que resume su extensa gastronomía: codorniz al abrigo de puerro con paté y crujiente de jamón. De los mismos propietarios es el **Medieval San Facundo,** en la misma dirección y especializado en platos de horno de leña.

Con una decoración que rememora lo castellano antiguo, **Casa Luis** (Plaza Mayor, 4; telf. 987 781 085) ofrece una cocina de gran calidad. Su bodega es magnífica. Especialidad en puerros, asados y ancas de rana.

También en la Plaza Mayor encontramos **El Ruedo II** (telf. 987 781 834), restaurante de la hospedería homónima. Su especialidad es el lechazo asado, el tostón y el bonito con puerros. Periódicamente organizan jornadas gastronómicas de cocina tradicional.

SALAMANCA

CAPITAL DE PROVINCIA. 159.225 habitantes

LA CONDICIÓN UNIVERSITARIA DE SALAMANCA DETERMINA LOS MODOS Y MANERAS DE LA CIUDAD, DESDE LA SUGERENTE ESTRUCTURA DEL CASCO ANTIGUO, CARGADO DE EDIFICIOS MONUMENTALES DE RECONOCIDO VALOR, HASTA EL CARÁCTER ABIERTO DE SU GENTE. PRECISAMENTE POR ESTA CONDICIÓN, SALAMANCA NO APARECE ANCLADA EN EL PASADO, SINO QUE PALPITA GOBERNADA POR LA POTENCIA JUVENIL QUE VA Y VIENE POR SUS CALLES ENTRE PIEDRAS ILUSTRES.

INFO

Oficina Municipal de Turismo
Plaza Mayor, 32. Telf. 923 218 342.
www.aytosalamanca.es
Oficina de Turismo de la Junta de Castilla y León. Compañía, 2 (Casa de las Conchas). Telf. 923 268 571.
Información turística de la Junta de Castilla y León. Telf. 902 203 030.
www.turismocastillayleon.com
Patronato Provincial de Turismo
Telf. 923 280 136.
www.dipsanet.es
Los periódicos locales *La Gaceta* y *Tribuna* aportan una guía diferenciada sobre actividades del fin de semana y datos relativos a cultura y ocio. *El Adelanto* ofrece un cuadernillo sobre la noche y una guía sobre cultura.

DORMIR

Por su condición de ciudad estudiantil y con tirón turístico, la gama es variada, desde la elegancia del ***AC Palacio de San Esteban✪✪✪✪✪*** *(Arroyo de Santo Domingo, 3; telf. 923 262 296; habitación doble: 99-210 €) o las vistas excepcionales del* ***Parador de Salamanca✪✪✪✪*** *(Teso de la Feria, 2; telf. 923 192 082; 150-160 €; www.parador.es) a otros alojamientos recomendables a precios mucho más ajustados.*

HOTEL ROOM MATE VEGA✪✪✪
Plaza del Mercado, 16.
Telf. 923 272 250.
De reciente apertura, es delicadamente moderno, luminoso y funcional. Cada habitación presenta una decoración diferente, con un diseño muy atractivo, también en las zonas comunes.
Habitación doble: 96-160 €.

HOTEL EMPERATRIZ✪✪
Compañía, 44.
Telf. 923 219 200. En pleno centro monumental, con limitaciones para estacionamiento, aunque el hotel dispone de garaje.
Habitación doble: 35-65 €.

APARTAHOTEL EL TOBOSO✪✪
Clavel, 7. Telf. 923 271 462.
A dos pasos de la Plaza Mayor, ofrece un marco muy agradable, tanto en instalaciones comunes como en las habitaciones, bien dispuestas. Aparcar puede resultar complicado.
Habitación doble: 48-88 €.

LE PETIT HOTEL GIRARDI✪
Ronda de Sancti Spiritus, 39.
Telf. 923 600 774.
Se trata de un hotelito con unas 22 habitaciones, algunas especiales, muy agradables y con decoración renovada. Servicios propios de mayor categoría. Lugar céntrico y bien atendido.
Habitación doble: 62 €.

HOSTAL REYES CATÓLICOS✪
Paseo de la Estación, 32.
Telf. 923 241 064.
Próximo a la plaza de España, cuenta con un aceptable equipamiento en las habitaciones.
Habitación doble: 68 €.

HOSTAL LOS INFANTES✪✪
Paseo de la Estación, 125.
Telf. 923 252 844. Habitaciones cómodas y tranquilas, aunque se encuentra en las cercanías de la plaza de España y a unos 15 minutos de la Plaza Mayor. Habitación doble: 50-70 €.

HOTEL EMPERATRIZ II✪✪
Rúa Mayor, 18. Telf. 923 219 156.
La mayor ventaja de este hotel es su emplazamiento privilegiado, aunque las habitaciones se encuentran algo anticuadas en su mayoría (mejor asegurarse antes).
Habitación doble: 50-65 €.

HOSTAL PEÑA DE FRANCIA✪
San Pablo, 96.
Telf. 923 216 687.
Al final de una calle céntrica, ofrece habitaciones limpias y con atención correcta.
Habitación doble: 25-33 €.

Otros hoteles de precio más elevado

Entre los de categoría más alta, es recomendable el **Regio✪✪✪✪** (en Santa Marta de Tormes; ctra. de Madrid, km 4; telf. 923 138 888; habitación doble: 130 €), situado a las afueras de la ciudad, pero agradable, bien equipado, con todas las comodidades y a un precio todavía asequible. Si se quiere dormir en el casco monumental, habrá que pagar un poco más. Una buena opción es **El Rector✪✪✪✪** (Rector Esperabé, 10; telf. 923 218 482; habitación doble: 115 €). El **Hotel San Polo✪✪✪** (Arroyo de Santo Domingo, 2-4; telf. 923 211 177; habitación doble: 50-96 €) comparte espacio con las ruinas de una iglesia románica. Habitaciones agradables, cómodas y bien decoradas. **Petit Palace Las Torres✪✪✪**, en pleno centro (plaza Mayor-Concejo, 4; telf. 923 212 100; habitación doble: 56-250 €), también ofrece cómodas instalaciones.
Y, por último, el **Meliá Las Claras Boutique✪✪✪✪** (Marquesa de Almarza, s/n; telf. 923 128 500; Habitación doble: desde 74 €).

EL TAPEO

En el centro

Salamanca cuenta con un bar, cafetería o similar a cada paso. Los establecimientos compiten con el pincho o tapa; en algunos lugares es gratuito y en otros a demanda del consumidor. No falta quien come o cena –y bien– con un recorrido por los santuarios del tapeo.

Son más, muchos más, de los que se pueden indicar aquí los puntos para acompañar el vino o la cerveza, pero quede constancia de los más relevantes. En la propia Plaza Mayor destacan sobre los restantes: **Cervantes,** buenas y variadas tortillas, y, sobre todo, **Real** y su pulpo. En la inmediata Concejo, **Plus Ultra** sirve unos pimientos, aunque caros, de quitarse el sombrero, y muy cerca, **Valencia** goza de fama por su cocina.

Si se sale por la calle del Prior, a unos pasos aparece **Bambú,** donde las posibilidades son largas, pero la panceta o el solomillo llaman la atención. Si se avanza por la cercana Rúa Mayor, en la confluencia con Felipe Espino radica **La Fanega,** donde se puede probar una boina o una fanega.

En caso de hallarnos en los entornos del barrio antiguo, en la calle Meléndez habrá que probar los embutidos y asados de **Patio Chico.** En Serrano, **Mandala** tiene una barra siempre abastecida de motivos consistentes. En las inmediaciones de la plaza de Anaya, **Las Caballerizas** no sólo ofrecen tipismo, sino jamón, queso o tortillas de buen tono.

COMER

El vacuno autóctono de raza morucha figura entre los platos de carne roja más apreciados. Tampoco desmerece la de cruce de esa raza con la charolesa. En ovino, destaca el lechazo de Salamanca, al igual que el cabrito cuchifrito. Y, desde luego, el cochinillo o tostón asado. Naturalmente, la chacinería es actividad fundamental a través de la Denominación de Origen de Guijuelo, que no sólo engloba a este pueblo sino a la zona del entorno: el jamón, la paletilla y el embutido son excepcionales. El hornazo, al que la carne y otros contenidos alejan de la empanada, es producto típico de la tierra. Y entre los postres, el arroz con leche.

*Numerosos restaurantes, con oferta plural en platos y precios, jalonan la zona central de la ciudad. Uno de los más acreditados es **Río de la Plata** (plaza del Peso, 1; telf. 923 219 005; precio medio, 36 €), especializado en cocina castellana de calidad. Otro restaurante para recomendar es **Chez Víctor** (Espoz y Mina, 26; telf. 923 213 123; precio medio, 50-60 €), éste dedicado a la cocina francesa.*

Casas con menú (menos de 15 €)

Aunque los muchos estudiantes que alberga la ciudad podrían propiciar restaurantes de factura corta, no ocurre así. Sin embargo, si se desea escapar del plato combinado anunciado con profusión en muchas puertas, aparecerán un buen número de establecimientos con precios contenidos y aceptable oferta para el yantar. Pero, además, locales con precios más elevados ofrecen menús especiales en condiciones ventajosas de calidad.

ISIDRO
Pozo Amarillo, 19.
Telf. 923 262 848.
La cocina casera como emblema, con guisos tradicionales, además del dominio con las parrillas para la carne y los asados.

CASA ROQUE
Pozo Amarillo, 23.
Telf. 923 214 476.
El dominio de la cocina casera también aparece en esta casa, donde anotan los callos como especialidad señera.

RÍO TORMES
Pza. del Corrillo, 20.
Telf. 923 211 323.
Primeros platos sobre la base de cocina casera, al tiempo que los segundos pueden derivar hacia los guisos o raciones, en un comedor escueto pero animado.

PATA NEGRA
Íscar Peyra, 25.
Telf. 923 266 126.
Si se mira atentamente la oferta, se podrán ajustar los primeros platos con segundos en los que manda la carne y, en especial, cuanto se relaciona con la chacinería.

PATIO CHICO
Meléndez, 13.
Telf. 923 265 103.
Hallar mesa en torno al patio aún hará más agradable la oferta con tonos de guisos caseros, con atención a carnes y chacinería.

PATO ROJO
F. Villalobos, 1.
Telf. 923 268 305. Aunque algo apartado del centro, el restaurante propone platos bien condimentados al estilo tradicional, con oferta de carne –sobre todo, asados– y de pescados.

MESÓN CERVANTES
Plaza Mayor, 15. Telf. 923 217 213.
Mesón de toda la vida, donde degustar los productos típicos, además de platos combinados, en medio de un entorno bullente por la juventud que domina entre la clientela. Dispone de terraza en el privilegiado marco de la Plaza Mayor.

Restaurantes (de 20 a 40 €)

Valencia (Concejo, 15; telf. 923 217 294/ 868) cuenta con una de las mejores cocinas de Salamanca y, aparte de su carta, dispone de un menú nutrido, variado y de calidad, que permitirá sentirse satisfecho. En verano dispone de terraza.

El Mesón (Poeta Iglesias, 10; telf. 923 217 222) se presenta como el lugar ideal donde combinar las nuevas tendencias culinarias, en los entrantes, y la más arraigada tradición del asado castellano. Otro buen restaurante, con dominio en carnes y pescados, es **La Posada** (Aire y Azucena, 1; telf. 923 217 251).

Siempre que no os dejéis tentar por otros productos que lucen su precio, la carta de **Las Torres** (Plaza Mayor, 26; telf. 923 212 100) aporta oferta suficiente para comer debidamente con platos que en algunos casos son fruto de interesante búsqueda. En **Cuzco** (Compañía, 50; telf. 923 215 750), el asado es el rey, aunque quizá haya que controlar las ganas si se pretende ajustarse al presupuesto; el pescado y la chacinería también son de fiar. Para pescados, es recomendable **Jero** (Meléndez, 11; telf. 923 215 871), donde además sobresalen los patés.

Un local de especial concurrencia juvenil es **El Bardo** (Compañía, 8; telf. 923 219 089; menú: 10 €), con buena nota en sus carnes y guisos. Aparte del menú bien nutrido, los vegetarianos hallarán consuelo en sus demandas. Las propuestas tradicionales, como la salmantina chanfaina, se pueden probar a la mesa de **La Montaraza** (José Jáuregui, 9; telf. 923 260 021), en el que los productos chacineros encuentran buen tratamiento, además de los asados y postres caseros.

En **El Comercio** (Pozo Amarillo, 23; telf. 923 260 280), destacan los guisos elaborados de cocina casera y productos de la chacinería, al igual que en **El Tobogán** (Pollo Martín, 36; telf. 923 253 081), con una carta amplia, en la que también ocupan posición dominante los productos de la tierra.

CAFÉS

En el **Novelty** (Plaza Mayor, 1) tiene Salamanca su café más antiguo y con mayor tradición postinera, con rememoranza de tertulias, local al que se sigue acudiendo, sea para quedar o para permanecer.

Toda la Plaza Mayor brinda cafés de referencia: **Las Torres, Altamira, Berysa, Cervantes** o **El Real.** Pero, sobre todo, están las terrazas, desde donde se otea la ciudad al tiempo que se relajan tensiones. Son también recomendables las próximas de plaza del Corrillo, plaza de San Benito y plaza de Sexmeros.

En **La Regenta** (Espoz y Mina, 19) el ambiente agradable envuelve la charla distendida y romántica. **Il Caffe di Roma** (Meléndez, 2) permite la variedad y galanura italiana, y el vecino **Erasmus** (Meléndez, 7) es reflejo de la diversidad de lenguas y culturas, al tiempo que **El Corrillo** (Meléndez, 10) acoge con ambiente vibrante y la seducción de sus músicas. En la plaza del Corrillo se sitúan **La Platea** –espacio acogedor para dejar correr las horas– y **Musicarte,** con ambiente plural, acogedor y música que acuna. **El Principal** (Rúa Mayor, 9) alterna en los veladores el sosiego de mañanas y tardes con lo bullente de sus noches.

SALLENT DE GÁLLEGO

HUESCA. 683 habitantes

LA CAPITAL DEL VALLE DE TENA ES UNA BONITA VILLA FRONTERIZA Y UN ATRACTIVO CENTRO VERANIEGO Y DE SERVICIOS TURÍSTICOS, PRÓXIMO A LA ESTACIÓN INVERNAL DE FORMIGAL.

INFO

Oficina de Turismo
Telf. 974 488 012. Sólo en verano.
Ayuntamiento
Telf. 974 488 005. www.sallent.info
Estación de Formigal
Telf. 974 490 000.
www.formigal.com
Oficina del Festival Pirineos Sur
Telf. 974 294 151.

DORMIR Y COMER

HOTEL BALAITÚS
Ctra. Francia, 16.
Telf. 974 488 059. Ocupando la antigua Casa del Reyno, de clásico estilo bearnés, presenta una típica portada y arco de piedra. En cuanto a las habitaciones, mantienen bien el tono rústico propio del edificio.
Habitación doble: 54-78 €.

HOTEL FAMILIAR MAXIMINA
La Iglesia, 3. Telf. 974 488 436. Interesante si viajan muchas personas, con habitaciones de dos y hasta seis plazas. Habitación doble: 54-60 €.

CASA MARTÓN
Pl. Valle de Tena, s/n. Telf. 974 488 251. Funciona como asador y tiene una encantadora terraza al lado de la casa. Los postres son estupendos.

SAN LORENZO DE EL ESCORIAL

MADRID. 10.828 habitantes

EL MONASTERIO DE EL ESCORIAL, CONSTRUIDO POR FELIPE II EN PLENA SIERRA DE GUADARRAMA, ES HOY UNO DE LOS PRINCIPALES DESTINOS TURÍSTICOS DEL MUNDO. A SU ALREDEDOR SURGIÓ EL PUEBLO, TRADICIONAL LUGAR DE VACACIONES Y SEDE DE LOS CÉLEBRES CURSOS DE VERANO DE LA UNIVERSIDAD COMPLUTENSE.

INFO

Oficina de Turismo. Grimaldi, 2.
Telf. 91 890 53 13. www.comadrid.es

DORMIR

HOTEL TRES ARCOS✪

Juan de Toledo, 42 (ctra. de Guadarrama). Telf. 91 890 68 97. Un lugar agradable, relativamente alejado del centro. Su único inconveniente es la carretera, pero el lugar es acogedor y con un bar-restaurante en su interior con precios aceptables.
Habitación doble: 60 €.

HOSTAL CRISTINA✪✪

Calvario, 45 y Juan de Toledo, 6.
Telf. 91 890 19 61.
Uno de los mejores sitios por su relación calidad-precio. Está casi en el centro y pegando al lujoso Victoria Palace. Atención agradable.
Habitación doble: 48 €.

Hoteles de precio más elevado

Cerca del monasterio, el **Hotel Victoria Palace**✪✪✪✪ (Juan de Toledo, 4; telf. 91 896 98 90; habitación doble: 100-148 €) es una de las mejores ofertas.

En un escalafón inferior están el **Florida**✪✪✪ (Floridablanca, 12; telf. 91 890 17 21; habitación doble: 60-72 €) y el **Miranda Suizo**✪✪✪ (Floridablanca, 18; telf. 91 890 47 11; habitación doble: 73-91 €), herederos de pasados esplendores. En una antigua villa de recreo se ubica el hotel **Botánico**✪✪✪ (Timoteo Padrós, 16; telf. 91 890 78 79; 76-120 €), elegancia y tranquilidad lo caracterizan.

COMER

*Uno de los restaurantes clásicos de la villa es **Charolés,** (Floridablanca, 24; telf. 91 890 59 75; 36 €), sus cocidos de los miércoles son una institución.*

Casas con menú y carta (desde 20 €)

FONDA GENARA

Pza. San Lorenzo/Pza. de las Ánimas.
Telf. 91 890 43 57. Es uno de los restaurantes más acogedores, dentro de la Galería Martín, un pasadizo/edificio que data de 1768. No os perdáis la decoración, en la que juega un papel importante las fotografías de época de los lugareños.

LA OFICINA

San Quintín, 4.
Telf. 91 890 49 75.
Cocina casera en un sencillo establecimiento. Si el tiempo lo permite, se puede comer al aire libre.

Restaurantes (sobre 30 €)

Horizontal (Camino Horizontal, s/n; telf. 91 890 38 11/ 12 54) es un lugar que no debéis perderos. En pleno monte Abantos, tiene estupendas vistas. Ofrece gastronomía de primera con un menú diario. Cocina moderna internacional.

Una arrocería para tener en cuenta es **La Bugambilla de la Calle del Rey** (Del Rey, 41; telf. 91 890 66 69) que ocupa un local con gran historia: servía para alojar y reparar las carrozas de la realeza.

SAN MILLÁN DE LA COGOLLA

LA RIOJA. 288 habitantes

PEQUEÑO PUEBLO QUE, CONOCIDO COMO LA CUNA DEL CASTELLANO, SURGIÓ AL AMPARO DE DOS IMPORTANTÍSIMOS MONASTERIOS, EL DE SUSO (SIGLO X) Y EL DE YUSO (SIGLO XI), DECLARADOS PATRIMONIO DE LA HUMANIDAD.

INFO

No existe oficina de información, pero las visitas a los monasterios son guiadas. www.larioja.com

DORMIR

Una buena opción en San Millán de la Cogolla es la lujosa **Hostería del Monasterio de San Millán**✪✪✪✪ (telf. 941 373 277), impresionante hotel situado en las antiguas dependencias del abad. Elegante y funcional, rompe con la supuesta austeridad de lo monástico. Las habitaciones son luminosas y espaciosas y además cuentan con todo tipo de lujos y comodidades, así como con dos balcones de espectaculares vistas. 85-105 €.

HOSPEDERÍA LA CALERA

Ctra. Lugar del Río, s/n.
Telf. 941 373 268/ 661 804 172. El antiguo parador de San Lorenzo, bien restaurado, ofrece habitaciones decoradas con muebles rústicos y bañera de hidromasaje. Habitación doble: 65 €.

Turismo rural

La alternativa son las casas rurales de la vecina localidad de **BERCEO.** Están situadas y todas ellas cuentan con tres habitaciones y un cuarto de baño. El trato es familiar. **Casa Gonzalo** (telf. 941 206 950/ 205 362), **Casa Llorente** (Valvanera, s/n; telf. 941 373 092/ 226 538) y **Casa Nestazar** (telf. 941 373 217). En cualquiera de ellas la habitación doble ronda los 45 €.

COMER

Restaurantes (sobre 25 €)

San Agustín (monasterio de Yuso, s/n; telf. 941 373 277) en otro tiempo hubiera roto todos los votos de los monjes de los alrededores. Dentro del conjunto hostelero diseñado para acoger a grandes grupos, se come de maravilla. La mejor actualización del recetario riojano a los tiempos que corren. Ofrece un menú el fin de semana por 16 €.

Las Glosas (Prestiño, 2; telf. 941 373 232) es un agradable mesón ubicado en un caserón de piedra del siglo XVII. Sus especialidades son patatas con chorizo, caparrón pinto, menestras, pimientos del valle, bacalao a la riojana.

SAN SEBASTIÁN DE LA GOMERA

ISLA DE LA GOMERA. 7.984 habitantes

AUNQUE LOS ISLEÑOS LA DENOMINAN "LA VILLA", ES LA CAPITAL DE LA ISLA DE LA GOMERA. FUE ESCALA HABITUAL DE LAS EXPEDICIONES AL NUEVO MUNDO Y LA ÚLTIMA TIERRA CASTELLANA QUE PISÓ COLÓN ANTES DEL DESCUBRIMIENTO DE AMÉRICA.

INFO

Oficina de Turismo
Real, 4. Telf. 922 141 512.
www.situr.org;
www.gomera-island.com

DORMIR

*Aparte del **Parador**✪✪✪✪ (Lomo de la Horca; telf. 922 871 100; www.parador.es; 131-156 €), la oferta de hoteles económicos es amplia:*

HOTEL TORRE DEL CONDE✪✪✪

Ruiz de Padrón, 19.
Telf. 922 870 000. Hotel urbano de carácter familiar, situado junto al parque de la Torre del Conde.
Habitación doble: 85-115 €.

HOTEL GARAJONAY✪✪

Ruiz de Padrón, 15.
Telf. 922 870 550. Bien situado, es un hotel medio, aseado y cómodo.
Habitación doble: 56-72 €.

HOTEL VILLA GOMERA✪✪

Ruiz de Padrón, 68.
Telf. 922 870 020. En pleno centro. Atendido con simpatía y esmero.
Habitación doble: 48 €.

PENSIÓN COLÓN✪✪

Del Medio, 59.
Telf. 922 870 235. Sencillo y familiar establecimiento.
Habitación doble: 35 €.

Otros hoteles de precio más elevado

El **Jardín Tecina**✪✪✪✪ (Lomada de Tecina; **Playa de Santiago;** telf. 922 145 850; habitación doble: 144-240 €) es un espléndido hotel con jardines, piscinas, canchas de tenis, anfiteatro al aire libre, discoteca, gimnasio... y excelentes vistas.

COMER

Avenida
Avda. Marítima. **Playa de Santiago.** Telf. 922 895 498. Un muy interesante restaurante, cómodo, confortable, bien atendido y con una oferta gastronómica internacional cuidada y bien elegida. Buenos vinos del país. Destacan sus pescados frescos y sus pizzas.

El Charcón
Paseo Fred Olsen, s/n.
Telf. 922 141 898. Cocina creativa en la que predomina el pescado fresco de playa. Ocupa una singular cueva natural, junto al muelle de La Gomera.

Casa del Mar
Paseo Fred Olsen, 1.
Telf. 922 870 320.
Especializado en cocina canaria y mediterránea. Conejo en salmorejo, pescados frescos de playa y carnes. Postres de creación propia.

Casa Ramón
Avda. Marítima, 55. En **Alarejo.**
Telf. 922 895 147. Cocina casera con raíz canaria y marinera. Menú y carta.

Junonia
El Medio, 51.
Telf. 922 870 383. En su carta se alternan los platos de la cocina local con la internacional.

La Tasca
Ruiz de Padrón, 26.
Telf. 922 141 598. Situado en el centro de la ciudad. Con un atento servicio, en su carta destaca la gastronomía gomera e internacional con productos de primera calidad.

Playa
Avda. Marítima. **Playa de Santiago.**
Telf. 922 895 147.
Agradable restaurante para disfrutar de la brisa marina mientras se degustan sus platos exquisitos y abundantes y, sobre todo, merecen especial atención sus pescados frescos.

Restaurantes (sobre 24 €)

El restaurante del **Hotel Jardín Tecina** (telf. 922 145 850) tiene una preciosa balconada-mirador de madera de tea que da al mar desde un acantilado. Su oferta gastronómica es excelente, con lo mejor de la cocina gomera y productos del huerto y frutos del mar del día.

SAN VICENTE DE LA BARQUERA

CANTABRIA. 4.515 habitantes

La última gran villa cántabra antes de llegar a Asturias ha sabido compartir la actividad marinera con la de los servicios y el turismo, aprovechando sus recursos monumentalales, gastronómicos y populares. Un bien conservado casco antiguo, buenas playas y bellos enclaves naturales convierten a San Vicente en un lugar de obligada visita.

INFO

Oficina de Turismo. Avda. del Generalísimo, 20. Telf. 942 710 797.
www.sanvicentedelabarquera.org

DORMIR

Hotel Luzón✪✪
Avda. Miramar, 1. Telf. 942 710 050.
Edificio señorial con más de 100 años funcionando como hotel. Situado en el centro de la villa, a orillas de la bahía y a 1 km de las inigualables playas barquereñas. Habitación doble: 50-65 €.

Hotel Noray✪
Paseo de la Barquera, s/n.
Telf. 942 712 141. En una de las zonas más tranquilas de la población. Goza de excelentes vistas del puerto pesquero y de la bahía. Todas las habitaciones tienen baño completo, teléfono y televisión. Ambiente familiar.
Habitación doble: 48-70 €.

Hostal Orión✪✪
La Revilla. Telf. 942 711 583.
En una colina, a 3 km de San Vicente de la Barquera. Todas las habitaciones tienen cuarto de baño, televisión y grandes ventanales con amplias panorámicas al mar, los Picos de Europa y la villa de San Vicente.
Habitación doble: 40-65 €.

Pensión Granada✪✪
Los Llaos, 5. Telf. 942 712 113. Moderno alojamiento situado en pleno corazón del Parque Natural de Oyambre, a 400 m de la playa del Merón. Televisión y teléfono en las habitaciones.
Habitación doble: 30-45 €.

Hotel Rural Gerra Mayor✪✪
Barrio Gerra-Los Llaos.
Telf. 942 711 401. De reciente construcción, aprovechando una antigua casa de labranza, se encuentra en un bello rincón del Parque Natural de Oyambre. Habitaciones decoradas con gusto.
Habitación doble: 45-60 €.

Posada La Coteruca
Gandarilla. Telf. 942 746 035.
A 7 km del centro de la villa se levanta esta posada rural rodeada de prados y vacas. Todas las habitaciones tienen baño y calefacción.
Habitación doble: 35-48 €.

Otros hoteles de precio más elevado

Son recomendables el **Hotel Miramar**✪✪✪ (paseo de la Barquera, 20; telf. 942 710 075; 60-78 €), con modernas instalaciones y vistas sobre la bahía y los Picos de Europa, y el **Boga-Boga**✪✪ (pza. de José Antonio, 9; telf. 942 710 135; 45-66 €), con un buen nivel de servicios.

EL TAPEO

La zona del tapeo se sitúa entre las avenidas del Generalísimo y Miramar, donde se suceden numerosos bares. En la primera de ellas encontramos **Las Redes,** donde sirven excelentes sardinas, rabas y navajas; y **El Pescador,** famoso por su paella de mariscos. Cruzando de acera se hallan **Los Arcos,** uno de los establecimientos más conocidos de San Vicente; **El Bodegón,** con embutidos, pulpo a la vinagreta y mejillones, entre otras muchas cosas; y el **Folia,** el más popular merced a sus sardinas asadas.

COMER

Casas con menú (menos de 15 €)

Muchos son los restaurantes situados en el centro de la villa, pero hay que saber elegir bien si no queremos llevarnos un susto a la hora de recibir la cuenta.

La Brasa
Cuesta Don Paco, 9.
Telf. 942 712 590. Cocina compuesta por una amplia carta, en la que destacan los pescados frescos y de temporada. Los fines de semana dispone de un menú bastante económico y de excelente calidad que suele incluir cocido montañés o ragut de venado, entre otros platos.

Áncora
Padre Ángel. Telf. 942 711 523.
Además de cocina tradicional cántabra, ofrece pizzas y pasta. También cuenta con un menú económico.

Bahía
Avda. Miramar, s/n.
Telf. 942 710 248. De nombre poco original si tenemos en cuenta su situación, este restaurante de precios asequibles es el auténtico especialista en chipirones encebollados.

Tarayan
Los Llanos-Gerra. Telf. 942 746 081.
No está en el casco urbano, pero el desplazamiento merece la pena tanto por el paisaje como por la calidad de los platos elaborados en esta casa de comidas. La cuenta puede subir con platos como el rodaballo o el solomillo al queso pero también disponen de un menú.

Restaurantes (sobre 20 €)

A la salida hacia Oviedo, el restaurante **Maruja** (Generalísimo, s/n; telf. 942 710 077) ofrece cocina marinera y regional con garantía total en la calidad del pescado. A pesar de estar en la calle con mas tráfico de toda Cantabria, el local es acogedor. Se puede comer por 21 € olvidando el marisco.

Los Arcos (Generalísimo, 11; telf. 942 710 067) es otro local que se nutre del mar. Diferentes parrilladas de marisco a buen precio. Muy céntrico y con servicio atento.

Para comer cocina tradicional montañesa y buenos pescados y mariscos también se puede acudir a **Augusto** (Mercado, 1; telf. 942 712 040). Todo de calidad, sin lujos, y en un comedor confortable con cierto sabor antiguo.

SANGÜESA

NAVARRA. 4.634 habitantes

ES LA CIUDAD MÁS IMPORTANTE DE LA NAVARRA MEDIA ORIENTAL Y UNA DESTACADA ETAPA DEL CAMINO DE SANTIAGO ARAGONÉS. POR SU SITUACIÓN FRONTERIZA, SE HA CONVERTIDO EN ENCRUCIJADA DE CAMINOS Y GOZA DE GRAN AUGE ECONÓMICO Y CULTURAL.

INFO

Oficina de Información
Mayor, 2.
Telf. 948 871 411.
http://turismo.navarra.com
www.navarra.net/pueblos/sanguesa

DORMIR

HOTEL YAMAGUCHI✪✪
Ctra. de Javier.
Telf. 948 870 127.
Modesto pero confortable.
Con piscina y restaurante.
Habitación doble: 65 €.

PENSIÓN LAS NAVAS✪✪
Alfonso el Batallador, 7.
Telf. 948 870 077.
Situada en una de las principales calles de la población, sus instalaciones son anticuadas y austeras.
Habitación doble: 40 €.

COMER

Casas con menú (menos de 15 €)

ACUARIO
Santiago, 9. Telf. 948 870 102. Cocina navarra e internaciona y postres caseros. Entre sus especialidades, *marmitako*, merluza de la casa y pollo a la naranja.

1920 RESTAURANTE
Santiago, 2. Telf. 948 870 950.
Establecimientos sencillo y económico de cocina casera navarra de primera calidad.

LAS NAVAS
Alfonso el Batallador, 7.
Telf. 948 870 077. Se trata del restaurante de la pensión homónima, y entre sus platos están las requeridas pochas de Sangüesa, la menestra de verdura y el jarrete de ternasco.

DANTZARI
Cierzo, 29. **LUMBIER.** Telf. 948 880 424. Cocina casera y también moderna: canelones de hongos y *foie*, magret de pato y lomo de ciervo.

Restaurantes (desde 20 €)

El asador **Mediavilla** (Alfonso el Batallador, 15; telf. 948 870 212; precio medio, 24-42 €) ofrece excelente variedad de carnes para todos los gustos con estupendos acompañamientos de verduras.

El **Ciudad de Sangüesa** (Santiago, 4; telf. 948 871 021; 12-24 €) es un sitio donde es habitual ir a por el menú y al ojear la carta caer rendido ante alguna contundente propuesta navarra. El ajoarriero lo enriquecen con gambas y al redondo de ternera con setas. Todo magnífico y barato.

SANLÚCAR DE BARRAMEDA

CÁDIZ. 63.187 habitantes

SEPARADA DEL PARQUE NACIONAL DE DOÑANA POR LA DESEMBOCADURA DEL GUADALQUIVIR, ESTA LUMINOSA Y ALEGRE CIUDAD VIVE DEL TURISMO ESTIVAL, APROVECHA LOS RECURSOS DEL MAR Y SE BENEFICIA DEL CLIMA Y LA FERTILIDAD DE SUS TIERRAS PARA PRODUCIR EN SUS BODEGAS LA MANZANILLA, VINO DE COLOR DORADO, SUAVE AL PALADAR Y AROMÁTICO, PERFECTO PARA ACOMPAÑAR LOS PESCADOS Y MARISCOS DE ESTE LITORAL.

INFO

Oficina de Turismo
Calzada del Ejército. Telf. 956 366 110.
www.turismosanlucar.com
www.aytosanlucar.org
Centro de Visitantes de Doñana Fábrica de Hielo
Avda. Bajo de Guía, s/n.
Telf. 956 381 635. Organizan rutas en el *Real Fernando* (telf. 956 363 813), un pequeño barco que remonta el río adentrándose en el parque.

DORMIR

HOTEL POSADA DE PALACIO✪✪✪
Caballero, 11. Telf. 956 364 840. Un hotel de capricho. Situado en la parte más alta de la ciudad, fue una casa-palacio del siglo XVIII. Cada habitación es distinta, combinando decoración y estructura al antojo de los propietarios.
Habitación doble: 85-105 €.

PENSIÓN LA BOHEMIA✪✪
Don Claudio, 1.
Telf. 956 369 599. Tiene habitaciones con baño o ducha. Está limpia, bien cuidada, fresca y luminosa. Muy básica y para presupuestos ajustados.
Habitación doble: 40-48 €.

Otros hoteles de precio más elevado

Muy bien situado, cerca del centro de Sanlúcar y a un paseo de la playa es el **Hotel Tartaneros** ✪✪✪ (Banda de la Playa, 47; telf. 956 362 044; 75-110 €) Antiguo palacio y bodega, abrió sus puertas como hotel en 1986. De las 22 habitaciones de que dispone, la 22 y la 11 son las mejores, amplias y luminosas. Las de la planta baja pueden resultar menos acogedoras. Todas cuentan con aire acondicionado (imprescindible en verano por estas latitudes).

El **Hotel Los Helechos**✪✪✪ (plaza Madre de Dios, 9; telf. 956 367 655; 45-66 €) ocupa una casa que perteneció a la familia bodeguera de los Hidalgo. Por fuera no llama la atención, pero el interior conserva un patio que, aunque reformado, ha mantenido su estructura de arcos original. Las habitaciones que dan al patio son más tranquilas.

COMER

Casas con menú (menos de 12 €)

CASA BALBINO
Plaza del Cabildo.
Telf. 956 360 513.
Estupendo bar de tapas que sirve deliciosas berenjenas rellenas, calamares rellenos, marisco o las tortillas de camarones, sin duda, su especialidad. Todo impecable, incluido el servicio en la barra. En la terraza es autoservicio, y disponen de bandejas para facilitar el trabajo.

BAR BARBIANA
Ancha, 2 (en la plaza del Cabildo). Pequeño bar que hace esquina. En el interior hay una barra semicircular en forma de bota donde sirven buen queso viejo, tortillas de camarones, mariscos y aliños.

BAR BUCHÓN
Avda. de Huelva. En dirección al puerto de Bonanza, a unos 2 km del centro. Telf. 956 365 154. Gran cervecería con terraza donde se sirven raciones de mariscos y guisos a muy buenos precios.

LA JAULA
Calzada del Ejército. Detrás de la oficina de turismo. Freiduría autoservicio. Se compra el pescado en cucuruchos y se come en la terraza. Sitio de batalla muy popular.

EL TRIGO
San Nicolás.
Telf. 956 366 053.
Todo muy rico y abundante, por lo que resulta difícil conseguir mesa; hay que ir prontito. Pescado frito, aliños y cerveza en jaras.

EL GALLEGO
Plaza de la Paz, 6.
En la parte alta, cerca de las bodegas y el Castillo. Para hacer un alto a picar algo durante la visita. Buenas tapas y raciones.

Hay muchos más bares, sobre todo en la plaza del Cabildo y los alrededores: **La Gitana, El Cura** (telf. 956 360 061; menú del día) o **Los Corrales** (telf. 956 364 906) en la Calzada del Ejército. Todos tienen buen género y no resultan caros, dependiendo de lo que se pida, porque el marisco nunca es barato.

Restaurantes (desde 25 €)

La barriada de Bajo de Guía es el punto de destino para los amantes de la cocina marinera, presidida por los langostinos de Sanlúcar y acompañada por la legendaria manzanilla. Entre los restaurantes más recomendables destacan **Casa Bigote** (avda. Barrameda Puerto; telf. 956 362 696), **Mirador de Doñana** (telf. 956 364 205) y **Casa Juan** (telf. 956 362 695) donde no hay que dejar de probar su especialidad: el arroz con langostinos.

SANT ANTONI DE PORTMANY

ISLA DE EIVISSA. 15.775 habitantes

La ciudad de Sant Antoni, que ha crecido desmesuradamente alrededor de la parroquia original, cuenta con una importante infraestructura turística y una vida nocturna en verano bien conocida por la juventud europea. Desde Sant Antoni pueden visitarse innumerables playas y calas del sur de Eivissa.

INFO

Oficina de Información y Turismo
Passeig de Ses Fonts, s/n.
Telf. 971 343 363. www.caib.es

DORMIR

Tanto en Sant Antoni como en las principales calas próximas existen numerosos hoteles y apartamentos turísticos. Entre ellos destaca el **Pikes**✪✪✪✪ *(ctra. de sa Vorera, km 12; Telf. 971 342 222; habitación doble: desde 135 €), uno de los hoteles más exclusivos de la isla.*

Lo más recomendable es contratar la estancia a través de una agencia de viajes, ya sea aisladamente o formando parte de un paquete turístico; los precios son más ventajosos. No obstante he aquí algunos alojamientos que admiten reservas particulares y que ofrecen precios razonables:

HOTEL MARCO POLO✪✪✪

Avinguda Portmany, 8.
SANT ANTONI. Telf. 971 341 050.
Frecuentado por familias de españoles en vacaciones, dispone de 107 habitaciones con baño y aire acondicionado, además de piscina y restaurante. Abierto todo el año. Habitación doble: 35-160 €.

HOTEL ES PLA✪✪✪

Avinguda Portmany, 7. **SANT ANTONI.**
Telf. 971 341 154. Con servicios muy similares al anterior, éste dispone de 170 habitaciones con baño. Abierto todo el año. Habitación doble: 50-210 €.

HOTEL SOL PINET PLAYA✪✪

Bahía de Sant Antoni-Cala de Bou. Granada, s/n. Telf. 971 340 250.
Hotel tranquilo y familiar situado cerca de la playa. Habitaciones amplias y cómodas. Bar, restaurante, piscina, parque infantil, acceso para discapacitados, jardín e internet en algunas habitaciones. Habitación doble: 180 €.

HOSTAL BRISA✪✪

València, 15. **SANT ANTONI.**
Telf. 971 341 216. Enorme hotel de 112 habitaciones, amplias y con baño. Piscina y bar-restaurante. Está un tanto alejado del Paseo Marítimo pero ofrece una buena relación calidad-precio. Habitación doble: 55-75 €.

HOSTAL FLORIDA✪✪

Ramón y Cajal, 2. **SANT ANTONI.**
Telf. 971 340 901. Fax: 971 342 133.
Habitación doble: 50-99 €.

HOSTAL NORTE✪✪

Barcelona, 7. **SANT ANTONI.**
Telf. 971 340 127. Hostal de 56 habitaciones, abierto en temporada. Jardín-terraza con piscina. Habitación doble con baño: 45 €.

Otros hoteles de precio más elevado

En la carretera del Port des Torrent está el **Hotel Nautilus**✪✪✪✪ (telf. 971 340 400; habitación doble: 85-210 €).

COMER

Casas con menú (menos de 15 €)

DINAMARCA

Progrés, 48, esquina Dinamarca, cerca del mercado. Telf. 971 345 877. **SANT ANTONI.** En el hospedaje del mismo nombre. Menús caseros a buenos precios.

PARÍS

Progrés, 34. **SANT ANTONI.**
Telf. 971 340 018. Situado en el corazón de la ciudad, con más de 35 años de antigüedad. Vivero propio de langostas, cigalas y mariscos. Caldereta de langosta, *bollit* y *suquet de peix;* repostería ibicenca. Decoración rústica y chimenea. Excelente menú.

CAN PILOT

Isidor Macabich, s/n (cruce de Santa Agnès de Corona). **SANT RAFEL.**
Telf. 971 198 293. Ocupa una casa de estilo colonial, decorada con obras del conocido ceramista y pintor Kinoto. Popular bar de tapas con platos del día a donde acuden los fines de semana gentes de toda la isla. Fritos de pulpo, asadura y puerco, berenjenas rellenas, lengua con alcaparras y postres caseros. Para repetir.

Restaurantes (sobre 25 €)

En Sant Antoni, **Sa Capella** (ctra. de Santa Agnès de Corona, km 0,5; telf. 971 340 057) es un agradable restaurante instalado en un antiguo edificio destinado a ser capilla. Música clásica y estatuas contribuyen a crear una atmósfera refinada. Platos locales e internacionales. Excelente bodega. Cerrado los mediodías y en invierno.
También en Sant Antoni, **Es Rebost de Can Prats** (Cervantes, 4; telf. 971 346 252) ofrece cocina ibicenca del interior, en una sencilla casita con decoración rústica. Platos como el *sofrit pagès*, el *arròs de matances* y el exquisito *frit de pop* (frito de pulpo). Cierra martes y en febrero.
Cala Salada, en la cala del mismo nombre, al norte de Sant Antoni de Portmany (telf. 971 342 867), cuenta con una terracita sobre la playa. En este local se degustan pescados de la isla al horno y a la parrilla, así como carnes y arroces de todo tipo. Como se trata de un restaurante de familia de pescadores, los precios son muy ajustados. De octubre a Semana Santa sólo abre al mediodía.
Es Pi d'Or (Cala Gració, s/n; telf. 971 342 872) ofrece, para muchos, los mejores pescados y mariscos de la isla, que es mucho decir; y los precios no son desorbitados. Eso sí, no es pescado mediterráneo sino del Atlántico, que llega diariamente al aeropuerto.

SANT CARLES DE LA RÀPITA

TARRAGONA. 11.200 habitantes

A caballo entre el Montsià y el mar, Sant Carles es una de las poblaciones más dinámicas de la zona. Sus calles acogen una significativa animación juvenil y su puerto pesquero es uno de los más importantes de estos contornos.

INFO

Oficina de Turismo
Plaça Carles III, 13.
Telf. 977 740 100.
www.larapita.com

DORMIR

HOTEL MIAMI PARK✪✪✪

Av. de la Constitució, 33.
Telf. 977 740 351.
En pleno centro de la localidad, es la opción más recomendable. Su categoría de tres estrellas no se corresponde con sus económicos precios. Si se reserva habitación para el verano con antelación, el hotel realiza descuentos. Su restaurante, *Can Pons,* es excelente, y en él se puede comprobar la frescura del pescado de la lonja. Habitación doble: 55-115 €.

PENSIÓN ROCAMAR✪✪

Av. Constitución, 8.
Telf. 977 740 458.
Cómodo y sin lujos, pero aceptable. Habitación doble: 26-40 €.

Otros hoteles de precio más elevado

El **Hotel-Apartamentos La Ràpita**✪✪✪ (plaça Lluís Companys, s/n; telf. 977 741 507; habitación doble: 160-180 €) es moderno, céntrico y confortable.

EL TAPEO

Los diversos establecimientos que ofrecen tapas permiten degustar una amplia variedad de productos del mar. Bares como **Sergio** (av. de la Constitució, 7) o **Picardíes** (Arsenal, 8) son los más recomendables.

COMER

Casas con menú (menos de 15 €)

PICARDÍES

Arsenal, 8.
Telf. 977 741 870.
Es una de las mejores opciones, sobre todo si se elige su *arròs a banda.*
El tapeo es una de las especialidades de este restaurante, y es en esta faceta donde se pueden degustar pescados como el salmonete a precios muy económicos.

Restaurantes (sobre 27 €)

Casa Ramón "Víctor" (Pou Figueretes, 8; telf. 977 741 458) tiene como especialidad el arroz negro. Pero no hay que dejar de probar el "barco de marisco", un plato de la casa elaborado con lo mejor de la zona que se sirve frío. Uno de los mejores establecimientos de la localidad es **Juanito Platja** (Passeig Marítim, s/n; telf. 977 740 462), que también es recomendable como hotel.

Su cercanía a la lonja y al puerto de pescadores le proporciona la materia prima más fresca, y los *suquets de peix* resultan extraordinarios. Su precio, según los platos, se puede elevar un poco, pero la calidad es siempre excelente.

SANT FELIU DE GUÍXOLS

GIRONA. 19.500 habitantes

DICEN QUE LA COSTA BRAVA TIENE SU PILA BAUTISMAL EN LOS ALREDEDORES DE ESTA POBLACIÓN DEBIDO, SEGURAMENTE, A LO AGRESTE Y ESCARPADO DE SU LITORAL. SANT FELIU DE GUÍXOLS ES UNA POBLACIÓN TRANQUILA, CON BELLAS PLAYAS Y UNA BUENA OFERTA CULTURAL Y DE OCIO.

INFO

Oficina Municipal de Turismo
Paseo del mar, 8-12, s/n.
Telf. 972 820 051.
www.guixols.cat

DORMIR

HOTEL EDEN ROC✪✪✪

Port Salvi, s/n.
Telf. 972 320 100. www.edenroc.net
Uno de los principales atractivos de este establecimiento es la tranquilidad que se respira tanto en las acogedoras habitaciones como en el estupendo exterior con piscinas y vistas al mar. Habitación doble: 88-200 €. También dispone de apartamentos.

HOTEL PLAÇA✪

Pl. del Mercat, 22. Telf. 972 325 155.
Tranquilo y céntrico. Sus habitaciones resultan muy cómodas, el trato es cordial. Con una bonita terraza con *jacuzzi*. Habitación doble: 79-115 €.

Otros hoteles de precio más elevado

El **Curhotel Hipócrates**✪✪✪✪ (ctra. de Sant Pol, 226-229; telf. 972 320 662; habitación doble: 115-180 €), enclavado en un bello marco, cerca del mar, es un lugar ideal para los que busquen tranquilidad. Dispone de tratamientos antiestrés y regímenes de adelgazamiento.

Más convencional resulta el **Hotel Bellevue**✪✪✪ (Sant Elm; telf. 972 820 904; habitación doble: 75-105 €), con maravillosas vistas de la bahía y un buen nivel de servicios. Además dispone de piscina y aparcamiento.

COMER

El pescado y el arroz son los principales componentes de la gastronomía local. El primero es el fundamento de los exquisitos suquets, *mientras que el segundo suele aparecer en forma de arroz negro.*

Casas con menú (menos de 15 €)

CAN SALVI

Passeig del Mar, 23.
Telf. 972 321 013.
La especialidad de la casa es el pescado en todas sus formas, tanto en *suquet* como en entremeses o al horno. Se puede disfrutar del menú en una gran terraza en pleno Paseo Marítimo, frente a la playa.

NÀUTIC

Passeig Maritim.
Telf. 972 320 663.
Su atractivo emplazamiento invita a degustar los estupendos productos de mar que ofrecen. Disponen de un menú del día que ronda los 10,50 €, con tres primeros y tres segundos a elegir. A la carta puede subir un poco el presupuesto, sobre unos 42 € por persona. Cierra lunes.

Restaurantes (desde 25 €)

Con una espaciosa terraza frente al Paseo Marítimo, el restaurante **Bahía** (passeig del Mar, 17; telf. 972 320 219) sirve una deliciosa cocina ampurdanesa.

Otra opción la encontramos en **El Dorado** (Rambla Antoni Vidal, 19; telf. 972 327 366). Cocina ampurdanesa, esencialmente marinera, con incursiones en la cocina moderna.

SANT FRANCESC XAVIER

ISLA DE FORMENTERA. 6.289 hab. (todo el municipio de Formentera)

SANT FRANCESC XAVIER, OFICIALMENTE SANT FRANCESC DE FORMENTERA, ES LA CAPITAL ADMINISTRATIVA DEL MUNICIPIO DE FORMENTERA. SITUADO A TRES KM DEL PUERTO DE LA SAVINA, EN SANT FRANCESC CONFLUYEN LAS CARRETERAS QUE LLEVAN A TODOS LOS RINCONES DE LA ISLA. LA ISLA DE FORMENTERA, LA MÁS MERIDIONAL DE LAS BALEARES GOZA DE NUMEROSAS PLAYAS VÍRGENES Y UN MUNDO RURAL QUE PARECE ANCLADO EN EL TIEMPO.

INFO

Oficina de Turismo en el puerto de La Savina. Telf. 971 322 057.
www.turismoformentera.com
Ayuntamiento de Sant Francesc Xavier. Plaça de la Constitució, 1. Telf. 971 322 034.
Consell Insular d'Eivissa i Formentera. Avinguda d'Espanya, 49. Eivissa-Vila. Telf. 971 195 900.
Barco. Formentera carece de aeropuerto, por lo que la única forma de llegar a la isla es en barco.
Desde el puerto de Eivissa operan las siguientes compañías:
Baleària. Telf. 902 160 180.
www.balearia.com
Mediterránea-Pitiusa. Telf. 971 322 443.
www.medpitiusa.net
Taxis. Telf. 971 328 016 y 971 322 016.
Coches de alquiler
La Savina. *Avis*. Telf. 971 321 013.
Betacar. Telf. 971 322 031.

DORMIR

HOTEL LAGO-PLAYA✪

PLATJA DE SA ROQUETA.
Telf. y fax: 971 328 507. Pequeño establecimiento de 26 habitaciones, a 100 m de la playa de Sa Roqueta, en un entorno natural rodeado de pinos y dunas. Piscina, cafetería y el primer cybercafé de la isla. Calefacción y aire acondicionado. Cierra de octubre a mayo. Habitación doble: 63-140 €.

HOSTAL BAHÍA✪

PORT DE LA SAVINA. Telf. 971 322 142. Dispone de 39 habitaciones con baño o lavabo y bar y restaurante. Abierto todo el año, algo de agradecer cuando se llega fuera de temporada al puerto de La Savina. 68-120 €.

HOSTAL ILLES PITIÜSES✪

Avenida Joan Castelló Guasch, 48.
SANT FERRAN DE SES ROQUES.
Telf. 971 328 189. Ofrece 26 habitaciones con baño, con todas las comodidades. Aparcamiento y bar restaurante. Abre todo el año. Alquiler de bicicletas. Habitación doble: 39-60 €.

HOSTAL LA SAVINA✪

Avinguda Mediterrànea, 22-40.
LA SAVINA. Telf. y fax: 971 322 279.
Hostal familiar ubicado junto al estany des Peix. Hace más de 50 años que la abuela de Paquita y Catina Mayans inició una tradición familiar en hostelería. El hotel fue renovado totalmente en 1997. Calefacción y aire acondicionado. Bar y restaurante en la terraza. Cierra de octubre a mayo. 55-85 €.

Otros hoteles de precio más elevado

Los hoteles de mayor categoría de la isla se encuentran situados en la playa de **ES MIGJORN**, a 3 km de Sant Ferran de Ses Roques. Aquí se halla el **Formentera Playa**✪✪✪✪ (telf. 971 328

000; 75-280 €), de gran capacidad y perfectamente equipado. Cierra de octubre a abril.

En la playa de **Migjorn** está el **Riu Club La Mola**✪✪✪✪ (telf. y fax: 971 327 000; 105-306 €), en primera línea de playa. Dispone de 300 plazas y todas las comodidades propias de un establecimiento de su categoría. Abierto todo el año está el **Hostal Bellavista** ✪✪✪ (**Port de La Savina;** telf. 971 322 236; habitación doble, con desayuno bufé: 85-110 €).

COMER

Casas con menú (menos de 15 €)

Can Rafal
Telf. 971 322 805. **Sant Francesc Xavier.** Bar de pueblo con cocina casera. Menú del día muy recomendable.

Estrella Dorada
Carrer Jaume I, 8. Telf. 971 322 592. **Sant Francesc Xavier.** Comida casera en una terraza muy agradable en verano. Menú diario, combinando un plato entrante con un segundo de carne o pescado.

Fonda Pepe
Carrer Major, 51-55, cerca de la iglesia de Sant Ferran de Ses Roques. Telf. 971 328 033. De toda la vida, lugar de encuentro de propios y extraños, con recuerdos nostálgicos del pasado hippie. Decoración rústica. Destacan los platos de pescado. Menú y a la carta.

Pequeña Isla
El Pilar de la Mola. Telf. 971 327 022. Ofrece un asequible menú del día. Casa de huéspedes anexa donde dormir. Abierto todo el año.

Mención aparte merecen algunos chiringuitos de playa, conocidos aquí como "kioskos", en los que se sirven paellas, pescados frescos y sangría. Destacamos **Giallo** y **Blue Bar,** en la platja de Migjorn, también muy frecuentados para contemplar la puesta de sol. En la platja de ses Illetes destacan el **Kiosco Pabellón Pirata** y **Juan y Andrea** (telf. 971 187 130); en ambos se come de maravilla. **Tanga** (telf. 971 328 193) ofrece una reputada paella en la platja de Llevant.

Restaurantes (sobre 24 €)

En la Platja de **La Savina** está **Sa Sèqui** (telf. 971 187 494). Buena relación calidad-precio en un amplia oferta de platos, especialmente arroces y pescados.

Es Pinatar (telf. 971 328 130; **Es Pujols**) es un restaurante muy reputado en la isla con especialidad en platos de pescado fresco. Frecuentado por locales.

Instalado en un molino de sal de unos 200 años de antigüedad, en la playa de **Ses Illetes,** se halla **Es Molí de Sal** (telf. 608 187 491). Cocina tradicional de las Pitiusas con especialidad en pescados y mariscos frescos. No os extrañe ver el aparcamiento casi vacío y el restaurante hasta la bandera: muchos clientes llegan aquí en lancha o velero, pues cuenta con embarcadero propio.

En el Club Náutico de **Cala Savina, Bellavista** (telf. 971 322 236) es un restaurante de ambiente selecto ubicado en el hostal homónimo. Dispone de dos terrazas –cubierta y descubierta– donde se ofrecen calderetas y arroces de pescados y mariscos.

SANTA BRÍGIDA

ISLA DE GRAN CANARIA. 18.599 habitantes

Su cercanía a la capital y la riqueza paisajística han hecho que proliferen en este municipio las urbanizaciones de lujo. No obstante, todavía se disfruta de sus palmerales, lentiscos y centenarios eucaliptos, además de los lagares y bodegas en los que se produce el vino de Monte y una variedad de malvasía, vino de cepas cultivadas en tierras volcánicas.

INFO

Oficina de Turismo
Nueva, 13. Telf. 928 648 181.
www.santabrigida.es

DORMIR

*En la categoría superior, alejados del casco y bastante elevados de precio, están el **Hotel Escuela Santa Brígida**✪✪✪✪ (Real de Coello, 2; Monte Lentiscal; telf. 928 355 511) y el **Hotel Golf Bandama**✪✪✪ (El Lugar de Bandama, 14; telf. 928 351 538), junto al club de golf y con un buen restaurante internacional. Actualmente se está apostando por el turismo rural, contando con una variada oferta de alojamientos:*
***Retur.** Telf. 928 661 668.*
www.returcanarias.com.
***Gesturgran.** Telf. 928 660 668.*
www.gesturgran.com.
***Grantural.** Telf. 902 157 281.*
www.ecoturismo canarias.com/grancanaria

COMER

Casas con menú (menos de 15 €)

La Bodeguita del Monte
Carretera del Centro, 138.
Agradable local decorado con barricas que dispone de un comedor rústico en el que se sirven platos canarios con toques personales a base de guisos y tapas. Es muy recomendable el compuesto de lentejas.

Las Grutas de Artiles
Ctra. de Las Meleguinas, s/n.
Telf. 928 640 575. Es uno de los restaurantes más curiosos de la isla por las cuevas y pasadizos que desembocan en frondosos jardines. Dispone de varios bares y comedores, piscina, solárium y pista de tenis. Cocina isleña en la que destaca el rancho, las carajacas, los potajes y los quesos.

Bentayga
Ctra. del Centro. Monte Lentiscal.
Telf. 928 350 245. Es el restaurante más antiguo de la zona. Muy frecuentado por los lugareños, tanto para aperitivos y tertulias como para comer de raciones, sirve tapas y medias raciones. Comedor interior con vistas a los viñedos del Monte.

Paraíso Canario
Madroñal, 8. Vega de Enmedio.
Telf. 928 643 050. Cocina canaria, con especialidad en carne a la pizarra y garbanzos compuestos.

Restaurantes (sobre 24 €)

Cerca del club de golf de Bandama está **Rincón de Baco** (El Raso, 27; La Atalaya; telf. 928 430 097). Su cocina es alabada por los conocedores de la nueva gastronomía.

Martel (carretera del Centro, km 18,2; El Madroñal; telf. 928 641 283) quesos y vinos locales y excelentes carnes de cordero, en un viejo edificio del siglo XIX reahabilitado.

SANTA CRUZ DE LA PALMA

ISLA DE LA PALMA. 17.857 habitantes

Capital de la isla de La Palma, conserva su aspecto colonial y está considerada conjunto histórico-artístico y patrimonio nacional. Denominada por los palmeros "La Ciudad", concentra la mayor parte de la población de la isla.

INFO

Oficina de Turismo
O'Daly, 22. Telf. y fax: 922 412 106.
www.lapalmaturismo.com

DORMIR

Hotel Marítimo✪✪✪
Avda. Marítima, 75.
Telf. 922 420 222. Fax: 922 414 302. Muy confortable y bien atendido, dispone de muchas comodidades. Todas las habitaciones tienen baño privado, hilo musical, caja de seguridad, televisor, teléfono y minibar.
Habitación doble: 60-90 €.

Hostal Canarias✪✪
Cabrera Pinto, 27.
Telf. 922 413 182. En pleno centro de la ciudad, consta de pocas habitaciones, todas con baño privado.
Habitación doble: 42 €.

Pensión La Cubana
O'Daly, 24.
Telf. y fax: 922 411 354. Casa con más de 200 años, en el centro.
Habitación doble: 27-35 €.

Otros hoteles de precio más elevado

El **Parador de La Palma**✪✪✪✪ (carretera del Zumacal, s/n; **BREÑA BAJA;** telf. 922 435 828; fax: 922 435 999; www.parador.es) se encuentra a 3 km de Santa Cruz de La Palma y a 5 km del aeropuerto. Goza de unas vistas espectaculares, es confortable y está perfectamente equipado.
Habitación doble: 144 €.

De ambiente tranquilo y familiar es el **Aparthotel Caledonia Las Olas** ✪✪✪ (playa de los Cancajos; telf. 922 433 015; fax: 922 434 085; habitación doble: 65-95 €), un hotel situado en **BREÑA BAJA,** a 4 km de la capital de la isla.

EL TAPEO

En cualquier barrio de Santa Cruz existen tascas, bares y mesones donde saciar el hambre a base de tapas o raciones. Entre ellos destacan la cafetería **La Palma** (O'Daly, 21), con tapas palmeras, y la cafetería **Tajurgo** (av. del Puente, 19), que sirve tapas en general.

COMER

Casas con menú (menos de 15 €)

LA FONTANA
Los Cancajos. **BREÑA BAJA.**
Telf. 922 434 729. Si se desea salir del núcleo urbano y darse un paseo hasta la playa de Los Cancajos, merece la pena degustar la cocina artesanal de este restaurante. Pescados frescos y carnes de primera calidad; las pastas, pizzas y la repostería también son caseras. Vinos del país. Con menú y a la carta.

ALAMEDA
Pérez Camacho, 3.
Telf. 922 420 865.
Se halla en una bonita casona señorial en el corazón de la ciudad (plaza de la Alameda). Cocina canaria e internacional. También buenas pizzas. Buen ambiente y atención esmerada.

Restaurantes (sobre 24 €)

Chipi Chipi (avda. Marítima, 27; telf. 922 412 890) es uno de los restaurantes más conocidos de la ciudad. Comida típica canaria e internacional. Está ubicado en un edificio blanco típico canario, con patio.

SANTA CRUZ DE TENERIFE

ISLA DE TENERIFE. 219.446 habitantes

CAPITAL DE LA ISLA DE TENERIFE Y DE LA PROVINCIA HOMÓNIMA, ES UNA CIUDAD MODERNA Y DINÁMICA CUYAS ACTIVIDADES ESTÁN VINCULADAS A LA ADMINISTRACIÓN, EL COMERCIO, EL TURISMO Y SU PUERTO COMERCIAL, UNO DE LOS PRIMEROS DE ESPAÑA. LOS "CHICHARREROS" (APELATIVO QUE RECIBEN SUS HABITANTES EN RECUERDO DE LOS PESCADORES DE CHICHARRO) SON GENTE DE CARÁCTER ABIERTO Y HOSPITALARIO, CARACTERÍSTICAS QUE SIN DUDA SE MANIFIESTAN SOBREMANERA DURANTE LOS FAMOSOS CARNAVALES.

INFO Y TRANSPORTES

Ayuntamiento
General Antequera, 14.
Telf. 922 606 100. www.sctfe.es
Oficina de Información Turística
Imeldo Seris, 83.
Telf. 922 533 353.
www.santacruzmas.es
ATTUR (Asociación Tinerfeña de Turismo Rural)
Castillo, 41 (oficina 231).
www.ecoturismocanarias.com/tenerife
Trasmediterránea
Telf. 922 287 850.
Aeropuerto Tenerife Norte-Los Rodeos. Telf. 922 635 635.

DORMIR

No muy numerosa, aunque de calidad, es la oferta de alojamientos en la capital tinerfeña. El ***Hotel Mencey***✪✪✪✪✪ *(José Naveiras, 38; telf. 922 609 900; www.starwood.com) es el más lujoso y uno de los más antiguos de la ciudad. De arquitectura colonial canaria y frecuentado por políticos, artistas y personajes famosos, ofrece los servicios y comodidades acordes a su categoría. Entre los asequibles seleccionamos los siguientes:*

HOTEL TABURIENTE✪✪✪
Dr. José Naveiras, 24 A.
Telf. 922 276 000/04.
www.hoteltaburiente.com
De este hotel llama la atención el hall de entrada, con una recepción de grandes lámparas, espejos y muebles coloniales, y una tienda de ropa de alta costura. Las habitaciones son menos llamativas pero igualmente elegantes y, sobre todo, cómodas. Asimismo es muy atractiva la terraza, con una piscina, sauna y *jacuzzi*.
Habitación doble: 135-145 €.

HOTEL ATLÁNTICO✪✪
Castillo, 12. Telf. 922 246 375. Situado en el corazón comercial, este confortable y moderno hotel cuenta con 8 plantas y 60 habitaciones con baño, televisor y teléfono. Cafetería y restaurante. Habitación doble: 65 €.

HOTEL NÁUTICO✪✪
Profesor Peraza de Ayala, 13.
Telf. 922 247 066. Este tranquilo y confortable hotel se halla próximo al Club Náutico, en el Residencial Anaga. Dispone de 40 habitaciones con aire acondicionado, televisor, vídeo, minibar, hilo musical y teléfono. Además cuenta con aparcamiento propio, cafetería y restaurante.
Habitación doble: 70-100 €.

HOTEL TANAUSÚ✪✪
Padre Anchieta, 8. Telf. 922 217 000. Cercano a la zona comercial, céntrico, cuenta con 18 cómodas y agradables habitaciones, todas ellas con baño y teléfono. Trato agradable.
Habitación doble: 105 €.

HOTEL HORIZONTE✪
Santa Rosa de Lima, 11.
Telf. 922 271 054. Más modesto que los anteriores, ofrece la ventaja de estar en el centro de la ciudad a un precio asequible. Habitaciones amplias y con baño. Habitación doble: 44-55 €.

Otros hoteles de precio más elevado

Bien situado y frecuentado por comerciales y ejecutivos, el **Contemporáneo**✪✪✪ (Rambla General Franco, 116; telf. 922 271 571; habitación doble: 133 €; www.hotelcontemporaneo.com) ofrece una buena relación calidad-precio. Un popular y conocido hotel ubicado en el centro de Santa Cruz es el **Pelinor**✪✪ (Bethencourt Alfonso, 8; telf. 922 246 875; habitación doble: 63-81 €). Cuenta con 73 habitaciones con baño, teléfono y televisor.

EL TAPEO

La avenida de Anaga, las calles de La Marina y Salamanca y la Avenida Marítima son las vías que concentran la mayoría de tascas, bares y mesones para tapear. La influencia venezolana en la isla se hace sentir (los "chicharreros" llaman a Venezuela "la octava isla"), pues hay numerosas "areperías" donde degustar exquisitas arepas con diferentes rellenos.

Otra zona recomendable para tomar tapas es el parque Méndez Núñez y el parque García Sanabria, donde están instaladas algunas terrazas muy populares (justo debajo del reloj solar), así como la plaza Weiler, en cuyos alrededores hay una gran cantidad de pequeños bares y terrazas que sirven sabrosas tapas canarias y peninsulares. Si se prefiere tomar un aperitivo, sobre todo los fines de semana, hay que acudir a los kioscos instalados en la avenida del General Franco.

Entre la larga serie de establecimientos al efecto sobresalen los siguientes: el **Bar de Toni** (Iriarte, 11-13) sirve tapas canarias, tablas y vinos del país en un agradable ambiente. La **Bodega de la Lora** (San Antonio con Méndez Núñez) es un local de gran tradición en la ciudad cuyo nombre se debe al loro que hay en su interior; ofrece excelentes vinos y embutidos. La **Bodega La Posada** (San Fernando, 7), muy popular y concurrida, prepara tapas caseras, cazuelas y tablas de quesos. **La Gabarra** (Emilio Calzadilla, 3; telf. 922 241 517) es una tasca gallega que sirve pescado, marisco y pulpo "a feira", además de caldos canarios y peninsulares. **La Tasca de Enfrente** (frente al Hotel Mencey, Dr. Naveiras, 38) es muy popular por sus tapas de hígado, carne, tortilla y tomate aliñado con ajos; sirve también excelentes vinos.

COMER

Santa Cruz acoge la comida tradicional de las demás localidades. Los potajes canarios, de judías, garbanzos o lentejas, el puchero, el rancho y la crema de bubangos (calabacines) son algunas especialidades locales. En cuanto a las *carnes, la de cerdo ocupa el primer puesto. Se come en adobo y como pata de cochino asada en horno de leña. El más popular de los restaurates santacruceros es **El Coto de Antonio** (General Goded, 13; telf. 922 272 105; 30 €). Entre los económicos, ofrecen buena relación calidad-precio:*

Casas con menú (menos de 15 €)

Cofradía de Pescadores San Andrés
Playa de Las Teresitas.
De enorme tradición en la ciudad, es el lugar donde van los pescadores a comer y a tapear pescado y marisco. Muy popular y económico.

Da Gigi
Avenida de Anaga, 43.
Telf. 922 284 607.
Cocina italiana e internacional. Especialidad en *ravioli* y *tortellini*, y vinos italianos, canarios y peninsulares.

Don Pelayo
Benavides, 30. Telf. 922 271 159. Una buena representación de la cocina asturiana la encontramos en este establecimiento, donde no faltan especialidades como el fabes.

El Frontón
Caserío Benijo, 1. **Almáciga.**
Telf. 922 590 238.
Cocina de playa, con el pescado fresco como protagonista indiscutible. Vinos de Taganaga.

Casa África
Roque Las Bodegas, 3. **Taganaga.**
Telf. 922 590 156.
Se trata de uno de esos típicos bares de playa, en el que preparan una esmerada cocina casera. Cuenta con una relajante terraza frente a la playa de Taganaga.

La Posada
Méndez Núñez, 61.
Telf. 922 246 772. Este acogedor restaurante dispone de salones privados decorados al estilo castellano. Cocina casera canaria y del norte de la Península. Vinos canarios, Riojas y Ribera del Duero.

El Águila
Bethencourt, 1.
Telf. 922 273 156. Gran variedad de cocina canaria y de repostería para el postre. Con una amplia y bonita terraza donde también se puede comer. En el interior ominan los colores y la decoración alegre. Dispone de menú y a la carta.

Restaurantes (sobre 24 €)

El **Mesón Castellano** (Callao de Lima, 4; telf. 922 271 074) es un sobrio restaurante con decoración rústica. Especialidad en cocina castellana. Carnes de Ávila y Gerona y cordero. Riojas y Ribera del Duero.

Aunque su nombre pueda conducir a error, el **Café del Príncipe** (Valentín Sanz, s/n; telf. 922 278 810), es un restaurante situado en el bonito parque del Príncipe. Tiene una curiosa decoración de estilo inglés a modo de jardín al aire libre. Cocina canaria y especialidad en codillo de cerdo. Riojas y vinos canarios.

SANTA EULÀRIA D'ES RIU

ISLA DE EIVISSA. 21.991 habitantes

Es un importante enclave turístico de la costa oriental de Eivissa y un buen punto de partida para realizar excursiones por el sector septentrional de la isla, visitando calas y reputados centros turísticos, así como encantadoras parroquias ubicadas en valles donde el tiempo parece haberse detenido.

INFO

Oficina de Turismo
Marià Riquer Wallis, 4.
Telf. 971 330 728.
www.caib.es

DORMIR

*La oferta tanto en la villa como en los alrededores es amplia. Un auténtico sueño es el **Hotel Hacienda Na Xamena**✪✪✪✪✪ (Sant Miquel; telf. 971 334 500), ubicado en plena naturaleza y frecuentado por personajes de la política, el espectáculo o la literatura. Volviendo al mundo real, se recomiendan:*

En la villa

Hotel La Cala✪✪✪
Huesca, 1.
Telf. 971 330 009.
De los muchos hoteles de tres estrellas, éste es el que mejor precio ofrece (65-106 €). Céntrico, con buenos servicios y está abierto todo el año.

Hotel Mediterráneo✪✪
Pintor Vizcai, 1.
Telf. 971 330 015.
Agradable y completo alojamiento que sólo abre de mayo a noviembre. Las habitaciones son amplias, con caja de seguridad y minibar. El hotel posee un agradable jardín, piscina y cafetería-restaurante.
Habitación doble: 45-98 €.

Hostal Central✪
San Vicent, 24.
Telf. 971 330 043.
Uno de los pocos alojamientos que no cierran durante el invierno. Confortable hostal con 14 habitaciones, todas ellas con baño privado.
Restaurante anexo.
Habitación doble: 30-42 €.

Hostal Es Alocs✪
Platja d'es Figueral. Telf. 971 335 079.
Alojamiento económico de playa con 25 habitaciones. Bar y restaurante. Abre en mayo y cierra en noviembre.
Habitación doble: 30-42 €.

En las calas próximas

Hotel Ereso✪✪
Platja d'es Canà. Telf. 971 330 099.
A 5 km de Santa Eulària. Típico hotel de playa con 244 habitaciones pero muy adecuado para unas vacaciones con niños. Dispone de jardín, parque infantil, piscina y cafetería-restaurante.
De abril a octubre.
Habitación doble: 99-262 €.

Pensión Pou d'es Lleó
Cala Pou d'es Lleó, a 6 km de Sant Carles de Peralta. Telf. y fax: 971 335 274.
Pulcro establecimiento familiar anexo al restaurante homónimo en la bonita cala del Pou d'es Lleó, completamente virgen. 14 habitaciones, muy luminosas y todas con baño. Abierto de Semana Santa a finales de octubre.
Habitación doble: 40-52 €.

Otros hoteles de precio más elevado

En la Bahía de Ses Estaques, junto al puerto deportivo, el **Tres Torres**✪✪✪✪ (telf. 971 330 326; habitación doble: 96-220 €) es tranquilo y confortable.

COMER

Casas con menú (menos de 15 €)

Punta d'en Ros
Travessia de Molins de Rei, 7.
Santa Eulària des Riu.
Telf. 971 331 307. Cocina típica insular, tapas (frit de pop) y menú al mediodía de lunes a sábados.

El Bigotes
Cala Mastella. Chiringuito abierto en verano donde degustar a precios económicos pescado fresco muy bien elaborado. Joan Ferrer Marí, el "Bigotes", es un patrón de pesca al que gusta guisar lo que captura; y ¡vive Dios! que lo hace bien. A veces la cuenta ronda los 22 € por persona, pero se puede comer bien por unos 15 €. Lo más corriente es comer *bollit de peix* y rematarlo con un café caleta, de puchero, con canela y ron. Suele estar siempre lleno, por lo que para reservar mesa hay que pasarse antes, pues no tiene teléfono.

Centro Artesanal Can Caus
Carretera de Santa Gertrudis, km 3,5.
Santa Gertrudis de Fruitera.
Telf. 971 197 516. Taberna que ofrece productos tradicionales de elaboración propia. Suculenta parrillada de carne regada con vino payés, verduras de la huerta.

El Comedor de Jesús
Av. Cap Martinet, 7. **Jesús.**
Telf. 971 314 252. Restaurante ubicado en una casa aislada, decorada en estilo rústico, frente a la iglesia de Jesús. Guisos, carnes a la brasa y postres caseros. Económico menú del día; a la carta sale por 22 €. Cerrado domingos noche y lunes.

Restaurantes (sobre 24 €)

Can Miquel (Sant Vicent, 49; Santa Eulària d'es Riu; telf. 971 330 329) es un restaurante muy popular donde se sirve buen pescado fresco y unos no menos suculentos arroces, entre ellos el *arròs negre*.

En Sant Carles de Peralta, **Pou d'es Lleó** (Cala del Pou d'es Lleó; telf. 971

335 274) ofrece una estupenda elaboración de arroces y pescados frescos. Especialidad en *bollit de peix*, con el aliciente de que se puede repetir tanto del arroz caldoso como del pescado con patatas. También destaca el *all i oli* que ponen para hacer boca, la *greixonera* de postre y el café *caleta*, de puchero con canela y ron.

También en Sant Carles, **Las Dalias** (carretera de San Carles, km 12; telf. 971 335 156) sirve pescados frescos a la plancha y carnes a la brasa en un ambiente rústico repleto de antigüedades. Sólo noches.

Uno de los pocos cellers (antiguas bodegas) típicamente ibicencos que quedan abiertos en la isla es el **Celler Ca'n Pere** (Sant Jaume, 63; Santa Eulària des Riu; telf. 971 330 056). Allí se come del amplio abanico de la cocina local, desde las carnes (cordero y cochinillo al horno) a los pescados y mariscos (caldereta de langosta). Excelente bodega.

En Sant Llorenç de Balàfia puede degustarse cocina internacional en **Can Gall** (carretera de Sant Joan, km 11,600; telf. 971 325 055). Especialidad en *arròs de matances, sofrit pagès* y *greixonera*.

SANTA POLA

ALICANTE. 19.782 habitantes

LA VILLA MARINERA DE SANTA POLA SE HA CONVERTIDO EN UN GRAN CENTRO TURÍSTICO, GRACIAS A EXTENSAS PLAYAS, PEQUEÑAS CALAS Y PLAYAS VÍRGENES A LAS QUE SÓLO SE PUEDE ACCEDER A PIE. LA CIUDAD, ENCORSETADA ENTRE LA SIERRA DE SANTA POLA Y EL PARQUE NATURAL DE LAS SALINAS, GIRA CULTURALMENTE EN TORNO AL CASTILLO Y TIENE EN EL HORIZONTE LA ISLA DE TABARCA.

INFO

Tourist Info Santa Pola Centro
Astilleros, 4. Telf. 966 696 052.
Tourist Info Santa Pola
Plaza de la Diputación, s/n.
Telf. 966 692 276.
www.santapola.infoville.net
Centro de Información del Parque Natural Salinas de Santa Pola
Avenida Zaragoza, s/n.
Telf. 966 693 546.

DORMIR

HOTEL PATILLA✪✪
Elche, 29. Telf. 965 411 015.
El hotel más asequible de la localidad, y al que no le falta ninguna comodidad, tiene también un excelente restaurante que recrea el interior de un barco. Habitación doble: 48-62 €.

HOSTAL LOS ARCOS✪✪
San Antonio, 46. Telf. 965 415 027.
Con aspecto novísimo y en el mismo centro urbano. Las habitaciones, de tamaño medio, son todo un lujo, sobre todo las que combinan la madera con la forja. Aire acondicionado y baños equipadísimos.
Habitación doble: 48-50 €.

HOSTAL QUATRE LLUNES✪
Marqués de Molins, 41.
Telf. 966 696 080. Ambiente familiar en el centro de Santa Pola. Cómodo y elegante. 38-52 €.

Otros hoteles de precio más elevado
Situado en la playa, cerca del club náutico y el puerto, el **Pola-Mar**✪✪✪ (Playa de Levante, 6; telf. 965 413 200; habitación doble: 75-95 €) constituye una de las mejores ofertas de alojamiento en Santa Pola, con restaurante.

EL TAPEO

En **Capricho** (Playa de Levante) siempre están preparados los "periquitos", calamares, gambas, sepia y montaditos. Y en el cercano bar **Galicia**, el pulpo y otras viandas gallegas.

En la plaza de la Constitución, raciones y platos combinados constituyen la oferta del **Virgen del Carmen.** El **Cantinflas** es el bar de tapas por excelencia y en el **Miano**, degustaremos las patatas duquesa y sus afamados calamares.

COMER

El puerto surte las cocinas de una rica variedad. Afamados mariscos como las cigalas, las gambas o las quisquillas no le van a la zaga en la mesa a pescados como la dorada, la lubina y la lechola. La mar se une al arroz de la tierra en platos como el caldero, la paella y el arroz a banda o con costra.

Casas con menú (menos de 15 €)

CASA DEL MAR
Fernando Pérez Ojeda, 27.
Telf. 965 416 703. Situado frente al puerto pesquero. Tapas, arroces, caldero y *fideuàs*.

PORTUS II
Avenida Salamanca, 22.
Telf. 965 415 296. Situado junto al parque natural de las Salinas. Dispone de una agradable terraza y piscina. Las especialidades son el rape a la marinera, arroz con costra, caldero y las paellas.

MARINA PALACE
Ctra. Alicante-Cartagena, km 17,2.
Telf. 965 411 312. Excelente restaurante en el hotel del mismo nombre. Con un magnífico jardín y una piscina. Especialidad en caldero.

Restaurantes (sobre 30 €)

Junto al puerto, **Batiste** (Fernando Pérez de Ojeda, s/n; telf. 965 411 485) es el santuario de los arroces y los guisos de pescado, que se pueden degustar divisando el mar.

Patilla (Elche, 29; telf. 965 411 015) tiene un llamativo salón que reproduce el ambiente marinero del interior de un barco de madera. Un grato placer para los amantes de la cocina mediterránea, el pescado y los mariscos.

SANTANDER

CANTABRIA. 183.000 habitantes

LA CAPITAL DE CANTABRIA, DOTADA DE TODAS LAS INFRAESTRUCTURAS Y SERVICIOS QUE UNA GRAN URBE REQUIERE, ES HOY UN IMPORTANTE NÚCLEO TURÍSTICO Y UNA DE LAS MEJORES CIUDADES PARA VIVIR. POSEE UNA INTENSA VIDA URBANA, ARTÍSTICA Y CULTURAL IMPULSADA, SOBRE TODO, POR LA UNIVERSIDAD INTERNACIONAL MENÉNDEZ PELAYO, Y UN CARÁCTER COSMOPOLITA Y ELEGANTE, HERENCIA DE LAS VISITAS ESTIVALES DE LA CORTE REAL A PRINCIPIOS DEL SIGLO XX.

INFO

Oficinas de Turismo. Jardines de Pereda, s/n. Telf. 942 203 000.
www.ayto-santander.es
Playa de El Sardinero. Telf. 942 203 001. Abierto durante los meses de verano.
Patronato de Turismo. Hernán Cortés, 4. Mercado del Este. Telf. 942 310 708.
www.turismodecantabria.com
Teléfono Vacaciones. 901 111 112.
Asociación de Turismo Rural de Cantabria. Telf. 942 217 000.
www.turismoruraldecantabria.com
En julio, agosto y septiembre los informadores turísticos recorren el centro de la ciudad y el Sardinero para atender las demandas de los visitantes.

Autobuses urbanos S.M.T.U.
Telf. 942 200 771. Con 10 líneas todo el año, además de la turística *City Tour* y la del Faro, que funcionan sólo en verano.
Taxis. Con más de diez paradas.
Radio Taxi. Telf. 942 333 333.
Tele Taxi. Telf. 942 364 191
Aparcamientos. Destacan los aparcamientos subterráneos de la plaza Pombo, plaza Farolas y de México, Numancia, y en la calle Cachabos y Jesus del Monasterio.
Marítimos
Brittany Ferries España. Estación Marítima. Telf. 942 360 611. Comunicación con Plymouth. *Lanchas Reginas.* Embarcadero. Telf. 942 216 753.

DORMIR

Existe una amplia oferta que va desde las pensiones más sencillas hasta hoteles de gran categoría como el ***Santemar***✪✪✪✪ *(Joaquín Costa, 28; telf. 942 272 900; 130-166 €) o el* ***Rhin***✪✪✪✪ *(avda. Reina Victoria, 155; telf. 942 274 300; habitación doble: 110-150 €).*
En todos, los precios en época estival suben considerablemente e incluso se duplican.

HOSTAL CARLOS III✪✪
Avda. Reina Victoria, 135.
Telf. 942 271 616. Ocupa un palacete de principios de siglo, situado entre el Gran Casino y la Magdalena, en la

playa del Sardinero. Sus habitaciones, todas distintas, disponen de televisión, teléfono, un bonito mobiliario y magníficas vistas.
Habitación doble: 50-60 €.

Hostal El Carmen✪✪

San Fernando, 48. Telf. 942 230 190.
En una de las calles más comerciales, este sencillo alojamiento cuenta con habitaciones algo antiguas pero muy luminosas y escrupulosamente limpias. Casi todas son exteriores.
Habitación doble: 33-55 €.

Hostal La Mexicana✪✪

Juan Herrera, 3. Telf. 942 222 350.
Caridad, la propietaria, consigue que los huéspedes se sientan como en familia en este sencillo hostal situado en la zona de tapas y copas. Uno de los más recomendables.
Habitación doble: 39-55 €.

Hostal Mimosa✪✪

Jazmín, 8. Telf. 942 338 237.
Se trata de un chalé con porche, situado en una zona muy tranquila. Todas las habitaciones son exteriores, luminosas y limpias.
Habitación doble: 45-63 €.

Otros hoteles de precio más elevado

Bien situados en el centro de la ciudad, modernos y confortables son el **Hotel Sardinero✪✪✪** (pza. de Italia, 1; telf. 942 271 100; 75-123 €) y el **NH Ciudad de Santander✪✪✪** (Menéndez Pelayo, 13-15; telf. 942 319 900; www.nh-hoteles.es; 108-180 €).

EL TAPEO

Es en las calles que discurren paralelas al paseo de Pereda, donde la concentración de bodegas, mesones y bares es mayor.

En Daoíz y Velarde se encuentra una de las bodegas con más tipismo de la ciudad: **La Cigaleña,** cuyo interior parece un museo del vino mientras en la misma calle el **Campalay** es otro clásico especializado en trabajar el formato de la cazuelita y la **Rana Verde** es un bar más moderno con todo tipo de raciones de patatas como base. **La Casa del Indiano** (Mercado del Este) es un magnífico ejemplo de bar de pinchos modernos. En la calle Hernán Cortés **Casa Bringas** y **Cañas, Vinos y Tapas** son dos mesones donde se supera el concepto del pincho ya que ofrecen tapas y raciones de dimensiones considerables; **Casa Ajero** ofrece buenas rabas y tapas de pescado, mientras que en la calle Arrabal, el **a-11** cuenta con una buena selección de pinchos y tapas elaboradas junto a una carta de vinos muy cuidada. En Peña Herbosa debemos probar las fabulosas cazuelitas de jabalí, venado o liebre de **Casa Albo.**

Mención de honor merece también **El Diluvio** (General Mola) que pese a sus reducidas dimensiones es uno de los bares de pinchos más completos de Santander. Por último conviene avisar de que uno de los elementos indispensables del tapeo en Santander son las rabas (calamares rebozados o a la romana) que se preparan como en pocos sitios del mundo. La ciudad cuenta con un concurso dedicado a esta tapa y con un circuito de bares estrella donde las bordan. Habría que empezar en el **Marucho** (calle Tetuán), seguir hasta la calle Tres de Noviembre para repostar en **Chopitos** y el **Sena** y acabar en el **Laury** (Pedro San Martín) y en la misma avenida en **La Cecilia** que ha sido ganador en más de una ocasión del concurso de rabas que organiza el Ayuntamiento de Santander.

COMER

Casas con menú (menos de 15 €)

Fuente Dé

Peña Herbosa, 5.
Telf. 942 213 058.
Casa de comidas en un bar de la zona de vinos, con pocas mesas, donde se ofrece una cocina casera de inmejorable calidad en la que destaca el cocido lebaniego y el pote montañés.

Versalles

Peña Herbosa, 15. Telf. 942 215 865.
Es un lugar muy recomendable para probar el botillo cocido (el embutido más antiguo conocido, ya elaborado por los romanos), el cocido maragato y la paella de mariscos.

Bodega Antonio

Rubio, 2. Telf. 942 231 115. Su excelente relación calidad-precio hacen de esta bodega-restaurante uno de las más recomendables. Cocina mexicana con una abundancia de platos sorprendente (no suelen ser muy picantes).

La Caña

Joaquín Costa, 45. Telf. 942 270 491.
Raciones y un excelente menú, añadiéndole la cercanía de la playa del Sardinero, es reclamo suficiente para visitar este restaurante de agradable terraza.

Bodega La Cigaleña

Daoíz y Velarde, 19; telf. 942 213 062.
Es una bodega rústica en la que degustar los mejores vinos de España a precios realmente apetitosos. También se puede comer, y bien, de forma informal con unos estupendos embutidos, cuyo surtido lleva por nombre "salpicón de cerdo".

Otros restaurantes y terrazas que sirven menús en la zona del Sardinero, así como platos combinados y raciones son: **El Internacional** (Joaquín Costa, 12; telf. 942 271 068), el **Cormorán** (Playa Sardinero; telf. 942 273 005), el **Entre Tapas y Vinos** (avenida Reina Victoria, 46; telf. 942 290 919) y **La Bodega** (Joaquín Costa; telf. 942 220 046), junto al hotel Castilla.

En el Barrio Pesquero se localizan una decena de restaurantes, en donde los protagonistas son los pescados frescos y los mariscos. La mayoría ofrece menús que rondan los 10 y 12 €. Algunos de éstos son: **Peñucas** (telf. 942 229 445), **El Vivero** (telf. 942 223 021) y **Casa José** (telf. 942 222 009).

Restaurantes (sobre 21 €)

Cañadío (pza. de Cañadío, 15; telf. 942 314 149) con un excelente menú, este restaurante pionero de la gastronomía santanderina, ofrece platos muy elaborados y de esmerada cocina. Su barra, al estilo de los bares vascos, anima inmediatamente a abrir el apetito. Si se come a la carta, el precio aumenta de forma considerable.

El **Mesón Gelete** (Eduardo Benot, 4; telf. 942 221 021) es uno de los mejores sitios de Santander para comer platos de pescado. Los bocartes rellenos gozan de justa fama junto a los calamares encebollados y el pescado de roca al horno con patatas (olvidaros del marisco).

Aunque no quede bien comer cocina riojana en un puerto de mar hay que recomendar el **Bodega del Riojano** (Río de la Pila, 3; telf. 942 216 750), por su rigor en ofrecer comida de gran calidad, en amplias raciones y a precios muy ajustados. El local con las barricas pintadas por artistas locales tampoco desmerece.

La mejor relación calidad-precio de la comarca en cocina de pescado la ofrece **Marucho** (Tetuán, 21; telf. 942 273 007), pequeño bar-restaurante especializado en rabas, centollos, maseras (bueyes de mar) y otros mariscos menores. Reservad la mesa porque acostumbra a estar lleno. El precio varía mucho según el marisco elegido. También se pueden tomar fenomenales pescados y mariscos en el bar **El Campanero** (Albericia, 40), uno de esos locales que conviene no aconsejar mucho para que no se ponga de moda y se estropee. Siempre lleno y con todos los pescados del Cantábrico en su carta.

CAFÉS

Existen dos zonas bastante diferenciadas donde se localizan los cafés (paseo de Pereda-pza. Pombo y Jesús de Monasterio-Cisneros) y cada una de ellas es frecuentada por un público homogéneo. En la primera de ellas se sitúan los locales clásicos, normalmente visitados por gente mayor, pero con unas terrazas magníficas. Destacan el **Zorba** y el **Alaska,** donde también se sirven comidas rápidas; y el **Suizo,** con unas elegantes columnas de piedra. Pero posiblemente el más exclusivo y elegante de todo Santander sea el **Pombo,** donde tomarse un café puede resultar de lo más agradable. En la plaza del Ayuntamiento se localiza el **Cibeles,** con una gran variedad de cafés, infusiones y batidos, y siguiendo la calle Jesús de Monasterio, la mejor heladería: **Venecia.** Paralela a ésta se hallan los cafés de la calle Cisneros, frecuentados por universitarios y jóvenes de Santander. No debes dejar de probar el quemadillo y los cócteles del **Ópera** o alguno de los cafés de la larga lista del **Solo.** Ascendiendo por Monte llegamos al café **El Antiguo,** para echar una partidita a algún juego de mesa mientras se escucha un buen blues.

Los establecimientos de esta guía han sido comprobados y seleccionados por su buena relación precio-calidad. En ningún caso han desembolsado cantidad alguna por aparecer en esta guía.

SANTIAGO DE COMPOSTELA

A CORUÑA. 87.807 habitantes

ESTA CIUDAD SE LO DEBE CASI TODO A LA PEREGRINACIÓN JACOBEA; SU EXCEPCIONAL MONUMENTALIDAD, EL CARÁCTER MEDIEVAL Y BARROCO DE SU CASCO ANTIGUO, PERFECTAMENTE CONSERVADO, LA PARTICULAR ATMÓSFERA DE SUS CALLES Y PLAZAS, TIENEN SU ORIGEN EN UNA RUTA QUE CAUTIVÓ LA IMAGINACIÓN DE LA EUROPA CRISTIANA DEL MEDIEVO Y QUE CONVIRTIÓ A SANTIAGO EN LA TERCERA CIUDAD SANTA DE LA CRISTIANDAD, DESPUÉS DE JERUSALÉN Y ROMA. SIN EMBARGO, NO SE HA DORMIDO EN LOS LAURELES DE UN PASADO MÁS O MENOS GLORIOSO. SANTIAGO, CAPITAL POLÍTICA DE GALICIA, ES HOY UNA CIUDAD DINÁMICA, ALEGRE Y VIBRANTE DONDE CONVIVE UN ABIGARRADO PAISANAJE; ABUNDAN LOS FUNCIONARIOS Y COMERCIANTES, QUE SE MEZCLAN CON LOS MILES DE UNIVERSITARIOS QUE DEJAN SU IMPRONTA DURANTE LOS LARGOS MESES DEL CURSO, ADEMÁS DE LOS CADA DÍA MÁS NUMEROSOS PEREGRINOS Y LA GRAN CANTIDAD DE TURISTAS QUE VISITAN LA CIUDAD DURANTE TODAS LAS ÉPOCAS DEL AÑO. LA META DEL CAMINO MILENARIO SIGUE TENIENDO SU MEJOR RECLAMO EN EL CASCO HISTÓRICO, DECLARADO POR LA UNESCO PATRIMONIO DE LA HUMANIDAD.

INFO

Oficina de Turismo de la Xunta de Galicia
Rúa do Vilar, 30. Telf. 981 584 081.
Oficina Municipal
Praza de Galicia. Telf. 981 573 990.
Y sólo en Semana Santa y verano, en la Dársena de Xoán XXIII.
www.santiagoturismo.com
Turgalicia. Telf. 981 584 081.
www.turgalicia.es

La Casa do Deán acoge la **Oficina del Peregrino** (Rúa do Vilar, 1; telf. 981 562 419), que es la encargada de entregar las "Compostelas" a los peregrinos. Éstos también cuentan con un **Centro de Información del Xacobeo** en la rúa do Vilar, 32. Telf. 902 332 010.

Visitas guiadas (Asoc. Profesional de Guías Turísticos). Parten a diario, a las 12 h, de la Plaza de Platerías (soportales de la pza. de España), y tienen una duración de 2 h; de abril a octubre también a las 18 h. El precio es muy asequible.

La hostelería local edita, además, las guías informativas *7 Días Santiago*, *¿Oíches?* (en gallego) y *Compostelán*, que son regaladas en bares, cafés, pubs, etc. Los periódicos de la capital *(El Correo Gallego* y *O Correo Galego)* y la edición local de *La Voz de Galicia* también incluyen una completa agenda de actividades.

Autobuses urbanos. Telf. 981 581 815. Con 15 líneas, además de las circulares y la universitaria. El recorrido de mayor frecuencia es el de Estación de Autobuses-Praza de Galicia-Praza Roxa.

Taxis. Día y noche en Montero Ríos-Praza de Galicia (telf. 981 561 028) y Praza Roxa (telf. 981 595 964). Otras en la Alameda y las estaciones de ferrocarril y autobús.

Aparcamientos. Alrededor del casco antiguo se hallan los de Galeras, San Clemente, Praza de Galicia, Virxe da Cerca y Xoán XXIII.

DORMIR

Como ciudad monumental y turística, Santiago tiene, en general, precios medio-altos, máxime en temporada alta, aunque también numerosos hospedajes familiares que, durante el curso, están ocupados por los estudiantes.

*Resultará delicioso alojarse en el **Hostal dos Reis Católicos**✪✪✪✪✪ (pza. do Obradoiro, 1; telf. 981 582 200; www.parador.es; habitación doble: 225 €), o en el **Hotel AC Palacio del Carmen**✪✪✪✪✪ (Oblatas, s/n; telf. 981 552 444); pero para los que dispongan de otro presupuesto recomendamos los siguientes:*

HOTEL AS ARTES✪

Travesía de Dos Puertas, 2.
Telf. 981 555 254.
A pesar de que el nombre pueda inducir a error, éste es uno de los alojamientos más recomendables de la lista. Situada en un lateral del Hostal de los Reyes Católicos, dispone de 7 habitaciones, decoradas cada una en alusión a las Bellas Artes, con baño, teléfono, música, televisión, secador y hasta el detalle del albornoz. Sauna y masajes. Todo un lujo. 67-110 €, según tipo de habitación.

HOTEL CAPITAL DE GALICIA✪

Monte dos Postes, 29.
Telf. 981 561 921.
Fax: 981 577 437. Algo alejado, pero muy recomendable por su relación calidad-precio. Vigila la entrada del Camino de Santiago.
Habitación doble: 40-52 €.

HOSTAL MAPOULA✪

Entremurallas, 10. Telf. 981 580 124.
Fax: 981 584 089. Muy bien situado, a un paso de la praza do Toural, y con habitaciones completas con baño. La escasa iluminación se debe a la angostura de la calle. A un paso queda el aparcamiento subterráneo de la praza de Galicia.
Habitación doble: 45-55 €.

HOSTAL LA SALLE✪

Tras Santa Clara, s/n.
Telf. 981 584 611/585 667.
Fax: 981 584 221. En el reborde norte del casco antiguo (próximo al Centro Galego de Arte Contemporánea). Dispone de muchas plazas "estilo internado". Habitación doble: 42-56 €.

HOSTAL SEMINARIO MAYOR✪

Praza da Inmaculada, 5.
Telf. 981 583 009.
Quien no tenga problemas con psicofonías y posibles "contagios", sepa que el vasto edificio del Seminario Mayor alquila sus austeras habitaciones durante el verano.
Habitación doble: 48 €.

PENSIÓN ALAMEDA✪✪

San Clemente, 32.
Telf. 981 588 100.
Fax: 981 588 699. A dos minutos de la catedral, con animada terraza, restaurante y buen aparcamiento de pago enfrente. Las habitaciones más tranquilas son las de la parte posterior, orientadas a unas rurales huertas.
Habitación doble: 45-55 €.

PENSIÓN SUSO✪✪

Rúa do Vilar, 65.
Telf. 981 586 611. Entrañable y familiar, es el preferido de los peregrinos que no van al albergue. En su terraza, que ocupa el clásico soportal, podemos desayunar sin prisas.
Habitación doble: 40-50 €.

PENSIÓN GIRASOL✪✪

Porta da Pena, 4.
Telf. 981 566 287. Durante el curso sus habitaciones, bastante sencillas, suelen estar copadas por los estudiantes (las mejores, las que comparten la galería). No todas tienen baño, por lo que conviene aclarar este punto al reservar. Habitación doble: 40-48 €.

PENSIÓN MOURE✪

Loureiros, 6 y 12.
Telf. 981 583 637.
Muy próximo al anterior, comparte sus características, quedando situado en una de las zonas más tranquilas del Casco Vello.
Habitación doble: 45-55 €.

Otros hoteles de precio más elevado

Entre los muchos existentes destaca el elegante **Hesperia Compostela**✪✪✪✪ (Hórreo, 1; telf. 981 585 700; 60-180 €), uno de los clásicos de la ciudad. En los últimos años han proliferado los hotelitos con encanto que han recuperado edificios históricos. Muy recomendable resulta el **Costa Vella**✪✪ (Porta da Pena, 17; telf. 981 569 530; habitación doble: 65-85 €), con vistas al Valdediós y San Francisco desde sus galerías; a los mismos dueños pertenece el recién inaugurado **Hotel Altaïr**✪✪✪ (Loureiros, 12; telf. 981 554 712; habitación doble: 95-150 €), que destaca por la fusión de tendencias y el cuidado diseño realizado por Paco Terán. A la empresa Pousadas de Compostela pertenecen el **Hotel Virxe da Cerca**✪✪✪✪ (Virxe da Cerca, 27; telf. 902 405 858; 95-145 €), con 43 habitaciones en el edificio histórico y un moderno anexo, el **Hotel Airas Nunes**✪✪ (Rúa do Vilar, 17; telf. 902 405 858), con 10 habitaciones entre 65 € y 95 €, y el **Hotel San Clemente**✪✪ (San Clemente, 28; telf. 981 569 350; habitación doble: 65-85 €), también de 10 habitaciones. Fuera del cogollo monumental, pero no muy lejos, queda el **Hesperia Gelmírez** ✪✪✪ (Hórreo, 92; telf. 981 561 100; 110 €) y el más moderno y agradable **San Carlos**✪✪✪ (Hórreo, 106; telf. 981 560 505; habitación doble: 105 €).
Ya en la afueras, destacan el **Husa Ciudad de Compostela**✪✪✪✪✪ (avda. de Lugo, 213; telf. 981 569 320; habitación doble: 55-120 €) o el flamante y acogedor **NH Obradoiro**✪✪✪✪✪ (av. Burgo das Nacións; telf. 981 558 070; habitación doble: 110-240 €), minimalista y rodeado de un parque, que acaba de ser inagurado en el Campus Norte, junto al Auditorio.

EL TAPEO

En la zona antigua

Es aquí donde la concentración de bares y mesones alcanza su máxima densidad. Con la consumición, es costumbre local el poner uno o varios aperitivos gratis, en ciertos lugares tan abundantes que nos pueden dejar sin ganas de comer: así las del **San Clemente** o el **Trinidad,** ambos en la rúa de San Clemente.
Buen vino, y un ambiente tradicional, se toma y respira en los mesones **O 42** y **O 44** (Franco), con esa definición numérica que debió nacer, ante la falta

de ideas o ganas para colgar títulos, en calles tan repletas de tabernas como ésta; sin salir de ella, otra opción de siempre es la del **Sixto.**

En A Raíña, que es más de los estudiantes y menos de los turistas, tiene solera **O Gato Negro,** pero ahora le gana en público por sus excelentes vinos y raciones **O Beiro;** sin olvidar otros como el **Coruña,** tapas y bocadillos, y el **Negreira** (Vilar, 75).

En el Ensanche

En esta zona de la ciudad tienen su atractivo el típico y alargado local del **Abrigadoiro** (Carreira do Conde, 5), con su noria interior para refrescar el vino; la **Cervecería Internacional** (Montero Ríos), la jamonería **Ferro** (rúa do Salvador), con sus tablas de embutidos y quesos; el elegante **Caney** (bajos del hotel Araguaney), que prepara elaboradas pulgas y montaditos, o el marinero **Galeón** (Alfredo Brañas), con raciones, platos combinados y hamburguesas.

COMER

Entre tanto dura el curso, resulta muy barato comer de menú. Cuando llegan las vacaciones, muchos locales cierran sus puertas (así en la zona nueva) y otros varían sus cartas colocando precios más acordes con la capacidad adquisitiva de los turistas. El casco antiguo es un lugar seguro donde comer bastante bien y sin dejarse el presupuesto en el plato donde nos traen la nota. Ésta no resulta demasiado elevada aunque se haya consumido marisco, siempre que haya sido dentro de un orden, esto es, navajas a la plancha, berberechos o almejas en plan degustación. Bogavantes, centollos, percebes y camarones son palabras mayores, y no esperéis una factura inferior a lo que cuesta una noche en el Parador.

En las numerosas casas de comidas que allí se abren sirven platos de productos de la zona de gran calidad cocinados de la manera más elemental. El caldo gallego, tan conocido en toda España, aquí, lógicamente, es auténtico porque hasta el agua es gallega. El pulpo a feira, las empanadas de maíz rellenas de pulpo, sardinas o berberechos, sabrosas y de delicada textura; los inefables pimientos del Padrón, etc. son otras delicias típicas. El postre suele ser tarta de Santiago, de almendra cubierta de azúcar molida, o alguno de los quesos más populares de la zona.

Casas con menú (menos de 15 €)

En el Franco y A Raíña la concentración de restaurantes es enorme, pero conviene asesorarse y elegir con tino; en general, resultan algo más económicos los de A Raíña, siempre y cuando no os salgáis del menú. Pero en todo el casco antiguo hay multitud de bares y casas que ofrecen un buen menú económico. He aquí algunos de los más celebrados.

CASA MANOLO

Pza. Cervantes, s/n.
Telf. 981 582 950.
Entre las que permanecen fieles a un estilo de elaboraciones caseras asequibles, esta casa, famosa entre estudiantes, peregrinos y turistas, destaca por la abundancia y, se coma lo que se coma, por su invariable y económica minuta. Suele estar de bote en bote, pero aquí no se admiten reservas; todo lo más, es posible ponerse de acuerdo y compartir mesa.

LA BODEGUILLA

Telf. 981 564 379.
En la inmediata rúa de San Roque, 13. Con un comedor simpático en el primer piso, sirve raciones de jamón, paté, quesos, revueltos, ensaladas y otros preparados sencillos. Con buena carta de vinos.

O DEZÁSEIS

Rúa de San Pedro, 16.
Telf. 981 577 633. Es uno de los locales más típicos –aquí decimos *enxebre*– y mejor decorados de Santiago. Para comer productos y preparados de la tierra (pulpo, tortillas, carne o caldeiro), sin olvidar sus riquísimos postres, en unas antiguas caballerizas.

CREPÊRIE CRE-COTTÉ

A Quintana.
Telf. 981 577 643.
En un primer piso, con vistas a la plaza, sus mini-comedores fueron instalados en las habitaciones de una noble mansión. Además de los crepes, que en Galicia deberían llamarse filloas rellenas, ofrece otros muchos platos y un buen menú.

A TULLA

Calexón de Entrerrúas.
Telf. 981 580 889.
Su terraza, en una oculta y diminuta placita, supera con mucho al menú, que se compone de varios platos entre los que optar.

MESÓN ENXEBRE

Pza. del Obradoiro, 1.
Telf. 981 582 200/050 527. El Hostal de los Reyes Católicos, además del serio –y prohibitivo– comedor de su planta noble, cuenta con este precioso y asequible mesón, que de noche suele estar ambientado con una orquestina.

REY DAVID

Alfredo Brañas, 25.
Telf. 981 598 114. Es uno de los más populares del Ensanche, aunque el comedor, en un sótano, puede resultar algo claustrofóbico. Variado menú a precio fijo y servicio rápido, algo que agradecen los grupos.

SAN LÁZARO

Baliño, 1. Telf. 981 584 344. A la entrada del Camino en la ciudad, sobre el barrio de Fontiñas, cuenta con uno de los mejores menús de la ciudad, a elegir entre cuatro primeros y seis segundos con postre casero y vino incluidos. Pero para llegar es conveniente usar el coche, pues dista 1 km del centro. También dispone de hostal.

Restaurantes (desde 30 €)

Si hay un restaurante emblemático en Santiago ése es el **Vilas** (Rosalía de Castro, 88; telf. 981 591 000), casa fundada a principios de siglo, con un moderno **Anexo** (telf. 981 598 387), que hoy se ha convertido en una auténtica institución. Comer en sus elegantes salones puede desbaratar más de un presupuesto (de 36 € para arriba). Entre los de gama intermedia podemos citar el **Alameda** (Porta Faxeira, 16-1º; telf. 981 584 796), fiel a las provisiones de la cocina clásica regional y de temporada y con una bodega bien surtida, o **El Estanco del Hórreo** (Hórreo, 26; telf. 981 563 808), de los mismo dueños que el *Fornos,* que ofrece cocina tradicional.

Cocina creativa puede degustarse en **El Mercadito** (Galeras, 18; telf. 981 574 239), inaugurado en 2005 a un paso del Obradoiro, caracterizado por usar ingredientes tradicionales en preparaciones sorprendetes. Otro de los nuevos es **A Curtidoría** (Rúa da Conga, 2; telf. 981 554 342), elegantemente ambientado en un edificio histórico y con una carta muy variada, que ofrece desde ensaladas, revueltos, pasta fresca, setas y verduras del día a siete tipos de arroces, pescados y carnes.

SANTILLANA DEL MAR

CANTABRIA. 3.854 habitantes

EL TIEMPO Y EL ARTE SE ABRAZAN EN ESTA PRECIOSA VILLA MEDIEVAL, DE CASONAS DE PIEDRA Y MADERA Y TÍPICAS CALLES EMPEDRADAS. EN SU MUNICIPIO SE LOCALIZAN LAS FAMOSAS CUEVAS DE ALTAMIRA, UNO DE LOS CONJUNTOS DE PINTURA RUPESTRE MÁS IMPORTANTES DEL MUNDO.

INFO

Oficina de Turismo. Jesús Otero, 20. Telf. 942 818 251/ 812/ 813.
www.turismodecantabria.com
Museo Nacional y Centro de Investigación de Altamira
Telf. 942 818 815/ 005.
http://museodealtamira.mcu.es
Autobuses García
Telf. 942 891 640.

DORMIR

Santillana cuenta con la mayor concentración hotelera de toda Cantabria. La lista la encabezan los dos paradores: el ***Parador de Gil Blas***✪✪✪✪ *(pza. Ramón Pelayo, 8. telf. 942 028 028; 145-165 €) y el* ***Parador de Santillana***✪✪✪ *(pza. Ramón Pelayo, 8. telf. 942 818 000; habitación doble: 130-140 €). A éstos hay que añadir los alojamientos rurales, situados, la mayoría de las veces, en casonas típicas, pero todos ellos nuevos o reformados recientemente. El encanto y la buena relación calidad-precio están asegurados.*

HOTEL LOS HIDALGOS✪✪

Campo Revolgo, s/n. Telf. 942 818 101. Moderna y confortable construcción enclavada en el Parque del Revolgo. Las habitaciones, muy luminosas, disponen de teléfono, televisión y baño. Habitación doble: 45-72 €.

Apartamentos Capriccio
Avda. Antonio Sandi, 7.
Telf. 942 840 223. Bello y gran edificio con apartamentos de 2 a 4 plazas, cocina equipada, salón comedor y baño. Buena relación calidad-precio. 2 plazas: 55-75 €; 2 ó 4 plazas: 72-90-110 €.

Posada Araceli✪✪
La Robleda, 20. Telf. 942 840 194.
En el conjunto histórico. De nueva construcción pero respetando el estilo tradicional, se levanta esta casona de piedra y madera. Las habitaciones, con mobiliario típico castellano, tienen baño y televisión.
Habitación doble: 33-55 €.

Posada Revolgo
Campo de Revolgo, s/n.
Telf. 942 818 341. Ocupando una antigua cuadra se halla esta casa de sabor tradicional. Sus habitaciones, decoradas con gusto y provistas de televisión, pueden ser abuhardilladas o con balcones. Habitación doble: 30-45 €.

Posada Santa Juliana
Carrera, 19. Telf. 942 840 106.
En el corazón de la villa, esta casona del siglo XVII fue restaurada en 1989 respetando su estado original. Las alcobas de la última planta son abuhardilladas. Todas tienen baño y televisión.
Habitación doble: 40-55 €.

La Solana
Camino de los Hornos, 12.
Telf. 942 818 106. Dominando la villa se sitúa esta típica casona montañesa. Las vistas desde sus habitaciones la convierten en uno de los alojamientos más atractivos de Santillana. Las habitaciones, respetando el estilo rústico castellano, cuentan con baño y televisión. Habitación doble: 50-70 €.

Pensión Octavio
Pza. Las Arenas, 4. Telf. 942 818 199.
Casona de nueva planta pero con el encanto tradicional de la villa. Todas las habitaciones (con baño y sin él) tienen mobiliario artesanal de madera.
Habitación doble: 25-40 €.

Posada Rural Herrán
Barrio Herrán, 32. Telf. 942 818 112.
Antiguo pajar, hoy reconstruido totalmente y situado a sólo 1 km de las cuevas de Altamira. Las habitaciones son espaciosas y de altos techos. Trato familiar. Habitación doble: 36-48 €.

Otros hoteles de categoría más elevada

Formando parte del conjunto monumental de Santillana se halla la casona-palacio que ocupa el **Hotel Altamira**✪✪✪ (Cantón, 1; telf. 942 818 025; 60-90 €). También resulta muy acogedor **La Colegiata**✪✪✪ (Los Hornos, s/n; telf. 942 840 137; habitación doble: 45-75 €), ya en la carretera a Ubiarco.

EL TAPEO

En la V que forman las calles de Juan Infante y la Carrera, y sus prolongaciones, se encuentran la mayoría de los bares y mesones de Santillana. Aquí no existe una gran tradición de tapeo, pero lo que sí es recomendable es comer de raciones, que por cierto en esta villa son excelentes.

Subiendo por la calle de la Carrera nos encontramos con **Los Blasones,** que ofrece variadas tapas y comida rápida como perritos, hamburguesas y bocadillos. También destacan las tablas de quesos y los embutidos de **La Viga** y los pimientos rellenos del **Altamira.** Cerca de la colegiata, la **Taberna de Chus** es famosa por los calamares encebollados y **El Cossío** por sus costillas y el chorizo a la parrilla. En la taberna **El Picaporte** (Escultor Jesús Otero) tienen una agradabilísima terraza donde sirven tablas de queso de La Liébana y embutidos de jabalí y ciervo. En la Plaza Mayor se encuentra **El Castillo,** un restaurante con gran variedad de tapas y raciones.

COMER

*Se come bien en los locales instalados en los edificios singulares, especialmente en el **Parador de Gil Blas,** pero los precios son algo más elevados. Como alternativa no es mala idea recurrir a algunos de los locales que bordean las carreteras en dirección a Suances, Torrelavega o Comillas; algunos de ellos son excelentes.*

Casas con menú (menos de 15 €)

Los Nobles
Carrera, 6. Telf. 942 840 106. Situado en un edificio de 1881, sirven un menú diario que suele incluir cocido montañés. También platos combinados.

Santillana
Telf. 942 818 011. En el *Hotel Santillana.* Frente al convento de la Clarisas se encuentra este restaurante de gran calidad y meticulosidad en la elaboración de sus platos. Destacan las excelentes quesadas.

El Pradón
Pza. del Rey (aparcamiento).
Telf. 942 840 139. Sirve un menú donde incluye bebida, postre y café. Pero, sin lugar a dudas, la especialidad de la casa son las sardinas del Cantábrico a la plancha.

Restaurantes (desde 21 €)

La opción más recomendable es **Altamira** (Cantón, 1; telf. 942 818 025), para comer en un marco rústico perfectamente ambientado en el conjunto de Santillana. Además de su esmerada cocina, este restaurante tiene el valor añadido de estar instalado en una casona del siglo XVI con mobiliario de época. Amplios comedores. Cocina tradicional montañesa y buenos asados.

Tampoco desmerece **Los Blasones** (plaza la Gándara, 8; telf. 942 818 070), que ocupa una casa rústica. Mucha corrección en los preparados y una alta distinción en la decoración y el mobiliario. Ofrece cocina típica montañesa pero también os podéis decantar por platos más convencionales.

Más económico resulta **Roiz** (avda. Le Dorat, 13; telf. 942 818 252). Aunque es una casa de platos combinados y no se deben esperar maravillas, se pueden comer a la carta platos ligeros, una magnífica paella e incluso cocido montañés. Además tiene una agradable terraza.

Por último, **La Joraca** (Los Hornos, 20; tel. 942-84 01 37) es el restaurante del hotel La Colegiata. Ofrece cocina regional pero con importantes toques innovadores que evitan que los platos caigan en el clasicismo.

SANTO DOMINGO DE LA CALZADA

LA RIOJA. 5.661 habitantes

Fue y es una de las etapas más importantes del Camino de Santiago. Situada en una llanura a orillas del Oja, todo en la ciudad, desde el nombre, la historia, las fiestas o los monumentos, mantiene viva la leyenda del santo fundador.

INFO

Oficina de Turismo
Calle Mayor, 70. Telf. 941 341 230.
www.santodomingodelacalzada.org
Oficina de información del Peregrino
Calle Mayor, 42. Telf. 941 341 230.
www.caminosantiago.com

DORMIR

*La oferta hotelera de Santo Domingo carece de establecimientos de tipo medio. Así que la elección se reduce a buenos hoteles, cuyas máximas pretensiones son el **Parador de Santo Domingo**✪✪✪✪ (pza. del Santo, 3; telf. 941 340 300; habitación doble: 130-140 €). Alguna pensión popular o recurrir al excelente albergue de peregrinos, denominado **Casa del Santo** (Mayor, 42), si se dispone de la consiguiente credencial jacobea, son buenas y baratas opciones.*

Hospedería Cisterciense✪✪
Pinar, 2. Telf. 941 340 700. Este hostal, atendido por religiosas, posee un cierto ambiente sobrecogedor en los pasillos. Las habitaciones son austeras, limpias, sencillas y todas tienen baño. Eso sí, si se quiere salir por la noche, mejor buscarse otro lugar, pues cierran la puerta sobre las 23 h.
Habitación doble: 50 €.

Otros hoteles de precio más elevado

En esta gama, una buena elección es el **Hotel El Corregidor**✪✪✪ (Mayor, 14; telf. 941 342 128; fax: 941 342 115; habitación doble: 85 €), situado en la antigua Casa del Corregidor, en plena ruta jacobea.

Un hotel de precio y prestaciones medias es el **Rey Pedro I** (San Roque, 9; telf. 941 341 160; 60 €).

COMER

Casas con menú (menos de 15 €)

LOS CABALLEROS
Mayor, 56. Telf. 941 342 789.
Se ha ganado merecido renombre entre sus paisanos. De estilo castellano y con vigas vistas, sirve sus deliciosos preparados en una bonita vajilla de cerámica. Entre sus especialidades están las sopas de ajo, el bacalao y los postres caseros como el pudín de manzana o la tarta del abuelo.

HIDALGO
Isidoro Salas, 45-1º.
Telf. 941 340 227. Decorado en tonos rosa, este restaurante pone un toque hogareño a los sencillos platos de la cocina regional que salen de sus fogones: patatas a la riojana, callos y los clásicos pimientos rellenos.

MESÓN DEL ABUELO
Pza. Alameda, s/n.
Telf. 941 342 791. En este acogedor local se puede comer a la carta por un precio módico, teniendo cuidado con la elección del vino, buenos cogollos de Tudela, platos de carne y rabo de buey al vino. Los días laborables ofrece un sencillo menú, algo más elaborado el fin de semana.

Restaurantes (desde 25 €)

Muy acreditado en la ciudad es **El Rincón de Emilio** (Bonifacio Gil, 7; telf. 941 340 999). Su menestra de verduras rebozadas, el potaje de garbanzos y las manitas de cerdo son un recuerdo que muchos peregrinos se llevan con alegría hasta Santiago. La mejor relación calidad-precio de Santo Domingo.

SANTOÑA

CANTABRIA. 11.843 habitantes

VILLA MARINERA QUE CUENTA CON EL PUERTO PESQUERO Y LA INDUSTRIA CONSERVERA MÁS ACTIVOS E IMPORTANTES DE LA REGIÓN. SU HIJO MÁS ILUSTRE FUE JUAN DE LA COSA, CARTÓGRAFO Y NAVEGANTE, AUTOR DEL PRIMER MAPAMUNDI DE LA HISTORIA. EN LA ACTUALIDAD, SANTOÑA COMBINA LA ACTIVIDAD PESQUERA CON UN TURISMO QUE VIENE ATRAÍDO POR SUS MAGNÍFICAS PLAYAS, SUS MONUMENTOS, EL BUEN COMER Y UN PAISAJE IRREPETIBLE, DONDE SE INCLUYE LA RESERVA DE AVES ACUÁTICAS MÁS IMPORTANTE DE LA CORNISA CANTÁBRICA.

INFO

Oficina de Turismo
Santander, 5. Telf. 942 660 066.
Abierta en verano.
www.turismodecantabria.com
Ayuntamiento
Parque de Manzanedo, s/n.
Telf. 942 660 241.

DORMIR

*Dejando a un lado el **Hotel San Román de Escalante**✪✪✪✪ (a 4 km por la carretera de Escalante; telf. 942 677 745; 128-154 €), un alojamiento de altísimo nivel, en la villa existen otras buenas opciones:*

HOTEL PUERTO RICO✪
General Salinas, 6.
Telf. 942 671 911. Recientemente reformado. Habitaciones y baños inmaculados y decorados con gusto.
Habitación doble: 55-90 €.

HOSTAL BERRIA✪✪
Nueva Berria. Telf. 942 660 847.
Enclavado en primera línea de la semisalvaje playa de Berria, es sin duda el lugar ideal para los amantes del descanso. Sólo permanece abierto del 15 de julio al 15 de septiembre, los puentes y los fines de semana.
Habitación doble: 40-60 €.

HOSTAL EL PARQUE✪✪
General Sagardia, 13.
Telf. 942 662 198. Pequeño establecimiento familiar cuyo secreto del éxito reside en el buen trato al cliente. Es sencillo, fuera de lujos, pero todas las habitaciones están provistas de baño, televisión y radio. 40-55 €.

ALBERGUE MUNICIPAL DE SANTOÑA
Ctra. Cicero-Santoña, s/n.
Telf. 942 662 008. Rodeado por el enclave natural de las Marismas de Santoña, ofrece el mejor entorno para el descanso y la práctica de deportes.

Turismo rural

POSADA RURAL LAS GARZAS
Playa de Berria, 1ª Avda.
Telf. 942 663 484. Dispone de los servicios de un hotel además de un ambiente familiar y tranquilo, y vistas al mar. Consultar la oferta del fin de semana verde.
Habiatción doble: 55-89 €.

En las proximidades de Santoña no abundan las casas rurales aunque sí hay ejemplos a pocos kilómetros como la **Posada la Mies del Barqués** (playa de Berria, s/n; telf. 639 150 671; habitación doble: 40-60 €) o **Posada Ribera de Escalante** (La Rivera, 1; telf. 942 677 719; habitación doble: 50-65 €).

Otros hoteles de precio más elevado

Muy recomendable es el **Hotel Juan de la Cosa**✪✪✪ (avda. de Berria, 14; telf. 942 661 238; 68-90 €), junto a la playa, moderno y bien equipado.

EL TAPEO

Es en la plaza de M. Andújar y calles colindantes donde se concentra el mayor número de mesones y bares de la villa, algunos tan famosos como **El Tejo** o el **Oasis.** Subiendo por Marqués de Robrero llegamos a la **Taberna de Chuchi,** bonita bodega donde se pueden degustar gran variedad de vinos, quesos y otros productos ibéricos. Estupendas albóndigas y croquetas caseras sirven en el **Mesón Chechu** (San Felipe) y en **La Tasca** (Rentería Reyes), gran variedad de tapas y raciones de mar y matanza. En la plaza de San Antonio se abren varias terrazas.

COMER

Casas con menú (menos de 15 €)

CASA TINO
Plaza de San Antonio, 16.
Telf. 942 661 645. Restaurante situado en el corazón de la villa, en su agradable local se nos ofrecen carnes de ganadería propia y un menú donde los pescados frescos nunca faltan.

LA TORTUGA
Juan de la Cosa, 35. Telf. 942 663 322.
A 100 m del paseo Marítimo.
Es el restaurante de los apartamentos turísticos del mismo nombre.

Barca de Treto (TRETO; ctra. General; telf. 942 650 922) y **Casa César** (CICERO; ctra. N 634; telf. 942 616 407) son dos excelentes casas de comidas situadas en plena carretera donde los conocedores de la zona van a deleitarse con los inmejorable pescados y mariscos incluidos en sus cartas.

Restaurantes (sobre 24 €)

Jauja (Manzanedo, 12; telf. 942 661 236) es un clásico en Santoña. Excelente parrillada de marisco y también buena carne y caza en temporada. El mismo propietario dispone en la playa de Berria de otro restaurante, **El Paraíso,** especializado en paellas. **La Traína** (Argoños, Barrio Arcillo; telf. 942 626 157). Ofrece el mejor pescado de Santoña (impagable el rodaballo). Se puede comer, por ejemplo, unas cigalas o unas almejas de primero y pescado de segundo, sobre 24 €.

Brisas, en el Paseo Marítimo (telf. 942 661 293), ofrece bellas vistas sobre la bahía y buena cocina tradicional costera con especialidad en pescados y mariscos. **La Marisma 2,** también sirve excelentes pescados y mariscos (Manzanedo, 19; telf. 942 660 606).

Si os queréis dar un buen homenaje id al restaurante del hotel **San Román de Escalante** (telf. 942 677 745), porque si las habitaciones son de ensueño, en el comedor se puede degustar una estupenda cocina, atractiva y de corte moderno, con especialidad en pescado. Todo un lujazo, que se paga, claro.

LOS ESTABLECIMIENTOS DE ESTA GUÍA HAN SIDO COMPROBADOS Y SELECCIONADOS POR SU BUENA RELACIÓN PRECIO-CALIDAD. EN NINGÚN CASO HAN DESEMBOLSADO CANTIDAD ALGUNA POR APARECER EN ESTA GUÍA.

SANXENXO

PONTEVEDRA. 16.034 habitantes

ES UNO DE LOS PRINCIPALES ENCLAVES TURÍSTICOS DE LAS RÍAS BAIXAS Y DE GALICIA, CON MULTITUD DE HOTELES, APARTAMENTOS, RESTAURANTES, BARES... PARA SATISFACER LA ENORME DEMANDA DE DIVERSIÓN Y OCIO QUE SE PRODUCE, SOBRE TODO, DURANTE EL VERANO.

INFO

Oficina de Turismo. Puerto Deportivo Juan Carlos I. Telf. 986 720 285. www.sanxenxo.org

DORMIR

*La oferta de alojamientos es enorme, abundando los hoteles de nivel como el **Sanxenxo**✪✪✪✪ (Playa de Silgar, 3; telf. 986 691 111; 129-210 €). Entre los de precio medio destacan los siguientes:*

HOTEL MINSO✪✪✪

Avda. do Porto, 1. Telf. 986 720 150. Fax: 986 690 932. Cerca del mar (playa del Silgar) y del centro urbano. Ofrece un buen nivel de servicios.
Habitación doble: 70-107 €.

HOTEL LUZ DE LUNA✪✪✪

Playa Paxariñas, s/n. Ctra. a O Grove, km 1. Telf. 986 690 909. En la playa. Habitaciones bien equipadas. Acceso para discapacitados.
Habitación doble: 50-85 €.

HOTEL ATALAYA✪

Progreso, 86. Telf. 986 727 012. Fax: 986 727 982. Bien situado, cerca del centro y la playa. Habitaciones cómodas y equipadas.
Habitación doble: 51-85 €.

COMER

Casas con menú (menos de 15 €)

MESÓN DON CAMILO

Rúa dos Poetas Galegos, 9. Telf. 986 691 124. Un local sencillo y acogedor donde degustar buena variedad de salpicon, marisco y pescado, en un ambiente desenfadado.

CASA ARTURO

Playa de Montalvo, 7 (ctra. de La Lanzada). **PORTONOVO.** Telf. 986 723 028. Un restaurante perteneciente a un hotel de playa que ofrece buena cocina casera tradicional y sabrosos platos de caza y pesca.

SARRIA

LUGO. 6.202 habitantes

PEQUEÑA VILLA , ITINERARIA Y JACOBEA, CENTRO DE UNA FÉRTIL VEGA Y AMPLIA COMARCA. LOS PEREGRINOS SIGUEN FRECUENTANDO ESTA CLÁSICA ETAPA DEL CAMINO FRANCÉS GALLEGO PARA APROVISIONARSE EN SU NUTRIDO COMERCIO Y DEGUSTAR SUS DERIVADOS PORCINOS.

INFO

Oficina de Turismo
Vigo de Sarria, 15. Telf. 982 530 099. www.concellodesarria.net

DORMIR

HOTEL VILLA DE SARRIA✪✪

Benigno Quiroga, 49. Telf. 982 533 873. Bien situado en una zona no excesivamente bulliciosa. Cuartos con televisión, hilo musical y teléfono.
Habitación doble: 42-70 €.

Otra forma de alojarse en Sarria es la de los albergues privados, que han proliferado pensando, sobre todo, en los peregrinos, pero algunos con unas instalaciones y servicios más propios de un hotel. Éste es el caso de **Don Álvaro** (Maior, 10; telf. 982 531 592), una casa solariega del siglo XIX provista de jardín y lareira, o de **Los Blasones** (Amenerizas, 13; telf. 982 530 666), próximo al anterior.

Turismo rural

TORRE DO BARRIO

Loseiro, **SAN MARTIÑO.** Telf. 982 533 727. Dista 5 km. de Sarria por la ctra. de Calvor, y ocupa un pazo restaurado con 8 habitaciones alrededor de un patio.
Habitación doble: 45-66 €.

RECTORAL DE GOIÁN

GOIÁN. Telf. 982 533 813. A 3 km. de Vilapedre y 8 km de Sarria, la antigua casa parroquial, en granito techado con pizarra, ofrece ahora 6 cómodas habitaciones. 60-82 €.

CASA CAXIGUEIRO

Sabenche, **BARBADELO.** Telf. 982 534 020. A 5 km camino de Portomarín con desvío señalizado a la izquierda. Con 4 habitaciones rústicas con muebles de castaño.
Habitación doble: 60-72 €.

Otros hoteles de precio más elevado

El hotel **NH Alfonso IX**✪✪✪ (Rúa do Peregrino, 29; telf. 982 530 005; habitación doble: 72-82 €), es el mejor equipado de la ciudad.

COMER

Casas con menú (menos de 15 €)

ANDURIÑAS

Rúa Maior, 29. Telf. 982 532 598. Trabaja mucho con los peregrinos, por lo que se adapta a sus gustos. Además del menú del día prepara combinados, raciones de pulpo y jamón, platos vegetarianos, etc.

MAR DE PLATA I

Formigueiros, 5. Telf. 982 530 724. Popular *pulpeira* próxima a la estación del ferrocarril.

MESÓN A PONTENOVA

A Pontenova, Samos. Telf. 982 546 003. A 10 km de Sarria, por la carretera de Samos, vale la pena acercarse a esta singular casa de comidas siempre de bote en bote. Su fama se la debe a las comidas caseras, a los buenos precios y a un menú sumamente nutritivo, con postres de elaboración propia (tartas) y todo. Sin embargo, su fuerte son las anguilas, la trucha, la caza en temporada y la carne de ternera.

SANTIAGO

Paseo do Malecón, 15. Telf. 982 532 564. Su menú es uno de los más demandados, con la ventaja de que puede ser degustado, si el tiempo acompaña, en una terraza a la sombra inmediata al río. Especialidad en cordero asado.

SEGOVIA

CAPITAL DE PROVINCIA. 54.287 habitantes

SU PROXIMIDAD CON MADRID, DE DONDE LLEGAN CIENTOS DE VISITANTES, LA UNIVERSIDAD QUE RECIBE ESTUDIANTES DE TODA LA PROVINCIA Y SUS MÚLTIPLES FESTIVALES Y EVENTOS CULTURALES, HACEN DE SEGOVIA UNA CIUDAD ALEGRE Y DINÁMICA, DONDE SE CONJUGA DE MANERA NOTABLE UN RICO PASADO CON LAS NUEVAS TENDENCIAS QUE BUSCAN ABRIRSE PASO EN NUESTRA SOCIEDAD.

INFO

Centro de Recepción de Visitantes
Plaza del Azoguejo, 1. Telf. 921 466 720. www.turismodesegovia.com

Oficina Turística del Patronato
Plaza Mayor, 1. Telf. 921 466 070. www.segoviaturismo.es

Oficina de Turismo de la Junta de Castilla y León
Plaza Mayor, 10. Telf. 921 460 334. www.turismocastillayleon.com

DORMIR

*Además del **Parador de Segovia**✪✪✪✪ (ctra. Valladolid, La Lastrilla; telf. 921 443 737; 148-160 €), que ocupa un edificio moderno situado en un mirador, son recomendables:*

HOTEL CORREGIDOR✪✪

Ctra. de Ávila, 1. Telf. 921 425 761. En pleno corazón de Segovia, ocupa un antiguo caserón convenientemente restaurado. Habitaciones muy cómodas y bien equipadas. Con restaurante y aparcamiento. 70-82 €.

HOTEL LAS SIRENAS✪✪

Juan Bravo, 30. Telf. 921 462 663. Fax: 921 462 657. Un amplio vestíbulo y lámparas de cristal dan la bienvenida en este hotel que da la sensación de cierto lujo (conserje incluido). Está bien cuidado y tiene jardín y terraza. Bastante céntrico. Habitación doble: 65-75 €.

HOSTAL FORNOS✪✪

Infanta Isabel, 13. Telf. 921 460 198. Lo encontraremos en plena calle de los bares, es decir, en el centro de la ciudad.

A principios del siglo XX todo el edificio cumplía las funciones de hostal. El inmueble conserva de entonces las puertas y unas vidrieras *art-decó* con el nombre del antiguo hostal: Fornos. Resulta muy agradable su decoración en tonos pastel y luces cálidas.
Habitación doble: 50-60 €.

HOSTAL EL HIDALGO✪✪
José Canalejas, 3. Telf. 921 463 529.
Edificio histórico, tiene una parada de transporte público a pocos metros. Ofrece una de las mejores relaciones calidad-precio, por lo que es difícil encontrar habitación.
Habitación doble: 40-50 €.

HOSTAL JUAN BRAVO✪
Juan Bravo, 12. Telf. 921 463 413.
Próximo al barrio de la Judería, sólo cuenta con 9 habitaciones, algunas con baño compartido.
Habitación doble: 45 €.

HOSTAL PLAZA✪
Cronista Lecea, 11. Telf. 921 460 303.
Céntrico. Decorado en estilo castellano moderno. Dispone de 6 habitaciones reformadas, algunas con ducha y mobiliario nuevo. Dispone de garaje.
Habitación doble: 50 €.

Hoteles de precio más elevado

Fuera del recinto amurallado pero muy bien situado, a unos 100 m del Acueducto, está el **Hotel Acueducto✪✪✪** (avda. del Padre Claret, 10; telf. 902 250 550; habitación doble: 110 €).

El **Infanta Isabel✪✪✪** (plaza Mayor, 12; telf. 921 461 300; habitación doble: desde 60 €) ocupa un edificio del siglo XIX que mantiene su estructura original. Cómodo, bien equipado y con garaje.

Cerca del barrio de las Canonjías está **Los Linajes✪✪✪** (Doctor Velasco, 9; telf. 921 460 475; habitación doble: 99-118 €), con garaje.

EL TAPEO

En Segovia es costumbre obsequiar al cliente con un pincho con cada bebida que se pide. La **Cervecería La Frasca** (Plaza de La Rubia, 6) es uno de los pocos bares de Segovia que tiene vermú de grifo y ofrece un ambiente agradable. **El Rincón del Melenas** (plaza de la Rubia, 3) es un bar muy pequeño con ricos y típicos pinchos de morcilla, mejillones, pescado frito. Resulta agradable. **José María** (Cronista Lecea, 11) es un bar y restaurante que sirve un vino estupendo y tapas variadas.

En **Alejandro,** en la plaza del Potro (Cabritería) basta con pedir en la barra unos vinos para que sirvan deliciosos aperitivos como patatas en salsa caliente de ali-oli, morcilla, chorizo, torreznos, truchas escabechada, croquetas, etc. En la Plaza Mayor hay muchos bares, todos con terraza para el buen tiempo. Tienen una oferta similar y las pulguitas y los pinchos son buenísimos.

COMER

*En la mesa no hay que olvidar los asados en hornos de leña de cordero y cochinillo y otros platos como los judiones de La Granja, los productos de matanza, los pescados de río y, como postre, el ponche segoviano. El **Mesón de Cándido** (Azoguejo, 5; telf. 921 428 103; precio medio, 40 €) constituye un verdadero museo de la gastronomía segoviana.*

Casas con menú (menos de 15 €)

LÁZARO
Infanta Isabel, 3.
Telf. 921 460 316.
Buen sitio para tapear, pero si preferís algo más contundente ofrecen menú. Comida castellana, sopas, ensaladas, carnes y pescados.

LA ALHAMBRA
Avda. Juan Carlos I, 12.
Telf. 921 426 793. Famoso entre los segovianos, sobre todo estudiantes, por sus menús de comida casera a precios económicos.

CUEVA DE SAN ESTEBAN
Valdeláguila, 15. Telf. 921 460 982.
Muy recomendable para tomar raciones a cualquier hora y para comer a la carta o con el menú del día (a mediodía). Abierto todo el año.

EL BERNARDINO
Cervantes, 2. Telf. 921 462 477.
Horno de asar típico con buena bodega y fácil acceso para discapacitados.

LA POSTAL
Ctra. Circunvalación, 22. **ZAMARRAMALA.**
Telf. 921 120 329. Un lugar privilegiado por sus hermosas vistas de la sierra, donde disfrutar de una rica variedad de platos de la gastronomía mediterránea.

EL ABUELO
Alhóndiga, 9. Telf. 921 462 753.
De merecida reputación, ofrece cocina casera, cochinillo, cordero y carnes.

Restaurantes (desde 21 €)

Toda una institución de la cocina tradicional segoviana es el restaurante **Casa Duque** (Cervantes, 12; telf. 921 462 487), donde sobresalen los asados.

Mesón José María (Cronista Lecea, 11, junto a la Plaza Mayor; telf. 921 466 017), cocina tradicional modernizada.

La Cocina de Segovia (Ezequiel González, 26; telf. 921 437 462), se encuentra en el hotel Los Arcos.

Villena (Plaza Mayor, 10; telf. 921 461 742) ofrece una excelente cocina de temporada que sigue una línea vasca para los pescado y castellana para las carnes.

SEPÚLVEDA

SEGOVIA. 1.343 habitantes

CUNA DEL CORDERO ASADO, SEPÚLVEDA SE HALLA EN UN ALTOZANO ENTRE LAS HOCES EXCAVADAS POR LOS RÍOS DURATÓN Y CASLILLA, UNA DE LAS RESERVAS NATURALES MÁS IMPORTANTES DE LA PENÍNSULA. SUS EMPINADAS Y ESTRECHAS CALLEJUELAS Y SUS IGLESIAS ROMÁNICAS CONVIVEN CON EL OLOR DE LOS MESONES A PLENO RENDIMIENTO.

INFO

Oficina de Turismo
Plaza del Trigo. Telf. 921 540 237.
www.villadesepulveda.org
Centro de Interpretación de la Naturaleza del Parque Natural de las Hoces del Río Duratón. Conde de Sepúlveda, 30. Telf. 921 540 586. Exposiciones sobre la fauna y la flora de la zona. Información sobre rutas de senderismo y actividades en el parque. Iglesia de Santiago. Horario: de julio a septiembre, de 10 h a 18 h; resto del año, laborables, de 10 h a 17 h; domingo y festivos, de 10 h a 18 h.

DORMIR

*Además de los modernos y funcionales hoteles **Vado del Duratón✪✪✪** (San Justo y Pastor, 8; telf. 921 540 813; habitación doble: 110 €) y **Puerta de Sepúlveda✪✪✪** (Alfonso VI, 35; telf. 921 540 260; 78 €), se pueden encontrar otros alojamientos más económicos dentro del pueblo y en los alrededores:*

HOSTAL MIRADOR DEL CASLILLA✪✪
Conde de Sepúlveda, 26.
Telf. 921 540 172/ 353.
Situado sobre un mesón castellano, sus pequeñas y acogedoras habitaciones tienen hermosas vistas a las montañas. Buena relación calidad-precio.
Habitación doble: 40-60 €.

HOSTAL HERNANZ "EL PANADERO"✪✪
Conde de Sepúlveda, 4.
Telf. 921 540 378. Pequeñas habitaciones con hermosas vistas a la sierra. El trato, llano y familiar, y las instalaciones, acogedoras.
Habitación doble, con baño: 45-60 €.

HOSTAL VILLA DE SEPÚLVEDA✪
Ctra. de Boceguillas, 9.
Telf. 921 540 302.
Se trata de un sencillo hostal, situado a las afueras de la villa, sobre el restaurante del mismo nombre.
Habitación doble: 44 €.

COMER

Restaurantes (desde 21 €)

CASA PAULINO
Barbacana, 2. Telf. 921 540 016. Típico mesón castellano con mirador hacia el Parque Natural. Aunque su precio es elevado, bien merece una parada. Destaca la barra repleta de deliciosos pinchos.

CRISTÓBAL
Conde de Sepúlveda, 9.
Telf. 921 540 100. Desde él se contemplan unas vistas maravillosas de la huerta del río Caslilla. Cordero, pero también una variada carta para los que quieran desmarcarse del asado.

FIGÓN ZUTE EL MAYOR "TINÍN"
Lope Tablada, 6. Telf. 921 540 165. Uno de los figones más antiguos y famosos de la villa. Cordero y ensalada.

FIGÓN ZUTE EL MENOR
Subida a la Picota, 16.
Telf. 921 540 265.

Amplio salón castellano donde está, a la vista del cliente, el horno de leña. Una sencilla carta: cordero y ensalada. Ambiente muy familiar y los precios más ajustados de la villa. Abre sólo los fines de semana al mediodía. Muy aconsejable.

EL FIGÓN DE ISMAEL
Lope Tablada, 2.
Telf. 921 540 055.
Junto a la Plaza Mayor. Acogedores salones donde degustar el célebre lechazo, codornices y estupendos postres. Servicio atento.

LA SEU D'URGELL

LLEIDA. 10.711 habitantes

LA CIUDAD, PUENTE DE CONEXIÓN NATURAL ENTRE ANDORRA Y EL RESTO DEL PAÍS, HA MANTENIDO, GRACIAS A SU PRIVILEGIADA SITUACIÓN, UNA GRAN IMPORTANCIA. LA CELEBRACIÓN DE LOS JUEGOS OLÍMPICOS DE 1992 Y LAS INFRAESTRUCTURAS CREADAS PARA ACOMPAÑAR AL CANAL DE AGUAS RÁPIDAS DEL RÍO SEGRE NO HICIERON MÁS QUE INCREMENTAR SU ASENTAMIENTO COMO CIUDAD PRÓSPERA, Y EL AMBIENTE QUE EN ELLA SE VIVE ASÍ LO DEMUESTRA.

INFO

Oficina de Turismo. Valls d'Andorra, 33. Telf. 973 351 511. www.laseu.org

DORMIR

La oferta de alojamientos, encabezada por el ***Castell*** ✪✪✪✪ *(ctra. N 260, km 229; telf. 973 350 000; desde 195 €) y el* ***Parador*** ✪✪✪ *(Sant Domènec, s/n; telf. 973 352 000; 127-158 €), es relativamente abundante, en parte debido a la inversión en infraestructuras con motivo de las Olimpiadas de 1992. Los precios, que en temporada alta pueden resultar algo elevados, bajan notoriamente fuera de temporada.*

HOTEL L'EMPORDANESA ✪
Tomás i Costa, 43. Telf. 973 351 028. Una de las ventajas de este establecimiento respecto a otros es que permiten la presencia de animales de compañía. Por lo demás, se trata de un buen hotel con cómodas habitaciones y muy céntrico.
Habitación doble: 59-64 €.

HOSTAL DUC D'URGELL ✪✪
Josep Zulueta, 43. Telf. 973 352 195.
En una de las calles más animadas se encuentra este establecimiento, sencillo pero agradable, en el que las habitaciones ofrecen lo imprescindible para descansar.
Habitación doble: 51-58 €.

EL TAPEO

El Celler (Llorenç Tomás i Costa, 35) y el **Mesón Teo** (av. Pau Clarís, 38) son establecimientos en los que las tapas, además de variadas, son excelentes y muy elaboradas. Son estos locales el punto de reunión de muchos paseantes que, sobre todo el fin de semana, antes de comer, deciden tomar un aperitivo.

COMER

Casas con menú (menos de 15 €)

ANDRIA
Passeig de Joan Brudieu, 24.
Telf. 973 350 300.
El menú es una excelente manera de probar la cocina de la localidad y de la comarca. El entorno, además, resulta de lo más agradable, lo mismo que el trato que el servicio dispensa a la clientela. Menú: 20 €.

CANTURRI
Major, 87. Telf. 973 351 048.
La *cuina del Pirineu* (cocina del Pirineo) es la base de la oferta de este restaurante, ubicado en pleno casco antiguo de La Seu. Cuenta con un generoso menú y una carta bien surtida de especialidades locales.

Restaurantes (sobre 30 €)

En **ALÁS**, a unos 4 km de La Seu, se halla **Dolcet** (av. de Zulueta, 1; telf. 973 352 016), que ofrece cocina casera y sencilla a un precio excelente. Un éxito que se mantiene a lo largo del tiempo. No admite reservas.

SEVILLA

CAPITAL DE PROVINCIA. 689.410 habitantes

LA CAPITAL DE LA COMUNIDAD SE HA GANADO A PULSO SU REPUTACIÓN INTERNACIONAL DE CIUDAD ALEGRE Y COSMOPOLITA. SU CLIMA, SU GENTE, SU PASADO, SU PRESENTE, SU CULTURA Y SU TRADICIÓN SE MEZCLAN CON TINO PARA DARLE ESE CARÁCTER ÚNICO QUE LA SITÚA ENTRE LOS DESTINOS MÁS SUGERENTES DEL MUNDO. LA EXPO DEL 92 MARCÓ UN ANTES Y UN DESPUÉS, DOTANDO A LA CIUDAD DE LAS INFRAESTRUCTURAS NECESARIAS PARA AFRONTAR EL INICIO DEL NUEVO SIGLO, PERIODO QUE SEVILLA VIVE CON UN AMBICIOSO PROYECTO DE CONSOLIDACIÓN A NIVEL MUNDIAL.

INFO

Oficina de Turismo de la Junta de Andalucía
Avda. de la Constitución, 21.
Telf. 95 422 14 04.
www.andalucia.org
Oficinas Municipales de Turismo
Paseo de las Delicias, 9.
Telf. 95 423 44 65.
Estación de Santa Justa.
Avda. de Kansas City, s/n.
Telf. 95 478 20 02. www.sevilla.org
www.turismosevilla.org
Inturjoven. Red de Albergues juveniles de Andalucía. Miño, 24.
Telf. 902 51 00 00.
www.inturjoven.com
El Giraldillo es una publicación mensual que se distribuye gratuitamente por bares y kioscos.
Taxis. *Radiotaxi.* Telf. 95 458 00 00. *Teletaxi.* Telf. 95 462 22 22.
Aparcamientos. A horas punta sólo permiten entrar en el centro a vehículos de residentes. Aparcar puede resultar un infierno si no se conocen los aparcamientos públicos. Algunos de ellos: Arjona (en la estación de autobuses, plaza de Armas), en la calle Albareda, en el Mercado de Abastos del Arenal (calle Genil), en el paseo de Colón (entre las calles Adriano y Reyes Católicos), en la plaza de Ponce de León, en San Juan de la Ribera (Triana), en República Argentina (cerca de la plaza de Cuba) y en el paseo de Cristina.

DORMIR

La capacidad hotelera de Sevilla aumentó considerablemente a raíz de la Expo y muchos de los que abrieron entonces siguen funcionando, como el lujoso ***Barceló Renacimiento*** ✪✪✪✪✪ *(avda. Álvaro Alonso Barba, Isla de La Cartuja, telf. 95 446 22 22; www.barcelo.com; habitación doble: desde 80 €). Los hoteles como tal no son baratos, pero hay una buena oferta de pensiones bastante aceptables. En los meses más calurosos el aire acondicionado es imprescindible. La mayoría disponen de garaje o tienen alguno concertado.*

HOTEL ABANICO ✪✪✪
Águilas, 17. Telf. 902 020 110.
Zona centro.
www.hotelabanico.com
Ubicado en un edificio del siglo XVIII; los nuevos propietarios han reformado por completo las habitaciones para ofrecer todas las comodidades. En la planta baja hay siempre abierto un autoservicio de cafetería.
Habitación doble: 60-130 €.

HOTEL BACO ✪✪
Plaza Ponce de León, 15.
Telf. 95 456 50 50. *Zona centro.*
Antigua casa convertida en hotel. Correcto en el mobiliario y trato amable. Habitación doble: 72-135 €.
La misma empresa regenta, cerca, un establecimiento con servicio de apartahotel que resulta bastante cómodo y económico si es ocupado por 4 personas.

HOSTERÍA DEL LAUREL ✪✪
Plaza de los Venerables.
Telf. 95 422 02 95. *Santa Cruz.*
Enfrente del convento de los Venerables, uno de los puntos más visitados de Sevilla. Habitación doble: 85-140 €.

HOTEL MURILLO ✪✪
Lope de Rueda, 9. Telf. 95 421 60 95.
Santa Cruz. Mobiliario estilo medie-

val y decoración castellana en el hall. Las habitaciones, antiguas aunque correctas. Habitación doble desde 75 €. Disponen también de un apartahotel a 25 m.

Hotel Petit Palace Canalejas✪✪

Canalejas, 2. Telf. 95 422 64 00. *Arenal-centro.* En una casa diseñada por el arquitecto Aníbal González. El interior acaba de ser reformado totalmente y decorado según el estilo más moderno y vanguardista.
Habitación doble: 80-130 €.

Hotel Amadeus✪

Farnesio, 6.
Telf. 95 450 14 43. *Zona centro.*
En este pequeño gran hotel, lleno de encanto, la música es fuente de inspiración. Las habitaciones son a cual más bonita, y una incluso tiene un piano.
Habitación doble: 90 €.

Hotel Sevilla✪✪

Daoíz, 5 (plaza de Santa Marta).
Telf. 95 438 41 61. *Centro.*
El interior todavía conserva mucho encanto. Las habitaciones están bien y la atmósfera es jovial. 60-75 €.

Hotel Europa✪

Jimios, 5.
Telf. 95 450 04 43. *Arenal.*
Ocupa una casa tradicional del centro de Sevilla. Correcto y bien situado. Dispone de garaje. Desde 55 €.

Hotel Londres✪

San Pedro Mártir, 1.
Telf. 95 421 28 96.
Arenal-centro. Buen trato, muy limpio y con continuas reformas. Dispone de aire acondicionado. De lo mejor en la relación calidad-precio.
Habitación doble: 55-95 €.

Hotel Maestranza✪

Gamazo, 12. Telf. 95 456 10 70. *Centro.* Muy cerca del anterior, pero éste abrió en 1997 y se encuentra en perfecto estado. 18 habitaciones con baño y aire acondicionado. Buena situación y precios en consonancia.
Habitación doble: 60-89 €.

Hotel Simón✪

García de Vinuesa, 19.
Telf. 95 422 66 60. *Arenal.* Un clásico en Sevilla, desde 1935 lleva en este palacio del siglo XVIII. Mobiliario, objetos de decoración y mosaicos de la época. Patio muy luminoso y una elegante escalera que da acceso a las habitaciones. Habitación doble: 85-125 €.

Hotel Zaida✪

San Roque, 26. Telf. 95 421 11 38.
Arenal-centro. La casa perteneció a los duques de Béjar. Decoración mudéjar. Bien acondicionado.
Habitación doble: 45-120 €.

Hostal Callejón del Agua✪✪

Corral del Rey, 22.
Telf. 95 421 91 89. *Zona centro.*
www.callejondelagua.es
Una casa palacio construida en 1851 que ha sido completamente remodelada y dotada de todas las comodidades que el huésped de ahora exige; no obstante, el edificio no ha perdido el encanto de las antiguas casas sevillanas. Habitación doble: 60-130 €.

Hostal Sierpes✪✪

Corral del Rey, 22. Telf. 95 422 49 48. *Santa Cruz.* Todas las habitaciones cuentan con baño completo. Tiene aire acondicionado sólo en algunas habitaciones. Garaje.
Habitación doble: 52-118 €.

Hostal Trajano✪

Trajano, 3. Telf. 95 438 24 21. *Zona Alameda.* Este establecimiento, muy bien situado y recientemente reformado, dispone de baño en todas las habitaciones. Habitación doble: 40-65 €.

Pensión Cruces El Patio✪

Plaza de las Cruces, 10.
Telf. 95 422 96 33. *Zona centro.* Entre las pensiones de Santa Cruz, esta es una de las mejores. Los patios son bonitos, aunque las habitaciones resultan algo más modestas. De vez en cuando organizan tertulias flamencas.
Habitación doble: 48-63 €.

Pensión Doña Trinidad✪

Archeros, 7. Telf. 95 454 19 06.
Zona centro. Típica casa sevillana en la que todas las habitaciones se asoman a un patio encantador. Todo está muy cuidado y el servicio es impecable y familiar. Habitación doble: 50-60 €.

Hoteles de precio más elevado

El **Hotel Alfonso XIII**✪✪✪✪✪ (avda. de San Fernando, 2; telf. 95 491 70 00; 550 €), está considerado el mejor hotel de Sevilla. Sus patios y salones acogen los acontecimientos sociales más relevantes.

De estilo más vanguardista se encuentra el **Hotel EME Fusion**✪✪✪✪ (Alemanes, 27; telf. 95 456 00 00; habitación doble: desde 200 €), lujo urbano y atención personalizada, además de una fantástica piscina en la azotea con vistas a la catedral.

También con una bonita piscina en la azotea con vistas a la catedral está el **Hotel Doña María**✪✪✪✪ (Don Remondo, 19; telf. 95 441 20 11; habitación doble: 100-130 €).

Con el encanto de las casa renacentistas está el **Hotel Las Casas de la Judería**✪✪✪✪ (plaza Santa María la Blanca, 3; telf. 95 441 51 50; habitación doble: 150-300 €) que ocupa diferentes casas que pertenecieron a familias nobles; con una buena mezcla entre lo clásico y lo moderno.

El **Alcázar**✪✪✪ (Menéndez Pelayo, 10; telf. 95 441 20 11; 75-185 €), mirador excepcional sobre los jardines del Alcázar, cuenta con una clientela tradicional que ocupa casi todo el año sus 90 habitaciones.

Por su parte, el **América**✪✪✪ (Jesús del Gran Poder, 2; telf. 95 422 09 51; desde 150 €) es un hotel con un estupendo servicio y digna decoración en el centro comercial de Sevilla.

En el barrio de Triana y próximo a la isla de la Cartuja se halla el **Monte Triana**✪✪✪ (Clara de Jesús Montero, 24; telf. 95 95 434 31 11; 60-150 €), hotel acogedor y moderno.

EL TAPEO

La cantidad de bares de tapeo que hay en Sevilla sólo se entiende si se llega a la conclusión de que para los sevillanos ir de tapas es un rito, una necesidad vital. Esta filosofía gastronómica ha evolucionado mucho desde la porción de jamón o queso que se ponía "tapando" el vaso de vino. Sin perder el gusto por lo tradicional, hoy los bares compiten entre sí, apostando por la cocina imaginativa, la calidad y la profesionalidad en el servicio. Hay algunos que vale la pena visitarlos por ser auténticas instituciones entre los sevillanos.

Ésta es sólo una selección de algunos de los bares más representativos de Sevilla.

La Giganta. Santa Catalina. *Centro.* Por la mañana churros. A mediodía y por la noche tapas variadas con salsas, pastel de calabacín y tablas de queso gratinado.

El Rinconcillo. Santa Catalina (Gerona). *Centro.* Una de las tabernas más auténticas de Sevilla. Fundada en 1670, las estanterías de madera siguen como entonces. Catalogado como *BIC* (Bien de Interés Cultural). Espinacas con garbanzos y croquetas caseras.

Quita Pesares (El Perejil). Plaza Padre Jerónimo de Córdoba. *Centro.* Divertido cantaor de flamenco detrás de la barra. Vinos y jamón.

Sopa de Ganso. Pérez Galdós, 8. *Centro.* Tapitas generosas de pollo, ensaladas y verduras. También a la hora del café o de las copas. Actuaciones.

Santa Marta. Plaza de Santa Marta. *Centro.* Cerca de la zona comercial. Tapas abundantes y económicas. Terraza agradable. Paella a mediodía, flamenquines o pollo frito.

Europa. Alcaicería, en la plaza del Pan. *Centro.* Las vistas de El Salvador con las casas adosadas y la cerveza fría es de lo mejor que ofrece.

La Montanera. San Esteban (principio de la calle Águilas). *Centro.* Productos extremeños. Migas, carnes, codornices y pimientos a la brasa. Rico y barato. Cierra los lunes.

Las Columnas. Plaza de El Salvador. Muy concurrido a mediodía y por la tarde. Tapas de gambas, queso, jamón y mucha cerveza.

Antigua Abacería. Marqués de la Mina, 2 y calle Feria, 61. Estos dos son los más antiguos, pero hay por lo menos dos más en Sevilla y otro en Jerez. Despacho de fiambres, quesos, buen vino y conservas.

Casa Paco. Zaragoza. *Arenal-centro.* Taberna y tienda de ultramarinos de toda la vida. Vinos, croquetas y pavías a medio día.

Casablanca. Zaragoza. *Arenal* .Establecimiento pequeñito y muy concurrido, para tapear de pie, como tiene que ser. Servicio exquisito, igual que las tapas. Mucho traje y corbata.

Becerrita. Gamazo. Los hijos siguen la tradición del padre, ya jubilado. Paella a mediodía y otras tapas que se salen de lo normal. Todo muy rico.

Mesón 5 Jotas. Joaquín Guichot, 5. Productos de matanza de la sierra, revueltos y especialidades del día. *Arenal.*

La Flor de Toranzo. Gamazo. *Arenal.* Las tapas se sirven en un trozo de papel de estraza. Patés, foie, entre otros, directamente traídos de un matadero del norte. Buenos vinos.

Cervecería Internacional. Gamazo. *Arenal.* Muy frecuentada por extranjeros que viven en Sevilla. Todo tipo de cervezas. Fabes, montaditos y ensaladas para empapar.

Casa Moreno. Gamazo. *Arenal.* Tienda con un bar en la trastienda. Buena selección de quesos y embutidos.

El Rincón del Pulpo. Harinas. *Arenal.* Si los gallegos están por todos lados, aquí no podía ser menos. Pulpo *a feira* buenísimo, empanada y ribeiro, como mandan los cánones.

Bodeguita A. Romero. Harinas. *Arenal.* Bacalao en aceite, "pringá" y jamón entre otras. Buena atención al cliente.

Pepe-Hillo y **La Trastienda.** Adriano. *Arenal.* En los dos tienen bastantes tapas para elegir y vienen con guarnición abundante. En la trastienda hay una amplia selección de vinos. Decoración taurina.

La Infanta. Arfe. *Arenal-centro.* Tapas originales aderezadas con salsas. Vinos fríos en aceiteras metidas en hielo. Servicio profesional y buena calidad que hay que pagar. En las mesas sólo raciones.

La Moneda. Almirantazgo, 4 (junto al edificio de Hacienda). *Centro-arenal.* La abundante clientela a la hora del aperitivo se reúne en torno a los toneles dispuestos en la calle. Montaditos de *pringá* (la carne y el tocino del caldo).

La Tienda. Gravina. *Arenal-centro.* Pequeña tasca de vinos, chacinas y tostas variadas. Muy concurrida por todo tipo de gente.

La Fresquita. Mateos Gago, 29. *Santa Cruz.* Cofrade, pequeñito y con la cerveza muy fría en vaso grande. Montaditos, aliños del día.

Modesto, Gambrinus y **El Toboso.** Cano y Cueto, Catalina de Ribera. *Santa Cruz.* Los tres son del mismo dueño. Buen servicio, productos originales y de calidad. Cada uno tiene su especialidad (fritura variada, ensaladilla de gambas y panes de la casa, respectivamente). En las mesas de la terraza se disparan los precios.

José Luis. Plaza de Cuba. *Triana-Los Remedios.* Sucursal del famoso bar de pinchos de Madrid, pero con el toque andaluz.

La Albariza. Al otro lado del río, en la calle Betis. *Triana.* Dicen algunos que aquí sirven la mejor manzanilla de Sevilla. Chacinas y raciones variadas. Precio medio-alto. No podían faltar las barricas como decoración.

Sol y Sombra. Castilla, 151. *Triana.* Pequeñito y apartado del centro pero con una amplísima selección de raciones que anuncian en las paredes. Ensalada de pimientos con langostinos, lomo al ajo o almejas de la casa. Todo muy rico.

Casa Diego. José María Sánchez Arjona. *Triana.* Uno de los mejores sitios para comer caracoles (en temporada). Entre tanto, montaditos y marisco.

COMER

La mesa sevillana es una síntesis de las distintas provincias de la Comunidad. Las verduras y hortalizas de la campiña, los productos de matanza de la sierra, el pescado fresco de la costa y la elaboración de dulces artesanos son las bases de una cocina variada y muy saludable.

Restaurantes hay de todas las categorías; entre los de prestigio destacamos ***La Taberna del Alabardero*** *(Zaragoza, 20; telf. 95 456 06 37; 45 €) y* ***Casa Robles*** *(Álvarez Quintero, 58; telf. 95 456 32 72; precio medio, 36 €), otro paradigma de la buena cocina sevillana, donde aúnan profesionalidad y cordialidad, además son creativos y emplean productos de primera calidad. Pero hay muchos otros que cultivan la cultura del menú económico; algunos son muy recomendables:*

Casas con menú (menos de 15 €)

CASA KIKO

Herbolario, 17. *Centro.* En el callejón cerca de la plaza de la Alfalfa. Casa de comidas con todo realmente bueno, en cantidades y baratísimo. Un comedor minúsculo, otro en el local de al lado y unas mesas en la calle. Pisto, pescado, carne y platos combinados.

DUEÑAS

Esquina calles Gerona y Dueñas. *Centro.* Local muy luminoso con mesas de madera que a veces comparten comensales individuales. La especialidad diaria es el queso frito con ensaladilla, además de las judías con chorizo, chuletas con patatas y ensaladas. Platos combinados.

EL BERROCAL

Moratín, 8 y 15. *Centro-Arenal.* Dos locales en pleno centro, uno enfrente del otro. En el menú suelen incluir los revueltos (con patatas, jamón o chorizo) y los guisos de carne o pescado del día.

EL TRES DE OROS

Santa María la Blanca, 34. Telf. 95 442 27 59. *Santa Cruz.* Servicio profesional en uno de los restaurantes que ha crecido por méritos propios. Al mediodía tienen dos menús de distinto precio para elegir entre carne y pescado. Por la noche mejor no salirse de las tapas y raciones.

CUEVAS

Virgen de las Huertas, esquina a Paraíso. Telf. 95 427 80 42. Cocina sencilla pero deliciosa en un local animadísimo. Magnífico tratamiento de trigueros, alcauciles, ajetes o tagarninas.

SOPA BOBA

Torneo, 85. Telf. 95 437 97 84. *Alameda-San Vicente.* Cocina imaginativa con un toque italiano.

SANTA MARTA

Pza. Santa Marta. *Centro.* Tanto su bar de tapas como el comedor y la terraza hacen de este lugar uno de los mejores sitios para comer bien sin gastarse mucho dinero.

VIEJO TITO

Virgen de la Victoria, 1. Telf. 95 427 53 84. *Triana y Los Remedios.* En este restaurante con paredes cubiertas de fotografías se saborean buenos pescados y carnes cuidadosamente seleccionados. Excelente cocina casera.

ZARABANDA

Padr Tañín, 11. *Alameda y San Vicente.* Algo escondida, esta casa de comidas hará las delicias de todos. Cuenta con un menú variado y una propuesta de pizzas esquisitas. Importante, dejad hueco para el postre.

Restaurantes (desde 30 €)

Para probar auténtica cocina tradicional andaluza hay que ir a **Becerrita** (Recaredo, 9; telf. 95 441 20 57), un pequeño y coqueto local donde Jesús Becerra ejerce su magisterio.

Un restaurante muy concurrido es **Sebastián** (Virgen de las Montañas, 17; telf. 95 445 95 67), que basa su oferta en mariscos y guisos de pescado.

Para probar bacalao en todas sus versiones hay que acudir a **El Bacalao** (pza. Ponce de León, 15; telf. 95 421 66 70). Por su lado, **San Marco** (Cuna, 6; telf. 95 421 24 40) ofrece cocina franco-italiana en un marco de gran atractivo.

El restaurante **Pando** (Cuna, 5; telf. 95 422 52 52) está situado en una antigua casa sevillana con un bonito patio decorado con celosías. Ofrece impecables elaboraciones de cocina andaluza.

CAFÉS

Café de la Prensa. Betis, 8. *Triana.* El interior está forrado de recortes de periódicos. Por la tarde las mesas se llenan de tableros de parchís y la terraza, asomada al río, es un lugar privilegiado. Por las noches se puede ir a tomar una copa.

Horno San Buenaventura. Hay varios: en la plaza de la Alfalfa, en Padre Jerónimo de Córdoba, en la Campana, en la avda. de la Constitución, en Marqués de Paradas y en Carlos Cañal (el primero). Buen café, bollería y pastelería. Abierto a la hora del desayuno.

Café Capuchinos. Canalejas, 12. *Arenal.* Café y chocolatería en un local agradable.

Sopa de Ganso. Pérez Galdós, 8. Además de bar de tapas y por la noche de copas, en invierno es uno de los sitios más concurridos a la hora del café.

El Universal. Plaza del Salvador. Abierto todo el día, buen aroma a café. Con mesas en la plaza. *Centro.*

Café Bulebar. Alameda de Hércules, 83. *Alameda de Hércules.* Sirven café, dulces y copas. Abierto hasta tarde. Miércoles actuaciones.

Café Brasil. Marqués de Paradas, 53. Abierto todo el día. De vez en cuando se montan exposiciones para promover a jóvenes artistas. Prensa variada. Buena terraza.

EVITE LLEGAR POR SORPRESA A LOS ALOJAMIENTOS Y A LOS RESTAURANTES DE ESTA GUÍA; ES ACONSEJABLE LLAMAR POR TELÉFONO PARA HACER SU RESERVA Y ASEGURARSE DE QUE LE ESPERAN A SU LLEGADA.

SIGÜENZA

GUADALAJARA. 4.775 habitantes

SEÑORIAL, ARMONIOSA Y ACOGEDORA, SIGÜENZA ES UNA DE LA CIUDADES ESPAÑOLAS DE CARÁCTER MÁS DEFINIDO Y DE MÁS BELLEZA. EN SU CONJUNTO HISTÓRICO-ARTÍSTICO DESTACAN LA CATEDRAL, EL CASTILLO Y NUMEROSOS TEMPLOS ROMÁNICOS Y GÓTICOS.

INFO

Oficina de Turismo. Serrano Sanz, 9. Frente a la catedral. Telf. 949 347 007. Ermita del Humilladero, s/n. Telf. 949 391 754. Visitas guiadas. www.siguenza.es

DORMIR

La oferta hostelera más pudiente es el ***Parador Castillo de Sigüenza****✪✪✪✪ (pza. Castillo; telf. 949 390 100; habitación doble: 142-154 €), que ocupa un bien restaurado castillo medieval. Por debajo de estos precios, se recomiendan:*

HOTEL EL LABERINTO✪✪

Alameda, 1. Telf. 949 391 165. Alojamiento de nueva construcción con una completa equipación y buenos detalles. Terraza de verano y servicio de bar. Habitación doble: 42-65 €.

HOSTAL EL DONCEL✪✪

Paseo de la Alameda, 1. Telf. 949 390 001. Histórica casona situada justo enfrente de la ermita del Humilladero. Dispone de calefacción y aire acondicionado, teléfono, televisón y vídeo en las habitaciones. Habitación doble: 55-60 €.

HOSTAL EL MOTOR✪✪

Avda. Juan Carlos I, 2. Telf. 949 390 827. Dispone de 17 habitaciones dobles con baño completo, bien equipadas. Garaje y aparcamiento, servicio de habitaciones 24 horas y restaurante. Habitación doble: 48 €.

HOSPEDERÍA SALINAS DE IMÓN

En la cercana localidad de IMÓN (a 12 km) se encuentra esta hospedería rural (Real, s/n; telf. 949 397 311), de bastante nivel. Se trata de un edificio del siglo XVII, decorado con muebles antiguos y localizado en el centro de un coto de caza. Dispone de una zona de aguas común, con baño turco, sauna, etc., una sala informatizada de convenciones, jardín y patio. Desde 91 €.

EL TAPEO

Los Soportales es un mesón a la antigua usanza muy a mano del visitante, en la plaza Mayor. Aunque el ambiente de terrazas y aperitivos tiene su lugar natural en la Alameda. Un atractivo y alargado jardín para pasear y ser visto, con tal atractivo que varios quioscos tradicionales se aprovechan de su sombra y frescor en época estival con gran éxito. A este bullicio también contribuyen varios establecimientos dispuestos en el paseo de la Alameda, donde saborear ricas raciones durante todo el año. Este es el caso de **Antigua** (Paseo de la Alameda, 14), una cervecería muy popular de variadas raciones, cuidada decoración moderna, y un más que sugerente patio interior con traviesas de ferrocarril. Un lugar con cierto encanto al que también se puede acudir a tomar un pausado café.

Por la calle del Humilladero y por la Alameda es donde se concentra el ambiente mañanero de la hora del aperitivo. El café-bar **Alameda** (paseo de la Alameda) es un bar sencillo con gran variedad de tapas y raciones caseras, como bacalao rebozado, gambas con gabardina, torreznillos, perdigachos, migas, setas, etc., acompañadas de un excelente vermú de grifo. Para quien despierta en Sigüenza deseando tomar un buen desayuno, en la cafetería **Irene** (Pío XII) tienen ricos churros, chocolate y bollos.

COMER

Casas con menú (menos de 15 €)

LA TABERNA SEGUNTINA

Mayor, 43. Telf. 949 390 164. Casi haciendo esquina con la plaza del Castillo. Dos grandes comedores con vistas al pinar, amplia terraza de verano, bar-cafetería y tienda de antigüedades y regalos. Ofrece un menú del día normal y otro especial. Especializado en cocina tradicional, como las migas y el cordero o cabrito asados en horno de leña.

MEDIEVAL SEGONTIA

Portal Mayor, 2. Telf. 949 393 233. Situado en pleno casco antiguo, resulta pintoresco, ambientado con motivos medievales, con dos comedores bastante amplios y bar. Son sus especialidades los asados en horno de leña, las chuletillas de cabrito a la brasa, el solomillo a la pimienta, la ensalada con pimientos medievales y el tomate al orégano, las migas de matanza y la morcilla de arroz. Los postres caseros son deliciosos.

EL MOTOR

Avda. Juan Carlos I, 2. Telf. 949 390 827. Es el restaurante más popular de Sigüenza. Amplio comedor que ofrece cocina casera y una buena bodega: sopa castellana, migas, parrilladas de carne, cordero y cabrito asados.

SÁNCHEZ

Humilladero, 11. Telf. 949 390 545. Casa fundada en 1915, ofrece cocina tradicional y casera. Tienen fama las judías con liebre, el cabrito frito y los pimientos morrones rellenos. Entre los postres destacan la tarta de higos y los bizcochos borrachos. Gran variedad de vinos del país.

LA ESQUINITA

Paseo de la Alameda, 6. Telf. 949 391 858. Comedor funcional para quienes buscan un menú más que decente por un atractivo precio. Tiene una amplia carta, con tapas calientes y frías, jamonería, asado de cordero y carnes a la brasa.

EL MESÓN

Calle del Seminario, 14. Telf. 949 390 649. Comedor de ambientación rústica con arcadas, paredes de piedra y vigas de madera. Especialidad en berenjenas rellenas, migas castellanas, pimientos del piquillo y asados en horno de leña de cordero y cabrito. Sólo abre los fines de semana.

Restaurantes (de 21 a 36 €)

En un antiguo caserón, a mitad de camino entre la Plaza Mayor y el castillo, se halla **Calle Mayor** (Mayor, 21; telf. 949 391 748). Sus espaciosos comedores, entre grandes arcadas y muros de piedra, ofrecen un ambiente cálido y acogedor. La cocina está inspirada en el recetario local, pero admite además platos de un corte creativo y sugerentes postres de la casa.

Aunque fuera de Sigüenza (a 2 km), es digna de mención por su buen comer y bello entorno **La Cabaña** (telf. 949 391 615), en la carretera a Atienza. Es un caserón rural de piedra, enclavado en una magnífica finca con jabalíes, tiro al plato y terraza de verano. La especialidad es el cabrito y el cordero asados en horno de leña. Abierto verano, fines de semana y festivos.

SIMANCAS

VALLADOLID. 4.800 habitantes

CALLES SINUOSAS Y CASAS BLASONADAS, SURGIDAS EN TORNO A SU CASTILLO PALACIO, SON EL COFRE EN QUE SE RECOGEN SIGLOS DE HISTORIA DE LA VIEJA CASTILLA. HOY SIMANCAS ES VILLA DE PINTORES, ESCULTORES Y RESTAURADORES.

INFO

Oficina de Turismo
Telf. 983 590 409.

DORMIR

HOTEL SIMANCAS✪

Ctra. N 620, km 138,6. Telf. 983 590 363. Sin grandes lujos, cumple los mínimos para un descanso reparador. Habitación doble: 55 €.

COMER

Casas con menú (menos de 15 €)

LOS CURROS

Cava, 4. Telf. 983 590 107. Restaurante de comida casera. Es un lugar peculiar de gran sabor local y de sabrosas y afamadas raciones. Tiene un bonito bar, donde predomina la madera y también suele albergar exposiciones de pintura.

MESÓN EL MIRADOR

General Arana, 3. Como se puede imaginar, está al lado del mirador. Se puede cenar a la carta sin que la cuenta exceda del presupuesto. También hay raciones; curiosamente el pulpo a la gallega está exquisito. Buenos vinos.

Restaurantes (de 21 a 36 €)

A las afueras del pueblo, **El Bohío** (ctra. del Pinar, km 10; telf. 983 590 055) está situado junto a un pinar al borde del río Duero. Si os sirve de orientación, es frecuentemente utilizado para bodas y otras celebraciones. Lechazo asado y merluza.

SITGES

BARCELONA. 22.600 habitantes

SITUADA A ESCASA DISTANCIA DE BARCELONA, EN UN ENCLAVE NATURAL DOMINADO POR LA COSTA Y EL MACIZO DEL GARRAF, ESTA POBLACIÓN ES UN IMPORTANTE CENTRO RECEPTOR DE TURISMO, ADEMÁS DE HABERSE CONVERTIDO, GRACIAS A SU FESTIVAL, EN UNA DE LAS CAPITALES MUNDIALES DEL CINE FANTÁSTICO Y DE TERROR.

INFO

Oficina Municipal de Información
Paseo de la Ribera, s/n.
Telf. 93 811 06 11.
www.sitges.com

DORMIR

La oferta hotelera de Sitges es muy amplia y variada, y en la mayoría de los casos la calidad es alta. Abundan los hoteles de cuatro estrellas junto a la playa, como el ***Hesperia Calípolis***✪✪✪✪ *(Avda. de Sofía, 2-6; telf. 93 894 15 00; habitación doble: 82-160 €), cuya comodidad y emplazamiento se traduce en unos precios muy elevados. Entre los de menor precio, son recomendables:*

Hotel El Xalet✪✪

Illa de Cuba, 35. Telf. 93 811 00 70.
www.elxalet.com
Entre la amplia oferta de la ciudad, vale la pena escoger este hotel que nos permite revivir la atmósfera de principios de siglo XX, puesto que está instalado en una antigua casona de estilo modernista,, con detalles decorativos de la epoca fascinantes; la pequeña piscina, una joya.
Habitación doble: 60-100 €.

Pensión Termes✪✪

Termes, 9.
Telf. 93 894 23 43.
Habitaciones confortables y trato agradable. Céntrica.
Habitación doble: 48-70 €.

Otros hoteles de precio más elevado

El **Terramar**✪✪✪✪ (Passeig Marítim, 80; telf. 93 894 00 50; 153 €) es un gran complejo hotelero con todas las comodidades y servicios. Completamente renovado hace unos años, el **Hotel Capri**✪✪✪ (av. Sofía, 13-15; telf. 93 811 02 67; 125-145 €) ocupa un antiguo palacete con tres airosas torres. Está situado en una zona residencial, muy cerca del centro y junto al Paseo Marítimo y sus playas. Abre todo el año.

EL TAPEO

Los locales habilitados para ello son numerosos y poseen exquisitas especialidades. Es el caso de las tabernas **Izarra** (Major, 22) y **Eguzki** (San Pablo, 3). **Casa Sevilla** (Espalter, 17) es otro establecimiento en los que el aperitivo resulta exquisito y a buenos precios.

COMER

Con nombres como ***Maricel*** *(passeig de la Ribera, 6; telf. 93 894 20 54; 60 €) o* ***El Velero*** *(passeig de la Ribera, 38; telf. 93 894 20 51; 50 €), el sector de la restauración en Sitges goza de una merecida fama. El número de restaurantes es enorme y muchos de ellos tienen una excelente calidad, aunque, eso sí, también mantienen unos precios elevados. Por otra parte, existe una buena cocina de temporada que se puede degustar en forma de económicos menús.*

Casas con menú (menos de 15 €)

Can Pagès

Sant Pere, 24-26. Telf. 93 894 11 95.
Miguel Ramos es el alma máter de este local, decorado con una buena colección de pintura. El menú es abundante e incluye excelentes platos de la cocina casera local, como arroz negro o *fideuà*. La carta ofrece un abanico más amplio de platos de la cocina de mercado.

La Oca

Parellades, 41. Telf. 93 894 79 36.
Cocina casera y trato exquisito son las características de este popular establecimiento. Especialidad en carnes a la brasa, que se elaboran a la vista del comensal, y pollos asados. Dispone de menú sólo a mediodía.

Restaurantes (desde 24 €)

El Greco (paseo de la Ribera, 70; telf. 93 894 29 06; precio medio, 60 €), es un establecimiento con solera en el que ofrecen una cocina creativa que ha alcanzado un elevado prestigio.

Por su parte, **Cal Pinxo** (pg. de la Ribera, 5; telf. 93 894 86 37) ofrece frituras y guisos marineros y **Casa Hidalgo** (Sant Pau, 12; telf. 93 894 38 95), platos bien elaborados.

SÓLLER

ISLA DE MALLORCA. 12.521 habitantes

SÓLLER SE YERGUE ALTIVA Y PRÓSPERA EN UN VALLE RODEADO DE ÁSPERAS MONTAÑAS Y CUAJADO DE NARANJOS Y LIMONEROS. SU PUERTO, HOY NOTABLE CENTRO TURÍSTICO, ES EL ÚNICO ABRIGO NATURAL DE LA COSTA BRAVA MALLORQUINA.

INFO

Oficina Municipal de Turismo
Plaça d´Espanya, s/n. Telf. 971 638 008.
www.sollernet.com
www.solleronline.com/portdesoller
Oficina Municipal de Turismo del Port de Sóller
Canonge Oliver, 10. Telf. 971 633 042.

DORMIR

La mayoría de los alojamientos se concentra en el Port de Sóller. Destacan el **Hotel Edén**✪✪✪ (telf. 971 631 600); el **Espléndido**✪✪✪ (telf. 971 631 850) y el **Marina**✪✪ (telf. 971 631 461; habitación doble: 93-105 €). En Sóller es recomendable **El Guía**✪ (Castañer, 2; telf. 971 630 227; habitación doble: 75 €).

COMER

Restaurantes (sobre 25 €)

El Guía

Castanyer, 2. Sóller. Telf. 971 630 227.
Un restaurante clásico de Sóller que casi es un secreto que todo el mundo pretende guardar para sí. Se come de todo, lo propio de cada temporada y cocina regional con un cierto toque francés. A la carta y menú.

Sa Llotja des Peix

Port de Sóller. Lonja de pescadores.
Telf. 971 632 954. Es imposible estar más cerca del pescado fresco. Abajo, en la lonja, se desembarca y arriba, en el restaurante, se pone en la sartén, la cazuela o el horno.

Ca N'Antuna

Telf. 971 633 068.
Casa aislada a un centenar de metros de Fornalutx, camino de la sierra. Desde la terraza hay una espléndida vista sobre el pueblo y un valle cuajado de naranjos. Cocina casera mallorquina. *Arròs brut*, frito mallorquín, cordero y lechona al horno.

Ses Porxeres

Ctra. Palma-Sóller, km 17. Bunyola.
Telf. 971 613 762.
Acogedor restaurante rural especializado en cocina catalana, próximo a la entrada de los jardines de Alfàbia. Abundantes entremeses de embutidos de calidad.

SORIA

CAPITAL DE PROVINCIA. 37.941 habitantes

SITUADA A ORILLAS DEL DUERO, HA SIDO INSPIRACIÓN DEL POETA Y REMANSO DE PAZ DEL CAMINANTE. MACHADO, BÉCQUER Y UNAMUNO CANTARON A ESTA TIERRA CASTELLANA. HOY, CONSERVÁNDOSE ESE ECO BUCÓLICO Y ROMÁNTICO, SE VIVE EN SORIA UN AMBIENTE BULLICIOSO QUE ROMPE CON EL TÓPICO DE CIUDAD DESÉRTICA Y SORPRENDE GRATAMENTE AL VISITANTE QUE SE ADENTRA EN SUS RINCONES.

INFO

Oficina de Turismo
Medinaceli, 2. Telf. 975 212 052.
www.sorianitelaimaginas.com
www.turismocastillayleon.com

Estación de Autobuses
Avda. Valladolid, 40.
Telf. 975 225 160.
Aparcamiento
En la plaza del Olivo.

Taxis
Paradas en la plaza de Ramón Benito (telf. 975 213 034), plaza de Ramón y Cajal (telf. 975 229 697) y en la estación de autobuses.

DORMIR

*En un magnífico emplazamiento desde el que se obtiene una bonita panorámica de la ciudad y el Duero, el **Parador de Soria**✪✪✪✪ (Parque del Castillo; telf. 975 240 800; habitación doble: 160 €) encabeza la lista de los hoteles exclusivos. En general, los alojamientos son un poco caros. Sin embargo, hay hostales muy asequibles:*

Hostal Alvi✪✪

Alberca, 2.
Telf. 975 228 112.
Situado a pocos metros de la Oficina de Turismo, es bastante nuevo y recomendable. Todas las habitaciones cuentan con televisión y teléfono.
Habitación doble: 50 €.

Hostal Arévacos✪✪

Clemente Saenz, 8 bis.
Telf. 975 212 832.
www.hostalarevacos.com
Más que correcto hostal de estilo castellano y alegres colores en la decoración. Buen nivel de servicios y una excelente relación calidad-precio.
Habitación doble: 50 €.

Hostal La Posada✪✪

Plaza de San Clemente, 6.
Telf. 975 213 060. Situado en la zona de los bares, este sencillo hostal cuenta con encantadoras habitaciones decoradas con mobiliario castellano. Eso sí, si quieres dormir antes de las 12 h, será imposible debido al jaleo del mesón situado en la parte de abajo.
Habitación doble: 45-65 €.

Hostal Ruiz✪✪

Numancia, 49. Telf. 975 226 701. Antiguo, sencillo, bastante austero y sin nada de particular, excepto que dispone de televisión y teléfono, así como de un agradable y moderno restaurante. Habitación doble: 45-60 €.

Hostal Viena✪✪

García Solier, 5.
Telf. 975 222 109. No está lejos del centro, pero no todas las habitaciones tienen baño por lo que conviene consultar los precios. Algunas disponen sólo de un curioso lavabo.
Habitación doble: 50 €.

Otros hoteles de precio más elevado

El **Ciudad de Soria**✪✪✪✪ (Zaragoza, s/n; telf. 975 224 205; desde 70 €) es un hotel de lujo inagurado en 1999, a 10 minutos a pie del centro, con habitaciones perfectamente equipadas y a un precio todavía asequible. El **Husa Alfonso VIII**✪✪✪ (Alfonso VIII, 10; telf. 975 226 211; 134 €) es céntrico y funcional. Otra buena opción, a las afueras, es el **Hotel Green Cadosa**✪✪ (ctra. Zaragoza-Zamora, km 146; telf. 975 213 143; 95 €), moderno y confortable. A 25 km de Soria, al pie de la sierra, se halla **El Remanso del Río Razón**✪✪✪ (La Heras, s/n; en Sotillo del Rincón; telf. 975 273 019; 65-95 €). Un lugar ideal para relajarse y disfrutar de los numerosos recursos naturales que lo rodean.

EL TAPEO

El tapeo es habitual sobre todo por la noche, y la mayoría de los bares y mesones sólo abren a las horas en las que el tapeo y los vinos son procedentes. Las tapas no las ponen si no se piden, pero son habituales los pinchos de matanza: los torreznos, el picadillo, la morcilla y el lomo en aceite. Entre los caldos, además de los vinos Ribera del Duero, hay que probar la limonada (o sangría) que sirven en todos los mesones. Eso sin olvidar los tradicionales cacahuetes y los vinos de **Torcuato y Lázaro,** emblemático y tradicional establecimiento de la calle El Collado donde la gente espera en la puerta a que abran.

La plaza de San Clemente, conocida por "El Tubo", acoge gran cantidad de gente a partir de las 7 de la tarde. Entre los lugares más frecuentados se cuentan: **La Posada,** donde sirven unos deliciosos "tigres", **Pacho,** especialista en caracoles a la soriana, **El Patata** o el **Iruña.**

En la plaza de Herradores, donde vivió Bécquer (oficialmente plaza Ramón Benito Aceña), también se hallan algunos de los mesones con más carácter: la antigua **Casa Apolonia,** de música, vinos y embutidos; **Feli's,** de ambiente taurino, y **Josan,** donde destacan los tacos de escabeche.

COMER

*La cocina tradicional se basa en las carnes de cordero y de matanza de cerdo, pero los asados poseen en Soria la finura de las hierbas salseras incorporadas al barro de la cazuela, así como algunos platos más peculiares: caldereta, trucha ahumada al horno, cangrejos, escabeches de perdiz y codorniz... Todo ello sin olvidar la repostería y los vinos de Ribera del Duero. Entre los restaurantes exclusivos está **Maroto** (paseo del Espolón, 20; telf. 975 224 086), especializado en cocina imaginativa. Imprescindible probar sus sopas de setas de cardo con trufa negra de Soria y sus tostas de hígado de pato con jugo de trufas.*

Casas con menú (menos de 15 €)

Ventorro

Avda. Mariano Vicen, 33.
Telf. 975 223 754.
En este establecimiento destacan los platos fuertes de legumbres y potajes a precios muy asequibles, además de la delicada preparación del cochinillo y del cabrito (normalmente de encargo).

Casa del Guarda

Ctra. al Monte de Valonsadero, km 359.
Telf. 975 180 677.
Este célebre merendero, situado en el paraje de Valonsadero, es de lo más recomendable si se busca un respiro a la hora del almuerzo, especialmente en verano. Cocina basada en productos de matanza: huevos con chorizo, morcilla, chuletas de cordero, etc.

Casa Augusto-Mesón Isabel

Plaza Mayor, 5.
Telf. 975 213 041.
En realidad, son dos restaurantes que pertenecen al mismo dueño. En Casa Augusto se pueden degustar platos tradicionales, con raíces rurales, así como otros con toques más innovadores. El Mesón Isabel ofrece platos más elaborados como las delicias de pato con uvas a las tres pimientas o la caldereta soriana. También es un poco más caro.

Restaurantes (de 21 a 36 €)

En **Casa Garrido** (Vicente Tutor, 8; telf. 975 222 068) se recomienda probar sus especialidades castellanas de la carta. Son excelentes la sopa de cebolla, la perdiz estofada y las migas pastoriles, así como sus postres caseros.
Iruña Plaza (plaza Ramón Benito Aceña, 2; telf. 975 226 831) en su discreto saloncito ofrece una variada carta de cocina de mercado, con productos de la huerta, del mar y carnes de la tierra. También se puede comer de tapeo.

CAFÉS

Los cafés de Soria de más carácter son un grupo de coquetos locales situados en la calle Zapatería, zona popularmente conocida como "Casco Viejo". Éstos son también los lugares de la primera copa y se encuentran más concurridos a última hora de la tarde. Se recomiendan el **Hispano,** en la Plaza Mayor, frente al arco del Cuerno, de ambiente tranquilo y mucha gente joven, y **El Son,** gran local, entre cafetín y pub, donde tomar buenos cafés, daiquiris y mojitos. Próximo a la plaza de toros se encuentra el **Café Moderno** (Ángel Terrel, 5), agradable café-pub de estilo inglés donde se puede disfrutar de una charla entre amigos amenizada con música de los 80, y el **Café del Norte** (paseo del Espolón, 18), decorado con antigüedades y especializado en caipiriñas y cafés naturales.

Además, existen innumerables cafeterías con deliciosa pastelería repartidas por toda la ciudad. Merece la pena visitar alguna de las **York** (Collado y plaza Mariano Granados).

SOS DEL REY CATÓLICO

ZARAGOZA. 712 habitantes

Como villa medieval que es, buscó su asentamiento en un lugar de difícil acceso: un estrecho altozano desde donde se controla el tramo final del Canal de Berdún, lo que ha favorecido la buena conservación de su patrimonio monumental. Su "apellido" se debe a que fue cuna del rey Fernando.

INFO

Información Turística. Emilio Alfaro, 5. Telf. 948 888 535. (Sólo en verano).

Ayuntamiento
Plaza de la Villa, 1.
Telf. 948 888 065.

DORMIR

*El mejor alojamiento de la zona es sin duda el **Parador de Sos del Rey Cató-***

lico✪✪✪✪ *(Arquitecto Sainz de Vicuña, 1; telf. 948 888 011; 123-140 €). Es un hotel muy bien rehabilitado, con una espléndida terraza. Un buen lugar para finalizar el recorrido monumental, con una panorámica inigualable del casco desde su acceso superior. Entre los de precio medio-bajo son recomendables:*

Hostal Las Coronas✪

Pons Sorolla, 1. Telf. 948 888 408. A precios asequibles están estas habitaciones, bien equipadas, con baño, armarios de buena madera y televisión; algunas de ellas tienen el privilegio de dar a la plaza. 56-70 €.

Fonda Fernandina

Emilio Alfaro, s/n. Telf. 948 888 120. Es casi la primera fachada que se ve al entrar a la villa. Las habitaciones son humildes pero agradables, amplias y con techos altos. El baño, a compartir. 35 €.

COMER

Casas con menú (menos de 15 €)

Vinacua

Pintor Goya, 3. Telf. 948 888 071.
En un salón de cierta elegancia tiene una oferta de menús variados. Especialidades: conejo con caracoles y jarretes en salsa.

Fonda Fernandina

Emilio Alfaro, 1. Telf. 948 888 120. Posee un salón muy agradable donde sirven platos de comida casera, bien cocinados. Menú económico los días de diario y los fines de semana sube un poco de precio.

Restaurantes (sobre 24 €)

Es recomendable el restaurante del **hostal Las Coronas** (Pons Sorolla, 1; telf. 948 888 408). Cocina imaginativa bien presentada. Dispone de menú. Aparte, existe una carta con múltiples especialidades.

SUANCES

CANTABRIA. 6.611 habitantes

Municipio emblemático del turismo regional, con dos bellas playas y un pequeño puerto pesquero. Hoy conjuga un complejo equipamiento turístico con el sabor tradicional de la mar.

INFO

Oficina de Turismo. Abierta sólo en verano. Ceballos, 12. Telf. 942 810 924. www.ayuntamientodesuances.com
Ayuntamiento. Telf. 942 811 811.
Taxis. Plaza de Viares (frente al Ayuntamiento). Telf. 942 810 287.

DORMIR

Hotel Sydney✪✪

El Muelle, 25. Telf. 942 810 597.
Frente a la playa de la Ribera se eleva este hotelito de sencilla decoración y bien acondicionado.
Habitación doble: 58-76 €.

Hostal Soraya✪✪✪

El Muelle, 27. Telf. 942 810 233. Situado en primera línea de playa y frecuentado por amantes de los deportes náuticos. Su decoración es sencilla y sus habitaciones están provistas de televisión. Habitación doble: 55-84 €.

Hospedaje Roiz✪✪

Ceballos, 41. Telf. 942 811 393.
Ubicado entre el pueblo y la Ribera. Todas las habitaciones, impecablemente decoradas, disponen de televisión y amplios baños. Además cuenta con el lujo de la piscina, jardines y aparcamiento privado.
Habitación doble: 50-70 €.

Posada Marina

Pza. de la Cuba, 14.
Telf. 942 811 474. Una de las mejores opciones de alojamiento en Suances es esta bonita casona de acogedor estilo rústico, tanto en el exterior como en la decoración interior. 11 habitaciones con baño, jardín, terraza y aparcamiento. 30-50 €.

Otros hoteles de precio más elevado

Situado en una zona tranquila y con un buen nivel de servicios se halla el **Hotel Albatros**✪✪✪ (Madrid, 20; telf. 942 844 140; 76-145 €). El **Suances**✪✪✪ (Ceballos, 45; telf. 942 844 222) es moderno y ofrece excelentes vistas. **El Castillo**✪ (avda. Acacio Gutiérrez, 42; telf. 942 810 383; 62-102 €) ocupa un antiguo castillo desde el que también se contemplan maravillosas vistas.

EL TAPEO

Casi todos los bares y cocederos se sitúan paralelos a la costa, y en ellos, aparte del típico picoteo, se suelen servir excelentes raciones, pescados y mariscos. Empezando en dirección este nos encontramos con **El Balneario,** famoso por sus tablas de tierra y mar; el asador de sardinas **Casa Sidoro,** con gran aceptación en los meses de verano, y la gran terraza de **La Cabaña,** donde destacan el bonito, las gambas y las sardinas. **La Bodega** es uno de los más populares por su relación calidad-precio en frutos del mar; junto a él, **Sydney** cuenta con una innumerable lista de raciones.

En la calle Torrelavega son dignos de probar los calamares en su tinta y los chipirones rellenos de **Casa Tomás,** las almejas de **Camarote,** y las gambas y quisquillas de **Ría de San Martín.**

COMER

Casas con menú (menos de 15 €)

Amita

Torrelavega, 5. Telf. 942 810 658.
Una verdadera tasca de pescadores escondida junto al puerto que es uno de esos restaurantes que sólo conocen los mejor informados del lugar. No decepciona nunca, ni por el trato, ni por los excelentes pescados, ni por la cuenta final. Dispone de un menú de raciones generosas, en el que suele destacar el pescado.

El Arpeo

La Ribera, s/n. Telf. 942 844 202.
Uno de los establecimientos clásicos de Suances donde se elaboran platos de la cocina tradicional de los puertos cántabros con precios que se pueden disparar si se abusa del pescado. Ofrece un moderado menú del día, donde nunca faltan arroces con sabor marinero.

Restaurantes (sobre 30 €)

Junto al faro y el centro cultural el Torco, **El Caserío** (Acacio Gutiérrez, 159; telf. 942 810 575) mantiene una alta calidad. Guisos marineros con una materia prima excelente que Marcelo, su propietario, selecciona cuidadosamente en la lonja de pescado.

En **La Bodega** (El Muelle, 23; telf. 942 810 498) el marisco y los pescados frescos son la especialidad de la casa, que al poseer barcos propios pueden ofrecer los precios más bajos de la localidad. Conviene reservar mesa.

La Dársena (Muelle, 23; telf. 942 844 489) ofrece cocina tradicional marinera sobre materias primas de innegable calidad y frescura conseguidas en la lonja de pescado. Garantía de éxito en el arroz con bogavante y almejas o pescados a la sal.

TAFALLA

NAVARRA. 10.172 habitantes

Ciudad relevante de la Navarra Media y centro económico, administrativo y comercial de toda la comarca. Aunque hoy es una ciudad industrial, ha conservado su relevancia agrícola y ganadera, como lo demuestran las importantes ferias que aún se celebran.

INFO

Ayuntamiento
Plaza de Navarra, 5.
Telf. 948 701 811.
www.tafalla.es
www.turismonavarra.com

DORMIR

Hostal Tafalla✪✪

Ctra. de Zaragoza, km 38.
Telf. 948 700 300. Alojamiento de carretera, a un paso de Tafalla y Olite.
Habitación doble: 90 €.

Pensión Arotza✪✪

Pza. de Navarra, 3. Telf. 948 700 716.
En una de las plazas más bulliciosas, sus habitaciones tienen cierto aire hogareño, son exteriores y disponen de televisión.
Habitación doble: 43-64 €.

Otros hoteles de precio más elevado

Además de los anteriores alojamientos está el **Hotel Beratxa**✪✪✪ (Escuelas Pías, 7; telf. 948 704 046; habitación doble: 100-122 €).

COMER

Entre los platos tradicionales cabe destacar las pochas con codorniz, las verduras, el ajoarriero con caracoles y cangrejos, los menudicos de cordero, las cabezas asadas o el calderete de patatas con carne. Existe una larga lista de restaurantes para todos los presupuestos que rinden culto a la cocina tafallesa. Uno de los más renombrados es ***Túbal*** *(pza. de Navarra, 2; telf. 948 700 852; precio medio, 30 €).*

Casas con menú (menos de 15 €)

MONREAL
Cuatro Esquinas, 13.
Telf. 948 700 366. Instalado en una casa palaciega, aún conserva su vetusta portada de piedra. Cocina regional: pimientos rellenos, menestra de verduras, ajoarriero o menudicos.

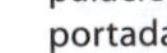

LA PEÑA
Túbal, 14. Telf. 948 700 019.
Decorado con ladrillo visto y mobiliario de estilo art déco, conjuga su estilo moderno y funcional con la cocina regional y tradicional.

RAFAEL
Avda. Severino Fernández, 1.
Telf. 948 700 000.
El lugar idóneo si se pretende una comida ligera a base de buenos pinchos y raciones, o como ellos lo llaman: *cazuelicas*.

VELAZ
Baja Navarra, 15.
Telf. 948 700 755.
Cocina tradicional de temporada.

Restaurantes (sobre 21 €)

Uno de los mejores restaurantes de la Navarra Media es el **Asador Brasas** (avda. Sangüesa 15-17; telf. 948 703 148). Lo que empezó con 6 mesas apenas, cuenta hoy con capacidad para 200 comensales. Además de las carnes, como chuleta y cordero, excelentes verduras de la huerta tafallesa, buenos pescados y especialidades como el ajoarriero, el cordero en chilindron o el patorrillo.

Igualmente recomendable es **Buskilberri** (San Martín de Unx, 18; telf. 948 703 262). Culinaria regional en toda regla en un restaurante cuyos cocineros no paran: dan desayunos, pinchos, comidas y cenas.

TALAVERA DE LA REINA

TOLEDO. 82.885 habitantes

SEGUNDA CIUDAD EN IMPORTANCIA DE LA PROVINCIA Y LA PRIMERA EN LO QUE A POBLACIÓN Y NIVEL INDUSTRIAL SE REFIERE. ES FAMOSA INTERNACIONALMENTE POR SU CERÁMICA ARTESANAL CON VARIOS SIGLOS DE TRADICIÓN.

INFO

Oficina de Turismo
Palenque, 2. Telf. 925 826 322.
Ayuntamiento
Plaza P. Juan de Mariana, 1.
Telf. 925 720 100. www.talavera.org

DORMIR

HOTEL JDH TALAVERA✪✪✪
Prado, 18.
Telf. 925 800 200. En los últimos tiempos ha elevado la calidad de las habitaciones y la categoría del hotel. Las nuevas habitaciones presentan un bonito baño y una equipación completa. Garaje opcional.
Habitación doble: 63 €.

HOTEL PERALES✪✪✪
Avda. Pío XII, 3. Telf. y fax: 925 803 900.
Tarifas muy competitivas para ser un hotel de tres estrellas. Sus instalaciones se encuentran en una avenida muy concurrida y cerca de las calles del tapeo en la ciudad de Talavera. Correctamente equipado, dispone de restaurante que ofrece un menú diario de cocina casera.
Habitación doble: 78 €.

Cerca de la Estación de Autobuses y en pleno centro cultural y comercial de la ciudad, en la calle Cabeza de Moro, el **Hostal Embajada** (nº 2; telf. 925 801 037) y la **Pensión La Playa** (nº 13; telf. 925 803 022), ambos bien equipados y con restaurante, son otra opción de alojamiento en Talavera.

Otros hoteles de precio más elevado

Céntrico y bien atendido es el **Hotel Ébora**✪✪✪ (avda. de Madrid, s/n; telf. 925 807 600; 88-91 €). En la parte nueva de la ciudad encontramos el **Hotel Roma Áurea**✪✪✪ (Roma, 1; telf. 925 721 675; www.hotelromaaurea.com; habitación doble: 90 €), complejo de reciente construcción. Dispone de lujosas habitaciones con ricos detalles y totalmente equipadas.

EL TAPEO

Como muy abundantes, generosas y deliciosas, se pueden definir las tapas que ofrecen la mayor parte de los bares de esta localidad toledana.

Y es que aquí la costumbre del tapeo está tan sacralizada y enraizada, como para adquirir su propio protagonismo y marcar las pautas en las primeras horas de la noche, reuniendo a un nutrido público en el área que delimitan las avenidas Constitución y Madrid. Una zona formada por calles sin tráfico rodado que se convierten a poco que caliente el sol en una extensa y animada marea de terrazas. En esta sana costumbre bueno es empezar por la calle Murillo, donde la vinatería **Tasca Pozo** y **La Cañita**, con buenos pinchos, hacen compañía a la mítica **Fakultad,** buque insignia y local de visita obligada en Talavera, con magníficos pinchos y una amplísima gama de cervezas de todos los lugares del mundo.

En la paralela y también peatonal calle Velázquez la fórmula se repite de la mano de **Punta Galea,** estimulante cervecería de aires marineros y afamado tapeo, y el mesón bañado por esencias del sur con abundantes y ricas tapas **La Rioja.**
Por último, en la siguiente calle paralela (plaza Goya) no debemos pasar por alto el sabor rústico de **La Cartuja,** de clientela más pausada.

COMER

Casas con menú (menos de 15 €)

ARCIPRESTE
Banderas de Castilla, 14.
Telf. 925 804 092.
Mesón agradable, de estilo castellano, con cocina tradicional y casera, especializado en asados y perdiz.

LA RIBERA
Ctra. N-V, km. 113. Telf. 925 811 814.
Cocina casera e internacional, son especialistas en judías con perdiz y cocido madrileño; tienen cordero asado y buenos postres caseros.

ELENA
Atalaya, 4. Telf. 925 826 582.
Tiene menús caseros a muy buen precio. Y son recomendables los revueltos y su especialidad: ajoscoles, un guiso de patatas y costillas ahumadas.

PERALES
Avda. Pío XII, 3. Telf. 925 803 900. Restaurante del hotel homónimo. Ofrece una cocina casera rica en productos de la tierra y bien condimentada. Tiene menú diario y por unos 18-20 € se puede comer a la carta.

VENUS
Calle Oliva. En **SAN ROMÁN DE LOS MONTES,** a unos 12 km de Talavera.
Telf. 925 887 055. Muy conocido en la zona, sobre todo por sus arroces, pizzas y asados.

Restaurantes (desde 21 €)

El **Anticuario** (avda. de Madrid, s/n; telf. 925 807 600), en el hotel Ébora. Buena cocina tradicional, destacando sus asados castellanos y ricos platos de caza.

LOS PRECIOS DE LOS ALOJAMIENTOS Y DE LOS RESTAURANTES TIENEN CARACTER ORIENTATIVO Y, EN GENERAL, APARECEN SIN IVA INCLUIDO. SE RECOMIENDA CONFIRMAR LAS TARIFAS A LA HORA DE HACER LA RESERVA, ASÍ COMO POSIBLES OFERTAS O LAS CARACTERÍSTICAS DE LOS ALOJAMIENTOS.

TARANCÓN

CUENCA. 11.500 habitantes

ESTA LOCALIDAD, LA MÁS POBLADA DE CUENCA, ES UNA CIUDAD INDUSTRIAL Y DE SERVICIOS Y LUGAR DE PASO Y PARADA DE LA A-3. EN LAS ÚLTIMAS DÉCADAS HA EXPERIMENTADO UN CRECIMIENTO CONTINUO GRACIAS A SU CERCANÍA A MADRID.

INFO

No existe en la ciudad una oficina de información turística como tal, pero la **Asociación Manuel de la Ossa** para la defensa del patrimonio histórico y artístico de Tarancón podrá satisfacer la curiosidad de cualquier visitante. Tiene atención al público por las mañanas en el **Ayuntamiento** (plaza de la Constitución; telf. 969 321 016) y por las tardes en el **Centro Cultural** (San Isidro, s/n; telf. 969 322 494). www.dipucuenca.es

DORMIR

HOTEL STOP✪✪

Ctra. Madrid-Valencia, km 83.
Telf. 969 320 100.
Edificio y decoración de estilo rústico. Habitaciones totalmente equipadas, provistas de calefacción, aire acondicionado independiente y televisión con antena parabólica. Muy cómodo.
Habitación doble: 64 €.

HOTEL SUR✪✪

Ctra. Madrid-Valencia, km 82.
Telf. 969 320 600. Este hotel, reformado recientemente, cuenta con una decoración muy cuidada y esmerada. Todas las habitaciones disponen de una pequeña entrada, televisión y teléfono.
Habitación doble: 50-60 €.

HOSTAL LA ESTACIÓN✪

Paseo de la Estación, 32.
Telf. 969 324 977.
Hostal de decoración rústica y sencilla; modesto pero no exento de comodidades. Remodelado y situado en un lugar privilegiado. Trato familiar.
Habitación doble: 36 €.

EL TAPEO

No hay una zona específica, simplemente bares diseminados en los que se puede disfrutar de excelentes raciones y tapas, donde predominan las especialidades castellano-manchegas. Así, en la calle Miguel de Cervantes está **Keller Bier,** de decoración alemana, con un ambiente joven y en donde se puede disfrutar de una gran variedad de patés ahumados, quesos y cervezas nacionales y de importación.

En el centro de la villa, en la calle Juan Carlos I, se halla el cafe-bar **Olmedilla,** con amplia variedad de raciones.

COMER

Casas con menú (menos de 15 €)

CANTARERO

Ctra. Madrid-Valencia, km 81.
Telf. 969 320 533. Es el mejor restaurante de Tarancón; sus precios son elevados, pero se ajustan a una excepcional calidad. Especialidad en legumbres, caza y cordero, entre otros platos típicos de la región.

KELLER

Avda. Miguel de Cervantes, 42.
Telf. 969 324 172.
Goyo Cantarero y Jorge Susinisos (jefe de cocina) salieron del restaurante Cantarero, muy popular en la zona, para inaugurar este local con nombre y aspectos germánicos pero con una oferta netamente manchega: el ajoarriero, la matanza y los embutidos (como el lomo de orza), la perdiz escabechada, el morteruelo y las carnes de vacuno ilustran lo mejor de la carta.
Tienen menú al mediodía y a la carta sale por unos 25 €

STOP

Ctra. Madrid-Valencia, km 83.
Telf. 969 320 100.
Es un restaurante muy acogedor, con elegante y exquisita decoración. Ofrece una gran variedad de entrantes manchegos (como pisto, gazpacho, duelos y quebrantos y asadillo) y como especialidad, las carnes y los asados. Dispone de menú del día y carta.

TARAZONA

ZARAGOZA. 10.991 habitantes

OCUPA UNA FÉRTIL VEGA QUE UNE LOS MÁRGENES DEL RÍO EBRO CON LAS CUMBRES DEL MONCAYO. EL PEQUEÑO RÍO QUEILES ATRAVIESA LA CIUDAD, DEJANDO A UN LADO UN CASCO ANTIGUO QUE CONSTITUYE TODA UNA OBRA DE ARTE URBANÍSTICA Y AL OTRO, UN CONJUNTO MONUMENTAL CON LA CATEDRAL COMO PRINCIPAL SEÑUELO.

INFO

Oficina Municipal de Turismo
Plaza de San Francisco, 1.
Telf. 976 640 074.
www.tarazona.org

Centros de Interpretación de la Naturaleza del Moncayo
En Agramonte. Telf. 976 192 125. En **AÑON DE MONCAYO.** Telf. 976 649 296. En invierno sólo abren fines de semana.

Sociedad Española de Ornitología
Telf. 976 277 638.
Desde la SEO se gestionan todos los centros de Interpretación de Aragón. En este lugar se facilita información y se conciertan las visitas a los parques.

DORMIR

HOTEL ITURI ASSO✪✪✪

Virgen del Río, 3.
Telf. 976 199 166.
Es uno de los mejores para alojarse en la ciudad. El lugar donde está situado no puede ser más estratégico, al lado del río y ocupando un antiguo cine de los años veinte. Las habitaciones están perfectamente equipadas.
Habitación doble: 45-65 €.

HOTEL BRUJAS DE BÉCQUER✪✪✪

Ctra. de Zaragoza, s/n.
Telf. 976 640 400.
Las habitaciones tienen unas comodidades parecidas al Ituri Asso, un poco más económico. El único problema es que está a las afueras, en la carretera de Zaragoza, a unos veinte minutos a pie del centro.
Habitación doble: 60 €.

HOSTAL PALACETE DE LOS ARCEDIANOS

Marrodán, 16 y pza. Arcedianos, 1.
Telf. 976 642 303.
www.palacetearcedianos.com
Muy céntrico. Se trata de un antiguo convento de monjas, remodelado totalmente en su interior y con la fachada original intacta.
Habitación doble: 39 €.

EL TAPEO

El bar **Turiaso,** en la plaza de España, tiene una buena oferta de raciones, aunque lo mejor es su terraza, justo enfrente del Ayuntamiento. Otros lugares agradables donde tomar unos pinchos son los bares **Avenida, Travesía** y **Visconti.**

La zona de bares más importante es, sin embargo, la que está situada junto al río, en el paseo de la Constitución. Allí los bares **Casino, Palermo** y **Moncayo** ofrecen estupendas tapas de patatas bravas, calamares, frituras y tablas de jamón. El bar **Aragón,** en la calle Reino de Aragón, algo apartado del río, tiene una amplia oferta de fritos, cazuelas y bocadillos. **Amadeo,** en el Paseo, ofrece una gran selección de tapas.

COMER

Casas con menú (menos de 15 €)

ITURI ASSO

Virgen del Río, 3.
Telf. 976 199 166.
Salones de ambiente fresco separados por cristaleras donde se puede comer un menú y especialidades como las pochas de Tarazona, setas del Moncayo, escalopines de buey o bacalao al pil-pil.

EL CASERÓN

Reino de Aragón, 2.
Telf. 976 642 312.
Un bonito salón donde se pueden probar estupendos pescados, mariscos, asados, carnes y una buena selección de verduras. Menú y a la carta.

BRUJAS DE BÉCQUER

Ctra. de Zaragoza, s/n.
Telf. 976 640 400.
Salones tratados con la limpieza propia de un buen hotel, de estilo moderno. Se pueden pedir especialidades de la tierra.

LOS ARENALES

Santuario de Nuestra Señora del Moncayo. Telf. 976 644 185.
Aunque los salones no son ejemplo del mejor diseño... bien merece la pena el menú que ofrecen, con una buena relación calidad precio. Cocina casera de temporada.

TARIFA

CÁDIZ. 16.743 habitantes

VIEJA CIUDAD MARINERA, LA MÁS MERIDIONAL DE LA PENÍNSULA, QUE MIRA A ÁFRICA A TRAVÉS DEL ESTRECHO DE GIBRALTAR, DESDE LA PUNTA DE SU NOMBRE EN LA FALDA DEL CABRITO. EL PRINCIPAL ATRACTIVO DE LA CIUDAD SON SUS PLAYAS APTAS PARA LA PRÁCTICA DEL WINDSURF, GRACIAS A LOS FUERTES VIENTOS Y A LAS SUAVES CORRIENTES MARINAS QUE CRUZAN LA ZONA.

INFO

Oficina de Turismo
Paseo de la Alameda, s/n.
Telf. 956 680 993.
www.aytotarifa.com

DORMIR

HOTEL LA CODORNIZ✪✪✪
Ctra. Cádiz-Málaga, km 79.
Telf. 956 684 744. Fax: 956 684 101.
Habitación doble: 60-115 €.

HOTEL MESÓN DE SANCHO✪✪✪
Ctra. N 340, km 94. Telf. 956 684 900.
www.mesondesancho.com
Habitación doble: 50-76 €.

HOTEL DULCE NOMBRE✪✪✪
Ctra. de Cádiz-Málaga, km 76.
Telf. 956 685 344. Fax: 956 689 005.
Habitación doble: 76-122 €.

HOTEL APARTAMENTO CORTIJO LAS PIÑAS✪✪
Ctra. N 340, km 74,300.
Telf. 956 685 136. www.tarifa.net
Antiguo cortijo tradicional restaurado, a 250 m de la playa.
Habitación doble: 55-100 €.

HOTEL HURRICANE✪✪
Ctra. de Cádiz, km 77.
Telf. 956 684 919. Fax: 956 680 329.
www.hotelhurricane.com
A pie de playa. Concurrido por los amantes del windsurf, posee escuela y alquiler de equipos. Las habitaciones son amplias y luminosas. Posee restaurante.
Habitación doble: 85-160 €.

COMER

Una buena opción para comer y/o cenar nos la ofrecen los chiringuitos que se encuentran en Bolonia, concretamente en la zona de ruinas, al abrigo del viento de Levante, bien instalados y acondicionados, aunque sin perder ese cierto aire aventurero, tan característico del espíritu de este lugar.

SOUK ZOCO
Mar Tirreno, 46. Telf. 956 627 065. Deliciosa decoración oriental y platos de las cocinas china, tailandesa, hindú y árabe, principalmente.

LA PAELLA
Batalla del Salado, 46.
Telf. 956 680 010. Entre semana se llena de trabajadores de la zona que acuden a comer su menú de 10 €, a base de potajes y guisos caseros, pescado frito o carne.
Muy popular.

EL TESORO
Paraje Betijuelo, 6. Ctra. Tarifa-Bolonia, Km. 73. Un encanto de lugar con vistas increíbles y con una carta estupenda con predominio de las buenas carnes de la Janda y los pescados de la costa a la brasa. En verano, es imprescindible reservar con antelación.

TARRAGONA

CAPITAL DE PROVINCIA. 121.100 habitantes

CAPITAL DE LA HISPANIA CITERIOR ROMANA, ESTA HISTÓRICA VILLA, PRESIDIDA POR UN PATRIMONIO ARQUITECTÓNICO DE ENORME RIQUEZA, POSEE UNA INTENSA VIDA SOCIAL Y CULTURAL QUE ALCANZA SU PUNTO ÁLGIDO EN EL VERANO, CON LA PRESENCIA DE NUMEROSOS VISITANTES QUE AQUÍ LLEGAN EN BUSCA DE ESA SABIA MEZCLA DE CULTURA Y DIVERSIÓN QUE LOS TARRACONENSES HAN SABIDO LOGRAR.

INFO

Oficina de Turismo de la Generalitat de Catalunya
Fortuny, 4.
Telf. 977 233 415.

Patronato Municipal de Turismo
Major, 39.
Telf. 977 245 203/ 064.
www.costadaurada.org
Claxon es una publicación periódica que, al igual que el *Diari de Tarragona*, ofrece información sobre las actividades culturales de la temporada.

Autobuses urbanos
Telf. 977 549 480.

Taxis
Estación Marítima, Cristófor Colom, Avenida María Cristina esquina Hernández Sanahuja, Rambla Nova, Estación del Ferrocarril y Comte de Rius. *Radiotaxi*. Telf. 629 726 323.

Aparcamientos
Junto a la terminal de autobuses, plaza Imperial Tarraco, avenidas de Ramón y Cajal, Prat de la Riva y Catalunya, Rambla Nova y plaza de la Font.

DORMIR

*El atractivo turístico de Tarragona propicia la existencia de alojamientos de elevado nivel como el hotel **Imperial Tarraco**✪✪✪✪ (Pg. Palmeras, s/n; telf. 977 233 040; 60-166 €), que conviven perfectamente con otros más modestos y económicos.*

HOTEL NÚRIA✪✪✪
Vía Augusta, 145. Telf. 977 235 011. Localizado a las afueras de la ciudad, muy cerca del camino que da acceso a la playa de la Arrabassada, se trata de un establecimiento agradable y bien comunicado por transporte público. Habitación doble: 60-84 €.

HOTEL SB EXPRES✪
Pl. Corts Catalanes, 4.
Telf. 977 221 050.
Este hotel, inaugurado en julio de 2002, ofrece la posibilidad de disfrutar de su excelente equipamiento a buen precio. Consultar ofertas.
Habitación doble: 50-95 €.

PENSIÓN FORUM✪✪
Plaça de la Font, 37.
Telf. 977 231 333.
Desde las ventanas de sus habitaciones se puede contemplar uno de los principales núcleos arquitectónicos de la ciudad, ya que se halla cerca del Ayuntamiento y en el corazón del conjunto monumental de la ciudad medieval. Ambiente juvenil.
Habitación doble: 37-45 €.

Otros hoteles de precio elevado
Para presupuestos más holgados están el **Astari**✪✪✪ (Via Augusta, 95; telf. 977 236 900; habitación doble: 70-92 €) y el **Lauria**✪✪✪ (Rambla Nova, 20; telf. 977 236 712; habitación doble: 64-75 €). Este último es un hotel clásico, está céntrico y resulta muy acogedor.

EL TAPEO

La terraza **El Candil** (plaça de la Font), con vistas al Ayuntamiento, es un agradable lugar para tomarse un aperitivo, y lo mismo sucede con los locales que se abren en las inmediaciones del paseo marítimo.

COMER

La oferta gastronómica es, en esta ciudad, muy abundante, como corresponde a una capital de provincia y, además, costera y turística. Desde restaurantes de gama alta, modernos y caros, hasta casas con menús económicos donde probar las especialidades de la cocina tarraconense. El romesco de peix, *un guiso de pescado con salsa de romesco (a base de almendra y avellanas), es uno de los platos más emblemáticos.*

Casas con menú (menos de 18 €)

SIGLO XII
Pl. Ripoll, 6.
Telf. 977 214 386.
Cocina de mercado marcada por los productos de temporada; con alguna especialidad local en la carta. Buena relación calidad precio.

EL TIBERI
Martí d'Ardenya, 5.
Telf. 977 235 403.
Es una casa de comidas muy popular que ofrece menú y platos tradicionales de la cocina catalana, bien elaborados.

EL TRULL
Ctra. de Barcelona, km 1,5.
Telf. 977 207 912.
Este agradable local, que ocupa un molino restaurado, ofrece menú y la posibilidad de comer a la carta cocina tradicional catalana.

Restaurantes (desde 24 €)
Para probar cocina catalana con las variedades locales podéis acudir a dos buenos establecimientos: **La Puda** (Moll de Pescadors, 25; telf. 977 211 070) o **Les Coques** (Sant Llorenç, 15; telf. 977 228 300; precio medio, 50 €).

En lo recogido de una cala se encuentra **La Caleta** (Passeig Marítim Rafael

Casanovas, 24; telf. 977 234 040), un agradable chalet donde se sirven platos de cocina catalana bien elaborados. Su anexo, más proximo al mar, tiene precios más asequibles.

Un lugar encantador es **Les Fonts de Can Sala** (ctra. de Valls, 62; telf. 977 228 575), situado en una masía en las afueras de la ciudad, con una terraza bajo los árboles. Cocina catalana.

CAFÉS

Las cafeterías de Tarragona permiten disfrutar de un agradable ambiente, ya que, en verano sus terrazas se convierten con el frescor de la noche en el punto de reunión de propios y extraños. Entre ellas destacan **Café Teatre** (Méndez Núñez, 1) y **Pla de la Seu** (junto a la catedral), donde se pueden degustar unos excelentes *carquinyolis*.

TÀRREGA

LLEIDA. 13.577 habitantes

CAPITAL DE LA COMARCA DE L'URGELL, TÀRREGA ES UNA CIUDAD INDUSTRIOSA QUE HA HECHO DEL CAMPO SU PRINCIPAL RAZÓN DE SER Y SU MÁS IMPORTANTE MOTOR ECONÓMICO. EN EL ÁMBITO CULTURAL OCUPA UN DESTACADO PAPEL POR LA CELEBRACIÓN DE UNA RECONOCIDA FERIA DE TEATRO DE CALLE, QUE SE CELEBRA EN SEPTIEMBRE.

INFO

Oficina Comarcal de Consumo y Turismo. Agoders, 16.
Telf. 973 500 707.
www.lleidatur.es

DORMIR

HOTEL PINTOR MARSÀ✪✪✪
Av. Catalunya, 112.
Telf. 973 501 516. Las 24 habitaciones son cómodas, agradables y decoradas con un mobiliario nuevo. El Pintor Marsà se caracteriza, además, por las exposiciones de pintura en las que se da cabida a los artistas de la comarca. Es la mejor opción de alojamiento en la ciudad, y casi la única. Trato muy cuidado. Habitación doble: 62-86 €.

HOSTAL DEL CARME✪✪
Ctra. A-2, km 504. En **VILAGRASSA** (a 2 km). Telf. 973 311 000. Agradable y tradicional establecimiento, muy popular en la zona, aunque un tanto alejado de la localidad.
Habitación doble: 55-64 €.

EL TAPEO

Es posible degustar excelentes embutidos de la zona y buenos pinchos en la barra de los bares y restaurantes como el **Bus Bar** (plaça de les Nacions) o el **Moby Dick** (Comabruna, 13).

COMER

Casas con menú (menos de 15 €)

L'ESTUDIANT
Av. Tarragona, 3. Telf. 973 312 390. Este restaurante, ofrece un menú de tres platos y postre en el que domina la cocina casera de mercado.

Restaurantes (sobre 27 €)

El **Hotel del Carme** (Ctra. A-2, km 504; telf. 973 311 000; situado en **VILAGRASSA**) dispone de un excelente restaurante que ofrece cocina de la zona de buena calidad, carnes y pescados a la brasa.

TEGUISE

ISLA DE LANZAROTE. 14.477 habitantes

CAPITAL DE LA ISLA HASTA EL AÑO 1852, ESTA CIUDAD DEL INTERIOR ES UNA VILLA HISTÓRICA Y MONUMENTAL, RODEADA DE INSÓLITOS CAMPOS DE VIDES QUE CONSTITUYEN UN PAISAJE INCONFUNDIBLE.

INFO

Ayuntamiento
General Franco, 1. Telf. 928 845 001.
www.teguise.com

DORMIR

*La oferta hotelera de la zona se centra en el complejo turístico Costa Teguise, que incluye opciones bastante caras como el **Hotel Gran Meliá Salinas✪✪✪✪✪** (avda. Islas Canarias s/n; telf. 928 590 040; www.solmelia.es), cuyos jardines y piscinas se deben a César Manrique. Está considerado uno de los hoteles más bellos y singulares de Europa. Gran Lujo.*

APARTAMENTOS GALEÓN PLAYA
Avenida el Jablillo, s/n.
Telf. 928 591 908.
Todos los apartamentos cuentan con terraza y vistas al mar, salón y cocina eléctrica. El complejo incluye piscina, bar-restaurante, ping-pong y supermercado. Acceso habilitado para discapacitados.
Habitación doble: 40-70 €.

Otros hoteles de precio más elevado

Otras buenas opciones son el **Hotel Occidental Allegro Oasis✪✪✪✪** (avda. del Mar, s/n; telf. 928 590 410; fax: 928 590 791; habitación doble: 178-250 €) y el **Occidental Grand Teguise Playa✪✪✪✪** (avda. Jablillo, s/n; telf. 928 590 654; fax: 928 590 979; habitación doble: 110-165 €), equipados con todas las comodidades y cerca del mar.

COMER

Casa con menú (menos de 15 €)

ACATIFE
Constitución, 1. Telf. 928 845 037. Situado en el casco antiguo, es todo un clásico con más de 50 años de experiencia. sirven una excelente cocina canaria.

Restaurantes (sobre 24 €)

En el Centro Comercial Lanzarote Bay, **La Jordana** (telf. 928 590 328), local decorado al estilo rústico, ofrece cocina regional y europea. Otro de los establecimientos más concurridos de la isla es **Neptuno** (avda. Tablillo, s/n; telf. 928 590 378), cuya especialidad es el pescado fresco, aunque también sirven carne y marisco.

TERRASSA

BARCELONA. 184.800 habitantes

EN CLARA Y MANIFIESTA RIVALIDAD CON SU VECINA SABADELL, TERRASSA SE PUEDE DECIR QUE ES COCAPITAL DEL VALLÈS OCCIDENTAL. SU IMAGEN RESPONDE A LA DE UNA CIUDAD DESARROLLADA SOBRE LA BASE DE LA INDUSTRIA, CON EDIFICIOS DE CARÁCTER MODERNISTA Y UNA VIDA URBANA DINÁMICA, EN LA QUE TIENE GRAN PROTAGONISMO LA PRESENCIA DE ALGUNAS ESCUELAS UNIVERSITARIAS.

INFO

Oficina de Información Turística
Raval de Montserrat, 14.
Telf. 93 739 70 19. www.terrassa.org

DORMIR

HOSTAL EGARA✪✪
Azcárate, 1. Telf. 93 780 15 33. Ante la escasa oferta, quizás sea ésta la mejor opción para dormir en toda la ciudad, puesto que su calidad resulta buena y su precio asequible. Pocas habitaciones y trato familiar.
Habitación doble: 60 €.

Otros hoteles de precio más elevado

Justo en la entrada de la ciudad, un enorme rótulo nos indica la presencia del hotel **Don Cándido✪✪✪✪** (Rambleta del Pare Alegre, 98; telf. 93 733 33 00; habitación doble: 60-198 €). Es un establecimiento grande, cómodo y funcional.

TAPEO Y CAFÉS

La mayoría de los bares se localizan en el centro, como la **Taverna El Porró** (La Palla, 28), con estupendos montaditos, o el **Café Teatre** (Baix, 31), con un buen surtido de tapas del norte. Más alejados de ese núcleo se encuentran algunos de los más especializados, como **La Tasca de Can Palet** (Glòries Catalanes, 119), que ocupa una masía y donde las tachuelas y los *capritxos* son extraordinarios.

Para comer buenas gambas hay que ir al bar **El Taranto** (Girona, 303); excelente bacalao y magníficos callos son la oferta de **El Tapeo** (Abad Marcel, 267). La zona centro y La Rambla albergan la mayor parte de las cafeterías, normalmente locales tranquilos como el **Nova Jazz Cava** (pasatge Gaudí, 24).

COMER

Casas con menú (menos de 15 €)

EMILIA

La Goleta, 9. Telf. 93 788 50 01.
Los platos caseros constituyen la principal oferta de este pequeño restaurante cuyo menú es más que generoso. En su carta aparecen algunas especialidades de la zona que merece la pena probar.

MESÓN LAS FORCAS

Arquímedes, 131. Telf. 93 733 07 69.
La decoración del local responde perfectamente tanto a su nombre como al tipo de cocina que confecciona sus platos, que es la catalana tradicional. Productos muy frescos.

Restaurantes (desde 25 €)

En **MATADEPERA**, a unos 8 km de la ciudad, se encuentra **Cavall Bernat** (av. Rocafort, s/n; telf. 93 787 08 30), un lugar ideal para probar buena cocina tradicional catalana en un ambiente muy popular.

En la misma localidad, **Can Solà de Pla** (Can Solà del Pla, 7-11; telf. 93 787 08 07) ocupa una antigua masía restaurada. Ofrecen cocina de mar y de montaña, en donde sobresalen los platos de bacalao.

TERUEL

CAPITAL DE PROVINCIA. 34.236 habitantes

SOBRE UN SUAVE MONTÍCULO, EN LA CONFLUENCIA DE LOS RÍOS GUADALAVIAR Y ALFAMBRA SE ALZA LA ANTIGUA Y SILENCIOSA TERUEL, LA CIUDAD EN LA QUE CONVIVIERON DURANTE SIGLOS MOROS Y CRISTIANOS, Y A LA QUE EL PASO DEL TIEMPO NO HA CONSEGUIDO ARREBATAR LA BELLEZA MUDÉJAR DE SUS MONUMENTOS.

INFO

Oficina de Turismo
Tomás Nogués, s/n. Telf. 978 602 279.
www.turismoaragon.com

Estación de Autobuses
Telf. 978 601 014.

Taxis
Plaza del Torico. Telf. 978 617 522/ 577.

Aparcamientos
En la calle Joaquín Arnau, a espaldas de la plaza de San Juan, o en las proximidades de la Ronda de Ambeles, que circunvala el casco antiguo.

DORMIR

*Como capital de la provincia, Teruel posee hoteles y hostales para todos los bolsillos. En general, la relación calidad-precio es excelente. Además del apacible **Parador**✪✪✪ (telf. 978 601 800; 85-110 €) o el exuberante **Hotel Reina Cristina**✪✪✪ (paseo del Óvalo, 1; telf. 978 606 860; 85-105 €), se pueden encontrar numerosos y confortables hostales, situados en la zona del casco antiguo y en el ensanche.*

HOTEL ORIENTE✪✪✪

Avda. de Sagunto, 5.
Telf. 978 601 550. No está en el centro, por lo que se puede aparcar muy fácilmente en sus proximidades. Las habitaciones, algo impersonales, aunque muy grandes y luminosas, cuentan con televisión y teléfono.
Habitación doble: 51-90 €.

HOSTAL EL MILAGRO✪✪

Ctra. Sagunto-Burgos, km 123.
Telf. 978 603 095.
El inconveniente de estar tan retirado del centro se ve compensado por el hecho de ser un edificio relativamente nuevo, grande y con habitaciones limpias y bien equipadas. Posee un buen restaurante.
Habitación doble: 35 €.

HOSTAL ALCAZABA✪

Joaquín Costa, 34.
Telf. 978 617 813. Reformado y muy limpio. Por su estratégica ubicación y el reducido número de habitaciones con las que cuenta, es recomendable reservar con antelación.
Habitación doble: 40 €.

HOSTAL ARAGÓN✪

Santa María, 4. Telf. 978 611 877. Al lado de la céntrica plaza del Torico, es el que posee la mejor relación calidad-precio. Habitaciones dobles y triples, todas muy tranquilas y bastante iluminadas. Si se desea, se puede alquilar aparato de televisión. La familia que lo regenta es encantadora.
Habitación doble: 26-44 € (sin baño o con él.

HOSTAL OVIDIO✪

Estación, 6. Telf. 978 602 866.
Situado cerca de la estación, en el bello marco de la Escalinata y el Jardincillo. Las habitaciones de la primera planta son muy acogedoras. Cabe destacar el buen gusto en la decoración, con muebles castellanos nuevos y cortinillas de cuadros. Los baños, algo pequeños pero bien equipados. Ambiente familiar y muy agradable.
Habitación doble: 40 €.

Otros hoteles de precio más elevado

Un buen nivel de servicios ofrece el **Hotel Civera**✪✪ (avenida de Sagunto, 37; telf. 978 602 300; habitación doble: 98-102 €), confortable y con una gran capacidad.

EL TAPEO

En el casco antiguo

Aunque Teruel no destaca por la abundancia de bares, en el casco histórico se localizan algunas tascas y mesones bastante aceptables para tomar el aperitivo y abrir el apetito. En la Ronda de Ambeles hay varios mesones y restaurantes muy frecuentados a la hora del aperitivo, como el **Ambeles,** donde se preparan muy bien las delicias de Teruel, tostada de pan con ajo, tomate y jamón; y **El Torreón,** ubicado en un antiguo torreón de vigilancia, con pinchos de todo tipo.

Detrás de la plaza de San Juan, el **Gregori** (paseo del Óvalo) ofrece exquisitas tapas de jamón y longaniza que pueden degustarse en la terraza, ya que el bar es bastante pequeño.

En el centro, el lugar de tapeo por excelencia es el **Rokelín** (Comandante Fortea), con varios locales en la ciudad, donde se pueden comprar también jamones, quesos y embutidos de la tierra. Son recomendables sus tablas de queso y embutido acompañadas de un vino de Rioja.

En el ensanche

Cerca del convento de San Francisco se recomienda hacer una parada en el **Molinete.** La fritura de pescado es su especialidad aunque las tapas de embutido no son nada despreciables.

En pleno centro, y con la decoración característica de un café de finales del XIX, se halla el **Gran Café** (Joaquín Costa, 34). Sus célebres tapas de tortilla son muy aptas para abrir boca.

Muy recomendables son las tapas de morro del **Ateneo,** que tiene fama entre los turolenses, a pesar de estar situado en la retirada zona residencial de la Fuenfresca (carretera de Sagunto-Burgos). En verano tiene terraza.

COMER

La gastronomía de Teruel se adapta a la aspereza de un clima extremadamente frío. Son muy recomendables los asados, las sopas de ajo, las magras de jamón con tomate, el ternasco (cordero lechal), el besugo asado con longaniza y las alubias con morro, además del reconocido jamón con denominación de origen. La repostería es de clara herencia mudéjar.

*Además del restaurante **La Menta** (Bartolomé Esteban, 10; telf. 978 605 804; precio medio, 40 €), hay buenos establecimientos más asequibles que ofrecen éstas y otras especialidades.*

Casas con menú (menos de 15 €)

Las principales se concentran en las calles del entorno de la plaza del Torico. Algo más baratas son las de la Ronda de Ambeles y el paseo del Óvalo, donde se puede disfrutar de suculentos menús de comida casera.

TORRE DEL SALVADOR

Cristo del Salvador, 20.
Telf. 978 605 263. El marco de la torre del Salvador es ideal para degustar originales platos como garbanzos al ali-oli o pimientos de piquillo con salmón. La especialidad de la casa son las berenjenas gratinadas, una verdadero placer para el paladar.

MESÓN ÓVALO
Paseo del Óvalo, 2.
Telf. 978 618 235.
El comedor es de lo más acogedor, con mesas de madera e iluminado con luces indirectas. Por poco dinero se puede comer un espléndido menú del día en el que no faltan los asados, tanto de carne como de pescado.

AMBELES
Ronda de Ambeles, 6.
Telf. 978 610 806.
Si habéis probado las tapas ya os podéis hacer una idea de lo bien que se come. Su cocina es elaborada y el menú abundante, a pesar de ser uno de los más baratos. La sopa de menudillos y el ragú de ternera son los platos más recomendables. El trato del personal, inmejorable.

CANTARERO
Pza. Domingo Gascón, 20.
Telf. 978 602 554.
No tiene demasiados lujos pero está limpio y se come bien. Muy frecuentado por estudiantes. Ofrece una amplia variedad de platos combinados, aunque merece la pena probar su especialidad: las alubias con morro.

LA PARRILLA
San Esteban, 2.
Telf. 978 605 917.
Para comensales más exigentes. Un lugar elegante y discreto, casi escondido en la estrecha calle San Esteban, donde se puede degustar un menú tradicional por muy poco dinero. El cordero a la pastora se prepara con especial mimo, aunque cualquiera de sus asados de carne es magnífico.

Restaurantes (sobre 35 €)

A las afueras, **El Milagro** (Polígono La Paz; ctra. N 234, km 123; telf. 978 603 095) sirve una estupenda cocina de corte tradicional, en la que no falta el ternasco o las judías con chorizo y morro.

CAFÉS

Se pueden ver fotos del Teruel de principios del siglo XX en el vanguardista **Gran Café** (Nueva, 22), centro de reunión de los jóvenes universitarios que acostumbran a pasar la tarde jugando al trivial o al parchís. Hasta los topes en fin de semana. La carta de cafés es bastante amplia y los precios muy asequibles.

De apariencia más convencional es el **Don Diego,** situado en la céntrica plaza de San Juan, al pie del Círculo de Recreo Turolense. Es frecuentado por los funcionarios que trabajan en los edificios públicos de la plaza, especialmente cuando hace buen tiempo y se puede tomar un refresco en la terraza. Muy cerca está el **Plaza Boulevard,** más moderno, que cuenta además con restaurante y comedor mexicano. Dos lugares muy agradables para hablar con los amigos y escuchar buena música.

Un buen punto de reunión es el pub **Isavis** (Calle Nueva). El ambiente es más refinado y elegante que los anteriores, todo decorado en madera y con mullidos sillones tapizados. Los más informales prefieren el **Ebana** (plaza del Torico), casi siempre lleno de gente muy joven. Además de cafetería es hamburguesería y bar de tapas, lo que resta cierto encanto al lugar.

TEULADA-MORAIRA

ALICANTE. 8.430 habitantes

ESTE TÉRMINO MUNICIPAL ESTÁ FORMADO POR DOS POBLACIONES QUE SE COMPLEMENTAN ENTRE SÍ. EN EL INTERIOR, TEULADA ES MERAMENTE AGRÍCOLA Y SUS VIÑEDOS, QUE ALFOMBRAN EL PAISAJE, PRODUCEN LA RICA MISTELA, QUE ES EL ORGULLO DE LA POBLACIÓN. ABAJO, A 6 KM Y JUNTO A LA COSTA, ESTÁ MORAIRA, ANTIGUA ALDEA DE PESCADORES QUE, A PESAR DE HABER SIDO ALCANZADA POR UN EQUILIBRADO DESARROLLO TURÍSTICO, SE PRESENTA CON SUS RECOLETAS PLAYAS, SUS PINARES Y SU PEQUEÑO PUERTO, COMO UN REMANSO DE PAZ EN LA MARINA ALTA.

INFO Y TRANSPORTES

Oficina de Información y Turismo
Ctra. Moraira-Teulada, km 51.
Telf. 96 57 45 168.

DORMIR

La mayor oferta hotelera de estas poblaciones se encuentra en Moraira, junto a la costa, donde también se pueden encontrar algunos apartamentos a buen precio.

HOTEL GEMA✪✪
Cabo Estaca de Bares, 11.
Telf. 96 574 71 88.
Es un lujo de dos estrellas, y por algo ostenta un "Premio Turismo" de la Costa Blanca. Situado a 300 m de la playa, se encuentra rodeado de vegetación mediterránea. Es perfecto para el verano, pues además cuenta con piscina y pista de tenis.
Habitación doble: 75-85 €.

HOTEL BUIGUES✪✪
Dr. Calatayud, 24. Telf. 96 574 40 37.
Muy cerca del club náutico y de la playa de l'Ampolla. Con un patio interior al que dan las habitaciones más tranquilas y sencillas, pero muy cuidadas. Habitación doble: 66 €.

HOSTAL ANDALUZ✪
Pintor Greco, 7. Telf. 96 574 57 29.
Situado en la carretera de Moraira a Benitachell, resulta algo alejado de la playa pero es una buena opción especialmente porque fue construido en 2003. Acogedor restaurante.
Habitación doble: 45-65 €.

Campings

También se puede optar por alguno de los cámpings: **Moraira,** de primera categoría (carretera Moraira-Calpe, km 1,3; telf. 96 574 52 49; www.campingmoraima.com), que está abierto todo el año, y **La Cometa,** a pocos metros de la playa, de segunda (camino del Campamento, 5; telf. 96 574 52 08), que también abre todo el año.

COMER

La cultura gastronómica de Teulada viene marcada por la doble riqueza en productos: por un lado, los de la tierra, por el otro, los del mar. El arroz a banda, el arroz negro, el putxero de pol *o l'*arròs amb fessols i naps *son algunos de los platos que conviene probar. Para acompañar todo ello, nada como el magnífico vino blanco Marina Alta o su premiado y apreciado Moscatel, que puede acompañarse con postres como* els pastissets *de boniato.*

Casas con menú (menos de 15 €)

ARNESOL
Cigüeña, 10. Telf. 96 574 52 06.
Además de la cocina más casera, servida en sencillos menús, lo mejor que se puede degustar aquí es el arroz negro, la paella de marisco o una siempre generosa zarzuela de pescado. El trato es un poco seco, aunque correcto.

MESÓN EL REFUGIO
Almacenes, 5. Telf. 96 574 47 74.
La especialidad de esta casa son los pescados frescos de la marinera villa de Moraira y la fideuà, que siempre estará bien acompañada por un vino Marina Alta con Denominación de Origen Alicante.

Restaurantes (de 21 a 36 €)

La cocina mediterránea es la especialidad de **La Sort** (avenida de Madrid, 1; telf. 96 574 51 34), establecimiento en el que destacan las carnes y el pescado. Para finalizar, nada como una mistela, producida con uva de Teulada. Cierra domingos excepto en verano.

TÍAS

ISLA DE LANZAROTE. 15.788 habitantes

ESTE PEQUEÑO MUNICIPIO, SITUADO HACIA LA MONTAÑA, SE IDENTIFICA CON EL VINO DE MALVASÍA Y EL PARQUE NATURAL DE LAS GERIAS. EL TURISMO QUE ACUDE HASTA ÉL SE ASIENTA EN LA ZONA LLAMADA DE "LAS PLAYAS", SOBRE TODO EN EL PUERTO DEL CARMEN.

INFO

Ayuntamiento
Telf. 928 833 619.
www.tias.org

Oficina Municipal de Turismo
Avda. de las Playas, s/n.
Puerto del Carmen. Telf. 928 513 351.
www.puertodelcarmen.com

DORMIR

La enorme oferta se centra en el Puerto del Carmen, donde la cantidad, calidad, y también los precios, se han multipli-

*cado en los últimos tiempos. El hotel de más categoría de la zona es **Los Fariones**✪✪✪✪ (Roque del Este, 1; telf. 928 510 175; fax: 928 510 202; 175 €).*

APARTAMENTOS BALCÓN DEL MAR
Reina Sofía, 23.
Telf. y fax: 928 511 117. Complejo de 72 apartamentos con piscina. Apartamentos con terrazas, cocina y vistas al mar. Habitación doble: 52-92 €.

PENSIÓN MAGEC✪✪
Hierro, 8. Telf. 928 513 874. Pequeño y céntrico hotel de 14 habitaciones con vistas a la calle y a un patio interior. Con y sin ducha. Habitación doble: 30 €.

Otros hoteles de precio más elevado

En la Playa de los Pocillos son recomendables, tanto por nivel de servicios como por sus precios algo más económicos que sus iguales, los hoteles **La Geria**✪✪✪✪ (Júpiter, 5; telf. 928 510 441) y **San Antonio**✪✪✪✪ (avda. de las Playas, 84; telf. 928 514 200; habitación doble: 115-160 €).

COMER

Casas con menú (menos de 15 €)

DIAMA
Roque Nublo, 11. **PUERTO DEL CARMEN**
Telf. 928 511 461.
Pescados frescos y flambeados.

EL ANCLA
Avda. Varadero, 2. Telf. 928 513 639. Ofrece cocina regional, con especialidad en platos marineros, y vinos canarios.

Restaurantes (sobre 21 €)

De los establecimientos más frecuentados en la urbanización Puerto del Carmen, **La Cañada** (César Manrique, 3; **PUERTO DEL CARMEN**; telf. 928 521 108) es un restaurante sencillo que utiliza una exquisita materia prima para sus platos.

El Fondeadero (Lanzarote, s/n; telf. 928 511 465) es un moderno restaurante-escuela. Magníficas instalaciones y un servicio, aunque en prácticas, muy atento. Barra para tapas.

TOLEDO

CAPITAL DE PROVINCIA. 73.485 habitantes

ANTIGUA CAPITAL DEL REINO Y HOY DE LA COMUNIDAD DE CASTILLA-LA MANCHA. SI HAY ALGO POR LO QUE DESTAQUE ESTA VILLA, ES POR SU FABULOSA MEZCLA DE CULTURAS (ROMANA, VISIGODA, ÁRABE, JUDÍA Y CRISTIANA), MAGNÍFICAMENTE PLASMADAS EN LAS CALLES Y EDIFICIOS DE SU LABERÍNTICO RECINTO MONUMENTAL. DECLARADA PATRIMONIO DE LA HUMANIDAD POR LA UNESCO, ES PROBABLEMENTE LA CIUDAD TURÍSTICA POR EXCELENCIA DE ESPAÑA.

INFO

Oficinas de Información Turística
INFOTUR. Puerta de Bisagra, s/n.
Telf. 925 220 843.
Horario, de lunes a domingo mañana y tarde. www.jccm.es

Patronato Municipal de Turismo
Plaza del Ayuntamiento, s/n.
Telf. 925 254 030. www.toledoweb.org
Lunes cerrado.

Zococentro
Sillería, 14. Telf. 925 220 300.

Otras web de interés:
www.toledo-virtual.com
www.zocodover.com
www.guiatoledo.com
Se encuentra información en la prensa local como en *La Tribuna de Toledo* (www.diariolatribuna.com); *El Día de Toledo* (www.eldia-digital.com); y el periódico digital *Web Toledo:* www.webtoledo.com

Centro de Interpretación del Toledo Histórico
Trinidad, 7. Telf. 925 221 616.
www.clavesdetoledo.com

Autobuses urbanos
Utilizar los autobuses urbanos sólo tiene sentido para ir desde el ensanche, la estación de autobuses o la de Renfe, hasta la ciudad histórica, ya que por el interior de ella no pueden circular. Salidas y llegadas desde la plaza de Zocodover.

Taxis
Radio Taxi. Telf. 925 255 050 y 925 227 070.

Aparcamientos
Toledo es una ciudad con problemas de aparcamiento por la afluencia de tráfico, y no digamos de circulación por la estrechez de sus laberínticas calles. Por este motivo se aconseja no introducirse con el coche en el recinto amurallado. Numerosas calles del centro tienen acotados aparcamientos de pago. Hay aparcamientos subterráneos en la avda. de Recaredo, junto a la Puerta de Bisagra; en el Corralillo, frente al Alcázar; en el Hospital, en la calle Bruselas y en la zona de los Juzgados y el Ayuntamiento.

DORMIR

*Como ciudad turística, ofrece una amplísima gama de establecimientos que van de mayor a menor precio para poder acomodar a todos los visitantes. Entre los primeros tenemos el **Parador de Toledo**✪✪✪✪ (Cerro del Emperador, s/n; telf. 925 221 850; 149-159 €), situado a 3 km de la ciudad y de estilo castellano-manchego. Mucho encanto y tradición tienen los hoteles y hostales de la parte antigua, enclavados muchas veces en edificios centenarios.*

HOTEL LA ALMAZARA✪✪
Ctra. Toledo-Argés, km 3,4.
Telf. 925 223 866. Ubicado en un cigarral histórico del siglo XVI. Un hotel apartado, enclavado en un paisaje impresionante. Para amantes de la tranquilidad absoluta. Las habitaciones con vistas y sin vistas. Habitaciones rústicas que no tienen televisión, pero sí baño completo y teléfono. Recomendable reservar con antelación. Habitación doble: 55-65 €.

HOTEL LOS CIGARRALES✪✪
Ctra. Circunvalación, 32.
Telf. 925 220 053. En la carretera de circunvalación que rodea Toledo. Habitaciones de estilo rústico castellano, algunas disponen de terraza con vistas a Toledo. Equipamiento completo. Dispone de un comedor de cocina típica regional (perdiz, codorniz, sopa castellana), donde se sirve un buen menú. Habitación doble: 48-59 €.

HOTEL MARTÍN✪✪
Espino, 10. Telf. 925 221 733. Hotel situado junto al museo hospital Tavera, en las proximidades de la puerta de Bisagra. Cuenta con 17 habitaciones y 2 apartamentos. Habitaciones con mobiliario en pino, muy completas y limpias. Habitación doble: 55-60 €.

HOTEL SANTA ISABEL✪✪
Santa Isabel, 24.
Telf. 925 253 120. Muy céntrico, frente al convento de Santa Isabel, ubicado en una casa antigua reformada. Habitaciones con suelos de parqué y azulejería en los pasillos. Dispone de 3 buhardillas. Con un bello patio interior y garaje opcional. Muy agradable. Conviene reservar con antelación. Habitación doble: 55 €.

HOTEL SOL✪✪
Azacanes, 15. Telf. 925 213 650.
A medio camino entre Zocodover y Puerta Bisagra, es un hotel y un hostal contiguo. Mobiliario con aire clásico y moderno, completo equipamiento y baño algo pequeño. Las habitaciones del hostal son nuevas, aunque sólo tienen plato de ducha. Habitación doble: 58-70 €.

HOTEL IMPERIO✪
Cadenas, 5. Telf. 925 227 650.
Fax: 925 253 183. Muy céntrico, recientemente renovado. Habitaciones muy completas y buen trato.
Habitación doble: 45 €.

HOSTAL BOXES✪✪
Covarrubias, 4. Telf. 925 211 743.
Muy cerca de la plaza de toros, trato familiar y agradable. Habitaciones modernas con todas las comodidades: aire acondicinado, televisión con parabólica y algunas con baño hidromasaje. Excelente relación calidad-precio.
Habitación doble: 40 €.

HOSTAL DESCALZOS✪✪
Descalzos, 30.
Telf. 925 222 888.
Estratégicamente situado en el casco antiguo y con buen acceso en coche. Dispone de garaje y gran patio con piscina. Habitaciones confortables con buenas vistas y completamente equipadas. Habitación doble: 56-65 €.

Otros hoteles de precio más elevado

En el centro y ocupando un bello palacio rodeado de un romántico jardín, encontraremos el **Hotel El Cardenal**✪✪✪ (paseo de Recaredo, 24; telf. 925 224 900; 95-122 €). Otro establecimiento agradable es el **Hotel María Cristina**✪✪✪ (Marqués de Mendigorría, 1; telf. 925 213 202; 105 €) que ofrece una decoración elegante y buen servicio. Además dispone de un restaurante excelente.

EL TAPEO

Teniendo en cuenta que se suele salir más de tapeo por la zona del casco histórico, destacan los siguientes establecimientos.

Casco antiguo

En los aledaños de la plaza de Zocodover está **Trébol** (callejón de Santa Fe), donde destacan sus fantásticas pulgas y cazuelas. Recomendables las "bombas" (patatas rellenas). **La Abadía** (pza. de San Nicolás), construido sobre un entramado de bóvedas, lleno de rincones y recovecos, sirve excelente cerveza de diferentes países. Muy concurrido y popular.

En plena Judería, hay verdaderos problemas para encontrar un hueco en alguna de las múltiples tascas. En **Ludeña** (plaza de la Magdalena) son los inventores de las *carcamusas* (carne magra con tomate) y obviamente tienen las mejores de la ciudad. Buenas tortillas de salsas y cangrejitos. Ponen mesas en la plazuela, que adquiere un animado ambiente.

El Rincón (por Santo Tomé), decorado como un pub inglés, tiene como especialidades los "tigres" (mejillones rebozados) y los huevos rellenos. Tiene tapas de todo tipo y condición. En la misma zona, la cervecería **Lúpulo** (Aljibillo) ofrece buenas tapas, pulgas y patatas con salsas.

Zona nueva (barrio de Santa Teresa)

Cervecería Santa Brava (antes llamada Santa Bárbara) tiene gran ambiente entre cervezas y mini bocatas (pulgas), buenos ibéricos y conservas (anchoas, berberechos, boquerones). Los pinchos que ponen con las cervezas no son excesivamente generosos. Para gente más joven, **El Pasito** (pza. de Cuba) ofrece cervezas y buenas tapas conserveras. **Albaicín** es un minúsculo bar, siempre abarrotado, por lo que la gente se sale a la calle. Más cerveza y sabrosos pinchos.

La Cruz Blanca, con una gran y animada terraza, se especializa en venado y cuchifrito. Junto a éste se sitúa **El Barril,** más pequeño pero con una terraza muy alegre. Por último, **La Casa de Andalucía** (avda. Europa) prepara comidas y tapas del sur de España. Buen pescaíto frito y sepia.

COMER

De entre los platos toledanos más famosos, sin duda, destaca la perdiz a la toledana; tampoco hay que desdeñar su venado, liebre o jabalí. Su repostería tiene fama en todo el reino, sobresaliendo los mazapanes artesanos.

*La cumbre de esta cocina es el **Asador Adolfo** (Granada, 6 y Hombre de Palo, 7; telf. 925 227 321; 60-90 €), pero existen otros muchos restaurantes donde probar éstas y otras exquisiteces a otros precios más económicos.*

Casas con menú (menos de 15 €)

La Campana Gorda

Hombre de Palo, 13. Telf. 925 210 146. Cervecería de raciones y comedor típicamente manchego donde degustar variados menús caseros.

Mille Grazie

Cadenas, 2. Telf. 925 254 270. Restaurante italiano que ofrece lo mejor de su cocina a buen precio.

Palacios

Alfonso X el Sabio, 3. Telf. 925 215 972. Muy popular y con buenos precios. Entre sus especialidades están las carcamusas, el cochinillo asado y el solomillo de ternera.

El Patio

Plata, 2 y plaza de San Vicente, 4. Telf. 925 220 006. Casa medieval con un bonito patio interior donde se sitúa su comedor. Menú del día de cocina casera. En la carta destacan deliciosos platos de corte castellano-manchego.

Restaurantes (sobre 24 €)

Carlos V (Trastamara, 1; telf. 925 222 100), en el centro, frente al Alcázar, es el restaurante del hotel homónimo. Decorado en estilo mudéjar, destacan sus especialidades regionales junto a otras de cocina tradicional.

La Perdiz (Reyes Católicos, 7; telf. 925 214 658) y **La Catedral** (Nuncio Viejo, 1; tef. 925 224 244) son dos restaurantes propiedad de Adolfo, afamado restaurador. El primero está especializado en perdices estofadas a la toledana y el segundo ofrece una carta más variada. Ambos tienen precios muy ajustados.

Una antigua casa señorial acoge en su seno el restaurante **Art-Café** (pza. San Vicente, 6; tef. 925 257 682), cuyo salón da a un bello patio y a una sala de exposiciones. Reducida pero exquisita carta, al igual que la de vinos. Una sugerente invitación al arte de comer, beber y ver.

CAFÉS

Hay muchos cafés con un encanto especial que merecen una visita. Entre ellos destaca **La Venta del Alma,** en la ctra. de Piedrabuena, 35. Ocupa una antigua venta del siglo XVII, reformada y decorada con gusto, y ofrece una amplia gama de cócteles, cafés y batidos. También es un lugar ideal para dejarse caer por la noche. Muchos salones y pequeños rincones, con una acogedora chimenea en invierno y bonito patio con fuente para el verano.

El Casón de los López de Toledo, en Sillería, es un edificio del siglo XVI con artesonados mudéjares. En su parte superior dispone de un restaurante prohibitivo. Tiene un bonito patio interior acristalado, chimenea y música sefardí que crea buena ambientación. Especialmente indicado para el café y la merienda, con menús baratos y variados (café, tarta o bollo y batidos, crepés o tortitas).
En esta zona y cerca de la plaza de San Vicente, hay tres cafés que se caracterizan por su ambiente artístico intelectual, ya que ofrecen, además, tertulias, exposiciones, actuaciones en directo, proyecciones y algún que otro libro para leer, son **Pícaro Café Teatro, Garcilaso Café** y **Art Café,** el café del **Círculo de Arte** de Toledo.

Otro lugar que merece la pena visitar es la cafetería-terraza del **Parador de Turismo.** Disfruta de las mejores vistas panorámicas de Toledo. Frente a la iglesia de San Juan de los Reyes está **Scorpions,** muy animado en las tardes, con sillones, juegos, billar e internet. Copas, batidos naturales, algo de bollería y música agradable, aunque algo caro.

TOLOSA

GIPUZKOA. 17.979 habitantes

FUE CAPITAL DE LA PROVINCIA EN EL XIX Y, A PESAR DE SUFRIR ASEDIOS E INCENDIOS DURANTE LAS GUERRAS CARLISTAS, MANTIENE UN IMPORTANTE PATRIMONIO ARTÍSTICO. RODEADA DE IMPRESIONANTES MONTAÑAS, LA ACTIVIDAD MÁS RELEVANTE DE TOLOSA HA SIDO LA INDUSTRIAL. HOY EN DÍA DESTACA EL SECTOR TERCIARIO Y, SOBRE TODO, OFRECE EL ATRACTIVO DE SER UNA LOCALIDAD INQUIETA, CON UNA INTENSA VIDA SOCIAL, BUENAS OFERTAS DE FESTIVALES, MERCADOS Y FIESTAS, DESTACANDO SUS CARNAVALES.

INFO

Tolosaldea Tour (Plaza Santa María, 1; telf. 943 697 413; www.tolosaldea.net) centraliza toda la información de la comarca. Se ofrece información completa del patrimonio artístico, excursiones y actividades culturales (editan un boletín trimestral) y hay que destacar que el personal de la oficina es el más simpático y profesional que seguramente encontraréis en todo Euskadi.

DE PINCHOS

La zona de vinos y picoteo está en la calle Arostegieta. Un buen sistema para encontrarla es entrar por la puerta principal del bar **Shanti** (Rondilla) y, despues de tomar alguna tapa, salir por la otra puerta, que da precisamente a Arostegieta. Esta calle es el eje de la ronda de vinos y copas. Las tapas más celebradas están en: **Txalupa,** especialmente las de pastel de verduras y pimientos rellenos de bacalao; **Astesuarra,** y **Orbela** (cazuelas y bocatas).

Dentro de otro ambiente, también es recomendable darse una vuelta por el bar del **Frontón** (San Francisco), con buenos pinchos.

DORMIR

Hotel Oria✪

Oria, 2. Telf. 943 654 688. Moderno, acogedor y situado en una zona céntrica. Ofrece todas las comodidades y la mejor relación calidad-precio de la comarca. Habitación doble: 80-87 €.

Hostal Oyarbide✪

Plaza Gorriti, 1. Telf. 943 670 017. Algo espartano, las habitaciones sólo con lavabo. Habitación doble: 45 €.

COMER

*Los templos de la chuleta son el **Asador Nicolás** (avda. Zumalacárregui, 6;*

*telf. 943 654 759; precio medio a la carta, 40-70 €), donde degustar los platos de toda la vida con productos de primera calidad, y **Casa Julián** (Santa Clara, 6; telf. 943 671 417), un restaurante que parece un almacén, pero donde el punto de parrilla de la carne y la confitura de los pimientos del piquillo son únicos. La comida cuesta por encima de los 30 €.*

*Es aconsejable probar las alubias en algunas de las tabernas del municipio de **Albiztur,** donde se hacen al amor del fuego lento durante toda la mañana.*

Casas con menú (menos de 15 €)

FRONTÓN

San Francisco Ibiltokia, 4.
Telf. 943 65 29 41. A la carta es un restaurante en toda regla, con buenos precios, y además tiene los menús más gustosos de la comarca. Cocina creativa en un marco con encanto y decoración art déco. Menú del día y menú especial.

Para menús más populares son interesantes los restaurantes **Astelena, Agustín** y **Zarauztarra,** bajo o cercanos a los pórticos de la plaza de Euskal Herria.

Restaurantes (sobre 25 €)

Destaca **Hernialde** (Martín José Iraola, 10; telf. 943 675 654). Todo está rico, pero son excelentes los hongos, el foie y el pescado.

Aunque la carta es corta, está bien seleccionada. **Sausta** (paseo de Belate, 7 y 8; telf. 943 655 453) ofrece cocina creativa y delicada en un pequeño comedor donde tiene gracia todo lo que se guisa, platos originales y buena carta de vinos. Le echan mucha imaginación a las ensaladas y a la forma de servir algunos postres.

TOMELLOSO

CIUDAD REAL. 30.676 habitantes

ESTA POBLACIÓN, SITUADA EN LA LLANURA MANCHEGA Y EN LA RUTA DEL LEGENDARIO CABALLERO DON QUIJOTE, DEBE TODO SU CRECIMIENTO Y DESARROLLO A LA PRODUCCIÓN VITIVINÍCOLA.

INFO

Oficina de Turismo
Centro Cultural "Posada de los Portales". Telf. 926 515 080.
www.ayto-tomelloso.org
Estación de autobuses
Telf. 926 514 058.
Taxi. Telf. 926 512 250.

DORMIR

HOTEL RAMOMAR✪✪✪

Concordia, 17. Telf. 926 505 994. Es el mejor y más caro de la ciudad. Situado cerca del centro, es eminentemente un hotel funcional al que no le falta ningún detalle. Habitación doble: 48 €.

HOSTAL LA PALOMA✪✪

Campo, 6. Telf. 926 513 300. Parte de este céntrico hotel ha sido reformado, por lo que tanto los precios como la calidad de las habitaciones varía bastante. Conviene consultar. Algunas habitaciones tienen bonitas vistas sobre la localidad. Habitación doble: 42 €.

HOTEL EUROPA TOMELLOSO✪

Doña Crisanta, 138. Telf. 926 511 201. Las habitaciones amplias, con mobiliario clásico, cuentan con televisión y teléfono. Buena relación calidad-precio y trato familiar. Habitación doble: 39 €.

HOSTAL IMPERIO✪

Orense, 9. Telf. 926 512 177. Se encuentra bastante alejado del centro. Es sencillo, barato y limpio. Trato amigable. Habitación doble: 28 €.

EL TAPEO

Como toda buena localidad vinícola, Tomelloso se encuentra lleno de bares donde poder tapear, pero es el centro de la localidad, alrededores de la plaza de España y en las callejuelas entre Pintor López Torres y la plaza, donde se encuentra el mayor número.

En las cercanías de la plaza está **La Gamba,** donde preparan tapas de pescado y gambas; la famosa **L'Auticia** (Hermandad de Donantes de Sangre) sirve buenos vermús y exquisitos aperitivos rebozados; **La Despensa** (Monte) y **La Salmantina,** en las inmediaciones del Pintor López Torres, ofrecen vinos y generosas tapas de catalanas y quesos. Para los amantes del picante está **Torito** (Azucena), donde sirven "coreanos" y vermú de barril.

Otra importante zona de tapeo es la avda. Antonio Huertas, que en verano se halla de lo más concurrida; se puede picar algo en el **Rincón de Pepe,** el **Rincón Andaluz** (adobos), **Mesón Jaraiz** o la bocatería **Cabana.**

COMER

Casas con menú (menos de 15 €)

CASA JUSTO

Campo, 91. Telf. 926 513 015.
Este restaurante con cocina típicamente manchega destaca por su riquísimo cordero al horno, el cochinillo y los almuerzos manchegos (exquisitas judías con perdiz, perdiz en escabeche o gachas de matanza). Dispone de menú diario.

ALHAMBRA

Pza. de España, 12. Telf. 926 511 016.
Este informal restaurante se encuentra enfrente de la bella Posada de los Portales, y en él se puede tomar un buen menú casero o unas tablas de quesos. Aunque su principal fama se la debe a las ensaladillas.

TORDESILLAS

VALLADOLID. 7.946 habitantes

TORDESILLAS, VILLA CORTESANA Y ENCRUCIJADA DE CAMINOS DE ENORME VALOR ESTRATÉGICO EN EL CORAZÓN DE CASTILLA Y LEÓN, ES HOY UNA LOCALIDAD PUJANTE QUE HA MODERNIZADO SUS INFRAESTRUCTURAS Y QUE MIRA AL FUTURO EN CLAVE TURÍSTICA, HACIENDO HINCAPIÉ EN SUS MODERNAS EMPRESAS DE PRODUCCIÓN Y SERVICIOS.

INFO

Oficina de Turismo
Casas del Tratado.
Telf. 983 771 067.
www.tordesillas.org
Ayuntamiento. Pza. Mayor.
Telf. 983 796 375.

DORMIR

*La variada oferta hotelera de Tordesillas aglutina establecimientos de todas las calidades, desde el **Parador de Tordesillas✪✪✪** (carretera de Salamanca, 5; telf. 983 770 051; habitación doble: 110-145 €) hasta hostales de precios módicos con buen nivel de servicios.*

HOTEL POZO DE LA NIEVE✪✪

Vista Alegre, 1. Telf. 983 771 498. Hotel moderno situado junto a la estación de autobuses. Habitaciones confortables y bien equipadas.
Habitación doble: 50 €.

HOTEL LOS TOREROS✪

Avda. Valladolid, 26. Telf. 983 771 900. Con todas las comodidades y bien situado. Habitación doble: 48 €.

HOSTAL EL PARDO✪✪

Ctra. Madrid-Coruña. Telf. 983 770 376. Las habitaciones en buen estado y con todas las comodidades. Cafetería y restaurante. Habitación doble: 50 €.

HOSTAL PUERTA LA VILLA✪

Avda. de Valladolid, 54.
Telf. 983 771 990. Sin lujos, cumple los mínimos y su mejor reclamo es estar dentro del pueblo. Con cafetería. Habitación doble: 42 €.

CÁMPING EL ASTRAL

Camino de Pollos, 8.
Telf. 983 770 953.
De 1ª categoría, bien equipado y situado cerca del Duero.

Otros alojamientos de precio más elevado

Para los más pudientes, a las afueras se sitúan dos hoteles recomendables: el **Doña Carmen✪✪✪** (ctra. de Salamanca, km 152; telf. 983 770 112; 65 €) y **El Montico✪✪✪** (autovía a Valladolid, km 147, a 4 km de Tordesillas; telf. 983 795 000; 82-102 €), rodeado de un hermoso pinar.

EL TAPEO

En Tordesillas el tapeo tiene dos zonas clásicas: una en los alrededores de la Plaza Mayor, donde destaca el bar **Vicky,** cuya especialidad son los "tigres" (mejillones rebozados); el **Escudo,** con sus riquímos pimientos rellenos, y **Pancho,** que ofrece raciones y bocadillos.

En las calles adyacentes se encuentran el **Mesón San Antolín,** con una extensa oferta de tapas y raciones, y el **Mesón Castellano,** donde son aconsejables los callos y el morro.

En la calle Carnicerías, está la casa **Ruski,** donde se puede probar su exquisito caldo y sus quesos de la zona. La otra zona es la del Foraño, donde destacan el bar **La Peña,** cuyas especialidades son varidísimas, y el **Figón,** con sus especialidades de rabo de buey. En esta misma zona los bares **Castilla** y **Foraño** completan la ruta.

COMER

Casas con menú (menos de 15 €)

MESÓN SAN ANTOLÍN
San Antolín, 8. Telf. 983 796 771. Restaurante del hostal del mismo nombre. Agradable y dentro del casco histórico, al lado de la Plaza Mayor. La especialidad de la casa es el hígado. Tienen menú del día.

MESÓN DUERO
Ctra. Salamanca, km 153.
Telf. 983 771 346. Varios platos a elegir por un precio razonable. Comida casera.

VIKY
Plaza Mayor, 14.
Telf. 983 771 061.
Con terraza y ofrece una variada selección de platos a elegir.

Restaurantes (de 21 a 36 €)

Uno de los más afamados de la villa es **El Torreón** (Dimas Rodríguez, 11; telf. 983 770 123). Su especialidad son los asados de carne, con la posibilidad de regarlos con los excelentes tintos de la región. En el **Mesón Valderrey** (antigua carretera N VI, km 181; telf. 983 771 172) preparan todo lo que podemos considerar cocina castellana, sin miedo a la decepción. Lechazo y cochinillo asado.

TORLA

HUESCA. 319 habitantes

A LAS PUERTAS DEL PARQUE NACIONAL DE ORDESA Y MONTE PERDIDO, EN TORLA SE LOCALIZAN LOS SERVICIOS HOTELEROS Y DE RESTAURACIÓN DONDE RECALAN CIENTOS DE VISITANTES.

INFO

Ayuntamiento
Telf. 974 486 152. www.pirineo.com

DORMIR

HOTEL ORDESA✪✪
Ctra. de Ordesa, 6. Telf. 974 486 125. A las afueras de la villa, es un hotel de estilo montañés, con unas vistas maravillosas. Habitación doble: 70-90 €.

HOTEL BALLARÍN✪
Capuvita, 11.
Telf. 974 486 155.
Habitaciones pequeñas pero confortables. 40-50 €. Justo enfrente está el **Hostal Alto Aragón** (telf. 974 486 172), de la misma empresa. Habitación doble: 38-43 € en temporada alta.

HOTEL BELLA VISTA✪
Avda. Ordesa, 6. Telf. 974 486 153. Habitaciones con baño, exteriores y con inmejorables vistas. 20-58 €.

COMER

Casas con menú (menos de 15 €)

EL REBECO
Fatás, 55. Telf. 974 486 066. Sin duda este restaurante es el más bonito de todos los recomendados, decorado en piedra. Menú con numerosos platos a elegir.

LA BRECHA
Ruata, s/n. Telf. 974 486 221.
En este restaurante las especialidades son el ternasco y la *fideuà*. Las mesas quizás están demasiado juntas, pero resulta agradable a pesar de la estrechez.

LA ATALAYA
Avda. Francia, s/n.
Telf. 974 486 022.
Comedor original saliendo de lo típicamente rústico. Dinteles de madera azul y paredes de piedra, aunque pintadas de blanco. Menú muy económico.

TORO

ZAMORA. 9.821 habitantes

NÚCLEO DE INTERÉS HISTÓRICO Y CULTURAL A ORILLAS DEL DUERO, ES EL CENTRO DE LA DENOMINADA TIERRA DEL VINO, LAUREADO POR SU PRODUCCIÓN DE CALDOS CON DENOMINACIÓN DE ORIGEN.

INFO

Oficina Municipal de Turismo
Plaza Mayor, 6. Telf. 980 694 747.
www.toroayto.es
Ayuntamiento
Telf. 980 691 862.

DORMIR

HOTEL JUAN II✪✪✪
Paseo del Espolón, s/n.
Telf. 980 690 300. Es el más conocido, y también el más típicamente castellano. Desde alguna de sus habitaciones hay unas vistas inmejorables a la colegiata y al mirador desde el que se divisa la vega del Duero. Apacible y acogedor. Habitación doble: 70-79 €.

HOTEL MARÍA DE MOLINA✪✪✪
San Julián de los Caballeros, 1.
Telf. 980 691 414. Cerca de la plaza de España. Habitación doble: 52-66 €.

HOSTAL DOÑA ELVIRA✪
Antonio Miguélez, 47.
Telf. 980 690 062. Hostal de carretera. Las habitaciones son ruidosas pero están limpias. Sobre 36 €.

Turismo rural

Muy cerca de Toro, en la carretera que conduce a San Román de Hornija, a la altura del km 5, hay cuatro casas rurales de alquiler completo con capacidad para 4 y 5 personas cada una: **Bahuero Canal, Bahuero Garzas, Bahuero Maices** y **Bahuero Pinares.** Todas pertenecen al mismo propietario. El precio del fin de semana oscila entre 90 € y 340 €, según temporada. Telf. 980 690 819/ 646 041 044. Las cuatro viviendas forman parte de un gran caserío remodelado, con vistas a la ciudad de Toro.

EL TAPEO

Los establecimientos se concentran en la plaza de España, a un lado y a otro del Ayuntamiento y a lo largo de la Puerta del Mercado.

En esta calle está el **Zamora,** mesón con una barra que da a la calle y a una concurrida terraza, donde se pueden tomar raciones de carne con pisto y de morro rebozado; en un callejón sin salida, en la acera de enfrente (José María Cid), se hallan **Susi,** más modesto, cuya especialidad son las gambas y los champiñones, y **El Rincón,** del estilo del anterior, con ancas de rana y mejillones.

La terraza del **Castilla,** ya en los soportales de la plaza, es centro de reunión a la hora del aperitivo.

Bajo las columnas de piedra se hallan también **El Comentario, La Comedia,** estrechísimo y abarrotado establecimiento con su comedor al fondo; **Noche y Día,** con rebozados como el riquísimo de pulpo con anchoa; **La Esquina,** frente al Ayuntamiento, y **La Reja,** al otro lado de la plaza: vino, raciones y música caribeña.

COMER

Casas con menú (menos de 15 €)

CATAYO
Plaza de la Colegiata. Telf. 980 690 060. Su céntrica ubicación hace que sea muy frecuentado por visitantes. Comida casera en el menú.

La Viuda Rica
Reja Dorada, 7. Telf. 980 691 581. Moderno tanto en la decoración como en la carta, con exquisiteces muy bien presentadas. Tiene la peculiaridad de que la cocina está abierta y se puede ver desde el comedor.

Restaurantes (desde 21 €)

El restaurante del **hotel Juan II** (paseo del Espolón; telf. 980 690 300) es uno de los más lujosos. Dispone de varios comedores con decoración rústica y castellana y amplia terraza. Cocina tradicional zamorana y ternera de Aliste.

María de Molina (San Julián de los Caballeros, 1; telf. 980 691 414) dispone de un amplio comedor de diseño moderno. En su carta platos regionales con otros de cocina internacional. Destacan los asados en horno de leña.

De la Alegría (Plaza Mayor, 10; telf. 980 690 085) es un curioso y recoleto restaurante de afamada reputación. Se puede tapear en la barra. Verduras de la vega, espárragos de Toro... Son muy buenos los postres caseros. Menú del día.

Alejado del centro, en un gran chaflán cerca de la carretera, **Capuchinos** (Reyes Católicos, 57; telf. 980 691 911) prepara platos de influencia vasca como la merluza koskera o el bacalao a la riojana.

TORRELAVEGA

CANTABRIA. 60.023 habitantes

Torrelavega es un municipio industrial y de servicios que ocupa el segundo lugar de Cantabria, tras la capital, en lo que a población se refiere. Además es sede de la Feria de Muestras de la Comunidad y del mercado ganadero más importante a nivel nacional.

INFO

Oficina de Turismo. Juan José Ruano, 9 (Cámara de Comercio). Telf. 942 892 982. www.aytotorrelavega.es

DORMIR

Como ciudad de servicios, Torrelavega cuenta con una amplia oferta hotelera, funcional y de calidad media. Entre los caros hay que destacar el lujoso ***Hotel Torrelavega*****✪✪✪✪** *(Julio Hauzeur, 2; telf. 942 803 120; 72-115 €). De precio más económico están los siguientes, destacando las dos últimas pensiones:*

Hotel Besaya✪
Alcalde del Río, 32. Telf. 942 804 244. Este moderno hotel se halla junto a la estación de ferrocarril. Sus habitaciones son luminosas y limpias y todas cuentan con televisión, teléfono y baño completo con secador de pelo incluido. Habitación doble: 42-72 €.

Hostal El Curro✪✪
Cantabria, 2. Telf. 942 891 212. Frente al Mercado Nacional de Ganados y el parque de Manuel Barquín se encuentra este acogedor hotel de decoración clásica y trato familiar. Las habitaciones disponen de baño completo y televisión. Habitación doble: 30-50 €.

Pensión Puerta del Sol✪✪
Martínez y Ramón, 6. Telf. 942 802 680. Céntrica. La calidad y cantidad de servicios, unido al amable trato de su propietaria, la hacen única. De estilo rococó, las habitaciones disponen de teléfono, televisión y baño completo con secador. Habitación doble: 45-55 €.

Pensión Cuatro Caminos✪✪
Julián Ceballos, 8. Telf. 942 804 230. Céntrica y de reciente construcción. Habitaciones con baño, televisión con canal plus, hilo musical, teléfono, calefacción, etc.
Habitación doble: 42-60 €.

Otros hoteles de precio más elevado

El hotel **Marqués de Santillana✪✪✪** (Marqués de Santillana, 8; telf. 942 892 934; 74-115 €), en una zona residencial del centro urbano de la ciudad, ofrece habitaciones bien equipadas.

EL TAPEO

La mayoría de los mesones y bares de tapeo se encuentran en "La Zona", limitada entre las calles Augusto G. Linares y Julián Ceballos. **La Casuca,** famosa por sus ibéricos, es de los más celebrados. En **Casa Sergio** (Limbo, 2) podemos disfrutar de una gran variedad de tapas. Sidra de barril en un ambiente tranquilo y popular ofrece **Las Torres** (Confianza, 3).

En la calle Alonso Astúlez se halla **El Corralón,** que además es restaurante; **La Marina,** donde probar las mejores rabas y chipirones de Torrelavega, y **La Claraboya** (exquisito el *zurracapote).* **La Bodeguita** (Julián Ceballos, 25) ofrece una gran variedad de vinos finos.

COMER

Casas con menú (menos de 15 €)

El Alba
Joaquín Cayón, 36.
Telf. 942 805 460.
La calidad de sus platos caseros y el sorprendente precio de su menú, le convierten en uno de los más aconsejables.

El Rincón de la Coral
Joaquín Hoyos, 10.
Telf. 942 882 598.
Restaurante especializado en cocina autóctona de una zona más de montaña que marinera. Excelentes carnes a la parrilla y un completo y muy demandado menú del día.

Restaurantes (sobre 21 €)

Una buena opción para comer a la carta (siempre que no sea lunes que es su día de cierre) es **La Villa de Santillana** (Julián Ceballos, 1; telf. 942 883 073), que ofrece cocina regional y nacional, destacando la frescura de sus pescados y carnes.

En **Tanos** merece tenerse en cuenta el restaurante **El Refugio** (Coterios, 364; telf. 942 804 658) en plan complejo hostelero de carretera.
Por último en Torrelavega los gourmets con dinero sobrante deben cursar visita a **Los Avellanos** (avda. Fernández Vallejo, 122; telf. 942 881 225) donde se elaboran algunos de los platos más reputados de la nueva cocina cántabra.

CAFÉS

Los que mayor aceptación tienen con la llegada del buen tiempo son los situados en el bulevar Luciano D. Herrero, donde nombres como el **Café Mundial, Boulevard, Sol** y **Murano,** con sus amplias terrazas y su privilegiada situación, se reparten el protagonismo de la zona. El mágico **Grial** (junto a la Virgen Grande) dispone de gran variedad de cervezas de barril y ofrece actuaciones en vivo: los miércoles de cuentacuentos y los jueves conciertos de música folk y cantautores.

Un café más clásico es **La Garufa** (Julián Ceballos, 25), con una gran variedad de cafés e infusiones y auténtico museo de radios antiguas.

Si lo que se quiere es ver gente hay que ir al **Central** (Francisco Díaz, 1), con una agradable terraza en la zona peatonal de más tránsito.

En la plaza de Baldomero Iglesias se abren media docena de terrazas de ambiente juvenil que abren a media tarde.

TORREMOLINOS

MÁLAGA. 55.479 habitantes

Pionero en experimentar el milagro turístico de la Costa del Sol, aquel pueblecito andaluz, agrícola y marinero, inicia su despegue económico y urbano en la década de los sesenta, llegando en la actualidad a ser el primer municipio turístico de Andalucía y uno de los más importantes a nivel nacional e internacional.

INFO

Oficinas de Turismo. En el Ayuntamiento (plaza Blas Infante; telf. 952 379 512) y en la plaza de las Comunidades Autónomas (telf. 952 371 909). También en Delfines, 1-La Carihuela (telf. 952 372 956). www.ayto-torremolinos.org; www.visitetorremolinos.com

DORMIR

Torremolinos concentra cerca del 40 por 100 de la oferta hotelera de la Costa del Sol y sus establecimientos, algunos con

*más de 40 años recibiendo visitantes, han sido reformados en su mayor parte. Uno de los pioneros fue el **Meliá Torremolinos**✪✪✪✪ (avda. Carlota Alessandri, 109; telf. 952 380 500; 110-150 €). En general, todos ofrecen una buena relación calidad-precio.*

HOTEL TARIK✪✪✪
Paseo Marítimo, 49.
Telf. 952 382 300. En primera línea de playa, con 95 habitaciones, resulta muy frecuentado por extranjeros.
Habitación doble: 60-87 €.

HOTEL MIAMI✪✪
Aladino, 14. Telf. 952 385 255.
Ubicado en un bonito chalé y decorado al más puro estilo andaluz, cuenta con piscina, jardines y unas habitaciones que, aunque bastante anticuadas, no están mal. La mayoría tienen terraza y vistas al mar.
Habitación doble: 36-63 €.

HOTEL EL POZO✪✪
Casablanca, 2. Telf. 952 380 622.
Junto a la calle de San Miguel, una de las zonas con más ambiente de toda la costa. Habitaciones bien equipadas.
Habitación doble: 45-72 €.

PENSIÓN LA PALMERA✪✪
Avda. Palma de Mallorca, 37.
Telf. 952 376 509. En uno de los ejes principales de la ciudad y a un paso de la zona de copas, esta pequeña pensión, de ambiente familiar, ofrece sencillas habitaciones con baño.
Habitación doble: 33-48 €.

APARTAMENTOS LAS VEGAS
Luzcozán, 5. Telf. 952 380 539.
Alrededor de un precioso patio ajardinado se sitúan estos pequeños apartamentos. Todos cuentan con salón, baño, cocina y terraza. Está a tan sólo 30 m de la playa de La Carihuela.

Hoteles de precio más elevado

En La Carihuela destacan el **Amaragua**✪✪✪✪ (avda. de los Nidos; telf. 952 384 700; habitación doble: 115-205 €) y **Lago Rojo**✪✪✪ (Miami, 1; telf. 952 387 666; habitación doble: 96 €). En Playamar, en primera línea de playa, se sitúa el **Hotel Isabel**✪✪✪ (Paseo Marítimo, 97; telf. 952 381 744; habitación doble: 75-110 €), con terrazas y vistas al mar en todas sus habitaciones.

EL TAPEO

En la célebre barriada de La Carihuela, o antiguo barrio de pescadores, se suceden decenas de bares, restaurantes y chiringuitos, sobre todo en torno al Paseo Marítimo y sus calles paralelas del Bulto, Carmen, Mar y San Ginés. Aquí no hay mucha tradición de tapas, aunque sí se toman raciones o medias raciones, teniendo como máximo representante al pescaíto frito. Resulta de lo más entretenido ver cómo preparan los espetos de sardinas en **Casa Paco** y, por supuesto, degustarlos. El pescaíto frito es cosa de **Las Gaviotas** y de **Los Pescadores,** y en general de la mayoría de los bares y chiringuitos de la zona. Todo tipo de raciones a buen precio tienen en el **Levante** (Bulto, 26), el más popular entre los torremolinenses por su variedad de tapas caseras.

La otra zona se ubica en el centro del pueblo. Los bares más típicos se hallan en la avenida Palma de Mallorca, junto a la plaza Costa del Sol. Aquí se halla **La Chacha,** siempre atestado y donde son ya clásicas las tapas de marisco que se comen de la manera más informal. Justo enfrente, famosa por sus vinos de Málaga y mariscos, se encuentra **Casa Flores.**

En la popular calle de San Miguel tiene solera **La Bodega,** con sus tapas de vitorianos y pescaítos fritos, y enlazando con Las Mercedes, **Guerola,** con vinos de la tierra.

COMER

Casas con menú (menos de 15 €)

LA CIGALA
Avda. Manantiales, 23.
Telf. 95 237 61 25.
Las especialidades de la casa son el marisco y los pescados. Debido a sus menús económicos resulta uno de los restaurantes más concurridos.

LA JÁBEGA
Mar, 11. Paseo Marítimo.
Telf. 952 386 375.
Muy recomendable para comer pescado y marisco en La Carihuela. Platos malagueños y especialidades como el rodaballo al vino blanco y el lenguado a la crema.

YATE EL CORDOBÉS
Paseo Marítimo Playamar.
Telf. 952 384 956.
Una agradabilísima terraza con vistas al mar. La relación calidad-precio de su paella es inmejorable, y los pescados y carnes también son su especialidad.

Restaurantes (sobre 24 €)

En La Carihuela se suceden uno tras otro los restaurantes de pescado y marisco. En general son bastante parecidos, de aire informal y buen precio. Lo normal es pedir unas cuantas raciones de *pescaíto* y compartirlas, por lo que el precio varía bastante.

Entre ellos, **Antonio** (pza. del Remo, 6; telf. 952 385 210) es uno de los más tradicionales y concurridos, sus especialidades son el lomo de merluza con angulas y la zarzuela de mariscos; y **El Roqueo** (Carmen, 35; telf. 952 384 946) también ofrece mariscos y pescados de excelente calidad en un ambiente simpático.

TORREVIEJA

ALICANTE. 62.428 habitantes

ESTA VILLA MARINERA CRECIÓ AL AMPARO DE UNA TORRE VIGÍA, Y SU CARÁCTER SE FORJÓ CON LOS BARCOS PESQUEROS Y EN LAS ENROJECIDAS AGUAS DE LAS SALINAS. HOY, SUS PLAYAS, SU PUERTO Y SU EXCELENTE TEMPERATURA ANIMAN A EXTRANJEROS Y NACIONALES A AFINCARSE AQUÍ DURANTE TODO EL AÑO, AUNQUE EN VERANO EL BULLICIO ES INCONTENIBLE.

INFO

Tourist Info Torrevieja
Pza. Ruiz Capdepont, s/n.
Telf. 965 703 433.
Tourist Info Torrevieja-Centro
Caballero de Rodas, 27.
Telf. 965 709 023.
Parque Natural Lagunas de La Mata y Torrevieja
Acceso por la N 332 junto al acceso a La Mata, y por la carretera que lleva a Crevillente.
Telf. 966 920 404.
www.torrevieja.infoville.net

DORMIR

HOTEL MADRID✪✪
Villa de Madrid, 15.
Telf. 965 711 350.
Es una de las mejores opciones, pues las habitaciones cuentan con un equipamiento completísimo.
Habitación doble: 60-95 €.

HOTEL CENTRAL✪✪
Rambla de Juan Mateo, 18.
Telf. 965 707 750.
Hotel de mediano tamaño, muy céntrico. Buena relación calidad-precio.
Habitación doble: 45-69 €.

HOTEL JUAN CARLOS✪
Apolo, 87. Telf. 965 716 969.
Sorprende por la amplitud y luminosidad de algunas de sus habitaciones. Junto a una transitada carretera, pero con aire acondicionado, elemento imprescindible que no se encuentra en alojamientos de igual o menor categoría.
Habitación doble: 39-66 €.

Otros hoteles de precio más elevado

El **Hotel Masa Internacional**✪✪✪ (avda. de Alfredo Nobel, 150; telf. 966 921 537; 80-140 €) ofrece espléndidas vistas y un completo equipamiento.

COMER

Casas con menú (menos de 15 €)

EL MUELLE
Del Mar, 1. Telf. 966 704 172.
Esta pizzería, ofrece junto a los económicos platos de pasta, un menú. La carta también incluye pescados como salmón, lenguado o mero. Buen sitio para deleitarse con sus estupendas vistas al mar.

BAHÍA
Avda. de la Libertad, 3.
Telf. 965 713 994. Se puede comer a la carta un buen rape o merluza a la espalda a precios moderados. Elegante y con detalles.

BRISAS DEL MAR
Paseo Vista Alegre, 10.
Telf. 966 705 201.
En el verano da gusto comer en su amplia terraza, y en su interior se pueden ver bellos barcos de sal. Aparte del

menú tienen paellas, arroz a banda, el tradicional caldero o pescado del día.

Restaurantes (sobre 25 €)

Sobre el puerto deportivo, el restaurante **Miramar** (paseo de Vista Alegre, 15; telf. 965 710 765) prepara unos estupendos arroces y platos de pescado. Buena relación calidad-precio. En el **Mesón de la Costa** (Ramón y Cajal, 27; telf. 966 703 598) se puede degustar buena cocina local y nacional, con especial atención a los productos locales de temporada.

EL TAPEO

La fama de los helados **Sirvent,** con sus granizados y copas de helados, tiene razón de ser. Es aconsejable sentarse en la terraza, en la plaza Waldo Calero. Para tapear, el templo de las raciones se encuentra en la plaza de Isabel II, de la mano de dos bares: **Casa Paco** y **Toni.** En la Playa del Cura, la larga avenida de los Marineros se llena de terrazas en las que se puede comer o tapear. Éste es el caso del **Rubí,** con tapas de caracoles, sardinas o sepia.

El que el restaurante **España** esté siempre repleto se debe a las generosas raciones que ofrece. El **Kiosco José María** es un chiringuito de paella.

TORTOSA

TARRAGONA. 31.200 habitantes

SITUADA EN LA MARGEN IZQUIERDA DEL RÍO EBRO, QUE AQUÍ PRESUME DE CAUDAL, Y A LOS PIES DEL CASTILLO DE LA SUDA, DESDE DONDE SE COMTEMPLA LO APRETADO DE LA TORTOSA MEDIEVAL, CON SUS ESTRECHOS CALLEJONES ALREDEDOR DE LA IMPONENTE CATEDRAL GÓTICA.

INFO

Oficina Municipal de Turismo
Plaça del Bimil·lenari, s/n.
Telf. 977 510 822.
www.tortosa.altanet.org

DORMIR

*La oferta hotelera, encabezada por el **Parador**✪✪✪✪ (Castell de la Suda; telf. 977 444 450; www.parador.es; 85-105 €), es algo escasa, especialmente en lo que respecta a alojamientos con precios asequibles. No obstante son recomendables:*

HOTEL CORONA TORTOSA✪✪✪

Plaça Corona d'Aragó, 7.
Telf. 977 580 433.
Situado a las afueras, ofrece modernas instalaciones. Dispone de un recomendable restaurante, especializado en cocina nacional e internacional.
Habitación doble: 57-75 €.

HOTEL TORTOSA PARC✪✪

Comte Bañuelos, 10.
Telf. 977 446 112. De aspecto funcional, ofrece un servicio serio y profesional y precios muy atractivos.
Habitación doble: 40-50 €.

PENSIÓN VIRGINIA✪✪

Av. de la Generalitat, 133.
Telf. 977 444 186.
Céntrico y austero establecimiento. Destaca por su higiene y su económico precio.
Habitación doble: 30-42 €.

EL TAPEO

Los ingredientes de las tapas suelen ser los embutidos de las tierras del interior del Ebro, y los pescados y mariscos que proceden del Delta. Destacan **Cap de Ball** (Adrià d'Utrech, 1), cerca de la nueva estación de autobuses, y **El Parc** (av. Generalitat, s/n).

COMER

*La cocina de la ciudad ofrece, entre sus especialidades, arroces del cercano Delta del Ebro, así como pescados. La repostería, de origen árabe, constituye un exquisito capítulo aparte. **Sant Carles** (Rambla Felip Pedrel, 13; telf. 977 441 048; 27 €), especializado en suquets y otros guisos marineros, es uno de los exclusivos.*

Casas con menú (menos de 15 €)

CAP DE BALL

Adrià de Utrech, 1.
Telf. 977 440 300. Restaurante tradicional que sirve platos catalanes y locales.

Restaurantes (desde 21 €)

Es recomendable **El Parc** (avinguda de la Generalitat, 72; telf. 977 444 866), en pleno Parque Municipal. Arroz negro con chipirones, pescados a la sal y carnes. Por la noche se celebran actuaciones musicales.

TOSSA DE MAR

GIRONA. 4.800 habitantes

TOSSA ES ALGO ASÍ COMO UN REDUCTO EN PLENA COSTA, UN LUGAR EN EL QUE EL REPOSO, EL AMBIENTE, EL PAISAJE URBANO Y NATURAL, EL MAR, LA HISTORIA Y LA ARQUITECTURA SE DAN LA MANO CON UNA GRACIA ESPECIAL. VISITAR TOSSA, A CUALQUIER HORA DEL DÍA O DE LA NOCHE, ESPECIALMENTE EN VERANO, ES COMPROBAR CÓMO EL TURISMO DE PLAYA NO TIENE POR QUÉ IR LIGADO A LA MASIFICACIÓN, LA INCOMODIDAD Y EL BULLICIO.

INFO

Oficina Municipal de Turismo. Avinguda del Pelegrí, 25. Telf. 972 340 108.
www.tossademar.com

DORMIR

*Aunque existen hoteles de categoría como el **Gran Hotel Reymar**✪✪✪✪ (Platja Mar Menuda, telf. 972 340 312; 85-200 €), no es Tossa una población en la que la oferta hotelera sea muy grande.*

HOTEL CAPRI✪✪

Passeig del Mar, s/n. Telf. 972 340 358. En primera línea de playa y, sin embargo, no resulta excesivamente caro. Tiene tan sólo 22 habitaciones y permite disfrutar de un agradable ambiente debido a que el trato es más personal que en otros hoteles grandes. Acepta la presencia de animales domésticos. Habitación doble: 65-85 €.

PENSIÓN CAP D'OR✪

Passeig de Vila Vella, 1. Telf. 972 340 081. El recodo que forma la playa de Tossa es el lugar en el que se levanta esta discreta y acogedora pensión . Trato agradable. Habitación doble: 62-75 €.

Otros hoteles de precio más elevado

Enclavado sobre la arena de la cala de la que toma el nombre, el **Mar Menuda**✪✪✪ (platja Mar Menuda, s/n; telf. 972 341 000; 60-120 €) resulta un alojamiento ideal para los que buscan tranquilidad y sosiego.

EL TAPEO

Uno de los locales interesantes para estas incursiones de mediodía es la terraza de **Can Comas** (Portal, 22), cuya enorme pizarra da buena idea de las múltiples posibilidades de elección. **Can Paset** (Portal, 11) y **Tapa a Tapa** (passatge Xixanet, 3) también están especializados en tapas.

COMER

Casas con menú (menos de 15 €)

CAN BIGOTIS

Av. de la Palma, 30. Telf. 972 341 985. Las lentejas, los garbanzos, las sopas e incluso los macarrones resultan más que aceptables, especialmente si se tiene en cuenta el precio.

CAN VILAS

Ctra. Lloret, km 3. Telf. 972 341 377. Lo primero que destaca en Casa Vilas es el agradable trato que dispensan a sus clientes. Además ofrece muy buenos precios, ya que la comida resulta generosa para lo que cuesta el menú.

Restaurantes (sobre 27 €)

El restaurante **Bahía** (passeig del Mar, 19; telf. 972 340 322) tiene por vocación la cocina marinera y la recuperación de los platos autóctonos. Entre sus especialidades destacan el tradicional *cim-i-tomba,* la brandada de bacalao, el calamar relleno, el *suquet* de anchoas o el de salmonetes.

Can Simon (Portal, 24; telf. 972 341 269) ofrece cocina de mercado en una antigua casa restaurada y decorada con mucho gusto. El restaurante **Can Pini** (Portal, 14; telf. 972 340 297) elabora buenos arroces, cazuelas y *fideuàs.* Y el restaurante **Castell Vell** (Abad Oliva, 1; telf. 972 341 030) situado en el mismo centro del recinto amurallado, ofrece una buena carta de pescados y carnes junto a especialidades locales.

TOTANA

MURCIA. 24.657 habitantes

YA HACE TIEMPO QUE LOS VALIENTES GUERREROS DEJARON DE DEFENDER DEL INFIEL EL NIDO DE ÁGUILAS QUE ES ALEDO, Y SE ESTABLECIERON EN LA EXIGUA TOTANA, MÁS CERCA DEL RÍO DE BARRO O GUADALENTÍN, PARA QUE SUS HIJOS FUERAN AGRICULTORES. HOY ESTA CIUDAD ES CONOCIDA SOBRE TODO POR LA CANTIDAD DE ALFARES QUE HAN HECHO DE ELLA UNO DE LOS CENTROS ARTESANOS MÁS IMPORTANTES A NIVEL NACIONAL; Y POR COMPARTIR CON ALHAMA EL ACCESO AL MEJOR PULMÓN VERDE Y HÚMEDO DE LA CALUROSA REGIÓN MURCIANA: SIERRA ESPUÑA.

INFO

Oficina Municipal de Turismo
Avda. General Aznar, 12.
Telf. 968 423 902. Facilitan información y organizan visitas guiadas.

DORMIR

Totana cuenta con una amplia y variada oferta de alojamientos en la población, en Sierra Espuña, en el paraje de La Santa y en torno a la Autovía. Otra opción es el camping ***Totana*** *(ctra. N 340, km 614; salida Totana Sur; telf 968 424 864), de segunda categoría.*

HOTEL MONASTERIO DE SANTA EULALIA ✪✪✪✪

Monasterio de Santa Eulalia, s/n.
Telf. 968 487 004.
Hospedería rural situada junto al santuario, rodeada de un tranquilo entorno natural.
Habitación doble: 60 €.

HOTEL EXECUTIVE SPORT ✪✪✪

El Granado. Polígono industrial El Saladar, 1. Telf. 968 418 209.
www.executuve-sport.com
Alojamiento de aires modernos y todas las comodidades, recientemente inaugurado. Buen acceso desde la autovía.
Habitación doble: 75 €.

HOTEL PINITO DE ORO ✪✪

Urb. Montysol. Telf. 968 487 188.
Aledo. Para llegar a él hemos de coger la carretera a Aledo. Al poco de pasar el santuario lo veremos encaramado en las estribaciones de la sierra. Las habitaciones son funcionales y cómodas. Además tienen unas estupendas vistas y no carecen de nada. Lo mejor de todo es la tranquilidad que se respira. Habitación doble: 48 €.

HOTEL LOS CAMIONEROS ✪

Ctra. N 340, km 287.
Telf. 968 421 037. Está situada a la salida de la población en dirección a Lorca. Las habitaciones son sencillas, pero tienen televisión y aire acondicionado. La única molestia es la cercana carretera, cuyo problema se resuelve pidiendo una de las habitaciones que da al lado contrario.
Habitación doble: 40 €.

COMER

Los elementos que forman la base de la cocina totanera son el arroz, la harina, la carne, las verduras y las hortalizas. Cocina que utiliza el ingenio y se las arregla para prepararnos un arroz con magra, gachasmigas con tropezones, migas, gurullos, conejo al ajo cabañil, olla gitana, paparajotes... y dulces tan típicos como el pan de higo y los cordiales.

Casas con menú (menos de 15 €)

RINCÓN DEL GRILLO

Santa Leocadia-La Sierra.
Telf. 968 484 621. Restaurante de cocina tradicional enclavado en la sierra. Migas ruleras y conejo cabañil.

LA TORRETA

Camino de los Molinos, s/n.
Telf. 968 420 080. Bonita casona con mucho encanto. Gran variedad de platos internacionales y regionales.

VENTA DE LA RATA

Ctra. de La Santa, 185.
Telf. 968 421 704. Lo más típico es comer arroz y carnes de todo tipo. Este local es el elegido para celebrar las bodas. Lo encontramos bien decorado y resulta muy grato, de ahí esa gran acogida entre los del pueblo.

Restaurantes (de 21 a 36 €)

Casa Mariquita II (Cánovas del Castillo, 8; telf. 968 422 554) es un restaurante de cocina tradicional y de mercado con toques innovadores. Entre sus especialidades destacan la gallina en pepitoria y los postres caseros.

TREVÉLEZ

GRANADA. 823 habitantes

ES LA LOCALIDAD MÁS ALTA DE ESPAÑA Y SE ENCUENTRA EN LA ALPUJARRA GRANADINA, EN LA VERTIENTE MERIDIONAL DEL MULHACÉN, ROZANDO LAS NEVADAS CUMBRES DE SIERRA NEVADA.

INFO

Ayuntamiento
Plaza de la Cárcel, 8. Telf. 958 858 501.

DORMIR

HOTEL LA FRAGUA ✪

Barrio Medio. Telf. 958 858 626.
Fax: 958 858 614. Pequeño hotel de trato familiar, situado en pleno barrio medio. Habitación doble: 48 €.

HOTEL PEPE ÁLVAREZ ✪

Plaza Don Francisco Abellán Gómez, s/n. Telf. y fax: 958 858 503.
Con acceso para discapacitados.
Habitación doble: 45 €.

PENSIÓN MULHACÉN ✪✪

Ctra. de Ugijar, s/n.
Telf. 958 858 587.
Habitación doble, con baño: 39-42 €.

Cámping

CÁMPING TREVÉLEZ

Ctra. de Ugíjar-Órgiva, km 32,5.
Telf. 958 858 735.
Establecimiento de segunda categoría, con un buen arbolado y no muy lejos del pueblo.

COMER

LA FRAGUA

Barrio Medio. Telf. 958 858 626.
Fax: 958 858 614.
Platos caseros y regionales.

MESÓN HARAIÇEL

Real, s/n. Telf. 958 858 530.
Cocina tradicional de la zona.

JOSÉ GONZÁLEZ

Plaza Don Francisco Abellán.
Telf. 958 858 689. En plena plaza del Barrio Bajo. Platos tradicionales. Terraza.

TRUJILLO

CÁCERES. 9.550 habitantes

AQUÍ NACIERON EXTREMEÑOS TAN ILUSTRES COMO PIZARRO, ORELLANA O GARCÍA DE PAREDES. FUERON PRECISAMENTE ÉSTOS Y OTROS HOMBRES, LOS QUE AL VOLVER DE SU AVENTURA AMERICANA REPLETOS DE ORO Y GRANDES FORTUNAS CONSTRUYERON SOBERBIOS PALACIOS Y MANSIONES, QUE FORMAN JUNTO CON LA HERENCIA ÁRABE UN CONJUNTO MONUMENTAL DE PRIMER ORDEN.

INFO

Oficina de Turismo
Plaza Mayor, s/n. Telf. 927 322 677.
Ayuntamiento
Paseo Ruiz de Mendoza, 7.
Telf. 927 321 050.
www.ayto-trujillo.com

DORMIR

Aparte del bello ***Parador de Trujillo*** *✪✪✪✪ (avenida de Santa Beatriz de Silva; telf. 927 321 350; habitación doble: 145-155 €), los demás alojamientos de Trujillo ofrecen buenas instalaciones y precios muy asequibles.*

HOTEL PERÚ ✪✪

Avenida de Madrid, s/n.
Telf. 927 320 745.
Fax: 927 320 779.
Tradicional hotel de carretera que ofrece 60 habitaciones bien equipadas. Dispone de aparcamiento y un pequeño jardín.
Habitación doble: 55 €.

HOSTAL LEÓN ✪✪

Plaza del Campillo, 11. Telf. 927 321 792.
Fax: 927 322 981. Ubicado a pocos minutos de la Plaza Mayor. Dispone de habitaciones modernas, decoradas con buen gusto y bien equipadas.
Habitación doble: 42-70 €.

HOSTAL LA CADENA ✪

Plaza Mayor, 8. Telf. 927 321 463.
Tiene 8 habitaciones, algunas con el encanto de la vista a la plaza y otras al castillo. Establecimiento sobrio y

correcto que dispone de los servicios fundamentales así como aire acondicionado y televisión.
Habitación doble: 48 €.

HOSTAL JULIO✪
Pza. del Campillo, 3. Telf. 927 321 963.
Sus habitaciones son modernas, limpias y decoradas con buen gusto, y ofrecen un equipamiento completísimo al que no le falta un detalle. Ubicado en la llamada parte baja de la población, su trato al cliente es de lo mejor.
Habitación doble: 45 €.

HOSTAL NURIA✪
Plaza Mayor, 27. Telf. 927 320 907.
Situado en un marco inmejorable. Dispone de pocas habitaciones, aunque bastante nuevas y cuidadas. Especial encanto ofrecen las dos que dan a la Plaza Mayor. Habitación doble: 45 €.

EL TAPEO

Se desarrolla casi por completo en la plaza, centro turístico de esta villa. Todos los bares y restaurantes proponen al visitante un nutrido grupo de raciones para intentar atraer su atención hacia los comedores y las amplias terrazas veraniegas. Buenas tapas de moraga y prueba de cerdo se pueden degustar en **Nuria.** El bar **Pillete** toma un vigoroso ambiente a la hora de las cañas, siendo uno de los más concurridos. Sin embargo, son los soportales que hay junto a la estatua ecuestre de Pizarro los que cobijan la mayor parte de restaurantes y terrazas, destacando **La Troya,** con sus siempre consistentes y populares raciones, y ya para una cena más romántica las engalanadas terrazas de **La Cadena** y **Bizcocho.**

Otra calle muy animada a la hora del vino o las cervezas es la calle Sillerías. Aquí podemos acercarnos a **Vilú,** con sabrosas y deliciosas tapas de torreznos y patatera con pan; o también a **Chíviri.** Otro lugar al final de la calle es el café-bar **Pizarro** (no confundir con el restaurante de la plaza), donde son famosos los callos y el morro.

En la parte baja de la población, el convento de La Merced se ha convertido en el **Museo del Queso y el Vino** (La Merced, esquina F. Pizarro), un templo gastronómico para sus parroquianos.

COMER

Casas con menú (menos de 15 €)

LA TROYA
Plaza Mayor, 8-12. Telf. 927 321 364.
Es el más famoso y tradicional de la localidad. Cocina casera regional. Su mesa no es de las más excelsas pero su fama está bien ganada.

LA CADENA
Plaza Mayor, 8.
Telf. 927 321 463.
Dispone de un bonito comedor con grandes ventanales que ofrecen un bello panorama de la Plaza Mayor. Dispone de un menú del día de cocina casera extremeña. Especializado en migas, carne, moraga y cordero. Muy recomendado en la localidad.

PIZARRO
Plaza Mayor, 13.
Telf. 927 320 255.
De buena fama, su carta presenta delicias como gallina trufada, patatas a la extremeña o sopa de tomate con higos y uvas.

NURIA
Plaza Mayor, 27.
Telf. 927 320 907. Menos selecto que los demás, pero con un menú diario que cuenta con numerosos platos donde elegir, en su mayoría de cocina casera.

LA SONATA DE TRUJILLO
Ballesteros, 10.
Telf. 927 322 884. Cierra martes.
Situado detrás de la torre del Alfiler. Cocina regional fusionada con cocina de vanguardia. Varios menús de distintos precios.

TUDELA

NAVARRA. 26.460 habitantes

ASENTADA A ORILLAS DEL EBRO, ES LA CAPITAL DE LA RIBERA Y LA CIUDAD MÁS POBLADA DE NAVARRA DESPUÉS DE PAMPLONA. URBE AGRÍCOLA E INDUSTRIAL, LLENA DE VITALIDAD, QUE CONSERVA UN VALIOSO PATRIMONIO MONUMENTAL.

INFO

Oficina de Turismo
Plaza Vieja, 1.
Telf. 948 848 058. w
ww.tudela.com

DORMIR

HOTEL TUDELA BARDENAS✪✪✪
Avda. Zaragoza, 56. Telf. 948 410 802.
Habitaciones funcionales y perfectamente equipadas.
Habitación doble: 66-80 €.

HOSTAL MORASE✪✪✪
Paseo de Invierno, 2. Telf. 948 821 700.
Este hostal aún conserva el esplendor que tuvo antaño. Las habitaciones tienen todas las comodidades.
Habitación doble: 52-63 €.

HOSTAL NH DELTA✪✪
Avda. de Zaragoza, 29.
Telf. 948 821 400.
Pertenece a la cadena NH. Habitaciones modernas, confortables, con todo tipo de servicios y detalles, como el servicio de vídeo-club gratuito. Buena cafetería.
Habitación doble: 78-90 €.

HOSTAL REMIGIO✪✪
Gaztambide, 4. Telf. 948 820 850.
Situado junto a la plaza de los Fueros, posee habitaciones modestas. Trato familiar. Habitación doble: 35-40 €.

HOSTAL NUEVA PARRILLA✪
Carlos III, El Noble, 6.
Telf. 948 822 400. Se halla en la entrada de la ciudad, junto a la plaza de toros. Sus sencillas habitaciones están provistas de televisión. Dispone de aparcamiento. Habitación doble: 48 €.

DE PINCHOS

El mejor lugar para tomar pinchos es sin duda la plaza de los Fueros en el casco viejo. En uno de sus flancos se hallan instaladas diversas terrazas y locales, como **Diamante,** donde sirven calamares fritos y **Aragón.**

En la cercana calle Muro está el bar **José Luis,** que sirve los mejores pinchos de verdura de la ciudad. En la calle Carnicerías se halla **El Ratón,** que ofrece variadas tablas de quesos y tostadas de patés, y en la calle Concareras, **Pasajes.**

En la recoleta plaza de San Jaime están los clásicos del domingo por la mañana: **La Fuente** y **San Jaime,** que por la noche abren como locales de copas. Del mismo estilo es **Isidro. El Rancho Grande,** situado en la calle Rúa, sirve fritos de rabas o de pimiento.

COMER

La reina indiscutible de la mesa es la menestra, que se compone de alcachofas, guisantes, espárragos y habas. Excelentes son también los cogollicos con anchoas, las alcachofas con almejas, los espárragos, los pimientos del piquillo solos y rellenos de carne o bacalao, el revuelto de ajos tiernos... Todo ello regado con alguno de los caldos de la Ribera de Navarra. En el nivel más alto se sitúa el restaurante ***Beethoven*** *(ctra. Zaragoza-Pamplona, km 98; telf. 948 825 260; 24-33 €), pero hay otras opciones más económicas:*

Casas con menú (menos de 15 €)

CHOKO
Plaza de los Fueros, 5. Telf. 948 821 019.
Cocina tradicional: menestra, setas, caracoles y ranas. Mientras se espera a que despejen alguna mesa se puede tomar alguna tapa en el bar, que por otra parte es estupendo.

DELICIAS
Díaz Bravo, 24. Telf. 948 210 012.
Aunque está fuera del casco antiguo, sus buenos precios lo hacen aconsejable. Además de los platos típicos (alcachofas, pimientos rellenos de *txangurro* y pescados), tiene platos combinados y postres caseros.

EL ELYKAN
Avda. de Zaragoza, 33.
Telf. 948 825 569. Frecuentado por gente joven. La carta tiene una buena selección de cremas, ensaladas, pescados y verduras de la Ribera, como el revuelto de champiñón o las pochas de Tudela.

PASAJE
Concarrera, 4. Telf. 948 827 906. En su pequeño comedor se sirve un menú de platos caseros cuya variedad casi lo convierte en una carta. Sus pinchos y cazuelicas pueden ser otra buena alternativa.

Restaurantes (sobre 21 €)

El **Restaurante 33** (Capuchinos, 7; telf. 948 827 606) ofrece una cocina muy elaborada siempre sobre la base de la culinaria de la Ribera. Tienen diversos comedores donde es preciso probar la degustación de verduras y el "manjar blanco", un postre de las madres clarisas que data del siglo XVII.

Casa Ignacio (Cortadores, 9; telf. 948 821 021) es una legendaria casa de comidas que constituye un santuario para los devotos de la verdura. Célebres los espárragos sin pelar, caracoles, cordero y las borrajas con azúcar.

TUI

PONTEVEDRA. 5.477 habitantes

TUI ASEMEJA, DESDE LA LEJANÍA, UNA FORTALEZA ALMENADA EN LA QUE HASTA LA CATEDRAL TIENE ALGO DE DEFENSIVO. LAS RELACIONES CON PORTUGAL, EN TIEMPOS CARGADAS DE RESERVA, IMPULSARON EL DESARROLLO DE LA CIUDAD A PARTIR DE LA INAUGURACIÓN DEL PUENTE INTERNACIONAL, A FINALES DEL SIGLO PASADO; UNA AUTOVÍA Y UN NUEVO PUENTE AMPLÍAN HOY ESAS POSIBILIDADES DE PROGRESO, QUE TAMBIÉN PRETENDEN POTENCIARSE CON LA PRESENTACIÓN A LA UNESCO DE UNA CANDIDATURA CONJUNTA, DE TUI Y VALENÇA DO MINHO, PARA SER DECLARADAS PATRIMONIO DE LA HUMANIDAD.

INFO

Oficina de Turismo de la Xunta de Galicia
Colón, 2. Edif. Área Panorámica.
Telf. 986 601 789.

Oficina Municipal de Turismo
Caseta en praza de la Inmaculada.
Telf. 986 603 625.
www.concellotui.org

Renfe Estación de Guillarei-Tui
Telf. 986 601 255.

Parque Natural del Monte Aloia
Casa forestal en la subida al monte.
Telf. 986 685 095.

DORMIR

A orillas del río Miño, el ***Parador de Tui*** *✪✪✪✪ (avda. de Portugal; telf. 986 600 300; 128-160 €) representa la mejor oferta para hospedarse en la ciudad. Entre los hostales de mejor relación calidad-precio destacan:*

HOSTAL CRUCEIRO DO MONTE✪✪

Grandufe, 23. Telf. 986 600 953.
Está un tanto alejado, pero es bastante cómodo, y dispone de una amplia panorámica del valle y de un buen restaurante.
Habitación doble: 40 €.

HOSTAL LA GENEROSA✪

Calvo Sotelo, 37.
Telf. 986 600 055. En plena calle principal, frente al Seminario. Habitaciones con aseo, básico.
Habitación doble: 24 €.

HOSTAL SAN TELMO 91✪

Avda. Concordia, 84.
Telf. 986 603 011.
Cómodo y con buenos servicios, aunque bastante apartado del centro. Vistas al río Miño y Portugal.
Habitación doble: 35 €.

CASA RECTORAL DE AREAS

Areas. Telf. 986 603 986.
Vivienda rural, antigua casa de abades muy bien reformada.
Habitación doble: 60 €.

Otros hoteles de precio más elevado

Es recomedable el **Hotel Colón Tui**✪✪✪ (Colón, 11; telf. 986 600 223; habitación doble: 65-85 €), bien situado y con un excelente nivel de servicios. En el barrio de Guillarei se encuentra el **Hotel Alfonso I**✪✪✪ (telf. 986 600 282; habitación doble: 66-86 €), muy completito y con servicios como sauna o hidromasaje.

EL TAPEO

El tapeo en Tui no tiene demasiada tradición, aunque hay algunos locales que merecen la pena, como el **Jaqueivi** (en la praza do Concello, frente al Ayuntamiento), con una terraza agradable bajo unos históricos soportales y con vistas a un lateral de la catedral; ofrece embutidos y patés. Otras taperías del casco antiguo, en todo momento instaladas en edificios de piedra, son **A Muralla** (rúa Sanz), que ofrece tortillas, tablas de jamón, embutidos y quesos, chorizos al infierno o pulpo; **A Lareira** (rúa do Pracer), tipo taberna; o el versátil y encantador **Vello Cabalo Furado** (Seixas). Ya en la parte nueva, en la rúa González Besada está **O Alboio,** que reproduce el estilo de los típicos bodegones, y en su paralela peatonal (rúa Rosa Bahamonde), **O Irlandés,** con la impronta de las cervecerías de aquel país.

COMER

O POTE

Ctra. de Gondomar.
Telf. 986 600 128.
A 500 m del centro, y justo al borde de la vía, es una casa de comidas en la que se come bien sin gastar mucho. De primero se puede elegir alguna de sus variadas raciones, y luego optar por un plato de pescado o carne al horno.

DON SANCHO

Rúa Colón, 25.
Telf. 986 602 147.
Es uno de los que más trabajan el menú y el plato del día, sobre todo durante la semana, con comida casera a muy buen precio.

Y el que quiera probar el *bacalhau* a la portuguesa, no tiene más que cruzar el puente internacional.

Restaurantes (desde 21 €)

O Novo Cabalo Furado (Praza do Concello, s/n; telf. 986 601 215) es un clásico con solera (tiene más de 80 años), con menús del día de comida casera, en pleno casco antiguo, frente a la catedral. Quien se lo pueda permitir, también ofrecen lamprea y angula en temporada, y el más asequible sábalo.

TURÉGANO

SEGOVIA. 1.110 habitantes

ESTE PEQUEÑO PUEBLO DE SEGOVIA ES UN MUNICIPIO AGRÍCOLA Y GANADERO QUE CONSTITUYE UNA PARADA RECOMENDADA EN LA LLAMADA "RUTA DE LOS CASTILLOS Y DEL CORDERO". SEDE EPISCOPAL CON UN CASTILLO DEL MEDIEVO, TURÉGANO ES ADEMÁS UN REMANSO DE PAZ, UN PUEBLO DONDE EL BULLICIO DE LA VIDA DIARIA SE DETIENE ENTRE LA PIEDRA Y LA MADERA DE SUS CASAS.

INFO Y TRANSPORTES

Ayuntamiento
Pza. de España, 19. Telf. 921 500 000.
www.turismocastillayleon.com

DORMIR

POSADA EL ZAGUÁN✪✪

Pza. de España, 16. Telf. 921 501 165.
www.el-zaguan.com
Cuenta con 14 habitaciones decoradas cada una de un modo distinto, todas de estilo rústico castellano muy acogedor, y caracterizadas por el mobiliario antiguo: palanganas del siglo pasado, muebles restaurados, edredones de diferentes estampados, etc. Desde algunas de las habitaciones se contemplan unas vistas al castillo inmejorables. El trato, muy familliar. Tiene sala de estar con chimenea, pub y restaurante de cocina vasco-francesa.
Habitación doble: 68 €. En el número 6 de la calle Callejas se encuentra el hotel homónimo, de tres estrellas, y de estilo parecido.

COMER

Casas con menú (menos de 15 €)

BAR CASTILLO

Plaza de España, 2. Telf. 921 500 026.
Menú de comida casera: sopa de pescado, bacalao con tomate, albóndigas, cocido... Ambiente familiar y trato llano y simpático.

LA CASA VIEJA

Telf. 921 500 831. Posada situada en un edificio del siglo XVIII, junto a la iglesia románica de Santiago. Además de las habitaciones, la posada cuenta con una taberna y un restaurante donde se recomienda probar el bacalao ajoarriero y el lechazo.

Restaurantes (de 21 a 36 €)

Casa Holgueras I y **II** (plaza de España, 13-14; telf. 921 500 028) son los asadores de cocina tradicional castellana más célebres del entorno (sin duda la fama es merecida). Imprescindible degustar el cordero asado con ensalada y sopa castellana, así como los suculentos platos de pescado.

LOS ESTABLECIMIENTOS DE ESTA GUÍA HAN SIDO COMPROBADOS Y SELECCIONADOS POR SU BUENA RELACIÓN PRECIO-CALIDAD. EN NINGÚN CASO HAN DESEMBOLSADO CANTIDAD ALGUNA POR APARECER EN ESTA GUÍA.

ÚBEDA

JAÉN. 33.993 habitantes

La historia, el tiempo y el arte se han conjugado para dar a esta ciudad, no ya una acusadísima personalidad monumental, sino todas la cualidades para ser incluida entre las ciudades más hermosas y bellas de España.

INFO

Oficina de Turismo
Bajo del Marqués, 4. Telf.. 953 779 204.
www.ubedainteresa.com

DORMIR

*Todos los establecimientos hoteleros de Úbeda exceptuando el **Parador de Úbeda**✪✪✪✪ (en la pza. Vázquez de Molina, 1; telf. 953 750 345; habitación doble: 160-170 €), se encuentran situados fuera del centro histórico.*

Hotel El Postigo✪✪

Postigo, 5.
Telf. 953795550.
www.hotelelpostigo.com
Excelente establecimiento de nueva construcción en un sitio inmejorable. Mobiliario minimalista muy efectivo. Patio, piscina, jardín y cafetería. Habitación doble: desde 70 €.

La Casería de Tito

Caserío de San Bartolomé.
Telf. 953 776 771.
www.lacaseriadetito.com
Estupenda casa rural a unos 6 km de Úbeda en la que la piedra es la protagonista principal. Tranquila y acogedora. Cuenta con siete habitaciones, todas con baño, climatización, teléfono y secador de pelo. Con restaurante. Habitación doble: 64-75 €.

Otros hoteles de precio más elevado

Moderno y confortable es el **Hotel Ciudad de Úbeda**✪✪✪✪ (Cronista Juan de la Torre, s/n; telf. 953 791 011; habitación doble: 115 €).

EL TAPEO

Son numerosísimos los bares que se reparten por toda la ciudad. En la plaza de Andalucía, **Libra,** tiene una estupenda terraza y mejor paella. También **Tito,** ya en **Rastro,** tiene una buena terraza. Al lado, en Gradas, están **D'tapas** y **Montemar,** con tapas clásicas, lomo de orza y cosas así. En Cronista Muro, **La Abuela** es una taberna popular. En Cronista Pasquau, **Zayta** tiene buenos vinos; **El Yelmo,** alpargatas; y **Zoraida,** morcilla con habitas. En Jerquía Alta está **La Imprenta,** con deliciosas mollejas y en Real, **Atique,** con tapas de diseño y alta cocina. **El Maño,** en la plaza Primero de Mayo, tiene un gran sabor popular. Una carta amplia tiene **La Corredera,** en Corredera de San Fernando.

COMER

Casas con menú (menos de 15 €)

Barbacoa
San Cristóbal, 17. Aunque la especialidad de la casa es la carne a la brasa, también disponen de una amplia variedad de raciones y platos combinados. El mismo edificio alberga en su interior un museo agrícola en el que se muestra un gran número de aperos de labranza.

El Gallo Rojo
Manuel Barraca, 3. Telf. 953 752 038. Con una gran cantidad de platos propios y el secreto bien guardado de su elaboración, este restaurante se presenta como uno de los más recomendables de toda la ciudad.

Restaurantes (sobre 35 €)

La Abadía (San Juan de la Cruz, 10; telf. 953 792 645), suntuoso establecimiento donde se elabora cocina tradicional con toques creativos.
Al-Andalus (Los Canos, 28; telf. 953 791 862). Precioso lugar donde la vista se recrea tanto como la boca.
El Marqués (pza. del Marqués de la Rambla, s/n; telf. 953 757 255) ofrece cenas renacentistas y espectáculo.

UNCASTILLO

ZARAGOZA. 819 habitantes

Existen muchos pueblos que poseen una gran riqueza monumental e histórica. Otros, sólo unos pocos, son considerados, sin embargo, monumentos en sí mismos. Es el caso de Uncastillo, una villa situada en la falda sur de las bajas pero escabrosas sierras prepirenaicas, con una trama urbana orientada en círculos concéntricos a partir del castillo, y un caserío uniforme y cuidado a base de sillares de roca arenisca. Uncastillo fue declarado conjunto histórico-artístico en 1966.

INFO

Ayuntamiento
Pza. de la Villa, 22.
Telf. 976 679 001.
Oficina de Turismo
Santiago, s/n. Telf. 976 679 061.
www.fundacionuncastillo.com
www.reddearagon.com

DORMIR

Los alojamientos en Uncastillo están acogidos a la categoría de casas de turismo rural:

La oferta más interesante se encuentra en la **Posada La Pastora** (Roncesvalles, 1; 976 679 499; habitación doble: 68 €; www.lapastora.net). Dispone de 8 habitaciones dobles, decoradas con un estilo rústico y romantico, con todo detalle.

En la calle Mediavilla, número 71, **Ecuestre** tiene unas preciosas habitaciones en piedra vista, que parecen estar para ser estrenadas, por 27 € la noche, desayuno incluido. También atienden razón en el restaurante **Sierra** (telf. 976 679 481).

Otra opción son las Habitaciones de Turismo Rural **Cesar Gay** (telf. 976 679 012) os ofrecerá habitaciones por 50 € si es doble. El resto de los alojamientos existentes se reparten entre el **Albergue juvenil** (telf. 976 679 400), en el caso de que llevéis saco o no os importe dormir en literas, y si estáis un fin de semana como mínimo, están los **Apartamentos Jose Luis Laiglesia** que se alquilan en la avenida Ramón y Cajal, 6, con 4 camas y a un precio de 97 € el fin de semana (telf. 976 679 179).

COMER

Casas con menú (menos de 15 €)

Hostería Un-Castello
Pza. Villa, 24. Telf. 976 679 105. Restaurante con productos de calidad. Patatas rellenas, pastel de verduras, ternasco relleno y bacalao ajoarriero, etc. Para sus postres aprovechan dulces típicos de la localidad, como requesón tostado y cañas rellenas de crema. El menú es un poco caro, pero incluye los platos antes citados. El salón es de estilo rústico con paredes de piedra vista.

Casa Sierra
Mediavilla, 71. Telf. 976 679 481. Salón decorado con orfebrería y tapices. En el menú se incluyen platos exquisitos. Suelen servir alguna ración por la noche.

UTRERA

SEVILLA. 47.429 habitantes

A 25 km al sur de Sevilla, esta luminosa población se asienta sobre un promontorio que domina un amplio término municipal cubierto de olivos.

DORMIR

Hotel AMR✪✪

Vía Marciala, 24. Telf. 95 586 25 44. Comodidad y atención personalizada. Enteramente reformado. Tiene veinte habitaciones, todas con baño y aire acondicionado. Próximo a la estación. Habitación doble: desde 65 €.

Hacienda La Indiana

Ctra. Don Rodrigo, Km. 6,4.
Telf. 670 380 280. Señorial cortijada andaluza con toda lujo de detalles. Gran jardín con palmeras y piscina. Habitación doble: desde 99 €.

EL TAPEO

L'Plaza y **Onuba** están en la plaza del Altozano y en los dos se pueden tomar deliciosas tapas. El **bar del Castillo,** junto a la torre del homenaje ofrece tapas, menús, comidas a la carta, café, copas y exposiciones de obras de artistas locales.

COMER

Casas con menú (menos de 15 €)

La Herradura
La Corredera, 11. Telf. 95 586 40 80. Comida casera a buen precio. Ofrecen una extensa carta con el símbolo MD (menú del día) en algunos platos.

La Brasa
Rubén Darío, 9. Telf. 95 486 00 33. Buenas carnes y asados y deliciosos postres. Menú entre semana y a la carta.

El Bosque
Plaza de la Constitución, 14. Telf. 95 486 00 81. Por la mañana desayunos con churros y para comer o cenar abundantes tapas, menús y a la carta.

Restaurantes (sobre 24 €)

La Abuela María (avda. San Juan Bosco, 48; telf. 95 586 47 91) ofrece cocina casera elaborada como siempre se hizo, con mucho amor y mucho mimo, en un sitio, además, con mucho encanto. A los postres, hay que probar las *poleás*. Tiene un menú por 10 €.

VALDEPEÑAS

CIUDAD REAL. 26.217 habitantes

CONOCIDA COMO LA CAPITAL DEL VINO POR SUS EXCELENTES CALDOS CON DENOMINACIÓN DE ORIGEN, VALDEPEÑAS DEBE TODO SU CRECIMIENTO Y DESARROLLO A LA PRODUCCIÓN VITIVINÍCOLA. HOY SE MUESTRA COMO UNA CIUDAD MODERNA DONDE EL ARTE, LA CULTURA Y EL VINO CONVIVEN EN PERFECTA ARMONÍA.

INFO Y TRANSPORTES

Oficina de Turismo. Avda. Gregorio Prietos, s/n. Telf. 926 312 552. www.ayto-valdepenas.org
Estación de autobuses. Avda. de la Constitución, s/n. Telf. 926 322 866.
Estación de Renfe. Paseo de la Estación, s/n. Telf. 926 323 450.

DORMIR

Hospedería Museo de Valdepeñas✪✪✪
Unión, 98. Telf. 926 310 795.
Antigua casa manchega con patio rehabilitada. Cuenta con 14 habitaciones y todas las prestaciones. El precio de la habitaciones es muy asquible, Habitación doble: 60 €.

Hostal Valdepeñas✪✪
Avda. Gregorio Prieto, 47. Telf. 926 322 328.
Es el más recomendable de la lista. Reformado, las habitaciones parecen pequeños apartamentos; son alegres, coquetas y no les falta ningún detalle. Habitación doble: 42 €.

Hostal Los Corazones✪✪
Héroes 6 de junio, 22. Tel. 926 320 346.
Este pequeño hostal es sencillo y decente. Las habitaciones, con mobiliario rústico, son pequeñas pero están limpias. Trato amable.
Habitación doble: 25 €.

Hostal Tu Casa✪✪
Ctra. A-4, km 199, dirección Madrid. Telf. 926 323 965. Bastante impersonal, aunque el acristalamiento doble de las ventanas evita los ruidos de la autopista. Las habitaciones tienen televisión. Habitación doble: 39 €.

Otros hoteles de precio más elevado

En la categoría superior figura el **Hotel Tryp El Hidalgo✪✪✪** (ctra. A-4, km 194; telf. 926 313 0 88; 92 €), rodeado de jardines. En temporada de caza es aconsejable reservar con antelación.

EL TAPEO

Como capital vinícola, el tapeo es una de las actividades más recomendables de Valdepeñas. En la plaza y alrededores es donde existe el mayor número de bares para tapear por muy poco dinero, y casi casi, comer.

El ambiente a la hora del aperitivo es único en esta ciudad y si hace buen tiempo se sacan las consumiciones a la calle. En la plaza se encuentran entre otros: **La Mancha,** con especialidad en "pólvoras" (patatas asadas con sal y pimienta), **MobyDick, La Plaza** o **La Vereda,** donde ponen unas ricas sartenes de pisto; las gachas son muy buenas en **El Cojo.**

La Taberna del Buen Bebedor (Maestro Ibáñez) es un lugar con mucho encanto donde tomar buenos vinos de reserva. La plaza de Balbuena es igualmente un lugar muy concurrido; en **Lennon** sirven tapas de paella los domingos y tienen buenas catalanas; **Alfonso** o **Carpeto,** con sus terrazas bulliciosas sirven tapas de cocina elaborada.

COMER

La cocina de Valdepeñas responde a la tradicional manchega: migas, gachas, pisto, asadillo, caldereta, cochifrito y platos de caza. De postre, los manoletes y el mostillo, que se elabora en época de vendimia, y todo acompañado por un buen vino local.

Casas con menú (menos de 15 €)

Casa El Cojo
Balbuena, 2. Telf. 926 312 226. Junto a la plaza de España, en una casa del siglo XVI se encuentra esta taberna-mesón, donde, además de sus gachas, se pueden degustar los mejores platos típicos de la zona y catar los vinos de Valdepeñas. Dispone también de menú diario.

Restaurantes (sobre 24 €)

Azul El Tigre (ctra. La Solana, km 7; telf. 926 325 000) es uno de los más afamados de la localidad. Decorado en plan mesón y con una agradable terraza, ofrece platos de caza, cocina manchega y pescados.

Otra buena opción es el **Sucot** (Avda. Primero de Julio, 87; telf. 926 312 932). Ambientado en una casa manchega –de blanco y añil–, esta bodega y restaurante tiene como especialidad los platos de carne. En verano, la barbacoa en el patio interior es de los más agradable y apetecible.

VALENCIA

CAPITAL DE PROVINCIA. 749.574 habitantes

LA CAPITAL DE LA COMUNIDAD ES UNA CIUDAD GRANDE Y COSMOPOLITA, CON UNA GRAN ACTIVIDAD ECONÓMICA Y COMERCIAL QUE SE CENTRA, SOBRE TODO, EN SUS IMPORTANTES FERIAS Y SU PUERTO. SUS AVENIDAS CENTRALES, LLAMADAS GRANDES VÍAS, TAMBIÉN SON CLARA MUESTRA DE ESTE DINAMISMO A CUALQUIER HORA DEL DÍA. POSEE UN CASCO HISTÓRICO NOTABLE DONDE, COMO EJEMPLO DEL CARÁCTER SINTETIZADOR DE LA CIUDAD, SE MEZCLAN LOS EDIFICIOS HISTÓRICOS CON LOS MÁS MODERNOS LOCALES DE DISEÑO.

INFO

Tourist Info Ayuntamiento. Plaza del Ayuntamiento, 1. Telf. 96 351 04 17. www.ayto-valencia.es
Tourist Info Valencia Paz
Paz, 48. Telf. 96 398 64 22.
Tourist Info Valencia Diputación
Poeta Querol, s/n. Telf. 96 351 49 07.
Tourist Info Valencia Renfe. Játiva, 24. Estación Norte. Telf. 96 352 85 73.
Hola Tourist Info On Line
Telf. 902 220 211.
www.comunidadvalenciana.com
Aeropuerto. (A 14 km).
Telf. 96 159 85 00.
Taxis. *Radio Taxi*. Telf. 96 370 33 33.
Tele Taxi. Telf. 96 357 13 13.

DORMIR

Como corresponde a una de las más importantes ciudades del país, Valencia está muy bien dotada de alojamientos. La amplia oferta, encabezada por el moderno ***Meliá Valencia Palace✪✪✪✪✪*** *(pº de la Alameda, 32; telf. 96 337 50 37; habitación doble: 227 €), sin embargo, hace que haya que ser muy selectivo a la hora de elegir el alojamiento puesto que existen establecimientos en los que la calidad es realmente baja.*

El centro

Hotel Europa✪
Ribera, 4.
Telf. 96 352 00 00. Cómodo y agradable, con aire acondicionado y teléfono en las habitaciones.
Habitación doble: 56-76 €.

HOSTAL BISBAL✪
Pie de la Cruz, 9.
Telf. 96 391 70 84.
Sus habitaciones, algo austeras en todos los aspectos resultan más que suficientes para dormir y darse un buen baño, además, el precio resulta tentador.
Habitación doble: 62 €.

Eixample y Amistat

HOTEL H-21 MERCAVALENCIA✪
Carrera En Corts, 231.
Telf. 96 367 84 84. Muy frecuentado por viajantes de comercio y pequeños empresarios, este hotel resulta cómodo y funcional.
Habitación doble: 64-86 €.

HOSTAL LONDRES✪✪✪
Barcelonina, 1.
Telf. 96 351 22 44.
Hotel urbano por excelencia. Pero lo importante aquí, además de la comodidad que se disfruta en su interior, es el trato amable del servicio.
Habitación doble: 60-82 €.

PENSIÓN PALACIOS✪✪
Daoíz y Velarde, 6.
Telf. 96 362 96 89. Ofrece prestaciones superiores a las que cabría esperar por su categoría.
Habitación doble: 43-50 €.

La Malvarrosa y el Grao

HOSTAL CHICOTE✪✪
Paseo de Neptuno, 34.
Telf. 96 371 61 51. Ofrece un buen servicio a un precio muy ajustado y, además, con vistas al mar.
Habitación doble: 50-60 €.

HOSTAL LA BARRACA✪✪
Paseo de Neptuno, 36.
Telf. 96 371 62 00. La vista del mar –uno de los principales alicientes de alojarse en este entorno urbano– está asegurada. Las habitaciones resultan ligeramente escasas, pero el servicio de restaurante que ofrece es bueno.
Habitación doble: 55 €.

HOSTAL TRES CEPAS✪
Avenida Neptuno, 22.
Telf. 96 371 51 11.
El precio es uno de los puntos a favor de este hostal realmente pequeño. La decoración deja mucho que desear, pero las habitaciones son dignas y cómodas.
Habitación doble: 35-45 €.

Otros hoteles de precio más elevado
Un lugar encantador es el **Hotel Ad Hoc**✪✪✪ (Boix, 4; telf. 96 391 91 40; habitación doble: 90-199 €), que ocupa una antigua casona decorada con gusto, situada en una zona residencial. Recientemente se ha inaugurado en Bétera el hotel **El Ad Hoc Parque**✪✪✪✪ (Botxi, 6-8. Urb. Torre en Conill; telf. 96 169 83 93; habitación doble: 86-156 €), ideal para el turismo de negocios.
Para los que prefieren alojarse en el centro, **El Excelsior**✪✪✪ (Barcelonina, 5; telf. 96 351 46 12) es una buena elección. Ofreciendo los servicios de la cadena, a la entrada de la ciudad se halla el **NH Abashiri**✪✪✪ (Ausias March, 59; telf. 96 373 28 52; habitación doble: 150-350 €) y en la zona portuaria el **NH Ciudad de Valencia**✪✪✪ (avda. del Puerto, 214; telf. 96 330 75 00; desde 68 €). En el recinto ferial de Valencia, en Benimamet, el hotel **Beleret**✪✪✪ (Campamento, 80; telf. 96 364 05 05; 70-145 €), ofrece buenas prestaciones.

COMER
Como gran ciudad que es, Valencia posee algunos excelentes restaurantes que han sabido mantener la más pura tradición culinaria con el máximo nivel de calidad. Es el caso del elegante ***Albacar*** *(Sorní, 35; telf. 96 395 10 05; 33 €),* ***El Canyar*** *(Segorbe, 5; telf. 96 341 80 82; 39 €) o* ***Joaquín Schmidt*** *(Visitación, 7; telf. 96 340 17 10; precio medio a la carta, 45 €), por citar algunos.*

Casas con menú (menos de 15 €)

El centro

KING'S SUB
Plaza Reina, 20.
Telf. 96 391 21 09.
La cocina rápida no tiene por qué ser aburrida ni pobre, y así lo demuestra este restaurante en el que, a mediodía, se puede comer bien a precios reducidos.

LA CARME
Sogueros, 2.
Telf. 96 392 25 32.
Tiene fama de desarrollar una buena cocina creativa, algo que se puede comprobar en su local, bien decorado, por un precio muy razonable.

CANELA
Quart, 49.
Telf. 963 917 538
Interiores decorados con abruptos contrastes de color (azules, rojos y blancos). Arrocería servida por gente joven y dinámica. Basa su oferta gastronómica en dos menús diarios que siempre incluye arroz.

LA LLUNA
Sant Ramón, 23.
Telf. 96 392 21 46.
El menú de este restaurante vegetariano es más que aceptable, ya que se compone de cuatro platos bien cocinados y estupendamente servidos. Su carta incluye algunos platos especiales que no estaría mal probar.

LA UTIELANA
Plaza Picadero Dos Aguas, 3.
Telf. 96 352 94 14.
Cuando un establecimiento quiere agradar se nota, y eso sucede aquí. Para romper la monotonía, cada día se incorpora un plato especial a la carta. Su menú es de los más baratos que se pueden encontrar, y no está nada mal.

DUERO
Xàtiva, 12.
Telf. 96 352 96 41.
La especialidad de este pequeño y sencillo restaurante son los platos combinados y las paellas, algo que, sin embargo, no se incorpora habitualmente a su menú.

LA PAPPARDELLA
Bordadores, 5.
Telf. 96 391 89 15.
Coqueto restaurante italiano ubicado muy próximo a la catedral. Con una gran variedad en pasta y entremeses y un ambiente bastante juvenil, constituye otra buena opción a tener en cuenta.

LOS CARACOLES
Convento Jerusalén, 4.
Telf. 96 352 12 43. Ofrece un gran número de raciones y tapas. Entre sus especialidades destacan los caracoles en salsa, los calamares rellenos y la sangre encebollada.

La Malvarrosa y el Grao

LA HERRADURA
Paseo Marítimo, 2. Telf. 96 371 59 81.
Además de que sus paellas resultan excelentes y sus aperitivos lo mismo, este restaurante ofrece unos estupendos pescados y mariscos.

FLOR DE MAYO
Avenida de Neptuno, 62.
Playa de las Arenas.
Telf. 96 371 71 90. Una ensalada variada y fresca, unos pescaditos y calamares y, como plato fuerte, una paella o un arroz a banda es una invitación que parece difícil rechazar a mediodía.

NEPTUNO
Avenida de Neptuno, 66.
Telf. 96 372 95 61. Este restaurante, en la playa de las Arenas, está especializado en cocina tradicional valenciana, y su menú casero incorpora algunos buenos platos de arroz.

Restaurantes (desde 25 €)
Racó del Turia (Císcar, 10; telf. 96 395 15 25) es un restaurante totalmente valenciano. Cada día ofrece un arroz distinto pero en la carta figuran muchos más. Bodega muy variada.

En la misma calle del anterior se encuentra **La Musa** (Císcar, 4; telf. 96 374 78 60). Su cocina la definen como una combinación entre la tradición mediterránea y la alta cocina.

En el barrio del Carmen, **Can Bermell** (Santo Tomás, 18; telf. 96 391 02 88), frecuentado por intelectuales y políticos, ofrece una cocina extraordinaria.

Platos tradicionales pueden degustarse en **El Timonel** (Félix Pizcueta, 13; telf. 96 352 63 00), cuya decoración semeja el interior de un yate. **El Romeral** (Gran Vía Marqués del Turia, 62; telf. 96 395 15 17) ofrece una amplia carta de cocina casera a precios moderados.

En el Paseo Marítimo, **L'Estimat** (avda. Neptuno, 16-18; telf. 96 371 10 18) posee más de 70 mesas y casi siempre está lleno a causa de la excelencia de sus arroces, la calidad de sus ensaladas y pescados y el buen orden y ritmo en el servicio.

En Quart de Poblet, a 6 km del centro, **Gijón** (Joanot Martorell, 16; telf. 96 154 50 11) destaca por sus carnes.

CAFÉS
Las cafeterías y los cafés ofrecen la posibilidad de vivir la tarde-noche de una manera más relajada. También muchos pubs abren temprano y es posible tomar en ellos un café o una copa tranquila. La mayor parte de estos locales se concentra en el centro. Si se quiere pasar un buen rato tomando un café es aconsejable desplazarse hasta la calle Caballeros. Allí, en pleno casco antiguo se localizan cafeterías como **Lisboa** o **El Café**, con un ambiente entre progre y vanguardista. Muy cerca se encuentran otras como **Sant Miquel** (Sant Miquel, 13) y **Bolsería** (Bolsería 41).

VALENCIA DE ALCÁNTARA

CÁCERES. 6.391 habitantes

SITUADA A TAN SÓLO A 12 KM DE LA FRONTERA CON PORTUGAL, ESTA VILLA ES CONOCIDA, SOBRE TODO, POR SU IMPORTANTE PATRIMONIO MEGALÍTICO. ESTÁ ENCLAVADA EN UNA ZONA CON UN ENORME ATRACTIVO NATURAL, EN LAS ESTRIBACIONES DE LA SIERRA DE SAN PEDRO.

INFO

Oficina de Turismo
Hernán Cortés, 3. Telf. 927 582 184.
www.valenciadealcantara.net

DORMIR

HOTEL EL CLAVO✪
Ramón y Cajal, 12.
Telf. 927 580 268/ 581 020.
Hotel que ofrece 17 habitaciones con baño muy bien equipadas, al razonable precio de 36-42 €. La mayoría de sus habitaciones son espaciosas y confortables.

HOTEL IBÉRICA✪
Paseo de San Francisco, 14.
Telf. 927 580 150/ 582 122. Situado en el principal paseo de la localidad, dispone de amplias habitaciones repartidas en dos plantas. Están bien equipadas con televisión, teléfono y aire acondicionado. 40 €.

HOSTAL NAIROBI✪
Hernán Cortés, 9. Telf. 927 580 136.
A la salida de la localidad, dispone de 10 habitaciones, con calefacción y aire acondicionado. Se presta especial atención a la limpieza. 39 €.

COMER

Casas con menú (menos de 15 €)

EL CONVENTO
Situado en la aldea de San Pedro de los Majarretes (a unos 6 km de Valencia de Alcántara). Telf. 927 584 128. Es sin lugar a dudas el mejor establecimiento para comer de la zona. Está enclavado sobre un antiguo convento. Su comedor de aire monacal ocupa el antiguo claustro. Dispone de horno de leña, donde se preparan deliciosos asados: ternera retinta, cordero y cochinillo ibérico. También destaca en la carta el ciervo con setas de campo. Cuenta con un menú de la casa que incluye platos típicos extremeños. Hay que tener en cuenta su excelente selección de vinos españoles y portugueses con denominación de origen. También ofrece alojamiento.

IBÉRICA
Paseo de San Francisco, 14.
Telf. 927 580 150. Ofrece un menú del día, aunque los mejores platos se reservan para su carta de cocina regional y portuguesa, donde destaca el ciervo, la perdiz, el bacalao dorao y los embutidos típicos de la tierra. Tiene un gran comedor donde puede ofrecer servicio a grandes grupos de viajeros.

LA SERRANA
San Juan, 8. Telf. 927 580 020.
Su pequeño comedor es bonito y acogedor, con mesas y servilletas de fina mantelería. Su cocina ha recibido varias menciones honoríficas. Ofrece el mejor menú del día de la localidad, con seis platos a elegir. Destacan sus carnes típicas de caza, el cordero a la almendra, el *frite,* chanfaina y embutidos y postres de la zona.

NAIROBI
Hernán Cortés, 9. Telf. 927 580 136.
Reseñable es el comedor de este hostal, que dispone de menú diario, aunque es preferible comer a la carta variada y a precios bastante económicos. Sus platos (raciones) son abundantes, destacando la prueba de cerdo, chuletas de cordero, bacalao dorao y el atún revuelto con tomate.

EL CLAVO
Ramón y Cajal, 14.
Telf. 927 580 268.
Restaurante del hotel homónimo. Es el lugar ideal para disfrutar de la cocina casera, de suculentos platos de caza (en temporada) y de estupendos embutidos. La repostería es casera y deliciosa. Merece la pena.

VALVERDE

ISLA DE EL HIERRO. 4.840 habitantes

ES LA CAPITAL INSULAR, LOCALIZADA EN UNA SEMICALDERA VOLCÁNICA, UNA PINTORESCA LOCALIDAD CON AGRADABLES PLACITAS Y ESCARPADAS CALLES. EN LOS PUEBLECITOS DE SUS CERCANÍAS SE ENCUENTRAN ALGUNAS PISCINAS NATURALES, IDEALES PARA EL BAÑO.

INFO

Patronato de Turismo
Doctor Quintero Magdaleno, 11.
Telf. 922 550 078.
Ayuntamiento. Telf. 922 550 025.
www.islaelhierro.com
Ferry
Ferry Fred Olsen. Telf. 922 628 200.

DORMIR

HOTEL BOOMERANG✪✪
Doctor Gost, 1. Telf. 922 550 200.
Céntrico y pintoresco, cuenta con habitaciones dobles. Dispone de bar-restaurante que ofrece buena cocina a precios razonables.
Habitación doble: 58 €.

HOSTAL CASAÑAS✪✪
San Francisco, 9. Telf. 922 550 254. Uno de las escasas ofertas hoteleras en el centro de Valverde. Es un modesto pero agradable hostal.
Habitación doble: 40 €.

APARTAMENTOS CRUZ ALTA
Charco, 9. **LA CALETA.** Telf. 922 550 378.
A 150 m del mar. Arquitectura respetuosa con el entorno y buenas prestaciones. Cada apartamento dispone de cocina, televisión y balcón; algunos tienen terraza.

Otros hoteles de precio más elevado
En este rango, el **Parador de El Hierro**✪✪✪✪ (Las Playas, 15; telf. 922 558 036; 110-140 €; www.parador.es) es la mejor opción. Ocupa un hermoso edificio colonial rodeado de jardines y todas sus habitaciones tienen excelentes vistas al mar o a la montaña.

EL TAPEO

La calle Real es el eje principal para el tapeo, las compras y los paseos de media tarde. En ella hay una media docena de bares que sirven excelentes arepas a precios muy económicos. Fuera de este calle pueden destacarse otros lugares para tapear, como el **Zabagú** (San Francisco, s/n) o **La Taberna de la Villa** (pza. de la Iglesia, s/n).

COMER

Casas con menú (menos de 15 €)

ZABAGÚ
San Francisco, 9. Telf. 922 550 016. Sin demasiados lujos pero de ambiente grato, es frecuentado por lugareños que conocen las excelencias de su carta. Comida herreña típica y canaria en general. Muy bueno el pernil de cochino. En su bar se degustan ricas tapas.

CASA GUAYANA
Ctra. general Timijiraque.
Telf. 922 550 417. Situado en el pueblo costero de Timijiraque, en un bonito enclave, este sobrio restaurante merece la pena ser visitado por su cocina igualmente sobria y de buena sazón. La amabilidad y el buen servicio es marca de la casa. Las papas con variedades de mojos son estupendas.

CASA GOYO
Ctra. general San Andrés, 11.
Telf. 922 551 263. Está en el centro urbano de San Andrés, y es uno de los escasos locales pensados para personas con minusvalías. Su oferta gastronómica gira alrededor de una cocina casera típica herreña. También es bar de tapeo.

Restaurantes (sobre 24 €)
En **GUARAZOCA**, el **Mirador de La Peña** (ctra. general del Norte; telf. 922 550 300) es uno de los más bonitos restaurantes de la isla, en un paraje de gran belleza. Fue diseñado por el gran artista lanzaroteño César Manrique y en sus instalaciones se degusta cocina internacional especializada en pescado fresco.

LOS ESTABLECIMIENTOS DE ESTA GUÍA HAN SIDO COMPROBADOS Y SELECCIONADOS POR SU BUENA RELACIÓN PRECIO-CALIDAD. EN NINGÚN CASO HAN DESEMBOLSADO CANTIDAD ALGUNA POR APARECER EN ESTA GUÍA.

VALLADOLID

CAPITAL DE PROVINCIA. 312.459 habitantes

ES LA CAPITAL POLÍTICA Y ADMINISTRATIVA DE LA COMUNIDAD DE CASTILLA Y LEÓN. QUIZÁS SEA ESTA VOCACIÓN DE CAPITALIDAD Y DE PUJANZA COMERCIAL (RECORDEMOS QUE EN EL PASADO FUE CAPITAL DEL REINO), LA QUE HAYA HECHO DE ELLA UNA CIUDAD DE GRANDES CONTRASTES, ALGO DISPERSA Y FRAGMENTARIA.

INFO

Oficina de Turismo de la Junta y del Ayuntamiento
Pabellón de Cristal. Acera de Recoletos, s/n. Telf. 983 219 310.
Patronato Provincial
Angustias, 48. Telf. 983 427 259.
www.asomateavalladolid.org
www.turismocastillayleon.com
El periódico local *El Norte de Castilla* tiene una completa guía de actividades, también las encontraremos en *El Mundo de Valladolid*.
Aparcamientos. Plazas Mayor, de España y de Poniente, además del abierto recientemente en Isabel la Católica.
Taxis. Paradas en la calle Angustias y Duque de la Victoria. *Agrupación de Taxistas de Valladolid* (telf. 983 207 755), *Radio Taxi* (telf. 983 291 411) y taxis para discapacitados (telf. 983 207 755).

DORMIR

*Valladolid tiene una amplia oferta hotelera que abarca desde hoteles elegantes y emblemáticos como el **Olid Meliá**✪✪✪✪ (pza. de San Miguel, 10; telf. 983 357 200; habitación doble: 142 €) hasta otros más modestos, hostales y pensiones. Entre los económicos resultan cómodos los siguientes:*

HOTEL EL NOGAL✪✪✪

Conde Ansúrez, 10-12.
Telf. 983 340 333. Fax: 983 354 965.
Bastante céntrico, junto al mercado del Vall, tiene cafetería y restaurante propios. Dispone de 14 habitaciones completas (baño, aire acondicionado y televisión). Todo es bastante nuevo.
Habitación doble: desde 65 €.

HOTEL MOZART✪✪✪

Menéndez Pelayo, 7.
Telf. 983 297 777.
Pequeño y céntrico establecimiento que ocupa un edificio histórico. Funcional y bien equipado.
Habitación doble: 65-135 €.

HOTEL ROMA✪✪

Héroes del Alcázar, 8.
Telf. y fax: 983 354 666. Tiene de todo, incluido aparcamiento propio. Situado en el centro, en una zona peatonal. Aunque no dispone de cafetería, tiene un restaurante con un menú del día variado. Es de un gusto un poco barroco pero resulta confortable.
Habitación doble: 60-110 €.

HOSTAL ASTORGA✪✪

Ferrocarril, 1.
Telf. 983 202 754. Hostal un poco apartado, pero equidistante de la estación y el centro. Las habitaciones están limpias y tienen televisión. Trato familiar. Está en un primer piso.
Habitación doble: 60-65 €.

HOSTAL PARÍS✪✪

Especerías, 2.
Telf. 983 370 625. Muy bien situado, detrás de la Plaza Mayor. Sus habitaciones exteriores pueden ser ruidosas los fines de semana. Muy limpio y trato muy agradable. Todas las habitaciones son muy completas.
Habitación doble: 70-80 €.

HOSTAL VALL II✪✪

Plaza del Val, 6, 1º. Telf. 983 375 752.
En en centro de la ciudad, hostal económico y familiar.
Habitación doble: 45 €.

Otros hoteles de precio más elevado

Alejado del centro pero cómodo y funcional es el **NH Ciudad de Valladolid**✪✪✪ (avenida de Ramón Pradera, 10-12; telf. 983 351 111; 70-179 €). Moderno pero más céntrico es el **Hotel Lasa**✪✪✪ (Acera de Recoletos, 21; telf. 983 390 255; 70-140 €).

También en la misma calle, en el centro de la ciudad, se halla el confortable **Meliá Recoletos Boutique Hotel**✪✪✪✪ (Acera de Recoletos, 13; telf. 983 216 200; habitación doble: 80-195 €). Esmerada y nueva decoración de estilo clásico. Acogedor.

EL TAPEO

Al lado de la Plaza Mayor se abre la zona de Correos, peatonal, llena de bares de tapeo y restaurantes que ofrecen las especialidades típicas (canapés, tablas, raciones) y los caldos de la región. Menos accesible al visitante es la zona de La Antigua pero no por ello menos recomendable para empaparse del ambiente local. Calles como Magaña, Esgueva, Moros, Marqués del Duero, etc. están plagadas de mesones típicos. Destacan, entre otros, **Bieldo, El Portón** o **La Taberna del Hidalgo,** donde podréis probar exquisiteces como embutidos de León (cecina, chorizo) o conservas de primera calidad (anchoas, bonito), todo ello regado con tintos de la Ribera del Duero o blancos de Rueda.

Fuera de estas dos zonas son especialmente recomendables el **Rovi** (San Quirce), con tapas variadas de elaboración casera como lacón con pimientos, callos, huevos de codorniz, nécoras... todo delicioso y con una atención esmeradísima; el **Pala** (San Blas), cuyo dueño es toda una institución en la ciudad; sus canapés (como "el abisinio"), las croquetas y los embutidos selectos son una maravilla, todo con buen vino y buena conversación; y por último, en el **Alarcón** (Alarcón, en los aledaños de la Plaza Mayor) son muy celebrados los sesos y la oreja. A última hora de la tarde da gloria ver salir las tapas recién hechas.

COMER

*Uno de los restaurantes más prestigiosos es **La Dovela** (paseo de Zorrilla, 10; telf. 983 338 785; 35 €).*

Casas con menú (menos de 15 €)

Por el centro de la ciudad no tendréis problemas para encontrar casas de comida que os ofrezcan menús asequibles. Entre ellos:

ACHURI

San Benito, 4. Telf. 983 340 519.
Famoso por su cocina, dentro del formato económico, tiene un menú variadísimo, con infinidad de platos para elegir, todos recomendables al gusto del consumidor.

MESÓN DON PELAYO

Camino de la hormiga, s/n.
Telf. 983 294 259.
En su comedor de estilo castellano, tanto en los muebles como en los adornos, se puede degustar platos típicos regionales, con especial atención al lechazo y al tostón asado.

COVADONGA

Zapico, 1.
Telf. 983 330 798.
Tiene tres menús de tres platos cada uno y con diferentes precios, para adaptarse a todas las necesidades. Está cerca del mercado del Val. El lechazo y la merluza son recomendables.

Restaurantes (de 21 a 36 €)

En la zona del Val, **La Abadía** (Guadamacileros, 5; telf. 983 330 299) es un simpático restaurante que organiza cenas medievales con actuaciones y toda la parafernalia (reservas en el telf. 983 330 299), aunque también podéis ir en plan siglo XXI. Son reseñables los embutidos a la olla, la morcilla y el lechazo asado.

Ángela (Dr. Cazalla, 1; telf. 983 350 623) es una taberna alemana donde se pueden degustar todo tipo de cervezas. La comida es mixta: hay especialidades alemanas y castellanas. Excelentes vinos de la Ribera del Duero.

Ángel Cuadrado (Marina Escobar; telf. 983 301 673) representante de la clásica cocina castellana, magnífica y con ciertas innovaciones.

El Figón de Recoletos (Acera de los Recoletos, 3; telf. 983 396 043) es un céntrico asador, ideal para probar las carnes (sobre todo cordero) y los embutidos de la tierra. Su cocina es la más parecida a la gastronomía de la zona de Peñafiel.
Por último, **María** (Rastro, 1; telf. 983 394 466) ofrece una estupenda cocina regional, un buen lugar si lo que se quiere es saborear un buen guiso castellano. Cuidada selección de vinos.

CAFÉS

Valladolid es una ciudad donde se pueden encontrar infinidad de cafés y múltiples maneras de entenderlos, desde el café clásico, de estilo barroco, como el **Lion D'Or,** en la Plaza Mayor (con terraza en verano), a otras variantes como el **Café España** en la plaza de la Fuente Dorada, donde si cuadra podréis ver un concierto de jazz en directo (a veces cobran entrada) o **El Minuto** (Macías Picavea), lugar ideal para charlar, más moderno y con música a un volumen aceptable.

A medio camino entre el café y la copa nocturna se encuentran el **San Satirio** (Val, 2), de diseño vanguardista, que abre la planta baja los fines de semana para servir copas, y **El niño perdido** (Esgueva, 16) con un agradable ambiente desde primeras horas de la tarde.

En el pasaje Gutiérrez se abren, al menos, media docena de cafés que intentan no desentonar con el entorno.

VALLDEMOSSA

ISLA DE MALLORCA. 1.292 habitantes

VALLDEMOSSA ES UNA DE LAS VISITAS INELUDIBLES EN TODO VIAJE A MALLORCA. CONJUGA UN BELLÍSIMO ENTORNO NATURAL CON ARQUITECTURA POPULAR Y LOS RECUERDOS DE CHOPIN Y GEORGE SAND, QUE VIVIERON UN INVIERNO EN SU CARTUJA. PUNTO IDEAL PARA RECORRER UNOS DE LOS SECTORES MÁS PINTORESCOS DE LA COSTA NORTE: DEIÀ, ESTELLENCS Y BANYALBUFAR.

INFO

Oficina de Turismo
Avda. de Palma, 7. Telf. 971 612 019.

DORMIR

HOTEL MARISTEL✪✪

Eusebi Pascual, 10. **ESTELLENCS.**
Telf. 971 618 529.
Agradable hotel dividido en dos sectores por la ctra. Banyalbufar-Andratx, en pleno casco del encantador pueblo de Estellencs. Habitaciones amplias y con excelentes vistas al mar y la montaña. Magnífica piscina y un servicio gratuito de minibús a la playa. Pertenece a la cadena *Reis de Malloca*, símbolo de calidad y carácter. Abierto todo el año.
Habitación doble: 72 €.

HOTEL COSTA D'ORO✪

Lluc Alcari.
Telf. 971 639 025.
Íntimo y acogedor hotel en una casa tradicional mallorquina de la pequeña aldea de Lluc Alcari. Decoración muy personal y excelentes vistas. Pertenece a la cadena *Reis de Mallorca*. Abierto de abril a octubre.
Habitación doble: 73 €.

HOSTAL SA BARONIA✪✪

Carrer Baronia, 16. **BANYALBUFAR.**
Telf. 971 618 146.
El hotel se ubica en una antigua casa señorial, con amplias y luminosas habitaciones con terraza con vistas al mar. Piscina y restaurante con especialidades locales. Abierto de abril a octubre.
Habitación doble: 40-50 €.

HOSTAL CA'N MARIÓ✪

Uetam, 8. Valldemossa.
Telf. 971 612 122. Uno de esos lugares acogedores ubicado en una hermosa casa rústica del centro del pueblo. 8 habitaciones con baño ocupadas por clientes habituales.

HOSTAL RURAL CA'N BUSQUETS

Miramar 24. **BANYALBUFAR.**
Telf. 971 618 213.
Está situado en una casa de piedra a la entrada de Banyalbufar.
Dispone de seis habitaciones con vistas al mar y la montaña, impecables, con decoración rústica.
Habitación doble: 60 €.

Otros hoteles de precio más elevado

El **Mar i Vent**✪✪✪ (telf. 971 618 000; 96 €) es un confortable y tradicional hotel situado en Banyalbufar, en un paraje pintoresco de características terrazas agrícolas entre el mar y la montaña; decoración rústica y ambiente agradable y sosegado.

Para el sueño de una noche de verano, en Deià está situado el lujoso hotel **La Residencia**✪✪✪✪ (telf. 971 639 011; 230 €), ocupa un predio bajo la sierra del Teix en el que se ha respetado al máximo la arquitectura tradicional de la montaña mallorquina. Abierto todo el año.

De similares características es el **Es Molí**✪✪✪✪ (telf. 971 639 000; 186 €), en un bello paraje frente al arracimado caserío de Deià.

COMER

Casas con menú (menos de 15 €)

CA'N PEDRO

Arxiduc Lluís Salvador, s/n. Valldemossa.
Telf. 971 612 170. Tradicional restaurante de comida regional, próximo a los aparcamientos y, por tanto, muy frecuentado por turistas que vienen a visitar la Cartuja. Ello no quita que la comida sea muy aceptable, aunque con una carta bastante clásica: *arròs brut*, sopas mallorquinas, lomo con col, frito, etc.

Restaurantes (sobre 25 €)

Son Moragues (Possessió de Son Moragues; Valldemossa; telf. 971 616 111) es un exquisito restaurante ubicado en el predio de Son Moragues, una de las posesiones carismáticas del archiduque Luis Salvador de Austria. En sus fogones se elabora una cocina mediterránea imaginativa, con inspiración en recetas catalanas y mallorquinas. A señalar la *escalivada*, los canelones de rape y marisco y las brochetas de pescado.

Ca'n Costa (carretera de Valldemossa a Deià, km 2,5; Valldemossa; telf. 971 612 263), es una finca rústica y romántica donde una norteamericana guisa comida mallorquina modernizada –más ligera pero deliciosa–, al gusto de su país.

Ca'n Quet (ctra. Valldemossa-Deià; **DEIÀ;** telf. 971 639 196) es un molino cuidadosamente restaurado en el que se realiza una curiosa hibridación entre la cocina mallorquina y la vasca.

VEJER DE LA FRONTERA

CÁDIZ. 12.776 habitantes

ES UN PRECIOSO PUEBLO DE SABOR ÁRABE, CUYO ENTRAMADO DE CALLES ESTRECHAS Y CUESTAS EMPINADAS, FLANQUEADAS POR CASAS ENCALADAS, SE AMOLDA PERFECTAMENTE A LAS PENDIENTES DE LAS DOS COLINAS SOBRE LAS QUE SE ASIENTA. LOS VEJERIEGOS VIVEN DEL CAMPO, EL PEQUEÑO COMERCIO Y EL TURISMO.

INFO

Oficina Municipal de Turismo
En el parque de los Remedios.
Telf. 956 451 736.
www.turismovejer.com
www.andalucia.org
Ayuntamiento
Plaza de España, s/n.
Telf. 956 447 179.

DORMIR

CASABLANCA

Canalejas, 8. Telf. 956 447 569. Cuatro apartamentos en una casona antigua, reformada con gusto, en un rincón de sabor morisco. La mejor opción del casco antiguo. Habitación doble: 60-90 €

HOSTAL LA JANDA✪✪

Avda. de Andalucía, s/n.
Telf. 956 450 142. Habitaciones reformadas, baño, televisión, aire acondicionado, algunas con bonitas vistas. Muy confortable. 40-50 €.

HOSTAL BUENAVISTA✪✪

Manuel Machado, 4. Telf. 956 450 969. Limpio y tranquilo.
Habitaciones doble: 42-60 €.

Otros hoteles de precio más elevado

La última incorporación al alojamiento en Vejer es una opción de lujo, y entiéndase esto de forma literal, **Hotel V...**✪✪✪✪✪ (Rosario, 11-13; telf. 956 451 757; www.hotelv-vejer.com; habitación doble: desde 220 €).

La **Hospedería Convento San Francisco**✪✪✪ (La Plazuela; telf. 956 451 001; habitación doble: desde 70 €) está en el centro de la población. Habitaciones austeras aunque confortables. Dispone de restaurante. **La Casa del Califa**✪✪ (Plaza de España, 16; telf. 956 447 730; habitación doble: 65-105 €) ubicada en una antigua cilla. Cada habitación es diferente y con encanto.

EL TAPEO

Navarro. Plazuela de Juan Bueno. Buenas y abundantes raciones caseras. Tiene unas mesas dentro (un poco ruidoso) y otras en la calle, donde se está más tranquilo. **Bejines** está en la plaza del Padre Ángel. Local mínimo. Las noches de buen tiempo saca un par de mesas a la calle donde se puede degustar estupenda materia prima. **Peña Flamenca Aguilar** es una peña privada pero que puede ofrecer alguna de sus contundentes raciones de chacinas y quesos. Ocupa el lugar de la antigua iglesia del Rosario y ofrece actuaciones en directo, de vez en cuando.

COMER

TRAFALGAR

Plaza de España, 31.
Telf. 956 447 638. Aporta cosas nuevas a la cocina regional, con platos bien preparados que varían según mercado. En la planta baja dispone de un comedor amplio y luminoso, y otro muy acogedor en la planta alta. La casa ofrece una carta muy sugerente a base de atún de almadraba, arroces y carnes selectas. La amplia terraza de la plaza se llena con el buen tiempo donde, eligiendo con tino, se puede comer a base de raciones por poco dinero. A la carta, desde 20 €.

OURENSE. 7.094 habitantes

La moderna capital del Val de Monterrei permanece dominada por la imponente mole del castillo condal. Tres elementos que propiciaron el crecimiento de la localidad vuelven hoy a adquirir pujanza: los intercambios con Portugal, que se manifiestan especialmente en las ferias; el vino, cuya calidad y conocimiento mejora día a día al amparo de la D.O. Monterrei; y las posibilidades de sus aguas mineromedicinales, que no se acaban de concretar en la creación de un hotel-balneario.

INFO

Oficina de Turismo del Ayuntamiento. Casa do Asistente. Barrio de San Lázaro, 26. Telf. 988 411 614.
Ayuntamiento. Telf. 988 410 000.
Estación de autobuses
Rúa das Flores. Telf. 988 413 516.

DORMIR

*Como imprescindible zona de paso a Madrid, Verín ofrece un buen número de alojamientos para elegir. Aparte del **Parador de Verín**✪✪✪ (a 4 km de Verín; telf. 988 410 075; habitación doble: 126 €), que es un lugar agradable y perfectamente equipado, hay mucha oferta de pequeños hostales baratos.*

Hotel Dos Hermanas✪
Avda. de Sousas, 106. Telf. 988 410 280. Es un hotel de 24 habitaciones, situado en el centro de la zona nueva del pueblo. Dispone de modestos y limpios dormitorios, con opción a televisión. El precio lo hace aconsejable. Habitación doble: 30 €.

Hostal El Relojero II
Carretera N 525. Vía de servicio A 52. **A Gudiña** (A 39 km de Verín).
Telf. 988 421 139 y 988 421 001.
Fax 988 421 139.
El establecimiento se encuentra próximo al puerto de montaña de La Canda. Sus instalaciones son pulcras y sencillas. Dispone de 21 habitaciones. Habitación doble: 38 €.

Hostal Brasil✪
Avda. Castilla, 7. Telf. 988 410 249. Otro hostal en la vía principal, de mayores dimensiones y más moderno. Una buena opción. Habitación doble: 25 €.

Hostal Zapatillas✪
Luis Espada, 34. Telf. 988 410 729.
Un establecimiento céntrico, seminuevo, bien ubicado, aunque da a la carretera nacional y resulta algo ruidoso. Las habitaciones son discretas y aceptables. Lo mejor, el precio: 27 € la habitación doble.

Otros hoteles de precio más elevado

A 4 km hacia Ourense por la Ctra. N 525, en **Albarellos** (Monterrei), se sitúa el **Hotel Gallego**✪✪✪ (telf. 988 418 202; 60-70 €). Se halla enclavado en un paisaje precioso, rodeado de viñedos, y está muy bien equipado. Su restaurante es también recomendable. Ofrece cocina típica de la zona y otras propuestas más creativas.

COMER

Casas con menú (menos de 15 €)

Gallego
Albarellos, N 525. Telf. 988 418 202.
A unos 5 km de Verín, camino de Ourense, es el clásico restaurante de carretera con hotel, pero montado con buen gusto. Cocina elaborada, incluso creativa, a buen precio.

Casa do Pulpo
Avda. de Portugal, 24. Telf. 988 410 086. Una excelente *pulpeira* de tintes rústicos, muy popular, para comer como en la feria.

Terra de Baronceli
Campo dos Remedios, **Vilamaior** (a 1 km de Verín camino de Campobecerros). Telf. 988 305 640. Junto al santuario, en la fábrica de conservas homónima, funciona un restaurante que cuida, sobre todo, las elaboraciones tradicionales con productos de la tierra. Funciona más los fines de semana o para cenas.

O Candil
En **Pazos** (a 1 km del centro camino de Ourense). Telf. 988 411 120. Por encargo se puede comer en esta típica bodega, siempre raciones y platos de la comarca. No dejen de probar su vino.

Restaurantes (sobre 30 €)

El **Parador de Verín** (Alto de Monterrei, a 4 km de Verín; telf. 988 410 075), en un marco que no se aparta un ápice del "viejo estilo Paradores", cultiva los menús típicamente gallegos, sin que falten otros platos más innovadores.

VIC

BARCELONA. 35.400 habitantes

La capital de la comarca de La Plana de Vic se ha erigido, tras muchos años de cierta ocultación, en una de las ciudades más pujantes del interior catalán. El eje viario transversal y la celebración del importante Mercat de Música Viva, así como la renombrada feria de antigüedades Vicantic, han sido, parcialmente, los motores de este renacer.

INFO

Oficina de Turismo
Carrer de la Ciutat, 4.
Telf. 93 886 20 91.
www.victurisme.cat

DORMIR

*En las afueras se halla el **Parador de Vic-Sau**✪✪✪✪ (Paraje bac de Sau; telf. 93 812 23 23; habitación doble: 110 €), ubicado en un edificio rodeado por amplios jardines, con bellas panorámicas y tranquilidad absoluta.*

En el núcleo urbano hay poco donde elegir.

Hotel Balmes Vic✪✪✪
Francesc Pla "el Vigatà", 6.
Telf. 93 889 12 72. Hotel funcional y las habitaciones son muy cómodas. Habitación doble: 75 €.

Otros hoteles de precio más elevado

Muy aconsejable es el **NH Ciutat de Vic**✪✪✪ (passatje Can Mastrot; telf. 93 889 25 51; 112 €).

COMER

Casas con menú (menos de 15 €)

Celler d'en Miquel
Plaça de l'Estació, 1. Telf. 93 885 34 32. Agradable. Su menú incluye la mejor cocina casera.

La Pagesa
Bisbe Font Andreu, 26.
Telf. 93 885 26 18. Como puede esperarse, sirve cocina de "pagès", platos con honda raigambre en la comarca y elaborados con productos tradicionales.

VIGO

PONTEVEDRA. 292.059 habitantes

Vigo es la gran metrópoli de Galicia. Con unos orígenes modestísimos como pueblo marinero, a partir de finales del siglo XIX tuvo un crecimiento espectacular. Tras algún que otro período de crisis, Vigo puede seguir presumiendo de ser la locomotora económica de Galicia. De la actividad cultural nos hablan la concentración de editoriales, la nueva Universidad y el intenso programa que se desenvuelve en los centros de Caixanova, Caixagalicia, la Fundación Barrié, el Museo de Arte Contemporánea (MARCO) o el Museo do Mar. Su benigno clima y la belleza de la ría atraen a un turismo de calidad que tiene su mayor exponente en los grandes cruceros marítimos. El principal icono de progreso y modernidad, sin embargo, es el puente a través del cual la autopista del Atlántico salva la ría por el estrecho de Rande.

INFO

Oficina de Turismo de la Xunta de Galicia. Cánovas de Castillo, 22. Estación Marítima. Telf. 986 430 577.
www.turgalicia.es
www.riasbaixas.org
Oficinas de Turismo del Ayuntamiento. Teófilo Llorente, 5. Telf. 986 224 757. Se organizan visitas guiadas. Praza do Rei, s/n (en el Ayuntamiento). Telf. 986 810 199. Durante el verano funcionan varias casetas de informa-

ción en la rúa do Príncipe, en la praza de España, en la praza da Pedra.
En **internet**, la página más completa de turismo es www.turismodevigo.org; resultan igualmente interesantes www.vigoenfotos.com, con imágenes e información de todos los municipios de la ría, y www.vigo.org, municipal y con muchos enlaces.
Hay agenda de información completa en *El Faro de Vigo* y en *Atlántico Diario*, periódicos de la ciudad, y también en la edición local de *La Voz de Galicia*.
Autobuses urbanos. *Vitrasa* (estrada de Baiona, 36; telf. 986 291 600; atención al viajero, telf. 986 207 474). Hay unas 20 líneas; la más utilizada es la circular centro (autobuses cada 15 minutos).
Estación de Autobuses
Telf. 986 373 411.
Aeropuerto de Peinador
Telf. 986 268 200.
Renfe. Telf. 986 431 114/ 902 240 202.
Taxis. *Central Radio Taxi* (Avenida de Madrid, 2; telf. 986 470 000/33). *Radio Taxi Servicio* (telf. 986 272 829). *Radio Taxi Vigo* (telf. 986 252 700). Las paradas más céntricas se encuentran en García Barbón (telf. 986 228 535), Gran Vía-Corte Inglés (telf. 986 420 670) y praza de España (telf. 986 413 924). Hay muchas más en la ciudad.
Transportes por la ría. *Mar de Ons* (Estación Marítima; telf. 986 225 272). A Moaña y Cangas todo el año, otras rutas en verano. La más demandada es la que conduce a las Islas Cíes, que forman parte del *Parque Nacional das Illas Atlánticas*: del 11 de junio al 11 de septiembre funcionan cuatro servicios de ida y vuelta al día, que se doblan en julio y agosto.

DORMIR

En Vigo podemos encontrar desde lujosos hoteles de cinco y cuatro estrellas, como ***Pazo de los Escudos***✪✪✪✪✪ *(Av. Atlántida, 106; telf. 986 820 820; a partir de 135 €, con una suite real de 1.080 €), como el excelente* ***NH Palacio de Vigo***✪✪✪✪ *(García Barbón, 17-19; telf. 986 433 643; 85 €) o el más clásico* ***Husa Bahía de Vigo***✪✪✪✪ *(avenida de Cánovas del Castillo, 5; telf. 986 226 700; 125 €), hasta casas de huéspedes y pequeñas fondas donde se puede dormir por muy poco dinero. La mayoría de los hostales está, como en muchas otras ciudades, en torno a la estación, en las calles Lepanto y Alfonso XIII.*

Hotel Galicia✪✪
Colón, 11. Telf. 986 434 022. En pleno ensanche y muy cercano al puerto, es un hotelito correcto, con habitaciones cómodas dotadas de caja fuerte, hilo musical, tv parabólica, sofás y secador (casi como un tres estrellas). 53 habitaciones. Habitación doble: 67-85 €.

Hotel Junquera✪✪
Uruguay, 19-21. Telf. 986 434 888. Fax: 986 220 690. Cerca del centro, en una zona de pubs muy concurrida. Dispone de todos los servicios.
Habitación doble: 60-80 €.

Hotel Lino Vigo✪✪
Lepanto, 26.
Telf. 986 447 004. www.hotel-lino.com
Un negocio muy majo, renovado y con un buen emplazamiento, frente a la estación de ff.cc., junto a la zona comercial y en el meollo de la movida nocturna. 46 habitaciones con televosión por satélite y buenas vistas. Con hidromasaje. Habitaciób doble: 60-84 €.

Hotel Arias✪
Lepanto, 6.
Telf. 986 223 403. Fax: 986 223 402.
En esta calle, que conoció la movida de los 80 y sobre la que volaba un viaducto que fue dinamitado, son varios los hospedajes por la proximidad a la estación. Éste es un negocio familiar que incorpora ascensor para discapacitados y televisión en las habitaciones. Habitación doble: 37-40 €.

Hostal Canaima✪✪
García Barbón, 42. Telf. 986 432 641. Fax: 986 221 385. Uno de los buenos hostales de Vigo, con prestaciones y capacidad más propias de un hotel. Habitaciones muy alegres. Garaje con tarjeta. Habitación doble: 36-60 €.

Hostal Princesa✪✪
Fermín Penzol, 14. Telf. 986 442 013. Hostal residencia con todas las comodidades. Más céntrico imposible; para los que gusten de la zona vieja de la ciudad. El edificio es antiguo, de principios de siglo, pero bien cuidado. Los cuartos son cómodos y bien servidos (teléfono y televisión), e incluso hay servicio de habitaciones las 24 horas del día. Habitación doble: 35-55 €.

Hostal Illas Cíes✪
Martín Códax, 7. Telf. 986 223 348.
Hostal residencia situado en una de las zonas más encantadoras de la ciudad, céntrico y en plena movida nocturna. Es un edificio no demasiado nuevo, cuyas habitaciones tienen baño, son acogedoras e incluso tienen televisión. Y con garaje, lo que es importante en esta zona.
Habitación doble: 30-40 €.

Hostal La Nueva Palma✪
Palma, 7. Telf. 986 430 678. Pequeño negocio familiar del casco antiguo, administrado por gente joven, con restaurante casero en un viejo edificio renovado. Habitación doble: 35 €.

Otros hoteles de precio más elevado
Bien situados, cerca de la estación de ferrocarril, se hallan el clásico **Ensenada**✪✪✪ (Alfonso XIII, 11; telf. 986 447 440; 65 €), el más moderno **Ipanema**✪✪✪ (Vázquez Varela, 31; telf. 986 471 344; 83-100 €) y el agradable **América**✪✪✪ (Pablo Morillo, 6; telf. 986 438 922; 79-100 €) y el **Tres Luces**✪✪✪ (Cuba, 19; telf. 986 480 250; 60-105 €), que es uno de los mejores de su categoría.

COMER

La vasta oferta comprende desde los clásicos y finos ***Nuevo Puesto Piloto*** *(av. Atlántida, 98-Alcabre; telf. 986 240 992; precio medio, 45 €),* ***Las Bridas*** *(Ecuador, 56; telf. 986 430 037; 42 €) y* ***Paco Feixó*** *(Areal, 28; telf. 986 435 734; precio medio, 42 €), a otros establecimientos más sencillos y económicos.*

Casas con menú (menos de 15 €)

Barcelona
Barcelona, 5. Telf. 986 410 392.
En un local entre rústico y viejo (más de lo segundo), vale la pena por su comida. Pasa por tener el mejor cocido de Vigo, aunque tampoco desmerecen sus *xoubas* con pimientos de Padrón o los mejillones de la ría.

Capitán
Triunfo, 5. Telf. 986 220 940. Un cocinero salido de la marina mercante prepara como pocos el pescado, las empanadas y los arroces marineros o el pulpo con cachelos. Con la piedra y el sabor del casco viejo.

El Gallinero
Concepción Arenal, 1.
Telf. 986 228 283.
Su menú está basado, como su propio nombre indica, en productos procedentes del gallinero: carne de pollo, huevos, etc, que podemos encontrar preparados de mil maneras diferentes. A esto se añade la original decoración temática del lugar, también fiel a su nombre. Sus precios son más que razonables y siempre está muy concurrido.

Doméstica Causa
México, 10. Telf. 986 484 454. La originalidad domina la escena desde la decoración (incluye una mesa redonda confeccionada a partir de la marquesina del cine Tamberlick), la cuidada carta (llena de dibujos de Leonardo y poemas zen), a los preparados, con especialidad en tapas, ensaladas, montaditos, tigres y brochetas, para empezar, y con platos fuertes como los arroces, el bacalao relleno o el entrecot, todo ello sin olvidar los 7 u 8 postres caseros. Vinos de Galicia y Portugal. Cierra domingo y lunes.

Palo Palo
Martín Códax, 20.
Telf. 986 220 277.
Imprescindible reservar o ir mucho antes, porque siempre está lleno. Está en una de las zonas relativamente viejas de Vigo, con mucho ambiente. Son especialistas en unos platos combinados exóticos y originales, servidos en grandes bandejas.

Restaurantes (a partir de 24 €)
Muy recomendable es **La Oca** (Purificación Saavedra, 8; telf. 986 371 255) aunque tengamos que ceñirnos al menú desgustación. Ofrece platos de autor de alto nivel con base en las cocinas gallega y vasca. **El Mosquito** (plaza da Pedra, 4; telf. 986 433 570) es un restaurante de siempre ubicado en el mercado da Pedra. En su carta priman los platos clásicos gallegos, entre los que destacan los guisos marineros y de carne, sin olvidar su variada oferta de mariscos. En **La Cocina de Susi** (Luís Taboada, 9; zona Alameda; telf. 986 436 780) se ofrece cocina de autor, pescados elaborados, carne con salsa y caza -en temporada-. Muy cerca del anterior, **Casa Esperanza** (Luís Taboada, 28; telf. 986 228 615) es un histórico que practica la cocina de mercado en clave autóctona. También con años atrás, **El Timón** (Montero Ríos, 6; telf. 986 439 107) ha evolucionado de casa de comidas a restaurante reputado, sobre todo por sus guisos marineros. Por su parte, **El Castillo** (Parque del Castro; telf. 986 421 111/299), introduce el diseño alternativo como decoración, en un privilegiado marco. Su propuesta culinaria es la cocina creativa y de mercado.

LA VILA JOIOSA/ VILLAJOYOSA

ALICANTE. 23.657 habitantes

LA VILA, COMO GUSTAN LLAMARLA SUS HABITANTES, SE HA EMBARCADO EN EL TURISMO PLAYERO, QUE TANTOS BENEFICIOS LE REPORTA Y TANTA ANIMACIÓN CREA, SIN ABANDONAR SU TRADICIÓN MARINERA NI SU SECULAR INDUSTRIA DE LA FABRICACIÓN DEL CHOCOLATE.

INFO

Tourist Info La Vila Joiosa
Avenida del País Valencià, 10.
Telf. 966 851 371. www.villajoyosa.com

DORMIR

En la Vila conviven un amplio elenco de hostales urbanos, con un par de hoteles de categoría alta y vistas marineras. Este es el caso del hotel ***Montíboli***✪✪✪✪✪ *(ctra. N 332, km 105; telf. 965 890 250; 120-195 €).*

PENSIÓN ROSA✪
Cervantes, 40. Telf. 96 685 09 19. Lo fundamental es que está abierto todo el año. Buena relación calidad-precio, si se tiene en cuenta las habitaciones: nuevas, con baño y televisión. Además se encuentra en una calle poco ruidosa, pero en el centro. 32-40 €.

Otros hoteles de precio más elevado

El **Apartahotel Eurotenis**✪✪✪ (telf. 965 891 250) se encuentra a unos 3 km. Dispone de habitaciones y apartamentos. Confort, paisajes y múltiples comodidades.
Habitación doble: 72-115 €.

COMER

Casas con menú (menos de 15 €)

MIRAMAR
Avda. del Puerto, 8.
Telf. 965 890 108.
Balcón al mar perfectamente acristalado que da al puerto. Con una estupenda terraza para el verano, en la que empaparse de sabores tan mediterráneos como el caldero de pescado, el arroz negro, mariscos y pescados.

EL BRASERO
Avda. del Puerto, 32.
Telf. 965 890 333.
Cocina francesa y mediterránea con carne a la brasa, *filet au poivre* y *cous-cous* como especialidades. Su interior con cerámica y vigas de madera es el de una casa rústica, con detalles de gran gusto. Pese a ser caro, tiene un menú.

LA MARINA
Avda. Doctor Esquerdo, 25.
Telf. 965 894 195. Muy recomendable gracias a su cocina mediterránea, que nos presenta especialidades como pescados al horno, arroces variados, caldero y carnes con salsa.

HOGAR DEL PESCADOR
Avda. País Valenciá, 33.
Telf. 965 890 021.
Arrocería que trata de mantenerse en la línea más tradicional de la provincia. Cuenta con un comedor amplio y funcional, en el que no faltan los pescados y guisos de la tierra.

El **Rincón de Cádiz** y el **Guitarra** son dos estrechos y pequeños locales, que instalan una amplia terraza en la plaza de San Pedro. Con menús muy económicos, paellas, tapas, y fritura de pescado.

VILAFRANCA DEL PENEDÈS

BARCELONA. 33.400 habitantes

LA RIQUEZA PROPORCIONADA POR LOS VINOS Y CAVAS QUE AQUÍ SE CRÍAN ES LO QUE HA CONVERTIDO A ESTA POBLACIÓN EN UNA DE LAS MÁS IMPORTANTES DE LA COMARCA, POR NO DECIR LA PRINCIPAL.

INFO

Oficina de Turismo
Carrer de la Cort, 14. Telf. 93 892 03 58
wwwturismevilafranca.com.

DORMIR

HOTEL PERE III EL GRAN✪✪✪
Plaça Penedés, 2.
Telf. 93 890 31 00. Sus lujosas habitaciones se suelen llenar en determinadas épocas, sobre todo cuando hay ferias comerciales. Tranquilo y confortable. Tiene un buen restaurante.
Habitación doble: 60-75 €.

COMER

Casas con menú (menos de 15 €)

EL CALIU
Casal, 26. Telf. 93 817 20 94. La ensalada de pato con habas, la de salmón con *alvocat* o la dorada al cava son algunos de los excelentes platos que ofrece la carta. Buen menú.

LA HISENDA
Plaça Milà i Fontanals, 9.
Telf. 93 818 02 67. La carta, especializada en platos a la brasa, es abundante y está llena de buenas muestras de la cocina de la zona. Las patatas asadas acompañan a todos los segundos platos de su menú.

Restaurantes (desde 30 €)

Cal Ton (Casal, 8; telf. 93 890 37 41; precio medio, 50 €) ofrece cocina catalana de mercado, por lo que es un excelente lugar para probar, por ejemplo, las célebres aves del Penedès.
Casa Joan (pl. de l'Estació, 8; telf. 93 890 31 71; precio medio, 45 €) es una opción más ecléctica, pero con propuestas igualmente muy tentadoras.

VILAGARCÍA DE AROUSA

PONTEVEDRA. 22.789 habitantes

ES LA POBLACIÓN MÁS IMPORTANTE DE LA RÍA DE AROUSA. SURGIDA DE UN VIEJO BURGO MARINERO, LA CONSTRUCCIÓN DE LA LÍNEA FÉRREA SANTIAGO-CARRIL, LA PRIMERA DE GALICIA, CONTRIBUYÓ EN GRAN MEDIDA AL FORTALECIMIENTO DEL PUERTO. VILAGARCÍA SE ENCUENTRA UNIDA A CARRIL POR LA AVENIDA QUE BORDEA EL PARQUE Y LA PLAYA DE COMPOSTELA.

INFO

Oficina de Turismo de la Xunta
Avda. Juan Carlos I, 37. Telf. 986 510 144.
www.turgalicia.es; www.riasbaixas.org
Oficina Municipal de Turismo
Parque de O Cavadelo.
Telf. 986 099 200/ 647 783 468.
http://www.ivilagarcia.com/turismo/
Servicios y agenda cultural en: www.turvilagarcia.com

DORMIR

HOSTAL MATY✪✪
Avda. da Mariña, 7. Telf. 986 506 383.
Pequeño y coqueto hostal, excelentemente situado, justito en comodidades, pero cuidado y bien atendido.
Habitación doble: 25-35 €.

HOTEL CIPRÉS✪✪
Crta. Vilagarcía-Pontevedra, km 1.
Telf. 986 512 000. www.hotelcipres.com
Próximo a Caldas de Reis.
Habitación doble: 34-45 €.

HOSTAL A PLAZA✪✪
Avda. Mariña, 16.
Telf. 986 507 311. Tiene las mismas características que el *Maty*, con televisión, teléfono y servicio de habitaciones. 30 €.

Otros hoteles de precio más elevado

A las afueras, en un antiguo pazo del siglo XV, con piscina y restaurante, está el **Hotel Pazo O Rial**✪✪✪✪ (Rial, 1; telf. 986 507 011; www.pazorial.com; 93 €). En el centro destaca el moderno **Hotel Castelao**✪✪✪ (Arzobispo Lago, 5; telf. 986 512 426; 74-105 €), inagurado en 1998, y camino de Carril el **Playa Compostela**✪✪ (avda. Rosalía de Castro; telf. 986 504 010; 40-75 €), aún más nuevo que el anterior.

COMER

Casas con menú (menos de 15 €)

SUSO
Rosalía de Castro, 117.
Telf. 986 504 816. En sus dos comedores, además del pulpo –el plato estrella–, se sirven pescados variados y sencillos platos a base de carne. Muy casero, alguno dirá que demasiado.

LA TASCA DE LA MARINA
Porto Deportivo.
Telf. 986 500 088. Un bello local, de planta cuadrada y con mucha madera, aislado sobre el agua, con sus terrazas panorámicas en el primer piso y decoración náutica. Menú del día con vistas a la marina.

O BOSQUE
Bosque, 4. Telf. 986 501 426. Una parrillada especializada en churrascos. Decorada en madera, su interior es espacioso y cuenta también con una terraza.

A PRAZA
Av. da Mariña, 16. Telf. 986 507 311.
Es el restaurante del hostal homónimo, con su menú del día y buen trabajo en la parrilla.

A TABERNA DO CARRIL ("FARTURAS")
Xolda, 3-Carril. Telf. 986 507 876.
El puerto de Carril parece haberse especializado en las marisquerías enxebres de alto nivel, pero también cuenta con algún negocio más asequible para degustar, básicamente, algunas delicias de la ría. El apodo no engaña: aquí se come hasta hartarse.

Otros restaurantes (sobre 30-40 €)

Mariscos de la ría y gallegos, pescados frescos y arroces de marisco, entre ellos el muy afamado de lubrigante, son manjares cada día más caros. Hay restaurantes ya míticos en los que degustarlos: en **CARRIL** están **Casa Bóveda** (A Mariña, 2; telf. 986 511 204), **Loliña** (Alameda, 1; telf. 986 501 281) y **Galloufa** (pza. da Liberdade, 3; telf. 986 508 746), y en **VILAXOÁN** el **Chocolate** (av. de Cambados, 151; telf. 986 511 930). En **VILAGARCÍA Altamira** (Ande, 46; telf. 986 503 481), con mariscos y una buena bodega.

VILANOVA I LA GELTRÚ

BARCELONA. 57.300 habitantes

EN ESTA CIUDAD SE MEZCLAN, A DOSIS DESIGUALES, EL AMBIENTE MARINERO Y PORTUARIO Y EL DE INTERIOR, IMPUESTO POR EL GRAN MACIZO DEL GARRAF, PARA FORMAR UN SORPRENDENTE Y SINGULAR MOSAICO QUE NO DEJA INDIFERENTE AL VIAJERO.

INFO

Oficina Municipal de Turismo. Passeig del Carme, s/n. Telf. 93 815 45 17. www.vilanova.org/turisme

DORMIR

Para los que quieran lujos está el hotel ***César***✪✪✪ *(Isaac Peral, 8; telf. 93 815 11 25; habitación doble: 77-110 €). Entre los asequibles se recomiendan:*

PENSIÓN CAN GATELL✪✪
Puigcerdà, 16. Telf. 93 893 01 17.
Situado cerca de la estación de autobuses y trenes, es una de las mejores opciones en cuanto a relación calidad-precio se refiere. Habitaciones bien equipadas.
Habitación doble: 39-50 €.

Otros hoteles de precio más elevado

Junto a la playa se localizan los hoteles **Ribes Roges**✪✪✪ (Joan d'Austria, 7; telf. 93 815 03 61; habitación doble: 60-70 €) y **Ricard**✪✪ (Passeig Marítim, 88; telf. 93 815 71 00; habitación doble: 45-65 €).

COMER

Xató *y* all cremat *son dos de los platos más singulares de la cocina de Vilanova i la Geltrú. Se trata de una sabia mezcla de productos del campo y del mar. Para probar éstos y otros platos, la ciudad ofrece un amplio abanico de posibilidades que se concentran en el Paseo Marítimo y la Rambla Principal, también llamada Rambla de la Pau. Precisamente en el número 56 del Paseo Marítimo se ubica* ***Peixerot*** *(telf. 93 815 04 50; 45 €), uno de los restaurantes de mayor renombre.*

Casas con menú (menos de 15 €)

LA PLATJA
Pg. Carme, 39. Telf. 93 815 40 41. Especializado en platos marineros y cocina gallega, con una ambientación también muy marinera.

LA MATINADA
Rambla de Salvador Samá, 62-64.
Telf. 93 893 71 01. Buena cocina a precios muy asequibles. Ofrece buenos menús de tres platos.

Restaurantes (desde 25 €)

En el Racó de Santa Llúcia, en la ctra. a Cubelles, se ubica **La Cucanya** (telf. 93 815 19 34), que ofrece cocina marinera, en primera línea de playa.
También **Peixerot** (Passeig Marítim, 55; telf. 93 815 04 05; 55 €) se especializa en cocina marinera.

VILLAFRANCA DEL BIERZO

LEÓN. 4.130 habitantes

PARADA OBLIGADA PARA LOS PEREGRINOS JACOBEOS, ESTA VILLA, PRÓXIMA A GALICIA, ES UN PECULIAR E HISTÓRICO ENCLAVE CON UNA AMPLIA TRADICIÓN CULTURAL.

INFO

Oficina de Turismo. Avda. Bernardo Díez Ovelar, 10. Telf. 987 540 028.
Ayuntamiento. Plaza Mayor, 1.
Telf. 987 540 291.

DORMIR

Además del ***Parador***✪✪✪ *(avenida Calvo Sotelo, 28; telf. 987 540 175; www.parador.es; 99-120 €) existen otros alojamientos más económicos y con buen nivel de servicios.*

HOTEL SAN FRANCISCO✪
Plaza Mayor, 6. Telf. 987 540 465. Situado junto a la plaza de España, es uno de los más afamados, por lo que sus precios están algo inflados. Las habitaciones son algo oscuras, pero el trato es amable y la ubicación muy céntrica y con vistas a la bonita plaza principal.
Habitación doble: 55-60 €.

HOSTAL CASA MÉNDEZ✪✪
Espíritu Santo, 1.
Telf. 987 542 408.
Emplazado en el mismo Camino de Santiago, cuenta con un restaurante familiar muy agradable en el que se sirve comida casera. Las habitaciones son muy acogedoras y de sencilla decoración.
Habitación doble: 44 €.

CASA RURAL AMBASMESTAS
En **AMBASMESTAS.**
Telf. 987 561 351.
Este centro de turismo rural posee una calidad indiscutible, tanto por los servicios que ofrece como por el exquisito trato hacia el cliente. Las habitaciones son muy amplias y están perfectamente equipadas. Muy recomendable.
Habitación doble: 50-56 €.

COMER

CASA MÉNDEZ
Espiritu Santo, 1.
Telf. 987 542 408.
Situado en el hostal del mismo nombre, sirve guisos caseros a precios económicos. Destacan los postres de elaboración casera.

LA CHAROLA
Ctra. A-6, km 406.
Telf. 987 540 200.
Famoso en la comarca, desde su comedor se contemplan las montañas y la vegetación de la zona. Generosas raciones de guisos del Bierzo, fuentes repletas de lacón, calamares o cocido y postres caseros a precios muy asequibles.

DON NACHO
Troqueles, s/n.
Telf. 987 540 076.

Ofrece comida casera barata y sabrosísima. Modesto pero de una calidad aceptable.

Restaurantes (de 21 a 36 €)

Muy recomendable es el restaurante del **Parador** (avda. Calvo Sotelo, s/n; telf. 987 540 175). Los salones están divididos en apartados para dar una mayor intimidad al cliente. Cocina del Bierzo de cuidadísima elaboración: empanada o ternera, botillo o sopa de cebolla leonesa, truchas con unto y pimientos.

VILLANUEVA DE LA SERENA

BADAJOZ. 24.696 habitantes

Enclavada en la comarca de La Serena, es uno de los núcleos más importantes de la Baja Extremadura. En su término municipal reside uno de los más importantes centros de agricultura biológica de España.

INFO

Oficina de Turismo. En el Ayuntamiento. Pza. de España, 1. Telf. 924 846 034. www.turismoextremadura.com

DORMIR

Hotel El Emigrante II✪
Concepción, 3.
Telf. 924 845 411. Fax: 924 845 511. Es sin duda el mejor alojamiento de la localidad. Situado en una zona bastante céntrica, es sencillo y tranquilo y dispone de facilidades para discapacitados. Habitación doble: 42 €.

Hostal El Emigrante✪
Viriato, 13. Telf. 924 841 946. Situado muy próximo al anterior e igualmente céntrico, este pequeño hostal resulta más económico y dispone de algunas habitaciones con baño completo. 36 €.

COMER

Los Juncos
Magacela, 44. Telf. 924 841 114. Agradable restaurante que cuenta con buena fama dentro de la localidad. Cocina regional casera. Dispone de un buen menú del día.

El Barrilito
Parque de la Constitución.
Telf. 924 849 208. Franquicia de Cruzcampo (Gambrinus), que se llena los fines de semana, gracias al solomillo de cerdo al queso de La Serena y al secreto de cerdo ibérico.

Imperial
San Miguel, 94. Telf. 924 840 009. Bar con mesas donde sirven raciones que cumplen como comida: tortilla española con salsa de almejas, solomillo de cerdo adobado con patatas y pimientos... Precios económicos.

VILLAVICIOSA

ASTURIAS. 14.465 habitantes

Esta villa, capital de la sidra, está situada en una pequeña llanura al nivel del mar, en la ría que le da nombre y que constituye el espacio natural protegido más importante de la costa asturiana.

INFO

Ayuntamiento
Plaza del Ayuntamiento.
Telf. 98 589 32 02/ 03.

Oficina de Turismo
Caseta en el parque Vallina.
Telf. 98 589 17 59. Abre sólo en verano.

DORMIR

Hotel Carlos I✪✪
Plaza de Carlos I, 4. Telf. 98 589 01 21. Ocupa una casa-palacio del siglo XVIII, algo que se nota en las habitaciones, amplias y bien decoradas. Un lugar privilegiado, con unos excelentes precios. Habitación doble: 50-78 €.

Hotel Casa España✪✪
Plaza de Carlos I, 3.
Telf. 98 589 20 30. Al igual que el hotel Carlos I, se trata de una mansión tradicional, en este caso de principios de siglo XX, con habitaciones grandes y agradables. Los precios oscilan entre los 78 € en temporada alta y 42 € en temporada baja.

Hotel La Figaro✪✪
Barrio de Agüerín. **Argüero.**
Telf. 669 856 222.
Cuatro edificios componen una quintana tradicional asturiana con corredera, patios, hórreo y lavadero. Habitaciones modernas con paz y quietud en su interior y en el magnífico paraje natural donde se encuentra.
Habitación doble: 55-65 €.

Hotel Neptuno✪✪
Plaza Obdulio Fernández, 8.
Telf. 98 589 13 02.
Frente al Teatro Riera, se trata de un edificio tradicional de fachada en mampostería. Habitaciones agradables con balcones adornados con macetas.
Habitación doble: 60 €.

Otros hoteles de precio más elevado

A 1,3 km de Villaviciosa está **La Casona de Amandi✪✪✪** (telf. 98 589 01 30; habitación doble: 90-105 €), instalada en una casona de 1850 con mobiliario original isabelino.

COMER

Casas con menú (menos de 15 €)

El Galeón
Marqués de Villaviciosa, 13.
Telf. 98 589 16 02.
Comedor pequeño, sobre una tarima de madera, de aspecto acogedor y amplios ventanales en forma de arcos de medio punto. Situado en pleno casco histórico y con menú. Son especialistas en pescados.

La Espicha
Manuel Cortina, esq. Zaldívar.
Telf. 98 589 00 31.
En un comedor que no llama mucho la atención, aunque es amplio y bien iluminado, sirven buen cocido y pote asturiano, aparte de un menú económico.

El Congreso
Pza. del Ayuntamiento, 25.
Telf. 985 891 180. Sidrería popular para comer de manera informal embutidos y guisos caseros. También es hostal.

VITORIA-GASTEIZ

CAPITAL DE PROVINCIA. 226.490 habitantes

Capital de la Comunidad Autónoma del País Vasco, es una de las ciudades españolas con mayor calidad de vida y mejores índices de servicios y equipamientos. Su desarrollo ha sabido equilibrar urbanismo y medio ambiente con un respeto absoluto a su notable patrimonio artístico y monumental. Además ofrece todo tipo de actividades culturales, festivales y una animada vida nocturna.

INFO

Oficina de Información. Gnral. Loma, 1. Telf. 945 161 598/ 99. Una oficina con buenos servicios e información completa sobre la ciudad y la provincia.
www.vitoria-gasteiz.org/turismo

Transportes
No conviene utilizar el coche para moverse por Vitoria. Las autoridades municipales han declarado la guerra al uso de vehículos en la ciudad y además de ampliar todo lo que han

podido la zona peatonal, han sembrado las calles de semáforos y direcciones únicas y han limitado el aparcamiento mediante el sistema OTA, muy controlado.

DORMIR

Vitoria dispone de buena y barata infraestructura hotelera. Los hoteles de tres y cuatro estrellas no son excesivamente caros para su categoría y casi todos los alojamientos disponen de ofertas de fin de semana que conviene tener en cuenta. Otra ventaja añadida es que tienen precios estables todo el año.

Hotel Dato 28✪✪

Dato, 28.
Telf. 945 147 230.
Céntrico y con encanto. No tiene muchas habitaciones pero cuidan los detalles. La única pega es que está en una zona con bullicio callejero hasta altas horas de la madrugada.
Habitación doble: 45-55 €.

Hotel Amarica✪

Florida, 11.
Telf. 945 130 506.
Más moderno y funcional que el anterior, está a un paso de la calle Dato, es decir, en pleno centro y en la zona de más ambiente. La entrada es un tanto desangelada pero las habitaciones tienen equipamiento completo. Aparcamiento propio.
Habitación doble: 55 €.

Hotel Achuri✪

Rioja, 11. Telf. 945 255 800.
A un paso del centro, es la mejor oferta en hoteles modestos. Las habitaciones son espaciosas, con televisión y teléfono, y sobre todo limpias.
Habitación doble: 50 €.

Hotel Iradier✪

Florida, 49. Telf. 945 279 066.
www.hoteliradier.com
Situado en pleno centro, luce una bella fachada de estilo clásico, mientras que en su interior se recoge un alto nivel de servicios.
Habitación doble: 55 €.

Pensión Araba 2✪✪

Florida, 25.
Telf. 945 232 588.
Algunas habitaciones no tienen baño y la televisión es opcional. Sin embargo dispone de garage y el trato es amable. Habitación doble: 30-40 €.

Otros hoteles de precio más elevado

Para presupuestos más desahogados están **El Caserón**✪✪✪✪ (Camino de Armentia, 49, Armentia; telf. 945 230 048; habitación doble: 90 €); el **Parador de Argomániz**✪✪✪ (a unos 13 km por la ctra. A-1; telf. 945 293 200; habitación doble: 90-119 €) y el **NH Canciller Ayala**✪✪✪✪ (Ramón y Cajal, 5; telf. 945 130 000; habitación doble: 75-110 €), elegante y acogedor.

DE PINTXOS

Con los años los bares tradicionales de la ronda de vinos del Casco Viejo han ido perdiendo clientela y ambiente en beneficio de los locales de las proximidades de la calle Dato, y especialmente de los de la plaza de España donde ofrecen pintxos más finos, a la donostiarra, y en cuyo perímetro se puede comer perfectamente si se toma una tapa por bar.

El Marañon (plaza de España, 10) es uno de los más concurridos junto con el **Saburdi** (Dato), que ha ganado todos los concursos de pintxos celebrados en Vitoria y donde elaboran exquisitos canapés con hongos o bacalao. Justo enfrente está el **JG** (Dato), con excelentes aperitivos y combinados.

Sin alejarse mucho merecen una parada los bares clásicos de la zona del Ensanche para la ronda de vinos y picoteo como **Sokoa** (Independencia), **Xixilu** (plaza de Amárica) y, sobre todo, el **Asador Sidrería Sagartoki** (Prado), que se está imponiendo como ganador absoluto de los últimos concursos de pintxos (menestra de verduras y bacalao, arroz venere con anchoas marinadas...).

Algo más alejados del centro, pero con barras igualmente apetitosas están **La Enoteca Café** (Ramón y Cajal, 5), **Salburua** (Fueros), también ganador de todo tipo de concursos, **Los Guaranís** (Portal de Castilla), especializado en fritos y productos del mar (pulpo, gamba y calamar), y el **Oleaga** (Adriano VI), con una barra que refleja, en miniatura, los selectos platos del restaurante. Como apostilla conviene destacar que en los bares vitorianos se acostumbra a servir vino del año, cosechero, de excelente calidad.

COMER

*En la parte vieja, especialmente en Cuchillería, se pueden encontrar tabernas y bodegones con propuestas gastronómicas de cazuelas y raciones, mientras que en el centro y en la avenida de Gasteiz dominan los restaurantes de menú al mediodía y carta para cenar. Unos locales caros, pero excelentes, son **El Portalón** (Correría, 151; telf. 945 142 755; precio medio, 36-40 €), el **Zaldiaran** (avda. Gasteiz, 21; telf. 945 134 822) y el **Ikea** (portal de Castilla, 27; telf. 945 144 747). La cocina alavesa tiene características propias dentro de la gastronomía vasca. Se dejan notar las influencias de La Rioja y Navarra, con una acusada tendencia al uso de productos de temporada, especialmente en menestras, cocidos, asados y guisos de cordero.* Perretxikos *(setas de primavera), habas y caracoles son algunos de los platos emblemáticos de la cocina alavesa en la que nunca falta algún buen ejemplo de su excelente repostería, a destacar el postre* goxua*, y, por supuesto, el vino de alguna bodega de La Rioja Alavesa.*

Casas con menú (menos de 15 €)

Erkiaga

Herrería, 38. Telf. 945 276 508.
Casa de comidas de toda la vida.
Ofrece buen menú, bocadillos y cazuelitas.

Albéniz

Portal del Rey, 9. Telf. 945 256 685.
Raciones pantagruélicas de cocina casera en un local amplio que suele llenarse dada la excelente calidad y unos precios imbatibles.

Conde de Álava

Cruz Blanca, 8. Telf. 945 225 040.
A diario da un completo menu del día con platos de cocina casera muy bien elaborados.

Dolomiti

Ramón y Cajal, 1. Telf. 945 233 426.
Se especializa en comida italiana. El local está dominado por un horno de leña en el que además de pizzas suele colarse algún que otro cordero. Está siempre abarrotado.

El 7

Cuchillería, 3. Telf. 945 272 298.
Este clásico del casco antiguo, tras su remodelación, sigue ofreciendo un menú dignísimo de cocina casera.

Mesón

Ortiz de Zarate, 5. Telf. 945 146 191.
Por la decoración parece un pub de diseño. La cocina es creativa y suculenta: ensaladas sorprendentes y pescado a la sal exquisito.

Zabala

Mateo Moraza, 9. Telf. 943 230 009.
Buen restaurante a la carta con un espléndido menú. Cocina vasca casera, con densos cocidos y suculentos guisos, en un ambiente de casa de comidas tradicional. A la carta puede subir un poco la cuenta.

Restaurantes (desde 24 €)

En **Xixilu** (plaza Amarika, 2; telf. 945 230 068) lo que impera es un ambiente de tasca vasca con bancos corridos, mesas sin manteles y muchas cazuelas. Decoración muy rústica con vigas de madera y servicio directo. Excelentes alubias rojas y otros platos de la culinaria alavesa como las *litiruelas* o el *goxua*.

No está exactamente en el centro, pero merece una visita la **Bodega Lanciego** (Olaguibel, 60), por el buen hacer del parrillero con la excelente materia prima precedente del mercado y que generalmente sirven en cazuela.

Fuera del casco urbano, **Armentegi** (Alto de Armentia, 6; telf. 945 132 101) es la sidrería más popular de Vitoria, con una tortilla de bacalao y un chuletón exquisitos.

El **Asador Hondarribia** (Hondarribia, 24; telf. 945 179 424) ofrece una buena cocina casera vasca además de estupendos asados, de carne y pescado.

CAFÉS

En la calle Dato el ambiente de las viejas cafeterías se ha batido en franca retirada ante el avance de un público joven que ha puesto más música y color en la zona. **Río,** en Dato, y el **Reloj,** en la plaza de España, son dos ejemplos de cafeterías muy animadas todo el día y bares de copas por la noche.

Ambiente literario y artístico se puede encontrar en el **Café Caruso** (Enrique Eguren) y en el **Jardín de Falerina** (Centro Cultural Montehermoso, Fray Zacarías, 2) que funcionan como sala de exposiciones con recitales de música y poesía. Y por último, hay un buen café en el **Casablanca I** de la calle Dato.

XÀBIA/JÁVEA

ALICANTE. 18.753 habitantes

LLAMADA "AMANECER DE ESPAÑA" POR SER LA MÁS ORIENTAL DE LA PENÍNSULA Y, POR TANTO, LA PRIMERA EN RECIBIR LOS RAYOS DEL SOL, ESTA TURÍSTICA POBLACIÓN POSEE CERCA DE 20 KM DE ABRUPTA COSTA Y UN PRIMOROSO CASCO ANTIGUO. POR SI FUERA POCO, EL PARQUE NATURAL DEL MONTGÓ OFRECE UN IMPRESIONANTE MARCO PAISAJÍSTICO Y NATURAL.

INFO

Tourist Info Xàbia-Arenal
Avda. del Pla, 136.
Telf. 96 646 06 05.

Tourist Info Xàbia-Centre
Plaza de la Iglesia, 6. Telf. 96 579 43 56.

Tourist Info Xàbia-Port
Almirante Bastarreche, 11.
Telf. 96 579 07 36.
www.xabia.org

DORMIR

Jávea presenta una gran oferta hotelera que comprende desde sencillas pensiones hasta el emblemático ***Parador de Jávea*** *(Playa del Arenal; avda. del Mediterráneo, 7; telf. 96 579 02 00; habitación doble: 149 €) y otros hoteles de lujo como el* ***Villa Mediterránea*** *(León, 5; ctra. Jávea-Jesús Pobre; telf. 96 579 52 33; habitación doble: 196-260 €).*

En la gama media se recomiendan los siguientes:

HOTEL MIRAMAR

Plaza Almirante Bastarreche, 12.
Telf. 96 579 01 00.
Está situado a 10 m de la playa de la Grava. Bien equipado.
Habitación doble: 60-80 €.

HOTEL SOLYMAR

Avda. del Mediterráneo, 180.
Telf. 96 646 19 19.
Habitaciones bastante tranquilas. Uno de los mejores rincones es el solárium.
Habitación doble: 55-110 €.

HOSTAL COSTA MAR

Caleta, 4.
Telf. 96 579 06 44.
Trato familiar y agradable. Las habitaciones tienen bonitas vistas al mar.
Habitación doble: 55 €.

COMER

Un restaurante de prestigio en la localidad es ***Los Remos*** *(paseo del Amanecer; telf. 96 647 07 76; 35 €).*

Casas con menú (menos de 15 €)

AZORÍN

Toni Lidó, 2.
Telf. 96 579 44 95.
De precios moderados, incluso a la carta, ha sabido hacerse un hueco entre los mejores y más caros de la localidad. Cocina casera.

EL PORTET

Cristo del Mar, 9. El Puerto.
Telf. 96 646 15 22. Antigua casa marinera con un comedor muy agradable para degustar una cocina mediterránea de arroces y pescados.

Restaurantes (sobre 24 €)

La Estrella (avda. del Arenal, apartamentos L'Áncora, bloque 4; telf. 96 579 08 02) prepara algunos platos por encargo como el cuscús. Buena bodega.

XÀTIVA/ JÁTIVA

VALENCIA. 24.760 habitantes

CIUDAD DE SINGULAR HISTORIA, XÀTIVA CONSERVA MÚLTIPLES PALACIOS, TEMPLOS Y ENCANTADORES RINCONES URBANOS. ES UNA POBLACIÓN ACTIVA Y DINÁMICA QUE EJERCE UNA PODEROSA INFLUENCIA SOBRE LA COMARCA DE LA COSTERA, DE LA QUE ES EL CENTRO ADMINISTRATIVO Y COMERCIAL.

INFO

Tourist Info Xàtiva
Albereda Jaume I, 50.
Telf. 96 227 33 46.
www.xativa.es

Estación de autobuses
Av. Ximén de Tovia, s/n.

Estación de Renfe
Estació, s/n.
Telf. 902 240 202.

Taxis
Parada en la estación de Renfe.
Telf. 96 227 16 18.

DORMIR

La oferta de camas es relativamente escasa, aunque de buena calidad, y es recomendable reservar con antelación. Casi rozan el lujo las preciosas habitaciones de la ***Hostería Mont Sant*** *(carretera del Castillo, s/n; telf. 96 227 50 81; www.mont-sant.com), situada en las faldas de la sierra, bajo el castillo, con magníficas vistas. El hotel Huerto de la* ***Virgen de las Nieves*** *(avda. de la Ribera, 6; telf. 96 228 70 58; www.huertodelavirgendelasnieves.com; habitación doble: 90-145 €), en un huerto de naranjos del siglo XIX, ha sido rehabilitado conservando intacta su construcción, distribución y dependencias.*

HOTEL MURTA

Catedrático Ángel Lacalle, s/n.
Telf. 96 227 66 11.
Fax: 96 228 72 22.
www.hotelmurta.com
Sorpresa, agradable por supuesto, es lo que siente el visitante que llega a este hotel después de haber recorrido algunas de las zonas más turísticas del litoral. Esto sí que realmente es comodidad, y por un precio más que ajustado. El edificio no es bonito, es más, puede incluso resultar extraño en una ciudad como ésta, pero la calidad del alojamiento casi lo justifica.
Habitación doble: 72-105 €.

HOTEL VERNISA

Académico Maravall, 1.
Telf. 96 227 10 11.
Fax: 96 228 13 65.
www.hotelvernisa.com
A 3 km de Xàtiva, perfectamente equipado y atendido.
Habitación doble: 70-89 €.

ALBERGUE TURÍSTICO EL PALAU

Ardiaca, 6.
Telf. 96 227 57 88.
www.infoxativa.com/elpalau/
Situado en la zona más bella de la ciudad. Dispone de habitaciones dobles con baño y múltiples con baño, además de cocina, sala de estar, comedor y varias terrazas.

Turismo rural

CASA CALIXTO III

Pl. Calixte III, 8.
Telf. 647 018 167.
Casa de alquiler completo con capacidad para 8 personas. Está situada en el casco antiguo de la ciudad, cerca de la basílica colegiata de la Seo. El precio aproximado del alquiler es de 20 € por persona y día.

TAPEO

Varios bares de tapas se reparten por la ciudad con la característica, en casi todos ellos, de ofrecer una gran calidad en los productos. **El Mesón Lar Galego** (Mayor, 171-173) prepara un excelente pulpo a la gallega. **La Forca** (Abad Pla, 7; telf. 96 227 34 02) presume de preparar estupendas tapas de estilo valenciano. En la terraza de **El Moncho** (La Alameda), se sirven tapas.

COMER

El arroz es el producto básico de la gastronomía de esta ciudad y aquí lo preparan en unas excelentes cassoles amb tanda. *La repostería, con raíces árabes, ofrece deliciosos dulces, como las* almoixàvenes *y* l'arnadí, *cada uno característico de una época del año.*

Excelente cocina valenciana, con toques imaginativos, ofrece el restaurante La Algema, de la ***Hostería Mont Sant*** *(carretera del Castillo, s/n; telf. 96 227 50 81; www.mont-sant.com; precio medio, 50 €), que también es un precioso hotel, pero hay otros establecimientos con atractivas ofertas culinarias.*

Casas con menú (menos de 15 €)

EL RINCÓN

Reina, 12.
Telf. 96 228 13 87.
Como su nombre indica es un excelente rincón donde podemos degustar excelentes platos de la gastronomía regional a muy buen precio. Menú y carta.

EL CUARTERÓ

Académico Maravall, 7.
Telf. 96 227 55 82.
Buena cocina mediterránea de temporada.

EL MIRADOR DEL CASTILLO

Castillo de Xàtiva.
Telf. 96 228 38 24.
Abierto de martes a domingo. Cocina comarcal, arroz al horno de leña. Dispone de menú.

CASA FLORO

Plaça Mercat, 46.
Telf. 96 227 30 20.
Pequeño establecimiento situado en el casco histórico, especializado en

cocina tradicional. Ofrece un delicioso arroz al horno de leña.

La Maga
Camí del Castell.
Telf. 96 228 33 29. Cocina multicultural. Ofrece dos menús.

Restaurantes (sobre 30 €)

En **Casa La Abuela** (Reina, 17; telf. 96 228 10 85) se pueden comer unos estupendos arroces, incluido el arroz al horno, además de guisos de la tierra y algunos platos con toques más que modernos.
Asimismo también se puede degustar cocina mediterránea actualizada en **Canela y Clavo** (Alameda Jaime I, 64; telf. 96 228 24 26).

YESA-MONASTERIO DE LEYRE

NAVARRA. 293 habitantes

El idílico entorno que forman la sierra de Errando, al norte, el embalse de Yesa –conocido como "mar del Pirineo"–, al sur, y el monasterio de San Salvador de Leyre convierte esta zona en uno de los lugares más visitados de Navarra. En la actualidad, es una parada obligada para numerosos visitantes y el lugar de celebración de los actos más solemnes del Día de Navarra. En este lugar las máximas autoridades forales y miles de navarros rinden el 3 de diciembre homenaje a los orígenes del viejo reino.

INFO

Ayuntamiento
Rene Petit, 9.
Telf. 948 884 015.
www.cfnavarra.es/turismonavarra

Oficina de Información
La oficina más cercana es la de Javier (5 km). Edificio Albergues, s/n.
Telf. 948 884 177.

Parada de autobuses
René Petit, s/n (frente al restaurante Arangoiti).

Taxis
Telf. 948 884 083.

DORMIR

A pesar de ser una población tan pequeña, existe una oferta turística variada.

Hospedería de Leyre✪✪
Monasterio de Leyre.
Telf. 948 884 100.
Fax: 948 884 137.
www.monasteriodeleyre.com
Instalada sobre antiguas dependencias del monasterio, esta hospedería, completamente reformada, es un lugar privilegiado donde la tranquilidad está asegurada. Habitaciones alegres que contrastan con la austeridad monástica y preciosas vistas. El precio de la habitación doble ronda entre los 59 y los 75 €. En su acogedor restaurante se puede disfrutar de un buen y completo menú.

Hostal El Jabalí✪✪
Ctra. de Jaca, km 49.
Telf. 948 884 042.
Es antiguo, pero tiene cierto encanto por sus salas con chimenea y sus ventanas de madera roja. Todas las habitaciones tienen baño. Con cafetería.
Habitación doble: 40-50 €.

Turismo rural

También hay un alojamiento rural, tan abundante en Navarra:

Etxe Zahar
En Yesa. Telf. 948 884 257.
Esta vivienda tiene capacidad para 6 personas y se alquila en su totalidad. Los precios aproximados son: 298 € por semana y 160 € durante el fin de semana.

COMER

Por los centenares de turistas que visitan el monasterio de Leyre y el paso de la carretera nacional Jaca-Pamplona por Yesa existe una buena oferta de restaurantes, en los que, por lo general, si se sale del menú diario, no resulta nada barato comer.
La gastronomía de la zona corresponde a la cocina regional de Navarra, por lo que no faltan los platos de cordero, caza, pochas de Sangüesa y una gran variedad de platos elaborados con setas.

Casas con menú (menos de 15 €)

El Jabalí
Ctra. de Jaca, km 49.
Telf. 948 884 042.
Se trata del restaurante del hostal homónimo. De ambiente serrano, sirve platos de la cocina regional y de temporada. Sus especialidades son los espárragos rellenos, la menestra de verduras, el cordero al chilindrón y la trucha con jamón.

Yamaguchi-2
Ctra. de Javier, s/n.
Telf. 948 884 102.
Cocina tradicional vasco-navarra. Entre sus especialidades: pimientos del piquillo, alubias de Sangüesa, lomos de merluza con almejas y kokotxas. El precio medio a la carta puede pasar de los 12 e, pero tienen una interesante carta de platos combinados.

Restaurantes (de 21 a 40 €)

En la carretera está **Arangoiti** (telf. 948 884 122). El nombre de la casa delata orígenes vascos que se aprecian en una cocina con influencias de esa tierra. Suele estar abarrotado.
También se encuentra el restaurante **Señorío de Monjardín** (ctra. de Leyre, s/n; telf. 948 884 188), que ofrece una cocina de temporada y de carácter tradicional, en un ambiente familiar y cálido. Platos vasco navarros. No se olvide probar los postres caseros.
En el santuario, antes de llegar a Yesa, desde Pamplona se encuentra el **Hostal Xabier** (plaza del Santo; telf. 948 884 006). Su restaurante es un lugar muy concurrido por los peregrinos y por los comensales que se han casado a los pies del santo. Ofrece cocina muy elaborada, con sorpresas como la ensalada de chipirones y sepia trufada, y algo cara.

YESTE

CASTILLA-LA MANCHA. ALBACETE. 3.991 habitantes

Este municipio, uno de los más extensos de España (509 km2), está enclavado en la cabecera de la cuenca del río Segura, un inmenso valle de gran riqueza paisajística. El pasado musulmán y su reconquista en 1242 pertenecen a la historia común de la zona. Jugó un papel muy importante en esta época debido a su marcado carácter fronterizo como puerta de acceso a la conquista de Granada. El desarrollo experimentado durante el siglo XVI favoreció la construcción de los principales monumentos. Estuvo integrada hasta el siglo XIX en el reino de Murcia, y hoy se configura como uno de los principales centros turísticos de la sierra del Segura.

INFO

Oficina de Turismo
Rayo, 1. Telf. 967 431 154.
www.yesteturismo.com
Abierta todos los días en horario de mañana y tarde. Realizan dos visitas guiadas por la localidad.
Ayuntamiento. Plaza de Calvo Sotelo, s/n. Telf. 967 431 001.
Parada de Autobuses. Los autobuses de la Empresa Novatour (telf. 967 431 186), procedentes de Hellín, tienen dos paradas, una en la plaza del Convento y otra en la ctra. de Hellín, 1.
Taxis. Ángel González (telf. 967 431 033); Antonio García (telf. 967 431 057) y José Blázquez (telf. 967 431 475).

DORMIR

Hotel Yeste✪
Carretera de Hellín, 3. Telf. 967 431 184.
La mayoría de las habitaciones de este pequeño hotel tienen vistas al castillo. Son bastante grandes y todas cuentan con terraza y televisión.
Habitación doble: 40-60 €.

Balneario de Tus✪✪
Baños de Tus (a 15 km de Yeste).
Telf. 967 436 817.
El enclave a orillas del río Tus es bellísimo. Las habitaciones son grandes y sencillas, excepto un par de ellas, con bañeras redondas y grandes terrazas.

Tiene muchos servicios terapéuticos y lúdicos, como baño termal, gimnasio, jacuzzi y piscina exterior.
El precio de la habitación: 39-105 €.

PENSIÓN LA CÍTARA
Arriba, 6. Telf. 967 432 020.
Es una casa blanca de dos plantas, cómoda y agradable, con habitaciones exteriores con calefacción, televisión y teléfono.
Habitación doble: 33-36 €.

CAMPINGS

Para los amantes de la tienda de la campaña y del saco de dormir hay dos opciones en la zona: **Cámping Río Tus** (Vado de Río Tus, s/n; telf. 967 564 626/ 650 545 241) y **Cámping Río Segura** (telf. 967 574 224/ 620 969 177; ctra. Yeste-Segura de la Sierra, km 20), ambos de 2ª categoría.

COMER

En esta población serrana se conservan todas las tradiciones gastronómicas de antaño. Aquí podéis deleitiraros con platos fuertes como el potaje bochero (original de Boche, una población vecina), un potaje seco elaborado con huevo, pimiento seco, vinagre y jamón; las migas ruleras, el potaje gitano, el pisto de calabaza y los rellenos de carnaval. De postre, pedid las hojuelas con miel.

Casas con menú (menos de 15 €)

CASA MARCE
Carretera de Hellín, 9. Telf. 967 431 346.
En este restaurante, puesto con bastante gusto, lo mejor es dejarse aconsejar para pedir algún plato de la tierra. Entre sus especialidades, además del potaje bochero, figuran la pechuga rellena de morcilla, el lomo en escabeche y el ciervo en salsa.

HOTEL YESTE
Carretera Hellín, 3.
Telf. 967 431 184.
El restaurante del hotel sólo tiene carta en verano. Pero aun así, el resto del año sirve preparados más sencillos como ensaladas y raciones de todo tipo. La especialidad es la pierna de cordero al horno y algunos postres típicos. El porche exterior resulta magnífico para las cenas del verano.

Otros establecimientos con buena comida casera y de la zona son **Las Brasas** (ctra. de Hellín, 51; telf. 967 431 172), donde son exquisitas las truchas al horno y los escabeches tradicionales; y **Casa Pedro,** en la cercana **GÓNTAR,** (telf. 967 430 841), donde podremos disfrutar de una migas, unas habichuelas morunas y buenas carnes de caza.

ZAFRA

BADAJOZ. 15.498 habitantes

CON UN IMPORTANTE PATRIMONIO ARTÍSTICO, HA SABIDO MANTENER UNA DESTACADA VIDA COMERCIAL QUE LA HA CONVERTIDO EN UNA DE LAS POBLACIONES EXTREMEÑAS DE MAYOR DINAMISMO Y DESARROLLO. ES LA "CIUDAD DE LAS FERIAS" POR ANTONOMASIA.

INFO

Oficina de Información Turística
Plaza de España, 8b.
Telf. 924 551 036.
www.ayto-zafra.com

DORMIR

*Además del **Parador de Zafra**✪✪✪✪ (pza. del Corazón de María, 7; telf. 924 554 540; fax: 924 551 018; habitación doble: 98-115 €), hay otros establecimientos más económicos y confortables.*

HOTEL DON QUIJOTE✪✪
Huelva, 3.
Telf. 924 554 771.
Fax: 924 554 782.
Céntrico, bien equipado y tranquilo.
Habitación doble: 30-75 €.

HOTEL VICTORIA✪✪
Plaza de España, 8.
Telf. 924 554 382/ 553 825.
Céntrico. Sus amplias y nuevas habitaciones cuentan con todas las comodidades. Habitación doble: 45-75 €.

HOTEL LAS PALMERAS✪
Plaza Grande, 14.
Telf. 924 552 208.
Habitaciones bien equipadas y algunas con vistas a la plaza.
Habitación doble: 36-63 €.

HOSTAL CARMEN✪✪
Avda. de la Estación, 9.
Telf. y fax: 924 551 439.
En las proximidades de la estación de ferrocarril. Habitaciones bien equipadas. Habitación doble: 40-66 €.

Otros hoteles de precio más elevado

A dos kilómetros de Zafra en pleno monte rodeado de viñas y olivos se halla el **Hotel Las Atalayas**✪✪✪ (ctra. Badajoz-Granada, km 69; telf. 924 563 201; habitación doble: 60-180 €; www.zafralasatalayas.com), con habitaciones adaptadas para discapacitados y apartamentos con una o dos habitaciones.

COMER

Casas con menú (menos de 15 €)

LA CABAÑA
Recinto Ferial.
Telf. 924 552 106.
Variada y rica carta de pescados y carnes rojas, además del cordero. Su peculiar construcción en forma de cabaña le otorgan un aire acogedor. Buen menú.

JOSEFINA
López Asme, 1. Telf. 924 551 701. Es otro de los restaurantes tradicionales donde se puede comer bien y barato, cerca está la zona monumental.

LOS CAZADORES
Glorieta Comarcal, 4. Telf. 924 551 039.
Sin demasiadas florituras ofrecen un menú del día. Cocina menos elaborada y rápida. Dispone de una terraza.

LA CASA BAR-GALERÍA DE TAPAS
Campo del Rosario, 2.
Telf. 924 553 972. El local combina exposiciones artísticas con una original y acogedora decoración. Ofrece platos creativos y raciones de productos extremeños preparados con imaginación.

LA CASA DE CAMPO
Ctra. Zafra-Lapa. Telf. 924 555 867.
A un kilómetro de Zafra, es un restaurante muy frecuentado, sobre todo durante el verano, para tomar raciones variadas o el asequible menú del día.

CASINO DE ZAFRA
Gobernador, 11. Telf. 924 550 695.
Edificio emblemático en la zona monumental. Aunque no dispone de menú del día, el precio no resulta elevado. Cocina internacional elaborada.

ZAHARA DE LA SIERRA

CÁDIZ. 1.389 habitantes

CÁLIDA POBLACIÓN DE LA DENOMINADA RUTA DE LOS PUEBLOS BLANCOS GADITANOS, SITUADA EN LAS FALDAS DE LA SIERRA DEL JARAL DESDE LA QUE SE DOMINA UN ESPLÉNDIDO PAISAJE.

INFO

Ayuntamiento
Plaza del Rey, 1.
Telf. 956 123 004.
www.zaharadelasierra.es

DORMIR

HOTEL ARCO DE LA VILLA✪✪
Camino Nazarí, s/n.
Telf. 956 123 230. En un magnífico emplazamiento. Con acceso para discapacitados y aire acondicionado en las habitaciones. Dispone de un buen restaurante.
Habitación doble: 58 €.

HOSTAL MARQUÉS DE ZAHARA✪✪
San Juan, 3.
Telf. 956 123 061.
Fax: 956 123 061.
www.marquesdezahara.com
Habitación doble: 48 €.

COMER

Cocina amorosa que sabe utilizar los productos silvestres que le brinda el campo de los alrededores. Entre sus platos hay que mencionar el cocido con tagarninas, las sopas hervías, con espárragos, y los quemones, especie de salmorejo.

La mejor opción para comer es la que ofrecen los restaurantes de los hoteles anteriormente citados.

ZAHARA DE LOS ATUNES

CÁDIZ. 1.081 habitantes

ES UN DELICIOSO PUEBLECITO DE PESCADORES EN EL QUE DESTACA EL PALACIO DE LOS DUQUES DE MEDINA SIDONIA, EN RUINAS, Y EL CASTILLO DE LA ALMADRABA, DONDE SE DICE QUE TRABAJÓ MIGUEL DE CERVANTES. PERO, SOBRE TODO, ZAHARA ES UNA LOCALIDAD MUY APRECIADA TURÍSTICAMENTE, POR SUS EXCELENTES INSTALACIONES Y POR SU PLAYA DE ANCHURA INCALCULABLE.

INFO

Ayuntamiento de Barbate
Plaza Inmaculada, 1.
Telf. 956 929 050.
www.barbate.es

DORMIR

Zahara cuenta con una amplia y variada oferta de alojamientos hoteleros y de casas de alquiler, así como un cámping.

HOTEL GRAN SOL✪✪✪

Sánchez Rodríguez, s/n.
Telf. 956 439 301.
Fax: 956 439 197.
Al final del paseo marítimo, al borde de la playa. Cuenta también con piscina. Ambiente agradable.
Con acceso para discapacitados.
Habitación doble: 86-130 €.

HOTEL POZO DEL DUQUE✪✪✪

Bahía de la Plata.
Telf. 956 439 400. Fax: 956 439 097.
www.pozodelduque.com
Frente a la playa. Pequeño hotel con habitaciones de decoración coqueta y correctamente equipadas.
Habitación doble: 75-160 €.

HOTEL DOÑA LOLA✪✪

Plaza Thomson, 1.
Telf. 956 439 009.
Fax: 956 439 200.
www.donalolazahara.com
Establecimiento de estilo andaluz señorial, con un hermoso jardín en el que se encuentra la piscina. Las habitaciones, con vistas al mar o a la sierra del Retín, son sencillas, pero alegres y relajantes.
Habitación doble: 75-260 €.

Otros hoteles de precio más elevado

El **Hotel Meliá Atlanterra**✪✪✪✪ (Bahía de la Plata; telf. 956 439 000; fax: 956 439 051; habitación doble: 99-230 €; www.solmelia.com) es un moderno alojamiento con decoración árabe-andaluza, con acceso directo a la playa. Los hoteles **Antonio**✪✪ y **Antonio II**✪✪✪✪ (Ctra. Altanterra, km 1, telf. 956 439 141/ 346; fax: 956 439 135; www.antoniohoteles.com) también se encuentran a pie de playa.

TAPEO

Como es costumbre en la zona, prácticamente en todos los bares y restaurantes de Zahara se sirven tapas de calidad. Además del milagroso atún en sus innumerables recetas (montaditos de ijar en aceite, de atún en manteca, encebollado, a la plancha en filetitos, mojama, huevas, aliños…), es de justicia citar los platos de carne, pues además de playa, es zona de ganadería brava. El guiso de rabo de toro y la carne en salsa son sus máximos exponentes. Una de las direcciones más recomendables para tapear es el **Restaurante Ropiti** (María Luisa, 6; telf. 956 439 401), en el centro del pueblo, en el que además de lo mencionado, destacan el pescado "chico" y "grande", las coquinas y las ortiguillas de mar, en un ambiente marinero y de pescadores.

COMER

Haciendo honor a su apellido, esta pedanía que se reparte entre los términos municipales de Barbate y Tarifa, se presta a seguir los pasos de la zona y ofrecer las consabidas variedades de salazones y recetas del atún de su bien visible almadraba.

Restaurantes (desde 25 €)

El **Hotel Restaurante Antonio** (Bahía de la Plata; ctra. Altanterra, km 1; telf. 956 439 141; precio medio: 40 €), situado en la playa, es de los decanos y así lo demuestra el lujo e impecable bien hacer en la cocina y en el trato al cliente. Este ambiente reúne todos los ingredientes para degustar las mejores calidades en pescados y mariscos de la variada y rica cocina gaditana.
Porfirio (ctra. Altanterra, 33; telf. 956 439 130; www.hotelporfirio.com; precio medio, 30 €) es el restaurante del hotel homónimo. Mariscos y pescados de la zona en una animada terraza de verano. Siempre a rebosar de gente.
Casa Juanito (Alcalde Ruíz Cana, 7; telf. 956 439 211) es un pequeño y acogedor local que lleva desde los años 40 dando de comer al personal. Auténtica cocina andaluza en su carta, donde predominan sobre todo los pescados y el atún de la almadraba de Zahara, claro.
El restaurante del hotel **Gran Sol** (Sánchez Rodríguez, s/n; telf. 956 430 499) frece un variado número de menús, según momento y necesidad. En ellos se encuentra una buena representación de la cocina andaluza y gaditana con algunos platos un tanto más elaborados e imaginativos.

ZAMORA

CAPITAL DE PROVINCIA. 66.009 habitantes

EPICENTRO ADMINISTRATIVO DE LA PROVINCIA, ESTA CIUDAD ROMÁNICA, A ORILLAS DEL RÍO DUERO, ES UN NÚCLEO COMERCIAL E INTELECTUAL CUYO VALIOSO PATRIMONIO MONUMENTAL CONVIVE CON EL BULLICIO Y LA ACTIVIDAD DE UNA CIUDAD MODERNA.

INFO

Oficina de Turismo
Avda. Príncipe de Asturias, 1.
Telf. 980 531 845.
www.turismocastillayleon.com
Patronato Provincial de Turismo. Plaza de Viriato, s/n.
Telf. 980 534 047.
www.zamoradipu.es
Taxis. Plaza Mayor, s/n.
Telf. 980 532 726. *Radio Taxi.*
Avda. de las Tres Cruces, 14.
Telf. 980 521 056.
Aparcamientos. Parque de la Marina. Plaza de la Marina, s/n. Aparcamiento subterráneo.

DORMIR

*La oferta hotelera no es amplia, pero tampoco demasiado cara. En épocas clave, como Semana Santa, casi todos los establecimientos están al completo. El **Parador de Zamora**✪✪✪✪ (pza. de Viriato, 5; telf. 980 514 497; habitación doble: 145-175 €) encabeza la lista.*

HOSTERÍA REAL DE ZAMORA✪✪✪

Cuesta del Pizarro, 7.
Telf. 980 534 545. Antiguo palacio de la Inquisición, muy próximo a la muralla y el puente de Piedra. Las habitaciones, algo pequeñas y sobrias, están dispuestas en varios pisos alrededor de un claustro. Habitación doble: 65-125 €.

HOTEL REY DON SANCHO✪✪

Avda. de Galicia, s/n.
Telf. 980 523 400. Algo apartado de la ciudad, al lado de una gasolinera. Las habitaciones, de estilo castellano, son algo pequeñas.
Habitación doble: 50-70 €.

HOSTAL SOL✪✪

Benavente, 2-3º
Telf. 980 533 152.
Situado en el tercer piso de un edificio de la zona comercial de la ciudad, su limpieza es impecable y el trato correcto.
Habitación doble: 45-60 €.

HOSTAL TREFACIO✪✪

Alfonso de Castro, 7. Telf. 980 509 104.
Céntrico hostal, de trato familiar, cuyas habitaciones no disponen en su totalidad de baño, por lo que es recomendable solicitarlo al hacer la reserva.
Habitación doble: 50-89 €.

HOSTAL CHIQUI✪✪

Benavente, 2- 2º.
Telf. 980 531 480.
Situado en el centro de Zamora, pequeño y modesto.
Habitaciones con baño: 40-60 €.

HOSTAL LUZ✪

Benavente, 2-5º.
Telf. 980 533 152.
Del mismo dueño que el Hostal Sol, la única diferencia es que las habitaciones no disponen de televisión ni teléfono. Habitación doble: 40-55 €.

HOSTAL LA REINA✪

Plaza Mayor, 1-1º.
Telf. 980 533 939.
Este modesto hostal, cerca de la Plaza Mayor, es uno de los más baratos de la ciudad, entre los que disponen de baño en las habitaciones.
Habitación doble: 30-40 €.

Otros hoteles de precio más elevado

Hotel Zenit Dos Infantas✪✪✪✪ (Cortinas de San Miguel, 3; telf. 980 509 898; habitación doble: 55-172 €), situado en pleno centro comercial e histórico, cuenta con parking. El **Hotel**

Sayagués✪✪✪ (pza. Puentica, 2; telf. 980 525 511; habitación doble: 65-110 €), a un paseo del casco histórico de la ciudad, está decorado en estilo castellano. Trato muy amable.

EL TAPEO

Zona de Los Herreros. La calle de los Herreros es una angosta vía empedrada muy cercana a la Plaza Mayor. En ella se concentran bares de tapeo y copas con un público muy variado. Los más célebres son el **Bayadoliz, La Sal, el Mesón de Aliste** y el **Mesón de Piedra.**

Zona de Pablo Morillo. Ya en la zona nueva, en las inmediaciones de la plaza de La Farola, hay algunos bares. Destacan **Antonio** (caldo y tortillas), **San Remo, Elba, Benito** (bolitas de bechamel) y **El Portón**.

Zona Alfonso de Castro. Se pueden degustar mejillones en salsa o las clásicas "perdices" (sardinas rebozadas) en **Bambú.** En el **Sevilla,** calamares, triángulos de jamón y queso, mejillones y pinchos morunos. Otros bares célebres son El Lobo, Los Abuelos, Mi Tierra o El Jardín, con buenas raciones y ambiente animado.

COMER

Casas con menú (menos de 15 €)

PARÍS
Avda. de Portugal, 14.
Telf. 980 514 325.
Con una agradable terraza.
Especialidad en patés, cangrejos de río y comida regional y algunos platos de cocina creativa.

REY SANCHO II
Plaza de la Marina, s/n.
Telf. 980 526 054. Amplios salones. Cocina tradicional zamorana y de mercado. Especializado en asados.

VALDERREY
Benavente, 7.
Telf. 980 530 240.
Dispone de dos pequeños comedores independientes. Los vinos están expuestos sobre mesas. Menú del día.

CASA MARIANO
Avda. de Portugal, 26.
Telf. 980 532 256.
Comida casera y recetas castellanas en un selecto y típico mesón. Asados, legumbres y calderetas son muy recomendables.

MERENDERO LOS PELAMBRES
Ctra. de Carrascal, 1.
Telf. 980 535 111.
Enclavado a orillas del río, merece ser visitado sólo por disfrutar del paraje al caer la tarde escuchando el sonido del agua.

EL PERDIGÓN está a unos 10 km de Zamora por la carretera local de Peñausende, hacia el sur. Cuenta con varias bodegas subterráneas. Las bodegas, excavadas a muchos metros de profundidad, conservan todo su tipismo y sabor; en su interior se puede cenar chuletas de cordero, ensalada...

Algunas de ellas son **Bodega El Portal** (La Iglesia, s/n; telf. 980 576 027), **La Cubeta** (Las Bodegas; telf. 980 576 178) y **Pampano** (Las Bodegas; telf. 980 576 217).

Restaurantes (de 21 a 36 €)

Serafín (pza. del Maestro Haedo, 10; telf. 980 531 422) es un clásico de la ciudad que ofrece cocina regional.

Casa Cipri (Juan II, 3; telf. 980 515 871) tiene un saloncito cuidado y acogedorentre clásico y moderno. En la carta priman los platos de la cocina tradicional castellana.

Uno de los restaurantes más selectos de Zamora es **La Posada** (Benavente, 2; telf. 980 516 474). Tiene un comedor en el que predomina la madera y las vitrinas de cristal. Platos elaborados en los que se combina lo traci-cional con las nuevas formas.

CAFÉS

La pequeñísima plaza del Fresco, recinto vecino a la Plaza Mayor, está repleta de terrazas: las mesas y las sillas abarrotan un entorno antiguo y empedrado donde la gente se toma un helado o un cortado después de comer y a lo largo de la tarde, y que por la noche, igual que la plaza y todo el casco antiguo.
En el Fresco se encuentra el **Jalisco,** de decoración modernista. Es pequeño, y frecuentado por gente de Zamora "de toda la vida" durante la tarde, para tomar un café dentro o en la terraza que montan en la acera. Por la noche es un buen bar de copas. **La Antigua** es otro de los de la placita con ambiente parecido. Cerca de la plaza de la Farola existe otro café modernista, el **Continental,** de estilo minimalista y estudiado diseño. No muy lejos, en la plaza de la Marina, un café de toda la vida, **El Congo,** decorado con objetos antiguos y muy acogedor.
En la calle del Arcipreste está el intelectual y sofisticado **Aureto;** en la plaza de los Cientos, **La Traviata** y en la vía de su nombre el **San Martín.** Algo más alejado del centro abre sus puertas el café bar **Los Gigantes,** en la plaza de la Catedral, muy animado, con varias plantas y una amplia carta de cafés.
Ya en la Plaza Mayor son buenas opciones el **Arche,** y el **Merlú,** frecuentados por funcionarios y habituales puntos de encuentro.

ZARAGOZA

CAPITAL DE PROVINCIA. 626.708 habitantes

ZARAGOZA ES UNA CIUDAD ACTIVA Y EQUILIBRADA, QUE SE HA VISTO FAVORECIDA POR LA POSICIÓN EQUIDISTANTE CON RESPECTO A LAS GRANDES CAPITALES DEL PAÍS. FUE IMPORTANTE CIUDAD ROMANA (CAESAR AUGUSTA), CAPITAL DEL REINO DE ARAGÓN EN EL MEDIEVO, CENTRO DE PEREGRINACIÓN MARIANA DESDE LA CONSTRUCCIÓN DE LA BASÍLICA DEL PILAR Y UNA DE LAS CIUDADES QUE MÁS SUFRIÓ LA INVASIÓN NAPOLEÓNICA. CON TODO, ZARAGOZA VIVE HOY UN MOMENTO DE EXPANSIÓN Y DESARROLLO, GRACIAS AL IMPULSO, EN PARTE, DE LA CELEBRACIÓN DE LA PASADA EXPOSICIÓN INTERNACIONAL DE 2008.

INFO

Oficina de Turismo de Aragón
Avda. César Augusto, 25.
Telf. 976 282 181.
www.aragob.es
www.turismoaragon.com
Oficinas Municipales de Turismo
Plaza del Pilar.
Telf. 902 142 008.
Torreón de la Zuda. Glorieta Pío XII.
Telf. 976 201 200.
Eduardo Ibarra, 3. Telf. 976 721 333.
www.turismozaragoza.com
Autobuses urbanos
TUZSA. Telf. 902 392 008.

DORMIR

*La oferta de alojamiento en la capital aragonesa es amplia y variada, desde los hoteles con mayor categoría, como el **Palafox**✪✪✪✪✪ (Casa Jiménez, s/n; telf. 976 237 700; fax: 976 234 705; habitación doble: 100-270 €), o el **Meliá Zaragoza Corona**✪✪✪✪✪ (avda. César Augusto, 13; telf. 976 430 100; fax: 976 440 734; www.solmelia.com; habitación doble: 107-482 €), hasta los más modestos pero interesantes en su relación precio-calidad-equipamiento.*

HESPERIA ZARAGOZA✪✪✪
Conde de Aranda, 48.
Telf. 976 284 500.
Fax: 976 282 717.
www.hoteles-hesperia.es
Edificio de nueva planta situado en el borde del casco histórico, muy cerca de la zona comercial, bien comunicado con las principales vías de acceso y de salida de la ciudad. Distante unos cinco minutos a pie tanto de la basílica del Pilar, como del palacio de la Aljafería. Recomendable para viajes de trabajo o estancias turísticas. Hotel con todos los servicios, moderno, funcional y confortable. Habitación doble: desde 50 €.

ORIENTE✪✪✪
Coso, 11-13.
Telf. 976 203 282.
Fax: 976 399 335.
www.hotel-oriente.com
Ubicado en un atractivo edificio de la calle del Coso, en pleno centro turístico y comercial de la ciudad, cerca del Pilar y de la Seo, y al lado de diversos organismos oficiales. Las habitaciones, que han ganado en insonorización y calidez tras la última reforma, ofrecen un equipamiento muy completo. Habitación doble: 60-162 €.

HOTEL AVENIDA✪✪
Avda. Cesar Augusto, 55.
Telf. 976 439 300. Céntrico, junto a la muralla romana y la basílica. Ideal para los noctámbulos que gusten de la marcha del casco viejo. Las habitaciones perfectamente equipadas y renovadas. Habitación doble: desde 55 €.

Hotel Conde Blanco✪✪
Predicadores, 84.
Telf. 976 441 411. Céntrico y con habitaciones con vistas al río Ebro.
Habitación doble: 53-63 €.

Hotel Maza✪✪
Pza. España, 7.
Telf. 976 213 901.
Hotel de larga tradición pero puesto al día. Confortable y osdenado. Más céntrico casi imposible.
Habitación doble: 50-90 €.

Hotel Río Arga✪✪
Contamina, 20.
Telf. 976 399 065.
En un edificio renovado con habitaciones muy correctas.
Habitación doble: 65-130 €.

Hotel Las Torres✪✪
Pza. del Pilar, 11.
Telf. 976 394 250.
Frente a la basílica y con la ventaja añadida de tener un buen servicio y unas habitaciones amplias y cómodas.
Habitación doble: desde 60 €.

Hotel Posada de las Almas✪
San Pablo, 22.
Telf. 976 439 700.
Con algunos siglos a sus espaldas (fundado en 1705). Céntrico.
Habitación doble: 50-70 €.

Hotel San Jorge✪
Mayor, 4.
Telf. 976 397 462.
Céntrico, barato y correcto (hasta dispone de aparcamiento). A las habitaciones no les vendría mal una renovación.
Habitación doble: 42-60 €.

Hostal Cataluña✪
Coso, 94-96. Telf. 976 216 938.
Muy céntrico, cerca del teatro Principal y de la zona de tapeo de la plaza de Santa Marta.
Habitación doble: 60-125 €.

Hostal Central✪
César Augusto, 72.
Telf. 976 395 978.
Situado en una calle empredrada, ofrece habitaciones dobles limpias y sencillas.
Habitación doble: 45 €.

Hostal Paraíso✪
Paseo Pamplona, 23.
Telf. 976 217 608.
www.hostal-paraiso.com
Con 39 habitaciones, está ubicado en un edificio histórico en el centro comercial de la ciudad y a un paso del casco antiguo. Buen nivel de servicios; en definitiva, un lugar muy funcional.
Habitación doble: 50-70 €.

Otros hoteles de precio más elevado

Para presupuestos más desahogados es muy recomendable el **Hotel Catalonia Zaragoza Plaza**✪✪✪✪ (Manifestación, 16; telf. 976 205 858; www.hoteles-catalonia.com; habitación doble: desde 85 €), establecimiento instalado en un edificio modernista de comienzos de siglo. Decoración vegetal, tanto en las labores de forja, como en la piedra que enmarca miradores y balcones. Inaugurado en 2003, combina los elementos originales del edificio con los ingredientes propios de una decoración moderna.

Asimismo cabe destacar el **Hotel Tibur**✪✪✪ (plaza de la Seo, 2-3; telf. 976 202 000; habitación doble: 95-270 €), uno de los más elegantes y mejor equipados. En la atractiva y tranquila calle Santiago se halla **Best Western El Príncipe**✪✪✪ (telf. 976 294 101; habitación doble: desde 60 €).
El **NH Orús**✪✪✪ (Escoriaza y Fabro, 45; telf. 976 536 600; habitación doble: 60-185 €), este hotel sobresale por la belleza y el interés arquitectónico del edificio. Se trata de la antigua fábrica de chocolates Orús, inmueble modernista que presenta una fachada art nouveau. Puerta de hierro forjado, grandes ventanales y dos torreones con revestimiento de cerámica policromada. Interior que responde a los esquemas decorativos y de confort habituales en la cadena NH. Y de la misma cadena también es destacable el **NH Ciudad de Zaragoza**✪✪✪ (César Augusto, 125; telf. 976 442 100; habitación doble: 70-225 €).

EL TAPEO

La famosa zona de tapeo del Tubo zaragozano ya casi forma parte de la historia. Parte de la manzana, delimitada por la plaza de España, las calles Mártires y Cuatro de Agosto, ha de-

caído bastante y los bares que quedan alrededor cada vez adquieren un ambiente más mortecino. Todavía queda, más hacia dentro, en la calle Libertad, bares como **Casa Pascualillo,** decorado con azulejos y con buenas tapas expuestas en un mostrador de madera.
La progresiva pérdida del Tubo no significa que en Zaragoza se acabe el tapeo, más bien al contrario. Sería interminable la lista de bares que ofrecen tapas típicas zaragozanas, como tortillas de caracoles o bacalao, gambas a la gabardina, madejas, bolas de bacalao, patatas o pimientos rellenos. Todos los barrios de la ciudad cuentan con sus buenos bares de tapas, aunque, como siempre, destaca el centro y dentro de él, calles como Mayor, San Miguel, Madre Vedruna, Antonio Agustín, Sagasta, Don Jaime, Cinco de Marzo, Estudios (que conecta con la noche) y plazas como San Pedro Nolasco, Santa Cruz y Santa Marta (esta última altamente recomendada).

COMER

*Los restaurantes suelen estar mezclados con los bares de tapas o incluidos en ellos. Entre los de lujo podemos citar **Gayarre** (ctra. del Aeropuerto, 370; telf. 976 344 386; precio medio, 50 €) o **Goyesco** (Manuel Lasala, 44; telf. 976 356 871; precio medio, 45 €).*

*Otro restaurante de los grandes y muy popular es **La Venta del Cachirulo** (Ctra. de Logroño, km 1,5; telf. 976 460 146; precio medio a la carta, 36-50 €) que ocupa un precioso edificio, nada que ver con una venta, y ofrece una amplia e interesante carta.*

Restaurantes y casas de comida con menú (menos de 15 €) y a la carta (desde 24 €)

La Posada de las Almas
San Pablo, 22.
Telf. 976 439 700.
Muy recomendable. Menú económico en unos salones de gran solera con azulejería típica y techado de madera.

Casa Emilio
Avda. de Madrid, 5.
Telf. 976 434 365.
La familia Buñuel, Alberti, Genovés, Labordeta y el Gran Wyoming han firmado o dibujado para esta casa.

El Fuelle
Mayor, 59. Telf. 976 398 033.
Su gran salón es casi un museo de artes populares. Mesas de madera y muy buena calidad en sus productos a precios asequibles.

Corinto
Telf. 976 294 123.
Se halla al principio de la calle Santiago esquina Don Jaime. Menú de la casa y otro que llaman de degustación (más caro). Aprovechan el tramo peatonal de la calle Santiago y su agradable entorno para colocar unas mesas donde se puede comer al aire libre si hace bueno.

Faustino
Plaza de San Francisco, 3.
Telf. 976 655 319.
Posee una bodega en el sótano muy intimista donde se puede comer a precios muy asequibles.

Churrasco
Francisco Vitoria, 19.
Telf. 976 229 160.
Un local con bastante clase, decorado en piedra, que ofrece un menú de calidad. En la carta destaca la carne a la sal, servida cruda en pequeños filetes para que el cliente la haga a su gusto sobre una piedra caliente.

El Mesón Verrugón
Ramón y Cajal, 50.
Telf. 976 432 282. Un menú que cubre una amplia gama de platos (doce primeros y doce segundos) entre los que entran algunas especialidades aragonesas o el osobuco estofado. Los salones son cálidos dentro de una línea de decoración clásica.

Triana
Calle Estébanes, 7, en los alrededores del Tubo. Telf. 976 293 082.
En la bodega se halla la sala más atractiva. Tienen varios menús con especialidades tan suculentas como la carne de toro de lidia.

Mesón del Riojano
Armas, 9. Telf. 976 440 508.
Por si queréis un menú realmente barato, muy cerca de la plaza del Pilar (los sábados por la noche sube un poco más). También tienen alguna especialidad de la casa.

LA RETAMA
Reconquista, 4.
Telf. 976 397 910.
Especial para vegetarianos, o gente interesada en comidas con productos integrales y comida sana.
Cierra domingos.

Otros vegetarianos de Zaragoza son **La Zanahoria** (Tarragona, 4), con dos pequeños salones en dos pisos y **Los Helechos** (Corona de Aragón, 21-23), que también funciona como tetería.

CASA DE TERUEL
Avda. de Valencia, 5.
Telf. 976 569 495.
Poca gente en Zaragoza sabe lo bien que se come en esta casa por sólo 10 € el menú, con un amplio salón y una atención al cliente especialmente agradable. Se recomienda tomar la sopa mediterránea, el rabo de toro o el churrasco de segundo plato.

Restaurantes (de 21 a 36 €)

La Rinconada de Lorenzo (La Salle, 3; telf. 976 555 108), cerca de la Universidad, ofrece cocina típica aragonesa en un ambiente cosmopolita.
Los jueves en **La Bastilla** (Coso, 177; telf. 976 298 449; 40-50 €) organizan *Las noches de La Bastilla*, con un interesante menú, tanto por los platos como por los vinos que los acompañan.
La Mar (pza. de Aragón, 12; telf. 976 212 264), ubicado en un palacete de 1890, ofrece cocina mitad tradicional mitad creativa.
La Venta de los Caballos, situada a las afueras (ctra. Madrid, km 311; telf. 976 332 300) es un establecimiento emblemático situado a pocos kilómetros de la ciudad. En su carta destacan los platos de la cocina aragonesa. Los fines de semana suele estar muy frecuentada.
Precio medio, 25-35 €.

CAFÉS

Enlazando la tarde y la noche, en el casco histórico zaragozano se localizan los cafés con más solera; es el caso del **Café Praga** y el **Gaudí,** en la plaza de Santa Cruz; **Van Gogh,** en la calle Espoz y Mina; **Café de la Infanta,** en San Jorge, 5; **La Antigua** y **Latino,** al principio de la calle Don Jaime; el recién rehabilitado **Gambrinus,** en la plaza de España (cuidado con los precios), o el **Odeón,** en la plaza de San Bruno. Otros cafés, no menos auténticos, se sitúan por el ensanche. Algunos recomendables son: **Levante** (calle Pizarro), **Universal** (Fernando El Católico), **La Palma** o **Juan Sebastián Bar** (Zona Bretón). En casi todos es posible degustar los famosos quemadillos, mezcla de ron flambeado con leche y unos granos de café. Junto al Paseo Cuellar está **La Puyade,** muy recomendable tanto para tomar un café como una tapa.

ZARAUTZ

GIPUZKOA. 21.889 habitantes

ZARAUTZ ES UNO DE LOS CENTROS DE VERANEO MÁS IMPORTANTES DE LA COSTA VASCA. RODEADA DE UN ENTORNO NATURAL PRIVILEGIADO, SU PRINCIPAL RECLAMO ES SU PLAYA DE MÁS DE 2 KM DE ARENAL, UN PARAÍSO PARA SURFISTAS Y VERANEANTES.

INFO

Información
Nafarroa Kalea, s/n. Telf. 943 830 990.

DORMIR

*Además del televisivo **Karlos Arguiñano**✪✪✪✪ (Mendilauta, 13; telf. 943 130 000; 135-199 €) nos encontramos con las siguientes ofertas:*

HOTEL NORTE✪✪
Amesti, 1.
Telf. 943 832 313.
En plena carretera, aunque en el centro. Habitaciones son confortables.
55-85 € según temporada y equipamiento.

PENSIÓN LAGUNAK✪✪
San Francisco, 10.
Telf. 943 833 701. Es un establecimiento del centro con siete pequeñas habitaciones con baño y televisión.
Habitación doble: 41-53 €.

PENSIÓN TXIKI POLIT✪✪
Pza. Música, s/n. Telf. 943 835 357.
Céntrico, con categoría de pensión, pero por encima de ese nivel. Moderno y con habitaciones muy equipadas.
Habitación doble: 50-62 €.

Otros hoteles de precio más elevado

Dos buenos hoteles son **Zarauz**✪✪✪ (Nafarroa Kalea, 26; telf. 943 830 200; 79-106 €) y **Alameda**✪✪ (Guipuzkoa, s/n, 4; telf. 943 830 143; 68-99 €).

COMER

*La nómina de buenos restaurantes en Zarautz es amplia, algunos excelentes son **Aiten Etxe** (Elkano kalea, 3; telf. 943 831 825; 40 €) o **Karlos Arguiñano** (precio medio sobre 55 €). La de buenos y baratos es mucho más corta. Hay que recordar que es una localidad con un alto nivel de vida y con un turismo casi de lujo.*

Casas con menú (menos de 15 €)

En el Paseo Marítimo, sin moverse de la playa, los mejores menús y platos combinados se ofrecen en **Ebaxte** y **Izarra** (en un tramo de 100 m).

Restaurantes (desde 24 €)

Kirkilla Enea (Santa Marina Kalea, 12; telf. 943 131 982) es un asador regentado por gente joven que elabora una cocina imaginativa. **Gure Txokoa** (Gipuzkoa, 22; telf. 943 835 959) ofrece cocina tradicional vasca de mercado.

A pesar de sus reducidas dimensiones, **Baserri** (Patxiku, 10; telf. 943 133 457), cumple los mínimos con una cocina popular, raciones generosas y precios razonables. **Santa Bárbara** (Nafarroa kalea, 26; telf. 943 832 993) combina los platos modernos y clásicos en la cocina y **Otzarreta** (Santa Clara, 5; telf. 943 131 243) dispone de vivero de mariscos y buena cocina clásica.

ZUHEROS

CÓRDOBA. 812 habitantes

UBICADO EN EL PARQUE NATURAL DE LA SUBBÉTICA CORDOBESA, ESTE PRECIOSO PUEBLO SE ALZA SOBRE UN PROMONTORIO CALIZO QUE SE ASOMA A LA CAMPIÑA Y AL DESFILADERO HORADADO EN LA ROCA POR EL RÍO BAILÓN.

INFO

Ayuntamiento
Horno, 50. Telf. 957 694 514.
www.zuheros.es

DORMIR

HOTEL SUHAYRA✪✪
Mirador, 10. Telf. 957 694 693.
Hotel rural muy confortable y lleno de encanto. Su restaurante ha devuelto a la mesa los viejos platos de la cocina tradicional zühereña.
Habitación doble: 56-76 €.

APARTHOTEL SEÑORÍO DE ZUHEROS
Horno, 3.
Telf. 957 694 527.
www.apartamentoszuheros.com
Estudios y apartamentos muy bien equipados, prácticamente enfrente del castillo. Dispone de un excelente restaurante y, en la azotea, de una terraza con espléndidas vistas del pueblo y sus alrededores.
Estudio: 50 €.
Apartamento: 70 €.

TAPEO

La Terraza, en el número 5 de la calle Horno, y **Los Palancos,** en la plaza de la Paz, éste último con una florida terraza, son dos buenos lugares para tapear, saboreando los vinos de la cercana Denominación de Origen Montilla-Moriles.

COMER

Cocina variada a base de productos del campo, en la que destacan las cachorreñas, el chivo en salsa, las setas rebozadas y las chuletas de cordero. El queso de cabra y los dulcísimos roscos del Melenchón constituyen excelentes postres.

MESÓN ATALAYA
Santo, 58. Telf. 957 694 258.
Cocina basada en la gastronomía local. Tiene un bonito patio lleno de macetas. Es posible comer a base de raciones. Precio medio, 20 €.

LOS PALANCOS
Pza. de la Paz. Telf. 957 694 586. Cocina de la Subbética. Mesón con buenas carnes asadas. Precio medio, 20 €.

ZUMAIA

GIPUZKOA. 8.476 habitantes

A MEDIO CAMINO ENTRE INDUSTRIOSO PUERTO DE PESCADORES Y TRANQUILO PUEBLO DE VERANEO, ZUMAIA ES UNA ELEGANTE LOCALIDADDEL LITORAL GIPUZKOANO RODEADA DE UN PARAJE NATURAL SINGULAR. ENTRE ACANTILADOS Y MARISMAS, PARAÍSO DE GEÓLOGOS Y NATURISTAS, DESDE SU FUNDACIÓN EN EL SIGLO XIV SIEMPRE HA ESTADO VOLCADA A ACTIVIDADES MARINAS: PESCA, CONSTRUCCIÓN NAVAL, INDUSTRIA CONSERVERA Y AHORA AL TURISMO VERANIEGO. ATRACTIVOS MONUMENTALES TAMPOCO LE FALTAN: ADEMÁS DE UN CASCO ANTIGUO CON TODO EL SABOR DE LOS PUEBLOS VASCOS DE LITORAL, SU NOMBRE ESTÁ LIGADO AL DE IGNACIO ZULOAGA, DE QUIEN TIENE UN INTERESANTE MUSEO.

INFO

Oficina de Información Turística
Kantauri plaza, 13.
Telf. 943 143 396.
www.zumaia.net
Organizan visitas guiadas y alquilan bicicletas.

DORMIR

HOTEL ZUMAIA✪✪

Alai Auzategia, 13.
Telf. 943 143 441.
Abierto en 1998, es limpio, moderno y las habitaciones son grandes, con teléfono y televisión.
Habitación doble: 60-82 €.

AGROTURISMO JESUSKOA

Barrio Oikina.
Telf. 943 143 209 y 635 758 849.
Buenas instalaciones con posibilidad de paseos a caballo, trato muy amable y a medio camino entre Zumaia, Getaria y Zarautz.
Habitación doble: 50-70 €.

COMER

Casas con menú (menos de 15 €)

KALARI
Upela plaza, 8.
Telf. 943 862 517. Ofrecen un buen menú elaborado con buenas materias primas.

Restaurantes (de 21 a 36 €)

Es recomendable el **Asador Bedua** (Zestoa auzoa, s/n; telf. 943 860 551), que ocupa uno de los típicos caseríos de la zona y está junto al río Urola. La carta basa su oferta en la cocina tradicional vasca, bien elaborada y con buenos productos de temporada. Su especialidad son los pescados y carnes a la brasa.
En **Iriondo** (Txikierdi auzoa, s/n, en la carretera a Deba; telf. 943 861 390), su fuerte son los pescados a la parrilla, los chipirones encebollados y los bacalaos fritos. Como postre, arroz con leche.

En la playa de Itzurun, al borde del mar, se ubica el hotel **Talasso-Zelai** (playa Itzurun, s/n; telf. 943 865 100). Además de brindarnos alojamiento en bonitas habitaciones con vistas al mar y ser un centro de talasoterapia dispone de un buen restaurante.

Marina-Berri (Puerto Deportivo; telf. 943 865 617) es un amplio restaurante del puerto deportivo muy recomendable para comer pescado.

57 PLANOS DE CIUDADES DE ESPAÑA

CON TODOS LOS AMBIENTES URBANOS (COMERCIALES, DE TAPEO, MONUMENTALES, ETC.) LOCALIZADOS EN SUS CALLES

EJEMPLO PLANOS AMBIENTE

DONOSTIA-SAN SEBASTIÁN

① **Parte Vieja**
Es una ciudad en sí misma. Un laberinto de calles volcadas al comercio y a la hostelería, donde se pueden satisfacer todas las necesidades. Abundan las tiendas de recuerdos, productos vascos y ropa veraniega como la legendaria *Pukas*. En el interminable listado de bares y restaurantes están los mejores de la ciudad. El ambiente nocturno decae a partir de las 22 h y los bares de copas se localizan en las calles exteriores: Boulevard, Reina Regente, Salamanca y Mari.

② **Paseo de La Concha**
Mirador y escaparate de la ciudad, con un par de locales de copas a la altura de La Perla.

③ **Centro, entre Boulevard y avenida de la Libertad**
Es una zona comercial con amplia dotación de tiendas de moda, cafeterías, heladerías y galerías de arte. Muy animada por las tardes pero sin ningún ambiente nocturno. Ideal para deambular al mediodía y a media tarde. Su centro es la plaza de Gipuzkoa y Garibay.

ALACANT/ALICANTE

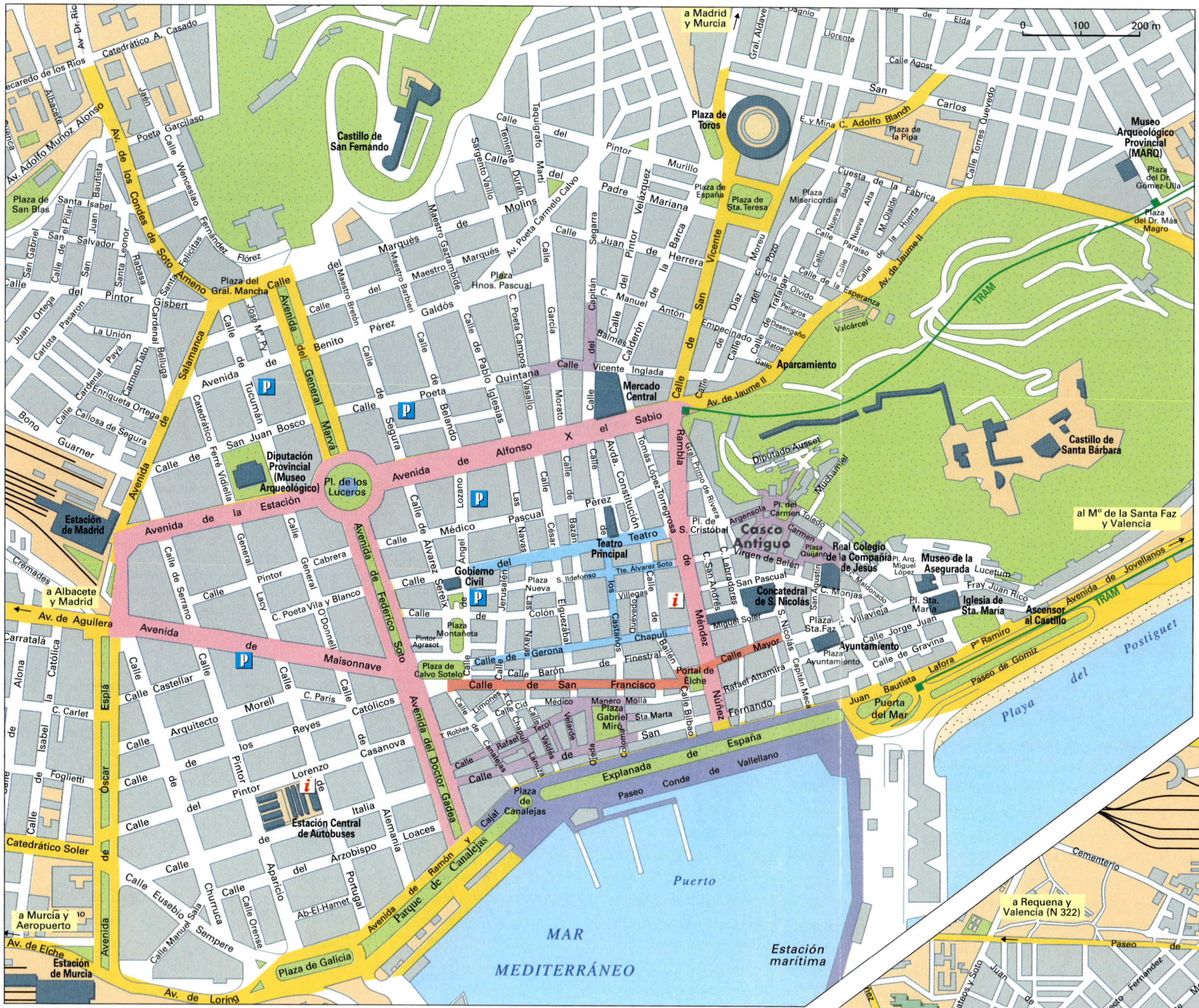

ALACANT/ALICANTE

① Gerona, Chapuli, Castaños, Teatro y Teniente Soto

Son calles con sabor popular, que suelen congregar a mucha gente alrededor de sus tiendas de moda, zapatos y bares. Es una zona de pequeño y mediano comercio.

② Rambla de Méndez Núñez y avenidas de Alfonso X El Sabio, La Estación, Federico Soto, Doctor Gadea y Maisonnave

Es la parte de la ciudad que exhibe el comercio más cosmopolita, con bancos, aseguradoras y todas las tiendas que uno imagine. Por encima de todas estas vías destaca la calle Maisonnave, gracias a los grandes centros comerciales y las numerosas franquicias de primerísimas marcas de moda, complementos y artículos deportivos.

③ Calles San Francisco y Mayor

El hecho de que ambas sean peatonales ha fomentado la proliferación de bares-restaurantes en calles donde siempre habitó el comercio más tradicional. En las llamadas "calles de las tascas", las terrazas se codean unas con otras para ofrecer raciones, menús baratos y bocadillos.

④ El Puerto y la Explanada

La parte más vistosa de la ciudad es un gran paseo: la Explanada, un continuo bullicio con multitud de terrazas que instalan los restaurantes próximos entre bancos, agencias de viajes y otros locales comerciales. Al llegar la noche se transforma en una de las zonas con más ambiente de la ciudad, siendo estos bares los más cuidados en su decoración y los que más tarde cierran.

⑤ Otras zonas de ambiente nocturno

La zona de El Barrio gira en torno a las plazas del Carmen y Quijano, contagiando del ambiente a las estrechas calles cercanas. Las de San Fernando, Rafael Terol y la plaza de Gabriel Miró dan lugar a la zona centro. Los locales de la "ruta de la madera" son los que se encuentran detrás del mercado de abastos, aunque es el puerto el que tiene más tirón.

ALBACETE

ALBACETE

① La plaza de la Catedral y la plaza del Altozano

Es entre estas dos plazas donde se encuentra el principal conjunto monumental de Albacete, cuyo máximo exponente es la catedral. Entre estas dos plazas y las calles adyacentes, se sitúa todo el comercio de la ciudad. Especialmente animadas resultan las calles del Rosario y Marqués de Molíns que, con establecimientos como *El Corte Inglés*, el *Centro Comercial Val General* o las cuchillerías *Simón*, acogen la mayor parte del bullicio durante el día.

② Paseo de la Feria

Este bulevar, situado junto a la plaza de toros, es un lugar ideal para sentarse a tomar unas cervezas con una buena tapa. Los chiringuitos prefabricados que se montan llenan este paseo de olores deliciosos con sus pinchos. Suele estar muy concurrido durante la primavera y el verano.

③ Calle Concepción y alrededores

Esta calle y las adyacentes son las principales arterias de la vida nocturna de Albacete. Es donde se concentran la mayoría de los cafés y locales de copas que hacen sonar sus músicas de baile y otras más tranquilas hasta altas horas de la madrugada. En verano, las animadas terrazas ocupan estas calles llenándolas de coloridas sombrillas... y mucho barullo. Es el lugar al que acudir para vivir la noche de una ciudad que ofrece, sin duda, una buena dosis de animación.

④ El Campus Universitario (f. p.)

En Albacete, el Campus es algo más que el lugar donde se encuentran las facultades universitarias. Es una pequeña ciudad dentro de la gran ciudad y un sitio al que acudir si se busca ambiente joven, buenos cafés, agradables cervecerías o algún sitio para comer.

BADAJOZ

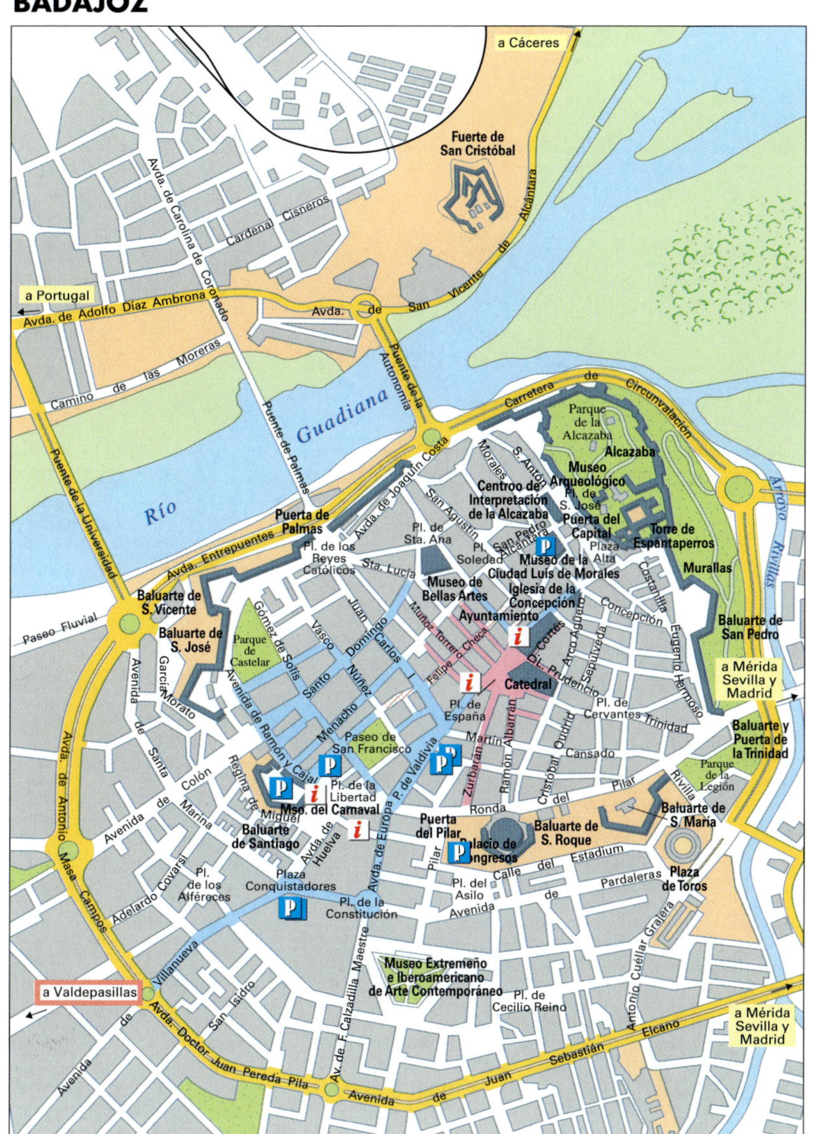

BADAJOZ

① Las modernas zonas comerciales

Juan Carlos I y Menacho forman el núcleo comercial más bullicioso y moderno. En la primera, al amparo de los soportales que cobijan las tiendas de primeras marcas de moda, se crea una corriente que fluye hacia Menacho, desbordada por un ingente número de tiendas de ropa y complementos. Con otros aires, la avenida de Europa sube hasta la plaza de la Constitución, cuajada de bancos y oficinas, para prolongarse hasta la plaza de los Conquistadores, presidida por *El Corte Inglés* (el más grande de los dos que hay), símbolo de una modernidad que aún se prolonga por la calle Villanueva.

② El casco histórico

El punto de referencia para vivir el ambiente pacense se articula en torno a la plaza de España. Cuajado de terrazas a poco que caliente el sol, y con una singular mezcolanza de tabernas, cafés y pubs, las estrechas y peatonales calles que parten de esta plaza tienen una magia que no entiende ni de horas ni de edades.

El casco histórico es un laberinto peatonal con esencia de zoco, que es también el hábitat natural para tiendas de artesanía, cafés llenos de encanto y las tabernas más señeras a la hora del tapeo. Una atractiva combinación, que en la calle Muñoz Torrero se torna en una sucesión de locales de comida con precios muy asequibles y variados sabores.

③ Zona de Valdepasillas y la Urbanización Guadiana (f. p.)

Alejados del casco histórico, los locales de la nocturnidad más pura se localizan en la llamada zona de Valdepasillas, situada en torno a Sinforiano Madroñero, y en la urbanización Guadiana, a lo largo de la avenida de Elvas, al otro lado del río Guadiana.

BAEZA

① Plaza de la Constitución y calle San Pablo

Es la antigua plaza del Mercado y corazón de la ciudad, donde se localiza el pequeño y escaso comercio, la zona de tapeo (con algunos bares tan célebres como *El Mercantil)* y sus tranquilos jardines, lugar de reunión para los más mayores.

② Centro histórico

En él se encuentran casi todos los edificios administrativos, religiosos y artísticos de la ciudad, centrándose básicamente en las plazas del Pópulo, Santa María, Santa Cruz, la Constitución y España, así como calles colindantes. La Universidad, de la que fue profesor Machado, es uno de los principales centros docentes de Andalucía en los meses de verano.

③ Avenidas de Alcalde Puche Pardo, Alcalde Garzón Nebrera y B. Rubio

Éstas son las grandes vías de comunicación que limitan el casco histórico, liberándolo del tráfico rodado. En ellas se encuentran grandes parques, como el de Leocadio Marín (El Vivero), y la plaza de toros. En la avda. Alcalde Puche Pardo hay buenos bares de tapas y un gran número de alojamientos.

BAEZA

ALMERÍA

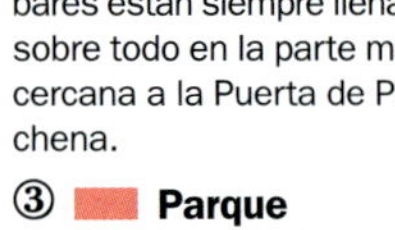

① **Calle de las Tiendas, Rambla de Obispo Orbera y calle de Alcalde Muñoz**

La Puerta de Purchena es el centro desde donde se ramifican las anteriores vías. Flanqueadas por elevados edificios y atestadas siempre de trafico, contienen casi todo el comercio tradicional de Almería.

② **Paseo de Almería**

Arteria principal de la ciudad, es la más solemne de la vías, pues en ella se suceden grandes escaparates de bancos, oficinas y tiendas de marcas de moda. Es también un lugar de los más concurridos a la hora de pasear y tapear; las terrazas de heladerías y bares están siempre llenas, sobre todo en la parte más cercana a la Puerta de Purchena.

③ **Parque de Nicolás Salmerón**

Sus jardines han favorecido la proliferación de terrazas en el verano. También ésta es la zona de las discotecas de última hora.

④ **Calles Trajano, Conde Ofalia, Padre Luque y Antonio González Egea**

Epicentro de la marcha, de la noche y del tapeo, es el lugar más animado de Almería, ya desde la hora de la tapas, que suele congregar a público de todo tipo, que más tarde se traslada a la multitud de discopubs que pueblan sus calles.

⑤ **El Zapillo (f. p.)**

Es un barrio muy popular, cerca de la playa. La alegría de sus calles se refleja en sus bares de tapas y en su paseo marítimo, repleto de paseantes en las noches de verano.

⑥ **Nueva Andalucía (f. p.)**

En la parte más nueva de la ciudad, es una zona de ambiente joven, exclusivamente para tapear y tomar copas.

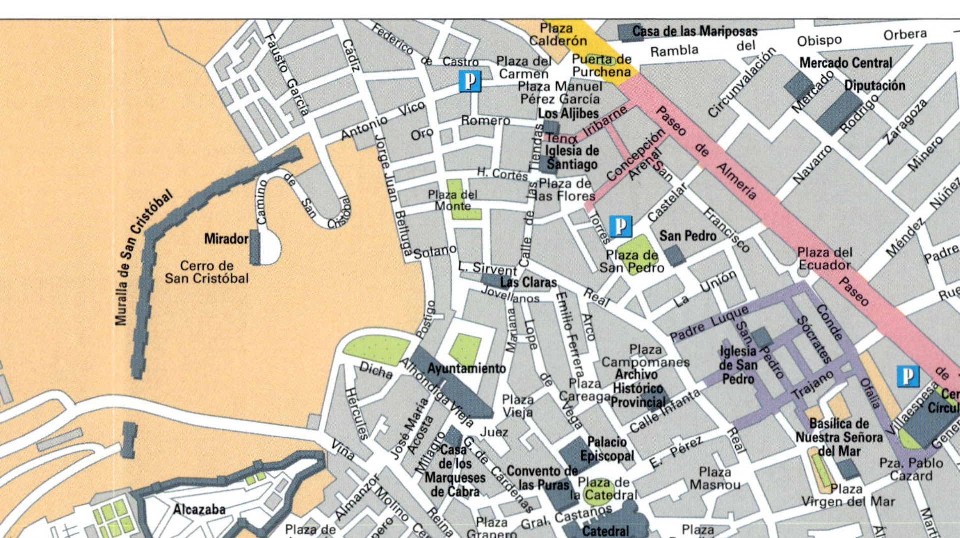

ÁVILA

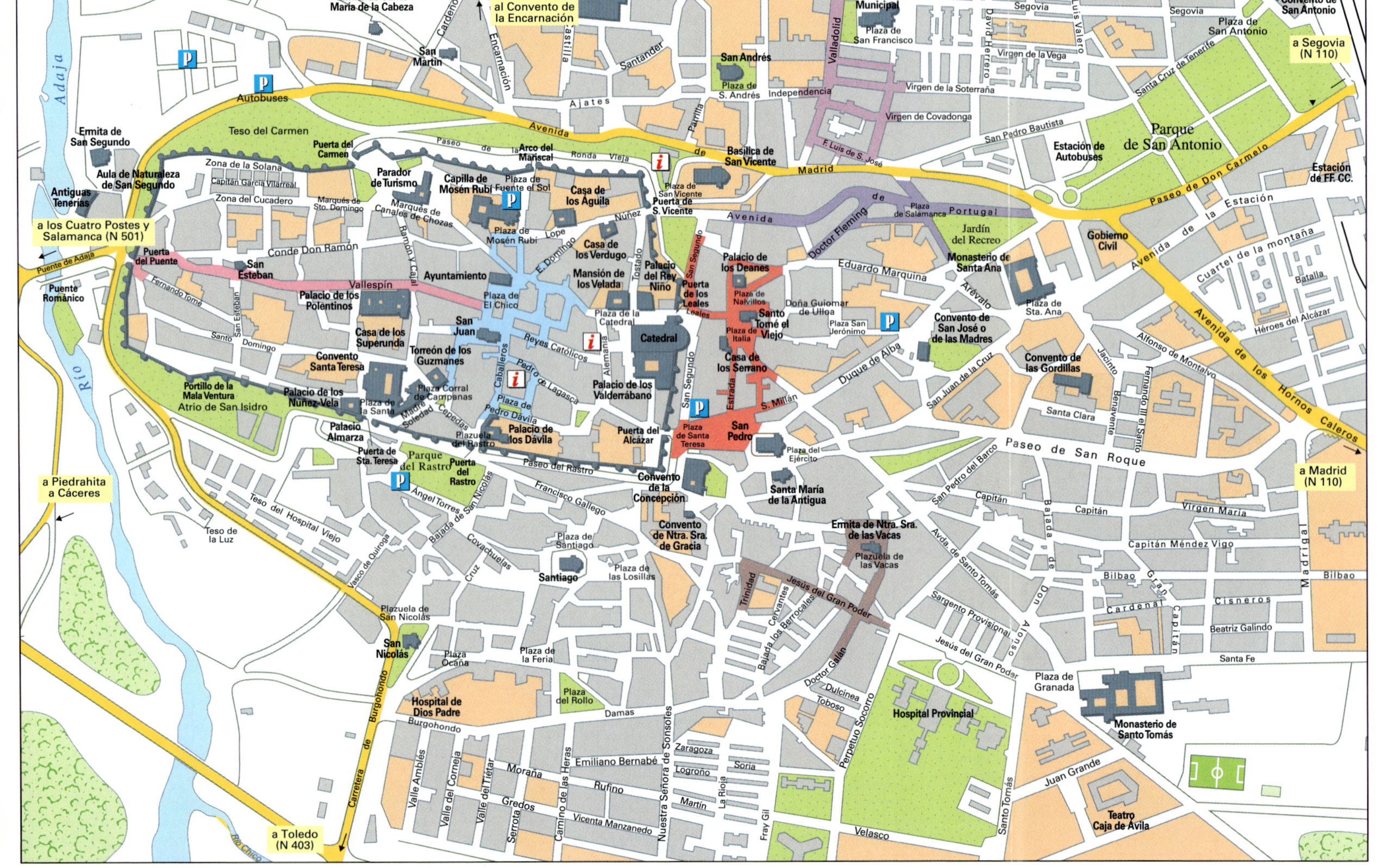

ÁVILA

① **El Mercado Chico**

Es la zona turística y, por tanto, la que más visitantes congrega. La plaza del Ayuntamiento y sus aledaños es la zona que presenta mayor concentración de bares y restaurantes. Se comunica con la plaza de la Catedral por el paseo peatonal de los Reyes Católicos, con varios comercios, muy transitado por la tarde. En la plaza de Mosén Rubí hay algunos cafés, que son también pubs de copas por la noche.

② **Vallespín**

Esta calle singular está tomada por la movida nocturna, localizándose en ella un buen número de disco-pubs, a algunos de los cuales acude gente muy joven, a la tarde, prolongándose la actividad hasta bien entrada la noche.

③ **El Mercado Grande**

Es una zona de día y tarde, en la que sobresalen los cafés y entre éstos, por aforo y tradición, *El Grande*, en la plaza de Santa Teresa, sin olvidar algunos otros muy bonitos en las calles de alrededor, sitios todos muy tranquilos y de espíritu joven.

④ **Avenida de Portugal y zona de los mesones**

La zona de los mesones (o "el triángulo") abarca mesones para comer o picar algo. La mayoría reúnen a mucha gente joven a primera hora de la tarde y también los domingos por la mañana y a la hora del partido.

La avenida de Portugal recoge la marcha de media noche hasta la madrugada, con locales muy conocidos a los que muchos acúden después de Vallespín.

⑤ **San Andrés o zona FP**

Es la zona que queda junto a la anterior, de la avenida de Madrid a San Francisco y San Andrés, y debe su nombre al centro de formación sito en la calle Valladolid. Abundan los locales de copas y disco-pubs.

⑥ **Las Vacas y barrio de la Toledana**

Abarca una serie de locales y bares tanto de día como de noche, algo dispersos, en la misma plaza o los alrededores y en el barrio de la Toledana, que se extiende hacia el sur.

BILBAO

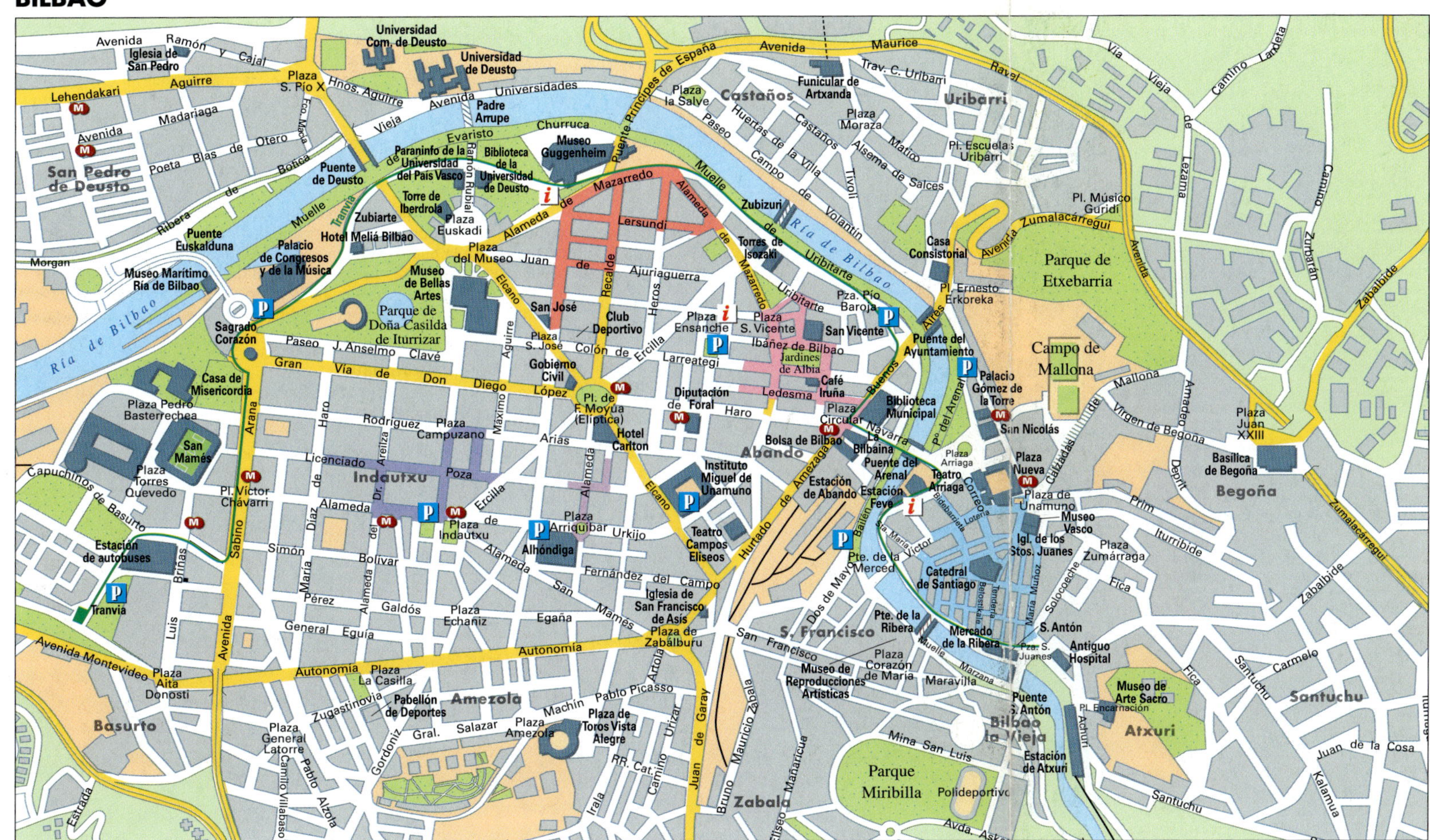

BILBAO

① **Casco Viejo: Arenal, Barrenkale, Somera y Plaza Nueva**
Conjunto urbano con todo tipo de tiendas, tabernas y casas de comida. Las calles que salen del Arenal dedican su actividad preferentemente al comercio, mientras que las que mueren en la ría, las Siete Calles, son las que más bares y restaurantes contienen. Plaza Nueva, María Muñoz y Somera son zonas con buen ambiente durante el mediodía y por la tarde, con cierta orientación al tapeo y el *txikiteo*. Hay restaurantes en abundancia en la calle Jardines, mientras que la vida nocturna más intensa se extiende por Barrenkale, Pelota y Santa María.

② **Albia**
Zona comercial con buena dotación de cafeterías y restaurantes de calidad. Los bares de la calle Ledesma tienen una clientela incondicional entre los comerciantes y oficinistas de la zona. Por la noche el ambiente se desplaza hacia los bares y cafeterías de los jardines de Albia y Colon de Larreategi; allí se encuentra el café *Iruña*.

③ **Zona Guggenheim, Iparraguirre y Mazarredo**
El museo ha modificado los hábitos de una zona que pasaba por ser una de las más tranquilas de Bilbao. La calle Iparraguirre ha recobrado actividad durante todo el día, con la apertura de restaurantes de todo tipo, y por la noche. El estilo es bastante cuidado, con gente elegante y nivel adquisitivo alto. En Mazarredo hay una amplia lista de pubs y disco-bares, mientras que en Alameda de Recalde está la mejor discoteca de la zona, *Distrito 9*, y en Iparraguirre la sala de conciertos más dinámica, *Palladium*.

④ **Indautxu: Licenciado Poza y Manuel Allende**
Zona comercial muy bulliciosa durante todo el día y con la mayor concentración estudiantil de Bilbao. En Licenciado Poza es imposible caminar por las aceras a partir de las 19 h, dada la afición de la gente a tomarse las consumiciones en el exterior de los bares.
Cuando termina el día, los más maduros se desplazan hacia la Gran Vía y Manuel Allende, y los más jóvenes hacia la zona 5.

⑤ **Indautxu: Urkijo y Telesforo Aranzadi**
El público es más variopinto y la densidad de pubs altísima. Durante el día no tiene otros atractivos que no sean buenos comercios y librerías, pero por la noche se convierte en la zona más animada de Bilbao. Locales para todo tipo de gente, los jóvenes frecuentan las Galerías Urkijo y los más maduros, Telesforo Aranzadi.

BURGOS

BURGOS

① **Alrededores de la catedral, Llanas de Adentro y de Afuera**
Los bares, tascas y restaurantes se suceden ininterrumpidamente por estas calles, llenas de turistas y estudiantes durante todo el año. La presión vital crece a partir del mediodía, al olor de las casas de comida, y alcanza su punto álgido a primeras horas de la noche, pues aquí se instalan buena parte de los pubs de la ciudad. En torno a las calles San Juan y la Puebla se localizan algunos de los cafés de mayor arraigo.

② **Zona nueva**
Los comercios más relevantes de la ciudad se distribuyen entre estas tres largas avenidas: Cid Campeador, Reyes Católicos y avenida de la Paz. En torno a la calle Calzadas y el paseo de la Maza se concentran un buen número de pubs y discotecas, que amenizan las madrugadas del fin de semana y son los últimos en cerrar. En Calzadas también hay bares para el tapeo.

③ **Paseos del río Arlanzón**
En la margen derecha se extiende el ancho paseo del Espolón, flanqueado por una larga sucesión de estatuas de caballeros ilustres castellanos, y en la margen izquierda, los verdes paseos de la Quinta, Sierra de Atapuerca y la Isla, acondicionados con carril bici y muy agradables para caminar. Se percibe una mayor vitalidad por la mañana, por el trasiego de gente que acude al centro a comprar.

BARCELONA

BARCELONA

① Carrer de Marià Cubí

La zona de "encima de la Diagonal" siempre se ha relacionado con un nivel social elevado, y a ese estilo de vida responden los locales que se establecen en ella. El carrer de Marià Cubí es, sin duda, el que mayor número de estos establecimientos presenta y el que más interés tiene para quien desea conocer a la "gente guapa" de la ciudad en su propio medio. Los bares musicales, los pubs y los locales comerciales mantienen un nivel de precios realmente elevado, algo que, ya de por sí, es un eficaz método de selección.

② La Plaça Reial y Las Ramblas

De los muchos ambientes que ofrece Barcelona, el de la Plaça Reial es, seguramente, el que mejor refleja la capacidad integradora de esta gran urbe. La mezcla de tendencias se hace en este bello entorno urbano extraordinaria, y su proximidad a las Ramblas incrementa la diversidad. El mercado de la Boquería, restaurantes de buen precio, bares de tapeo, cafés con solera, locales musicales de renombre, salas de fiesta... acrecientan la animación en esta zona a todas horas.

③ El Port Olímpic

La concentración de bares, locales musicales, restaurantes, terrazas y pubs es, en esta zona, la más elevada de toda la ciudad. En consecuencia no resulta extraño que el número de visitantes a la misma, a cualquier hora del día y de la noche, y cualquier día de la semana (con un claro incremento durante los sábados y domingos) resulte extraordinario. La variedad de ambientes es la tónica dominante.

④ Maremàgnum

La remodelación de algunas zonas portuarias de Barcelona en respuesta a las exigencias planteadas por la celebración de los Juegos Olímpicos de 1992, supuso la aparición de espacios nuevos cuya principal dedicación es el ocio y la diversión.

El Maremàgnum es uno de ellos, y la afluencia de personas durante el día y la noche, en busca de la variada y atractiva oferta es muy elevada. Cuenta con numerosas terrazas, restaurantes, locales musicales y de copas. Las presencia de instalaciones como el *Aquàrium* de Barcelona o el *Imax* hace que abunde también el público infantil.

⑤ El Born

Un clásico de Barcelona es la zona de El Born. Aunque su animación o su fama no llega, por ser menos multitudinario, a los niveles de otras zonas, es posible aquí palpar uno de los ambientes de ocio, de copas y de cultura más clásicos de la ciudad. Los locales que se abren en este entorno son relativamente pequeños, pero su clientela es de las más fieles. Es habitual quedar en alguno de ellos para tomar las primeras copas y desplazarse después para continuar la noche en otras zonas.

⑥ El Pueblo Español

Aquí se concentra la práctica totalidad de los ambientes de una ciudad tan cosmopolita y diversa como Barcelona. Las calles de esta especie de "isla" localizada en la montaña de Montjuïc, constituyen un laberinto de ambientes, tendencias y culturas.

⑦ Gràcia

Antiguamente población independiente, este barrio es uno de los que mayor fama y renombre poseen en lo que respecta a ambiente festivo y animación tanto nocturna como diurna. Sus calles, que conservan aún la compleja estructura y ordenación urbanística propia de las localidades antiguas, albergan un sinnúmero de bares, restaurantes y locales musicales, así como comercios de todo tipo, de manera que el espíritu de independencia respecto a la gran Barcelona parece mantenerse en cierto modo.

⑧ Almogàvers

La moda de utilizar los espacios industriales, en concreto las grandes naves, casi diáfanas en su interior, como locales musicales, tiene su reflejo en la zona de la calle Almogàvers, en las inmediaciones del Poble Nou, uno de los entornos urbanos más afectados por la remodelación urbana a la que se vio sometida la ciudad como consecuencia de las Olimpiadas de 1992. La concentración de gente, especialmente de gente muy joven, en la zona responde tanto al número de locales como a su oferta, pues algunos de ellos son escenario de conciertos de grupos musicales.

⑨ Balmes y Aribau

El ensanche de Barcelona (l'Eixample), especialmente el que se localiza en las inmediaciones del centro, cerca de la plaza de Catalunya y de la plaza de la Universitat, es un entorno en el que la oferta de diversión se ha convertido en un clásico de la noche barcelonesa. Los locales que abren sus puertas en las calles de Aribau y Balmes congregan a muchos jóvenes los fines de semana.

CASTELLÓN DE LA PLANA

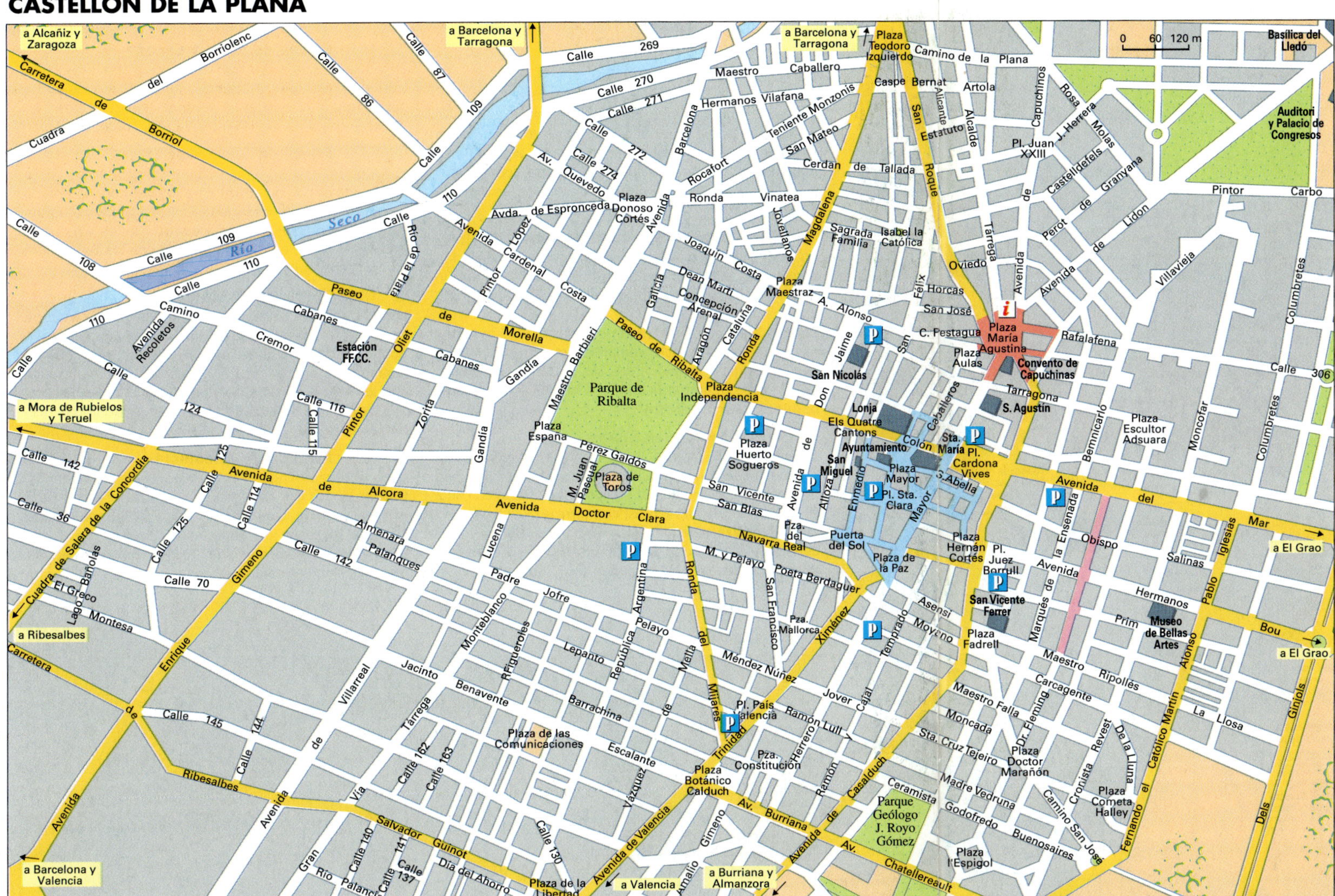

CASTELLÓN DE LA PLANA

① **Alrededores de la Plaza Mayor**

Aquí se concentra la mayoría de pubs, bares y locales musicales, y el ambiente que se respira es muy animado tanto de día con el tapeo como por la tarde-noche con las copas y los cafés. Además coincide con uno de los entornos urbanos más interesantes.

② **La calle Lagasca**

La animación de esta calle se debe, principalmente, a la gente muy joven, que ha hecho de los locales que aquí se abren sus principales centros de reunión antes de partir hacia las discotecas de los polígonos.

③ **Alrededores de la plaza María Agustina**

Es esta la zona "progre" de Castellón. Aquí se concentran las vanguardias de la cultura castellonense –y no sólo éstas– en multitud de locales de copas nocturnas y cafés tranquilos. El ambiente, en consecuencia, resulta muy especial.

Polígonos industriales (f. p.)

Las grandes naves del entorno industrial de la ciudad han sido, en gran medida, convertidas en macrodiscotecas. El movimiento de gente en estos entornos, siempre algo desangelados y fríos, es en consecuencia enorme.

CIUDAD REAL

① **La Plaza Mayor y los alrededores**

Entre la plaza de la Provincia y la Diputación Provincial se halla el casco antiguo de la ciudad. El centro de toda esta zona es la Plaza Mayor y sus alrededores. El entramado de estrechas calles que configuran los alrededores de la plaza concentran el bullicio de la ciudad durante el día, disminuyendo la afluencia de gente a partir de las primeras horas de la noche.

En esta zona se concentra todo el comercio de la ciudad (especialmente en las calles peatonales), donde proliferan las pequeñas tiendas de moda y la mayoría de los edificios públicos. Además, gran parte de los bares de tapas y algunos restaurantes se localizan en los soportales de la Plaza Mayor o en las calles aledañas.

② **Zona de El Torreón**

En esta zona, comprendida entre las paralelas calles de la avda. del Torreón del Alcázar, la calle Hidalgos y la calle de La Mata, se halla casi la mayoría de los locales de copas y cafés de la ciudad. A media tarde (sobre todo de lunes a jueves), los numerosos estudiantes se reúnen en los cafés. En las calles Alcántara, Madrilas y avenida del Torreón, por ejemplo, se encuentran algunos de los más bonitos. Cuando llega la noche (especialmente la del jueves), estudiantes y demás jóvenes se precipitan sobre estas animadas calles para vivir la noche de una ciudad que ofrece, sin duda, una buena dosis de animación.

CIUDAD REAL

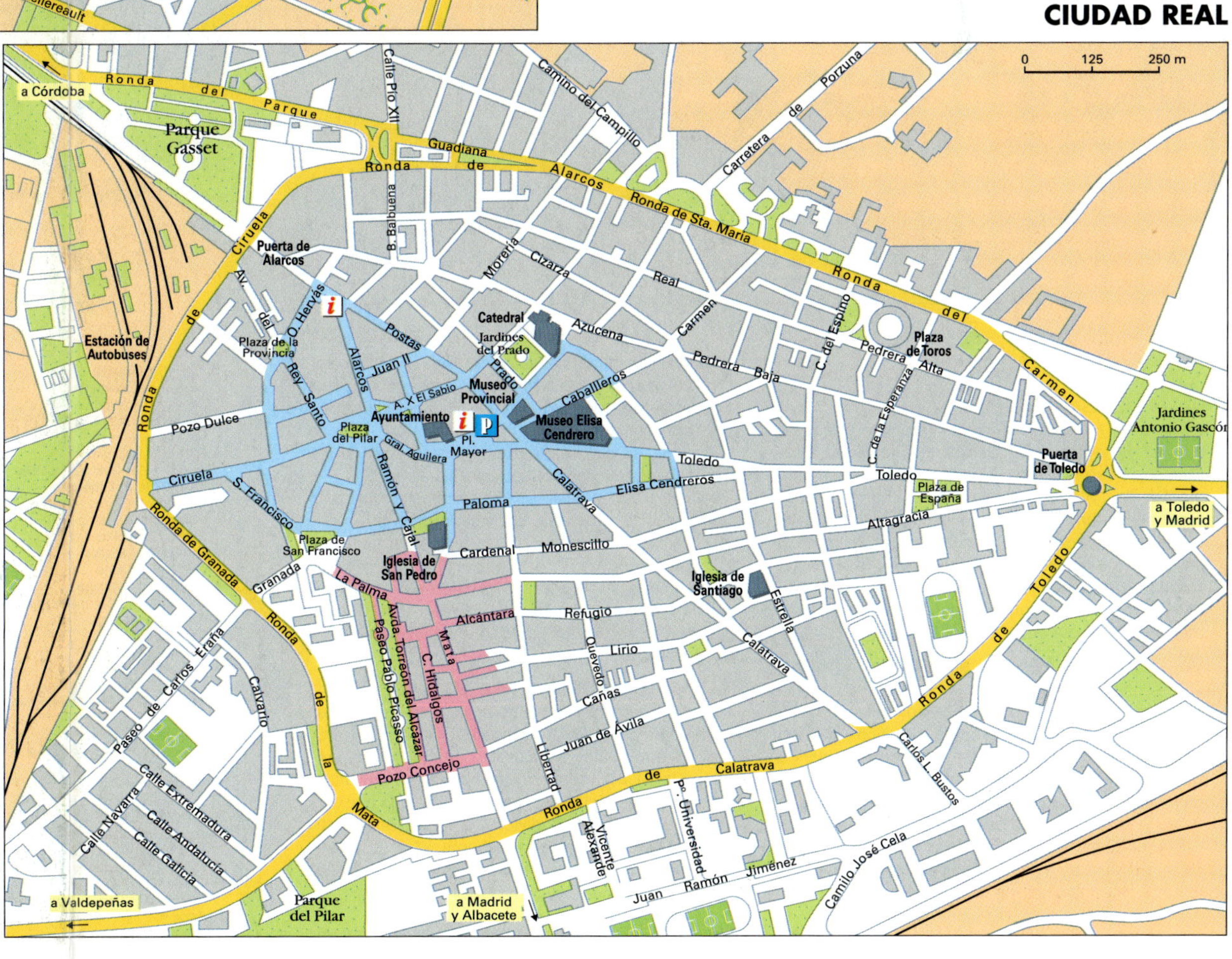

CÁDIZ

CÁDIZ

① Plaza del Palillero

A esta plaza confluyen las calles Ancha y Columela, dos de las más comerciales del centro. Tiendas de marca en locales de diseño acaparan cada vez más la atención de algunos consumidores; otros siguen fieles a los pequeños comercios de toda la vida, todavía muy abundantes y auténticas instituciones en esta parte de la ciudad.

② Plaza de San Juan de Dios

Un gran número de bares, restaurantes y cafeterías aprovechan este enclave por donde pasan a diario un sinfín de transeúntes, especialmente funcionarios y turistas.

En las calles cercanas están algunas de las tascas y casas de comidas recomendables (el *Achuri* o el *Noya* son de los más competentes). Del otro lado de la plaza sale la calle peatonal Pelota, que conduce entre escaparates hasta la catedral.

③ Plaza de las Flores

Los puestos de plantas la decoran y las freidurías de pescado le dan una vidilla muy particular a está pequeña plaza, donde es costumbre comprar el pescado en cucuruchos (freiduría *Las Flores*, con terraza) y sentarse en alguna terraza para pedir la bebida (*La Marina*). Muy cerca, en la plaza del Mercado, daréis con el *Merodio*, uno de los bares más genuinos de Cádiz.

④ Plazas de Mina y España

En las calles que comunican estas dos plazas se encuentran algunos bares de tapas y numerosos locales de copas (algunos cierran en verano). Las dos plazas en sí están tomadas por la juventud del "botellón".

⑤ Punta de San Felipe (f. p.)

El Ayuntamiento, en un intento de concentrar los bares de movida donde no molesten a los vecinos, ha optado por crear un *ghetto* pasada la Estación Marítima. El trasiego de vehículos de dos y cuatro ruedas y nutridos grupos de gente entrando y saliendo de los bares dura hasta la madrugada.

⑥ El Paseo Marítimo (f. p.)

Los chiringuitos de madera de la playa de la Victoria son parada obligatoria para los noctámbulos de la noche (aunque también durante las horas de playa y cuando se pone el sol). En la retaguardia, como buscando refugio en días de viento, por la calle General Muñoz Arenilla se suceden más locales de copas nocturnos para casi todos los gustos.

⑦ Avenida de Andalucía

Cada vez más tiendas y nuevos negocios prefieren instalarse fuera del casco antiguo, a lo largo de esta extensa avenida, que discurre desde la entrada a Cádiz hasta la plaza de la Constitución (Puertas de Tierra). Los lunes, en el *mercadillo El Piojito* se pueden encontrar miles de curiosidades.

CÁCERES

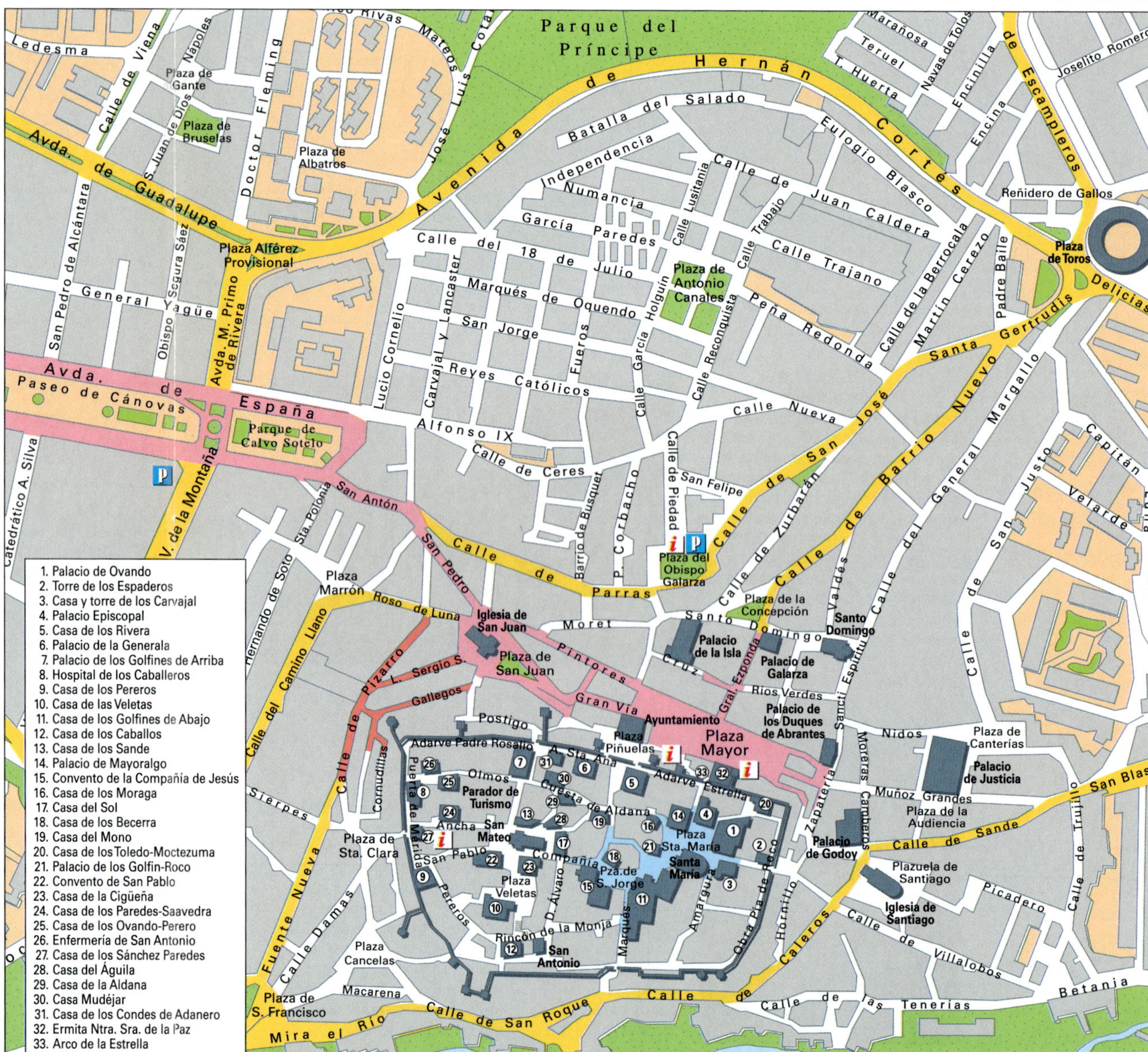

CÁCERES

① Casco histórico

Comprende fundamentalmente un recinto protegido por una muralla, aunque fuera de él también se localizan algunas piezas de gran valor artístico y monumental. Se trata de una villa medieval de las mejor conservadas en el mundo, que alberga palacios, iglesias y mansiones nobles. Dentro del casco histórico encontraremos locales llenos de encanto con la mirada puesta en el visitante, como la bonita tienda de artesanía *Expoarte*, el restaurante *Torre de Sande* o la magnífica terraza *Corral de las Cigüeñas*.

② Plaza Mayor y alrededores y paseo de Cánovas

La actividad comercial más cotidiana se reparte en torno al cordón que une el centro turístico –la Plaza Mayor y la ciudad amurallada–, y el centro social de Cáceres, el paseo de Cánovas. Así, las diferentes calles que van de una a otra plaza (Pintores, San Pedro y San Antón), son bulliciosas vías peatonales donde se palpa con más fuerza el vivir diario.

La Plaza Mayor, tomada por bares y restaurantes cuyas terrazas desbordan los sombreados soportales, es territorio del visitante; el paseo de Cánovas, con su ajardinado bulevar nutrido de quioscos y flanqueado por comercios, es la zona más popular de la ciudad; y la plaza de San Juan, punto intermedio en el recorrido que lleva de una a otra, es con sus terrazas y restaurantes el epicentro de las raciones al decaer el fuerte sol.

También la Plaza Mayor es zona imprescindible para vivir la noche cacereña. Los numerosos bares que alberga se transforman al caer el sol en punto de encuentro de jóvenes noctámbulos, mientras que los locales de la más pura nocturnidad abren sus puertas en las contiguas plaza del Duque y calle General Ezponda, para alcanzar su punto álgido sobre las 2 de la mañana.

③ Calle Pizarro y La Madrila

La calle Pizarro y sus calles adyacentes congregan un ambiente algo más tranquilo e intelectual; son locales que cuidan su aspecto interior, ofreciendo buena música y variedad a sus clientes. Muy activa durante la hora del café y hacia las 2 h de la mañana. La zona de La Madrila, dividida en Alta y Baja según el matiz que han tomado sus bares, atrae a los que se sienten con fuerzas para seguir bebiendo, bailando y riendo.

ZAMORA

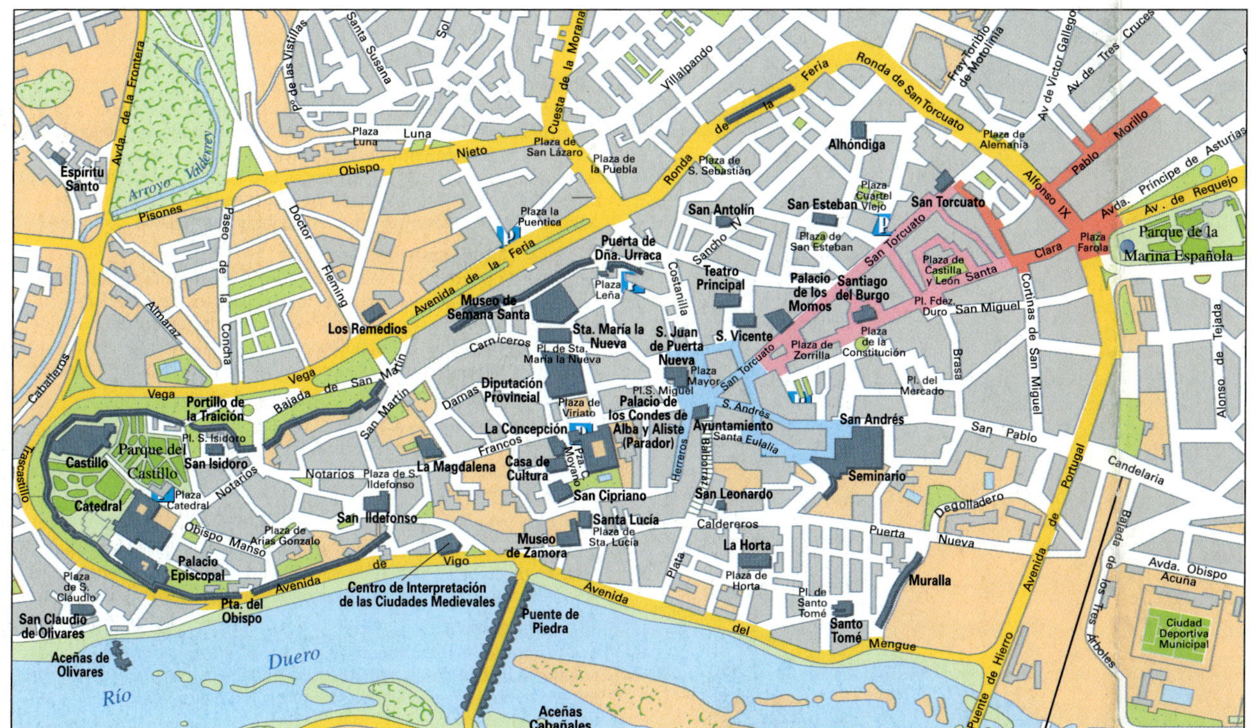

ZAMORA

① **Herreros, Plaza Mayor y Santa Eulalia**

El museo por excelencia del tapeo, por todos conocido, se encuentra en la angosta calle de los Herreros. Un jolgorio nocturno, mezcla de edades, estilos e ideas políticas. Al mediodía y al caer la tarde, la curvada y estrechísima vía se nutre de clientes aficionados al tapeo barato y con sabor popular. Cuando la noche avanza, los decibelios se duplican y los más jóvenes se adueñan de ella. En la Plaza Mayor, y en su casi anexa plaza del Fresco, en verano se instalan terrazas y el ambiente es animadísimo. En ellas se puede tapear, tomar un café o la primera copa. La primera es el punto neurálgico del casco antiguo y un buen sitio donde quedar si no se conoce la ciudad.

Otra área de tapeo a la hora del aperitivo es la de la calle Santa Eulalia; aquí acude un público más maduro, pero por la noche los bares de raciones dejan paso a los más jóvenes, retiran mesas y sillas, suben decibelios y se convierten en pistas de baile. Muy cerca, en la plaza del Seminario, se encuentra la *Cueva del Jazz*, el único local de conciertos en la ciudad.

② **San Torcuarto y Santa Clara**

La calle Santa Clara es la arteria comercial por excelencia, el centro del diseño y de las tiendas modernas, porque Zamora es un importante centro de moda alternativa, original y atenta a las nuevas tendencias. Esta calle, peatonal y rodeada de edificios modernistas, es un continuo paseo mientras permanecen abiertas las tiendas. El comercio lo comparte con su vecina calle San Torcuato. Ambas, que confluyen en la plaza Sagasta, son la suave transición entre el añejo casco histórico y la zona nueva.

③ **Alfonso de Castro, La Farola y Pablo Morillo**

Al final de la zona comercial de la ciudad, en Alfonso de Castro, en las inmediaciones de la plaza de La Farola, ya en la zona nueva, y en la calle Pablo Morillo hay otra importante zona de bares. En la primera hay bares de tapeo de calidad. En Pablo Morillo y en los alrededores de la La Farola, además de algunos locales de copas, se sitúan locales animados a la hora del tapeo diurno. El ambiente no es tan bullicioso como en la Plaza Mayor pero las tapas son exquisitas.

ZARAGOZA

ZARAGOZA

① **Calles Alfonso I y Don Jaime I**

La calle Alfonso I es el principal eje comercial del casco, seguido en importancia por el eje paralelo formado por la calle Don Jaime I. Aquí se da el comercio más tradicional: sederías, anticuarios, confiterías, etc. Algo interesante y exclusivo de estas calles es la fuerte restricción realizada al tráfico rodado desviando la circulación a la abigarrada calle del Coso. En medio de estos dos ejes, las calles del Tubo ofrecen algunas tiendas de discos y comercio tradicional.

Con la entrada de la noche, la actividad se traslada hacia las plazas de San Felipe y Justicia y, en menor medida, hacia la Calle Mayor y alrededor de la plaza de San Pedro Nolasco.

② **Paseo Independencia**

Es la principal zona de actividad de la ciudad a lo largo del día. Aquí se sitúan los principales cines, algunos centros comerciales, el pequeño comercio y multitud de bares, así como importantes edificios administrativos y bancarios. Las calles Cinco de Marzo y Cádiz son las más contagiadas por la dinámica del paseo, conectando con la plaza Salamero, mientras que la calle San Miguel proyecta hacia el este, por zona peatonal, una actividad diversa de cines, bares y tiendas. Por la noche, en esta calle se mantiene la actividad, prolongándose tras la plaza del mismo nombre por los locales de las calles Antonio Agustín y Heroísmo.

③ **Sagasta-Las Damas**

Alrededor de estas dos calles, se aglutinan tiendas de ropa, zapaterías, etc., los cafés del Residencial Paraíso y el gran edificio acristalado de las oficinas de Ibercaja. Esta zona queda unida, de hecho, al paseo de Independencia a través de la plaza de Aragón, aunque se diferencia por un comercio más moderno y selecto. Esta zona se expande paulatinamente hacia el este por una trama urbana ortogonal hasta la calle Francisco Vitoria y también a lo largo de las aceras de la Gran Vía. Francisco Vitoria, junto a otras calles adyacentes, atrae la mayor actividad de pubs y bares de copas; quedando también incluidas otras pequeñas zonas en torno a las calle Bolonia y El Rollo, a partir de la calle Moncasi.

④ **Zona Universidad**

Las calles de Fernando el Católico y Bretón son los principales ejes de actividad del barrio de Universidad, con tiendas que atienden principalmente a la demanda universitaria como copisterías, librerías y bares de bocadillos.

El ambiente nocturno se localiza principalmente en la calle Bretón y sus múltiples bocacalles, aunque no hay que perder de vista los cafés de la calle Goya y algunos locales noctámbulos de Fernando el Católico.

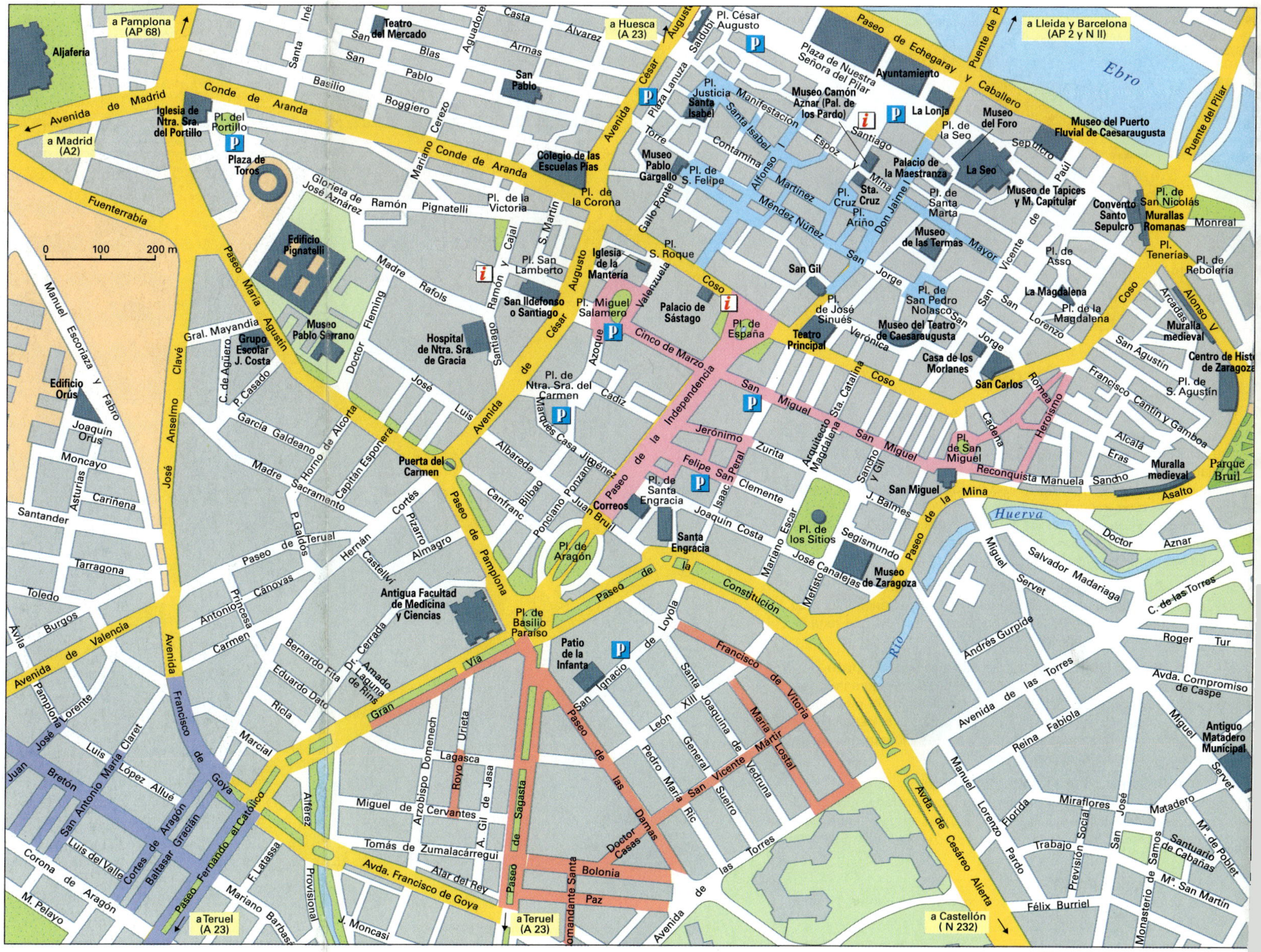

VIGO

VIGO

① **Casco vello**

El plan URBAN ha propiciado la resurrección del pequeño comercio tradicional, que se concentra en los alrededores de la colegiata; aquí también está el famoso mercado de la piedra. La especialización sigue por calles: ostreras al aire libre en la de Pescadores, artesanía de mimbre en al rúa dos Cestos, tabernas en la Real, pubs en Teófilo Llorente y marisquerías en la Ribeira do Berbés.

② **Alameda-Areal**

La Alameda próxima al Náutico es zona de cafeterías y del tapeo "chic", quedando su paseo central reservado para las actividades culturales al aire libre. Areal cuenta con un buen número de pubs de corte moderno y con la espaciosa *cervecería Estrella de Galicia*. El frente portuario, muy mejorado con el proyecto *Abrir Vigo ó Mar*, ha sido tomado por las terrazas.

③ **Rosalía de Castro**

Sobre los viejos almacenes ha surgido un barrio recién estrenado, en el que abundan los locales nocturnos originales, frecuentados por un público de 25 a 35 años.

④ **Churruca**

A lo largo de esta calle la noche viguesa experimenta las últimas tendencias musicales y decorativas, pivotando todo ello alrededor de *La Iguana*, un emblemático local que organiza buenos conciertos.

⑤ **Centro**

El corazón de la vida urbana se desarrolla entre las calles Príncipe –peatonal y llena de comercios– y la Gran Vía, presidida por *El Corte Inglés*. Entre ambas abundan los cafés, los cines, los bancos y las tiendas de calidad.

⑥ **As Travesas**

Es el segundo centro de la ciudad, y se desarrolla alrededor de las plazas América y de la Independencia. Su comercio, por la proximidad de las zonas obreras, suele ser de carácter más económico.

VITORIA

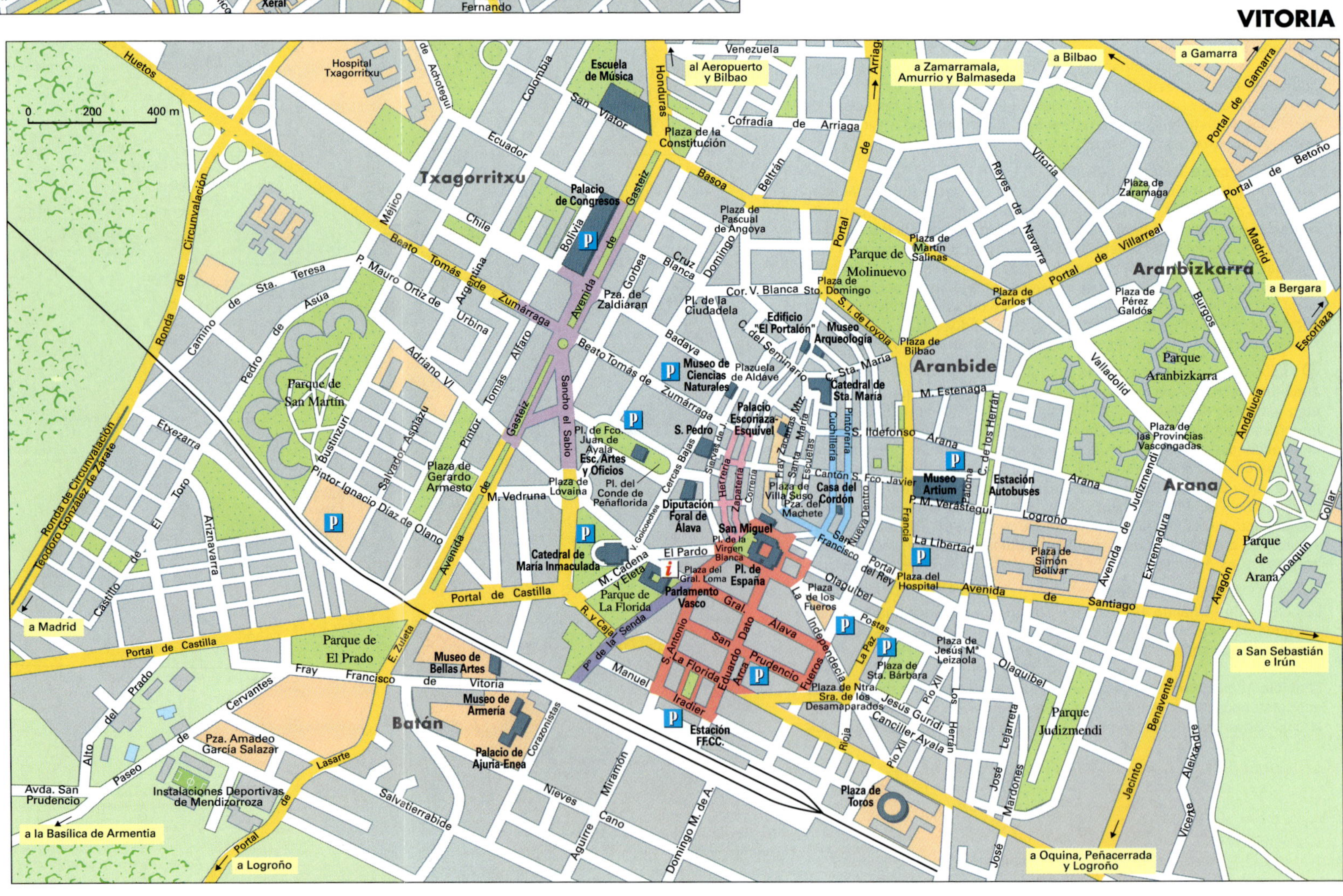

VITORIA

① **Casco antiguo: Cuchillería, Pintorería y San Francisco**

Fue zona de vinos para los lugareños, pero poco a poco las tabernas se han reconvertido, conservando la misma decoración, en bares muy animados, que acogen a la juventud de la localidad. Hasta media tarde es una zona tranquila, muy apropiada para el paseo y la visita a los monumentos y talleres de artesanía, y a partir de entonces, especialmente en *La Cuchi*, es punto de encuentro para todos los que en Vitoria tengan menos de 25 años.

② **Casco antiguo: Zapatería y Herrería**

De características urbanas semejantes a la zona anterior, este lado del casco antiguo toma el relevo un poco más tarde. Es una zona de ambiente principalmente juvenil.

③ **Virgen Blanca, plaza de España y calle Dato**

Zona elegante donde existe comercio, cafeterías, restaurantes, teatros y muchos bares. Su actividad no decae en ningún momento y como zona peatonal es agradable para el paseo o el descanso en cualquier terraza. Los bares de la plaza de España son muy visitados, así como algunos locales de Dato.

④ **Paseos de la Florida y la Senda**

Unos 3 km de paseo que se recorren sin ninguna fatiga. Es el pulmón de la ciudad, sin comercios y con algunas terrazas frente a la biblioteca y en el Alto de Armentia. En esta zona está la discoteca *Aural*.

⑤ **Avenida de Gasteiz**

Es una zona de paso con buenos comercios, restaurantes y cafeterías, pero sin el carácter del centro.

SANTIAGO DE COMPOSTELA

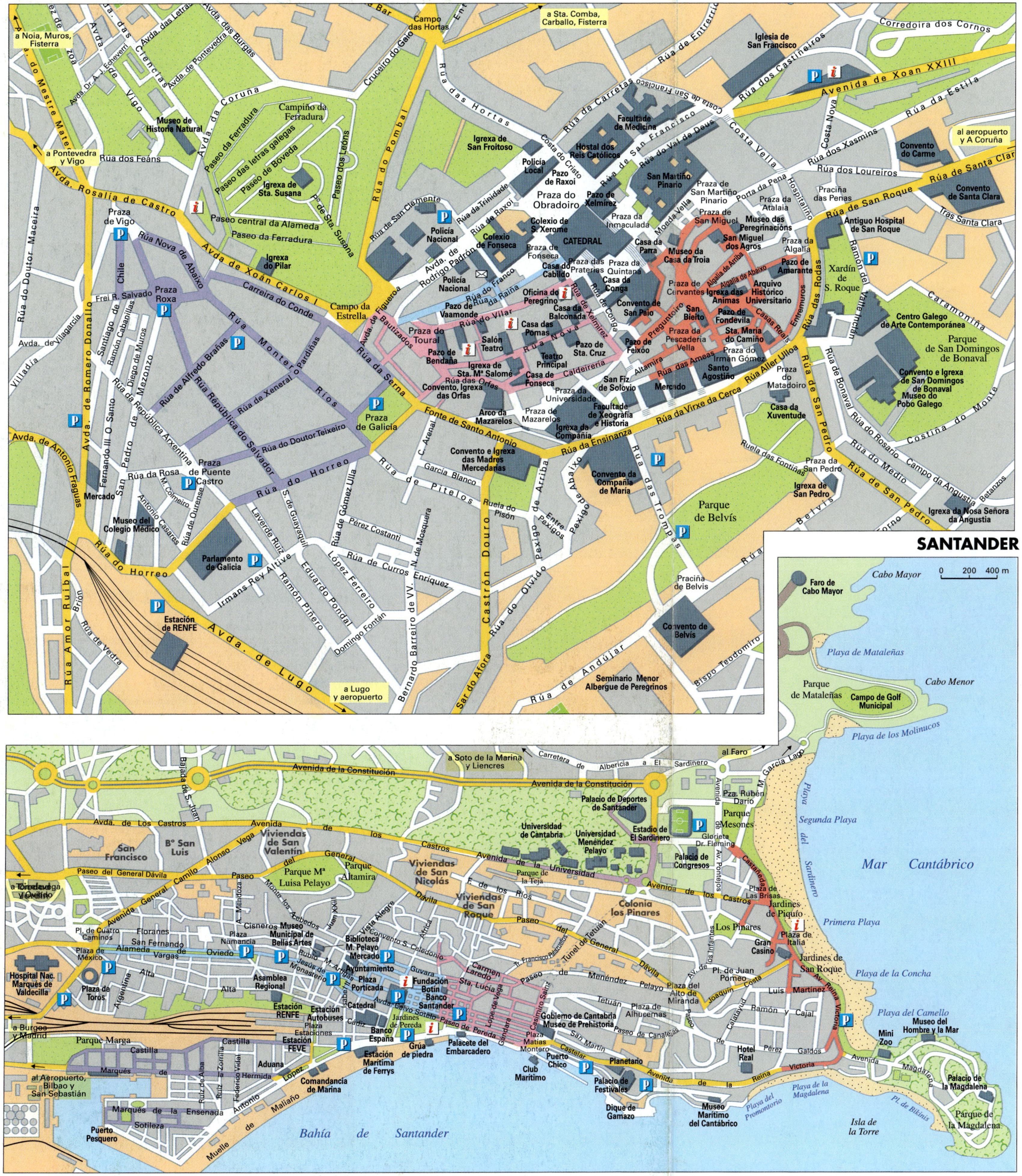

SANTANDER

SANTIAGO DE COMPOSTELA

① **Las rúas Franco y A Raíña y los alrededores de la catedral**

Son una sucesión ininterrumpida de tascas y de casas de comidas de las que ofrecen menú del día a buen precio, caldo de cultivo juvenil y bullicioso, fundamentalmente estudiantil mientras dura el curso, y donde muchos turistas parecen encontrarse realmente a gusto durante todo el año. La presión vital desciende considerablemente a partir de la media noche.

② **Rúas do Vilar, Nova y aledaños**

El pequeño comercio de calidad se concentra recogido en los soportales que ofrecen cobijo a las aceras en estas tranquilas calles. Aquí se abren las azabacherías y platerías más prestigiosas de Santiago, así como comercios de menor tradición. También es la zona donde se concentra la mayor densidad de cafeterías y otros lugares donde sentarse a charlar alrededor de una taza, como el *Derby*, legendario lugar de tertulia de gentes de letras y de la acracia cultural compostelana.

③ **Antealtares y Algalia**

Una zona que alcanza su punto álgido al anochecer, cuando sus pubs, ocultos hasta el momento, invaden con sus terrazas las calles y plazas haciendo sonar la música.

④ **El Ensanche**

El centro de la parte más anodina de la urbe es la archiconocida Praza Roxa (así se llama, ni más ni menos como la de Moscú), y en torno a ella se precipita el pálpito nocturno de Santiago: de cada diez pubs y discotecas de la ciudad, aquí se instala una docena. Para saber de los locales con más carácter consultar el epígrafe "La noche".

SANTANDER

① **Avda. Calvo Sotelo, Jesús de Monasterio, Burgos y Alameda de Oviedo**

Es la zona más comercial y cosmopolita de Santander, donde el ir y venir de las gentes es constante. Aquí se concentra el moderno comercio, así como un gran número de cafeterías y terrazas y la mayoría de los organismos oficiales.

② **Entre el paseo de Pereda y la calle del Carmen**

Es famosa por los numerosos bares, bodegas y mesones que inundan sus calles, algunos tan apegados al pueblo santanderino como la propia Magdalena. La plaza de Cañadío, Hernán Cortés y General Mola se reparten los bares de copas, pubs y discotecas de la ciudad.

③ **El Sardinero**

Una de las zonas residenciales más atractivas del litoral español. Dominada por el Palacio de la Magdalena, esta tranquila y elegante área, alcanza su momento álgido en los meses de verano.

④ **El Puerto**

Zona industrial y pesquera donde se hallan ubicados un gran número de restaurantes y asadores, que, como es natural, ofrecen los pescados y mariscos más frescos y baratos de la ciudad.

⑤ **Campus Universitario y avenida de los Castros**

La avenida de los Castros es la arteria más larga de Santander, que la cruza por la zona norte, de este a oeste. En ella se encuentra el Campus Universitario, por lo que cobra gran ambiente durante los meses lectivos.

⑥ **Mataleñas**

Muy concurrida durante el estío puesto que comprende el Campo Municipal de Golf, varios cámpings y la inigualable playa de Mataleñas.

SALAMANCA

① **Plaza Mayor**

La Plaza Mayor es el salón de estar y de recibir de los salmantinos y a la ciudad se le toma el pulso ahí y en su entorno. Sobre todo, las terrazas de los cafés son el mejor observatorio. Siempre cambiante, pero siempre bien nutrida si el clima no castiga. Por las calles que arrancan de sus arcadas se sale hacia los inmediatos bares y restaurantes, el comercio mejor dotado y los monumentos más significativos. Las calles comerciales son las de Toro y Zamora.

② **Universidad y catedrales**

El entorno del edificio histórico de la Universidad define la esencia salmantina, en cuanto rememoranza histórico-artística y también por la amplia presencia de gentes de todo tipo y condición. La proximidad de otros motivos universitarios y del complejo catedralicio, también clave, determinan la gran animación de la zona.

③ **Calles Libreros, Compañía y Rúa Mayor**

En Salamanca se está mucho en la calle y las de Rúa Mayor, Libreros y Compañía son las más frecuentadas por estudiantes y turistas. Además, acogen o conducen a zonas de marcha, como Meléndez o, sobre todo, Bordadores e Íscar Peyra.

④ **San Esteban, las Dueñas y Gran Vía**

El núcleo de los conventos de San Esteban y las Dueñas es referencia clave salmantina. Y de ahí arranca la Gran Vía, que es otro de los focos conductores de la noche, con pubs, bares y otros reductos acogidos en fila a sus soportales.

SALAMANCA

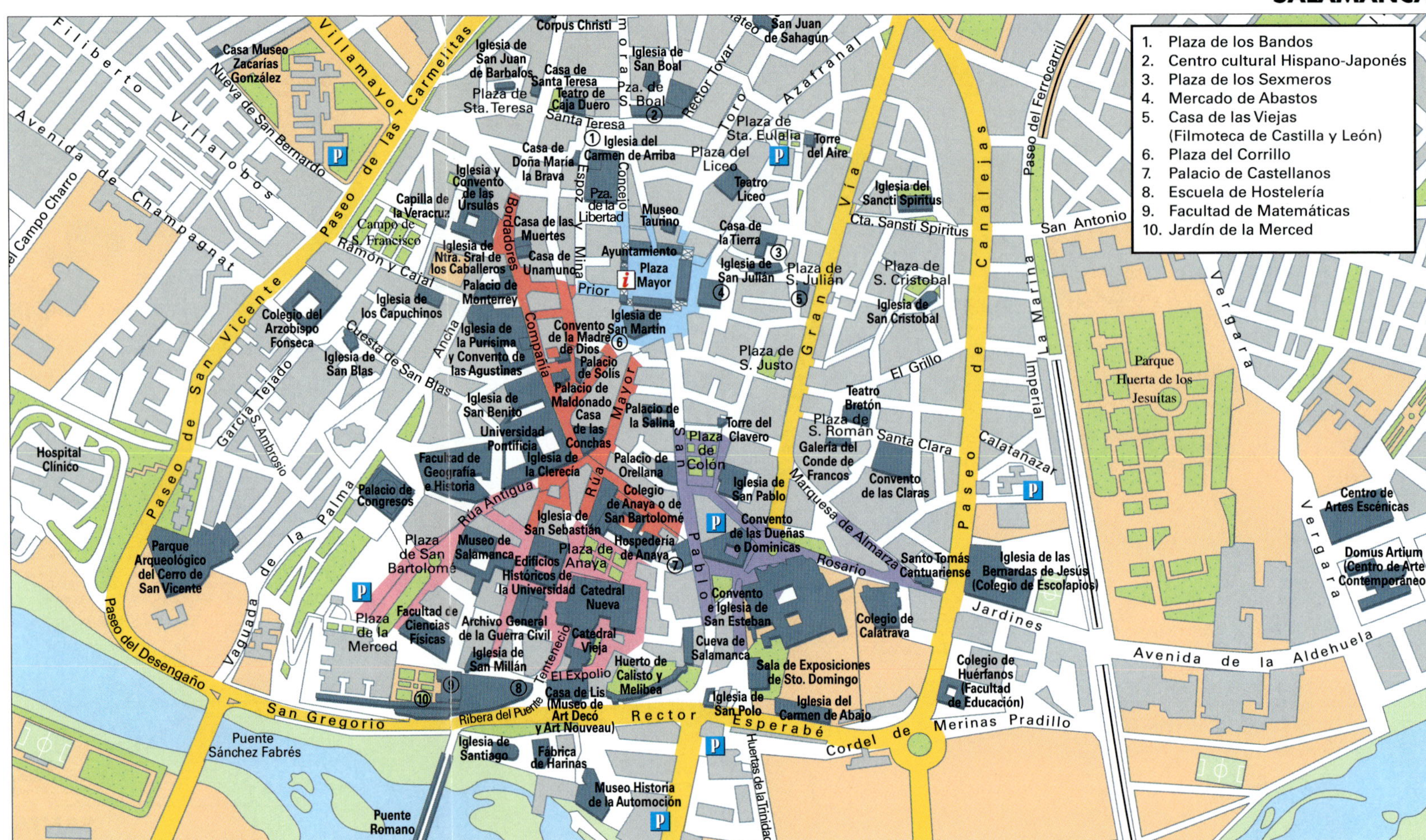

SANTA CRUZ DE TENERIFE

SANTA CRUZ DE TENERIFE

① **Avenida Francisco La Roche**

Esta cosmopolita avenida, situada cerca del muelle, reúne un gran número de terrazas animadas tanto a la hora del aperitivo como a primeras horas de la noche.

② **Calles Castillo y San José**

Comprenden la zona comercial por excelencia hasta la plaza de la Candelaria, al sur, y la plaza del Príncipe. Bazares, tiendas de ropa y complementos se suceden sin interrupción.

③ **Parque García Sanabria**

Sus elegantes terrazas y kioscos reúnen a un gran número de gente a la hora del aperitivo. También hay terrazas y tascas en la plaza Weyler y la calle Méndez Núñez.

④ **Ramblas**

Lugar de paseo y museo de escultura al aire libre, a lo largo de ellas se suceden los kioscos y las terrazas, así como los grandes hoteles y las casas señoriales. Por la noche, en la zona de la plaza de toros abren sus puertas multitud de locales de copas. En la misma plaza tienen lugar actuaciones y conciertos, en vez de corridas.

SORIA

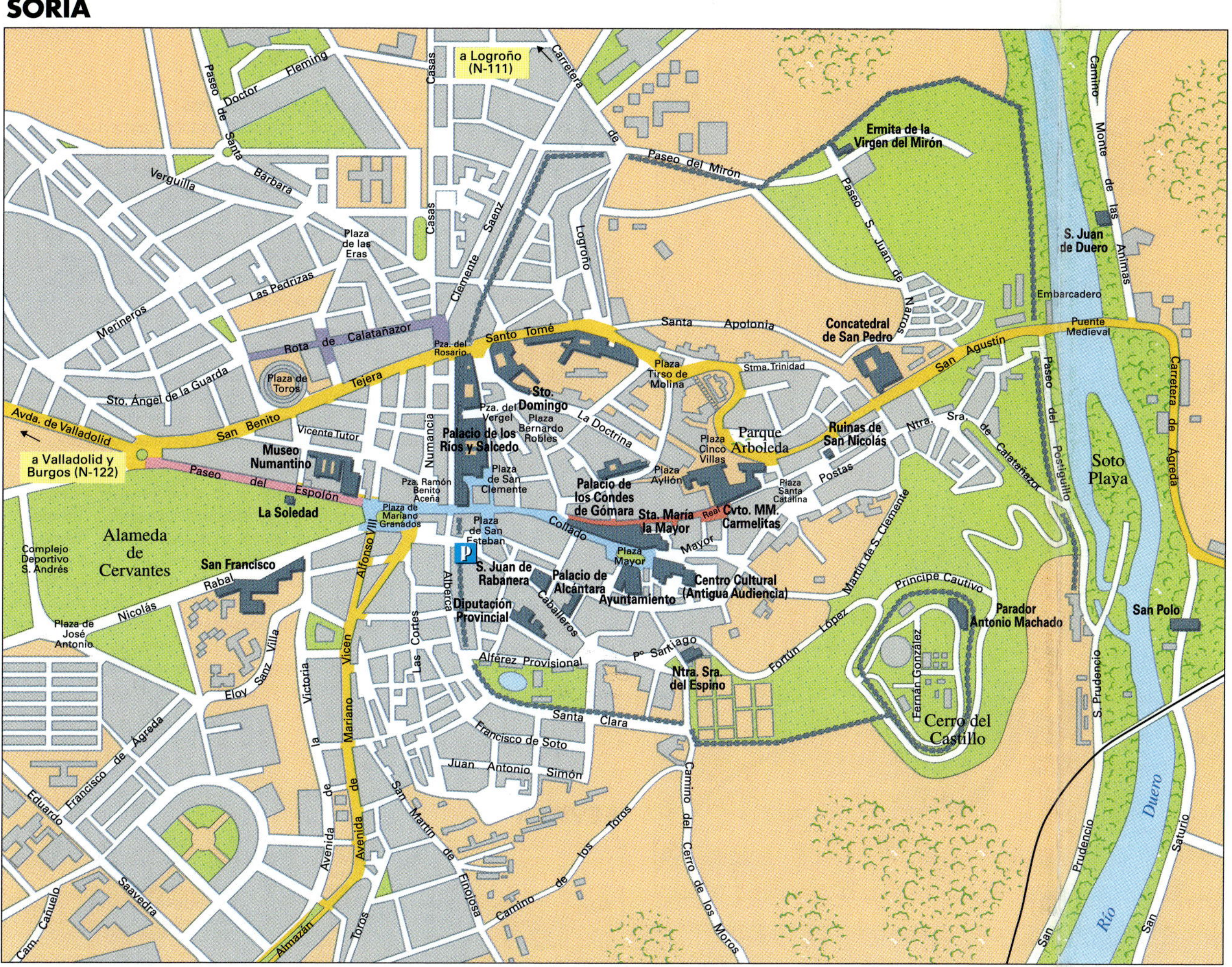

SORIA

① **Calle El Collado y alrededores**
Las horas del día transcurren entre la plaza de Mariano Granados y la Plaza Mayor. El eje principal de esta zona es la calle El Collado, corazón y arteria de la Soria viva, que concentra el bullicio diurno de la ciudad, disminuyendo la presencia de gente a partir de las últimas horas de la noche. En esta zona peatonal se localiza el comercio de la ciudad: pequeñas tiendas de moda, pastelerías y algunos de los veteranos bares de tapas, como *Lázaro y Torcuato*. A su lado se hallan las plazas de San Clemente y de Herradores (oficialmente Ramón Benito Aceña), lugar de concentración de locales de excelente tapeo y mejor ambiente desde el atardecer hasta la hora de las copas. "El Tubo" es como los sorianos denominan a un callejón cercano a la plaza de San Clemente, jalonado de bares, tascas y otros recintos propicios para la charla y el tapeo. Por otra parte, varios de los mejores restaurantes de la ciudad se ubican en la céntrica Plaza Mayor.

② **Paseo del Espolón**
La continuación de la céntrica calle El Collado en dirección a la Alameda, es el agradable paseo del Espolón, zona también comercial donde abren sus puertas las tiendas más novedosas.

③ **El Casco Viejo (Zapatería)**
En el Casco Viejo, la calle Zapatería concentra los cafés más recomendables para acudir por la tarde y a primeras horas de la noche. La Calle Real, su continuación, también reúne algunos bares de ambiente tranquilo.

④ **La Zona (Rota de Calatañazor)**
Por La Zona pasa la vida nocturna de Soria. Aquí proliferan los locales de copas que prolongan su actividad hasta altas horas de la madrugada. También la avenida de Valladolid y la calle Mosquera de Barnuevo, al noroeste de la Alamenda, tienen un bullicioso ambiente juvenil.

TERRASA

① **El centro histórico**
El centro de la ciudad es, además del principal núcleo comercial de la misma, la zona donde más ambiente diurno existe. En él se ubican la mayor parte de los comercios, las cafeterías, los bares de tapas y muchos restaurantes que parecen haber preferido mantenerse cerca de los monumentos industriales más representativos de la ciudad para animarlos y hacerlos revivir.

② **El sur (f.p.)**
El ambiente discotequero parece que se haya puesto de acuerdo y, como sucede en otras muchas ciudades, se ha concentrado en las zonas periféricas. La zona del sur de la ciudad alberga la mayor parte de los locales dedicados a la marcha nocturna, y se concentran muy cerca de las conexiones con la autopista C 58, quizás para facilitar el acceso de los que llegan de fuera.

TARRAGONA

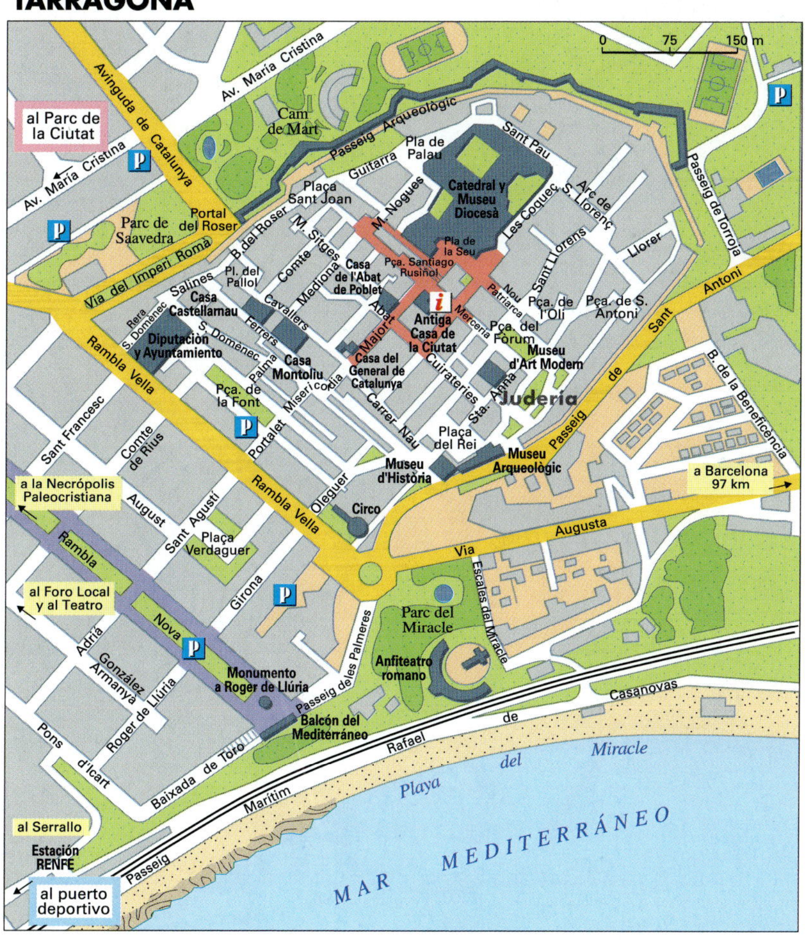

TARRAGONA

① **Puerto Deportivo y calles Apodaca y Pau del Protectorat (f.p.)**
Junto a los embarcaderos de las lanchas y yates que aquí se congregan se han instalado una innumerable sucesión de bares, terrazas, chiringuitos, pubs y discotecas que ofrecen los más variados ambientes de diversión. Sobre todo desde la media tarde del viernes en el invierno y durante todas las noches de la semana en verano.
Detrás de la estación del ferrocarril se extiende otra zona de animada vida nocturna, con numerosos pubs y terrazas, cuyo eje son las calles Apodaca y Pau del Protectorat, que se orientan de norte a sur y discurren en paralelo.

② **Alrededores del Parc de la Ciutat o Parc Central (f.p.)**
Entre las avenidas de Ramón y Cajal y de Roma, y cerca de la terminal de autobuses, que se abre en las inmediaciones de la plaza Imperial Tarraco, se halla el *Shopping Centre Parc Central*, una gran superficie comercial que incluye además otras posibilidades para el ocio y la diversión: salas de cine y un sinfín de tiendas. La cercanía de los bellos jardines pone un contrapunto tan agradable como necesario en el ambiente.

③ **Casco antiguo**
Esta zona se corresponde con la parte monumental. Entre sus históricas callejuelas se abren plazuelas bajo cuyos soportales se han instalado algunos restaurantes de impecable decoración, que adaptan su estructura a los muros y otros restos antiguos, algunas de las tiendas más interesantes de la ciudad y apetecibles cafés.

④ **Rambla Nova**
Esta vía, que se extiende entre la plaza Imperial Tarraco y el monumento a Roger de Llúria, constituye el centro neurálgico de la ciudad. En sus aceras se alinean terrazas, bares, cafeterías y comercios de calidad. El flujo de paseantes que se dirigen hacia el mar, hacia el mirador conocido como "Balcón del Mediterráneo", es enorme, sobre todo las tardes de verano.

TERRASA

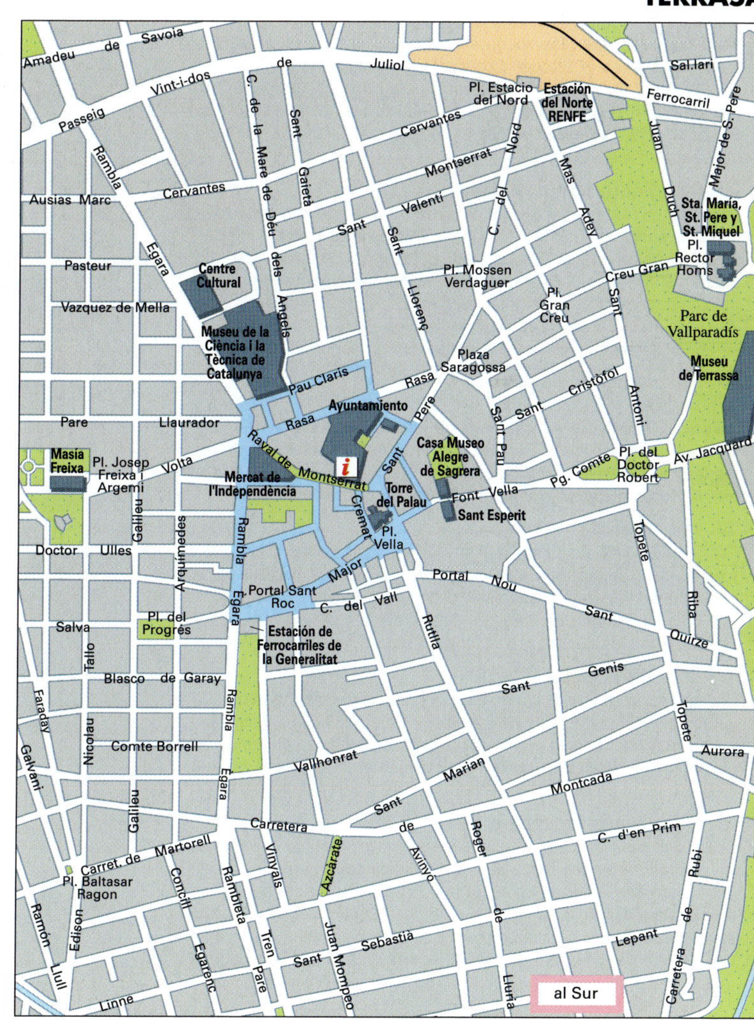

SEGOVIA

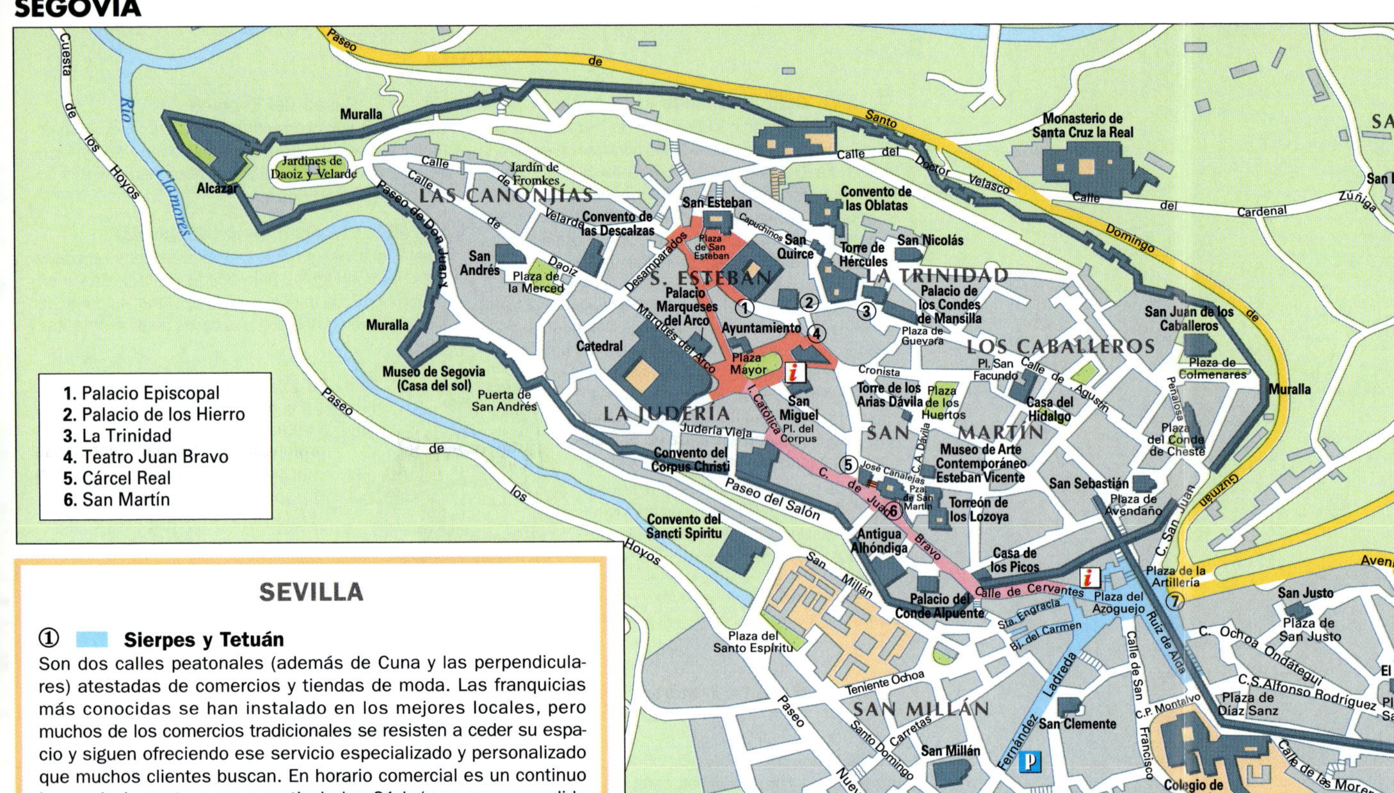

SEGOVIA

① Plaza del Azoguejo y alrededores

Desde esta plaza, presidida por el colosal Acueducto, parten una serie de calles con distintos ambientes. Bajo los pórticos de la ancha avda. Fernández Ladreda se sitúan bastantes tiendas y cafeterías que se alternan con oficinas y sucursales bancarias, por lo que el trasiego de gente es continuo durante el día. Por la noche, y en especial los fines de semana, en las escalinatas que bajan por detrás de los arcos, los mesones y bares de copas son el punto de encuentro de los más jóvenes, desde las 22 h hasta bien entrada la madrugada. Por la cuesta que sube paralela al Acueducto (Ruiz de Alda) hay numerosos bares y un par de discotecas.

② Calles Cervantes y Juan Bravo

Desde el Acueducto sube la calle Cervantes, llena de comercios de todo tipo. Un poco más arriba cambia de nombre, pasando a llamarse Juan Bravo, y a esta altura se encuentran algunos bares y cafés que se asoman a la animada plaza de San Martín, punto de encuentro de músicos, malabaristas y artesanos. La calle Isabel la Católica es también muy comercial.

③ Plaza Mayor y alrededores

Situada en la zona más alta de la ciudad, en ella confluyen las vías importantes del centro. Numerosos bares, restaurantes, cafés con amplias terrazas y alguna confitería son los lugares más frecuentados, bien a la hora del aperitivo o por la tarde, entre la hora del café y las copas. El Teatro Juan Bravo es el punto de encuentro de la vida cultural y enfrente de la catedral se sitúan algunas tiendas de artesanía. Por detrás del Palacio Episcopal están algunos de los mesones más auténticos. De la Plaza Mayor salen dos calles con muchos bares de marcha nocturna: Escuderos e Infanta Isabel. El callejón que baja junto al Ayuntamiento hasta la plaza de San Esteban está atestado de pubs y bares de copas, que se animan a partir de la medianoche.

SEVILLA

① Sierpes y Tetuán

Son dos calles peatonales (además de Cuna y las perpendiculares) atestadas de comercios y tiendas de moda. Las franquicias más conocidas se han instalado en los mejores locales, pero muchos de los comercios tradicionales se resisten a ceder su espacio y siguen ofreciendo ese servicio especializado y personalizado que muchos clientes buscan. En horario comercial es un continuo ir y venir de gente, pero a partir de las 21 h (y en menor medida a la hora de la siesta), el ajetreo se desvanece como por arte de magia. En Sierpes se sitúa la cafetería *Ochoa,* una de las de toda la vida. La plaza de El Salvador (Sagasta), a la hora del aperitivo y a partir de las 20.30 h, es uno de los sitios más animados del centro.

② Plaza de la Alfalfa

Por aquí se mezclan todo tipo de servicios. Se pueden hacer unas compras en la calle Alcaicería, con pequeñas tiendas de marroquinería que recuerdan los zocos árabes. Para el tapeo, uno de los mejores sitios es la *Bodega Extremeña,* muy cerca de la plaza, por la calle Águilas, o el bar *Los Caracoles,* en un callejón peatonal. Para un buen café (y un dulce) se puede entrar en el *Horno San Buenaventura.* Los bares de copas que hay por esta zona son más frecuentados en invierno.

③ Santa María la Blanca

Por estar en las inmediaciones del barrio de Santa Cruz, esta zona atrae durante todo el año a los turistas. Hay varios bares donde se tapea de maravilla y algún resturante bien barato muy recomendable. En los cafés de la plaza de Altamira se ve bastante gente leyendo la prensa, de tertulia o tomando un respiro a medio camino de la visita. Ya cerca de la catedral, en la calle Mateos Gago se encuentra un sinfín de establecimientos para tapear contundentemente.

④ Alameda de Hércules

Frecuenta los cafés y bares de esta zona la gente más moderna y bohemia. El café *Bulevar* es un sitio tranquilo, aunque tiene su hora punta a media noche, y el *Fun Club* (invierno) se llena a partir de las 2 h. En *La Ilustre Víctima* también sirven tapas (cus-cús y falafel). En torno al *Barón Rampante* se mezcla el ambiente gay.

⑤ Arenal

Esta zona comprende desde la Plaza Nueva hasta el paseo de Colón y se puede dividir en dos. Por un lado, las calles más cercanas a la plaza, donde hay unos cuantos bares de tapas. La calle Adriano aglutina un buen número de bares de copas, como el *Arenal* o el *Claustro,* pero también cuenta con un original bar de tapas, el *Pepe-Hillo.*

⑥ Calle Betis

Por esta conocida calle, al otro lado del río, se mezclan todo tipo de personajes. Se pueden ver entretenidos pescadores que parecen ajenos al resto del mundo, animados grupos de amigos con ganas de divertirse o turistas plasmando con sus cámaras imágenes para el recuerdo. El momento álgido es por la tarde, a partir de las 19 h.

⑦ Zonas de verano

Cuando el calor empieza a apretar no hay más remedio que buscar los espacios abiertos cerca del río. La citada calle Betis es uno de ellos y también lo es la calle Torneo, donde hay alguna carpa con música para bailar. Cruzando el puente del Cachorro está *La Otra Orilla,* seguramente el bar más de moda durante los meses del verano. Casi debajo del puente de Isabel II, la terraza del *Capote* le pone la música a los chavales del "botellón" que se reúnen por aquí.

SEVILLA

VALENCIA

① **La Valencia antigua**

La Valencia intramuros es uno de los lugares más animados de la ciudad, especialmente por la vanguardia cultural que ha encontrado en la zona sus principales locales de reunión. El carrer Cavallers es el que congrega, dentro de este entorno más amplio, el mayor número de locales.

② **Avenidas de Blasco Ibáñez y de Aragón**

Grandes avenidas de día, con el estadio de Mestalla muy cerca y la animación que ello implica los días de partido. Por la tarde-noche son zonas que se llenan de gente en busca de algún lugar donde pasar el rato.

③ **La Malvarrosa (f. p.)**

La franja costera de la ciudad tiene en La Malvarrosa, el barrio con más tipismo de todos. Aquí la animación es estival, veraniega, de playa y restaurante por el día, y de pub y discoteca por la noche. Luego, cuando llega el invierno, todo duerme y sólo unos pocos locales atraen a unos cuantos noctámbulos.

VALENCIA

VALLADOLID

VALLADOLID

① **La Plaza Mayor y San Benito**

La peatonalización creciente de sus alrededores la señalan como el lugar idóneo para comenzar un buen paseo. En la parte noroeste, en las traseras del Ayuntamiento, se agolpan mesones y restaurantes y se abre una interesante zona de tapeo. El edificio de Correos, situado en la plaza de la Rinconada marca la continuidad. Hacia la izquierda se abre la plaza del Poniente.

② **Calle de Santiago hacia el paseo de Zorrilla**

En la cara sur de la Plaza Mayor se abren las calles comerciales que son en su mayoría peatonales, como las de Santiago, Duque de la Victoria y Teresa Gil, donde surgen, como islas, iglesias y conventos, que contrastan con los pasajes y centros comerciales. A partir de la plaza de Zorrilla, entre el Campo Grande y el río Pisuerga, discurre el larguísimo paseo de Zorrilla, más moderno y también acentuadamente comercial.

③ **Alrededores de San Pablo**

Es zona monumental y de paseo, de calles peatonales, donde se entremezclan los edificios religiosos y los civiles. Para pasear tranquilamente, sin prisas, y dejarse llevar por la curiosidad.

④ **Catedral y La Antigua**

Cobra vida por la tarde y la noche. Es zona para callejear en busca de alguna tasca por las calles Esgueva, Marqués del Duero, Moros y, en general, por los alrededores de Santa María la Antigua. Por la noche abren sus puertas una amplia variedad de bares y pubs. Entre plazas abiertas y calles angostas podéis perderos hasta el amanecer.

⑤ **Zona del Coca y plaza de San Miguel**

En la plaza de Martí Monsó y alrededores se localizan infinidad de locales tipo pub que durante los fines de semana y en verano se llenan hasta los topes. La plaza de San Miguel reúne muchos bares de cuidada decoración y precios altos, concurridos desde la tarde hasta altas horas de la madrugada.

TERUEL

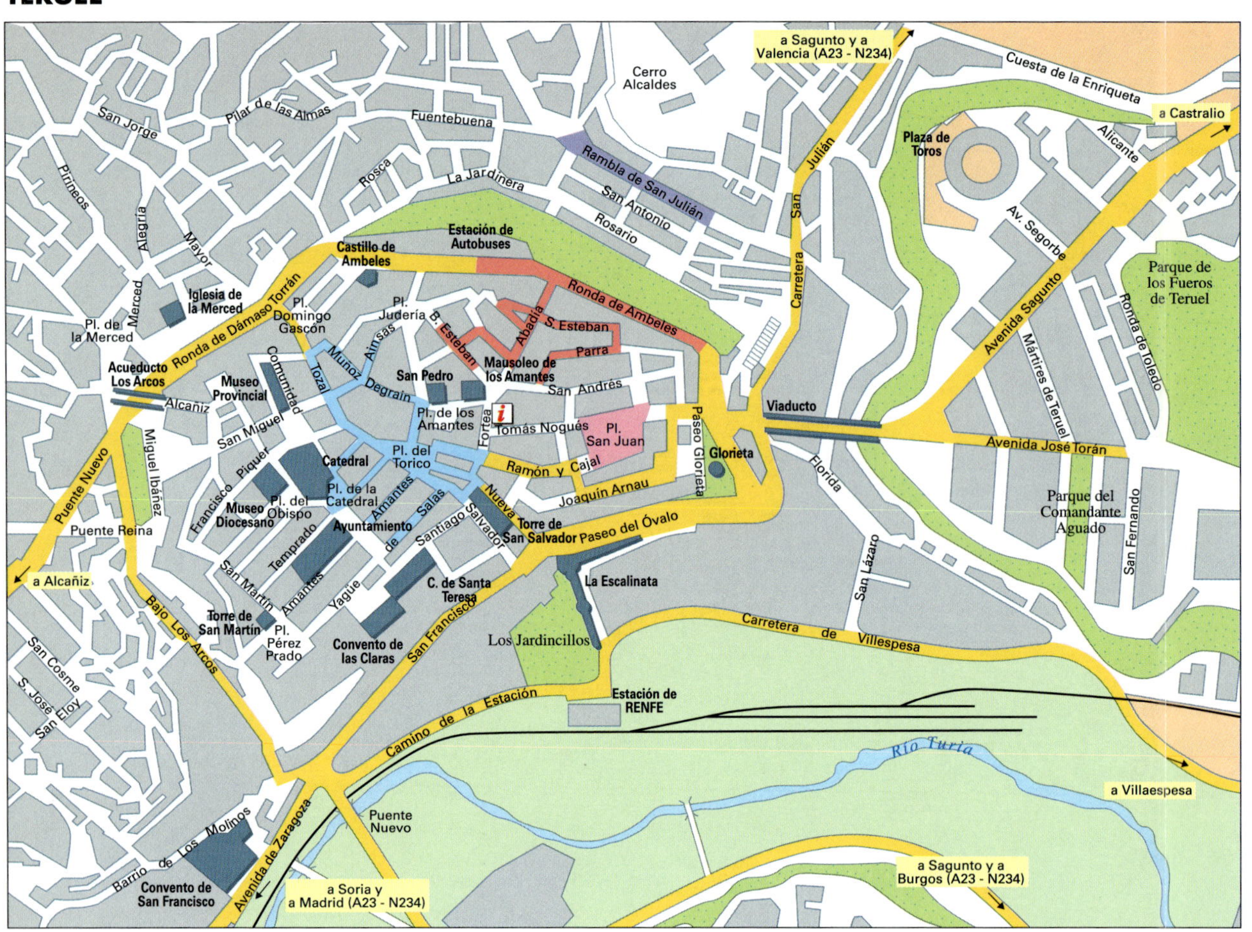

TERUEL

① Plaza del Torico y alrededores

El reducido tamaño de la plaza puede llegar a resultar agobiante a determinadas horas de la mañana, puesto que los principales comercios de la ciudad se localizan en ella y en las calles circundantes. Algunos de los cafés más antiguos de la ciudad se ubican junto a otros más modernos en el marco incomparable de la torre del Salvador. Al otro lado de la plaza, en la calle del Tozal, además de diversas casas de comida y algún que otro café de interés, como *El Tozal*, se encuentran establecimientos de embutido de gran calidad como el *Rokelín*, que cuenta con varias tiendas en la ciudad. Por Amantes y Santa María, en dirección a la Catedral, hay numerosas tiendas de artesanía.

② Plaza de San Juan

La actividad de esta plaza decrece a partir de las 15 h, cuando termina la jornada laboral de los funcionarios de los edificios circundantes. Alrededor del mítico *Don Diego*, se encuentran otros cafés de menor arraigo pero bastante concurridos a la hora del aperitivo.

③ El entorno de la plaza Bolamar y Ronda de Ambeles

Es aquí donde la noche turolense alcanza su mayor efervescencia. Bares y pubs se apiñan en las estrechas calles San Esteban, Abadía y Parra, que son invadidas por jóvenes de todas las tendencias. La cercana Ronda de Ambeles es una sucesión de tascas y bares, frecuentados por los usuarios de la estación de autobuses.

④ El Ensanche

La parte menos vital de la ciudad alberga algunos hoteles y restaurantes de gran calidad. A altas horas de la madrugada la discoteca *Luna* del barrio San Julián atrae a los más noctámbulos, y en verano, *La Terraza*, en la carretera de Alcañiz, resulta ideal para tomarse unas copas al aire libre.

TOLEDO

TOLEDO

① Barrio de Santa Teresa (f. p.)

Localizado a extramuros de la ciudad histórica y con un animado ambiente de cañas y tapas en su bulliciosas cervecerías. Durante la noche también suele ser el punto de arranque de la movida toledana. Sus bares modernos e impersonales cobran animación en las primeras horas de la noche.

② Plaza de Zocodover y calles comerciales

La bulliciosa plaza de Zocodover es el epicentro social de una ciudad que reparte sus bondades turísticas a lo largo de las calles que enlazan los monumentos más importantes: Real del Arrabal –junto a la puerta Nueva de Bisagra–, las peatonales Comercio y Hombre de Palo que unen Zocodover y la Catedral, el eje que une la sinagogas con San Juan de los Reyes (Reyes Católicos), y especialmente Santo Tomé –junto a la estrecha y sefardita San Juan de Dios, en torno a la iglesia de Santo Tomé y el museo de El Greco–. En ellas no faltan hoteles, animadas terrazas, restaurantes y un ingente numero de tiendas donde comprar todo tipo de artículos y objetos típicos, como mazapanes, damasquinados y algún artículo de las forjas de acero de los artesanos (espadas, cuchillos, armaduras, etc.).

③ Zonas de ambiente nocturno del casco antiguo

Son muy numerosas, concentrando público de variado tipo, edad y condición. Los locales más significativos se sitúan en la zona de Sillería y Alfileritos, la plaza de la Magdalena y la zona del Miradero.

LAS PALMAS DE GRAN CANARIA

PAMPLONA

① **Plaza del Castillo y casco viejo**

Esta plaza y las estrechas calles del casco viejo constituyen el alma de la ciudad. Son lugar de encuentro, foro urbano, paraíso del poteo y el buen comer, zona comercial y principal escenario de los Sanfermines. Las calles Comedias, Zapatería, Mercaderes, Mayor y la plaza Consistorial tienen un carácter más comercial, el resto posee un sentido más lúdico.

La plaza del Castillo, poblada sobre todo por estudiantes, es el punto de encuentro con los amigos y de inicio de la ronda nocturna. Estafeta, San Gregorio y San Nicolás, las calles para ir de pinchos por excelencia, albergan multitud de establecimientos que por la noche cierran la cocina, retiran las mesas, suben el volumen de la música y sirven copas hasta el amanecer. De todos modos, ésta es una zona mucho más tranquila que las formadas por Navarrería, Calderería y Carmen, por un lado, y San Saturnino, Jarauta o Hilarión Eslava, zonas estas últimas donde se concentran los locales de corte más radical y contestatario.

② **Segundo ensanche**

Las avdas. de Carlos III y Baja Navarra son los principales ejes del segundo ensanche, corazón administrativo y comercial de la ciudad, donde se suceden innumerables tiendas de franquicias, el comercio más moderno y las grandes firmas de moda, joyería...

③ **San Juan e Iturrama (f. p.)**

Cuando la animación del casco viejo decae, es hora de ir a las discotecas y bares de San Juan e Iturrama En ambas zonas se halla la mayoría de los locales, bares y discotecas de la noche pamplonica. En San Juan hay también buenos bares para el *poteo* e Iturrama, por su proximidad a la Universidad, tiene la ventaja de estar animada todos los días de la semana.

PAMPLONA

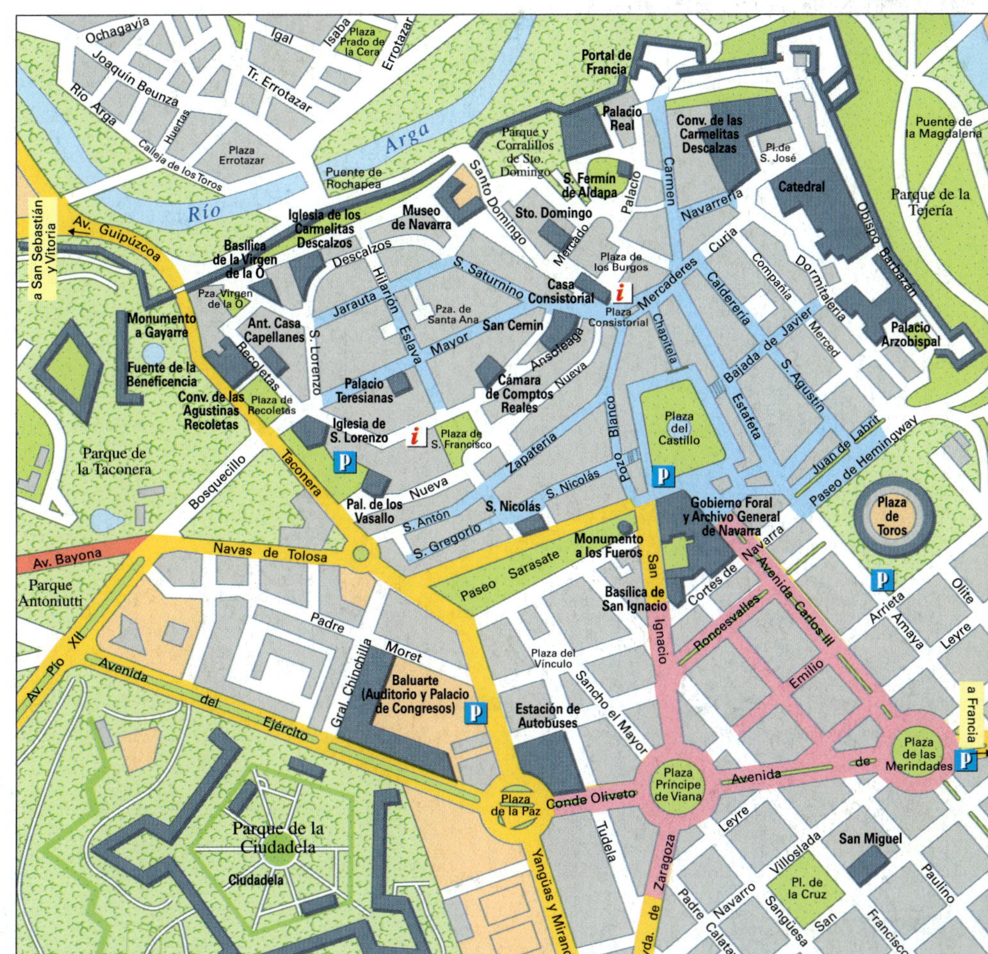

PONTEVEDRA

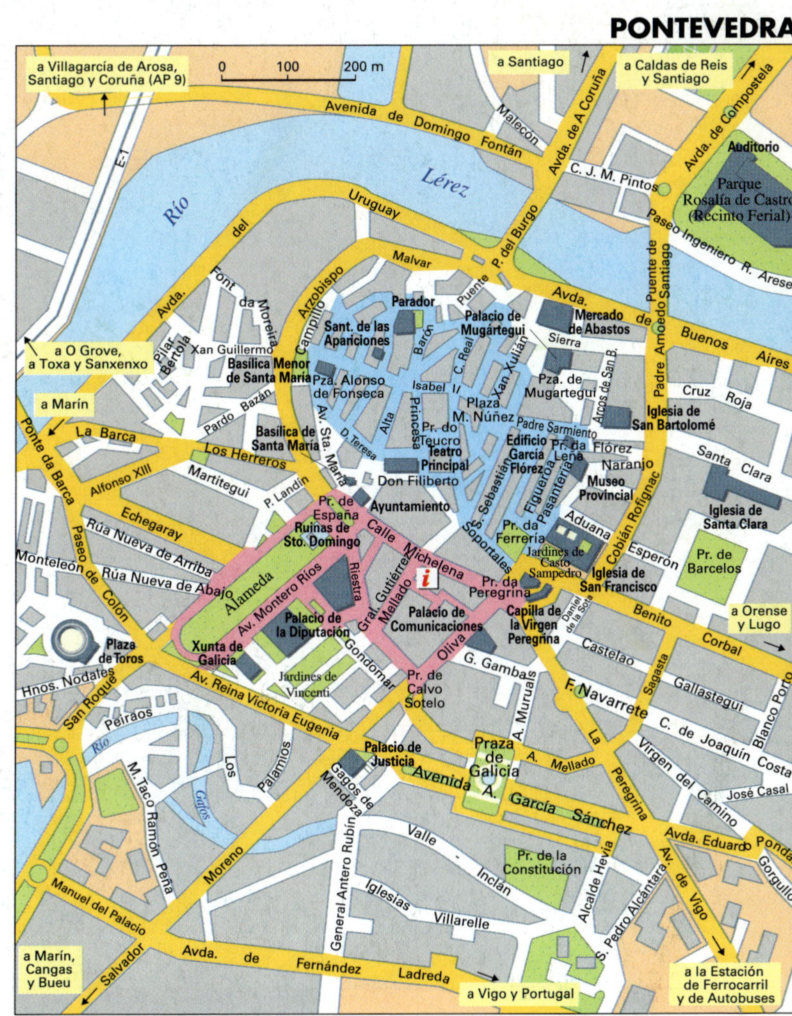

LAS PALMAS DE GRAN CANARIA

① **Zona de Vegueta**

Se trata del casco histórico de la ciudad, que se extiende en torno a la catedral, la plaza de Santa Ana y las casas consistoriales. Estuvo separado del barrio de Triana por el antiguo barranco del Guiniguada, cubierto en la actualidad por la autovía de entrada a la ciudad. Es una barrio tranquilo y de casas señoriales. De noche disminuye la actividad, excepto en los alrededores del mercado, donde abundan las tascas.

② **Zona comercial de Triana**

Eje peatonal en el que convergen diversas calles, la mayoría de ellas peatonales, que forman un cuadrado desde la plaza de Colón hasta la calle Bravo Murillo y desde Rafael Cabrera hasta Primero de Mayo. Zona comercial de la ciudad por excelencia.

③ **Zona comercial**

Comprende la bulliciosa avenida de Mesa y López. En ella están situados numerosos comercios de todo género, además de gran cantidad de terrazas y cafeterías, que se hallan alrededor de la plaza de España.

④ **Santa Catalina**

En este parque y en sus calles circundantes se concentran bazares, bares, cafés, discotecas, quioscos, terrazas, pubs, discotecas y salas de fiesta. Ambiente nocturno muy animado.

⑤ **Playas**

Las Canteras mide 6 km de extensión y se halla protegida por su arrecife natural, La Barra. Las Alcaravaneras, otra playa capitalina de aguas reposadas, es apta para el baño, aunque está frente a los muelles. A la salida de la ciudad, por la carretera del Sur, se halla otra playa de arena negra, La Laja.

PONTEVEDRA

① **Casco antiguo**

Hay una drástica división en el ambiente diurno, tranquilo y provinciano, del casco antiguo, con sus reposadas plazuelas y callejas de piedra, y el nocturno, con sus calles salpicadas de pubs de todos los estilos que animan el ambiente.

② **Zona nueva**

Al pasar la plaza da Ferraría, nexo de unión entre las dos zonas y centro neurálgico de la vida social pontevedresa, nos adentraremos en parte nueva de la ciudad, la más comercial y dinámica, presidida por la coqueta iglesia de la Peregrina y el agradable paseo de la Alameda.

PALENCIA

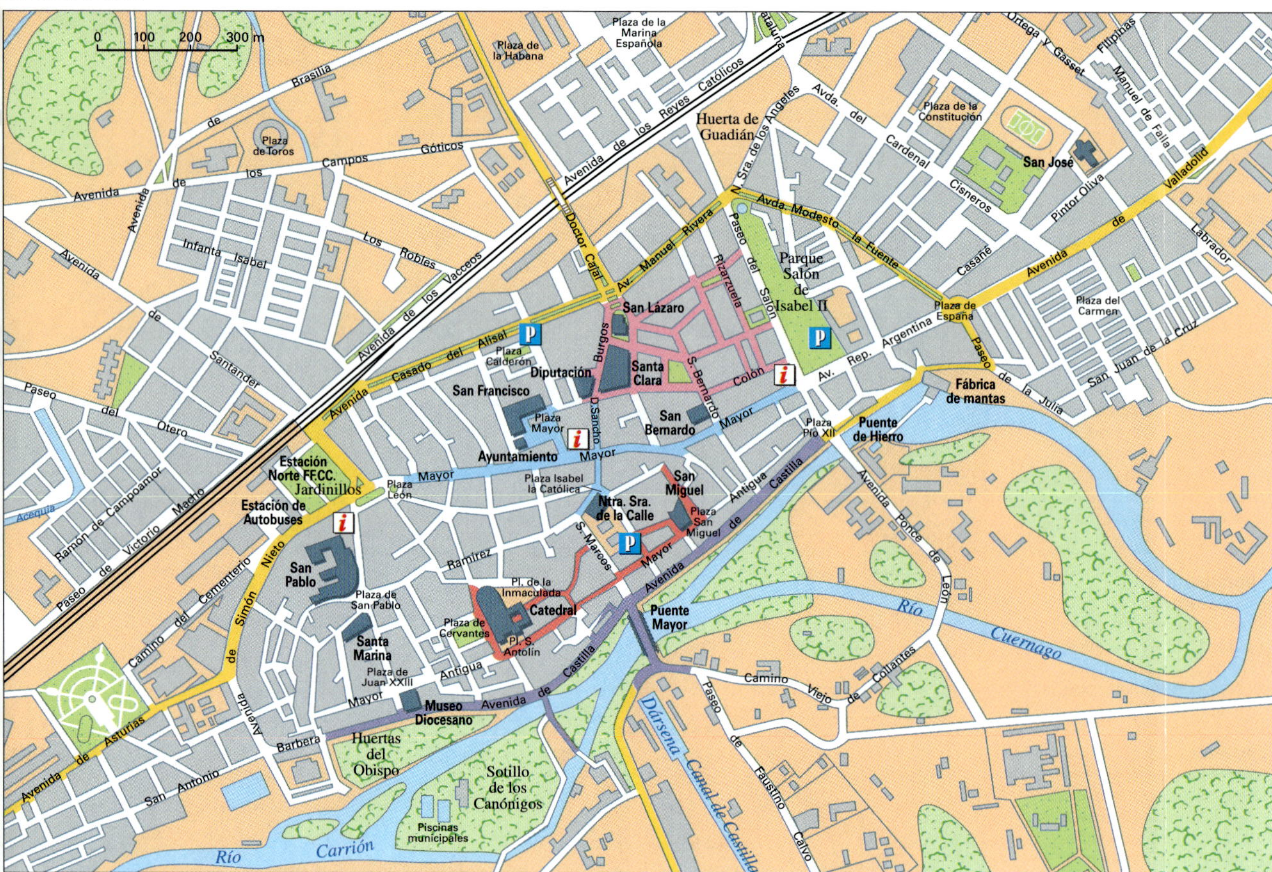

PALMA DE MALLORCA

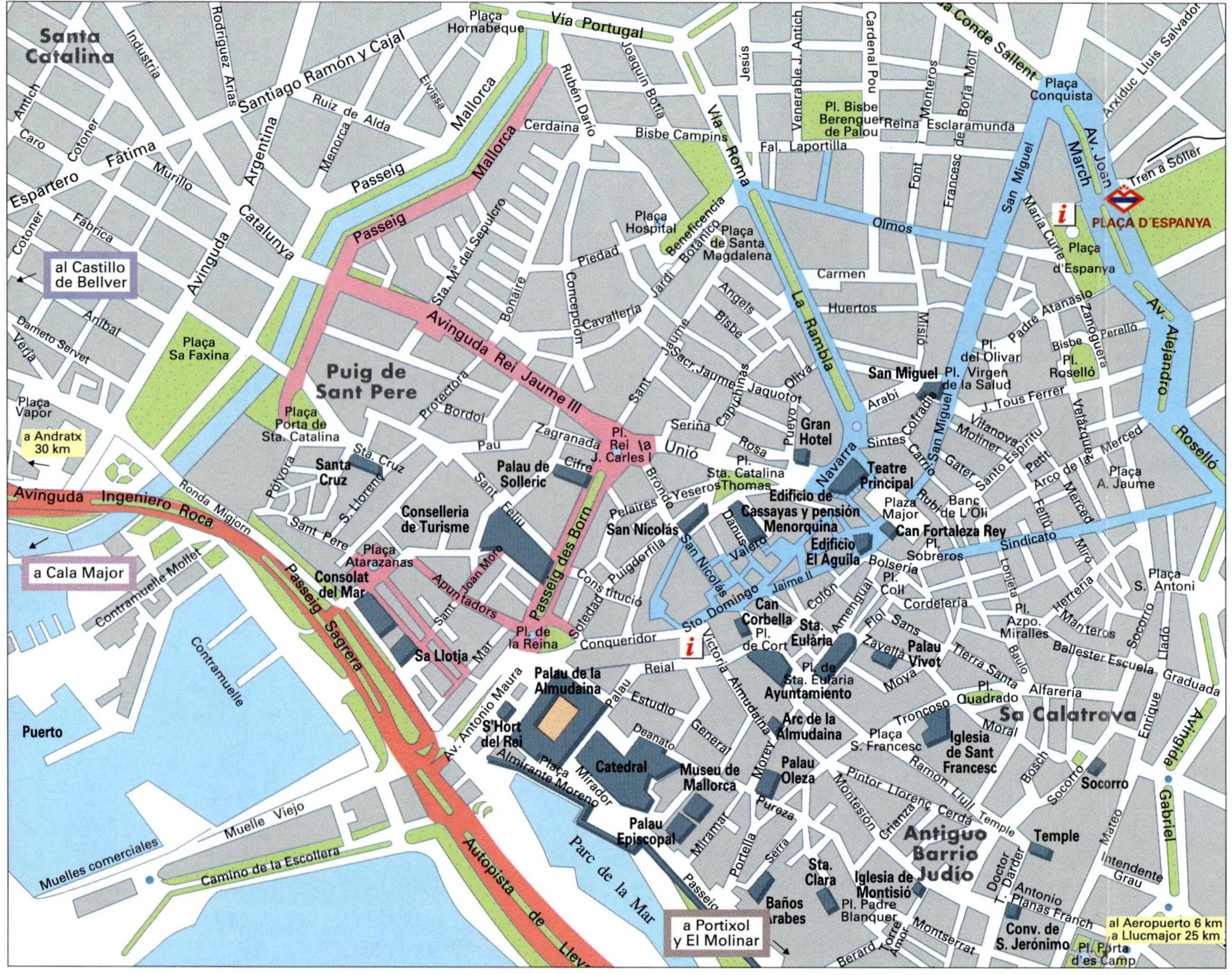

PALENCIA

① **Calle Mayor**

Es un extraño caso de corazón alargado de la ciudad. Su gran longitud, de casi 1 km, la convierte en el eje o espina dorsal de la misma. Todo confluye en ella: el comercio, la diversión, el paseo... y eso hace que la Plaza Mayor de Palencia, pequeña y coqueta, sea apenas un aledaño de esta famosa calle. Cualquier cosa que se busque, hay que hacerlo en la Calle Mayor. Animada a todas horas, comercial durante el día, bulliciosa al caer la tarde y de una belleza misteriosa cuando llega la noche, la Calle Mayor no es en sí una zona sino la confluencia de todas, el lugar inevitable en Palencia. Sus enormes contrastes arquitectónicos entre lo nuevo y lo viejo, entre lo noble y lo vulgar, entre lo civil y lo religioso, hacen de ella una extraña muestra de cosmopolitismo provinciano. A un lado y a otro de ella ha crecido y crece la ciudad.

② **La Puebla**

Uno de los barrios más castizos de Palencia, a él se asoman edificios civiles, iglesias y conventos. Su discreto aspecto diurno contrasta con su gran ambiente nocturno. Situado al oeste de la ciudad, en un principio pertenecía a la periferia. Hoy se puede considerar parte del centro de la ciudad. Es donde se disfruta de la mayor animación nocturna, con bares y pubs que abarcan todos los estilos.

③ **De la catedral a San Miguel**

Sólo hay que fijarse en el plano para percibir que es la parte más antigua de la ciudad. Su trazado caprichoso, con calles estrechas y sinuosas, la acumulación de iglesias y monumentos, etc. hacen de esta franja un reclamo interesante para la visita turística. Sin embargo no está exenta de tabernas para el tapeo, buenos restaurantes y bares para pasar una agradable velada. Es una zona más tranquila que La Puebla para quedar a primera hora de la noche.

④ **Alrededores del río Carrión**

Es el corredor verde de la ciudad. Alejados del bullicio del centro, podemos encontrar en esta parte todo tipo de actividades de ocio, desde lo deportivo, hasta el simple paseo en busca de una buena sombra. Todo el margen cercano a la ciudad está plagado de parques, polideportivos y paseos. El Puente Mayor y Las Puentecillas o las islas fluviales que el río forma, las dársenas del canal, etc. son lugares tranquilos y apartados.

PALMA DE MALLORCA

① **Casco Antiguo**

Toda esta zona, la más interesante de Palma desde el punto de vista comercial y cultural y por la que más se moverá el visitante, se halla circunvalada por un cinturón de avenidas (Ses Avingudes), coincidente en su mayor parte con el trazado de antiguas murallas. Todas son muy comerciales, destacando el tramo entre la plaça d'Espanya y el carrer Aragó, con numerosas oficinas bancarias y tiendas de moda brotadas como setas tras la apertura del Corte Inglés. Detrás de la plaça d'Espanya se halla la plaça del Olivar (con el mercado municipal más interesante de Palma) y el Centro Comercial Los Geranios. De sus inmediaciones parten tres importantes calles peatonales: Sant Miquel y Via Sindicat –que van a morir a la Plaça Major– y Oms (Olmos), que termina en la Rambla. Desde la Plaça Major podemos seguir una ruta hacia el Ayuntamiento y la catedral, escoltados por un magnífico y restaurado casco viejo, o bien continuar por calles peatonales y comerciales que descienden por itinerarios laberínticos hacia el passeig des Born. Si seguimos por Oms (librerías, copisterías y enmarcado de láminas y cuadros) llegaremos a la Rambla (anticuarios y floristas), que deambula por debajo de la Plaça Major y también termina en los aledaños del passeig des Born.

② **Passeig des Born y Sa Llotja**

El Born, ubicado entre las plazas Joan Carles I y La Reina, es un bulevar arbolado poblado de cafés, instituciones culturales, tiendas de moda y complementos y agencias de viajes. A su derecha, descendiendo hacia el mar y enmarcado por Es Born, Jaume III y el passeig Mallorca, se extiende un barrio antiguo y en restauración paulatina, con viejos palacios señoriales y antiguas casas de pescadores (Puig de Sant Pere). Destaca en esta zona el área aledaña a la antigua lonja del mar (Sa Llotja), con numerosos restaurantes, cafés y bares de copas, constituyéndose –a pesar de los vecinos– en una de las zonas de ambiente nocturno más destacadas de Palma.

Del otro extremo del Born (plaça Joan Carles I), parte la avinguda Jaume III en dirección al passeig Mallorca; a sus amplias aceras porticadas abren sus puertas zapaterías de calidad, tiendas de ropas de marca, de fotografía y un segundo Corte Inglés.

③ **Passeig Marítim**

Hermosa arteria que une, paralela a la orilla del mar, las autopistas de Llevant y de Ponent. Se inicia en El Molinar y acaba en la Estación Marítima, junto al faro de Porto Pi. A ambos lados de la calzada, adornada por esbeltas palmeras, discurren hermosos paseos. El interno se ve ceñido por el parc de la Mar, las murallas y numerosos hoteles de lujo, apartamentos, restaurantes, salas de fiestas y cafeterías, con hermosas vistas de la bahía. Toda esta zona se ve muy animada durante las noches de verano, y los fines de semana durante todo el año. El paseo externo (con un carril-bici anexo) circula junto a los muelles y se prolonga hacia el mar por varios diques. Hay algunas cafeterías interesantes y, sobre todo, el bamboleo de barcas de pesca, *llaüts,* embarcaciones turísticas, veleros de varios mástiles y algunos de los yates más lujosos del mundo. Junto a Porto Pi se sitúa el centro comercial homónimo, con tiendas, cafeterías y restaurantes de comida rápida, multicines y un supermercado.

④ **En torno al castell de Bellver (f. p.)**

El castillo de Bellver corona una hermosa colina poblada de verdes pinos, uno de los parques forestales de Palma. En su entorno se ubican una serie de barrios residenciales –La Bonanova, El Terreno–, algunos con zonas muy animadas, como la avinguda Joan Miró, la Plaça Gomila y sus aledaños, otra de las mecas nocturnas de la ciudad. Entre Bellver y la sierra de Na Burguesa se adapta al abrupto terreno el pintoresco y tranquilo núcleo de Génova, que alterna chalés populares con otros más lujosos. Génova es célebre por concentrar una gran densidad de restaurantes tradicionales donde degustar buena cocina mallorquina.

⑤ **Cala Major (f. p.)**

Continuando desde Porto Pi por la Avinguda Joan Miró, una vez cruzada la autopista de Andratx, aquélla continúa por el núcleo de Cala Major, con numerosos hoteles de varias categorías, restaurantes y salas de fiestas, pero con una clara inclinación hacia el turismo extranjero. En su inicio, sobre la península de Punta Colomé, se ubica el palacio de Marivent, residencia estival de la familia real española.

⑥ **La Platja de Palma: El Molinar, Coll d'en Rebassa, Can Pastilla, Platja de Palma y S'Arenal (f. p.)**

Hacia levante, el Passeig Marítim de Palma finaliza en el encantador puertecito del Portitxol, con embarcaciones populares *(llaüts)* y algunos restaurantes donde comer un buen pescado. A continuación, el que fuera un modesto barrio de pescadores (El Molinar) es hoy un agradable núcleo muy codiciado por profesionales independientes en busca de una planta baja a restaurar. Su agradable paseo marítimo muere en Ciutat Jardí, playa del barrio del Coll d'en Rebassa, cuya zona más interesante se ubica alrededor de Cala Gamba. En Can Pastilla se inicia de nuevo la actividad turística y una inmensa playa –que se prolonga por S'Arenal– de casi 10 km de longitud, flanqueada por numerosos hoteles. Es ésta otra zona importante de diversión nocturna donde, salvo excepciones, el visitante español se va a encontrar en franca minoría.

OURENSE

① **Casco viejo**

Tiene como principales núcleos la Praza Maior y la catedral, esta última auténtico eje alrededor del cual se distribuyen los principales locales de tapeo, una actividad de gran tradición en la ciudad, sin olvidar los elegantes cafés de las calles Coronel Ceano o Lepanto. También por estas calles se reparte el pequeño comercio tradicional, destacando las tiendas de productos gastronómicos, vinos y artesanía típica.

Esta zona, entre la catedral y la praza do Ferro, es vinatera por excelencia, lleno sobre todo al caer la tarde y por la noche. El ribeiro de calidad se ha impuesto al vino de barril, pero tomarse unas tazas en Ourense aún ofrece garantías. Las calles principales para los vinos son La Paz, Lepanto, Viriato, Fornos y la praza do Ferro. También por estas calles se reparten un sinfín de pequeños y ruidosos pubs.

② **Mercado de Abastos**

Junto con las pequeñas tiendas del casco antiguo, completa el panorama del comercio tradicional de la ciudad. Alrededor de la plaza de Abastos se organiza los sábados por la mañana un animado mercadillo, con decenas de puestecillos donde puede comprarse alguna pieza de artesanía o probar empanada recién hecha.

③ **Zona de compras y marcha nocturna**

Desde el casco viejo en dirección hacia el río se alargan un par de calles peatonales de diverso carácter: la de Santo Domingo, con pequeñas tiendas tradicionales y cafés, y la más elegante do Paseo, donde se concentra el comercio moderno, con novísimas y atractivas tiendas de diseño, moda, regalos, sucursales bancarias... Las calles que bajan hacia la rúa do Progreso también participan de este carácter. Dos de los principales baluartes de la moda nacional tienen sede en esta zona; son *Adolfo Domínguez* (en Curros Enríquez) y *Roberto Verino* (Cardenal Quevedo).

Tras tomar unos vinos o la primera copa en los locales próximos a la catedral, la ronda continúa hacia los ubicados en las recoletas plazas del Cid, Pena Vixía, Vigo o Paz Novoa, para terminar por la zona nueva, donde se hallan los locales de última hora, en calles como Valle Inclán, Manuel Bedoya, Ramón Cabanillas o avda. de La Habana.

OVIEDO

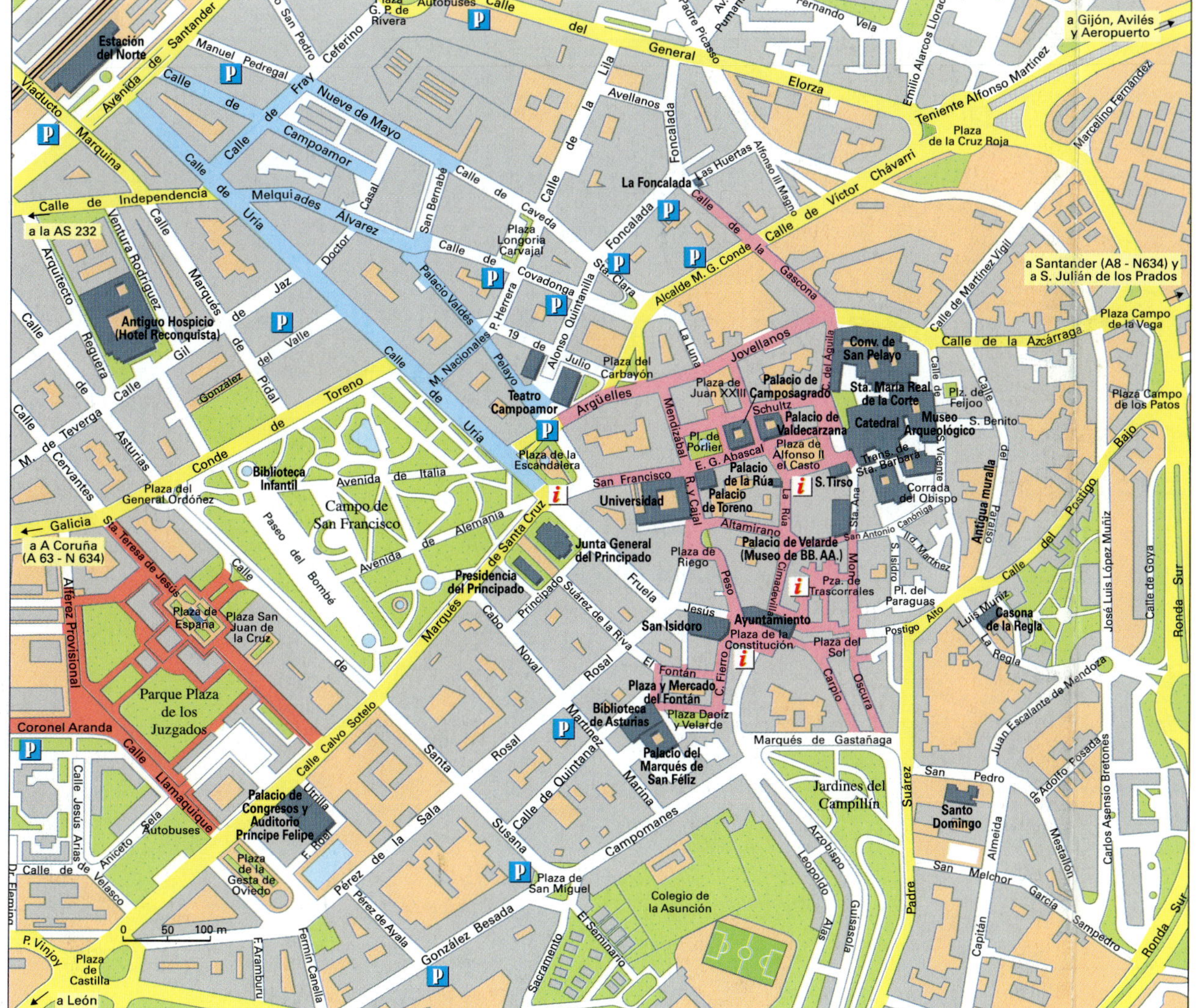

OVIEDO

① **Calle Uría**

Codiciada por todo tipo de comercio, es sede de grandes almacenes y tiendas amplias, aunque está muy bien apoyada por una serie de calles peatonales como Campoamor, González del Valle o Nueve de Mayo, todas con una gran actividad diaria. El tránsito por estas calles es tranquilo, sin el agobio de un tráfico que se ve obligado a rodar alrededor del cinturón de las rondas. A través de calles peatonales, Palacio Valdés y Pelayo, se une con el casco histórico, pasando frente a sedes de grandes bancos y la Asamblea de la Junta.

② **Casco Histórico**

Las calles del casco histórico tienen un carácter más diferenciado: San Francisco y el entorno de la plaza de Alfonso II son muy monumentales, sólo salpicadas de algún establecimiento o cafetería, lugar de paso para estudiantes y lugar de encuentro del turismo. Argüelles y Jovellanos son sobre todo las calles de los grandes cafés y algún restaurante de lujo, mientras que Gascona y Trascorrales son sidreras por excelencia. En Cimadevilla y La Rúa se sitúan algunas tiendas de sabor tradicional como boticas y platerías. Las calles Mon, Oscura y Carpio tienen también una fuerte impronta tradicional, a la vez que se vuelven noctámbulas nada más caer el sol.

③ **Plaza de España**

El entorno de esta plaza es marcadamente institucional, por lo tanto con actividad puramente matinal, sede de delegaciones ministeriales y, más adelante, con sedes de las consejerías del Principado (calle Coronel Aranda).

MÁLAGA

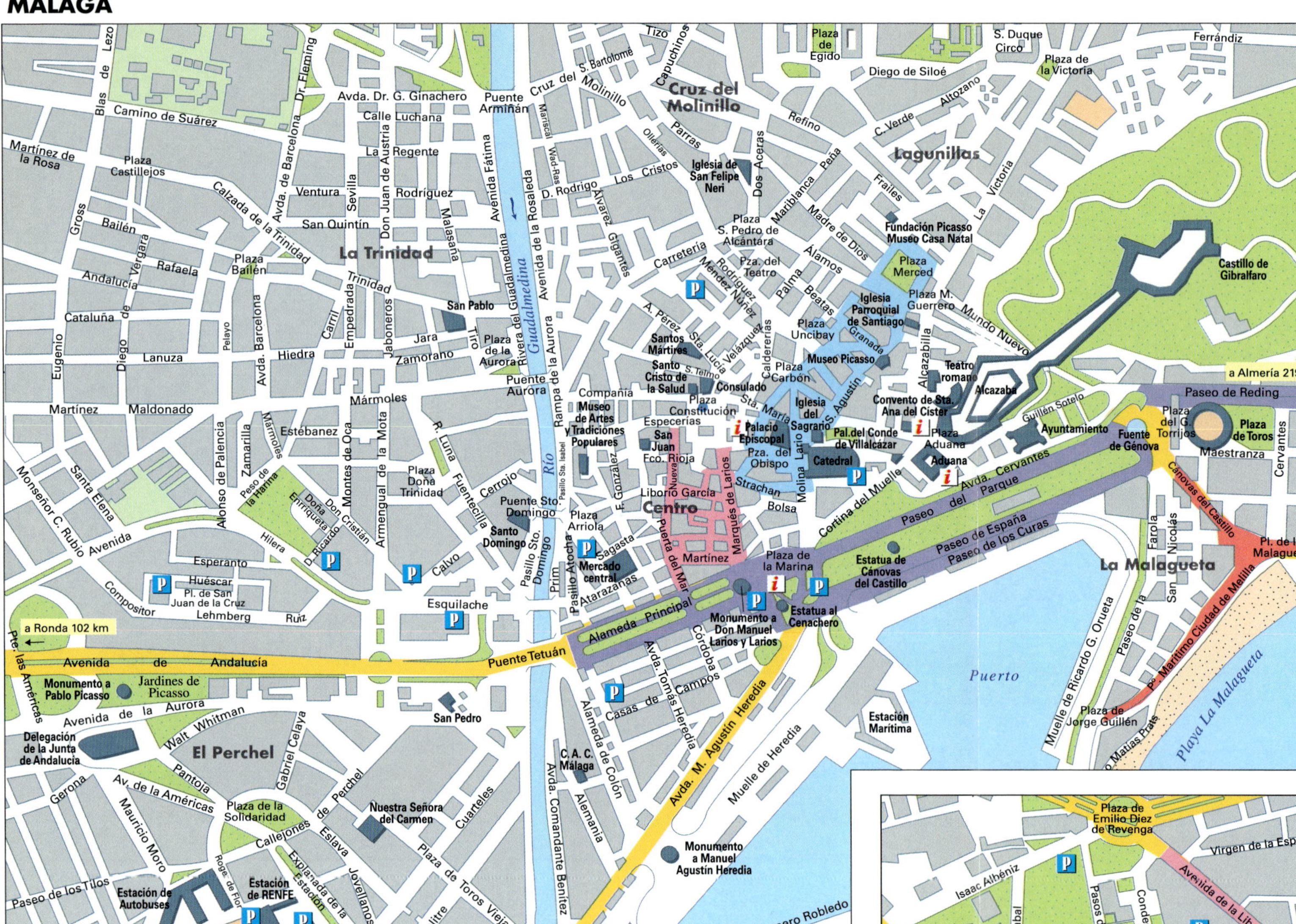

MÁLAGA

① **Centro histórico**

En sus estrechas calles, la mayoría de ellas peatonales, se localiza la principal ruta del tapeo de la ciudad, algunas bodegas como la *Antigua Casa de Guardia* o *Pimpi* son toda una institución para los malagueños. También están los locales y salas nocturnas.

② **Calles Larios y Nueva**

Es la zona comercial: tiendas especializadas, almacenes tradicionales y nuevos centros comerciales conviven en perfecta armonía.

③ **La Malagueta**

Nuevas tiendas, bares, mesones, restaurantes y agradables terrazas a orillas del mar (ideales para la primera copa) están convirtiendo a La Malagueta en un sitio de moda.

④ **Grandes paseos**

Desde el paseo de Reding hasta la gran avenida de Andalucía, pasando por el paseo del Parque y la Alameda Principal, discurren estos enormes y preciosos centros de reposo y paseo, que le confieren personalidad y calidad de vida a esta ciudad.

MURCIA

① **El centro histórico**

Entre la catedral y la plaza de Santo Domingo, Plaza Mayor sin título de esta ciudad, se concentra el sabor de las apretadas y peatonales calles del casco histórico. Entre las más ilustres vías están Trapería, Platería y Jabonerías, pobladas por el comercio tradicional.

② **Las grandes avenidas**

De la plaza Martínez Tornel, a la vera del Segura, sale la Gran Vía del Escultor Salzillo, columna vertebral de la ciudad, donde se concentran los comercios franquiciados y los grandes almacenes. La Gran Vía se desdobla en las avenidas de la Libertad y de la Constitución en la plaza de la Fuensanta.

③ **Las plazas**

Tomadas por las terrazas, en las plazas de las Flores y de Santa Catalina se sirven, a decir de muchos, las mejores tapas y raciones de Murcia. Pero no son las únicas plazas dedicadas al encuentro social y al ocio gastronómico. Las plazas de San Juan, del Cristo del Rescate, de Santo Domingo y de Julián Romea son, entre otras, lugares especialmente idóneos para estas placenteras actividades.

④ **Zona de la Universidad, Centrofama, Zig Zag y Atalayas**

La noche murciana ha tenido desde siempre su referencia en la zona universitaria, una piña de apretadas y retorcidas calles del casco histórico. El centro comercial *Centrofama* tiene algunos locales nocturnos. A la zona universitaria le han salido serios competidores en los modernos centros de ocio *Zig Zag* y *Atalayas* (f. p.).

MURCIA

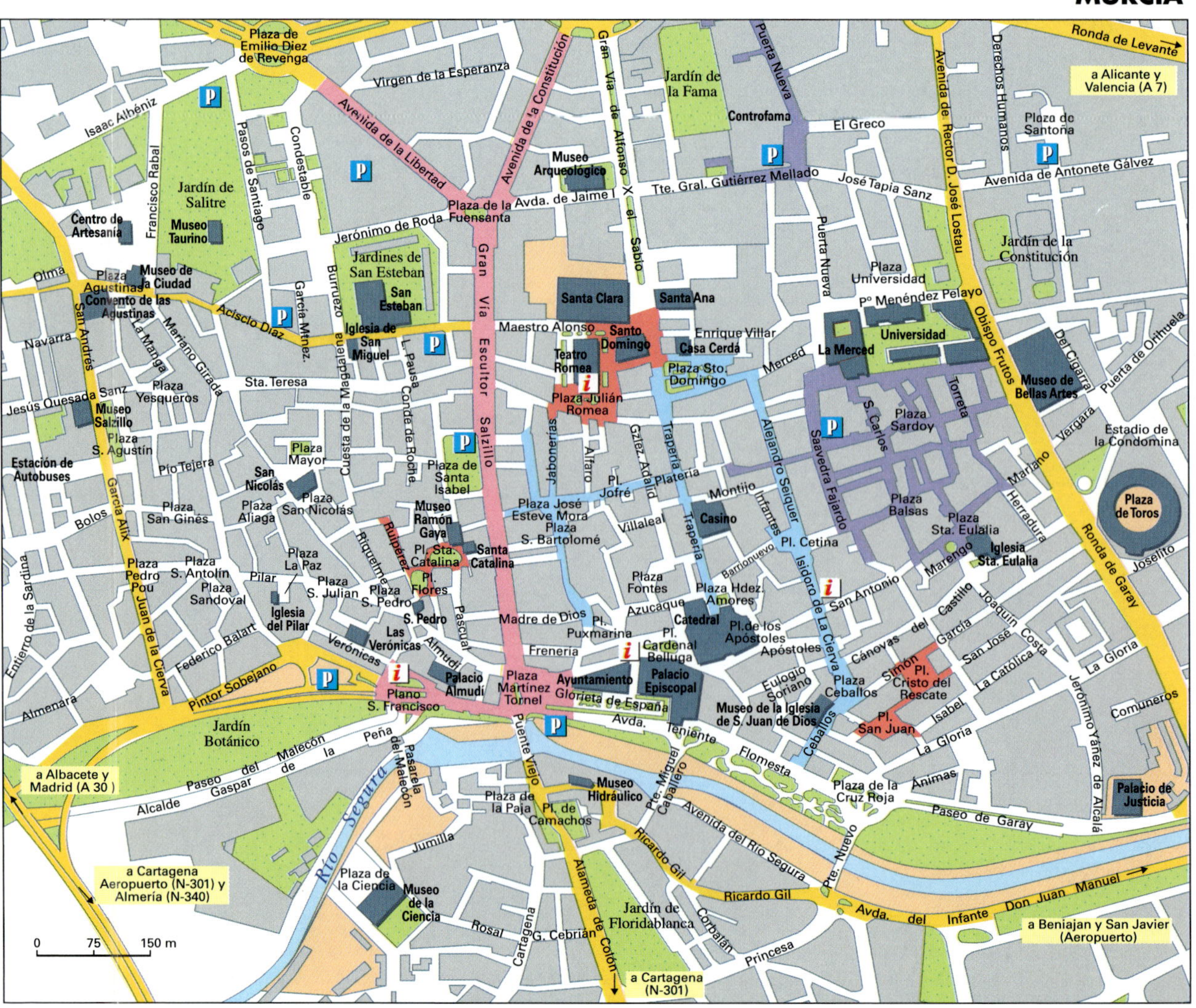

MADRID

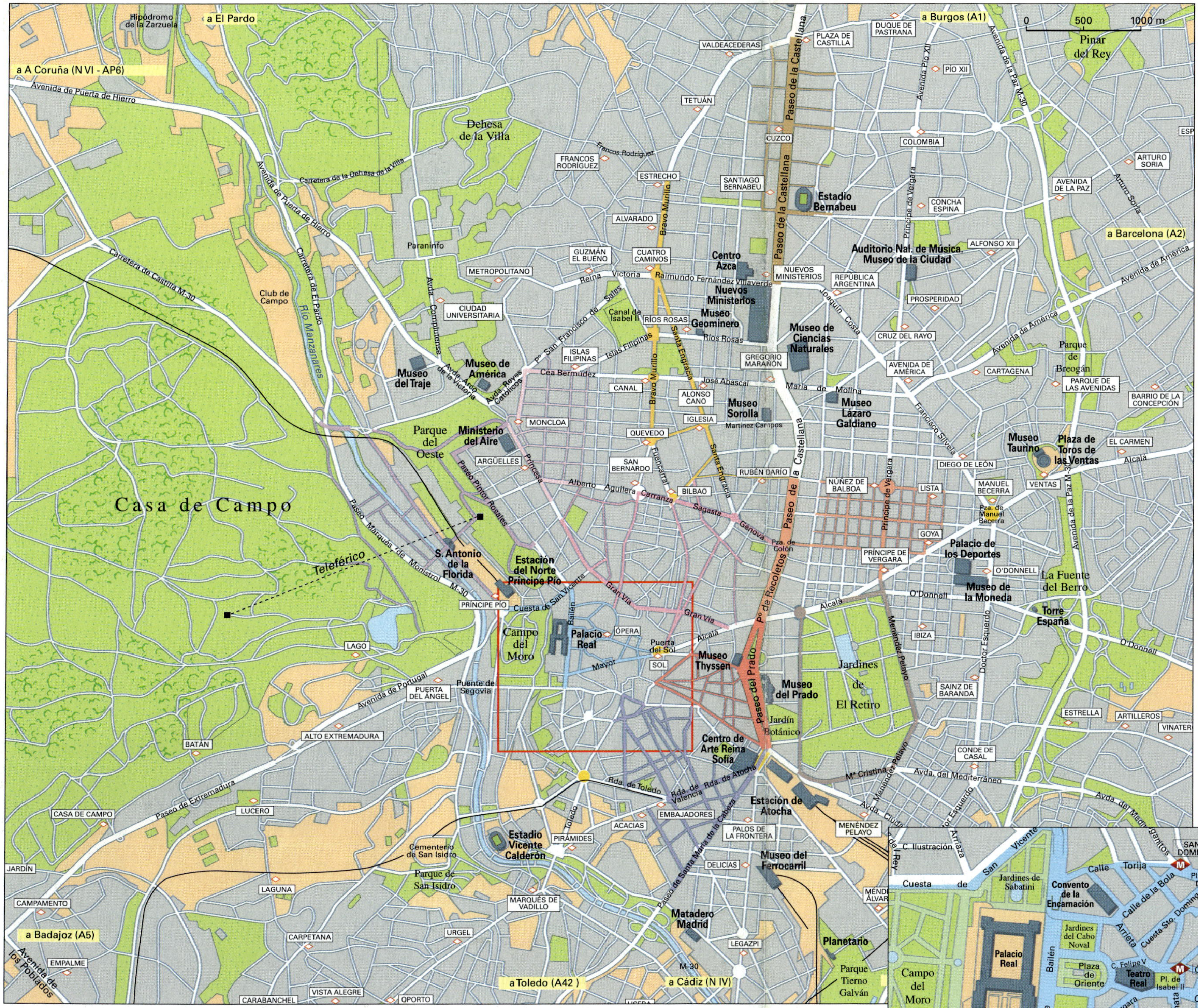

MADRID

① **Centro**

Es la zona de mayor concentración de hostales, restaurantes y bares. Es el corazón de Madrid. La Puerta del Sol, la Plaza Mayor y el palacio de Oriente, pero son las calles del llamado "Madrid de los Austrias" el lugar ideal para tomar contacto con lo más genuino de la ciudad y con algunas de sus mejores tascas. Hay una gran variedad de alojamientos para todos los bolsillos y gustos.

② **Gran Vía, Chueca, Malasaña y Conde Duque**

Uno de los principales lugares para adentrarse en la animada noche madrileña. La Chueca gay o la Malasaña de la aún resistente "movida" son dos de los mejores ejemplos de que esta ciudad nunca duerme.

③ **Paseo del Prado, Huertas y Atocha**

Distintas caras de la ciudad aparecen resumidas en esta zona, desde la más elegante del paseo del Prado y las inmediaciones del Jardín Botánico, hasta el casticismo de Huertas y la plaza de Santa Ana. No es mala zona para encontrar un buen alojamiento y disfrutar de algunos de los más interesantes locales de tapas y copas. La cita con el arte está servida en el triángulo formado por el Centro de Arte Reina Sofía, el Museo Thyssen-Bornemisza y el Museo del Prado.

④ **Latina, Lavapiés y Santa María de la Cabeza**

Éste es el Madrid más auténtico, el más castizo. Tanto las corralas y el buen ambiente del día como los locales y cafés de la noche hacen interesante la visita. El Rastro, los domingos en la Ribera de Curtidores y los aperitivos en Mesón de Paredes (ineludible la *Taberna Antonio Sánchez*) son algunas de las más sugerentes llamadas de esta antigua "judería" de "manolos", abierta ahora a la variedad cultural de la inmigración. Una zona de encuentro y de tolerancia en la que cabe todo el mundo.

⑤ **Plaza de España, Rosales, Paseo de la Florida y Casa de Campo**

La Casa de Campo es el principal lugar de esparcimiento de los madrileños. La modernidad de los edificios de la plaza de España recoge el mayor número de turistas por metro cuadrado. El paseo de la Florida, marcado por la Estación de Príncipe Pío, puede ser un buen lugar para buscar dónde pasar la noche. Incluye el restaurante asturiano *Casa Mingo* y la castiza ermita de San Antonio de la Florida con frescos de Goya.

⑥ **Retiro y Puerta de Alcalá**

Su historia aristocrática lo convierte en el gran monumento a la naturaleza de la ciudad. Sus palacios de Cristal y de Velázquez y el estanque central (sin olvidar su estatua única al diablo) son de visita obligada. Sus alrededores tienen todo lo necesario para tomar una buena tapa o comer después del paseo. La emblemática Puerta de Alcalá preside una de sus entradas y la Cuesta de Moyano, otra. Es el Madrid literario.

⑦ **Recoletos y el barrio de Salamanca**

Un lugar imprescindible para pasear tranquilamente y disfrutar de los cafés añejos como el *Gijón* o el *del Espejo*. El barrio de Salamanca representa el Madrid burgués con sus tiendas de alta costura, sus grandes hoteles y prestigiosos restaurantes. Es difícil encontrar por aquí un alojamiento barato pero merece la pena pasear, que es gratis, y contemplar los mejores escaparates de la moda internacional.

⑧ **Chamberí, Cuatro Caminos y Bilbao**

El paseo de la Castellana marca considerablemente la geografía de esta zona. Aún pueden encontrarse buenos lugares de copas, como el *Honky Tonk*, aunque más desperdigados. Algunos de los mejores hoteles se sitúan en los alrededores de Rubén Darío, como el *Santo Mauro* o el *Miguel Ángel*, y empieza a hacerse necesaria una selección de las visitas, entre las que pueden incluirse el Museo Sorolla o la Institución Libre de Enseñanza.

⑨ **Moncloa y Argüelles**

La cercanía de la Ciudad Universitaria ha convertido esta área en una de las citas con el mundo de los estudiantes. Los colegios mayores, las residencias, alguna pensión aceptable y una gran variedad de sitios de copas son sus constantes vitales. Se recomienda el ascenso al Faro de Moncloa y asistir a una representación en el teatro de La Abadía.

⑩ **Castellana y plaza de Castilla**

Los grandes rascacielos avisan de que éste es el Madrid de las finanzas. Zona de diversos ambientes, predomina el alto nivel en restaurantes y sitios de copas. Buenos hoteles, aptos para ejecutivos, y numerosos locales "de puerta cerrada" son algunas muestras de este complejo, lleno de rascacielos que se distribuyen a ambos lados del enorme paseo.

LUGO

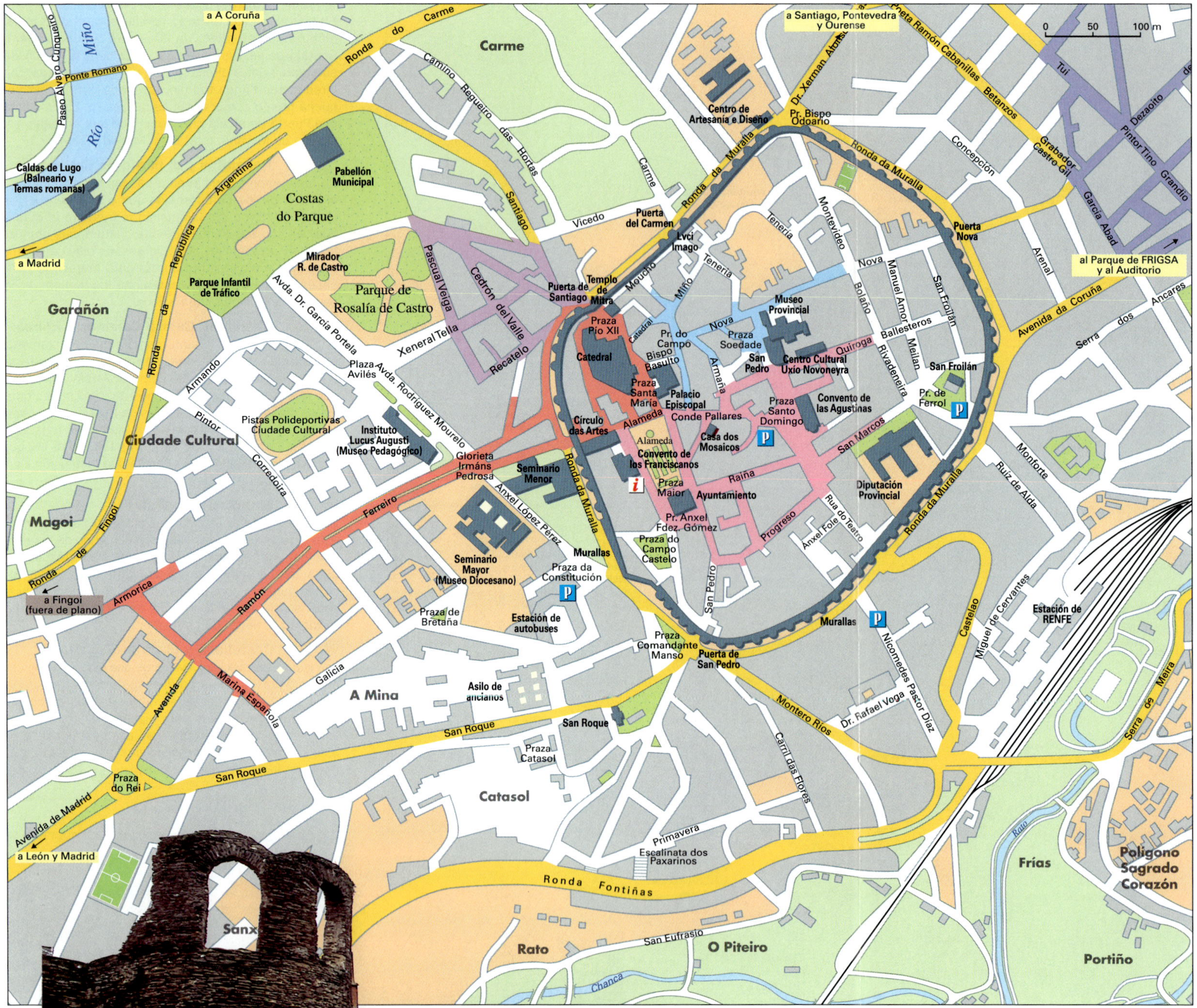

a A Coruña
Ronda do Carme
Carme
a Santiago, Pontevedra y Ourense
0 50 100 m
Miño
Río
Ponte Romano
Paseo Álvaro Cunqueiro
Caldas de Lugo (Balneario y Termas romanas)
Pabellón Municipal
Costas do Parque
Argentina
Camiño Regueiro das Hortas
Santiago
Centro de Artesanía e Diseño
Dr. Xerman Aldaz
Pr. Bispo Odoario
Ronda da Muralla
Betanzos
Concepción
Grabador Castro Gil
Tui
Dezaoito
Pintor Tino
Grandío
García Abad
a Madrid
República
Mirador R. de Castro
Parque Infantil de Tráfico
Parque de Rosalía de Castro
Pascual Veiga
Cedrón del Valle
Vicedo
Puerta del Carmen
Lvci Imago
Tenería
Montevideo
Puerta Nova
Arenal
al Parque de FRIGSA y al Auditorio
Garañón
Avda. Dr. García Portela
Xeneral Tella
Recatelo
Puerta de Santiago
Templo de Mitra
Praza Pío XII
Catedral
Miño
Pr. do Campo
Bispo Basulto
Nova
Praza Soedade
Museo Provincial
San Pedro
Centro Cultural Uxío Novoneyra
Quiroga
Bolaño
Manuel Amor Meilán
Rivadeneira
Ballesteros
San Froilán
Avenida da Coruña
Serra dos Ancares
Plaza Avilés
Armando
Avda. Rodríguez Mourelo
Pintor Corredoira
Pistas Polideportivas Ciudade Cultural
Instituto Lucus Augusti (Museo Pedagógico)
Ciudade Cultural
Praza Santa María
Palacio Episcopal
Armañá
Conde Pallares
Praza Santo Domingo
Convento de las Agustinas
Pr. de Ferrol
Circulo das Artes
Alameda
Casa dos Mosaicos
Convento de los Franciscanos
San Marcos
Monforte
Ruiz de Alda
Glorieta Irmáns Pedrosa
Seminario Menor
Ronda da Muralla
Praza Maior
Ayuntamiento
Raíña
Diputación Provincial
Magoi
Ronda de Fingoi
Ferreiro
Anxel López Pérez
Seminario Mayor (Museo Diocesano)
Murallas
Pr. Anxel Fdez. Gómez
Praza do Campo Castelo
Progreso
Anxel Fole
Rua do Teatro
Praza da Constitución
a Fingoi (fuera de plano)
Armórica
Ramón
Praza de Bretaña
Estación de autobuses
San Pedro
Murallas
Castelao
Miguel de Cervantes
Estación de RENFE
Praza Comandante Manso
Puerta de San Pedro
Nicomedes Pastor Díaz
Galicia
Marina Española
A Mina
Asilo de ancianos
Avenida
San Roque
San Roque
Praza Catasol
Montero Ríos
Dr. Rafael Vega
Serra de Meira
Praza do Rei
San Roque
Catasol
Camiño das Flores
Avenida de Madrid
a León y Madrid
Primavera
Escalinata dos Paxarinos
Rato
Frías
Polígono Sagrado Corazón
Ronda Fontiñas
Sanx
San Eufrasio
Rato
O Piteiro
Chanca
Portiño

LUGO

El interior de la muralla acoge buena parte de la vitalidad urbana. El reciente plan de peatonalización del casco antiguo recomienda dejar el coche en el aparcamiento.

① Rúa Nova y Cruz

En Galicia sólo O Franco, en Santiago, puede competir en cantidad de bares mesones y tabernas con esta calle, que cada tarde se convierte en un indicador del pulso ciudadano. El recorrido se prolonga, desde la praza do Campo, por la rúa da Cruz.

② Zona comercial intramuros

Entre la Alameda y Praza Maior –con sus antiguos cafés y terrazas– y la praza de Santo Domingo –el punto más dinámico del casco viejo–, el comercio se reserva calles como la de O Progreso o A Raíña.

③ Catedral, Ramón Ferreiro y Marina Española

Es la zona de marcha nocturna por excelencia. Desde la catedral, acosada por un conjunto de modernos pubs, la movida nocturna se prolonga por la ronda da muralla, la avda. Ramón Ferreiro y sus aledaños y, muy especialmente, por la rúa Mariña Española, donde se concentran los más modernos y de bailoteo.

④ A Milagrosa

En este grande y populoso barrio, limitado al este por la comercial avda. da Coruña –tiendas de moda, decoración, etc.–, aparecen aquí y allá mesones, restaurantes y algún que otro pub.

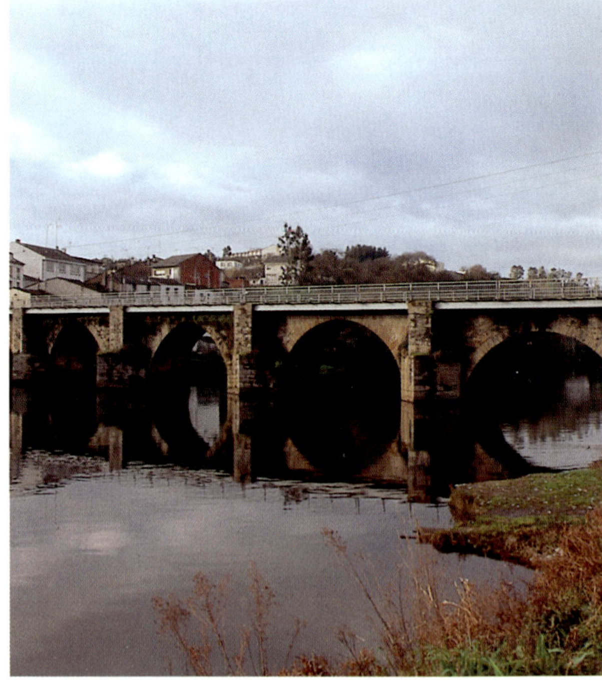

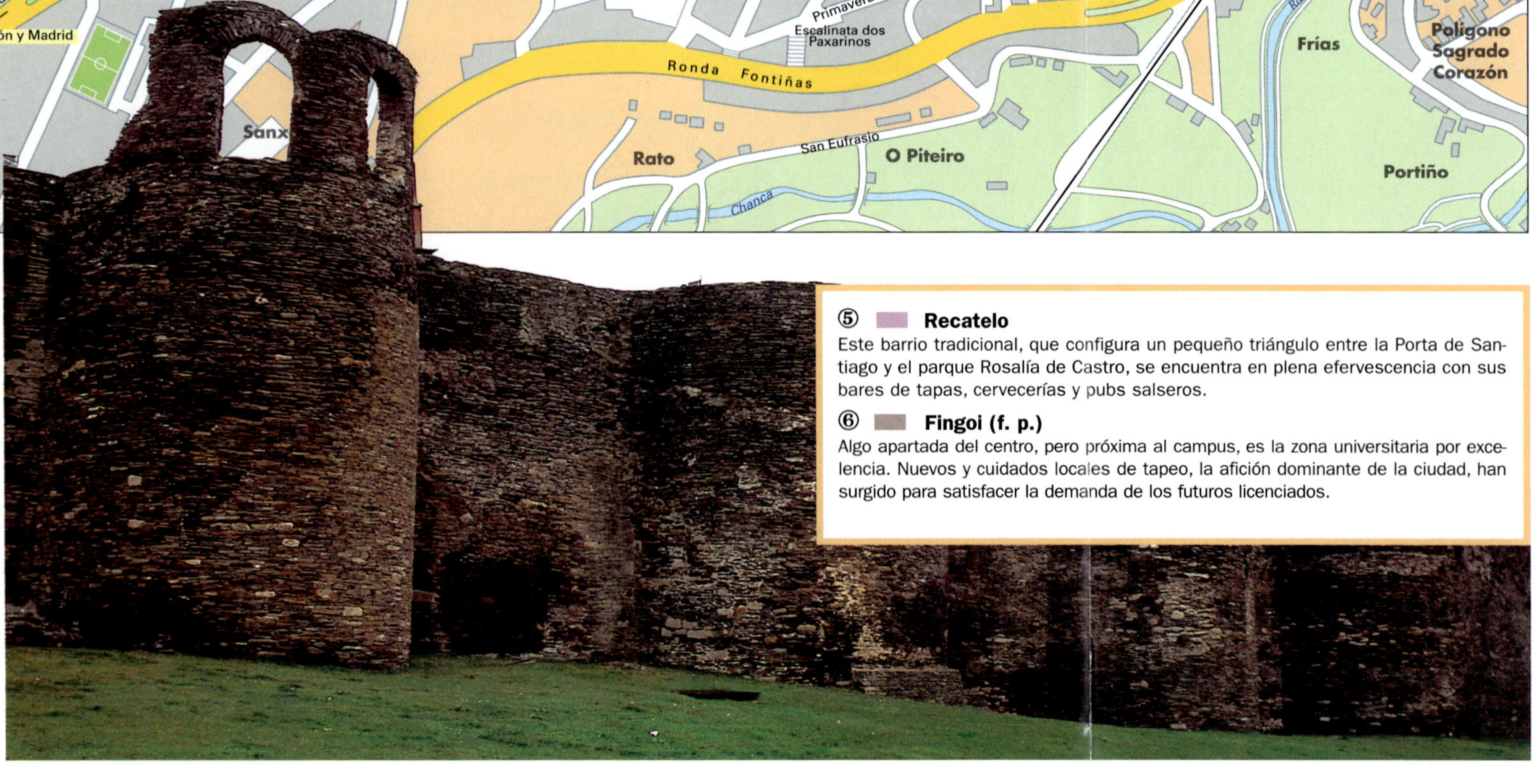

⑤ Recatelo

Este barrio tradicional, que configura un pequeño triángulo entre la Porta de Santiago y el parque Rosalía de Castro, se encuentra en plena efervescencia con sus bares de tapas, cervecerías y pubs salseros.

⑥ Fingoi (f. p.)

Algo apartada del centro, pero próxima al campus, es la zona universitaria por excelencia. Nuevos y cuidados locales de tapeo, la afición dominante de la ciudad, han surgido para satisfacer la demanda de los futuros licenciados.

DISCO

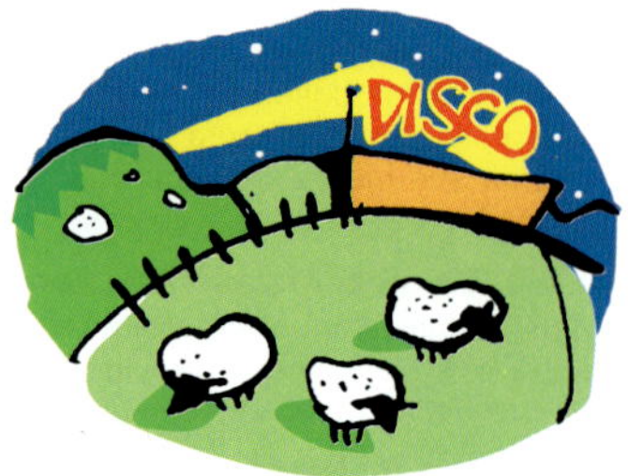

LLEIDA

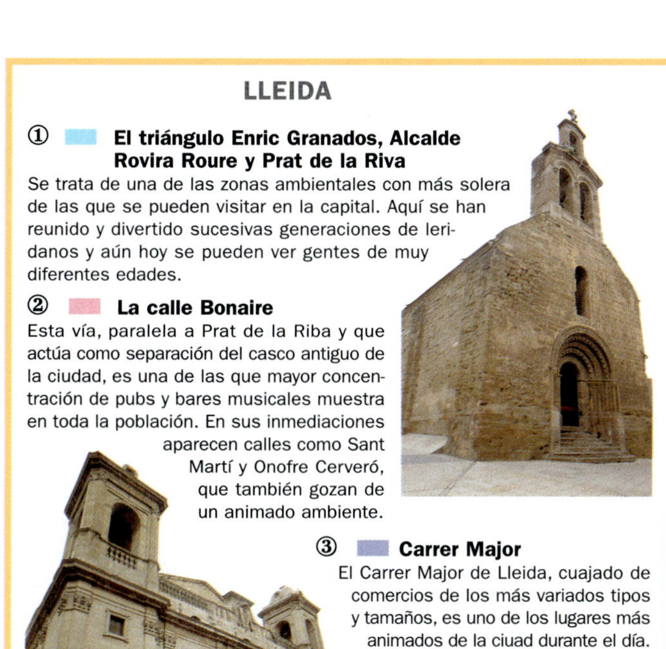

① **El triángulo Enric Granados, Alcalde Rovira Roure y Prat de la Riva**
Se trata de una de las zonas ambientales con más solera de las que se pueden visitar en la capital. Aquí se han reunido y divertido sucesivas generaciones de leridanos y aún hoy se pueden ver gentes de muy diferentes edades.

② **La calle Bonaire**
Esta vía, paralela a Prat de la Riba y que actúa como separación del casco antiguo de la ciudad, es una de las que mayor concentración de pubs y bares musicales muestra en toda la población. En sus inmediaciones aparecen calles como Sant Martí y Onofre Cerveró, que también gozan de un animado ambiente.

③ **Carrer Major**
El Carrer Major de Lleida, cuajado de comercios de los más variados tipos y tamaños, es uno de los lugares más animados de la ciudad durante el día.

④ **Rambla de Ferran**
La rambla forma parte de lo que aquí se conoce como Eix de Vianants, una sucesión de vías peatonales que abarca una gran superficie. Muchas personas acuden a tomar algo a las terrazas instaladas en este largo paseo arbolado o simplemente a pasear.

LLEIDA

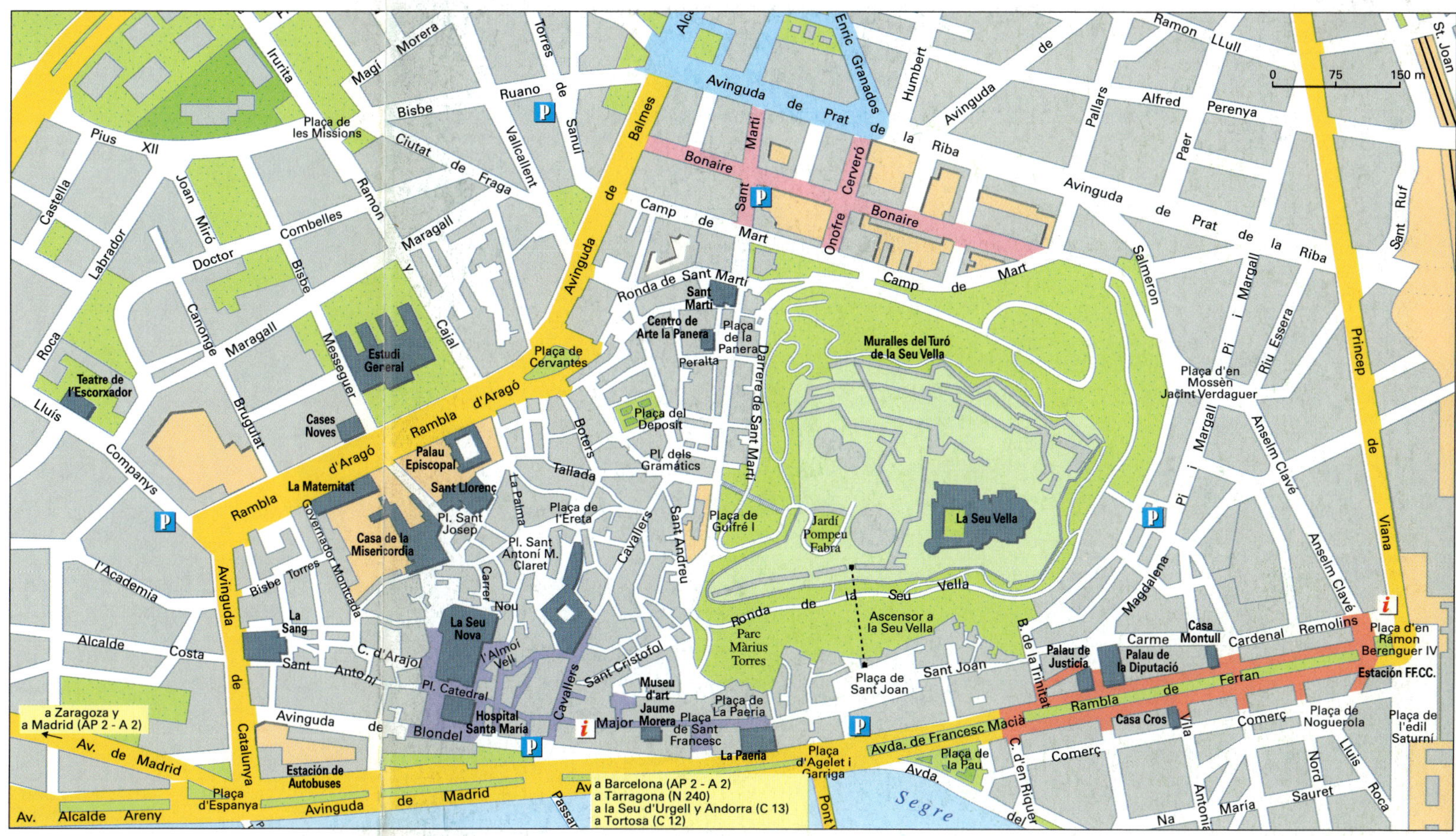

LOGROÑO

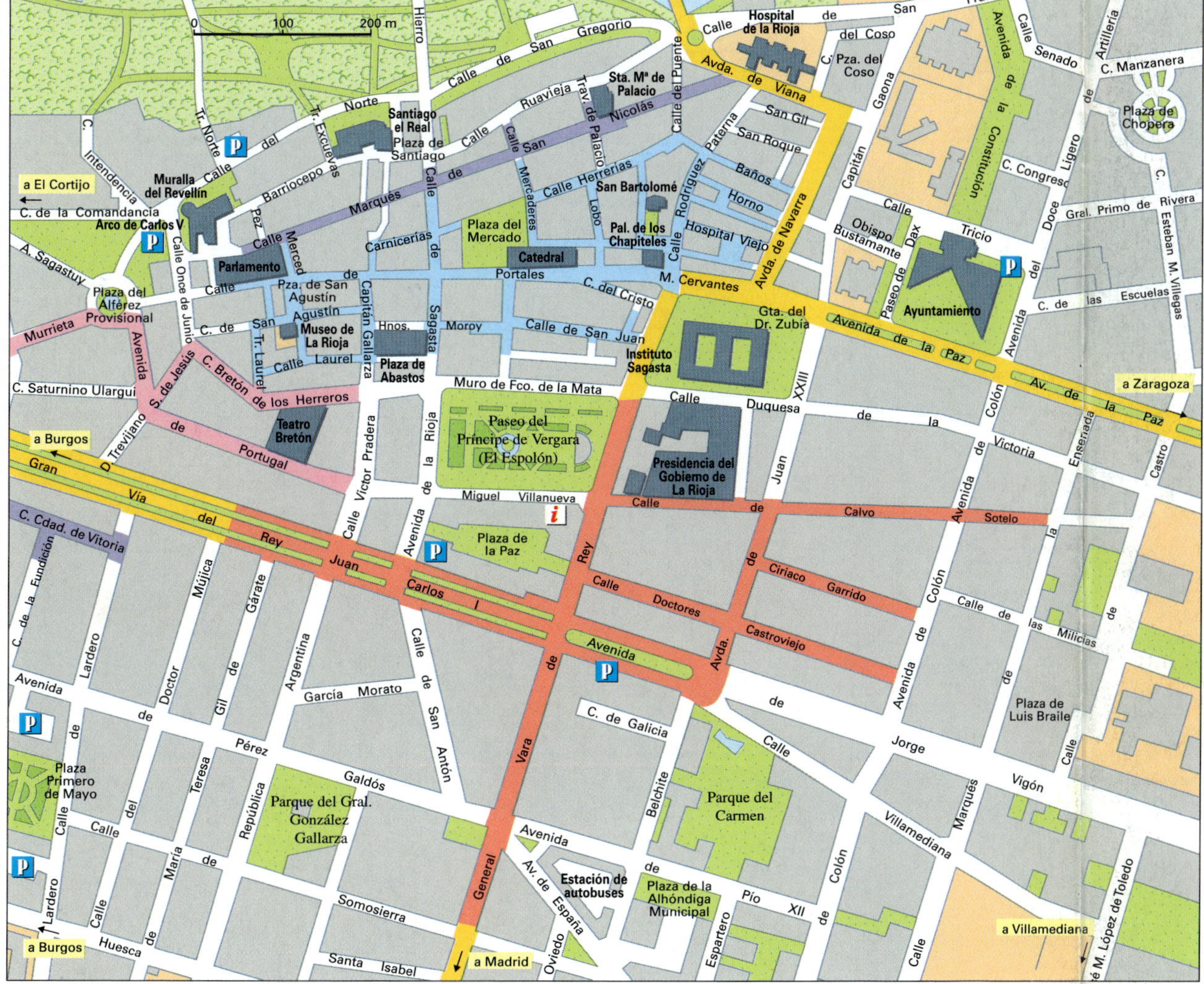

LOGROÑO

① **El casco antiguo y la calle Laurel**
A pesar del desplazamiento que se ha producido del centro de la ciudad a las grandes avenidas que la cruzan, el casco antiguo –plaza del Mercado y alrededores– sigue conservando la esencia y el ambiente más característico de la ciudad. Los pinchos, los vinos, las terrazas, los cafés y el buen yantar siguen siendo lo propio en estas estrechas calles y plazas. En la calle Laurel y en San Juan se concentran los mejores mesones y bares de tapas de todo Logroño como el *Soriano* o *El Muro*, por lo que acusan gran bullicio a las horas en las que esta honorable actividad es procedente, descendiendo la presión a partir de la medianoche.

② **Calle Bretón de los Herreros**
Aunque hay abundantes y variados cafés desperdigados por toda la ciudad, la densidad de cafés en Bretón de los Herreros hace de ésta la "calle de los cafés". Aquí están los de más carácter, donde acudir por la tarde y a primeras horas de la noche, como el *Café de La Luna* o *Pasarenas*.

③ **Gran Vía, Vara del Rey y la zona de las "cien tiendas"**
Una de las cosas que más sorprende al visitante de esta ciudad es la gran cantidad de tiendas de todo tipo que hay. Logroño ha optenido varias veces el galardón a la ciudad española más comercial y presume de no contar entre sus comercios con grandes superficies (tipo Corte Inglés o similares). La infinidad de pequeñas tiendas de moda –normalmente nada baratas–, complementos, muebles y decoración se suceden por estas dos grandes avenidas y por la zona peatonal denominada "de las cien tiendas" ¡y no se exagera! (Calvo Sotelo, Doctores Castroviejo y Ciriaco Garrido).

④ **La Mayor (Marqués de San Nicolás) y La Zona (Ciudad de Vitoria)**
Éstas son las dos principales zonas de la noche de Logroño (después lógicamente de haber ido de vinos por la calle Laurel). En La Mayor están los locales más pequeños, algunos de los alternativos y los de la primera hora. Por La Zona pasa toda la vida nocturna de La Rioja, con gente de los pueblos de alrededor. Es aquí donde se localiza la mayor parte de los bares de copas que prolongan la actividad hasta altas horas de la madrugada.

JEREZ DE LA FRONTERA

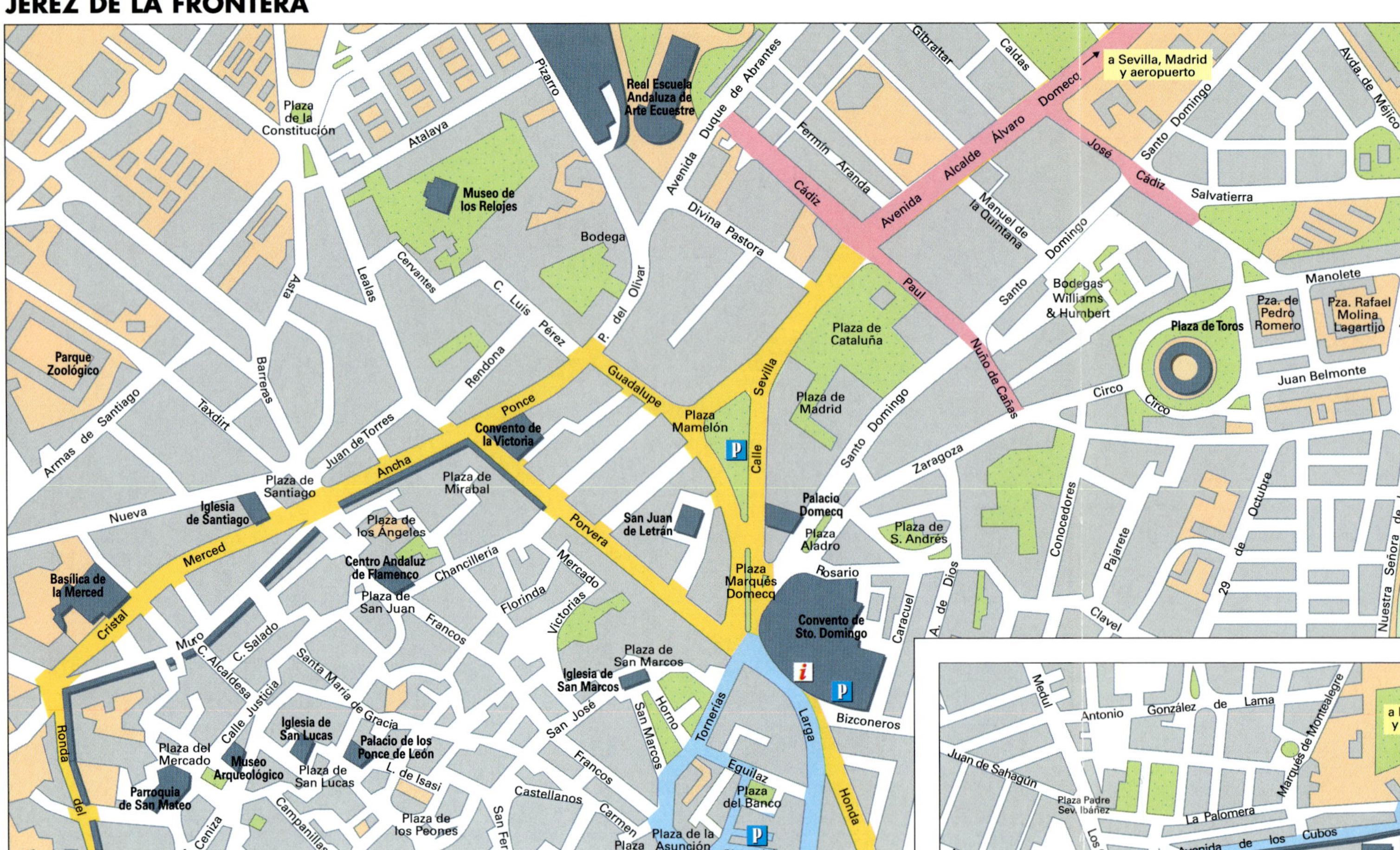

① Zona centro

Por las calles Lancería y Larga se encuentran las tiendas de moda con más caché y algunas oficinas.

Además de bares de tapas, hay algún sitio para comer y varios locales de copas por detrás de la plaza del Arenal y las calles Asunción, Progreso y Rivero.

② Avenida Alcalde Álvaro Domecq

Muchos comercios se han instalado por esta zona; la plaza del Caballo y sus alrededores son un buen ejemplo de este cambio demográfico y de cómo los servicios se han ido adaptando. También han aprovechado este tirón los locales nocturnos. En la plaza de Canterbury, junto a la plaza de toros, se encuentran los sitios de más ambiente nocturno, donde se organizan fiestas y conciertos. También hay numerosos bares de copas en la plaza del Caballo y la calle Cádiz.

LEÓN

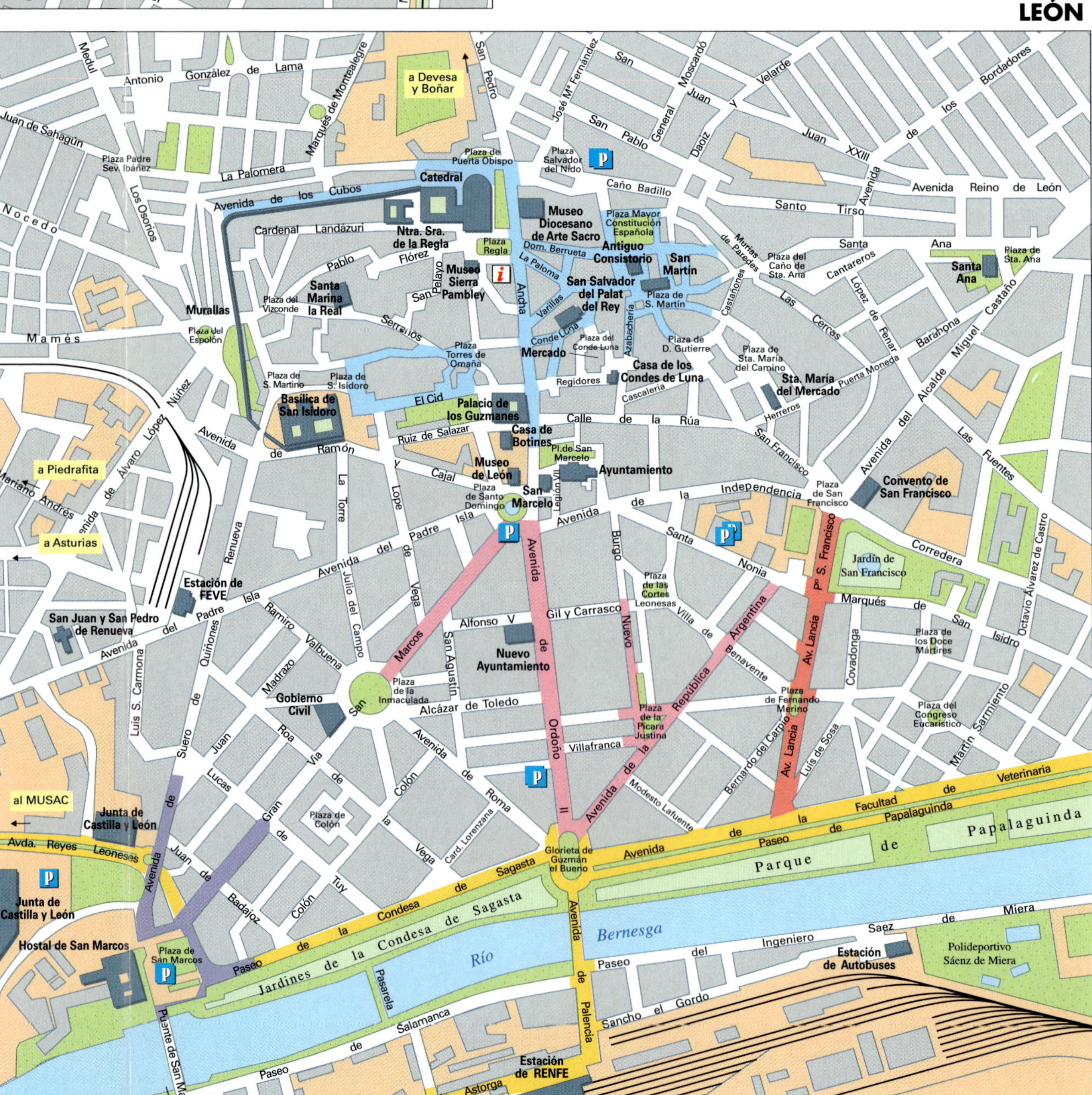

LEÓN

① Casco antiguo

El casco antiguo se extiende a derecha e izquierda de la catedral. El barrio de San Martín es conocido como El Húmedo, y su centro es la Plaza Mayor. Sus calles tienen nombres tan legendarios como Azabachería, Matasiete, Santa Cruz o Zapaterías, y en ellas hay una interminable lista de bares, bodegas, mesones, figones, pequeñas tiendas tradicionales y pubs. San Isidoro es más tranquilo, pero conserva el mismo sabor ancestral.

Cortando ambas zonas discurre la calle Ancha, vía peatonal salpicada de elegantes cafeterías y comercios tradicionales.

En esta calle y en la avenida de los Cubos, detrás de la catedral, se sitúan los cafés con más solera: apacibles, intelectuales, de luz tenue y mucha conversación.

② Zona comercial

Conformada por anchas avenidas, como la de Ordoño II, Gran Vía de San Marcos o República Argentina, que concentran el comercio moderno: las franquicias de moda, zapaterías, perfumerías y demás tiendas. La primera es peatonal y está flanqueada por modernos edificios.

Al caer la tarde, cuando cierran los comercios y acaba la jornada laboral, los bares de Burgo Nuevo y los alrededores de la plaza de la Pícara Justina se abarrotan. Son locales de corte más moderno que en El Húmedo, pero los pinchos son exquisitos.

③ Avenida de Lancia

Después de tomar la primera copa por el barrio Húmedo, la juventud se dirige a la avenida de Lancia y su continuación, San Francisco. Es la zona de nocturna por excelencia, con variados pubs, discotecas y otros locales de copas.

④ Plaza de San Marcos

Al final del paseo de la Condesa de Sagasta, que recorre la orilla del río, y nada más dejar atrás la zona comercial, se encuentra el desangelado complejo de San Marcos, con el lujoso Parador.

A su lado se halla el centro político y burocrático: la sede de la Junta de Comunidades de Castilla y León.

HUESCA

① **Casco viejo**

Con la actividad concentrada en su parte sur, y sobre todo junto a los Cosos Alto y Bajo, tiene su zona de marcha en locales pequeños de muy variado signo, desde bares y pubs hasta refinados cafés con música. Por las mañanas el ambiente cambia con los diversos servicios municipales y la vieja Universidad.
En cuanto a los Cosos, como típicas calles que separan el casco histórico de los antiguos arrabales, son vías idóneas para el asentamiento del comercio tradicional, confiterías y cafés antiguos.

② **Porches de Galicia y alrededores**

Contiguo al casco, y tras los Porches de Galicia, se concentra la zona de tapeo hacia el mediodía y a primera hora de la noche. Una noche que se alarga atrayendo a gente joven hacia las calles San Lorenzo y Padre Huesca.
Los Porches arrancan en la plaza de Navarra, centro neurálgico de la ciudad, de gran actividad sobre todo matinal, sede del Casino y de edificios de la administración pública. Tras esta plaza queda el Parque Municipal como zona de recreo y expansión.

③ **Paseo de Ramón y Cajal**

Vía de salida hacia Barbastro y Lleida, tiene su principal actividad durante la mañana por la gran abundancia de supermercados.
Está flanqueado por una edificación densa, aunque compensada con la gran amplitud de la avenida, que permite la instalación de un pequeño bulevar ajardinado con arboleda.

HUESCA

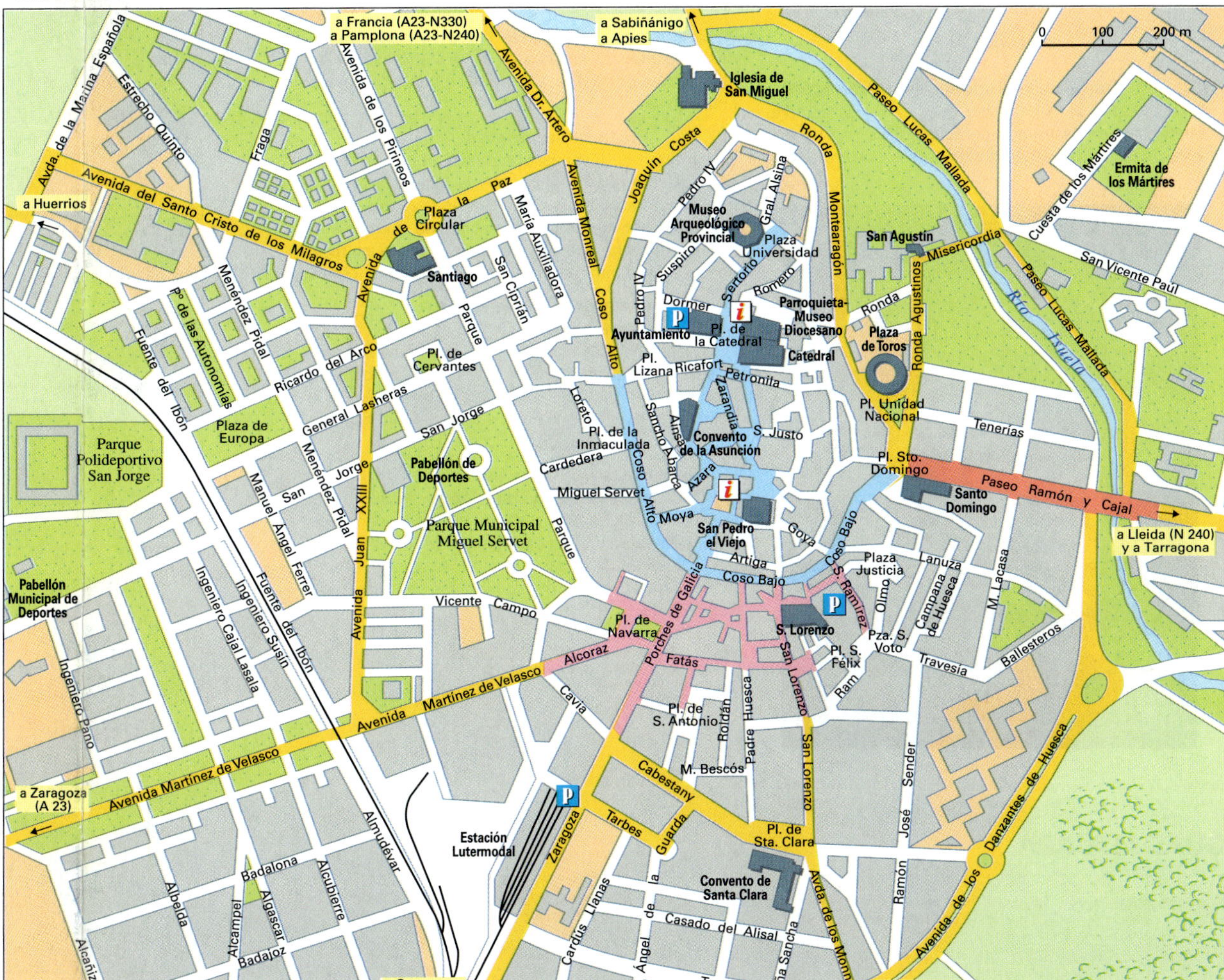

JAÉN

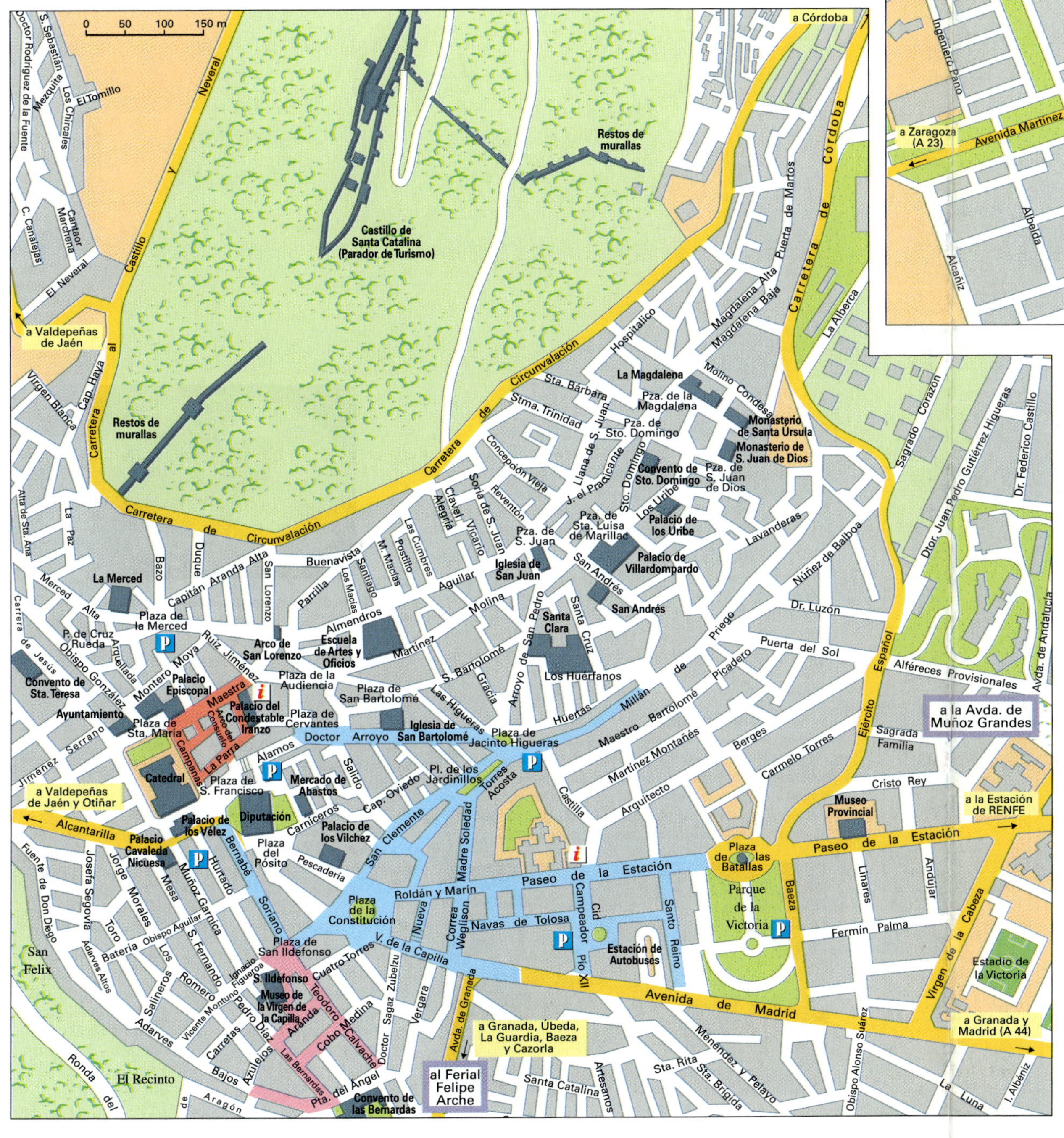

JAÉN

① **Plazas de la Constitución, Jacinto Higueras y calles radiales**

Centro moderno de la ciudad, que alcanza su punto álgido en horarios de comercio; calles como Dr. Arroyo, San Clemente, Virgen de la Capilla y paseo de la Estación se convierten en un auténtico hervidero de gente, con el bullicio propio de las grandes urbes.

② **Barrio de San Ildefonso**

Orgulloso de poseer una de las más bellas iglesias de la ciudad, este barrio alberga un gran número de bares de tapas y casi todos los cafés (que por la noche se transforman en pubs), algunos tan famosos como *Ravel* y el *Taka Taka*.

③ **Zona de las tascas**

Junto al ala norte de la catedral se localiza este laberinto de calles estrechas y floridas casas, donde encuentran refugio las más honorables bodegas y bares de tapas, tales como *El Gorrión* y *La Manchega*.

④ **Avenida de Muñoz Grandes y Ferial Felipe Arche (f. p.)**

Éstas son las dos principales zonas de la noche de Jaén. En Muñoz Grandes y calles adyacentes se halla todo el grueso de locales, y en Felipe Arche las grandes discotecas y terrazas de verano, como *El Hípico*.

HUELVA

① De la calle Concepción a Berdigón
En realidad es la misma calle, que cambia de nombre en cuatro de sus tramos peatonales. Es una de las zonas de más actividad, donde hay un comercio casi en cada puerta. También hay bares de tapeo, cafeterías y heladerías. Muchas de las esculturas que forman el Museo al Aire Libre se pueden admirar por estas calles.

② Plaza de la Merced
La cantidad de jóvenes que pasan por esta amplia plaza adornada con palmeras y la fachada color salmón de la catedral, le confieren un carácter jovial y alegre a la vez que elegante, recordando el estilo colonial. Por la noche se ha convertido en uno de los focos donde se agrupan mayor número de bares de copas.

③ Plaza del Dos de Mayo y alrededores
En la zona conocida como La Piterilla se reparten unos cuantos bares nocturnos con distintos ambientes, muchos abiertos desde hace años y con una fiel clientela. Por la calles Isaac Peral y José Antonio hay también algún bar donde picar o comer algo.

④ Plaza Quintero Báez y plaza de la Soledad
Por aquí se sitúan otro sinfín de mesones para picar algo, o si se quiere, de comida rápida (pizzerías, tex-mex...). Bares de copas hay otros tantos y los fines de semana se reúnen por aquí grupos de jóvenes con sus litronas.

GUADALAJARA

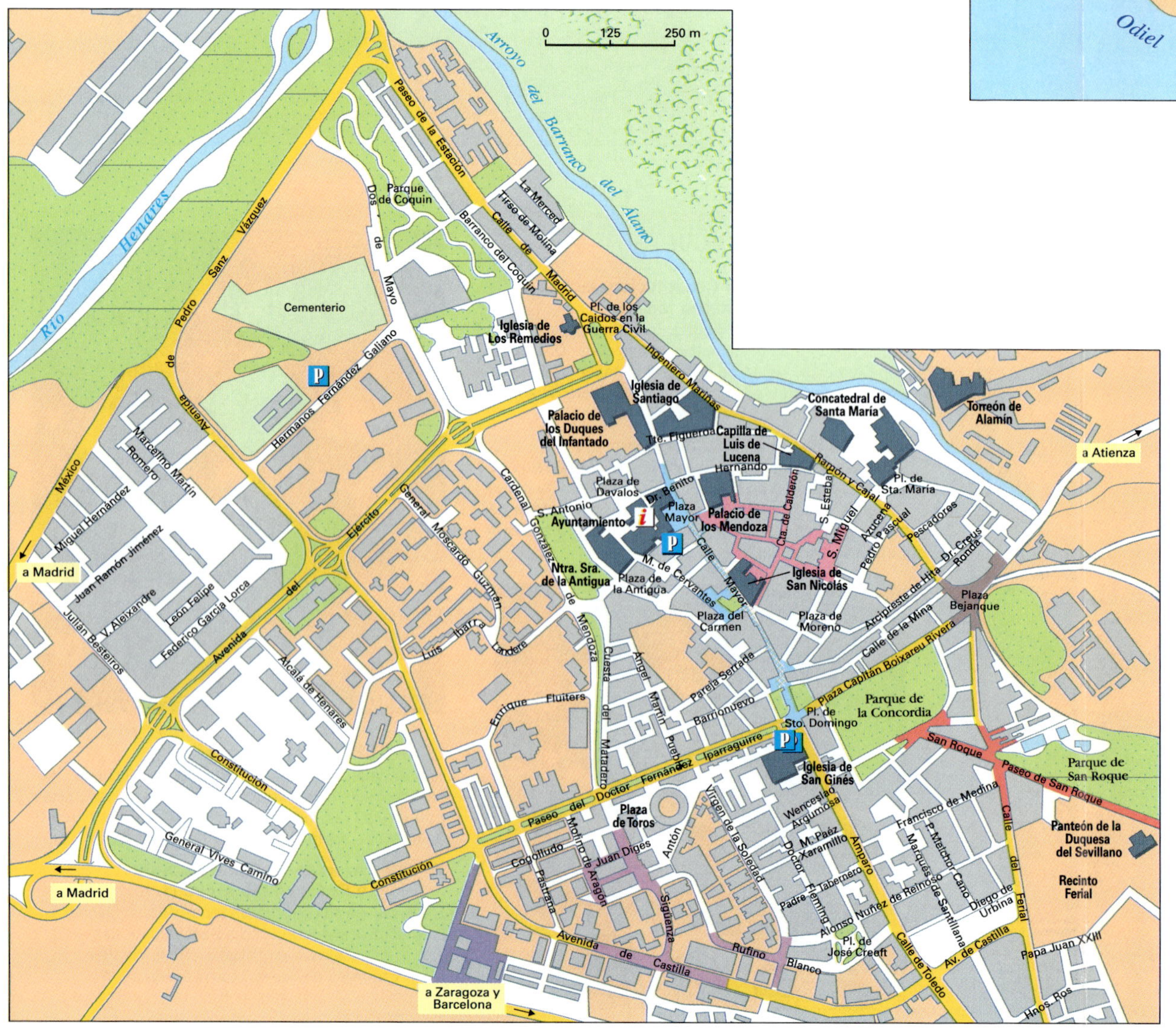

GUADALAJARA

① Calle Mayor
Constituye el eje comercial de la ciudad, prolongándose hacia abajo por la calle M. Fluiters y terminando arriba en la plaza de Santo Domingo, lugar de encuentro vespertino. A lo largo de ella, y también en las irregulares calles que hay a ambos lados, abundan los restaurantes y las tascas.

② Bardales
Con esta denominación se incluye la calle de Bardales y sus aledaños (plazas del General Prim y de San Esteban). Se trata, junto con la calle Salvador Dalí, de la zona de mayor ambiente nocturno. En el callejón de Bardales hay varios pubs de público juvenil, un par de buenos y típicos restaurantes, algunos mesones y tascas y un par de discotecas.

③ San Roque
Por este paseo peatonal y los parques próximos (San Roque y La Concordia) se deja ver por las tardes buena parte de la población. La calle de San Roque está plagada de locales, la mayoría de los cuales instalan terrazas en verano, con ambiente muy variado en concordancia con la diversidad de los establecimientos (desde bares tradicionales hasta pubs

y una heladería, sin olvidar el restaurante italiano *Stromboli*). Arriba, en el parque de San Roque está la piscina y junto a ella el *Sanrosa*, donde acude mucha gente a comer o tomar un refrigerio en verano. Y no lejos, en la calle del Ferial, queda la gran discoteca *Puzzle*.

④ Dalí
En torno a la calle Salvador Dalí se puede encontrar el ambiente alternativo y las "tribus urbanas" de Guadalajara, que se congregan en una serie de locales de copas, muy punteros.

⑤ Avenida de Castilla
Es una zona amplia que abarca un grupo algo esparcido de locales de ambiente nocturno; por un lado, la avenida propiamente dicha, con unos cuantos pubs muy próximos entre sí; por otro, la calle Rufino Blanco, con bares y terrazas; y por último la calle Sigüenza, con un par de tabernas, el restaurante *Diego's*.

⑥ Plaza de Bejanque y Alamín
Hay por aquí una serie de establecimietos, apropiados para picar alguna tapa o comer, los cuales acogen a una clientela variopinta. Subiendo por la avenida de Barcelona y en el barrio de viviendas de El Alamín, se localizan los *Minicines,* separados y algo alejados del resto. Aparte de las siete salas, está el americano *Star's Café,* donde va la gente a cenar y a ver los conciertos.

GIRONA

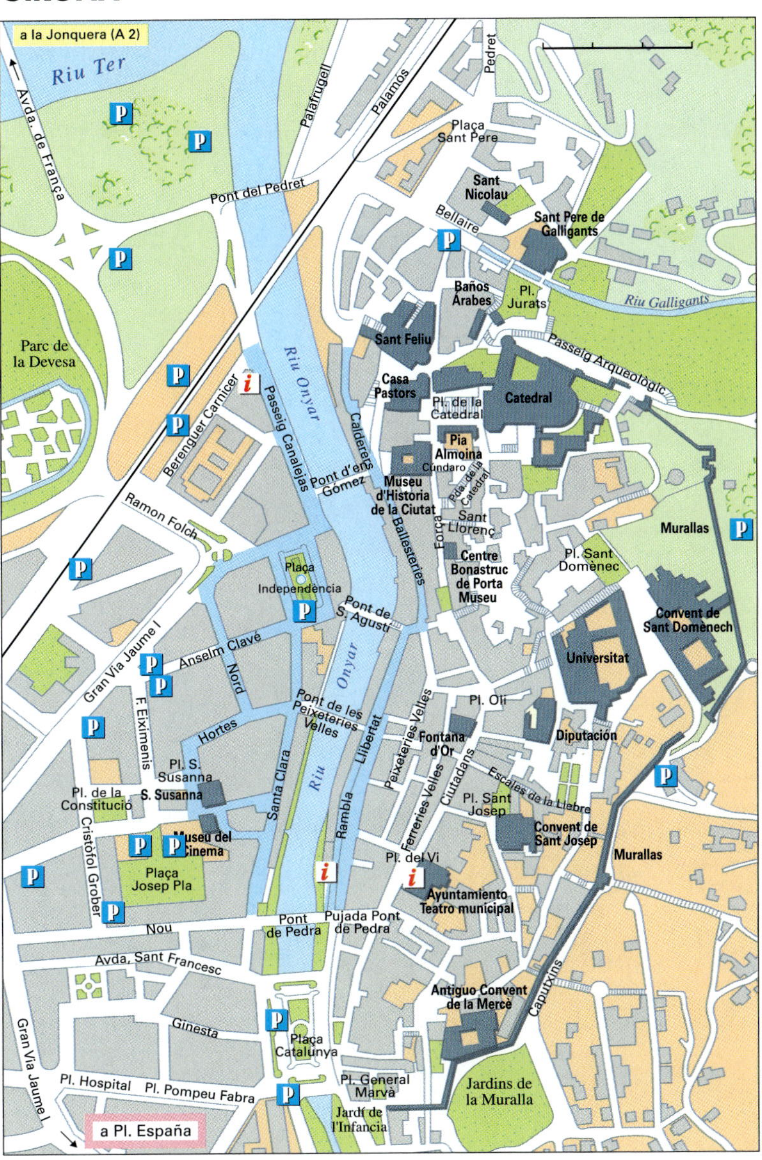

GIRONA

① **Entre el Pont de Pedra y el de Sant Feliu**

Los puentes que permiten conectar las dos partes en que divide a la ciudad el río Onyar, delimitan zonas urbanas con características propias. Así, entre el de Piedra y el de Sant Feliu queda delimitada, a ambos lados del río, una zona de intensa vida comercial y lúdica. Es aquí donde el ambiente urbano alcanza su máximo exponente tanto por el día como por la noche.

La rambla de la Llibertat es uno de los más importantes ejes comerciales de Girona. Al otro lado del río, en los soportales de la plaça de la Independència, hay agradables cafés, bares y terrazas.

② **Desde la estación al río Onyar (f. p.)**

La estación del tren y la plaza de España marcan el punto de inicio de unas vías urbanas que terminan en la orilla del Onyar y que, casi paralelas, demarcan un área urbana en la que abundan los locales musicales en los que la gente joven se reúne durante la tarde-noche, especialmente los fines de semana.

GRANADA

① **La plaza de Bib-Rambla y alrededores**

Este epicentro de la ciudad baja es el corazón de Granada durante el día; los coloridos puestos de flores, infinidad de cafés y restaurantes, terrazas llenas de gente, tiendas de artesanía y recuerdos de la Alcaicería y el pequeño comercio de las calles Zacatín y Mesones se afanan por complacer al más variado de los paisanajes: turistas, curiosos, granadinos de toda la vida y los que acaban de llegar. Entre todos convierten esta plaza y las calles que a ella confluyen en uno de los espacios más concurridos de la ciudad.

② **Las grandes arterias comerciales**

Las calles Gran Vía de Colón, Reyes Católicos, Acera del Darro, Recogidas y Puentezuelas son las grandes arterias vivas de la ciudad, donde la gente hace sus compras. El moderno comercio de Granada, pequeño y grande (incluyendo El Corte Inglés), se localiza en esta zona, alcanzando a media tarde un verdadero bullicio.

③ **La Plaza Nueva y la Carrera del Darro**

Algunos de los locales de más carácter para el tapeo y el café se encuentran en esta zona, como la *Gran Taberna* o *Antiguas Bodegas Castañeda*, pero hay muchos más. Es punto de reunión de gente joven y no tan joven, pero sin duda, un lugar por el que aparecer en algún momento del día o a última hora de la tarde/noche. Eso, sin olvidarse de las evocadoras teterías de la calle Caldereria (Baja y Alta) y de los numerosos locales de copas –muy buen puestos– de la mágica Carrera del Darro.

④ **El Albaycín y el Campo del Príncipe**

Los dos barrios más antiguos de la ciudad acogen las plazas más animadas a la hora de las tapas. Tanto en las recoletas plazas del Albaycín alto, como en el Campo del Príncipe, se agolpa un público auténtico y castizo que sabe disfrutar de los placeres de Granada.

⑤ **La zona de la Universidad (f. p.)**

En torno a la avenida de Pedro Antonio de Alarcón, y las calles aledañas, se precipita el pálpito más nocturno de Granada: miles de estudiantes toman esta calle y la infinidad de locales que acoge. Esto sobre todo en los meses de invierno y casi todos los días (mejor dicho, noches) de la semana. En esta zona quedan pocos metros cuadrados sin wafles, vatios, luces de neón y barras.

GRANADA

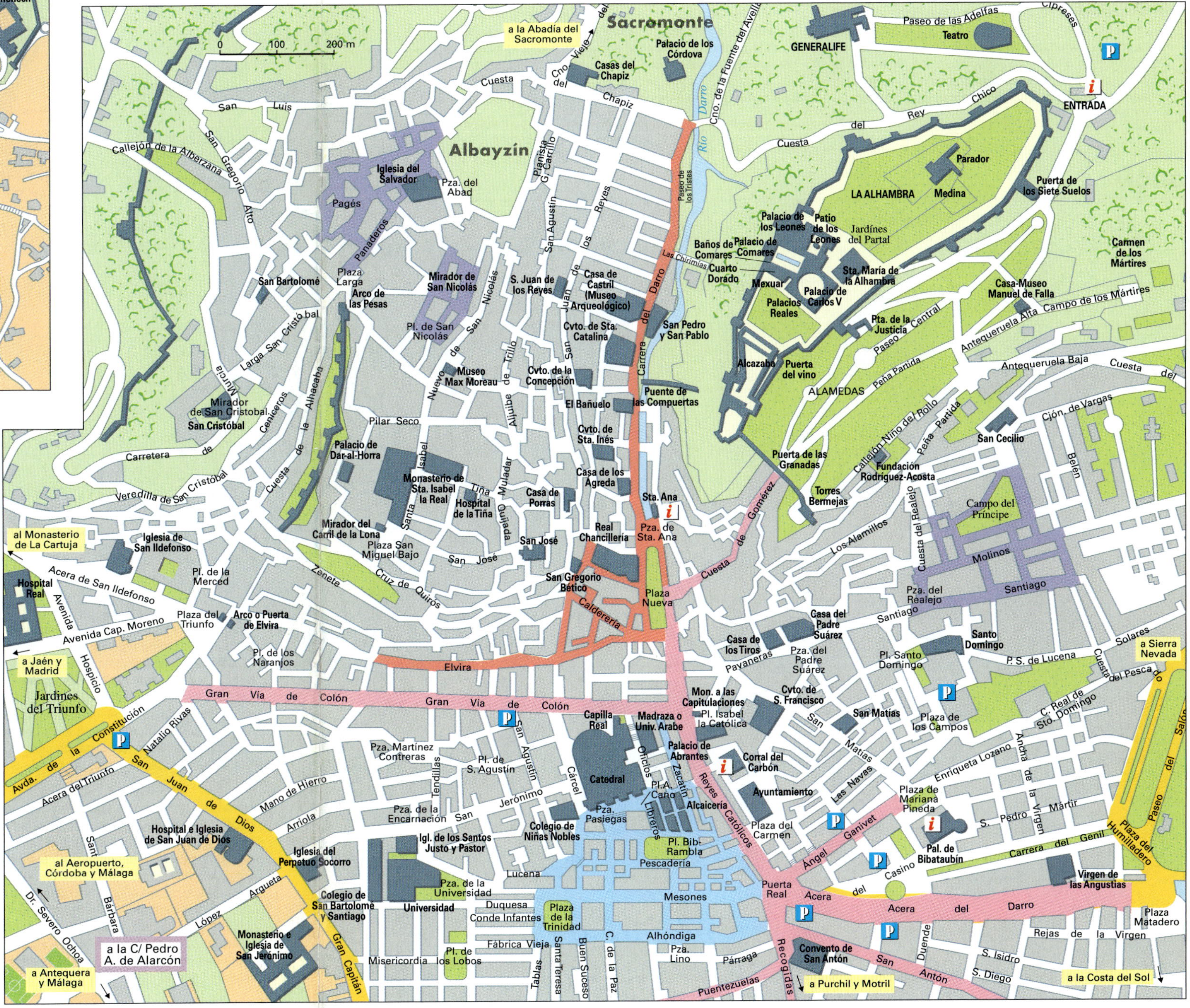

EIVISSA-IBIZA

① L'Eixample

L'Eixample, o Ensanche, es una zona de nuevos edificios –residenciales, administrativos y de servicios–, que ha crecido a la sombra de las colinas de Dalt Vila y el Puig des Molins. La arteria vital de la zona es el passeig de Vara del Rey, con varios restaurantes clásicos, algunos edificios modernistas y sus ineludibles cafeterías, como la del mítico *Hotel Montesol*. Las comerciales avenidas d'Espanya e Ignasi Wallis marcan, respectivamente, las salidas de la ciudad hacia Sant Josep de Sa Talaia y el aeropuerto, y a Sant Antoni de Portmany.

② Dalt Vila

Dalt Vila (traducción literal, la Ciudad Alta o de Arriba) es una auténtica ciudadela rodeada de soberbias murallas que reúne el principal conjunto monumental de Eivissa. Se trata de un dédalo de laberínticas callejuelas (Sa Carrossa, Bisbe Torres, Major, etc.) que se desparraman desde lo alto de la colina en busca de las aguas de la bahía. Aquí y allá abren sus puertas tiendas de souvenirs, galerías de artistas, restaurantes, encantadores hotelitos y locales nocturnos, donde propios y extraños se mezclan sin transgredir las normas sociales.

③ Sa Marina y Sa Penya

Barrios ubicados entre las murallas y el puerto, con calles de casas blancas y trazado irregular. Lo que antaño fueran humildes viviendas de pescadores y almacenes de aparejos de Sa Marina, son hoy reputados restaurantes donde degustar el pescado más fresco y caras tiendas de moda adlib, cuero, bisutería y artesanías. El sector de Sa Marina, situado a caballo entre L'Eixample y el portal de Ses Teules –que da acceso a Dalt Vila– se ve muy animado durante la mañana por la presencia de los populares mercados de Es Peix (pescados) y Ses Verdures. Sin embargo, el laberíntico Sa Penya –de modestas casas amontonadas sobre un espolón rocoso– es hoy día un barrio muy degradado que las autoridades, sin demasiado éxito por el momento, tratan de recuperar. Durante el verano, locales de un amplio sector de ambos barrios abren desde la tarde hasta bien entrada la noche, con ambientes que van desde lo más exquisito y selecto a lo más extravagante.

④ Puig des Molins y playas de Ses Figueretes y d'en Bossa

El Puig des Molins es una colina coronada por varios molinos harineros que alberga una interesante necrópolis púnica y un museo. A sus pies, junto al mar, se extiende con un trazado bien regular el barrio de Ses Figueretes, continuado hacia el sur por la Platja d'en Bossa, ambos con buenas playas y numerosos hoteles y restaurantes; durante el verano constituyen una verdadera ciudad autónoma dentro de la propia Eivissa.

⑤ Talamanca (f. p.)

Sa Punta Grossa es el extremo de una estrecha península que cierra por el este el puerto de Eivissa. Este sector del puerto, en parte comercial y en parte recreativo, recibe el nombre de Talamanca en referencia a la espléndida cala que se abre al otro lado. Su interés turístico radica en que en esta península –recorrida por varias avenidas paralelas– se sitúan varios hoteles y algunos de los restaurantes, discotecas y salas de fiestas de imprescindible visita para quien se precie de conocer la noche ibicenca.

EIVISSA-IBIZA

GIJÓN

GIJÓN

① Cimadevilla

La actividad del barrio de Cimadevilla está más centrada en su parte baja, en torno a la Plaza Mayor, tanto por el gran número de sidrerías como por otras actividades menos lúdicas, ligadas al Ayuntamiento o de carácter educativo y cultural. Al este del barrio se emplaza el Real Club Astur de Regatas, frecuentado por la burguesía local, mientras que al oeste el puerto deportivo reemplazó al puerto pesquero. También cuenta con una importante actividad nocturna situada por encima de la zona de sidrerías, en pleno centro geográfico del barrio.

② El Carmen

Por debajo de la Plaza Mayor salen, con un trazado rectilíneo y apretado entre estrechas manzanas, calles como La Corrida, amplia y peatonal, con grandes tiendas y algunas sedes bancarias; la calle de Los Moros, muy transitada y abierta al tráfico, y la calle San Bernardo, con su inolvidable ruta de cafés. Al este de la ciudad quedan los Jardines del Náutico. Al oeste, cerca de los Jardines de la Reina, salen las calles de Marqués de San Esteban y Rodríguez San Pedro, cerrando el casco frente al puerto deportivo. Entre estas dos calles quedan inmuebles en cuyos bajos se sitúan cafés y pubs con doble entrada a ambas calles. Esta zona es conocida como Fomento.

③ Begoña

La parte sur del centro urbano está bordeada por un cinturón que arranca desde la estación de ferrocarril y acaba de completarse con la avenida de la Costa (interior a pesar del nombre).

Dentro quedan importantes calles, como Covadonga y paseo de Begoña, con una actividad muy diversificada (bancaria, comercial, sidrerías, cafés, etc.). Ambas calles, junto con San Bernardo delimitan un amplio bulevar ajardinado conocido como Jardines de Begoña, el centro neurálgico de la ciudad. Más explícita en cuanto al tipo de comercio es la calle Menéndez Valdés, con abundancia de boutiques, y, tras la plaza San Miguel, la calle Uría, también de gran actividad diurna.

④ Paseo del Muro

El Paseo del Muro, junto con la avenida de Rufo García Rendueles, permite, hacia un lado, un amplio paseo marítimo-peatonal, que da acceso a la playa de San Lorenzo a través de unas escaleras. Algunas cafeterías, sidrerías y algún pub ocupan tan privilegiada situación, tras salir de las estrechas calles del barrio de La Arena.

Ambas avenidas son, sobre todo, lugares de paseo y esparcimiento.

CUENCA

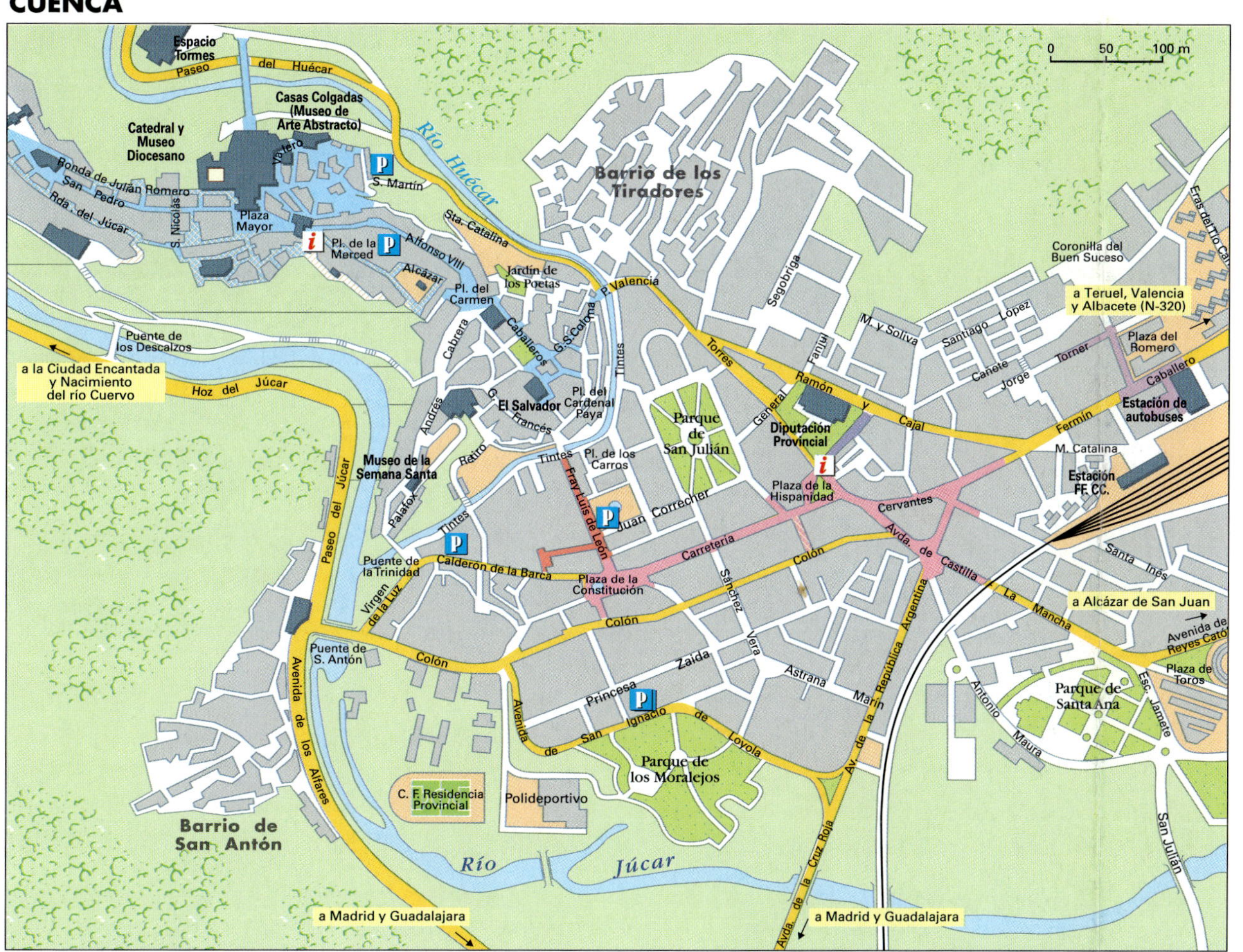

CUENCA

① **La Cuenca Alta**
En esta zona, delimitada por el río Húecar, que hace de barrera natural con la Cuenca Baja, se concentra la mayor parte de los edificios y monumentos históricos. Es la parte de la ciudad que se corresponde con la declaración de Patrimonio de la Humanidad.

② **Calles Carretería y Cervantes**
Es el área comercial por excelencia. Gente de toda la región se da cita en las tiendas y establecimientos que hacen de estas calles un hervidero.

③ **Calle Doctor Galíndez ("la Calle")**
Esta calle, de aspecto tranquilo, cambia radicalmente las noches del fin de semana. Es aquí donde acuden los estudiantes y jóvenes de toda la comarca para divertirse.

④ **Calle San Francisco**
En esta pequeña calle se concentra la mayor densidad de mesones y bares de tapeo de toda la ciudad.

⑤ **Calle Fermín Caballero y alrededores**
Lugar ideal para el relax y la tertulia en los elegantes cafés conquenses.

DONOSTIA-SAN SEBASTIÁN

DONOSTIA-SAN SEBASTIÁN

① **Parte Vieja**
Es una ciudad en sí misma. Un laberinto de calles volcadas al comercio y a la hostelería, donde se pueden satisfacer todas las necesidades. Abundan las tiendas de recuerdos, productos vascos y ropa veraniega como la legendaria *Pukas*. En el interminable listado de bares y restaurantes están los mejores de la ciudad. El ambiente nocturno decae a partir de las 22 h y los bares de copas se localizan en las calles exteriores: Boulevard, Reina Regente, Salamanca y Mari.

② **Paseo de La Concha**
Mirador y escaparate de la ciudad, con un par de locales de copas a la altura de La Perla.

③ **Centro, entre Boulevard y avenida de la Libertad**
Es una zona comercial con amplia dotación de tiendas de moda, cafeterías, heladerías y galerías de arte. Muy animada por las tardes pero sin ningún ambiente nocturno. Ideal para deambular al mediodía y a media tarde. Su centro es la plaza de Gipuzkoa y Garibay.

④ **Calles San Bartolomé, San Martín y Reyes Católicos**
Es un eje de calles del centro que presenta características similares al anterior pero con el atractivo de contener dos de los ambientes nocturnos más dinámicos de la ciudad: San Bartolomé (para los mas jóvenes) y Reyes Católicos (a partir de los 25).

⑤ **Gros-Sagües**
Barrio situado al otro lado del río Urumea. Fue muy anodino hasta el acondicionamiento de la playa de la Zurriola y la construcción del Kursaal, que contribuyeron a su revitalización, especialmente en los extremos del paseo marítimo.

A CORUÑA

① La Ciudad Vieja

Es la zona ideal para un paseo mañanero con vocación cultural, para una vueltecita al borde del mar por los jardines y el paseo de Maestranza o para curiosear en sus tiendas de antigüedades. Al anochecer, su romanticismo se transforma por la presencia de una legión de pequeños cafés y pubs.

② Entre las calles Real y San Andrés

La trama de calles peatonales guarda un cierto orden en su especialización. En la Real y Riego de Agua, por ejemplo, domina el comercio de calidad (moda, joyerías, zapaterías, regalos), carácter que también puede hacerse extensible, con el inconveniente de la presencia del tráfico, a la de San Andrés. Entre ambas, sin embargo, se prolonga indefinidamente el reino del tapeo, con un sinfín de tabernas, bares, mesones y restaurantes. Entre tanta callejuela, las terrazas de Maria Pita suponen un respiro.

③ El Orzán

Si estamos en verano y sale el sol, aunque sólo sea un poquito, las playas se llenarán y el paseo marítimo, en su tramo más popular, también. La animación de esta fachada se traslada de noche a las hasta entonces muertas calles del interior, pues en ellas se desarrolla, pared con pared, el meollo de la movida coruñesa. Últimamente han proliferado los cafés de época que abren a todas horas.

④ Distrito Picasso

La que lleva el nombre del genial artista es la gran área comercial del Ensanche, pródiga en tiendas de ropa, zapaterías, perfumerías, complementos y regalos; como curiosidad, cabe recordar que en Juan Flórez está la primera tienda abierta por *Zara,* marca coruñesa hoy convertida en multinacional, y que en la plaza de Lugo (pronto será remodelada) hallaremos el mejor surtido de pescado y marisco fresco de Europa. Por la zona tampoco están ausentes los bares y mesones para el tapeo.

⑤ Cuatro Caminos

El Corte Inglés y el Centro Comercial Cuatro Caminos, emplazado a su vera, han llenado de bullicio y ruido este sector de la ciudad. Un santuario, a toda hora abarrotado, es el de la enorme *Cervecería de La Estrella de Galicia;* para saborear, recién salida de la fábrica, la que pasa por ser una de las mejores cervezas producidas en España.

CÓRDOBA

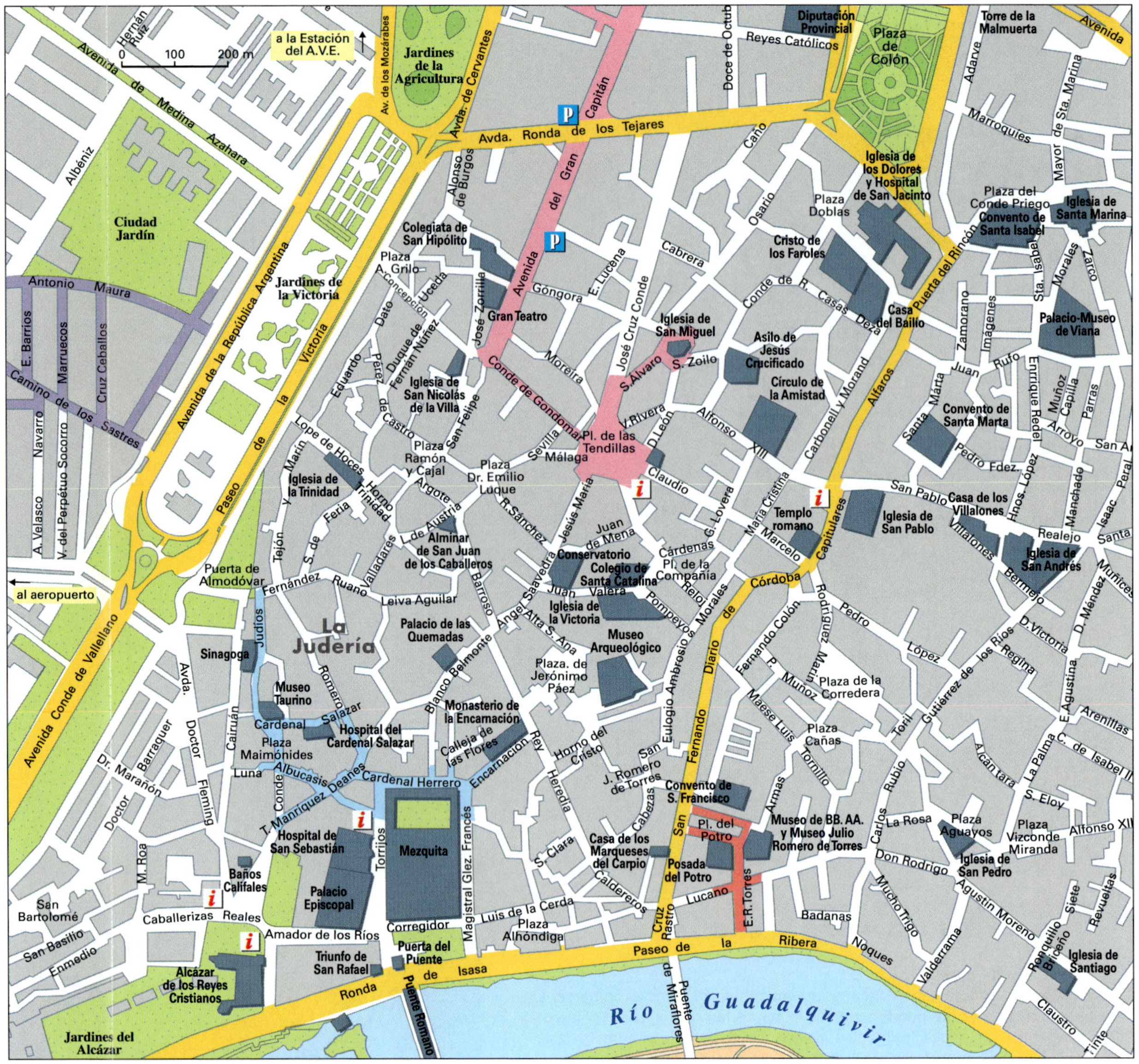

A CORUÑA

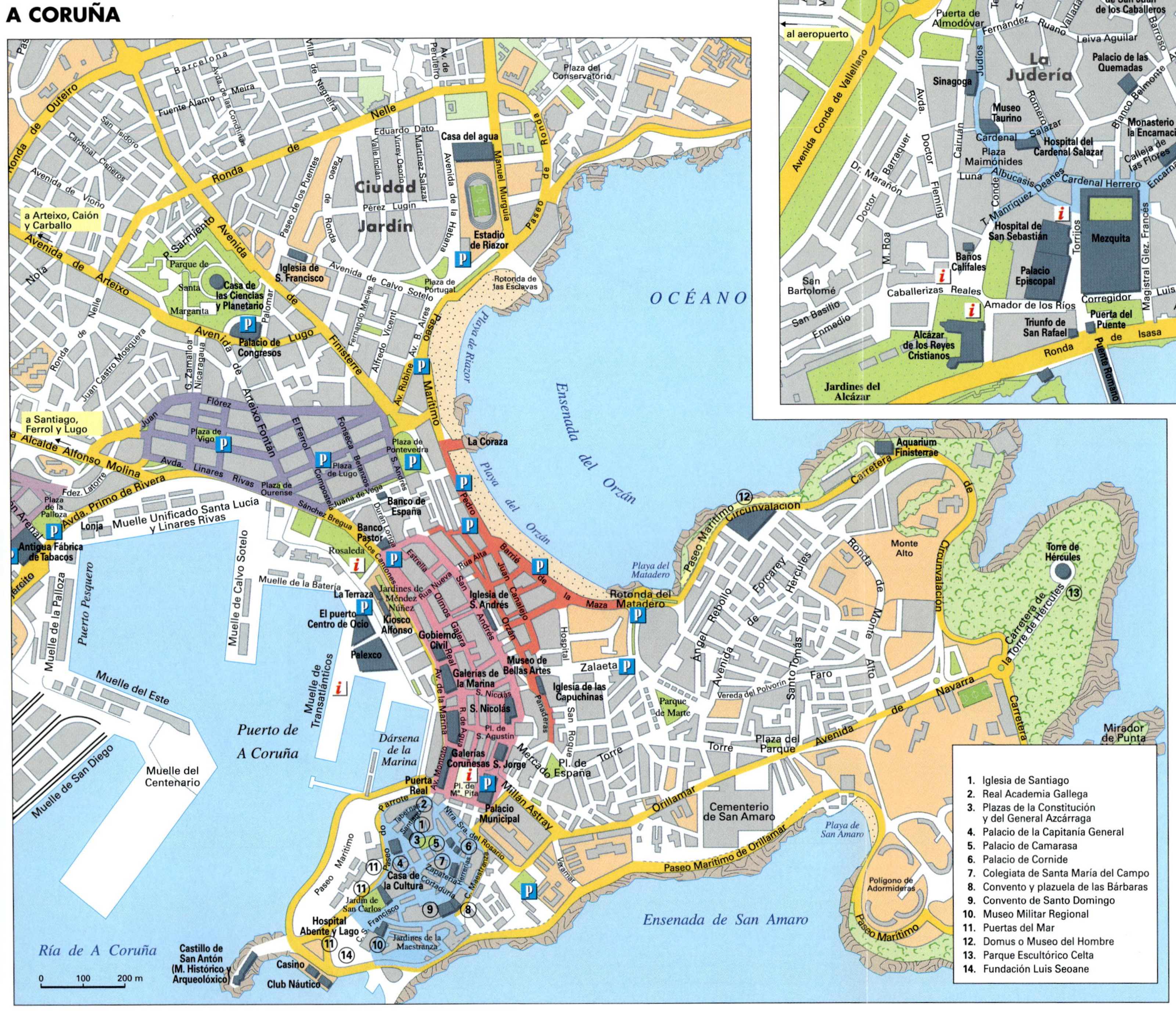

CÓRDOBA

① Alrededores de la mezquita

En la calle Deanes y los alrededores de la mezquita hay cantidad de tiendas con todo tipo de artículos de recuerdo (camisetas, cerámica, marroquinería...). Para comer se puede optar por unas tapas y buen fino (denominación de origen Montilla-Moriles, no se os vaya a ocurrir pedirlo de Jerez), platos combinados o el menú del día de alguna de las tabernas y cafeterías de esta zona. No son las más económicas pero la calidad no falla.

② Avenida del Gran Capitán

Esta avenida y los alrededores de la plaza de las Tendillas concentran la mayoría de los comercios, y las tiendas con más nombre. Muchos de los edificios son de nueva construcción, destinados a viviendas, oficinas y locales comerciales. A *La Taberna de San Miguel,* en la plaza del mismo nombre, le viene la fama de hace tiempo. Cerca de la Ronda de los Tejares hay algunos bares típicos de tapeo.

③ La plaza del Potro

Uno de los lugares donde acuden mayor número de turistas, tanto por su carácter monumental como por sus tabernas y restaurantes, que también atraen a los locales. Si queréis tomar unos vinos y tapear algo, *La Sociedad de Plateros* es uno de los legendarios.

④ Las calles entre los Jardines de La Victoria y la plaza de la Costa del Sol

En esta parte de la ciudad abundan los pisos de alquiler para estudiantes, por lo que goza de gran animación durante el día, con buenos bares para tomar el aperitivo o comer por poco dinero. En Maestro Priego López hay bares muy frecuentados por la tarde y los fines de semana por la noche. En invierno ésta es la zona donde se hallan los pubs más animados; hay uno prácticamente en cada calle.